Nouveau dictionnaire des difficultés du français

DU MÊME AUTEUR

Principaux ouvrages :
Le Dictionnaire de la postériorité, Éd. Cabédita, 2011.
L'Argot à découvrir, Éd. Cabédita, 2011.
Dictionnaire des gros et des petits sous, préface de Pascal Lamy, Éd. Favre, Lausanne, 2010.
La Comprenotte – À l'écoute des mots francs-comtois, Éd. Cabédita, 2009.
Des Mots... à l'œuvre, préface d'A. Rey, Lambert-Lucas, Limoges, 2009.
Argot et poésie – Essais sur la déviance lexicale, PUF-C, Besançon, 2007.
Quand la raison n'a plus raison, Lambert-Lucas, Limoges, 2006.
Expressions familières de Franche-Comté, Bonneton, Paris, 2e éd., 2009.
Trésors des mots exotiques, Belin, Paris, 1986.

Traductions de l'allemand :
Un Allemand malgré tout – Ma traversée du siècle, Rudolf Schottlaender, Champion, Paris, 2003.
Un Étrange amour – Être Juif en RDA, Vincent von Wroblewsky, Champion, Paris, 2005.
Un inconnu, Christoph Meckel, Éd. Le Temps qu'il fait, Cognac, 2007.
Journal de guerre d'un juge militaire allemand (1944-45), Werner Otto Müller-Hill, Michalon, Paris, 2011.

En collaboration :
Le Grand Livre de la langue française, (Dir. Marina Yaguello), Seuil, 2003.
Encyclopédie Franche-Comté, Bonneton, Paris, 2002.
Dictionnaire de l'argot, Larousse, 4e éd., 2010.
Trésors des parlers comtois, Cêtre, Besançon, 1992; 4e éd., 2009.

Jean-Paul Colin

Nouveau dictionnaire des difficultés grammaticales, stylistiques et orthographiques du français

klincksieck

www.klincksieck.com

isbn : 978-2-252-03920-5

PRÉFACE

« Qui, parmi les femmes et les hommes politiques, qui, parmi nos “discoureurs” de télévision, bref, qui, parmi tous les grands ignorants qui occupent la plupart des tribunes, peut prétendre donner des leçons de français à qui que ce soit ? Sans parler de celui pour qui ils ont voté, ou pire, qu’ils ont laissé élire, et dont le parler est une perpétuelle insulte à notre langue. Qui est Victor Hugo aujourd’hui ? Qui est Lamartine, Jaurès, Blum ? À part peut-être Arnaud Montebourg, ils parlent tous mal le français. C’est triste mais c’est comme ça. Les citoyens le savent et, hélas, s’y résignent ? »

Quel farouche grammairien s’exprime ainsi, quel défenseur ringard de la vieille langue française ? Ne cherchez pas, cher lecteur, chère lectrice : c’était, dans *Le Monde* du 23 septembre 2011, la grande théâtreuse Ariane Mnouchkine, qu’on ne peut vraiment pas considérer comme une personne rétrograde et éprise du français guindé et puriste d’avant-hier, elle qui a tant fait, avec Hélène Cixous, pour mettre en scène de magnifiques spectacles et faire connaître au grand public du Théâtre du Soleil les beautés vivantes de notre idiome !

Cela me rend tout à fait à l’aise pour vous présenter la réédition, ou plutôt la refonte complète, de ce *Nouveau dictionnaire des difficultés du français*, qui a vu le jour pour la première fois il y a quarante ans, sous la houlette d’Alain Rey et d’Henri Mitterand, chez l’éditeur Tchou, et fut honoré en 1977 du Prix Vaugelas, décerné par le Club de la Grammaire de Genève. Cette remise à jour était nécessaire, parce que le monde change, la société également et, par voie de conséquence, notre moyen principal d’échange entre citoyens et ressortissants de France et de Navarre, de la francophonie, en un mot. Le français est en crise, dit-on ; mais il l’est depuis toujours, le langage épousant étroitement les fluctuations du monde contemporain et complexe qu’il exprime (et qui l’exprime), et il faut en finir avec le thème confortable mais mythique d’une langue parfaite et fixée pour l’éternité à partir d’une époque dite classique, quelle qu’elle soit. Il ne s’agit pas ici de « donner des leçons de français » à qui que ce soit, mais de montrer, de commenter, d’expliquer et d’illustrer les difficultés inhérentes à toute langue et en ce qui nous concerne, à la langue française.

Il n’est pas de langue « facile », tout dépend du niveau que l’on cherche à atteindre, et du secteur envisagé : de tout temps, on est passé insensiblement d’un état de langue à un autre, d’une variante à une autre, d’une famille linguistique à une autre. Quantité de gens ont été et sont encore bilingues, y compris si l’on inclut les « patois », qu’ils soient d’Afrique, d’Amérique, d’Europe ou d’Océanie : je veux parler ici des francophones au sens large. D’autre part, aucune langue n’est homogène, elle comprend des secteurs et des niveaux variés, elle a trouvé, au cours de l’Histoire, bien des moyens ingénieux et inattendus de s’adapter à la situation : d’abord, le code parlé est évidemment plus libre et moins soumis à une régulation rigoureuse, car les paroles s’envolent, comme disait le latin : *verba volant*, et se corrigent au fur et à mesure qu'elles sont énoncées, sans connaître l'épreuve du brouillon et de la rature, qui est l'apanage de l'écrit. Le bon Georges Duhamel, lui-même, le reconnaissait sans ambages : « Je consens que la langue parlée échappe à toute surveillance. » De même qu'il existe des classes, ou si l'on préfère, des catégories sociales différenciées par l'âge, l'instruction, la culture, etc., de même se sont constituées, dans le domaine de la grammaire, du vocabulaire et du sens, des strates adaptées à chaque registre, à la tonalité de chaque échange humain. Car on a beau parler d'un brassage croissant de ces catégories, il y a encore bien des cloisonnements, voire des ghettos sociétaux qui rendent souvent une vraie communication difficile.

« Communication », voici le grand mot lâché : il n'est pour moi de passage véritable du message d'une personne à une autre qu'avec un minimum de présence physique, et tout ce qui passe uniquement par téléphonie ou écran est un miroir aux alouettes, un semblant d'interrelation qui fait illusion, et se manifeste, entre autres, par les apostrophes fréquentes du genre : *À bientôt !* ledit bientôt ne se présentant jamais dans le vrai calendrier, pas plus qu'avec le faussement chaleureux : *On se téléphone, on se fait une bouffe !* En ce qui concerne l'écrit, je ne saurais me contenter d'un simple alignement vertical de nomenclature, car je considère que le commentaire est, la plupart du temps, indispensable pour pouvoir faire un choix en connaissance de cause, et que l'exemple anonyme ou la citation, plus ou moins littéraire, est indispensable pour une application personnelle à sa propre situation. Voltaire écrivait en 1760 à l'historien Duclos : « Un dictionnaire sans citations est un squelette », ce qu'ont de nos jours complètement oublié certaines maisons d'édition qui fabriquent à la machine, je veux dire à l'ordi, à toute vitesse, des dicos pour les nuls, dont on pourrait dire qu'ils sont des squelettes sans citations, qui ne servent pas à grand-chose en tant que manuels d'expression. On ne peut concilier le thème de l'homme pressé (cher déjà à Paul Morand !) et la recherche de la formulation la plus pertinente et efficace. Un minimum d'explicitation est nécessaire pour guider l'utilisateur dans le maquis de notre langue et lui permettre de trouver le meilleur moyen de se faire comprendre d'autrui. Un dictionnaire de difficultés ne peut se contenter de présenter des items isolés, dans leur sécheresse brute et non signifiante, il se doit (avec le plus de sobriété possible) de les *expliquer*, les *commenter* et les *illustrer*. Du reste, il est amusant de constater que, même les lexicographes ultrapressés d'aujourd'hui, et qui se veulent non puristes, recourent quand même, comme leurs anciens, à des qualificatifs tels que *fautif* ou *incorrect* : ce qui montre bien que l'on n'échappe jamais complètement à l'idée de règle. La norme, chassée par la porte, revient par la fenêtre !

Mais que se passe-t-il ? Le dictionnaire, comme bien d'autres matériaux culturels, artistiques, etc., souffre aujourd'hui d'un fol engouement pour la permissivité tous azimuts et d'une quasi-interdiction officielle, dans les écoles primaires et les collèges, de « faire de la grammaire » et, plus largement, de donner des conseils, des consignes, tout ce qui pourrait ressembler à des règles. Or, pour ce qui nous intéresse ici, la langue n'est pas un tas de mots dont chacun de nous aurait, de naissance, le mystérieux talent de les assembler, de les stratifier et de construire avec eux des énoncés « spontanés », libérés du carcan des cuistres et des pédagogues. L'élève, l'apprenti, l'étudiant, « placés au centre du système scolaire », posséderaient au fond d'eux-mêmes une sorte de machine maïeutique qui leur donnerait la capacité de penser, de dire et d'écrire sans aucun recours à la férule honnie des profs et des intellos (y a-t-il aujourd'hui pire injure que cette abréviation ?). Cette conception naïvement idéaliste (ou cynique ?) de l'apprentissage se heurte à l'évidence au réel : qu'il s'agisse de l'artisan et de ses tours de main, de l'ouvrier et de ses connaissances techniques de base, de l'intellectuel et de l'élaboration des concepts, de la rédaction de textes de toute sorte, il devrait être évident pour tout le monde que les connaissances s'inculquent, se transmettent et ne surgissent pas en nous dès le berceau ou même avant, par je ne sais quelle mystérieuse osmose intra-utérine. La pédagogie n'est pas un gros mot !

Il est de fait que la publication des grammaires françaises s'est étiolée depuis un certain nombre d'années, et que la plupart des rubriques de langue ont disparu de la presse et des médias, qui cherchent avant tout à nous distraire (de l'essentiel), à nous flatter démagogiquement dans le sens du poil (dans la main), à nous faire croire que tout élément de savoir est à portée de n'importe qui sans effort. Plus d'Aristide, de Guermantes, de R. Georgin, de Marcel Cohen, de R. Le Bidois, de J. Cellard, de B. Poirot-Delpech, etc. C'est tout juste si, parmi les académiciens d'aujourd'hui, on peut distinguer un Erik Orsenna, qui a publié plusieurs ouvrages amusants et utiles sur la grammaire, les accents et le subjonctif, en cherchant à séduire et instruire les jeunes sans les ennuyer. Ce constat n'est pas seulement celui des « pros de l'éducation » et de personnages gênants et ridicules, qui prôneraient le retour, au moins partiel, aux idées et aux méthodes du passé : je trouve très réconfortant de constater la position et les remarques précises et nombreuses que font bien des écrivains modernes dans leurs écrits, qu'ils soient « savants » ou romanesques. La liste est assez longue des auteurs contemporains qui prennent, de façon non systématique mais convaincue, le relais des *Dites, ne dites pas* d'autrefois, avec souvent plus de finesse et d'ouverture. Je pourrais citer Desproges vitupérant les « fossoyeurs des accords de temps » (voir l'art. *abysse*), Échenoz détestant l'emploi abusif de la préposition *sur*, J.-C. Guillebaud critiquant vigoureusement les préfixes à la mode (*alter* et *post*), Amélie Nothomb ironisant sur les gens qui commencent chacune de leurs phrases par *en fait*, le fougueux et regretté Cavanna défendant sa langue maternelle avec passion, etc. La notion de « bon usage », qu'on le veuille ou non, survit encore quelque part dans les consciences, et pas seulement dans le titre fameux de Maurice Grevisse…

Il est vrai que « le monde change », mais faudrait-il pour cela tout admettre, tout laisser passer et accepter les innovations ou les erreurs d'aujourd'hui, pour être « moderne » à tout prix ? Opposer l'ancien et la modernité, les passéistes et les gens d'avant-garde, c'est un leurre, en linguistique comme ailleurs : Cocteau disait que rien ne se démode plus vite que l'avant-garde ! Toute langue a des bases grammaticales solides et anciennes, et les règles d'assemblage varient très lentement. On retrouve du XVIIe siècle à nos jours nombre de structures identiques ou comparables, même si le vocabulaire évolue beaucoup plus rapidement. La néologie est un moteur puissant qui aide à la création de mots, mais la syntaxe est nettement plus statique. Il est frappant de voir à quel point certaines « difficultés de la langue française » ont la vie dure, et que nombre de « puristes silencieux » (comme on a parlé naguère de *majorité silencieuse*…) livrent encore des combats d'arrière-garde, du type *se rappeler de* ou *baser sur* ou encore le verbe *réaliser* au sens anglais de « se rendre compte », etc.

*

Venons-en à la structure de ce dictionnaire : pour la clarté de la consultation, ont été classées par rubriques les questions que soulève chacun des mots retenus, en suivant toujours le même ordre – sauf exceptions justifiées par la nature particulière du mot : *prononciation, conjugaison, orthographe, forme, genre, construction, emploi et sens.*

LA PRONONCIATION

Quand on peut hésiter sur la prononciation d'un mot, par exemple **août, geôle, jungle**, etc., j'ai donné sa transcription phonétique au moyen des signes ciation phonétique internationale (voir le tableau ci-après). À un signe donné c un son et un seul, et à un son donné correspond un signe et un seul. Par exemple [k] correspond le son sourd qu'on entend au début de **catéchumène, crise, chir** quelle que soit l'orthographe. Au son sourd qu'on entend au début de **short, chameau, schisme**, correspond toujours le signe [ʃ]. Au prix d'un léger effort, le lecteur disposera d'un outil commode et moderne qui dissipe toute confusion entre la forme écrite et la forme parlée des mots. Exemples : **oiseau** se transcrit [wazo], **nuit** se transcrit [nɥi], etc.

La norme de prononciation était jadis celle dite « du Parisien cultivé », mais aujourd'hui l'uniformisation de la prononciation se produit dans toute la France dans le double sens Paris-Régions et Régions-Paris, grâce aux médias et il est souvent difficile de s'y retrouver. Par exemple, la fusion qui se produit sur le plan oral entre **brun** et **brin**, au profit de ce dernier, et qui est responsable des confusions orthographiques entre **emprunt** et **empreint**, se produit plus souvent à Paris qu'en province, et c'est plutôt celle-ci qui, me semble-t-il, en l'occurrence, devrait être suivie. Inversement, la prononciation méridionale de **gauche** avec un [ɔ] est fréquente dans les radios parisiennes, et donne au français « national » une tonalité assez surprenante !

LA CONJUGAISON

Je ne signalerai dans ce dictionnaire que les particularités vraiment délicates, telles les deux séries d'impératif du verbe **vouloir**, qui tiennent soit de l'indicatif : **veux, voulons, voulez**, soit du subjonctif : **veuille, veuillons, veuillez**. On se reportera, pour connaître la conjugaison complète des verbes réguliers et irréguliers, à l'APPENDICE GRAMMATICAL, où est présentée une image à la fois simplifiée et claire des verbes français.

L'ORTHOGRAPHE

On sait l'énorme importance accordée à ce secteur par l'enseignement du français, la façon dont un membre de la société dite lettrée est trop souvent jugé et classé d'après son aptitude à éviter les traquenards des doubles consonnes (**résonner**, mais **résonance** ; **commettre**, mais **omettre**), de l'accord du participe (*Elle s'est laissé* ou *laissée mourir*), de l'accentuation **(avènement**, mais **événement**), ou du trait d'union (**garde champêtre**, mais **garde-côte** ; **tout à coup**, mais **sur-le-champ**). Les derniers succès populaires de la vieille grammaire française ne résident-ils pas dans les innombrables concours de dictées, baobabs formels qui cachent la forêt des vrais problèmes ? Il est certes nécessaire ici de se plier à une norme orthographique, ne serait-ce que parce que les millions de livres vendus chaque année ont une orthographe commune, qui en facilite la lecture à toute personne dont l'apprentissage s'est conformé à la règle générale. Mais où et quand traitera-t-on de la nécessaire et apparemment impossible réforme ?

L'attention du lecteur est donc attirée, dans cette rubrique, principalement sur l'orthographe *d'usage*. J'ai relevé spécialement les mots contenant deux consonnes du même type et une autre consonne seule, par exemple **allitération** (deux *l* et un seul *t*), ou, inversement, **abattre** (un *b* et deux *t*), **agripper** (un *g* et deux *p*) : les erreurs sont très fréquentes et proviennent d'inversions plus ou moins dyslexiques. On trouvera également une fréquente mise en garde contre la confusion entre l'accent grave et l'accent circonflexe, qui donnent tous deux à la lettre *e* une prononciation en [ɛ] ouvert : **près, prêt**. Accentuer les mots n'est pas une perte de temps, mais une condition de lisibilité – et une forme de courtoisie à l'égard du lecteur.

LA FORME

Sous ce titre sont enregistrées les variations dont un mot est susceptible :
– selon sa fonction ou sa catégorie grammaticale. Ainsi **navigant**, adjectif ou substantif, se distingue de **naviguant**, participe du verbe **naviguer**, etc. ;
– selon son genre. Le passage du masculin au féminin est parfois délicat : **lion** donne **lionne**, mais **partisan** donne **partisane** (et non *partisante*) ;
– selon son nombre. Le passage du singulier au pluriel est indiqué pour la plupart des mots en **-al** et en **-ail** (entre autres), avec récapitulation à l'ordre alphabétique de ces suffixes. Exemple : **BERCAIL forme.** Le pluriel **bercails** est extrêmement rare, mais non pas inexistant → -AIL ;
– selon le suffixe qui le constitue. Pour maint vocable, on constate une indifférence à peu près complète entre **-age** et **-ment** (**sabordage** ou **sabordement**), entre **-logiste** et **-logue** (**neurologiste** ou **neurologue**), entre **-tion** et **-ment** (**pullulation** ou **pullulement**). On observe au contraire une différence d'emploi pour d'autres formes, telles que **celte** et **celtique**, **rebond** et **rebondissement**, etc. ;
– selon l'accord. La forme est liée le plus souvent à la construction, par exemple, dans le cas du participe-préposition. **Excepté** est invariable quand il est antéposé au substantif, et s'accorde quand il est postposé : *Excepté sa bru, tous étaient là*, mais *Sa bru exceptée, tous étaient là.*

LE GENRE

Il arrive souvent qu'on hésite sur le genre d'un substantif. Doit-on dire et écrire **un** ou **une abaque**, **un** ou **une alvéole**, **un** ou **une stalactite**, **un** ou **une tubercule**, etc. ? De plus, certains mots changent de sens en changeant de genre. Il en va ainsi de **foudre**, qui est généralement féminin dans ses emplois courants, mais masculin au sens spécialisé de « grand tonneau » ou de « cylindre abritant une soufflerie ». On dit aussi **un foudre de guerre, d'éloquence** et **le foudre de Jupiter**, pour l'« emblème en forme de zigzag » : *un aigle tenant un foudre dans sa serre.*

LA CONSTRUCTION

Dans cette rubrique entrent deux catégories de problèmes distincts :

Certains mots, principalement les verbes, les adjectifs et les adverbes, admettent un complément introduit par une préposition. Mais quelle est la bonne construction ? Doit-on dire *j'aime à faire ceci* ou *j'aime de faire ceci*, ou, sans préposition, *j'aime faire ceci* ? Quelle différence y a-t-il entre ces trois constructions ? Est-ce qu'on **s'associe à quelqu'un** ou **avec quelqu'un** ? Quand emploie-t-on **à**, quand emploie-t-on **de** après le verbe **servir** ? Et combien d'autres questions du même ordre, qu'on rencontre dans des phrases de tous les jours, et auxquelles on a parfois du mal à répondre !

L'ordre des mots est souvent imposé par la grammaire. Il demeure que la place de l'adjectif, ou celle du sujet du verbe, peut varier en fonction du sens, de l'intention de celui qui produit la phrase. **Galant** n'a pas le même sens après **homme** et après **femme.** Au contraire, dans la proposition relative, rien n'empêche de dire : *L'enfant que ses parents aiment* avec la même correction que : *L'enfant qu'aiment ses parents.*

Comment choisir ? Les situations dans lesquelles la langue française nous laisse le choix sont moins rares qu'on ne le croit. On trouvera dans cette rubrique des conseils permettant de décider en connaissance de cause.

L'EMPLOI

Ce titre couvre plusieurs domaines et notamment :
– celui de l'évolution : nous signalons un mot chaque fois qu'il est décalé par rapport au vocabulaire couramment utilisé à notre époque. Ce peut être un archaïsme, comme **occire** ; un néologisme de forme : **zapper, blog, squat** ; un néologisme de sens : **gérer, infiltrer,** etc. ;
– celui de la couche sociale ou professionnelle. Nous mentionnons les niveaux de langue : *vulgaire, populaire, (très) familier, officiel,* ou *administratif, soutenu, littéraire, recherché,* ainsi que l'appartenance d'un mot à un domaine particulier : *langue des marins, des médecins, des avocats, langue scientifique,* etc. Ces précisions permettront de situer exactement les mots d'emploi délicat, et de connaître mieux l'aire d'extension de chacun, sa coloration sociale ou affective : **aoûtien** ne dit pas tout à fait la même chose que **estivant**, une **scopie** désigne à peu près la même chose qu'une **radio**, mais ce ne sont pas les mêmes personnes qui emploient les deux mots. Cette répartition variée du vocabulaire dans la société et dans le temps permet de comprendre les variations de sens entre synonymes, les nuances sémantiques qu'on observe d'un groupe d'utilisateurs à un autre. La même personne peut user d'un registre ou d'un autre selon son humeur ou selon le langage même de son interlocuteur : il est important de savoir « ce qui passera le mieux » dans telle ou telle situation. Cette rubrique devrait faciliter à chacun la découverte du terme propre et pertinent.

LE SENS

Ce titre est le plus souvent coordonné au précédent, tant il est vrai que la signification profonde d'un mot se rattache aux facteurs concrets de la communication. Nous avons insisté sur :
– les mots proches par le sens, appelés traditionnellement *synonymes.* Ceci non pas pour développer ce qui les rapproche ou les distingue, mais essentiellement pour éviter les assimilations abusives : par exemple entre **corsaire** et **pirate**, **apologie** et **panégyrique**, **inventaire** et **éventaire**, etc. La synonymie est presque toujours *partielle* ;
– les mots proches par la forme : *homonymes* comme **sein, seing, ceint**, etc., dont la prononciation est identique, *paronymes* comme **somptuaire** et **somptueux**, **suggestion** et **sujétion**, qui sont souvent confondus en raison de leur ressemblance graphique ou phonétique, mais qui ont des sens bien distincts. Le lecteur sera parfois surpris quand il se voit alerter par un *Ne pas confondre,* qui peut paraître excessif : mais ces mises en garde reposent toujours sur des confusions réellement observées, qui ne sont pas très étonnantes, si l'on tient compte de la vitesse exigée aujourd'hui dans les domaines de la lecture, de l'écriture et de l'interprétation, et qui fait commettre de très étonnants lapsus et des assimilations parfois ahurissantes ;
– les mots qui, sans appartenir à un domaine spécialisé, sont mal compris, et souvent dévoyés de leur signification habituelle. Il en va ainsi, par exemple, de termes hyperboliques comme **mirifique, formidable, panacée, summum**, etc., qui sont parfois complétés, bien inutilement, par un mot intensif, ce qui montre qu'on n'a plus conscience de leur valeur originelle. Il n'est pourtant pas difficile de restaurer celle-ci et de se garder de toute enflure. La tournure la plus simple est, bien souvent, la meilleure : *arriver au sommet de sa carrière* dira autant que *arriver au summum, à l'apogée,* etc.

LES SOUS-ENTRÉES

À la fois pour aérer et varier la présentation, et pour mettre en relief des difficultés fréquentes, dont on aura tendance à chercher immédiatement la solution, certaines locutions figurent, à l'intérieur de chaque article, en *sous-entrée.* Ainsi à l'article **AIMER**, on lira, au-dessous du second paragraphe, en minuscules grasses :

□ **aimer à ce que** (→ À), et, au-dessous encore : **aimer mieux. constr.** (etc.).

D'un coup d'œil, on repère ainsi tout ce qui, dans des tours pourtant usuels, est une source constante d'erreurs ou d'hésitations. Le lecteur n'aura pas besoin de parcourir tout l'article pour trouver ce qui l'intéresse. Les empiètements possibles entre les rubriques et les sous-entrées apparaissent comme une aide, une multiplication des « signaux d'alerte », plutôt que comme un inconvénient.

LES EXEMPLES ET LES CITATIONS

Les explications et les conseils sont illustrés par des exemples précis, des phrases claires qui se suffisent à elles-mêmes et peuvent être comprises en dehors de leur contexte. Il s'agit tantôt de citations d'œuvres littéraires, tantôt d'exemples anonymes, extraits de journaux, phrases lues, entendues ou prononcées couramment, par nous-mêmes ou par d'autres.

Les citations littéraires sont empruntées pour la plupart aux auteurs contemporains. Quelques-unes sont tirées d'œuvres du XIXe siècle, lorsqu'il s'agit de romanciers (Balzac, Stendhal, Zola, Daudet), et d'écrivains qui n'ont été vraiment goûtés qu'au XXe siècle (Hugo, Baudelaire, Rimbaud, Jarry, etc.). Nous n'avons pas hésité, pour ouvrir l'éventail des niveaux de langue, à puiser dans la chanson littéraire, avec Brassens, Brel et Ferré, et dans le roman policier, avec Boileau-Narcejac, Noël Calef, Alain Demouzon, Simenon, Fred Vargas, Pierre Véry. Ce sont les auteurs d'aujourd'hui qui nous parlent le langage de notre époque. Leurs œuvres reflètent nos préoccupations et nos intérêts vitaux. Sans oublier nos deux Prix Nobel, Claude Simon et J.-M. G. Le Clézio, je n'ai pas non plus cru nécessaire de « laisser vieillir » les auteurs non encore confirmés par une gloire officielle : ils nous apportent autant de matière à réflexion sur le langage que leurs aînés, si ce n'est davantage. La vie et les problèmes de notre temps se manifestent chez tous, et il y avait à glaner aussi bien dans un roman de Jean Échenoz, de Muriel Barbery, de Jean Rouaud, que dans un tome de Jules Romains ou de La Varende. Aussi, trouvera-t-on, parmi les quelque deux cents auteurs cités dans la bibliographie, un assez grand nombre de livres publiés depuis l'an 2000.

Les exemples extraits des grands journaux (principalement les quotidiens *Le Monde, Libération, L'Est Républicain* et l'hebdomadaire *Le Canard enchaîné*) et les phrases captées çà et là et reflétant la conversation quotidienne ont servi parfois de substitut – ou de complément – aux citations littéraires. On verra d'ailleurs que la frontière entre les emplois et les niveaux de langue ne coïncide nullement avec ce qu'on baptise un peu sommairement « littéraire » ou « non littéraire ». Telle coupure anonyme du *Figaro* ou de *Paris Match* peut prendre un aspect recherché, alors qu'une phrase de Céline illustre parfaitement une certaine « vulgarité » langagière.

CONCLUSION

J'ai écarté de mon propos toute démagogie rénovatrice, mais aussi tout dogmatisme, tout fétichisme à l'égard de la langue classique, dont Littré et l'Académie seraient prétendument les conservateurs. Joseph Vendryes, l'un des grands pionniers de la linguistique, écrivait dès

1921 dans *Le Langage* : « Il y a beaucoup d'hommes qui parlent français, il n'y a personne qui parle *le* français et qui puisse servir de règle et d'exemple aux autres. » Ces lignes sont aujourd'hui aussi valables qu'hier, et justifient le dessein que j'ai eu de *décrire* autant que de *juger*, de montrer que, tout en appliquant dans la plupart des cas une règle intransgressible du fait de la tradition sociale et culturelle, on n'en doit pas moins essayer de comprendre les causes d'une « difficulté », et ne pas se contenter d'une stérilisante foi du charbonnier.

Jean-Paul COLIN

BIBLIOGRAPHIE DES OUVRAGES CONSULTÉS

GRAMMAIRES ET LIVRES DIVERS

Arrivé Michel, **Gadet** Françoise, **Galmiche** Michel, *La Grammaire d'aujourd'hui*, Flammarion, 1986.

Bérard Évelyne et **Lavenne** Christian, *Grammaire utile du français*, Hatier, 1989.

Bonnard Henri, *Grammaire française des lycées et collèges*, Sudel, 1950 ; *Code du français courant*, Magnard, 1981.

Borrot Alexandre, **Didier** Marcel, **Rispail** Jean-Luc, *Code du bon français*, Magnard, 1991.

Bourgeade Pierre, *Chroniques du français quotidien*, Belfond, 1991.

Cerquiglini Bernard, *Une langue orpheline*, Éditions de Minuit, 2007.

Cespédès Vincent, *Mot pour mot, Kel ortografpr2ml*, Flammarion, 2007.

Chevalier Jean-Claude, **Blanche-Benveniste** Claire, **Arrivé** Michel, **Peytard** Jean, *Grammaire Larousse du français contemporain*, rééd. 1991.

Cohen Marcel, *Regards sur la langue française*, Sedes, 1950 ; *Nouveaux Regards sur la langue française*, *ibid.*, 1963.

Dauzat Albert, *Le Guide du bon usage*, Delagrave, 1954.

Dubois Jean, *Grammaire structurale du français*, 3 volumes, Larousse, 1965, 1967, 1969.

Duneton Claude, *Pierrette qui roule – Pêcheuse ou pécheresse – Dieu seul le sait*, Mango Littérature, 2007.

Éluerd Roland, *Langue et littérature*, Nathan, 1992.

Encrevé Pierre et **Braudeau** Michel, *Conversations sur la langue française*, Gallimard, 2007.

Fouché Pierre, *Traité de prononciation française*, Klincksieck, 2e éd., 1959.

Frei Henri, *La Grammaire des fautes*, Geuthner, 1929.

Friedmann Michel, *Mythologies du vocabulaire – Faux sens, confusions et légendes sur l'origine des mots*, Mille et une nuits, 2007.

Georgin René, *Guide de langue française*, A. Bonne, 1952.

Gougenheim Georges, *Système grammatical de la langue française*, d'Artrey, réimpr., 1962.

Grevisse Maurice, *Le Bon Usage*, 12e éd. refondue par André Goosse, 1986.

Guiraud Pierre, *La Grammaire*, Que sais-je ?, PUF, 3e éd., 1964 ; *Les Mots étrangers*, *ibid.*, 1965.

Hanse Joseph, *Nouveau Dictionnaire des difficultés du français moderne*, Duculot, 2e éd., 1987.

Ladjali Cécile, *Mauvaise langue*, Seuil, 2007.

Le Bidois Robert, *Syntaxe du français moderne*, 2 vol., Picard, 1935, 1938 ; *Les Mots trompeurs*, Hachette, 1970.

Martinet André, *Le français sans fard*, PUF, 1969.

Orsenna Erik, *La Révolte des accents*, Stock, 2007.

Peytard Jean et **Genouvrier** Émile, *Linguistique et enseignement du français*, Larousse, 1970.

Rey Alain, **Duval** Frédéric & **Siouffi** Gilles, *Mille ans de langue française – Histoire d'une passion*, 2007.

Riegel Martin, **Pellat** Jean-Christophe, **Rioul** René, *Grammaire méthodique du français*, PUF, 2009.

Romilly Jacqueline (de), *Dans le jardin des mots*, Éditions de Fallois, 2007.

Thérive André, *Querelles de langage*, Stock, 1929.

Wagner R.-L. et **Pinchon** Jacqueline, *Grammaire du français classique et moderne*, Hachette, rééd., 1991.

DICTIONNAIRES, ENCYCLOPÉDIES ET REVUES

Dictionnaire de la langue française, Émile Littré, 1863-1877 ; rééd. 7 vol., Hachette-Gallimard, 1956-58.

Dictionnaire des difficultés de la langue française, Adolphe-Victor Thomas, Larousse, 1956.

Dictionnaire des pièges et difficultés de la langue française, Jean Girodet, Bordas, 2003.

Dictionnaire de synonymes – mots de sens voisin et contraires, Henri Bertaud du Chazaud, Gallimard, 2007.

Dictionnaire des termes officiels, publié par le Journal officiel de la République française, 7e éd., avril 1991.

Dictionnaire des verbes français, J. et J.-P. Caput, Larousse, 1969.

Dictionnaire du français contemporain, dir. Jean Dubois, Larousse, 1966.

Dictionnaire historique de l'orthographe française, Nina Catach, Larousse, 1995.

Difficultés et pièges du français, Larousse, 2004.

Grand Larousse de la langue française (7 volumes), dir. Louis Guilbert, 1971-1978.

Grand Larousse Universel de Pierre Larousse, en 17 volumes, 1866-1876, rééd. 1991.

Grand Dictionnaire encyclopédique Larousse, 10 volumes, 1982-1985.

Langue française, revue trimestrielle, Larousse, 17, rue du Montparnasse, 75006 Paris.

Le Français aujourd'hui, revue trimestrielle de l'Association française des professeurs de français, Éd. A. Colin, Paris.

Le Français dans le monde, revue de l'enseignement du français hors de France, 8 numéros par an, CLE International.

Le Robert méthodique, 1982.

Le Nouveau Petit Robert, 2007.

Lexique du français pratique, P.-V. Berthier et J.-P. Colignon, Solar, 1981.

Lexis, *Dictionnaire de la langue française* (sous la direction de Jean Dubois), Larousse, 1975.

Rheims Maurice, *L'Insolite*, Larousse, 1989.

Robert Paul et **Rey** Alain, *Le Grand Robert de la langue française.* Dictionnaire alphabétique et analogique de la langue française, 9 volumes, Société du nouveau Littré, 1985 ; 2e éd. en 6 vol., 2001.

Trésor de la langue française, Klincksieck-Gallimard (16 volumes), 1971-1994.

ŒUVRES LITTÉRAIRES

Adam Olivier, *Passer l'hiver*, 2004.
Alain, *Propos sur le bonheur*, 1928 ; *Minerve ou De la sagesse*, 1938.
Alain-Fournier, *Le Grand Meaulnes*, 1913.
Allen Suzanne, *L'Espace d'un livre*, 1971.
Anouilh Jean, *L'Alouette*, 1953.
Apollinaire Guillaume, *Alcools*, 1913 ; *Le Flâneur des deux rives* (posth.), 1928.
Aragon Louis, *Les Beaux Quartiers*, 1936 ; *La Semaine sainte*, 1958.
Audiberti Jacques, *Abraxas*, 1938 ; *Le Mal court*, 1948 ; *L'Effet Glapion*, 1959.
Audoux Marguerite, *Marie-Claire*, 1910.
Aymé Marcel, *Aller retour*, 1927 ; *La Jument verte*, 1933 ; *Les Tiroirs de l'inconnu*, 1960.
Bachelard Gaston, *La Formation de l'esprit scientifique*, 1938.
Balandier Georges, *Afrique ambiguë*, 1957.
Barbery Muriel, *L'Élégance du hérisson*, 2006.
Barbusse Henri, *L'Enfer*, 1908.
Barjavel René, *Le Voyageur imprudent*, 1958.
Barrès Maurice, *Le Jardin de Bérénice*, 1891.
Bastide François-Régis, *Les Adieux*, 1956.
Bauchau Henry, *Le Boulevard périphérique*, 2008.
Bazin Hervé, *Vipère au poing*, 1948.
Beauvoir Simone de, *L'Invitée*, 1943.
Benameur Jeanne, *Les Demeurées*, 2000.
Ben Jelloun Tahar, *L'Enfant de sable*, 1985.
Bernanos Georges, *La Joie*, 1929 ; *Les Enfants humiliés*, 1949.
Bernard Tristan, *Mathilde et ses mitaines*, 1911.
Besson André, *La Louve du Val d'amour*, 1984.
Besson Patrick, *Dara*, 1985.
Bey Maïssa, *Pierre Sang Papier ou Cendre*, 2008.
Bialot Joseph, *Votre fumée montera vers le ciel*, 2011.
Blanchard André, *Autres directions*, 2011.
Boileau-Narcejac, *Sueurs froides*, 1958.
Bouhéret Roland, *Le Grain de sénevé*, 1991.
Boulle Pierre, *La Planète des singes*, 1963.
Bourgon Dominique, *Un Sens à la vie*, 2007.
Boylesve René, *La Leçon d'amour dans un parc*, 1920.
Brassens Georges, *Chansons*, 1952-1968.
Brel Jacques, *Chansons*, 1952-1964.
Breton André, *Nadja*, 1928.
Butor Michel, *L'Emploi du temps*, 1957.
Caillois Roger, *Approches de l'imaginaire*, 1974.
Calef Noël, *Ascenseur pour l'échafaud*, 1956.
Camus Albert, *L'Étranger*, 1942 ; *L'Homme révolté*, 1951 ; *La Chute*, 1956.
Carco Francis, *La Belle Amour*, 1952.
Cavanna François, *Mignonne, allons voir si la rose...*, 1989.
Céline Louis-Ferdinand, *Mort à crédit*, 1952.
Cendrars Blaise, *L'Or*, 1925.
Cesbron Gilbert, *Les Innocents de Paris*, 1944.
Chabrol Jean-Pierre, *Les Fous de Dieu*, 1961.
Chaix Marie, *Les Lauriers du lac de Constance*, 1974.
Champion Jeanne, *Les Frères Montaurian*, 1979.
Char René, *Œuvres*, 1929-1950.
Chraïbi Driss, *Un ami viendra vous voir*, 1967.
Claudel Paul, *L'Échange*, 1893 ; *Connaissance de l'Est*, 1895-1905 ; *Le Livre de Christophe Colomb*, 1935.
Clavel Bernard, *L'Espagnol*, 1959.
Clébert Jean-Paul, *La Vie sauvage*, 1953.
Cocteau Jean, *La Difficulté d'être*, 1947.
Colette, *La Chatte*, 1933.
Colombier Jean, *Les Frères Romance*, 1990.
Combescot Pierre, *Les Filles du calvaire*, 1991.
Confiant Raphaël, *Le Nègre et la médaille*, 1988.
Constantin-Weyer Maurice, *Un homme se penche sur son passé*, 1928.
Cossery Albert, *Mendiants et orgueilleux*, 1955, rééd. 2008.
Courteline Georges, *Nouvelles*, vers 1890.
Daninos Pierre, *Le Jacassin*, 1962.
Delay Florence, *Riche et légère*, 1983.
Delteil Joseph, *Les Chats de Paris*, 1929.
Demouzon Alain, *Monsieur Abel*, 1979.
Desarthe Agnès, *Mangez-moi*, 2006.
Desnos Robert, *Œuvres*, 1919-1945.
Desproges Pierre, *Des Femmes qui tombent*, 1985.
Dhôtel André, *Le Neveu de Parencloud*, 1960.
Diwo Jean, *249, faubourg Saint-Antoine*, 2006.

Dorgelès Roland, *Les Croix de bois*, 1919.
Dubois Jean-Paul, *Vous plaisantez, monsieur Tanner*, 2006.
Duhamel Georges, *Chronique des Pasquier*, 1933-1944 ; *Le Voyage de Patrice Périot*, 1950.
Duperray Jean, *Harengs frits au sang*, 1954.
Duras Marguerite, *Un barrage contre le Pacifique*, 1950 ; *Moderato Cantabile*, 1958.
Échenoz Jean, *Cherokee*, 1983 ; *Je m'en vais*, 1999.
Emmanuel Pierre, *Tombeau d'Orphée*, 1944 ; *Jour de colère*, 1945.
Eydoux Henri-Paul, *L'Histoire arrachée à la terre*, 1962.
Faraggi Claude, *Le Maître d'heure*, 1975.
Ferré Léo, *Chansons*, 1952-1961.
Fontanet Jean-Claude, *L'Espoir du monde*, 1989.
Fottorino Eric, *L'Homme qui m'aimait tout bas*, 2009.
Fouchet Max-Pol, *Les Évidences secrètes*, 1972.
France Anatole, *Les dieux ont soif*, 1912.
Franck & Vautrin, *La Fête à Boro*, 2007.
Gallo Max, *La Baie des anges*, 1976.
Garnier Pascal, *Parenthèse*, 2004.
Genevoix Maurice, *Raboliot*, 1925.
Gerber Alain, *Le Faubourg des Coups-de-Trique*, 1979.
Gide André, *Œuvres*, 1921-1951.
Giono Jean, *Un roi sans divertissement*, 1947.
Giraudoux Jean, *Amphitryon 38*, 1929 ; *Pleins Pouvoirs*, 1939.
Godbout Jacques, *Une histoire américaine*, 1986.
Gracq Julien, *Le Rivage des Syrtes*, 1951 ; *La Forme d'une ville*, 1985.
Green Julien, *Le Voyageur sur la terre*, 1930.
Groult Flora, *Maxime ou la Déchirure*, 1972.
Guedj Colette, *Le Perce-oreille*, 2009.
Guibert Hervé, *Des aveugles*, 1985.
Guillebaud Jean-Claude, *La Force de conviction*, 2005 ; *La Vie vivante*, 2011.
Guilloux Louis, *La Maison du peuple*, 1927 ; *Le Sang noir*, 1935.
Guimard Paul, *Les Choses de la vie*, 1967.
Hériat Philippe, *L'Araignée du matin*, 1934.
Hoex Corinne, *Le Grand Menu*, 2001.
Hougron Jean, *Je reviendrai à Kandara*, 1955.
Huguenin Jean-René, *La Côte sauvage*, 1960.
Ikor Roger, *Les Eaux mêlées*, 1955.
Ionesco Eugène, *Rhinocéros*, 1959.
Japrisot Sébastien, *Un long dimanche de fiançailles*, 1991.
Jardin Pascal, *Le Nain jaune*, 1978.
Jarry Alfred, *Ubu roi*, 1896.
Jean Raymond, *Le Village*, 1966 ; *La Ligne 12*, 1973.
Jonquet Thierry, *Jours tranquilles à Belleville*, 1999.
Jorif Richard, *Le Burelain*, 1989.
Jourde Pierre, *Pays perdu*, 2003.
Kessel Joseph, *Le tour du malheur*, 1950.
Khadra Yasmina, *Ce que le jour doit à la nuit*, 2008.
La Varende Jean de, *Le Cavalier seul*, 1956.
Labro Philippe, *Le Petit Garçon*, 1990.
Le Clézio Jean-Marie Gustave, *Le Procès-Verbal*, 1963.
Lefèvre Françoise, *La Grosse*, 1994.
Léger Jack-Alain, *L'autre Falstaff*, 1996.
Lévi-Strauss Claude, *Tristes Tropiques*, 1955.
Llaona Patrice, *Le Bosquet*, 1990.
London Géo, *Comédies et vaudevilles judiciaires*, 1932.
Louÿs Pierre, *Aphrodite*, 1896 ; *La Femme et le Pantin*, 1898.
Mac Orlan Pierre, *L'Ancre de miséricorde*, 1941.
Malaurie Jean, *Les Derniers Rois de Thulé*, 1976.
Mallet-Joris Françoise, *L'Empire céleste*, 1958.
Malraux André, *Antimémoires*, 1967.
Manceaux Michèle, *Anonymus*, 1982.
Marceau Félicien, *En de secrètes noces*, 1953.
Martin du Gard Roger, *Jean Barois*, 1913.
Masson Loys, *Le Notaire des Noirs*, 1961.
Mauriac François, *Le Désert de l'amour*, 1925.
Maurois André, *Ni ange ni bête*, 1919.
Mauvignier Laurent, *Des Hommes*, 2009.
Michon Pierre, *Les Onze*, 2009.
Mirbeau Octave, *Le Journal d'une femme de chambre*, 1900.
Modiano Patrick, *Rue des boutiques obscures*, 1978.
Monfreid Henri de, *Les Secrets de la mer Rouge*, 1932.
Montherlant Henry de, *La Petite Infante de Castille*, 1929.

Morand Paul, *Lewis et Irène*, 1924.
Némirovsky Irène, *Ida*, 1934, rééd. 2006 ; *Le Malentendu*, 1926.
Nimier Roger, *Histoire d'un amour*, 1953.
Nothomb Amélie, *Robert des noms propres*, 2002.
Nourissier François, *Un petit bourgeois*, 1963.
Orsenna Erik, *Une Comédie française*, 1980.
Paraz Albert, *Le Lac des songes*, 1945.
Paulhan Jean, *Jacob Cow le pirate*, 1966.
Péguy Charles, *Notre patrie*, 1905.
Perec Georges, *La Vie mode d'emploi*, 1978.
Pergaud Louis, *La Guerre des boutons*, 1912.
Perret Jacques, *Le Caporal épinglé*, 1947.
Perry Jacques, *Vie d'un païen*, 1965.
Peyré Joseph, *Une fille de Saragosse*, 1957.
Peyrefitte Roger, *Mademoiselle de Murville*, 1947.
Pilhes René-Victor, *La Pompéi*, 1985.
Pontalis Jean-Bertrand, *Frère du précédent*, 2006.
Prévert Jacques, *La Pluie et le Beau Temps*, 1955.
Proust Marcel, *Œuvres*, 1913-1922.
Queneau Raymond, *Le Vol d'Icare*, 1968.
Radiguet Raymond, *Œuvres complètes*, 1917-1923.
Ragon Michel, *Enfances vendéennes*, 1990.
Ramuz Charles Ferdinand, *La Grande Peur dans la montagne*, 1925.
Ravey Yves, *Bambi Bar*, 2008 ; *Enlèvement avec rançon*, 2009.
Raynaud Fernand, *Sketches*, 1955-73.
Rey Henri-François, *La Fête espagnole*, 1958.
Riboulet Mathieu, *Le Regard de la source*, 2003.
Rivière Jacques, *Correspondance avec Marcel Proust*, 1914-1922.
Rivoyre Christine de, *Les Sultans*, 1964.
Robbe-Grillet Alain, *Les Gommes*, 1953.
Roblès Emmanuel, *Œuvres*, 1948-1966.
Rochefort Christiane, *Les Petits Enfants du siècle*, 1961.
Rolland Romain Jean Christophe, *L'Âme enchantée*, 1922.
Romains Jules, *Le 6 octobre*, 1932 ; *Crime de Quinette*, 1932.
Romilly Jacqueline de, *Les Révélations de la mémoire*, 2009.
Rosenthal Olivia, *Que font les rennes après Noël ?*, 2010.
Rouaud Jean, *Les Champs d'honneur*, 1989 ; *L'Imagination du bonheur*, 2006.
Roulet Daniel de, *Kamikaze Mozart*, 2007.
Roussel Romain, *La Tête à l'envers*, 1946.
Roy Jules, *Le Navigateur*, 1960.
Sagan Françoise, *Aimez-vous Brahms ?*, 1959.
Saint-Exupéry Antoine de, *Vol de nuit*, 1931.
Saint-John Perse, *Œuvres*, 1910-1952.
Salacrou Armand, *L'Archipel Lenoir*, 1947.
Sallenave Danièle, *Les Portes de Gubbio*, 1980.
Sarraute Nathalie, *Le Planétarium*, 1959.
Sarrazin Albertine, *La Traversière*, 1966.
Sartre Jean-Paul, *L'Âge de raison*, 1945 ; *Les Mots*, 1963.
Saumont Annie, *Embrassons-nous*, 1998.
Schreiber Boris, *La Douceur du sang*, 2003.
Semprun Jorge, *Le Mort qu'il faut*, 2001.
Simon Claude, *Le Tramway*, 2001.
Stendhal, *Journal*, 1805-1823.
Toussaint Jean-Philippe, *Fuir*, 2005.
Vaillant Roger, *Les Mauvais coups*, 1948.
Vallejo François, *Ouest*, 2006.
Vargas Fred, *Dans les bois éternels*, 2006.
Vercors, *Le Sable du temps*, 1945.
Vidalie Albert, *Les Bijoutiers du claire de lune*, 1954.
Volodine Antoine, *Des Anges mineurs*, 1999.
Triolet Elsa, *L'Âme*, 1963.
Weyergans François, *Trois jours chez ma mère*, 2005.
Wiazemsky Anne, *Une Poignée de gens*, 1998.

NOTE LIMINAIRE

Voici le sens qu'on doit donner aux principaux symboles et abréviations employés dans le cours de cet ouvrage :

→ Doit se lire : voir, *se reporter à.*

♦ Annonce et sépare les rubriques, dans les articles qui en comprennent au moins deux.

□ Séparation des paragraphes.

[ ] Les crochets encadrent toute transcription phonétique ; ils permettent également de donner, à l'intérieur ou à côté des parenthèses, une précision extérieure à la phrase ou à la citation en question.

À la suite d'un mot d'entrée, le trait d'union indique qu'il s'agit d'un début de mot, ou d'un préfixe suivi ou non de trait d'union.

Dans les citations, les points de suspension ne figurent que s'ils font partie du texte de l'auteur, et non pas pour signaler les coupures que nous avons parfois pratiquées.

adj.	est l'abréviation de	*adjectif*
adv.	–	*adverbe*
c.-à-d.	–	*c'est-à-dire*
conjug.	–	*conjugaison*
constr.	–	*construction*
fam.	–	*familier*
fém.	–	*féminin*
fig.	–	*figuré*
indic.	–	*indicatif*
invar.	–	*invariable*
masc.	–	*masculin*
orth.	–	*orthographe*
p. ex.	–	*par exemple*
part.	–	*participe*
péj.	–	*péjoratif*
plur.	–	*pluriel*
pop.	–	*populaire*
prép.	–	*préposition*
prononc.	–	*prononciation*
Recomm. offic.	–	*Recommandations officielles (1990)*
sing.	–	*singulier*
subj.	–	*subjonctif*
subst.	–	*substantif*

Nous avons, le plus souvent possible, évité d'abréger les mots. Mais l'initiale du prénom des auteurs cités a été généralement omise, sauf raisons d'euphonie ou de clarté. Du reste, il suffira, en cas de doute, de se reporter à notre bibliographie.

TABLEAU DES SIGNES DE TRANSCRIPTION PHONÉTIQUE
(Alphabet phonétique international)

VOYELLES

[a] rate, datte, sac
[ɑ] pâte, ras, bas
[ə] lever, premier, ceci
[e] chez, clé, pré, thé
[ɛ] cher, clair, mer, terre
[i] if, pris, nid, si
[o] jaune, pot, eau, maux
[ɔ] or, pomme, dort, colle
[u] joue, août, fou, roux
[y] mu, fut, du, relu, cru
[ø] peu, jeu, feu, eux
[œ] peur, jeune, seul, heure
[ã] gens, Jean, temps, camp
[ɛ̃] plein, sain, lin, rein
[õ] plomb, son, long, rond
[œ̃] un, à jeun, brun

SEMI-VOYELLES

[w] roi, joindre, jouer, couard
[ɥ] cuit, puits, muer, suaire
[j] yoyo, piètre, bille, faille

CONSONNES

[b] bras, abats, tub
[p] par, apparaît, grappe
[d] dard, adroit, farde
[t] tard, attrait, rut
[g] gare, agrès, rogue
[k] car, kilo, accroc, bouc
[v] Var, ivre, rêve
[f] fard, chiffre, touffe
[z] zéro, désir, phrase, osé
[s] ça, assis, sceptre, race, portion
[ʒ] jarre, âge, Serge
[ʃ] char, achat, mâche
[l] lard, alla, sale, salle
[m] mangea, maure, amas, gamme, lame
[n] narrer, anarchie, rêne
[r] rare, pari, parricide, sourd
[ɲ] agneau, régner, poigne, Agnès

SONS ÉTRANGERS

[ŋ] camping, holding, forcing
[x] jota, Xéres

A

À orth. Préposition : **à** ; verbe **avoir : a** (depuis le XVIe s.). ♦ **emploi et sens.** La préposition **à** marque de si nombreux rapports de complémentarité qu'il ne peut être question d'aborder ici tous les problèmes que soulèvent ses divers emplois. Se reporter, pour l'étude des tours les plus fréquents contenant *à*, aux mots pleins (substantifs, adj., verbes et adv.) qui constituent le noyau de ces tours et que l'on trouvera à leur place alphabétique.

Un certain nombre de formules figées commençant par un ***a*** en position détachée ne prennent pas d'accent grave. Ce sont : *a contrario, a fortiori, a minima, a maxima, a novo, a posteriori, a priori* (expressions latines) ; *a capella, a tempo* (expressions italiennes).

□ **à** ou **en** ou **dans** + **nom de ville ou d'île.** ♦ **Nom de ville :** *à* dans tous les cas, même si le nom commence par une voyelle (*à* + l'article *le* se contractent en *au*) : *Je suis* ou *je vais à Avignon, à Arles, à Alger, à Amiens, au Havre,* etc. *En Avignon* est un provençalisme, *en Alger* un archaïsme. **Dans** est possible quand on veut représenter la ville non plus comme un point d'aboutissement mais comme une étendue : *Est-ce que vous ne savez pas que les armées allemandes sont dans Paris ?* (Colette). ♦ **Nom d'île :** *à* est employé devant le nom des petites îles d'Europe : *à Jersey, à Noirmoutier, à Chypre* ; des grandes îles éloignées, de genre non marqué : *à Cuba, à Madagascar* ; des petites îles éloignées, de genre fém. : *à la Guadeloupe, à Tahiti, aux Canaries.* **En** est employé devant le nom des grandes îles, de genre fém., qui est traité comme un nom de pays : *en Irlande, en Corse, en Sardaigne* (excepté à *Terre-Neuve*). *Un faux cadre de modernisme indigent qui a ses répliques jusqu'en Haïti* (Balandier).

□ **à** ou **en** + **moyen de locomotion.** Lorsqu'il s'agit d'un véhicule que l'on enfourche, il est recommandé de se servir de la préposition **à** (par analogie avec *monter à cheval*) : *aller à bicyclette, à moto, à scooter,* plutôt que **en**. Devant les substantifs comme *ski, patin,* le choix est plus délicat et plus controversé. Certains, comme Dauzat, estiment qu'il s'agit d'appareils dans lesquels on enfile les pieds et qu'on peut dire *aller en skis, en patins,* comme on dit *aller en sabots.* Les meilleurs écrivains eux-mêmes hésitent cependant : *Parfois un ouvrier à bicyclette la dépassait* (Mauriac). *On passait là à vélo lui et moi, tous les dimanches après-midi* (Adam), mais : *Il va falloir y aller vite en vélo* (Labro). *Je passerai te prendre. – En moto ?* (Desarthe).

□ **à** ou **chez.** *Je vais au coiffeur, au docteur* est condamné par le bon usage. Il vaut mieux dire *chez le coiffeur.* Cependant, la préposition **chez** implique un rapport d'intimité entre les personnes, qui n'existe généralement pas dans les phrases litigieuses : *Je sortais de chez le cordonnier, et lui de la mairie* (Khadra). D'autre part, la vieille langue connaissait : *aller au ministre, à l'évêque,* avec le sens de « s'adresser officiellement à ». La préposition *à*, exprimant l'idée de direction, concrète ou figurée, n'a rien d'incompatible avec un complément de personne : *Il te donnera des habits d'homme et il te fera mener au dauphin* (Anouilh). *Laissez venir à moi les petits enfants.*

□ **à** ou **pour.** Après *partir,* préposition *pour* : *Je pars pour Paris* (mais la succession des trois *p* de cette phrase paraissait inadmissible à Claudel, qui préférait : *Je pars à Paris.* L'usage le plus fréquent lui donne raison. Quand le nom de ville commence par une autre consonne que *p*, il est aisé de suivre la règle générale : *Je pars pour Lyon, pour Nîmes,* etc.).

□ **à chaque fois (que).** La préposition apporte une précision plus grande dans l'indication d'un moment du temps. Ce renforcement est considéré tantôt comme littéraire, tantôt comme populaire. On peut l'utiliser pour insister sur la simultanéité de deux actions répétées : *Je souffrais à ma manière à chaque fois que je pédalais le long de l'enceinte maudite* (Labro). *Comme à chaque fois que nous étions réunis, nous avons évoqué la vie de notre grand-mère maternelle* (Weyergans). Même renforcement possible pour *la première fois (que). À cette fois* est vieilli.
□ **au soir, au lundi.** *Dimanche (au) soir, hier (au) matin, la veille au soir*, etc. *Au* est obligatoire après : *ce jour-là, la veille, l'avant-veille, le… (un quantième), le jour de…, tous les jours.* Il est facultatif après *hier, demain, le lendemain* (et tous les composés), *lundi* (et tous les jours de la semaine). On peut dire : *Nous sommes au samedi* ou *le samedi* ou *samedi* ; *on était au 15 du mois* ou *le 15 du mois* ; *mercredi à minuit* ou *mercredi minuit.*
□ **à** ou **ou.** Il faut employer **à** si l'écart entre deux unités indivisibles (des êtres vivants par exemple) est supérieur à *deux*, et employer **ou** dans le cas contraire : *cinq* ou *six acteurs* en face de *quinze à vingt spectateurs : C'était un petit entrepreneur qui n'employait que cinq ou six ouvriers* (Gallo). Mais *à* est souvent placé, à tort, même par de bons écrivains, dans des contextes où l'on attendrait *ou* : *Des groupes de cinq à six personnes causaient* (Flaubert). En revanche, *Il a écrit là-dessus cinq à six pages* ne signifie pas tout à fait la même chose que : *Il a écrit là-dessus cinq ou six pages.* Cette dernière phrase traduit en effet une indifférence plus marquée que la première quant au nombre des pages réellement écrites.
□ **à** ou **de.** L'emploi de **à** pour indiquer la valeur d'un objet n'a pas toujours la nuance péjorative qu'on lui attribuait autrefois. On dira aussi bien aujourd'hui : *Il s'offre des costumes à mille euros* que : *Il s'offre des costumes de mille euros.* On constate dans l'usage l'influence croissante de la construction : *Ce costume est à mille euros* (*à* étant la seule préposition possible après le verbe *être*, pour marquer le prix). Mieux vaut dire toutefois : *Ce costume coûte mille euros*, ou : *Le prix de ce costume est de mille euros.* On a admis l'emploi de *à* pour signifier l'appartenance ou la possession uniquement devant un pronom personnel, et non entre deux substantifs : *Il avait de la charité une notion bien à lui* (Masson). *Il a un système à lui* ou *Il a son système à lui*, mais non : *la bague à Jules* (populaire). On trouve toutefois quelques locutions figées : *fils à papa, bête à bon Dieu*, etc. **C'est à vous à** signifie, d'après l'Académie, « votre tour est venu de », tandis que **c'est à vous de** marque plutôt l'obligation. Mais Littré a montré que cette distinction était oiseuse et peu ratifiée par le bon usage.
□ **se mettre à dix.** Précédant un nombre, **à** peut souligner le fait que tous les sujets sont étroitement impliqués dans l'action et que leur nombre n'est pas simplement dû au hasard : *Ils se sont mis à dix pour l'expulser.* Cet emploi est admis à la fois par l'usage banal et par la langue littéraire, surtout après *être, vivre, se mettre, se retrouver*, etc. : *Nous nous sommes mis à plusieurs pour pondre ce chef-d'œuvre* (Gide).
□ **à… et à…** La préposition doit se répéter quand le complément qui la suit est composé de plusieurs éléments : *Je le dirai à papa et à maman.* Mais si l'on a affaire à une locution figée, pas de répétition : *Il s'est plié aux us et coutumes de la région.* De même, si les éléments font partie d'un groupe cohérent : *Mais ces hommes n'étaient pas destinés à vivre et mourir dans la retraite* (Gaxotte).
□ **à** ou **avec.** On dit indifféremment *se marier à* ou *avec, identifier à* ou *avec quelqu'un, parler à* ou *avec*, mais *on cause avec* plutôt que *à quelqu'un.*
□ **à ce que** ou … **que. À ce que** apparaît de plus en plus souvent après les verbes ou locutions qui suivent, pour introduire une proposition au subj. dont le sujet n'est pas le même que celui de la principale : *aboutir, s'accoutumer, aider, aimer, s'appliquer, s'arrêter, arriver, attacher, s'attendre, attribuer, avoir intérêt, chercher, conclure, condescendre, consentir, contribuer, se décider, demander, s'employer, s'exposer, faire attention, gagner, intéresser, s'occuper, s'opposer, parvenir, prendre garde, réfléchir, se refuser, renoncer, se résigner, se résoudre, réussir, tendre, tenir,*

travailler, venir, voir, rien (ou *quoi*) *d'impossible, rien d'extraordinaire, quoi d'étonnant, il n'y a pas de mal, quitte, accoutumé, décidé, habitué, résigné*, etc. *Aucune impossibilité non plus à ce qu'il vive éternellement comme ce Bonhomme Misère* (Ragon). L'Académie préfère la construction classique avec *que*, pour les verbes suivants : *conclure, consentir, demander, faire attention, prendre garde, s'attendre* (ce dernier suivi de l'indic. futur). Toutefois, la construction par *à ce que* est fréquente même chez d'excellents écrivains : *Ne t'attends pas à ce que je puisse te parler* (Gide). *M. Parencloud ne s'opposait pas à ce qu'il fît une nouvelle visite à Mme Santaragne* (Dhôtel). Le déséquilibre de ce système vient du fait que tous ces verbes ou locutions se construisent nécessairement de façon différente selon que leur complément est un substantif ou une proposition, et selon le jeu des sujets : *je m'attends au pire, je m'attends à échouer*, etc., mais : *je m'attends que tu échoueras, qu'il échouera*, etc. La combinaison entre la première structure et la seconde permet de comprendre la diffusion importante du tour **à ce que**. Il serait toutefois préférable d'écrire (sinon de dire !) **de manière que, de façon que** plutôt que **de manière à ce que**. □ **à ce qu'il paraît que,** placé en tête de phrase, est d'un registre populaire. Il convient de dire et d'écrire : *Il paraît que...* ⟶ PARAÎTRE.

ABAISSER et **BAISSER emploi et sens.** Les nuances de sens entre le verbe préfixé et le verbe simple sont quasi inexistantes. **Baisser** tend actuellement à supplanter **abaisser** dans de nombreux cas. ♦ **constr.** Les tours pronominaux sont les plus fréquents. **S'abaisser** a plutôt un sens moral, **se baisser** un sens matériel ou physique : *S'abaisser devant un supérieur, se baisser pour ramasser une aiguille.* **Baisser** s'emploie aussi absolument, alors que **abaisser** ne peut pas être intransitif : *Les machines du bateau avaient baissé de régime* (Toussaint). *Le baromètre baisse.*

ABAQUE genre. Masc. *un abaque.*

ABASOURDIR prononc. Avec un [z] plutôt qu'un [s]. Ce verbe ne vient pas de *sourd*, mais du vieil argot *basourdir*, « tuer » : *Nous les avons hués. Abasourdis, ils reculaient un peu* (Bauchau).

ABAT- orth. Les substantifs formés à partir du préfixe **abat-** restent invar. au plur. : *un abat-jour, des abat-jour. Elles restaient des heures, très tard, chuchotant sous le lustre aux abat-jour rouges* (Chaix).

ABATS et **ABATTIS orth.** S'écrivent toujours au plur. ♦ **sens. Abats** signifie « parties comestibles, mais accessoires, des animaux de boucherie » : *Le fond du chaudron* [...] *où avaient mariné au fil des heures et des jours tous les abats, les os, les chairs et les couennes* (Labro). **Abattis** désigne certaines parties d'une volaille.

ABATTAGE orth. Un *b* et deux *t* à tous les dérivés du verbe **abattre**.

ABATTIS ⟶ ABATS.

ABB- orth. Ne commencent par ce groupe de lettres que **abbé** et les mots qui en sont dérivés.

ABDUCTION et **ADDUCTION sens.** Ces termes de physiologie désignent tous deux des mouvements qui éloignent *(ab)* ou rapprochent *(ad)* un membre du plan médian du corps. On emploie dans le même sens les adj. correspondants : (**muscle**) **abducteur** ou **adducteur**.

ABHORRER orth. Parallèle à celle de **horreur, horrible** : un *h* et deux *r*.

ABÎME, ABYME orth. et emploi. Ce mot bien connu s'écrit avec un *y* dans le tour **mise en abyme**, qui désigne le phénomène de récurrence infinie par emboîtement, qu'on peut percevoir dans l'exemple célèbre de la *Vache qui rit*, portant à ses oreilles une boîte sur laquelle est représentée... une vache portant à ses oreilles, etc. Cela s'applique aussi à une fiction à narrateurs multiples, à récits enchâssés les uns dans les autres, comme *Don Quichotte* de Cervantès ou *Le Roman comique* de Scarron.

ABÎMER orth. L'accent circonflexe représente un *s* disparu, qu'on retrouve dans **abysse.** ♦ **sens. Abîmer** n'avait jadis que le sens fort de « précipiter dans un abîme », qu'il peut du reste avoir encore dans un contexte littéraire : *Il était possédé par un désir énorme et disgracié : violer cette conscience, s'abîmer avec elle dans l'humilité* (Sartre). Mais la plupart du temps il est devenu l'équivalent de « gâter, endommager » : *Il achevait de s'abîmer la vue en collationnant des textes* (Martin du Gard).

ABJECT prononc. À la différence de *suspect*, **abject** se prononce avec k + t à la finale, au masc. comme au fém. : [abʒɛkt].

ABJURER sens. « Abandonner solennellement une opinion religieuse, et par extension une opinion politique. » Ne pas confondre avec **adjurer**, « sommer quelqu'un en faisant appel à sa conscience » : *abjurer une hérésie*, mais *adjurer quelqu'un de...*

ABOI emploi et sens. À l'origine, synonyme de *aboiement*, ce nom est limité aujourd'hui à deux emplois : *Le cerf est aux abois* (chasse à courre) et *Un politicien aux abois* (Barrès) (sens figuré). *Un terrier de célibataire, une planque de fugitif aux abois* (Échenoz). Quand on veut désigner le cri des chiens, on utilise **aboiement** : *L'assourdissant tapage des criquets s'interrompant soudain comme pour laisser place aux aboiements des chiens* (Simon).

ABOLITIONNISME, ABOLITIONNISTE orth. Avec deux *n* : *Le mouvement abolitionniste en France a eu pour lui d'être porté par deux figures admirables, l'abbé Grégoire et Victor Schœlcher* (J. Gautheret, *Le Monde des livres*, 18/05/2007).

ABOMINATION emploi. L'expression de caractère populaire *l'abomination de la désolation*, souvent prononcée avec ironie, n'est rien d'autre qu'une citation biblique dégradée. Le verbe **abominer** est ancien, mais peu employé de nos jours : on lui préfère **avoir en abomination**. L'emploi suivant est rare : *L'impureté est en telle abomination dans la Bible qu'il semble bien que ce soit la faute la plus difficile à remettre* (Green). Littré recommandait de remettre à l'honneur *abominer*, qu'il jugeait avec raison tout à fait viable : *Toutes choses que personnellement j'abomine mais qui, de nos jours, font bien dans un roman* (Queneau). *L'homme de la rue, pour autant qu'il prête attention à ce qu'il écrit, abomine les mots composés comme jeux de prince* (Cavanna).

ABONDER constr. Ce verbe est toujours intransitif : *Une région où abondent les céréales* ou *Les céréales abondent dans cette région*. On peut dire également *abonder en* ou *de* : *Le bourg, dans les années soixante-dix à quatre-vingt, abondait d'échoppes minuscules* (Jourde). La locution **abonder dans le sens de**, qui apparaît au XVIIe s., est tout à fait admise par le bon usage et signifie : « Être d'accord avec l'opinion de » : *Je devais abonder vaguement dans le sens de la brodeuse* (Giono). ♦ **emploi.** En matière de finance, ce verbe se construit transitivement, au sens de « compléter le financement (d'un budget, d'un chapitre, etc.) ».

ABORDER sens. « Aller vers quelqu'un pour lui adresser la parole. » Ne pas confondre avec **accoster**, qui implique une nuance de sans-gêne et parfois de grossièreté. L'origine maritime de ces verbes est totalement effacée dans leurs emplois modernes.

ABORIGÈNE orth. Résister à l'influence analogique des mots commençant par *arbor*. On se gardera, à l'écrit comme à l'oral, d'insérer un *r* après le *a* initial. ♦ **sens.** Terme savant, synonyme de *indigène, autochtone*, « Originaire du pays où il vit » : *C'est un site sacré pour les aborigènes dont on dit qu'ils furent les premiers habitants sur terre* (C. Guedj). Cet adj.-nom s'emploie surtout dans le contexte australien.

ABOYER orth. Le *y* se change en *i*, comme dans tous les verbes en *-oyer*, devant un *e* muet : *il aboie, aboiera, aboierait.* ♦ **constr.** Le complément peut se construire soit avec **à**, soit avec **après**, soit avec **contre**. On trouve rarement *aboyer* au passif : *Il s'avance dans la cour, aboyé par son chien qui ne le reconnaît pas* (Gide).

ABRIBUS emploi et sens. Ce néologisme du début des années 70 est aujourd'hui bien implanté, au sens d'« abri aménagé aux points d'arrêt des lignes d'autobus ». La recommandation officielle **aubette** (arrêté du 18 juillet 1989) est restée sans effet chez nous, bien que ce nom fém. soit employé couramment en Belgique.

ABRUPT prononc. Toutes les lettres se font entendre, au masc. comme au fém. : [abrypt].

ABSCONS prononc. Comme s'il y avait un p : [apskõ(s)]. ♦ **orth.** Au fém., **absconse** : *On soumit donc à l'enfant toutes sortes de suites logiques, d'énumérations absconses* (Nothomb). ♦ **sens.** → ABSTRUS.

ABSENT constr. Souvent absolue au sens propre et au sens figuré. Après **absent de**, on ne peut rencontrer aujourd'hui qu'un complément non animé (nom de lieu) et non plus un animé (nom de personne) comme dans la langue classique : *Il est absent de Paris pour un mois.* La séquence **absent à, absent au** doit en principe être suivie d'un complément de temps, mais l'usage s'est largement répandu d'apporter une précision spatiale : *La place plantée de sorbiers où toute maison était absente* (Dhôtel). *J'étais absent au repas. Il est absent à son travail.* Malgré un apparent illogisme (*J'étais absent au moment du repas* semble plus cohérent), cette pratique est acceptable ; et en un sens figuré : *Peu à peu, mois après mois, elle devint comme absente à elle-même et aux autres* (Pontalis). *Nathalie assise devant le piano blanc jouait en sourdine,* [...] *le visage impassible, comme absente à ce qui se passait autour d'elle* (Wiazemsky). On notera l'emploi, en philosophie, de l'expression **l'absence à soi**.

ABSOLUMENT emploi et sens. Ne pas abuser de cet adv. à la place de **oui**, en guise de réponse, mais le réserver en principe à un sens fort qu'il devrait toujours avoir, de même que l'adj. **absolu** : *Comme absolument plus rien ne fonctionnait nulle part, la concurrence entre ambitieux avait fini par s'affadir* (Volodine).

ABSOUDRE conjug. Difficile, proche de celle de *résoudre.* → APPENDICE GRAMMATICAL. Différence essentielle : passé simple *j'absolus* (à peu près inusité) et part. passé en **-ous, -oute** (en face de *résolu, -ue*). La forme **absolu** est devenue uniquement adjectivale. Attention au futur, qui est *j'absoudrai,* les erreurs sont fréquentes. Nous jugeons souhaitable d'aligner, selon les Recomm. offic. de décembre 1990, l'orth. du masc. sur celle du fém., comme pour **dissoudre** et le second part. de **résoudre.** ♦ **emploi.** Appartient presque exclusivement au registre religieux : *Celui qui absout les péchés du monde.* Mais : *L'amour a une cote inimaginable. C'est comme la confession, il absout* (Delay).

ABSTRACT emploi et sens. Cet anglicisme ne dit absolument rien d'autre que **résumé** : c'est ce dernier mot que recommande l'arrêté ministériel du 30 décembre 1983.

ABSTRAIRE conjug. Verbe très défectif : le passé simple manque (comme le subj. imparfait), et de nombreuses formes sont plus théoriques que réellement usitées. ♦ **sens.** Ne pas confondre **abstraire**, « isoler par la pensée », et **faire abstraction de**, « ne pas tenir compte de, dans un calcul ou un raisonnement » : *Rabut ne bronchant pas vraiment et se retenant, et faisant même encore abstraction (semblant de faire abstraction) de ce qu'il avait entendu* (Mauvignier). Loin d'être synonymes, ces deux tours ont des valeurs opposées. **S'abstraire de :** « S'éloigner, s'isoler de » : *Il faut s'abstraire quelque peu des prestiges de la vie* (Valéry).

ABSTRUS sens. « Dont la difficulté rebute l'esprit. » Synonyme de **abscons.** → ce mot.

ABUSER constr. et sens. Abuser de + nom de chose, « mal user de cette chose, en général avec excès » : *abuser de la drogue* ; **abuser de + nom de personne**, synonyme euphémique de « violer » ; **abuser + nom de personne** (sans préposition), « tromper, duper ». Ce dernier emploi est assez littéraire, sauf dans la locution familière **si je ne m'abuse**, qui signifie « si je ne me trompe » : *Au téléphone les gens s'abusent. Ils* *ne voient pas le visage taillé dru et le menton carré* (Hoex). On évitera bien entendu le pléonasme **trop abuser**, qui s'entend assez fréquemment.

ABYSSE emploi et sens. Ce nom fém., employé le plus souvent au plur., est un doublet étymologique de **abîme**, dont il est synonyme, dans un registre littéraire : *(Ils) retrinquèrent laborieusement à la santé du petit Robert, en vouant aux abysses les fossoyeurs des accords de temps* (Desproges). Ce mot désigne également, en géographie, une fosse sous-marine. Voici un exemple rare d'emploi au sing. et au figuré : *Déjà, si on regarde les enfants de mon âge, c'est une abysse* (Barbery). L'adj. **abyssal** s'emploie au propre et au figuré : *J'avais fini par m'installer plus ou moins confortablement dans un ennui abyssal* (Garnier). *Sophie Gironde, qui n'a jamais pu être mise en présence d'une araignée sans que quelque chose d'abyssal en elle prenne la parole* (Volodine). *Notre ignorance – plus abyssale que jamais – des lois et logiques qui président aux échanges entre les hommes* (Guillebaud). *Les Etats-Unis sont minés par leur déficit abyssal* (G. Béaur, *Le Monde*, 14/08/2011).

AC- orth. Groupe graphique à l'initiale des mots suivants : *acabit, acacia, académie, acagnarder, acajou, acalèphes, acanthe, acariâtre, acarien, acarus, acaule, acolyte, acompte, aconit, s'acoquiner, acore, acotylédone, acoustique, acuité, acul, acuminé, acupuncture, acutangle* (dans tous ces mots, un seul *c* après le *a*).

ACCAPARER constr. Ce verbe est transitif direct : *Elle prétend avoir des droits sur ma vie... Elle veut m'accaparer* (Kessel). *Il me parut que la fermeture de cette malle avait accaparé toute son attention et qu'elle ne pourrait se consacrer à rien d'autre* (Labro). *Les représentants du peuple ont accaparé le pouvoir.* Mais la construction pronominale **s'accaparer (de)**, vraisemblablement sous l'influence de **s'approprier** et de **s'emparer**, est de plus en plus répandue, à l'oral comme à l'écrit : *Un immonde gaillard du nom de Didier, un redoublant, qui essayait de s'accaparer Saladin* (Nothomb).

ACCÉLÉRER orth. Comme tous les verbes ayant à l'avant-dernière syllabe de l'infinitif un *é* (avec accent aigu), **accélérer** change l'aigu en grave devant une syllabe muette finale : *j'accélère*, mais le conserve intact dans les autres cas, et notamment au futur et au conditionnel : *j'accélérerai, j'accélérerais.*
→ APPENDICE GRAMMATICAL.

ACCENTS PIÈGES

Voici une liste de mots dans lesquels les fautes sont fréquentes :

abîme	après	Benoit (Pierre)
accru	arôme, aromatique	bohème (artiste)
aigu, aiguë	assener ou asséner	Bohême (pays)
alcôve	assidûment	Bohémien
aléa	avènement	boîte, boîtier
allèchement		boiter, boiteux
allégement	bâiller, bâillement	Brontë (sœurs)
allègre	bailler (donner)	brûler
allégrement	bâillon	bûche
allô	barème	
ambigu, ambiguë ambiguïté	Barthélemy	ça (de cela)
apôtre	bateau	çà ! (interjection)
appas (attraits)	bâtiment	çà et là
appât (amorce)	Benelux	canoë

cañon, canyon (gorge)
cela
chaîne
chalet
châlit
Chalon-sur-Saône
Châlons-sur-Marne
chapitre
châssis
châtaigne, châtaignier
château
Chateaubriand (René de)
Châteaubriant (Alphonse de)
châtiment
chenet
cicérone
ciguë
cime
Clemenceau
cloître
clôt (il)
clôture
coasser
coïnculpé
côlon (intestins)
complaît (il)
cône
conique
congrûment
contigu, contiguë
contiguïté
continûment
Contrexéville
côte (montée, os, rivage)
cote (de coter)
coteau
cotre
coût, coûter
crâne, crânien
credo
crème
crémerie
crêpe (étoffe, galette)
crêpage, crêper
crépi
crépu
crête
Crète (l'île de)

croasser
croûte
cru (vin)
cru (de croire)
crû (de croître)
cru (contr. de cuit)
crûment
cyclone

débucher
deçà
décru
dégainer
dégât
dégoût
déjeuner
delà
dénouement
dénuement
déplaît (il)
dépôt
dévot
Detroit (USA)
diesel
diffamer
dîme
dîner
diplôme
diplomatique
disgrâce
disgracié, disgracieux
drainer
drôle
drolatique
dû (de devoir)
dûment
Dürer (Albrecht)

égout
égrener
emblème
empiècement
empiétement
enchaîner
enjôler
éperdument
épître
événement
exprès (adj., nom, adv.)

express (train)
extrêmement
extrémité

faine
faîte
fantomatique
fantôme
féerie
fibrome
flâner, flâneur
fût (tronc, tonneau)
futaie
futaille

gaiement
gaieté
gaine
Gaîté (rue de la)
Gallieni
genet (cheval)
genêt (plante)
geôle, geôlier
Géorgie (URSS)
Géorgie (USA)
gît (il), ci-gît
gîte
gnome
goéland, goémon, goélette
goitre
goulûment
grâce
gracier
gracieux, gracile
grêler, grêlon
grève
Guatemala
guatémaltèque

hache
haler (tirer)
hâler (brunir)
Hanoi
hâve
havre
Heredia (J. M. de)
holà !
hôtel, hôtellerie
hôpital

hospice
huître

ïambe, ïambique
icône
île, îlot
incongruité
incongrûment
indu
indûment
infâme, infamant, infamie
ingénument
irrécouvrable
irréligieux
irrémédiable
Israël, israélien

jeun (à)
jeune (de jeunesse)
jeûne, jeûner, jeûneur

Koweït

Lénine
Leningrad (Saint-Pétersbourg)
Léon (pays de)
León (Espagne)
Libéria
Liège
liséré

mâchoire
maelström ou malstrom
mânes (ancêtres)
manne (nourriture)
maraîcher
Masséna
mât (de bateau)
mat (terne, échecs)
Megève
mémento
moelle, moelleux
moellon
moyenâgeux
Mûr-de-Bretagne
muséum

Nigeria
nirvana (ou nirvāna)
Noé

opiniâtre
ouïe, ouïr

paître
paraître (il paraît)
pâte (farine, matière délayée)
pâté, pâtée
pâtir
pâtisserie, pâtissier
pâtre
pâture
paturon
pécher (faillir)
pêcher (arbre, du poisson)
pèlerin, pèlerinage
pèlerine
pêne (serrurerie)
piqûre
plaît (il)
pléiade, Pléiade
Poe (Edgar)
poêle (à frire, fourneau, drap)
poème, poète
poésie
prétendument
prétentaine
procès
psychiatre
ptôse
puîné
pylône

quérir

racler
ragoût
râteau, râteler
ratisser
rébellion
receler
reclus
réclusion
refréner
règlement
réglementer
repartie (réponse)
réplétion
retable
réversible
revolver
roder (user)
rôder (errer)
rôti, rôtir
ru
ruche

sèchement
sécher, sécheresse
Saigon
Saint-Pétersbourg (Leningrad)
sécréter, sécrétion
séquoia
soûl
spécimen
succès
Sue (Eugène)
sur (aigre)
sûr (certain)
surcroît
surir
symptôme
syndrome

tache (souillure)
tâche (travail)
tâter
tatillon
ténacité
Teniers (David)
traîne
traître

Valery Larbaud
Venezuela
vénézuélien
Vietnam (ou Viêt-nam)
Villers-Cotterêts
voûte, voûter

zone

ACCEPTION sens. On confond souvent avec **acceptation**, « action d'accepter », le mot **acception**, qui se rencontre soit dans les expressions *sans acception de fortune, de personne,* c'est-à-dire « sans faire entrer en ligne de compte, etc. », soit en lexicologie, où il équivaut à « signification » : *J'ai vu, au long des années, le mot «culture» galvaudé au point d'en arriver à signifier carrément le contraire de son acception première* (Cavanna).

ACCIDENT sens. Possède en commun avec **incident** la notion d'« événement survenant par hasard », mais a un sens fort et correspond en général à un événement fâcheux, tandis qu'à l'origine les deux substantifs pouvaient s'appliquer à quelque chose d'heureux : *Avoir un accident, échapper à un accident, un grave accident.*

ACCIDENTÉ sens. À partir *d'accident,* le part.-adj. **accidenté** et même d'autres formes verbales se répandent dans l'usage courant et concernent des êtres, alors que l'Académie n'admet *accidenté* que lorsqu'il est employé pour certains objets présentant des « irrégularités de surface », par exemple *un terrain accidenté* (d'après *un accident de terrain*) : *Cette nappe immense et accidentée, qui se précipite sans répit, roule vers le néant toutes les couleurs* (Valéry). On admet maintenant : *une voiture accidentée* et l'on entend de plus en plus souvent : *une personne accidentée.* Cet élargissement est irréversible : *La complicité barbouillée qu'on se sent pour les écrasés, les accidentés, les porteurs de phlegmons et d'ulcères* (Sartre). On évitera cependant d'utiliser ce verbe à la voix active : *Le chauffard a accidenté deux enfants* est à déconseiller.

ACCLAMATION emploi. Dans la locution *élire par acclamation,* on n'emploie pas le substantif au plur., sa valeur collective étant ici très nette.

ACCLIMATATION emploi et sens. Ce substantif a la même signification que *acclimatement,* mais ce dernier est relativement peu employé et uniquement en parlant d'êtres humains. Le premier s'applique aux animaux et aux plantes : *un jardin d'acclimatation.*

ACCOMMODER orth. En partant de *mode,* il faut doubler le *m* : *commode,* puis doubler le *c* : *accommoder.* ♦ **Dérivés. Accommodation** a des sens divers : on parlera de *l'accommodation d'une viande* (de sa préparation), mais aussi de *l'accommodation de l'œil* (de sa mise au point), de *l'accommodation* (de l'adaptation) *à une situation*... **Accommodement** désigne un arrangement dont il est convenu, le plus souvent au terme d'une transaction. **Accommodant** désigne une disposition durable à la conciliation ; **arrangeant** se réfère à une situation donnée.

ACCORD Voir à l'ordre alphabétique les catégories grammaticales ou les mots concernés par ce type de problème.

ACCORDAILLES → -AILLES.

ACCOSTER → ABORDER.

ACCOUCHER conjug. La distinction entre *elle est accouchée d'une petite fille* et *elle a accouché d'une petite fille* tombe en désuétude : on n'emploie plus ce verbe qu'avec l'auxiliaire *avoir.* ♦ **emploi. Accoucher** est appliqué uniquement aux humains. C'est un verbe tantôt intransitif, tantôt transitif : *Je faisais des enfants aux âmes séduites, et je les accouchais habilement* (Valéry). Pour les animaux, il existe d'assez nombreux verbes spécifiques, et la locution verbale **mettre bas.** L'impératif *Accouche !* avec le sens de « Dis ce que tu as à dire ! » est du registre populaire.

ACCOUPLEMENT emploi et sens. Ce substantif ne s'emploie que de façon très générale et uniquement pour des animaux. Suivant l'espèce dont il s'agit, on lui substitue des termes plus précis : **saillie, monte, lutte,** etc. Pour les humains, **accouplement** prend une valeur péjorative. Les termes exacts sont **coït, copulation.** Mais on use souvent de périphrases euphémiques.

ACCOURIR conjug. De même que *apparaître,* **accourir** peut se conjuguer tantôt avec *avoir,* tantôt avec *être,* suivant que l'on veut insister sur l'action elle-même ou sur le résultat de l'action. Dans la langue soutenue, éviter l'hiatus de : *il a accouru. Tout le monde serait accouru, l'aurait entourée* (Duras).

ACCOUTUMÉE (À L') sens. Cette locution, tombée en désuétude, équivaut à « comme de coutume » : *À l'accoutumée, quand le docteur sortait des affres du mal, la chair seule était atteinte* (Kessel). On dit plutôt aujourd'hui **comme à l'accoutumée** : *Comme à l'accoutumée, le marquis de Montbarrey se trouvait dans sa bibliothèque* (A. Besson). *Je note, comme à l'accoutumée, qu'on ne fait mine de remarquer ma présence que pour me donner de l'ouvrage* (Barbery). Certains puristes blâment cette tournure, cependant utilisée par Voltaire (et bien d'autres). **Comme accoutumé** est plus rare : *Après qu'on eut, comme accoutumé, fusillé don Nuñez et un grand nombre de ses partisans* (Aymé).

ACCOUTUMER constr. Accoutumer quelqu'un à, s'accoutumer à et **être accoutumé à :** *M. Jo semblait s'être déjà accoutumé à ses manières et ne s'étonna pas* (Duras). On trouve quelquefois dans la langue littéraire la construction avec **de**, qui est vieillie : *Richard s'était accoutumé de voir, quand il parlait, le visage de son père se hausser* (Kessel). *Édouard avait accoutumé de dire...* (Duhamel). La préposition *de* n'est possible que lorsque le verbe est au passé et employé sans complément d'objet direct.

ACCRO emploi et sens. Ce nom-adj. (issu du verbe *accrocher*) est souvent employé dans le registre familier au sens de « passionné de, attaché à », au sein d'un contexte culturel (à l'origine, dans le domaine de la drogue) : *Comment un tel accro du mouvement perpétuel supportait-il de ne plus embarquer ?* (Orsenna). *Nous autres, téléspectateurs, savons déjà que c'est l'œuvre d'un chauffeur de taxi perturbé. D'où vient dès lors qu'on reste accro jusqu'à la fin de l'épisode ?* (I. Talès, *Le Monde*, 10/06/2011). *De plus en plus de Français refusent de devenir accros aux smartphones* (*Le Monde*, 06/06/2011).

ACCROCHE- orth. Accroche-cœur fait au plur. *des accroche-cœurs.* **Accroche-plat** : le plur. est indifférent, *des accroche-plats* ou *accroche-plat.*

ACCROIRE emploi et sens. N'est employé que dans la locution verbale **en faire accroire**, « tromper quelqu'un par de bonnes paroles » (Littré), et implique toujours une idée de mensonge, de tromperie : *On t'engage comme demoiselle de compagnie et on te fait accroire que tu es une petite dame* (Vallejo). **S'en laisser accroire** sert de passif à **en faire accroire** : *Je ne redoute rien tant que de m'en laisser accroire* (Gide). *Un Ariégeois sans âge, partiellement chauve, avec les sourcils toujours en l'air et, aux lèvres, un demi-sourire figé laissant accroire un léger embarras* (Dubois). L'exemple suivant est correct, mais archaïsant : *Ce qu'on appelle la Grande Guerre, probablement pour faire accroire qu'il en existe aussi des petites* (Japrisot).

ACCROÎTRE orth. Prend l'accent circonflexe sur le *i* chaque fois que ce dernier se trouve devant un *t* (de même pour *croître* et *décroître*). Pas d'accent au part. passé : *accru.* ♦ **emploi.** Surtout de façon transitive ou pronominale ; rarement intransitif : *Il a accru son patrimoine, son patrimoine s'est accru.*

ACCUEIL orth. Pour que le groupe *-cc-* se prononce de façon occlusive [k] et non fricative [s], il faut écrire *-ueil* et non *-euil*, qui ne se rencontre qu'après d'autres consonnes que *c* et *g* : *cerfeuil, fauteuil*, etc. ♦ **emploi.** Expressions figées : *faire bon* ou *mauvais accueil à quelqu'un.* Expressions libres : *faire un excellent accueil, un accueil enthousiaste à quelqu'un.*

ACCU(S) sens. Abréviation substantivée de **accumulateur.** Familier.

ACCUSÉ, INCULPÉ et **PRÉVENU emploi et sens.** Termes de juridiction. Est **inculpée** une personne présumée coupable au cours d'une procédure d'instruction. Les mots de la famille d'**inculpé** sont officiellement tombés en désuétude. → EXAMEN. Est **accusée** une personne reconnue coupable et qui est de ce fait déférée devant une juridiction (les Assises, s'il s'agit d'un crime). Le **prévenu**

n'a à répondre que d'un moindre délit ou d'une infraction devant les tribunaux de police ou correctionnels.

ACCUSER emploi et sens. Souvent au figuré : *accuser la cinquantaine, accuser le coup*, « montrer qu'on a subi une atteinte physique ou morale », appartiennent au langage populaire. **Accuser réception** : « Notifier à l'expéditeur que l'on a reçu son envoi. »

ACE prononc. [ɛs]. ♦ **emploi et sens.** Au tennis, cet anglicisme désigne un « service gagnant, par non-reprise du relanceur ». On pourrait le remplacer par le mot *as* (arrêté ministériel du 21 décembre 1990), qui est en ancien français l'origine du mot anglais !

À CE QUE → À.

ACERBE → AIGRE.

ACHALANDÉ sens. « Qui est fréquenté par de nombreux clients (en parlant d'un magasin, d'une boutique) » : *Les deux frères allèrent ensuite s'asseoir à la terrasse du bar le plus achalandé de Cannes* (Kessel). Cet adj. est formé sur le vieux mot **chaland**, « client ». Le glissement au sens de « bien approvisionné », autrefois condamné par les puristes, est largement passé dans la langue usuelle.

ACHETER conjug. → APPENDICE GRAMMATICAL. ♦ **emploi.** L'expression *acheter français*, construite sur le modèle *parler français*, appartient à la langue commerciale et publicitaire. Son emploi est critiqué, mais non incorrect.

ACHEVER emploi. On peut dire très correctement, au passif : *Il n'était pas achevé d'être bâti* (Flaubert). C'est cependant une tournure peu élégante. On la retrouve dans : *Il semblait que les fondations eussent achevé d'être creusées* (Échenoz).

ACHOPPER orth. Avec deux *p*. ♦ **emploi et sens.** Verbe répandu, à un niveau de langue relativement élevé. Emploi intransitif ou pronominal, au sens de « se heurter » : *S'achopper à une situation sans issue* (Martin du Gard). *Achopper sur* dit sensiblement moins que *achopper à*.

ACIDE → aigre.

ACMÉ emploi et sens. Ce substantif masc. ou fém., signifiant à l'origine « phase d'une maladie (n'importe laquelle) où les symptômes morbides sont au plus haut degré d'intensité », est d'un emploi rare et souvent pédant, au sens de « apogée, sommet » : *Toute l'année, l'équipe se charge du fleurissement et de l'entretien, avec acmé à la Toussaint, évidemment* (*Libération*, 30/10/2009).

ACNÉ genre. Fém. ♦ **sens.** « Lésion de la peau se manifestant par des comédons. » Ne pas confondre avec **acmé**. → le précédent.

ACOLYTE orth. Un seul *c*. ♦ **emploi.** Peut être employé dans un sens neutre : qui accompagne. Dans un sens péjoratif, l'**acolyte** accompagne quelqu'un dans ses mauvaises actions : *Falstaff* [...] *court vers ses acolytes qui prenaient la poudre d'escampette* (Léger). Il est différent en cela du **complice**, qui prend à ces mauvaises actions une part active. Son sens est alors voisin de celui de **comparse**.

ACOMPTE orth. Ce substantif masc. s'écrit en un seul mot et signifie « somme versée à valoir sur un règlement complet de la dette ». Ne pas confondre avec la locution (de sens voisin) *donner une somme à compte* (en deux mots).

À-CÔTÉ orth. Le substantif prend le trait d'union et fait au plur. *des à-côtés* : *Saint Paul a écrit, sur le mariage et ses à-côtés, les conseils les plus déprimants qui soient* (Weyergans), tandis que la locution adverbiale **à côté**, ou la locution prépositionnelle **à côté de**, ne prend pas de trait d'union et demeure invariable.

À-COUP orth. Le substantif prend le trait d'union et fait au plur. *des à-coups* : *Alain restait prostré sur un tabouret, gémissant par à-coups comme une pleureuse orientale* (Desproges). *Tous les deux alors ont des gestes* *rapides et secs, des à-coups pour porter les voix et les regards* (Mauvignier).

ACQUÉRIR conjug. On a toujours le groupe initial *acq-* : *Georges-Henri soutenait que ces gens, par osmose, acquerraient l'instruction dont ils étaient dépourvus* (Godbout). *Le groupe anglo-sud-africain acquiert le brasseur australien pour 7,4 milliards d'euros* (C. Lacombe, *Le Monde*, 23/09/2011). ♦ **sens des dérivés. Acquéreur, acquêt** (terme juridique, « ce qui a été acquis ») ; **acquis**, en tant que substantif, ne désigne que les connaissances acquises, à ne pas confondre avec **acquisition**, d'une façon générale, « chose acquise ». *L'acquisition* peut avoir été achetée, mais elle peut être aussi le fait d'un échange, d'un héritage ; *l'achat* a été obtenu à prix d'argent. → ACQUIT.

ACQUIESCER orth. Ce verbe a une orthographe délicate, le *c* prend une *cédille* devant un *a*. ♦ **sens.** « Donner son consentement, son approbation à » : *J'acquiesçais toujours, presque malgré moi, à ces demandes de mon ami Arnold* (Schreiber). *Il n'acquiesce pas à cette vérité parce que Socrate est du côté de l'autorité, qu'un esclave doit obéir, qu'un enfant est là pour apprendre* (R.-P. Droit, *Le Monde*, 15/07/2011).

ACQUIT orth. On écrit *pour acquit* (formule bancaire) et *par acquit de conscience*, avec un *t*, parce que ces deux expressions renvoient au verbe *acquitter* et non au verbe *acquérir* (dont le part. est *acquis* avec *s*).

ÂCRE orth. Avec un accent circonflexe, contrairement à **acre**, ancienne mesure agraire. ♦ **sens.** « Très irritant au goût ou à l'odorat », peut s'employer au figuré à propos d'un sentiment : *L'âcre amour m'a gonflé de torpeurs enivrantes* (Rimbaud). *Le corps empoisonné par un âcre désir* (Sartre). **Âpre** a un sens assez proche, « qui a une rudesse désagréable ; qui racle la gorge ; dur, pénible » (Petit Robert). Au figuré : *On pense à quelqu'un de volontaire, capable de se montrer âpre et dur à l'occasion* (Romains).

ACTEUR emploi et sens. Ce substantif est très « tendance » au sens de « personne jouant un rôle majeur dans tel ou tel domaine » : *Des groupes chinois, russes ou brésiliens deviennent des acteurs incontournables dans l'alimentation et l'hygiène-beauté* (L. Girard, *Le Monde*, 01/07/2011). *L'objectif de l'école est de proposer une formation complète aux coachs, aux acteurs ou futurs acteurs, qui accompagnent le changement dans les organisations* (*Transférance*, Besançon, sept. 2011). *Les acteurs de la mondialisation, du réseau Internet*, etc.

ACTIF emploi et sens. En démographie, cet adj.-nom s'est largement étendu au sens de « (personne) qui exerce une activité professionnelle, qui a un emploi », par opposition aux **inactifs**, qu'ils soient chômeurs ou retraités : *La plupart des actifs se trouvant en vacances, Paris était plus souple et clairsemé* (Échenoz). On parle également de **cessation d'activité**, tour « politiquement correct » qui permet parfois de masquer les termes **licenciement, mise à pied**, etc.

ACTIVER emploi et sens. Ce verbe, sous la forme transitive ou pronominale, connaît une grande vogue. Il est admis par le bon usage en dépit des condamnations des puristes (jusqu'à Abel Hermant) : *Ma volonté n'y pouvait, mais une force intérieure m'activait* (Gide). *Autour d'eux s'activait ma mère, aidée de Juliette* (Labro). *En face, des femmes de ménage s'activaient, vêtues de blouses roses* (Adam). *Alors, Céline s'active. Elle attise le feu et se dit qu'elle a de la chance d'être garde-barrière* (Lefèvre). *Active !* employé absolument au sens de « Dépêche-toi ! » appartient à un registre familier.

ACTUALISER emploi et sens. Ce verbe, ainsi que **réactualiser**, est très employé dans plusieurs domaines, ce qui correspond bien à notre époque où tout va très vite et où l'on craint à tout moment d'être « dépassé », voire « ringard » : *L'illustre vedette Ida Sconin chantera et dansera dans* Femmes 100%, *nouvelle production de MM. Simon et Mossoul, actualisée par M. Archibald d'Hupont* (Némirovsky). *À chaque fois, un même argument : réactualiser* *les œuvres lyriques, pour que le spectateur d'aujourd'hui y trouve un intérêt* (*Libération*, 2007).

ACTUEL constr. Une tendance s'est répandue, depuis les années 80, qui consiste à antéposer cet adj. quand il est épithète, par exemple dans *l'actuel président, l'actuel gouvernement*, etc., au lieu de le postposer comme jadis : *L'actuel patron de la Bundesbank devrait présider la BCE* (M. de Vergès, *Le Monde*, 14/05/2010). *De 1985 à 1992, l'actuel mentor des frères Schleck a tiré de ce record un véritable prestige* (R. Dupré, *Le Monde*, 15/07/2011). Sans doute y a-t-il ici influence de l'anglais, et peut-être aussi de la place occupée par les adj. *ancien* et *nouveau*, généralement antéposés quand ils sont simplement descriptifs.

ACUPUNCTURE orth. On rencontre aussi *acuponcture*.

ADD- orth. Se trouve à l'initiale dans les mots suivants : *addenda, additif, addition, additionnel, additionner, adducteur et adduction.* → ADDICTION.

ADDENDA forme. Le sing. *addendum* est pratiquement inusité : *Un addenda* (Littré). *Des addenda* (mot latin invar.).

ADDICTION sens. Cet anglicisme récent, dérivé de l'adj. *addict*, « dépendant d'une drogue ou, au fig., d'une activité très accaparante », est passé dans notre langue, ainsi que la forme francisée de l'adj. **addictif**, « qui traduit une dépendance » : *En octobre 2007, la maison d'un spécialiste des addictions à la nicotine a été vandalisée* (Rosenthal). → ACCRO.

ADEPTE sens. « Fidèle ou partisan d'une doctrine, d'une théorie, d'un principe » : *un adepte des sciences occultes.* Admet en général un complément non animé, à la différence de **disciple**, qui renvoie plutôt à un nom de personne, le nom du maître dont on suit et dont on approuve l'enseignement. *Il déteste qu'on le prenne pour mon disciple* (Sartre), en face de : *C'est un adepte attardé du quiétisme.*

ADHÉRENCE et **ADHÉSION sens.** Le premier substantif a un sens concret : « État d'un objet qui tient fortement à un autre » *(la parfaite adhérence d'un tapis, d'un papier peint).* Le second a un sens très proche, mais ne s'emploie qu'au figuré : « État ou action d'une personne qui manifeste son accord avec une autre, ou qui s'inscrit parmi les membres d'une organisation » *(l'adhésion à un parti).* Le verbe **adhérer** est commun aux deux substantifs, le premier avec un sujet désignant un être, le second avec un sujet désignant une chose. Voir le jeu de mots de Valéry : *Les éponges et les sots ont ceci de commun qu'ils adhèrent, ô Socrate !*

ADHÉRENT et **ADHÉRANT orth.** On écrira *un adhérent* (substantif), *un objet adhérent* (adj.). À ne pas confondre avec le part. présent du verbe **adhérer** : *Il a manifesté son dévouement en adhérant à cette ONG.*

À(-)DIEU(-)VAT ! orth. Avec ou sans traits d'union, le *t* final étant facultatif. ♦ **sens.** Cette vieille locution, issue du vocabulaire de la marine, correspond à l'impératif du verbe *aller* et signifie par extension « advienne que pourra ! », « à la grâce de Dieu ! ». Elle s'employait lors d'une manœuvre dangereuse ; aujourd'hui, elle est remplacée par le très laïc : *Envoyez !*

ADJECTIF accord

ADJ. ATTRIBUT. Si le verbe a pour sujet un *nous* désignant une seule personne (plur. de modestie ou de majesté, ou de complicité affective), l'adj. attribut reste au sing. : *Nous sommes donc toujours triste, pauvre ange !* (Flaubert). *Nous demeurons intimement persuadé que...* (Déclaration d'un personnage officiel). Si le sujet du verbe n'est pas explicite, l'accord de l'adj. se fait suivant le contexte : *Il fallait être polie avant tout* (Proust). (Il s'agit d'Albertine.)

ADJ. ÉPITHÈTE

□ **place.** Le problème de la place de l'adj. épithète par rapport au nom qu'il qualifie est très complexe. En principe, l'adj. postposé a une valeur plutôt descriptive : *Une maison modeste dans un quartier populaire* et l'adj. antéposé une valeur plutôt affective ou psychologique : *Ce sombre crétin a une haute opinion de lui-même,* mais les exceptions et cas particuliers sont très nombreux. La longueur respective du substantif et de l'adj., par rapport à un certain équilibre sur le plan phonique, entre également en ligne de compte : on dira *un vase volumineux* et jamais *un volumineux vase* ; *un mot essentiel* et jamais *un essentiel mot* ; *un ciel nuageux* et jamais *un nuageux ciel* ; *un bref pèlerinage* plutôt qu'*un pèlerinage bref* ; *une douceur printanière* plutôt qu'*une printanière douceur* ; *un soleil radieux* plutôt qu'*un radieux soleil,* etc. Il existe également des séquences figées, comme *un beau garçon, un gros orage, une jolie fille, une grande maison, un petit jardin, un triste sire, une fille facile, un fieffé menteur, un client sérieux,* etc. D'autre part, il n'y a pas de différence très perceptible entre *un grave accident* et *un accident grave, une épouvantable catastrophe* et *une catastrophe épouvantable, un aveu difficile* et *un difficile aveu, un monstrueux orgueil* et *un orgueil monstrueux,* etc. Enfin, certaines constructions ont un caractère littéraire accentué et visent à surprendre le lecteur : *Il en est bien d'autres, mais voici, pour les « dénicheurs », une nouvelle future grande petite adresse* (La Reynière, *Le Monde,* 27/09/1990). *Du sol au plafond montent les aériens échafaudages de plumes et de perles* (Némirovsky). *Une trace coagulée de la bête vivante, le refuge dernier de sa chair abattue quand tout le reste est mort. Je m'applique à mâcher l'inerte matière et à en faire ma substance* (Hoex). *Quand vous aurez achevé votre ronflante sieste, cocktail dans l'un de nos salons. Séance de photos, témoignant de l'humide sourire de votre victoire* (Lefèvre).

□ **après plusieurs noms au sing. et de même genre, coordonnés**, l'adj. se met au plur. : *La facilité ou la simplicité finales du résultat* (Valéry). *Cet homme a pour elle une admiration et une affection sincères* (Némirovsky). Quand le genre des noms est différent, c'est le masc. qui l'emporte : *Une tête et un buste humains* (France). *Sa silhouette et son maintien incongrus* (Labro). On évitera de placer à la suite l'un de l'autre un substantif fém. sing. et un adj. masc. plur., lorsque la prononciation de l'adj. diffère pour les deux genres ; ainsi on n'écrira ni ne dira : *Un buste et une tête humains,* qui choque les habitudes (mais non pas la logique). Valéry a écrit pourtant : *Des occupations qui ont leurs temps et leurs élégances particuliers.* En revanche, quand le masc. et le fém. de l'adj. ne diffèrent pas dans la langue parlée, l'ordre des substantifs sing. n'a pas la même importance : *Ils m'offraient alors un sens, une émotion inconnus* (Arland). On peut dans bien des cas trouver l'accord avec le substantif le plus rapproché : *Se constituer une pensée et une conduite personnelle* (Mauriac).

□ **avec un nom au plur.** On rencontre parfois plusieurs adj. épithètes au sing., si chacun ne s'applique qu'à l'un des objets désignés par le substantif : *Stars en tout genre des sphères lyrique, télévisuelle et cinématographique, sportive ou politique* (Échenoz). *On installera ces zones d'hébergement dans des environnements sonore, thermique, acoustique et hydrométrique adaptés à leur mode de vie* (Rosenthal). *Les philosophies stoïcienne et épicurienne ; les sociétés française et allemande,* etc. Ces derniers exemples impliquent que l'on fait allusion à deux philosophies ou à deux sociétés seulement.

□ **avec deux noms liés par ou.** En général, il s'agit d'une alternative et l'adj. ne s'accorde qu'avec l'un des deux. Mais si les deux éléments sont envisagés comme possibles, on trouvera l'accord au plur. : *Sa réussite ou son échec également redoutés.*

□ **après un nom de sens collectif.** L'accord se fait selon le sens global du texte : *Un tas de fagots très haut,* mais : *Un groupe de soldats blessés.*

□ **avec deux noms liés par comme, ainsi que, de même que**, etc. Accord de l'adj. au plur. si le mot de liaison coordonne véritablement : *J'ai vu le chat, ainsi que le chien, tranquillement couchés.* L'adj. reste au sing. s'il ne s'agit que d'une comparaison : *J'ai vu le chat, ainsi qu'un diable noir, hérissé de colère.*

□ **noms employés comme adj.** S'ils sont encore perçus comme appartenant à la classe du substantif, ils restent invar. : *Ils savent bien qu'ils sont trop purée* (Frapié). *Ces bobos sont bon chic bon genre.* Quand leur emploi en fait

à l'évidence des adj., ils s'accordent selon les règles ordinaires : *des meetings monstres ; des paroles farces ; des manières canailles.*
□ **adj. employés adverbialement.** → ADVERBES.
□ **emploi au neutre.** Après des locutions comme **tout ce qu'il y a de (plus)..., il n'y a de... que, il n'y a pas plus... que**, l'adj. antéposé au nom qu'il qualifie reste le plus souvent au masc. : *Il n'y a pas plus douillet que les hommes* (Giraudoux). *Toute émotion n'a d'exquis que sa surprise* (Gide). Mais quand le sujet est exprimé avant l'adj., on hésite sur l'accord : *Elle est tout ce qu'il y a de plus heureux* ou *heureuse.*
□ **avec un titre.** Si le titre fém. est isolé, il y a accord : *Votre Éminence est trop bonne.* S'il est accompagné d'un substantif de même genre, l'accord est le même : *Sa Majesté la reine est certaine...* Si enfin le titre est accompagné d'un nom au masc., c'est ce dernier genre qui l'emporte : *Sa Majesté le roi est confiant...*
□ **avec des noms synonymes ou en gradation.** L'accord se fait en général avec le dernier terme seulement : *Il est doué d'une bonté, d'une bienveillance rare. C'est un accident, une catastrophe épouvantable.* On rencontre parfois le plur.
□ **adj. de couleur.** → COULEUR.
□ **adj. verbal ou part. présent.** → à l'ordre alphabétique (ADHÉRENT et ADHÉRANT, etc.)

ADJURER → ABJURER.

ADMETTRE constr. Ce verbe est suivi tantôt du subj., tantôt de l'indic., selon qu'on présente comme hypothétique ou comme effective la proposition qu'on accepte : *J'admets que Madeleine soit une très honnête femme, mais elle te plaît, ne dis pas le contraire* (Némirovsky). *J'admets qu'il est infiniment plus intelligent que moi ; cependant...* en face de : *Admettons qu'il soit parti à seize heures précises ; cela ne nous explique pas...*

ADMIRÉ DE ou **PAR** → DE ET PAR.

ADMIRER constr. On rencontre surtout dans la langue soutenue le tour **admirer que + subj.** : *J'admirais que l'abbé eût à peu près complètement dépouillé cette élégance de langage* (Gide). *Ma mère, dont l'impassibilité m'a ébahi et dont j'admire qu'elle ait décidé de faire front* (Labro). Dans ce type de phrases, le verbe **admirer** retrouve souvent une partie de son sens originel : s'étonner.

ADMONESTATION ou **ADMONITION emploi et sens.** Le second substantif est plus littéraire ou plus officiel. Dans l'usage courant, on lui préférera **admonestation** : *Lorsqu'il nous englobait tous dans la même admonestation, c'était pour corriger notre folie collective* (Labro). Les deux signifient « avertissement sévère ».

ADONNER (S') constr. S'adonner à ne peut être suivi que d'un nom de chose, tandis que **se donner à** admet comme complément aussi bien un nom de personne qu'un nom de chose : *S'adonner au jeu. Se donner tout entier à une recherche. Elle s'est donnée à cet homme pour la vie.* ♦ **sens.** Ce verbe est moins fort que **se donner**, qui traduit une aliénation totale : *Il avait prétendu exiger de Raymond qu'il s'adonnât à une occupation régulière* (Mauriac). *Ceux-ci préparaient des licences, collectionnaient des timbres-poste ou s'adonnaient à la littérature* (Carco).

ADORÉ DE ou **PAR** → DE ET PAR. ♦ **constr. Adorer + infinitif** → AIMER.

ADRET sens. Nom masc. désignant le « versant exposé au soleil », s'oppose à **ubac**. → CE MOT.

ADSORBER emploi et sens. Il existe toute une famille de mots formée sur ce verbe technique signifiant « fixer par adsorption, c'est-à-dire pénétration superficielle d'un liquide dans un solide ou un autre liquide » : on se gardera de la confusion avec la famille d'**absorber,** verbe usuel au sens beaucoup plus général et vague.

ADVENIR conjug. Verbe défectif impersonnel usité seulement à l'infinitif et à la 3e personne de tous les temps : *Notre pessimisme et notre nature nous donnant, à tous deux, une* *prescience relativement exacte des catastrophes qui ne cessent d'advenir* (P. Jardin). *Quelque chose doit advenir, qui sera le souvenir, et avec le souvenir la mémoire des injonctions, des devoirs* (Jourde). *C'est dans les mœurs, cela se fait mais pourtant, là encore, rien de tel n'advint* (Échenoz). *Aux heures de toutes les fins, il faut bien que la vérité advienne* (Barbery). *Vous n'arrivez pas à vous souvenir de ce qu'il advient de Hans le joueur de flûte après son exploit* (Rosenthal). *Il advient le plus souvent que...* On le fait suivre du subj. ou de l'indic. ⟶ ADMETTRE. Le substantif **avenir** est l'infinitif substantivé de ce verbe (disparition phonétique et graphique de *d*). ⟶ AVENU.

ADVENTICE emploi et sens. Cet adj. est né de **adventif** par changement de suffixe. Les deux mots ont un étroit rapport en botanique, mais seul **adventice** est couramment employé dans de multiples domaines, avec le sens de « qui ne fait pas naturellement partie de la chose, qui survient accessoirement » : *plantes adventices, développement adventice,* etc.

ADVERBES orth. Les adv. de manière en *-ment* sont en général formés sur le fém. de l'adj., mais il y a de nombreuses anomalies. Les adj. à terminaison vocalique : *-ai, -é, -i, -u,* donnent des adv. sans *e* intercalaire : *vraiment, posément, poliment, ingénument.* Parmi les adv. en *-ument,* seuls quelques-uns portent un accent circonflexe : *assidûment, congrûment, continûment, crûment, dûment, goulûment, incongrûment, indûment, nûment.* Par analogie avec les adv. formés sur les adj. en *-e,* il existe quelques créations insolites, par exemple *commodément, diffusément, importunément, précocement,* etc. Pour les adv. formés sur *exquis* et *opiniâtre,* on emploie plutôt maintenant les formes sans accent, *exquisement* et *opiniâtrement.* ⟶ à l'ordre alphabétique.

□ **adj. employés adverbialement.** Ils demeurent invar. : *Les grelots de la cocaïne sonnaient trop aigu* (Kessel). *Lis-la tout fort, ton histoire* (Chaix). *Le psy sans trop insister disait qu'un jour tu avais décroché et que depuis ta tête fonctionnait bizarre* (Saumont). *Treize ans, elle refusait d'y penser. Ça sonnait horrible* (Nothomb). *L'image de la bouche marmonnante qui ne sait pas répondre haut et clair aux paroles de la maîtresse* (Benameur). *Et soixante-dix ans après, les gardiens en riaient encore jaune* (I. Talès, *Le Monde*, 17/06/2011). *Une jeune femme court vêtue.* Mais quelques-uns, tels que **bon, frais, grand, large**, peuvent s'accorder, dans des expressions plus ou moins stéréotypées : *Il vit qu'elle avait les yeux grands ouverts et fixes* (Sartre). ⟶ ces adj. à l'ordre alphabétique.

AÉRIUM orth. Plur. *des aériums.*

AÉROCLUB orth. S'écrivait avec trait d'union, mais les Recommandations officielles de 1990 préconisent **aéroclub**, de même que **aérodrome, aérogare** et **aéroport.** ♦ **sens.** Le premier composé, **aéroclub**, désigne une association sportive créée pour pratiquer l'aviation légère et le vol à voile ; **aéroport**, d'acception plus vaste, désigne l'ensemble des services et des installations ; **aérogare**, plus particulièrement la partie destinée aux passagers ; **aérodrome**, le terrain sur lequel se trouvent les aires d'envol et les bâtiments (voire, dans un petit aérodrome, les hangars seulement) qui leur sont rattachés.

AÉRODROME, AÉROGARE AÉROPORT ⟶ AÉROCLUB.

AÉRODYNAMIQUE sens. L'adj. signifie « qui a un profil offrant le moins de résistance à l'air ». Donc à éviter en parlant d'un bateau : il vaut mieux, dans ce cas, utiliser des tours comme **bien caréné** ou **bien profilé** ou encore, dans le domaine technique, **hydrodynamique**.

AÉROGLISSEUR emploi et sens. Ce mot est recommandé officiellement (arrêté du 18 juin 1989) pour traduire l'anglais *hovercraft,* « véhicule terrestre, marin ou amphibie glissant sur coussin d'air ».

AÉROLITHE genre. Masc. *un aérolithe.*

AÉRONAUTE emploi et sens. Ce substantif désigne le pilote ou un membre de l'équipage d'un **aérostat.** ⟶ AÉRONEF. Il ne se confond donc pas avec **aviateur**, et son emploi est plus restreint que celui d'**aéronautique.** ⟶ le suivant.

AÉRONAUTIQUE sens. Ne pas confondre ce mot, signifiant « science de la navigation aérienne, dans l'atmosphère terrestre », avec **astronautique**, « science de la navigation spatiale, au-delà de l'atmosphère ».

AÉRONEF genre. Masc. *un aéronef* (bien que *nef* soit fém.). ♦ **sens.** « Tout appareil capable de se déplacer dans les airs » (Petit Robert). Ce mot a vieilli : *L'image que je me faisais des aéronefs allemands* (Proust). Ne pas le confondre avec **aérostat**, dont l'usage s'est beaucoup raréfié et qui signifie « appareil dont la sustentation dans l'air est due à l'emploi d'un gaz plus léger que l'air » (Petit Robert).

AÉROPLANE forme. Ne pas substituer à ce mot un imaginaire *aréoplane*, qui pourrait être formé par l'analogie de *aréomètre, aréopage* (⟶ ce mot), etc. ♦ **emploi.** Ce substantif est tombé en désuétude au profit de **avion** : *L'architecture, oui, mais les livres, à l'époque du chemin de fer, de ces aéroplanes, du cinématographe, non, vraiment* (Gallo).

AÉROPORT ⟶ AÉROCLUB.

AFFABLE constr. On dit surtout **affable avec** et aussi **affable envers** (moins souvent). L'adv. **affablement** est d'un emploi assez rare : *Le monsieur lui indiqua affablement un fauteuil de cuir usé* (Sartre).

AFFABULATION sens. « Disposition des événements constituant la trame d'une œuvre d'imagination. » Ne pas confondre avec **fabulation**, terme plus savant désignant en psychologie l'activité mentale et les créations imaginaires de l'esprit.

AFFAIRE (AVOIR -) forme. On écrit plus souvent **affaire**, en un mot, que **à faire** en deux mots (sans différence de sens appréciable) : *Je ne veux pas avoir affaire aux hommes, comprenez-vous ?* (Sartre). *Celui qui construit ou qui crée, ayant affaire au reste du monde et au mouvement de la nature* (Valéry). Bien entendu, quand la locution est suivie d'un complément d'objet direct, on écrit toujours *à faire : Il a à faire son devoir* (on peut inverser l'ordre des termes : *Il a son devoir à faire*).
□ **affaire avec** ou **à. constr. et sens.** Suivie de la préposition **avec**, l'expression implique une relative égalité entre le sujet et le complément animés, et une certaine réciprocité (idée de transaction, de relations commerciales) : *Que pouvait-il bien avoir affaire avec Lafcadio ?* (Gide). **Avoir affaire à** s'emploie plutôt pour souligner un rapport d'inférieur à supérieur, de faible à fort : *Vous aurez affaire à moi ! Avoir affaire à forte partie.*
□ **avoir affaire de emploi et sens.** Vieilli, « avoir besoin de » : *Qu'ai-je affaire de l'estime de gens que je ne puis estimer ?* (Gide).
□ **l'affaire Dupont, Dreyfus, Clearstream**, etc. **constr.** Dans cet emploi, *affaire* (sans majuscule, sauf en titre) est suivi du nom propre sans préposition : *Affaire Borrel : deux juges interdites de perquisition à l'Élysée* (*Le Monde*, 04/05/2007). *Affaire Diana : « Cherche coroner désespérément »* (*Le Monde*, 27/04/2007). Si le nom propre, dans les usages ultérieurs, devient sous-entendu pour cause de célébrité, on écrit **l'Affaire** avec une majuscule.

AFFAIRER (S') emploi. Ce verbe, apparu en 1933, est admis aujourd'hui par le bon usage, au sens de « être fort occupé à une ou plusieurs tâches » : *Trois ou quatre autres, debout, attendaient, accoudées au comptoir, derrière lequel deux femmes s'affairaient avec de grands brocs* (Butor). *Tandis que les aînées s'affairaient aux devoirs ou aux dessins, elle préparait des repas sérieux* (Nothomb). ♦ **Dérivé. affairement** (langue soutenue) : *Odieux affairement de ma cervelle* (Gide).

AFFECT emploi et sens. Ce terme de psychologie désigne un « état affectif élémentaire » : *Ce ne sont qu'échanges un peu abstraits ou très concrets qui ne laissent pas de place aux affects, qui verrouillent les sentiments* (Échenoz). *Les œuvres qui, au travers d'une forme particulière, savent incarner l'universalité des affects humains* (Barbery). Ne pas confondre avec

affection, affectation ni avec le verbe **(s') affecter**.

AFFECTER (S') constr. Comme la plupart des verbes exprimant un sentiment, **s'affecter** se construit en général maintenant avec **de ce que** (→ cette locution). Mais la langue littéraire lui préfère le tour plus léger avec un simple **que** : *Casimir y allait alors d'une tape, s'affectant que son chien ne m'accueillît pas en ami* (Gide). Dans les tours *affecter la sincérité* et *affecter d'être sincère*, le verbe **affecter** a le même sens et les mêmes compléments que le verbe *feindre*.

AFFECTIF et **AFFECTUEUX sens. Affectif** appartient au lexique de la psychologie : « Qui se rapporte aux états de plaisir et de douleur. » *Le langage affectif s'oppose au langage des idées.* **Affectueux**, beaucoup plus courant, signifie « qui éprouve ou manifeste un sentiment de tendresse pour quelqu'un » (du même sexe ou de l'autre sexe) : *une caresse affectueuse.* → AFFECT.

AFFECTIONNER sens. Synonyme intensif de *aimer*, connaît aujourd'hui une grande vogue : « Avoir un goût très vif pour quelqu'un ou pour quelque chose. » Ne pas confondre avec **affecter**. → ce mot.

AFFÉTÉ et **AFFÉTERIE emploi et sens.** Ce sont des équivalents, dans la langue littéraire ou recherchée, de *affecté* et *affectation* : *Sans doute un connaisseur eût-il jugé cette miniature affétée : sous trop de complaisante grâce s'effaçait presque le caractère* (Gide). *C'était même à ses yeux un charme de plus et non une afféterie comme le jugeait sa sœur Olga* (Wiazemsky). *Outre ces afféteries, il enfilait, pour travailler, des gants et une casquette de peau beiges* (Dubois).

AFFIDÉ et **AFFILIÉ sens.** Le premier mot (presque toujours substantif) a un sens péjoratif : « Complice, acolyte prêt à tous les mauvais coups », tandis que le second (surtout adj.) signifie : « Attaché à, adhérent. » *La société des amis de l'ABC, affiliée aux mutuellistes d'Angers* (Hugo). → ACOLYTE.

AFFILÉ et **EFFILÉ sens. Affilé** équivaut à « aiguisé, auquel on a donné du fil ». Ne pas le confondre avec **effilé**, « allongé, aminci », qui, à la différence de l'adj. précédent, ne s'applique pas forcément à un objet coupant.

AFFILÉE (D'-) orth. S'écrit avec un *e* final, comme *d'emblée.* ♦ **sens.** → ENFILADE et RANG.

AFFINER et **RAFFINER sens et emploi. Affiner**, au propre et au figuré, « rendre plus fin ». Le verbe **raffiner** est d'emploi plus courant, surtout au sens figuré, « rechercher la délicatesse ou la subtilité la plus grande » (Petit Robert). De plus, *raffiner*, au figuré, s'emploie intransitivement, alors que *affiner* exige toujours un complément direct : *affiner son style*, mais *raffiner sur l'élégance de ses phrases.*

AFFIRMATIF emploi et sens. Les militaires emploient couramment cet adj. comme adv., pour donner une réponse positive : *Affirmatif, je vous reçois cinq sur cinq.*

AFFIRMER (S') sens et emploi. Verbe très en vogue, à la voix pronominale, au sens de « se poser, se manifester avec force » (souvent proche de *se confirmer, s'affermir*) : *La personnalité ne s'affirme jamais plus qu'en se renonçant* (Gide). L'emploi le plus satisfaisant de ce verbe le fait suivre d'un attribut, introduit ou non par **comme** : *Il s'affirme (comme) le maître de la peinture contemporaine.*

AFFLIGER (S') → DE (CE QUE).

AFFLUENT orth. Deux *f*, comme *affluence, affluer, afflux* : *Il faut parler des sources, des affluents, des confluents, des villes étrangères* (Lefèvre). *La vieille ville ne pouvant supporter une telle affluence, une nouvelle basilique a été construite aux abords de la route reliant, à équidistance, Rio et Sao Paulo* (A. Gasnier, *Le Monde*, 07/05/2007). → CONFLUENCE.

AFFRES forme. Pas de sing. à ce mot fém., sauf exception très recherchée : *Anubis, ô mon mortel désir, toi le dernier de l'affre tem-*

porelle (Allen). ♦ **sens et emploi.** « Tourments, tortures ». Rare et littéraire : *Mme Rivière était partie silencieusement comme elle avait vécu, gardant le secret de ses affres dernières* (Rolland).

AFFRÈTEMENT orth. S'écrit avec un accent grave, mais **affréter** se conjugue comme *accélérer.* ⟶ APPENDICE GRAMMATICAL.

AFFÛT orth. Tous les mots français commençant par *affût-* prennent un accent circonflexe sur le *u* : *affûter, affûtage,* etc.

AFIN constr. et emploi. Il existe deux locutions conjonctives à sens final, qui sont en distribution complémentaire. **Afin de** s'emploie lorsque le sujet du verbe régi est le même que celui de la proposition principale : *Afin de rester étrangère aux sentiments qu'elle aurait inspirés, elle eut un jour une soudaine impulsion* (Dhôtel). Lorsque les sujets diffèrent, c'est **afin que** qui seul convient : *Il prit sa femme par le bras et lui dit très fort, afin que ses fils l'entendent : « Tu as bien fait de venir, Clémence. »* (Champion). ⟶ FIN *(à seule fin de).*

A FORTIORI ⟶ A POSTERIORI.

AFRIKANER ou **AFRIKANDER forme et sens.** Ces deux formes sont admises indifféremment pour désigner l'« individu blanc, d'origine néerlandaise, habitant en Afrique du Sud ». Sa langue est appelée **afrikaans** ou **afrikans.**

AFTER-SHAVE emploi et sens. Cet anglicisme peut toujours être remplacé par sa traduction exacte : *après-rasage* (qui prend un *s* final au plur.) : *Des lames Gillette avec le rasoir mécanique, l'after-shave dans son flacon de verre...* (Fottorino).

AGACEMENT sens. « Énervement fait d'impatience et de mécontentement » (Petit Robert). Ne pas confondre avec **agaceries** (surtout au plur.), « mines ou paroles inspirées par une coquetterie légèrement provocante » *(id.)* : *Une maîtresse de nature assez froide devient caressante, invente mille agaceries, si nous sommes en train d'écrire une lettre* (Radiguet).

AGAPE emploi et sens. Au sing., « repas en commun des premiers chrétiens » (Petit Robert). Aujourd'hui s'emploie surtout au plur. (fém.) et souvent de façon ironique, pour **festin** : *De fabuleuses agapes.* Voici un rare exemple de sing. : *Cette intention de préparer et de savourer une agape de coquillages* (Barbery).

AGATE orth. Sans *h* (on ne trouve cette lettre que dans le prénom **Agathe**).

AGAVE genre. Le nom désignant cette plante d'origine mexicaine est du genre masc. : *Les cactus sont rares, les agaves ne deviennent pas hauts* (de Roulet).

ÂGE genre. Masc., mais on entend ou on lit encore parfois des expressions comme *la belle âge* (régionalisme). Le genre de l'étymon latin était du reste fém.

□ **à notre âge** et **à nos âges. emploi et sens.** La première locution s'emploie quand il s'agit de plusieurs personnes du même âge ; en revanche, la seconde est préférable lorsque les personnes appartiennent à des générations différentes : *À nos âges, mon petit, on ne voit pas les choses de la même façon.*

□ **troisième âge. emploi.** Cette création des années 70, qui a bien « pris », est assez discutable dans la mesure où les notions de jeunesse et de vieillesse sont relatives, et évoluent en fonction des progrès de la médecine ; entre le *bas âge* et le *grand âge*, les limites sont très indécises : *un club du troisième âge, organiser les loisirs du troisième âge.* On a même inventé un *quatrième âge* (au-delà de 75 ans) : *À l'hôpital, il serait des quasi-grabataires, gibier des « longs séjours » ; la technocratie s'abriterait derrière la formule neutre du « quatrième âge »* (Le Monde).

□ **moyen âge** ⟶ MOYEN.

AGENDA prononc. [aʒɛ̃da]. ♦ **forme.** Plur. *des agendas.*

AGENT emploi. Ce substantif peut être féminisé en **agente**, malgré certaines résistances ! Il est vrai que cette forme peut revêtir un sens péjoratif, notamment dans les services d'espionnage. On dira : *Cette femme est un agent* ou *une agente de publicité très efficace.* Mais au sens « agent de police femme », on rencontre de plus en plus le fém. **policière.** → FÉMININ.

AGG- orth. On ne trouve ce groupe à l'initiale que dans les mots suivants : *agger* (terme de fortification emprunté au latin), *agglomérer, agglutiner, aggraver*, et dans les mots qui en sont issus.

AGIR emploi et sens. Peut s'employer transitivement, et à la voix passive : **être agi** au sens de « être mis en mouvement ». La locution **en agir**, longtemps combattue par les grammairiens, et analogique de *en user, en aller (Il en va de même...)*, est aujourd'hui passée dans la langue soutenue : *J'ai toujours cru que les gens de notre état devaient en agir honnêtement avec Dieu* (Bernanos). *Je ne pense pas que Dante en ait agi différemment pour Béatrice* (Gide).
□ **s'agir conjug.** Avec l'auxiliaire *être* : *Lorsqu'il s'est agi de lui, il avait disparu.* Le part. **s'agissant**, employé absolument, est légèrement archaïque. Mais Littré écrivait à ce propos : « Bonne locution et qui abrège beaucoup. » Le Bidois la tenait pour une « locution brève, expressive, classique et de bon aloi » : *S'agissant de la qualité génétique, l'espèce perd sur tous les tableaux* (J. Rostand).
□ **il s'agit de** ou **que.** Dans la première construction, le sens est « il est question de » ou bien «il est opportun de » ; dans la seconde, le sens est seulement « il convient, il faut » : *Il s'agit que les choses se fassent au grand jour* (Léger).

ÂGISME sens. Ce néologisme (admis par l'arrêté du 13 mars 1985) est formé sur *âge* comme *racisme* sur *race.* Il désigne l'attitude qui consiste à déprécier ou à dénigrer l'individu du fait de son âge avancé. C'est l'antonyme de **jeunisme.** → ce mot.

AGN- prononc. Ce groupe initial se prononce [agna] et non [aɲa] dans les mots suivants : *agnat, agnosie, agnosticisme* (et les mots de la même série).

AGONIR et **AGONISER emploi et sens.** Le premier verbe ne s'emploie qu'avec un complément indirect du type *injures, reproches, sarcasmes*, etc. : *Elle m'a presque agonie de sottises* (Balzac). Voici cependant un exemple de construction absolue : *Tio Andrès fut contraint de se replier avec Pilar et ses gens, non sans agonir les couards* (Peyré). Le second verbe, **agoniser**, a un sens tout différent : « Être à l'article de la mort » : *Personne n'est mort, sauf vous, peut-être, qui allez agoniser dans votre salon* (Vargas). Mais de nombreuses confusions sont commises, notamment dans les formes du présent. *Agonir* se conjugue comme *finir* : *Il l'agonit de sarcasmes* s'oppose à *Tandis que j'agonise* (traduction d'un titre de Faulkner).

AGRAFE orth. Aucune consonne double dans ce mot ni dans ses dérivés : *agrafer, agrafeuse.*

AGRÉER emploi et sens. Verbe assez rare, et réservé à un niveau de langue soutenu, **agréer**, suivant sa construction, peut avoir deux sens, ou bien « accepter, juger digne » : *Il se chargea de faire agréer la demande du jeune Orsini* (Musset), ou bien « plaire, convenir à » : *Si cela vous agrée* (littéraire). Il existe des locutions stéréotypées servant de formule de politesse à la fin d'une lettre : *Veuillez agréer* ou *Je vous prie d'agréer l'assurance de mes sentiments distingués.*

AGRESSER orth. Ne pas écrire ce mot avec deux *g* (attention à l'influence de l'anglais *aggressive*). ♦ **emploi et sens.** Ce vieux verbe français (XIVe s.) retrouve actuellement une grande faveur, en liaison avec l'emploi usuel de **agression,** et n'a rien de condamnable : *La poussière s'élève en lourds nuages, les odeurs – cette odeur de la pauvreté et du sous-développement – vous agressent* (Le Monde). *La civilisation de l'image agresse, jusqu'au traumatisme, les nerfs et la sensibilité* (Le Figaro littéraire).

AGRESSEUR forme. Ce substantif n'a pas de fém. : *Cette nation est considérée par l'ONU comme l'agresseur.*

AGRESSIF emploi et sens. Le sens premier est négatif, « qui cherche noise, qui attaque, physiquement ou verbalement » : *Moi je suis resté assis encore quelques secondes, le temps de penser à cette phrase soudain agressive* (Mauvignier). Dans un contexte de marketing, et même plus largement, dans le domaine du sport, on emploie aujourd'hui volontiers cet adj., sous l'influence de l'anglais, en un sens « positif » équivalent à peu près à celui de **dynamique** : innovation à manipuler avec précaution, car elle peut créer une ambiguïté.

AGRIPPER orth. Un *g* et deux *p*.

AGRO- orth. On écrit *agro-industrie* et *agro-industriel* avec un trait d'union, mais tous les autres composés sont d'un seul tenant : *agroalimentaire, agrobiologie, agrochimie, agropastoral* et *agrotourisme. Comme le produit* [anesthésiant] *persiste dans le cadavre de l'animal, les carcasses sont impropres à la transformation pour l'agroalimentaire* (Rosenthal).

AGRUMES forme. Masc. plur. (pas de sing.).

AGUETS forme et emploi. Toujours masc. plur. et d'emploi très restreint : *La figure attentive et chagrine de Lucie déjà sans doute inquiète et aux aguets* (Mauriac). → ÉCOUTE(S).

AH ! et HA ! orth. Ah ! et **ha !** doivent toujours être suivis du point d'exclamation. ♦ **emploi et sens.** Ces interjections se confondent entièrement dans la langue parlée et n'offrent guère de différence quant au sens. La forme **ha !** est une variante désuète de **ah !** et était jadis employée plus spécialement pour exprimer la surprise, la douleur ou le soulagement.

AHAN emploi et sens. Ce substantif est tout à fait archaïque. Il signifiait « effort pénible » et on le trouve encore dans la langue littéraire : *Nageurs morts suivrons-nous d'ahan* (= « avec peine ») / *Ton cours vers d'autres nébuleuses* (Apollinaire). *Ce que j'écris sans plus d'ahan* (Gide). De même pour le verbe **ahaner** : *Le père a détaché son ceinturon et commence à le fouetter, ahanant sous l'effort* (Anouilh). *Nous aurions volontiers continué d'ahaner jusqu'au sommet de la côte si mon père n'avait donné le signal de la pause* (Labro).

AIDE genre. Non animé : fém. *Apporter une aide précieuse.* Animé humain : masc. ou fém. selon le sexe de la personne : *Un aide de camp, une aide-soignante,* etc. ♦ **forme.** Au plur., les composés sont invar. lorsque *aide-* a une valeur verbale : *des aide-mémoire* (→ APPUI-), mais prennent la double marque du nombre lorsque *aide-* est substantif : *L'association pour l'aide et le maintien à domicile (AMAD) vient de créer un nouveau service d'aides-soignantes* (*L'Est Républicain*, 07/10/1992). *Les allées* [...] *devenaient de plus en plus impraticables malgré le travail des équipes d'aides-jardiniers chargées de les dégager* (Wiazemsky). En composition, *aide* est suivi d'un trait d'union, sauf dans *aide de camp.*

AIDER constr. avec le tour **à ce que.** → À (ce que).
□ **aider à quelqu'un.** Tour très fréquent à l'époque classique. De nos jours, il est désuet, affecté (langue littéraire), ou au contraire maladroit (langue courante) : *Le marquis lui avait aidé à remonter* (La Varende).

AÏEUL forme. Deux plur. : **aïeuls**, « grands-parents », et **aïeux**, « ancêtres ». La distinction est moins bien perçue aujourd'hui qu'autrefois : *De vieilles photographies, dans le buffet, sur lesquelles posent des aïeules dont tout le monde a oublié le nom* (Jourde). *Et cette pensée sera volontaire, due à mon cœur, tandis que ma croyance était une habitude, due à mes aïeux* (Giraudoux). *Il habite une bâtisse construite par un lointain aïeul, il y a deux cent cinquante ans* (L. Zecchini, *Le Monde*, 14/08/2011). ♦ **emploi. Aïeux** est moins usité que **ancêtres**, et prend parfois une valeur d'humour familier. → ANCÊTRE.

AIGLE genre. Substantif masc. quand il désigne « l'oiseau mâle », des objets tels que « pupitre, décoration », ou quand il est appliqué métaphoriquement à un « talent supérieur » : *Cet étudiant est un aigle.* Mais il est fém. au sens de « oiseau femelle » ou de « étendard, devise, armoiries » : *L'empereur* *aux aigles victorieuses pouvait-il subir plus longtemps le défi ?* (Peyré). *Les soldats marchaient précédés de l'aigle napoléonienne.* On rencontre encore dans le parler populaire cette hésitation sur le genre de *aigle.*

AIGRE, ACIDE et **ACERBE sens. Aigre** signifie « qui est d'une acidité désagréable au goût ou à l'odorat ». Se dit d'un liquide qui a « tourné » : *du lait aigre, un vin aigre. Ce qui est aigre n'est plus doux, ce qui est acide n'est pas doux, ce qui est acerbe n'est pas encore doux* (Lafaye). Cette ancienne distinction n'est plus toujours faite, tant s'en faut, dans l'usage courant. Littré indique, pour les sens figurés (dont **acide** est exclu) : *Des paroles aigres sont dictées par le ressentiment, la mauvaise humeur ; des paroles acerbes le sont par l'âpreté naturelle de la personne qui parle.* ⟶ ÂCRE.

AIGU orth. Au fém., **aiguë**, avec un tréma sur le *e* (comme pour *ambigu, contigu, exigu, suraigu*) : *Leur voix suraiguë rompt la paix des habituelles fausses notes* (Jourde). Mais certains linguistes sont partisans de placer, plus logiquement, le tréma sur le *u.*

AIGUISER prononc. On devrait en principe prononcer [egɥize], comme dans **aiguille** et les mots dérivés, mais la prononciation [egize] a pratiquement détrôné l'usage ancien.

AIL forme. Le plur. ancien **aulx**, prononcé [o], est à peu près abandonné aujourd'hui au profit de **ails**. Mais la langue littéraire l'utilisait naguère : *Il aidait sa mère à tresser les aulx* (Colette).

-AIL forme. Plur. en **-ails**, sauf : *aspirail, bail, corail, émail, fermail, soupirail, travail, vantail, ventail, vitrail* (plur. en **-aux**). ⟶ BÉTAIL, ÉMAIL, TRAVAIL.

AILLE(S) forme et emploi. Quelques substantifs fém. en **-ailles**, désignant des cérémonies ou des circonstances importantes de la vie, sont dépourvus de sing., et souvent vieillis : *accordailles, épousailles, funérailles, retrouvailles,* etc. En revanche, ceux qui ont un sens collectif ne possèdent que le sing. : *bleusaille, piétaille, valetaille,* etc. *Est-ce que c'est vraiment des racontars pour faire peur à la bleusaille ?* (Mauvignier).

AILLEURS emploi. La locution **par ailleurs**, outre la valeur spatiale – assez rare (*passer par un autre chemin* plutôt que *passer par ailleurs*) – a le plus souvent une valeur figurée : « À un autre point de vue. » L'usage a admis cet emploi malgré la condamnation formelle des puristes : *Une assemblée de messieurs âgés, par ailleurs fort courtois* (Mauriac). *Son métier, par ailleurs, était devenu de moins en moins rémunérateur* (Dhôtel). *Par ailleurs, comme elle était réellement intelligente, elle se demanda pourquoi elle ne parvenait pas à résoudre des calculs faciles* (Nothomb).

AILLOLI forme. On trouve quelquefois l'orthographe provençale *aïoli.* ♦ **genre.** Masc. *Préparer un ailloli.*

AIMER constr. On peut dire correctement **aimer faire** ou **aimer à faire** (éviter d'employer *à* devant un verbe commençant par cette voyelle) : *Il n'aimait pas les quitter* (Maurois). *Elle aimait à nous réunir dans un même embrassement maternel* (Gide). *Il aimait d'ailleurs à jardiner* (La Varende). **Aimer de** est un tour moins naturel et paraît tantôt affecté, tantôt vulgaire : *J'aime d'être méconnu* (Montherlant). Les deux usages se trouvent, sans doute par variation stylistique, dans cet exemple : *Elle lui parlait en effet beaucoup, d'autant que si Littré* [un chat] *aimait à dormir, il aimait aussi d'entendre sa voix* (Jorif). Le synonyme expressif de *aimer*, **adorer,** fréquent dans le registre familier, ne connaît que deux constructions avec l'infinitif : **adorer faire** et **adorer de faire**, le tour avec *à* étant impossible.
□ **aimer à croire que.** Tour figé, avec un sens affaibli de *aimer.*
□ **aimer à ce que.** Tour très discuté : *J'aime à ce qu'elle m'embrasse* (Vallès) : il suffit de dire **j'aime que** (suivi du subj.).
□ **aimer mieux.** On trouve généralement la construction directe : **aimer mieux quelque chose** ou **faire quelque chose**. Mais la construction **aimer mieux de** se rencontre aussi : *Quand j'étais à Gênes, crois-tu que je*

n'aurais pas mieux aimé de rester dans ma patrie avec les miens ? (Claudel). Il se pose un difficile problème de syntaxe lorsque les compléments comparés sont deux propositions conjonctives. On ne peut guère faire se succéder deux **que**. Il est impossible de dire : *J'aime mieux qu'il reste avec nous que qu'il parte* (alors qu'on peut très bien dire : *J'aime mieux sa présence que son argent*). Lorsque le sujet des propositions compléments est le même que celui du verbe principal, on recourt à l'infinitif : *J'aime mieux rester avec vous que (de) partir.* Dans les autres cas, les écrivains s'en tirent par diverses tournures : *J'aime bien mieux que ce soit lui qui ait pris la tête à ce tour-ci, que si c'était Lavallée* (Romains). *Une vraie femme du monde dans le malheur aime encore mieux que sa fille soit la maîtresse d'un gentleman, que de la voir mariée au plombier de la rue* (*id.*). Il en est de même pour **il vaut mieux** : *Il vaut mieux tuer le diable que si le diable nous tue* (Stendhal). Aujourd'hui, on dirait : *Il vaut mieux tuer le diable (plutôt) que de voir le diable nous tuer* ou *que de nous voir tuer par le diable* ou *que de se faire tuer par lui.* → PRÉFÉRER ET MIEUX.

AÎNÉ, E et **CADET, ETTE constr.** Quand on veut préciser l'écart de l'âge entre deux individus de la même fratrie ou de deux familles différentes, on emploie la préposition **de** : *C'est mon aîné* ou *mon cadet de trois ans. Elle est de trois ans mon aînée* ou *ma cadette. Lors de vos déplacements en province, vous rencontrez une femme de dix ans votre cadette* (Rosenthal).

AINSI QUE emploi et accord. Ainsi que a soit une valeur de comparaison, soit une valeur de coordination. Dans le premier cas, si deux sujets au sing. sont liés par *ainsi que*, le verbe se mettra au sing. : *Pierre, ainsi que Paul, est un garçon studieux.* Si *ainsi que* additionne réellement les sujets, le verbe s'accordera au plur. : *Toute cette rue ainsi que la place étaient envahies par une mer de blouses bleues* (Boylesve). *Pierre ainsi que Paul ont fait le même devoir.* Il y a du reste une assez grande liberté dans ce type d'accord, et on peut faire la même remarque pour *avec, aussi bien que, comme, de même que, non moins que, tant... que*, etc. → ADJ.

□ **ainsi donc. emploi.** Pléonasme passé depuis longtemps dans le bon usage. Mais on évitera l'accumulation, par trop redondante, de *ainsi par conséquent, ainsi par exemple.*

AIR (AVOIR L'-) accord. L'adj. qui suit cette locution verbale est accordé soit avec le sujet, si **avoir l'air** équivaut simplement à « paraître », soit avec le substantif *air*, s'il s'agit de décrire l'apparence extérieure, la physionomie d'un personnage. Il y a parfois des hésitations, et l'accord repose sur le bon sens ou sur le sentiment profond de l'auteur : *Vous avez l'air tellement plus intéressante*, opposé à : *Elle avait l'air anxieux et stupéfait* (Sartre). *Elle a l'air contente de ce qu'on vient de lui dire* (Académie). *Tu n'as pas l'air très heureuse* (Maurois). *Ils n'ont pas l'air gênés de ne pouvoir causer ensemble* (Colette). Lorsque le sujet de **avoir l'air** désigne une chose, l'accord se fait presque toujours avec ce sujet et non avec *air*, les choses ne pouvant en principe « avoir un air » selon le même mode que les humains ! « C'est un contresens, écrit Brunot, que de dire : *Cette poire a l'air bon.* » Cependant : *La chambre n'avait pas l'air encore résignée à la solitude* (France). *Ses colonnes avaient l'air découpées dans du carton* (Proust). Mais lorsque **air** a lui-même un complément, l'adj. s'accorde avec *air* : *Aucune rose n'a l'air suspect de l'orchidée* (Henriot), opposé à : *Aucune rose n'a l'air suspecte.*

AISANCE emploi. Surtout au sing., dans le domaine psychologique, intellectuel ou matériel : **vivre dans une grande aisance**. Les expressions figées *lieux, fosse, cabinet d'aisances* (avec *aisances* au plur.) ont beaucoup vieilli et sont supplantées par *WC, toilettes*, etc.

AISE orth. Fém. *Ils avaient toutes leurs aises.* ♦ **emploi.** Comme adj., **aise** est toujours précédé d'un adv. intensif : *être* ou *se sentir bien aise, fort aise, tout aise.*

AÎTRES → ÊTRES.

AJUSTAGE et **AJUSTEMENT sens et emploi.** Le premier substantif désigne l'« opération destinée à donner à une pièce la dimension exacte que requiert son ajustement à une autre » (Petit Robert). L'**ajustement** est parfois « l'action d'ajuster », mais le plus souvent « le fait d'être ajusté », ou « le degré de serrage entre deux pièces assemblées ». Seul **ajustement** peut s'employer au figuré, au sens d'« accommodement », ou pour désigner l'« arrangement de la toilette » (vx., selon Petit Robert).

-AL forme. Substantifs et adj. en *-al* font en général leur plur. en *-aux*. Font exception : *aval, bal, bacchanal, bancal, cal, caracal, carnaval, cérémonial, chacal, choral* (substantif)*, copal, corral, fatal, festival, final* (adj. et substantif)*, galgal, gavial, gayal, glacial, jovial, mal* (nom vulgaire du silure d'Europe)*, minerval* (belgicisme)*, mistral, narval, natal, naval, nopal, récital, régal, rorqual, serval, sisal, tribal.* ⟶ AUSTRAL (à ASTRAL), BANAL, ÉTAL, IDÉAL, MARIAL, VAL.

ALACRITÉ ou **ALLÉGRESSE emploi et sens.** **Alacrité** est un mot rare et littéraire, qui signifie « enjouement, entrain » : *Ce vieillard est encore d'une étonnante alacrité.* C'est un doublet de **allégresse**, qui est beaucoup plus répandu au sens de « joie très vive qui d'ordinaire se manifeste publiquement ». ⟶ ALLÉGREMENT.

ALAISE ou **ALÈSE orth.** L'étymologie de ce mot étant discutée, les orthographes *alaise* ou *alèse* sont toutes deux possibles : *Ils sentent les alaises en caoutchouc qui sèchent le matin dans les dortoirs* (Volodine).

ALAMBIC prononc. On prononce le *c final* : [alɑ̃bik].

ALARMANT et **ALARMISTE emploi et sens.** Ces deux adj. ne sont pas synonymes. Le premier s'emploie au sens de « inquiétant », avec des substantifs tels que *nouvelle, symptôme, état,* le second qualifie quelqu'un qui diffuse intentionnellement des informations destinées à semer l'alarme : *un pronostiqueur* ou *un journal alarmiste.*

ALBÂTRE genre. Masc. *l'albâtre oriental.*

ALBUMINE emploi et sens. On dit en général à tort : *avoir de l'albumine,* ce qui n'a proprement aucun sens. Il faudrait dire : *présenter* (ou même *avoir*) *de l'albuminurie.* C'est ce dernier terme seulement qui signifie « présence d'albumine dans les urines ».

ALCOOL prononc. Ce substantif et ses dérivés (*alcoolique, alcoolisme, alcoolat, alcoolémie, alcoomètre, alcootest – ou alcotest –,* etc.) se prononçaient, pour Littré, avec deux [ɔɔ]. Aujourd'hui, bien que le parler populaire fasse parfois entendre ce double [ɔ], la tendance est plutôt de prononcer [alkɔl].

ALCOOLIQUE et **ALCOOLISÉ emploi et sens.** Une boisson **alcoolique** contient de l'alcool, par fermentation naturelle. Une boisson **alcoolisée** est un liquide additionné d'alcool. Le vin est une boisson *alcoolique* ; un grog est une boisson *alcoolisée.*

ALCO(O)TEST forme et sens. Ce mot est passé dans l'usage courant, au sens d'« appareil servant à mesurer le taux d'alcool contenu dans le sang (surtout dans le cas d'automobilistes en infraction) ». La forme *alcotest* avec un seul *o* correspond à une marque déposée ; le double *o* est la graphie du Petit Robert. Le Comité d'étude des termes médicaux français a recommandé en 1982, comme terme de remplacement, **éthylomètre.** D'autres penchent pour **éthylotest** : *L'éthylotest s'est avéré positif pour le motard qui roulait à une vitesse excessive dans cette ruelle sinueuse* (*L'Est Républicain,* 15/09/1992). Mais l'usage populaire a depuis longtemps adopté la formule imagée souffler **dans le ballon !** (même si l'appareil en question n'a plus la forme d'un ballon).

ALCÔVE genre. Fém. *Certains paysans ont gardé l'habitude de coucher dans la grande pièce* [...] *ou dans les alcôves attenantes* (Jourde).

ALÉA emploi et sens. « Chance, hasard favorable ou non. » S'emploie parfois au sing. : *La question* [...] *du misérable et affolant aléa* *qu'était l'humanité posée sur une boule de terre égarée* (Vargas). *Une affaire qui présente beaucoup d'aléa.* Mais le plus souvent au plur. : *Très renseigné sur les aléas de la profession* (Aymé). *Les aléas de la spéculation* (*Le Monde*). Malgré sa tendance à prendre une valeur négative, on n'emploiera pas ce substantif au sens de « ennuis, difficultés, pièges », comme dans l'exemple suivant : *Un personnel tout prêt pour parer aux aléas d'une nouvelle grève* (Aragon).

ALÊNE orth. Ne pas oublier l'accent circonflexe. ♦ **genre.** Fém. *une alêne.*

ALENTOUR orth. On écrit aujourd'hui en un seul mot **alentour**, qu'il s'agisse de l'adv. au sens de « aux environs » : *Mais à son jugement il aurait dû se trouver quelque arbre alentour* (Dhôtel). *Une brume uniforme, expansive, opaque et basse comme un plafond, masquant les sommets alentour* (Échenoz) ou du substantif, toujours au plur. : *Elle reconnut bien les alentours de la station* (Romains). *Le lieutenant général comte Maison qui gouvernait la première division militaire, c'est-à-dire Paris et ses alentours* (Aragon). *Le bruit des combats ce jour-là troubla la maison de retraite jusqu'aux alentours de midi* (Volodine). On ne dit plus **à l'entour de**, si ce n'est dans un contexte très littéraire, mais **aux alentours de** : *Vers les alentours de Noël, le temps se releva* (Giono). *On pouvait situer les explosions* [...] *aux alentours de la gare et des dépôts militaires* (Labro).

ALEZAN forme. Ce mot est variable comme substantif et comme adj. indiquant la couleur de la robe d'un cheval, sauf s'il fait partie d'un adj. composé : *une jument alezane*, mais *une jument alezan clair.* → COULEUR. ♦ **sens.** « D'un jaune rougeâtre. » Couleur voisine de **bai** (→ ce mot), mais plus claire.

ALGÈBRE genre. Fém. *Cette algèbre rapide qu'on nomme l'esprit du jeu* (Sainte-Beuve).

ALGORITHME orth. et sens. On prendra garde à ne pas remplacer le *i* par un *y*, sous l'influence de **rythme**, de même pour l'adj. **algorithmique.** Ce mot désigne, en logique et mathématiques, un « enchaînement rigoureux de règles opératoires nécessaires à l'accomplissement d'un processus » : *Le 15 août, Google, numéro un de la recherche sur Internet, génie des algorithmes et champion des centres de calcul informatiques, a annoncé le rachat de Motorola* (J.-B. Jacquin, *Le Monde*, 04/09/2011). Le néologisme **algorithmique,** nom fém., est recommandé par l'arrêté du 27 juin 1989 au sens de « étude de la résolution de problèmes par la mise en œuvre de suites d'opérations élémentaires ».

ALIBI emploi et sens. Mot latin signifiant « à un autre endroit » et employé dans les tours : **avoir, chercher, fournir, vérifier un alibi.** *Ce suspect a un alibi (en béton) : il se trouvait, à l'heure du crime, à cent kilomètres de là.*

ALIÉNATION emploi. Ce substantif appartient au vocabulaire de la psychiatrie et, plus largement, à celui de la philosophie dialectique. Chez Marx, il désigne plusieurs formes de « négation de l'humain ». On évitera donc de galvauder ce mot, pour lequel un engouement suspect se manifeste parfois. ♦ **conjug.** On rencontre le verbe pronominal **s'aliéner (quelqu'un)** au sens de « s'attirer l'hostilité de » : *Des titres cocasses, propres à s'aliéner immédiatement une foule d'esprits médiocres* (Cocteau).

ALINÉA → PARAGRAPHE.

ALIZÉ orth. Avec un *z* : *un (vent) alizé.* Plur. *des alizés. Nous n'en pouvons plus de ce vent, ce vent si fort et si régulier, ce vent si lisse, pour cette raison appelé alizé !* (Orsenna).

ALLÉGER conjug. Comme **accélérer.** → APPENDICE GRAMMATICAL. ♦ **orth.** Avec un accent aigu, comme *lécher.* On écrit *allège* (verbe et substantif) avec un accent grave, mais **allégeance.** Quant au substantif dérivé en *-ment* (qui se prononce plutôt [alɛʒmɑ̃]), l'Académie française admet les deux orthographes **allégement** et **allègement** dans sa 9e édition (1986) : *C'est quelque chose comme ça que pensait Shadow, mais il le formulait autrement en termes d'allégement et de* *pesanteur* (Bauchau), mais il est préférable de suivre les Recomm. offic. de 1990 et d'écrire **allègement**, avec l'accent grave.

ALLÉGREMENT prononc. Tous les mots de cette famille se prononcent avec un [ɛ], bien que cet adv. et le substantif **allégresse** prennent traditionnellement un accent aigu, auquel on serait en droit de préférer l'accent grave.

ALLEGRO et **ALLEGRETTO orth.** Lorsqu'ils sont adverbes (de manière), ces termes de musique, comme tous ceux qui sont d'origine italienne *(adagio, andante, lento, moderato)*, demeurent inaccentués et invar. : *jouer allegro, allegro assai.* Ils s'écrivent en ce cas en italique. Mais lorsqu'ils sont employés comme substantifs, ils prennent un accent aigu, et naturellement les marques habituelles d'accord : *Un allégro de Beethoven. Il n'aimait que les allégrettos.*

ALLÉLUIA orth. et prononc. Avec un accent aigu. Plur. *des alléluias.* On prononce un ou deux [l] et plutôt [u] que [y] : [al(l)eluja].

ALLER conjug. Elle est particulièrement délicate, reposant sur trois radicaux complètement différents : *all-, v(a)- et ir-.* → APPENDICE GRAMMATICAL. ♦ **orth.** L'impératif **va** prend un *s* devant *y* quand cet adv. de lieu est complément du verbe aller : *Elle est couchée, dit-il. Vas-y aussi* (Duras). Mais dans certains cas, et notamment lorsque *y* est complément d'un verbe qui suit, on supprime ce *s* : *Va y mettre un peu d'ordre.*

□ **va-t'en.** On met une apostrophe après le *t*, qui représente ici le pronom **te** élidé (et non un *t* euphonique, comme dans : *C'est une association de redoutables va-t-en-guerre*).

□ **aller-retour** ou **aller et retour.** On insère facultativement **et** dans cette locution employée comme adj. (généralement invar.) ou comme substantif (prenant des **s** au plur.) : *Les enfants n'avaient pas assez d'argent pour payer trois voyages aller et retour* (Cesbron). *Il fait vraiment trop froid pour circuler en Solex, j'ai remisé mon centaure jusqu'au printemps, ne le sortant du garage Pujol que pour l'aller-retour en ville* (Sarrazin). *Les souches des billets (aller simple / aller-retour) correspondant à chacun des arrêts échelonnés le long du parcours* (Simon). *Si vous voulez, dit Veyrenc, je conduis, et vous dormez. On aura fait l'aller et retour dans la soirée* (Vargas). *J'avais fait plusieurs allers et retours entre la gare et le Santora au volant de la Lexus* (Ravey).

□ **s'en aller. constr.** Dans les temps composés de **s'en aller**, la langue littéraire préfère souvent placer le pronom **en** immédiatement après le réfléchi, plutôt qu'entre le verbe auxiliaire et le part. : *Cet enfant, ah ! c'est un peu de moi en vacances et qui s'en est allé courir le monde* (Supervielle). *Mais comme elle n'était pas revenue il s'en était allé* (Duras). Cependant, le tour **il s'était en allé**, à l'origine familier, est devenu courant et correct : *M*[me] *Mortier est arrivée et s'est en allée lorsqu'elle a vu que Mélanie s'habillait* (Stendhal, *Journal*, 1805). L'agglutination de *en* et de *aller* a gagné la langue littéraire, surtout dans l'emploi du part.-adj. : *Quand le docteur se fut en allé* (Daudet). *Et son épaule sentit le froid de cette tête en allée* (Genevoix).

□ **aller + part. présent** ou **gérondif.** Le tour classique, qui marque l'aspect duratif, la continuité, est de plus en plus délaissé au profit de la construction avec **en** (gérondif) : *Les affaires de la maison Coiffard allaient en empirant* (Aymé). On rencontre encore le tour sans préposition dans la langue littéraire : *La rumeur funèbre allait s'éloignant* (Mauriac). *Ils s'en vont trottant vers l'église, bien serrés bras dessus, bras dessous* (Desproges). *Des perspectives de collines pelées qui déroulent leurs variations de courbes et vont s'amenuisant très loin* (Jourde).

□ **aller + complément d'objet.** Le verbe **aller** n'admet de complément d'objet que dans de très rares locutions figées (complément d'objet interne) : *Le projectile, qui va furieusement son chemin, s'est frayé passage* (Duhamel). *Il va son petit bonhomme de chemin.*

□ **aller (pour) faire.** L'infinitif de but est rattaché directement au verbe **aller** : *Elle alla donner un tour de clef à la porte extérieure de la boutique* (Romains). *Pilar n'aurait pas quitté la cathédrale sans être allée baiser le pilier de marbre rouge* (Peyré). On rencontre cette construction directe avec certains synonymes de **aller** : *Je me suis rendu dans le cellier chercher du bois pour alimenter la chaudière* (Ravey). La langue populaire insère parfois la préposition **pour** : *J'allais pour le faire, quand il me dit...* En outre, les dramaturges usent fréquemment de cette construction dans leurs indications scéniques : *Marie-Blanche va pour l'embrasser, ne peut pas* (Salacrou). *Elle va pour se prosterner, hésite, toute rouge* (Anouilh).

□ **il (y) va, il en va, il va de soi.** Les constructions impersonnelles du verbe **aller** appartiennent toutes à la langue littéraire : *Il ne s'agissait plus de réussite, il y allait de sa vie* (Kessel). *Mais quant aux objets qui sont œuvres de l'homme, il en va tout autrement* (Valéry). *Il allait de soi, pour Dullin, qu'une pièce valable à ses yeux était également valable pour les spectateurs qu'il estimait* (Salacrou). *Il avait compris qu'il allait de son intérêt de se fondre le plus possible avec les bagnards* (Duras). *Réfléchis bien, il y va de ton avenir.*

□ **avoir loin à aller.** Cette façon de s'exprimer est peu satisfaisante au point de vue de la syntaxe : *Après tout, je n'ai pas si loin à aller* (Mauriac). Cette phrase se trouve dans la bouche d'une personne considérée comme « vulgaire ». On dira mieux : *Je n'ai pas un si long chemin* (ou *trajet*) *à faire.*

□ **aller à** ou **en** ou **dans** (→ les prépositions À, DANS, EN). ♦ **emploi et sens.** Le verbe **aller** est souvent remplacé par le verbe **être** à certaines formes, surtout composées, dans la langue populaire, mais aussi dans la langue littéraire : *Il y avait trois semaines que M*[me] *de... n'avait été que de son lit à sa chaise longue et de sa chaise longue à son lit* (Vilmorin). *Des cavaliers ont emporté la petite infante, qui n'avaient pas été demander la permission à leurs mamans* (Montherlant). *Qu'est-ce que j'ai été me fourrer là-dedans ?* (Aragon). *Elle a été jusqu'à me demander si ce n'était pas moi* (Simenon). Selon Marouzeau, « nous écrivons **je suis allé** et nous disons plus volontiers **j'ai été** ». On admettra donc cet usage, tout en constatant que le passé simple n'appartient qu'à la langue littéraire, de même que pour les autres verbes : *Elle s'en fut à petits pas jusqu'à un distributeur de parfums* (Sartre). *Wazemmes s'en fut jouer son rôle* (Romains).

□ **aller à, aller chez.** → À.

□ **allons, allez.** L'impératif s'emploie fréquemment avec une valeur affective, bien éloignée du sens premier du verbe : *Allons, dit Héloïse, vous devenez sérieux* (Vian). *C'est une enfant qui a bien du mérite, allez, elle n'a pas eu la vie gaie* (Morand). Ces emplois sont parfaitement corrects, mais appartiennent surtout au registre familier. Noter l'expression affective **allons donc !** qui a valeur de dénégation ou de défi.

□ **va pour samedi.** La locution figée **va pour**, exprimant un accord donné sans enthousiasme, relève de la langue familière : *Va pour les deux Piémontais dont on ne parlera plus* (Giono). *Tu veux un café ? – Je préférerais une tisane. – Va pour la tisane* (Garnier).

□ **il va sur ses soixante-dix ans.** Ce tour familier n'est pas incorrect et s'emploie le plus souvent pour indiquer qu'on s'achemine vers un âge considéré comme avancé : *Le père Quandieu allait sur ses soixante-dix ans* (Zola). Mais on peut trouver aussi l'expression appliquée à quelqu'un de jeune : *Dame, elle va sur ses quatorze ans* (Proust). *C'est à cette époque, je devais aller sur mes huit ans, que mes frères se hasardèrent à dire « le chef » en parlant de papa* (Diwo).

□ **je m'en vais te le dire.** Ce type de construction se rencontre encore dans le registre familier et certains écrivains ne dédaignent pas d'y recourir : *Attendez un instant ; je m'en vais les quérir* (Gide).

□ **y aller de.** Cette locution, issue du jeu, au sens de « participer, miser » ou de « être en jeu », est semi-figée, le *y* ne représentant rien de précis : *Chaque accent y allait de son argument, de son adjectif* (Orsenna).

ALLERGIE emploi et sens. D'origine médicale, ce substantif et ses dérivés sont passablement galvaudés et on peut, dans divers contextes, employer aussi bien **intolérance** *(à qqch.)*. **Allergie** (construit avec *à*) signifie « réaction anormale d'un organisme à un élément extérieur bien supporté par les autres sujets » : *Il avait peur des mouches et développait une allergie aux châtaigniers qui limitait ses sorties en laisse entre Limoges* *et Périgueux* (Desproges). *Une allergie au pollen, aux parfums,* etc. Les emplois figurés de *allergie* sont fréquents. Même remarque pour l'adj. **allergique à**.

ALLIER constr. Qu'il soit à la voix active ou à la voix pronominale, ce verbe se construit à peu près indifféremment avec les prépositions *à* ou *avec* : *Il alliait aux dimensions effrayantes d'un ours du cercle polaire la courtoisie bourrue d'un descendant des peintres flamands* (Franck & Vautrin). Les distinctions anciennes sont aujourd'hui caduques : *Il s'est allié à* ou *avec son pire ennemi.* Mais le substantif **alliance** ne peut se construire qu'au moyen de la préposition **avec** : *Son alliance immorale avec l'adversaire d'hier.* → FIANCER, MARIER, MÉLANGER, etc.

ALLITÉRATION orth. Deux *l* et un *t.* ♦ **sens.** « Succession de mots comportant le ou les mêmes phonèmes (surtout à l'initiale). » C'est en général un procédé du style poétique ou expressif : *Trois bougres bâfrent le bœuf bourguignon* (Duhamel). *Une discrète taloche de sa maigre main mitainée* (Gide). *Elle sentit sourdre la sueur sous ses gants de suédine* (Champion). *«Maintes manies ramenées du Maine...» – allitérations et assonances, ultimes feux* (Fontanet). *Ce fou de Falstaff, cet affreux soiffard essoufflé* (Léger). *Cette vaste rumeur vaguement familière et vaguement inquiétante* (C. Simon).

ALLÔ orth. Avec accent circonflexe : *Allô !*

ALLONGER et **RALLONGER constr.** Il vaut mieux dire *Les jours s'allongent* que *Les jours allongent. Les journées allongent, dit doucement Anne Desbarèdes, à vue d'œil* (Duras). ♦ **sens. Allonger**, en emploi transitif, signifie « rendre plus long, sans pour autant ajouter une pièce rapportée » : *allonger une robe.* Au figuré : *allonger un grog* (en y ajoutant de l'eau). Ne se confond pas avec **rallonger**, « rendre plus long en ajoutant une partie » : *rallonger une jupe.* Parfois, cependant, dans l'usage courant, on emploie **rallonger** sans complément pour dire que les jours **allongent** : *Maintenant les jours rallongent, bientôt les enfants seuls après l'école cesseront de trembler* (Saumont). → PROLONGER.

ALLUME-FEU orth. Au plur., on préférera *des allume-feu* (orth. traditionnelle) à *des allume-feux* (Recomm. offic. 1990) : *Je vais mettre le feu à l'appartement (avec des allume-feu pour barbecue)* (Barbery).

ALLUMER emploi. Il faudrait dire **allumer la lampe** ou **donner de la lumière** plutôt que **allumer la lumière, l'électricité**, mais l'usage l'a ici emporté sur la logique.

ALLURE et **ASPECT emploi.** Le premier nom est relatif à la manière de se comporter, le second à la manière d'être. Mais **avoir fière allure** est une locution figée qui peut aussi s'appliquer à des objets : *La chaudière, le cumulus et les chauffe-eau avaient fière allure* (Dubois).

ALLUVION genre. Fém. *des alluvions récentes* (presque toujours au plur.). *Toutes ces percées sombres que les torrents avaient creusées dans les alluvions caillouteuses de la région niçoise* (Gallo). ♦ **sens.** Les **alluvions** sont un dépôt laissé par les eaux des rivières, les **sédiments** sont un dépôt laissé par les eaux marines.

ALMANACH prononc. Employé seul, ce substantif se prononce sans [k] final, au sing. comme au plur. *Un ou des* [almana]. En liaison, au sing., on a dit **un almanach-**[k]**-ancien.** Mais aujourd'hui, au sing. comme au plur., le [k] ne se fait pas entendre : **des almanachs / anciens.**

ALORS prononc. On n'articule jamais le [s] final, même en liaison. La prononciation [alɔrs] est strictement méridionale. ♦ **emploi et sens.** Valeur temporelle, **alors** désigne en principe un point précis du temps dans une période révolue. Il est le pendant, pour le passé, de *maintenant, en ce moment,* pour le présent. Mais **alors** s'emploie fréquemment avec une valeur affective et dans un registre assez familier : *Ah ! çà, alors, pour un revenant, c'est un revenant !* (Aragon).
□ **jusqu'alors. sens.** « Jusqu'à ce moment-là » (dans le passé) : *Ils trouvèrent, en effet, la courbe d'un chemin plus uni que tous ceux qu'ils avaient rencontrés jusqu'alors* (Dhôtel).

S'oppose à **jusqu'à maintenant, jusqu'à présent** : *Il avait bien travaillé jusqu'alors*, mais : *Il a bien travaillé jusqu'à présent.*

ALPAGA genre. Masc. *Il s'habillait d'alpaga gris* (Aragon).

ALPINISTE ou **ASCENSIONNISTE emploi et sens.** Ces mots sont pratiquement synonymes, et le premier n'est plus obligatoirement lié aux Alpes. On peut dire qu'un alpiniste s'est tué au cours d'une ascension dans les Pyrénées, mais certains préféreront dans ce contexte employer le second substantif.

ALTER emploi et sens. *La fortune soudaine des préfixes* post *ou* alter *et le flou qu'ils charrient sont le signe d'une déréliction politique d'un type nouveau* (Guillebaud). On rencontre souvent **altermondialisme.** → POST.

ALTERNANCE → ALTERNATIVE.

ALTERNATIF, -IVE emploi et sens. Cet adj. connaît un grand succès dans un contexte de « rénovation idéologico-politique » : il exprime le refus des solutions traditionnelles, considérées comme inefficaces, et la conviction d'apporter une analyse et des propositions neuves : *C'est une habitude qu'il a prise dans une école active où les enfants à cœur d'années se consacraient « à la recherche » plutôt qu'à la grammaire. Suzanne et moi étions des promoteurs ardents de l'école alternative* (Godbout). Le développement de l'écologie a ajouté à cet adj. une acception particulière : « De remplacement, de substitution », en parlant de certains procédés ou produits : *Une réduction* [du CO_2] de *40 % pourrait être obtenue d'ici trente ans dans les transports si l'on met au point des véhicules moins gourmands et des carburants alternatifs* (*Le Monde*, 23/09/1995). *La maison Van Schowen est désormais devenue le lieu-phare d'un réseau alternatif qui s'est imposé dans le paysage médical belge* (J.-P. Stroobants, *Le Monde*, 16 /01/2009).

ALTERNATIVE et **ALTERNANCE emploi et sens.** Le premier de ces deux termes est très répandu dans la langue courante et dans la langue littéraire. Le sens propre est « situation dans laquelle on doit choisir entre deux possibilités opposées » : *En certaines situations, il n'y a place que pour une alternative dont l'un des termes est la mort. Il faut faire en sorte que l'homme puisse, en toute circonstance, choisir la vie* (Sartre). *Les deux infirmières savent par cœur les deux termes de l'alternative. Ou bien le cas est désespéré et il n'y a qu'à attendre, ou bien l'interne va dire « allons-y » et tout s'enchaînera mécaniquement* (Guimard). *C'est la loi du marché, me disent-ils, grandir ou périr, c'est l'unique alternative* (Desarthe). Les deux branches de **l'alternative** conduisent à des aboutissements différents, au contraire du **dilemme** (→ ce mot). Mais on constate souvent un glissement de sens, qui fait prendre **alternative** comme un synonyme de **possibilité**. Cette extension sémantique se rencontre de plus en plus, et même chez de bons auteurs : *Il estima que la situation était désespérée. Elle ne lui offrait qu'une alternative : vendre chèrement sa vie avant de succomber* (A. Besson). Un sens ancien du mot est celui de « succession » ; mais on trouve plus souvent aujourd'hui **alternance**, pour désigner le phénomène qui fait se suivre plus ou moins régulièrement des événements, des saisons, etc. : *Et je vécus selon une alternance de concentration et de folie* (Perry). *Rien ne résiste à l'alternance des fortes et des faibles* (Valéry). *La route où nous passions le soir avec mon père, et le chemin par où j'allais au petit matin rejoindre l'autobus, ce contraste, cette alternance, ce va-et-vient quotidien furent toute mon enfance* (Cabanis). Là aussi, il se produit parfois une certaine confusion d'emploi entre **alternative** et **alternance** : *Un coup de chance* [au jeu] *et ils retrouvaient des ailes. Ces alternatives les entretenaient dans un frémissement qui formait toute la vie* (Kessel).

ALTERNER constr. Ce verbe est intransitif à l'origine, au sens de « se succéder » : *Des traînées sinueuses alternant avec le jaune de la terre caillouteuse, le vert des oliviers* (Gallo). Mais la construction transitive, utilisée d'abord avec le sens de « faire se succéder (les cultures) par rotation », a gagné du terrain, et s'emploie aujourd'hui dans un contexte beaucoup plus large : *M. Mitterrand alterne promenades et temps de repos à Belle-Île* (*Le Monde*, 29/09/1992). Certains préfèrent en ce cas employer un verbe auxiliaire, et dire ou écrire **faire alterner**.

ALUNIR emploi. Création néologique (1921) discutée : *Le véhicule spatial a aluni en douceur à quelques mètres de l'endroit prévu.* On peut très bien dire : *Atterrir sur la Lune, sur Vénus,* etc., car la valeur de *terre* dans ce verbe est assez générale pour pouvoir s'appliquer au sol de n'importe quelle planète.

ALVÉOLE genre. Traditionnellement masc. *Une abeille ouvrière, cette bestiole misérable, asexuée, construit à la perfection l'alvéole hexagonal, merveille de géométrie* (Duhamel). Cependant, on rencontre plutôt aujourd'hui le fém., très acceptable puisque c'est le genre initial de ce mot : *Il occupe une alvéole dans la ruche. Qui peut se soucier de lui ?* (Manceaux). *Entre les alvéoles voûtées, ténébreuses, sépulcrales, attribuées aux appartements, il y avait un couloir* (Kessel). *Le plateau était entouré de pieux de fer fichés dans des alvéoles ménagées à cet effet* (C. Simon).

AMADOU forme et emploi. Le plur. est inexistant. ♦ **sens.** « Substance tirée de l'**amadouvier**, et utilisée autrefois pour enflammer de la poudre ou un briquet. »

AMARANTE forme. Ce substantif fém. est invar. lorsqu'il est employé comme adj. de couleur.

AMAS emploi. À peu près synonyme de *tas*, **amas** appartient à un niveau de langue plus élevé. Les écrivains le préfèrent à **tas** quand il n'y a aucune nuance péjorative. Cependant : *Un amas de paperasses encombrait la table* (Martin du Gard). **Tas** est en général plus populaire ou plus familier. → MASSE.

AMATEUR forme. Aucun fém. n'a pu s'imposer pour cet adj.-substantif, malgré certaines tentatives : *Je suis une fervente amatrice de natures mortes* (Barbery) ; **amateuse** et **amatrice** (ce dernier accepté par le Petit Robert) n'ont pas été jugés viables par le bon usage. On dira : *Elle travaille en amateur. Ma femme est amateur de peinture moderne.* On peut dire cependant : *une amateur*, ou de façon moins économique *une femme qui aime* ou *qui est amateur de....*

AMBAGES emploi. Toujours au plur. et seulement dans la locution **sans ambages**, signifiant « sans détours, sans circonlocutions » : *Cette fable si juste qui vient de sortir de son esprit l'enivre, l'emporte, et il l'enfourche sans ambages* (Michon). *Il lui posa la question sans ambages.*

AMBASSADRICE emploi et sens. Ce fém. est aujourd'hui passé dans la langue, au sens propre et au sens figuré ; il peut désigner aussi bien la femme de l'ambassadeur que celle qui occupe la fonction, mais il est toujours possible de n'utiliser que le masc. pour les deux genres : **Madame l'ambassadeur**.

AMBIANT, AMBIANCE sens et emploi. Ambiant signifie « qui entoure de tous côtés, constitue le milieu dans lequel on se trouve » : *l'air ambiant, la chaleur ambiante.* Par conséquent, mieux vaut ne pas dire *le milieu ambiant*, qui fait pléonasme. L'expression *il y a de l'ambiance*, au sens de « l'allégresse, l'animation est générale », est populaire et vieillie.

AMBIGU orth. → AIGU. ♦ **sens.** Ne pas employer indifféremment **ambigu** et **ambivalent**, ni les dérivés **ambiguïté**, « caractère de ce qui présente deux ou plusieurs sens possibles », et **ambivalence**, « caractère de ce qui comporte deux composantes de sens contraire ». *Ils imaginaient je ne sais quelle relation dominatrice dans l'ambiguë dialectique du maître et de l'esclave* (Dubois).

AMBRE genre. Masc. *de l'ambre naturel.*

AMBROISIE sens. « Nourriture solide des dieux de l'Olympe », d'où « nourriture exquise » (Petit Robert). Ne pas confondre avec **nectar**, « nourriture liquide, boisson des dieux ».

AMEN forme. Mot hébreu, toujours invar.

AMÉNAGER → EMMÉNAGER.

AMÈNE et **AMÉNITÉ emploi et sens.** Ces deux mots ont un caractère littéraire et signifient « agréable, aimable, bienveillant » et « amabilité » : *Les bouquinistes lui semblaient des personnages redoutables, cerbères défendant leur bien plutôt que présentateurs amènes de nourritures spirituelles* (Queneau).On trouve **aménité** employé surtout avec les prépositions **avec** et **sans**, assez peu autrement : *Mathieu ne répondait pas, il regardait sans aménité ce visage rose et frais de tout jeune homme* (Sartre).

AMENER et **APPORTER emploi et sens.** Le premier verbe implique un contact avec le sol et le second l'absence de contact ; cette règle est très souvent enfreinte dans l'usage courant : *« Amène-la. » Mathieu lui apporta la photo* (Sartre). *Les vêtements qu'il prendrait tout à l'heure et qu'il n'avait pas voulu amener à la maison* (Giraudoux). *Il avait amené avec lui un téléviseur portatif qui ballottait au bout de son bras* (Échenoz). Il y a sans doute dans ce dernier exemple le souci d'éviter la répétition du radical *port-*. Seul est pleinement correct un emploi comme le suivant : *Il a fallu presque forcer ce garçon, le prendre au gîte pour l'amener au cabaret* (Mauriac). Même remarque pour les contraires **emmener** et **emporter**. Au figuré, on notera que la distinction entre les deux verbes **amener** et **apporter** est beaucoup plus malaisée. On dit : *apporter des arguments dans un débat*, mais : *une conclusion bien amenée. Un mot plus vif qu'un autre amena l'algarade* (P. Jardin). *La victoire amène la puissance. La puissance amène la richesse. La richesse amène les loisirs* (Cavanna).
□ **s'amener**. Ce verbe, à la voix pronominale, a le plus souvent un caractère familier : *Celui-ci s'amenait peu après midi, à l'heure où finissait le déjeuner* (Gide). *Et puis l'automne s'amena avec l'hiver dans les tiroirs de novembre* (Godbout). *Amène-toi au Revier à six heures, me dit-il. Je t'attendrai* (Semprun).

AMERRIR orth. Deux *r*. L'orthographe **amérir**, plus logique, est abandonnée. Même remarque pour *amérissage* : *L'amerrissage de l'Airbus A320 sur l'Hudson river, le 15 janvier, mérite un brin d'analyse* (Le Monde, 23/01/2009).

AMÉTHYSTE orth. Ne pas oublier *h* ni *y*. ♦ **genre.** Fém. *une améthyste.*

AMI constr. On rencontre parfois ce mot postposé, comme adj., dans un style littéraire archaïsant : *La conviction qu'il existait des lieux étrangers à tout ennui, où peut-être il retrouverait une Edmée amie, un oncle ami* (Dhôtel). Ce tour paraît aujourd'hui assez affecté.

AMIABLE sens. Doublet de **aimable**, employé seulement sous la forme **à l'amiable**, c'est-à-dire « par voie de conciliation, et non de procès » : *Elle avait demandé à Pascal de divorcer à l'amiable* (Kessel). *Un règlement à l'amiable.*

AMIANTE genre. Masc. *L'amiante est fibreux.*

AMIDONNER et **EMPESER forme.** Les dérivés de **amidon** s'écrivent avec deux *n*. ♦ **emploi et sens.** Ces deux verbes sont à peu près équivalents : *Ma chemise blanche propre de la veille, qui tenait toute seule sur mon torse, amidonnée de crasse et de peur* (Toussaint). *Cette tunique a été empesée* ou *amidonnée.* Mais le premier ne se rencontre qu'au sens propre de « raidir avec de l'amidon », tandis que le second peut avoir une acception figurée : *Il me semble que je suis protégée de l'ennui par un maillot empesé de chagrin* (Vilmorin).

AMMONIAC, -AQUE orth. Adj. : **gaz ammoniac, solution ammoniaque.** Substantif : de **l'ammoniac** (gaz) ; **de l'ammoniaque** (solution). Mais on a aussi la forme **ammoniacal**, plur. -aux : Le suffocant vestibule aux relents ammoniacaux (Simon).

AMNISTIE et **ARMISTICE emploi et sens. Amnistie** signifie « acte du pouvoir législatif prescrivant l'oubli officiel d'une ou plusieurs infractions à la loi et annulant leurs conséquences pénales » : *Une amnistie fut décidée. Elle enjoignait à chacun l'oubli du passé et réclamait de tous une amnésie volontaire* (Guillebaud). *En 1880, la Chambre des députés vota une amnistie pour tous les Communards condamnés après mai 1871.* **Armistice** (nom masc.) signifie « convention conclue entre les belligérants, afin de suspendre les hostilités » : *Chaque année, le 11 novembre, la France commémore l'armistice de 1918.* La confusion est fréquente dans l'usage populaire et signalée par les grammairiens : *Évidemment il y a des amnisties tous les ans et d'armistices (Dieu merci) pas plus que de guerres* (Thérive).

AMODIER emploi et sens. Ce verbe ancien signifie « louer (une terre) par un contrat d'amodiation, c.-à-d. en échange d'une prestation en nature ou en argent ». Il est parfois employé à tort comme équivalent de **aménager** ou **transformer**.

AMOLLIR et **RAMOLLIR orth.** Noter les deux *l*. ♦ **emploi.** Ces deux verbes sont presque synonymes, mais le second est plus usité, peut-être parce que plus expressif. Le premier est transitif, le second s'emploie transitivement et intransitivement. La ménagère peut dire : *Mon gâteau a ramolli.* Les deux verbes s'emploient aussi à la voix pronominale : **se ramollir**, au sens propre ; **s'amollir**, plutôt au sens figuré.

AMONCELER conjug. Comme *appeler*. ⟶ APPENDICE GRAMMATICAL. *Les feuilles de tilleul qui s'amoncellent aux coins de la classe et sur le seuil* (Lefèvre).

AMORAL et **IMMORAL sens. Amoral** signifie « qui se tient à l'écart de la morale, n'a pas de rapport avec elle » : *James Bond, jugé d'après les critères puritains, ou victoriens, est complètement amoral* (Maurois). Il est souvent confondu à tort avec **immoral**, « contraire à la morale » : *un personnage amoral* et *un livre immoral.*

AMOUR genre. Toujours masc. au sing. Au plur., il est souvent masc. : *Ils sont là, c'est notoire / Pour accueillir quelque temps les amours débutants* (Brassens). *Quatre années de solitude, d'amours dissimulés ou d'amours manqués* (Labro). Mais dans la langue soutenue et littéraire, il n'est pas rare de trouver le fém. (archaïsme) : *Elle rejoignait toutes ses autres amours, depuis son adolescence* (Mauriac). *Il y a eu des romanciers heureux qui ont su nous toucher au récit de certaines amours* (Aymé). *Un bijou qui devait lui rapporter l'écho de ses premières amours* (Vilmorin). *Ô mes amours si imparfaites, si précieuses d'être imparfaites, quand saura-t-on vous conjuguer à tous les temps ?* (Allen). Bien entendu, quand il s'agit de désigner des représentations artistiques du dieu de l'amour, le substantif est toujours masc. : *des amours joufflus* (parfois avec un A majuscule). ⟶ DÉLICE ET ORGUE.
□ **pour l'amour de Dieu. emploi et sens.** Expression figée, qui signifie « je vous en prie instamment », ou bien « de façon désintéressée, bénévole, pour rien », suivant le contexte.

AMPÉLOPSIS genre. Masc. *Un ampélopsis.*

AMPHI- orth. Tous les mots formés sur ce préfixe prennent un *i* et non un *y* : *un amphithéâtre.*

AMPLITUDE et **AMPLEUR emploi et sens. Amplitude** n'a guère que des sens techniques (astronomie, physique, météorologie) alors que **ampleur** s'emploie de façon beaucoup plus générale : *l'ampleur d'un projet, d'une catastrophe, d'un vêtement,* etc., mais *l'amplitude des oscillations d'un pendule.*

AMUSE-GUEULE orth. Invar. : *On s'assoit, et ça commence, les crudités et le jambon servent d'amuse-gueule* (Jourde).

AMYGDALE prononc. La prononciation sans [g], naguère considérée comme familière, tend à l'emporter sur celle qu'indiquait Littré (et encore Thomas) : [amigdal]. ♦ **genre.** Fém. *des amygdales gonflées.*

AN et **ANNÉE forme.** *L'an 12 de l'hégire, l'an 800 après Jésus-Christ,* mais *l'an II de la République, l'an mille.* ♦ **emploi et sens.**

An a un caractère plus abstrait, et souvent plus ponctuel que son synonyme *année*. Il s'emploie presque toujours sans qualification, sauf dans des expressions figées : *bon an mal an, au gui l'an neuf,* etc. On notera que **année** s'emploie en général pour insister sur la durée, sur l'écoulement du temps, tandis que **an** marque plutôt la date, donc à l'occasion l'âge, etc. : *Nous, depuis deux ans qu'on est ici, on n'arrive pas à s'y retrouver* (Vian). *Et c'est ainsi que peu à peu, difficilement, deux années passèrent au square Laborde* (Supervielle). Duhamel écrit : *À mon sens, l'année, c'est le contenu d'un an. Je dirai : Il est mort à l'âge de cinquante ans. Il avait passé à Paris dix années de sa jeunesse.* Cependant, des facteurs rythmiques ou euphoniques s'ajoutent à ces facteurs de sens : on ne peut guère dire *tout l'an, tant d'ans, il y a quelques ans, l'an suivant.*

□ **adj. cardinal ou ordinal.** On ne peut plus dire, comme au temps de Villon, *en l'an trentième de mon âge*, mais seulement *au cours de ma trentième année*. On notera que le tour **les années trente**, etc. s'emploie uniquement pour désigner approximativement une période décennale, une époque : *Il désigne un deuxième panneau avec des photos datant des années vingt, trente, quarante, cinquante et soixante* (Wiazemsky).

□ **année-lumière. orth.** Au plur., seul le premier nom prend un *s* final : *Et moi, ai-je eu ma part de chance, avec ma grêle enfance d'émigrant et mes blafardes années-lumière ?* (Schreiber).

ANACHORÈTE prononc. *ch* se prononce [k]. ♦ **sens.** C'est un synonyme d'**ermite**, « moine solitaire » : *Las d'une vie trop facile, il traversa les mers et les terres pour s'établir, priant beaucoup, subsistant de peu, prodiguant le bien, sur la rive droite de ce qu'on appelait alors la Vallée ténébreuse. L'anachorète, afin de se mieux faire oublier, prit le nom de Victorinus* (Colombier). Ne pas confondre avec **cénobite**, « moine vivant en communauté ».

ANACHRONISME emploi et sens. « Confusion entre des dates ou des époques différentes. » En art et en littérature, cela consiste à tenir pour contemporains des personnes ou des événements qui ne le sont pas : *commettre un anachronisme.* Ne pas confondre avec **archaïsme**.

ANACOLUTHE sens. C'est le nom savant (fém.) de la rupture de construction. En voici un exemple assez frappant : *Le chien Marcel, quand il se frottait à moi, je ne ressentais pas cette singulière défiance que m'inspirent les femmes* (P. Jardin). Le nom *chien* ne joue aucune fonction grammaticale dans l'ensemble de cette phrase. Acceptable dans un style parlé et quotidien, ce type de tournure est à éviter dans la langue soutenue. *Il se laisse convaincre par Patou que Solange devait travailler, il faut bien que les gens travaillent, une femme toute seule avec des enfants, tu comprends* (Mauvignier).

ANAGRAMME genre. Fém. *une anagramme.* ♦ **sens.** « Mot obtenu par transposition des lettres ou des sons d'un ou de plusieurs autres mots » : *Boris Vian* se transforme, par anagramme, en *Bison ravi.* Adj. dérivé : **anagrammatique**. *Alcofribas Nasier est le pseudonyme anagrammatique de François Rabelais.* Voici un exemple moderne de pseudonyme formé par anagramme : *Je l'ai expédié aux éditions Madrigall* (Sarrazin). On devine ici le nom propre *Gallimard.* Le verlan orthographique est une forme d'anagramme.

ANALOGIQUE constr. On dit **analogique de**, et **analogue à** : *La construction courante, mais critiquée,* se rappeler de, *est analogique de celle du verbe* se souvenir. ⟶ RAPPELER.

ANALOGUE sens. « Qui a une certaine ressemblance, comparable, voisin. » Ne pas confondre avec **identique**, « parfaitement semblable » : *Les victimes d'une passion analogue à celle que décrivent les poètes* (Vailland). *N'était-ce pas une plénitude changeante, analogue à une flamme continue ?* (Valéry).

ANALPHABÈTE et **ILLETTRÉ sens.** Ces deux mots sont aujourd'hui pratiquement synonymes : « Qui ne sait ni lire ni écrire » : *Pour le désespoir du père Justo, cet analphabète de Tio Andrès estropiait tous les noms* (Peyré). *Le* *dépistage des illettrés en vue de leur orientation systématique vers les centres d'alphabétisation* (Saumont). Mais **illettré** peut parfois signifier, par hyperbole, « dépourvu de culture littéraire » : *La cérémonie qu'il réservait aux illettrés, aux ouvriers* (Sarrazin).

ANANAS prononc. Le *s* final ne doit pas se faire entendre.

ANARCHIQUE et **ANARCHISTE emploi. Anarchique**, adj., est relatif à un principe de liberté ou, dans un sens péjoratif, au désordre ; **anarchiste**, adj. et substantif, se rapporte à la doctrine anarchiste : en abrégé, on dit familièrement **un** ou **une anar**, et en composition, on emploie uniquement **anarcho-** (prononcé [anarko]) : *S'inspirant des idéaux de mai 68, porté au départ tant par des anarcho-libertaires que par des membres de la gauche réformiste,* [*ce centre de soins*] *a survécu à toutes les tourmentes* (J.-P. Stroobants, *Le Monde*, 16/01/2009).

ANATHÈME genre. Masc. *un anathème*. Le verbe correspondant est **anathématiser**.

ANCÊTRE forme. S'emploie surtout au plur. : *Ce n'est pourtant pas que les ancêtres de Mme d'Orgel se fussent donné le moindre mal* (Radiguet). Le fém. **une ancêtre** est rare (on emploie alors plutôt *aïeule*). Au sing., le mot prend une valeur dédaigneuse, et même péjorative : *Vous profitez de ce qu'un ancêtre a trahi, dit le Ouapiti* (Vian). ⟶ AÏEUL.

ANDANTE prononc. Soit à la française [ɑ̃dɑ̃t], soit à l'italienne [andante]. Même remarque pour le diminutif **andantino.** ♦ **forme.** Plur. *des andantes.* ⟶ ALLEGRO.

ANDROGYNE, HERMAPHRODITE genre. Ces deux mots, quasi synonymes dans l'usage courant, sont du masc., quand ils sont employés comme substantifs. ♦ **sens.** « Qui présente les caractères des deux sexes » : *Des hermaphrodites lanceraient des regards d'envie sur les androgynes qui garderaient leur mystère* (C. Guedj). En médecine, bien que d'aspect fém., **l'androgyne** est en réalité un homme.

ANÉANTIR ⟶ ANNIHILER.

ANESTHÉSIANT et **ANESTHÉSIQUE sens.** Ces deux mots sont pratiquement synonymes, mais le premier se rencontre surtout comme adj. : *un produit anesthésiant*, alors que le second est plus répandu comme substantif : *Tous les anesthésiques à inhaler courants (halothane, isoflurane) peuvent servir à tuer un animal* (Rosenthal). *Le blessé est en ce moment sous l'effet d'un anesthésique.*

ANÉVRISME orth. On n'écrit plus guère *anévrysme*, avec un *y*. ♦ **sens.** « Poche qui se forme par altération d'une paroi artérielle. » On dit : *Mourir d'une rupture d'anévrisme*, et non *d'un anévrisme.*

ANGE genre. Toujours masc., même s'il s'agit d'une femme : *Martine est un ange de douceur.*

ANGIOME orth. Sans accent circonflexe sur le *o*, malgré la prononciation [o]. ♦ **genre.** Masc. *un angiome.* ♦ **sens.** « Agglomération de vaisseaux sanguins ou lymphatiques réalisant une tuméfaction » (Petit Robert).

ANGLAIS (MOTS) forme. On hésite souvent entre un plur. francisé, avec le *s* final, et un plur. respectant les formes de l'anglais : **des barmans** ou **des barmen.** Il n'y a pas de règle stricte. Cependant : *barman, clergyman, gentleman, policeman, recordman, sportsman* changent en principe **-man** en **-men** au plur. *Baby, bobby, dandy, grizzly, lady, whisky* changent le *-y* en **-ies** : *Une suffragette célèbre sur les barricades* [...] *affrontant avec courage bobbies et quolibets* (Godbout). En français, le *-s* de ces plur. en *-ies* ne se prononce pas. Selon les Recomm. offic. de 1990, *box* et *miss* restent invar. ; *match, sandwich* et *scotch* font *matchs, sandwichs* et *scotchs.* À noter encore que dans les mots composés empruntés à l'anglais, le dernier terme seulement prend la marque du plur. : *des one-man-shows.*

ANGORA forme. Adj. quand il désigne certaines races d'animaux qui se distinguent par leurs poils longs et soyeux. Substantif en parlant du chat : *une chatte angora, un* *bel angora.* Le mot est invar. en genre, et prend un *s* au plur.

ANGSTRŒM ou **ANGSTRÖM emploi.** Unité de mesure en microphysique ; symbole Å. ♦ **orth.** On conseillera l'orthographe *angstrœm,* la graphie ö (avec tréma sur le *o*) n'étant pas répandue en français.

ANGULAIRE et **ANGULEUX sens. Angulaire** : « Qui forme un ou plusieurs angles. » **Anguleux** : « Qui présente des angles aigus », d'où l'acception figurée dans le sens de « difficile ».

ANICROCHE genre. Fém. *une anicroche.* ♦ **emploi.** Surtout dans l'expression familière **sans anicroche**, « sans incident », généralement au sing.

ANIS prononc. En principe [ani], mais la prononciation méridionale, qui fait entendre le *s* final, gagne du terrain.

ANNALES forme. Ce substantif fém. n'a pas de sing.

ANNAMITE emploi. Pour des raisons historiques, ce substantif-adj. tend à disparaître, supplanté par **vietnamien**. Mais le terme demeure dans la terminologie linguistique : *la langue annamite.*

ANNÉE ⟶ AN.

ANNEXÉ (CI-) ⟶ JOINDRE.

ANNIHILER et **ANÉANTIR orth.** Deux *n* à **annihiler**, un seul à **anéantir**. ♦ **emploi. Anéantir** signifie « réduire à néant », tandis qu'**annihiler** a un sens plus abstrait et s'emploie surtout dans le langage de la psychologie, de la métaphysique, de la jurisprudence.

ANNIVERSAIRE emploi. Ne pas dire *commémorer un anniversaire* qui fait pléonasme, mais **fêter** ou **célébrer un anniversaire** (ou bien **commémorer un événement**, une naissance, une mort) : *Aujourd'hui, un an jour pour jour qu'il s'en est allé, mes frères, qui non seulement croient en Dieu, mais aussi en l'Église apostolique et romaine, font célébrer une messe pour cet anniversaire* (P. Jardin). ⟶ COMMÉMORER.

ANNONCEUR emploi et sens. Ce mot relativement ancien (XVIIIe s.) désignait le comédien chargé d'annoncer le spectacle. On l'emploie aujourd'hui au sens de « celui qui fait passer une annonce dans un journal », ou « qui lance une émission publicitaire », ou encore « qui présente une émission à la radio ou à la télévision ». Il remplace avantageusement l'anglicisme **speaker** (⟶ ce mot), d'autant mieux que « l'homme de radio ou de télévision » est appelé en Angleterre *announcer.* Mais ne pas confondre ces mots avec **commentateur** ni avec **animateur**.

ANNUITÉ sens. « Paiement fait chaque année. » Ne pas le prendre au sens de « durée d'une année ». Ne pas non plus le confondre avec **annualité**, qui désigne de façon générale ce qui est annuel.

ANOBLIR et **ENNOBLIR orth.** Un seul *n* dans **anoblir**. ♦ **sens et emploi.** Ce mot signifie « conférer un titre de noblesse », tandis qu'**ennoblir** signifie « rendre beau, noble » (au figuré) : *Il n'eut pas même le temps de s'emparer par ricochet du nom de sa femme et de se faire anoblir par Monsieur de Louvois* (Michon), à côté de : *L'expression d'angélique dureté qui ennoblit les visages enfantins* (Colette). *L'artère principale, taquinée çà et là par une ruelle transversale, ennoblie par quelques boutiques* (Colombier). Mais on emploie parfois le premier verbe pour le second : *C'était quelqu'un malgré tout, puisque la gêne anoblit même la turpitude* (Gourmont).

ANOMAL sens. Se dit en grammaire d'une forme ou d'une construction qui présente un caractère aberrant par rapport à un type ou à une règle, sans être incorrecte ou anormale : *une terminaison anomale.* **Anormal**, en revanche, implique un écart non réglé, arbitraire, excessif, par rapport à la *norme,* à la moyenne : *Ma voiture fait un bruit anormal.* On remarquera que **anomalie** sert de substantif pour les deux adj. ci-dessus, **anormalité** n'étant pas encore répandu dans l'usage : *Toutes les explications que je cherchais à cette anormalité, c'est une jalousie qui les fournissait* (Radiguet).

ÂNONNER orth. Formé sur âne : d'abord un seul *n*, puis deux : *Ils ne savaient même pas lire. C'était pour eux le plus facile. Ils ânonnaient, ils inventaient n'importe quoi* (Orsenna).

ANONYMAT et **INCOGNITO emploi. Garder l'anonymat** a définitivement supplanté la vieille expression *garder l'anonyme*, employée encore par Baudelaire. Ne pas confondre l'adj. **anonyme**, « qui n'est pas nommé par son nom », ou le substantif **anonymat**, avec le mot **incognito**, qui est tantôt adv. *(circuler incognito)*, tantôt substantif *(garder l'incognito)*, et désigne l'état de celui qui ne veut pas se faire reconnaître.

ANONYME et **APOCRYPHE sens. Anonyme** signifie « dont on ignore l'auteur » ou « dont l'auteur a caché son nom » : *Il est toujours désagréable de recevoir des lettres anonymes* (Duhamel). *Une lettre anonyme, un auteur anonyme.* Ne pas confondre avec **apocryphe**, « d'une authenticité au moins douteuse » : *Sa vie aventureuse a prêté à des mémoires apocryphes fabriqués de son vivant* (Sainte-Beuve).

ANORMAL → ANOMAL.

ANTAGONISTE sens. Adj. : opposé, contraire. Substantif : rival ; et par extension : adversaire. Ne pas confondre avec **protagoniste**, personnage qui joue le premier rôle, ou l'un des premiers rôles, dans une pièce ou, au figuré, dans une affaire.

ANTAN sens. Vieux mot signifiant « l'année précédente », mais généralement employé aujourd'hui, même par de bons écrivains, au sens de « jadis, autrefois » : *La maison-palais fut réintégrée dans ses fonctions primitives.* [...] *L'ordre d'antan reprit ses droits* (P. Jardin). *Il donne la version moderne de ces bistrots d'antan, tenus par des dames austères* (Jourde). *C'est une question pour les devins d'antan* (Barbery). ♦ **emploi.** Est toujours précédé de la préposition **de** : *Moi mes amours d'antan c'était de la grisette* (Brassens). *Mais où sont les neiges d'antan ?* (Villon).

ANTARCTIQUE orth. Ne pas oublier le *c*. ♦ **sens.** → ARCTIQUE.

ANTÉCÉDENT → ANTÉRIEUR.

ANTÉPÉNULTIÈME → PÉNULTIÈME.

ANTÉRIEUR et **ANTÉCÉDENT emploi et sens.** Priorité vague et indéterminée, à la différence de **précédent**, « immédiatement antérieur » : *À l'heure où va finir pour elle cette longue nuit antérieure à la naissance* (Claudel). *Plus* ou *moins antérieur* ne peut se dire, mais on trouve *très antérieur* chez de bons auteurs. En effet, le fait ou l'acte antérieur peut être plus ou moins éloigné de l'instant présent (d'où également : *de peu antérieur*). **Antécédent** est employé en grammaire, comme adj. ou substantif : *un mot antécédent, l'antécédent du pronom relatif.* Au plur., il signifie « actes antérieurs » avec une valeur péjorative : *les antécédents d'un criminel.* → POSTÉRIEUR.

ANTHRACITE genre. Masc. *L'anthracite est noir.* → COULEUR.

ANTHROPOCENTRISME et **ANTHROPOMORPHISME sens.** Le premier substantif signifie « vue consistant à faire de l'homme le centre du monde » ; le second, « tendance à concevoir la divinité à l'image de l'homme » (Petit Robert). On rencontre souvent les adj. **anthropocentrique** et **anthropomorphique** en un sens banalisé, « qu'on ramène (ou réduit) à la dimension ou à l'image de l'homme » : *L'éthique, c'est compliqué parce qu'il y a une projection anthropomorphique très forte sur les animaux familiers* (Rosenthal).

ANTI- orth. Les mots composés avec ce préfixe ne prennent pas de trait d'union, sauf lorsque le second élément du mot composé commence par un *i*. On écrira *antibiotique,* *antibruit, antichar, anticorps, antialcoolique,* mais *anti-indien, anti-inflationniste* avec trait d'union et *antalgique,* avec dans ce dernier cas (le seul) suppression du *i* de *anti.* Prennent cependant un trait d'union les adj. *anti-âge* et *un engin anti-sous-marins* ; les noms déposés : *Anti-froiss* ; divers noms géographiques : *Anti-Liban, Anti-Atlas, Anti-Taurus.* Les formations occasionnelles prennent également le trait d'union : *anti-roman, anti-théâtre,* etc. Le préfixe **anti-** est très vivant aujourd'hui pour exprimer l'opposition : *Une zone sensible, truffée de batteries antiaériennes* (Franck & Vautrin). *Le Mozambique va produire des antirétroviraux* (*Le Monde*, 25/04/2011). *Course antidumping de l'UE contre les bicyclettes chinoises* (titre, *Le Monde*, 19/08/2011). Il est moins fréquent avec la valeur d'antériorité (concurrence de **anté-**) : *antigel, antimilitariste* (opposition) en face de *antichambre, antidater* (antériorité). ♦ **forme.** L'accord des composés formés sur **anti** est discuté. Employés comme adj., ils sont invar. : *des phares antibrouillard, des produits antigel.* Employés comme substantifs, ils prennent la marque du plur. : *des antibrouillards, des antigels.*

ANTICLÉRICAL emploi et sens. « Opposé à toute immixtion du clergé dans la vie politique. » Mais, par extension, l'anticléricalisme désigne aujourd'hui une attitude d'hostilité envers le clergé et même à l'égard de la religion. Il vaut mieux conserver la distinction entre **anticlérical** et **antireligieux** : *Un essai d'oppression, de domination anticatholique, prétendue anticléricale* (Péguy).

ANTIDOTE genre. Masc. *un antidote.* ♦ **emploi.** On dit **trouver un antidote à** ou **l'antidote de**, mieux que **l'antidote contre** (pléonasme plus ou moins perçu) : *Racine, malgré ses drames intenses et son langage de feu, était le meilleur antidote à l'emportement* (Vargas). *L'antidote d'aujourd'hui, destiné à prévenir une inflammation printanière, se nomme concertation* (*Le Monde*).

ANTIENNE prononc. Avec un [t] et non un [s] : [ɑ̃tjɛn]. ♦ **sens.** « Refrain dans la liturgie chrétienne », à l'origine. Le plus souvent, dans la langue littéraire actuelle, **antienne** est pris au sens de « développement trop souvent répété, rengaine » : *Il n'avait rien fait que de donner dans un piège grossier, pour avoir rêvé qu'il savait juger les choses et se débrouiller honnêtement. C'était toujours la même antienne* (Dhôtel). *Raymond connaît l'antienne et se dit à part soi : « Cause toujours »* (Mauriac). *L'antienne sur les « juges rouges » est un refrain ancien, qui lui permet d'opposer à ces magistrats l'Italie, la vraie, incarnée par le peuple et par lui-même : « Vive l'Italie, vive Berlusconi ! »* (J. Chapoutot, *Libération*, 09/10/2009).

ANTIPODE genre. Masc. ♦ **emploi.** Souvent au plur. : *On éprouve parfois comme la nostalgie de ses antipodes moraux* (Rostand). *Les lointains antipodes.*

ANTIQUITÉ orth. Sans majuscule quand il désigne des objets anciens : *les antiquités grecques.* Prend une majuscule quand il désigne une période de l'histoire (anciennes civilisations) : *l'Antiquité romaine, égyptienne.*

ANTIRACISTE sens. Pris parfois à tort au sens de « hostile à une race » : c'est **raciste** qui a cette signification ! Rappelons que le *racisme* est une théorie de la hiérarchie des races et de la croyance en l'existence de races supérieures : *Il est illusoire, voire criminel, de se voiler la face au nom d'un angélisme antiraciste et de laisser pourrir la situation* (Jonquet). On se gardera également de confondre **antiracisme** avec **antisémitisme**, formé sur *sémite*, « hostilité à l'encontre des Juifs ». Les deux termes sont de sens contraire. **Antiracisme, antiraciste** se réfèrent à la lutte contre les théories racistes : *Je ne suis pas raciste, je suis même antiraciste* (Ionesco). → citation à SACRIFIER.

ANTISÉMITISME et **ANTISIONISME sens.** Ces deux substantifs, comme les adj. qui leur correspondent, ne sont pas synonymes, stricto sensu : le premier désigne l'hostilité aux Juifs (de même que **judéophobie**), alors que le second n'exprime que l'opposition à la politique d'Israël : *Israël, qui devait régler* *la fameuse question juive (alors qu'il n'y a jamais eu qu'une « question chrétienne », les Juifs ne faisant pas de prosélytisme), n'a fait qu'accentuer l'antisémitisme via un antisionisme de façade* (Bialot).

ANTISEPSIE sens. « Ensemble des méthodes destinées à prévenir ou combattre l'infection en détruisant des microbes » (Petit Robert). Ne pas confondre avec **asepsie**, « méthode préventive qui s'oppose aux maladies septiques ou infectieuses, en empêchant l'introduction des microbes dans l'organisme » : *Il avait été le premier à introduire à Bordeaux les bienfaits de l'antisepsie* (Mauriac). Si cet exemple est parfaitement correct, en voici un plus discutable, littéraire mais frisant l'impropriété : *C'était une cave déserte et antiseptique, sans une ombre* (Sartre). Sur *asepsie*, on a construit le dérivé *aseptiser.* Mais *antiseptiser* n'est pas employé : on dira plutôt **désinfecter**.

ANTONYME emploi et sens. Cet adj.-substantif est le synonyme « savant » de... **contraire** ! *C'était en cours de français avec Mme Maigre (qui est un antonyme vivant tellement elle a de bourrelets)* (Barbery).

ANTRE genre. Masc. *Un antre profond.* Ne pas le rendre fém. sous l'influence de *caverne, grotte* ou *cavité.*

AOÛT prononc. Bien que l'usage se répande, notamment dans les médias, de prononcer [au], voire [aut], la seule prononciation correcte est [u]. Le *t* final reste muet. Mais les dérivés tendent à se prononcer [au-] : *On disait que les larves des aoûtats creusaient des petits orifices dans la peau* (Vargas). Le dérivé **aoûtien**, au sens de « vacancier du mois d'août », s'est répandu dans l'usage médiatique. ♦ **orth.** Accent circonflexe sur le *u* et non sur le *o*.

APANAGE genre. Masc. *un ancien apanage.* ♦ **emploi et sens.** Éviter le pléonasme *apanage exclusif*, le substantif signifiant par lui-même « ce qui est le propre de qqn ou de qqch. » : *Les plaisirs de la vénerie et celui des armes étaient l'apanage des hommes* (A. Besson). *L'art ne doit plus être l'apanage d'une élite, il est le bien de tous* (Rolland).

APERCEVOIR orth. Ne prend qu'un *p.* ♦ **sens.** À la voix active, **apercevoir** est un verbe de perception, mais il est plus rarement suivi d'un infinitif ou d'une proposition infinitive que, par exemple, **voir** : *Il vit le train s'éloigner*, mieux que : *Il aperçut le train s'éloigner.* On trouve cependant : *Quand elle l'apercevait venir, elle changeait de direction* (Jorif).

À PEU PRÈS orth. La locution adverbiale s'écrit sans traits d'union. Le substantif qui en est tiré peut s'écrire *un à peu près* ou *un à-peu-près.* Mais on préférera l'orthographe *un à-peu-près*, avec les traits d'union : *Je savais bien que c'était un à-peu-près, que la société concentrationnaire et celle du dehors n'étaient en aucun cas comparables* (Semprun).

APHÉRÈSE et APOCOPE sens. Il s'agit de deux modes d'abrègement des mots. Les substantifs raccourcis en partant de la fin, comme **hélico** pour hélicoptère, **imper** pour *imperméable*, **prof** pour *professeur*, **psy** pour *psychologue*, etc. forment **apocope** : *T'es mélanco, Denise, on dirait* (Irène Némirovsky). Lorsque le début du mot disparaît, il s'agit de **l'aphérèse** : **pitaine** pour *capitaine*, **scopie** pour *radioscopie*, **tiag** pour *santiag*, etc. La désignation générique de l'apocope et de l'aphérèse est la **troncation**.

APHTE genre. Masc. *un aphte.*

À-PIC → PIC (À-).

APLOMB ou À **PLOMB emploi et sens.** On ne trouve plus que rarement la locution **à plomb**, en deux mots : *tomber* ou *mettre à plomb* sont supplantés par **tomber** ou **mettre d'aplomb** : *Joseph qui essayait de remettre d'aplomb le petit pont de bois du chemin* (Duras). *Le regard de Richard tombait d'aplomb sur la belle route lisse qui filait sans limite* (Kessel). On trouve aussi **aplomb** employé comme substantif, soit au sens physique de « verticalité » : *Quelle solidité, quelle rigueur naquirent entre ces fils qui donnaient les aplombs* (Valéry), soit au sens figuré et psychologique de « audace, toupet » : *Non, dit Lazuli, qui mentait avec aplomb* (Vian).

APOCOPE → APHÉRÈSE.

APOCRYPHE → ANONYME.

APOGÉE genre. Masc. comme *périgée*. ♦ **emploi et sens.** « Point de l'orbite d'un astre ou d'un satellite effectuant une révolution, où cet astre ou ce satellite se trouve à la plus grande distance de la planète autour de laquelle il gravite. » **Périgée** a le sens contraire : « La plus courte distance. » On dit au figuré être à l'apogée de sa carrière : *Après Tilsitt, il était à l'apogée de sa grandeur* (Sainte-Beuve). Ne pas dire *au maximum* ou *au summum de son apogée*, qui fait pléonasme. Ne pas confondre non plus avec **apothéose**, « acte de déification, moment de triomphe officiel » : *L'ouverture officielle de la Grande Exposition coloniale, « vivante apothéose de l'expansion »* (Maïssa Bey). On dira être à l'apogée, mais **connaître une apothéose**.

APOLOGIE, PANÉGYRIQUE et **ÉLOGE sens.** Ne pas confondre **apologie**, « défense écrite d'une personne ou d'une théorie » (l'*Apologie de Socrate*) avec **panégyrique**, qui signifie « éloge officiel » (le *Panégyrique de Trajan*), ni avec **éloge**. Dans l'exemple suivant, Françoise Sagan semble bien avoir commis cette confusion (ou cherché à éviter une répétition) : *Maître Fleury se lança dans une apologie de l'exactitude, du travail, et termina sa période par un éloge de sa propre patience.* En revanche, ce second exemple est correct : *Ces jeunes gens ont été inculpés de l'apologie des crimes de meurtre, pillage et incendie volontaire* (*Le Monde*). L'adj. formé sur **apologie** est **apologétique** : *le dessein apologétique de Pascal.* Cet adj. a été employé comme substantif dans le domaine de la théologie à partir du XIXe s. Ne pas confondre non plus **apologie** et **apologue** (→ le suivant). Curieusement, les théologiens emploient de plus en plus fréquemment *apologète* (mot ignoré des dictionnaires) au sens de « qui fait l'apologie de ».

APOLOGUE sens. Ne pas confondre avec **apologie**. L'**apologue** désigne une courte fable : *Le rêve me le prouve sous forme d'actes, d'apologues, de discours* (Cocteau).

A POSTERIORI orth. Dans sa graphie latine, ne prend évidemment pas d'accent, ni sur le *a* ni sur le *e*, et s'imprime plutôt en italique. La tendance actuelle est de franciser : à postériori. Il paraît souhaitable de ne pas accentuer cette locution, de même que son contraire *a priori* : *Les leçons de grammaire ont toujours été pour moi des synthèses a posteriori* (Barbery).

APOSTILLE emploi et sens. Ce mot du droit signifie « addition faite en marge d'un écrit, d'une lettre » : *Il m'a semblé nécessaire de faire le point et de publier cette apostille, après soixante-cinq ans de fausse résurrection* (Bialot).

APOSTROPHE genre. Fém. *une apostrophe.* ♦ **emploi et sens.** En grammaire, ne pas confondre l'**apostrophe**, ou le nom placé **en apostrophe**, c'est-à-dire utilisé en quelque sorte « hors phrase », pour interpeller quelqu'un : *Monsieur Lavelongue, vous avez bien fait* (Céline), et **l'apposition**, ou le substantif mis **en apposition**, c'est-à-dire se rapportant à un autre substantif qui peut être sujet, complément d'objet, etc. : *Elles étaient, et elles seules, les liens obscurs qui la reliaient aux puissances du monde dont elle dépendait corps et biens, le cadastre, la banque* (Duras). Dans cet exemple, *elles seules* est en apposition au sujet *elles*, *cadastre* et *banque* sont en apposition à *puissances.* Comme signe typographique, on emploie l'**apostrophe** : avec *le, la, je, me, te, se, ne, de, que, ce* devant un mot commençant par une voyelle ou un *h* muet ; avec *si* devant *il* ; avec *lorsque* et *puisque* devant *il, elle, en, on, un, une* ; avec *quoique* devant *il, elle, on, un, une* ; avec *quelque* devant *un, une* ; avec *jusque* devant un mot commençant par une voyelle.

APOTHÉOSE → APOGÉE.

APPARAÎTRE conjug. Comme **paraître, connaître**, en ce qui concerne l'accent circonflexe (→ aussi ACCROÎTRE). → APPENDICE GRAMMATICAL. L'auxiliaire employé est à peu près indifféremment **avoir** ou être, mais un souci d'euphonie fait souvent dire *il est apparu*, plutôt que *il a apparu* (→ ACCOURIR) : *Les premiers poteaux étaient apparus sur les bords du Paillon* (Gallo). *Sa silhouette bientôt est apparue dans l'ouverture du portail* (Mauvignier). Aussi, Saint-Exupéry utilise les deux auxiliaires : *C'est ici que le petit prince a apparu sur terre puis disparu ; Lisbonne m'est apparue comme une sorte de paradis clair et triste.* ♦ **emploi.** Ne pas confondre avec **paraître** dans le sens de « sembler » (expression fautive : *Il m'est apparu bien pâle*). ♦ **constr.** L'attribut du sujet se construit soit directement : *Bien des soirs, la mort lui apparut ce qui est le plus simple* (Mauriac), soit précédé de **comme** : Où était le sérieux, je n'*en savais rien, sinon qu'il n'*était pas dans tout ceci que je voyais et qui m'*apparaissait seulement comme un jeu amusant, ou importun* (Camus). *Les cancéreux honnêtes préféraient quant à eux s'adresser directement aux pontes locaux dont le gâtisme esculapien et la carte du Lion's Club leur apparaissaient comme autant de gages de compétence* (Desproges).

APPAREIL forme. Lorsque le plur. appartient au vocabulaire des marins ou désigne des objets utilisés par les gymnastes, il se forme en *-aux* : *des apparaux.*

APPAREMMENT QUE emploi. En tête de phrase, cette locution est correcte, malgré sa ressemblance avec certaines tournures populaires, moins bien admises par le bon usage : *Apparemment que je fais exception à la règle* (Augier). *Apparemment qu'il viendra* (Académie) est lourd, on lui préférera la tournure : *Apparemment, il viendra.*

APPARENTÉ constr. Suivi de à, et non de *avec.*

APPARITEUR forme. Il existe un fém. (rare) : *apparitrice.*

APPAROIR → APPERT (IL).

APPAS ou **APPÂTS forme et plur.** Il s'agit de deux variantes orthographiques, au plur., du mot **appât**, qui désigne au sens propre « une amorce fixée sur un piège ou un hameçon et dont se servent les chasseurs et pêcheurs pour attirer le gibier et le poisson ». L'orthographe **appas** ne se rencontre que dans la langue littéraire, pour désigner les « agréments physiques d'une femme, et surtout les seins » : *À mesure qu'elle se peuple, les chanteuses qui défilent arborent de plus en plus d'appas* (Montherlant). *Je nomme la Marne gardienne / O peu chaste de tes appas* (Radiguet). *Détournant son regard des appas pléthoriques de la sirène, il le posa sur la boîte à gants* (Desproges). Cet emploi est archaïsant. Les autres acceptions figurées de ce mot se rencontrent surtout au sing., par exemple : *l'appât du gain.*

APPELER orth. Toujours deux *p*. Un *l* quand le *e* est muet : *j'appelais, il appela, vous appelez,* etc. Deux *l* quand ce *e* est ouvert : *j'appellerai, nous appellerions, appelle-le,* etc. Même remarque pour les dérivés : **appellation** (mais **appel** avec le *l* final). → APPENDICE GRAMMATICAL.

APPENDICE prononc. [apɛ̃dis], et non [apɑ̃dis]. ♦ **genre.** Masc. *l'appendice caudal.* ♦ **emploi.** On devrait dire **opérer de l'appendice**, bien que le plus courant soit **opérer de l'appendicite**. Ce dernier substantif est fém. En tout cas, ne jamais dire : *On m'a enlevé l'appendicite.*

APPENTIS prononc. [apɑ̃ti] (comme *pente*).

APPERT (IL) emploi et sens. C'est la seule forme qui ait survécu du verbe **apparoir**, doublet ancien de **apparaître**, qui ne se rencontre que dans la langue du droit : *Comme il appert à la lecture des lettres produites par l'accusation...* Voici cependant un exemple littéraire et chargé d'humour : *Mais il appert tout aussi vite que dominer son Descartes et son Kant n'ouvre pas pour autant les portes d'accès à la phénoménologie transcendantale* (Barbery).

APPLAUDIR constr. Ce verbe peut se construire de trois façons différentes.

Intransitivement, ou de façon transitive directe : **applaudir qqn** (un artiste, une troupe, etc.) ou indirecte, avec la préposition à, suivie d'un nom de chose (une performance, un projet, une idée, etc.) : *Après avoir applaudi aux tours prodigieux du plus célèbre magicien de Pondichéry* [...], *Lola Melinda nous interprétera les plus grands succès du moment* (Rouaud).

APPOINTEMENTS forme. Toujours au plur. ♦ **sens.** Équivaut à **salaire**, mais s'emploie surtout pour les salariés du commerce et de certaines industries, les employés de bureau, etc. → SALAIRE.

APPORTER → AMENER.

APPOSER sens. « Poser sur » : *apposer une affiche, des scellés,* etc. ♦ **emploi.** Plus restreint et administratif que celui du verbe **poser**.

APPOSITION → APOSTROPHE.

APPRENANT, ANTE emploi et sens. Comme substantif, ce mot, qui fait pendant à **enseignant**, est couramment utilisé en didactique et a remplacé **élève** ou **enseigné**.

APPRÊTER orth. Avec deux *p* et un accent circonflexe.

APPROCHE emploi. Ce substantif se rencontre au sing. et au plur., sans grande différence de sens : à *l'approche de la mauvaise saison, aux approches de l'été.* Souvent employé au sens figuré : *les nouvelles approches de la littérature.*

APPROCHER constr. Le plus souvent **approcher** ou **s'approcher** est suivi de la préposition **de**. Mais la construction transitive directe **approcher quelqu'un** s'emploie lorsqu'on veut suggérer que l'on obtient audience auprès d'un personnage relativement haut placé, ou d'un abord peu facile : *J'ai approché de près un certain nombre des hommes les plus considérables de ce temps* (Romains). *Je n'avais pas encore approché un seul maquisard depuis que nous avions vu Antoine partir un matin* (Labro). Éviter le pléonasme : *Il s'est approché* (*trop* ou *plus*) *près de moi.*

APPROPRIER (S') constr. Transitive directe : *Quand quelque chose n'appartient à personne, chacun est en droit de se l'approprier* (Rosenthal). *S'approprier quelque chose* est le seul tour correct. → ACCAPARER.

APPROUVÉ orth. et emploi. Employé en tête de phrase, dans certaines formules officielles et dans *lu et approuvé,* cet adj. demeure invar.

APPUI- ou **APPUIE- orth. des mots composés.** Le plur. des substantifs composés avec ce préfixe est différent selon que l'on a affaire au verbe *appuyer* avec **appuie-**, qui reste invar., ou au substantif **appui**, qui prend le *s* du plur. La langue hésite du reste entre *appui-bras* et *appuie-bras.* D'où fréquemment un double plur. : *des appuis-main, des appuie-main.* En tout cas, *main* reste invar. De même, *des appuis-bras* ou *des appuie-bras, des appuis-tête(s)* ou *des appuie-tête(s).*

APPUYER orth. Change le *y* en *i* devant un e muet : *j'appuyais, j'appuierai.* → APPENDICE GRAMMATICAL. ♦ **constr.** Avec **contre, sur, à**, suivant le contexte : *Appuyé au bras de son fils, le docteur était revenu vers la maison* (Mauriac). *La tête, maintenue par l'oreiller, s'y appuie à la fois par la nuque et par la joue droite* (Romains). Mais : *s'appuyer contre un mur, sur une canne.*

ÂPRE → ÂCRE.

APRÈS emploi et sens. Cette préposition marque la « postériorité dans le temps, dans l'espace, dans le rang » : *Jour après jour, année après année, la confiance, lentement, s'établit* (Dubois). *Mais je viens après lui* (Valéry). *Sa maison est juste après le tournant.* On constate souvent, sans doute sous l'influence de **près**, un glissement de sens : la préposition peut exprimer l'hostilité ou l'attachement, ou le « contact immédiat avec ». On considère généralement ces emplois comme familiers, mais des distinctions sont nécessaires. Le tour suivant, accepté par Littré ou l'Académie française,

ne saurait être rejeté : *attendre après qqn*, quand on veut insister sur la nécessité ou l'impatience où l'on se trouve : *J'attends après le médecin, après des nouvelles* (Littré). Dans la langue soutenue, on évitera de les employer au sens de « compter sur », comme dans le tour familier : *Je n'attends pas après toi pour finir le mois.*
□ **courir après.** Cette locution est correcte, admise par l'Académie et très répandue à tous les niveaux de langue : *Ce qu'il y avait de plus pénible dans la souffrance, c'est qu'elle était un fantôme, on passait son temps à courir après* (Sartre). *Elle regardait les étoiles se courir après dans le ciel et se rejoindre avec de grands éclairs* (Vian).
□ **crier après.** On dira mieux : *Il passe son temps à crier contre ses gosses* que *après ses gosses*, qui est correct, mais assez familier. De même pour *hurler, râler, s'acharner*. Mais *crier dessus, crier sur* sont des tours fautifs.
□ **demander après.** Ce tour très ancien est courant dans la langue populaire. Mais malgré la position libérale de Littré, le bon usage actuel ne l'a pas vraiment admis : *Je demandais après elle chez les épiciers, dans les commissariats* (Khadra). *Personne n'a demandé après moi ?*
□ **être après (à).** Cette locution est correcte. L'Académie admet *être après à écrire*, en signalant qu'elle vieillit. Mais la tournure se réduit souvent aujourd'hui par l'ellipse de la préposition à : *Il est toujours après taquiner ses camarades.* Ce tour n'est pas recommandé, malgré l'exemple suivant : *Elle avait vu un mouton déjà mort, et deux ours qui étaient après le manger* (Hémon). On rencontre souvent *être après*, suivi d'un nom ou d'un pronom complément : *Ils étaient deux après moi* (Aymé). *Oui, monsieur Alain, la jeune dame est après sa voiture* (Colette). Un tour semblable est *chercher après qqn* ou *qqch.*, qui n'ajoute absolument rien à *chercher qqn.* On dira mieux, si on veut insister : *être à la recherche de.*
□ **après, suivi de l'infinitif. Après** ne se construit librement qu'avec l'infinitif passé : *après avoir déjeuné, j'ai fait la sieste ; après avoir passé l'après-midi à Paris, nous avons repris le train.* Les tours avec l'infinitif présent *(après manger, après déjeuner, après dîner, après souper, après boire)* sont des exceptions.
□ **et puis après.** Cette locution pléonastique est très répandue, soit dans un contexte interrogatif : *Et (puis) après ?*, soit dans un contexte affirmatif : *Puis, après, comme moi, souffre et meurs sans parler* (Vigny). *Et puis après, je m'en irai.* La même construction se rencontre avec **ensuite** (→ ce mot).

APRÈS- emploi. En tant qu'élément préfixé, cette conjonction est souvent employée aujourd'hui dans le domaine politique : *l'après-de Gaulle, l'après-franquisme, l'après-Schrœder*, etc. C'est une formation néologique commode et productive.

APRÈS-DÎNER et **APRÈS-DÎNÉE forme.** Le premier mot est masc., et fait au plur. : *des après-dîners.* C'est le plus courant. Le second mot est fém. *(une après-dînée, des après-dînées)*, et d'emploi désuet.

APRÈS-GUERRE genre. Indifférent : *un* ou *une après-guerre* : *Un industriel allemand, nommé Herman Fugger, qui a fait fortune dans l'immédiate après-guerre en vendant du matériel de camping* (Pérec). Le masc. semble aujourd'hui l'emporter.

APRÈS-MIDI genre. Masc. : *Le vent tiède est presque une fraîcheur après le torride après-midi dans le faubourg écœurant de chocolat* (Aragon). Le mot était fém. jusqu'à la 7e édition du Dictionnaire de l'Académie (1878). On trouve encore le fém. chez certains auteurs : *J'ai tourné le dos à la petite communauté, persuadé que j'oublierais aussi rapidement cette après-midi que les indigènes oublieraient Mme Duval* (Colombier). Invar. au plur. : *Que d'après-midi perdus à cette place, le cœur malade à force de fumer* (Mauriac). *Peu à peu, Fabien avait pris le pli de disparaître des après-midi entiers* (Nothomb). Ne pas confondre le substantif **après-midi** (avec un trait d'union) et la construction libre, en complément circonstanciel, **après midi**, sans trait d'union : *Après midi, en hiver, le soleil décline rapidement.*

APRÈS QUE constr. Cette locution conjonctive se construit régulièrement avec le passé antérieur de l'indic. (moins classiquement avec d'autres temps du même mode) : *Après que les gendarmes eurent fait évacuer la salle, il avait dû se réfugier au poste de police* (Guilloux). *Après que le choc d'une explosion de mine eut privé le capitaine Namur de sa raison, il avait passé plus de trois années dans la section spéciale de l'hôpital militaire du Val-de-Grâce* (Kessel). *Le 15 mai, une semaine après qu'Adeline Serpillon eut rendu à qui de droit son âme ratatinée, Catherine* [...] *sonnait de bon matin à la porte d'Alain Bonillé* (Desproges). **Après que**, construit avec le passé composé, indique souvent une valeur répétitive : *Beaucoup ne saluent plus cette femme, même après que la fausseté de l'histoire a été démontrée* (Gerber). *C'est la vie, Monsieur Richard, dit Mathilde. Après qu'on s'est rencontré pendant la guerre, vous vous rappelez ?* (Kessel). *Après qu'il m'a quitté, c'est à mon tour de m'interroger* (Pontalis). **Avant que** étant régulièrement suivi du subj., on finit par construire, par analogie, **après que** et **avant que** avec le même mode : *Après qu'ils se fussent présentés l'un à l'autre* (Aragon). *Deux ans après que j'aie raconté les avatars et la rupture d'une amitié* (Beauvoir). *Après que Ruaux les ait dûment prévenus de l'expérience* (Bazin). *Une seconde après que le Christ soit revenu dans toute sa gloire* (Cesbron). *Après que nous ayons bu* (Pons). *Après qu'il ait été blessé* (Mauriac). *Après que nous ayons bien ri* (Vialar), etc.

APRÈS-SKI orth. Avec un trait d'union. Plur. *des après-skis.*

A PRIORI orth. Nous proposons de distinguer entre l'adv. **a priori**, en deux mots (sans accent grave) et le substantif **apriori**, en un seul mot (Robert y est favorable) ou en deux mots, plur. *des apriori(s)* avec ou sans *s* final : *Eut-il vécu et travaillé quarante ans dans le même village, le cimetière, a priori, n'a pas de place pour lui* (Jourde). *Voilà comment on colporte des a priori et des présupposés dont on fait la loi commune* (Rouaud). *Le seul* a priori, *pour la science, est le postulat d'objectivité* (Monod). → A POSTERIORI. ♦ **Dérivés.** *apriorisme, apriorique*, en un seul mot.

À-PROPOS orth. Deux orthographes à distinguer : pas de trait d'union dans à pro**pos de**, mais un trait d'union dans **esprit** ou **manque d'**à-propos : *Matilda Perez, c'était visible, ne savait plus où se fourrer, répétant avec un manque absolu d'à-propos que son Romero n'avait rien fait de mal* (Saumont).

APURER sens. « Reconnaître un compte exact après vérification des pièces justificatives et en donner quitus au comptable. » Ne pas confondre avec épurer, « rendre pur par élimination ». → AFFINER. Les deux dérivés sont de formation différente : **apurement**, mais épuration : *Il s'est gardé de s'impliquer dans l'apurement de la dette toxique en cours des collectivités* (B. Jérôme, *Le Monde*, 23/09/2011).

AQUACULTURE ou **AQUICULTURE forme et sens.** Les deux formes sont acceptables, pour désigner soit l'élevage des animaux aquatiques, soit la culture des plantes aquatiques. On rencontre également le substantif *aquaculteur ou aquiculteur* et l'adj. *aquacole ou aquicole*, « qui vit dans l'eau » ou « qui se rapporte à l'aquaculture ».

AQUAPLANING forme et sens. Cet anglicisme, qui a le sens de « perte d'adhérence d'un véhicule due à la pluie », pourrait être facilement francisé en **aquaplanage** (recommandation officielle par arrêté du 5 octobre 1984).

AQUATIQUE sens. « Qui croît, vit dans l'eau ou au bord de l'eau » (Petit Robert). Ne pas confondre avec **aqueux**, « qui est de la nature de l'eau ou qui contient de l'eau » : *Une plante aquatique*, mais *un fruit aqueux.*

À QUIA prononc. [akɥija] avec *u* prononcé. ♦ **emploi et sens.** Locution empruntée au latin, « à court d'arguments » : *mettre* ou *réduire à quia* (avec accent).

ARABLE emploi et sens. Ne se trouve que dans l'expression **terres arables**, c'est-à-dire « labourables, cultivables » : *Une amélioration de l'utilisation des terres arables pourrait permettre de stocker dans les plantes (par* *absorption du gaz carbonique) une quantité appréciable de carbone* (*Le Monde*, 23/09/95). Rapprocher **instruments aratoires**, « qui servent à labourer », mais ne pas confondre les deux adj.

ARACHNÉEN prononc. Avec un [k] : [arakneɛ̃]. ♦ **sens.** C'est l'adj. dérivé de *araignée* : *L'arachnéenne rotonde de fer et de verre* (Simon). *Tel un fil arachnéen s'enroulant autour de nos projets et de notre respiration, la maladie, jour après jour, avalait notre vie* (Barbery).

ARAIRE genre. Masc. ♦ **sens.** Ce vieux mot désigne une « charrue dépourvue d'avant-train » : *Un araire tiré par un bourricot et une Mauresque* (Maïssa Bey).

ARBRE constr. On peut dire **monter sur** ou **dans un arbre**, mais on évitera : *monter après un arbre.*

ARCANE genre. Masc. *les profonds arcanes.* ♦ **sens.** « Préparation mystérieuse des alchimistes. » Par extension, « mystère, secret », surtout au plur. : *Mon inclination* [m'a] *toujours porté à la recherche de ces arcanes précieux, qui seraient la première des richesses de l'homme, s'il savait la connaître* (Nodier). *La mère d'enfants qui possédait à la perfection tous les arcanes de la science amoureuse* (R. Confiant). ♦ **forme.** Rare au sing. : *Le peintre doit forcer l'arcane de la nature* (Perry).

ARC-BOUTANT, (S')ARC-BOUTER prononc. Sans [ə] intercalé : [arkbutɑ̃]. Plur. *des arcs-boutants. Les roues* [...] *projetaient des litres de boue liquide à la face de ceux qui s'arc-boutaient à l'arrière de la lourde limousine* (Franck & Vautrin).

ARC-EN-CIEL forme et prononc. Au plur., *des arcs-en-ciel,* mais sans liaison interne : [arkɑ̃sjɛl].

ARCH- prononc. Pour les mots commençant par ce groupe graphique, la prononciation est variable : **archa-** se prononce [k], sauf **archal** [ʃ]. **Archéo-** se prononce toujours avec un [k].

ARCHI- orth. Pas de trait d'union entre le préfixe et le radical. ♦ **prononc.** Toujours avec un [ʃ]. ♦ **emploi et sens.** Préfixe vivant, avec une valeur de superlatif : *archibondé, archiconnu, archiusé,* etc. Ces mots appartiennent à un registre familier : *Les fariboles d'une très vieille religion archimorte* (Cavanna). Avec un sens hiérarchique *(archidiacre, archiduc)*, **archi-** a cessé d'être productif. C'est à l'origine le même mot que le suffixe **-arque** : *monarque,* etc. (du grec αρχη).

ARCHIVES forme. Pas de sing. dans l'usage courant. Mais on rencontre parfois *une archive,* au sens de « document archivé ».

ARCTIQUE et **ANTARCTIQUE sens.** Le premier adj. se rapporte à la Grande Ourse et aux régions du pôle Nord, tandis que **antarctique** se rapporte à celles du pôle Sud : *L'Antarctique serait-il voué au même sort que l'Arctique, déjà au centre de grandes manœuvres et d'immenses convoitises pour ses réserves supposées de pétrole et de gaz ?* (édito du *Monde*, 23/10/2011).

ARÉOLE et **AURÉOLE sens. Aréole**, « cercle qui entoure le mamelon du sein », souvent confondu avec **auréole**, qui ne peut s'employer en ce sens : *Ses tout jeunes seins, très ronds, très petits, très serrés, se couronnaient de grosses aréoles en boule* (Louÿs).

ARÉOPAGE forme. Ne pas dire ni écrire *aéropage,* qui n'existe pas. ♦ **sens.** À l'origine, mot grec : « Colline d'Arès » (dieu de la guerre). Pris aujourd'hui au sens de « assemblée de gens compétents » : *Rechercher un consensus au moins tacite pour attribuer à l'aréopage le mérite, la faute ou la responsabilité de la mesure* (*Le Monde*). Au figuré : *Dans la salle à manger, l'aréopage était au complet* (Bazin).

ARGILE genre. Fém. *Cette argile est fine comme l'albâtre et elle peut devenir plus dure que l'acier* (Dhôtel).

ARGUER prononc. Le *u* se prononce comme dans *aiguille* : [argɥe]. ♦ **orth.** Pas de tréma sur le *u*, mais sur le *e* muet ou le *i* qui suivent le radical : *il arguë, nous arguïons.* ♦ **emploi.**

Seulement dans la langue soutenue : *Arguant du devoir de réserve que leur impose leur statut de fonctionnaire, les étudiants, comme la direction de* [l'ENA], *se refusent à réagir aux propos du candidat* (*Le Monde*, 13/04/2007). On trouve également **arguer que,** suivi de l'indic. : *Les paysans ont arrêté Belgorodsky, arguant qu'il se soustrayait au service militaire* (Wiazemsky).

ARGUS prononc. Au sing. ou au plur., le *s* final se prononce toujours : [argys]. ♦ **orth.** Pas de majuscule : *un argus.*

ARGUTIE prononc. [argysi] et non [argyti].

ARIA sens. Au masc., **aria** signifie « embarras, ennui ». Surtout au plur. Ne pas confondre avec **aléa** (→ ce mot). Au fém., c'est un terme de musique, emprunté à l'italien.

ARIEN →ARYEN.

ARMES ou **ARMOIRIES emploi et sens.** Le premier substantif signifie « symboles représentés sur l'écu et formant le blason d'une famille ou d'une ville » ou « signes héraldiques ». Les **armoiries** (pas de sing.) sont l'ensemble des emblèmes symboliques qui distinguent une famille (pas nécessairement noble) ou une collectivité. Ces deux mots sont pratiquement synonymes. On emploiera de préférence **armoiries** lorsque **armes** pourrait introduire une ambiguïté : *la science des armoiries* (ou héraldique. → ce mot) est clair ; *la science des armes* est ambigu.

ARMILLAIRE emploi et sens. Cet adj. rare qualifie la sphère composée, à l'époque de la Renaissance, de cercles ou d'anneaux représentant le ciel et les étoiles, dans la cosmogonie ancienne : *Mais notre planète était également une simple boule de bronze au cœur d'une sphère armillaire* (Léger).

ARMISTICE genre. Masc. *Un mois plus tard, l'armistice était signé* (Diwo). → AMNISTIE.

ARÔME orth. L'accent circonflexe sur le *o*, correspondant à la prononciation du *o* fermé, n'est exigé que depuis 1932 *(Dictionnaire de l'Académie)*. Littré l'ignorait encore. Les dérivés ne prennent pas l'accent et se prononcent avec un *o* ouvert : *aromate* [arɔmat], *aromatique.*

ARPÈGE genre. Masc. *un arpège.*

ARRACHER orth. Locutions : à l'**arraché**, sans *e* final ; **d'arrache-pied**, avec trait d'union. Composés avec **arrache-** : *un arrache-clou, des arrache-clous ; un arrache-moyeu, des arrache-moyeux ; arrache-portes* (invar.) ; *un arrache-tuyau, des arrache-tuyaux*. Tous les mots composés avec **arrache-** prennent un trait d'union. Le premier élément ne prend jamais de *s* dans les mots au plur.

ARRANGEANT → ACCOMMODER.

ARRÉRAGES forme. Pas de sing. ♦ **sens.** « Montant dû d'un revenu, d'une rente » : *demander des arrérages.* Ne pas confondre avec le substantif **arriéré**, « dette échue non payée et qui reste due » : *acquitter l'arriéré d'une dette.*

ARRÊT emploi. *Attendre l'arrêt complet du train* est une expression qui fait pléonasme, mais qui est passée dans la langue courante de façon irréversible.

ARRÊT et **ARRÊTÉ sens.** En droit, un **arrêt** est un jugement émanant d'une juridiction supérieure ; un **arrêté**, une décision administrative.

ARRÊTER DE emploi. On considère souvent comme familière et peu correcte cette construction, analogique de **cesser de**. Elle apparaît le plus souvent en phrase négative ou après l'impératif : *La pluie n'arrêtait de tomber qu'à de rares intervalles* (Carco). *La première fois que sa mère l'avait conduit à l'école, Antoine n'avait pas arrêté de parler pendant tout le trajet* (Weyergans). *Arrête de m'embêter !* Même construction avec **s'arrêter** : *La neige ne s'était pas arrêtée de tomber parce que c'était dimanche, au contraire* (Giono). *Nous nous arrêtons peut-être de crier,*

je ne sais pas (Bauchau). Dans la langue courante, on admet de plus en plus la construction avec **de**, sans doute parce que le verbe **arrêter** a une extension d'emploi beaucoup plus grande que celle de **cesser**.
□ **arrêter que** est d'usage solennel : « Décider officiellement, après délibération. »

ARRHES forme. Pas de sing. ♦ **genre.** Fém.

ARRIÉRATION et **ARRIÉRÉ emploi. Arriération**, terme de psychiatrie, est surtout employé dans l'expression **arriération mentale**, tandis qu'**arriéré** est d'un emploi plus large.

ARRIÈRE forme et emploi. Employé comme adj., **arrière** demeure invar. : *Un bras mobile de la charrette qui commandait l'orientation des deux petites roues avant, cependant que les roues arrière, plus hautes, étaient fixes* (Gallo).

ARRIÈRE- orth. Tous les mots composés avec **arrière-** prennent un trait d'union : *l'arrière-pays, l'arrière-garde* : *Il y avait toujours un bidon de rab de café dans l'arrière-salle de l'Arbeit* (Semprun). *Il aperçut une jeune fille en arrière-plan qui lui souriait comme les autres* (Échenoz). *Je suis un précurseur d'arrière-garde* (Schreiber). Ce mot préfixé ne prend jamais de *s* dans les mots au plur. : *des arrière-pensées, mes arrière-grands-parents. Un voyage dans les arrière-cuisines de l'*État (titre du *Monde*, 21/09/2009).

ARRIÉRÉ ⟶ ARRÉRAGES.

ARRIVAGE et **ARRIVÉE emploi. Arrivage** ne se dit que pour des marchandises, tandis qu'on emploie **arrivée** lorsqu'il s'agit des personnes : *un grand arrivage de fruits*, mais *l'arrivée des coureurs* ; *une gare d'arrivage*, mais *la ligne d'arrivée*.

ARRIVER conjug. Toujours avec l'auxiliaire être. ♦ **constr.** Après la tournure impersonnelle **il arrive que**, on rencontre soit le mode indic., soit le mode subj. selon qu'il s'agit de présenter le fait de la proposition qui suit comme réel (même s'il est occasionnel), ou comme simplement possible : *Il arriva que je me sentis malade* (Alain). *Pourtant il arrivait que le docteur ne pût éviter de lui faire une remontrance* (Mauriac). *Il arrive pourtant quelquefois qu'il soit difficile à digérer* (Claudel). *Il arrivait encore parfois qu'elle lui écrivit d'un restaurant ou d'un hôtel* (Proust). ♦ **emploi.** On entend dire parfois, dans la langue la plus usuelle : *Le car n'arrive pas vite*. Or, comme **arriver** marque une action ponctuelle, on ne peut employer avec ce verbe un mot caractérisant cette action comme lente ou rapide. Il vaut donc mieux dire : *Le car est en retard* ou *a du retard*.

ARROGER (S') constr. ⟶ PART. PASSÉ et ⟶ APPENDICE GRAMMATICAL. C'est le seul verbe pronominal proprement dit dont le pronom réfléchi a une fonction de complément d'objet indirect et non direct. Il en résulte que son part. passé reste invar. lorsque le complément d'objet direct le suit : *Elles se sont arrogé des droits exorbitants*. L'accord se fait normalement avec le complément d'objet direct lorsque celui-ci précède le verbe : *Les droits qu'elle s'est arrogés*.

ARSENIC prononc. Avec [k] le plus souvent, mais on entend aussi [arsəni]. D'où deux séries de dérivés : d'une part *arsenical* ; de l'autre, *arséniate, arsénieux*, etc.

ARSOUILLE genre. Masc. et fém. *un* ou *une arsouille*. Sert à désigner dans les deux cas un être de sexe masc. D'après Littré, substantif fém. : *une arsouille*.

ARTABAN ⟶ FIER.

ARTÉRITE, ARTHRITE, ARTHRITISME et **ARTHROSE sens. Artérite**, « affection artérielle d'origine inflammatoire » : *souffrir d'une artérite*. **Arthrite**, « affection articulaire » : *avoir une arthrite*. **Arthritisme**, « ralentissement des fonctions nutritives ayant pour conséquence la goutte, le diabète » : [Le docteur] *vint prendre les mains de Sophie qu'il palpa avec attention : – Arthritisme... rhumatisme... la vaisselle, la lessive, le feu, les engelures...* (Kessel). Ce dernier terme est aujourd'hui considéré comme désuet par les médecins ; il avait une valeur générique et s'appliquait à plusieurs maladies de longue durée et d'origines diverses. **Arthrose,** « vieillissement, souvent prématuré, des cartilages » : *Elle est quasiment aveugle, elle a de l'arthrose et ne peut presque plus marcher ni tenir quelque chose dans ses mains* (Barbery).

ARTICLE → DE, DU, LE, LA, LES, UN, UNE. L'article qui appartient au titre de l'œuvre prend la capitale : *Elle lisait « Les Liaisons dangereuses ».*

□ **article partitif.** C'est essentiellement « la préposition **de** détournée de sa fonction habituelle, qui est de marquer un rapport » (Grevisse). Il n'a pas de plur. et se limite à des emplois restreints, notamment devant un nom d'objet non numérable, précédé lui-même d'un adj. ou d'un adv. de quantité : *manger de bon pain, de mauvaise viande, beaucoup de sucre.* En fait, cette règle est rarement appliquée aujourd'hui et l'article partitif se combine le plus souvent avec l'article défini : *manger du* (= **de** + **le**) *bon pain, de la mauvaise viande.* De même, au plur., on dit et on lit de plus en plus : *Il a fait des grands gestes sans quitter la route des yeux* (Ravey), alors que la norme ancienne imposait (ou préférait) *de grands gestes.* Cette contrainte se conserve encore assez bien dans la langue littéraire : *Une interruption de courant arrêtait les tramways et ils étaient immobiles au long des boulevards, pareils à de jaunes chenilles processionnaires* (Mauriac). Lorsque le groupe adj. + substantif forme un tout pour le sens, on emploie régulièrement **des** et non **de** : *des jeunes gens, des vieux renards* (fig.) ; *des gros bonnets, des vieilles femmes adroites et soupçonneuses* (Maurois), etc. Après *en,* reprenant un complément antérieur, on emploie **de** et non **des** : *Des fromages, j'en ai de fameux.* → DU.

□ **partitif après négation.** S'emploie seulement quand la négation est totale : *Ne faites-vous jamais de projets d'avenir, mon enfant ?* (Green). On trouve **de** + **article** défini quand la négation est anticipée : *Je n'ai pas de l'argent pour le gaspiller* (J'ai de l'argent, mais pas pour le gaspiller). *Je ne fais pas des affaires pour gagner de l'argent. Je fais des affaires pour faire des affaires* (Farrère). De même, dans le cas de la fausse négation (tournure expressive) : *N'avait-elle point passé des examens, tout comme un homme ?* (Gide).

□ **article accompagnant l'apostrophe.** Dans le style familier, le substantif en apostrophe est souvent précédé de l'article défini : *L'abbé, ne le faites pas veiller trop tard* (Gide). → APOSTROPHE.

□ **article** à la place de l'**adj. possessif.** Lorsqu'un substantif désigne une partie du corps, l'article est souvent préféré à l'adj. possessif : *j'ai mal à la tête, je me suis coupé le doigt, elle s'est cassé le bras,* mieux que *ma tête, mon doigt, son bras.*

□ **devant un nom propre.** Question controversée ; néanmoins, on trouve l'article défini devant un nom propre au plur., pour évoquer une famille ou une dynastie : *les Boussardel* (cycle romanesque de Ph. Hériat), *les Rothschild, les Dumas* (père et fils). Le nom propre peut toujours, dans ce cas, demeurer invar. Devant un nom au sing., l'article a des valeurs diverses. On observe par exemple la tradition italienne pour certains poètes : *le Tasse,* ou pour certains artistes : *le Tintoret,* et particulièrement les cantatrices : *la Callas, la Tebaldi.* Mais il existe aussi des emplois très différents et bien admis dans notre langue, par exemple devant un nom propre déterminé : *Le vrai Gauguin, c'est le Gauguin qui décore* (Sartre), ou lorsque le nom propre est considéré comme un type : *Des Ralph, des Bobby, voilà ce qu'on lui laissait* (*id.*). *Dante* étant un prénom et non un nom de famille, on n'écrira pas *le Dante.* Il en est de même pour *Titien.*

□ **devant un nom de nombre.** L'article défini indique une certaine approximation : *vers les deux heures du matin.* Cet emploi appartient à la langue familière. → DANS, SUR, VERS.

□ **tous deux, tous les deux.** « Au-delà de 4 jusqu'à 10, on supprime rarement l'article, au-delà de 10, on l'emploie toujours. » (Académie fr.).

□ **omission de l'article.** C'est un procédé rhétorique qui souligne l'idée de généralité, d'indétermination, et accroît la vivacité du récit ou la richesse désordonnée de la description : *Portes et tiroirs ouverts livrent* *des centaines de lettres, des cartes postales, des monceaux de paperasses* (Jourde). *Gigots et entrecôtes étaient parés de petites coiffes de papier blanc* (Lefèvre).

ARTIFICIEL et **ARTIFICIEUX emploi et sens.** **Artificiel**, « qui est le produit de l'activité humaine » (sens objectif) : *le froid artificiel, la soie artificielle*, ou « qui ne tient pas compte des caractères naturels » (sens péjoratif) : *Un assemblage d'hommes artificiels et de passions factices* (Rousseau). *Des sentiments artificiels.* **Artificieux** appartient à la langue littéraire, ne se rapporte qu'à un humain, et signifie « qui recourt volontiers à la ruse et à la tromperie » : *Gilbert suivait avec difficulté cette conversation artificieuse. L'oncle tentait vainement de démasquer le chantage de Chassegrange* (Dhôtel). *Une créature artificieuse, des paroles artificieuses.*

ARTISAN forme. Pas de fém. dans l'usage courant, mais il serait aisé d'accepter **artisane**.

ARTISTEMENT, ARTISTIQUEMENT sens. Ces deux adv. ont une signification sensiblement différente. **Artistement** précise le rapport à une activité artistique ou considérée comme telle : *se coiffer, se vêtir artistement.* **Artistiquement** marque moins le rapport à une activité déterminée. D'après Thomas, le premier suppose plus d'aisance, le second une recherche. **Artistement** met l'accent sur le résultat, **artistiquement** sur la manière.

ARYEN sens. « Type humain considéré par certains racistes (notamment les nazis) comme l'élément pur de la race blanche. » *Pour un peu il nous dirait que son pâté est cent pour cent aryen, qu'il exprime l'ancestrale beauté de la race germanique* (Semprun). Ne pas confondre avec **arien**, partisan d'une hérésie qui est *l'arianisme* (refus de la consubstantialité du Fils et du Père). → ANTIRACISTE.

ASCENSIONNISTE → ALPINISTE.

ASEPSIE → ANTISEPSIE.

ASIATE ou **ASIATIQUE emploi.** Le premier mot est toujours substantif et ne s'applique qu'à des humains : *Les Asiates*, titre d'un roman de Jean Hougron. Le second est soit adj. soit substantif, et s'emploie plus largement. → CELTE.

ASPERGÈS ou **ASPERSOIR emploi et sens.** Dans la liturgie catholique, ces deux mots s'emploient indifféremment au sens de « goupillon, instrument servant à projeter devant soi l'eau bénite » : *Ferrer brandissant toujours l'aspergès le lâche* (Échenoz).

ASPHALTE genre. Masc. *l'asphalte mouillé.* ♦ **sens.** « Revêtement bitumeux. » Ne pas confondre avec **macadam**, « pierre concassée et sable, agglomérés ». Le **bitume** est un minéral entrant dans la composition de l'**asphalte.**

ASPHODÈLE genre. Masc. *Les asphodèles droits et fiers sur leur hampe fleurie* (Maïssa Bey).

ASPIC prononc. Toujours avec un [k] final : [aspik].

ASPIRER constr. et sens. Avec un complément d'objet direct, ce verbe a le sens concret de « faire venir à soi par dépression » : *Elle aspire à pleins poumons le bon air de la campagne. Cet aspirateur n'aspire pas grand-chose.* Mais le complément d'objet se construit avec la préposition *à* quand le sens du verbe est « viser à, avoir pour but » : *Après avoir tant bourlingué, il n'aspire plus qu'au repos. Il n'aspire qu'à s'en aller d'ici* (Vildrac). On ne dit plus *aspirer de.* Il faut distinguer **aspirer, inspirer** et **inhaler** : on peut **aspirer** de l'air, du fluide, de la fumée ; mais **inspirer** ne concerne que l'air et le fluide, et suppose plus particulièrement une action involontaire ; **inhaler** a une acception médicale (absorption d'un médicament par voie respiratoire), mais son sens s'est banalisé, notamment chez les journalistes.

ASSAILLIR conjug. Verbe irrégulier, classé dans le 3e groupe, mais possédant au présent de l'indic., du subj. et de l'impératif le même système de désinences que le premier groupe. → APPENDICE GRAMMATICAL. Attention au futur : *j'assaillirai*, et non *j'assaillerai*.

ASSASSIN forme. Comme substantif, **assassin** n'a pas de fém. : *Charlotte Corday, l'assassin de Marat*. On dira plutôt : *la meurtrière*. Comme adj., **assassin** et **assassine** ont surtout une valeur figurée : *Papa s'égorgerait : des désirs assassins frissonnent dans la lame* (Hoex). *Nos deux tourtereaux d'Oran* [...] *se renvoyant des œillades (plutôt coups d'œil assassins)* (Mauvignier).

ASSASSINAT, CRIME, MEURTRE sens. **Assassinat** : « Homicide volontaire commis avec préméditation » : *Un examen du corps a rapidement montré qu'il y avait eu assassinat* (Romains). Se distingue de **crime** qui a une valeur beaucoup plus générale, et de **meurtre** qui implique bien la volonté de tuer, mais non la préméditation. Dans l'usage courant, ces trois termes sont à peu près interchangeables. *Crime de Quinette*, de Jules Romains, raconte un **assassinat**.

ASSAVOIR emploi et sens. On ne confondra pas ce vieux verbe, tombé en désuétude, au sens de « connaître », dans la locution **faire assavoir**, avec *à savoir*, tour qui annonce qu'on va préciser le contenu d'une affirmation : *Tu connais mes deux meilleurs amis, à savoir Philippe et Georges*. On peut dire aussi, simplement, **savoir** : *Il manque à ce plat deux compléments importants, savoir une pointe d'ail et de l'estragon*.

-ASSE emploi et sens. Ce suffixe productif est presque toujours péjoratif : *Une abominable « vinasse » de tout juste huit degrés* (Simon). Cf. *beigeasse, blondasse, pétasse, pouffiasse, tiédasse*, etc.

ASSÉCHER et **DESSÉCHER orth.** Avec un accent aigu, tandis que **assèchement** et **dessèchement** prennent un accent grave. ♦ **sens.** **Assécher**, « ôter l'eau d'une rivière, d'un marais, d'une citerne », à ne pas confondre avec **dessécher**, « rendre sec en supprimant l'humidité naturelle ». Seul ce dernier verbe a des emplois figurés.

ASSENER orth. Avec ou sans accent aigu à l'infinitif : *Chez les jeunes animaux ou de petite taille ayant un crâne mou, il peut être acceptable d'asséner un coup sur la tête* (Rosenthal), mais un accent grave quand la syllabe qui suit comporte un *e* muet : *Tu assènes, j'assènerais, ils assèneront*. Pas d'accent à l'imparfait et au passé simple : *J'assenais ce maître mot à quiconque me contredisait* (Camus). *Il nous assena ainsi un certain nombre de vérités premières* (Dubois). La règle est assez fluctuante !

ASSEOIR conjug. Irrégulière et double. → APPENDICE GRAMMATICAL. ♦ **orth.** Prendre garde au fait que le *e* ne se maintient, devant *-oi*, qu'à l'infinitif : *asseoir*, mais *j'assois, tu assois... j'assoirai, nous assoirons. La dame, en robe de cour* [...], *s'assoit à la proue de la barque* (Léger).

ASSERVIR conjug. Bien qu'il soit formé sur *servir*, ce verbe se conjugue sur le modèle *finir*, avec le suffixe *-iss* : *Louis XIV asservissait ses courtisans à l'étiquette*.

ASSEZ prononc. Le *z* se lie en général devant une voyelle, mais on peut ne pas le prononcer, et il tend à rester muet dans tous les cas. ♦ **constr.** Employé comme adv. de quantité, **assez** est suivi du partitif **de**, jamais de **du** ou de **des**. Cette règle ne s'applique évidemment pas quand **assez** est rattaché à ce qui précède, comme dans la phrase suivante : *À dire vrai, on en avait assez du pouvoir des neiges* (Bouhéret).

ASSIDÛMENT orth. Accent circonflexe sur le *u*, et pas de *e* interne ; *Durant cette période, vous fréquentez assidûment un jeune homme de votre âge* (Rosenthal). → ADVERBES.

ASSISTANT emploi. Quand il désigne une personne présente dans un lieu, **assistant** ne peut s'employer qu'au plur. : *un des assistants* et non *un assistant à ce spectacle*.

ASSOCIER constr. Ce verbe se construit avec les prépositions **à** ou **avec** sans différence de sens appréciable : *Les soirs de générales étaient associés à trop d'erreurs et d'incompréhension* (Salacrou). *Pourquoi diable s'est-il associé à cette crapule* ou *avec cette crapule ? Il associe en lui l'ardeur au travail avec l'art de se reposer à propos* ou *à l'art de se reposer*, ou même : *et l'art de se reposer.* → ALLIER.

ASSONANCE orth. Avec un seul *n* (→ SONNER). ♦ **sens.** « Retour de la même voyelle accentuée à la fin de deux ou plusieurs vers. » L'**assonance** est l'ancêtre de la rime ; ne pas confondre ces deux termes, bien qu'une *rime pauvre* soit à peu près l'équivalent d'une *assonance* (par exemple : *rue* et *lue*). → CONSONANCE, DISSONANCE, RÉSONANCE.

ASSORTIR conjug. Sur le modèle **finir**, et non sur celui du verbe simple, **sortir** : *nous assortissons, j'assortissais,* etc.

ASSUJETTIR orth. Deux *s* et deux *t.*

ASSUMER emploi et sens. Ce verbe est aujourd'hui très répandu, surtout dans l'expression *assumer une responsabilité.* Il signifie « prendre à son compte, se charger de ». Au figuré, « accepter consciemment » (une situation).

ASSURER constr. On dit *assurer qqn de qqch.* ou *assurer qqch. à qqn* : *Je l'ai assuré de mon dévouement. Je lui ai assuré qu'il n'avait rien à craindre.* Il y a aussi la construction directe *assurer qqn* et *assurer qqch.*, « garantir par une assurance ». De ces multiples constructions découlent donc des sens variés. On évitera les tours ambigus. L'expression employée absolument *Je t'assure !* est familière, mais n'est pas incorrecte, non plus que **assurément que** en tête de phrase, que l'on rencontre chez de bons auteurs ; on trouve *assurément qu'elle est malade*, mais on préférera *assurément, elle est malade.* Quant à l'emploi intransitif au sens d'« avoir de l'assurance », ou « être à la hauteur de la situation », il appartient au langage branché. → PROMETTRE.

ASTÉRISQUE genre. Masc. *mettre un astérisque.* ♦ **emploi.** On utilise généralement un triple astérisque pour éviter d'écrire en toutes lettres un nom propre : *La campagne électorale de Monsieur* ***. L'astérisque simple se met devant un mot dont l'existence est supposée par les historiens de la langue mais non attestée dans les textes anciens, pour expliquer une évolution phonétique ou morphologique : *Allègre*, du lat. class. *alacer, vif*, devenu en latin populaire **alicer, alecris*, puis **alecrus* (*Nouveau dictionnaire étymologique*, Larousse, 1964).

ASTÉROÏDE genre. Masc. ♦ **sens.** « Petite planète. »

ASTRAKAN orth. Ce mot est francisé (la ville de Russie à l'origine de ce nom est *Astrakhan*) : *Juliette l'aide à enfiler sa veste d'astrakan* (Chaix). ♦ **sens.** Exactement, « peau d'agneau mort-né ».

ASTRAL forme. Plur. régulier en *-aux* : *Quand il la photographie, ce sont toutes ces femmes-là, mortes depuis longtemps, qui impressionneront la pellicule,* [...] *à cause des corps astraux, en principe invisibles* (Lefèvre). Ne pas confondre avec **austral**, « qui est au sud du globe terrestre », et dont le plur. masc., rare, est indécis : *australs* ou *austraux.*

ASTRINGENT sens. « Qui resserre. » Ne pas confondre avec **astreignant**, « qui tient très occupé ».

ASTRONAUTE ou **COSMONAUTE genre.** Ce substantif peut être des deux genres : *Cette femme est une astronaute.* ♦ **emploi.** L'usage tend à employer **astronaute** pour les Américains et **cosmonaute** pour les Russes. Les Français ont, de leur côté, créé le mot **spationaute**.

ASTRONEF genre. Masc. → AÉRONEF.

ASTUCE emploi et sens. On est passé du sens « ruse, esprit retors » à celui de « finesse d'esprit » : *Cet auteur de romans policiers est d'une astuce diabolique*, puis au sens « résultat de l'astuce, invention (souvent plaisante) » : *As-tu découvert l'astuce qui se trouve dans ce dessin ? Cet ingénieur a trouvé une astuce qui évite le refroidissement de la matière avant moulage.* Ce glissement de sens, fréquent dans la langue familière, est tout à fait acceptable : comparer *avoir des bontés, une faiblesse,* etc.

ASYMÉTRIE et **DISSYMÉTRIE sens.** Mots assez voisins : l'**asymétrie** est « l'absence de symétrie », la **dissymétrie**, « le défaut de symétrie ». Le premier terme correspond à une constatation objective, le second à une interprétation critique.

ATAVISME et **HÉRÉDITÉ sens. Atavisme** : « Forme d'hérédité dans laquelle l'individu hérite de caractères ancestraux qui ne se manifestaient pas chez ses parents immédiats. » Est souvent pris, à tort, comme synonyme d'**hérédité**, qui s'applique à deux ou plusieurs générations consécutives. De même, ne pas confondre les adj. **atavique** et **héréditaire** : *Une pudeur atavique l'empêcherait d'aborder cette question de façon frontale avec moi* (Khadra).

ATEMPOREL et **INTEMPOREL sens. Atemporel**, « qui n'est pas concerné par le temps, qui ne dépend pas du temps ». Cet adj. est difficile à distinguer de **intemporel**, « qui par sa nature échappe aux altérations du temps ».

ATERMOIEMENT orth. Avec un *e* intérieur.

ATMOSPHÈRE genre. Fém. *une atmosphère.*

ATOME orth. et prononc. Pas d'accent circonflexe sur le *o* malgré la prononciation en [o]. ♦ **emploi et sens.** Malgré les grandes découvertes de notre siècle, qui ont montré que **l'atome** était sécable (alors qu'en grec *atomos* signifie « qu'on ne peut couper »), on continue à utiliser couramment ce mot au sens de : « Élément le plus petit qui se puisse trouver. »

ATOMIQUE emploi. À *bombe, pile, poids, masse,* on associe l'adj. **atomique**. Mais on emploiera **nucléaire** dans le sens « qui est relatif au noyau de l'atome » : *physique nucléaire, péril, énergie, réacteur nucléaires.*

ATOURS forme. Ce masc. plur. n'a plus de sing. ♦ **emploi et sens.** « Tout ce qui sert à la parure des femmes. » C'est un archaïsme aimable, appartenant au style badin : *C'est elle, c'est bien elle, reconnaissable en ses atours* (Maïssa Bey).

-ÂTRE et **-IATRE orth.** Le suffixe péjoratif **-âtre** porte un accent circonflexe : *bellâtre, verdâtre,* etc. *De hautes falaises d'un ocre-brun violâtre* (Échenoz), à la différence du suffixe **-iatre** qui a le sens de « qui soigne, médecin » et ne prend jamais d'accent : *gériatre, pédiatre, psychiatre,* etc.

ATTARDER (S') emploi. La tournure *s'attarder trop* est à proscrire. Dire : *Il s'est attardé longtemps.*

ATTEINDRE constr. Verbe transitif direct le plus souvent : *C'était une loi de sa nature de ne pouvoir atteindre ceux qu'il chérissait* (Mauriac). *Cette mesure atteint une foule de personnes.* Mais pour insister sur l'idée d'effort, de difficulté à réaliser un projet, on rencontre la construction indirecte avec la prép. *à*, plus littéraire (et rare avec un verbe complément) : *Il allait atteindre à un état de résolution froide et sans gaieté* (Sartre). *Il se faisait horreur et croyait qu'il n'atteindrait jamais à rendre au monde l'inimitié qu'il y faisait naître* (Mauriac).

ATTENANT emploi et forme. Ce mot est toujours adj. (il n'existe pas de verbe *attenir*) et s'accorde donc en genre et en nombre avec le nom auquel il se rapporte : *C'était une maisonnette en bois attenante à l'école* (Wiazemsky). *J'ai, tant bien que mal, réinstallé l'armoire à glace dans le débarras attenant à la cuisine* (Ravey).

ATTENDRE

□ **attendre après** → APRÈS.

□ **s'attendre que** ou **à ce que. constr.** La première est classique et élégante. Elle se construit avec l'indic. en phrase affirmative, et avec le subj. en phrase négative : *Il* *faut s'attendre que de telles transformations deviennent la règle* (Valéry). *On s'attendait qu'il saute sur la table, commence des cabrioles, comme un bouffon* (Gallo). *On s'attend que des négociations s'ouvriront entre les deux pays. Ne vous attendez pas que j'arrive de bonne heure.* Mais elle est considérée comme quelque peu pédante, et on rencontre de plus en plus, même à un niveau de langue élevé, le tour à ce que, suivi du subj. : *Je m'étais attendu à ce que Tatiana fût hostile au projet, mais non pas à la voir exploser d'indignation* (Aymé). *En relançant l'hameçon par une nouvelle parution de son annonce,* [...] *Mathilde ne s'attendait pas à ce que la pêche fût si maigre* (Japrisot).

ATTENDU emploi. Comme substantif, appartient à la langue juridique et ne quitte pas aisément ce domaine : *Lilly Young pendant ce temps dévidait les attendus du décret que les vieilles avaient mis au point* (Volodine). En tête de phrase, **attendu**, employé comme préposition, demeure invar. : *Attendu ses réserves, cela m'étonnerait qu'il s'engage.* ⟶ (ÉTANT) DONNÉ.

ATTENTER constr. On dit surtout **attenter à**, parfois **attenter contre** : *Attenter à la vie, à la pudeur, à la sûreté,* etc. De même pour l'adj. **attentatoire** : *Cette semaine encore, le gouvernement Orban a fait voter des lois attentatoires aux libertés publiques* (éditorial du *Monde*, 17/07/2011). **Attenter sur**, employé à l'époque classique, n'existe plus. ♦ **sens.** Le verbe peut avoir une valeur plus figurée et plus abstraite que le substantif correspondant **attentat**.

ATTENTIF et **ATTENTIONNÉ sens. Attentif** signifie « qui témoigne de l'attention », **attentionné** : « Qui manifeste des égards, des prévenances. »

ATTENTION (FAIRE) constr. Faire attention que, suivi du subj., marque un dessein, une visée. Suivie de l'indic., l'expression met en relief un détail ou un fait réel : *Quand on n'a pas de cochons pour les restes, on fait attention qu'il n'y ait pas de restes* (Parain). *Fais attention qu'on ne te suive pas.* Mais : *Fais attention que la route est glissante.* **Faire attention à ce que** est toujours suivi du subj., avec un sens final : *Elle ne faisait pas toujours attention à ce qu'il n'y eût personne dans la chambre voisine* (Proust). Quand le sujet est le même entre la principale et la proposition complément, la préposition à est suivie de l'infinitif : *Il était par exemple inutile, en sa présence, de prononcer une phrase qui commençait par « Pierre, faites attention à ne pas... »* (Dubois).

□ **faute d'attention** ou **d'inattention** ⟶ FAUTE.

ATTERRAGE et **ATTERRISSAGE sens.** Le premier substantif est rare : c'est un terme de marin désignant « les parages d'une côte ». Il ne faut pas le confondre avec **atterrissage**, « action de prendre contact avec la terre », qui s'emploie aussi bien en parlant d'un bateau que d'un avion.

ATTERRER orth. Deux *t* et deux *r*.

ATTRAPE- forme. Tous les mots composés avec **attrape-** prennent au plur. un *s* final (s'ils ne le possèdent pas déjà au sing.). Le premier élément demeure invar. : *des attrape-nigauds.*

ATTRAPER orth. Inverse de celle de **trappe** : deux *t* et un *p*. ♦ **emploi.** On dit familièrement : *J'ai attrapé une bière dans le frigo, c'était bon cette fraîcheur* (Adam). *Il a attrapé une maladie, un mauvais coup.* Il est plus correct de dire : *Il est tombé malade, il a contracté une maladie, il a reçu un mauvais coup.* Mais de bons auteurs pourtant n'hésitent pas à recourir à cet emploi de **attraper** : *Mâche, mâche, me dit ma femme, ou tu attraperas un ulcère à l'estomac comme ton chef !* (Jorif). *Notre ami Faussel a attrapé une entorse et voilà nos représentations compromises* (Dhôtel). *En dînant, je vois qu'Angèle est très enrhumée, ce n'est pas le moment d'attraper la grippe* (Bauchau).

□ **attraper un enfant.** La langue familière emploie souvent ce verbe au sens de « gronder, réprimander » : *Je m'attendais à ce que papa m'attrape, me menace d'une punition sévère* (Diwo).

ATTRAYANT et **ATTRACTIF sens.** Le premier mot se dit de ce qui exerce un attrait, c'est-à-dire une attirance, avec idée de plaisir, de séduction. **Attractif** signifie « qui exerce une attraction », c'est-à-dire « qui attire par le fait d'une puissance », ou, dans un sens familier, « qui distrait, intéresse, amuse ».

AU ⟶ ARTICLE et LE, LA, LES.

AU- orth. Tous les adv. et prépositions composés avec **au-** prennent le trait d'union : *au-delà, au-dessus, au-dessous, au-dehors, au-devant*, contrairement à *en deçà, en dehors*, etc. : *Pour les uns au-delà du pardon, pour les autres en deçà de la haine, le même mot déclenchait la discorde* (Bouhéret). Exception : *au travers, au milieu (de).*

AUBADE et **SÉRÉNADE sens. Aubade**, « concert donné à l'aube, en plein air, sous les fenêtres de quelqu'un qu'on veut honorer » : *J'ai graissé la patte au berger / Pour lui faire jouer une aubade* (Brassens). Ne pas confondre, comme on le fait souvent, avec **sérénade**. ⟶ ce mot.

AUBE sens. L'**aube** (synonyme de **point du jour**) est le moment où le ciel est blanc (= *albus* en latin), l'**aurore** celui où l'horizon devient rosé (cf. chez Homère : *L'aurore aux doigts de rose*). Cette très ancienne distinction est encore assez respectée aujourd'hui : *Will Scheidmann attendait maintenant que la sentence fût appliquée. On lui avait dit que ce serait à l'aurore plutôt qu'*à l'*aube* (Volodine).

AUBERGINE forme. Invar. lorsqu'on l'emploie comme adj. de couleur. ⟶COULEUR.

AUBURN forme. Invar. : *Soledad, robe courte à grosses fleurs rouges, sa chevelure auburn qui ombre son front* (Schreiber). *Kakuro soulève délicatement de ses baguettes de bois auburn un fragment de mandarine* (Barbey). ⟶ COULEUR.

AUCUN forme. Le plur. est rare : on le rencontre devant un substantif dépourvu de sing. (comme *frais*) ou qui change de sens au plur. (comme *gage*) : *Aucunes ténèbres ne m'ont paru plus épaisses que celles-là. Sans aucuns frais, aucuns gages.* On le trouve aussi sous la forme du pronom *d'aucuns*, « quelques-uns », surtout en fonction de sujet : *D'aucuns pourraient penser à la vie de château avec ses pavillons de chasse* (C. Guedj). Ce dernier emploi est ou bien archaïque ou bien humoristique. ♦ **constr.** Comme adj., **aucun** peut être postposé s'il renforce la préposition **sans** : *C'est sans méchanceté aucune* (Benoit). *Le fût s'élance sans branche aucune et d'un seul jet* (Gide). ♦ **emploi et sens.** Originellement, **aucun** a un sens positif, ce qui explique qu'on puisse l'employer sans **ne** : *Un instinct sûr la retenait pourtant de provoquer aucune confidence* (Mauriac). *C'est même ce qui me retenait d'en choisir aucune* (Gide). Cependant, le sens est le plus souvent négatif, avec ou sans *ne* : *Et dont l'intelligence pourtant, et les vertus, ne le cédaient à aucune* (Valéry). *Il n'avait aucun jugement sur ces pensées, aucun pouvoir, pas même celui d'en être honteux* (Romains). *Pierre pouvait encore moins qu'alors se permettre aucun geste* (Beauvoir). C'est encore le cas dans les phrases sans verbe, notamment dans les réponses elliptiques : *Jean Valjean écouta. Aucun bruit* (Hugo).

□ **ne... (pas) aucun.** Ce pronom-adj. n'est pas compatible avec *pas* et *point* dans la même proposition, mais il admet **jamais, ni, plus** : *Le désir une fois né ne connaît pas le sommeil ni aucune trêve* (Valéry). *Les procédés de travail n'ont plus aucune chance de s'améliorer* (Romains). *Le chirurgien décréta qu'on ne l'y reprendrait pas, et qu'il ne pratiquerait plus jamais d'intervention sur aucune partie d'aucun membre d'une aussi funeste famille* (P. Jardin).

AU-DELÀ ⟶ AU-.

AUDIOVISUEL orth. Cet adj.-substantif très répandu s'écrit sans trait d'union : *Les moyens audiovisuels.*

AUDIT prononc. Le *t* final se fait toujours entendre, au sing. comme au plur. : [odit]. ♦ **sens.** « Procédure de contrôle en comptabilité et en gestion » : *L'audit mené est accablant à bien des égards pour l'exécutif bruxellois* (L. Caramel, *Le Monde*, 16/01/2009).

AUDITIONNER emploi et sens. Longtemps critiqué par les puristes, ce verbe n'est pas un simple synonyme d'*écouter*, et il fonctionne très bien dans le domaine de la chanson, du music-hall, etc. au sens de « écouter un artiste en vue de son engagement » : *Il se retint de raconter comment il avait lui-même auditionné ceux qui disposaient naturellement d'une belle voix* (Wiazemsky) ; et même dans un tout autre contexte : *Désormais, celui dont la nomination est proposée par le Président de la République est auditionné par les deux commissions des lois du Parlement* (D. Baudis, *Le Monde*, 26/06/2011).

AUGMENTATION emploi et sens. Il vaut mieux éviter l'ellipse du substantif **prix** ou **coût** et dire : *l'augmentation du prix du beurre, du coût de la vie,* etc., plutôt que : *l'augmentation du beurre, de la vie,* etc.

AUGURE genre. Masc. *un oiseau de mauvais augure.*

AUJOURD'HUI sens. Contient étymologiquement, avec la préposition à, deux fois le mot **jour** (*hui*, du lat. *hodie*, « aujourd'hui »), mais ce pléonasme n'est plus perçu. C'est seulement *au jour d'aujourd'hui*, assez fréquent dans un registre populaire, qui apparaît pléonastique : *Comme disait mon Adrien : au jour d'aujourd'hui...* (Chevallier). On dit indifféremment **jusqu'aujourd'hui** ou **jusqu'à aujourd'hui**, bien que cette dernière tournure ait été longtemps condamnée par les grammairiens.
□ **aujourd'hui en huit.** « Dans huit jours. » On disait mieux autrefois **d'aujourd'hui en huit**, mais la suppression du premier *d'* est maintenant générale.

AUPARAVANT emploi. À la différence de **avant**, ce mot ne peut s'employer que comme adv. Pas d'emploi possible comme préposition : *Il est arrivé avant moi. Je l'ai vu auparavant.*

AUPRÈS (DE) et **PRÈS (DE) sens.** Principalement spatial et statique : *De cet effroi, je m'en suis, pour ainsi dire, réveillé aux Bories, auprès de ma mère, chez les Désailhen* (Chabrol). *Je me plaindrai auprès des responsables.* Mais la forme **près** concurrence fortement **auprès** dans la plupart de ses emplois : *Ce grand benêt. Voilà pourtant qu'il fait le malin près des filles* (Aymé). Et cela d'autant plus aisément que **près** peut avoir, outre les sens de **auprès**, une valeur dynamique : *L'allée passait trop près des maisons, trop près surtout du bois de la Sauvagère* (Genevoix).
□ **auprès de** ou **au prix de.** Pour exprimer la comparaison, la première locution s'emploie : *Les Coantré étaient de la crotte de bique auprès des Coëtquidan* (Montherlant). Mais la langue courante préfère souvent *à côté de* : *Il n'est pas sot, mais à côté de son frère, il paraît vraiment très moyen.* Quant à la locution figurée **au prix de**, elle est exclusivement littéraire et tombe en désuétude : *Mais toutes ces délicatesses ordonnées à la durée de l'édifice étaient peu de choses au prix de celles dont il usait, quand il élaborait les émotions et les vibrations de l'âme du futur contemplateur de son œuvre* (Valéry). On ne confondra pas cet emploi de **au prix de** avec celui qui signifie « au moyen de, en employant ». La valeur est ici instrumentale et non comparative : *Des qualités que je n'ai pas payées trop cher en les achetant au prix de quelques croyances morales et politiques* (France).

AURÉOLE → ARÉOLE.

AUROCHS orth. Avec *s* même au sing. ♦ **prononc.** Plutôt avec un [k] final qu'avec [ks].

AURORE → AUBE.

AUSPICES forme. Presque toujours au plur. ♦ **genre.** Masc. *Au Yemen, le mois saint n'a pas commencé sous de meilleurs auspices* (C. Hennion, *Le Monde*, 07/08/2011).

AUSSI emploi comme adv. de comparaison. Dans ce cas, le second terme est introduit par **que** : *Une enquête aussi crispante que possible !* (Simenon). *Tout ce que nous venons de dire est aussi bien un jeu naturel* *du silence de ces enfers, que la fantaisie de quelque rhéteur de l'autre monde* (Valéry). Certains locuteurs étrangers substituent souvent **comme** à **que**. **Comme** était admis jadis, et se rencontre encore, très rarement, de façon archaïsante : *Mais toute chose, Eryximaque. Aussi bien l'amour comme la mer* (*id.*).

□ **aussi peut être conjonction.** Lorsque **aussi** se trouve en tête de phrase avec une valeur conclusive, il se produit généralement une inversion du sujet : *Aussi passa-t-il derrière la charrette couverte de sa bâche, et se jeta-t-il dans le patio* (Peyré). *Aussi ne cessait-il d'imaginer des solutions sublimes à son amour malheureux* (Cossery). Mais avec **aussi bien**, l'ordre normal n'est pas toujours modifié : *Quelques jours de patience encore, chère maman, écrivais-je : aussi bien, vous m'attendez depuis si longtemps* (Sarrazin). *Aussi bien est-ce faire un abus vraiment inique de l'intelligence que de l'employer à rechercher la vérité* (France).

□ **aussi** et **si en concurrence.** Dans la comparaison à forme négative ou interrogative : *Falstaff, aussi captivé qu'il soit, n'en sent soudain pas moins qu'une main palpe ses chausses* (Léger). *Ce n'est jamais si simple qu'on le dit, un divorce* (Colette). On peut très bien dans cette dernière phrase remplacer **si** par **aussi**, mais il faut noter que **si** est beaucoup plus naturel quand le second membre de la comparaison n'est pas exprimé : *Pas si bête ! Ce n'est pas si simple*, etc. Dans la proposition concessive, le tour avec **si** est généralement considéré comme le plus correct : *Si puissants que nous devenions un jour, sous une forme ou sous une autre, si lourde que se fasse l'Idée sur le monde, si dures, si précises, si subtiles que soient son organisation et sa police, il y aura toujours un homme à chasser quelque part qui lui aura échappé* (Anouilh). André Gide a écrit : *Malraux, lui aussi, emboîte le pas : tout comme ferait Mauriac, il écrit « (Psychologie de l'art) : Aussi différentes que soient leurs recherches… », où, à mon avis, le si différentes ou le pour différentes… seraient bien préférables. Aussi excellent que soit un correcteur, il laisse passer des fautes* (Cavanna).

□ **aussi** ou **autant.** Il est d'usage d'employer **aussi** devant les adv. et les adj. : *Cette dame, aussi étrangère et brune qu'étaient blondes et familières ma mère et mes sœurs* (Labro), et **autant** devant les substantifs : *J'ai autant hâte de rentrer que lui. Il méprise autant ses alliés que ses adversaires.* Cette règle est assez mal appliquée, et les flottements sont nombreux. → AUTANT, SI ET TANT.

□ **moi aussi** ou **moi non plus.** On ne trouve aujourd'hui l'adv. **aussi** que dans un contexte affirmatif : *Mais nous aussi, nous ne sommes que de pauvres abeilles vouées à accomplir leur tâche* (Barbery). *Il a fait cela, et moi aussi.* Mais lorsque la phrase a un sens négatif, on emploie *non plus* : *Toi non plus, n'est-ce pas, tu ne t'es pas laissé faire ?*

AUSSITÔT forme. On ne confondra pas cet adv., écrit en un mot, avec **aussi tôt**, en deux mots, qui est le contraire de **aussi tard**, et qui entre dans un tour comparatif : *Tu ne parviendras jamais à te lever aussi tôt que le père Dubois.* ♦ **constr.** S'emploie souvent avec un part. passé, avec ellipse du verbe : *Chavegrand, aussitôt vêtu, frappait le sol du pied pour appeler le domestique* (Duhamel). *Aussitôt dit, aussitôt fait !* L'emploi de **que**, dans ces tours elliptiques, relève de la langue soutenue : *Elle avait l'impression que la course finissait aussitôt que commencée* (Romains). On est passé ainsi tout naturellement à l'emploi de **aussitôt** comme préposition, admis par Nyrop, après Littré : *aussitôt le jour* (Littré) ; *aussitôt le repas* (Nyrop). Mais ces emplois sont désuets.

□ **il n'était pas aussitôt rentré que l'orage a éclaté. Aussitôt** précède le part. passé. La tournure signifie : « L'orage a éclaté aussitôt qu'il fut rentré », ou encore : « À peine était-il rentré, que l'orage a éclaté. » Notons l'emploi des temps : si le verbe de la seconde partie de la phrase est au passé composé, celui de la première est au plus-que-parfait. Ne pas confondre ce tour avec : *Il n'est pas rentré aussitôt que l'orage a éclaté.* Ici, l'adv. suit le part. passé, les deux verbes sont au passé composé, et la phrase signifie : « Il n'est pas rentré tout de suite après le début de l'orage. » → SITÔT.

AUSTRAL → ASTRAL.

AUTANT constr. Cet adv. s'emploie surtout pour la comparaison, associé directement ou indirectement à **que** : *Mais l'impression de chaos, dont vous parlez, je l'ai autant que jamais* (Romains). *On tient à notre herbe autant que vous, autant que vous on a le souci des finances de la commune* (Ramuz). ♦ Il y a ellipse de **que** : **1)** dans le tour littéraire **autant... autant...** : *Autant ces hommes de la campagne espagnole ont, à tout âge, d'assez fières têtes, autant les femmes en sont dépourvues* (Montherlant). *Autant ce que l'institutrice enseignait était inutile et vilain, autant ce que le professeur de danse enseignait était indispensable et sublime* (Nothomb). **2)** dans le tour **être autant de**, qui propose une équivalence, une identité même : *Verre, béton et acier, c'était un immense paquebot gris métallique, avec ses mâts géants qui étaient autant d'antennes* (Chraïbi). *De fines traînées d'écume que les bateaux de plaisance avaient laissées dans leur sillage comme autant d'éphémères cicatrices dans la mer* (Toussaint). *Il y avait enfin les grandes institutions de l'An II, qui étaient alors autant de partis* (Michon).

□ **pour autant.** Cette locution adverbiale signifie « cependant ». Elle ne s'emploie qu'en phrase négative : *Il ne renonçait pas pour autant à l'alcool. Tout au contraire* (Masson). *Le couple bisontin ne s'avoue pas vaincu pour autant* (M. Castaing, *Le Monde*, 01/06/1992). On rencontre souvent **pour autant** en tête de phrase, avec une valeur adversative « cependant » ou « il n'empêche que » : *Pour autant, pas question de le renier, ce pesant patronyme. C'eût été renier mon père dont le nom, lui, ne figure dans aucun dictionnaire* (Pontalis). *Pour autant, explique Horst Faas, les photos de guerre actuelles ne sont pas si mauvaises qu'on le dit* (*Le Monde*, 07/08/2008). *Pour autant, le congrès ne devrait pas déboucher sur une refonte de la charte du Fatah* (B. Barthe, *Le Monde*, 03/08/2009). On notera que **pourtant** a presque entièrement disparu au profit de ce tour très voisin.

□ **pour autant que.** Cette locution conjonctive, à valeur mi-comparative, mi-restrictive, est à distinguer du tour adverbial précédent : *Il avait, pour autant que le halo dans lequel il se mouvait me permît d'en juger, un visage banal* (Colombier).

□ **d'autant moins (que), d'autant plus (que), d'autant que.** Ces locutions un peu lourdes sont couramment employées à tous les niveaux de langue, sans difficulté. *Ce que j'avais de neuf à dire me parut d'autant plus urgent que j'avais plus de mal à le dire* (Gide). *Denise en était d'autant plus triste qu'elle les trouvait très belles* (Maurois). *L'éventualité d'envoyer à l'ombre un innocent d'autant plus mûr pour être cueilli qu'il est incapable de se défendre* (Desproges). On notera que **d'autant que** équivaut en général à *d'autant plus que*, et non à *d'autant moins que* : *Mon jeune oncle François aurait pu, d'autant qu'il était mon tuteur légal, tenir lieu de remplaçant* (Pontalis).

□ **autant** et **tant.** On emploie indifféremment **autant** ou **tant** dans les phrases négatives ou interrogatives, et dans quelques tours affirmatifs figés : *Il faut pleurer tant qu'on peut* (Sarrazin). *Il n'a pas (au)tant de cran qu'on le dit.* Comme pour le couple **aussi/si** (→ ces mots), on passe aisément de l'idée de comparaison à celle d'intensité, d'où l'emploi de la forme simple. On distingue du reste nettement la locution comparative **autant que** de la locution consécutive **tant... que**, toujours disjointe. → TANT et TELLEMENT.

□ **autant vaut** ou **il vaut autant + infinitif.** Ce tour n'a pas de valeur exclamative et se présente soit sans le pronom **il**, soit sous la forme normale : *Il vaut autant ne pas s'attaquer à lui*, ou *autant vaut ne pas s'attaquer à lui.* Ce tour peut s'abréger en **autant + infinitif**, dans l'usage parlé familier : *Autant prendre cette rue, elle nous conduira plus vite à l'université*, ou encore en **autant que + subj.** : *Autant que je te le dise tout de suite, je n'ai encore pas commencé le travail.*

□ **autant que faire se peut.** Cette ancienne locution figée, au sens de « autant qu'il est possible », se rencontre parfois avec la forme abrégée **tant que faire se peut** : *Les animateurs des organisations clandestines qui, malgré leur fragilité, ont tenu tête à l'Ordre noir, tant que faire se pouvait* (Bialot).

□ **autant pour les crosses** → TEMPS.

AUTARCIE sens. « État d'un pays qui se suffit à lui-même, n'a pas besoin de l'étranger pour satisfaire à ses besoins économiques » (Petit Robert). *La Rhodésie a opté pour une totale autarcie politique, malgré toutes les mises en garde* (*Le Monde*). Ce substantif est souvent utilisé de façon plus large et même parfois figurée : **vivre en autarcie**, en parlant d'une famille. Ne pas confondre avec **autarchie**, « situation d'un pays dont le gouvernement est totalement indépendant de toute contrainte ». De ces deux mots, seul le premier est vivant.

AUTEUR forme. Le fém. est rare, malgré certaines tentatives ; **autrice** semble plus acceptable que *autoresse.* On dit au Québec **une auteure**. → ÉCRIVAIN.

AUTHENTIFIER et **AUTHENTIQUER emploi.** Ces deux verbes sont presque synonymes, mais le second ne s'emploie guère que dans la langue administrative : *Authentifier une tradition par des témoignages authentiques*, mais *authentiquer un acte en y ajoutant le sceau public.*

AUTISME emploi et sens. Ce terme de psychanalyse désigne le « détachement de la réalité extérieure ». Très en vogue aujourd'hui, il équivaut souvent à un assez banal « refus de communiquer », qui n'est pas nécessairement pathologique : *La chamane, elle aurait pu être de bon conseil, mais son autisme naturel avait évolué dans le mauvais sens, et elle ne communiquait plus avec nous* (Volodine). L'adj. **autistique** qualifie « ce qui est relatif à l'autisme ». Mais l'adj.-substantif se rapportant à une personne est **autiste** : *Un(e) (enfant) autiste.*

AUTO- orth. Les composés avec **auto-** ne prennent un trait d'union que lorsque le second élément commence par une voyelle : *La capacité d'auto-aveuglement des parents est immense* (Nothomb) et dans *auto-stop, auto-stoppeur* : *Une fille qui ouvre la portière et monte sans qu'on ait échangé les habituels propos préliminaires entre auto-stoppeurs et stoppés* (Échenoz). Seul le substantif prend la marque du plur. : *des auto-écoles.*

AUTO, AUTOMOBILE, VOITURE emploi. L'usage tend actuellement à délaisser l'abréviation **auto** (de **automobile**) pour le mot **voiture** (par contraction de *voiture automobile*). La tendance est d'ailleurs à désigner l'automobile par son nom de marque, de modèle ou de série. On dit : *une Peugeot 307, une Volvo, une Renault Mégane.* → MARQUE. En tant que qualificatif, **automobile** prend évidemment la marque du plur. : *des accessoires automobiles.*

AUTOBERGE emploi et sens. Ce substantif fém., apparu vers 1960 pour désigner une « voie sur berge pour automobiles », est bien entré dans l'usage et aussi acceptable que **autoroute**. → ce mot.

AUTOCHTONE orth. Pas de *h* après le deuxième *t* : *Peut-être les insectes autochtones n'avaient-il jamais vu de blonde ? Ils s'acharnaient contre sa peau trop blanche* (Orsenna). → ABORIGÈNE.

AUTOCLAVE genre. Masc. *On fait acheter du lait, un autoclave et des sucettes aux vitamines* (Hoex).

AUTODAFÉ orth. En un seul mot. ♦ **sens.** Étymologiquement, « acte de foi ; cérémonie au cours de laquelle les hérétiques condamnés au supplice du feu par l'Inquisition étaient solennellement conviés à faire acte de foi pour mériter leur rachat dans l'autre monde ». Par extension, « supplice du feu », puis « action de détruire par le feu » : *un autodafé de papiers compromettants.* Souvent employé au figuré, pour signifier un renoncement total, un sacrifice entier.

AUTOGIRE orth. Avec un *i* et non un *y*. ♦ **emploi et sens.** Ce substantif est en voie de disparition, comme l'appareil qu'il désignait : « Engin volant dans lequel (à la différence de l'hélicoptère) le rotor n'assure que la sustentation et non la propulsion, qui se fait par une hélice. »

AUTOGRAPHE genre. Masc. *un autographe de Proust.*

AUTOMATION emploi et sens. Anglicisme pour **automatisation.** Signifie : « Fonctionnement automatique d'un ensemble productif, sous le contrôle d'un programme unique » (Petit Robert). Il y a très peu de différence de sens entre les deux termes. Cependant **automation** a pris une valeur spécifique dans la terminologie technique moderne, alors que **automatisation** reste d'un emploi plus étendu. Aujourd'hui, la **robotisation** croissante des fabrications tend à rendre cette question obsolète...

AUTOMNAL prononc. [otɔnal]. On entend parfois [otɔmnal] : cette prononciation est à éviter (influence de l'orthographe). ♦ **forme.** Plur. en *-aux* (rare, en raison des risques de calembour).

AUTOMNE genre. Masc. (comme tous les noms de saison) : *un automne pluvieux.*

AUTORISER constr. Ce verbe se construit avec la préposition à, mais on rencontre parfois **de**, probablement sous l'influence du verbe **permettre**, de sens très voisin : *C'est tout juste si la fierté de la classe autorisait de se frotter le front endolori* (Diwo).

AUTOROUTE genre. Fém. *une autoroute.*

AUTRE

□ **l'un et l'autre. emploi.** Cette locution est en principe suivie d'un sing., mais il n'est ni rare ni incorrect de rencontrer le plur. : *L'un et l'autre candidat(s) le dit* ou *le disent.* En revanche, **l'un ou l'autre, ni l'un ni l'autre** sont toujours suivis du sing. : *L'un ou l'autre est à peu près équivalent. Ni l'un ni l'autre ne me convient.* On lit cependant : *Dieu sait que ni l'un ni l'autre ne me faisaient défaut* (Benoit).

□ **et autres. emploi.** Une énumération peut se terminer soit par **et autres**, employé absolument, soit par **et autres + substantif de type générique.** → GÉNÉRAL : *De manière à faire pâlir l'ombre des Furetière, des Rivarol, des Chamfort et autres spécialistes éminents* (Duhamel). *L'un des derniers rendez-vous de la chance pour nombre de Vichyssois et autres Français pressés* (Chaix). *Ces buissons épineux abritant serpents à sonnettes, coyotes et autres animaux de mauvaise compagnie* (Rouaud). *Outre un lot de Ferrari, Rolls-Royce et autres voitures de luxe, il a acheté aux enchères en 2009, chez Christie's France, 109 lots d'objets d'art ancien* (*Le Monde*, 10/06/2011). On évitera d'employer en finale un terme se rapportant mal à ce qui vient d'être détaillé, sauf si l'on recherche un effet de style particulier (ironie) : *Ce que le citadin septentrional va chercher dans les Ibizza et autres Sardaigne* (Nourissier).

□ **en... un autre. emploi.** Comme pronoms, **un autre** et **d'autres**, quand ils ne sont pas sujets, s'emploient en général en corrélation avec **en**, placé antérieurement : *Après ce demi, il en a bu un autre.* **En** est explétif, et on en fait parfois l'économie : *Il (en) vit un autre qui lui faisait signe.*

□ **entre autres... emploi.** Cette locution fonctionne d'une façon analogue à **et autres**, tantôt comme adj., tantôt comme pronom : *Il ferait voir à Mme Martin quelques peintures, entre autres un Mantegna* (France). *Entre autres conséquences de la présence de Victoire chez Ferrer, on voyait passer plus souvent Delahaye* (Échenoz). On note un emploi extensif dans les exemples suivants : *C'est là entre autres qu'on avait déchiqueté l'Autriche, amputé l'Allemagne* (Giraudoux). *J'étais très préoccupé, entre autres, par l'éducation des filles* (Parain).

□ **cinq mille autres francs. sens.** Distinct de **cinq autres mille francs.** La première locution « découpe » des unités de cinq mille francs, la seconde des unités de mille francs.

□ **nous autres, vous autres. emploi.** Correct et admis par le bon usage, surtout s'il y a une épithète ou une apposition : *Nous sommes sans pitié, nous autres savants, comme dit M. Zola* (France). *Notre pain quotidien, à nous autres, gens du laboratoire* (Duhamel). *Je ne peux pas vous voir, vous autres vicieux, poursuivit Buguet avec force* (Kessel). Mais **eux autres**, en emploi absolu, est évité dans la langue soutenue.

□ **comme dit l'autre. emploi.** Familier : « Comme on dit. »

□ **personne d'autre, rien d'autre. constr.** L'ellipse de **de** apparaît aujourd'hui très recherchée : *Je n'ai vu personne d'autre que*

vous ces jours-ci. Je réclame mon dû et rien d'autre. Mais : *Personne autre que moi-même n'aura mission d'arrêter ma fille* (Louÿs). *La bavaroise, c'est un gâteau… – Au temps de Littré, ce n'était rien autre que cette infusion* (Jorif).
□ **tout autre** ou **toute autre** → TOUT.
□ **bien d'autres** → BIEN.
□ **un homme autre. constr.** Lorsque **autre** est un qualificatif et signifie « différent », il se place parfois après le substantif auquel il se rapporte : *Une belle voix profonde, dont le timbre apportait à ses propos une emphase et ajoutait une signification autre* (Labro). *C'est un homme autre que celui que tu as connu.*
□ **autre que. constr.** Si **autre** est précédé d'une préposition, on n'est jamais obligé de la reprendre après **que** : *Des allusions obscures, incompréhensibles pour tout autre que lui-même* (Mauriac), opposé à : *Je soutiens que vous écriviez à une autre qu'à moi vos premières lettres* (Huysmans).
□ **autre que je (ne) croyais** → NE.
□ **autre chose. forme.** Invar. L'adj. complément, introduit par **de**, est au masc. : *Avez-vous autre chose de nouveau ?*
□ **l'un** à l'**autre, l'un l'autre** → UN + AUTRE.

AUTREMENT emploi et sens. Ne… pas autrement a beaucoup vieilli, on dit plutôt maintenant **ne… pas particulièrement, ne… pas spécialement** : *Ce pays ne l'enchante pas. Il ne serait pas autrement fier d'y être né* (Romains). *Celle-ci était à ce point occupée par ses démarches chez les diamantaires qu'elle ne s'inquiétait pas autrement de ne pas voir Joseph* (Duras). Dans une phrase affirmative, **autrement** s'emploie devant un adj., et équivaut à un adv. intensif : *L'image qu'on veut donner de soi, qui est autrement importante que ce qu'on est* (Delay). *Pour voir mon rôle et mon apport réduits à des proportions autrement plus modestes que celles que vous leur prêtez* (Montherlant). Certains critiquent ici l'insertion de **plus**, légèrement pléonastique. On dira mieux : *autrement modestes.* Dans *il a bien autrement d'esprit,* **autrement** joue le rôle d'un adv. de quantité à valeur comparative : *plus.*
□ **autrement que** peut être suivi de **ne** explétif, en phrase affirmative : *La question se posa sur mes lèvres autrement que je l'aurais voulu* (Proust). *Il agit autrement qu'il ne parle.* En principe, pas de **ne** après un verbe négatif : *Il n'agit pas autrement qu'il parle.* Mais voir l'exemple suivant : *Tu ne peux plus agir autrement que tu ne ferais, animé par la foi la plus vive* (Gide).

AUTRUI emploi. Il vaudrait mieux employer ce pronom indéfini comme complément et non comme sujet, pour des raisons étymologiques : *Il faut penser à autrui avant de penser à soi. Convoiter le bien d'autrui.* Mais on trouve le mot en fonction de sujet chez les meilleurs écrivains : *Autrui m'a toujours semblé plus intéressant, plus sûr que moi* (Paulhan). *Autrui nous est indifférent* (Proust).

AUXILIAIRE, ASSISTANT (→ ce mot), **ADJOINT sens. L'auxiliaire** fournit son concours de façon libre, transitoire. L'**assistant** seconde quelqu'un dans une activité professionnelle *(assistant d'un dentiste, d'un médecin).* **Adjoint** met l'accent sur l'étroitesse de la collaboration, et sur l'aide apportée en ce qui concerne la fonction plutôt qu'un travail donné.

AVAL forme. Plur. en *-als.* ♦ **sens.** « Garantie, caution financière. » L'homonyme **aval**, « partie inférieure d'une rivière », n'a pas de plur. : *en aval*, contraire de *en amont.*

À-VALOIR forme. Contrairement à **acompte** (→ ce mot), *à-valoir* prend un trait d'union comme substantif masc.

AVANCE emploi. Trois locutions se font plus ou moins concurrence : **d'avance, à l'avance, par avance**. La première est de loin la plus courante aujourd'hui : *Quel moment ! Daniel en jouissait d'avance* (Sartre). *Ivresse d'avance savourée de chaque pas l'éloignant un peu plus du collège* (Mauriac). *La tzigane savait d'avance / Nos deux vies barrées par les nuits* (Apollinaire). Mais à l'**avance** et **par avance** ne sont pas rares, et tout aussi corrects : *Vous savez que j'ai mauvaise vue et que je ne puis voir les choses qu'un petit peu à l'avance* (Claudel). *Ma mère comprenait.* […] *Par avance, elle était avec lui* (P. Jardin). *Il a* *pris par avance toutes les mesures nécessaires.* Fort peu de différence de sens. Éviter les pléonasmes du type : *prévoir, prédire, pressentir d'avance.*

AVANIE emploi. Une **avanie** est une offense : *Quarante ans d'avanies l'avaient laissé indifférent* (Kessel). À ne pas confondre avec **aléa**, qui est un hasard favorable ou non, **avatar** qui signifie « métamorphose » et **aria** qui est le synonyme populaire d'« embarras » (→ ces mots).

AVANT

□ **avant que + subj.** On veillera à accentuer correctement la forme verbale dans les phrases du type : *Il dut frapper à plusieurs reprises avant que s'ouvrît une lucarne du toit* (Dhôtel). *Avant que Pilar eût pu la retenir, sœur Inès s'était jetée à travers le rideau de fumée* (Peyré). En effet, *eût pu* est un subj. plus-que-parfait, et l'auxiliaire prend un accent circonflexe. Au contraire, on ne doit pas accentuer cette même forme à la suite de la locution **après que**, il s'agit alors d'un passé antérieur de l'indic. : *Après qu'elle l'eut aperçu*, etc. L'emploi de l'indic. après **avant que** est exceptionnel : *Il fallait plusieurs jours et plusieurs nuits avant que nous pûmes distinguer ce qui sortirait de cette cohue* (Toesca, cité par Georgin). → APRÈS.

□ **avant que (ne). constr.** Dans cette séquence, l'emploi de **ne** varie selon les auteurs, mais la langue parlée tend à le supprimer le plus souvent. Le fait que l'action ne soit pas encore amorcée suffit en effet à la nier. **Exemples sans** *ne* : *Avant que l'inconnue l'ait regardé, n'*était-il réellement qu'*un écolier sordide ?* (Mauriac). *L'oiseau bat un peu de l'aile, avant qu'il reprenne son vol* (Valéry). *Avant même qu'ils aient pu s'asseoir, un chien joyeux et chaud bondit du coin le plus obscur de la pièce* (Cesbron). **Exemples avec** ne : *Avant qu'elle n'ait compris ce qu'elle venait d'entendre, deux lèvres glacées et un peu de neige, se détachant d'une moustache, se posaient sur sa main* (Vilmorin). Le **ne** dit explétif est justifié quand la phrase comporte une intention négative, notamment quand le verbe de la principale est à l'impératif : *Allez-vous-en avant qu'Oriane ne descende* (Proust).

□ **avant de.** L'insertion de **que** dans cette locution est aujourd'hui affectée et ne se rencontre que dans la langue littéraire : *Il changera trois cents fois avant que d'*être *un homme* (Duhamel). *La petite épuise sa cervelle avant que d'en gratter la moindre parcelle d'or* (Benameur). On trouve rarement **dès avant que de** : *Dès avant que de l'avoir vu* (Duhamel). La langue courante emploie toujours **avant de** : *J'avais envoyé un mot, avant d'aller vous voir* (Camus).

AVANT forme. Employé comme adj., ce mot demeure invar. : *Sous le feu croisé de l'embuscade, nous avions été obligés d'abandonner les tractions avant* (Semprun). *Les sièges avant.* → ARRIÈRE.

AVANT- forme. Comme préfixe, **avant-** est toujours invar., et suivi du trait d'union. Le second élément prend le *s* du plur. (*des avant-gardes, avant-ports, avant-postes, avant-projets, avant-scènes, avant-trains, avant-veilles*, etc.). *La grandeur des fauteuils à bascule sous les avant-toits impressionne les jeunes filles* (de Roulet). Ne prennent pas le trait d'union : *avant centre*, terme sportif (au plur. : *des avants centres*) et *avant dire droit* ou *avant faire droit*, qui sont des expressions juridiques.

AVANT-COUREUR forme. Pas de fém. *Avant-courrière*, usité autrefois en poésie, était le fém. de **avant-courrier**.

AVANT-GUERRE genre. Indifférent. → APRÈS-GUERRE.

AVANT-SCÈNE genre. Fém. *louer une avant-scène.*

AVARE et **AVARICIEUX emploi.** Le premier de ces deux adj. signifie : « Qui a un désir démesuré d'accumuler des richesses et pousse l'économie à l'excès », et le second : « Qui est d'une avarice sordide. » Au figuré, **avare** peut être pris en bonne part, au sens d'« économe » : *avare de louanges, avare de la peine de ses employés*, tandis qu'**avaricieux** ne s'emploie qu'au propre et a toujours un mauvais sens.

AVATAR emploi et sens. Ce substantif désigne originellement les « dix incarnations successives du dieu Vichnou », dans la religion brahmanique. Ce sens propre est évidemment très rare. On le trouve, affaibli, dans les exemples suivants : *La renaissance continuelle de vieux mythes, sous des aspects – on pourrait dire des « avatars » au sens technique du terme – nouveaux, du moins en apparence* (Oraison). *Ces chrétiens de Mésopotamie qui, en compagnie des Chaldéens et des Syriaques, sont les seuls peuples orientaux à avoir toujours pour langue maternelle un avatar de l'araméen, l'idiome du Christ* (Péroncel-Hugoz, *Le Monde*, 22/05/1992). Il est normal d'employer **avatar** au sens étendu de « transformation, métamorphose ». C'est le cas dans les phrases suivantes : *Que de bonnes heures passées, l'œil perdu dans un livre ou dans une toile, nous assimilant le poète ou le peintre par une espèce d'avatar intellectuel* (Gautier). *Je me demande quelle expérience de ces choses possède l'auteur, pour avoir peint d'une façon si directe et si vraisemblable les avatars de son héros, tantôt chercheur d'or, camionneur, chauffeur de taxi* (Henriot). On notera que Littré n'enregistre que le sens religieux, et ignore encore les autres. Dans l'exemple qui suit, le sens glisse déjà vers l'idée d'une « transformation mauvaise, à caractère négatif » : *Les avatars de la monnaie, qui font que le profiteur le plus avéré semble voler par condescendance et ne commet, en tout cas, pas le même méfait que vis-à-vis d'une monnaie saine et loyale* (Giraudoux). Quant au sens répandu actuellement de « mésaventure, malheur », il est vivement critiqué par les grammairiens, mais on le trouve souvent dans le registre littéraire : *Hélas ! que d'avatars, que de refus polis des éditeurs j'essuyais !* (Carco). *Il m'arrive notamment, après une série d'avatars, d'avoir envie de me défaire de ma voiture* (Daninos). On parlera plutôt en ce sens d'**ennuis**, d'é**checs**, s'il s'agit d'un animé, et d'**avaries**, de **pannes**, s'il s'agit d'un non-animé.

À VAU-L'EAU emploi et sens. Construction adverbiale, « suivant le courant de l'eau » (Littré). Cette expression de vénerie s'emploie souvent au figuré : **laisser aller à vau-l'eau**, c'est-à-dire « laisser se perdre, se gâter ».

AVE forme et sens. Les grammaires et les dictionnaires distinguent en général deux mots. L'un s'écrit avec une majuscule sans accent, et demeure invar., il désigne la prière de l'**Ave Maria** : *Je m'mis à débiter, les rotules à terre / Tous les Ave Maria, tous les Pater Noster* (Brassens). La majuscule est souvent supprimée dans la forme abrégée : *Ces créatures infirmes qui s'en allaient tranquillement après avoir pris une commande d'ave, de pater, et de confiteor* (Aymé). Le second mot, plus rare, et entièrement francisé, désigne les « petits grains d'un chapelet ». Il prend un *s* au plur. : *égrener des avés.*

AVEC constr. Après certains verbes, **avec** est facultativement précédé de la préposition **de** : *Il a divisé le chaud d'avec le froid, et le soir d'avec le matin* (Valéry). → DISTINGUER, DIVORCER, SÉPARER, etc.

□ **comparer à** ou **avec. Avec** fait concurrence à la préposition *à* après des verbes exprimant une jonction ou un contact entre deux éléments animés ou non animés : *On a pris l'habitude de jumeler une cité avec une ville étrangère de dimensions à peu près égales.* On peut dire aussi bien, et moins lourdement, *jumeler* à. Même remarque à propos de *allier, associer, comparer, confronter, réunir, unir,* etc. : *Si je le compare à* ou *avec ce que tu as fait précédemment, ce dernier ouvrage n'est pas fameux.* → À.

□ **j'ai joué avec. Avec** s'emploie souvent comme adv., surtout en fin de phrase : *Il vivait dans l'épouvante que la vieille ne fît flamber la maison de bois, et la sienne avec* (France). *Ce n'est pas moi qui aurais mis en morceaux la vaisselle, et la table et les bancs avec* (Peyré). On évitera cet emploi quand il s'agit d'une personne, encore que la langue courante n'hésite pas à dire : *Que le diable t'emporte et moi avec* (Musset).

□ **dîner avec un quignon de pain.** Ce tour a été longtemps critiqué ; certains veulent encore qu'on réserve l'emploi de **avec** à des personnes : *Il a déjeuné avec son amie.* Cependant, même la langue littéraire a adopté depuis longtemps le tour : *dîner,* *déjeuner avec tel aliment. Un morceau de veau avec quoi il déjeunait le matin, quand il était rentré de l'hôpital* (Flaubert), parallèlement au tour classique : *Ils dînaient d'un morceau de pain tartiné au fromage* (Champion). Mais on ne dirait guère, sauf par plaisanterie : *Nous avons soupé avec un morceau de poulet froid et (avec) des amis.*

□ **avec ça (que). emploi.** Cette locution, répandue dans la langue familière, est ironique et signifie qu'on demeure sceptique quant à ce qui vient d'être dit : *Ils n'oseraient pas ? Avec ça !* Après un adj., elle a le sens de « en plus » : *Pensez s'il était apprécié par ses camarades, et rusé avec ça, personne ne voyait dans son jeu* (Japrisot). La locution complète se rencontre toujours en tête de phrase : *Avec ça que dans un métier pareil comment voulez-vous surveiller une femme ?* (Aragon). Elle signifie l'ajout d'un obstacle ou d'une difficulté supplémentaire. Elle introduit aussi une objection, une dénégation : *Avec ça que tu n'aurais pas fait comme moi !* (Gide). *Avec ça que vous ne faisiez pas la cour à Huguette !* (Guitry).

AVÈNEMENT orth. Avec un accent grave sur le premier *e.*

AVENTUREUX, AVENTURIER et **AVENTURÉ emploi et sens.** La première forme est toujours un adj. dérivé de **aventure** : *Nous nous sentions alors un cœur aventureux* (Roblès). *Nos promenades aventureuses nous entraînaient parfois bien loin de la maison.* La deuxième est un substantif désignant de façon péjorative une « personne de moralité douteuse et vivant d'expédients » : *Ce bar du port était un rendez-vous d'aventuriers plus ou moins louches.* On ne confondra aucun de ces deux mots avec le part.-adj. **aventuré**, qui signifie « risqué, peu sûr » : *L'hypothèse de ce chercheur me semble bien aventurée.*

AVENU emploi. N'existe guère que dans *nul et non avenu.*

AVENUE emploi. On dit *habiter dans* ou *sur une avenue.*

AVÉRER emploi et sens. Ce verbe signifie « rendre vrai, avaliser » : *Il reste à avérer ces on-dit.* Il est très rarement employé dans son sens propre. On le trouve au part. passé, au sens de « reconnu, manifeste » : *L'émoi grandit dans le pays, trois jours après la fraude avérée à l'épreuve de mathématiques du baccalauréat scientifique* (*Le Monde*, 26/06/2011). *Il me semble avéré que le crime a été commis par Gratien* (Gide). Mais c'est la conjugaison pronominale qui est la plus répandue, au sens de « se manifester » : *Il s'avéra, en peu de semaines, qu'il passait plus de temps que les autres professeurs auprès des garçons en proie aux difficultés scolaires* (Labro). L'idée de vérité se perdant peu à peu, on en vient à employer **s'avérer**, malgré les puristes, comme un synonyme de *se révéler, se montrer, être* : *Mais je vais très bien : la tête chaude et le foie frais, ce qui pour le moment ne s'avère pas désagréable du tout* (Queneau). *Et, de nouveau, ses démarches s'avérèrent parfaitement inutiles à cause de la solidarité irréductible qui régnait entre les banques coloniales* (Duras). On trouve même, ce qui montre bien le complet oubli du sens premier : *Les vues de l'homme s'avèrent toujours fausses* (Mauriac, cité par Grevisse).

AVERTIR constr. Plutôt **avertir que**, de préférence à **avertir de ce que.** → DE (CE QUE).

AVION orth. Prend un trait d'union s'il est associé à un substantif. Les deux termes ont alors la forme du plur. : *des avions-citernes* mais *des avions ravitailleurs.* Autres exemples : *avion(s)-école(s), avion(s)-suicide(s), avion(s)-cargo(s),* etc. *Entraînement sur planeur ou sur les Akatombo, avions-écoles peints en jaune* (de Roulet).

AVIS (ÊTRE D'AVIS QUE) constr. Je suis d'avis que est suivi tantôt du subj. (intention), tantôt de l'indic. (assertion) : *Mais ils étaient bien d'avis que l'aviation avait un avenir illimité* (Romains).

AVISER constr. On dit **aviser que** ou **s'aviser que**, de préférence à **de ce que.** → DE (CE QUE). **Aviser à** s'emploie à la voix active au sens de « songer à, prendre des mesures pour ».

AVOCAT genre. Le fém. **avocate** existe, mais on utilise souvent encore la forme masc., même pour désigner une **femme avocat**. Le composé **avocat-conseil** prend un trait d'union, mais : **avocat général**.

AVOIR conjug. ⟶ APPENDICE GRAMMATICAL. ♦ **orth. Il eut** et **il** eût. La confusion est fréquente entre la forme de l'indic. passé simple **eut** et celle du subj. imparfait (identique au conditionnel passé 2e forme) **eût**. Dans la forme **il eût, quelqu'un eût**, etc., le verbe prête à une nuance d'irréel (sous-entendu : « Cela aurait pu être. »). L'indic. (**il eut, quelqu'un eut**, etc.) renvoie à un simple fait. On établira plus facilement la différence en mettant le verbe à une personne du plur., nous **eûmes**, vous **eûtes**, ils **eurent** correspondent à il **eut** ; nous **eussions**, vous **eussiez**, ils **eussent** à il **eût**. ♦ **Remarque** : au subj., **avoir** a un *t* à la 3e pers. du sing. : qu'il *ait* (mais que j'*aie*, que tu *aies*). Il ne prend jamais de *i* après le *y* : que nous *ayons*, que vous *ayez*. ♦ **emploi.** Le verbe **avoir** n'a pas de passif, bien qu'il soit transitif direct, sauf dans la langue familière ou populaire, où *être eu* signifie « être trompé ».

□ **en avoir à, après** ou **contre quelqu'un**. Les trois constructions sont équivalentes. Cette locution familière correspond dans la langue soutenue à **en vouloir à qqn** ou **s'en prendre à qqn**.

□ **y ayant**. Ce part. absolu est archaïque, au sens de « étant donné qu'il y a, comme il y a... » : *Car, y ayant de la sottise partout, le danger vient de ce que des partisans l'exagèrent* (Gide). ⟶ AGIR (pour *s'agissant*).

□ **avoir facile, aisé de.** Ces locutions sont populaires, et fréquentes dans le nord et l'est de la France. Certains écrivains les emploient parfois. **L'avoir mauvaise** s'entend souvent dans la langue parlée familière.

□ **eu égard** ⟶ ÉGARD.

AXER constr. et emploi. Axer sur n'est pas un néologisme, bien qu'il ne figure pas chez Littré, mais un vieux verbe du XVIe s., remis en usage à la fin du XIXe s., et tout à fait acceptable : *Il a axé son discours sur le thème des besoins de la recherche scientifique.*

AXIOME orth. Pas d'accent circonflexe, malgré la prononciation en [o]. ♦ **sens.** « Proposition évidente par elle-même » : *Nour El Dine s'était laissé guider par l'espoir – en vertu de l'axiome selon lequel l'assassin revient toujours sur le lieu du crime – qu'il découvrirait l'individu qu'il recherchait* (Cossery). *« Il est probable que » est l'axiome de la physique théorique actuelle* (Schreiber).

AYANT CAUSE, AYANT DROIT emploi. Ces locutions figées sont employées comme substantifs animés humains dans la langue juridique, et font au plur. **des ayants cause, des ayants droit** : *La vente de tirages de photos d'Henri Cartier-Bresson exaspère ses ayants droit* (*Le Monde*, 11/05/2007).

-AYER orth. Les verbes en **-ayer** changent ou non leur *y* en *i* devant un *e* de façon indifférente : *J'essaye toutes les places libres* (Chaix). Mais le *i* est d'un emploi plus moderne. *Je débraie* ou *je débraye ; il s'effraie, il paie.*

AZALÉE genre. Fém. *une azalée* (anciennement *une azaléa*).

AZIMUT sens. Dans tous les azimuts, tous azimuts sont des locutions familières qui ne disent rien de plus que « dans tous les sens, de tous les côtés ».

AZTÈQUE orth. Avec un *z*. ♦ **forme.** Unique pour les deux genres : *Je suis tapissé de cœurs humains, plus que les temples aztèques* (Schreiber).

AZYME sens. « Sans levain » : *Un pain azyme.* Ne pas confondre cet adj. avec le substantif fém. **enzyme** (⟶ ce mot).

B

B prononc. Le double *b* graphique se prononce toujours comme un *b* simple. On le rencontre dans un petit nombre de mots : *abbatial, abbaye, abbé, abbesse, gibbeux, gibbon, gibbosité, rabbin, rabbinat, rabbinique, rabbinisme, sabbat, sabbataire, sabbatique*, et dans quelques emprunts, tels que *hobby, lobby*, etc. En finale, *b* ne se prononce que dans les termes d'origine étrangère : *baobab, cab, job, snob, tub*, etc. Il demeure muet dans les mots de souche française : *aplomb, Doubs, plomb, radoub, surplomb,* etc.

BABA emploi. Adj. invar. appartenant au style familier : *Mes copains en sont restés baba (= stupéfaits).*

BÂBORD orth. Accent circonflexe sur le *a.* ♦ **sens.** « Gauche d'un navire quand on regarde la proue. » **Bâbord** ou **tribord** ? Vieux moyen mnémotechnique : inscrire le mot *batterie* à cheval sur l'avant d'un navire vu en plan : le début du mot, *ba*, correspondant à la position de *bâbord*, le reste, *-tterie* [tri], correspond à tribord.

BABY orth. Plur. *des babies* ou, mieux : *des babys* (Recomm. offic.) : *Les babys emmaillotés* (Balzac), en face de : *Ses « babies » au vernis écorché par les cailloux* (Radiguet) : il s'agit ici de bottines pour enfant.

BABY-FOOT orth. Invar. *des baby-foot.*

BABY-SITTER orth. Prend un *s* final au plur. *des baby-sitters.* ♦ **sens.** « Jeune fille rémunérée pour garder des enfants à domicile. » Même remarque pour **baby-sitting**, « action de garder des enfants ».

BACCARA et **BACCARAT orth.** *Baccara*, sans *t*, lorsqu'il s'agit du jeu de cartes ; *Baccarat*, avec *t*, lorsqu'il s'agit d'un objet de cristal provenant des manufactures de Baccarat.

BACCHANAL(E) prononc. [bakanal]. ♦ **genre et sens.** Le masc. **bacchanal**, « grand bruit, tapage », a disparu de l'usage courant au profit du fém. **bacchanale**, « danse tumultueuse et lascive, comme celle des Bacchantes » (sens propre) et « débauche bruyante, fête désordonnée » (sens le plus fréquent aujourd'hui) : *Nous étions deux bêtes en chaleur ; c'était toute la chiennerie populaire… Il y avait à peu près un mois que cette bacchanale durait* (Perry). *La presse bien-pensante ne s'était pas privée de colporter les plus abjects ragots sur de prétendues bacchanales parisiennes* (Rouaud).

BACCHANTE orth. Au sens de « moustache » (emploi familier), on trouve parfois l'orthographe plus simple : *bacante.* Mais au sens de « femme participant à une bacchanale » (→ le précédent), on a toujours le groupe *-cch-* : *Richard tenait entre ses doigts la figure de bacchante éhontée, assouvie et pourtant affamée déjà d'un nouveau plaisir* (Kessel).

BÂCHE orth. Avec un accent circonflexe sur le *a*. De même pour le verbe **bâcher**, « recouvrir d'une bâche ».

BACHIQUE orth. Avec un seul *c*, contrairement à *bacchante, Bacchus*, etc.

BACHOT emploi et sens. Ce synonyme abréviatif de **baccalauréat** est aujourd'hui démodé : *Passe ton bachot d'abord, dit Richard en haussant les épaules* (Kessel). On emploie généralement la forme plus courte : le **bac**.

BACON prononc. Hésitante, cet anglicisme n'étant pas encore bien francisé. On recommandera [bekœn] ou [bekɔn].

BADAUD forme. Le fém. est **badaude.** Peu employé, de même que le dérivé *badauderie.*

BAFFE orth. Contrairement à *gifle,* prend deux *f.* ♦ **sens.** « Gifle », dans le langage populaire.

BAFFLE genre. Masc. On le fait très souvent fém., à tort. Contrairement à *gifle,* prend deux *f.* ♦ **sens.** Le vrai sens technique, « panneau de séparation acoustique », est oublié des non-spécialistes : on emploie ce mot couramment, au sens de « groupe de haut-parleurs, enceinte acoustique ».

BAGAGE forme et emploi. Au sens propre, on rencontre plus souvent le plur. que le sing. : *L'heure de la débâcle finale sonnant, leur agent double les avait plantés là, avec armes et bagages, sans explication* (Chaix). *Fourgon à bagages, un voyageur sans bagages.* Cependant : *Il déballe son pauvre bagage* (Claudel). Au sens figuré, seul convient le sing. : *La mère n'avait point seulement transmis la vie : elle avait, à ses fils, enseigné un langage, elle leur avait confié le bagage si lentement accumulé au cours des siècles* (Saint-Exupéry). Dans la locution figée *plier bagage(s),* on a le plus souvent la forme sans *s.*

BAGOU ou **BAGOUT orth.** Les deux orthographes sont admises sans aucune différence de sens appréciable : *Le mercier ornait ses explications des plates plaisanteries qui constituent le bagout des boutiquiers* (Balzac).

BAI emploi et sens. Adj. de couleur employé pour désigner la robe brun-rouge d'un cheval : *Il avait déployé sur l'encolure de sa jument baie un plan de Cholon* (R. Jean). → ALEZAN.

BAIL orth. Plur. *des baux.*

BÂILLER, BAYER et **BAILLER sens.** Ne pas confondre ces verbes, dont le premier est bien connu : *Parfois elle bâillait et d'un seul coup ses paupières se fermaient, sa tête chavirait* (Duras). *Vous avez encore perdu la nuit, vous bâillez, vous êtes mort de sommeil* (Ionesco). À noter l'accent circonflexe sur le *a* et non sur le *i.* Le deuxième verbe ne se rencontre plus que dans l'expression *bayer aux corneilles, bayer* étant ici un doublet de *béer,* qui signifie « ouvrir niaisement la bouche en regardant en l'air » (→ ce mot) : *Dépêche-toi donc, ce n'est pas le moment de bayer aux corneilles.* On ne confondra pas ces deux verbes de sens voisin avec **bailler,** vieux verbe signifiant « donner », que l'on emploie par archaïsme dans des tours comme *Vous me la baillez belle,* ou *bonne. Dites voir, ma bonne amie, si vous nous apportiez cette fameuse pâtisserie dont vous nous baillez des nouvelles depuis un moment ?* (Champion).

BÂILLEUR et **BAILLEUR forme.** Le fém. de **bâilleur** est *bâilleuse,* tandis que **bailleur** (ex. *bailleur de fonds*) fait, dans la langue de l'administration, **bailleresse.** *Riatte, seul, voulait s'engager complètement. Ses bailleurs de fonds l'interdirent* (Kessel).

BAILLIAGE orth. Dérivé de *bailli.* Prend un *i* après les deux *l.* ♦ **sens.** Mot ancien qui désignait le « tribunal qui rendait la justice au nom du bailli » ou la « circonscription placée sous la juridiction du bailli, officier royal ».

BÂILLON orth. Accent circonflexe sur le *a,* comme pour *bâiller, bâillonner.*

BAIN orth. On écrit indifféremment *salle de bain* ou *salle de bains,* avec cependant une préférence pour le sing., mais *peignoir, serviette de bain.* ♦ **emploi.** *Envoyer quelqu'un au bain* est vieilli et ne se dit plus guère : *Louis-Philippe serait venu à genoux nous demander un service, on l'aurait envoyé au bain* (Giono). En revanche, *(se) mettre dans le bain, être dans le bain* sont très usités dans la langue familière.

BAIN-MARIE orth. Plur. *des bains-marie.*

BAINS-DOUCHES orth. Ce substantif composé est invar. : *Toujours encadrés, nous sommes conduits en ville, dans une sorte de bains-douches publics* (Bialot).

BAISEMAIN orth. Plur. *des baisemains.*

BAISSER → ABAISSER.

BAKCHICH orth. Transcription approximative du persan. ♦ **sens.** « Pourboire, pot-de-vin. » Emploi familier : *La politique ici c'est oriental. On distribue des bakchichs, on achète les voix* (Gallo).

BAL- Voici une liste de mots communément usités, commençant par **bal-** et au sujet desquels on peut hésiter quant au redoublement du l.
Ne prennent qu'un *l* : *balade, balader* (sens : promener) ; *baladin ; balafre, balafrer ; balance* (et dérivés) ; *balayer* (et dérivés) ; *balise ; balistique ; baliverne ; balourd, balourdise ; balustre, balustrade.*
Prennent deux *l* : *ballade* (sens : poème) ; *ballant, baller ; ballast* (et dérivés) *; balle ; ballet, ballerine ; ballonner, ballon, ballonnement,* etc. ; *ballot ; ballotter, ballottage ; ballottement,* etc. ; *ballottine.*
Un ou deux *l* : *bal(l)uchon.*

BALADE et **BALLADE orth. et sens. Balade**, avec un seul *l*, signifie en français familier « promenade sans but déterminé » : *On devait faire une grande balade à Fontainebleau le dimanche suivant* (Sartre). Les dérivés *balader, baladin, baladeuse* ont la même orthographe : *Ils se baladent dans le quartier en se tenant par le petit doigt* (Beauvoir). **Ballade**, avec deux *l*, désigne un genre de poème à forme fixe illustré par Charles d'Orléans, Eustache Deschamps, Villon, etc. : *Si je parle d'une ballade / À faire avec mon vieux hibou / On me demandera jusqu'où / Je pense aller en promenade / On ne sait pas dans mon quartier / Qu'une ballade en vers français / Ça se fait sur deux sous d'papier / Et sans forcément promener* (Ferré).

BALADEUR emploi et sens. Ce mot semble avoir détrôné le *walkman*, dont il est la traduction, pour désigner l'« appareil portatif associant lecteur de CD, radio et écouteurs » : *Les gens équipés d'un baladeur made in Hong Kong* (Saumont).

BALADIN et **PALADIN sens.** Le premier de ces deux mots signifie « danseur de ballets, puis comédien ambulant » : *Dans la plaine les baladins / S'éloignent au long des jardins* (Apollinaire). Ne pas confondre avec **paladin**, « chevalier errant » et par la suite « homme animé de sentiments généreux et chevaleresques, redresseur de torts ».

BALAFRE orth. Pas d'accent circonflexe sur le *a*. Un seul *l*, un seul *f* : *Une courte balafre partait de l'extrémité de la lèvre supérieure vers la partie gauche de son visage* (Labro).

BALAI orth. Sans *s* au sing. (→ RELAIS). On écrit *balai-brosse* (plur. *balais-brosses*), *voiture-balai* (plur. *voitures-balais*).

BALANCER emploi et sens. Si ce verbe est bien connu et ne présente pas de difficulté à la voix pronominale, au sens d'« accomplir un mouvement régulier d'avant en arrière », il est rare et littéraire en construction intransitive, au sens d'« hésiter » : *Devant l'immeuble de verre et d'acier,* [...] *Frédéric balançait. Devait-il franchir le seuil principal, ou bien une entrée était-elle réservée, plus discrète, au personnel ?* (Jorif).

BALAYER orth. et prononc. Devant un *e* muet, on écrit *i* ou y : *je balaie* ou *je balaye.* La terminaison *-aie*, avec *i*, est la plus fréquente et la plus recommandée. Si la prononciation [balɛ] est possible quelle que soit l'orthographe (*balaie* ou *balaye*), on se gardera de prononcer [balɛj] quand la forme verbale est écrite avec un *i* et on n'admettra cette prononciation que pour la graphie *balaye.*

BALBUTIER prononc. Avec un [s] et non un [t]. De même pour le dérivé *balbutiement.* ♦ **sens.** « Articuler de façon gauche et hésitante ce que l'on a à dire », le plus souvent à cause de l'émotion. Ne pas confondre avec **bégayer**, qui désigne une prononciation viciée par une déformation de caractère psychopathologique.

BALDAQUIN sens. Synonyme de **dais** ou de **ciel de lit**, dans la langue courante. Voici un exemple d'un emploi plus précis, dans le lexique de l'architecture religieuse : *Le maître-autel dont le baldaquin, couronné de sa légion d'anges et supporté par huit colonnes de marbre, restait pourtant debout comme le clocher* (Peyré).

BALIVEAU sens. « Jeune arbre réservé dans la coupe des taillis pour qu'il puisse croître en futaie » : *Trois autres hommes dormaient à côté des chevaux attachés à des baliveaux* (A. Besson). **Baliveau** s'oppose dans le lexique des forestiers à *moderne* (arbre de 30 à 40 ans) et à *ancien* (arbre de 50, 60, 70 ans et au-delà). Ne pas confondre avec **soliveau**, « petite poutre ». ♦ **emploi.** Rare au figuré : *Tandis que le monde, ses usages, émondaient presque tous ces baliveaux de bonne famille...* (Mauriac).

BALLADE → BALADE.

BALLE (DU GRAIN) orth. Avec deux *l*. ♦ **sens.** Ne pas confondre avec le mot **cosse** qui désigne l'enveloppe de certains légumes. **Balle** est réservé à l'enveloppe des graines de céréales.

BALLON emploi et forme. Dans le tour *pneu ballon*, employé par les sportifs, l'épithète *ballon* ou *demi-ballon* est invar. : *Un dur à cuire qui n'hésitait pas à rouler deux cents kilomètres avec une bicyclette à pneus demi-ballon* (Fottorino).

BALLOTTER orth. Deux *l* et deux *t* (ainsi que les dérivés, notamment *ballottage*).

BALLUCHON orth. S'écrit avec deux *l* (Académie), mais on rencontre encore l'ancienne orthographe avec un seul *l*.

BALUSTRE orth. Un seul *l*. ♦ **genre.** Masc. ♦ **sens.** En principe, désigne une petite colonne, un élément de **balustrade**, mais il a quelquefois le sens collectif de ce dernier substantif : *s'appuyer au balustre.*

BAN orth. Pas de *c* final. Ne pas confondre avec **banc**. Le mot signifie « exil » : *mettre au ban de la société, un forçat en rupture de ban* (même racine que *bannir*) ou « proclamation publique et solennelle » : *On ne se marie pas comme cela. Il faut publier par trois fois les bans* (Léger). Le sens le plus vivant aujourd'hui est « applaudissements rythmés d'une certaine manière » : *Un ban pour le vainqueur !*

BANAL orth. Plur. *banals*, sauf dans quelques groupes figés appartenant au vocabulaire de la féodalité : *fours, moulins, pressoirs banaux*, mais *des* éloges banals : *Il exhibait* [...] *les lettres de compliments banals qu'il avait reçus* (Rolland). *Les suffixes les plus banals lui fournissent des dérivés faciles* (Bruneau).

BANCAL orth. Plur. *bancals* : *Les meubles fragiles et bancals ont l'air factices comme des accessoires de théâtre* (Échenoz). → -AL.

BANCO orth. Variable comme substantif (des *bancos*) : *C'est toujours les gens de la grande table qui raflent, debout, les gros bancos ailleurs, remarqua un joueur* (Kessel) ; ce mot demeure invar. lorsqu'il est employé comme adj. : *vingt mille francs banco.*

BANDEROLE orth. Un seul *l* (mais **banderille** avec deux *l*).

BANDOULIÈRE prononc. *l* mouillé et non simple [j] : [bãduljɛr]. → COURTILIÈRE, FOURMILIER.

BANK-NOTE orth. Plur. *des bank-notes* : *Gourari rassembla les liasses de bank-notes qu'il venait de gagner au poker* (Franck & Vautrin). ♦ **emploi et sens.** Mot anglais signifiant « billet de banque ». Encore très usité au début du XXe s., il est tombé en désuétude.

BAR- orth. Principaux mots commençant ainsi et ne prenant qu'un *r* : *baragouin, baragouiner ; baraque ; baratin, baratiner ; baratte, baratter ; barème ; baril ; barillet ; barioler, bariolage ; baromètre ; baron, baronnet ; baroque ; baroud, baroudeur ; barouf.* Mais prennent deux *r* : *barracuda ; barrage ; barre, barrer, barreau ; barrette ; barricade, barrière ; barrique ; barrir, barrissement.*

BARAQUE orth. Un seul *r* (collision orthographique fréquente avec *barrique*).

BARATTE orth. Deux *t*, mais un seul *r*, ainsi que *baratter*.

BARBACANE et **SARBACANE sens.** Dans l'architecture médiévale, **barbacane** désigne une « meurtrière, longue ouverture pratiquée dans une muraille ». Ne pas confondre avec **sarbacane**, « tuyau utilisé pour lancer de petits projectiles ».

BARBAQUE orth. Avec *-que* en final. → BARBECUE.

BARBARESQUE emploi et sens. Ne pas confondre avec **barbare. Barbaresque** (adj. ou substantif) désignait autrefois tout ce qui se rattachait aux pays de l'Afrique du Nord ; il est plus proche de **berbère** que de **barbare** quant au sens. *Les pirates barbaresques.*

<u>BARBARISME</u> On peut définir le barbarisme comme une « faute grave sur la forme ou le sens du mot », alors que le **solécisme** (→ ce mot) concerne plutôt les problèmes de syntaxe ou d'alliance entre les mots. Il est certain que *il conclua* (pour *il conclut*), *un dilemne* (pour *un dilemme*), *pulmonie* (pour *broncho-pneumonie*), *lastique* (pour élastique), *estruction* (pour *instruction*), *cruauté* (pour *crudité*), *vescant* (pour *vexant*) sont non seulement des fautes graves qui ne relèvent pas de l'orthographe, mais également des anomalies dues à de mauvais rapprochements, à des interprétations erronées, etc. On en trouvera de nombreux exemples dans ce dictionnaire, à leur place alphabétique. Il faut prendre garde, cependant, à la minceur de la frontière qui sépare le barbarisme du néologisme : en effet, un mot nouvellement fabriqué semble souvent « barbare » au premier abord, et peut cependant être admis peu à peu. Ce fut le cas de *baser, sélectionner, directive, dangerosité, atomiser, fiabilité*, etc. Voici quelques exemples de « hardiesses » (au point de vue morphologique) : *Dans une surenchère d'efforts et d'inventivités productives* (Duras). *La céruléinité de l'atmosphère* (Queneau). *Tu* étais à *l'aise, dur, indétournable* (Vailland). *Où trouverais-je le plaisir de camarader ?* (Cocteau). *Luigi s'en allait au café-tabac voisin, où il petitdéjeunait* à *sa manière* (Triolet). *Durant quelques instants, je dus faire face aux gratulations de chacun* (Gide). *Le baiser de paix, ce frotti-frotta de joues mal rasées* (Bazin). → IMPROPRIÉTÉ, NÉOLOGISME, SOLÉCISME.

BARBE- orth. Dans les mots composés, seul le substantif **barbe** prend la marque du plur. : *des barbes-de-capucin.* Le familier **barbe à papa** s'écrit sans traits d'union.

BARBECUE prononc. [barbəkju] (à l'anglaise) ou [barbəky] (à la française). ♦ **emploi et sens.** Emprunté à l'anglais vers 1938, **barbecue** s'est bien acclimaté (sans adaptation orthographique), en même temps que l'appareil qu'il désigne, et que l'on pourrait appeler, plus simplement, un **grilloir**.

BARBOTER orth. Un seul *t* ainsi que tous les dérivés, courants ou techniques.

BARÈME orth. Un seul *r* et un accent grave : *le barème des prix.*

BARIL prononc. [bari] ou [baril]. ♦ **orth.** Un seul *r*, à la différence de *barrique.*

BARMAN forme. Le fém. est **barmaid**. Le plur. courant est *barmans* (Recomm. offic.), préférable à la forme anglaise *barmen*, inutilement recherchée, et *barmaids* au fém.

BAROUD emploi et sens. Mot arabe du Maroc, assez usité aujourd'hui dans la locution *faire* ou *se livrer à un baroud d'honneur*, c'est-à-dire « tenter une action spectaculaire et plus ou moins désespérée avant de s'avouer battu ». Ne pas confondre avec **barouf** (ou **baroufle**), populaire, « tapage » : *Ils ont fait un de ces baroufs !*

BARRE forme. Le composé **barre à mine** s'écrit en trois mots, sans traits d'union.
□ **avoir barre(s) sur quelqu'un. sens.** Cette locution classicisante, qui signifie « avoir un avantage sur quelqu'un, sans réversibilité », vient du *jeu de barres* et s'écrit avec *s* à *barre.* C'est du moins l'orthographe de l'Académie. La forme *avoir barre* est cependant

assez répandue, peut-être sous l'influence du vocabulaire nautique.

BARRÉ emploi et sens. Le tour familier *être mal barré* remplace souvent *être mal parti* : *On allait voir ce qu'on pourrait faire, mais c'était très très mal barré* (Échenoz). *Si tout le monde s'endort dès qu'il est fatigué, on est mal parti* (Adam). On ne rencontre guère ces tours sous la forme positive.

BARRETTE orth. Deux *r* et deux *t* quel que soit le **sens.**

BARZOÏ emploi et sens. Ce mot, comme adj. ou substantif, désigne une race de lévriers russes : *Ses trois lévriers barzoïs couraient autour de lui* (Wiazemsky).

BAS orth. Les composés prennent toujours le trait d'union (pas de fusion complète) : *bas-bleu, bas-côté, bas-fond, bas-mât, bas-relief, bas-ventre, basse-contre, basse-cour, basse-courier (-ère)* (toutefois, on peut écrire sans trait d'union *bassecour, bassecourier), basse-fosse, basse-lisse, basse-taille.* Tous ces mots prennent au plur. un *s* final (au masc.) et au fém. un *s* sur les deux éléments : *Le grand vaisseau de pierre s'anima aussitôt de ses basses-fosses au sommet du donjon* (A. Besson). *Des basses-cours.*

□ **au bas de** ou **en bas de. emploi.** Ces deux locutions prépositives sont aujourd'hui équivalentes et employées indifféremment, la seconde étant la plus répandue.

□ **à bas de** tend à disparaître, sauf après des verbes comme *sauter, se jeter, tomber* : *sauter à bas de son cheval.*

□ **en bas** fonctionne comme adv., plus souvent que **au bas** : *Une cour sombre, toute baroque, encombrée de grandes planches parce qu'il y avait un menuisier en bas, porte à porte* (Aragon).

□ **au bas mot. sens.** Locution figée, « en prenant l'estimation la plus prudente » : *À l'heure qu'il est, le cannage d'une chaise coûte au bas mot un franc cinquante* (Romains).

□ **descendre en bas. emploi.** Pléonasme à éviter. Il faut dire, absolument : *descendre,* ou préciser : *à tel étage, à la cave, au sous-sol,* etc. → HAUT.

□ **mettre bas** → ACCOUCHER.

□ **ici-bas, là-bas. orth.** Avec trait d'union. ♦ **sens. Bas** est très affaibli dans ces expressions, qui du reste n'ont pas exactement le même sens : **ici-bas** renvoie à un contexte religieux, **là-bas** est uniquement spatial et descriptif.

BASANÉ emploi et sens. Cet adj., qui qualifie une peau brune, naturellement ou sous l'effet d'une exposition au soleil, est souvent employé, avec une intention raciste, à l'encontre des Noirs.

BAS-BLEU sens. « Femme à prétentions littéraires » (anglicisme) : *En France, excepté les bas-bleus, toutes les femmes ont de l'esprit* (Mme de Girardin). Ne pas confondre ce mot composé, devenu désuet, avec **cordon bleu**, « excellente cuisinière ».

BASEBALL prononc. [bezbɔl]. ♦ **orth.** On adoptera de préférence la fusion de ce mot composé, sans trait d'union, comme pour **football**.

BASER emploi et sens. C'est le type même du faux néologisme (« mot nouveau fort à la mode », disait de lui le grammairien Féraud... en 1787 !) contre lequel s'acharnent encore quelques puristes. Bien que ce verbe puisse être considéré comme une « doublure » peu nécessaire de *fonder*, il est depuis longtemps passé, en dépit de tous les interdits, dans la langue courante et même dans le lexique d'excellents écrivains, qui l'emploient aujourd'hui sans hésitation : *Nulle autre morale, qu'elle soit basée sur la race, ou le bonheur, ou la volonté de puissance ou tout ce que je connais à ce jour, ne peut rendre compte, ni comme je l'ai dit de la conscience populaire, ni des grands mouvements spirituels* (Vercors). *Une paresse de juge en robe de juge condamne dans nos entreprises de poésie ce qu'elle estime n'être pas poétique, se basant, pour son verdict, sur cette apparence de merveilleux dont je parle* (Cocteau). *Notre métrique est basée sur le compte des syllabes* (Gide). *La renommée qu'ils lui font est basée sur un malentendu*

(Troyat). *Une certaine action, basée sur la conciliation et l'arbitrage des conflits* (Ricœur). Rappelons que l'Académie avait admis ce verbe en 1798 avant de le supprimer en 1835 et de le déclarer incorrect dans la 9e édition (1987), que Littré ne le condamnait pas et que F. Brunot l'acceptait carrément. Bien entendu, l'acception « maritime » de **baser** ne pose pas de problème, puisqu'elle se fonde sur un sens technique et non général du substantif *base* : *Le projet de baser des sous-marins à propulsion nucléaire dans une île bretonne a suscité une vive opposition de la part de la population locale.*

BAS-FOND et **HAUT-FOND emploi et sens.** **Bas-fond**, « terrain bas et enfoncé » : *Au-delà de ce bas-fond vers l'ouest, s'*étendait *le quartier neuf* (Guilloux). Dans le vocabulaire des marins, « partie du fond de la mer où l'eau est peu profonde » : *Ces bas-fonds taris qu'on découvre dans la mer à chaque marée basse* (Fromentin). Mais il faut faire attention à l'ambiguïté de *bas* et de *haut* dans ces exemples ; l'eau est encore moins profonde dans les **hauts-fonds**, où le sol affleure à la surface, sous forme de récifs : *C'était incommode pour la pêche, car la cuiller tombait aussitôt sur ces hauts-fonds de gravier* (Dhôtel). *Je pressentais sous moi de hauts-fonds marins et des profondeurs abyssales* (Toussaint). Seul *bas-fond* s'emploie au sens figuré, et la plupart du temps au plur., complètement dévié de son sens d'origine.

BASILIQUE sens. « Église privilégiée grâce à un titre accordé par le pape. » La distinction entre une église et une **basilique** ne repose nullement sur un critère architectural, encore que la *basilique* soit généralement de grandes dimensions, et qu'une église puisse être assez petite : *La basilique de Vézelay.*

BASIQUE emploi et sens. En chimie, signifie « qui se rapporte à une base (par opposition à *acide*) ». On rencontre souvent cet adj. au sens anglais de « fondamental, essentiel » : *La question de savoir qui avait le droit de s'y tremper* [dans le bassin] *ne s'est jamais posée à un déporté basique* (Bialot). On peut préférer le tour **de base**, qui semble moins ambigu.

BASKET genre. Ce mot, emprunté à l'anglais, est masc. quand il représente l'abréviation de *basket-ball* et fém. quand il désigne (depuis le début des années 50), une chaussure basse : *Elles ne voulaient pas mettre de bottes, ni salir leurs jolies baskets* (Wiazemsky). *Une paire de baskets invraisemblablement grandes* (Garnier). Le nom dérivé désignant le joueur ou la joueuse est **basketteur, euse** (avec deux *t*) : *Rien de solide, en revanche, ne me reliait aux basketteuses chinoises* (Volodine).

BASQUE forme. L'adj. a une seule forme pour les deux genres. Pour le substantif fém., on peut dire une **Basque** ou une **Basquaise** : *La femme de chambre, une Basquaise grisonnante, barbue, intervint* (Colette). Le mot *basque* (en espagnol *vasco, vasca*) semble être à l'origine de la locution *parler français comme un(e) Basque (l')espagnol*, qui est devenue en français familier *parler français comme une vache espagnole.*

BAS-RELIEF sens. « Sculpture en faible saillie sur un fond plat », tandis que le haut-relief présente une saillie très accusée (comme dans certains retables à personnages, par exemple). → RONDE-BOSSE.

BASTE ! emploi et sens. Interjection en voie de disparition, au moins sous cette forme (*bah !* est plus fréquent comme transcription littéraire). Elle indique le dédain ou l'indifférence : *Baste ! Nous verrons bien* (Rolland).

BASTINGAGE orth. Sans *u* après le premier *g*.

BÂT orth. Avec un accent circonflexe. ♦ **sens.** « Dispositif que l'on attache sur le dos de certains animaux pour leur faire porter une charge. » A donné les locutions : *âne bâté, chacun sait où le bât le blesse*, etc.

BATAILLON orth. On écrit *des chefs de bataillon* (sans *s* à la fin du dernier mot).

BATARDEAU orth. Pas d'accent circonflexe.

BATEAU orth. Pas d'accent circonflexe (faute très fréquente).

□ **genre des noms de bateau.** Il s'agit d'un irritant problème, qui n'est pas encore résolu de façon satisfaisante. En effet, le genre du type de bateau entre assez souvent en opposition avec le « nom de baptême » qu'on lui a donné. Par exemple, un paquebot est nommé *France* (fém.), une vedette rapide pourrait prendre un nom d'amiral, etc. Aussi, certains suppriment-ils tout article, ce qui apparaît au premier abord comme une solution commode : *Il a embarqué sur Pasteur.* L'inconvénient est qu'un bateau étant considéré comme un véhicule parmi d'autres, l'absence d'article lui confère une sorte de personnification, qui peut choquer : *Ville-d'Alger le ramena à Marseille à sa libération.* Mais, dans ce dernier exemple, la présence de l'article défini ne donnerait pas une phrase sensiblement meilleure. Il faut admettre que l'article est indispensable dans la plupart des cas. On se trouve devant une alternative : **1)** ou bien on fait masc. tous les bateaux, en sous-entendant un mot comme *bateau, navire, vaisseau, cargo, croiseur*, etc. La majorité des noms désignant des bateaux de gros tonnage est en effet aujourd'hui du genre masc. : *Le maître du Lys-de-Marie paraissait perplexe* (Mac Orlan). *Le Bretagne incendié, le Dunkerque avarié, le Provence touché dans ses œuvres vives* (Troyat). *Quand j'étais sur le bateau, sur ce Normandie dont nous ne serons jamais assez fiers…* (Romains). *On me téléphone que le Constitution arrive* (Maurois). *Le Basse-Terre marchait à bonne allure* (Peisson) ; **2)** ou bien on néglige le genre du type de bateau, et on met l'article voulu par le nom propre exclusivement : *Mais j'ai vu prendre le large à la plus pure de ses filles, la fine Fraternité aux formes fuyantes* (Valéry). *J'aperçus la Rose-de-Savannah. C'était, en vérité, un joli navire taillé pour la course* (Mac Orlan). *Le patron de la Marie-France, petit cotre qui assurait une fois par mois le service des marchandises* (*id.*). Il faut reconnaître que si le bateau porte un nom fém. de personne, comme dans ce dernier exemple, il est plus délicat de le faire précéder de **le** que s'il porte un nom de chose ou un nom abstrait. On dira sans peine *Le Liberté, Le Provence, Le Fraternité*, etc., mais *Le Marie-France* détonne. On se rangera en fin de compte à l'avis de Le Bidois : « La vérité, c'est que nous accordons instinctivement l'article non pas avec le nom de baptême, mais avec le mot *paquebot* sous-entendu. Une fois de plus, l'accord logique l'emporte sur l'accord formel ou grammatical » (*Le Monde*, 25/05/1960). Cette règle suffira dans la plupart des cas. Comme on a pu le voir, il est difficile de supprimer l'article.

□ **bateau-pompe, bateau-pilote**, etc. **orth.** Avec trait d'union. Plur. *-x* puis *-s* aux composants : *des bateaux-pilotes. Céline, tu es belle comme une statue de Paris. Un jour, j'en ai vu une du bateau-mouche* (Lefèvre).

□ **monter un bateau à quelqu'un** et **mener quelqu'un en bateau** sont des locutions familières signifiant « tromper quelqu'un par une machination bien combinée » : *Dis donc, ajouta-t-il, tu y crois toi, aux bateaux ? Moi, je vais te dire. Les bateaux, c'est un bateau* (Merle).

BAT-FLANC orth. Mot composé invar. ♦ **sens.** Rien à voir avec **bas**, ni avec **bât**. Le premier élément vient de *battre*, et le sens est « séparation entre deux bêtes, à l'écurie » : *Les mules qu'on entendait cogner dans les bat-flanc* (Peyré).

BATISTE orth. Pas de *p* : ce nom commun ne vient pas du nom propre *Baptiste*, mais d'une forme de *battre* (la laine). ♦ **genre.** Fém. ♦ **sens.** Fine toile de lin : *Madeleine est debout au milieu de la chambre vêtue d'une combinaison de batiste festonnée* (Némirovsky). *Ses doigts ne cessent de toucher la dent enfouie sous les plis de batiste* (Benameur).

BATTRE orth. Deux *t* ainsi que les dérivés ; mais font exception *bataille, combatif, combativité.* ⟶ COMBATTANT.

□ **battre à plate(s) couture(s).** Locution du registre familier.

□ **battre son plein. sens.** Se dit de la mer ayant atteint le plus haut point de la marée, mais cette locution s'emploie souvent au figuré. Noter l'accord du possessif : *Des bras mécaniques manœuvrent les commandes des grues, les palans, les touches des additionneuses ; sans perdre une seconde, sans* *un à-coup, sans une erreur ; le commerce du bois bat son plein* (Robbe-Grillet). *Les messes satiriques battaient leur plein et les moines n'étaient pas les derniers à s'en réjouir* (Ragon). C'est *plein* qui est ici le substantif, et non *son* comme on l'a parfois imaginé à contresens. Albert Dauzat a écrit : « Un tambour (aussi bien qu'une cloche) qui bat un son, plein ou non, c'est du charabia, qu'on ne rencontre nulle part, et qui n'a pu germer que dans les volutes d'un cerveau tarabiscoté. » Voici, tiré d'un auteur du XIXe s., un argument à l'appui de cette thèse : *Vers midi, quand le soleil était dans son plein, nous partions…* (H. Malot, *Sans famille*, 1878).

□ **battant neuf. forme.** Cette locution ancienne est diversement accordée au substantif auquel elle se rapporte : si *battant*, comme part., est toujours invar., *neuf* est considéré tantôt comme adj. attribut du sujet (accord), tantôt comme adv. (invar.) : *Il portait des habits battant neuf(s).*

□ **à six heures battant** ou **battantes. forme.** Accord variable selon que *battant* est senti comme part. ou comme adj. → SONNER, TAPANT.

BAUME orth. Jamais de *e* après le *b*, quel que soit le sens, qu'il s'agisse d'un nom commun (un *baume*) ou d'un nom géographique : *l'abbaye de Baume-les-Messieurs, la Sainte-Baume.*

BAUMÉ forme. Invar. dans *degrés Baumé* (lexique de la chimie).

BAYER → BAILLER et BÉER.

BAZAR orth. Pas de *d* final, malgré le dérivé très familier *bazarder*, « liquider ».

BÉANT, BÉE → BÉER.

BÉATIFIER → CANONISER.

BEAU forme. Cet adj. devient *bel* devant un nom commençant par une voyelle : *un bel homme, c'est le bel âge,* et dans la locution adverbiale *bel et bien. Une heure d'un plus bel automne que celui que je traversais voilà sept mois* (Butor). Ceci explique le glissement de genre fréquent dans la langue populaire : *la belle âge, la belle ouvrage,* etc.

□ **avoir beau. emploi.** Locution verbale à valeur concessive et oppositive : *La mère avait beau dire, il se trouvait sûrement un homme pour elle* (Duras). *On a beau savoir qu'elles restent vivaces, les premières petites feuilles sont une surprise* (Velan). *Les capitaines de port ont beau répéter qu'ils aiment, qu'ils adorent leur nouveau métier immobile, ils gardent la nostalgie de la navigation* (Orsenna). **Avoir beau** « marque l'inutilité de l'action énoncée par l'infinitif complément, et, par conséquent, l'opposition entre cette action et le fait énoncé ensuite » (Le Bidois).

□ **l'échapper belle, la bailler belle. sens et emploi.** Locution empruntée au jeu de paume. *L'* ou *la* représente à l'origine *la balle*, d'où le genre de l'adj. Ces tours sont figés.

□ **composés avec beau** : ils prennent un trait d'union. L'adj. s'accorde : *Quoique gendre et belle-maman, ils semblaient à nos yeux d'enfants appartenir à la même génération* (Simon). *Les beaux-pères, les belles-mères, les beaux-parents,* etc.

BEAUCOUP emploi. Adv. de quantité modifiant des verbes, et quelques adj. et adv. (*meilleur, moindre, plus, moins, trop, mieux*). **Beaucoup** s'emploie donc essentiellement avec des adj. au superlatif ou au comparatif. On dira : *Il est beaucoup* ou *de beaucoup plus intelligent que son frère*, mais : *Il est plus intelligent que son frère, de beaucoup* (*de* est alors obligatoire). Avec le superlatif, on dira **de beaucoup** quelle que soit la place de l'adv. par rapport à l'adj. : *Ce besoin, de beaucoup le plus difficile à contenter et le plus exigeant* (Kessel). *C'est de beaucoup le plus intelligent des trois* ou *C'est le plus intelligent des trois, de beaucoup.* L'emploi nominal de ce mot avec un complément partitif est exceptionnel : *Au temps de Littré, beaucoup de ce qui s'ingérait hors des repas faisait courir à la garde-robe* (Jorif).

□ **merci beaucoup** → MERCI.

□ **l'emporter de beaucoup. constr. De** est obligatoire, ainsi qu'après le verbe *dépasser* : *Son autorité dépassait de beaucoup celle d'Olga* (Wiazemsky). Avec d'autres verbes, l'usage varie : *Il regarde sa valise, qui est*

sur le filet, en face de lui, et qui déborde de beaucoup (Romains). *De* est ici plus ou moins explétif. En revanche, on dit **il s'en faut de beaucoup** : la distinction que l'on a tenté d'établir entre *il s'en faut beaucoup* (idée de qualité) et *il s'en faut de beaucoup* (idée de quantité) est peu convaincante. → FALLOIR.
□ **beaucoup pensent que. emploi.** Comme nominal, **beaucoup**, en raison de son contenu sémantique, entraîne le plur. : *On l'aimait, on l'accueillait avec joie, beaucoup l'aimaient* (Kessel). *Tout le monde aime les ours en peluche. Et beaucoup aiment aussi les animaux* (Rosenthal). *À voir leur émotion, beaucoup lui devaient quelque chose, d'autres avaient dû l'aimer* (P. Jardin). → SYLLEPSE.
□ **beaucoup de + subst. + verbe.** L'accord du verbe peut se faire au sing. ou au plur., suivant le sens que l'on veut donner à la phrase. Le plur. n'est nullement automatique. *Beaucoup de dépenses aboutit à la catastrophe* (= « le fait de dépenser beaucoup ») s'oppose à *Beaucoup de dépenses aboutissent à la catastrophe.* (= « il est de nombreuses sortes de dépenses qui... »). *Beaucoup de cierges valait mieux* (Flaubert) : l'écrivain pensait ici à la quantité, qu'il fallait prévoir grande.
□ **beaucoup de** ou **beaucoup des. constr.** Lorsque le substantif introduit par *beaucoup* est déterminé par un complément, un part. ou une proposition relative, on peut alors employer l'article défini, qui est exclu dans les autres contextes : *Beaucoup d'élèves ont été reçus*, mais *Beaucoup des élèves que tu connais* ou *Beaucoup des élèves sélectionnés ont été reçus.*
□ **beaucoup de peine te sera épargné(e). forme.** Lorsque le complément de *beaucoup* est un nom fém. sing., il y a hésitation sur l'accord. Le fém. l'emporte généralement. On touche ici (comme dans l'exemple ci-dessus : *beaucoup de dépenses* etc.) aux problèmes généraux de l'accord et des noms dits *collectifs* (→ ce mot).

BÉCARRE orth. Deux *r* : *un bécarre.*

BEC-DE-... orth. Dans les composés *bec-de-corbeau, bec-de-perroquet*, etc., seul *bec* prend la marque du plur. : *des becs-de-corbeau, des becs-de-cane, des becs-de-lièvre. Comme le bec-de-cane du portail, la boîte aux lettres était repeinte en rouge* (Échenoz).

BEC-FIN orth. Plur. *des becs-fins.* ♦ **sens.** « Passereau ».

BÉCHAMEL orth. Le *Dictionnaire de l'Académie française* (1987) donne aussi *béchamelle.* Ce mot peut prendre la majuscule dans *sauce Béchamel* (issu d'un nom propre), il prend la minuscule dans *une béchamel(l)e, des choux-fleurs à la béchamel.*

BECQUETER ou **BÉQUETER prononc.** [bɛkte] ♦ **orth.** Les deux orthographes sont possibles, mais la première est la plus répandue. De même pour *becquée* et *becquet.* ♦ **conjug.** Sur le modèle de *jeter* (autrefois plutôt sur *acheter*) : *Les pitting-pulvers minuscules, noirs et argentés, qui becquettent la surface de l'eau* (Schreiber). Mais en fait utilisé seulement à l'infinitif ou au part. passé, auquel cas il est souvent écrit *becter, becté.*

BÉER conjug. Garde à toutes les formes l'accent aigu sur le premier *e* (→ CRÉER). ♦ **sens.** « Tenir la bouche ouverte en regardant qqch. » ou « être ouvert, béant ». On rencontre ce verbe surtout sous la forme du part.-adj. *béant* : *Arrivée à la porte-fenêtre béante, l'ombre bondit de côté...* (Colette), ainsi que dans les locutions figées être ou **rester bouche bée** : *Il les regarde bouche bée, le nez vers le plafond* (Hoex). *Bouche bée, la petite regardait ce butin de pirates* (Nothomb), et dans l'expression technique : *futaille à gueule bée* (défoncée d'un côté). Mais on trouve aussi des formes personnelles, surtout dans la langue littéraire : *L'enveloppe bée comme une vieille chaussure en dévoilant une liasse de feuilles* (Barbery). *L'énorme porte béa enfin, grande ouverte sur les ténèbres épaisses de la cour intérieure du château* (A. Besson). *Le redoutable fossé des générations se creusera à vitesse accélérée et béera vertigineusement* (Cavanna). *La gorge béait, dans l'orbite vide on avait enfoncé un gros caillou* (R. Jean). Aucun rapport avec **béat**, ce qui n'empêche pas certains rapprochements de sens dans la langue populaire :

on dit *rester béat* ou *béant d'admiration.* ⟶ BAILLER, BAYER.

BEEFSTEAK ⟶ BIFTECK.

BEIGE emploi et sens. Adj. de couleur, qui suit la règle générale. ⟶ COULEUR.

BEIGNET prononc. [bɛɲɛ] et non [bœɲɛ]. Diminutif de **beigne** [bɛɲ], « bosse, tumeur, coup » (populaire), qui se prononce encore parfois [bœɲ]. ♦ **constr.** On dit **beignets de pommes**, ou **beignets aux pommes**.

BÉJAUNE orth. En un seul mot, anciennement *bec-jaune* (bec des jeunes oiseaux). ♦ **emploi.** Surtout dans la locution désuète **montrer à quelqu'un son béjaune**, c'est-à-dire sa naïveté. Aujourd'hui supplanté par **blanc-bec**.

BEL ⟶ BEAU.

BELGICISME emploi. Cette forme, plus proche de l'étymologie latine (*belgicus*), tend, sans grande nécessité, à supplanter **belgisme**. ♦ **sens.** « Mot ou tour usité en Belgique francophone », par ex. *aubette*, au sens d'« abribus » ou de « kiosque à journaux ».

BÉLÎTRE orth. Accent aigu sur le *e* et circonflexe sur le *i*. ♦ **sens.** Injure désuète, qualifiant très péjorativement un individu de sexe masc.

BELLE ⟶ BAILLER et ÉCHAPPER.

BELLE ⟶ BEAU.

BELLE-DE-... forme. Nombreux composés qui prennent tous, au plur., un *s* à **belle**, mais non pas au substantif qui suit : *des belles-de-jour, des belles-de-nuit, des belles-de-mai.*

BEN emploi et sens. Mot arabe (« fils de... ») qui n'est jamais suivi de trait d'union : *L'affaire Ben Barka, la mort de Ben Laden.* ♦ **forme. Ben** avec une majuscule en tête du nom de la personne désignée, **ben** avec minuscule entre le prénom et le nom : *Mustapha ben Kadder.* ♦ Plur. **Beni**, « (les) fils de... », d'où la locution familière *béni-oui-oui*, qui ne s'emploie au sing. que par extension. Elle désigne les « personnes toujours prêtes à se ranger du côté des autorités légales ».

BEN- prononc. En syllabe initiale d'un mot, ce groupe graphique devant une consonne se prononce en général [bɛ̃]. Ainsi pour *Bengale, bengali, benjamin, benjoin, benzène, benzine* et leurs dérivés.

BÉNÉDICITÉ orth. Mot latin complètement francisé : *des bénédicités.* Accent aigu partout, et *s* final au plur.

BÉNÉFICIER constr. À côté de la construction traditionnelle **bénéficier de** : *Les enseignants du secondaire ne bénéficient plus du prestige dont ils jouissaient il y a encore quelques dizaines d'années* (C. Allègre, *Le Monde*, 26/06/2011). *Bénéficier de l'indulgence du jury*, etc., on trouve aussi le tour inverse avec à : *Les dispositions de la loi du 23 décembre 1964 ont jusqu'à présent bénéficié à sept cent cinquante-deux condamnés* (communiqué officiel). ⟶ PROFITER.

BENÊT prononc. [bənɛ] et non [benɛ] ou [bɛnɛ] (attraction probable de *béni*). ♦ **forme.** Pas de fém. : *La religion n'a si bien pris que parce qu'ils étaient déjà idiots. Il y avait des crétins et des benêts avant qu'ils fussent chrétiens et bénis* (Paraz).

BÉNÉVOLE emploi. À l'origine, ce mot ne pouvait s'appliquer qu'à une personne (qui est « de bonne volonté ») : *Il est l'avocat bénévole et zélé de plus d'une belle cause* (Sainte-Beuve). *Ce n'est plus le chœur du drame antique, cette troupe de commentateurs et de conseillers bénévoles* (Claudel). *Elle possède un passé de femme d'intérieur, animatrice de tombolas, infirmière bénévole aux côtés de son major de mari* (Sarrazin). Mais aujourd'hui, on l'emploie très couramment avec un nom de chose : *Fournir une aide bénévole* (c.-à-d. « sans rémunération »).

BENGALI forme. Comme adj. ou substantif, **bengali** peut prendre le *s* du plur., mais non le *e* du fém. ♦ **sens.** Le substantif **bengali** désigne un oiseau et la langue du Bengale. **Bengalais, bengalaise** est une autre forme d'adj., plus commode à employer, puisqu'elle s'accorde selon les règles générales.

BÉNI ou **BÉNIT emploi.** La forme la plus ancienne, **bénit, bénite**, s'emploie en principe pour des objets consacrés religieusement : *pain, eau, drapeau, médaille,* etc. Pour des personnes ou des actions, seul convient le part.-adj. en *-i*, qui n'est du reste apparu qu'au XIXe s. : *Un petit rameau de buis bénit sous l'oreiller* (Aragon). *Cierge, paix et laurier bénit* (Peyré). *Une chaîne d'or, ornée de petites médailles bénites, encercle son cou* (Némirovsky). *Un grand défilé de bien-pensants consternés, sous une pluie battante de postillons et d'eau bénite* (Bazin). *Je serais allée faire ma cure d'eau bénite comme on prend, l'été, les eaux minérales* (Sarrazin). Cependant, mis à part **eau bénite**, groupe figé particulièrement stable, on observe une tendance à se servir en toute circonstance de la forme en *-i* : *Mettant des médailles bénies au cou de l'enfant* (Aragon). *Le gâteau qui avait été béni en même temps que la barque* (France). Noter le tour optatif (souhait) : *Bénie soit la mort qui m'en permet l'aveu !* (Estaunié). Employé aux temps composés de l'actif (avec l'auxiliaire *avoir*), *béni* s'écrit toujours *-i* : *Le prêtre les a bénis.*

BÉNIN forme. Le fém. **bénigne**, seul correct, est rare et a un aspect littéraire : *Okazou, au moment du départ, répéta de sa voix suave la question apparemment bénigne* (Labro). *Bien que jugeant bénignes ses exigences, Ferrer se fit un plaisir de les revoir à la baisse* (Échenoz). Dans le langage médical, on oppose *tumeur bénigne* et *tumeur maligne* : *À côté des tumeurs malignes, qui sont des cancers, existent, en effet, des tumeurs bénignes parmi lesquelles on peut citer les verrues* (Lwoff). Substantif dérivé : **bénignité.** ⟶ MALIN.

BÉNI-OUI-OUI ⟶ BEN.

BENOÎT orth. Accent circonflexe sur le *i*, également pour le fém. **benoîte** et l'adv. **benoîtement** : *Juliette me pose dans mon landau, je dors benoîtement* (Chaix). ♦ **emploi.** Adj. devenu rare, signifiant à l'origine « béni », et aujourd'hui le plus souvent péjoratif : « Qui prend un air bon et doucereux » : *Une bonne humeur qui n'était pas nécessairement compatible avec la nature réservée, benoîte, du héros de la soirée* (Labro).

BERCAIL forme. Le plur. **bercails** est extrêmement rare, mais non pas inexistant. ⟶ -AIL.

BERGAMOTE orth. Avec un seul *t.*

BERME sens. Proche de **berge**, mais nettement distinct : « Chemin entre une levée de terrain et le bord d'un fossé ou d'un canal. »

BESICLES prononc. [bezikl] ou [bəzikl]. ♦ **orth.** Pas d'accent aigu sur le *e.* ♦ **forme.** Pas de sing. : *Il enfourche sur son nez des besicles, il lit les notes qu'il a prises* (Japrisot).

BESOIN emploi. Avec l'auxiliaire *être*, emplois exclusivement littéraires : **s'il en est besoin, qu'est-il besoin de, il n'est pas besoin de,** etc. *Il n'oubliait jamais dans sa clientèle ouvrière d'appeler l'abbé quand il en était besoin* (Aragon). *Nice qui saurait, si besoin était, défendre comme jadis les cités grecques, ses libertés qui sont celles de la France* (Gallo). *Parfois, point n'est besoin de voyager à dos de collines, de survoler les fleuves, de traverser les déserts pour affranchir le temps* (Franck & Vautrin).

□ **cette chambre a besoin d'**être nettoyée. Tournure parfois critiquée, comme peu élégante. On évitera l'emploi de **avoir besoin** avec un sujet non humain, encore qu'on puisse dire correctement : *Cette plante a besoin d'eau.*

□ **tu n'as pas besoin d'avoir peur.** Cet emploi familier de *avoir besoin* est également à éviter. On dira mieux : *Tu n'as pas à avoir peur* ou *Tu ne dois pas avoir peur.*

BESTIAL forme. Plur. *des bestiaux.* ⟶ BÉTAIL.

BÊTA forme. Fém. *bêtasse.* ♦ **emploi.** Cet adj.-substantif est moins fort que **bête** et s'emploie avec une valeur affective.

BÉTAIL et BESTIAUX emploi et sens. Le premier substantif a un sens collectif (« ensemble des bêtes ») et s'applique aux animaux d'élevage (bœuf, vache, mouton, porc, chèvre, cheval, mulet, âne), tandis que le second (qui n'est pas à l'origine le plur. du premier) a une valeur distributive et s'emploie surtout pour des pièces de « gros bétail » (bœufs, vaches). Le sing. **un bestiau** existe chez les paysans, et dans le registre plaisant avec un sens dédaigneux : *Le chien du concierge, un bestiau aussi sot, aussi bâtard et aussi boiteux que lui-même* (Desproges).

BÊTE genre. On rencontre parfois le masc. dans des emplois expressifs et familiers : *Tu es un gros bête. Il a fait un bête de mariage.*

BÉTONNIÈRE forme. Désigne la machine où on prépare le béton. **Bétonneuse** est souvent présentée comme variante populaire, mais elle est très répandue.

BEUR, BEURETTE emploi et sens. Ce nom, issu d'un verlan de **arabe**, s'est bien installé dans le vocabulaire courant, et est très acceptable pour désigner les jeunes Maghrébins de deuxième génération vivant en France : *C'est un peu cliché, la beurette de banlieue qui dirige un orchestre de « jeunes du 9-3 »* (M.-A. Roux, *Le Monde*, 20/06/2011).

BI- forme. Préfixe prenant la forme **bis-** devant une voyelle : *bisaïeule.* Pas de trait d'union dans les mots construits avec ce préfixe. ♦ **sens.** Attention à certaines ambiguïtés : **bihebdomadaire** signifie « qui a lieu deux fois par semaine », **bisannuel** ou **biennal** (synonymes) signifie « qui a lieu tous les deux ans » *(la Biennale de Venise)*, ou « qui dure deux ans » (en parlant de certaines plantes). On ne confondra pas **bimensuel**, « qui a lieu deux fois par mois », et **bimestriel**, « qui a lieu tous les deux mois ». Quant à *biquotidien,* qui ne présente aucune ambiguïté (« deux fois par jour »), il est rare : *Ce malheureux doit subir des séances de radiothérapie biquotidiennes.*

BIAIS emploi et sens. Ce mot, qui a le sens général d'« oblique », est rarement employé comme adj., sauf en architecture : *un pont biais, une voûte biaise.* On lit cependant : *Ils durent, pour gagner une place vacante, traverser la salle sous des regards biais* (Jorif). Le substantif est plus répandu : *Je cherche en vain le biais, le secret sentier oblique qui me conduirait vers ta reddition* (Schreiber). On rencontre **prendre un biais**, c'est-à-dire un détour, et surtout les locutions adverbiales **de biais, en biais**, « de travers, obliquement » : *Pas de musique, mais le martèlement des pas. Le cheval se mit de biais* (Gallo). *Chacun de nous le regardait de biais, et l'évitait, comme s'il allait nous porter la poisse* (Ragon). *Tu disais que l'élu aurait dû tenir le sabre plus en biais, du bas vers le haut* (Vargas).

BIBELOT et **BIMBELOTERIE forme.** On ne dit pas *bibeloterie* mais **bimbeloterie**, « industrie du bibelot » ou « ensemble de bibelots » (collectif), dérivé de l'ancienne forme du mot de base, *bimbelot.*

BIBLE emploi. Adj. invar. dans *papier bible* (sans majuscule). **Bible**, substantif, prend une majuscule pour désigner le livre sacré, mais une minuscule au sens figuré : *Ce vieux recueil de recettes est la bible des cuisinières.*

BICENTENAIRE emploi. Ce composé est passé dans l'usage le plus courant, malgré les condamnations de certains puristes, qui souhaitent qu'on s'en tienne à *deuxième centenaire* : *L'histoire raconte que Laetitia Scheidmann venait de fêter son propre bicentenaire à la maison de retraite* (Volodine). Même remarque pour *tricentenaire* et même *centcinquantenaire.*

BICYCLETTE (à ou **en)** → À et EN.

BIDON emploi et sens. Au sens de « truqué, falsifié », ce mot s'emploie comme adj. dans la langue familière ; au plur., on le rencontre avec ou sans *s* final : *Que dire aussi des audits forcément « bidons », menés par les commissaires aux comptes ?* (*Le Monde*, 23/01/2009). *C'est l'époque des fausses cartes et des identités bidon* (Bialot).

BIEN

□ **des gens bien. emploi.** Pris comme adj., est considéré comme familier, car **bien** est essentiellement un adv. : *C'est-à-dire que tous les fonctionnaires étaient considérés comme des gens bien* (Aragon). *« Ce Furfaire est un type bien. » Mon père appartenait à cette génération de Français pour qui ces trois simples mots suffirent pendant un demi-siècle pour définir la qualité morale d'un individu* (Labro). La même remarque vaut pour l'emploi comme attribut : *Les avocats ont été bien, très bien* (Chaix).

□ **je suis bien. sens.** Équivalent de **je me sens bien**, qui appartient à un registre plus soutenu.

□ **pas bien savant.** Quand un adj. est repris par le pronom *le*, l'adv. est plutôt **beaucoup** que **bien** : *Savant, il ne l'est pas beaucoup.* En revanche, on dira : *Il n'est pas bien savant,* mieux que *Il n'est pas beaucoup savant.* → BEAUCOUP. Mais il vaut mieux dire : *Il n'est pas très savant.*

□ **merci bien** → MERCI.

□ **bien du, bien des.** Entre **bien** et un substantif, soit sing., soit plur., l'article (contracté avec **de**) est obligatoire, à la différence de **beaucoup** : *Bien du plaisir pour lui !* (Benoit). *Bien des soirs, la mort lui apparut ce qui est le plus simple* (Mauriac). *Bien des enfants sont perdus dans le monde, concluait Marika* (Dhôtel). On peut aussi avoir à cette place la séquence **bien de ses** : *Fliess faisait part à Freud de ses idées, souvent étranges, Freud confiait à Fliess bien de ses secrets* (Pontalis). Ne pas confondre avec les phrases dans lesquelles **bien** porte sur un verbe et non sur un substantif et où il a une valeur concessive : *Vous, vous vendez bien du fil, dit Suzanne* (Duras). Cette phrase ne signifie pas : « Vous vendez beaucoup de fil », mais amène le lecteur à compléter implicitement par une phrase de ce genre : « Pourquoi, moi, ne pourrais-je vendre autre chose ? ». *Robert a bien été à Paris quelques jours plus tard, mais n'a rien pu découvrir* (Gide).

□ **bien entendu, bien sûr.** Locutions très répandues comme adv. et aussi en tête de phrase, suivies de **que** (registre familier, mais non incorrect) ou même telles quelles : *Bien sûr tu l'aimes, dit Françoise lâchement* (Beauvoir). *Bien sûr qu'il eût été plus agréable de nous rouler dans les vagues de Wagner et de Debussy* (Cocteau).

□ **comme de bien entendu** → COMME.

□ **grand bien vous fasse !** Noter l'ordre des mots et le subj. : *En Auvergne ? Pour vous faire manger par les puces et la vermine, grand bien vous fasse !* (Proust).

□ **bien que.** En principe, suivi du subj. Mais l'indic. (imparfait, futur) ou le conditionnel s'emploie parfois pour souligner une intention particulière : réalité ou éventualité du fait contenu dans la subordonnée concessive. **Exemples d'emploi normal, avec le subj.** : *Gilbert avait-il seize ans accomplis ? C'était incertain, bien qu'il prétendit devoir fêter ses dix-sept ans avant l'automne* (Dhôtel). *Bien qu'elle eût assez de lucidité pour voir le patron tel qu'il était, elle l'acceptait* (Aymé). *Il se décida à lui confier le plus secret de ses rêves bien que leur amitié datât d'à peine trois semaines* (Triolet). **Avec l'indic.** : *Thérèse d'Avila, bien que de nombreux prêtres lui avaient affirmé que Dieu agissait dans son âme, ne l'avait pas cru absolument* (Guitton). *Bien que Ferdinand Brunot, non seulement l'admet, mais le recommande* (Billy). *Bien qu'après tout, Blanchette est libre* (Aragon). *Oui... bien que parmi eux il y a peut-être comme nous des... vous me comprenez* (Queneau). Le Bidois fait observer que l'emploi de l'indic. après **bien que, quoique, encore que** est admissible, sinon justifié, quand la locution conjonctive est séparée du verbe par une longue intercalation : *Bien que, l'âge venant et sa complaisance envers lui-même s'exagérant, il en était arrivé à être souvent plus brutal que vraiment drôle* (Billy). **Avec le conditionnel** : *Bien que ses péchés auraient pu* [...] *se répandre à tous les coins du diocèse* (Flaubert). Brunot, qui cite cet exemple, ajoute, malicieusement, à l'intention des puristes : « On ne saurait trop se féliciter de cette faute ! » Le verbe *être* peut être sous-entendu : *Bien que libéral d'origine et de tendance, il plut à l'Empereur par son application.* L'emploi de la locution conjonctive est courant devant un part. : *Tu voulus bien apprécier le personnage principal bien qu'à peine esquissé* (Queneau).

□ **bien vouloir** ou **vouloir bien.** Dans la langue administrative et spécialement chez les militaires, qui sont soucieux de la hiérarchie, il est d'usage de distinguer entre **bien vouloir**, plus respectueux, et **vouloir bien**, plus autoritaire : *Les parents des quelques collégiens qui, comme moi-même, sortaient de classe à quatre heures, et qui avaient prié la Compagnie de bien vouloir retarder de cinq minutes ce départ* (Simon). *Je prie ces messieurs et dames du chœur de vouloir bien se montrer un peu moins turbulents et plus discrets* (Claudel). Cette nuance est tout à fait factice et disparaît dès que la locution verbale est conjuguée : *Quand cette lettre vous parviendra, vous voudrez bien répondre aux deux questions ci-dessous* (de Roulet).

□ **bien venu à** ou **de.** Ce tour classique ne se confond pas avec l'adj. **bienvenu** (en un seul mot).

□ **il s'en faut bien.** Rare et littéraire, cette construction, qui ne comporte jamais *de*, est à rapprocher de *il s'en faut (de) beaucoup.* ⟶ BEAUCOUP.

□ **mais bien.** Sert à souligner une rectification, après une proposition négative : *Ce ne sont pas ces gens-là, mais bien vos propres amis qui en sont responsables.*

□ **bel et bien** ⟶ BEAU.

BIEN orth. Ne prennent un trait d'union que les composés suivants, où **bien** est un adv. préfixe : *bien-aimé(e), bien-dire, bien-disant* (vieilli)*, bien-être, bien-faire, bien-fondé, bien-fonds, bien-jugé, bien-pensant.* Au plur., le deuxième élément prend un *s*, sauf évidemment si c'est un infinitif substantivé : *dire, être, faire.*

BIENTÔT ou **BIEN TÔT sens. Bien tôt** signifie « très tôt » ou « trop tôt » et s'oppose exactement à bien tard. **Bientôt** signifie « dans un moment très proche ». ⟶ SITÔT.

□ **très bientôt.** S'entend très souvent dans la langue parlée : *À très bientôt.* Ce tour est familier et forme un léger pléonasme, de même que *à tout bientôt.*

BIENVENU forme. L'adj. **bienvenu** est la seule forme qui subsiste du vieux verbe *bienvenir*, avec parfois l'infinitif : *Il a cherché par tous ces cadeaux à se faire bienvenir de la famille. Voici une prime sur laquelle je ne comptais pas, et qui est (la) bienvenue.* Ne pas confondre avec le tour : *Il est pourtant bien venu hier, je n'ai pas rêvé.* On écrit dans ce cas *bien venu* en deux mots. ⟶ MALVENU.

BIFTECK orth. Celle qui est admise par l'Académie ne correspond pas au mot anglais, qui est *beefsteak* : *Il lui restait juste le temps de faire griller des biftecks* (Romains). On l'abrège souvent en **steak**, forme satisfaisante, et même préférable à **bifteck** quand il s'agit d'autre viande que celle du bœuf : un *steak de cheval* est moins choquant qu'un *bifteck de cheval*, si on se rappelle que l'anglais *beefsteak* signifie « tranche de bœuf ». En tout cas, *bifteck* est démotivé pour un Français : c'est ce qui a permis à Marcel Aymé, Raymond Queneau et bien d'autres de tenter de le franciser sous la forme *bif(e)tèque.* On l'abrège également en *bif*, dans le registre familier. ⟶ ROMSTECK et ROSBIF.

BIFURCATION sens. En principe, on ne parlera de **bifurcation** que pour désigner un embranchement à deux voies (*bi-*) : *la bifurcation d'un chemin, du tronc d'un arbre, de la racine d'une dent.* De même pour le verbe *bifurquer.*

BIHEBDOMADAIRE ⟶ BI- et HEBDOMADAIRE.

BIJOU forme. Plur. en *-oux*, ainsi que *caillou, chou, genou, hibou, joujou, pou* : *Ce sont les mères des hiboux / Qui désiraient chercher les poux / De leurs enfants, leurs petits choux, / En les tenant sur les genoux. / Leurs yeux d'or valent des bijoux, / Leur bec est dur comme cailloux, / Ils sont doux comme des joujoux, / Mais aux hiboux point de genoux !* (Desnos).

BILAN sens. Idée d'« équilibre » comme dans *balance*, et non pas seulement de « récapitulation ». Mais les emplois actuels tendent à faire de ce mot un simple équivalent de « somme, compte » : *Dresser son bilan, déposer son bilan* (avec l'actif et le passif mis en balance). *Le bilan d'une expérience, d'un accident, d'une catastrophe.*

BILEUX ou **BILIEUX** **emploi et sens.** Seule la forme **bilieux** est admise par le bon usage, au sens de « sujet à la colère », ou « morose » (par excès de bile) : *C'était un* homme d'*une trentaine d'années, plutôt petit, maigre, très brun et de figure bilieuse* (Kessel). *Tempérament, caractère bilieux.* Quant à **bileux**, c'est une déformation populaire, accompagnée d'un affaiblissement du sens : *Il n'est pas bileux,* « il prend la vie avec bonne humeur, optimisme ». **Biliaire** signifie simplement « qui se rapporte à la bile » et s'emploie avec des substantifs non animés : *sécrétion, affection biliaire.*

BILHARZIOSE **sens.** Ce substantif fém., à l'orthographe délicate, désigne une maladie parasitaire causée par un ver trématode, la **bilharzie**, et qui peut affecter gravement de nombreux organes : *La marmaille qui pataugeait dans ce cloaque a-t-elle été atteinte d'une variante locale de malaria ou de bilharziose ?* (Jonquet).

BILLION **emploi et sens.** Ce nom de nombre a été autrefois l'équivalent de **milliard.** C'est encore le sens de l'anglais. Il a désigné en France le nombre 10^{12} (un million de millions). Attention aux risques de confusion, quand il s'agit de traductions de l'anglais britannique et de celui des USA !

BIMENSUEL → BI- et MENSUEL.

BINOCLE **emploi.** En voie de disparition, comme *besicles.* Il existe à l'origine au sing. (*bi-* « pour les *deux* yeux »), mais on le rencontre souvent au plur. : *mettre son* ou *ses binocles.* ♦ **sens.** « lorgnon ».

BINÔME **orth.** Accent circonflexe.

BIO **emploi et sens.** Employé seul, comme adj. ou substantif (masc.), ce mot est très usité dans un sens écologique, pour parler surtout de cultures végétales et de nourriture : *Quand l'Afrique de l'Ouest fournit du coton bio aux industriels bretons* (Bertrand d'Armagnac, *Le Monde*, 13/07/2009). *On ne s'interroge pas assez sur le succès inattendu et quasi universel du préfixe* bio. *Utilisé dans le domaine de la production alimentaire (l'agriculture bio), il l'est aussi sur bien d'autres terrains : on parle de biotope, de biosphère, de biodiversité, de biocarburant, de biodégradabilité, de biomédecine, de biosécurité et ainsi de suite* (Guillebaud).

BIO- **orth.** Les noms composés sur ce radical-préfixe ne prennent jamais de trait d'union : *biochimie, biodiversité, biogéographie, biomasse,* etc. *Les évêques veulent peser sur la révision des lois bioéthiques* (*Le Monde*, 09/01/2009). *C'est la première fois, en Inde, qu'une entreprise va être poursuivie pour acte de « biopiraterie »* (J. Bouissou, *Le Monde*, 18/08/2011).

BIPARTI ou **BIPARTITE** **emploi.** Les deux formes sont également correctes. **Bipartite** est plus commode en ceci, qu'il n'y a pas à faire d'accord de genre : la même remarque vaudra pour *tri, quadri. Un accord triparti* ou *tripartite.* La seconde forme est la plus vivante.

BIS (adj.) **prononc.** [bi] (le *s* final est muet). ♦ **sens.** « Gris-brun », en parlant de certains objets : *pain bis* (contenant du son), *toile bise.* Ne pas confondre avec l'adv. distributif latin **bis**, « deux fois », qui se prononce [bis] et dont dérive le verbe **bisser**.

BISAÏEUL **forme.** Plur. *des bisaïeuls.* ♦ **sens.** « Parents des aïeuls, c'est-à-dire arrière-grands-parents. » **Trisaïeul** et **quadrisaïeul** : une et deux générations au-delà.

BISSECTRICE **emploi et sens.** Ce terme de mathématique désigne la demi-droite divisant un angle en deux parties égales : *Les filets* [de pêche] *tendus perpendiculairement à la bissectrice de l'angle formé par le courant et le couchant* (C. Simon). On évitera le barbarisme *bissextrice.*

BISTRE **sens.** Adj. de couleur, « tirant sur le brun jaunâtre » : *Les traces ineffaçables d'un limon rouge, bistre et aussi verdâtre* (Labro). *Un teint bistre.* Il reste invar. Cependant, si l'adj. qualifie un nom fém., ou plur., on emploie plutôt **bistré** : *Les parties bistrées de la carte.*

BISTROT ou **BISTRO orth.** Les deux sont possibles, mais la première est la plus usitée. ♦ **sens.** Ce substantif désigne dans la langue familière tantôt un petit café : *Elle le retrouva au bistrot en face du garage* (Aragon), tantôt le patron de ce café (on l'appelle aussi **bistrotier**) : *Déjeuné chez un bistro près de la rue François-I*[er] (Gide). Le fém. est rare : *Avec un long épi, il était occupé à chatouiller le creux de la main de la bistrote* (Dorgelès).

BIZUT ou **BIZUTH prononc.** [bizy] (*t* muet). ♦ **orth.** Les deux coexistent. Ce mot appartient surtout à l'argot parlé des écoles, dont il désigne les nouveaux élèves. Le dérivé *bizutage* ne prend pas de *h* : *Bien qu'officiellement interdit, le bizutage est toléré par la plupart des chefs d'établissement, qui le considèrent comme le domaine réservé des élèves* (Aulagnon et Dumay, *Le Monde*, 12/09/1992).

BLACK-OUT emploi et sens. Ce mot composé anglais est bien installé dans notre langue, et signifie « masquage de la lumière, ou interruption d'une émission en vue d'éviter de signaler sa position à l'ennemi ». Il peut être remplacé par **occultation** ou par **silence radio**, en fonction du contexte (arrêté du Ministère de la défense du 12 août 1976). Mais au sens figuré, il semble irremplaçable : *Dans ce black-out total de l'information, les rares échos qui parviennent encore de cette ville* [Hama] *sont terrifiants* (C. Hennion, *Le Monde*, 07/08/2011).

BLANC forme. Adj. de couleur, variable, sauf lorsqu'il entre en composition : *Ses cheveux étaient blanc platine.*
□ **à blanc.** Cette locution est invar. : *Ils ont tiré plusieurs coups à blanc.* ♦ **emploi et sens.** Parfois au figuré : *C'était tout ce qu'elle pouvait se permettre : un orage à blanc* (Sartre). A ici le sens de « factice, qui n'éclate pas vraiment ».
□ **blanc cassé.** Locution qui désigne un « blanc éteint par une très légère pointe de gris ». Cette teinte est utilisée en décoration, car elle est moins salissante qu'un blanc pur.
□ **carte blanche** → BLANC-SEING.

BLANC-BEC orth. Plur. *des blancs-becs.* → BÉJAUNE.

BLANCHIMENT, BLANCHISSAGE emploi et sens. Le premier terme désigne l'opération technique qui consiste à blanchir ce qui n'est pas naturellement blanc : *le blanchiment d'une façade* ; il s'emploie souvent au figuré, pour désigner l'opération frauduleuse concernant à réintroduire sur le marché financier des capitaux acquis illégalement : *Le terrain d'entente le plus actif, selon la police russe et des informations de presse parues en Suisse et en Italie, est le blanchiment d'argent. La C.E.I. est une « machine à laver » idéale pour l'argent sale* (Datskevitch et de Kochko, *Le Monde diplomatique*, août 1992). → citation à NARCO. Le verbe **blanchir** est aussi couramment employé dans ce contexte : *En ville s'ouvrent en masse des sociétés financières dont 80 % ont un capital ridiculement bas. « Astuce pour blanchir de l'argent », résume le dottore Gosso* (*Le Monde*, 22/07/1992). Le **blanchissage** s'applique le plus souvent au linge, auquel il faut rendre sa blancheur première. Enfin, **blanchissement**, très ancien substantif un peu oublié, serait à relancer pour désigner l'action intransitive de *blanchir*, en parlant notamment des cheveux.

BLANC-SEING orth. Ne pas oublier le *g* final. Plur. *des blancs-seings.* ♦ **sens.** « Signature apposée au bas d'une feuille blanche pour approuver par avance ce qu'un autre écrira en son nom. » L'emploi figuré est possible, mais on dit plus souvent aujourd'hui *donner un chèque en blanc* (au propre comme au figuré) ou *laisser, donner carte blanche.*

BLASÉ constr. Le plus souvent avec *sur* : *blasé sur la bonne chère, sur les éloges*, mais on trouve aussi *blasé de*. La construction absolue est courante : *un homme blasé.*

BLASPHÉMER constr. Le tour **blasphémer contre** l'emporte nettement sur la construction transitive directe : *blasphémer quelqu'un* ou *le nom de Dieu*, et au fig. : *Je m'en veux de cette sentimentalité sans contenu, qui blasphème une pitié disparue, réduite à des rites* (Jourde).

BLENNORRAGIE orth. Deux *n* et deux *r*, pas de *h*.

BLESSER emploi. On dit très bien : *blesser légèrement* ou *grièvement*, mais le tour *un blessé léger, un blessé grave* est discutable. Ces locutions se sont fait admettre dans la langue usuelle, malgré leur dérivation « illogique » : c'est le processus, et non la victime, qui est « léger » ou « grave ».

BLET forme. Fém. *blette.* ♦ **sens.** Adj. spécialisé (issu du verbe **blesser**) s'appliquant à « un fruit trop mûr dont l'intérieur s'est ramolli » : À *demi obscure, avec son odeur entêtante de fruits blets et de cosses sèches,* [cette partie de la maison] *ressemblait à un magasin farfelu* (Ragon). ♦ **Dérivé :** *blettir,* « devenir blet ».

BLEU orth. Plur. *bleus, bleues* mais reste invar. quand il entre en composition avec un adj. : *des couleurs bleu ciel, bleu lavande, bleu marine, bleu clair. Une robe bleue* mais *une robe bleu pervenche.* → COULEUR.

BLEUET, BLUET orth. On écrit aujourd'hui *un bleuet.* ♦ **sens.** Ces noms désignent la centaurée. Mais le nom fém. **bluette** est toujours utilisé au sens d'« œuvre légère et sentimentale : chanson, roman », etc.

BLIZZARD orth. Avec deux *z* : *Il fait un froid d'une intensité extrême, bien que l'absence de blizzard rende plus supportables des conditions atmosphériques, il me semble, assez exceptionnelles* (Dhôtel).

BLOC- forme. Pour les composés de ce mot, on écrira : *un bloc-notes, des blocs-notes ; des blocs-moteurs, des blocs-cuisines, des blocs-observatoires* avec un trait d'union. Sans trait d'union, avec un adj. : *des blocs opératoires.*

BLOCAGE orth. Avec un c et non *qu*. Attention à l'influence de *bloquer.*

BLOCKHAUS orth. *-ckh-* (mot d'origine allemande). ♦ **prononc.** [blokos]. ♦ **emploi.** Un arrêté ministériel recommande d'employer **fortin** à la place de **blockhaus** : c'est aller contre un usage bien établi, et de plus *fortin* est tombé en désuétude...

BLOG sens. Cet emprunt à l'anglais, qui date de 2002, est parfois francisé en **blogue** ; il désigne un « site Internet qui sert de lieu de communication et d'échange à un individu ou à un groupe » : *Son blog, hautement politisé, n'a pas été actualisé depuis le 30 octobre* (*Le Monde*, 02/01/2009). Le **blogueur** est celui qui participe au blog : *Dans la capitale d'Ossétie du Sud, Tskhinvali, quelques blogueurs diffusent* [...] *des commentaires sur la situation dans la république séparatiste* (A. Billette, *Le Monde*, 10/08/2008). On appelle parfois **blogosphère** l'ensemble des sites de ce type : *Lancé le 1er juillet,* [ce site] *fait déjà parler de lui dans la blogosphère* (*Le Monde*, 24/08/2008).

BLUFFER emploi et sens. On rencontre couramment ce verbe d'emploi familier au sens atténué de « surprendre, impressionner » et non plus seulement de « tromper » : *Je savais que mon père était bluffé quand je citais des noms de techniciens du cinéma* (Weyergans).

BOBO emploi et sens. Cet anglo-américanisme, apparu vers l'an 2000 en France, est l'acronyme de *bourgeois bohemian,* « bourgeois bohème », et désigne de façon approximative un individu appartenant à une classe sociale relativement aisée et cultivée, à la recherche des « vraies valeurs » : *Les centres-villes changent. Ils sont envahis par ceux qu'on appelle, de manière un peu caricaturale, les bobos, les bourgeois bohèmes. Ils s'ancrent à gauche* (*Le Monde*, 25/06/2007). On le rencontre également comme adj. : *Des cités comme celle de La Duchère ou de Mermoz, très antisarkozystes, et des « villages » tendance bobo* (*ibid.*). Ce mot s'est si bien installé dans la langue qu'on trouve assez couramment le verbe **boboïser** et le substantif **boboïsation** : *Cette boboïsation tend à s'*étendre sur d'*autres quartiers* (*ibid.*).

BOER prononc. [bur]. ♦ **orth.** Pas de tréma sur le *e*. Prend la majuscule pour désigner des « colons néerlandais de l'Afrique australe ». ♦ **forme.** Pas de marque du fém.

BŒUF prononc. [bœf] au sing., [bø] au plur. Mais on dit [bøgra] pour **bœuf gras** (prononciation ancienne).

BOGGIE prononc. Plutôt [bɔʒi], mais on entend aussi [bɔgi] ou [bɔgʒi]. Anglicisme mal francisé. ♦ **genre.** Masc. *un boggie.* ♦ **sens.** « Chariot à deux essieux, qui permet à un wagon de prendre les courbes. »

BOGUE ou **BUG emploi et sens.** Ce substantif, d'origine anglaise, désigne un grave dysfonctionnement dans un système informatique. Les emplois figurés se sont très vite répandus : *Le propos de M. Fillon ressemble en effet à un bogue social* (*Le Monde*, 2007). *Beaucoup d'hommes intelligents ont une sorte de bug : ils prennent l'intelligence pour une fin* (Barbery). La première forme est préconisée par les Recomm. offic.

BOHÈME orth. Accent grave, à la différence de **bohémien** (accent aigu) et de **Bohême**, pays (accent circonflexe). On écrira *la vie de bohème, la bohème littéraire, un bohème*, mais : *la Bohème vécut sous la domination des Habsbourg.* ♦ **emploi.** On trouve aussi pour *bohémien* : *romanichel*, qui en est le synonyme méprisant ; *gitan* désigne les Bohémiens d'Espagne, *tzigane* plus particulièrement les Bohémiens musiciens. → ROMANICHEL.

BOIRE conjug. → APPENDICE GRAMMATICAL.

□ **après boire.** Locution figée. De là l'infinitif présent au lieu de l'infinitif passé *avoir bu*, qui semblerait plus régulier à la suite de la préposition *après*.

□ **il est bu.** À éviter dans le style châtié, au sens de « ivre ».

□ **boire à quelqu'un, boire à quelque chose. sens.** « Boire à la santé ou à la réussite de quelqu'un, à la réalisation de quelque chose. »

BOISSON orth. *un débit de boissons.* Le *s* du plur. à ce dernier mot.

BOÎTE orth. Accent circonflexe (ainsi que les dérivés, *boîtier, déboîter, emboîter*, etc.). La confusion est fréquente avec le verbe **boiter** et les mots de même famille (*boiteux, boiterie*, etc.) qui ne prennent pas l'accent circonflexe.

BOITER → BOÎTE et CLAUDICATION.

BOLCHEVIK forme. On emploie aussi **bolcheviste** et l'adj. **bolchevique**, francisation du mot russe. ♦ **sens.** Ce terme historique, qui signifiait proprement « majoritaire », est souvent employé de façon péjorative : *Lénine, arrivé depuis peu, est le représentant de la fraction extrémiste, dite des bolcheviks* (Gallo). *Celui-là est un bon à rien. Une proie idéale pour les bolcheviques* (Wiazemsky). Il ne peut être un simple substitut du mot **communiste**.

BOLDUC sens. « Ruban de lin ou de coton servant à ficeler les petits paquets. » Ce substantif étrange (issu d'un Bois-le-Duc !) est assez courant dans le langage du commerce : *J'ai demandé à Clotilde de descendre acheter des chocolats, dans une boîte, avec papier cadeau et beaucoup de bolduc* (Ravey).

BON forme. Au comparatif, on a régulièrement la forme synthétique **meilleur**, issue du latin, mais la séquence *plus bon* se présente dans certains cas :

□ **il est plus bon qu'intelligent.** Quand la comparaison porte sur des qualités représentées par des adj.

□ **vous êtes plus bon que je ne pensais.** Au sens de « crédule ».

□ **plus bon enfant, bon vivant, bon prince.** Avec des groupes figés dans lesquels *bon* est inséparable de son substantif : *Il est mort, ce brave homme, le plus bon homme qu'il y eût dans les bonnes gens du Bon Dieu* (Hugo).

□ **plus ou moins bon.** Structure figée.

□ **plus… est bon(ne), plus…** Tour comparatif où les mots **plus** et **bon** sont séparés par un sujet et un verbe. Il y a certaines hésitations dans la langue. On dit *être de bonne foi*, mais *il m'a affirmé cela de la meilleure foi du monde ; il est arrivé de bonne heure*, mais *il est arrivé de meilleure heure que toi. Sir Herbert quitta le quartier de meilleure heure que d'ordinaire* (Benoit). → PLUS et MEILLEUR.

□ **à quoi bon.** Locution complètement figée, dans laquelle **bon** ne varie pas, quels que soient le genre et le nombre du substantif auquel il se rapporte : *Alors, à quoi bon s'échiner ?* (Aragon). *À quoi bon un miroir pour un aveugle ? dit un proverbe arabe* (Guibert).
□ **il est bon que, trouver bon que.** Ces locutions sont suivies du subj. : *Je conviens qu'il est bon… / Que mon cœur ait saigné, puisque Dieu l'a voulu* (Hugo).
□ **bon marché** ou **à bon marché.** Au sens propre, on emploie indifféremment l'un ou l'autre de ces tours adverbiaux : *Il ouvrit la fenêtre et prit sur le rebord une bouteille de vin de Champagne doux et à bon marché* (Kessel). *Une étoffe bon marché ; je l'ai achetée bon marché* ou *à bon marché.* Mais c'est **à bon marché** qui convient pour les acceptions figurées : *Il s'en est tiré à bon marché.* Dans cet emploi, *à bon compte* est préférable. → LOW COST.
□ **bonne vie et mœurs.** Surtout dans *certificat de bonne vie et mœurs*, l'adj. est accordé avec le substantif le plus proche (**vie**), mais son sens porte également sur le second (**mœurs**).
□ **bon premier.** Bien que *bon* soit ici employé adverbialement, il prend les marques de genre et de nombre : *Les deux sœurs sont arrivées bonnes premières.* → FRAIS et GRAND.
□ **bon prince** est invar. en genre : *Elle s'est montrée bon prince.*
□ **le Bon Dieu.** L'adj. *bon* associé à *Dieu* dans une même conceptualisation prend une majuscule : *le Bon Dieu,* à l'encontre du juron populaire *bon Dieu !*
□ **de trop bonne heure.** Il ne faut pas dire *trop de bonne heure.*
□ **trente bonnes mille livres de rente.** Avant ou après certains noms de nombre et dans quelques phrases seulement, *bon* a la valeur emphatique de « solide, bien réel » : *Il a vingt mille bonnes livres de rente* (ou *vingt bonnes mille livres*).
□ **il fait bon + infinitif.** Ce tour classique est de plus en plus concurrencé par *il fait bon de* (influence probable de *il est bon de*).
□ **vous me la baillez bonne** → BÂILLER.
□ **pour de bon.** Locution familière, mais de plus en plus répandue et utilisée même par de bons écrivains : *Ce fut cette fois un mariage pour de bon* (France). *À Paris, début février, ç'avait d'abord été Ferrer lui-même qui aurait pu disparaître pour de bon* (Échenoz). *Tout de bon* est une survivance de la langue classique, mais *pour tout de bon* est assez vivant. → POUR (DE VRAI, etc.).
□ **un bon kilomètre.** Emploi intensif et familier.

BONACE → BONASSE.

BONASSE sens. Adj. de valeur péjorative, « d'une excessive faiblesse de caractère, veule, mou ». Ne pas confondre avec l'homonyme **bonace**, nom fém., « calme plat en mer ».

BONBON orth. Un *n* devant le deuxième *b*, contrairement à la règle habituelle : *bombe, bambin,* etc.

BONBONNE orth. Un *n* devant le *b*, puis deux *n*.

BONHOMIE orth. Un seul *m*, contrairement à **bonhomme** : *Et la conversation se poursuit ainsi, avec bonhomie et naturel* (Barbery). Recomm. offic. *bonhommie*, orthographe plus logique.

BONHOMME forme. Plur. classique *des bonshommes*, mais tendance très fréquente à oublier le *s* dans l'orthographe et dans la prononciation : *Il neigeait. Des bonshommes réclamaient du tabac et de la gnole* (Japrisot). Le plur. de l'adj. est du reste **bonhommes** : *Les gendarmes se sont montrés assez bonhommes.*

BONI orth. Plur. *des bonis.* ♦ **sens.** « Excédent d'une somme affectée à une dépense sur la somme effectivement dépensée ; surplus d'une recette sur les prévisions. » À ne pas confondre avec **bonification**.

BONNETERIE prononc. [bonɛtri] et non [bontri] ou [bontəri]. En revanche, **bonnetier** se prononce [bɔntje] : *C'est un de ces innombrables bonnetiers juifs comme la Pologne en comptait tant à Varsovie* (Joseph Bialot).

BONNICHE ou **BONICHE orth.** Ce mot s'écrivait avec un ou deux *n*. ♦ **emploi et sens.** Ce synonyme péjoratif de **bonne**, au sens de « domestique », ne s'emploie plus guère aujourd'hui : *La bonniche, l'esclave de jadis allait passer devant lui, ainsi que l'avait fait Pauline, opulente, insolente* (Kessel).

BONUS → MALUS.

BOOM orth. Plur. *des booms*. ♦ **sens.** « Surprise-party » (vieilli).

BORÉAL forme. Plur. *boréaux*, très rare. → -AL.

BORGNE forme. N'a pas de forme distincte pour le fém., le substantif **borgnesse**, très péjoratif, étant à éviter.

BORNE orth. On écrit avec un trait d'union *borne(s)-fontaine(s)*, mais sans trait d'union *borne(s) frontière(s)*. À remarquer, les deux *l* de *milliaire* dans l'expression d'archéologie *borne milliaire*. ♦ **emploi.** En phrase négative, **borne** s'emploie au sing. ou au plur. suivant les auteurs : *une ambition sans borne(s) ; son audace n'a pas de borne(s).*

BOSSELER ou **BOSSUER emploi et sens.** Le premier verbe signifie « faire des bosses à dessein, dans une intention esthétique ou autre », tandis que le second s'applique à un phénomène la plupart du temps naturel ou à des bosses accidentelles : *On apercevait, dans l'ombre, la margelle d'une citerne et une boîte de conserve bossuée, qui servait à puiser de l'eau* (Duhamel). En fait, la distinction est fragile, et le verbe **bosseler** est plus employé, en toute circonstance, que **bossuer** : *Le soleil trouve difficilement à se glisser entre les toits jusqu'au sol bosselé des rues* (Aragon). À rapprocher de **cabosser**.

BOT forme. Le fém. **bote** est rare, cet adj. ne se rencontrant guère que dans le groupe **pied bot**. → PIED-.

BOUCHE ou **GUEULE emploi. Bouche** est le terme qui convient pour les poissons, les grenouilles, les animaux montés ou attelés : cheval, âne, mulet, chameau, bœuf, etc. Dans la langue courante, on emploiera **gueule** pour les animaux carnassiers : chat, chien, loup, tigre, lion, etc. Il est à remarquer que, en sciences de la vie, *bouche* est beaucoup plus employé que *gueule*. Voir de même l'opposition *jambe* et *patte*.

□ **le bouche-à-bouche.** Cette expression prend des traits d'union.

□ **avoir la pipe à la bouche.** Cette construction est préférable à *avoir la pipe en bouche*.

BOUCHE-TROU forme. Fait au plur. *bouche-trous*.

BOUCLE (EN) emploi et sens. On rencontre souvent cette locution, empruntée au langage des médias (émission diffusée en boucle, c.-à-d. « de manière ininterrompue ») pour exprimer un retour régulier, circulaire de qqch. : *« Belle ». Ce mercredi, le mot revient en boucle chez ceux qui, venus faire leur marché sur le cours Louis-Blanc, ont eu la surprise de [la] croiser* (T. Wieder, *Le Monde*, 19/08/2011).

BOUDDHA, BOUDDHISME orth. Deux *d* suivis d'un *h* ainsi que dans les dérivés **bouddhiste, bouddhique** : *Borobudur, ses trois niveaux d'ascèse, avec, au sommet, ses bouddhas tout* d'énigmes dans leur cage de pierre (Schreiber). *Je revois le « Bouddhiste » allongé sur la couchette du bas* (Bialot).

BOUDER emploi et constr. On dira **bouder contre qqn** ou **bouder qqn**, toujours avec un complément animé. L'emploi de ce même verbe avec un complément non animé construit directement est considéré comme familier, mais non incorrect : *Allons, tu ne vas pas bouder ton plaisir !*

BOUEUR → ÉBOUEUR.

BOUFFON emploi. Peut être adj. : *Pas possible, je trouve cela bouffon* (Queneau). Dans ce cas seulement, le fém. est **bouffonne**. Courant chez de nombreux jeunes au sens péj. de « individu plus ou moins normal » : *J'ai compris ton manège, vieux bouffon. – Pardon ?* (Orsenna).

BOUGAINVILLÉE ou **BOUGAINVILLIER forme.** Le nom de ce bel arbuste à fleurs colorées revêt deux formes, la première est fém., la seconde masc. Toutes deux prennent un *s* final au plur. : *Des bougainvilliers tombaient en cascade des terrasses* (Toussaint).

BOUGER emploi. *Bouger la main, le pied,* etc., sont des tours anciens et familiers : *Folavril bougea sa jambe* (Vian). *Il s'était assis, décidé à ne plus bouger ses fesses comme il en avait reçu l'ordre* (Labro). On s'exprimera mieux en employant le verbe *remuer*. **Ne pas bouger** est très fréquent dans la langue familière d'aujourd'hui au sens de « ne pas sortir de chez soi » : *Venez après dîner, nous ne bougerons pas de toute la soirée* (Vailland).

BOUGNA ou **BOUGNAT orth.** La seconde orthographe est plus courante. ♦ **emploi et sens.** « Marchand de charbon ou cafetier », mot censé imiter le parler des Auvergnats de jadis.

BOUIBOUI orth. Nous suivons les Recomm. offic. (décembre 1990) et recommandons d'écrire sans trait d'union **bouiboui** et au plur. **bouibouis.** ♦ **sens.** Ce mot vieilli appartient au registre populaire et désigne un café ou un restaurant de dernier ordre : *Le fameux Coup du Crochet, délectation féroce des spectateurs en 1894, dans les bouis-bouis de Montmartre !...* (Némirovsky). *Des bols de nouilles brûlants dans des bouisbouis bondés* (Toussaint).

BOUILLIR conjug. Très irrégulière et défective. ⟶ APPENDICE GRAMMATICAL : *Les femmes s'affairent autour des pots d'*étain *où bouillent des brins de saule et des poissons taris* (Delteil). Attention : *l'eau bout* (et non *bouille* ou *bouillit*), *bouillira* (et non *bouillera, bouera* ou *boura*), *bouillirait* ; *il faut que l'eau bouille* (et non *bouillisse* ou *boue*) ; *elle a bouilli* (et non *bouillu*).

BOULEDOGUE orth. Le mot est francisé. On n'écrit plus selon l'orthographe anglaise *bulldog.* ⟶ BULLDOZER.

BOULEVARD constr. On dit : *Il habite sur le boulevard Magenta* (et non *dans*). ⟶ AVENUE et RUE.

BOULLE ou **BOULE orth.** La première est préférable, si on fait référence à l'ébéniste Boulle : *un meuble Boulle.*

BOULON sens. « Ensemble constitué par une vis et un écrou, en mécanique. » Ne pas l'employer au sens de « vis isolée », encore moins à celui d'« écrou ».
□ **serrer** ou **resserrer les boulons.** Expression familière très répandue au sens de « gérer une situation en prenant des mesures plus sévères ».

BOULOT, BOULOTTE emploi et sens. Cet adj.-nom se rencontre surtout au fém., pour qualifier une fille ou une femme un peu dodue : *Avec un air grave, la plus boulotte lui montra une pie à moitié dévorée par un renard. Les deux autres fillettes étaient aussi sérieuses, une grande brune et une petite blonde* (Garnier). Le **pain boulot** est court et cylindrique.

BOURDON emploi et sens. On se gardera de confondre les composés : **faux-bourdon**, avec trait d'union, désigne « l'harmonisation du chant d'église se répétant à chaque verset », tandis que **faux bourdon**, sans trait d'union, désigne le « mâle de l'abeille ».

BOURRELÉ emploi. C'est la seule forme vivante du verbe **bourreler**, que l'on rencontre presque uniquement dans l'expression figée **bourrelé de remords** : *Il est parti bourrelé de remords* (Sartre). Aucun rapport avec **bourrelet** : on ne peut pas dire *bourreler une porte.* **Bourreler** est dérivé de **bourreau** ; **bourrelet** un dérivé de **bourre**.

BOURRICOT orth. Également **bourriquot.** Le substantif *bourriquet* est plus rare.

BOURSE constr. On dit **aller en Bourse**, mais **une valeur cotée en Bourse** ou **à la Bourse** (indifféremment). La locution **sans bourse délier**, « sans rien dépenser », est un archaïsme encore bien vivant :

[Des plates-formes de téléchargement] *avec lesquelles il est possible de téléphoner gratuitement ou d'envoyer des SMS sans bourse délier* (F. Bostnavaron, *Le Monde*, 26/08/2011).

BOURSOUFLER orth. Un seul *f*, contrairement à **souffler** : *De sa poche boursouflée, il avait sorti quelques oranges* (Cesbron). *Je me souviens d'un jeune homme très grand, très maigre, lui aussi boursouflé par les piqûres de moustiques* (Orsenna). Mais nous suivrons les Recomm. offic., qui prônent l'alignement de toute cette famille de mots sur le verbe *souffler*, avec un double *f*. ♦ **sens des dérivés : Boursouflage** et **boursouflement** sont des noms d'action ou d'état, tandis que **boursouflure** exprime seulement le résultat de l'action : *Le morceau de visage barbu qui paraissait à la surface d'une monstrueuse boursouflure blanchâtre* (Kessel).

BOUTE-EN-TRAIN orth. *Boute-* et non *bout-*. Deux traits d'union. Mot invar. : *des boute-en-train.*

BOUTEFEU orth. S'écrit sans trait d'union et prend un *x* au plur. ♦ **emploi.** Mot vieilli et surtout d'emploi figuré.

BOUTE-SELLE orth. Au plur., ce mot masc. est invar. : *des boute-selle.*

BOUTON forme. Ce mot a plusieurs composés, diversement affectés par le plur. : *bouton(s)-d'or* (terme de botanique) ; *bouton(s)-poussoir(s), bouton(s)-pression* ; mais on écrira (sans trait d'union) *bouton(s) de manchette.*

BOWLING prononc. Mot anglo-américain encore très mal adapté [bowliŋ] ou [bɔliɲ] ou encore [buliɲ] (populaire) : *Le bowling comporte un long couloir au bout duquel se trouvent les quilles et l'éphèbe chargé de les ramasser* (Duvernois). S'il en était encore temps, on préconiserait volontiers : *jeu de quilles*, ancienne expression française. Étiemble proposait de revenir à *boulin*, qui a donné au XVIIe s. *boulingrin.*

BOW-WINDOW orth. Plur. *de clairs bow-windows.* Ce mot est masc. ♦ **sens.** Ce type de « fenêtre en encorbellement » peut aussi être désigné sous le nom d'**oriel** (Recomm. offic.).

BOX orth. Plur. *des boxes* (à l'anglaise).

BOYESSE emploi. Ce fém. de **boy**, au sens de « servante », est rare, mais utile, car il est évident que le fém. anglais, *girl*, est inutilisable à cause de ses autres emplois : *Il n'eut de cesse qu'une boyesse vînt l'éponger* (R. Jean).

BOY-SCOUT orth. Plur. *des boy-scouts* : *La procession s'organisait autour de la place, des prêtres, des boy-scouts encadrant le cortège* (Gallo). Certains auteurs ont écrit, à tort : *des boys-scouts* (Gide, Maurois, Dutourd).

BRACELET-MONTRE → MONTRE-BRACELET.

BRACHY- prononc. [ki]. ♦ **sens.** Du grec *brachus*, « court ». Pas de trait d'union : *brachycéphale.*

BRAHMANE orth. Également *brahme ou brame* (formes anciennes). Le *h* ne peut se rencontrer qu'après le premier *a*. Le fém. est **brahmine**.

BRAIMENT orth. Pas de *e* central : *Les cris des porteurs d'eau auxquels répondent, comme en écho, les braiments des ânes* (Maïssa Bey). ♦ **sens.** « Cri de l'âne », substantif, dérivé de *braire* (→ ce mot), à ne pas confondre avec **braillement** et **bramement**.

BRAINSTORMING emploi et sens. Ce mot composé d'origine américaine a le sens de « technique de groupe destinée à stimuler l'imagination et la créativité », notamment chez les publicitaires : *Dès cette date, les milieux bancaires se lancent dans un brainstorming pour se prémunir contre de nouveaux assauts* (A. Duparc, *Le Monde*, 19/08/2011). La recommandation officielle *remue-méninge* (imaginée vers 1965 par Louis Armand et entérinée par l'arrêté ministériel du 24 janvier 1983), ingénieuse mais trop proche du calembour, n'a pas eu grand succès.

BRAIN-TRUST orth. Plur. *des brain-trusts.*

BRAIRE conjug. Très défective. → APPENDICE GRAMMATICAL.

BRAQUAGE forme. On écrit **braquage**, et non *bracage*, dans le sens de : « Orientation des roues d'une voiture » ou, dans la langue familière, « attaque à main armée ».

BRAS orth. Les expressions suivantes s'écrivent sans trait d'union : *à tour de bras* ; *bras dessus, bras dessous* ; *bras croisés* ; *bras de mer* ; *bras mort* ; *faux bras* ; *gros bras* (mais *fier-à-bras*). ♦ **constr.** Comme avec les autres mots qui désignent une partie du corps humain, on rapportera **bras** au possesseur à l'aide du pronom réfléchi : *Il s'est cassé le bras* et non pas à l'aide du possessif, qui donne à la phrase une allure gauche : *Il a cassé son bras.* Même remarque pour *jambe, pied, tête*, etc. → ARTICLE.
□ **en bras de chemise. emploi.** On admet aujourd'hui cette locution, dans laquelle *bras* est pris par métonymie dans une acception particulière, mais on peut lui préférer **en manches de chemise**, qui est plus logique : *Vers le soleil des Hespérides, / En bras de chemise les charpentiers / Déjà s'agitent* (Rimbaud). *Un permissionnaire en bras de chemise avec une culotte de chasseur et une grande ceinture bleue* (Aragon).

BRASERO orth. On peut préférer écrire ce nom avec un accent aigu sur le *e*, ce qui correspond à la prononciation habituelle : *Je distingue alors des Indiens accroupis autour de braseros disposés le long de la nef* (Schreiber).

BRAS-LE-CORPS (À) forme. Deux traits d'union. Locution invar., à construction inversée (« prendre le corps à bras ») : *Mille fois j'avais pris mon courage à bras-le-corps pour aller la trouver* (Khadra). *À brasse-corps* est un barbarisme.

BRAVE sens. Il varie considérablement suivant que cet adj. est antéposé ou postposé au substantif. *Un brave homme* : « Un homme honnête et bienveillant. » *Un homme brave* : « Qui n'a pas peur du danger » : *Ménile avait un brave curé qui était un homme brave, il avait trois jours été mêlé à la bataille* (Madelin).

BRAVO forme. Plur. *des bravos.* Italianisme entièrement francisé au sens de « applaudissement » : *Ce matin-là, après le théâtre, l'île ne résonnait que des bravos de la veille* (Orsenna). Il existe un plur. **bravi** (plur. de l'adj. italien *bravo*) qui signifie « tueurs à gages ».

BREAK prononc. [brek]. ♦ **emploi et sens.** Ce mot anglais désigne un type de voiture particulière pouvant servir de fourgonnette grâce à une carrosserie spéciale. Il existe un homonyme qui signifie « courte interruption de jeu, dans un orchestre de jazz » et est souvent employé de façon snob au sens général de « pause » : *Les communicants ont fait un break.*

BREDOUILLE forme. Prend un *s* au plur. : *Mes camarades et moi sommes repartis bredouilles pour Baïgora* (Wiazemsky).

BREF emploi. Le pléonasme *enfin bref* est très répandu. Il est préférable de l'éviter, en employant **bref** isolément : *Nous craignons une tentative pour relancer l'Internationale, briser l'union sacrée, bref, ne lâchez pas Karenberg* (Gallo). *S'y inscrivent* [à Weimar] *les souvenirs de Schiller, de Liszt, de Nietzsche, de Gropius, bref, ceux de la plus haute culture européenne* (Semprun). L'adv. formé sur *bref* est **brièvement**.

BRIC-À-BRAC prononc. [brikabrak]. ♦ **forme.** Invar. : *des bric-à-brac.*

BRIC ET DE BROC (DE) sens. « Avec des éléments de toute provenance », locution d'origine onomatopéique, comme la précédente. Invar. : *Tout cela avait été construit de bric et de broc et, dès qu'il pleuvait, l'eau se répandait par la piste pour imbiber la pelouse* (Labro).

BRIGAND emploi. Pas de fém., si ce n'est dans le style familier, et presque toujours au figuré : *Le brigand près de sa brigande / Hennit d'amour au joli mai* (Apollinaire).

BRILLANT et **BRILLANCE emploi.** Ces deux mots s'emploient dans des sens très voisins. Le premier est un constat simple et évident : *Le brillant de cette pierre est remarquable* ; le second est d'usage plus littéraire : *Il bichait modestement, une brillance plus soutenue dans le regard trahissant son bonheur muet* (Fottorino).

BRINGUEBALER forme. On rencontre parfois les formes *bringueballer* et *brinqueballer.* La forme *brimbaler* (orthographe de l'Académie) est obsolète. ♦ **emploi.** Verbe expressif et pittoresque, souvent utilisé en parlant d'une carriole, d'un véhicule cahotant : *D'étranges convois de tramways, bringuebalant au-dessus de la mer* (Camus). *Tout ce qu'il en savait des cars c'*était qu*'ils roulaient et il les regardait passer, bringuebalants, cornants et tonitruants, dans le silence* (Duras). La construction transitive est rare : *Le vent tiède qui bringuebale l'enseigne du maréchal-ferrant* (Aragon).

BRIQUE orth. Avec ou sans *s*, dans les tours : *maison, mur, construction de brique(s)*, selon qu'on veut désigner la matière ou les éléments d'assemblage, mais cette nuance n'est généralement pas observée. Dans l'exemple suivant, l'opposition de la brique au marbre lève toute ambiguïté : *Auguste se vantait d'avoir trouvé Rome de brique et de le laisser de marbre* (Fontenelle). Mais on écrit **en brique** sans *-s*.

BRIQUETERIE prononc. [brikɛtri] et non [brikətri] (→ BONNETERIE). ♦ **orth.** Un seul *t.*

BRIS emploi. Ce mot désigne le fait de briser ou de se briser (ne pas dire *brisage*). Noter l'expression répandue dans la langue judiciaire : *bris de clôture, de scellés.*

BRISE- orth. Tous les composés de **brise-** sont invar. et ne prennent pas la marque du plur., quand ils ne se terminent pas au sing. par un s. *Des brise-glace(s), des brise-jet,* mais *des brise-lames, des brise-mottes.*

BROC prononc. [bro]. Le *c* reste muet. Ne pas confondre avec l'homographe **broc** dans *de bric et de broc* (→ cette locution).

BROCARD et **BROCART orth. et sens. Brocard** désigne soit un adage juridique, soit un trait, une pointe spirituelle (d'où *brocarder*), soit un chevreuil mâle d'un an (autre orthographe : *broquard*). Quant à l'étoffe de soie brochée d'ornements, elle s'écrit toujours **brocart** avec un *t* final.

BROME orth. Pas d'accent sur le *o*. → CHROME.

BRONCA emploi et sens. Ce mot espagnol est souvent employé depuis quelques années dans le registre politique pour désigner un « vif mouvement de protestation » : *La bronca des magistrats et du personnel pénitentiaire* (*Le Monde*, 25/01/2009).

BRONCHE prononc. des dérivés. Avec un [ʃ] dans *bronchiole, bronchique, bronchite,* etc. Mais avec un [k] dans les mots commençant par *broncho- : bronchopneumonie, bronchoscopie.*

BRONZER emploi. Ce verbe et tous les mots de la même famille, pris au sens de « donner à la peau une couleur brune » (transitif), ou « prendre une couleur de peau brune » (intransitif), sont plus vivants dans la langue courante que **hâler** (et ses dérivés), mot propre, mais qui paraît plus littéraire. Le substantif correspondant au verbe *hâler* est le **hâle. Bronzer** est concurrencé par **brunir** (surtout intransitif : *j'ai bruni*). Le part.-adj. **bronzé** est parfois employé à l'encontre des Noirs, dans un contexte raciste. → BASANÉ.

BROU emploi. Uniquement dans *brou de noix.* Le plur. est inusité.

BROUILLAMINI emploi. Cette forme a beaucoup vieilli. On utilise aujourd'hui **embrouillamini** dans le registre familier. On préférera des substantifs tels que *confusion, désordre, fouillis* et même *méli-mélo*, plus familier.

BROUILLE emploi. Ce terme a supplanté à peu près complètement l'ancien substantif *brouillerie*.

BROUSSAILLE orth. On trouve ce substantif au sing. dans *les cheveux en broussaille* et *de la broussaille* (sens collectif), mais l'emploi le plus habituel est le plur. : *Passer à travers les broussailles, un feu de broussailles.*

BROUTILLE(S) forme. Le plus souvent au plur. : *Parfois je me dis que je perds mon temps à collectionner des broutilles,* mais dans le langage familier on entend dire : *C'est de la broutille.* ♦ **sens.** La proximité de sens avec **vétille** (qui est courant au sing.) a pu exercer une certaine influence quant à l'emploi au sing.

BROYAGE et **BROIEMENT emploi et sens.** Le premier substantif désigne l'action de broyer, dans divers secteurs de l'industrie et de l'agriculture. Le second concerne la médecine et la chirurgie : c'est l'« état de tissus écrasés par suite d'un choc » ou le « fait de broyer certains calculs pour faciliter leur extraction ».

BRU emploi. Vieilli et régional : *Son père, qui va se rasseoir, sans même relever l'impudence de sa ni belle ni fille, qu'il appelle ma bru, parce que lui aussi la trouve moche à ne pas oser la regarder* (Japrisot). On lui préfère le terme mieux motivé **belle-fille** (qui est cependant ambigu à l'oral).

BRUINE sens. « Petite pluie très fine, produite par le brouillard qui se condense. » À Nantes, c'est le **crachin**. *Dans la chambre aux machines déserte il y avait une bruine jaune toute pareille* (Sartre). *Demeurée, devant la grille close, longtemps, sous la bruine rousse de septembre* (Benameur). Ce substantif a donné **bruineux** et surtout le verbe impersonnel **bruiner**. *Dans le petit jour frais, où traînaient des nuées bruineuses* (Genevoix). Hervé Bazin emploie le mot **bruinasse**, substantif fém.

BRUIRE conjug. Très défective. Fréquente confusion avec un *bruisser* théoriquement inexistant, par suite de la tendance à ramener à la conjugaison du 1er groupe toutes les formes verbales difficiles ou mal comprises (→ RÉSOUDRE), et d'une reconstruction de la conjugaison sur le part. **bruissant**. Celui-ci a supplanté **bruyant**, qui n'est aujourd'hui qu'adj. et non forme verbale : *Il n'avait jamais l'air d'être un seul homme, il avait la vie lente, silencieuse et bruissante d'une foule* (Sartre). *Derrière ses volets clos, les ténèbres bruissaient de ce lourd et frais grondement* (Genevoix). *Dans les fourrés, un lièvre a détalé en faisant bruisser les herbes* (Adam). *Depuis quinze jours, l'immeuble ne bruisse que de l'emménagement de M. Ozu* (Barbery). *Paris bruisse de rumeurs* (F. Nouchi, *Le Monde*, 04/06/2010). Le Bidois, après avoir recensé de nombreux exemples de formes condamnées par les grammaires, concluait : « Devons-nous nous résigner à employer des formes irrégulières, dérivant d'un infinitif *bruisser*, ou accepter que le verbe **bruire** et ses diverses formes disparaissent peu à peu de la langue écrite ? » ♦ **sens.** Il faut noter que ni **bruire**, ni **bruissement**, ni **bruissant** ne s'emploie pour décrire des bruits d'un volume sonore important. Ils ne conviennent qu'à un bruit doux et feutré (eau, feuillage) : *André regardait cette multitude heureuse défiler dans un bruissement de rires sous le premier soleil de printemps* (Louÿs). *Toute sa jeunesse, elle a attendu, comme elles, la gloire, l'argent, le bruissement flatteur de la foule sur son chemin* (Némirovsky).

BRUITER emploi. Ce verbe et son dérivé **bruitage** sont utilisés en matière de technique radiophonique ou cinématographique, et ne doublent nullement **faire du bruit** ou **bruire** : *C'est une scène sans paroles, seulement bruitée par la houle* (Fottorino). *Le bruitage de cette émission était de Pierre Léonin.* L'Académie l'accepte (1987) : « Produire artificiellement, au théâtre ou en radiophonie, des bruits imitant ceux de la vie réelle. »

BRÛLE- orth. Tous les composés prennent un trait d'union. Beaucoup sont obsolètes. On retiendra **brûle-gueule**, qui prend facultativement un *s* final au plur., et **brûle-parfum** qui fait au plur. des *brûle-parfums.* La locution *à brûle-pourpo-*

int, malgré son aspect vieillot, est encore usitée.

BRÛLER orth. Ce verbe prend à toutes les formes un accent circonflexe sur le *u*. Il en est de même pour ses dérivés : *brûlerie, brûleur, brûlis, brûlot, brûlure.*
□ **brûler la fièvre**. Locution populaire qui est aujourd'hui désuète.

BRUMER emploi. En dehors de la langue des marins, ce verbe est rarement employé. On le trouve au figuré, dans l'exemple suivant : *Je voudrais que la fumée ait l'air de sortir de ma main. Ça serait drôle, une main qui brumerait* (Sartre).

BRUN orth. Des *peaux brunes*, mais des *peaux brun clair.* → COULEUR.

BRUNISSAGE emploi et sens. Ce substantif est un terme technique, qui désigne l'« action de polir, de lustrer un métal fin en le frottant », ou l'« action de roder une surface frottante », ou encore l'« action d'oxyder superficiellement un métal pour lui donner un aspect brillant ». Ne pas confondre avec **brunissement**, rarement employé au sens de **bronzage**. → BRONZER.

BRUT prononc. [bryt]. Le *t* se fait toujours entendre. ♦ **forme.** Invar. quand il est employé adverbialement : *Ce camion chargé pèse vingt tonnes brut. Toucher 3 000 euros brut.* Adj., il s'accorde : *une matière brute, des matières brutes.* Ne pas confondre avec le substantif fém. **brute** : *Et tantôt brutes, tantôt purs esprits, ils ignorent quelles liaisons universelles ils contiennent* (Valéry).

BRUTAL forme. Plur. *Brutaux.* → -AL.

BRUYAMMENT et **BRUYANT prononc.** [brɥijamɑ̃] et [brɥijɑ̃]. Les puristes rejettent comme familière ou dialectale la prononciation [bryjɑ̃]. La différence à l'oral est très peu sensible.

BÛCHE orth. Avec un accent circonflexe sur le *u*, ainsi que les dérivés *bûcher, bûcheron, bûchette.*

BUDGÉTIVORE emploi et sens. Cet adj., formé par plaisanterie sur le modèle *carnivore, herbivore*, etc. n'est admis que dans le vocabulaire politique et familier : « Qui vit aux crochets de l'État. »

BUFFLE orth. Deux *f*, ainsi que les dérivés : *buffleterie, bufflетin, bufflon.* ♦ **forme.** Deux fém. : **bufflonne** et **bufflesse.**

BUFFLETERIE prononc. [buflətri] ou [buflɛtri].

BUG → BOGUE.

BUILDING emploi. Cet américanisme, surtout à la mode entre les deux guerres, est peu employé aujourd'hui : *C'est le building du* New York Times*, déjà ancien, et de petite taille, qui a donné son nom au lieu* (Romains). Il a été concurrencé par **gratte-ciel**, bien qu'il n'y ait pas synonymie exacte ; mais on dit aujourd'hui, tout simplement, une **tour**, pour désigner « un édifice moderne particulièrement élevé » : *On n'est plus que quelques vieilles de l'ancien quartier à se promener au pied des tours* (Bourgon).

BULBE genre. Substantif masc. *Le bulbe rachidien est une partie essentielle du système nerveux. Elle a planté quelques gros bulbes de tulipes dans sa jardinière.* ♦ **sens.** C'est, en botanique, l'équivalent « savant » de **oignon.** ♦ **dérivés.** Alors que **bulbeux**, « en forme de bulbe, qui présente un ou plusieurs bulbes », est d'acception très large, **bulbaire** est plus particulièrement relatif au bulbe rachidien.

BULLDOZER prononc. [buldozœr] (à l'anglaise), mais la prononciation [byldozɛr] (à la française) se répand de plus en plus. L'Administration recommande l'emploi du mot **bouteur** (arrêté ministériel du 17 février 1986), sans grand succès jusqu'à présent.

BULLE forme et emploi. Adj. invar. dans *papier bulle*, « de médiocre qualité et de couleur jaunâtre » (ne pas confondre avec *papier bible*).

BUNGALOW prononc. [bœ̃galo].

BUNKER prononc. [bunkœr] (mot allemand). ♦ **sens.** « Casemate » ; emploi proche de celui de *blockhaus* (→ ce mot) : *On y meurt toujours de faim, de coups, de pendaisons, de fusillades et de tortures au bunker, le block 11* (Bialot). Il est malaisé de comprendre pourquoi un arrêté ministériel du 17 février 1986 prétend interdire en français l'emploi de ce mot emprunté à l'allemand depuis la guerre de 39-45 ! Le dérivé **se bunkériser**, « se retrancher dans une construction très solide », est passé dans la langue des militaires.

BURNOUS prononc. Ce mot arabe se prononce en principe [bœrnus], mais on entend le plus souvent [byrnu(s)], surtout quand il s'agit du nom désignant un manteau d'enfant. ♦ **emploi.** Distinct de *gandoura, djellaba, cafetan*, demeurés plus « exotiques » : *Les pans de son burnous volent autour de lui comme les ailes d'un oiseau* (Maïssa Bey).

BUS emploi. Cette abréviation de *autobus* est depuis longtemps passée dans l'usage : *tickets de bus, l'arrêt du bus ; abribus, minibus.*

BUSINESS prononc. [biznɛs]. ♦ **forme et emploi.** Cet anglicisme est souvent francisé en *bisness* ou *bizness.* C'est un terme très familier, qui, du sens courant de « travail », glisse à la signification de « affaire compliquée, embrouillée » : *Mais tu parles d'un business pour lui reprendre ses ribouis !* (Barbusse). La terminologie des affaires lui a rendu son sens initial : *Suivre des cours de business dans une université américaine, suivre les cours d'une businessschool.* On pourrait conserver les mots et expressions du français : *commerce, école de commerce, école d'études commerciales*, qui disent pratiquement la même chose, d'autant mieux que l'abréviation *Sup de Co*, pour *École supérieure de commerce*, est demeurée très usuelle, et prestigieuse. En revanche, sur le modèle anglo-saxon ont été formés *businessman* et *businesswoman* (« homme et femme d'affaires »), qui sont très employés.

BUSTE sens. Il n'est pas tout à fait le même selon qu'il s'agit d'une personne vivante ou d'une représentation plastique. Dans le premier cas, *buste* désigne la partie du corps qui va « de la tête à la ceinture », tandis qu'un *buste* de sculpteur reproduit surtout la tête et les épaules, et s'arrête en général à la naissance des seins : *Pourtant le regard de Mme de Champcenais rencontre le buste de la manucure, qui à ce moment est penchée* (Romains). Dans ce contexte, *buste* est synonyme de *poitrine.*

BUT

□ **dans le but de.** Malgré les longues controverses engagées jadis par les puristes, cette locution est aujourd'hui couramment employée : *Il effectue toute une série de courbes inattendues dans le seul but, dirait-on, de se maintenir à ses côtés* (Robbe-Grillet). *Aucune œuvre d'art n'a jamais été créée que dans un but utilitaire et avec l'intention de servir* (Gide). *Elle vient de provoquer cette scène dans un double but* (Bazin). On peut lui préférer **pour le but de, avec pour but de**, mais l'usage n'a guère suivi cette construction : *En assumant l'acte d'écrire dans le même sens et pour le même but* (Vercors). Il semble que **en vue de** soit aisément utilisable dans certains cas : *Si Pyle a prêté la main à cet acte terroriste, c'est en vue de damer le pion aux services français* (R. Jean). Quant à **dans le dessein de** ou **dans l'intention de, aux fins** ou à seule fin de, ce sont des tours littéraires : *Je confie ce manuscrit à l'espace, non pas dans le dessein d'obtenir du secours, mais pour aider, peut-être, à conjurer l'épouvantable fléau* (Boulle). *Les dépouilles de l'infortuné Cambadécède furent, suivant la loi, traînées sur une claie par nos villages, aux fins de persuader notre petit peuple* (Chabrol). *Je suis entré chez Philibert's, dans l'intention d'y acheter une sorte de talisman* (Butor). *Pour quoi ? Pour qui ? A quelle fin ?* (Valéry).

□ **poursuivre un but,** également critiqué (bien que l'Académie l'autorise), est acceptable si l'on admet **poursuivre une fin**. Pourtant, la fin n'est pas plus mobile que le but : certains prétendent en effet que l'on ne peut poursuivre qu'une cible mobile ! *Chaque but particulier qu'ils poursuivent, ils y tendent par le rapprochement des vérités les plus générales* (Valéry). *Le Démiurge poursuivant ses desseins qui ne concernent pas ses créatures* (*id.*). On rencontre parfois le verbe **rechercher** : *Quant au ridicule qu'il y avait, pour un homme de sa qualité, à rechercher un but aussi humble par une telle profusion de moyens* (Romains). On peut dire aussi : **tendre à un but, chercher à atteindre un but.**

□ **remplir un but.** Ce serait également faire preuve d'étroitesse d'esprit que de bannir cette locution, sous des prétextes soi-disant logiques, qui ne résistent pas à l'examen. **But** est un mot abstrait ici, comme **mission** (*remplir une mission*). Grevisse cite des exemples de ce tour chez Stendhal, Gautier et Mérimée. Mais on peut préférer : **atteindre un but.**

□ **de but en blanc.** Locution figée (qui peut également s'écrire *de butte en blanc*) : « Brutalement, sans précaution oratoire. » *Olivier se présenta avec dix minutes d'avance, et aussitôt, de but en blanc, Christo lui posa la question* (Triolet). À l'origine, au propre : on tirait de la butte de terre dans la cible. Puis **butte**, mal compris, a cédé la place à **but**. ⟶ BUTTE.

□ Éviter la tournure pléonastique *but final*.

BUTÉ orth. et **sens.** L'adj. **buté**, qui signifie « entêté, obstiné », ne prend qu'un *t*.

BUTER sens. « Se heurter » : *Mathieu se jeta en avant pour éviter l'auto ; il buta contre le trottoir et se retrouva par terre* (Sartre). On rencontre également **buter sur** : *Dans cette foule où je commençais à connaître tout le monde, il me semblait buter sur une absence* (Orsenna). Ne pas confondre avec **butter**, « ramener la terre autour d'un plant », qui s'écrit avec deux *t* comme **butte** : *Un champ de pommes de terre qui appartient aux Radiguet et qui a été si souvent sarclé, butté et arrosé d'arséniate* (Vailland).

BUTOIR orth. Un seul *t*. ♦ **sens.** « Lieu contre lequel vient buter un wagon. » Ne pas confondre avec **buttoir**, « charrue à butter ». Distinct de **butée** (synonyme de **culée**, maçonnerie).

□ **date butoir.** Ce mot composé (sans trait d'union) est souvent utilisé pour désigner une échéance absolue, un délai ultime : *Le Premier ministre a fortement mis la pression sur les syndicats en leur donnant des dates butoirs pour négocier sur deux sujets plus que sensibles* (*Le Monde*, 25/05/2007). *Certaines* [sociétés] *faisaient valoir la difficulté de pouvoir mener une telle opération avant la date butoir fixée par le gouvernement* (Amir Akef, *Le Monde*, 03/08/2009).

BUTOR forme. Le fém. **butorde** est très rare.

BUTTE (être en – à) orth. Ne pas écrire être en but à. ♦ **sens.** « Servir de cible à. » La *butte* était le tertre sur lequel on plaçait la cible (dans le vocabulaire de l'artillerie). ⟶ BUT.

C

ÇA emploi. Forme contractée de *cela*, très répandue dans la langue parlée et gagnant de plus en plus de terrain dans la langue écrite depuis le XIXe siècle. En principe, s'applique à un non-animé : *Ça vient de l'intérieur, de la Cordillère. Ça balaie toute la route, vers la mer* (Saint-Exupéry). *À moins que ce ne soit seulement d'un copain qu'il manque. Ça pourrait bien être ça* (J. Roy). *Ce sont les capitaux allemands qui font marcher tout ça* (Aragon). Quand **ça** renvoie à un être humain, la nuance affective (souvent péjorative) est très nette : *Elle me tue à petit feu et se croit une sainte, ça communie tous les soirs* (Balzac). *Un capitaine, c'est pas comme un curé ou un petit freluquet de la cour ; ça transpire* (Anouilh). *Comment ça parle de nos jours ! Un môme à elle ! Est-ce que tu te représentes ?* (Triolet).

□ **avec ça.** Locution servant à renchérir sur une qualité (après un adj.) : *Un des conseillers municipaux de la ville, un homme considéré, et pieux avec ça* (Aragon). → AVEC.

□ **ç'.** L'élision de **ça** est rare, et il est difficile, voire impossible de distinguer entre **ce** et **ça** : *Ç'avait éclaté lorsque Suzanne était sortie de table* (Duras). *Décembre et janvier passèrent comme si ç'avait été des années* (Dhôtel). On rencontre aussi la séquence **ça a**, mais les écrivains l'évitent souvent par souci d'euphonie. De même pour **ça en** : *À côté, c'est une autre femme ; plus loin ça en est une autre* (Giono).

□ **ci et ça.** Ces deux démonstratifs, dont le premier est une création par analogie de **celui-ci, celui-là**, sont associés dans des locutions uniquement familières : *Faut faire ci, faut faire ça, on n'en a jamais fini. « Fais pas ci, fais pas ça » est le titre d'une émission télévisée à succès.*

□ **comme ça.** Cette locution est parfois de pur remplissage dans le langage fam. : *Il y avait des moments comme ça où c'était plus fort qu'elle, elle se faisait des cheveux sans raison* (Sartre). Elle peut signifier aussi : médiocrement. *Cette pièce est-elle réussie ? - Comme ça* (Acad.). → COMME.

□ **pas plus que ça.** Cette locution appartient au registre fam., avec le sens de « guère » : *Moi, ça ne me choque pas plus que ça de donner des proies vivantes aux prédateurs encagés* (Rosenthal).

□ **qui ça ?** Sert de renforcement à certains interrogatifs : **quand, où,** etc. *Ah bon ? Il en a parlé ? Quand ça ?* → QUOIQUE.

□ **ça** en tête de phrase ou seul. On rencontre **ça**, avec une valeur d'interjection, pour introduire une réserve, ou insister sur une assertion : *Deux doigts de rouge, pas plus. Ça, il faut être franc, j'ai pas mis d'eau* (Anouilh). Parfois renforcée par *oui* : *Elle est elle-même toute mélangée : écœurée, ça oui, mais dans les profondeurs, presque satisfaite* (Vallejo).

ÇÀ emploi. L'adverbe de lieu **çà**, portant un accent grave, ne subsiste à peu près que dans **çà et là**, ou **çà ou là** : *Seul, çà et là, un jardin invisible laisse pendre par-dessus une crête de pierre une branche d'arbre couverte de fleurs* (Némirovsky). *Quand son épiderme le démange, çà ou là, il se gratte distraitement* (Échenoz). Peut-être est-ce lui qu'il faut voir dans les tours fam. : *Ah ! çà, jamais Frédéric n'avait entendu une sonnerie pareille* (Giono). *Ah ! çà, par exemple ! Ah ! çà, alors !* → le précédent.

CABALE orth. et sens. Ce mot s'écrit ainsi dans son acception usuelle, « intrigue menée sourdement contre quelqu'un » : *la cabale des Dévots. On a monté une cabale contre lui.* Mais l'orthographe étymologique prévaut quand *Kabbale* désigne une « tradition juive d'interprétation mystique et allégorique de l'Ancien Testament » : *les initiés à la Kabbale.*

CABÈCHE emploi et sens. Seulement dans la locution pop. vieillie : *couper cabèche,* c'est-à-dire la tête (de l'espagnol *cabeza*). Ne pas confondre avec **caboche**, mot fam. pour « tête ».

CABINETS emploi et sens. Assez vieilli au sens de « cabinets d'aisances » : *J'aime assez celui-ci :* où sont les cabinets ? *parce qu'il y a, dans cette dénomination, les cabinets, un pluriel qui exhale l'enfance et la cabane au fond du jardin* (Barbery). On rencontre plus souvent aujourd'hui **WC** ou **toilettes** (traduction de l'anglais).

CÂBLE orth. Accent circonflexe, ainsi que les dérivés, exception faite de *encablure* : *câbler, câblage, câblier, câblogramme,* etc.

CABOTER emploi et sens. Se garder de confondre **caboter**, « naviguer en restant le long des côtes », et **cabotiner**, « se comporter de façon prétentieuse et vaniteuse » (à l'origine, en parlant d'un comédien). Même confusion possible pour les dérivés *cabotage* et *cabotinage, caboteur* et *cabotin.*

CABRIOLE orth. Un seul *l.*

CACA D'OIE emploi. Adj. et nom de couleur invar.

CACAHUÈTE orth. Variable : on trouve aussi *cacahouette, cacahouète* : *J'ai prié l'infirmière qui m'apportait mon déjeuner d'être assez gentille pour bien vouloir m'ouvrir le sachet de cacahuètes qui s'y trouvait* (Simon). ♦ **prononc.** [kakawɛt].

CACAOYER et **CACAOTIER forme.** Les deux mots s'emploient à peu près indifféremment pour désigner l'arbre, ainsi que **cacaoyère** et **cacaotière** pour la plantation.

CACATOIS et **CACATOÈS orth.** Le nom du perroquet peut s'écrire et se prononcer des deux manières (et également *kakatoès*). Mais dans la terminologie maritime, la « voile carrée » est le **cacatois**, de même pour le *mât de cacatois.*

CACHE genre. Lorsque ce nom est du domaine technique (photographie, imprimerie, etc.) il a le genre masc. : *un cache.* ♦ **forme.** Les composés prennent tous le trait d'union et tendent à l'invariabilité au pluriel, à l'exception de : *des cache-brassières, des cache-cœurs,* et des composés suivants, qui prennent un *s* facultatif : *des cache-col(s), des cache-flamme(s), des cache-pot(s), des cache-poussière(s), des cache-prise(s), des cache-radiateur(s), des cache-sexe(s).* La « règle » est ici assez incertaine.

CACHETER conjug. Comme *jeter.* ♦ **prononc.** Ne pas dire [kaʃtə-], mais [kaʃɛt-], pour les formes écrites avec deux *t,* par ex. : *je cachette, je cachetterai.*

CACHEXIE sens. Vieux mot tombant en désuétude, « amaigrissement général et affaiblissement de tout l'organisme » (à rapprocher de **consomption**). L'adj. correspondant est **cachectique** et non *cachexique.*

CACHOU forme. Plur. *des cachous* (quand le mot désigne des pastilles à sucer). Comme adj. de couleur, invar. : *Il portait sa combinaison de toile cachou* (Vian).

CADASTRAL forme. Plur. *cadastraux.*

CADAVÉREUX ou **CADAVÉRIQUE sens.** Le premier adj. implique une comparaison : « Qui tient du cadavre, qui ressemble à un cadavre. » *Maint livre cadavéreux* (Baudelaire). *Un teint cadavéreux.* Le second est un terme d'anatomie signifiant : « Qui a rapport au cadavre, qui caractérise le cadavre » : *la rigidité cadavérique.*

CADDIE forme. Ce mot, francisé à partir de l'anglo-américain *caddy cart,* s'écrit au plur. *caddies.* ♦ **sens.** Ce petit « chariot individuel à marchandises » est devenu une aide quasi indispensable pour les clients des surfaces commerciales : *Je finis mon verre en contemplant les bagnoles, les gamins, les caddies abandonnés* (Adam).

CADET → AÎNÉ.

CADI orth. Prend un *s* au pluriel. ♦ **sens.** « Magistrat musulman » : *Aujourd'hui, on consacre encore des mariages devant les cadis, mais ils n'ont pas de valeur légale au regard du droit commun* (*Le Monde*, 29/08/2008).

CADOGAN ou **CATOGAN sens.** « Nœud ou ruban attachant les cheveux sur la nuque. » Ne pas l'entendre au sens vieilli de « chignon ». ♦ **forme.** Les deux mots s'emploient indifféremment.

CADRAN emploi et sens. « Surface portant des divisions qui indiquent les heures ou toute autre unité de mesure. » Ne pas confondre avec **quadrant**, qui désigne en mathématiques le quart de la circonférence.

CADRATURE sens. En horlogerie, « assemblage de pièces reliant les aiguilles entre elles et au mouvement ». Ne pas confondre avec **quadrature**, qu'on trouve dans **quadrature du cercle**, « conversion impossible du cercle en carré », et au fig. « difficulté insurmontable ».

CADRES emploi et sens. « Ensemble du personnel d'encadrement. » Terme passé de l'armée aux entreprises : *la Confédération générale des cadres, la retraite des cadres.* Très en vogue : *un cadre* (un employé faisant partie du personnel d'encadrement) : *« Cadres » de terrain, d'un rang inférieur aux deux autres, leur talent rigoureux s'exerçait surtout dans les filiales* (Jorif).
□ **dans le cadre de.** « Dans le système organisé de. » Ce tour s'est imposé dans l'usage général : *Dans le cadre de la politique monétaire, étudions le contrôle des changes.*

CADUC forme. Fait au fém. **caduque** : *Lewis avait pensé que certaines inconduites deviendraient caduques lorsque vraiment il aimerait* (Morand). *Une maison vieille et caduque, une institution caduque.* ♦ **sens.** Peut être employé dans le sens de « périmé » ou de « momentané » : *Un arbre à feuillage caduc ; le serpent possède une peau caduque.* A formé *caducité.*

CAF prononc. [seaɛf]. ♦ **emploi et sens.** Sigle commercial employé dans **vente CAF** (ou **C.A.F.**). C'est l'abréviation de *Coût, Assurance, Fret* : « Type d'accord selon lequel le vendeur paie le transport, mais n'est responsable des dommages survenus à la marchandise que jusqu'à l'embarquement inclus, les risques en cours de transport étant à la charge de l'acheteur. » On trouve parfois aussi **CIF** (sigle anglais, de même sens, issu de *Cost, Insurence, Freight*). Lorsque les assurances ne sont pas incluses, on a **C et F**, abréviation de *coût et fret*, en anglais **C.F.** *(Cost and Freight)*. La normalisation a été faite par l'arrêté du 18 juillet 1987. Ces sigles sont suivis du nom du port de destination.

CAFÉ- orth. Lorsque **café-** sert de premier élément à des mots composés qui désignent un lieu, il est toujours suivi du trait d'union : **café-bar, café-concert, café-restaurant, café-tabac** : *Il aime mieux s'arrêter dans les villages, il y passe un moment au café-tabac sans parler à personne* (Échenoz). Mais on écrit **café crème.** → le suivant.

CAFÉ AU LAIT forme. On écrit : *J'ai bu deux cafés au lait* (ou *deux bols de café au lait*), mais, invar. et avec traits d'union : *des chemises café-au-lait* (couleur).

CAFÉ-CONCERT orth. Avec un trait d'union. Plur. *des cafés-concerts.* Abréviation (vieillie) : *caf'conc'.*

CAFÉ-COUETTE emploi et sens. Ce joli nom composé masc. est employé dans certaines revues et dans la publicité des voyagistes, pour traduire l'anglais *bed and breakfast*, « location touristique d'une chambre à la nuit chez l'habitant, petit déjeuner compris », pratique qui s'est largement répandue en France.

CAFÉ CRÈME forme. Le second élément est invar. : *des cafés crème.* Pas de trait d'union. On dit familièrement : *un crème, deux crèmes.*

CAFÉINE orth. On écrit sans tréma sur le *i* : *caféine, caféier.*

CAFETAN orth. Également *caftan.* ♦ **sens.** « Ancien vêtement oriental, ample et long. »

CAFÉTÉRIA et **CAFÉTERIE forme.** La forme *cafétaria,* qu'on entend parfois, est incorrecte. ♦ **emploi et sens.** Le premier nom désigne un bar, un débit de boissons (non alcoolisées) ou une buvette dans une entreprise, le second peut avoir le même sens, mais s'applique plutôt au « local où l'on prépare cafés et petits déjeuners dans un hôtel, une maison d'enfants », etc. Un arrêté du 17 mars 1982 a entériné cette opposition. Mais dans la littérature, on trouve aussi **cafèterie** (avec un accent grave) au sens de « plantation de caféiers » (on rencontre également **caféière** en ce sens) ou d'« usine de torréfaction du café » ! La question d'ensemble est assez embrouillée.

CAFRE orth. ne prend pas d'accent circonflexe (attention à l'influence de **câpre**). ♦ **sens.** Ce mot désigne une ethnie d'Afrique du Sud : *D'abord pratiqué par les cafres, c'est-à-dire les descendants des esclaves noirs africains, le moringue* [forme de lutte] *est désormais répandu dans toutes les catégories de la population réunionnaise* (*Le Monde,* 11/05/2007).

CAGIBI emploi et sens. « Petite pièce servant de débarras. » Mot plus ou moins usuel selon les régions de France : *Qu'est-ce que vous en pensez, Émile, de notre cagibi ?* (Colette).

CAGNE ou **KHÂGNE sens.** Dans l'argot des lycéens, « classe préparatoire (lettres) à l'École normale supérieure de la rue d'Ulm, ou à l'École normale supérieure de Sèvres (jeunes filles) ». ♦ **dérivé.** *khâgneux, -euse.*

CAHIER DE BROUILLON(S) orth. Plutôt sans *s.*

CAHIN-CAHA emploi. Adverbe vieilli : *aller cahin-caha,* « plus ou moins bien ».

CAHOT et **CHAOS sens.** On ne confondra pas **cahot**, qui désigne la secousse imprimée à un véhicule roulant sur une voie en mauvais état, semée de trous : *Dans une rue voisine, un charreton devait passer, puisque Carlo entendait les cahots de roues sur les pavés* (Gallo) et d'où sont dérivés les adj. **cahotant**, « qui cahote », et **cahoteux**, plus rare, « qui fait cahoter », avec **chaos**, terme d'origine grecque, « confusion préludant à la création du monde », pris le plus souvent au fig., et ayant pour adj. **chaotique**.

CAHUTE orth. Avec un *h* et un seul *t.* Mais Robert préférerait *cahutte,* avec deux *t* (même famille que *hutte*). ♦ **sens.** « Petite maison d'aspect et de confort médiocres. »

CAILLEBOTIS orth. On rencontre aussi *caillebottis* avec deux *t.* ♦ **sens.** « Assemblage de lattes ou de rondins souvent utilisé sur les chantiers. »

CAILLOU forme. Plur. *des cailloux.* → BIJOU.

CAÏMAN emploi et sens. On se gardera de confondre ce mot avec **crocodile**. *Caïman* ne désigne qu'une variété de crocodile, comme le *gavial* ou l'*alligator.*

-CAIRE orth. Ce suffixe se rencontre en général dans les noms de métiers *(bibliothécaire),* mais on trouve parfois l'orthographe **-quaire** : *antiquaire, disquaire.* Voir aussi, avec une autre valeur, *reliquaire, moustiquaire.* Mais *bancaire* prend un *c.*

CAL forme. Plur. *des cals.* ♦ **sens.** « Désigne aussi bien un durcissement de l'épiderme que la formation osseuse qui réunit les deux fragments d'un os brisé. » *Vas-y, colle-toi des cals* (Sarrazin).

CALAMAR ou **CALMAR forme et sens.** Ces deux formes sont également acceptables, pour désigner un « mollusque comestible voisin de la seiche ».

CALAMISTRER emploi et sens. « Friser ou onduler les cheveux à l'aide d'un fer. » Emploi vieilli, sauf au participe passé-adj. : *Elle descendait le boulevard au côté d'un grand garçon calamistré qui portait des lunettes* (Sartre). *Labartète avait les cheveux noirs et calamistrés - il se faisait un 'cran', la mèche* *roulée en arrière et en hauteur* (Labro). On croit souvent, à tort, que des **cheveux calamistrés** sont lisses et aplatis par un fixateur (ou cosmétique).

CALENDES emploi et sens. Se trouve dans l'expression complète : **renvoyer aux calendes grecques**, le plus souvent abrégée en *renvoyer aux calendes.* A le sens d'« ajourner à une date imaginaire », les Grecs n'ayant pas de calendes dans leur calendrier. (Les *calendes* sont le premier jour du mois dans le calendrier romain.)

CALE-PIED forme. Plur. *des cale-pieds.*

CALEPIN orth. Ne pas omettre le *e* intermédiaire.

CALETER orth. Ce verbe pop. (au sens de « s'enfuir ») s'écrit avec ou sans *e* : *caleter* ou *calter.*

CALIFE forme. A supplanté *khalife.* On écrira de même *califat, califal*, plutôt que *khalifat, khalifal.*

CALIFOURCHON (À) orth. Pas de *s*, à la différence de *à croupetons, à tâtons* : [*Des*] *orgies de cerises et de guignes mangées à même l'arbre, assis à califourchon sur la branche principale* (Labro).

CÂLIN sens. Adj.-nom synonyme de *caressant* et *caresse.* ♦ **orth.** Un accent circonflexe ainsi que sur *câliner, câlinerie, câlinement.*

CALL-GIRL orth. Plur. *des call-girls* : *Il y a aussi le bar à call-girls dans* Black Rain (Barbery).

CALMIR emploi. Verbe intransitif utilisé par les marins au sens de « devenir calme », en parlant de la mer. Ne pas prendre certaines formes de ce verbe pour des barbarismes ou des déformations de **calmer.** ♦ **Dérivé.** *accalmie.*

CALOTIN orth. Un seul *t*, en face de *calotte* et ses dérivés (deux *t*).

CALOTTE sens. « Coup donné sur la tête », tend à être remplacé par **gifle**, « coup donné du plat de la main sur la joue », ou par **claque**, « coup donné du plat de la main sur n'importe quelle partie du corps ». Le seul verbe dérivé qui soit admis par le bon usage est **gifler.** Les deux autres, **calotter**, et surtout **claquer**, sont fam.

CALQUE ou **DÉCALQUE emploi.** Ces deux mots sont souvent confondus dans l'usage courant. En principe, la première opération est celle du **calque** : on copie par transparence les contours d'un dessin, puis par le **décalque** on reporte cette copie sur un autre support. Mais cette distinction n'est pas toujours possible, notamment à l'époque du papier carbone, qui permettait de faire les deux opérations en une seule fois. En outre, la pratique intensive de la photocopie, dans notre société, a périmé ces termes. On notera que seul **calquer** peut s'employer avec une valeur fig., au sens de « copier étroitement », dans de nombreux domaines : *calquer sa conduite sur celle de quelqu'un d'autre. Il calquait tous mes gestes.*

CALVADOS sens. Désigne, par extension, toute eau-de-vie de cidre. ♦ **forme.** Sans majuscule, mais on écrira : *l'eau-de-vie du Calvados.* On abrège familièrement en *calva.*

CAMAÏEU sens. En peinture, il s'agit d'un « tableau peint d'une seule couleur, avec des tons différents ». On dit aussi : *peinture ton sur ton.* En orfèvrerie, un **camaïeu** est une « pierre fine taillée comportant deux couches de même couleur avec des tons différents ». Même famille que **camée** (→ ce mot).

CAMAIL forme. Plur. *des camails.* ♦ **sens.** Synonyme de **domino**, courte pèlerine à capuchon que portent certains ecclésiastiques : *Un prêtre en robe blanche, au camail de soie blanche (brodé d'or aussi)* (Simon) ; par extension, pèlerine de femme : *Elle jeta son camail sur ses épaules, à cause du froid* (Guilloux).

CAMARD sens. Adj. signifiant « plat, écrasé », appliqué exclusivement au nez. Synonyme de **camus**. *La camarde* était « la mort », dans le langage fig. ancien.

CAMÉE genre. Masc. *un camée.* ♦ **sens.** « Pierre fine sculptée en relief » : *Tous les camées / Tous les émaux / Il les fit pendre à tes rameaux* (Brassens). → CAMAÏEU.

CAMÉLIA orth. Un seul *l*, bien que l'étymologie demande l'orthographe *camellia.*

CAMELOTE orth. Un seul *t.* ♦ **sens.** « Objet de qualité médiocre » : *Il venait de s'apercevoir d'une chose inouïe : les bracelets d'or n'étaient que de la vulgaire camelote* (Cossery).

CAMERAMAN forme. Plur. *des cameramans* ou *cameramen.* ♦ **emploi.** Ce mot, qui désigne l'opérateur de prise de vues, au cinéma, peut être remplacé par **cadreur**, plus bref (arrêté ministériel du 24 janvier 1983).

CAMÉRIÈRE ou **CAMÉRISTE emploi et sens.** **Camérière** désigne une femme de chambre, **camériste** une dame d'honneur espagnole ; mais ce mot s'emploie aussi pour une femme de chambre dans un registre fam.

CAMP VOLANT emploi et sens. Cette expression d'origine militaire a beaucoup vieilli. Elle se rencontre le plus souvent au pluriel, avec le sens de « campement provisoire, installation momentanée » : *Les bagnards avaient l'avantage d'être sans femme tandis que les enrôlés avaient les leurs qui les suivaient installées en camps volants, à l'arrière des chantiers* (Duras). Enfin, la langue pop. prend parfois **camps volants** au sens de « romanichels », par extension.

CAMPING sens. « Action de camper, pratique sportive » : *du matériel de camping, partir en camping.* On dit ou écrit couramment *un camping* pour *un terrain de camping.* Pour remplacer cet anglicisme, on a proposé diverses solutions, dont aucune, jusqu'à présent, ne s'est imposée. ♦ **dérivé.** Le mot **camping-car**, qui désigne un « véhicule automobile aménagé en caravane », est passé dans la langue, pour traduire le *mobil-home* ou le *motor-home* des Anglo-Saxons : *Un autre paysage se filigranait derrière le pare-brise du camping-car* (Garnier). La recommandation officielle, peu suivie jusqu'à présent, est *auto-caravane* (arrêté ministériel du 17 mars 1982).

CAMPOS prononc. [kɑ̃po] dans la locution verbale familière : *donner campos, avoir campos.* ♦ **emploi et sens.** Ce tour classique tombe en désuétude, en partie en raison de la concurrence que se font *campos* et *campus*, ce dernier terme étant aujourd'hui très répandu. On dira plus simplement **donner congé**, qui a exactement le même sens. → CAMPUS.

CAMPUS sens. Ce mot désignant un « domaine universitaire aménagé en parc, en général en dehors de la ville proprement dite », est passé dans notre langue très facilement, sa forme et son origine latine faisant sans doute oublier à beaucoup qu'il s'agit là d'un américanisme : *Grégory s'habilla ensuite pour aller à l'université. La plupart des professeurs, écolos vieillissants, se rendaient sur le campus à bicyclette* (Godbout). On devrait éviter le tour pléonastique : *campus universitaire*, et dire, au choix, *campus* ou *domaine universitaire.*

CAMUS → CAMARD.

CANAILLE emploi. Au propre, substantif fém. : *une canaille.* Employé comme adj., **canaille** peut prendre la marque du pluriel : *C'étaient des tapettes d'occasion, de petits rustres mal dégrossis, brutaux et canailles* (Sartre). *On l'imagine, Berthe, entonnant ses rumbas langoureuses et ses javas canailles* (Jourde). → ADJ.

CANAL orth. Plur. *des canaux.*

CANAPÉ emploi et sens. Dans le lexique culinaire, toujours au pluriel dans **pigeons sur canapés**, c'est-à-dire « disposés sur une tranche de pain ».
□ **canapé-lit. orth.** Plur. *des canapés-lits.*

CANAQUE → KANAK.

CANARD orth. On écrit avec un seul *n* : *une cane, un caneton*, pour désigner la femelle et le petit du **canard**. → CANE. ♦ **sens spéciaux 1)** « Fausse note ». **2)** « Fausse nouvelle », puis « journal de peu de valeur », et enfin « journal » dans le registre fam.

CANARDER emploi et sens. Ce verbe fam. n'est pas un simple synonyme de **tirer**, mais implique que le tireur est à l'abri, comme dans la chasse au canard.

CANCÉROGÈNE ou **CANCÉRIGÈNE forme.** Il serait plus correct d'employer la première forme, que recommande en vain l'Académie des sciences : *Un antidiabétique accusé d'être cancérogène* (*Le Monde*, 10/06/2011). Dans sa 9e édition, le *Dictionnaire de l'Académie* admet les deux formes, indifféremment. Mais le vocabulaire scientifique a adopté **cancérologie, cancérologue, cancérophobie**, etc.

CANE orth. Un seul *n*, pour la « femelle du canard ». De même pour *caneton, Canebière, canepetière, caner* « avoir peur » (ne pas confondre avec *canner*), *caneter, canette* (petite cane), *canette (de bière), canevas, canule.* Mais **canne** (à pêche, à sucre, pour marcher...).

CANGUE sens. « Carcan chinois dans lequel on enserrait les poignets et le cou du condamné. » Ne pas confondre avec **gangue**, « substance ou enveloppe naturelle entourant un minerai ou une pierre précieuse ».

CANIN emploi. Surtout comme adj. substantivé au fém. : *une canine*, pour désigner la dent. En ce sens l'emploi adjectival est rare : *Il ne put empêcher qu'un léger rictus montrât ses dents canines* (Kessel). Presque inusité au masc. On trouve cependant : *un aspect canin*, et en médecine : *le ris canin, le muscle canin.*

CANITIE sens. « État des cheveux qui deviennent blancs, décoloration naturelle des cheveux. » Ne pas confondre avec **calvitie**, « perte des cheveux ».

CANNÉ sens. Se dit d'un siège « garni de lanières de jonc, de canne ou de rotin entrelacées ». Ne pas confondre avec **paillé**, « garni de paille tressée », ni avec **cannelé**, « qui se dit d'un meuble, ou d'une partie d'un meuble, d'une colonne, etc., comportant des cannelures, ou rainures longitudinales ». Le substantif correspondant à **canné** est **cannage**.

CANNELLE ou **CANNETTE sens. Cannelle** : « Petit tube ou robinet en bois qu'on adapte à un tonneau, à une cuve, etc. » On rencontre aussi **canule** avec un sens voisin, dans des emplois médicaux ou chirurgicaux. **Canette** ou **cannette** désigne (à l'exclusion de **cannelle**) la « bobine recevant le fil de trame, qui se trouve dans la navette d'une machine à coudre ou d'un métier à tisser ».

CANNELLONI orth. Deux *n* et deux *l*. Robert prône le *s* final au pluriel. ♦ **emploi.** Presque toujours au pluriel, conformément à son origine (pluriel italien, comme *macaroni*, etc.).

CANNIBALE emploi et sens. S'emploie aussi bien pour les hommes que pour les animaux. **Anthropophage** ne s'applique qu'à des « hommes mangeurs d'hommes ». Dans une acception subjective et concernant des hommes, *cannibale* ajoute à *anthropophage* une idée de cruauté.

CANOË orth. Un tréma, mais pas d'accent aigu, à la différence du dérivé **canoéiste** (1949). ♦ **emploi.** Cette forme anglaise double **canot**, mais désigne seulement une « sorte de canot qu'on utilise pour la descente des rivières au cours rapide ».

CANON orth. Au sens de « loi ecclésiastique », a donné des dérivés qui s'écrivent avec un seul *n* : *canonique, canoniser.* Au sens d'« arme », les dérivés prennent deux *n* : *canonner, canonnade, canonnière.* ♦ **emploi. Canon** ne devient adj. que dans la locution **droit canon** et aujourd'hui, dans le langage « branché », avec une valeur emphatique : *Une fille canon* (c.-à-d. « superbe, magnifique »).

CAÑON ou **CANYON prononc.** [kaɲõ] ou [kaɲɔn].

CANONIQUE (ÂGE) sens. Dans un registre fam., « âge assez avancé pour ne plus inspirer de sentiments amoureux ». À l'origine, c'est l'âge de quarante ans, minimum requis pour être la servante d'un ecclésiastique.

CANONISER sens. « Inscrire au nombre des saints », différent de **béatifier**, qui marque une étape antérieure, celle du *bienheureux* ou de la *bienheureuse*, à qui est rendu un culte restreint, tandis que le *saint* ou la *sainte* est honoré(e) par un culte public. Ne pas confondre, bien entendu, avec **canonner**.

CANTATRICE et **CHANTEUSE emploi.** Le premier substantif n'est pas directement le fém. du substantif *chanteur*, mais un emprunt à l'italien, qui a quelque chose de plus « noble » que *chanteuse* et s'applique uniquement à des femmes chantant des airs de « grande musique » ou d'opéra, et devenues célèbres. **Cantatrice** renvoie à *chant* tandis que **chanteuse** est plus proche de *chanson* : *Maria Callas fut une grande cantatrice, Juliette est une chanteuse pop.* Mais devant un complément, on trouve toujours *chanteuse* : *chanteuse d'opéra.* Les deux mots ont le même correspondant masc. : *chanteur*, quelle que soit la nature des chants.

CANTHARIDE orth. Un *h* après le *t.* ♦ **sens.** Ce nom fém. désigne soit un insecte coléoptère, soit le principe vésicant qu'on en extrait et auquel sont attribuées des propriétés aphrodisiaques (dans ce dernier sens, on dit aussi *cantharidine*).

CANTILÈNE sens. « Chant profane simple », d'où fréquemment « chant monotone ». Ne pas confondre avec **cantique**.

CANTON orth. Les dérivés prennent tantôt un *n* : *cantonade, cantonal (les élections cantonales)*, tantôt deux : *cantonnement, cantonner, cantonnier.*

CANTONADE orth. Un seul *n.* ♦ **emploi.** Dans la locution **parler à la cantonade**, « en paraissant ne s'adresser à personne de précis ».

CANULE orth. Un seul *n* et un seul *l.* ⟶ CANNELLE.

CANZONE forme. Ce substantif fém., emprunté à l'italien, fait au pluriel **canzones**, à la française, ou **canzoni**, comme dans sa langue d'origine. ♦ **sens.** « Petit poème lyrique italien, divisé en stances égales, sauf la dernière, qui peut être plus courte. » Ne pas traduire par *chanson.*

CAP (DE PIED EN) orth. Pas de *e* à *cap*, qui signifie ici « tête ». ♦ **sens.** « Des pieds à la tête », en général à propos de l'habillement ou de l'équipement.

CAPABLE emploi et sens. Valeur active et dynamique, tandis que **susceptible** est de valeur plutôt passive. Mais ces deux adj. sont fréquemment employés l'un à la place de l'autre par les meilleurs écrivains et recouvrent l'ambiguïté du verbe *pouvoir.* Une bonne distinction est fournie par le *Petit Robert* : **capable** désigne une « capacité permanente et reconnue », alors que **susceptible** évoque une « possibilité de pratique occasionnelle » : *Quant à ne pas comprendre comment il avait pu, plusieurs jours plus tard, avoir une défaillance, aucun de ceux qui étaient allés bombarder la Ruhr n'en était capable* (J. Roy). *C'est justement pour ne penser à rien que je pars. Et je t'assure que j'en suis très capable* (Sagan). *Cornebille était sorcier et fort capable de jeter à la marquise un mauvais sort* (Boylesve). Mais : *Les officiers de marine qui venaient en escale, eux, étaient susceptibles de faire des folies* (Duras). On évitera les emplois abusifs du genre : *Il est capable de ne pas venir à son rendez-vous*, l'adj. *capable* ne pouvant en principe concerner que des actions méritoires ou au moins difficiles ou délicates. Mais l'emploi absolu, au sens de « compétent, important », est correct : *Jusqu'à ce qu'une forte commère, d'un ton capable et s'avançant d'un pas, répondît...* (Hériat). ⟶ SUSCEPTIBLE.

CAPACITÉ construction. Alors que l'adj. **capable** se construit toujours avec la préposition **de**, les substantifs **capacité** et **incapacité**, sous l'influence probable d'**aptitude (à)**, peuvent être suivis à peu près indifféremment des prépositions **à** ou **de** : *Les huîtres, comme chacun sait, ont une capacité notoire à pratiquer l'autodéfense contre les prédateurs humains* (P. Georges, *Le Monde*, 08/09/95). *Dans toute démocratie moderne, la confiance accordée aux services dépend de la capacité des autorités politiques à contrôler leurs activités* (P. de Bousquet, directeur de la DST, *Le Monde*, 25/05/2007). *Cette réticence face à toute classification, je la vois à l'œuvre partout* [...] *dans mon incapacité voulue de répertorier les livres, les miens inclus, selon leur « genre » : essai, récit, roman* (Pontalis). *Il y a tant d'humanité dans cette capacité à aimer les arbres* (Barbery). On évitera le lourd pléonasme du genre **capacité** (ou **capable**) de **pouvoir** + infinitif.

CAPARAÇONNER emploi et sens. Le **caparaçon** est un « harnais ouvragé ou une armure qui entoure le cheval pour le tournoi ou la parade », au Moyen Âge. Il faut se garder de fabriquer un *carapaçonné* sous l'influence du mot **carapace**, dont le sens n'est d'ailleurs pas sans parenté avec *caparaçon* : *On fait entrer la mule. Elle est tout empanachée et caparaçonnée de drap d'argent* (Claudel). *La Hire surgit soudain de la foule, énorme, caparaçonné de fer* (Anouilh).

CAPHARNAÜM → CARAVANSÉRAIL.

CAPILLAIRE prononc. Il est inutile, et même prétentieux, de prononcer un double *l*. On dira simplement [kapilɛr], et, pour le dérivé **capillarité** : [kapilarite].

CAPILLICULTEUR emploi. Appellation assez ridicule (étymologiquement : « Qui entretient les cheveux. ») que l'on a vu fleurir à la devanture de certains salons de coiffure – pardon, de **capilliculture** ! – dans les années 60, et qui n'ajoutait rien au terme ni au métier de **coiffeur**.

CAPILOTADE sens. Ce mot d'origine espagnole désigne une sorte de ragoût aux câpres. Souvent au fig. : **réduire en capilotade**, c'est-à-dire « en miettes, en piteux état ».

CAPITEUX sens. « Qui monte à la tête, qui excite les sens », le plus souvent se rapportant à un parfum, à une liqueur ou une femme : *un vin capiteux. La catégorie des illusions dues aux vapeurs capiteuses* (Valéry). Ne pas confondre avec **captieux** (→ ce mot).

CAPORAL orth. Plur. *des caporaux*. On écrit : *un caporal-chef (des caporaux-chefs)* et, avec majuscule, *le Petit Caporal* (= Napoléon Ier).

CAPOT emploi et sens. À certains jeux de cartes, on emploie **capot** comme adj. invar. : *Vous êtes capot, Madame*, ou plus rarement comme un substantif : *faire un capot*. Ce terme signifie que le joueur dont il s'agit n'a fait aucune levée.

CAPOTER emploi. Ce verbe, qui signifie au propre « chavirer, être renversé », en parlant d'une automobile, est volontiers employé au fig. par les journalistes : *faire capoter une négociation*. Cet emploi imagé ne doit pas faire oublier l'existence du verbe **échouer**.

CÂPRE sens. « Bouton floral du câprier. » ♦ **orth.** Un accent circonflexe, à la différence de *caprice, capricorne, caprin*...

CAPRICCIO orth. Un *p* et deux *c*. ♦ **prononc.** À l'italienne [kapritʃjɔ] ou à la française [kaprisjo].

CAPTER ou **CAPTURER emploi et sens.** On hésite parfois sur les sens respectifs de ces deux verbes. Le premier ne peut avoir comme complément d'objet direct qu'un non-animé, et désigne l'action d'« attirer ou faire venir à soi, sans violence » : *Capter l'attention d'un auditoire, capter l'eau d'une source*. Les emplois fig. sont nombreux : *Les ondes courtes sont ainsi. On les capte là, mais ici on demeure sourd* (Saint-Exupéry). *Dans l'archipel, nous avons capté mille signaux de temples à astres, d'arbres à maisons, d'animaux à hommes* (Giraudoux). L'emploi suivant est discutable : *Il refermait son poing dans l'eau comme pour y capter un mystérieux poisson* (Sagan). Le verbe **capturer** fait référence à un être, avec l'idée d'emprisonnement : *Napoléon avait déjà capturé l'une des deux bêtes au lasso* (Constantin-Weyer). *Or, si le stratagème échouait, il était piteusement capturé* (Ikor). Ce verbe indique toujours une action violente, difficile, rapide. On notera que **capture** correspond à **capturer**. **Captage**, dérivé de **capter**, est surtout technique et s'emploie dans le lexique de la radio-électricité ou de la géographie. Enfin, **captation** appartient au vocabulaire du droit et ne se rencontre guère que dans la locution **captation d'héritage**.

CAPTEUR emploi et sens. Ce mot est recommandé officiellement (arrêté du 12 janvier 1973) à la place de *senseur*, pour traduire l'anglais *sensor*, « détecteur placé à la source du phénomène étudié ».

CAPTIEUX sens. « Qui, sous un air de vérité, induit en erreur. » Ne se dit que des raisonnements, des discours. Très proche, mais à distinguer de **fallacieux** (« destiné à tromper » : *un titre fallacieux*) et de **spécieux** (« qui est sans fondement sous une apparence de réalité » : *une question spécieuse*). Ne pas confondre avec **capiteux** (→ ce mot).

CAQUETER conjug. Comme *jeter*, d'après Larousse, mais Littré indiquait les deux possibilités orthographiques devant un *e* muet : *-ette-* et *-ète-* et Apollinaire a écrit : *Les poules dans la cour caquètent* (peut-être pour la rime « visuelle » avec *conquête*). ♦ **dérivés.** On dit *caquet, caquetage*, ou plus rarement *caquètement*.

CAR emploi et sens. Cette conjonction de coordination a une valeur causale moins appuyée et plus discrète que la conjonction de subordination **parce que**. Elle énonce une constatation, une explication, bien plus qu'elle ne donne la cause proprement dite de ce qui précède : *La jeune femme revint avec un plateau. Car le navigateur remarquait enfin que c'était une jeune femme* (J. Roy). *Je ne leur ai pas donné la pensée, car je suis un Dieu bon* (France). *Je ne me tairai point, ni aujourd'hui ni demain, quoi qu'il puisse m'en coûter et vous en déplaire ! Car je souffre trop pour ne pas vous le dire* (Champion). On remarque l'autonomie syntaxique de **car**, plus grande que celle de **parce que**. En revanche, dans les phrases où **car** et **parce que** sont interchangeables, la place de **car** est nécessairement entre deux propositions, tandis que **parce que** est plus mobile : *J'étais rompu à ce genre de travail, car jusqu'au jour de mon arrestation je n'avais pas cessé de donner des leçons de latin et de français pour augmenter mes revenus* (Aymé), en face de : *Parce qu'il m'aimait, il m'aurait voulu beaucoup plus que ce que je suis* (P. Jardin). (Cette dernière phrase ne peut commencer par *car il...*). **Car** se met en tête de la coordonnée qu'il introduit, et après la proposition qu'il est censé expliquer. Mais cette coordonnée peut s'intercaler entre deux mots de la principale : *Mais l'officier de cavalerie (car c'en était un) fit un changement de main et disparut* (Montherlant).

□ **car en effet.** Tournure pléonastique très répandue, et qui n'est pas à recommander, sauf si *en effet* a son sens propre de « effectivement, en réalité ».

□ **car**, repris par « **... et que** » : *Des images que je ne peux décrire, car elles sont noyées dans le vague, et que je ne hais rien tant que l'imprécis* (Artaud). Cette reprise, quoique condamnée par les puristes, est assez naturelle (mais le deuxième **que**, ici, n'est pas vraiment utile).

CARACOLER orth. Un seul *l*.

CARACTÉRIEL sens. Outre le sens purement descriptif, « qui se rapporte au caractère », cet adj.-nom a, pour les psychologues, une acception particulière : « Qui est atteint de troubles du caractère (dépression, instabilité, mythomanie, etc.) » : *un enfant caractériel. Le monde de l'art moderne l'avait éjecté de ses sphères, et s'était peut-être privé d'un de ces redoutables caractériels dont il a toujours raffolé* (Dubois).

CARACUL sens. « Variété de mouton de l'Asie centrale », plus connue en France sous le nom d'**astrakan** (→ ce mot), qui désigne aussi bien l'animal que sa fourrure.

CARAFE orth. Un seul *f*, ainsi que dans *carafon*.

CARAMBOUILLAGE ou **CARAMBOUILLE genre.** La première forme est masc., la seconde fém. ♦ **sens.** Définition de l'Académie (1958) : « Escroquerie consistant à se faire remettre une marchandise et à la revendre sans jamais la payer » : *Personne ne voulait de ses traites. Le vin qu'il avait pris à crédit, il l'avait revendu (« carambouillage », murmura Fiersi avec indifférence)* (Kessel). L'Académie accepte le verbe **carambouiller**.

CARAPACE emploi. Ne forme ni adj. ni verbe. On dira **cuirasser, cuirassé**. Ne pas confondre, pour la construction, avec **caparaçon**. → CAPARAÇONNER.

CARAPATER (SE) orth. Un seul *t*, à la différence de *patte*. ♦ **emploi et sens.** Verbe pronominal très fam., synonyme de **se sauver**.

CARAVANING emploi et sens. Cet anglicisme pourrait facilement être remplacé par **caravanage**, au sens de « pratique touristique consistant à voyager en caravane » (recommandation officielle du 17 mars 1982). Quant à **caravane** et **caravanier**, ces deux mots ne posent pas de problème. → CAMPING.

CARAVANSÉRAIL sens. « Auberge, hôtel où les caravanes font halte. » Au fig., « lieu fréquenté par beaucoup d'étrangers » : *Un improbable caravansérail de comédiens aux nationalités sans rapport avec les personnages qu'ils sont censés interpréter* (J.-M. Frodon, *Le Monde*, 23/01/1993). Ne pas confondre avec **capharnaüm**, qui signifie « endroit plein de désordre » : *Alain sourit parce que sa mère disait toujours « caravansérail » pour « capharnaüm »* (Colette). Mais : *Dans la vaste maison, où tout un capharnaüm de la Compagnie des Indes dormait dans les pièces fermées de l'été* (Malraux).

CARBONISER orth. Un seul *n*, ainsi que les termes de même famille : *carbonifère, carbonique, carbonisation*, etc.

CARCINOME orth. Ce nom, qui désigne un certain type de tumeur cancéreuse, s'écrit sans accent circonflexe sur le *o*, malgré la prononciation [o]. Même remarque pour l'adj. dérivé **carcinomateux**.

CARDAN emploi. Terme technique : on dit *un cardan, un joint de cardan* ou *une transmission par cardan.*

CARDINAL emploi et sens. Adj. littéraire au sens de « principal, essentiel ».

CARDINALICE emploi. Adj. dérivé de *cardinal*, exclusivement réservé au domaine ecclésiastique : *la pourpre cardinalice.*

CARÊME orth. Majuscule à l'initiale, comme pour la plupart des fêtes religieuses. *Arriver comme mars en Carême* (« inéluctablement »).

CARÈNE orth. Accent grave, mais on écrit avec un accent aigu *carénage, caréner, caréné.* → AÉRODYNAMIQUE. ♦ **sens.** Ne se confond pas avec **coque** : la **carène** est la partie immergée de la coque : *Je voyais de tout près ses yeux verdâtres singuliers comme la carène des navires quand nous la voyons sous l'eau* (Montherlant).

CARESSE orth. Un seul *r*, ainsi que les formes dérivées.

CARI → CURRY.

CARIATIDE orth. On doit préférer à cette orthographe avec *-i-*, qui est celle de l'Académie, la forme **caryatide**, avec un *-y-*, plus conforme à l'étymon grec *(karuatis)*. ♦ **sens.** « Statue de femme soutenant en général une corniche. » Éviter d'employer ce mot pour désigner une statue d'homme, à laquelle convient mieux le nom d'**atlante** ou de **télamon** : *Cariatides d'antique chair, nous t'implorons* (Emmanuel).

CARMIN emploi. Adj. de couleur invar. (le dérivé *carminé* s'accorde) : *L'arc des sourcils fins souligné d'un trait gris foncé, lèvres carmin, elle peint ses ongles ovales* (Chaix). *Des robes carmin.* → COULEUR.

CARNASSIER ou **CARNIVORE emploi et sens.** Ces deux mots, assez proches par le sens, ne doivent pas s'employer l'un pour l'autre. Le premier désigne les animaux ne se nourrissant que de chair ; le second s'applique à l'homme, et aux animaux qui se nourrissent de chair entre autres aliments. **Carnassier** renvoie à un contexte plus sauvage et plus brutal, **carnivore** ne fait que constater une habitude qui n'est pas exclusive : *Ses grandes incisives de rongeur qui tondaient si bien les blés frais trésis n'étaient guère disposées pour la morsure savante des carnassiers* (Pergaud). La confusion est d'autant plus fréquente qu'en sciences de la vie les **carnivores** comprennent les **carnassiers**. Mais la distinction que l'on vient de faire demeure valable dans l'usage non technique. On ne parle que de *plantes carnivores* (*carnassières* est exclu). En revanche, *carnassier* peut s'employer au fig., ce qui n'est pas le cas de *carnivore* : *Ce petit carnassier trop jeune, que pouvait-il comprendre à son histoire ?* (Sagan).

CARNAVAL orth. Plur. *des carnavals.* → -AL. ♦ **emploi.** Parfois nom propre, quand il désigne le personnage grotesque du cortège : *brûler Carnaval.* Mais *le carnaval de Nice.*

CARNIVORE → CARNASSIER.

CARONADE orth. Un seul *r* et un seul *n.* ♦ **sens.** « Ancien canon court. » Ne pas confondre avec **canonnade**.

CAROTÈNE orth. Un seul *t,* bien que ce substantif fém. soit de la famille de *carotte.* ♦ **sens.** « Matière colorante que l'on trouve en particulier dans la carotte. »

CAROTTE emploi → COULEUR.

CARPELLE genre. Masc. *un carpelle* (terme de botanique).

CARRÉ orth. On écrit avec deux *r* : *carré, carrément, se carrer, carrure.* ♦ **emploi.** Avec des sens voisins, comparons le **carré**, « local faisant fonction de salle à manger ou de salon pour les officiers d'un navire », et la **carrée**, substantif fém. qui, dans le langage pop. et fam., désigne « toute espèce de pièce ou de chambre ».

CARREAU emploi et sens. La locution **se tenir à carreau**, encore très connue et utilisée dans la langue familière, vient des jeux de cartes, maint dicton attribuant un préjugé favorable à la série des carreaux. Le sens a du reste évolué en « se tenir sur ses gardes ». ♦ **dérivés.** *carrelage, carreleur, carrelet, carreauter.*

CARREFOUR et **CROISEMENT emploi.** **Carrefour** s'emploie pour désigner le lieu de rencontre de plusieurs voies de circulation. **Croisement** ne s'applique qu'à l'intersection de deux voies de circulation.

CARRELER conjug. Comme *appeler.* → APPENDICE GRAMMATICAL.

CARRER (SE) sens. Vieux verbe signifiant « s'installer confortablement, se mettre à l'aise sur un siège » : *Se carrer dans son fauteuil,* ou encore « prendre une attitude avantageuse ».

CARRIOLE orth. Tous les termes en *car-* ou en *char-* désignant des véhicules s'écrivent avec deux *r,* sauf **char** et **chariot**. → ces mots. *Un train lointain, des autos, des carrioles passent* (Némirovsky).

CARROSSE orth. → CARRIOLE.

CARROUSEL prononc. [karuzɛl]. ♦ **orth.** Deux *r.*

CARTE orth. Avec un trait d'union : *une carte-lettre, des cartes-lettres.*

CARTILAGE orth. Un seul *l,* ainsi que *cartilagineux.*

CARTON-PÂTE orth. Trait d'union : *Un décor en carton-pâte, un carton-pâte.* Plur. *des cartons-pâtes.*

CARTOUCHE genre. Varie selon le sens. Au masc., « ornement pictural, représentant une carte partiellement déroulée, qui porte un texte », ou encore « encadrement elliptique dans les inscriptions hiéroglyphiques » : *Ce sont les mêmes corolles, et presque le même cartouche. Il ne manque que l'inscription, en lettres contournées comme des lianes* (Romains). Au fém., ensemble comprenant le projectile (ou *balle*) et l'étui (ou *douille*) : *Tirer ses dernières cartouches.* D'où « étui, boîte » : *Il a rapporté de Londres une cartouche de cigarettes.*

CARYATIDE → CARIATIDE.

CAS constr. Faire cas de ne comporte pas l'article partitif, et il faut éviter de dire *faire du cas de*, bien qu'on dise régulièrement **faire beaucoup** ou **très peu de cas de** : *Maman fait peu de cas de ces cadeaux de papier. Elle préfère les choses concrètes* (Hoex).
□ **au cas où. emploi.** On emploie aujourd'hui cette locution conjointement avec **dans le cas où** : *Au cas où vous arriveriez trop tard…* (noter l'emploi de la forme conditionnelle). Il est fréquent, dans la langue familière, de constater la non-explicitation de l'éventualité : *Ils avaient encore leurs plaques et le chef de patrouille les a notés « au cas où », mais il ne se souvient plus* (Japrisot). *MM. Fillon, Juppé, Copé, Borloo : quatre recours, au cas où* (*Le Monde*, 31/03/2011). Les tours *en cas que* et *au cas que* ont beaucoup vieilli et sont en voie de disparition, excepté dans la langue littéraire : *Eugénie le recommandait à son père, au cas qu'il lui arrivât malheur* (Henriot). De même, on dit **pour le cas où** et non *pour le cas que* ou *pour en cas que. Je vous l'avais écrit seulement pour le cas où vous l'auriez ignoré* (Proust). → QUE (adverbe).
□ **en cas de. emploi.** Signifiait autrefois « en fait de, en matière de » : *En cas de chevaux vous pouvez vous en rapporter à lui* (Académie, 1817). De nos jours, ce tour n'a qu'une valeur hypothétique : *en cas de malheur*, « s'il survient un malheur ».
□ **en tout cas. emploi.** Toujours au singulier. En revanche on dit : **dans tous les cas, en tous les cas** : *Le lundi soir, ou le mardi, ou le mercredi même, au début de cette quatrième semaine en tous les cas* (Butor). → EN-CAS.

CAS SOCIAL emploi et sens. Ce groupe de mots est un représentant typique du « politiquement correct » et remplace le mot de **pauvre** dans le jargon administratif : *Des cas on en a eu dans le quartier, mais c'est la première fois qu'on entendait parler de cas sociaux* (Bourgon). On a dit jadis en ce sens **économiquement faible**.

CASCADEUR emploi. Le fém. est fam. et fig. : *Il y a une donzelle, une cascadeuse de la pire espèce qui a plus d'influence sur lui* (Proust).

CASÉINE orth. Ce mot et ses dérivés ne prennent pas de tréma sur le *i*.

CASH emploi. Cet anglicisme demeure d'un emploi assez fam., et l'on dira mieux **payer comptant** que **payer cash** (recommandation officielle du 18 février 1987). *Trois tickets de train Shanghaï-Pékin contre six cent soixante yuans cash* (Toussaint). On devrait, selon les mêmes consignes officielles, préférer le **payer prendre** au **cash and carry**. → COMPTANT.

CASHER forme. Ce mot hébreu, qui qualifie une nourriture préparée selon la Loi mosaïque, s'écrit parfois **kasher**. Il est invar. : *Il me faut, ajoute-t-elle, toujours timide, la garantie que la nourriture sera strictement casher* (Desarthe). *Une des dernières barricades de l'insurrection fut dressée rue Ramponneau, là où l'on vend aujourd'hui taliths, mezouzzas et autres bondieuseries casher* (Jonquet). → HALAL.

CASSE- forme. Les composés de **casse** sont invar., les uns au singulier, les autres au pluriel : *un* ou *des casse-cou, des casse-croûte, des casse-tête* ; *un* ou *des casse-noisettes, casse-pieds*, etc.
□ **casse-pipe.** Sans *s* : *Partez tout de suite au casse-pipe avec soixante-quinze chances sur cent d'être tué, ou alors, on vous supprime tout de suite comme déserteur* (Merle).

CASSER emploi. Ce verbe, beaucoup plus usité que ses synonymes **briser** et **rompre**, se rencontre dans de nombreux emplois fam. ; les écrivains eux-mêmes le reprennent souvent à leur compte : *Il faudra que je cherche si cet Urbain II s'est à peu près bien conduit, ou si c'est un de ces papes à tout casser qui épousent leur fille et empoisonnent leurs meilleurs amis* (Romains). **Casser sa pipe** (fam.) a été accepté par l'Académie en 1959.

CASSEROLE orth. Un seul *l*. ♦ **sens.** La locution fam. **traîner une** ou **des casseroles** est répandue au sens de « être poursuivi par un scandale, une malversation », etc.

CASSIS prononc. [kasis] quand il s'agit du fruit et de la liqueur, mais [kasi] pour le mot qui désigne une rigole transversale à une route. ♦ **emploi.** Ne pas confondre **cassis** avec **dos-d'âne**, « élévation transversale à la route rompant brutalement la régularité du sol ».

CASSOLETTE orth. Un seul *l* et deux *t*.

CASSONADE orth. Un seul *n*. ♦ **sens.** « Sucre raffiné une seule fois. »

CASTING emploi et sens. Ce mot anglais a tendance à être remplacé, dans les génériques de films, par son équivalent français **distribution des rôles** : *Son professeur lui dit qu'elle avait « un physique »* [...] *et lui conseilla de se présenter à des castings* (Nothomb). Le terme recommandé officiellement **distribution artistique** (arrêté du 24 janvier 1983) ou encore **audition**, est moins précis et plus ambivalent.

CASTRAT, CASTRER → CHÂTRER.

CASUEL emploi. Comme adj., au sens de « fortuit, accidentel », d'où **des charges casuelles**, « sujettes à révocation » : aujourd'hui désuet. Comme substantif, au sens de « revenu casuel d'une terre ou d'un bénéfice », sous l'Ancien Régime : *le casuel d'une cure.* Littré et Larousse signalent l'emploi de l'adj. au sens de « fragile » : Thomas a montré qu'il s'agit d'un emploi régional, à éviter dans la langue soutenue.

CASUS BELLI emploi. Nom invar. : *des casus belli.*

CATACHRÈSE sens. Vieux mot de la terminologie rhétorique : « Nous entendons par ce terme l'emploi d'un mot dans une combinaison de laquelle son sens étymologique paraîtrait l'exclure d'avance. » (Nyrop) Ainsi : *une quarantaine de dix jours, un bifteck de cheval.*

CATACLYSME sens. « Grand bouleversement » (à l'origine, « grande inondation, déluge ») : *Depuis les événements du Moyen Âge, nous n'avons pas vu à l'horizon un cataclysme comparable à celui qui nous menace* (Lamartine). Ce substantif est peu à peu devenu synonyme de **catastrophe**.

CATACOMBES forme. En 1959, l'Académie définit **catacombe**, au sens propre, comme « cimetière chrétien souterrain ». Mais dans l'usage, **catacombes** s'emploie surtout au pluriel.

CATAFALQUE sens. « Estrade décorée sur laquelle on place un cercueil » ou « décoration funèbre au-dessus d'un cercueil » : *Tandis que les croque-morts à moustaches noires dénudaient le corbillard au profit du catafalque, et portaient dans l'église une à une les couronnes enrubannées* (Morand). Voici un emploi fig. et extensif : *À gauche, le grand catafalque néogothique de l'Université avec son beffroi* (Butor). On ne confondra **catafalque** ni avec **cénotaphe**, « cercueil ne contenant pas de corps », ni avec **sarcophage**, « cercueil de pierre » : *Dans un sarcophage apparut un squelette décomposé couvert d'une épaisse masse de tissus* (Eydoux). *L'homme, grand et large d'épaules, se tenait debout dans son échoppe, comme une momie dans son sarcophage* (Cossery) ; ni avec le terme courant **cercueil** : *Après les autres, je lançai sur le cercueil sonore, au fond du trou, la pelletée de terre* (Hériat). Enfin, le substantif **tombeau** est assez rare aujourd'hui au sens propre, et paraît pompeux : *Allez, je veux rester seule avec les tombeaux* (A. de Noailles). *Un ivrogne hébété qui nous montre « le tombeau d'un ami »* (Alain). Mais les emplois fig. sont nombreux : *Aïe ! Liliane, tu sais bien que je suis le tombeau, le tombeau neutre et tu m'infliges ta confiance, là, comme on laisse retomber une dalle !* (Sarrazin). Les autres termes cités ci-dessus se prêtent moins bien que **tombeau** à ce genre de métaphores : *Couché raide et de travers, non parmi les coquillages d'huîtres de la séquestrée, mais dans un sarcophage de détritus d'âmes, de paysages, de tout ce qui ne put lui servir dans Balbec, Combray* (Cocteau).

CATALYSE sens. « Action par laquelle une substance rend possible une réaction chimique, par sa seule présence et sans s'altérer elle-même. » Ce mot technique et son dérivé **catalyseur** sont souvent déviés dans des emplois fig. approximatifs.

CATAPHOTE emploi. Ce substantif masc. vient de la marque déposée d'un type de **catadioptre**, « petit appareil réfléchissant la lumière des phares, à l'arrière des véhicules ».

CATARRHE emploi et sens. Ce vieux terme médical, qui désigne un « rhume chronique », ne doit pas être confondu avec **cathare**, nom équivalant à « albigeois », dans l'Histoire de France : *Cette idée absurde d'aller visiter les châteaux cathares venait de Sylvie* (Garnier).

CATASTROPHE emploi et sens. Le tour **en catastrophe**, au sens de « de manière précipitée, hâtive et improvisée », est du registre fam. : *Point trop ravie de voir déferler en catastrophe sur sa vie, son jardin, ses chats et ses habitudes cette bande d'exilés peu recommandables* (Chaix). *L'heure du départ est là. On monte en catastrophe et le convoi s'ébranle* (P. Jardin).

□ **film** ou **scénario catastrophe. forme.** Ces deux composés ne prennent pas de trait d'union et le second élément reste invar. au pluriel : *Les scénarios catastrophe dont je suis l'héroïne m'aident à conquérir les centimètres de banalité qu'il me faut parcourir chaque jour* (Desarthe).

CATASTROPHÉ emploi. Uniquement fam. : *prendre un air catastrophé.* Ce part.-adj. n'a pu faire passer dans la langue standard le verbe *catastropher*, au sens de « bouleverser » : *Je suis catastrophée* (Salacrou). Ne pas confondre avec **catastrophique**, « qui tient de la catastrophe » : *des inondations catastrophiques.*

CATÉCHUMÈNE prononc. [katekymɛn] et non [-ʃy-]. ♦ **sens.** « Sujet que l'on instruit dans la foi chrétienne, avant de le baptiser. » Ne pas confondre avec **catéchiste**, qu'on trouve dans **dame catéchiste**, « personne qui enseigne le catéchisme » : *Deux cents catéchumènes adultes, hommes et femmes, qui recevront le baptême à la fin du carême* (*Le Monde*).

CATÉNAIRE genre. Fém. *une caténaire.*

CATGUT sens. « Lien employé en chirurgie. »

CATHARE → CATARRHE.

CATHÉDRALE orth. et emploi. Quand ce mot est employé comme adj., au sens de « translucide et de surface irrégulière », il reste invar. : *Les vitres cathédrale filtrent une lumière mauve dans les yeux de Dolorès* (Schreiber).

CATIMINI (EN) forme et sens. Se garder de déformer cette locution, issue du grec et signifiant « en cachette, de façon très discrète ».

CATTLEYA orth. Ce mot prend un ou deux *t* : *un cat(t)leya.* ♦ **sens.** « Type d'orchidée » : *Elle trouvait à tous ses bibelots chinois des formes « amusantes », et aussi aux orchidées, aux catleyas surtout, qui étaient, avec les chrysanthèmes, ses fleurs préférées, parce qu'ils avaient le grand mérite de ne pas ressembler à des fleurs, mais d'être en soie, en satin* (Proust). Mot masc.

CAUCHEMAR orth. Jamais de *d* final, malgré les dérivés. → le suivant.

CAUCHEMARDESQUE ou **CAUCHEMARDEUX emploi.** Les deux formes coexistent sans nette différence de sens, encore que la seconde soit la seule à pouvoir s'appliquer à l'être humain : *Je m'éveille, cauchemardeux, en larmes. Je sors de mon lit* (Labro). Peut-être **cauchemardesque** est-il légèrement plus fort : *Pourquoi avoir supporté tout cela ? Pourquoi ne pas avoir mis fin à cette association cauchemardesque ?* (Dubois).

CAUSANT emploi. Fam., correspond à **communicatif, loquace**, dans la langue soutenue : *Les voyageurs, causants et communicatifs dans une voiture tirée par des chevaux, deviennent silencieux lorsqu'ils se trouvent sur un chemin de fer* (Mérimée). *On peut s'attendre à tout lorsqu'on abrite soudain, dans une petite rue de banlieue causante, la famille d'un collabo en fuite* (Chaix).

CAUSE emploi. La locution **à cause que** n'est nullement incorrecte, comme on le croit parfois, mais seulement vieillie, et devient parodique : *Il a été arrêté avant-hier pour incivisme, à cause qu'il faisait jouer la Convention par Polichinelle* (France). *Il ne pensait jamais à ces choses, à cause qu'il était sain et équilibré d'esprit* (Barbusse). *Ça le gênait de ne pas pouvoir appeler Leurtillois Aurélien, à cause qu'il était Roger pour Simone* (Aragon). De même pour **être cause que** : *Peut-être que la négligence de Suzanne fut cause que sa mort survint un peu plus tôt qu'elle n'aurait dû* (Duras).
□ **et pour cause. emploi et sens.** Cette locution elliptique, qui ménage des sous-entendus, est familière, mais pleinement correcte : *La mère, et pour cause, ne reçut aucune réponse du cadastre, ni même de la banque* (Duras).

CAUSER constr. Ce verbe, du moins au sens de « converser », se construit à l'aide de la préposition **avec** (et non pas à) : *J'aurais aimé que vous causiez avec Casimir, pour vous rendre compte* (Gide). *Je m'arrêtais un instant rue de Médicis chez José Corti où parfois Gaston Bachelard causait avec le maître des lieux* (Pontalis). Néanmoins, **causer à quelqu'un** est répandu et a fini, de l'avis même d'André Gide, par s'imposer : *Écoute-moi un peu, Ferdinand !... Il est vraiment temps que je te cause* (Céline). *Il faudra d'abord en causer à mon père* (Vallejo). Littré a constaté l'ancienneté de cette construction, qu'il ne condamne pas formellement. Enfin, on dit couramment **parler avec quelqu'un**, alors que ce verbe se construit plutôt avec **à**. On est donc moins sévère pour la syntaxe de ce verbe que pour celle de **causer**, ce qui est quelque peu anormal. Le linguiste André Martinet écrit : « Une autre cible favorite des puristes a été la construction *causer à* pour *causer avec* ; *causer à* était naturellement formé sur l'analogie du presque synonyme *parler à* et il fallait une bonne dose de mauvaise foi pour arguer, comme je l'ai souvent entendu faire, qu'il y avait conflit avec les emplois transitifs du verbe, dans *causer un dommage à quelqu'un*, par exemple. » Le tour **on en cause**, bien que très correct, est généralement considéré comme pop. : *Je pense, Monsieur, que s'il y avait quelqu'un qui se cachait chez vous, depuis le temps qu'on en cause tous sur ce chemin, il a eu tout le temps de déguerpir* (Labro). L'emploi de **causer** sans complément est pop. : *Pourquoi tu voulais pas causer, hier ?* (Robbe-Grillet). *Elle a causé, elle a causé... un vrai cinéma ! - Elle n'a pas causé, elle a parlé ! Je te l'ai dit cent fois ! On ne cause pas tout seul, on cause « avec »...* (Triolet). *Tu causes, dit Laverdure, tu causes, c'est tout ce que tu sais faire* (Queneau).
□ **causer (le) français.** Ce tour est pop. C'est **parler** qu'on emploiera dans un registre standard. **Causer affaires, chiffons**, en revanche, est considéré comme correct, et du reste n'a pas exactement le même sens que **causer d'affaires**. L'absence de préposition exprime que le substantif représente le contenu même de la conversation, et non pas un sujet traité parmi d'autres.

CAUSSE genre. Masc. *un causse.* ♦ **sens.** « Plateau calcaire dans le sud de la France » : *La descente du causse fut plus périlleuse que je ne l'aurais cru* (Rouaud). Ne pas confondre avec **cosse.** ⟶ BALLE.

CAVALIER emploi. Désignant une femme qui monte à cheval, le fém. de **cavalier** est plus souvent **amazone** que **cavalière**, mais on garde aussi la forme masc. : *Cette femme est un excellent cavalier.* ♦ **orth.** On écrit avec un seul *l cavalerie, cavaler, cavale,* et avec un accent grave *cavalièrement.*

CAVE emploi. Ne pas confondre **cave** (dans le sens de « creux ») : *Les yeux de cet homme, caves, lointains, immobiles* (Kessel) et **hâve**, « maladif » : *Un visage hâve.* etc. On dit et on écrit *la veine cave* (pas de trait d'union).

CD-ROM emploi et sens. Sigle de l'anglais *compact disc read only memory*, « disque compact à mémoire morte (auquel on ne peut rien modifier) » ; ce mot désigne un « disque compact à grande capacité, qui enregistre aussi bien les sons et les images que les textes ». Cette invention peut être désignée en français sous l'étiquette **disque optique compact**, abrégée en **doc** (arrêté du 27 juin 1989). ⟶ COMPACT DISC.

CE forme. Pas de substitution de **cet** à **ce** devant *onzième, ululement, yacht, yankee, yaourt, yatagan, youyou. Ce onzième mois* (opposé à *cet automne*).
□ **c'est. emploi. Ce** s'emploie directement devant le verbe **être** : *C'était agréable de bavarder en regardant la rivière* (Dhôtel). *C'est sûr que c'est beau, dit niaisement Ferrer* (Échenoz). Dans ce type de phrase, **ce** appartient plutôt au registre fam. ; dans la langue soutenue, on rencontre généralement le pronom impersonnel **il** : *Il était agréable*... Quand l'attribut de **ce** est au pluriel, le verbe être s'accorde de façon très variable. Il reste le plus souvent au singulier dans la langue courante : *J'eus peur au début, mais ce fut là les premiers signes de ma délivrance* (Tahar Ben Jelloun). *L'éclairage chez moi, c'est deux néons sur le mur du fond* (Desarthe). Mais le pluriel n'est pas rare : *Ce n'étaient pas tant les trente lits, souvent vides, mais il y avait la consultation* (Aragon). *Et c'étaient dix kilomètres de descente aérienne, dans l'herbe seule* (Jourde). La séquence **c'est** a tendance à se figer : *Les mômes, pensa-t-il, c'est des petits voraces, tous leurs sens sont des bouches* (Sartre). On notera qu'en phrases négatives l'emploi du verbe au singulier semble plus naturel : *Et les malheurs de la France, pour toi, ce n'était que des récits de veillée* (Anouilh). *Non, ce n'était pas les livres qui l'intéressaient* (Mauriac). Les deux accords se trouvent réunis dans l'exemple suivant : *Ce n'était pas seulement mes yeux qui admiraient. C'étaient aussi les vôtres* (Dorgelès).
□ **c'est nous.** On ne peut mettre le verbe au pluriel quand l'attribut est **nous** ou **vous** : *Ce n'est pas nous, ce sont nos capitaines* (Hugo). À la troisième personne, *c'est eux* est beaucoup plus fréquent que *ce sont eux*, tour littéraire : *Je voudrais les éduquer. Mais je m'aperçois que ce sont eux qui m'éduquent* (Cocteau).
□ **c'est de ces gens que, c'est à eux que.** Devant un complément pluriel introduit par une préposition, **c'est** doit rester invar. C'est par fausse élégance, ou par négligence, que certains auteurs font l'accord : *Ce ne sont pas sur les gens modestes* [...] *mais sur les gens brillants que fait quelque effet le grand seigneur* (Proust). *Ce sont devant ces cendres sacrées que les âmes pieuses viendront se recueillir et s'associer par la prière à la vertu rédemptrice de cet énorme holocauste* (Claudel).
□ **c'en sont.** À éviter dans tous les cas, à cause du calembour, de même que les inversions suivantes, désagréables pour une oreille française : *sont-ce, furent-ce*, etc. : *Se construire, se connaître soi-même, sont-ce deux actes, ou non ?* (Valéry).
□ **si ce n'est** et **fût-ce. emploi.** Locutions figées, invar., indépendantes de ce qui suit. ⟶ ÊTRE.
□ **ce doit** ou **ce doivent être.** Avec la séquence *verbe auxiliaire de mode + verbe être*, l'accord est à peu près indifférent : *Ce doivent être des gens très pauvres* (Montherlant). *Ce pouvait être des gens de l'équipe Vorge* (Romains).
□ **ce, pronom. emploi.** Ne se rencontre que dans les expressions anciennes et figées : **et ce, sur ce, ce néanmoins**, etc. *Et le voilà qui recommence son histoire : « J'étais dans la cour derrière chez moi. » Sur ce, on lui offre une liqueur, qu'il accepte* (Alain-Fournier). *Ne suivais-je pas, ce faisant, des lois parfaitement naturelles ?* (Gide). *Ce disant, il tira son livret militaire* (Thérive). *J'ai, pour ce, mille raisons* (Duhamel). *Le conflit a marqué un tournant dans la photo de guerre* [...]. *Et ce au prix de nombreux morts parmi les photographes* (Le Monde, 07/09/2008).
□ **ce l'est. emploi.** Rare dans la langue parlée, et remplacé par d'autres tours, comme *c'est lui*, etc. Mais *ça l'est* est à éviter.
□ **ce n'est pas que... (ne). constr.** Toujours

avec le subj. → NON : *Paris convient mal à ce petit Parisien. Ce n'est pas qu'il s'y déplaise. Au contraire, il s'y amuse trop* (France). *Il la remarqua. Ce n'était point qu'elle cherchât à se faire remarquer* (Rolland).

□ **ce dont il s'agit, c'est de...** Le *de* est ici tout à fait inutile, puisqu'il est déjà contenu dans *dont.* → DONT.

□ **c'est-il que.** Toujours pop. On rencontre parfois l'orthographe *c'est-y* et *c'est-i* : *C'est-y que t'aurais peur, mon gars ?* (Anouilh). *C'est-i Dieu possible !* (Chevallier).

□ **ce que. emploi.** Tournure exclamative et familière. On ne dira pas, dans la langue soutenue : *Ce qu'il est gentil !* mais *Comme il est gentil !* (ou encore *que...* ou *combien...*). *Ce qu'il pouvait ressembler à son père avec ses oreilles écartées !* (Cesbron). *J'y croyais plus. Ce que c'est que la vie, quand même !...* (Garnier). L'emploi de **qu'est-ce que** en pareils tours est pop. et vieilli : *Elle qui méprise tant la littérature, qu'est-ce qu'elle était fière de voir son nom imprimé !* (Beauvoir).

□ **ce que** et **ce qui. emploi.** Dans l'interrogation indirecte : *Dis-moi ce qui ne va pas, ce que tu fais.* Ne pas dire, comme on l'entend très fréquemment : *Dis-moi qu'est-ce qui ne va pas, qu'est-ce que tu fais.* **Qu'est-ce qui** et **qu'est-ce que** sont réservés à l'interrogation directe.

□ **c'est à vous à** → À.

□ **c'est à vous que je parle. constr.** Il faut préférer ce tour à : *c'est vous à qui je parle* et surtout au tour redondant : *c'est à vous à qui je parle*, pourtant employé par les écrivains classiques.

CÉANS emploi et sens. Ancien adverbe de lieu, signifiant « ici dedans ». Il ne s'emploie plus guère qu'ironiquement ou dans la locution figée *le maître* (ou *la maîtresse*) *de céans* : *Eh bien, j'étais présent quand le maître de céans l'a reçu et quand il l'a cédé* (Camus). *Sa seigneurie ne peut recevoir Sir John : « Le comte madrigalise céans. »* (Léger).

CECI emploi. S'oppose en principe à **cela**. *Ceci* annonce ce qui va suivre (dans un texte) ou désigne ce qui est proche (dans l'espace) : *Dites-lui ceci de ma part : qu'il s'en aille au plus vite.* Cela renvoie à ce qui précède ou désigne un objet éloigné : *Tout cela descendait, montait comme une vague* (Baudelaire). *Jacqueline boudait un peu. Mais cela ne durait pas longtemps* (Rolland). *Cela lui plaisait que les balles eussent ce joli son de guêpe* (Dorgelès). La distinction n'est pas toujours observée, de même que pour **celui-ci** et **voici** (→ ce mot). **Ceci** comme **cela** peuvent du reste tous deux renvoyer à ce qui précède, dans un texte. Cette confusion affaiblit considérablement leur opposition du point de vue spatial. *Ceci* renvoie alors aux derniers mots ou à la dernière phrase, *cela* à ce qui est plus éloigné en remontant dans le texte.

□ **ceci dit. emploi.** Souvent réputé fautif, ce tour, employé au sens de **cela dit**, marque l'intention de renvoyer à des paroles qui viennent d'être prononcées : *Cela dit, délivré de ma liste, des quelques notes que j'ai prises, je n'écris pas pour autant une ligne* (Pontalis).

□ **ceci sont vos papiers. emploi.** Ce type de phrase, cependant correct, est à éviter absolument pour des raisons d'euphonie. → CE. On dira mieux et plus simplement : *Voici vos papiers.*

□ **ceci, suivi d'un qualificatif et d'une complétive en apposition. emploi.** Appartient à la langue soutenue, mais permet de souligner efficacement ce qui suit : *Le travail a ceci d'excellent qu'il amuse notre vanité* (France). *Le peuple arabe a ceci d'admirable que, son art, il le vit, il le chante...* (Gide). Même construction avec *cela* : *Ils ont cela de charmant qu'ils sont pauvres* (France). → ÇA, CELA, CELUI.

CÉDER conjug. → APPENDICE GRAMMATICAL.

CÈDRE orth. Accent grave. Mais on écrit *cédraie* et *cédrat.*

CEINDRE conjug. Comme *peindre.* → APPENDICE GRAMMATICAL. ♦ **emploi.** Tombe en désuétude, au profit de **entourer, enserrer**, de conjugaison plus régulière. On rencontre surtout l'infinitif et le participe **ceint, -e** : *S'il est ceint de quatre murs et qu'un plafond le protège, le sol est indistinct sous les déchets*

(Échenoz). *Jusqu'à un an environ, les enfants vivaient accrochés à leur mère, dans un sac de coton ceint au ventre et aux épaules* (Duras). Cette dernière construction n'est pas à recommander, et l'on dira plutôt : *Le ventre et les épaules ceints d'un sac de coton.*

CELA orth. Jamais d'accent grave sur le *a*. ♦ **emploi.** Beaucoup plus répandu que **ceci**, il se rencontre le plus souvent dans la langue courante sous la forme contractée **ça** (sans accent) : *Les supplices, j'ai ça en horreur* (Anouilh). Lorsque **cela** ou **ça** sont utilisés pour désigner des personnes, ils se chargent de diverses valeurs affectives : mépris, dégoût, tendresse, etc. → ÇA.

CÉLADON sens. Toujours dans *vert céladon*, « vert pâle ». → COULEUR.

CÉLÈBRE orth. Accent aigu et accent grave. Mais on écrit avec deux accents aigus : *célébrer, célébrant, célébration, célébrité,* etc.

CELER conjug. Comme *lever.* →APPENDICE GRAMMATICAL. ♦ **emploi.** Niveau de langue très soutenu, le verbe courant étant **cacher** : *Qui ne sait celer ne sait aimer* (Stendhal).

CELLULE emploi. À rapprocher pour l'orthographe : *cellulaire, cellulite, celluloïd, cellulose.*

CELTIQUE forme. À distinguer de **celte**, seule forme pour le substantif, désignant des individus : *Il y a des vues du pays de Galles, avec des azurs, menteurs comme des Celtes* (Morand). Pour l'adj., il est possible de dire *l'art celte* ou *l'art celtique.* → ASIATE.

CELUI emploi. L'usage, appuyé par de nombreux écrivains et grammairiens, permet aujourd'hui d'accepter la construction : ***celui* + préposition autre que *de***, ou ***celui* + participe** : *Il n'y a pas de plus grands crimes que ceux commis contre l'unité de la foi* (France). *Comme s'il n'y avait de vie que celle envoyée par les morts* (Montherlant). *Si le paysage véritable est inférieur à celui décrit par l'artiste* (Maurois). Dans ces exemples, on notera que le participe est suivi d'un complément prépositionnel qui « a pour effet de renforcer la valeur verbale du participe et de donner à la phrase l'équilibre que l'absence du verbe auxiliaire semble lui avoir enlevé » (Le Bidois). Mais avec un adj., le tour est suspect. On n'hésitera donc pas à admettre les phrases construites sur le modèle des suivantes : *Entre les heures passées aux ateliers et celles à la cave où il dormait* (Triolet). *La voiture, brillante de peinture neuve, ressemble exactement à celle apparue ce matin au même endroit* (Robbe-Grillet). *Il aime mieux les objets en bois que ceux en plastique. Non, je n'ai pas d'autres colis que ceux destinés à ton ami.* Bien entendu, on peut toujours préférer la tournure avec un pronom relatif.
□ **faire celui qui** → FAIRE.

CENDRE(S) emploi. Le singulier et le pluriel se rencontrent à peu près indifféremment dans le sens courant du mot : *Comme chaque soir, il ranimerait le feu couvant sous la cendre* (Peyré). *Flammèches et cendres pleuvaient sur les têtes nues et les bras en croix* (*id.*). Mais pour désigner les « restes funèbres d'une personne », la langue soutenue emploie le pluriel : *le retour des cendres (de Napoléon).* On écrit avec une majuscule *le mercredi des Cendres.*

CÉNOBITE sens. Ce nom désigne le moine qui vit en communauté, au contraire de l'**anachorète.** → ce mot.

CÉNOTAPHE sens. « Tombeau vide », à ne pas confondre avec **catafalque.** → ce mot : *Quelques décimètres de l'école communale au cénotaphe collectif ; dérisoire population de morts, une quinzaine, pour ce village qui compte un habitant* (Jourde).

CENSÉ emploi et sens. « Présumé ». Ne pas confondre avec **sensé** : *Une voix douce et musicale de femme, qui prononce les paroles les plus sensées* (Némirovsky). Devant un infinitif, on ne peut avoir que **censé** : *Nul n'est censé ignorer la loi. Un sac à ciment qui était censé contenir ses outils* (Van der Meersch). *Il ne remplit que trois dossiers sur la quinzaine dont il était censé venir à bout* (Jorif). *Dans le duo que j'employais, c'était Pedro Kantor qui était censé posséder ce savoir-faire* (Dubois).

Exemple fautif : « *L'exposé monotone de Vadim Filimonov, le président de la commission, n'a pas été suivi d'applaudissements. Pas plus que celui de Viktor Illioukhine, président de la commission de sécurité, sensé qualifier juridiquement les cinq accusations.* » (*Le Monde*, 1999). Cette erreur est très répandue.

CENT orth. Les multiples entiers de cent prennent un *s* : *deux cents, six cents, douze cents*, etc. Mais les multiples suivis d'un nombre restent invar. : *On a compté en Chine trois mille sept cent cinq vieillards centenaires* (Saumont) ; *deux cent quatre, six cent vingt, douze cent trente* (pas de trait d'union). On tend aujourd'hui à revenir à l'usage ancien, qui mettait *cent* au pluriel dans tous les cas. La règle stricte ne date guère que du XVIIIe siècle. - On écrit : *faire les cent coups, quatre-vingts pour cent, la guerre de Cent Ans, les Cent-Jours.*

□ **cent mille. orth.** *Cent* demeure invar. devant *mille*, mais prend la marque du pluriel devant *millier, million, milliard*, qui se comportent en substantifs : *deux cent mille*, mais *deux cents millions.*

□ **cent et un. emploi et sens.** Locution à valeur emphatique, remplacée de nos jours par *cent et cent*, ou *cent* tout seul : *En un mot comme en cent.*

□ **onze cents ou mille cent. emploi.** Quand on compte les centaines au-delà de *mille*, on dit *onze, douze, treize, quatorze, quinze, seize cents*, de préférence à *mille cent* (sans *s*), *mille deux cents, mille trois cents*, etc. On lit néanmoins chez un bon auteur : *Mille cent mineurs avaient crevé comme des rats, dans leur galerie de mines de Courrières* (Gallo). À partir de dix-sept centaines, on dira indifféremment *dix-sept cents* ou *mille sept cents*, etc.

□ **cinq pour cent.** Cette locution est préférable à *cinq du cent*, qui appartient à la langue commerciale, et a vieilli. On abrégera les deux éléments en chiffres ou on les écrira sans abréger en lettres : *20 p. 100, 20 %* ou *vingt pour cent.*

□ **soixante pour cent des élèves a** ou **ont été reçus. forme.** L'accord est variable selon ce que l'auteur de la phrase a dans l'esprit : globalité dans le premier cas (verbe au singulier), pluralité dans le second (verbe au pluriel). *Vingt pour cent de la population s'est abstenue* (Dauzat). *Quatre-vingt-dix pour cent de notre production partent pour l'étranger* (Maurois, cité par Grevisse).

□ **page deux cent, l'an quatorze cent. orth.** *Cent* reste invar. quand il est employé comme adj. ordinal, au sens de « centième ».

□ **cent** (substantif). **emploi**. Comme substantif, *cent* prend un *s* au pluriel selon la règle générale : *deux cents de cartouches.* Mais cet emploi est peu usité.

□ **gagner des mille et des cents** → MILLE.

CENTENAIRE → BICENTENAIRE.

CENTÉSIMAL orth. Les degrés centésimaux s'écrivent avec ou sans virgule : *37°2 le matin* (titre d'un roman de Djian). ♦ **sens.** « Dont les parties sont des centièmes », adj. voisin de **centigrade**, « divisé en cent degrés », qui s'utilise de façon plus concrète, notamment pour la désignation des températures : *thermomètre centigrade.* On ne peut dire *thermomètre centésimal.*

CENTRAL forme. Plur. *centraux.* → -AL.

CENTRE constr. Il semble préférable de dire **le centre de la ville** plutôt que le **centre-ville**, avec trait d'union. Cependant cette forme raccourcie gagne du terrain dans le langage technique de la gestion municipale et même dans le registre littéraire : *Au centre-ville les arbres étaient bourrés de guirlandes lumineuses* (Adam). *La motrice* [...] *ralentissait peu à peu le long de l'Allée des Marronniers pour s'immobiliser en fin de course, presque au centre-ville* (Simon).

CENTRIFUGE sens. « Qui s'éloigne du centre. » C'est le contraire de **centripète**, « qui se rapproche du centre ».

CEP prononc. On fait toujours entendre le *p* final : [sɛp]. ♦ **orth.** Distinguer le **cep** (pied de vigne) du **cèpe** (champignon). *Angoutretok prépara donc un plat de foie de phoque aux cèpes* (Échenoz).

CEPENDANT emploi et sens. Presque toujours conjonction adversative, équivalant à « toutefois, néanmoins », etc. **Cependant** se rencontre encore parfois avec un sens temporel, « pendant ce temps ». C'est un archaïsme, et plus nettement encore quand *ce* est détaché de *pendant*, conformément à l'origine morphologique (comparer *ce faisant*) : *Mes frères cependant faisaient leur entrée dans les carrières sérieuses de l'existence* (Vailland). **Cependant que**, locution conjonctive de subordination qui marque surtout la simultanéité, est également d'emploi vieilli : *Il me parut, cependant qu'il parlait, qu'il n'était pas en parfait équilibre lui-même* (Gide). *Il écrit Nick Harwitt sur son carnet cependant que Lubert lui donne sa carte* (Queneau). Plus rarement, *cependant que* peut marquer l'opposition : *Tel émoi d'un instant nous suit jusqu'à la mort, cependant que des années s'effacent sans laisser de traces* (Estaunié).

CERCLE → CIRCONFÉRENCE.

CERCUEIL orth. *-cueil*, comme dans *cueillir, accueil, écueil, recueil.* → CATAFALQUE.

CÉRÉBELLEUX sens. « Qui se rapporte au cervelet. » Ne pas confondre avec **cérébral**, « qui se rapporte au cerveau » *(artères cérébrales)*, ni avec **cervical**, « qui se rapporte au cou, à la nuque (ou au col de l'utérus) » : *Les radiographies minutieuses* [...] *montrèrent que deux vertèbres cervicales de Richard se chevauchaient* (Kessel). L'expression *matière cervicale* est impropre, c'est *cérébrale* qui convient.

CÉRÉBRAL → CÉRÉBELLEUX.

CÉRÉMONIAL sens. Substantif, désigne également le « livre contenant les règlements liturgiques des cérémonies religieuses ».

CÉRÉMONIEL sens. Adj., « qui se rapporte aux cérémonies », employé par les sociologues depuis le XIXe siècle. ♦ **emploi.** Discutable dans l'exemple suivant : *Tout ce Hugo militaire, somptuaire, cérémoniel et triomphal qui remonte* (Péguy). Ne pas confondre avec **cérémonieux**, « qui fait trop de cérémonies » : *Plus les circonstances semblaient lourdes pour lui, plus il se chargeait d'un parfum cérémonieux de Russie impériale* (Bastide). *Des manières cérémonieuses.*

CERF prononc. Le *f* final ne doit se faire entendre ni au singulier ni au pluriel, ni dans le mot simple ni dans le composé *cerf-volant* (pluriel : *des cerfs-volants*). Mais la règle est assez peu respectée. → SERF.

CERISE emploi. Comme adj. de couleur, invar. → COULEUR.

CERTAIN emploi. Au singulier, **certain** ne s'emploie plus guère sans être précédé de l'article indéfini : *un certain secrétaire, un certain Dupont.* Voici un exemple assez rare d'emploi pronominal : *Je vous montrerai certain d'entre eux qui a trois fois la valeur du Haut Pré* (Dhôtel). Au pluriel, la présence de l'article est facultative : *Est-ce parce qu'à certains jours, on éprouve le besoin irrésistible de penser à certaines choses ?* (Estaunié). *À de certains indices, Lazuli sentit qu'il allait se dissoudre dans l'air* (Vian). *Sa bouche qui paraissait tomber, quand il parlait à demi-mot de certains hommes qui lui avaient fait de certaines choses* (P. Jardin). ♦ **sens.** Placé avant le substantif, **certain** est un indéfini et exprime l'indétermination ; après le substantif, il devient un qualificatif et exprime la certitude : *Avec assez de courage et d'humilité, on peut s'assurer un certain bonheur et même un bonheur certain* (Kessel).
□ **certains. emploi.** Très courant comme sujet ou complément d'un verbe, avec ou sans détermination particulière : *(L'armée) est encadrée par des nobles. Certains d'entre eux nous sont déjà acquis* (A. Besson). *Chez certains même les cheveux n'avaient pas blanchi* (Proust). Cependant, Littré et l'Académie ne signalent pas la possibilité d'employer *certain* comme complément. Ils ne disent rien non plus du pronom fém. *certaine* qui, même s'il est rare, n'est pas inusité : *Certaines des choses qui m'ont été dites se sont déjà réalisées* (Romains). *Les gens de police enlevaient des prostituées en robe de fête ; certaines, en larmes, s'agenouillaient devant l'exempt* (Béraud).

CERTAINEMENT QUE emploi. Locution familière, mais correcte : *Certainement qu'il ne se rappelait plus les adieux de l'antiquaire* (Peyrefitte).

CERTES emploi. Adverbe vieilli, et d'emploi littéraire, de nos jours : *Quant à l'airain liquide, certes, ce sont les puissances exceptionnelles de ton âme qu'il signifie* (Valéry). *Certes, on n'a rien sans rien, certes il faut savoir ce que l'on veut* (Échenoz). *Il en parlait avec un détachement moqueur, certes, mais qui cachait mal sa profonde jubilation* (Schreiber). Remplacé, dans la langue courante, par **certainement**.

CERVEAU sens. « Organe et instrument de la pensée », terme noble par rapport à **cervelle**, « substance dont est fait le cerveau ». Le premier nom est mélioratif : *C'est un cerveau !*, le second dépréciatif : *La cervelle humaine est une habitation curieuse et bien étrange* (Franck & Vautrin) ; *une tête sans cervelle ; une cervelle d'oiseau*, etc. Le lexique anatomique et physiologique emploie *cerveau* quand il s'agit de l'être humain. Cependant, on a dit *se brûler la cervelle*, pour « se tuer d'un coup de revolver dans la tête ». Le lexique culinaire emploie **cervelle** : *une cervelle de veau*. ⟶ CÉRÉBELLEUX.

CERVICAL ⟶ CÉRÉBELLEUX.

CESSE constr. et emploi. Ce substantif fém. n'existe que dans la locution adverbiale **sans cesse**, et dans la tournure négative **n'avoir de cesse que** (littéraire) suivie du subj. et, facultativement, du *ne* explétif : *Tu n'eus de cesse que je ne me fusse résigné à garder le lit* (Mauriac). *Notre Socrate n'a de cesse qu'il n'ait saisi l'âme de toute chose* (Valéry). On trouve parfois, sous l'influence de **ne pas cesser de**, la construction avec un infinitif, très claire et acceptable : *Tenaillé par sa passion, il n'eut toutefois de cesse que de se retrouver aux commandes d'un chasseur* (Diwo).

CESSER constr. Ellipse fréquente de **pas**, comme avec les verbes *oser, pouvoir, savoir*, etc. *Il ne cesse de pleuvoir ; tu ne cesses de parler*. Mais la négation complète est toujours possible : *Mais elle ne cessait pas de le regarder fixement* (Bernanos), opposé à : *Mon intelligence mieux inspirée ne cessera, cher corps, de vous appeler à soi désormais* (Valéry).

□ **toute(s) affaire(s) cessante(s). emploi.** Singulier ou pluriel indifféremment. Mais le pluriel est plus fréquent : *Le monde toutes affaires cessantes accourait des quatre orients pour faire hommage lige à Carl Philipp von Greiffenclau son suzerain* (Michon).

CESSEZ-LE-FEU orth. Substantif invar. : *des cessez-le-feu.*

C'EST-À-DIRE orth. Deux traits d'union. ♦ **forme.** S'abrège en *c.-à-d.*

Cf. ⟶ CONFER.

Ch ⟶ CHEVAL-VAPEUR.

CH- prononc. Dure et occlusive, en [k], à l'initiale des mots suivants, où il s'agit le plus souvent d'une transcription du *kh* grec : *chalaze, chalazion, chalco-, chaldéen, chamérops, chamito-sémitique, chaos, chaotique, charadriidés, charisme, cheiroptère* ou *chiroptère, chélicère, chélidoine, chélonien, chénopode, chénopodiacées, chianti, chiasme, chiro-, chitine* et *chitineux, chiton, chlamyde, chlore* (et dérivés), *choéphore, chœur* (et dérivés), *cholagogue, cholé-, choléra* (et dérivés), *choriambe, choline, chondriome, chondriosome, chondroblaste, chorée, choriambe, chorion, choroïde, chorus, chrême, chrestomathie, chrétien, Christ* (et dérivés), *christiania*, tous les mots commençant par *chro-* et *chry-*, *chtonien*. Se prononcent avec [tʃ] quelques emprunts à l'espagnol et à l'anglais : *chadburn, chistera, choke-bore.*

CHACAL orth. Plur. *des chacals.* ⟶ -AL.

CHACUN forme. À la différence de **aucun**, ce pronom-adj. indéfini n'a pas de pluriel. L'idée de pluralité peut être rendue par des tours du type : *Chacun de vous* (ou *d'entre vous*) *est libre de penser ce qu'il veut.*
□ **chacun son tour** ou **chacun leur tour.** Dans une phrase à sujet singulier, il n'y a aucune difficulté. On ne peut dire que : *Chacun ses goûts, chacun est venu à son tour*, etc. Mais quand *chacun* « renvoie à un pluriel qui précède (ou qui est postposé par l'effet d'une inversion), pour exprimer

l'idée distributive, on emploie tantôt *son, sa, ses* (possessifs de l'unité), tantôt *notre, nos, votre, vos, leur(s)* (possessifs de la pluralité) » (Grevisse). Les exemples suivants montrent qu'il n'y a quasiment aucune différence de sens dans l'emploi de l'une ou de l'autre construction :

1) Possessifs de l'unité : *Ce fini et cet infini que nous apportons, chacun selon sa nature* (Valéry). *Valérie et Porteur étaient déjà partis, chacun de son côté* (Aymé). *Les poudres de diverses couleurs, avec chacune sa houppe* (Vailland). [Les girls] *tiennent à la main, chacune, un parasol d'or* (Némirovsky).

2) Possessifs de la pluralité : *Ils s'y préparent, chacun selon leur tempérament* (Bazin). *Mes deux voisins causent chacun de leur côté* (Barbusse). *Deux cousins du marquis amenèrent chacun leur femme* (Boylesve). *Nous agissions chacun de notre côté* (Valéry). Bien entendu, lorsque le complément d'un verbe de possession ne désigne qu'un seul exemplaire de l'objet, il reste nécessairement au singulier : *Ils ont accroché chacun leur chapeau aux patères. Leurs chapeaux* serait incorrect. Il y a des cas d'ambiguïté qu'il est préférable d'éviter : dans *Ils ont lavé chacun leurs chemises,* que comprendre au juste ? Si chaque personne possède *une* chemise, on dira mieux : *Chacun a lavé sa chemise,* nettement distinct de *Chacun a lavé ses chemises.* Ce mélange d'un sujet pluriel et d'une apposition au singulier risque d'être équivoque.

□ **chacun sa chacune.** Locution archaïsante et familière, d'emploi très limité. De même pour : *Que chacun s'en retourne dans sa chacunière,* qui appartient au registre plaisant.

□ **un chacun, tout (un) chacun.** Ces locutions se font rares, mais se rencontrent encore dans certains contextes paysans ou fam. : *Tout un chacun peut lire cela dans son journal* (Emmanuel). *Surtout, ne dites rien à votre mari, ou je dis à tout chacun que vous êtes mal fichue de la poitrine* (Aymé). *C'est l'occasion pour tout un chacun de poser des questions à d'éminents spécialistes* (E. Magne, *Libération,* 09/10/2009).

□ **entre chacune de ses apparitions.** Malgré un manque de logique certain, ce tour est passé dans le bon usage : *Ma vie est serrée comme un drame. Ici, que d'espace, que d'air, entre chacun des mouvements, entre chacune des pensées* (Saint-Exupéry). *Les têtes de veau avaient du persil dans les oreilles et les narines. Entre chacune, parce que c'était la fête, on avait disposé des œillets sanglants* (Lefèvre). La langue française est mal outillée pour désigner un intervalle qui se reproduit dans l'espace ou dans le temps. → CHAQUE.

□ **cent francs chacun.** On évitera d'employer dans ce tour l'adj. *chaque* : seul est correct le pronom *chacun. À combien m'as-tu dit qu'ils revenaient, ces hennins ? - Six mille francs chacun, mon chéri. C'est pour rien* (Anouilh). → CHAQUE.

CHAFOUIN forme. Fém. *chafouine.* ♦ **sens.** « Rusé », en parlant surtout du visage, de la physionomie : *Il avait un air sournois - « chafouin » eût dit mon père, des petites dents noircies par le tabac et des mains sans grâce* (Labro).

CHAH orth. La graphie la plus courante est **shah** (forme anglaise) ; on préférera une graphie plus « francisée ». → SCHAH.

CHAI orth. Prend un *s* au pluriel (et non un *x*). ♦ **sens.** « Magasin dans lequel les viticulteurs stockent les alcools et les vins en fûts. » : *J'ai l'intention de commencer par aménager les chais, en prévision des prochaines productions de mes vignobles* (Maïssa Bey).

CHAÎNE orth. Accent circonflexe ; de même pour tous les dérivés : *chaînon, enchaîner, déchaîner...*

CHALAND sens. Vieux mot, « client, acheteur » : *Sur le trottoir, des colliers peints en bleu, des attelles, des harnais attiraient les chalands* (Ragon). *Vendre le secret de la dignité et de la raison, c'est s'exposer à voir peu de chalands dans la boutique* (Mac Orlan). → ACHALANDÉ.

CHÂLIT orth. Accent circonflexe. ♦ **sens.** « Cadre de lit » : *Kurt louait sa bonne étoile qui l'avait éloigné des châlits d'une casemate humide* (Franck & Vautrin).

CHALLENGE prononc. [ʃalɑ̃ʒ], à la française. ♦ **orth.** Un arrêté ministériel du 18 février 1988 recommande d'adopter l'orthographe **chalenge** (et pour le dérivé, **chalengeur, euse**), plus simple et conforme à l'origine française de ce mot. Malheureusement, il est peu suivi d'effet. ♦ **emploi et sens.** Cet emprunt à l'anglais sportif a le sens de « compétition mettant en jeu une coupe, qui passe de vainqueur en vainqueur ». Il peut être utilisé sans répugnance, car c'est un vieux mot français dont le sens est « débat, contestation ». Il se pose toutefois un problème pour le dérivé **challenger**, prononcé à l'anglaise [ʃalɛndʒœr]. Les synonymes proposés : *défi, défieur, défieuse* ne rencontrent pas un grand succès.

CHALOIR emploi. Verbe archaïque, impersonnel et défectif, qui n'existe que dans de rares expressions figées et désuètes, notamment **peu me chaut**, au sens de « peu m'importe » : *Peu lui chaut quelque erreur de détail* (Gide). *Peu lui chaut* [au phénoménologue] *que ce chat existe ou n'existe pas et ce qu'il est en son essence même* (Barbery).

CHAMAILLER emploi. Ce verbe est devenu fam. et son sens s'est affaibli. Employé intransitivement *(chamailler avec)*, il signifiait en français classique « combattre », ou « avoir une violente dispute ». Il existe surtout sous la forme pronominale **se chamailler** : *Nous n'allons pas nous chamailler pour une question de signifiants* (Queneau).

CHAMARRÉ orth. Deux *r*.

CHAMBRANLE genre. Masc. *un chambranle.*

CHAMEAU et **DROMADAIRE sens.** Le dromadaire est un « chameau à une seule bosse ».

CHAMP orth. On écrit : *à travers champs, des champs de bataille, en champ clos, un champ de courses*, et avec traits d'union : **sur-le-champ** (synonyme de « aussitôt ») et le **Champ-de-Mars** (promenade et jardins parisiens), les **Champs-Élysées** (à Paris), mais les **champs Élysées** (mythologie grecque).

CHAMPAGNE → COULEUR.

CHAMPIGNON orth. On écrit : *champignonner, champignonnière.*

CHAMPION genre. Uniquement masc. à l'origine. Ce substantif est aujourd'hui parfaitement admis au fém. : *Une championne de tennis, de natation, de bridge.*
□ **c'est champion. emploi.** Locution familière à valeur superlative : *Alors on voyage aussi ? Champion, hein, l'Acropole ?* (Daninos).

CHANCE sens. On trouve encore parfois l'ancienne valeur neutre, « possibilité, éventualité » : *Si j'étais très juste, un vol de nuit serait chaque fois une chance de mort* (Saint-Exupéry). *Il avait peu de chance de rencontrer Paule, bien sûr, mais Roger restait vaguement inquiet* (Sagan). Terme de jeu : *Il retourna dans la salle de chemin de fer, prit une main à cinq mille et avec des chances diverses mit une demi-heure pour perdre ses dix plaques* (Vailland). Mais le sens positif de « hasard heureux » tend aujourd'hui à l'emporter : *Comme je redouble, j'ai beaucoup de chances pour n'être pas recalé cette fois-ci* (Mauriac). *Alors, dit Gilbert, nous avons des chances de lui acheter quelques terres à bon compte* (Dhôtel). Après **c'est une chance que**, le verbe se met au subj. : *Ce n'était vraiment pas de chance qu'elle lui défendît le seul endroit qui le tentait aujourd'hui* (Proust). *Avec la nuit qu'il fait, c'est une chance qu'ils ne soient pas tombés dans le ruisseau* (B. Clavel).
□ **tenter la chance** ou **ses chances. emploi.** Ces tournures sont assez libres : possessif ou article n'introduisent que des nuances de style. Avec l'article défini, cependant, on ne trouve que le singulier.

CHANCEUX sens. Appliqué à un non-animé, peut signifier « hasardeux, incertain » : *Toute gloire humaine est chanceuse ; c'est la Muse encore qui trompe le moins* (Sainte-Beuve). Appliqué aux personnes, **chanceux** signifie « qui a de la chance ».

CHANGE emploi. Terme essentiellement technique (lexique financier : *agent de change, bureau de change*), ou ne se trouvant que dans des expressions anciennes et figées, telles que **donner le change** (qui a pour origine le vocabulaire de la chasse). **Échange** est beaucoup plus fréquent et plus disponible.

CHANGER conjug. Généralement avec *avoir.* On ne dit *Il est bien changé* qu'à propos d'un malade ou d'un mort. ♦ **emploi. Changer** et **échanger** sont proches par le sens et peuvent s'employer indifféremment quand il s'agit d'un acte *volontaire.* Le verbe **échanger** suppose toujours la présence de deux éléments entre lesquels la permutation est possible : *Notre conversation s'échangeait de châlit à châlit* (Hériat). *On échangeait à table, ou après dîner, dans les coins, des expressions très peu propres à former l'oreille d'une enfant* (Boylesve). Le verbe simple **changer** peut aussi évoquer le « passage d'un élément à un autre élément » : *Napoléon changeait de chargeur* (Constantin-Weyer). Mais le plus souvent il désigne une « modification », une « transformation intrinsèque » : *Cette main qui s'est posée sur un visage, et qui a changé ce visage* (Saint-Exupéry). *Mais, très vite, tout changeait avec la chute des bombes explosives* (J. Roy). On notera que **changer** se rapproche du sens de **échanger** quand il est construit avec la préposition *de : Si le pilote ne changeait pas de direction, il n'y aurait qu'une très faible correction à apporter* (id.). *D'une seconde à l'autre, elle changea d'attitude* (Radiguet). *Chacun lui conseillait de changer d'air, et elle songeait, tristement, qu'elle allait simplement changer d'amant* (Sagan). La voix pronominale est couramment employée avec un sujet animé humain, au sens de « changer ses vêtements » : *J'étais tellement trempé qu'il a fallu que je me change des pieds à la tête.* → INTERCHANGER.

CHANSONNER sens. « Écrire des chansons ou des sketches satiriques contre une personne », verbe transitif. Distinct de l'intransitif **chantonner**, qui est un dérivé diminutif de *chant.*

CHANT sens. « Face étroite d'une brique, d'une pierre de taille, d'une pièce métallique, d'un madrier », etc. On dit couramment **posé, mis de chant**. Se garder d'écrire *champ.*

CHANTER (FAIRE) emploi. Tour fam., tandis que **chantage** est pleinement admis par le bon usage, ainsi que **maître chanteur**.

CHANTERELLE sens. « Corde donnant le son le plus aigu, dans un instrument de musique », d'où au fig. : *appuyer sur la chanterelle,* c'est-à-dire « sur un point délicat, afin de convaincre ». Ne pas confondre avec *appuyer sur le champignon,* tour ancien : « Sur la pédale de l'accélérateur. » Le risque de confusion est d'autant plus grand que **chanterelle** est aussi un terme qui désigne un champignon : *la girolle.*

CHANTEUSE → CANTATRICE.

CHAOS → CAHOT.

CHAPE orth. Un seul *p,* quel que soit le sens, ainsi que *chapelure* et *chaperon.*

CHAPITRE orth. Pas d'accent circonflexe, quel que soit le sens. De même *pupitre, pitre.* Mais on écrit *épître.* → -ITRE.

CHAPITRER sens. « Réprimander » ; à l'origine, « réprimander un ecclésiastique en plein chapitre, devant ses pairs ».

CHAPON sens. « Jeune coq châtré », ou « morceau de pain humecté de bouillon ou frotté d'ail ». Ne pas confondre avec **capon**, « poltron ».

CHAQUE forme. Pas de pluriel, comme pour *chacun.* → *ce* mot. S'il accompagne un substantif sujet, le verbe est forcément au singulier : *Chaque âge a ses plaisirs.* ♦ **emploi.** C'est un adj., qui correspond au pronom *chacun.* Il faut respecter la distinction en disant : *Des paires de souliers à cent euros chacune* (et non *chaque*). Mais **chaque** tend à l'emporter sur *chacun,* qui est plus rare dans la langue courante et paraît parfois littéraire, en dehors d'expressions figées. □ **chaque, marquant la périodicité :** *Chaque demi-heure, le Pontife bénissait à* *travers les murs ses persécuteurs* (Barrès). *Chaque dix pas, Mionnet se répétait : Quelle douceur !* (Rolland).

□ **chaque trois jours. emploi.** Cette locution n'est pas correcte, on dira : *de trois jours en trois jours, tous les trois jours.*

□ **entre chaque ligne. emploi.** Tour maintenant admis dans la langue correcte : *Entre chaque salve, dix secondes s'écoulaient* (Dorgelès). *Leurs mamans ne leur ont-elles pas appris qu'il convient de manger lentement, en reposant sa cuillère entre chaque bouchée ?* (Desarthe). → CHACUN. On recommande cependant, comme plus logique : *entre deux lignes, entre les lignes.* De même, il vaut mieux dire : *Il s'arrête après chaque mot,* et non *entre chaque mot.*

□ **(à) chaque automne. emploi.** Le *à* est facultatif. → À.

CHAR orth. Les composés *char à bancs, char à bœufs, char à foin,* etc. ne prennent pas de trait d'union. → CHARIOT.

CHARBON emploi. Les dérivés prennent deux *n* : *charbonneux, charbonnage, charbonnier,* etc.

CHARGE emploi. Dans les années 80 est apparu en français le tour **être en charge de** (calque de l'anglais *to be in charge of*) : *J'étais en charge du cartable géant. Dix fois, durant l'escalade, je crus que mon cœur allait éclater* (Orsenna). *Celui qui était en charge du groupe d'armée B s'était ouvert de ses appréhensions. Le gratin des états-majors se pressait autour de lui* (Franck & Vautrin). *Une copie a été remise le mois dernier à la BRDE (Brigade de répression de la délinquance économique), en charge de nombreuses enquêtes préliminaires tournant autour de la mairie* (R. Lecadre, *Libération,* 20/05/2007). On rencontre aussi **avoir** ou **prendre qqch. en charge** : *L'Agence nationale de l'accueil des étrangers et des migrations* (ANAEM), *qui a en charge l'examen médical des étrangers admis à séjourner en France* (*Le Monde,* 06/04/2007). *Quand Monica avait terminé, elle était prise en charge par Maurice* (Ravey). *Lamarre et Voisenet avaient pris en charge les abords de la zone, à la recherche de traces de pneus* (Vargas). Si ces tours ne sont pas condamnables à proprement parler, ils n'ajoutent pas grand-chose aux locutions antérieures **avoir la charge de** ou **être chargé de**... : *Je souhaite prendre des personnes ayant une véritable expérience de terrain dans les domaines dont elles auront la charge* (D. Baudis, *Le Monde,* 26/06/2011). *Une sorte de professeur Nimbus chargé de l'enseignement de la physique et de la chimie* (Diwo). *On échangeait surtout des nouvelles des parents et amis* [...] *chargés de réprimer les révoltes paysannes et ouvrières* (Wiazemsky). On dit d'ailleurs encore officiellement **un chargé de mission**.

CHARIA sens. « Loi canonique de l'Islam » : ce xénisme est aujourd'hui très répandu et donne lieu à des interprétations assez contradictoires : *Dans la charia, il est impératif pour une non-musulmane de se convertir à l'islam avant d'épouser un musulman. Mon oncle n'était pas d'accord* (Khadra).

CHARIOT orth. Seul mot de la famille de *char* qui ne prenne qu'un *r* (avec son dérivé *chariotage*) : *Un chariot a été trouvé, et les deux chevaux à atteler* (Léger). → CARRIOLE et CHARRETTE.

CHARISME prononc. [k]. ♦ **sens.** « Don particulier conféré par grâce divine » et, par extension, « influence suscitée par une personnalité exceptionnelle » : *Plectrude est une artiste débordante de charisme : elle sera danseuse ou leader politique* (Nothomb). ♦ **dérivé. Charismatique** : *un pouvoir charismatique,* « qui s'exerce par un ascendant irrationnel, mystique ». *Ses conférences de presse n'avaient rien de charismatique* (Malraux).

CHARME sens. Dans les constructions du type : *le charme d'une femme,* ce mot employé au singulier est synonyme de « pouvoir de séduction ». Le pluriel désigne plus particulièrement les « appas physiques » : *des charmes rebondis.*

□ **se porter comme un charme.** Contrairement à ce que l'on imagine parfois, cette locution ne renvoie pas au *charme,* « arbre à bois dur et à grain fin », mais au vieux mot *charme,* « sortilège », grâce auquel on est censé jouir d'une très bonne santé : *Mais je l'ai vu hier matin, il se portait comme un charme ! dis-je, abasourdie* (Barbery).

CHARMERESSE emploi. Fém. vieilli de **charmeur**, qui fait ordinairement **charmeuse** : *Je respire, comme une odeur muscate et composée, ce mélange de filles charmeresses* (Valéry).

CHAROLAIS orth. On trouve parfois cet adj. et le nom avec deux *l* : *un (bœuf) charollais.*

CHARRETTE orth. Deux *r* comme tous les dérivés de *char*, sauf **chariot** : *charretier, charrier, charroi, charron, charrue. Ils étaient sortis alors que passaient les premiers charrois qui montaient du port, chargés de charbon, de tonneaux, les charretiers insultant et stimulant les bêtes* (Gallo).

CHARTE forme. Ne pas dire ni écrire *chartre*, qui est une forme ancienne aujourd'hui disparue. Ne pas confondre cette variante archaïque de **charte** avec **chartre**, « prison », également archaïque, mais qui subsiste dans l'expression **tenir quelqu'un en chartre privée**, c'est-à-dire « détenir quelqu'un, le tenir en son pouvoir sans autorité de justice » : *Expérimenter sur Coupeau, ce serait se procurer un Coupeau qu'on tiendrait en chartre privée* (Brunetière, à propos de *L'Assommoir*).

CHARTER emploi et sens. Ce mot anglais, issu du verbe *to charter*, « affréter », est rapidement passé dans notre langue : *un avion charter, prendre un charter* ; il désigne un avion affrété pour un transport particulier. Mais le verbe fait problème : certains admettent **chartériser**, d'autres veulent imposer **noliser**, enfin un arrêté ministériel du 17 mars 1982 recommande **fréter** (donner en location) et **affréter** (prendre en location). On emploie depuis longtemps ces deux derniers verbes pour des bateaux : pourquoi ne conviendraient-ils pas pour des avions ?

CHAS emploi et sens. « Trou d'une aiguille », mot souvent mal orthographié et plus ou moins confondu avec ses homonymes.

CHASSE constr. Le complément de nom est relié par **à** ou **de** quand il désigne l'animal : *la chasse au lapin* ou *du lapin*, et seulement par **à** quand il désigne l'arme : *la chasse au fusil, au harpon.* L'emploi systématique de *de* dans le premier cas et de *à* dans le second éliminerait toute ambiguïté ; mais **à** est le plus courant dans les deux cas.

CHASSE- orth. Chasse- reste toujours invar. dans les composés, dont les uns sont invar. : *chasse-marée, chasse-mouches, chasse-neige (des chasse-neige), chasse-pierres*, les autres variables : *chasse-clou (des chasse-clous), chasse-goupille, chasse-roue*, etc.

CHÂSSE orth. Le mot qui désigne « le coffre où sont conservées les reliques d'un saint » prend l'accent circonflexe.

CHASSÉ-CROISÉ orth. Plur. *des chassés-croisés.*

CHASSEPOT orth. Ce mot qui vient d'un nom propre s'écrit sans trait d'union et prend un *s* au pluriel.

CHASSEUR forme. Le fém. est **chasseuse** dans la langue courante. *Chasseresse* n'appartient qu'à la langue littéraire et poétique : *Diane la chasseresse, les nymphes chasseresses.*

CHASSIEUX sens. « Souillé de *chassie*, humeur visqueuse qui s'accumule sur le bord des paupières. » : *Cet étroit visage desséché encadré par les deux mèches folles échappées de son chignon, ses yeux chassieux* (Simon). Il faut se garder de dire ou d'écrire *chiasseux.*

CHÂSSIS orth. Accent circonflexe sur le *a.*

CHAT prononc. [tʃat]. ♦ **emploi et sens.** Ce néologisme d'origine anglaise désigne la « conversation directe de ceux qui correspondent par Internet ». Bien acclimaté chez nous, il a donné déjà une famille de mots : **chatter, chatteur, euse**. Les Recomm. offic. ont préconisé le mot **causette**, qui n'a pas vraiment pris, paraissant sans doute trop « léger » aux fans d'Internet.

CHÂTAIGNIER orth. Avec accent circonflexe, comme pour *châtaigne,* et *i* avant le *er.*

CHÂTAIN forme. Le fém. de cet adj. de couleur est **châtaine** et non *châtaigne.* Mais la forme du masc. sert aussi parfois au fém. : *La chevelure châtain de Ruth* (Chraïbi). Plur. *des cheveux châtains,* mais *des cheveux châtain foncé.* ⟶ COULEUR.

CHÂTEAU- orth. Pas de majuscule quand le mot est le premier élément d'un composé désignant un cru : *Les grands vins de Bourgogne succédèrent au léoville et au château-lafite* (Zola). ⟶ VIN.

CHATEAUBRIAND orth. Chateaubriand, avec un *d* final et sans accent circonflexe, désigne une sorte de grillade, qui aurait été inventée par le cuisinier de l'écrivain romantique (dont le nom se termine par *d*). On notera que le nom de la ville de Loire-Atlantique prend un accent circonflexe et se termine par *t,* ainsi que celui de l'écrivain Alphonse de Châteaubriant. Le nom de la grillade s'abrège parfois en *château.*

CHÂTEAU FORT orth. Pas de trait d'union.

CHATIÈRE orth. Un seul *t,* contrairement aux autres dérivés de *chat* : *chattemitte, chatterie,* etc.

CHÂTIMENT orth. Accent circonflexe sur le *a.*

CHATOIEMENT orth. Avec un seul *t* et un *e* intérieur ; pas d'accent circonflexe.

CHÂTRER, CASTRER et **ÉMASCULER emploi.** Les formes **châtrer** et **castrer** s'emploient indifféremment comme synonymes, aussi bien en parlant d'un animal mâle que d'une femelle : *Pourquoi le tueur de Narcisse a-t-il castré un chat déjà castré ?* (Vargas). Les participes-adj. **châtré** et **émasculé** s'emploient pour un homme, de façon péjorative et fig. Une personne ayant subi la castration est un **castrat.** Le vieux mot **eunuque** désigne à l'origine un « castrat gardien de harem ».

CHAUD-FROID orth. Plur. *des chauds-froids.* ♦ **sens.** « Plat de volaille ou de gibier préparé à chaud et mangé froid. » Ne pas confondre avec un **chaud et froid,** qui désigne un « refroidissement » : *Le brutal chaud et froid que j'avais ressenti dans l'avion entre Pékin et Paris* (Toussaint).

CHAUFFE-BAIN orth. Prend un *s* final au pluriel : *des chauffe-bains. Chauffe-eau, chauffe-pieds, chauffe-plats* demeurent invar.

CHAUMINE emploi et sens. Substantif « poétique » en voie de disparition, « petite chaumière ».

CHAUSSE-PIED orth. Plur. *des chausse-pieds.*

CHAUSSE-TRAP(P)E orth. Revenant sur une de ses « recommandations », l'Académie française écrit *chausse-trape* avec un seul *p,* dans sa 9e édition, mais le *Petit Robert* adopte aussi bien les deux *p.* Plur. *des chausse-trap(p)es.* ♦ **genre.** Fém. *une chausse-trap(p)e.* ♦ **sens.** « Piège dissimulé dans un trou et recouvert de branchages. » Ce mot est aujourd'hui employé le plus souvent de manière fig. : *Et si cette porte ouverte n'était qu'une chausse-trape ? Un leurre destiné à les attirer dans un traquenard ?* (A. Besson). *Il explique que la photographie fixe le temps, l'arrête, le retient d'avancer, qu'elle est en réalité « une chausse-trape du progrès »* (Rouaud). *Le français recèle toujours pour elle de ces chausse-trapes semblables à celles où les avaient poussés, en 1948, à Paris, les policiers chargés de l'expulsion* (Riboulet).

CHAUT ⟶ CHALOIR.

CHAUVE-SOURIS orth. Plur. *des chauves-souris. Wolfgang monte d'autres expériences, concernant le vol des chauves-souris réveillées en plein jour* (de Roulet).

CHÈCHE genre. Masc. ♦ **sens.** « Longue écharpe », servant souvent de coiffure. Mot arabe. Ce n'est pas une raison pour le confondre avec la **chéchia,** « coiffure en forme de calotte ou de tronc de cône », que portent les Arabes : *Quand le destroyer passait* *à quelques encablures du navire, ils criaient, ils brandissaient leurs chéchias rouges et leurs turbans blancs* (Gallo).

CHECK-POINT sens. Chicane de contrôle entre les deux parties d'une communauté politiquement séparées : *Les habitants n'ont plus d'électricité, manquent d'essence, vivent au rythme des fouilles aux multiples check-points de la ville* (C. Hennion, *Le Monde*, 07/08/2011). *Le check-point Charlie de Berlin fut un haut lieu de la rivalité Est-Ouest.*

CHEF forme. Pas de fém. : *cheffesse*, très fam., n'est pas admis dans la langue officielle, et *cheftaine* est d'un emploi limité au scoutisme. On entend parfois *la chef* ou *cheffe*, mais cet emploi reste pop. : *Lorsque la chef nous cherchait querelle, il fallait l'entendre, la Narcisse Valley !* (Champion). Il vaut mieux user d'une tournure développée, du type : *Mme Untel, le chef de service.* On note l'embarras de certains auteurs dans l'exemple suivant : *L'Église protestante allemande perd sa chef pour ivresse au volant*, dans un titre du *Monde*, début mars 2010 ; mais l'article, signé de Cécile Calla, dit de la même personne : *Ordonnée pasteure en 1985, elle était devenue secrétaire générale*, etc. La féminisation des noms masc. de fonction ou de métier est encore bien balbutiante…

□ **de son propre chef. emploi et sens.** Expression figée, dans laquelle *chef* équivaut à « autorité, décision ».

□ **-chef** ou **en chef. emploi.** Dans les composés, l'élément *-chef*, séparé de ce qui précède par un trait d'union, appartient à la langue de la hiérarchie militaire : *Le gardien-chef prétendait que si t'avais voulu t'aurais parlé* (Saumont) ; *sergent-chef, adjudant-chef*, tandis que la tournure *en chef*, sans trait d'union, sert plutôt à former des mots du vocabulaire civil : *ingénieur en chef, rédacteur en chef*, etc. Quand *chef* apparaît en première position, il n'est pas suivi d'un trait d'union : *chef mécanicien.*

CHEF-D'ŒUVRE prononc. Le *f* final de *chef* ne se fait jamais entendre. ♦ **orth.** Plur. *des chefs-d'œuvre.*

CHEF-LIEU prononc. Le *f* final de *chef* se fait toujours entendre. ♦ **orth.** Plur. *des chefs-lieux.*

CHEIKH orth. On trouve aussi **cheik, scheik(h).** ♦ **sens.** « vieillard », d'où « chef de tribu » : *À une table voisine, deux vieux cheiks atteints de cécité totale discutaient les mérites artistiques d'une mosquée célèbre* (Cossery).

CHELEM prononc. [ʃlɛm], mais on entend souvent [sɛlɛm] chez les journalistes sportifs. ♦ **orth.** On trouve aussi *schelem*. Terme de bridge, employé aussi dans le rugby : *faire le grand chelem.*

CHEMIN orth. Pas de *s* dans *par voie et par chemin.*

CHEMIN DE FER emploi. Ce mot composé (sans traits d'union) tend à être remplacé dans la langue courante par *train* lorsqu'on désigne le véhicule, et par *rail* dans un sens plus général : *La bataille du rail.* La question de savoir si l'on doit dire *voyager en* ou *par le chemin de fer* ne se pose pour ainsi dire plus. Avec le mot *train*, l'emploi de *en* ou de *par le* est absolument indifférent ; on dit plutôt, toutefois : *par le train.* Les appellations officielles de ce moyen de transport : TGV *(train à grande vitesse)* et TER *(train express régional)* ont souvent détrôné le mot *train* et encore plus le mot composé *chemin de fer.*

CHEMINEAU ou **CHEMINOT emploi et sens.** Le premier substantif est en voie de disparition, supplanté par *vagabond, clochard, SDF*, etc. : *Tu as des souliers de chemineau* (Colette). *À cette heure matinale, le chemin accueille déjà quelques chemineaux, rouliers, bouviers, bergers* (Rouaud). Le second désigne « un employé des chemins de fer » et se termine par *-ot*, comme **traminot**, « employé des tramways ».

CHENAL orth. Plur. *des chenaux.* ♦ **sens.** « Passage ouvert à la navigation » : *Les sous-marins allemands se tenaient à l'affût* […] *dans ces chenaux entre les longues îles plates et les falaises de la Dalmatie* (Gallo). ⟶ -AL.

CHÉNEAU orth. Accent aigu et non circonflexe (éviter la contamination par **chêne**).

♦ **prononc.** La plus usuelle est avec un [ɛ], malgré l'accent aigu : *Les gargouilles et les chéneaux eurent beau gémir sous d'énormes ruissellements de pluie* (Giono). ♦ **sens.** « Gouttière ». Il semble y avoir confusion avec le précédent dans la citation suivante : *Il faut absolument que vous apportiez les bâches avant la fin de la semaine et surtout que les chenaux en zinc soient terminés* (Dubois). → CHENAL.

CHÊNE-LIÈGE orth. Plur. controversé : *des chênes-lièges* ou *des chênes-liège* (c'est-à-dire « des chênes à liège ») : *Une odeur* [...] *de glaise grasse et mouillée vient se mêler au parfum des chênes-lièges* (Labro).

CHENET orth. Pas d'accent circonflexe.

CHENIL prononc. [ʃni], mais on entend souvent le *l* final.

CHEPTEL prononc. À l'origine [ʃtɛl] (la seule pour Littré), mais [ʃɛptɛl] l'a nettement importé (influence de l'orthographe). → DOMPTER, SCULPTEUR. ♦ **sens.** Mot de sens collectif, sans pluriel : « Ensemble du bétail » et aussi « bâtiments et outillage agricoles ».

CHER forme. Toujours invar. dans *valoir, coûter, acheter, payer cher*, locutions où **cher** a fonction d'adverbe : *On l'a vendue très cher, dit Suzanne, beaucoup plus cher que ce que vous croyez* (Duras). *Et dans un sac elle fourre deux galettes, achetées très cher dans un magasin bio* (Lefèvre). Le tour inversé et également invar. **c'est cher payé** est fam., mais acceptable, surtout à l'oral : *Égorgés l'un et l'autre. C'est cher payé, juste pour tirer une dalle* (Vargas).

CHERCHER constr. La préposition **à** est la meilleure pour introduire l'infinitif complément de ce verbe : *chercher à*, et non pas *de* : *Tu as beau chercher à te disculper* (Carco). ♦ **emploi et sens.** Fam., dans **chercher qqn**, au sens de « provoquer » : *Elle me cherche, pensa Mathieu déconcerté* (Sartre). De même pour *chercher après quelqu'un*. → APRÈS.

CHÈRE (Faire bonne -) sens. Autrefois **chère** signifiait « visage » ; *faire bonne chère à quelqu'un* signifiait « lui faire bon accueil ». Aujourd'hui, la locution, mal comprise, équivaut à « faire un bon repas » et a plus souvent pour sujet la personne invitée que celle qui invite. *Leur père veut qu'ils soient habitués à une chère frugale* (Aymé). *Le restaurant était l'un des meilleurs de Paris. Richard ne fréquentait plus que ceux-là. Il y aimait la chère, encore plus le linge, les vaisselles, le service* (Kessel) : *chère* équivaut ici à « table, repas ». Ne pas confondre avec **chaire** ou **chair**.

CHÉRIF sens. « Prince » (mot arabe). Ne doit pas être confondu avec son homonyme **shérif**, « officier de police » (de l'anglo-saxon *sheriff*).

CHERRY sens. « Liqueur de cerise ». Ne pas confondre avec **sherry**, nom anglais du vin de *xérès*. → ce mot.

CHEVAL-VAPEUR orth. Plur. *des chevaux-vapeur.* ♦ **forme et sens.** On abrège en *ch* au sens de « unité de puissance mécanique » et en CV au sens de « unité de puissance fiscale » : *Depuis la locomotive et son cheval-vapeur, qui continue à galoper allégrement dans les conversations, la définition de la puissance d'un véhicule a déjà renvoyé depuis longtemps nos beaux destriers à l'écurie* (*Le Monde*, 24/09/1992).

CHEVAUCHER constr. et sens. Le plus souvent intransitif, au sens de « être à cheval » : *Nous chevauchions sur la crête molle d'une ondulation* (Constantin-Weyer). La construction transitive ne se rencontre guère aujourd'hui dans le langage de l'équitation : on dit plutôt **monter un cheval**. Mais les emplois fig. ne sont pas rares : *Telle est la nuit ardente de la prairie, telle la surabondance des forces physiques de l'homme sain qui la chevauche !* (Constantin-Weyer). Emploi pronominal : *Les vaches se chevauchent entre elles, bien qu'elles n'en éprouvent nul plaisir, pour voir aussi la tête stupide du mâle* (Montherlant). On rencontre également la construction intransitive au sens de « empiéter sur ce qui est voisin » : *Proust lisait n'importe où, se trompait de page, chevauchait, recommençait* (Cocteau).

CHEVAU-LÉGER orth. Plur. *des chevau-légers* (pas de *x* à *chevau*) : *Des chevau-légers nous joignirent* (Apollinaire).

CHEVESNE prononc. [ʃvɛn] : disparition du *e* dans la première syllabe. ♦ **orth.** Celle-ci est la plus courante, mais on rencontre également *chevaine* et *chevenne.*

CHEVEU emploi. S'emploie dans quelques cas au singulier au sens de « chevelure » : *Il n'a pas l'air âgé, regardez, le cheveu est resté jeune* (Proust). *Giuseppe est maigre, le cheveu noir, l'œil brillant des malariques* (Vailland).

CHEVEUX (EN) emploi et sens. La locution *une femme en cheveux*, c'est-à-dire « sans chapeau », ne s'emploie plus guère : *Cette femme en cheveux levait vers les lampes le feuilleton* (Mauriac). *Une femme ne sort pas comme ça... En cheveux ! On dirait un incendie !* (Lefèvre).

□ **couper les cheveux en quatre.** Admis par l'Académie (1962), à côté du tour plus ancien, de même sens, *fendre un cheveu en quatre*, « se perdre dans les subtilités ».

CHEVIOTTE orth. Deux *t.* ♦ **genre.** Fém. ♦ **sens.** « Étoffe provenant d'un mouton d'Écosse » : *Dans son beau costume de cheviotte, Paris-Sports jetait son jus* (Franck & Vautrin).

CHEVREAU orth. Ne pas oublier le second *e.*

CHEVROTER orth. S'écrit avec un seul *t* : *Un vieillard dont la voix chevrote.*

CHEVROTINES orth. Un seul *t.* ♦ **emploi.** Surtout au pluriel, mais le singulier se rencontre aussi : *Ce qu'il aurait fallu, c'est qu'il me fiche un coup de chevrotine avant de partir* (Duras).

CHEZ emploi. Suivi d'un animé, au propre ou au fig. : *chez lui, chez mon ami ; chez Balzac* : *Chez Satan, le rusé doyen* (Baudelaire). *« Du côté de chez Swann. »* → DANS.

□ **chez le coiffeur** → À.

□ **chez-moi, chez-soi. orth.** Substantifs invar., avec trait d'union : *Il insista pour que je vienne prendre un verre dans mon ancien chez-moi* (Dubois). *Existe-t-il seulement encore, ce « chez nous » ? Chacun a laissé une famille quelque part* (Bialot). Locution pop. : *Mieux vaut (paraît-il) un petit chez-soi qu'un grand chez les autres.*

__CHIASME__ Figure de rhétorique assez fréquente, qui consiste dans le croisement de deux constructions en sens opposé, ce qui crée une symétrie syntaxique et sémantique : *Je tiens que le romancier est l'historien du présent, alors que l'historien est le romancier du passé* (Duhamel). *Il demeurait dans une contemplation extasiée, jusqu'au moment où, de nouveau, il voulait comprendre et souffrait de nouveau* (Kessel). *Comme l'avenir était obscur et sombre le présent, cette année-là !* (Pontalis). *J'ai su me servir de lui, et il a su se servir de moi, songe-t-elle* (Némirovsky). *Elle s'était levée la première car la première elle s'était couchée* (Orsenna). *Plutôt que de jeter des rats crevés à la populace, je jette de la populace à quelques rats crevés* (Schreiber). *Je ne sais quel est l'âge de Monsieur le Conseiller, mais jeune, il semblait déjà vieux, ce qui crée la situation que, bien que très vieux, il paraisse encore jeune* (Barbery).

CHIBOUQUE orth. Francisée, à partir de *chibouk*, que l'on trouve aussi. ♦ **sens.** « Pipe turque à long tuyau. »

CHIC emploi. 1) Exclamation. *Elles ont dit : « Chic ! en grève ! » comme elles auraient dit : « On va gagner le gros lot »* (Colette). **2)** Adj. et subst. a) Invar. : *C'étaient des femmes chic, en grande toilette, avec leurs diamants* (Zola). *Elle a besoin de vêtements chic* (Troyat). b) Variable : *Ah ! c'est une chique femme !* (Proust). *Il ne va jamais que dans les endroits chics* (*id.*). L'invariabilité est plus courante : *Simon décrocha son premier gros contrat et nous offrit à dîner dans l'un des plus chic restaurants d'Oran* (Khadra).

CHICHI orth. Plur. *des chichis.* ♦ **emploi.** Dans la langue familière seulement, ainsi que l'adj. *chichiteux* : *Et quand ce n'est pas lourd, c'est* *chichiteux au possible : on meurt de faim avec trois radis stylisés* (Barbery).

CHIEN-LOUP orth. Plur. *des chiens-loups. Je me suis procuré des chiens-loups tchèques* (Rosenthal).

CHIFFE emploi. Dans la locution courante **mou comme une chiffe**, c'est-à-dire « comme un morceau de mauvaise étoffe ». On dit souvent, à tort, *mou comme une chique*, qui présente cependant un sens cohérent.

CHIFFRE sens. « Caractères arabes ou romains au moyen desquels on écrit les nombres. » *Chiffre* est à *nombre* ce que *lettre* est à *mot*. Toutefois, on emploie, par une extension admise de nos jours, *chiffre d'affaires* pour désigner « la somme, le montant correspondant à un chiffre ». Il convient de respecter la distinction entre **chiffre** et **nombre**.
□ **chiffres arabes.** Ce sont les chiffres d'emploi courant : 1, 2, 3, 4, etc. Les **chiffres romains** sont réservés à certains emplois particuliers, notamment pour les références d'ouvrages (tomes, livres, parties, chapitres, actes, scènes, chants, etc.), pour les noms de souverains (*Louis XI* et non *Louis 11*), les siècles (*XVIII*[e] *siècle* et non *18*[e] *siècle*), les arrondissements, etc.
□ **en chiffre rond. orth.** En général au singulier, mais le pluriel est aussi acceptable.

CHINCHILLA prononc. [ʃɛ̃ʃila] et non [-ja].

CHINE emploi. Au masc., *un vieux chine*, en parlant par exemple d'un vase de Chine. Mais on écrit : *de l'encre de Chine.*

CHINER sens. Au propre, en emploi intransitif, « chercher des occasions, en parlant d'un brocanteur, d'un chiffonnier ou d'un amateur ». Transitif, **chiner** signifie « se moquer de » : *chiner quelqu'un.*

CHIPOTER orth. Un seul *t* (ainsi que les dérivés).

CHIQUÉ emploi et sens. Surtout dans *c'est du chiqué, le faire au chiqué.* Ce mot tombe en désuétude, au profit, entre autres mots, de **bluff**. A l'origine, mot d'atelier signifiant « fait avec chic, avec élégance ». On voit que le sens s'est dégradé : *Mais au chevet de son petit François mourant, était-ce aussi du « chiqué » cette douleur si humble ?* (Mauriac).

CHIRO- prononc. [k-] dans *chiromancie, chiropracteur*, etc. *Un garçon qui pratiquait la chiromancie et qui, « lisant » dans ma main, m'avait dit...* (Bialot).

CHISTERA genre. Mal fixé : *un* ou *une chistera.* ♦ **sens.** « Gant d'osier utilisé à la pelote basque. » → CH-

CHLAMYDE sens. Dans l'Antiquité, « manteau court et fendu, agrafé sur l'épaule ». Ne pas confondre avec **cnémide**, « jambière des soldats grecs ».

CHOCOLAT → COULEUR.

CHOIR conjug. Verbe très défectif, employé à peu près exclusivement à l'infinitif ou au participe passé (souvent avec un effet comique) : *La niche de saint Denis dont la tête eût chu d'étonnement s'il n'avait été déjà décapité* (Desproges). *Alors qu'il passait devant ma loge, je ne le reconnus pas tant il avait chu* (Barbery). *Ce qui monte finit toujours par descendre, me dis-je ; une fois le succès atteint, il faudra bien que nous choyions* (Desarthe). → CHUTER et → APPENDICE GRAMMATICAL.

CHOLESTÉROL emploi. Seule forme considérée aujourd'hui comme correcte, à l'exclusion de l'ancien *cholestérine.* Ne pas dire *avoir du cholestérol*, mais *avoir un taux excessif de cholestérol dans le sang.*

CHOQUER sens. En médecine, « bouleverser l'organisme », en parlant d'un accident ou d'une opération (en pathologie, on écrit aussi *shock*, mot anglais). Le substantif **choqué** est passé dans la langue.
□ **être choqué de ce que. constr.** Au passif, ou à la voix pronominale, *choquer* se construit le plus souvent avec *de ce que*, mais le simple *que* est également possible :

Il était choqué de ce que le moindre camarade lui devenait précieux (Mauriac). → DE.

CHORAL orth. Pluriel du subst. : *des chorals* ; pour l'adj. au masc., plutôt *choraux.* ♦ **sens.** Un *choral* est un « chant religieux », une *chorale* est un « groupe de personnes réunies pour chanter ».

CHORUS prononc. Le *s* final se fait toujours entendre : [kɔrys].

CHOSE emploi et genre. Perd son genre fém. et devient neutre dans les locutions à valeur indéfinie : *autre chose (de), quelque chose (de), peu de chose, pas grand-chose (de). Leur effort a quelque chose de surhumain et de parfait* (Barbusse). *Ce quelque chose en toi qui ne peut pas mourir* (Houville). Comme substitut passe-partout d'un nom propre qu'on ne se rappelle pas, **chose** (cf. *Le petit Chose*, d'A. Daudet) n'est plus guère employé. C'est plutôt **machin** (→ ce mot), voire **Tartempion** ou **Trucmuche**, qui l'ont plus ou moins remplacé.
□ **quelque chose comme** → COMME.
□ **quelque chose que. emploi et genre.** Dans cette locution à valeur concessive suivie du subj., *chose* est du fém. → QUOI QUE.
□ **état de choses, toutes choses égales d'ailleurs.** Toujours au pluriel.
□ **c'est chose faite.** Locution figée, qui coexiste avec : *C'est une chose faite. Si vous le voulez, c'est une chose faite, dit Françoise* (Beauvoir), en face de : *Le jour de colère où il me dit que c'était chose faite, je lui eusse sauté au cou* (Radiguet).
□ **grand-chose. orth.** Avec un trait d'union. ♦ **emploi.** Précédé d'une négation : *Ce n'est pas grand-chose.* Locution familière invar. : **un** ou **une pas-grand-chose**, équivalent de « individu médiocre, sans intérêt » : *Il a été élevé par des Piémontais, des pas-grand-chose qui le laissaient dans la rue* (Japrisot).
□ **tout chose.** Cette locution adjectivale, du registre fam., demeure toujours invar., au sens de « mal à l'aise » : *Lambert se sent tout chose* (Vallejo).

CHOU orth. Plur. *des choux.* → BIJOU. On écrit : *soupe aux choux, bête comme chou, faire chou blanc.* Les mots composés prennent un trait d'union et la marque du pluriel sur les deux éléments : *un chou-rave, des choux-raves.*

CHOUCAS prononc. Le *s* final est muet dans tous les cas.

CHOUCROUTE orth. Pas d'accent circonflexe sur le dernier *u* : aucun rapport en effet entre ce mot et *croûte.* Le mot français est une déformation de l'allemand *Sauerkraut* (*sauer*, « aigre », *kraut*, « chou »), en passant par l'alsacien *Sûrkrût.*

CHRÊME orth. Accent circonflexe, à la différence de son homophone **crème.** ♦ **emploi et sens.** Limité au domaine liturgique : *le saint chrême*, « l'huile consacrée » : *Le saint chrême, apporté, dit-on, par une colombe pour le baptême de Clovis, a été conservé* (F. Evin, *Le Monde*, 03/06/2011).

CHRÉTIEN orth. On écrit sans majuscule : *Les chrétiens sont en majorité des catholiques, des protestants et des orthodoxes.*

CHRIST emploi. Quand le mot désigne une reproduction plastique de la crucifixion, il prend la marque du pluriel comme un nom commun : *des christs d'albâtre.*

CHROME (et ses dérivés) **orth.** Pas d'accent sur le *o* malgré la prononciation [o].

CHROMO genre. On dit **un chromo**, et non pas *une chromo*, bien que ce substantif soit l'abréviation du mot fém. *chromolithographie.*

CHRYSANTHÈME genre. Masc. *un chrysanthème.*

CHUCHOTER orth. Un seul *t.* ♦ **forme.** Deux dérivés : **chuchotis** est plus léger que **chuchotement** : *Au chant de la cascade se mêlaient les chuchotis de la rivière* (Gide). *Il croit entendre sur son passage le chuchotis des immeubles* (Supervielle).

CHUTER emploi. Ce verbe n'est pas un néologisme, bien qu'il soit très répandu comme synonyme de **tomber** et de **échouer**. Il est en ce sens peu utile et n'offre pas l'excuse d'une conjugaison plus aisée ; *L'auto roulait, seule réalité, glorieuse, et dans son sillage toute la ville chutait, s'écroulait, brillante, grouillante, sans fin* (Duras). *Thomas va mourir. Ses plaquettes ne cessent de chuter. Elles l'entraînent vers sa propre chute* (Pontalis). *Il était peut-être mieux là où le destin l'avait fait chuter* (Garnier). On le trouve chez Littré : « Terme très fam., tomber en parlant d'une pièce de théâtre. » C'est aussi un terme de jeu : « Ne pas faire un certain nombre de levées. »

CHYPRIOTE → CYPRIOTE.

CI emploi. Forme réduite de *ici.* Se rencontre dans les pronoms et adj. démonstratifs : *celui-ci, ce livre-ci,* dans des expressions figées et dans des locutions adverbiales composées : *ci-après, ci-dessous, ci-inclus, ci-gît, par-ci, par-là,* ou encore en comptabilité, devant une somme globale : *sept chemises à vingt francs, ci... cent quarante francs.*
□ **comme ci, comme ça.** Dans cette locution, *ci* est la contraction de *ceci* et non de *ici.* De même dans : *Lucie, donne-moi un mouchoir ; Lucie donne-moi une tisane, donne-moi ci, donne-moi ça* (Dabit). *Attention à ci, attention à ça* (Bernanos).
□ **ci-inclus, ci-joint**, etc. Pour l'accord → JOINDRE.

CIBISTE emploi et sens. Ce substantif, dérivé du sigle anglais C.B., pour *Citizen's band,* « bande de fréquence bien déterminée, mise à la disposition du public », désigne « celui qui communique avec une autre personne sur ladite fréquence ». Il ne doit pas être confondu avec **radioamateur**. On a proposé de le remplacer par *bépiste,* formé sur B.P., sigle de *bande publique.* D'autre part, un arrêté du 27 avril 1982 recommande la forme *cébiste,* de C.B., prononcé à la française. Cependant, **cibiste**, en dépit de sa forme phonétique anglo-saxonne, s'est largement imposé et ne peut être refusé.

CICÉRONE prononc. [siserɔn], mot entièrement francisé.

-CIDE emploi et sens. Cet élément suffixé est assez productif, et a la propriété de désigner aussi bien « l'action de tuer X » que « l'individu qui tue » : **homicide** (sans rapport avec *homo* !), **matricide, parricide, régicide** : *Me revient en mémoire l'histoire du parricide qui, ayant tué père et mère, demande l'indulgence du tribunal parce qu'il est orphelin !* (Bialot) ; exception faite, bien entendu, des mots qui désignent des produits destinés à détruire : **fongicide, pesticide, raticide.** Le **génocide** et l'**ethnocide** sont seulement substantifs, au sens d'« extermination d'un peuple, d'une ethnie ». On trouve, dans un sens fig. : *Les amis de M. Berlusconi redoutent un « régicide »* (P. Ridet, *Le Monde,* 10/06/2011).

CI-DEVANT forme. Toujours invar., qu'il s'agisse du substantif ou de l'adj. : *les ci-devant barons, les ci-devant.* ♦ **sens.** En histoire : « Ceux d'avant la Révolution de 1789 » : *Le beau portrait indubitable,* [...] *qui appartint à Égalité, ci-devant Orléans, est perdu depuis la Terreur* (Michon). Voici un exemple humoristique, avec le sens large de « antérieurement » : *À croire que les États-Unis ne sont qu'un vaste désert de cailloux, planté de cactus, décoré par le squelette blanchi d'animaux ci-devant domestiques* (de Roulet).

CIEL forme. Le pluriel le plus fréquent est *ciels* ; *cieux* est réservé à un contexte religieux ou employé dans des locutions toutes faites : *sous des cieux plus cléments, lever son regard vers les cieux.* C'est le pluriel **ciels** que l'on utilise dans les mots composés, en peinture, dans le vocabulaire de l'aviation et en météo, et d'une façon générale pour désigner les aspects changeants du ciel : *Il était familier aussi avec tous ces ciels ténébreux ou déblayés et rongés d'étoiles* (Mauriac). *C'est la fin des ciels pommelés* (Wiazemsky). → GRATTE-CIEL.
□ **le Ciel** ou **le ciel. emploi.** Vieilli pour désigner la divinité. Prend en ce cas la majuscule, plus rarement la minuscule.
□ **au ciel** ou **dans le ciel. emploi.** Le premier tour a un caractère religieux, le second s'emploie de façon beaucoup plus large.

CIEL DE LIT orth. Pas de traits d'union. Plur. *des ciels de lit.*

CIF → CAF.

CI-GÎT → CI et GÉSIR.

CIGUË orth. Tréma sur le *e* final (et non sur le *u*).

CI-INCLUS, CI-JOINT → JOINDRE.

CIL sens. « Poil fin garnissant le bord des paupières », ne pas confondre avec **sourcil**, « poil poussant au-dessus de l'arcade sourcilière ».

CILICE → SILICE.

CILLER → CLIGNER.

CIME orth. Pas d'accent circonflexe sur le *i*, comme *cimier* (d'un casque), et à la différence de **abîme** : *Au-dehors, le vent faisait frissonner les arbres dont les cimes arrivaient à hauteur des fenêtres de cette salle* (Dhôtel).

CIMETERRE orth. Deux *r*.

CINÉMATHÈQUE emploi. Ce mot, admis par l'Académie en 1963, l'a définitivement emporté sur *cinéthèque*, pourtant plus bref, que l'on trouve chez Sartre : *Une cinéthèque aussi et des films qui décomposeraient au ralenti les mouvements difficiles.* On trouve aussi couramment **ciné-club** (pluriel : *des ciné-clubs*).

CINÉMATOGRAPHE, CINÉMA, CINÉ forme et emploi. La forme complète est devenue rare et démodée : *Les Japonais venaient de couler la flotte russe au large de Tsoushima et dans une baraque installée place Garibaldi, on avait projeté les premières images, tremblantes, floues, de la bataille, dans le bruit de crécelle du cinématographe* (Gallo). Les noms composés **cinéphile** et **cinéphilie** sont complètement passés dans l'usage : *Frédéric allait peu au cinéma. Je lui appris que ma mère était une grande cinéphile* (Weyergans). Mais on dit toujours : **faire du cinéma, les problèmes du cinéma, la tâche éducatrice du cinéma** (jamais *du ciné*). *Sors-moi donc, Albert / Mène-moi au cinéma* (F. Leclerc). La forme **cinoche** est pop. ou employée dans le langage des jeunes. Mais le mot **toile** (au sens de « séance de cinéma ») est de plus en plus utilisé : *se faire* ou *se payer une toile*.

CINÉRAMA forme. Mot mal formé, qui fut créé en 1896 sous la forme « correcte » *cinéorama*. Mais il s'est intégré tel quel à la langue commerciale. → -RAMA.

CINÉ-ROMAN orth. Plur. *des ciné-romans.* ♦ **sens.** A varié selon les dictionnaires et selon l'époque : **1)** « Roman écrit spécialement en vue de l'adaptation cinématographique » (Larousse), « roman tiré d'un film » (Petit Robert). Entre 1925 et 1930, c'était le nom donné à certains films à épisodes multiples, tel le célèbre *Jim la Jungle*. Voir aussi cet exemple : *Une œuvre fort inégale, dont certaines parties relèvent du ciné-roman* (R. Clair, à propos de Griffith) ; **2)** on emploie aujourd'hui le néologisme **novélisation**, de l'anglais *novel*, « roman ».

CINQ prononc. En principe [sɛ̃k] devant une voyelle ou en fin de phrase et [sɛ̃] devant une consonne : *Ils étaient cinq* [sɛ̃k] *amis*, mais *cinq* [sɛ̃] *mille* francs ou *cinq cent* [sɛ̃sɑ̃] *mille* francs. Cependant, il y a une tendance générale à prononcer le [k] final dans tous les cas : *cinq personnes* [sɛ̃kpɛrsɔn], et l'on fait entendre le [k] dans *le cinq de chaque mois*. Les nombreux homophones sont sans doute ce qui explique ce glissement phonétique *(sein, sain, saint, ceint)*.
□ **en cinq secs** ou **en cinq sec. orth.** Pour Littré, les deux formes sont justifiables : *en cinq (points) secs* (adj.) ou *en cinq sec* (adv.).

CINQUANTENAIRE emploi. À ne pas confondre avec **quinquagénaire**, qui désigne une personne âgée de cinquante ans : le **cinquantenaire** désigne surtout de nos jours un cinquantième anniversaire.

CIRCONCIRE orth. Un *e* à l'infinitif. ♦ **conjug.** Comme **confire** (→ APPENDICE), à l'exception du participe passé **circoncis**.

CIRCONFÉRENCE sens. « Limite, périmètre » du **cercle**, « surface délimitée par la circonférence ». On dira donc : *mesurer la longueur de la circonférence* et *calculer la surface du cercle.*

CIRCONFLEXE (ACCENT) **emploi.** Variable et souvent peu conséquent. On le trouve sur le *u* final de *dû, redû, crû* (participe de croître), *recrû* et *mû.* Au contraire, pas d'accent sur *accru, cru* (vin, contraire de *cuit* et participe de *croire*), *décru, ému, indu, promu.* → ADVERBES et de nombreux mots à leur place alphabétique.

CIRCONLOCUTION C'est une façon indirecte de s'exprimer, qui est proche de la périphrase et de l'euphémisme : *Tu ne peux ni n'es sur le chemin de pouvoir me faire du bien positif* (Pontalis). *Je ne dis pas que je ne suis pas d'accord avec toi, mais…*

CIRCONSCRIPTION → CONSCRIPTION.

CIRCONSPECT prononc. Au masc. [sirkõspɛ] est préférable à [sirkõspɛkt], qui correspond à la forme fém.

CIRCONSTANCE forme et emploi. Au sens de « élément d'une situation, particularité d'un fait », ce nom s'emploie au sing. ou au plur. : *La circonstance se prête mal à la plaisanterie. L'accusé avait des circonstances atténuantes.* Mais le tour adjectival **de circonstance**, au sens de « qui convient à tel événement, à telle cérémonie », se met toujours au sing. : *François a endossé un costume de circonstance : une veste grise, étriquée* (Jourde).

CIRRHOSE orth. Deux *r* suivis d'un *h.* ♦ **emploi.** L'expression *cirrhose du foie*, courante, est un pléonasme : *Émile Zola ne mourra pas d'une cirrhose du foie* (Rouaud).

CIRRUS orth. Deux *r* mais pas de *h*, à la différence de **cirrhose**.

CISEAU emploi. Le pluriel est usuel et régulier pour désigner l'instrument composé de deux branches : *La couturière manie habilement les ciseaux.* Au contraire, le singulier est de règle pour l'outil du menuisier ou du mécanicien : *un ciseau à bois, à froid.* On dit de même *un ciseau* pour une sorte de prise de catch.
□ **sauter en ciseau(x). orth.** La marque du pluriel est facultative dans cette locution du vocabulaire sportif.

CISELER conjug. Comme **geler**. → APPENDICE.

CISTRE sens. « Instrument de musique à cordes, du type mandoline, aux XVIe et XVIIe siècles. » Ne pas confondre avec **sistre**, « instrument de musique à percussion, dans l'Égypte ancienne ».

CITHARE sens. « Instrument de musique à cordes ne comportant pas de manche, d'abord dans la Grèce antique. » Se distingue nettement de la **guitare**, « instrument à six cordes et à fond plein ».

CITRON → COULEUR.

CITRONNADE orth. Deux *n*, de même que *citronnelle.*

CIVIL, CIVIQUE et **CITOYEN emploi et sens.** Le premier mot est vieilli dans le sens de « courtois », « bien élevé ». Il se rencontre surtout dans des expressions figées ou des locutions appartenant au droit ou à la langue administrative : *état civil* (sans trait d'union), *Code civil, droit civil,* « qui concerne les citoyens d'un État ». S'oppose également à **militaire**, par ex. dans *budget civil*, et dans l'expression *dans le civil* : *Comment tu t'appelles, toi ? – Soldat Dufour… postier dans le civil* (Lanoux). *Qu'est-ce que vous faites dans le civil ? – Pas grand-chose… Moi, dans le civil, je suis militaire* (Merle). Le subst. **citoyen** est, depuis le début des années 90, employé comme adj. au sens de **civique**, comme si ce dernier qualificatif s'affaiblissait ou était devenu « ringard » : *Certains intellectuels revendiquent de plus en plus un statut « citoyen », sorte de cote mal taillée pour un engagé-désengagé, honteux de ses choix anciens* (F. Laruelle, cité par Guillebaud). *Quand on demande aux gens de citer un acte citoyen, ils ne répondent pas immédiatement le fait d'aller voter. En revanche, ils citent*

le tri des déchets, l'utilisation de sacs réutilisables pour faire ses courses (R. Rochefort, *Le Monde*, 07/05/2007). Alors que **civil** est relatif au citoyen considéré par rapport à d'autres citoyens, **civique** s'applique plus particulièrement au citoyen dans son rapport à l'organisation politique, aux valeurs patriotiques, etc.
□ **société civile.** Ce néologisme des années 80 est assez discutable. Il désigne, dans la langue des politiciens, les personnalités qui, tout en jouant un rôle dans un gouvernement, ne font pas partie de la « classe politique », en ce sens qu'elles ne sortent pas d'une grande école (surtout l'ENA) : *En nommant ministres Alain Decaux, Roger Bambuck ou Bernard Tapie, le président de la République a fait un appel remarqué à la société civile.* Le concept est peu clair, ne s'opposant pas toujours à *militaire*, ni à *religieux*... Cependant Gracq a écrit en 1985 : *Le lycée, malgré sa forte clôture, n'était pas sans se laisser pénétrer par le climat de l'époque, par les mouvements qui agitaient la société civile (le mot vient comme naturellement sous ma plume, tellement le lycée-caserne restait une réalité).*

CLABOT forme. On rencontre aussi *crabot*, d'où les deux verbes *claboter* et *craboter.* ♦ **sens.** Terme technique, « dispositif d'accouplement direct de deux pièces métalliques, par dents et rainures, par ex. pour la prise directe du moteur d'une automobile ». Au sens de « mourir », *claboter* est pop. ⟶ CLAMSER et CLAQUER.

CLAIREMENT emploi. Cet adverbe est souvent employé en tête de phrase dans les déclarations officielles ou les débats, surtout quand ce qu'on profère... n'est pas d'une clarté évidente. On est là, plus ou moins, dans le **politiquement correct.** ⟶ cette entrée.

CLAIRE-VOIE forme. Au pluriel, chacun des éléments de ce nom composé prend un *s* : *La couverture ouvragée d'enlacements végétaux donnait en claires-voies sur le ciel cru* (Llaona).

CLAIR-OBSCUR orth. Plur. *des clairs-obscurs.*

CLAIRSEMÉ orth. Adj. lié, pas de trait d'union, à la différence du mot précédent.

CLAMER emploi. Presque toujours emphatique ; n'appartient qu'à la langue littéraire.

CLAMSER orth. On écrit aussi *clamecer.* ♦ **emploi.** Pop. ⟶ CLAQUER.

CLAPOTIS emploi. C'est aujourd'hui le dérivé de **clapoter** le plus usité : *Des bonbons roses qu'elle déguste sans pudeur, avec des lapements saliveux, soupirs béats et clapotis goulus* (Perret). *Ce clapotis de vaguelettes et d'amour des corps amoureux pendant l'étreinte* (Volodine). Mais on connaît également **clapotement** (ignoré de Littré) : *Le clapotement de ses semelles dans un marou surprit André* (Vercel). Plus rare est *clapotage*, qui semble, en revanche, avoir été pour Littré la forme principale. On trouve même *clapot*, chez Maupassant par exemple : *Le « Jean-Guiton » laissait derrière lui quelques vagues, quelques clapots.*

CLAQUAGE sens et emploi. « Distension d'un ligament », mot du vocabulaire sportif tout à fait passé dans la langue commune. Ne pas l'employer pour **claquement**.

CLAQUEMURER emploi. Ce verbe tombe en désuétude au profit de **séquestrer, enfermer**.

CLAQUER emploi et sens. Claquer a été accepté par l'Académie en 1964, comme synonyme « vulgaire » de *mourir.*

CLARIFIER emploi. Clarifier, « rendre plus clair, plus pur », permet d'éviter la confusion toujours possible entre **éclaircir**, « rendre plus clair » et **éclairer**, « jeter de la lumière sur... ». Mais les emplois fig. sont de plus en plus admis de nos jours : *clarifier les idées, la situation*, etc., alors qu'on pourrait dire aussi bien : *éclaircir la situation, les idées*, etc.

CLARISSE orth. Deux *s*, et non *c*. ♦ **sens.** « Religieuse de l'Ordre de sainte Claire. »

CLASH emploi et sens. Cet emprunt à l'anglo-américain, au sens de « conflit violent »,

« rupture », est assez affecté et ne paraît pas indispensable : *Il y a eu un clash dans l'équipe, qui s'est scindée en deux groupes rivaux, pour des raisons d'intérêt.*

CLASSE emploi. Le tour **avoir de la classe**, reflet de la structure de mainte société, semble passé dans la langue malgré les puristes, mais ne doit pas s'appliquer à un objet. On évitera donc de dire : *un mobilier de classe* (d'autant plus que cette tournure est ambiguë).
□ **c'est classe.** Comme adj., le mot *classe* est passé dans l'usage fam., au sens approximatif de « chic, élégant » : *Même en France, on commence à se dire que ce serait classe de finir en* green beauty *et d'envisager les obsèques écolos* (E. Peyret, *Libération*, 30/10/2009).

CLASSER emploi et sens. « Répartir en classes », notion courante et banale. Quant au verbe **classifier**, qui, contrairement à ce qu'on serait tenté de croire, est beaucoup plus ancien que **classer**, il désigne l'action d'établir et de définir les classes elles-mêmes plutôt que celle de répartir ou classer.

CLASSIFIER → CLASSER.

CLAUDICATION emploi. Littéraire et peu usité, mais son synonyme **boiterie**, courant dans le langage des vétérinaires, ne semble pas admis pour l'homme. On se demande bien pourquoi, puisque le verbe *boiter* s'applique aux êtres humains, de même pour l'adj. *boiteux*.

CLAUSULE sens. « Dernier élément prosodique d'une strophe ou d'un vers. »

CLÉ orth. Avec ou sans *f* final. **Clé** est à préférer à *clef*. ♦ **prononc.** Toujours [kle]. ♦ **emploi.** Après certains mots, avec trait d'union, **clé** signifie « essentiel, qui fournit la solution ». **Mot-clé, paramètre-clé, secteur-clé** : *Le général Saint-Marc, défenseur malheureux de la même position-clé* (Peyré). *Autre sujet-clé : les relations avec la Russie* (T. Ferenczi, *Le Monde*, 02/01/2009).
□ **à la clé.** Cette locution renvoie à un avantage ou une récompense obtenue à la fin d'une opération : *À la clé, 78 milliards d'euros d'actifs ont été officiellement déclarés* (Ph. Le Cœur, *Le Monde*, 19/08/2011).
□ **laisser la clé sur la porte. constr.** Assez libre ici. On peut admettre : *La clé est à la porte, sur la porte, à la serrure, sur la serrure, dans la serrure.* Littré acceptait même *après la porte*, qui est à éviter. La seule locution vraiment incorrecte est : *La clé est dans la porte.*

CLEAN sens. Ce mot d'origine anglaise signifie « propre, soigné, sain » et s'applique, dans le langage courant, à toutes sortes de contextes : *Mais je disais, Quand je sortirai on se bricolera une vie très clean* (Saumont). *On a souvent reproché à Michel Jonasz son côté jazz clean, sa tendance à la plainte* (V. Mortaigne, *Le Monde*, 11/05/2007).

CLEPSYDRE genre. Fém. *une clepsydre.* ♦ **sens.** « Horloge à eau » ; ne pas confondre avec **sablier**.

CLEPTOMANE → KLEPTOMANE.

CLÉRICAL emploi. Ne pas employer cet adj. à la place de **religieux** et vice versa. Est **clérical** ce qui se rapporte au *clergé.* Notons qu'au Canada francophone on dit, par contamination de l'anglais : *une erreur cléricale* (pour « erreur de copie »), et *travail clérical* (pour « travail de bureau »). → ANTICLÉRICAL et *Dictionnaire des difficultés de la langue française au Canada* de Gérard Dagenais.

CLIGNER sens. « Fermer à demi les paupières » ou bien « fermer et rouvrir rapidement les yeux », synonyme de *ciller* dans cette dernière acception. ♦ **constr.** Transitive ou intransitive : **cligner les** ou **des yeux**, à peu près indifféremment. → CLIN. Ne pas confondre avec **clignoter**. → ce mot.

CLIGNOTER emploi. Ce verbe ne s'emploie presque plus pour les yeux *(des yeux, des paupières qui clignotent)* et se trouve surtout dans le langage de la signalisation routière pour désigner une lumière intermittente. **Clignotant**, comme substantif, a fait disparaître *clignoteur*.

CLIMATIQUE emploi et sens. C'est le seul adj. qu'on puisse employer comme dérivé du substantif climat : *Il faut nourrir les hommes, obtenir d'eux le travail dans des conditions climatiques difficiles* (Chaix). *Station climatique, variations climatiques.* L'ancien **climatérique**, d'un mot grec qui signifiait « échelon », s'appliquait à certaines périodes critiques de l'histoire ou de la vie humaine, et spécialement aux années correspondant à des multiples de 7 ou de 9 : la soixante-troisième année était nommée *la grande climatérique.*

CLIMATISER emploi. Terme bien formé et parfaitement acceptable ainsi que ses dérivés : *climatiseur, climatisation.* ♦ **sens.** « Maintenir dans un local clos un degré d'hygrométrie et un degré de température donnés. » : *Une salle climatisée.*

CLIMAX emploi et sens. Terme scientifique ou technique invar. désignant un terme, ou un point culminant dans une progression. Il n'a aucun rapport avec *climat.*

CLIN D'ŒIL forme. Ce groupe tend à se figer et donne au pluriel **des clins d'œil** aussi souvent que **des clins d'yeux** : *Ces deux Allemagnes d'aujourd'hui qui échangent des clins d'œil par-dessus nos têtes* (Mauriac). En revanche, on trouve en général **clignement(s) d'yeux** au singulier comme au pluriel, *clignement d'œil* étant peu attesté : *J'y gagnai séance tenante l'estime de mes camarades et des clignements d'yeux du maître* (Radiguet).

CLIP forme. *Clips* est une variante incorrecte, il faut dire et écrire *clip* (au singulier).

CLIQUES forme. Dans la locution **prendre ses cliques et ses claques**, il faut se garder d'écrire *clic* et *clac*, malgré la valeur onomatopéique de ces mots. Ne pas confondre avec **clic-clac**.

CLIQUÈTEMENT orth. Avec un accent grave, et sans doublement du *t* : *Un très désagréable cliquètement métallique et répété* (Orsenna). → APPENDICE GRAMMATICAL.

CLOCHE-PIED orth. Locution adverbiale, singulier dans tous les cas : *Plusieurs, dans la cour, sautaient à cloche-pied.*

CLOÎTRE orth. Accent circonflexe sur le *i*, comme sur *cloîtrer*.

CLONE, CLONER orth. Les mots de cette famille ne prennent pas d'accent circonflexe.

CLOPIN-CLOPANT forme. Toujours invar., car c'est un adverbe et non un adj.

CLORE conjug. Difficile et très défective. → APPENDICE GRAMMATICAL. ♦ **emploi.** Les seules formes à peu près vivantes sont l'infinitif et le participe passé ; encore appartiennent-elles souvent à la langue littéraire, ainsi que les dérivés *éclore, enclore, déclore* (archaïque). **Clore** : *Une enquête qui n'aboutit pas, ne peut pas aboutir, car elle ignore ce qui pourrait la clore, elle est sans fin* (Pontalis). *Les bras forts se sont clos sur elle, l'ont portée sur le lit* (Benameur) ; *sommeiller les yeux clos* ; *le débat* ou *l'incident est clos.* **Déclore** : *Armée de cils noirs, de belles lèvres décloses, de dents brillantes* (Colette). **Enclore** : *Nous cheminions entre des terres dont les propriétaires avaient méprisé d'enclore leurs cultures* (Constantin-Weyer). Aux autres formes que le participe passé, **clore** est remplacé dans l'usage courant par **fermer** ou par **clôturer** (au sens spatial, concret), lui-même dérivé de **clôture** qui est le substantif correspondant à *clore*, ou encore par **conclure** (pour un débat ou un exposé, par exemple) : *Je souhaitais le renvoi du collège, un drame, enfin, qui clôturât cette période* (Radiguet). Selon l'Académie (décision de 1965), *clôturer* s'emploie abusivement à la place de *clore* dans les expressions *clôturer un débat, une séance, un congrès* : *Tous les gens se dispersèrent et s'alignèrent alentour pour entendre quelques prières qui devaient clore la cérémonie* (Dhôtel). Cependant, pour Albert Dauzat, « on peut *clore* une discussion, mais la *clôturer* est plus précis au point de vue parlementaire, car c'est prononcer la clôture » ; de même dans le domaine des affaires : *Festilight va clôturer son exercice 2008 avec un chiffre d'affaires dépassant, pour la première fois, la* *barre des six millions d'euros* (P. Schild, *Le Monde*, 26/12/2008).

CLOUER ou **CLOUTER sens.** Ces deux verbes sont bien distincts. Le premier signifie « assembler au moyen de clous », le second « garnir de clous, pour consolider ou décorer » : **clouer des planches, une caisse**, mais **clouter le revêtement d'un bras de fauteuil ; des souliers cloutés.** *La salle à manger aux meubles puissants et aux chaises de cuir cloutées* (Peyré).

CLOUS → LIGNE.

CLOVISSE genre. Fém. *ramasser une clovisse sur la plage.*

CLOWNESSE forme. Le fém. de **clown** est rare : *Un tas de clownesses mystiques* (Huysmans).

CO- forme. Pas de trait d'union dans les mots *coalescence, copropriétaire, coauteur*. Le tréma s'impose quand le radical commence par un *i* : *coïncidence, coïnculpé*. ♦ **prononc.** Toujours prononcer *co* de façon distincte : *coefficient* [kɔefisjâ] et non [kwɛfisjâ].

COACH et **COACHING pron.** [kotʃ] et [kotʃing]. ♦ **forme.** plur. des *coachs* (R.O.). ♦ **emploi et sens.** Ces deux mots empruntés à l'anglais sont synonymes d'**entraîneur** et **entraînement** : *De tout temps, la question s'est posée de savoir jusqu'où un coach pouvait aller pour motiver ses « troupes »* (J.-J. Larrochelle, *Le Monde*, 14/05/2007). On a recommandé de les remplacer par *mentor* et *mentorat*, mais le fait que le verbe **coacher**, « entraîner », existe et fonctionne déjà augure mal de cette substitution : *Ces traditionnelles potions peuvent toujours accompagner les remèdes nouveaux. Parmi ces derniers : le recours au coaching (« mentorat » en français pour les puristes, quoique « accompagnement » siérait probablement mieux)* (J.-M. Dumay, *Le Monde*, 11/06/2007). Cette famille de mots semble correspondre, en plus « chic », aux anciens **cornac** et **cornaquer**.

COASSER et **CROASSER emploi et sens.** On distingue arbitrairement, mais nettement, entre **coasser**, « pousser son cri », en parlant de la grenouille et des autres batraciens, et **croasser**, « pousser son cri », en parlant du corbeau : *Soudain les grenouilles s'arrêtèrent de coasser dans la mare* (A. Besson). Les confusions sont fréquentes, au profit de **croasser.**

COCAGNE orth. S'écrit en principe sans majuscule, mais la règle n'est pas absolue : *Mât de cocagne.*

COCCYX prononc. [kɔksis] et non [kɔksi].

COCHER et **CÔCHER sens. Côcher** : « Couvrir la femelle », en parlant des oiseaux. Ne pas confondre avec **cocher**, « marquer d'un signe », ni bien entendu avec le substantif.

COCHON forme. L'adj. est d'emploi pop. Au fém. : *cochonne*. Le fém. du substantif est **truie**, ou **coche** (régionalisme). ♦ **emploi.** Dans un sens érotique, a été détrôné par **hard** ou **porno(graphique)** : *Il ne parlait que de revues cochonnes, de football, de cigarettes et de bière* (Nothomb).

COCHONNER emploi et sens. Le sens premier est « mettre bas », en parlant de la truie. Pop. au sens de « faire salement » : *cochonner sa besogne.*

COCKPIT prononc. [kɔkpit]. ♦ **orth.** Prendre garde au groupe *-ck-*. ♦ **sens.** Mot anglais désignant l'habitacle du pilote d'un avion ou un réduit étanche à l'arrière d'un yacht. Le français emploie comme équivalent, pour le langage de l'aéronautique : **poste de pilotage.**

COCKTAIL orth. Prend un *c* entre *o* et *k*. ♦ **prononc.** [kɔktɛl].

COCU sens. Définition proposée par l'Académie, en 1964 : « Celui dont l'épouse ou la compagne manque à la fidélité. » Le fém. est rare. Voir cependant : *Si tu épouses le sire Robert de Nettencourt, qui n'est pas plus vicomte que moi, tu seras cocue dès la nuit de* *noces* (Aragon). ♦ **dérivé.** On écrit **cocuage**, mais *cocufiage* et *cocufier* sont plus fréquents, au moins dans le code parlé.

CODER (et ses dérivés) **emploi.** Termes bien formés et absolument indispensables, admis sans difficulté dans notre langue à la suite des progrès réalisés en informatique et en linguistique : *encoder, décoder, encodage, décodage.* **Codifier, codification**, etc., appartiennent à un autre domaine (juridique) : *coder un message*, mais *codifier la législation du travail.*

COERCITION emploi et sens. Terme spécialisé, au sens de « pouvoir ou fait de contraindre ». Ne pas l'employer comme simple équivalent de *punition*, ce qui paraît affecté et prétentieux. **Coercible** et **coercibilité** sont du domaine de la physique, à la différence de **incoercible**, « qu'on ne peut réprimer » : *Une envie incoercible de s'enfuir.*

COGITER emploi. Faux archaïsme, comme **cogitation** : *Extrayant de sa serviette en moleskine le fruit de nos cogitations* (Hériat). Le verbe a été admis en 1965 par l'Académie qui le définit ainsi : « Réfléchir, débattre une question en soi-même » (« légèrement ironique », dit-elle) : *Ça doit cogiter là, en ce moment, dans les bureaux design de nos capitaines d'industrie* (C. Sarraute, *Le Monde*, 03/06/1992).

COGNAT prononc. [kɔgna] et non [kɔɲa]. ♦ **sens.** En droit romain : « Parent selon une relation naturelle », s'oppose à « parent par alliance ».

COGNER constr. Employé surtout à la voix pronominale, avec les prépositions **à, contre** ou **sur**, suivant le contexte. Intransitif dans **cogner à la porte** ou **cogner**, tout court : *Quelqu'un cogne.*

COI forme. Le fém. **coite** est rare : *Elles pénétrèrent dans la chambre coite qui servait d'atelier* (Jorif). ♦ **emploi et sens.** Adj. très vieilli, « tranquille », surtout dans *se tenir, rester coi* : *Je guéris et me tins coi. J'observai* (Ragon). *Plaqués au mur, les glabres étaient restés cois* (Échenoz).

COÏNCIDENT ou **COÏNCIDANT** → PARTICIPE PRÉSENT.

COL emploi. Forme ancienne de *cou.* Ne s'utilise pas librement, mais seulement dans quelques tours archaïques et figés : **col de cygne, col du fémur, se rompre le col** (style plaisant).

COLCHIQUE genre. Masc. *Le colchique couleur de cerne et de lilas* (Apollinaire).

COLÈRE constr. On dit **être en colère contre qqn** mieux que *après qqn. Être colère* est un emploi ancien et dialectal : *Une voix très basse, angoissée et colère* (Alain-Fournier) ; on dit aujourd'hui *être en colère.*

COLÉREUX ou **COLÉRIQUE emploi.** Le premier de ces deux mots est beaucoup plus usuel que le second et signifie « prompt à se mettre en colère » : *Elle soignait son père, un vieux coléreux qui rossait les domestiques* (Morand). Le second, vieilli, signifie « enclin à la colère » et est généralement employé avec les mots *tempérament, humeur* : *un homme coléreux*, mais *un tempérament* ou *une humeur colérique.* Ne pas confondre **colérique** et **cholérique**, « qui se rapporte au choléra » ou « qui est atteint de choléra ».

COLLANTE emploi. Admis par l'Académie en 1965, au sens de « convocation indiquant au candidat le lieu et la date de son examen ».

COLLATION emploi et sens. « Action de conférer un titre. » : *La collation des grades est réservée à l'enseignement public.* Également : « Action de comparer des manuscrits, des versions différentes d'un même texte », etc. Mais on dit plutôt, dans ce sens, **collationnement**. Enfin, dans un registre quelque peu maniéré, « repas léger, lunch ». Il est inutile, en ce cas, de dire : *une légère collation*, la notion de légèreté étant impliquée dans le substantif.

COLLATIONNER sens. « Comparer des documents » → COLLATION. Ne pas confondre, bien entendu, avec **collectionner**.

COLLECTIF emploi. Lorsqu'un nom dit collectif, c'est-à-dire désignant sous une forme au singulier un ensemble ou une collection d'êtres ou d'objets, a pour complément un substantif au pluriel, de sérieux problèmes d'accord du verbe se présentent. Très souvent le singulier et le pluriel sont possibles : *La majorité des députés a* ou *ont voté la censure.* Avec l'accord au singulier, on envisage cette majorité comme un bloc : *Nous étions à peine entrés dans le hall qu'une nuée d'hommes nous suivit à la trace comme un essaim d'insectes* (Toussaint). *Trop innocent encore pour voir que la majorité d'entre eux provient aussi d'une autre ville* (Labro) ; avec l'accord au pluriel en revanche, on considère la pluralité, l'addition des votes individuels : *La dizaine d'hommes que nous étions haletaient parmi les mouches* (Camus). *Puis un millier de personnes ont envahi la propriété* (Wiazemsky). *Une quinzaine de kilomètres séparaient la plage de la ville* (Simon). *Un certain nombre d'analystes voient maintenant l'once atteindre les 1600, voire les 1800 dollars d'ici à la fin de l'année !* (*Le Monde*, 25/04/2011) : ici, le pluriel est quasi obligé.

COLLÉGIAL orth. Masc. plur : *collégiaux.* → -AL.

COLLÈGUE sens. « Personne remplissant la même fonction qu'une autre personne, soit dans le même corps, soit ailleurs (fonctionnaires, professeurs, postiers, etc.). » À distinguer de **confrère**, « personne faisant partie du même corps qu'une autre personne (professions libérales : avocats, médecins, notaires, etc. ou indépendantes) ». Ces deux mots sont souvent pris l'un pour l'autre, comme **collège** et **confrérie** : *Ils* [les collégiens] *se sentaient en quelque sorte membres d'une confrérie secrète et fermée* (Simon).

COLLER emploi et sens. L'emploi pronominal de ce verbe au sens de « se mettre à, entreprendre, attaquer » appartient à un registre très fam., et il vaut mieux l'éviter dans une communication officielle : *La description – c'est un classique, même Chateaubriand s'y est collé lors d'un séjour forcé en Suisse* (Rouaud). On dira : *Le ministre s'est attelé* ou *attaqué à cette réforme* plutôt que *s'est collé...*

COLLETER conjug. On conjugue ce verbe plutôt comme *jeter* que comme *acheter* → APPENDICE GRAMMATICAL. ♦ **emploi.** Surtout à la voix pronominale, **se colleter avec qqn**, mais on peut trouver la construction transitive **colleter qqn**. On se gardera de confondre ce verbe, qui signifie littéralement « se prendre au collet », avec **coltiner**, qui a le sens de « porter sur le cou (un fardeau) ».

COLLIGER emploi et sens. Verbe littéraire et vieilli, « rassembler en recueil ou en collection » : *colliger des lois ; colliger des livres.* Ne pas confondre avec **collationner**. → ce mot.

COLLISION emploi. À ne pas confondre avec **collusion**, « connivence, accord secret aux dépens d'un tiers » : *Wallas n'aime pas ces plaisanteries, qui ne servent qu'à faire accuser le Bureau d'incurie, voire de collusion* (Robbe-Grillet).

COLLOQUE prononc. Il est tout à fait inutile (pour faire plus savant ?) de faire entendre dans ce mot un double *l.*

COLLUTOIRE et **COLLYRE emploi et sens.** Substantif masc., du vocabulaire médical, **collutoire** désigne un « médicament que l'on s'applique dans la bouche, pour soigner les maux de gorge ». Ne pas confondre avec **collyre**, également masc., « liquide que l'on dépose sur la conjonctive de l'œil ».

CÔLON orth. Accent circonflexe sur le premier *o*. Ce mot désigne la portion moyenne du gros intestin. À ne pas confondre avec **colon**, individu vivant dans une colonie. *Colique, colite*, dérivés de **côlon** (« inflammation du côlon ») ne prennent pas l'accent circonflexe.

COLORER sens. « Revêtir d'une certaine couleur », avec la préposition **en** ou **de** : *colorer en rouge, colorer d'une touche de vert.* Ne pas confondre avec **colorier**, « appliquer plusieurs couleurs sur une surface », verbe utilisé en général par les enfants. On notera que seul le premier verbe peut s'employer au fig. : *colorer un récit, colorer son style.*

COLORISER emploi et sens. Ce verbe a été inventé récemment pour désigner l'opération de « *colorisation* », consistant à « transformer en films en couleurs des films originellement en noir et blanc ». Le verbe **colorier** aurait aussi bien fait l'affaire. À noter cependant que *colorisation*, en un sens technique, « changement de couleur dans certaines substances », date... du XVIIe siècle !

COLOSSAL orth. Masc. plur. *colossaux.* → AL.

COLTINER emploi et sens. Tout à fait correct, en emploi transitif, au sens de « porter sur le cou, sur les épaules » : *Il coltina les caisses jusque sous un appentis* (Giono). Mais fam. à la voix pronominale : *Il avait fallu aller le chercher à la gare et c'est moi qui m'y étais coltiné* (Mauvignier). *Se coltiner les paquets.*

COLUMBARIUM prononc. [kɔlõbarjɔm] et non [kɔlœ ...]. ♦ **forme.** Plur. *des columbariums.*

COL(-)VERT orth. Indifféremment avec ou sans trait d'union : *un canard col-vert* ou *un canard colvert* (ou *un col-vert* et *un colvert*). Plur. *cols-verts* et *colverts* : *L'étang rond où trois canards colverts poursuivent une espèce d'oie blanche au bec jaune* (de Roulet).

COMBATTANT orth. Deux *t*, ainsi qu'aux formes verbales. Mais **combatif** et **combativité** ne prennent qu'un *t* : *Face à eux, d'autres cavaliers, tout aussi impressionnants, tout aussi combatifs* (Maïssa Bey). *À l'esprit d'entreprise de la bourgeoisie répondit naturellement une combativité de la classe ouvrière nantaise* (Ragon). Il serait souhaitable d'aligner l'orth. de cette famille et d'écrire avec deux *t* **combattif** et **combattivité** (Recomm. offic.).

COMBIEN emploi. Rarement placé en tête de phrase avec valeur exclamative : *Combien vous l'aimez !* Plus fréquent lorsqu'il est quantitatif ou suivi d'un complément : *Combien de fois l'ai-je engagé à travailler ! Combien je regrette aujourd'hui d'avoir vécu près de lui avec négligence !* (Salacrou).

□ **le combien es-tu ?** Fam., surtout chez les enfants, mais incorrect, pour : *A quel rang es-tu ? Quelle place as-tu ?*

□ **on est le combien ? emploi.** Locution répandue et familière dont la réponse attendue est un nombre : *Le combien du mois sommes-nous ? Le 19* (Duhamel). *On est le combien ?* ou *Le combien est-on ? - Le 22.* On doit dire : *Quel jour sommes-nous ?* On ne dit plus comme au temps de Littré : *Quel jour avons-nous ?* Dans le registre fam., on entend souvent : *Chloé s'informe : Roméo, vous chaussez du combien ?* (Rouaud). Dans le langage administratif, on peut rencontrer **quantième** : *Date de naissance (indiquer le quantième du mois).*

□ **le combientième. emploi.** Langue pop. Tournure non admise par les grammairiens. → QUANTIÈME.

□ **tous les combien ? emploi.** Locution qui n'est pas meilleure que celles indiquées ci-dessus. Malheureusement, il n'existe guère de formule de remplacement satisfaisante : *selon quel rythme, selon quelle périodicité ?*

□ **combien de** ou **des. constr.** En général, *combien* est suivi de la préposition **de**, qui le relie au substantif complément ; mais on peut trouver la forme contractée **des** qui souligne la valeur partitive de l'expression : « *Combien de romans de X... as-tu lus ?* » en face de « *Combien des romans écrits par X... as-tu lus ?* ». → BEAUCOUP.

□ **combien de personnes ont(-elles) participé ? constr.** La reprise par **elles** est facultative et peu utile, sauf pour lever une ambiguïté. « Dans cette phrase de Proust : *Combien de grandes cathédrales restent inachevées*, en l'absence de point d'exclamation, c'est la non-inversion qui indique que l'on a affaire à un tour exclamatif et non à une question ; l'inversion composée ferait de cette même phrase une interrogation : *Combien de cathédrales restent-elles inachevées ?* » (Le Bidois).

□ **combien en...** → EN.

□ **ô combien ! emploi.** Souligne de façon ironique un détail, et appartient à la langue parlée : *Elle est bavarde, ô combien !*

COMBINARD emploi. Fam. et péjoratif. « Se dit d'un personnage qui use de combinaisons douteuses » (Académie, 1965). L'Académie considère le mot **combine** comme pop. (1988) : *Il a derrière lui plusieurs faillites, [...] continue à organiser tout de même des foires plus ou moins licites, au prix de quelques combines* (Jourde). ⟶ MAGOUILLE.

COMBINER constr. On dit **combiner un élément avec un autre**, et non *à un autre.* Prendre garde à l'influence de la construction de **mêler**.

COMBURANT sens. « Corps qui opère la combustion d'un autre corps en se combinant avec lui. » Ne pas confondre avec **carburant**, « combustible liquide ou solide ».

COME-BACK emploi et sens. Ce mot est très usité dans le monde du spectacle et de la politique au sens de « retour plus ou moins (in)attendu d'une personnalité sur la scène, dans les affaires publiques, etc. »

COMÉDIE forme. On écrit : *une comédie-ballet (des comédies-ballets)* et avec majuscule et trait d'union : *la Comédie-Française, la Comédie-Italienne, l'Opéra-Comique* (à distinguer des formes libres *la comédie française*, etc.). Dans la forme italienne : *la commedia dell'arte.*

COMÉDIEN emploi et sens. Ce terme désigne « tout acteur dramatique sans distinction de genre, jouant au cinéma, à la télévision, au théâtre, etc. » S'agissant d'un acteur de répertoire comique, on dira : *un acteur* ou *un artiste comique*, ou *un comique.* **Tragédien**, qui est d'un style relevé, ne s'applique qu'aux acteurs de théâtre interprétant des tragédies classiques.

COMICES genre et nombre. Masc. plur. au sens antique du terme, mais de nos jours, presque toujours dans **comice agricole**, au singulier.

COMICS emploi et sens. Toujours au pluriel. Mot anglais, auquel on préfère généralement le synonyme **bande dessinée**, abrégé en **B.D.**

COMING OUT emploi et sens. Le tour **faire son coming out**, formé sur *to come out*, « révéler », est une création française, qui n'existe pas en anglais. On l'applique souvent à la révélation publique, par un personnage en vue, de son homosexualité.

COMME

□ **voilà comme il faut faire**. Vieilli dans l'interrogation indirecte, où on lui préférera **comment**, bien que dans certains cas on puisse penser que *comme* ne porte pas sur le verbe, mais sur un adj. non exprimé. La langue littéraire actuelle fait encore grand usage de ce tour : *Je conçois maintenant comme tu as pu hésiter entre le construire et le connaître* (Valéry). *Voilà comme il est son chômeur* (Céline). *Un soir, échappé de l'appartement, il* [le chat] *gagna le toit, l'on ne sut comme* (Jorif). Quand un adj. est présent dans la subordonnée, *comme* est préférable à *comment* : *Tu imagines comme cette intellectuelle a dû se sentir démunie* (Mauriac). Enfin, certaines expressions figées : *Dieu sait comme, il faut voir comme, c'est tout comme*, sont fréquentes dans le parler fam.

□ **toi comme moi. emploi.** Après deux sujets réunis par *comme*, le verbe se met au singulier ou au pluriel selon le sens : *Toi, comme moi, tu es frileux* : ici, l'idée de comparaison l'emporte. *Toi comme moi (nous) sommes frileux* : ici c'est la notion de pluriel qui prévaut. De même dans : *L'un comme l'autre commençaient de s'y habituer* (Romains). ⟶ AINSI QUE.

□ **autant comme. emploi.** Ce tour est aujourd'hui considéré comme incorrect.

□ **comme ça. emploi.** Dans la langue familière, comme adj. épithète ou attribut, souvent avec une valeur emphatique : *Avec d'extraordinaires yeux noirs et des cheveux bleus, longs comme ça* (Farrère). *J'ai pris un poisson comme ça* (accompagné d'une gestuelle particulière). *Et d'ailleurs, c'est sans importance, pour des gens comme ça* (Mauriac). On rencontre également ce tour substantivé : *On en voyait souvent, des comme ça, écumer les théâtres municipaux, les salles des fêtes de la région* (Garnier). Parfois, **comme ça** est une simple formule « de remplissage » : *Les civils n'y font plus attention. Ils disent comme ça que* *maintenant ils ont pris l'habitude* (Dorgelès). *Il y avait pas mal de choses qu'elle laissait comme ça de côté* (Beauvoir). *Monsieur, le patron dit comme ça qu'il faut payer votre note* (Claudel). *Alors, comme ça, vous êtes d'une autre planète, dit-il en allant le renifler sous le pépin* (Desproges). → ÇA.

□ **comme de bien entendu. emploi.** Appartient à la langue familière, mais était admis par certains grammairiens, comme André Thérive : *Alors, c'est bientôt qu'elle va coucher ici ? demanda distinctement une des vieilles voix* [...] – *Comme de bien entendu, dit Émile en chevrotant* (Colette).

□ **comme de juste. emploi.** Très discutée jadis, cette locution est pleinement admise aujourd'hui par les écrivains et l'usage courant, tandis que *comme de raison* a vieilli et tend à disparaître : *Nous l'assommâmes, comme de juste, et à quatorze ans il rêvait de nous contredire* (Cocteau).

□ **comme qui dirait. emploi.** Locution tout à fait correcte et attestée dès l'ancien français, au sens de « comme si l'on disait ». → QUI, in fine.

□ **comme quoi. emploi.** Correct et même classique, en tête de phrase : *Comme quoi une idée est toujours une bonne idée du moment qu'elle fait faire quelque chose* (Duras). *Comme quoi il n'est qu'une clé pour accéder au savoir, et c'est le désir* (Nothomb). *Nous, on ne pourrait pas nous planter une aiguille dans le cœur sans anesthésie, la douleur serait trop intense, comme quoi les situations, les réactions et les physiologies ne sont pas forcément comparables* (Rosenthal). Mais, apposé à un substantif, le tour est gauche : *Il lui envoya une note comme quoi il ne pourrait pas venir.*

□ **comme pas un. emploi.** La langue familière utilise volontiers cette locution que le bon usage n'a pas ratifiée : *Il connaissait comme pas un tous les bruits qui couraient sur toutes les âmes de la paroisse* (Rolland). *Une belle subventionnée de la Comédie, qui récitait les vers comme pas une* (Céline). On rencontre aussi **comme pas deux** : *Un peu truqueur, menteur beaucoup, goinfre comme pas deux* (Léger).

□ **comme si. constr.** En général, suivi du mode indic. (imparfait) : *Elle prenait un ton plaintif, comme si elle cherchait à attendrir son interlocuteur, à l'apitoyer* (Labro). Mais le conditionnel (forme en *-rais*) apparaît lorsqu'on réfute avec énergie ou ironie une hypothèse fausse. Soit en phrase indépendante (valeur affective, exclamative) : *Comme si le père Octave n'aurait pas pu vous prêter son auto !* (Montherlant). Soit en proposition subordonnée : *Il devinait qu'on allait le tenir pour responsable de la mort de Raumer, et de son équipage, comme si Raumer n'aurait pas déjà dû se tuer cent fois* (J. Roy). *Gilbert éprouva un soudain dégoût, comme si plus rien n'était beau, ne serait beau jamais* (Dhôtel). On trouve parfois le conditionnel passé à forme de subj. : *Sa quête à lui était d'une autre sorte. Comme s'il eût voulu, de cette femme infinie sous lui, une réponse finie à sa virilité inquiète* (Allen). Enfin, le tour **faire comme si**, au sens de « agir comme si de rien n'était, feindre d'oublier la réalité », est fam. : *C'était une idée absurde. Mais nous pouvons lui mentir, vous savez, faire comme si* (Japrisot).

□ **comme si... et que. constr.** Suivi du subj., qui, en principe, apparaît dès que la conjonction *que* en remplace une autre.

□ **comme tout. emploi.** Façon très répandue d'exprimer le superlatif : *C'est simple comme tout* (Romains).

□ **riche comme il (l') est. constr.** La reprise de l'adj. par le pronom neutre **l'** est facultative.

□ **quelqu'un de comme il faut.** Locution vieillotte et pop. qui sert à classer quelqu'un positivement dans l'« échelle sociale » : *On voit que cette demoiselle est quelqu'un de comme il faut* (Japrisot). → BIEN.

□ **comme on ne l'est plus, comme on n'en fait plus.** Ces tours fam. expriment bien la désuétude complète de quelque chose : *Vieilles à fichus et blouses, ridées comme on ne l'est plus* (Jourde).

□ **comme deux gouttes d'eau.** → RESSEMBLER.

□ **comme dit l'autre. emploi.** Pop., avec une intonation sarcastique, ou lorsqu'on fait une citation approximative dont on a oublié l'auteur.

□ **quelque chose comme.** Pour exprimer une estimation ou une approximation : *Il y avait quelque chose comme cinq mille per-*

sonnes. Appartient au langage fam., tandis que la langue littéraire use avec bonheur de **comme** devant un substantif au sens de « pour ainsi dire » : *Il avait éprouvé pour elle comme un amour inconnu* (Proust). *Au cours de la matinée, il se produisait comme une rotation dans cet immense afflux de la périphérie vers le centre* (Romains). Locution voisine : **quelque chose comme ça** : *Le padre Pio, cureton italien, sorte de demi-saint illuminé ou quelque chose comme ça* (Dubois).

COMMEDIA DELL'ARTE orth. → COMÉDIE.

COMMÉMORER sens et emploi. « Rappeler à date fixe le souvenir d'un événement important » ; *Chaque année ce jour-là, les habitants* [de La Chaux-de-Fonds] *commémorent leur révolution contre le roi de Prusse* (de Roulet). On ne dira donc pas *commémorer un anniversaire* ni *commémorer le souvenir*, mais **célébrer**. On peut dire : **commémorer le débarquement de juin 1944**, mais non pas *commémorer l'anniversaire du débarquement...* → ANNIVERSAIRE.

COMMENCER (suivi d'un infinitif). **constr.** Trois constructions sont possibles. **1) commencer à** est la plus courante, qui n'appelle pas de remarque particulière : *Je commençais à souffrir de ma jambe fatiguée* (Alain-Fournier). **2) commencer de**, qui a le même sens, se rencontre souvent chez des écrivains classicisants : *Elle commença de maigrir, de pâlir, de se tourmenter* (Duhamel). *Quand les livres commencèrent d'avoir sur son esprit une influence profonde, il ne consentit à rêver que d'une Chimène* (Kessel). *Sentant qu'ils ne seraient pas dérangés, les corbeaux ont commencé de s'installer sur l'arbre le plus haut* (Lefèvre). Ici, comme ailleurs, le désir d'éviter l'hiatus *(commença à)* n'est sans doute pas étranger à ce choix de la préposition **de** : « Au Grand Siècle classique, on préférait de, dans ma jeunesse, je ne connaissais que à ; mes cheveux blancs ont vu se répandre de comme une mode. On peut choisir. » (M. Cohen, 1966). Le Bidois, qui cite cette remarque, ajoute : « On peut évidemment choisir entre le tour courant (avec *à*) et le tour précieux (avec *de*). Mais si l'oreille sensible préfère souvent *commencer de*, le goût du naturel a aussi ses droits et *commencer à* est incontestablement plus conforme à l'usage normal ». **3)** Enfin, **commencer par** est la construction normale lorsque l'action envisagée est la première d'une série, ou qu'elle est elle-même subdivisée en « commencement, milieu et fin » : *Ce n'est pas ça qu'il faut commencer par faire* (Duras). *Nous commençâmes par errer, comme les jours précédents* (Duhamel). *L'énigme, à commencer par celle que propose le Sphinx à Œdipe, puis, des siècles plus tard, celle que le rêve offrit à Freud, s'adresse à une intelligence capable de trouver la solution* (Pontalis). On évitera d'employer **par** quand il n'y a pas une série d'actions, au moins latentes : *Il commence par m'embêter, celui-là !* est pop. et incorrect, mais : *Il a commencé par m'insulter, puis a changé d'idée et s'est en allé* est acceptable.

□ **être commencé de. emploi.** Le tour passif : *La maison n'était pas encore commencée de bâtir* est peu correct, mais il se répand de plus en plus dans la langue actuelle : *Ma robe est commencée de garnir* (Brunot). C'est l'expression commode d'un certain aspect verbal. → ACHEVER.

COMMENDE prononc. Comme **commande**, avec lequel on se gardera de le confondre. ♦ **emploi et sens.** Ancien. « Administration temporaire d'un bénéfice ecclésiastique. » Le dérivé est **commendataire** *(un abbé commendataire)*, tout à fait distinct du moderne **commanditaire**.

COMMENT emploi et sens. Cet adverbe ne sert qu'à poser une question, dans les propositions interrogatives directes ou indirectes : *Est-ce que tu as vu le désert, les chameaux, c'est grand comment, un chameau ?* (Mauvignier). *Comment a-t-il fait cela ? Je me demande comment il a fait cela.* Dans l'interrogation directe ou indirecte, **comment** peut être suivi immédiatement d'un infinitif, avec ellipse du verbe **pouvoir** : *Comment imaginer que jadis s'étendait ici un des domaines les plus raffinés et évolués de Russie ?* (Wiazemsky). *Je ne disais rien, je ne pouvais pas imaginer comment adoucir sa peine, comment alléger sa confu-*

sion (Volodine). On évitera de l'employer auprès d'un verbe indiquant un état, et non un procès : *Comment te sens-tu, comment le trouves-tu ?* sont corrects, car un jugement est impliqué, mais : *Tu vois comment tu es, nous savons bien comment il est,* sont des emplois assez répandus dans le registre fam. : *Je vois bien comment leurs yeux brillent quand je les emmène à Toulouse* (Labro). On peut ici préférer *comme.* ⟶ ce mot.
□ **comment que.** Cet exclamatif est uniquement pop. : *Comment qu'elle est !* On ne rencontre plus la locution conjonctive **comment que**, à sens concessif, « de quelque façon que » : *Il faut réussir, comment qu'on s'y prenne.* C'est sans doute la confusion possible avec l'emploi ci-dessus qui a écarté ce tour de la langue actuelle.
□ **comment !** Cet adverbe peut être employé de façon exclamative, pour indiquer le désarroi, le désappointement, l'indignation, etc. : *Comment ! comment ! balbutia-t-elle* (Haubert).
□ **et comment !** Dans le registre fam., ce tour sert à formuler l'approbation insistante : *Non pas qu'ils ne fussent pas d'origine ouvrière. Ils l'étaient, et comment !* (Semprun).

COMMERCE emploi et sens. Quelques écrivains emploient encore ce substantif au sens de « relations humaines », qu'il avait à l'époque classique. Ce sens est ignoré de la langue commune, et pourrait du reste prêter à mainte ambiguïté : *Un homme que d'ailleurs elle estime et même vénère, et dont le commerce l'enorgueillit, mais qui l'ennuie* (Mauriac).
□ **hors commerce** ⟶ HORS.

COMMETTRE emploi et sens. À la voix pronominale, ce verbe a le même sens que **se compromettre**, tout en étant plus recherché et plus méprisant : *Pensez-vous que je sois femme à me commettre, tout d'un coup, avec les maîtresses de ces messieurs ?* (Mauriac).

COMMINATOIRE orth. Deux *m*, un seul *n*. ♦ **sens.** Synonyme noble de « menaçant ».

COMMISSAIRE orth. Tous les dérivés de **commissaire** et de **commission** s'écrivent avec deux *m* et deux *s*.

COMMISSIONNAIRE orth. Deux *m*, deux *s* et deux *n*.

COMMISSURE emploi et sens. Terme d'anatomie, « point de jonction », que l'on rencontre surtout dans **commissure des yeux, des lèvres** : *C'est beau comme l'écume noire aux commissures des lèvres d'un ancien fumeur épileptique* (Desproges). Équivaut, dans la langue courante, à **coin**.

COMMIS VOYAGEUR orth. Sans trait d'union. ♦ **emploi.** Vieilli, fait place à **représentant de commerce**. La désignation officielle est *V.R.P.*

COMMUABLE ou **COMMUTABLE forme.** Ces deux adj. s'emploient concurremment. Ils ont exactement la même origine latine. ♦ **sens.** Ils s'emploient en parlant d'une peine juridique qui peut être transformée en une autre peine moins lourde. Mais **commuer** est réservé au domaine juridique, **commuter** au domaine linguistique et anthropologique. Son sens s'est cependant étendu à certains domaines techniques : *un commutateur électrique.*

COMMUNICATIONNEL emploi et sens. Cet adj. est d'une grande lourdeur formelle ; cependant, au sens de « relatif à la communication », on ne voit pas par quoi on pourrait le remplacer, puisque **communicatif** est depuis longtemps employé au sens non technique et humain de « qui aime à communiquer ».

COMMUNIQUER orth. On écrit (avec l'adj. verbal) : *des vases communicants, de grandes salles communicantes*, et *communicable, communicatif*, etc., mais *un communiqué* garde le *-qu-*, ainsi que le participe présent : *Sur l'arrière, nous allons construire deux vastes pièces communiquant avec la maison mère* (Diwo). ♦ **constr.** Quand ce verbe n'a pas de complément d'objet direct, il se construit toujours au moyen de la préposition **avec** : *Cet enfant bavard ne cesse de communiquer avec son voisin. Cette pièce communique avec le débarras.* On rencontre aussi la construction avec **entre** ou même la construction absolue : *Ces deux pièces communiquent entre elles.*

Mais la voix se perdait dans le bruit du vol, seuls communiquaient les sourires (Saint-Exupéry). Quand il y a un complément d'objet direct, le complément indirect est introduit par **à** : *C'est par quoi une guerre est néfaste. Si elle ne tue pas, elle communique aux uns une énergie étrangère à leurs ressources* (Cocteau). *Ici, le poste radio. Nous vous communiquons les télégrammes* (Saint-Exupéry).

COMPACT DISC emploi et sens. Ce syntagme anglais correspond à une marque déposée et ne doit en principe pas être employé. L'appellation technique est **disque audionumérique** ; la recommandation officielle **disque compact** (arrêté du 10 octobre 1985) présente l'inconvénient d'être mal prononçable en français. On emploie très couramment à présent les abréviations **CD** et **DVD**. → CD-ROM.

COMPAGNON forme. Le fém. usuel est **compagne**. On rencontre parfois *compagnonne*, qui n'est pas à recommander, sinon par plaisanterie.

COMPARAISON constr. On dit **en comparaison de** ou **par comparaison à**.

COMPARATIF emploi et sens. Ce mot est souvent employé au sens de « comparaison » ou de « différence ». Dans l'industrie et le marketing, un **essai comparatif** sert à tester deux ou plusieurs produits concurrents sur le marché. On ne confondra pas, bien entendu, avec le domaine de la grammaire : *Meilleur et pire sont les comparatifs de bon et mauvais*. Certains adj. qui sont déjà, par leur étymologie, des comparatifs, ne peuvent en principe être précédés de **plus** ou de **moins**. On proscrira *plus meilleur, plus majeur*. Mais on peut trouver des emplois, exceptionnels, de *plus intérieur* : *Zola, s'il a voulu, pour la série des « Rougon-Macquart », une unité plus forte et plus intérieure aux parties, ne l'a pas obtenue autant qu'il le pensait* (Romains). De plus, certains de ces comparatifs « synthétiques » peuvent se transformer, curieusement, en superlatifs « analytiques » : *Il lui est très supérieur*.

□ **plus un livre est bon. emploi.** On emploie un comparatif analytique au lieu du comparatif synthétique normal, lorsque des mots s'intercalent entre *plus* et l'adj. : *Plus un livre est bon, plus il a de lecteurs*, ou lorsque la comparaison porte sur deux qualités exprimées par deux adj. : *Il est plus bon que généreux*. → BON, MEILLEUR, MOINDRE, MOINS, PIRE, PIS, etc.

□ **comparatif renforcé. constr.** On peut donner plus de force à un comparatif en le faisant précéder ou suivre de certains adverbes ou locutions adverbiales : *Il est bien meilleur, beaucoup meilleur, tellement meilleur, meilleur de beaucoup*. → BEAUCOUP et BIEN.

COMPARER constr. On dit **comparer à**, quand il s'agit de deux éléments semblables, ou dont on perçoit mal, de prime abord, les différences : *Je comparerai volontiers l'absinthe à la montgolfière. Elle élève l'esprit comme le ballon la nacelle* (Queneau). *Si je le compare à son cousin, je m'aperçois que l'un est plus intelligent, l'autre plus débrouillard.* **Comparer avec** se dit dans le cas d'un examen très poussé ou quand il s'agit de deux éléments très différents. Mais cette règle est inégalement suivie : certains dictionnaires l'enregistrent, alors que le Petit Robert donne **comparer à** et **comparer avec** comme équivalents. → AVEC. *Comparer ensemble* est un pléonasme à proscrire.

COMPAROIR emploi et sens. Vieux mot du vocabulaire juridique, « comparaître ». On ne le trouve plus que dans des formules figées et sous la forme substantivée *les comparants* (qui n'appartient pas à la conjugaison de **comparer**).

COMPARSE sens. « Personnage secondaire, dont le rôle est insignifiant. » Ne se confond pas avec **complice**.

COMPASSIONNEL sens. Ce néologisme bien formé sur le vieux mot **compassion** semble installé durablement dans la langue, au sens de « qui s'intéresse affectivement à autrui » : *Ariane disait « miséreux » avec ce ton compassionnel des grands indifférents, pour qui la misère est un fait et non pas un problème*

(Vargas). *Cette prétendue pitié est une exclusion se présentant comme compassionnelle, ce qui apparaît on ne peut plus déplaisant* (*Libération*, 07-08/04/2007). Il évite l'ambiguïté de **pitoyable**, qui pouvait jadis avoir le sens actif comme le sens passif.

COMPENDIEUSEMENT sens. « Brièvement, en abrégé. » Cet adverbe est fréquemment pris à tort, dans le sens contraire : « Sans rien omettre, tout au long. » Son allure est pédante et l'on peut fort bien s'en passer. → COMPENDIUM.

COMPENDIUM prononc. [kɔ̃pɛ̃djɔm], alors qu'on prononce l'adverbe [kɔ̃pɑ̃djøzmɑ̃] ♦ **sens.** Mot latin, « abrégé », d'où est venu **compendieusement**. → ce mot : *La médecine étant un compendium des erreurs successives et contradictoires des médecins...* (Proust).

COMPENSATION constr. Dire **en compensation de** et non pas *en compensation pour.*

COMPLAIRE (SE) forme. Le participe *complu* reste toujours invar. : *Elles se sont complu à ce spectacle vulgaire.* ♦ **emploi. Se complaire à** (ou **dans**) a presque toujours une valeur dépréciative.

COMPLEXE emploi. À partir d'acceptions psychanalytiques précises *(le complexe d'Œdipe)*, ce substantif est employé à tort et à travers dans la langue courante. Éviter l'emploi absolu *avoir des complexes* pour signifier tout simplement « être timide ou anxieux ». Quant à l'adj. **complexé**, il s'est implanté solidement dans la langue familière : *Complexé par mon jean et mes tennis, je n'agissais plus qu'avec circonspection, peu enclin à m'offrir en spectacle et à distraire les gens de leur douleur* (Colombier). Et ceci en dépit des critiques puristes : *On souffre de complexes, on n'est pas « complexé »* (R. Clair, à l'Académie, en 1966).

COMPLIES genre. Fém. plur., comme la plupart des noms d'offices religieux : *matines, nones, vêpres,* etc.

COMPORTER emploi. Ne pas employer ce mot à tout propos, alors qu'on pourrait employer **comprendre** ou **contenir**. Il signifie précisément « inclure en soi » et s'applique de préférence à des sujets abstraits : *Une règle qui comporte des exceptions.*

COMPOSER emploi. Littéraire dans **composer son visage** : *Bientôt ils l'apercevraient, ils tourneraient vers lui ces visages composés qu'ils réservaient à leurs parents* (Sartre). *Son visage s'était recomposé* (Vailland). Également au sens de « accepter un compromis » : *J'ai accepté, j'ai eu tort : on ne devrait jamais composer* (Vercors).

COMPOSITION sens. Dans **entrer en composition, amener** ou **venir à composition**, ce substantif a le sens de « compromis, transaction ». → COMPOSER.

COMPOTE constr. Le substantif qui suit est le plus souvent au pluriel : *de la compote de pommes.* → GELÉE et CONFITURE.

COMPRÉHENSIBLE et **COMPRÉHENSIF emploi et sens.** Ces deux adj. sont parfois employés l'un pour l'autre, bien que leurs sens soient nettement distincts. Le premier correspond à un passif, « qui peut être compris (sans peine) » : *L'Anglais Newton, l'Allemand Kepler, le Français Descartes étaient immédiatement compréhensibles les uns pour les autres* (Cavanna). *Des paroles compréhensibles, une colère compréhensible.* Le second a une valeur active, « qui comprend, qui se donne la peine de comprendre » : *un père compréhensif, un patron compréhensif.* On ne peut donc employer **compréhensif** que pour une personne ou pour ce qui émane directement d'elle.

COMPRENDRE emploi. Suivi d'une complétive, ce verbe régit, selon le cas, l'indic. ou le subj. L'indic. est régulier quand il s'agit de marquer une simple vue de l'esprit, pure de toute appréciation subjective : *Elle comprenait maintenant que l'appréhension est un dernier refuge de l'espérance* (Romains). Le subj., beaucoup plus fréquent, implique un acquiescement, un consentement de la part de l'auteur : *Je comprends maintenant que tu veuilles te trouver à son arrivée* (Gide). *D'ailleurs, elle comprenait très bien qu'une beauté aussi éclatante eût ému un très jeune homme* (Maurois).

□ **je comprends que... !** Ce tour exclamatif appartient au registre pop., comme équivalent de **bien sûr !** *Si c'est bon, je comprends que c'est bon, acquiesça Mme Vaumor qui trônait à la caisse* (Lefèvre).

□ **compris ?** sous cette forme elliptique et faussement interrogative, il s'agit d'un ordre intimé de façon très énergique, et qui n'a plus guère cours aujourd'hui (comme hier) que dans l'armée : *Une jeune fille japonaise de vingt ans qui ne possède même pas la nationalité américaine peut à tout moment être considérée comme une espionne, passible du peloton d'exécution. Compris ?* (de Roulet).

COMPRESSION forme. Ce subst. a pour verbe correspondant **comprimer**, l'ancienne forme **compresser** étant aujourd'hui rare et discutée.

COMPRIS constr. Devant un substantif, **compris, non compris** et **y compris** restent invar. et se comportent comme des locutions prépositives : *Six cents euros de loyer, non compris les charges.* S'ils sont postposés, ils s'accordent généralement : *Six cents euros de loyer, les charges non comprises.* À cette dernière place, on trouve plus souvent **compris** que **y compris**. Tout se passe comme si la présence de **y** avait tendance à adverbialiser, c'est-à-dire à rendre invar. la locution **y compris** : *Vous pouvez garder toutes vos autos, la mienne y compris* (Duras). Cela est dû au fait que, comme adverbe, au sens de « même », on ne peut avoir que **y compris** et jamais **compris** tout seul : *Tous se mettent à genoux, y compris la mule* (Claudel). *Je travaillais tous les jours, y compris les week-ends* (Dubois). *À force de rééducation, tu avais récupéré toute ta mobilité, y compris tes mimiques faciales* (Fottorino).

COMPTABLE emploi et sens. Employé comme adj., ce mot, dans un contexte littéraire, peut avoir le sens de « responsable » : *Leurs anciens visages s'étaient reconstruits dans toute leur noblesse et pureté. Ils n'étaient pas comptables du changement* (Kessel).

COMPTANT emploi. La langue hésite entre l'accord de ce mot, qui en fait un adj., et son invariabilité, qui le traite comme un adverbe. Cette dernière solution est la plus courante quand la phrase contient un verbe comme payer, vendre, verser, etc. : *Ah ! je suis désolée, dit la voix de Sarah, mais il veut quatre mille comptant* (Sartre). *Notre direction vous offre la possibilité de racheter la maison que vous occupez, pour la somme de 280 000 F, payable comptant* (Lefèvre). → CASH.

COMPTE emploi. (Se) rendre compte de, (se) rendre compte que. Certains n'admettent que le tour **(se) rendre compte de**, « s'apercevoir de » : *Dans ce cas, s'étaient-ils rendu compte de ce qui leur arrivait ?* (J. Roy). Mais **(se) rendre compte que** est complètement passé dans l'usage : *Après, ils se sont rendu compte que tout ne s'arrangerait pas avec une assiette de soupe* (Giono). Noter l'orthographe de *rendu*, qui reste invar., quel que soit le sujet du verbe. La construction **(se) rendre compte de ce que** est correcte, mais lourde. → DE.

□ **tu te rends compte !** Ce tour est fam. : *Dix balles pour un kilo de pain !... Dix balles, non, tu te rends compte !* (Merle).

□ **au bout du compte, en fin de compte, tout compte fait. emploi.** Ces trois expressions sont passées dans l'usage : *Tout compte fait, s'il ne voulait pas retourner chez son oncle, il n'avait non plus aucun désir de rester immobile chez les Kosmovitchi* (Dhôtel). *Au bout du compte, nous avons bien vidé la mer, comme l'écrivait Nietzsche dans ce fameux aphorisme du* Gai savoir *qui annonce la « mort de Dieu »* (Guillebaud). → FINAL.

COMPTE COURANT, COMPTE RENDU forme. Pas de trait d'union et double marque du pluriel : *des comptes courants.* Même remarque pour **compte rendu** : *Elle présume qu'il doit rester, dans les archives de l'armée, les comptes rendus des conseils de guerre* (Japrisot). Dans ces deux mots, *compte* est substantif. En revanche, dans *compte-gouttes, compte-tours,* etc. (avec trait d'union), *compte* est une forme verbale, et le composé est invar.

COMPTER constr. Suivi d'un infinitif, **compter** est très répandu dans la langue familière au sens de « espérer, imaginer, se proposer de » : *Est-ce que je peux compter te voir ces jours-ci ?* (Colette). On dit aussi **compter que**, beaucoup mieux que **compter sur le fait que**, tournure lourde : *Lewis compte qu'à la fin du mois les travaux auront sérieusement commencé à San Lucido* (Morand).
□ **sans compter que** et **c'est sans compter sur.** Locutions figées qui marquent l'addition (dont on feint de ne pas tenir compte) : *Les applaudissements tombaient le plus souvent à faux, sans compter qu'ils étaient mécaniquement soulevés par les applaudissements extérieurs* (Proust). *Je suis certain que vous distribuerez réellement les prospectus et ne les mettrez pas à la boîte à ordures comme font quelques petits malins ! Mais c'est sans compter sur nos vigiles qui contrôlent nos secteurs !* (Lefèvre).

COMPTINE prononc. [kɔ̃tin]. ♦ **sens.** « Chanson enfantine », à rattacher à *compter.* Par exemple : *Un, deux, trois... Je m'en vais au bois...*

COMPULSIF sens. Cet adj. est issu de la psychologie, et désigne ce qui relève de l'incapacité pathologique de ne pas accomplir un acte. Il est assez souvent banalisé avec le sens de « maniaque » : *Ses économies d'effets et de moyens, sa modestie compulsive rehaussent encore la force de la tragédie* (Dubois). [Quand] *Anne et Marthe rendaient l'âme à Bergen-Belsen et que Jésus était crucifié chaque matin dans un ghetto, un des peuples les plus ancrés dans un catholicisme compulsif applaudissait à leur mort* (Bialot).

COMTÉ genre. Masc. aujourd'hui quand il désigne un « domaine appartenant à un comte » ou un « type de fromage », mais encore fém. (comme jadis) dans *Franche-Comté.*

CONCAVE et **CONVEXE sens. Concave** : « Dont la surface a une courbure rentrante. » **Convexe** : « Dont la surface a une courbure saillante » : *Ils approchaient les lèvres, sans soulever le verre, aspirant pour ne pas perdre cette goutte, courbure convexe et rouge, tremblante, plus haute que le bord du verre* (Gallo).

CONCENTRÉ et **CONDENSÉ emploi et sens.** Comme adj., ces deux mots sont la plupart du temps synonymes. On peut dire *du lait concentré* ou *du lait condensé,* expressions synonymes concurrentes dans l'usage. Mais il ne faut pas pour autant confondre **concentrer**, « réunir, ramasser en un seul point » : *concentrer toutes les forces militaires du pays sur une seule frontière* et **condenser**, « réduire à un plus petit volume » : *condenser sa pensée.*

CONCEPT emploi et sens. Ce subst. est passé du sens abstrait et philosophique de « représentation mentale » à l'acception commerciale, très courante dans le marketing, de « définition d'un produit par rapport à sa cible » : *Ce jeune spécialiste du tourisme a lancé la première station de radio dont les programmes... sont adaptés à la localisation des auditeurs. Son nom : Tourism Radio. Le concept est déjà opérationnel dans la région du Cap, en Afrique du Sud* (*Le Monde,* 09/04/2007). *J'essaie de comprendre le concept, car ainsi nomme-t-on pompeusement, de nos jours, la ligne d'un restaurant* (Desarthe). On peut aussi utiliser en ce sens, plus modestement, les mots **création, invention** ou **projet**.

CONCERNER emploi. Au sens de « regarder, toucher, viser, intéresser » : *Je m'obstine à le redire, Merveilleux et Poésie ne me concernent pas. Ils doivent m'attaquer par embuscade* (Cocteau). *Les seules paroles qui pouvaient être prononcées concernaient la situation de l'avion* (J. Roy). Le tour passif **être concerné par** semblait ne poser aucun problème à Littré. En effet, ce verbe, étant transitif, devrait admettre la construction passive. Celle-ci, condamnée jadis par les puristes, est maintenant passée dans l'usage courant : *Je n'étais concerné par aucun jugement, je ne me trouvais pas sur la scène du tribunal* (Camus). *Elle se sent plus concernée par cette histoire d'amour que par le sort de la Russie* (Wiazemsky). En 1967, l'Académie a repoussé le tour passif *Je ne me sens pas concerné par cette querelle.* Mais c'est plutôt l'abus agaçant de ce tour qu'il faut blâmer : *Vous êtes tous concernés*, etc.

CONCERT (DE -) et **CONSERVE (DE -) emploi.** Locution adverbiale vieillie, **de concert** signifie « d'un commun accord, après s'être concertés » : *Si, grâces aux dieux, ils travaillent de concert* (Valéry). *Maria et Manuela* [...] *se sont mariées à deux des sept frères Lopes et les ont suivi de concert vers la France* (Barbery). **De conserve**, locution d'origine maritime, s'emploie surtout au voisinage de mots appartenant au même domaine : *Pendant deux jours au moins, peut-être trois, nous voguerons de conserve avec l'Amérique* (Lévi-Strauss). Mais on rencontre des emplois fig., plus ou moins heureux : *Un énorme chien de Terre-Neuve gambadait à ses côtés, sautait de conserve avec lui* (Gide). *Mon cartable sur les épaules, les mains dans les poches, marchant de conserve avec Meyer, je dépassais désormais en crânant ceux qui devaient encore tenir la main de leur mère* (Diwo).

CONCERTATION emploi. Ce mot a été admis par l'Académie en février 1970 au sens de « action de se concerter avec d'autres personnes, réunion des parties intéressées à un problème politique, économique, diplomatique, en vue d'une solution commune ». C'est un néologisme non sans utilité, mais qui ne doit pas faire oublier *discussion, entente*, etc.

CONCETTI prononc. Plutôt à l'italienne [kɔntʃɛtti] qu'à la française [kõsɛti]. ♦ **sens.** « Traits d'esprit ». Emploi littéraire, au pluriel le plus souvent : *Lazzi et concetti pour eux aussi, fines plaisanteries à l'italienne* (Léger). Le singulier, rare, est **concetto**.

CONCHYLICULTEUR prononc. Ce mot créé en 1953 et quelque peu pédant se prononce (de même que **conchyliculture**) comme **conque** ou le terme de géométrie **conchoïde**, qui désigne un type de courbe, et non comme le verbe trivial *conchier* ! ♦ **sens.** Il signifie simplement « éleveur de coquillages et de mollusques comestibles ». On l'a créé sur le modèle de **mytiliculture**, « élevage des moules », qui date de 1890.

CONCILE sens. « Assemblée des évêques. » Ne pas confondre avec **conclave**, « assemblée des cardinaux, réunie pour élire un nouveau pape », ni avec **consistoire**, au sens propre « assemblée de cardinaux réunie par le pape » (mais il y a aussi des consistoires protestants, israélites...).

CONCLURE conjug. Se défier des formes barbares empruntées à la première conjugaison (verbes en *-er*) comme *il conclue, il conclua*, etc. → APPENDICE GRAMMATICAL. ♦ **constr.** *Conclure à ce que*, très répandu dans la langue de la procédure, tend à évincer **conclure que**, seul tour indiscuté. → À.

CONCOCTER emploi et sens. Ce verbe très expressif est du registre fam., au sens de « fabriquer, confectionner » : *Il vous regardait d'un air pénétré, semblant préparer quelque blague, concocter quelque nouvelle inédite qui stupéfierait l'assistance* (Labro). *Il répondit que c'était là, et particulièrement à Salisbury, qu'on concoctait le meilleur plum-pudding* (Diwo).

CONCOMITANT orth. Un seul *m*, un seul *t*. ♦ **constr.** Avec **de**, mais souvent sans complément. ♦ **sens.** « Qui se produit en même temps qu'une autre action », réservé au domaine didactique : *des symptômes concomitants.*

CONCORDANCE DES TEMPS → APPENDICE GRAMMATICAL.

CONCOURIR orth. Un seul *r*, comme *courir* et les mots de cette famille.

CONCOURS sens. D'emploi recherché au sens de « rencontre de nombreuses personnes en un même lieu », mais encore très vivant dans l'expression stéréotypée : *concours de circonstances.* De même, au sens de « aide » : *apporter, fournir son concours.* → EXAMEN.

CONCUPISCENCE orth. *-sc-*, comme dans *concupiscent.*

CONCURREMMENT À ou **AVEC sens et emploi.** Plus proche aujourd'hui de « conjointement » que de « en concurrence ». Cet adv. est réservé au style didactique.

CONCURRENCE orth. Deux *r*, comme dans *concurrent, concurremment.*

CONCUSSION sens. « Perception illicite par un agent public de sommes non dues. » Ne pas confondre avec **concession**, ni avec **prévarication**, qui désigne tout manquement aux devoirs d'une charge, ou avec **malversation**, qui s'applique à une gestion frauduleuse.

CONDENSATEUR ou **CONDENSEUR emploi. Condensateur** s'emploie en électricité et en optique, **condenseur** pour les machines à vapeur, et aussi en optique.

CONDENSER → CONCENTRÉ.

CONDESCENDRE emploi et sens. Ce verbe, à peu près synonyme de **consentir**, ne s'emploie que dans un registre littéraire, voire soutenu : *Nous avons condescendu à abandonner le bouteillon à quelques copains crevards* (Bialot).

CONDISCIPLE genre. Forme unique : *son* ou *sa condisciple.*

CONDITION QUE (À) constr. Cette locution conjonctive gouverne le plus souvent le subj. : *À condition qu'il eût beaucoup bu, elle ne lui gardait rigueur de rien* (Vailland). Le substantif **condition** est précédé facultativement de l'article défini : *à la condition que.* Dans ce cas, le subj. correspond à un potentiel, à une action seulement possible, tandis que l'indic. futur indique une clause impérative. **1)** *Subj.* : *Il laissait à sa femme une fortune énorme à la condition qu'elle ne se remariât pas* (Mauriac). **2)** *Futur* : *Je te le dirai quand nous serons mariés, à la condition que tu me promettras de ne jamais le répéter* (Renard).

CONDITIONNEL Ce mode, au présent ou au passé, est souvent employé pour présenter un fait comme relevant d'une hypothèse, d'un on-dit, etc. *Le bruit courait qu'elle était réfugiée d'un pays de l'Est, qu'elle aurait fait un séjour dans les camps* [...]. *C'est un officier de l'air qui l'aurait ramenée en France, avec son enfant* (Lefèvre).
□ **conditionnel passé.** Il existe deux formes de conditionnel passé : le *conditionnel passé première forme* est la combinaison de la forme du conditionnel présent de l'auxiliaire avec le participe passé du verbe : *Il maniait Étienne comme il aurait fait d'un dossier.* C'est le tour le plus fréquent. Le *conditionnel passé deuxième forme* se confond avec le *subj. plus-que-parfait* et se rencontre dans un contexte généralement écrit et littéraire, voire désuet : *Il maniait Étienne comme il eût fait d'un dossier* (Kessel).

CONDITIONNER emploi et sens. De plus en plus fréquent au sens de « préparer spécialement, apprêter, mettre dans l'état requis » : acception ancienne, qui figure dans le *Dictionnaire de l'Académie (marchandises bien, mal conditionnées)*, et qui a été remise en vogue par l'influence de l'anglo-américain. De là l'expression **air conditionné** : *On entend ne pas être oublié et conditionner les gens à distance, à ses propres volontés* (Sarrazin). *Vous voulez les traiter comme elles devraient être traitées si elles n'étaient pas conditionnées par des siècles d'esclavage* (Vian). *Décidément, il n'y a pas à se tromper, c'est une tempête bien conditionnée qui se prépare* (Claudel). Noter que l'on dit couramment *réflexes conditionnés* au lieu de *conditionnels.* Quant au sens de « être la condition de », il est plus récent et ne va pas encore sans contestations : *Sa réussite au bac conditionne son départ en vacances.* La langue courante n'hésite pas à s'exprimer ainsi, mais la langue soutenue préfère : *est la condition de.*

CONDOLÉANCES forme. Pratiquement pas de singulier, même dans **lettre de condoléances** : *Je vous fais toutes mes sincères condoléances ainsi que Mme Sciolla* (Japrisot).

CONDOTTIERE orth. Pas d'accent. Plur. actuellement, **condottieres** (mot à demi francisé) plutôt que **condottieri**, conforme à l'italien, mais vieilli.

CONDUCTANCE sens. En électricité, « l'inverse de la résistance d'un conducteur ». Distinct de **conduction**, « transmission de la chaleur ou de l'électricité d'un corps », ou « propagation de l'influx nerveux ».

CÔNE orth. Accent circonflexe, mais pas sur les dérivés : *conique, conifère.*

« **CONFER** » **emploi et sens.** Mot latin (impératif de *conferre,* « se reporter à ») employé dans les livres, sous la forme de l'abrév. *cf.*, pour dire au lecteur : « Reportez-vous à tel endroit. » Mais on peut toujours lui substituer le verbe **voir**.

CONFÉRER emploi et sens. Appartient au style élevé dans le sens de « attribuer », en emploi transitif : *Ce lent martyre de vessie qui lui conféra sa dernière auréole* (Bazin). En emploi intransitif au sens de « avoir un entretien, tenir une conférence » : *Les deux ministres ont longuement conféré.* Ne pas dire *ont conféré ensemble,* qui fait pléonasme.

CONFESSE emploi. N'existe que dans les locutions figées **aller à confesse** ou **revenir de confesse** : *Les voisins sont catholiques. Ils vont à confesse pour leurs péchés* (Hoex). Le substantif libre est **confession**. On écrit avec deux *n* : *confessionnel, confessionnal.*

CONFETTI forme. Subst. masc. plur. : *des confetti.* Ce mot italien tend à se franciser et à prendre un *s* au pluriel : *des confettis,* par analogie de *macaronis, raviolis,* etc. Ne pas confondre avec *concetti.* ⟶ ce mot.

CONFIANCE (AVOIR) constr. Préposition **en** ou **dans** (l'article défini est de règle avec *dans*), très rarement **à** : *Il a confiance en moi, en Dieu ; il a confiance dans le savoir de son médecin.* En revanche, c'est *à* qui est utilisé régulièrement avec **faire confiance** : *Il faut faire confiance à la nature humaine.* Avec un pronom personnel : *Merci de m'avoir fait assez confiance pour me choisir comme moniteur* (Malraux).

CONFIER (SE) constr. *Se confier en* ou plus rarement *dans,* au sens de « s'en remettre à », est vieilli. Le seul tour vivant est : **se confier à** au sens de « faire des confidences à ». ⟶ SE FIER.

CONFINER emploi et sens. Ce verbe appartient au registre soutenu, au sens de « être proche, voisin de » : *L'absence de goût chez moi confinait au néant* (Barbery).

CONFINS emploi et sens. Pas de singulier. « Partie d'un territoire située près de ses frontières, de ses limites géographiques ou politiques » : *Par-delà les confins des sphères étoilées* (Baudelaire). *Les confins algéro-marocains.* Voir aussi l'expression **aux confins de la terre**, « aux extrémités de la terre habitable ». Fréquent dans des emplois fig. ou littéraires : *Il ne songeait pas à prolonger son bonheur jusqu'aux confins de cette nuit pesante* (Mauriac). *Il lui arrivait de tirer des bordées qui les entraînaient aux confins de leur système stellaire* (Boulle).

CONFIRMAND orth. Avec un *d* final, à la différence de **communiant**.

CONFIT emploi. Participe passé du verbe *confire,* qui n'existe guère qu'à l'infinitif. On doit dire *des cerises confites* et non *confies.* Emploi fig. : *Alissa et toi,* vous *êtes stupéfiants d'égotisme. Vous voilà tout confits dans votre amour* (Gide). *Bien d'autres miséreux, dans les campagnes, confits dans la crasse, sont réputés garder des sommes énormes dans leurs matelas pourris* (Jourde). *Être confit en dévotion.*

CONFITURE emploi. On hésite souvent entre le singulier et le pluriel : **de la** ou **des confitures**. Avec un complément de nom, on dira *manger de la confiture de groseilles,* plutôt que *manger des confitures de groseille.* Le substantif complément désignant le fruit dont est faite la confiture se met de préférence au pluriel, comme en général après *compote, pâte,* etc. Mais il n'y a pas de règle stricte dans ce domaine : *Confitures de fraises, confitures de cerises, avec ou sans noyau* (Wiazemsky).

CONFLUENCE orth. Un *e* devant le *n*, comme dans *confluent, affluence, affluent.* ⟶ ce mot.

CONFONDRE constr. On dit *confondre* a *et* b, a *avec* b, mais rarement **(se) confondre à** : *L'eau plate, monotone, interminable, qui confond ses limites à celles de la terre* (Camus). C'est **avec** qu'on doit employer à la voix pronominale. Le tour **se confondre en excuses, en protestations d'amitié**, etc. est aujourd'hui rare et réservé à un registre plutôt littéraire : *Les relations de travail qui se confondent en excuses quand c'est une autre voix de femme que la vôtre qu'ils entendent au bout du fil* (Rosenthal).

CONFORMATION et **CONFORMITÉ emploi et sens. Conformation** ne s'emploie que pour un corps organisé et s'applique à la façon dont sont disposées ses différentes parties. **Conformité** est l'état de choses semblables.

CONFORTABLE emploi. Surtout avec un non-animé : *un appartement confortable.* Mais on ne dira pas : *Je suis confortable*, pour « Je suis à mon aise, confortablement installé ».

CONFRÈRE forme. Pas de fém. à proprement parler, *consœur* ne trouvant pas vraiment droit de cité dans la langue officielle, et gardant presque toujours une connotation ironique : *Une consœur, critique de profession,* [...] *eut cette réponse que je n'ai pas oubliée* (J. Buob, *Le Monde*, 25/05/2007). *Non, mon cher, je suis votre confrère : je serais votre consœur si* vous *portiez vous-même des jupons, parlons français, je vous prie* (Sarrazin). → COLLÈGUE.

CONFRONTER constr. Confronter avec tend à l'emporter sur **confronter à**, à la voix active : *Étonnante Adèle qui avait grandi son souvenir et le confrontait paisiblement à la réalité* (Perry). *Nous avons confronté nos résultats.* Mais il faut noter la vogue, apparemment durable, du tour passif **être confronté à** ou **avec des problèmes**, avec un sujet animé : *Il est devenu apôtre de la non-violence, un choix qu'il n'est pas toujours facile d'assumer pour un Palestinien confronté à l'occupation israélienne* (L. Zecchini, *Le Monde*, 14/08/2011). Cette tournure est lourde et souvent prétentieuse, mais elle s'emploie de plus en plus au sens de « faire face à, être aux prises avec » : *Le matin de ce même jour, il fut confronté à un incident qui lui parut très énigmatique* (Romains).

CONGÉNÈRE sens. « Du même genre, de la même espèce », terme d'histoire naturelle. Employé par extension, **ses congénères** peut signifier « ses pareils, ses semblables », souvent avec quelque mépris. Ne pas confondre avec **condisciple**.

CONGLOMÉRER et **CONGLUTINER sens. Conglomérer**, c'est « réunir en une seule masse », **conglutiner**, « joindre par le moyen d'une substance visqueuse ».

CONGRÉGATION orth. Ses dérivés ne prennent qu'un seul *n* : *congrégationalisme, congrégationaliste, congréganiste.*

CONGRU et **CONGRUENCE emploi et sens.** Ces deux mots sont d'origine mathématique et définissent un certain type d'équivalence entre des unités. Mais dans la langue courante, la **portion congrue** désigne une « part tout juste suffisante », un « maigre revenu » : *Même dans la plèbe du camp, donc, il y a des centaines de déportés qui échappent à la règle commune de la portion congrue* (Semprun). Quant à **congruence**, il se rencontre parfois dans le registre littéraire avec le sens de « similitude ou équilibre » : *Quelle congruence entre un Claesz, un Raphaël, un Rubens et un Hopper ?* (Barbery).

CONGRÛMENT orth. Accent circonflexe sur le *u*, sans *e* intérieur. → ADVERBES.

CONIFÈRE, CONIQUE → CÔNE.

CONJECTURE sens. « Opinion appuyée sur des probabilités » : *Je sais bien que ces conjectures ne provoqueront que le bâillement des intéressés* (Bernanos) ; *des conjectures hasardeuses, se perdre en conjectures.* Ne pas confondre avec **conjoncture**, « situation » (surtout dans les domaines économique et politique) : *Arrivait le moment – conjoncture très médiocre et saison creuse – où plus rien ne se vendait à la galerie* (Échenoz) ; *le rapport* *de conjoncture*. Noter l'emploi du dérivé *conjoncturel* : *Toutefois, une politique purement conjoncturelle ne suffit pas* (*Le Monde*).

CONJOINT forme. La langue administrative ne connaît que **conjoint** pour le mari comme pour la femme. Néanmoins, on trouve souvent **conjointe**, que rien n'empêche d'adopter. On peut donc dire (mais non sans ambiguïté aujourd'hui) : *Le conjoint* ou *la conjointe de M. Untel.*

CONJOINTEMENT constr. *Conjointement avec* est admis. Mais *conjointement à* est également possible, et paraît même recommandable. → CONCURREMMENT.

CONJONCTIONS (*voir tableau ci-contre*)

CONJONCTURE → CONJECTURE.

CONJURER constr. Ce verbe se construit avec la préposition **de**, comme **prier** et non avec la préposition **à**, comme **inviter**. La phrase suivante est fautive : *Un dirigeant de l'insurrection du ghetto de Varsovie conjure les « partisans » palestiniens à faire la paix* (titre sur 4 colonnes dans *Le Monde* du 14/08/2002).

CONNAISSANCE constr. Trois tours sont possibles et également corrects : *faire connaissance avec qqn*, *faire la connaissance de qqn* et *faire connaissance de qqn*.

CONNAÎTRE orth. Accent circonflexe sur le *i* chaque fois qu'il apparaît devant un *t*. → ACCROÎTRE.

□ **connaître de. emploi.** Seulement dans la langue juridique, « avoir à s'occuper de », en parlant en général d'une affaire : *Je compris qu'on allait me forcer à parler d'une foule de choses que je ne connaissais pas et dont je ne pouvais pas connaître - comme diraient les gens de loi* (Duhamel).

□ **s'y connaître. emploi.** Dans cette locution, qui se construit avec **à** ou **en**, l'y est explétif et ne fait pas redondance avec le substantif complément : *Je m'y connais en greffes, par mon mari* (Giraudoux). *C'est un garçon qui s'y connaît en affaires*. Inutile de dire *s'y connaître bien*, qui est pléonastique. La langue classique disait plus sobrement *se connaître en* (sans *y*).

□ **connaître que. emploi et sens.** Tournure classique, lorsque le complément du verbe est une proposition, le sens étant plus proche de « savoir » : *Tout le monde en même temps connut que la menace d'une invasion allemande est présente* (Péguy). De même : *La pluie recommença de tomber, et Maria connut alors d'où venait son plaisir* (Mauriac). Cet emploi est littéraire.

□ **pour raison à moi connue. constr.** Tour rare et figé avec inversion du complément *moi*. On dit plutôt : *pour raison connue de moi.*

□ **connaître quelqu'un menteur. constr.** Il est rare de trouver un adj. attribut de complément d'objet de *connaître* : *Parce que je vous connais menteur, et il n'y a rien que Dieu déteste autant* (Bernanos). On dira plutôt *connaître comme.*

CONQUÉRIR → APPENDICE GRAMMATICAL.

CONSCIENT constr. Cet adj. se construit avec **de** suivi d'un adj. ou d'un verbe à l'infinitif : *Il est conscient de sa faute. Elle est consciente d'avoir commis une gaffe.* On peut aussi faire suivre ce mot d'une proposition complétive introduite par **que** : *Consciente que l'élection se joue, pour une part, sur la personnalité des candidats, M*[me] *Royal a retracé son histoire* (*Le Monde*, 13/04/ 2007). *Elle se laissait aller au versant favori de son être, consciente que, l'année suivante, elle ne le pourrait plus* (Nothomb). La construction avec **de ce que** n'est pas incorrecte, mais passablement lourde.

CONSCRIPTION sens. « Inscription sur les listes de l'armée des jeunes gens en âge de faire leur service militaire. » Ne pas confondre avec **circonscription**, « division administrative, politique, etc., d'un pays ».

CONSEIL emploi. Comme deuxième élément d'un mot composé, toujours précédé d'un trait d'union : *ingénieur-conseil, avocat-conseil.*

CONSEILLER constr. *Conseiller quelque chose à qqn, conseiller à qqn de travailler* (et non *conseiller qqn de…*), *conseiller qqn*, tout court (« lui donner des conseils »).

CONSEILLÈRE emploi. Le fém. est admis aujourd'hui, bien qu'on puisse dans tous les cas se contenter du masc. : *Madame le conseiller municipal.*

CONSENSUS emploi et sens. Curieusement, ce substantif latin, employé dès le milieu du XIXe s. en physiologie, et en fin de siècle par la sociologie naissante, au sens d'« accord, consentement de plusieurs personnes », prend aujourd'hui, en politique, le sens d'« accord majoritaire », voire d'« unanimité » : *La Fin du sommet de la Terre à Rio : un consensus inattendu entre pays du Nord et du Sud* (*Le Monde*, 16/06/1992). *Nous sommes prêts à participer à la recherche d'un consensus, d'une entente, pour que tout soit prêt en 2009* (déclaration de Vondra, vice-premier ministre tchèque, *Le Monde*, 13/04/2007). *Le rouleau compresseur du consensus se déplace d'un continent à l'autre* (Desarthe). Quant au dérivé **consensuel**, qui signifiait en droit civil « formé par le seul consentement des parties », en parlant d'un contrat, il est également très à la mode, avec une valeur assez vague et sentimentale : *M. Le Pensec donne son aval à la recherche d'une « solution consensuelle » en Nouvelle-Calédonie* (*Le Monde*, 28/05/1992). *Seule la coalition de la baguette de pain et du béret peut leur lancer le défi des clichés consensuels* (Barbery).

CONSENTIR constr. Consentir qqch., construction transitive directe, surtout dans la langue du droit, « accepter, admettre » : *Le sacrifice est immense* […] *il faut le consentir dès que la voix s'élève, qui le réclame* (Duhamel). **Consentir qqch. à qqn**, « accorder » : *De tous temps, Dieu consentit une grâce particulière à son peuple des Cévennes* (Chabrol). **Consentir à qqch.**, « accepter qu'une chose se fasse, ne pas l'empêcher ». Avec une complétive, **consentir que** est classique et recommandé : *Je consens que la langue parlée échappe à toute surveillance* (Duhamel). Mais **consentir à ce que** gagne du terrain. Toujours le subj. après *à ce que*, mais après le simple *que* on peut trouver l'indic., s'il s'agit de faire le constat d'une chose irréfutable : *Albert consentit enfin à ce qu'il se joigne aux Jeunesses du P.P.F. qui aidaient à déblayer les décombres* (Chaix). *Je priais Dieu, mais je ne consentais pas sans répugnance à ce que l'idée de Dieu fût humiliée de quelque manière à mon regard* (Duhamel). *Cette doctrine n'est plus à la mode… mais il faut consentir que les notions de cause et d'adaptation y conduisent presque inévitablement* (Valéry).

□ **consentir à faire** ou **de faire**. Le tour avec *à* est de beaucoup le plus fréquent et le plus naturel : *Il a consenti à nous recevoir. Consentir de* est aujourd'hui un archaïsme : *Pour que ces gens-là consentent d'aller en justice, il leur faut un juge bien huppé* (Benjamin).

⟶ ADMETTRE.

□ **dérivé.** Ce verbe forme le substantif **consentement** (et non pas *consentiment*), alors qu'on dit *assentiment.*

CONSÉQUENCE forme. *Une affaire de conséquence, sans conséquence, qui ne tire pas à conséquence* : le substantif est au singulier dans ces locutions, mais le pluriel est préférable dans *une affaire lourde de conséquences.*

□ **en conséquence** et **par conséquent** Ces deux tours sont à peu près synonymes et indiquent une relation de cause à effet, mais le premier est plus fréquent dans les textes officiels et le second d'un emploi plus libre : *En conséquence, nous vous informons que vos fonctions de garde-barrière prendront fin le même jour* (Lefèvre). *En conséquence de quoi…*

CONSÉQUENT emploi et sens. Au propre, « qui agit ou raisonne avec logique, qui ne met pas en contradiction ses paroles et ses actes » : *un homme conséquent dans sa conduite, ses démarches*, etc. Cet adj. est passé dans la langue familière au sens de « important », sans doute à partir de tours comme **une affaire, un homme de conséquence** : *une fortune conséquente, une maison peu conséquente.* Littré a condamné cet emploi. Cela n'a pas empêché Giono, par exemple, d'écrire : *La rue qui doit s'appeler* *la grand-rue car ce village est plus conséquent que le nôtre.*

CONSERVE orth. *Des conserves de thon*, mais *des boîtes de conserve* (sans *s*), *mettre en conserve* (sans *s* également).

CONSERVE (DE) → CONCERT (DE).

CONSIDÉRER constr. L'attribut du complément direct d'objet doit être introduit par *comme* : *Je considère ces problèmes comme dignes du plus grand respect* (Romains). Les journaux impriment constamment : *considérer impossible* (Brunot), mais cette construction « directe » de l'attribut d'objet se rencontre aussi chez de bons écrivains, soit devant un adj. ou un participe : *Attitude spécifiquement française que je ne considère certes pas élégante* (Duhamel), soit même devant un substantif : *Il considérait ces magnifiques rencontres des atomes qui donnent des aspects à la matière* (Hugo). Cette ellipse de *comme*, condamnée par l'Académie en 1965, s'explique parfois par des raisons d'euphonie, ou par le désir d'éviter une répétition. C'est le cas, par exemple, dans cette phrase de Valéry : *Celui qui écrit comme il prononce est, en France, considéré inférieur à celui qui écrit comme on ne prononce pas.* Toutefois, on arrive parfois à de gênantes ambiguïtés, comme ici : *En vérité, il avait horreur des cimetières* [...] *Il considérait ces lieux malsains* (Tahar Ben Jelloun).
□ **considérer comme tel.** Dans ce tour, l'adj. *tel* s'accorde avec le complément : *Ce ne sont pas mes filles, mais je les considère comme telles.*

CONSISTER constr. Essentiellement avec **en** (surtout sans article) ou **dans** (toujours avec article) : *Sa fortune consiste en terres et en immeubles. Quant à ma collaboration, elle consistait uniquement dans la copie de quelques pages de grands auteurs* (Gide). **En le, en la** se rencontre dans la langue littéraire : *La valeur de l'Antiquité consiste pour Bossuet en la garantie qu'elle fournit contre le changement, en le maintien d'une présence intacte* (Thibaudet). → DANS et EN.
□ **consister à.** Rare devant un nom : *Ses vêtements consistaient à des lanières de peau de mouton et à des paquets de mousse qu'il s'était plaqués sur les jambes* (Thérive). Devant un infinitif, *à* est régulier : *Le génie, en amour, consiste à sauver dans le couple une perpétuelle nouveauté* (Maurois).

CONSŒUR → CONFRÈRE.

CONSOMMER et **CONSUMER emploi et sens.** Le premier verbe signifie au propre « mener une chose à son terme », « mettre en sa perfection » : *Tout serait consommé, j'aurais achevé, ni vu ni connu, ma carrière de faux prophète qui crie dans le désert et refuse d'en sortir* (Camus). *Pour consommer ma stupeur et la sensation environnante, il ajouta...* (Hériat). **Consommer** signifie également « détruire une chose en l'utilisant pour se nourrir, pour travailler » : *consommer du pain, du bois, du papier,* etc. Il s'emploie parfois absolument quand le contexte est assez clair. Ne pas confondre avec **consumer**, « détruire par le feu », employé surtout, du reste, à la forme pronominale : *Des piles de bûches s'y consumaient sans fin quand la température devenait inclémente* (Green). → CONSUMÉRISME.

CONSONANCE orth. Un seul *n*. De même *consonant, assonance, résonance.* → SONNER.

<u>CONSONNE</u> genre. Aujourd'hui les consonnes sont considérées comme des noms masc. On dit un *r*, un *t*, un *h* (et non plus *une*, comme le disait encore Littré). → VOYELLE.

CONSORT genre. Adj. sans fém. ♦ **emploi et sens.** Au propre, **prince consort**, « époux d'une reine, qui ne règne pas lui-même ». Familièrement, *un tel et consorts,* « et ceux de son espèce », nettement péjoratif. *S'ils avaient oublié, Pétrarque ou consorts se feraient un plaisir de leur apprendre la route* (Toulet). En termes de procédure, le mot n'est pas péjoratif, mais désigne ceux qui ont un même intérêt.

CONSPIRER emploi et sens. Très littéraire et même archaïque, au sens de « concourir à, contribuer à », sans idée péjorative de « complot » : *Tout, également, dans la* *pièce, conspirait au plaisir de Richard : les cristaux, les tentures, le chemin de fleurs* (Kessel). Au sens de « préparer une conspiration », on emploie **conspirer contre** suivi d'un substantif, ou **conspirer pour** suivi d'un infinitif. On peut trouver aussi des constructions comme *conspirer la ruine d'une entreprise*.

CONSTITUÉ constr. Avec les prépositions **de** ou **par**, à peu près indifféremment : *La seconde catégorie* [...] *était constituée des quelques centaines de déportés inaptes au travail* (Semprun). → DE et PAR. **Constitué** peut former des phrases inverses de celles qui sont formées avec **consister en** : *Sa fortune consiste en rentes*, ou *des rentes constituent sa fortune*. Mais ne pas employer *être constitué en* pour *consister en*, ce serait un barbarisme.

CONSTRUCTEUR, CONSTRUCTIF emploi. Le premier mot (surtout subst.) s'applique à un être humain, le second (surtout adj.) à un non-animé : *un constructeur de barrages ; un projet constructif.* → DESTRUCTEUR.

CONSUMER → CONSOMMER.

CONSUMÉRISME emploi et sens. Ce mot du début des années 70, dont l'origine est américaine (*consumer*, « consommateur »), désigne la « défense militante du consommateur ». Comme il est peu motivé pour un Français, on a proposé (sans succès) pour le remplacer *consommatique*, nom fém., sur le modèle de *bureautique, robotique*, etc.

CONTACTER emploi. Rejeté par les puristes, ce verbe, qui s'est répandu pendant la dernière guerre (lors des opérations de la Résistance) est très courant dans la langue parlée. On peut lui préférer *entrer en contact* ou *prendre contact avec qqn, toucher qqn* (parfois ambigu), *joindre qqn* : *Je fus contacté indirectement par un homme qui se disait membre d'une organisation extrémiste* (Mendès France).

CONTAINER emploi. Anglicisme inutile, auquel on substituera aisément **conteneur**, selon la recommandation ministérielle du 13 janvier 1973, et en dépit de l'avis du fougueux Cavanna, qui écrit : *On nous intime : Il ne faut pas dire « container », ce n'est pas français. Dites « conteneur ». Mais « conteneur » ne l'est pas davantage ! On l'a bricolé, décalqué sur « container », et on arrive à un monstre non-français.* Cette position est peu défendable car le mot est bien formé : le français a fabriqué nombre de noms en *-eur* sur ce modèle : *bâtir, bâtisseur ; détenir, détenteur* et même : *soutenir, souteneur ! Un artisan capable de fabriquer des conteneurs appropriés au chargement de la* Nechilik (Échenoz). *Touax est aussi à la tête d'une flotte de wagons, de barges fluviales et de conteneurs maritimes* (*Le Monde*, 26/12/2008). Dans le domaine des transports, on utilise également les dérivés **conteneuriser**, « mettre en conteneur », **conteneurisable** et **conteneurisation**, acceptables en dépit de leur lourdeur.

CONTENT emploi et sens. Alors que *mécontent* a un sens psychologique et affectif, le tour **non content de** a la valeur plus objective de « qui n'est pas satisfait de » et entre en corrélation avec une proposition correctrice : *Non contents de troubler la transparence de l'air et dérober ainsi les objets au regard, les brouillards pouvaient aussi les grossir considérablement* (Échenoz). *Nos ennemis, non contents de vous avoir enfermée dans un camp de concentration au milieu du désert* [...], *veulent désormais vous apprendre les règles de leur jeu dégénéré* (de Roulet).

CONTENTIEUX sens. Adj., « qui peut faire l'objet d'une discussion devant les tribunaux ». Subst., « ensemble des litiges qui existent entre deux personnes, deux organisations ou deux pays » : *Le contentieux franco-marocain.*

CONTENTION orth. Deux *t* et pas de *s*. *Travailler avec un pareil accessoire de contention était éprouvant* (Dubois). ♦ **sens.** « Action de maintenir mécaniquement des organes déplacés » : *des bas de contention*, et dans un sens plus abstrait, « tension des facultés intellectuelles appliquées à un objet ».

CONTESTABLE constr. Après une principale négative : *Il n'est pas contestable,* on trouve dans la proposition introduite par **que** l'indic. et le conditionnel aussi souvent que le subj. : *Il n'est pas contestable* ou *Nul ne contestera qu'il y a des inconvénients dans cette façon de procéder.* C'est seulement avec le subj. qu'on peut trouver le **ne** dit explétif : *Il n'est pas contestable qu'il (n')y ait des inconvénients à...* On notera que l'indic. est plus naturel que le subj. après l'adj. **incontestable,** qui équivaut cependant à : **ne... pas contestable.** → NE.

CONTESTATION emploi. Ce mot a connu depuis 1968 une fortune considérable au sens de « mise en cause systématique, opposition de principe, refus des bases et des formes de la société ». Son sens propre est : « Discussion sur un point. » **Sans contestation** s'écrit au singulier. Ne pas confondre avec **sans conteste.** → ce mot. ♦ **dérivé.** À partir de ce mot s'est formé le néologisme **contestataire** (nom et adj.), « qui conteste (principalement l'état social) », à distinguer de **contempteur,** de sens plus général, « qui critique et méprise ».

CONTESTE emploi. Uniquement dans la locution figée **sans conteste,** « sans contredit, de façon évidente et indiscutée » : *C'est à Madrid sans conteste que sont les plus jolies femmes d'Espagne* (Montherlant).

CONTESTER constr. Avec l'indic. ou le subj. → CONTESTABLE : *Nul ne contestera que Gacougnol est un artiste impossible* (Bloy, cité par Grevisse). *Nul ne contestera que tout problème n'ait des analogues dans le passé* (Benda).

CONTIGU orth. Dans *contiguë, contiguïté,* le tréma ne porte pas sur le *u,* mais sur la voyelle qui suit. → AIGU.

CONTINUATION emploi. La locution *bonne continuation,* employée pour prendre congé de quelqu'un, est familière, et non reçue par le bon usage.

CONTINUELLEMENT et **CONTINÛMENT emploi et sens.** Le premier de ces deux adverbes est de beaucoup le plus usuel. Ne pas confondre leurs emplois. On dira **travailler continûment** (action qui dure) et **être continuellement dérangé** (action « à répétition », tendance vers le sens : « à de fréquentes reprises. »). *Un tourbillon tranquille et fort, si continûment régulier qu'il paraissait immobile* (Genevoix). Distinguer *pluie continue* et *pluies continuelles.* L'Académie, dès 1718, a défini la différence qui les sépare comme elle sépare *continu* et *continuel* : « *Continu* et *continûment* se disent des choses qui ne sont pas divisées ni interrompues depuis leur commencement jusqu'à leur fin » : *Les sapins sont impressionnants à cet égard, parce que ramassés continûment de la base à la pointe, toute leur forme est d'être dressée* (Velan) ; « *continuel* et *continuellement* se disent de celles qui sont interrompues, mais qui recommencent souvent et à peu d'intervalles ».

CONTINUER constr. C'est surtout l'oreille ou le goût personnel de chacun qui choisit entre **continuer à** et **continuer de** : *Elle continuait à pleurer sans s'arrêter* (Rolland). *La radio continuait de me briser les oreilles sans toutefois couvrir les aboiements de la meute* (Dubois). *Quand elle s'arrêta, l'ombre lumineuse du tilleul continua de flotter sur le mur* (Bernanos). Dans ce dernier exemple, *de* permet d'éviter l'hiatus *continua à.* Inversement, on attendrait plutôt la préposition **à** dans cette phrase de Vailland (en raison de la série des *de*) : *Il lui arrivait dans son sommeil de repousser les couvertures à grands coups de pied et de continuer de dormir jambes et ventre à l'air.*

CONTINUITÉ (SOLUTION DE) → SOLUTION.

CONTONDANT sens. « Qui fait des meurtrissures, mais ne coupe ni ne perce. » Le verbe *contondre* a disparu mais nous avons conservé un participe passé emprunté à la conjugaison latine de *contundere,* dans : *une plaie contuse* (rare). Le même verbe a donné le mot **contusion.**

CONTRACTER emploi. *Contracter une maladie, contracter des dettes,* ont le sens de « tomber malade », « faire des dettes ». *Il avait* *contracté, enfant, pendant la Première Guerre mondiale, une grippe espagnole* (P. Jardin). Ne pas confondre avec **contacter**. → ce mot.

CONTRAINDRE constr. Avec **à** ou **de** quand il est suivi d'un infinitif, mais avec **à** devant un substantif : *L'armée a été contrainte à* ou *de capituler*, mais : *Elle a été contrainte à la capitulation. Ils étaient contraints de se lier aux chefs militaires* (Malraux). *Il s'échappait plus aisément que Camille ne l'eût voulu, contraint qu'il était de fuir sur place*, et *Elle contraignit la chatte, que son pied allait meurtrir, à regagner d'un saut son étroit observatoire* (deux exemples de Colette, à quelques pages de distance). Au passif, la présence du complément d'agent entraîne plutôt la construction avec **à** : *Il a été contraint par son père à chercher du travail.*

CONTRAPONTISTE orth. On trouve aussi : *contrapuntiste* et *contrepointiste.* ♦ **sens.** « Qui use des règles du contrepoint. » C'est en général un substantif. Pour l'adj., on préférera la forme *contrapontique* (avec un *o*).

CONTRAVENTION sens. Au propre, « action d'enfreindre la loi », puis, par métonymie, « papier portant le procès-verbal d'une contravention », d'où de nombreux emplois peu orthodoxes, qui sont entrés dans l'usage courant : *dresser une contravention* (on dit mieux : *dresser un procès-verbal*), *avoir une contravention*, et même *trouver une contravention sur son pare-brise*. À noter que dans tous ces tours on peut sans dommage substituer **procès-verbal** à **contravention**, même sous la forme abrégée **P.-V.**

CONTRAVIS emploi. Mot rare, auquel on préfère d'ordinaire **avis contraire**.

CONTRE emploi. Le tour *je n'ai rien contre* est fam., mais correct. On dira mieux, toutefois, *là contre*, qui, sans trait d'union, est depuis longtemps admis par le bon usage (on rencontre parfois, à tort, *là-contre*). De même pour la phrase suivante, au tour recherché : *Et les belles couleurs toutes ensemble leur venaient contre* (Ramuz). Mieux vaut dire *venaient contre eux.*

□ **déblatérer, se fâcher, invectiver, vitupérer contre.** → ces verbes.

□ **par contre. emploi.** Il est aujourd'hui impossible de refuser cette locution adverbiale, que l'on trouve chez tous les bons écrivains. Nombreux exemples chez Apollinaire, Gide, Saint-Exupéry, etc. : *Étant aérophagique, mes vents n'ont qu'une fragrance diluée et peu fascinante, mais par contre (ou en revanche, je ne sais plus, où est Abel Hermant ?) il m'arrive d'en retenir un avec zèle pour le libérer au départ de ma « visite »* (Paraz). *J'ai entendu dire* [...] *que le mariage de votre autre frère Igor avec Catherine battait sérieusement de l'aile ! Pas le plus petit potin, par contre, sur votre sœur Olga* (Wiazemsky). L'Académie, en 1835, caractérisait **par contre** comme une locution du « style commercial » ; toute mention de *par contre* a disparu dans la 8e édition, en 1932, mais la 9e édition (1988) reprend la question, non sans ambiguïté : *Elle ne peut donc* [cette locution] *être considérée comme fautive, mais l'usage s'est établi de la déconseiller, chaque fois que l'emploi d'un autre adverbe est possible.* Littré écrit de son côté : « Il convient de suivre l'avis de Voltaire et de ne transporter cette locution hors du langage commercial dans aucun style. » Certains auteurs préfèrent **en revanche** : *Sandre était une sorte d'os sans fin, un échalas décharné avec une démarche d'insecte maladroit. À voir Pedro Kantor, on se demandait, en revanche, comment un aussi petit homme pouvait porter autant de chair* (Dubois). *Tolède est une ville au nom glorieux, qui a joué un rôle important dans l'histoire espagnole. Elle ne tient, en revanche, aucune place dans ma propre histoire* (J. de Romilly). Mais, notait Gide *« en revanche* et *en compensation », formules de remplacement que Littré propose ne me paraissent pas toujours convenables. Trouveriez-vous décent qu'une femme vous dise : « Oui, mon frère et mon mari sont revenus saufs de la guerre ; en revanche, j'y ai perdu mes deux fils », ou « La moisson n'a pas été mauvaise, mais en compensation toutes les pommes de terre ont pourri » ?... Par contre* *m'est nécessaire et, me pardonne Littré, je m'y tiens.*

□ **ci-contre** → CI.

CONTRE- orth. Les composés prennent le plus souvent un trait d'union. **Contre** reste invar. : *contre-alizé, -allée, -amiral, -appel, -assurance, -attaque, -attaquer, -courant, -courbe, -culture, -dénonciation, -digue, -écrou, -électromotrice, -emploi, -empreinte, -enquête, -épaulette, -épreuve, -espionnage, -essai, -exemple, -expertise, -extension, -fer, -feu, -fiche, -fil, -filet, -haut, -hermine, -indication, -indiquer, -interrogatoire, -jour, -lettre, -manifestant, -manifestation, -manifester, -mesure, -mine, -mur, -offensive, -pal, -pas, -passer, -pente, -performance, -pied, -plongée, -poil, -pointe, -porte, -pouvoir, -préparation, -productif, -projet, -propagande, -proposition, -publicité, -rail, -réaction, -réforme, -révolution, -révolutionnaire, -sujet, -taille, -ténor, -terrorisme, -timbrer, -tirer, -torpilleur, -transfert, -ut, -vair, -valeur, -visite, -voie.* Le *e* de *contre* disparaît dans *contravis, contrescarpe, contrordre* (l'orthographe *contre-ordre* n'est plus en usage). Un certain nombre de composés avec *contre* s'écrivent sans trait d'union : *contrebalancer, contrebande, (en) contrebas, contrebasse, contrechant, à contrecœur, contrecoup, contredanse, contrefaçon, contrefacteur, contrefaire, contrefait, contrefort, contremaître, contremarche, contremarque, contrepartie, contreplacage, contreplaqué, contrepoids, contrepoint, contrepoison, contresens, contresigner, contretemps, contretype, contrevenir, contrevérité.*

CONTRE-CHAMP emploi et sens. Au cinéma, « prise de vues en sens opposé à une autre prise de vues ». Ne pas confondre avec **contrechant**, « phrase mélodique jouée en même temps que le thème et sur les mêmes harmonies ».

CONTREDIRE conjug. Comme *dire*, sauf *vous contredisez*, au présent de l'indic. (et non vous *contredites*). → MÉDIRE.

CONTREPÈTERIE forme. On trouve aussi **contrepetterie**, avec deux *t*, et **contrepet**, masc. ♦ **sens.** « Lapsus simulé qui, par une interversion de lettres ou de syllabes, produit un effet burlesque. » (Académie, 1948) : *Il est parti sur les peaux de chat roux, heu... sur les chapeaux de roue.*

CONTRER emploi et sens. Terme de bridge (intransitif), très utilisé aujourd'hui dans la langue des journalistes sportifs. Il tend à passer dans le langage courant, avec la construction transitive, au sens de « s'opposer à », « faire échec à » : *C'était en effet une marche d'étudiants que la police contrait avec des gaz lacrymogènes à l'angle de la rue de Médicis et du boulevard Saint-Michel* (Bastide).

CONTREVENIR emploi. Ce verbe, qui correspond à **contravention** et se construit avec la préposition **à**, est d'un emploi plus limité et appartient presque uniquement à la langue du droit : *Une entreprise se réclamant des Lumières, de glissade en glissade, risque de contrevenir finalement à l'héritage de celles-ci* (Guillebaud).

CONTRÔLE emploi et sens. En français, ce mot a le sens de « vérification » : *le contrôle des billets.* Mais on dit couramment, en un sens hérité de l'anglais : *Le conducteur a perdu le contrôle de sa voiture.* On évitera toutefois, dans le domaine technique, d'employer *contrôle* au sens de « action d'assurer la marche ou la conduite des organes ou des mécanismes d'un appareil » : *commande* est ici préférable (arrêté ministériel du 12 janvier 1973). De même, on emploiera *régulation thermique* ou *régulation d'orientation* quand il s'agira de l'« opération technique visant à maintenir une grandeur entre des limites fixées » (*id.*).

CONTRÔLER emploi et sens. L'acception militaire « tenir sous sa domination, sous son contrôle » est tout à fait admise : *Les rebelles contrôlent la plus grande partie du pays.* On rencontre même cet emploi dans le domaine de la finance et de la technique : *Le trust X contrôle la plupart de ces entreprises.*

CONTROUVÉ sens. « Forgé de toutes pièces, entièrement fictif » : *On pourrait, dit Huchon, communiquer une statistique controuvée, mais vraisemblable, sur le cocuage en France* (Romains). Ce verbe s'emploie parfois aujourd'hui au sens de « contredire » : *Proposition d'ailleurs controuvée par l'exemple d'Aragon lui-même* (Simon).

CONTUMACE forme. Comme adj. et comme subst., on rencontre plus souvent *contumace* que *contumax* : *condamner par contumace.* ♦ **sens.** « Se dit d'un ou d'une accusée qui ne se présente pas à son procès » : *un contumace, une contumace* (ou *contumax*).

CONTUS → CONTONDANT.

CONVAINCRE conjug. → VAINCRE et → APPENDICE GRAMMATICAL.

CONVENIR conjug. Avec l'auxiliaire **avoir** au sens de « plaire, être approprié à » ; avec l'auxiliaire **être** au sens de « décider ensemble » : *Le lendemain matin, en nous séparant, nous sommes convenus que le dimanche suivant je viendrais dîner et dormir avec elle* (Aymé). *Gregory prit congé, dans la cuisine rouge, après être convenu d'une rencontre à trois dans les jours qui venaient* (Godbout). *Ces dispositions ont convenu à notre associé.* Mais la tendance actuelle est à l'emploi exclusif de **avoir** pour tous les sens du verbe : *Nous avons convenu qu'en tout état de cause la 1re armée devait s'emparer de Stuttgart* (de Gaulle). *En fait, les deux lettres en question étaient sans grand intérêt, Télin en a convenu* (Léautaud).
□ **convenir que. constr.** Suivi de l'indic., du subj. ou du conditionnel : *Ils convinrent qu'ils partiraient le lendemain, à la première heure* (Triolet). *Convenez que tout cela est bien étrange* (R. Jean). Lorsque le sujet de la principale est le même que celui de la subordonnée, on peut avoir un simple infinitif complément : *Il souhaitait recevoir le sacrement d'un prêtre qu'à contrecœur Ferrer dut convenir n'être pas* (Échenoz). Le mode dépend du sens : 1) Au sens de *reconnaître* : indic. 2) Au sens de *s'entendre, s'accorder* : indic. ou conditionnel. 3) Après le tour impersonnel *il convient que*, le subj. est de règle : *Il convient que vous en soyez informé le premier.*
□ **comme convenu. emploi.** Courant aujourd'hui, malgré les répugnances de certains grammairiens pour ce tour elliptique, d'origine commerciale.
□ **une date a été convenue. constr.** Bien que *convenir* ne soit pas transitif direct, le passif est possible et correct : *Une date a été convenue pour la remise de ce manuscrit.*
□ **convenu. sens.** Une *chose convenue* est une chose « décidée », mais *un langage convenu* est un langage « artificiel » : sens proche de celui de **conventionnel**. *Ses camarades devaient tendre le bras, crier des phrases convenues à la gloire de Sa Majesté Notre Empereur* (de Roulet). *On n'apercevait qu'une partie : un four de pierre, un très grand feu dans beaucoup d'ombre. Une image convenue des enfers* (Jourde). *Je ne connaissais pas le mot d'argot allemand convenable. Ou convenu, si l'on préfère* (Semprun).

CONVENT sens et emploi. Ce synonyme de **convention**, au sens de « réunion, congrès », ne s'emploie que dans le contexte de la franc-maçonnerie : *Au cours des travaux du convent, quelques délégués se sont interrogés sur l'opportunité de certaines des initiatives prises par le grand maître ces derniers mois* (*Le Monde*, 15/09/1983). Ne pas confondre avec **couvent** ! → CONVENTUEL.

CONVENTIONNEL emploi et sens. Cet adj., au sens de « traditionnel, classique », est un anglicisme déguisé qui s'est bien implanté dans notre langue. On oppose presque « traditionnellement » aujourd'hui *l'armement conventionnel* (canons, chars, fusils, bombes, etc.) à *l'arme nucléaire* ou *chimique.* Le sens exact de l'adj. est parfois incertain, comme ici : *Marika s'avançait avec les gestes conventionnels d'une amoureuse* (Dhôtel). On peut comprendre « les gestes habituels, traditionnels » ou bien « les gestes artificiels, convenus ».

CONVENTUEL forme. C'est l'adj. correspondant à **couvent**. Ne pas confondre avec **conventionnel**. Fém. *conventuelle. Cet internat parisien dont la discipline à la fois conventuelle et militaire contrastait du tout au tout avec le mode de vie que j'avais connu jusque-là* (C. Simon).

CONVERGENT forme. Adj. tiré du verbe **converger** : *des feux convergents.* → PARTICIPE PRÉSENT.

CONVERS emploi et sens. Dans certains monastères, « frère ou sœur qui, n'ayant pas reçu l'ordination, se consacre aux travaux manuels ». Le fém. est **converse.**

CONVIVIAL emploi et sens. Cet adj. est très en vogue, au sens de « qui a trait à des relations sociales détendues, agréables, chaleureuses, créatives » : *Protégés de la racaille par nos digicodes, nos systèmes d'alarme, nous rêvons au temps où la rue était « conviviale »* (Jonquet). *L'ambiance était conviviale dans ce coin du Lot à une heure et quart d'Agen* (E. Vincent, *Le Monde*, 24/08/2008) ; lesdites relations sont souvent englobées sous le nom de **convivialité**, rendu célèbre par les essais de l'Austro-Américain Ivan Illich (à partir de 1973). À l'origine, les deux mots renvoyaient exclusivement aux repas, aux banquets, conformément à leur source latine. On rencontre les dérivés **convivialiser, convivialiste**, signes incontestables du succès de ce champ notionnel.

CONVOLER emploi et sens. Verbe plaisant et fam., « se marier » et surtout « se remarier », en parlant d'une femme ou, plus rarement, d'un homme. Expression toute faite **convoler en justes noces** : *Craignons que ces mœurs nouvelles détournent les jeunes hommes de convoler en justes noces et de fonder un foyer* (Gaxotte, cité par Le Bidois, qui déclare : « Il n'est plus nécessaire de récidiver dans le mariage pour être en état de **convoler** et ce verbe peut désormais se dire aussi bien d'un homme que d'une femme » [*Le Monde*, 1969]).

CONVOQUER emploi et sens. Ce verbe est parfois employé au fig. dans le registre soutenu, avec le sens de « faire venir à soi, attirer », sans idée d'appel : *Celui qui photographie convoque dans son geste un mélange poignant d'intentionnalité et de hasard* (Amaury da Cunha, *Le Monde*, 04/09/2011).

COOL emploi et sens. Cet adj. a quasiment remplacé **relax** dans l'usage courant, au sens de « décontracté, tranquille, agréable » et se trouve en concurrence avec **zen**, qui, assez voisin, renvoie à une sorte de « philosophie de l'existence », alors que **cool** correspond plutôt à une simple attitude. Les nuances sémantiques sont ici assez minces : *Un agent de la force publique doit savoir rester cool* (Saumont). *Cool, relax, zen… Toute la semaine, Nicolas Sarkozy avait fait des exercices. Il est arrivé dans le studio calme comme Baptiste, doux comme un agneau* (R. Solé, *Le Monde*, 04/05/2007).

COOPÉRER prononc. Bien distinguer les deux *o* : [kɔɔpere]. Mais on prononce couramment *coopérative* en ne faisant entendre qu'un seul ɔ.

COORDONNER orth. et emploi. Dérivés : *coordination* (avec *i*), mais *coordonnateur* (un *o* et deux *n* après le *d*), mieux que *coordinateur. Coordiné, coordinence* sont des termes de chimie, à ne pas confondre avec *coordonné, coordonnant, coordonnées…*

COPAIN orth. Également *copin*, d'où les dérivés, tous fam. : *copine, copiner, copinage* : *C'était une blonde qui se nommait Denise et qui attendait une copine* (Carco).

COPULATION → ACCOUPLEMENT.

COPULE sens. Terme de grammaire de genre fém., désignant « le verbe qui relie le sujet à l'attribut », en général le verbe *être*, qui dans ce cas n'a pas un sens plein, mais aussi des verbes marquant l'apparence *(sembler, paraître)*, le devenir *(devenir, se faire)*, la continuité *(rester, demeurer)*, et tous les autres verbes qui se construisent avec un attribut.

COPYRIGHT prononc. [kɔpirajt]. ♦ **sens.** « Droit exclusif pour un auteur ou son représentant d'exploiter son œuvre », et « marque de ce droit, symbolisée par ©, que l'on trouve au dos de la page de titre des ouvrages imprimés ».

COQ-À-L'ÂNE forme. Subst. invar. ; toujours deux traits d'union, sauf si l'on emploie la locution d'origine : *passer du coq à l'âne.*

COQUILLE emploi. En parlant de l'huître, **coquille** est maintenant admis. Littré déjà en acceptait l'emploi ; le bon usage préférait autrefois *écaille.*

COQUILLIER orth. Ne pas oublier le *i* après le double *l*. ♦ **emploi et sens.** Soit adj., « riche en coquilles fossiles », soit substantif, « collection de coquillages ».

COR ET À CRI (À) forme. Cette locution, qui vient du vocabulaire de la chasse, est invar. et s'écrit au singulier. **Cor** représente l'instrument de musique : *Ils réclament à cor et à cri (n'ayons pas peur des bons vieux clichés quand ils font image) une réforme de l'orthographe* (Cavanna).

CORAIL orth. Plur. *des coraux.* On trouve parfois **corails** pour désigner « des variétés de la substance appelée corail, ou plusieurs objets fabriqués avec cette substance ». ♦ **dérivés.** avec deux *l* : *corallien, coralliaires, coralline,* etc.

CORDILLÈRE prononc. [kɔrdijɛr] mieux que [kɔrdiljɛr]. ♦ **orth.** Pas de *i* entre *-ll* et *-ère.*

CORDON-BLEU orth. Avec ou sans trait d'union. → BAS-BLEU.

CORELIGIONNAIRE orth. Un seul *r*. Pas d'accent sur le premier *e*. ♦ **emploi.** Rien ne justifie que l'on prenne ce substantif en mauvaise part ; il signifie simplement « qui a la même religion ».

CORIANDRE genre. Fém. *De tendres boulettes à la coriandre et au cumin* (Desarthe). *Je ne me rappelais pas avoir jamais cultivé la coriandre et la menthe qui assaisonnaient notre nourriture* (Volodine).

CORMIER → CORNIER.

CORMORAN sens. « Oiseau marin au plumage très sombre. » Le rapprocher de *corbeau marin* (son sens étymologique) et non de **mouette**.

CORNAQUER emploi et sens. Ce verbe, d'emploi fam., a plus d'un siècle d'existence, mais retrouve aujourd'hui une certaine vogue, au sens de « servir de guide, piloter » : *Nous avons cornaqué nos invités à travers la vieille ville.* Il est formé sur **cornac**, nom de celui qui, en Asie, s'occupe des éléphants.

CORNEILLE orth. On écrit : *bayer aux corneilles.* → BÂILLER.

CORNÉLIEN emploi et sens. « Qui fait passer son devoir, son honneur, avant sa passion », en parlant d'une personne ; « qui présente un conflit entre des sentiments humains », en parlant d'une situation. L'Académie, en 1969, a défini **cornélien** : « Qui procède de l'esprit des tragédies de Corneille » : *héros cornélien, situation cornélienne.* Veiller à ne pas abuser de ce qualificatif assez galvaudé : *Sa façon clownesque de vivre la vie mais cornélienne de la comprendre* (Morand).

CORNIER emploi et sens. Adj., dans *poteau cornier,* « d'angle ». Ne pas confondre avec **cormier**, synonyme de *sorbier.*

COROLLAIRE genre. Masc. *un corollaire.* ♦ **sens.** « Conséquence rigoureuse », en mathématiques, ou « suite naturelle », dans un emploi général : *La classique et double fanfaronnade : « Intéressant d'enfin savoir comment c'est », corollaire de « Comment est-ce que je vais me tenir »* (Simon). Mot didactique, qui ne s'emploie pas comme adj.

COROLLE orth. Deux *l*.

CORPS emploi. On ne fait la liaison que dans les locutions *corps et âme, corps et biens.* **À son corps défendant** est un vieux tour signifiant « en défendant son corps », c'est-à-dire « malgré soi » : *J'aurais horreur qu'il m'épouse à son corps défendant* (Sartre). **Un drôle de corps** s'applique à un « individu original, bizarre » : *Tu es un drôle de corps, reprend Nony* (Bazin).
□ **à bras-le-corps, à mi-corps.** Les traits d'union sont de règle, mais **à corps perdu** n'en prend pas, de même que **corps à corps**. Cependant, certains auteurs hésitent sur ce point : *Au combat corps à corps, ces soldats de l'empire du Levant sont pires que les nazis* (de Roulet). *Comme ça il n'y aura pas de combat au corps à corps* (Mauvignier). *Même s'il y a*

quelque chose d'excitant dans la perspective du corps-à-corps, on a plus d'appréhension qu'avant (Rosenthal).

CORRAL orth. Plur. *des corrals.* ⟶ -AL.

CORRÉLATION orth. Deux *r.* ♦ **prononc.** Il ne faut pas articuler ces deux *r* : [kɔrelasjõ].

CORRÉLER conjug. et sens. Ce verbe, qui a le sens d'« établir des corrélations, notamment en statistique », se conjugue comme *céder* ⟶APPENDICE GRAMMATICAL. On évitera de le confondre avec **corelier**, verbe technique ayant le sens d'« associer étroitement ».

CORROBORER sens. « Donner, ajouter de la force à », en général avec un complément abstrait : *un avis, une opinion,* etc. *Aucune preuve n'était venue corroborer les accusations dont elle était l'objet* (Franck & Vautrin).

CORRODER orth. Pas d'accent circonflexe ⟶ RODER. ♦ **sens.** « Détruire lentement par une action chimique. » Ne pas confondre avec **éroder**, « détruire en rongeant, par une usure naturelle », en parlant des agents atmosphériques.

CORROMPRE orth. Deux *r*, comme dans *corrupteur, corruptible, corruption.*

CORSAIRE et **PIRATE emploi et sens.** Le **corsaire** était autorisé par une lettre de marque de son souverain à « courir sus aux navires de commerce ennemis », alors que le **pirate** n'était qu'un « bandit des mers, qui attaquait sans distinction tous les navires, y compris ceux de sa propre nation ». On appelait **flibustiers** ou **frères de la côte** les pirates des Caraïbes aux XVIe, XVIIe et XVIIIe siècles.

CORYZA orth. Avec un *z* et sans *h.* ♦ **sens.** Appellation savante du « rhume de cerveau ».

COSMÉTIQUE emploi et sens. Ce mot est aujourd'hui souvent employé péjorativement comme adj. au sens de « purement décoratif, qui jette de la poudre aux yeux » : *La taxation exceptionnelle des plus hauts revenus, brandie par M. Fillon comme gage d'une juste répartition des efforts, est en réalité symbolique, pour ne pas dire cosmétique* (éditorial du *Monde,* 26/08/2011).

COSMOLOGIE, COSMOGONIE et **COSMOGRAPHIE emploi et sens.** La **cosmologie** est la science des lois qui régissent l'univers, la **cosmogonie** désigne l'étude ou la théorie de sa formation, alors que la **cosmographie** en est l'étude uniquement descriptive.

COSMONAUTE emploi. Ce mot d'origine russe, dont l'apparition en français date de 1961, a fait une sérieuse concurrence à **astronaute**, mot d'origine américaine (1933) : *Aucun poète n'a pu suggérer, imaginer, prévoir le spectacle cosmique qu'ont vu les cosmonautes* (Ionesco). L'usage est d'employer *cosmonautes* pour désigner les voyageurs de l'espace russes, et *astronautes* les Américains ; les Européens emploient **spationautes**. ⟶ ASTRONAUTE.

COSSE ⟶ BALLE.

COSTAUD orth. On trouve aussi, mais plus rarement, *costeau.* ♦ **forme.** Le fém. **costaude** est rare ; en général, on emploie la forme masc. pour les deux genres. ♦ **emploi.** Langue familière : *Ensemble, ils se distraient à des jeux un peu bêtes où chacun se prétend le plus costaud des deux* (Hoex).

COTE, COTÉ prononc. et orth. Distinctes de **côte**, « pente ». Sans accent, ce mot signifie « montant, estimation, chiffre », selon le domaine dont il s'agit. *La cote des valeurs à la Bourse, la cote mobilière.* Synonyme : *cotation.* On écrit : *un croquis coté, la géométrie cotée,* et, dans un relevé de plan : *la cote 405.* Dans un sens fig. : *être bien* ou *mal coté, avoir bonne* ou *mauvaise cote.* On écrit *une cote mal taillée* (et non *une cotte mal taillée*).

CÔTÉ emploi. Être au côté de quelqu'un est en général au singulier, mais le pluriel est acceptable.

□ **côté affaires. constr.** Le tour sans la préposition *de* est très répandu et souvent critiqué. → POINT DE VUE : *Ce qui fait que, côté famille, mon état civil mentionne…* (Sarrazin). *Une chose était sûre, côté hamburgers j'assurais* [c.-à-d. « j'étais devenu expert dans la fabrication des hamburgers »] (Adam). *Côté rédaction, les journalistes doivent livrer estimations et résultats dès 20 heures* (*Le Monde*, 23/04/2007). Il ne faut pas le confondre avec **son côté fleur bleue**, locution dans laquelle *fleur bleue* est en fait un adj. obtenu par dérivation impropre, ainsi que dans d'autres phrases : *Il y avait chez l'artilleur un côté complot permanent, conspirateur, couleur de muraille, qui agaçait François* (Lanoux).
□ **côté cour, côté jardin** sont des locutions figées qui désignent la droite et la gauche du théâtre, quand on regarde la scène.
□ **un à-côté** → À-CÔTÉ.
□ **chacun de son** ou **de leur côté** → CHACUN.
□ **de tout côté, de tous côtés, de tous les côtés. emploi**. Les trois tours sont également corrects, le premier plus littéraire, le dernier de beaucoup le plus répandu. → TOUT et PART.
□ **par côté. emploi.** On trouve parfois la préposition *de* au lieu de *par* ; les deux sont correctes : *Je regarde tout le monde comme ça. – Oui, ou alors par côté : comme ça…* (Sartre).
□ **d'un côté.** Cette locution est pop., au sens de « d'une certaine manière » : *D'un côté c'était bien d'être un dimanche, d'un autre moins parce qu'il fallait le traverser, et en général, c'était très long* (Garnier).

COTEAU orth. Pas d'accent, bien que ce mot dérive de *côte* (avec accent) : *L'immense prairie aux coteaux montueux* (Baudelaire).

COTHURNE emploi et sens. Ce nom masc. désignait une chaussure montante, portée par les acteurs dans l'Antiquité ; il est parfois pris encore aujourd'hui comme le symbole de la scène de théâtre : *On la chausse de cothurnes d'or, au bord desquels reposeront, comme des coquillages, les ongles peints* (Némirovsky). On se gardera de confondre avec le **coturne** qui, dans le langage fam., s'applique au « colocataire d'une chambre d'étudiant ou de normalien ».

COTILLON orth. Un seul *t*, à la différence de *cotte* (ancienne tunique).

CÔTOYER orth. Un accent circonflexe. De même dans *côtoiement.*

COTRE orth. Pas d'accent circonflexe. ♦ **sens.** « Petit bateau à un seul mât. »

COU emploi. Dans *cou-de-pied*, terme d'anatomie, il s'agit du mot *cou* : *Ferrer n'oserait plus remuer ses extrémités coincées, cous-de-pied cambrés en arc, orteils recroquevillés par le drap* (Échenoz) ; ne pas confondre l'orthographe avec celle de **coup de pied** (sans traits d'union).
□ **se monter le cou. orth.** Graphie discutée. → MONTER. L'orthographe, dans la phrase suivante, est correcte : *Ce que j'appelle, sans me monter le cou, ma théorie du public* (Salacrou).

COUCHE emploi. Le tour **en remettre une couche** appartient au registre très fam. On dira mieux, dans un contexte standard ou officiel : *Le Président a fortement insisté sur l'importance de ce décret.*

COUCHES emploi et sens. Vieux mot toujours au pluriel pour désigner « l'alitement d'une femme qui accouche ». Les locutions *être en couches, avoir des couches difficiles, relever de couches* sont démodées, mais *faire une fausse couche* demeure usuel.

COUCHE-TARD forme. Ce mot composé reste invar. au pluriel, de même que son contraire **couche-tôt** : *Les couche-tard dérangent, en général, les couche-tôt.* Le registre de ces deux mots est fam.

COUCI-COUÇA orth. Avec trait d'union. ♦ **emploi.** Plus fam. que *comme ci, comme ça.* → CI.

COUDE À COUDE emploi. Au sens de « fréquentation rapprochée » : *Ce perpétuel coude à coude d'hommes, réunis ensemble, au quar-*

tier, à la brasserie, au mess (Huysmans). On écrit souvent aujourd'hui : *un coude-à-coude.*

COU-DE-PIED → COU.

COUDOIEMENT orth. Un *e* intercalaire.

COUDRE conjug. → APPENDICE GRAMMATICAL.

COUENNE prononc. [kwan] et non [kwɛn], cette seconde **prononc.** se rencontre dans l'est de la France.

COUGUAR ou **COUGOUAR prononc.** [kugwar] quelle que soit l'orthographe. ♦ **sens.** Nom plus rare du *puma.*

COULEUR (adj. et noms de). **forme.** S'accordent en genre et en nombre les adj. proprement dits : *vert, bleu, rouge,* etc.
□ Sont invar. : 1) Ces mêmes adj. quand ils sont associés à un autre adj. ou à un subst. qui les nuance. On écrit ainsi : *des robes rouges* mais des *robes rouge sombre. Des maisons bleues* mais *des maisons bleu-vert. Une teinturerie noire avec des rideaux rouge sang* (Sartre). *Une sorte de chemise de soie vert pomme* (Gide). *Elle avait des yeux bleu ardoise* (Labro). *Les yeux d'Hélène sont bleu foncé, comme le foulard qu'elle porte sur la tête* (Vailland). *Un tableau aux dominantes vert et blanc sur le fond sombre de la colline* (Maïssa Bey). 2) Les noms de choses employés par ellipse comme adj. de couleur. On écrit ainsi : *des vêtements kaki, des yeux marron, des chapeaux orange. Voici* une liste des principaux d'entre eux : *abricot, acajou, amarante, améthyste, anthracite, arc-en-ciel, ardoise, argent, aubergine, auburn, azur, bistre, brique, bronze, caca d'oie, café-au-lait, caramel, carmin, cerise, chair, chamois, champagne, chocolat, citron, cobalt, coquelicot, corail, crème, crevette, cuivre, cul-de-bouteille, cyclamen, ébène, émeraude, feuille-morte, filasse, framboise, garance, gorge-de-pigeon, grenat, havane, indigo, ivoire, jade, jonquille, kaki, lavande, lie-de-vin, marron, mastic, moutarde, nacre, noisette, ocre, olive, or, orange, outremer, paille, pastel, perle, pervenche, pétrole, pie, pistache, poivre et sel, pomme, prune, réséda, rouille, sable, safran, sang, saphir, saumon, sépia, serin, soufre, souris, tabac, tango, terre de Sienne, tête-de-nègre, thé, tilleul, topaze, turquoise, vermillon, vert-de-gris, zinc. Je voyais danser la neige en gros flocons alternativement bleus et orange* (Mauvignier). Font exception quelques termes assimilés par l'usage à de véritables adj. de couleur, et qui font donc l'accord. Ce sont : *écarlate, fauve, incarnat, mauve, pourpre* et *rose.* On écrit : *des feuillages fauves, une chemise incarnate,* etc. Le trait d'union lie deux termes de couleur : *Rien d'excessif dans ce visage légèrement pâle, dans ces yeux gris-bleu* (Jourde). Mais on écrira sans trait d'union un terme de couleur associé à un terme initialement étranger aux noms de couleur : *bleu roi* (pour *bleu de roi*), *gris perle* (pour *gris comme une perle*), *bleu nuit* (pour *bleu de nuit*), etc. On écrit : *des photos* ou *des chiens noir et blanc* (chacun d'entre eux étant ici à la fois noir et blanc), mais : *des miroitements rouges et bleus* (Lefèvre). *Dix quilles blanches et rouges* (Toussaint), *des écussons noir et feu, des lambris noir et or, des drapeaux bleu, blanc, rouge,* etc.
□ **en couleur** ou **en couleurs.** Le choix du singulier ou du pluriel est affaire d'appréciation selon la nuance de sens : « présentant de la couleur » ou « des couleurs ». On écrit ainsi : *une photographie, un film, un album en couleurs, avoir de bonnes couleurs, perdre ses couleurs,* etc., mais *des vêtements de couleur, haut en couleur* (plur. *hauts en couleur*), *changer de couleur, prendre couleur,* etc. *Un homme très grand, très haut en couleur, qui portait la moustache et la barbe à la mousquetaire* (Kessel).
□ **couleur de. emploi.** Après un substantif, *couleur* est construit avec ou sans *de* : *Elle le salua d'une moue mutine de ses lèvres couleur de cerise à l'eau-de-vie* (Toulet). *Des empreintes couleur de neige sale* (Colette). *Il regarda avec satisfaction un petit café à un étage, couleur potiron* (Sartre). Le mot *couleur* est ici invar.
□ **sous couleur de. emploi et sens.** *Couleur* a ici le sens de « prétexte, mauvaise raison » : *Il avança la main sous couleur de les ramasser* (Sartre).
□ **vert de rage.** L'« agent colorant », qu'il soit matériel ou fig., est toujours relié à l'adj. de couleur par la préposition **de** : *Une route de*

France, noire de goudron frais (Némirovsky). *Il était rouge de colère. Elle était verte de peur* ou *de rage*, etc.

COULPE emploi et sens. Seulement dans la locution archaïque **battre sa coulpe**, où *coulpe* a le sens de « péché, faute », et non de « poitrine ». Le sens est « se frapper la poitrine en signe de repentir en disant son *mea culpa* » : *On raconte que le messager pleurait de les entendre, battant sa coulpe de ses deux poings* (Schwarz-Bart).

COUNTRY orth. Nom ou adj. invar. **sens.** Cet emprunt à l'anglo-américain qualifie une musique pop. du sud-ouest des USA : *Il faisait vraiment bon, le poste jouait des chansons country* (Adam).

COUP orth. On écrit sans trait d'union : *un coup de main, un coup d'œil, après coup, au coup par coup, tout à coup. À tous coups* et *à coups de* sont toujours au pluriel : *Pourcelot a dit que Sauvonnet allait l'interroger à coups de barre à mine* (Ravey). ♦ **emploi. Du coup**, néologisme du XIXe siècle pour *du même coup*, ou *de ce fait*, est aujourd'hui admis par le bon usage : *Du coup, Boris put évoquer le visage de Lola sans horreur* (Sartre). Ne pas confondre avec **d'un coup**, forme abrégée de *d'un seul coup* : *J'aurais trop de peine si nous avions gâché d'un coup toutes nos chances de tuer des canards ce matin* (Vailland). *On a fait demi-tour, mais c'était trop tard, la pluie s'est abattue d'un coup, si serrée qu'elle faisait mal* (Adam). *Mais d'un coup Baumgartner la reconnaît, il prend conscience de son identité* (Échenoz). Cette locution est parfois renforcée de façon redondante, sous la forme **d'un (seul) coup d'un seul** : *Pensez donc ! Ils* [les urbanistes] *avaient balayé d'un coup d'un seul un fatras de vieilles bâtisses qui prétendaient encore tenir debout* (Jonquet).
□ **tout à coup. emploi et sens.** À cette locution adverbiale, de sens uniquement temporel, la langue courante substitue fréquemment **tout d'un coup**, qu'il vaudrait mieux, selon l'usage ancien, réserver à l'expression de « en une seule fois » : *Et voici, tout à coup, qu'il lui semble d'entendre marcher derrière les arbres* (Toulet). *Et tout d'un coup elle le prit à bras-le-corps et s'efforça de le soulever* (Merle). *Et tout d'un coup, le souvenir m'est apparu. Ce goût, c'était celui du petit morceau de madeleine* (Proust). Pas de traits d'union, à la différence de **sur-le-champ**.
□ **monter le coup à quelqu'un** → MONTER.

COUP-DE-POING orth. Le nom désignant l'arme prend des traits d'union (plur. *des coups-de-poing*), à la différence du groupe employé pour le geste : *faire le coup de poing.*

COUPE emploi et sens. Il faut prendre garde que l'expression la plus forte est *coupe claire*, c.-à-d. « qui éclaircit (le bois) », et non *coupe sombre*, « opération qui consiste à couper çà et là les plus forts arbres du massif d'une forêt, pour diminuer seulement l'épaisseur de la futaie ». Ces locutions, empruntées au vocabulaire des bûcherons, sont souvent prises à contresens, car *sombre* a généralement une valeur intensive dans la langue familière (cf. un sombre crétin) : *Les survivants aux coupes sombres de la guerre, Courrèges, leur voyant le poil grison, cette bedaine, ce crâne, les haïssait d'avoir son âge* (Mauriac).
□ **mettre en coupe réglée. emploi et sens.** Autre locution des bûcherons, signifiant « faire un abattage périodique dans un bois » ; le plus souvent employé au fig., avec le sens de « se livrer à des prélèvements abusifs et réitérés ».

COUPE- orth. Sont invar. les composés suivants, *coupe-circuit, -coupe, -file, -gorge, -jambon, -légumes, -ongles, -paille, -papier, -racines, -vent.* Le second élément prend un s au pluriel dans : *coupe-bourgeon, -cheville, -cigare, -jarret. Coupe-bordure* ne prend pas de *s* au singulier, mais au pluriel cette marque est facultative : *des coupe-bordure* ou *bordures*. Quant à *coupe-chou*, il s'écrit au pluriel comme au singulier, mais avec ou sans *x* final, selon les dictionnaires.

COUPER emploi. Dans une communication téléphonique, on ne devrait pas dire *Nous avons été coupé(s)*, mais *On a coupé*. Cet emploi fam. vient sans doute de la locution *couper la parole à qqn*, parfaitement correcte, mais à laquelle il ne faut rien retrancher, sous peine d'en arriver à ce burlesque *couper quelqu'un* ! *Comme pour illustrer cette idée, Cormier m'a coupé au milieu de la phrase* (Aymé). On trouve **couper** en ce sens sans complément : *À ce propos, Mademoiselle, coupa sa mère, je précise que les enfants ne prendront plus désormais du café au lait, mais de la soupe* (Bazin). On rencontre une extension du même type dans la phrase suivante : *Ses compagnes se donnaient le bras pour ne pas se laisser couper par les garçons* (Peyré). À la voix pronominale, **se couper** au sens de « se trahir, se tromper dans son système d'affirmation ou de dénégation », est un emploi classique, qui passe aujourd'hui pour légèrement fam. : *La vieille taupe, elle s'est coupée* (Sartre).

□ **couper les cheveux en quatre** → CHEVEUX.

□ **couper à.** Accepté par l'Académie (février 1970), au sens de « se dérober à, éluder » : *J'attends la rafale qui va partir d'un des miradors. Personne ne peut y couper* (Bialot) ; *couper à une corvée.*

COUPLE genre. Le plus souvent masc. quand il désigne deux personnes « unies naturellement, sentimentalement » : *Le manège de coquetterie qui convenait au « joli couple »* (Colette). Mais **couple** est fém. quand il s'applique à des êtres ou à des choses « réunis par pur accident ». On entend encore à la campagne ou en province : *J'aurai fini dans une couple d'heures.* Mais la langue citadine actuelle ignore quasiment cet usage. Cependant : *Il fut convenu qu'elle viendrait me reprendre dans une couple d'heures* (Gide). *Il se leva du divan, tira de sa poche une couple de billets tièdes et froissés* (Échenoz).

COUPOLE → DÔME.

COUR orth. Toujours une majuscule à l'initiale quand le mot désigne les membres d'un tribunal : *Messieurs, la Cour !* On écrit *cour d'assises, cour d'appel, la cour* (à propos d'un souverain) avec une minuscule, *Cour de cassation* avec une majuscule ; de même *Cour des comptes* et *Haute Cour.* → HAUT.

□ **dans la cour. constr.** On doit dire *dans la cour* et non *sur la cour*, mais on dit *fenêtre sur cour.*

COURANT emploi. Dans de nombreuses locutions de la langue commerciale : *Votre lettre du 8 courant* ou *fin courant* ne sortent guère de leur domaine d'origine, tandis que *courant avril* est passé dans la langue usuelle. *Dans le courant du mois de*, plus correct aux yeux de certains, est pesant et souffre de la concurrence de la forme elliptique.

COURBATURÉ emploi. Cet adj., qui a fait autrefois l'objet d'interminables débats, mais que Littré ne condamnait pas, même s'il le jugeait peu utile, et qui a été accepté par l'Académie en mars 1970, est aujourd'hui pleinement passé dans la langue aux dépens de **courbatu** : *Le jour suivant, je me réveillai courbaturé, grippé* (Gide). *Oppressée, courbaturée, les veines de sa tête gonflées à éclater, elle n'y put tenir plus longtemps* (Larbaud). *Tandis qu'elle s'en allait dans l'autre pièce préparer le café, Justin se leva, un peu courbaturé* (Aymé). L'ancien *courbattre*, « battre à bras raccourcis », d'où est issu *courbatu*, a complètement disparu. *Courbatu* signifiait au propre, à propos d'un cheval, « qui a les jambes raides pour avoir trop travaillé, comme s'il avait été battu ». Son maintien, au sens extensif, « qui souffre de courbatures », relève d'un goût de l'archaïsme cultivé pour lui-même, qui ne se justifie guère : *Le vol QN560 en provenance de Montréal et dont Ferrer débarque, assez endolori et courbatu par le décalage horaire* (Échenoz). On notera en outre l'anomalie qui consiste à écrire *courbatu* avec un seul *t* alors qu'il est étymologiquement parent de *battu*, qui en prend deux. **Courbature** représente une altération d'un mot provençal et donne **courbaturer** par une dérivation très régulière, comme *aventure* donne *aventurer*, malgré l'existence de *advenir*.

COURIR conjug. → APPENDICE GRAMMATICAL. Prend deux *r* au futur et au conditionnel : *Dix ans plus tard, dans la clandestinité antifranquiste, la chance me courrait toujours après* (Semprun). Se conjugue avec l'auxiliaire *avoir*, mais son composé *accourir* admet *avoir* ou *être.* → ACCOURIR.

□ **courir après quelqu'un. emploi.** Le tour *on courut inutilement après le voleur* est accepté par l'Académie, mais le tour *il lui court après*, avec le pronom personnel au datif, est fam. : *Mon père lui courut après* (Henriot).

□ **c'est couru. emploi et sens.** Employé comme adj., le participe *couru* prend le sens, dans la langue familière, de « prévu » : *Ce qui était arrivé à Joseph était couru d'avance, il ne fallait pas s'en étonner* (Duras).

□ **courir les routes. emploi.** Bien qu'en principe *courir* se construise intransitivement, il n'est pas rare de le voir suivi d'un complément dit d'objet interne : *Qu'attendre de ce fils toujours à courir les routes ?* (Mauriac). *Toutes les fois que Gilbert en trouvait l'occasion, il courait la lande* (Dhôtel). *Autrefois elle courait les banques, maintenant c'étaient les diamantaires* (Duras).

COURRE emploi. Forme ancienne de l'infinitif **courir**, réservée au vocabulaire de la chasse : *chasse à courre, courre le cerf*, etc.

COURRIER orth. Deux *r*, comme dans *courroie, courroucer*. Mais on écrit *couronner, courir*, avec un seul *r*.

COURSE POURSUITE orth. Pas de trait d'union. ♦ **emploi et sens.** Au sens premier, ce nom composé désigne une « épreuve cycliste sur piste », dans laquelle les coureurs partent de deux points diamétralement opposés de la piste et essaient de se rejoindre. Au fig., il s'agit plutôt d'une expression redondante qui insiste sur la rapidité du déplacement : *Cette femme inconnue qui ne pouvait faire trois pas sans déraper et n'était visiblement pas préparée à cette course poursuite à travers les montagnes* (Rouaud).

COURSER emploi et sens. Ce verbe transitif, qui est un intensif de **courir**, appartient à la langue pop. et n'est pas reçu par le bon usage : *Nous allions agacer les oies. Le jars nous coursait en sifflant comme un serpent* (Ragon). *Lambert les a à sa main, il a la fille aussi, il l'a coursée comme personne* (Vallejo).

COURSIVE → COURTINE.

COURT emploi. *Couper, tailler court*, locutions dans lesquelles **court**, employé adverbialement, reste invar., de même que dans *demeurer, rester court*, « ne plus savoir que répondre », qui gardent la même forme même si le sujet du verbe est une femme. De même pour *tourner court*, « échouer, ne pas aboutir » : *C'est ainsi que tourna court l'expédition montée par La Meilleraie* (A. Besson). Distinguer l'adj., qui s'accorde *(des cheveux courts)*, de l'adverbe, invar. : *Ses cheveux bruns coupés court lui donnaient un air enfantin* (J. Roy).

□ **tout court. emploi et sens.** « Tel quel, sans rien ajouter », locution courante et correcte.

□ **être (à) court de. emploi.** La construction ancienne et classique, sans **à**, tend à disparaître au profit de **être à court de** (condamné par Littré). Aujourd'hui, *être à court d'argent* se réduit souvent dans la langue familière en *être à court*, considéré comme assez clair. *« Être court en tabac » se dirait, je crois, lorsqu'on n'en a plus que très peu ; « à court de... » lorsqu'on n'en a plus du tout* (Gide). Cette distinction subtile est juste, mais l'usage courant ne l'observe pas. Les meilleurs auteurs emploient ce tour avec **à** : *Tu n'es donc jamais à court de sujets de romans ?* (Colette). *Le gouvernement, à court de devises, a demandé au Fonds monétaire international, le 1er juin, un crédit de 3 à 8 milliards de dollars* (M. Jégo, *Le Monde*, 10/06/2011). Ne pas écrire *cours* dans ce cas, pas plus que dans *prendre de court, couper court, au plus court, tourner court*, etc. : *D'autres fois, la crise tourne court, la fille se marie* (Anouilh). *Hélas ! nous sommes pris de court !* (Salacrou).

COURT- forme Reste invar. dans les composés : *court-jointé, court-monté, court-vêtu. Elle était court vêtue* (Duhamel). Le trait d'union est facultatif. Mais on écrit : *un court-bouillon* (plur. *des courts-bouillons*), *court-circuiter, un court-circuit* (plur. *des courts-circuits*), *court-circuitage.*

COURTAUD forme. Le fém. est rare : *Quand elle ne fait pas attention, son encolure la rend courtaude* (Colette). ♦ **sens.** Au propre, se dit « d'un chien ou d'un cheval à qui on a coupé la queue et les oreilles ». Mais cet adj. est le plus souvent employé comme synonyme expressif de **court**, à propos d'un animal ou d'un être humain.

COURTEPOINTE emploi et sens. « Couverture piquée », tombe en désuétude ; on dit aujourd'hui plutôt *couvre-lit, couvre-pied, couverture.*

COURTILIÈRE orth. Avec *l* + *i*, et non pas deux *l*. ♦ **prononc.** [-ljɛr] et non [jɛr].

COURTINE sens. « Tenture de porte » ou bien « mur rectiligne compris entre deux bastions », en termes de fortification. Ne pas confondre avec **coursive**, « couloir à l'intérieur d'un navire » : *Au fil des coursives, Ferrer croisa sans leur parler divers hommes d'équipages* (Échenoz).

COÛT orth. Accent circonflexe : *On vous a dit que le bonheur avait un coût, vous acceptez cette idée* (Rosenthal). *Le coût de la vie.*

COUTEAU emploi. Dans *mettre le couteau sur* ou *sous la gorge*, la préposition **sur** est plus fréquente ; *sous* semble moins logique, mais vient peut-être de l'ancien tour *être sous le couteau.*
□ **être à couteaux tirés.** Cette locution doit s'écrire au pluriel, elle signifie « être en très mauvais termes avec quelqu'un ».

COÛTER forme. Pour le participe passé, l'accord ne se fait pas ou se fait selon que le verbe est pris au sens propre ou au sens fig. : *Les trois mille francs que ce meuble m'a coûté* (Acad., 1932), mais *les efforts que ce travail m'a coûtés* (*ibid.*). *Mes manuscrits, raturés, barbouillés et même indéchiffrables, attestent la peine qu'ils m'ont coûtée* (J.-J. Rousseau). → PARTICIPE PASSÉ.
□ **il (en) coûte cher.** Dans ce tour stéréotypé, l'emploi de l'adverbe *en* est facultatif : *Il en coûte cher de toucher à certains tabous, en ce moment* (Japrisot).
□ **coûte que coûte.** Locution figée pour laquelle il n'y a pas de concordance des temps : *Ils n'en décidèrent pas moins de résister coûte que coûte* (A. Besson).
□ **ça coûtera ce que ça coûtera.** Dans cette locution familière, dont le sens est proche de *coûte que coûte*, le verbe *coûter* est pris au sens propre.

COUTIL prononc. [kuti]. Le *l* final ne se fait pas entendre. → PERSIL.

COUTUMIER emploi. Souvent dépréciatif dans **être coutumier du fait** ou même avec un autre complément : *Il est coutumier de ce genre de prouesses.* S'emploie peu pour des actions louables ou recommandables. Voir pourtant cet exemple : *Une de ces fugitives apparitions dont je savais à présent qu'elle était coutumière* (Gide).

COUVRE- orth. Dans les composés, **couvre-** est invar. et le deuxième élément prend un *s* au pluriel. *Couvre-pied(s)* s'écrit au singulier avec ou sans *s*, indifféremment ; *des couvre-feux, des couvre-lits*, etc. : *Le feutre dans lequel étaient fabriqués les couvre-chefs des deux hommes avait un air étranger* (Labro).

COW-BOY orth. Avec un trait d'union. Plur. *des cow-boys. Quelques cow-boys, la selle à la main, se préparent à monter dans le train* (de Roulet).

COYOTE orth. Un seul *t.*

CRABOT → CLABOT.

CRACHER orth. Pas d'accent circonflexe sur le *a*. De même pour *crachement, crachin.*

CRACK orth. Finale en *-ck*. ♦ **sens.** Au propre, « poulain préféré dans une écurie de course ». Cet anglicisme est aisément passé dans la langue courante, au fig. : *Mais vous devez être plus avancé que moi dans ses confidences, vous qui êtes le grand favori, le grand crack comme disent les Anglais* (Proust). On ne confondra évidemment pas ce mot avec ses deux homonymes : 1) le **crack** est aussi un dérivé très concentré de la cocaïne, c'est un stupéfiant dangereux : *Sans doute le crack, la came du pauvre, a-t-elle remplacé l'héroïne ?* (Jonquet). *L'usage du crack se banalise en Ile-de-France* (*Le Monde*, 20/07/2009) ; 2) le **krach** (→ ce mot) désigne un « effondrement financier ».

CRAILLER sens. Synonyme de **croasser**, en parlant de la corneille. Voici un exemple au fig. : *Les vendeurs annonçaient leurs prix avec des gutturales craillantes* (Volodine). Ne pas confondre avec **criailler**. → COASSER.

CRAINDRE conjug. Verbe du 3e groupe, pas de difficulté particulière. → APPENDICE GRAMMATICAL. ♦ **constr.** Après **craindre** (ou tout autre verbe ou locution exprimant la même notion) à la forme affirmative, deux cas se présentent : ou bien on craint qu'un événement **se produise** et l'emploi de *ne* est alors explétif : *Son petit cousin se présentait au cercle. Il craignait qu'il ne fût blackboulé* (France). *Avec précaution, de crainte que l'une des deux blessées ne fût endormie, je montai par l'étroit escalier* (Alain-Fournier). *Je craignais que ces tensions ethniques finissent par dégénérer et qu'une bagarre éclate dans la maison* (Dubois). *Les autorités sanitaires ont eu la crainte, légitime, que cette opération ne déclenche plus de problèmes qu'elle n'aurait apporté de solutions* (B. Gurrey, *Le Monde*, 03/07/2011). Ou bien on craint qu'un événement **ne se produise pas**, et l'emploi de **ne... pas** est alors obligatoire : *Je crains que vous ne soyez pas juste envers ces messieurs* (Mauriac). Lorsque le verbe **craindre** est à la forme négative, l'emploi de la particule *ne* dans la subordonnée est impossible : *Je ne craignais pas que la lumière se fît* (Fromentin). Il en est de même après la locution négative **sans crainte que** : *Vous parlez sans crainte que je m'emballe* (Mauriac). La négation complète *(ne... pas)* dans la subordonnée est régulière : *Personne ne craint qu'elle ne réussisse pas* ; mais cette construction à double négation est lourde, et l'on préfère employer un tour positif : *Tout le monde pense qu'elle réussira.* Lorsque **craindre** est à la forme interrogative, sa construction est la même que pour la forme négative. Règles identiques pour *avoir peur, redouter, trembler.* ♦ **emploi.** Au début des années 80 s'est développé un emploi semi-argotique : **Ça craint**, qui renvoie à des circonstances dangereuses, à une atmosphère négative ou hostile, etc. On est ici à l'opposé du verbe **assurer**.

CRAINTE emploi. Entre dans la composition de nombreuses locutions prépositives : *de crainte de, par crainte de, dans la crainte de,* et plus rarement *crainte de,* suivies d'un infinitif ou d'un substantif : *Crainte de donner l'éveil, il attendait le cœur battant* (Dorgelès). *La soirée se passe à errer sur les pavés, crainte de payer en entrant* (Estaunié). La locution conjonctive *crainte que*, suivie du subj., est classique : *Il se garda de le lui dire, crainte qu'elle l'assiégeât pour qu'il prît pension chez elle* (Montherlant). Mais on emploie plutôt aujourd'hui **de crainte que**, suivi ou non du *ne* explétif : *Séparons-nous, de crainte qu'il (ne) nous voie ensemble.*

CRAMER emploi et sens. En dehors de l'emploi pop. bien connu, intransitif au sens de « se consumer entièrement », il existe un emploi tout à fait régulier : *cramer un rôti* (transitif), au sens de « le brûler légèrement ».

CRÂNE orth. Avec un accent circonflexe, ainsi que les dérivés, sauf ceux qui commencent par **cranio-**. On écrit : *crânien, crâner, crâneur, crânement. Le jeune homme de seize ans répond crânement : « La physique, oui, alliée à l'intelligence. »* (de Roulet).

CRAQUELLEMENT orth. On écrit aussi *craquèlement.* Un seul *l* dans *craqueler, craquelure, craquelage.*

CRAQUER emploi et sens. Ce verbe traditionnel s'est enrichi, dans les années 80, d'une acception métaphorique, familière et expressive, « ne pas pouvoir résister à, succomber (à une tentation) » : *Ah ! Devant ce petit ensemble jersey, j'ai craqué. Je voulais me montrer sévère, mais le sourire de l'enfant m'a fait craquer !* C'est un enrichissement sémantique certain.

CRASH et **SE CRASHER emploi et sens.** Le mot anglais **crash** dénote un « accident brutal, violent ». Le français des médias s'est emparé de ce subst. : *Le coup est d'autant* *plus sévère pour les ailes européennes* [...] *frappées de nouveau en juillet par le crash d'un Airbus A-310, 113 victimes* (*L'Est Républicain*, 29/09/1992) et a forgé sur lui un verbe pronominal **se crasher**, qui double inutilement *s'écraser* : il s'agit là de pure anglomanie... Cependant, on rencontre maint emploi fig. : *Si ce saut* [des mots saugrenus] *est trop violent, il peut se produire une rupture du système, un crash de personnalité* (Vargas). En outre, on évitera la confusion avec **clash**. → ce mot.

CRASSE (adj.) **emploi.** Très limité, à l'origine, dans *humeur crasse*, « épaisse », terme de médecine, aujourd'hui dans *avarice, ignorance, paresse crasse.* Appartient à la langue familière : *Élevé au collège de la sous-préfecture, Adrien en avait rapporté une grande habitude de la barre fixe et une ignorance crasse* (Aragon).

CRAVATE orth. Un seul *t*, ainsi que dans *cravater*.

CRAYON emploi. On entend ou on lit souvent, dans l'usage quotidien, **crayon de papier**, qui semble être un pléonasme, mais peut avoir une valeur distinctive, par rapport à **crayon d'ardoise** (à l'école), **crayon à bille, crayon-feutre**, etc. : *C'étaient nos évaluations de fin d'année. Elles étaient remplies au crayon de papier pour la plupart* (Adam).

CRÉATEUR orth. Avec une majuscule, pour désigner Dieu.

CRÉATIONNISME sens. Théorie selon laquelle le monde a été créé par Dieu tel qu'il est actuellement (elle est synonyme de **fixisme** et s'oppose au **darwinisme**, à **l'évolutionnisme**). Le dérivé **créationniste** est usuel : *Si les prétentions scientifiques des créationnistes ne présentaient pas un réel danger en France, sa forme plus léchée – le « dessein intelligent » – continue de faire son chemin* (P. Picq, *Le Monde*, 04/09/2011).

CRÈCHE orth. Un accent grave. *Crécher* (pop.) s'écrit avec un accent aigu, et se conjugue comme *sécher*.

CRÉDIBLE emploi et sens. C'est un vieux mot de la langue française, qui est redevenu très usuel depuis 1970 environ, et s'emploie comme synonyme de **croyable** ou **convaincant** : *Ils essayèrent d'embarquer Ahmed dans une histoire de trafic, mais ils n'étaient manifestement plus crédibles, se trompant sans cesse, se contredisant et se disputant avec une rare violence* (Tahar Ben Jelloun). On notera que **croyable** s'emploie surtout négativement, et pour des choses : *Une nouvelle peu* ou *à peine croyable*, tandis que **crédible** se prête plus facilement à des tours positifs, aussi bien pour des personnes que pour des choses : *Dix témoins crédibles prêts à jurer leurs grands dieux qu'il y avait erreur judiciaire* (Godbout). *Les faux papiers d'identité crédibles coûtent très cher* (Échenoz). ♦ **dérivé.** Les verbes **crédibiliser** et **décrédibiliser** sont également très répandus sur la place publique : *J.-L. Borloo cherche à crédibiliser l'hypothèse de sa candidature* (P. Jaxel-Truer, *Le Monde*, 26/06/2011).

CREDO forme. Pas d'accent sur le *e*. Avec une majuscule au sens religieux : *dire un Credo* ; avec une minuscule au sens fig. : *son credo philosophique.*

CRÉER conjug. Exactement comme *chanter*. Garde partout l'accent aigu. Noter la succession des *e* dans le participe fém. : *Cette pièce a été créée.*

CRÈME orth. À la différence du mot de base, les composés de crème prennent un accent aigu : *crémier, crémerie.*

CRÉNEAU orth. Accent aigu. ♦ **sens.** « Partie vide ». Dans un château, on ne pouvait s'abriter derrière un *créneau*, mais seulement derrière un **merlon**, partie pleine de la muraille. Aux sens d'« espace disponible pour ranger sa voiture en marche arrière » ou de « temps suffisant ou propice pour accomplir quelque chose » ou encore de « domaine vacant », ce mot connaît une grande vogue : *Ça peut te nourrir gentiment tout le long d'une vie. C'est une spécialité, il y a un créneau* (Cavanna).

La locution **monter au créneau** est courante aujourd'hui, au sens de « prendre ses responsabilités, accepter de s'exposer dans une affaire délicate » : *Christine Boutin, présidente du parti chrétien-démocrate, et la Confédération nationale des associations familiales catholiques (CNAFC) sont montées au créneau* (L. Cédelle, *Le Monde*, 26/08/2011).

CRÉOLE sens. « Personne de race blanche née dans certaines anciennes colonies européennes » : *Une dame créole aux charmes ignorés* (Baudelaire). *Sa femme, plus âgée que lui, était une créole, belle comme une après-midi de fin juin* (Giono). Ne pas confondre avec **métis**, ni avec **mulâtre**. → ces mots.

CRÊPE orth. Avec un accent circonflexe, ainsi que les dérivés *crêpage, crêpé*, etc., sauf : *crépine, crépir, crépon, crépu. Christiane retira son chapeau, ramena le crêpe à l'intérieur et le mit sur ses genoux* (Kessel).

CRÊPELÉ et **CRÉPU sens.** Le premier se dit de cheveux « ondulés, formant des crans » ; on trouve aussi en ce sens *crespelé* : *Le visage de sa mère, épaissi, aimable sous de gros cheveux crêpelés, précocement blancs* (Colette). Mais ces formes sont peu usitées, sans doute en raison de la proximité de **crépu**, qui s'applique à des cheveux « serrés et frisés naturellement ».

CRÉPUSCULE emploi. Désigne initialement la lumière qui précède le lever du soleil et qui suit son coucher. Mais on ne dit plus guère *crépuscule du matin* : *Elle les emmène* [les veaux] *au pré, avant le crépuscule du matin, comme elle fait tous les jours de l'année* (Jourde). L'usage tend à faire du mot un synonyme « poétique » de **soir**.

CRESCENDO prononc. [kreʃɛndo] ou [kreʃɛ̃do].

CRESSON prononc. [krɛsõ] plutôt que [krəsõ].

CRÉSYL sens. Nom déposé d'un désinfectant énergique. Ne pas confondre avec **grésil**. → ce mot.

CRÊTE orth. On écrit avec un accent circonflexe : *la crête de la montagne, la crête du coq*, de même pour *crêt* et *crêtelé*. Ne pas confondre avec le nom propre : *l'île de Crète, la mer de Crète*. → ÉCRÊTER.

CRÈVE- forme. Les noms composés commençant par *crève-* sont invar. : *des crève-cœur, des crève-la-faim, des crève-vessie.*

CREVER emploi. Pop. au sens de « mourir », ainsi que ses nombreux dérivés. En bonne langue, avec ce sens, ne peut se dire que des animaux, ou en parlant des pneus : *Nous crevons. Je change ma roue, en y laissant mes ongles* (Morand).

CRIC prononc. En principe [kri] ; mais [krik], où la finale se fait entendre, s'est imposé (peut-être à cause de l'homophonie avec *cri*).

CRI-CRI forme. Plutôt invar. au pluriel, mais Littré lui donnait une double marque écrite : *des cris-cris.* ♦ **sens.** « Cri du grillon » ou « nom fam. du grillon ».

CRICKET et **CRIQUET orth.** Le *cricket* est un sport anglais, le *criquet* un insecte commun.

CRIER constr. Crier après qqn est parfaitement correct, encore que jugé fam. à notre époque : *On ne criait plus après lui, on ne le poursuivait plus* (Dhôtel). Littré l'admettait. On dit aussi : *crier contre qqn. Crier sur, crier dessus (il m'a crié dessus)*, sont des tours pop. □ **crier famine, misère, victoire** sont des tours figés qui ont presque toujours maintenant une valeur péjorative.

CRIME → ASSASSINAT.

CRIN emploi. La locution **à tout crin** s'emploie aussi bien au pluriel. Elle s'appliquait à l'origine à « un cheval pourvu de tous ses crins », c'est-à-dire « ardent, fougueux ». Littré notait qu'on le disait « familièrement en parlant d'une personne qui porte ses cheveux longs et en désordre ». Aujourd'hui *à tout crin* ne s'emploie qu'au fig. (au singulier ou au pluriel) : *Bonnets rouges ou shakos, les uns révolutionnaires à tous crins, les autres bonapartistes effrénés* (Barbey d'Aurevilly). *Un patriote à tout crin.*

CRINCRIN sens. Ce substantif masc. désigne familièrement « un mauvais violon ». S'écrit parfois en deux mots : *Il était temps de rentrer, l'orchestre à deux crins crins préludait dans la salle* (Perret).

CRIQUET → CRICKET.

CRISTAL forme. Les dérivés s'écrivent tous avec deux *l* : *cristallerie, cristallin,* etc. Au pluriel, *des cristaux,* dans la langue courante, désigne par abréviation *des cristaux de soude.* Ne pas dire à ce propos *du cristau,* comme on l'entend parfois.

CRITÈRE ou **CRITÉRIUM emploi et sens.** Ces deux formes, dont la seconde est aujourd'hui plus pédante et plus rare, désignent « un signe distinctif permettant de définir et de classer une chose, une notion » : *Cripure ajouta : « Le critérium, c'est la manière de vivre. »* (Guilloux). Déjà, en 1868, A. Daudet s'était moqué : *Un mot, jeune homme, avant de commencer... Quel est votre critérium ?* [...] *– Hélas ! mon critérium !... je n'en avais pas, je n'avais jamais songé à en avoir un* [...] *– Comment ! Malheureux jeune homme, vous n'avez pas de critérium ! Le Critérium des As* était une épreuve cycliste permettant de « distinguer le meilleur » ; aujourd'hui, on connaît encore le *Critérium du Dauphiné* et celui *des Cévennes.* Le mot **critère** est souvent galvaudé aujourd'hui.

CRITICITÉ ou **CRITICALITÉ emploi et sens.** La première forme, plus brève, est recommandée officiellement (arrêté du 30 novembre 1989), par référence au *seuil critique* permettant une réaction nucléaire en chaîne : il n'est pas utile de calquer de trop près l'anglais *criticality.*

CROASSER → COASSER.

CROC-EN-JAMBE prononc. *un* ou *des* [krɔkɑ̃ʒɑ̃b]. ♦ **orth.** Avec un *s* (qui reste muet) au pluriel : *des crocs-en-jambe.*

CROCHETER conjug. Comme *acheter.* → APPENDICE GRAMMATICAL.

CROIRE constr. et sens. Croire à qqn ou **à qqch.** marque une adhésion de l'esprit : « Avoir foi à la réalité de. » *Croire au loup, ce n'est pas difficile, il suffit d'avoir peur* (Alain). **Croire en qqn** marque plutôt une disposition du cœur, « avoir confiance dans les qualités, l'intelligence, le pouvoir de quelqu'un » : *Bien que désespéré, il croyait en Dieu, et en la vraie colombe* (P. Jardin). **Croire qqn, croire en Dieu**, c'est « estimer vraies ses paroles ». **Croire une chose**, c'est la tenir pour véritable. « Pour la plupart des Français, *croire quelqu'un,* c'est attacher valeur de vérité à ce qu'il dit ; *croire à quelque chose,* c'est penser que ce quelque chose a une existence réelle ; *croire en quelque chose,* c'est y attacher une valeur éthique et se comporter en conséquence. *Croire à Dieu* est purement rationnel, *croire en Dieu* comporte confiance et amour. » (Damourette et Pichon). *Elle croit en la vertu des choses faites en ordre et doucement* (Benameur). On trouve parfois aussi **croire dans**, avant un nom pluriel : *Monsieur, dit l'Autodidacte* [...] *je ne crois pas en Dieu* [...]. *Mais, dans le camp de concentration, j'ai appris à croire dans les hommes* (Sartre). *Dans,* ici, permet d'éviter *en les* ou *aux (hommes).*

□ **je ne crois pas qu'il viendra ou qu'il vienne. constr.** Lorsque le verbe *croire,* dans la principale, est à la forme interrogative ou négative, le verbe de la subordonnée est soit à l'indic. futur, soit au subj., tandis qu'il ne peut être qu'à l'indic. lorsque le verbe de la principale est à la forme affirmative : *Je crois qu'il viendra* en face de *je ne crois pas qu'il viendra* (forme négative) ou *je ne crois pas qu'il vienne* (possibilité de réalisation, malgré tout). *Je ne pouvais pas croire que c'était fini pour toi* (J. Roy) opposé à : *Il n'aurait jamais cru que les nuages, la nuit, pussent éblouir* (Saint-Exupéry). Le choix du mode dépend, dans certains cas, du contexte, ou de ce que l'auteur veut faire comprendre à son lecteur : *Crois-tu que j'en aie touché seulement l'ombre d'un ?* (Peyré) en face de : *Je vous défends de croire que j'en ai eu le désir* (Mauriac). Le subj. serait également possible ici (influence du verbe *défendre*), mais atténuerait la vigueur de la phrase.

□ **plus grand que je (ne) (le) croyais** → NE et LE.

□ **se croire. emploi et sens.** Employé dans la langue familière, au sens de « être plein de présomption, agir ou parler avec prétention » : *Il se croit pas rien, celui-là !*

□ **croit** et **croît. orth.** *Croit* (sans accent circonflexe) est la 3e personne du singulier du présent du verbe **croire**. *Croît* est la forme correspondante du verbe **croître**.

□ **(c'est) à croire que.** Ce tour, avec ou sans le présentatif *c'est*, exprime l'étonnement : *Le silence après le vacarme de la nuit était étrange. À croire que la population tout entière dormait* (Wiazemsky).

CROÎTRE conjug. → APPENDICE GRAMMATICAL. ♦ **orth.** Accent circonflexe sur le *i*, devant *t*, et sur le participe passé, mais seulement au masc. singulier : *crû*. ♦ **constr.** L'auxiliaire employé aux temps composés est aujourd'hui *avoir* : *Au fil des jours mon inquiétude a crû* (Colombier).

CROQUE- orth. Dans les composés, ce premier élément est toujours invar. *Croque-mitaine* s'écrit avec ou sans trait d'union (pluriel avec *s* final). Même chose pour *croque-note* ou *croquenots*, « musicien médiocre ». *Croque-monsieur* et *croque-noix* sont invar. *Croque-mort* et *croque-noisette* (« muscardin », comme *croque-noix*) prennent un *s* final au pluriel : *des croque-morts*.

CROQUE AU SEL (À LA) orth. Pas de traits d'union.

CROQUEMBOUCHE orth. Ce mot masc. s'écrit aussi *croque-en-bouche*. ♦ **sens.** Nom donné à plusieurs « pâtisseries croquantes » et surtout à une « pièce montée composée de multiples éléments croquants et caramélisés ».

CROQUENOT orth. On trouve plus rarement *croqueneau*. ♦ **emploi et sens.** « Gros soulier », appartient à la langue pop., comme **godillot**.

CROSS emploi et sens. Vocabulaire sportif, « course à pied à travers la campagne », de *cross-country*, anglicisme auquel il semble difficile de proposer un substitut.

CROULER orth. Pas d'accent circonflexe ; de même pour **s'écrouler** et pour **croulant**. ♦ **emploi.** Le verbe simple signifie « être prêt à tomber ». Le dérivé **s'écrouler** est synonyme de *s'effondrer* : *Je vous avoue, Monsieur l'abbé, que je croule de sommeil* (Gide). On connaît aussi la locution emphatique et stéréotypée *crouler sous les applaudissements*.

CROUPETONS (À) orth. Ne pas oublier le *s*. ♦ **sens.** « dans une position accroupie » : *Le mieux était de transgresser à croupetons cette ligne de front et de se redresser ensuite* (Volodine).

CROUPIÈRES emploi et sens. « Longe de cuir ». Surtout dans *tailler des croupières à quelqu'un*, « lui susciter des difficultés, des obstacles ».

CROUSTILLANT emploi et sens. Au propre, « qui craque sous la dent » : *un petit pain croustillant*. Au fig., *histoire croustillante*, « légère, grivoise » : *Certains qui prétendent en connaître toujours plus long qu'ils n'en disent, comme s'ils étaient en possession de révélations croustillantes qu'ils garderaient pour la bonne bouche* (Rouaud). *Croustilleux* ne se dit plus.

CROÛTE orth. Avec accent circonflexe sur le *u* : *Les musées sont pleins de croûtes, disait, je crois, Picasso* (Pontalis). Mais les Recomm. offic. prônent la suppression de l'accent. De même pour les dérivés *croûton, croûteux*, etc., sauf ceux qui ont la forme *croust-*. Emploi fam. dans : *casser la croûte*, « manger » : *Je vois que tu casses assez bien la croûte, tu as bonne mine, ça me fait plaisir* (Perret). *Croûter* est argotique.

CRU (subst.) **orth.** Quand il est subst., désignant « un vin réputé », le participe passé de **croître** perd arbitrairement son accent circonflexe : *L'enivrante descente des crus bourguignons* (Morand). *Les grands crus classés invités à leur table allumaient mille gaîtés dans les cervelles de ces messieurs* (Franck & Vautrin). Au fig. : *La claviste n'ayant pas manqué au passage d'enrichir le texte d'un nouveau tonnage de bourdes, de son propre cru, celles-là* (Cavanna). [Les] *109 ordinations de l'année 2011, un cru moyen, qui ne suffit toujours pas à pallier le manque de prêtres* (S. Le Bars, *Le Monde*, 26/06/2011). → CROÎTRE.

CRU emploi et sens. Outre le sens propre, par lequel il s'oppose à « cuit », cet adj. a des emplois fig. : « Sans aménagement, tel quel », comme dans *constructions à cru*, « posées à même le sol », ou dans *monter un cheval à cru*, c'est-à-dire « sans selle » ; et au fig. : *Ces moments d'emportement à cru ne peuvent inspirer d'intérêt que comme un spectacle rare* (Stendhal, *Journal*, 1805).

CRÛ → CROÎTRE.

CRUCIAL sens. Idée de « croix, croisement » (comparez être à la croisée des chemins), d'où, par un anglicisme jadis blâmé, « capital, fondamental » : *Il envisageait des manœuvres complexes pour se substituer à un de ses camarades au moment crucial* (Vian). *Une notion cruciale de Schelling, selon laquelle nulle part l'ordre et la forme ne représentent quelque chose d'originaire* (Semprun). *Le problème du divorce est crucial en Italie* (*Europe n° 1*, 23/03/1970). En fait, le sens correct de « décisif » amène aisément un tel glissement, de même que l'idée de « croix » amène parfois le sens secondaire, et critiqué, de « douloureux ». C'est surtout l'emploi abusif de cet adj. qui doit être critiqué.

CRUCIFÈRE et **CRUCIFORME sens.** Le premier adj. signifie « qui porte une croix » : *On le représentait parfois avec le Christ sur le front, en cerf crucifère. – Dont les bois poussent sur le crâne, dit Adamsberg* (Vargas). Le second a pour sens « en forme de croix » : *Une vis* ou *un tournevis cruciforme*.

CRUCIFIEMENT ou **CRUCIFIXION sens.** Le premier mot signifie « l'action de crucifier » : *condamner au crucifiement*. Le second s'applique le plus souvent à « la représentation plastique du crucifiement du Christ » : *une crucifixion de Véronèse*.

CRUCIFIX prononc. Le *x* est muet : [krysifi].

CRUCIVERBISTE emploi et sens. Cet adj.-nom signifiant « amateur de mots croisés » s'est imposé aux dépens de *mot-croisiste* : *Et vous-même, mademoiselle : Hélène ? – Non, LN en deux lettres. Je suis d'origine cruciverbiste* (Queneau). Il est admis dans le *Dictionnaire de l'Académie française* (9e éd., 1989).

CRÛMENT orth. Avec accent circonflexe : *Il n'était pas sûr que Barzillievi ne l'ait pas crûment consigné par écrit* (Labro). *Sans doute à ce moment ressentit-elle crûment qu'elle avait joué sa vie sur un coup de tête* (Rouaud). Adverbe dérivé de *cru* (sans circonflexe). → ADVERBES.

CRYPTOGAME sens. Terme de botanique s'appliquant à certaines plantes : champignons, fougères, etc. Ne pas confondre avec **cryptogramme**, « message rédigé dans un code secret ».

CSARDAS prononc. [ks-] ou [gz-]. Le *s* final se fait entendre même au singulier. ♦ **orth.** Avec *cs* ou *gz*.

CUBE orth. On écrit sans trait d'union : *un mètre cube (1 m^3), deux mètres cubes (2 m^3).* Avec un *s* : *un jeu de cubes*.

CUBER emploi et sens. Fam. et intransitif au sens de « représenter un volume ou une somme (généralement importante) » : *La chambre verte du palais Selambov qui cubait 400 mètres* (Giraudoux).

CUBITAINER emploi et sens. Ce nom déposé est très usuel, pour désigner un récipient souple, en carton ou plastique, servant au transport des liquides, notamment du vin.

CUCUL orth. Adj. invar. ♦ **emploi.** Langue pop., de même que *cucul la praline*, qui est démodé : *Elle a prétendu au jardinier que le massif de silènes et de myosotis faisait cucu...* (Colette). Ici, le *l* final est absent.

CUEILLIR conjug. ⟶ APPENDICE GRAMMATICAL. Attention : futur *je cueillerai* et non *je cueillirai.* ♦ **orth.** À toutes les formes, *-uei-* et jamais *-eui-*.

CUILLÈRE ou **CUILLER forme.** La seconde est plus rare. ♦ **emploi.** La métonymie : *Les cuillères d'huile de foie de morue ingurgitées par les élèves dans la cour du petit lycée* (Labro) est aussi acceptable que *boire un verre de vin* ou *déguster un plat de champignons.* Mais on peut toujours, bien entendu, utiliser dans ce cas le dérivé **une cuillerée** (orth. traditionnelle) ou **cuillérée** (Recomm. offic. 1990) : *Anselme Dalleau prit du potage, lentement, à petites cuillérées* (Kessel).

CUIR emploi et sens. Familièrement, « faute de diction, consistant en une fausse liaison par addition d'un *t*, par exemple » : *Il ira-t-à Tamatave. Un Chandos, qui ne peut pas prononcer dix mots sans lâcher trois cuirs* (Léger). Cet ajout est inconsciemment destiné à supprimer un hiatus, et provient en général du tour de l'interrogation : *Ira-t-il ?* ⟶ PATAQUÈS et VELOURS.

CUIRE emploi. Dans la langue familière, **il va lui en cuire** pour « cette affaire va lui attirer des ennuis » : Si *les forains s'obstinaient à le cacher, il pourrait leur en cuire* (Dhôtel). Cet emploi est archaïque. **Dur à cuire**, souvent simplifié en *dur*, est bien vivant (⟶ ce mot). Au sens propre, on trouve, en emploi transitif, *cuire* et *faire cuire* (celui-ci plus courant).

CUISINER sens. Au sens propre, le verbe peut être transitif ou intransitif. Il implique plus d'attention et de soin que *faire cuire* : *Le vieux comptoir cuisinait dans ses sous-sols les mets nationaux* (Morand). Transitivement, il peut prendre un sens fig. : *cuisiner une affaire ; cuisiner qqn,* « l'interroger sans répit pour le faire avouer ».

CUISINISTE emploi et sens. Il s'agit d'un néologisme utile, qui désigne un « installateur de cuisines », une personne qu'on ne saurait évidemment confondre avec un *cuisinier.*

CUISSEAU et **CUISSOT forme et sens.** Le premier substantif désigne « une partie du veau dépecé, du dessous de la queue au rognon », tandis que le second ne s'applique qu'à « une cuisse de gros gibier, sanglier ou cervidé » : *des cuisseaux de veau, des cuissots de chevreuil. Quand tu as abattu ton cerf, exposa Robert, tu décolles la peau pour faire le tapis. Là-dessus, tu prélèves les honneurs et les cuissots* (Vargas).

CUISTRE sens. « Pédant vaniteux et ridicule. » Ne pas l'employer pour **rustre** : homme grossier. ♦ **dérivé.** *Cuistrerie : La cuistrerie attriste, car elle dessèche et anéantit. La culture rend joyeux, car elle ne fait qu'un avec la vie* (Dutourd).

CUL- orth. Les composés avec *de* prennent tous un trait d'union, et, au pluriel, seul le premier mot prend un *s* : *des culs-de-basse-fosse, des culs-de-jatte, des culs-de-lampe, des culs-de-sac,* etc. *Marie avait atteint le bout du quai, qui se terminait en cul-de-sac devant le musée archéologique* (Toussaint).

CULOTTE emploi. Fam. au pluriel quand il s'agit d'une seule personne : *porter des culottes courtes.* ⟶ SANS-.
□ **baisser culotte. emploi et sens.** « S'abaisser devant qqn », tour ancien et fam., toujours au singulier.

CULTE emploi et sens. Ce nom s'emploie fréquemment en apposition pour désigner quelqu'un ou quelque chose qui fait l'objet d'un engouement extraordinaire dans le public : *La série* [télévisée] *a rapidement atteint un statut culte en Grande-Bretagne, où elle est plus pop. que dans son pays d'origine* (R. Garrigos et I. Roberts, *Libération*, 23/05/2007). *C'était alors un livre qui s'arrachait, on dirait de nos jours un livre « culte » ; être nunuche aussi, c'est culte* (Blanchard).

CULTUEL sens. « Qui se rapporte au culte » : *un bassin cultuel. En dehors de leurs activités cultuelles,* [les religieuses] *essaient de nourrir des hommes et des femmes de Pologne* (Joseph Bialot). Ne pas confondre avec **culturel**, « qui se rapporte à la culture » (au sens abstrait seulement). **Cultural**, « qui se rapporte à la culture des champs », est peu usité.

CULTURE emploi. Ce beau mot est aujourd'hui « mis à toutes les sauces », et l'on se gardera de l'employer dans des contextes trop négatifs et dévalorisants : *Je préfère une culture de l'erreur, de la responsabilité assumée et de la réparation de l'erreur à une démarche de la faute et de la punition* (D. Baudis, *Le Monde*, 26/06/2011). Les exemples suivants frisent le ridicule : *La culture de la prévention des tempêtes sur l'île de la Réunion* (titre du *Monde*, 01/02/2000). *Concerts, projections vidéo, performances de toutes sortes vont mettre en valeur la culture « des cicatrices, du bitume et de la crasse urbaine »* (*Le Monde*, 13/06/2011). → citat. de Cavanna à l'art. ACCEPTION.

CUMUL emploi. Ce nom, originellement neutre, prend souvent un sens négatif dans le contexte politique. Son dérivé **cumulard**, pour désigner une personne, est encore plus nettement péjoratif : *Le cumul est l'anathème préféré de la politique française, la source de tous les maux : absence de renouvellement et uniformité sociale du personnel politique, conflits d'intérêts, accaparement des ressources. L'expression « cumulards » écorche l'oreille* (*Le Monde*, 02/10/2009).

CUNÉIFORME orth. Pas de tréma sur le *i*.

CURE emploi et sens. Surtout dans **n'avoir cure de**, « ne pas se soucier de ». Ce tour est réservé au registre littéraire : *« C'est maintenant un ennemi mortel », pensa Bernard. Mais il n'en avait cure* (Kessel). *Riabinine* [...] *habile comédien et manipulateur brillant, n'a cure des préjugés qui portent sur sa personne* (Barbey). → SINÉCURE.

CURE-DENT orth. Un trait d'union. Plur. *des cure-dents. Cure-ongles* et *cure-feu* sont invar.

CURER emploi et sens. Le verbe **curer** a un sens technique, « nettoyer », en parlant d'une cavité : *Il faut curer le puits. L'homme cura longtemps sa pipe.* Le verbe *écurer*, doublet inutile du premier verbe, n'est plus employé. Quant à **récurer**, la valeur intensive de son préfixe lui assure une survie et indique qu'il s'agit d'un « nettoyage énergique » : *récurer ses casseroles.* Emploi fig. : *Rincée, poncée, récurée, épucée, elle eût été charmante* (Montherlant).

CURETAGE sens. Terme de médecine, « nettoyage d'une cavité naturelle ou artificielle, notamment de l'utérus, après une fausse couche ». Ne pas confondre avec **curage**, qui est le terme général.

CURIE emploi et sens. Aujourd'hui employé absolument (avec une majuscule) pour désigner « l'ensemble des personnages constituant le gouvernement du pape au Vatican ».

CURRICULUM VITÆ orth. Avec deux *r.* S'abrège en *c.v.* ♦ **sens.** « Ensemble des indications concernant l'identité, la vie, les actes de service d'une personne. »

CURRY orth. Il y en a eu plusieurs : *cari, car(r)y.* La plus courante aujourd'hui est **curry.** ♦ **sens.** « Épice indienne qui accompagne plusieurs sortes de mets et en particulier le riz » : *Qui ne serait séduit par une vallée sentant tour à tour le safran, le curry et mille autres parfums ?* (Orsenna). *Avec le curry de poulet, il présenterait un tartare de mouette* (Volodine).

CURSIF sens. « Bref, rapide, qui court » ; adj. répandu aujourd'hui : *Une lecture cursive.*

CUTI forme. Abréviation familière de *cuti-réaction.* Plur. *des cutis.*

CV → CHEVAL-VAPEUR.

CYANOSE sens. « Coloration bleue et pathologique de la peau » : *Le front, les pommettes, les joues, la bouche – tout était d'un bleu sourd, plombé. La cyanose gagna le cou* (Kessel).

CYBER- sens. Cet élément, tiré de **cybernétique**, entre (depuis 1995) dans la composition de nombreux néologismes dans le contexte de la communication numérique : *Ingénieur de formation, âgé de 25 ans, il est devenu cyberactiviste, chargé de poster sur Internet photos et vidéos collectées par lui et ses amis à Douma* (D. Lucas, *Le Monde*, 15/04/2011). *Le cyberpower est devenu le centre névralgique de la gouvernance diplomatique* (N. Truong, *Le Monde*, 23/05/2011). *À Gentilly, un cyberespace convivial pour réduire la « fracture numérique »* (C. Rollot, *Le Monde*, 30/05/2011). *Victimes de piratages, les États-Unis élaborent une doctrine de cyberguerre* (*Le Monde*, 03/06/2011).

CYCLOMOTEUR sens. « Bicyclette à moteur dont la cylindrée ne dépasse pas 50 cm^3. » On emploie abusivement **vélomoteur** en ce sens.

CYCLONE orth. Pas d'accent circonflexe sur le *o*.

CYMBALE sens. « Instrument de musique à percussion, composé de deux disques de cuivre ou de bronze » : *L'éclat attendu et inattendu des déchirantes cymbales* (Valéry). Ne pas confondre avec **timbale**, « sorte de tambour en forme de demi-sphère ».

CYNÉGÉTIQUE emploi et sens. Mot didactique, « qui se rapporte à la chasse ».

CYPRÈS orth. Accent grave sur le *e*.

CYPRIOTE ou **CHYPRIOTE sens.** « Habitant de Chypre. »

CYSTITE orth. Avec un *y* comme première voyelle. ♦ **sens.** « Inflammation de la vessie, provoquant une miction douloureuse » : *Quand elle stresse, elle a des cystites inflammatoires* (Barbery).

CYTISE genre. Masc. *La grappe jaune du cytise* (Colette).

CZAR forme. Orthographe polonaise pour **tsar** (→ ce mot) : *Quand on fut colonel très fidèle de notre czar !* (Bastide).

D

D orth. et prononc. On trouve le doublement de cette lettre dans un petit nombre de mots : *addenda, additif, addition, additionnel, additionner, adducteur, adduction, bouddha, bouddhique, bouddhisme, bouddhiste, quiddité, reddition.* On pourra toujours prononcer avec un seul *d* : le redoublement est inutile et souvent pédantesque.

D'ACCORD constr. Après **tomber** ou **être d'accord**, on rencontre le plus souvent la préposition **sur**, mais aussi **pour** et même **de** (recherché et classicisant) : *Nous sommes tombés d'accord sur la décision à prendre. Nous sommes d'accord pour vendre notre maison de famille.* En emploi interjectif, **d'accord !** pourrait être préféré à **O.K. !**, dont l'abus est manifeste (mais seulement dans la langue parlée).

DADA emploi et sens. Fam. au sens de « manie, marotte » : *Avoir un dada.* C'est l'équivalent français du **hobby**. → ce mot.

DAGUERRÉOTYPE orth. Deux r : *Autant que peut le laisser encore entrevoir le vieux daguerréotype jaune et pâle* (Giono).

DAHLIA orth. Un *h* après le *a* et avant le *l* (vient d'un nom propre suédois, *Dahl*).

DAIGNER emploi. Littéraire ou limité à des locutions figées, surtout dans le tour négatif **ne pas daigner + infinitif** : *J'ai mille raisons de tenir le coup, la paupière haute et ne daignant même pas ciller* (Bazin). *Cet homme distant, de haute taille, qui daignait rarement descendre en ville* (Labro). → DÉDAIGNER.

DAIM forme. Le nom de la femelle est *daine* ou *dine* (cette dernière forme dans le langage des chasseurs). → FAON.

DAIS sens. Ne pas confondre avec **baldaquin** et **catafalque**. Le **dais** est un « ouvrage ornemental s'étendant au-dessus d'un autel ou d'un lit, ou de la place d'un ecclésiastique de haut rang » : *Un petit nuage se trouvait suspendu au-dessus de la montagne comme un dais jésuite sur la tête d'un métropolite* (Morand).

DAM prononc. [dã] Homophone de **dent**. ♦ **orth.** *Dam* et non *dan.* ♦ **emploi et sens.** Seulement dans les locutions anciennes *au dam, au grand dam de (qqn)*, avec le sens de « tort, dommage » : *Le tribunal correctionnel de Paris a tranché : il a relaxé les six prévenus, au grand dam des parties civiles* (*Le Monde*, 16/01/2009).

DAMASQUINER sens. « Incruster dans une surface métallique un filet de métal précieux ou de cuivre pour le décorer ou l'embellir. » Ne pas confondre avec **damasser**, « fabriquer dans le style du damas, étoffe tissée et réversible avec des fils mats et des fils brillants ».

DAME emploi. Ne pas utiliser ce mot au sens de « femme, épouse de », qui appartient au registre pop. : *La jeune dame de M. Alain prend bien bonne mine* (Colette). On doit dire : *La jeune femme de M. Alain... J'ai rencontré sa femme.* On peut dire absolument : ***C'est une dame*** (c'est-à-dire une femme mariée, ou « qui a une allure, une autorité de femme mariée »). *Une fille brune de peau, avec une propension à grossir, cette Pauline. Elle faisait assez dame* (Aragon). Valeur burlesque et satirique, dans l'exemple suivant : *Dans les loges, les représentants du gouvernement, ces messieurs et leurs dames, font preuve de la plus vive sensibilité, se pâment* *et applaudissent* (Vercors). ⟶ DEMOISELLE, GAMIN, HOMME.

DAME-JEANNE orth. Ce subst. fém. s'écrit avec un trait d'union. Plur. *des dames-jeannes.*

DAMNATION prononc. Le groupe *-mn-* se prononce comme un *-n-* simple dans tous les mots de cette famille.

DAN prononc. [dan]. ♦ **sens.** Mot japonais, « degré de qualification des ceintures noires » dans les arts martiaux.

DANDY orth. Plur. *dandys* ou, à l'anglaise, *dandies* (dans ce cas, il s'imprime en italique) : *Ces précurseurs des snobs s'intitulaient avec morgue « dandies »* (Cavanna). ♦ **dérivé :** *dandysme* avec un *y*.

DANGEROSITÉ emploi et sens. Critiqué naguère encore par les puristes, ce substantif est tout à fait acceptable, au même titre que *ingéniosité, nervosité, porosité*, etc. : *À partir de l'été 2007, la dangerosité des crédits hypothécaires américains – les subprimes – [...] avait commencé à faire redouter le pire* (C. de Corbière et C. Gatinois, *Le Monde*, 14/08/2011).

DANS emploi. À la place de **en** devant un nom géographique accompagné d'un déterminant : *en France*, mais *dans toute la France, dans le Jura*, etc. On emploie rarement **en** devant l'article défini, sinon dans les tours du type : *en l'air, en l'honneur*. On dit *être en prison*, mais *le gardien habite dans la prison.* **En** constitue un archaïsme voulu dans les exemples suivants : *M. Herriot, l'homme qui avait eu le toupet de dire, en plein congrès radical tenu par bravade en la bonne ville d'Angers...* (Bazin). *Je crois en moi plus qu'en les autres* (Romains).
□ **dans Paris, à Paris** ⟶ À.
□ **dans** ou **sur.** En principe, **dans** s'emploie lorsque le complément circonstanciel évoque l'intérieur d'un volume (espace à trois dimensions) et **sur** lorsque le complément évoque une surface (espace à deux dimensions) : *dans les bois*, mais *sur la plage.* Mais il faut noter les exceptions qui suivent. Les puristes proscrivent absolument **lire sur le journal**, bien que Littré permette l'emploi de cette préposition quand on a le journal réellement étalé devant soi. En revanche, dire *sur l'étiquette, sur l'affiche.* ⟶ JOURNAL et LIRE. Le tour **dans la cour** est à préférer à *sur la cour*, sauf après *donner, avoir vue.* On dira *allez jouer dans la cour*, et non *sur la cour.* On dira d'autre part *dans la véranda* (salon vitré et fermé attenant au corps principal de logis) ou *sous la véranda* (simplement vitrée : mais le mot exact est alors **marquise**, *sous la marquise*). ⟶ COUR.
□ **dans l'été, dans l'hiver.** Cette préposition peut s'employer concurremment avec *en*, lorsqu'on veut insister sur l'idée de durée et d'intériorité.
□ **dans l'imprimerie, dans la chanson.** Tours devenus très courants : *Il travaille dans l'imprimerie, dans l'édition, dans la chanson, dans les cuirs et peaux...*
□ **dans un fauteuil.** Tour préconisé par certains grammairiens, le siège étant conçu, à cause de ses « bras », comme un contenant (même chose pour *bergère*). Mais certains auteurs, par analogie avec *s'asseoir sur un canapé*, écrivent *s'asseoir sur un fauteuil.* Noter le tour fam., en parlant de sport : *arriver dans un fauteuil* (« sans difficulté »).
□ **dans la porte.** Cette locution n'est pas heureuse : *Cette évidence l'avait atteinte dès qu'elle l'avait vu dans la porte* (Sagan). On dira mieux : *dans l'embrasure de la porte.*
□ **dans les vingt mille francs.** Emploi fam. On peut lui substituer la tournure *environ vingt mille francs.* Tournure courante pour indiquer un âge approximatif : *Il doit avoir dans les soixante-quinze ans* (Wiazemsky).
□ **dans le but de** ⟶ BUT.
□ **dans le cas où** ⟶ CAS.

DANTE constr. Souvent précédé de l'article défini, par un (faux) italianisme. *Le génie de* ou *du Dante* : il faut employer la première construction, l'italien ne mettant l'article que devant le nom de famille (ici : *Alighieri*, *Dante* étant le prénom). ⟶ ARTICLE.

DARE-DARE emploi et sens. Locution adverbiale : « très rapidement », de style fam.

DARNE genre. Fém. *une darne de lieu.* ♦ **sens.** « Tranche de gros poisson. »

DARSE orth. On trouve aussi *darce.* ♦ **genre.** Fém. *la darse.* ♦ **sens.** « Bassin abrité, dans un port. »

DARTRE genre. Fém. *une dartre.* ♦ **forme.** *Darte* était la forme de l'ancien français.

DATE forme. Quand il ne peut y avoir de doute sur le siècle, on omet souvent l'indication du nombre des mille et des cents : *les soldats de 14.*

□ **le 4 août.** On dit et on écrit plus rarement qu'autrefois *le 4 d'août*, qui demeure cependant parfaitement correct. De même pour : *Ce matin-là, qui était, je crois bien, le 8 novembre de 1925* (Montherlant).

□ **le** ou **ce 11 septembre 2001.** On trouve parfois en tête d'une lettre le démonstratif au lieu de l'article défini. C'est une tournure archaïsante. ⟶ À, COMBIEN, QUANTIÈME.

DATER et **DATER DE emploi et sens. Dater**, employé absolument : « être périmé ». **Dater de** : « remonter à ».

DATIF ÉTHIQUE ⟶ ÉTHIQUE.

DATION et **DONATION sens.** Si le second de ces deux noms est bien connu, et a un sens assez large (idée de « donner officiellement »), le premier signifie, en termes de droit, l'« action de désigner qqn par voie de justice », ou encore, dans le tour *dation en paiement*, le fait de « s'acquitter d'une dette sous une forme différente de celle qui était initialement prévue » : *La dation par laquelle ses héritiers se sont acquittés de leurs droits de succession rend plus hommage au fils d'Henri Matisse qu'au galeriste éclairé* (Dagen, *Le Monde*, 21/06/1992).

DAUBER constr. On *daube qqn* ou *sur qqn.* ♦ **emploi et sens.** Verbe d'emploi vieilli et de caractère littéraire, « dénigrer, se moquer de ». ⟶ DÉBLATÉRER.

D'AUCUNS ⟶ AUCUN.

DAUPHINE forme. Reste invar. dans la locution : *des pommes dauphine.*

DAURADE orth. La *daurade* est un poisson comestible. La *dorade* est un poisson chinois d'aquarium.

DAVANTAGE orth. Ne pas confondre l'adverbe **davantage** avec **d'avantage**, groupe nominal construit avec de : *Tout ce que la prochaine réquisition, vue sous cette lumière nouvelle, pourrait leur apporter d'avantages* (Labro). ♦ **constr.** *Davantage de pain* est un tour correct mais vieilli, *davantage* étant aujourd'hui supplanté par *plus.* Quant à la construction avec **que** : *Je l'aime davantage que toi*, elle est répandue à tous les niveaux de langue ; Littré l'admettait, contre l'avis des puristes qui préconisaient d'employer *plus que* en toutes circonstances. Voir de nombreux exemples littéraires, comme les suivants : *On ne communique pas davantage cette sorte de souvenirs que les épisodes d'un rêve* (Cocteau). *Peintres qui honoreraient davantage la France que tous ceux de la Révolution* (Proust). Il y a même des cas où *davantage* s'impose, par exemple dans les phrases négatives où *plus... que* pourrait donner un autre sens : *Rien ne l'attire davantage que le mystère* (Claudel).

□ **davantage** ne peut figurer devant un adj. ou un adverbe : *davantage grand* est une tournure fautive. Mais on peut l'employer absolument : *je l'aime davantage.*

DE orth. Le *e* s'élide en général devant un mot à initiale vocalique, mais se conserve parfois pour souligner ou insister, notamment devant *un* : *une recette de un million d'euros.* Le *e* s'élide devant un nom propre commençant par une voyelle ou un *h* muet : *les œuvres d'Albert Camus.* L'usage hésite devant certains *h* : *les œuvres de Hugo* (*les œuvres d'Hugo* est mal accepté). En ce cas, il est courant de faire précéder le nom par le prénom. ♦ **emploi.** Fréquent dans les propositions négatives, à la place de *du, de la, des* dans les propositions affirmatives : *Il mange de la viande et des haricots* donne en phrase négative : *Il ne mange pas de viande ni de haricots*, ou *ni viande ni haricots.* ⟶ ARTICLE.

□ **aimé de** ou **par ses parents.** Après certains verbes au passif ou certains participes passés, on peut rencontrer la préposition **de**, jugée moins lourde, et plus élégante au point de vue stylistique, que **par** : *Flots profonds, redoutés des mères à genoux* (Hugo). *Ce que j'ai à vous dire ne doit être entendu que de vous* (France). *Un énorme globe terrestre entouré de deux anneaux de carton qui indiquaient les signes du zodiaque, les longitudes et les latitudes* (Mac Orlan). *Je me rendais à des craintes d'ordre matériel : nous serions abandonnés de nos familles* (Radiguet). La nuance de sens entre les deux tours est négligeable. La tournure avec **de** est souvent recherchée ou archaïsante ; si l'on est embarrassé, il vaut mieux employer *par*. La tournure suivante est contestable : *Elle se sentait gagnée d'une colère froide* (Sagan), *de* marquant plutôt le résultat de l'action : *Des péniches étaient surmontées de palans* (Gallo), tandis que *par* insiste sur l'agent : *C'est au tour à présent de la grande cantatrice adulée des foules espagnoles* (Rouaud).

□ **de, particule nobiliaire.** *Le vicomte de Chateaubriand.* Comme particule nobiliaire, **de** se trouve entre le prénom ou le titre et le nom patronymique, mais s'omet le plus souvent quand ce dernier est seul : *Chateaubriand, Retz, La Rochefoucauld* et non : *de Retz*, etc. Mais l'usage est complexe. Devant un nom à initiale vocalique ou réduit à une syllabe, la particule se maintient : *d'Aubigné, de Thou, de Gaulle*, etc. Quant *à du* et *des*, ils ne disparaissent jamais : *du Bartas, Des Esseintes*, etc.

□ **de, dans une alternative.** *De* est facultatif dans le contexte suivant : *Qui est le plus gentil, (de) Pierre ou (de) Jean ?* Mais dans le tour : *Qui, de Pierre ou de Jean, est le plus gentil ?* il n'est pas possible de supprimer *de* : *Du baron ou de la baronne je n'aurais su dire lequel était le plus baroque* (Gide).

□ **de + le, la, les** ⟶ ARTICLE.

□ **je viens du Bourget** ⟶ VILLE (NOMS DE).

□ **(de) quinze à vingt personnes.** La préposition *de* est le plus souvent omise en tête d'une tournure estimative où apparaît la préposition *à*. Mais elle figure très régulièrement ici : *Il payait son tabac vingt-cinq francs le kilo. Il le revendait de trente-cinq à quarante, suivant les têtes* (Van Der Meersch). Éviter la tournure : *de dix à onze personnes.* On lui préférera : *dix ou onze personnes.* ⟶ À.

□ **de + infinitif.** En tête de phrase, emploi classique, aujourd'hui vieilli et recherché : *Le général catholique l'avait interné, et d'avoir vu que dans les camps franquistes les pois chiches étaient, si j'ose dire, bénis par Rome, l'avait jeté dans une profonde tristesse* (Camus). *De rire de son malheur lui fit un peu de bien* (Desproges). *Mme Oberti essuyait la table, elle soufflait, comme si de se pencher ainsi pour faire glisser les miettes la fatiguait* (Gallo). *Comme le cadet admirait l'aîné alors, s'efforçait de l'imiter ! C'est d'être adultes qui les a séparés* (Pontalis). Après certains tours de sens comparatif, *de* est facultatif devant un infinitif servant de second terme de comparaison : *À vingt-cinq ans, c'était déjà pour moi l'aventure que d'avoir rompu avec ma famille* (Vailland). *Quel troublant bonheur que de chanter ainsi les louanges d'Alice !* (Léger).

□ **et flatteurs d'applaudir.** Tour littéraire où l'infinitif est employé à la place du passé simple (dans les textes narratifs).

□ **trois euros de l'heure.** On considère comme plus correct de ne pas employer ici la préposition, mais l'usage est pour *de.*

□ **pas si bête que de le contredire.** Tour classique, aujourd'hui littéraire : *Je ne suis pas si sot que de ne pas le voir là où il est* (Mauriac).

□ **ainsi de moi.** Cette construction est essentiellement littéraire ; la langue courante utilise d'autres formules : *Les poumons tuberculeux guérissent en se desséchant et asphyxient peu à peu leur heureux propriétaire. Ainsi de moi qui mourais paisiblement de ma guérison* (Camus).

□ **servir de rien** ou **à rien** ⟶ SERVIR.

□ **remercier de** ou **pour** ⟶ REMERCIER.

□ **s'ennuyer de** ou **après** ⟶ (S')ENNUYER.

□ **ellipse** de **de.** Admise dans *fin février, début mars*, après *vis-à-vis, près* (langue diplomatique), *près le Vatican*, avant *retour de* (la locution complète étant initialement *de retour de*). Sont considérés comme fam. les tours suivants : *en face la poste, près le jardin public, proche le palais de justice.* ⟶ ces mots à l'ordre alphabétique.

□ **répétition.** L'usage varie d'un texte à l'autre, et dépend de la situation, de la clarté de la phrase, etc. : *Un charmant secrétaire, en bois de rose et citronnier* (Romains). Dans cet exemple, l'ellipse est celle de *de* (bois de citronnier). En principe, *de* doit être répété dans des séries de compléments introduits par *de* et coordonnés : *Se nourrir de viande grillée et de légumes verts.*

□ **en voilà un, de farceur !** Ce tour segmenté est répandu dans la langue parlée et a gagné la langue littéraire, en raison de son expressivité : *Et le vôtre, de sort, vous croyez qu'il n'est pas entre nos mains ?* (Duras).

□ **ce diable de.** Les tours du type *ce diable de, ce fou de*, etc., sont également fam., mais parfaitement admis par la langue châtiée : *C'était un vieux bonhomme d'abbé d'avant qui traversait les années 80 en soutane effilochée* (Desproges). *Comme la dernière lettre l'avait mis dans la tête de ce fou de François* (Aragon). *Cette sale bête d'Olivier, cet Olivier de malheur* (Triolet).

□ **une de perdue, dix de retrouvées.** Cette mise en relief est pratiquement obligatoire quand le participe-adj. est précédé dans la phrase par **quoi** ou **rien**, mais facultative et même discutée, dans la séquence : **substantif** ou **pronom + de + participe-adj.**, par exemple : *Je n'avais que vous de sorti* (Sartre). *Toutes les boutiques ferment ; on n'en voit déjà plus d'ouvertes qu'une sur dix ou douze* (Gide). □ **plusieurs erreurs de commises.** Ce tour incluant **de** est plutôt oral : on peut, à l'écrit, faire l'ellipse de la préposition : *il y a eu plusieurs erreurs commises.* Cependant, *de* redevient indispensable dans le cas où il y a inversion du substantif et de l'adj.-part. qui se rapporte à ce dernier : *Dans le bourg, il n'y eut plus alors de vivant que le café Daniel* (Alain-Fournier). *Il n'y avait de disponible qu'un seul navigateur* (Roy). Dans ce cas, l'adj.-part. reste généralement invar. : *N'ayant de frais dans tout ce visage que la nuque demeurée enfantine* (Montherlant). L'accord se fait lorsque l'adj. reprend un plur. précédent : *Des purs… Il n'y a de purs que l'ange et la bête* (Valéry).

□ **de beaux enfants.** La langue soutenue exige **de** dans ce type de syntagmes, mais l'usage courant le remplace par **des** : *Le matin, on trouvait de petites fleurs de papier, épinglées, que les Allemands arrachaient* (Vercors). Exemple avec **des** : *Jean de la Sorgue était habile à tailler dans le bois des petits soldats qu'il peignait ensuite avec art* (Mac Orlan). *Pacha entrouvrit la porte de la glacière. Des petites bouteilles s'y trouvaient entreposées* (Wiazemsky). → ARTICLE (PARTITIF).

□ **valeur partitive.** Elle est assez rare, mais très nette dans certains cas : *J'ai lu de ses poèmes* (Apollinaire).

□ **beaucoup de pièces** → BEAUCOUP.

□ **c'est à moi de** ou **à** → À.

□ **d'avec** → AVEC.

□ **de ce que.** C'est la construction la plus fréquente après : *abuser, accuser, s'affliger, s'applaudir, s'attrister, se choquer, se contenter, se dégoûter, se désoler, s'effaroucher, s'effrayer, s'émerveiller, s'enorgueillir, s'épouvanter, s'étonner, s'exaspérer, s'excuser, se féliciter, se formaliser, se frapper, frémir, se froisser, gémir, se glorifier, s'impatienter, s'indigner, s'inquiéter, s'irriter, jouir, se lamenter, louer, murmurer, s'offenser, s'offusquer, se plaindre, pleurer, profiter, provenir, se réjouir, remercier, se révolter, ricaner, rire, rougir, savoir gré, souffrir, se vanter, se venger, venir, en vouloir* et, d'une façon générale, après toutes les locutions verbales ou adjectivales exprimant un sentiment : *être fier, honteux, surpris*, etc. La construction avec le simple **que** est parfois considérée comme plus correcte pour certains de ces verbes, mais elle se fait de plus en plus rare. Mauriac lui-même emploie souvent le tour le moins académique : *Maria éprouva une joie confuse de ce que l'orage avait brouillé le temps. Il se réjouissait de ce qu'il ne mourrait pas seul.*

□ **de** ou **en.** *Une table de bois* ou *en bois.* Les deux prépositions conviennent également pour indiquer la matière dont est faite une chose, mais **de** paraît plus littéraire, surtout après le verbe *être* : *Le buffet est de chêne, à deux corps* (Romains). *S'il veut enfoncer un clou, il le frappe avec une pierre ou avec un marteau qui est de fer ou de bronze ou même de bois très dur* (Valéry).

□ **de par.** Locution cérémonieuse qui est une déformation d'un très ancien *de part (le roi)*, c.-à-d. « de la part du roi ». → PAR.

□ **de trois jours en trois jours. De** associé

à **en** marque très bien la périodicité, et on préférera cette construction à *chaque troisième jour*, qui n'est pas des plus heureux : *Et de quart d'heure en quart d'heure, la scène identique repassait dans mon imagination épuisée* (Louÿs). → aussi TOUT.

□ **cette histoire est d'un drôle !** *De* a ici une valeur d'intensif : *Je trouve que Swann change... Il est d'un vieux !* (Proust).

□ **et d'un.** Tournure qui implique que l'on compte des unités (quelconques) et qui appartient plutôt au registre fam. : *Et de quatre, disait le colonel* (Supervielle).

□ **en** et **de.** Font pléonasme dans la même proposition, à moins d'une forte pause dans la diction : *J'aurais dû m'en méfier dès le premier jour de ce crapaud* (Duras). La frontière est fragile entre le procédé de soulignement expressif et la redondance grammaticale.

□ **l'avion de Rome.** Ce tour est amphibologique et on fera bien de distinguer *l'avion pour Rome* de *l'avion de Rome*, en réservant *de* à l'expression du point de départ.

□ **de nouveau** → NOUVEAU.

DEAL sens. Cet emprunt à l'anglais est répandu au sens de « marché, accord commercial », plus large que dans les dérivés **dealer** (nom et verbe), qui ne concernent guère que la drogue.

DEALER prononc. [dilœr] pour le substantif et [dile] pour le verbe. ♦ **emploi et sens.** On peut dans certains cas remplacer ces anglicismes par une traduction française : *revendeur* et *(re)vendre*. Cependant, lorsqu'il s'agit de drogue, ces mots anglais sont tellement connotés qu'ils sont devenus quasiment irremplaçables : *Ça ne peut même pas intéresser les flics. Personne ne te connaît à part ton dealer qui n'a pas d'intérêt à les consulter* (Échenoz). *Les dealers opèrent en bandes, avec des guetteurs qui surveillent les parages* (Jonquet). On a même la série à forme francisée : **dealeur, dealeuse** et le verbe **dealer** (prononc. [dile]), au sens de « revendre, trafiquer » : *La mère du grand Noir assure que son fils n'y touchait pas. Ni n'en consommait ni n'en dealait* (Vargas).

DÉBARRAS orth. Deux *r*, ainsi que tous les mots de cette famille.

DÉBATTRE emploi. Verbe transitif. On doit dire *débattre une affaire* plutôt que *débattre d'une affaire*. On trouve l'emploi absolu : **débattre** (sans complément). ♦ **dérivés.** La forme francisée **débatteur** est préférable à l'anglicisme *debater*, au sens d'« orateur brillant dans les débats publics » : *Débatteur redoutable, il joue aussi bien du charme que du sarcasme, du culot infini dans la contrevérité que de l'intimidation physique* (*Le Monde*, 13/04/ 2007).

DÉBINER emploi et sens. Deux verbes fam., de sens tout à fait différent, selon la voix : à l'actif, « dénigrer » → DAUBER, et à la voix pronominale, « se sauver ». Au premier sens, le dérivé est **débinage** : *André voulut le contredire par un débinage systématique des promenades qu'il vantait* (Huysmans).

DÉBITEUR forme. Deux fém. distincts, car ce mot recouvre deux homographes : **débiteuse**, « qui débite la marchandise » (du verbe *débiter*), **débitrice** (du verbe *devoir*). Dans le commerce, on emploie couramment la seconde forme à la place de la première ; c'est une erreur qu'il semble désormais impossible de corriger.

DÉBLAI orth. *-ai*, comme *remblai.* ♦ **emploi.** Ne pas confondre **déblai** (matériau extrait quand on *déblaie*) et **déblayage, déblaiement** (action de *déblayer*).

DÉBLATÉRER constr. Jamais transitive : on dit **déblatérer contre qqn**, plus rarement **sur qqn** : *Si les Arsinoé déployaient, à tâcher de tirer meilleur parti de leur propre physique, l'énergie qu'elles consacrent à déblatérer contre les Célimène, elles seraient deux fois moins laides* (Nothomb). → DAUBER. On trouve parfois l'emploi absolu (tour fam.) : *Arrêtez donc de déblatérer !*

DÉBOIRES genre. Masc. Le plus souvent au plur. : *La difficile profession de juge-pénitent où je me suis établi après tant de déboires et de contradictions* (Camus).

DÉBOÎTER orth. Accent circonflexe. → BOÎTE.

DÉBORDEMENTS sens. Au plur., signifie le plus souvent dans la langue commune « excès, débauche » : *Je ne me suis jamais soucié des grands problèmes que dans les intervalles de mes petits débordements* (Camus). Le registre littéraire emploie de préférence **déportements**.

DÉBOULÉ orth. et sens. *Au déboulé* ou *au débouler* (deux orthographes possibles) signifie « à la sortie du gîte » (terme de chasse). *Débouler*, intransitif : « Descendre ou tomber comme en roulant. » Fam. : « Arriver rapidement et subitement. »

DEBOUT forme. Toujours invar., car il s'agit d'un adverbe, même dans l'expression condensée : *des places debout.* ♦ **sens.** Dans **magistrature debout**, il s'agit du ministère public, de l'avocat général (syn. *parquet*), par opposition à la *magistrature assise*, qui désigne les juges. Dans **vent debout**, locution maritime, l'adverbe caractérise le vent qui souffle « contrairement à la direction du navire ».

DÉBRIS forme. Le sing. est rare, sauf dans l'expression familière et méprisante **un vieux débris**, c'est-à-dire « un vieillard qui a perdu toutes ses facultés » : *De la main gauche, il cloua au sol le débris minable qui suffoquait devant lui* (Vian).

DÉBROUILLER emploi et sens. Très correct à l'actif, au sens de « démêler, mettre de l'ordre dans ce qui est bouleversé » : *Roland alla relever ses lignes avec Gilbert. Ils durent passer un temps très long à débrouiller l'une d'elles qu'une perche avait emmêlée à des herbes* (Dhôtel). *Lorsque j'ouvris les yeux, mon premier soin fut de brûler ce que j'avais écrit, parce que je ne parvenais pas à en débrouiller le sens* (Green). Mais nettement fam. à la voix pronominale, ce qui ne l'empêche pas d'être utilisé par maint écrivain : *On est libre, alors il faut se débrouiller* (Camus). Éviter le néologisme peu utile *désembrouiller*.

DÉBUCHER orth. Pas d'accent circonflexe sur le *u.* ♦ **emploi et sens.** Ce verbe, ainsi que son double **débusquer**, s'emploie intransitivement, au sens de « sortir du bois », en parlant du gibier, ou transitivement, au sens de « faire sortir le gibier du bois ». On notera que **débusquer** est beaucoup plus fréquent dans les emplois transitifs et dans les emplois fig. que **débucher** : *Il me semblait qu'on me demandait de faire de la tapisserie dans une cave en attendant que des brutes viennent m'y débusquer* (Camus) (ici, on pourrait avoir aussi : *m'en débusquer*). *Nous les vîmes galoper autour de nous comme une harde de cerfs débusqués* (Boulle).

DÉBUT emploi. Début mai : locution figée à valeur temporelle, dans le style commercial. Aragon écrit pourtant : *Edmond naquit fin 91, Armand début 96.* Mais : *Huit heures du matin, au début de juillet, c'est le plein soleil* (Ikor). → FIN.

DÉBUTER constr. Verbe intransitif : *Ce ne fut que le lendemain, un dimanche, que débuta l'étrange histoire à laquelle je fus mêlé* (Mac Orlan). Mais les tours transitifs *débuter l'année, une carrière, une émission*, etc., sont aujourd'hui très répandus et on ne voit pas au nom de quoi on pourrait refuser cette extension syntaxique. Le tour classique *débuter par*, suivi de l'infinitif, est tombé en désuétude.

DEÇÀ orth. Toujours un accent grave sur le *a.* ♦ **emploi.** Se rencontre aujourd'hui dans **en deçà de** et dans la locution figée **aller deçà, delà** : *Le priant toutefois de limiter la sentence en deçà de la mort et de la mutilation des membres* (Anouilh). **Au deçà de** est vieilli et rare. On trouve encore parfois **par-deçà** : *par-deçà la frontière.*

DÉCACHETER conjug. → CACHETER et APPENDICE GRAMMATICAL.

DÉCADE sens. « Période de dix jours. » Pour désigner une « période de dix ans », il est préférable d'employer **décennie** : *Le jeu dès le départ était faussé, périmé depuis des décennies* (Chraïbi). *Après des décennies de* *rétention, de contention et de déni de votre part, vous n'avez plus le temps de vous justifier ou d'attendre. Vous lâchez ce que vous avez retenu pendant tant d'années* (Rosenthal). Certains écrivains ont préféré à tort **décade** à **décennie** dans ce sens. Voir : *La Décade de l'illusion,* titre d'un livre de souvenirs de Maurice Sachs. *Pendant la décade 1860-1870* (Maurois). ♦ **dérivé.** *décadaire,* « qui porte sur une période de dix jours », dans le langage administratif.

DÉCANAT orth. Un seul *n.* ♦ **sens.** « Dignité ou fonction de doyen. » Mot tout à fait admis par l'usage, comme **décanal** (à ne pas confondre avec **décennal**).

DÉCASYLLABE forme. On dit indifféremment un *vers décasyllabe* ou *décasyllabique,* ou *un décasyllabe* (vers de dix pieds). ⟶ SYLLABE.

DÉCATIR sens. Au propre « enlever à une étoffe le lustre donné par l'apprêt », d'où au fig. le participe passé **décati**, « qui a perdu sa fraîcheur, sa jeunesse » : *Garantie grand teint, apparemment infroissable, pas trop décatie Liliane* (Sarrazin).

DÉCAVÉ sens. « Ruiné » : *Un joueur décavé.* Employé parfois abusivement en parlant des yeux, par fausse étymologie (rapprochement avec l'adj. *cave*).

DÉCÉDER constr. L'auxiliaire de ce verbe est toujours *être* : *Le maire de Cabignac, monsieur Auguste Boulu, est décédé cette année* (Japrisot). ♦ **emploi.** Appartient à la langue administrative, à propos des personnes ; c'est une sorte d'euphémisme officiel, de même que **décès**, pour *la mort. Je suis un cousin éloigné et un ami de votre grand-tante Nathalie Belgorodsky, décédée aux USA, il y a huit ans* (Wiazemsky). *Le médecin légiste convoqué pour constater le « décès » prendra le relais de l'équipe soignante* (Pontalis).

DÉCELER conjug. Comme **lever.** ⟶APPENDICE GRAMMATICAL : *Il reste debout devant la porte d'entrée et je crains qu'il n'ait décelé ma présence* (Labro).

DÉCÉLÉRATION orth. Trois accents aigus. Antonyme d'**accélération.**

DÉCENNIE ⟶ DÉCADE.

DÉCENTRER forme. Trois dérivés coexistent : *décentrage, décentrement, décentration.* Les deux derniers sont utilisés surtout en optique.

DÉCHARGE (À LA) emploi. Cette locution figée se rencontre surtout dans **dire qqch. à la décharge de qqn**, et ne s'oppose pas *à être à la charge de,* mais à une locution figée du vocabulaire du barreau : *(témoin) à charge* : *Fine... ne l'était guère. Il faut dire à sa décharge qu'elle était sourde et muette* (Bazin).

DÉCHAUX forme. Cet adj. n'existe qu'au masc. : *un* ou *des carmes déchaux.* ♦ **sens.** « Qui ont les pieds nus dans des sandales » : *Un ermite déchaux près d'un crâne blanchi* (Apollinaire). On dit aussi, de façon plus simple et plus moderne : *carmes déchaussés.*

DÉCHETTERIE emploi et sens. Ce néologisme, bien formé et très utile pour remplacer l'ancienne **décharge** (souvent « sauvage »), désigne un « centre de traitement des ordures et déchets, dans lequel on trie et recycle ce qui peut l'être » : *Il s'agit d'une déchetterie nouvelle particulièrement bien étudiée : tous les matériaux qui arrivent sont triés, puis valorisés ou éliminés selon leur nature ; deux catégories de ferraille, trois catégories de papiers et cartons, verre, huiles de vidange. Cet établissement est gardé, contrôlé et géré par Emmaüs* (*L'Est Républicain,* 07/10/1992). C'est une création logique dans une période de prise de conscience de la pollution et de tentative de lutte contre celle-ci.

DÉCHIFFRAGE sens et emploi. S'applique surtout à la musique, tandis que son syn. **déchiffrement** a une valeur plus générale ou s'applique à la lecture d'un message chiffré ou compliqué : *Absorbé dans le déchiffrement d'une série de citations bibliques édifiantes* (Butor).

DÉCHOIR conjug. Verbe très défectif. ⟶ CHOIR et ⟶ APPENDICE GRAMMATICAL.

♦ **constr.** *Être déchu* (état) ou *avoir déchu* (action passée).

DE-CI DE-LÀ orth. Avec un trait d'union, à la différence de **deçà, delà.** → ces mots : *Il payait et prenait l'escalier tapissé de fleurs rouges, lacérées de-ci de-là* (Gallo).

DÉCIDER constr. À l'actif, on dit **décider de faire** (quand le sujet des deux verbes est le même) et **décider qqn à faire** (quand les sujets sont distincts) : *C'est un peu ce renfoncement qui a décidé les Maillecotin à louer, douze ans plus tôt* (Romains). **Décider de qqch.** s'emploie le plus souvent dans un contexte officiel : *Il suffit aux fils, aux sujets, de se rassembler, de constituer une Assemblée pour décider de la mise à mort* (Pontalis). Au passif et à la voix pronominale, c'est toujours la préposition **à** qu'il faut employer, et non **de**, comme on le fait souvent : *Et même lorsqu'il se fut décidé à me tout confier* (Alain-Fournier). *Joseph se décida à aller dans sa chambre pour chercher ses affaires* (Duras). *Mais je ne veux pas discuter avec toi : tu es décidé à refuser de m'entendre* (Semprun). La langue pop. fait de fréquentes confusions entre **décider de** et **être décidé à** : *Enfin, avant-hier, j'étais décidé d'aller le voir, le Gustin, chez lui* (Céline). Enfin, le tour **en décider** apparaît surtout en association avec **ainsi** et **autrement** : *Mais ses premiers succès universitaires en avaient décidé autrement* (Bernanos). *J'en ai décidé ainsi.*

DÉCILE sens. Ce nom masc. est un néologisme qui désigne, en statistique, « la dixième partie d'un ensemble de données classées dans un certain ordre ». Ne pas confondre avec **décime**.

DÉCIMER sens. Ce verbe est aujourd'hui presque toujours dévié de son sens d'origine, « détruire le dixième de », et ne signifie pratiquement plus que « détruire, faire périr en grande quantité » : *La gravité prudente qu'on réserve aux grands cardiaques pour leur annoncer que leur famille vient d'être décimée dans un atterrissage aux Baléares* (Desproges). *Eh, vous savez quoi, les gars, Troie va périr. Nos héros vont être décimés* (Desarthe). L'Académie recommande, sans succès, de n'employer le mot qu'au sens de « faire périr un certain nombre d'êtres sur un nombre beaucoup plus grand » : *À part ceux qu'enfant il avait vus disparaître, décimés par une épidémie de croup, tous étaient devenus de beaux vieillards* (Chaix). *Un champignon décime les chauves-souris américaines* (*Le Monde*, 13/02/2011).

DÉCISOIRE emploi et sens. Adj. appartenant au vocabulaire juridique : « Qui entraîne la décision dans un procès. » Ne pas confondre avec **décisif.**

DÉCLENCHER orth. Une erreur très répandue consiste à écrire ce verbe avec un *a* central : *déclancher.* Peut-être est-ce le résultat d'une attraction ancienne, celle du nom des piles Leclanché ? Même remarque pour le contraire **enclencher** : *La minuterie s'est enclenchée. J'ai aperçu la main de Maurice qui glissait sur la rampe* (Ravey).

DÉCLIN emploi. On ne rencontre jamais ce mot au plur.

DÉCLINER sens. Dans la langue soutenue, en emploi transitif : « refuser » (toujours suivi en ce cas d'un substantif comme *offre, proposition, invitation*) : *D'une manière polie mais ferme, le marquis s'était empressé de décliner cette offre* (A. Besson). *Les associations déclinent l'invitation de la ministre de l'écologie à la table ronde sur l'« efficacité énergétique »* (*Le Monde*, 03/06/2011) ou « énumérer » (des titres, qualités, etc.) : *Un petit bateau de commerce long de vingt-trois mètres et dont une plaque de cuivre rivetée à la base du gouvernail déclinait la date de sa construction (1942) et le lieu de son enregistrement (Saint-John, New Brunswick)* (Échenoz). On évitera d'employer ce verbe au sens vague de « moduler », comme dans ces exemples : *Et sur quoi reposait-elle, cette rivalité ? N'était-elle qu'une résurgence du « complexe nucléaire », cet Œdipe qui, décidément, ne se décline jamais au passé ?* (Pontalis : *conjuguer* serait plus juste). *Le cinéaste chinois décline aux États-Unis sa mélancolie pop* (*Le Monde*, 18/05/2007). En revanche, dans le domaine du marketing, ce verbe s'emploie couramment pour présenter successivement les exemplaires d'une série, les échantillons variés d'une même fabrication, etc. : *En décidant, dès son lancement, de décliner la Mégane en six versions différentes, Renault tire les conséquences d'une évolution désormais perceptible dans l'ensemble du monde automobile* (J.-M. Normand, *Le Monde*, 10-11/09/95). *De grandes marques se déclinent désormais dans des collections pour enfants* (*Le Monde*, 07/05/2007). En emploi intransitif : « Perdre peu à peu ses forces, ses facultés » : *Elle décline, annonça le Dr Lavoisier. On opte pour une transfusion complète, c'est notre dernière chance* (Vargas), ou « baisser sur l'horizon », en parlant d'un astre : *Le soleil avait déjà beaucoup décliné dans le ciel* (Toussaint). → cit. de Rouaud à NOM.

DÉCLIVE sens. Adj. à forme unique, « en pente ». C'est un mot rare : *Un peu avant de traverser la ville, le fleuve coule entre deux murs déclives* (Green). Ne pas lui substituer une forme *décline* construite, par analogie, sur *déclin, décliner, incliner.*

DÉCOLLATION sens. Ne s'applique qu'à l'« ablation de la tête, par décapitation ». Ne pas confondre avec **décollage**, « action de décoller », terme d'aviation, et **décollement**, « action de décoller » dans l'emploi transitif : *décoller un papier peint.*

DÉCOLLETER conjug. Comme *jeter*. → APPENDICE GRAMMATICAL.

DÉCOMBRES forme. Quasiment pas de sing. ♦ **genre.** Masc. La forme correcte est : *tous ces décombres* et non pas *toutes ces décombres. Ces gens pendant la guerre qui appelaient au secours sous les décombres des immeubles bombardés* (Schreiber).

DÉCOMMANDER sens. « Annuler (un rendez-vous, une invitation) » : *décommander un repas.* On rencontre la voix pronominale : *Il allait trouver quelque chose, il n'aurait aucun mal à se décommander* (Échenoz). Ce n'est pas le contraire de **recommander** ; c'est *déconseiller* qui conviendrait dans ce cas. Certains grammairiens proscrivent *décommander des invités* (car on ne « commande » pas des invités). Cet emploi est cependant très courant : *Tous les invités – dont la plupart des directeurs de la police et des leaders syndicaux – ont été décommandés in extremis* (L. Neumann, *Marianne*, sept. 2011).

DÉCONSTRUIRE emploi et sens. Ce verbe branché et quelque peu pédant s'emploie, comme **déstructurer**, au sens de « défaire par l'analyse » et ne saurait se confondre avec **démolir**, qui désigne une opération plus fruste et brutale : *Je vais arrêter de défaire, de déconstruire, je vais me mettre à construire* (Barbery).

DÉCONTRACTÉ prononc. La chute du [e] final appartient au registre fam. : *Il est vachement décontract.* ♦ **emploi et sens.** Ce part.-adj. est à la mode depuis plusieurs années. On évitera de l'employer à tout propos hors du langage sportif, par exemple pour remplacer *apaisé, calme, détendu, naturel,* etc. → RELAX.

DÉCOUDRE emploi. Valeur fig. dans la locution **en découdre**, « engager le combat » : *Au moment d'en découdre, 15 000 Allemands occupaient les organisations avec l'appui de 200 canons* (de Gaulle). Ce verbe agressif est souvent employé de façon abusive par les médias.

DÉCOUPLÉ emploi et sens. Adj. rare aujourd'hui, toujours appliqué à une personne, de façon stéréotypée : **bien découplé**, « bien bâti, de belle taille » : *C'était un homme d'une trentaine d'années, bien découplé, à grosses moustaches rousses, dont la poignée de main était brutale* (Lacretelle).

DÉCOURS sens. « Période de déclin d'une maladie. » Également, « période de décroissement de la Lune ». → DÉCROÎT.

DÉCOUVRIR emploi et sens. Le verbe **découvrir** désigne l'action de « trouver quelque chose d'inconnu ou de caché » : *Les archéologues ont découvert une citadelle qui daterait de l'époque mycénienne* (*Le Monde*). *Elle découvrait que c'était lui qui la tuait à petit feu*

(Sagan). Quant au verbe **inventer**, il désigne l'action de « créer un objet nouveau » : *Mais pour l'amour on ne demande pas / Aux filles d'avoir inventé la poudre* (Brassens). On dira donc, en principe, qu'on *découvre une maladie nouvelle*, mais qu'on *invente un vaccin très efficace*. Cependant, cette distinction tend parfois à s'effacer : *Comprenez-vous maintenant l'intérêt de ma découverte ?* (Barjavel). Il s'agit dans cette dernière phrase d'une invention révolutionnaire. Noter d'autre part l'emploi spécialisé de **inventer** au sens de « découvrir » dans l'expression : *inventer un trésor*, d'où *l'inventeur d'un trésor*. → INVENTEUR.

DÉCRÉDIBILISER emploi et sens. Malgré sa lourdeur, on peut admettre ce néologisme, qui signifie « faire perdre à quelqu'un ou à quelque chose sa crédibilité ». Il ne fait pas vraiment double emploi avec **discréditer** (→ ce mot), qui, d'une part, implique une hostilité plus ou moins diffamatoire et, d'autre part, ne peut s'appliquer qu'à une personne, alors qu'on peut dire : *Les récents événements ont complètement décrédibilisé cette hypothèse.*

DÉCRÉDITER → DISCRÉDITER.

DÉCRÉPI et **DÉCRÉPIT forme.** Au sens propre, « qui a perdu son crépi », ce participe-adj. fait au fém. **décrépie** : *Les façades décrépies d'anciens hôtels particuliers y tombaient en ruine* (Triolet). *Un mur décrépi.* Mais au fig., il prend un *t* aux deux genres : *Quelle étrange idée s'était donc emparée de ce jeune homme pour qu'il ne soit attiré que par des « vieilles femmes décrépites », dixit le professeur* (Pontalis). *Un vieillard décrépit.*

DÉCRÉTER constr. La voix pronominale n'existe pas. **Décréter que** régit l'indic. : *Clotilde décréta qu'il fallait veiller* (Martin du Gard). ♦ **sens.** Au propre, « décider par décret », mais, par extension, « décider avec assurance » : *Il se réveilla, plein d'agitation, décréta qu'il était l'heure d'aller danser et boire* (Sagan).

DÉCROCHEZ-MOI-ÇA sens. Ce substantif vieilli désignait autrefois « une boutique de fripier » : *Un manteau acheté au décrochez-moi-ça.* S'emploie aujourd'hui dans l'expression pop. : *le faire au décrochez-moi-ça.*

DÉCROISSANCE sens. « État de ce qui décroît » : *La décroissance d'une certaine forme d'économie.* Ne pas confondre avec **décroissement**, « mouvement de ce qui décroît » : *Le décroissement des jours.*

DÉCROÎT sens. Décroissement de la Lune, quand elle entre dans son dernier quartier. À distinguer de **décroissance** et de **décroissement.** → le précédent.

DÉCROÎTRE conjug. → accroître, circonflexe.

DÉCRYPTER sens. Verbe né au XXe s., « se livrer à une opération de *décryptage*, c'est-à-dire de déchiffrement d'un message rédigé dans un code que l'on ignore et qu'il faut découvrir » : *Il semblait que l'homme nous envoyait un message, impossible à décrypter par des enfants de notre âge* (Labro). Un arrêté ministériel du 24 janvier 1983 rappelle opportunément que ce verbe ne peut être utilisé au sens de « relever par écrit le texte d'une bande sonore » : c'est le verbe **transcrire** qui seul convient dans ce cas. → DÉCHIFFRAGE.

DÉCUPLER emploi et sens. Étymologiquement, « multiplier par dix » (comme *centupler*, « multiplier par cent », etc.), mais le plus souvent, au fig., avec une valeur emphatique : *Mon angoisse décupla le bruit de sa chute* (Radiguet).

DÉDAIGNER constr. Toujours avec *de + infinitif*, à la différence de **daigner** (→ ce mot) : *Il dédaigna de nous faire connaître son avis.* De même pour l'adj. **dédaigneux** : *Elle jeta un manteau sur ses épaules et dédaigneuse des froids de la saison, quitta sa chambre* (Vilmorin).

DEDANS emploi. Ne s'emploie que comme adverbe et ne se trouve comme préposition que dans des tournures archaïques ou régionales : *On peut donc y aller dedans un quart*

d'heure et être rentré bien avant la fin de la veillée (Pergaud). → DESSOUS et DESSUS.
□ **mettre dedans.** Dans l'argot militaire, signifie « incarcérer ».
□ **composés.** Ils prennent un trait d'union : *au-dedans de, là-dedans, par-dedans*. Mais *en dedans* s'écrit sans trait d'union. *Son corps le sert très mal, accablé par lui-même, pétrifié au-dedans en une résine durcie* (Hoex).
□ **le dedans.** Comme plusieurs autres adverbes, *dedans* peut être substantivé : *le dedans et le dehors, le dedans d'un coffre.*

DÉDICATAIRE sens. « Personne à qui on adresse une dédicace » (et non « qui fait une dédicace »). À rapprocher de *destinataire.*

DÉDIER emploi et sens. Si ce verbe possède à l'origine une acception religieuse, « consacrer à un culte, placer sous l'invocation d'un saint », l'adj. *dédié* s'est beaucoup développé en électronique, sous l'influence de l'anglais, pour qualifier un appareil, une touche, etc. affecté à un usage particulier. Mais on le rencontre dans des domaines très variés : *Deux hypothèses se profilent. La première consiste à créer un service uniquement dédié au renseignement intérieur* (P. Smolar, *Le Monde*, 25/05/2007). *La mairie crée une direction de la propreté dédiée et rend visible son action* (*Libération*, 09/10/2009).

DÉDIRE conjug. Comme *dire*, sauf : vous *dédisez.*

DÉDIT prononc. [dedi] et non [dedit]. Le *t* final reste muet. ♦ **genre.** Masc. *un dédit. Signer un dédit de dix mille euros.*

DÉDOUBLER emploi et sens. Aujourd'hui à peu près admis dans *dédoubler un train*, encore qu'on ne sache pas très bien si ce verbe signifie ici « multiplier par deux » ou « diviser par deux », et que *doubler* puisse apparemment faire aussi bien l'affaire. En principe, **dédoubler** signifie « partager en deux » : *dédoubler une classe* ; **doubler** signifie « multiplier par deux » : *doubler sa fortune.* → DÉMULTIPLIER.

« DE FACTO » sens. Mot latin, « de fait, d'après la réalité », qui s'oppose à *« de jure », « de droit »*. S'imprime en italique dans un texte en romain ou en romain dans un texte en italique : *La mise hors la loi, au moins* de facto, *des armes bactériologiques* (*Le Monde*).

DÉFAILLIR conjug. Défective. Aux formes qui existent, se conjugue comme *assaillir*. → APPENDICE GRAMMATICAL. Mais le futur est double : *je défaillerai* ou *défaillirai*. Ce verbe est employé le plus souvent à l'infinitif : *Monsieur crut défaillir d'horreur en constatant qu'à mesure qu'ils riaient ils augmentaient de volume* (Véry).

DÉFAIT sens. Spécialement avec des substantifs tels que *figure, visage*, signifie : « Pâle, décomposé sous l'effet de la peur, de la fatigue », etc. : *Son visage sans fards, défait par la fatigue du voyage et l'inquiétude, restait beau* (Duras).

DÉFALCATION orth. S'écrit avec un *c* bien qu'il vienne de **défalquer**.

DÉFECTION sens. « Abandon », sens moins strictement militaire et moins fort que « désertion ». On dit couramment *faire défection* avec un sujet de personne et *faire défaut* avec un sujet non animé. Proscrire *défectionner.*

DÉFECTUEUX sens. « Qui présente des imperfections » : *Maria dont l'élocution était d'ordinaire si défectueuse, qui avait coutume de chercher ses mots et de ne les pas trouver toujours* (Mauriac). Ne pas confondre avec **défectif**, « qui présente des lacunes », surtout en parlant d'un verbe qui ne possède pas toutes les formes de la conjugaison, ni avec **déficient**, « qui présente une insuffisance, sur le plan organique ou mental » : *Un enfant déficient* ou *un raisonnement déficient* (emploi fig.).

DÉFENDEUR et **DÉFENSEUR forme.** On peut admettre les fém. **défendeure** (de préférence à la forme ancienne *défenderesse*) et **défenseure** (mieux que *défendeuse* et *défenseuse*) : *L'Inter-LGTB se dit prête à avan-*

cer sur la base des propositions de la défenseure des enfants (*Le Monde*, 18/05/2007). *Suppression de la défendeure des enfants : un tollé !* (*L'Est Républicain*, 17/09/2009). → DEMANDEUR.

DÉFENDRE constr. *Défendre que* est rare, et de plus en plus réservé à la langue écrite, sinon littéraire : *Il défendait aussi d'une façon absolue qu'on me laissât aller au théâtre entendre la Berma* (Proust). Toujours avec le subj. La seule construction courante est avec *de* suivi de l'infinitif : **défendre à qqn de faire qqch.** *Se défendre* s'emploie absolument avec *de* suivi de l'infinitif : *Choralita ne pouvait se défendre de penser qu'il ressemblait trop à un prince russe de mauvais roman* (Bastide).

DÉFENS forme. On écrit aussi *défends.* ♦ **sens.** *Un bois en défens* est un « bois jeune où on ne laisse pas entrer le bétail, où on ne pratique pas de coupe ».

DÉFENSEUR forme. → DÉFENDEUR.

DÉFÉRENT forme. Adj., « respectueux ». Ne pas confondre ce mot (terminaison *-ent*) avec le participe présent de *déférer* : *déférant* (terminaison *-ant*). → DÉFÉRER.

DÉFÉRER emploi et sens. Très différent selon la construction : *déférer un coupable devant le juge*, « l'amener devant le juge », tandis que *déférer aux désirs de quelqu'un* signifie « se ranger, se soumettre à ». Au sens juridique, le dérivé de ce verbe est **déférement** : *Jeune abattu à Villiers-le-Bel en 2010 : deux mises en examen et six déferements* (P. Jolly, *Le Monde*, 13/06/2011).

DÉFICIENT → DÉFECTUEUX.

DÉFICIT prononc. Le *t* final se fait entendre. ♦ **orth.** Plur. *des déficits.* ♦ **emploi.** Un certain snobisme journalistique affectionne depuis peu le sens large de « manque, insuffisance » : *Une nation qui souffre d'un certain déficit démocratique.* On préférera *un manque de démocratie.* On évitera d'employer ce mot en dehors d'un contexte économique, financier ou médical. Il ne faut pas oublier *manque, insuffisance*, etc. Le *déficit hydrique*, parfois rencontré dans les médias au sens de « manque d'eau, sécheresse », confine à la préciosité ridicule.

DÉFIER sens. À la voix pronominale, **se défier** est moins fort que **se méfier** : *Les prolétaires se défient des intellectuels, et cela se comprend* (Alain). *L'idée de me méfier de lui ne m'effleure même pas* (R. Jean).

DÉFILER emploi et sens. L'emploi pronominal est fam. : *se défiler*, c'est « prendre congé sans dignité, souvent pour échapper à ses responsabilités », comme **se débiner**, qui est d'un emploi plus pop. → ce mot. La langue soutenue emploie **se dérober**, dans ce sens. Intransitif : « Marcher à la file. » Éviter une phrase du type de : *Tous les invités défilèrent successivement devant lui*, car l'adverbe fait double emploi avec le verbe.

DÉFINITIVE (EN) forme. Ne pas dire : *en définitif* (qui s'est employé autrefois mais est tombé en désuétude).

DÉFLORAISON forme. On rencontre également *défleuraison.* ♦ **sens.** « Chute des fleurs. » Ne pas confondre avec **défloration**, « action de déflorer une jeune fille ».

DÉFUNT constr. *Défunt mon père, défunte ma mère* sont aujourd'hui vieillis. On dira mieux : *mon défunt père, ma défunte mère. Tio Andrés croyait entendre son défunt frère* (Peyré). *Mon pauvre père* est un euphémisme affectif : *Je me rappelle que ton pauvre arrière-grand-père disait…* (Mauriac). Des emplois fig. sont possibles : *Cet oncle avait commandé une compagnie d'un régiment de la défunte compagnie des Indes* (Mac Orlan). → FEU et PAUVRE.

DÉGAINE orth. Pas d'accent circonflexe sur le *i*, comme pour *dégainer* et *gaine.*

DÉGÂT orth. Accent circonflexe sur le *a*, malgré la prononciation plus souvent en [a] qu'en [ɑ].

DÉGELER conjug. Comme *geler.* ⟶ APPENDICE GRAMMATICAL.

DÉGINGANDÉ prononc. [deʒɛ̃gɑ̃de]. On se trompe fréquemment dans l'articulation des *g* : *Il ressemblait à un dessin de Sem, à je ne sais quel duc dégingandé, jusqu'à en paraître désossé* (P. Jardin). Ce mot est à rapprocher de *gigue.*

DÉGOTER orth. Aussi avec deux *t* : *dégotter.* ♦ **emploi et sens.** Pop., transitivement : « Dénicher, découvrir, après une recherche » : *Il était à la hauteur, lui, pour dégoter du bois* (Barbusse). Plus rarement, en emploi intransitif, « avoir tel air, telle allure » : *Le petit vieux, qui a des gants jaunes, il en a une touche, hein, il dégotte bien* (Proust).

DÉGOÛT orth. Accent circonflexe sur le *u*, ainsi que tous les dérivés qui prennent d'autre part un seul *t* : *dégoûter, dégoûtant, dégoûtation* (pop.) : *Eugène, cette dégoûtation d'homme, comme l'appelaient les ouvriers* (Huysmans). Ne pas confondre avec **égout, bagou(t)**, qui ne prennent pas d'accent sur le *u.* ⟶ ces mots.

DÉGOUTTER orth. Deux *t* et pas d'accent circonflexe pour le verbe qui vient de *goutte.* Ne pas confondre avec **dégoûter**, de *dégoût.* ⟶ ce mot. ♦ **sens.** « Tomber goutte à goutte » : *Les oreilles dégouttantes de musique* (Sartre). *Cour noircie où le dégel faisait dégoutter les toits du préau* (Alain-Fournier).

DÉGRADATION ⟶ DÉPRÉDATION.

DÉGRAFER orth. Un seul *f* comme dans *agrafe.* ♦ **forme.** Ne pas employer *désagrafer*, vieux verbe dont on peut se passer.

DEGRÉ emploi. Dans la locution **par degré(s)**, il semble que le plur. soit le plus fréquent. ⟶ CENTÉSIMAL.

DÉGREVER orth. Pas d'accent grave à l'infinitif, mais *dégrèvement* en prend un.

DEHORS prononc. On entend souvent [deɔr], alors que le *e* doit demeurer muet : [dəɔr]. ♦ **emploi.** La locution figée **toutes voiles dehors** est en général utilisée au fig. et avec une valeur ironique, pour signifier que « tous les moyens sont employés pour augmenter la rapidité de l'action ». On en trouve une variante plaisante dans cette phrase d'Hervé Bazin : *La famille estimait inutiles et même immorales les trempettes mondaines en eau salée, toute viande dehors.* ♦ **forme.** L'adverbe **au-dehors** prend un trait d'union. On dit **au-dehors de** et **en dehors de**, mais la première de ces locutions prépositionnelles a surtout un sens spatial, tandis que la seconde a une valeur plus étendue et peut s'employer au fig. : *En dehors de ce domaine, qu'est-ce qui vous intéresse ?*

DÉJÀ orth. Ne pas oublier l'accent grave sur le *a* final. ♦ **emploi.** Fam. lorsqu'il s'agit de demander un renseignement oublié : *Comment s'appelle-t-il, déjà ? Qui est-ce, déjà, qui a eu l'idée de tout ça ?* (Romains). *Déjà*, dans cet emploi, se place après le verbe ou en fin de phrase. De même, dans la phrase : *C'est déjà pas mal*, où *déjà* a une valeur quantitative et non temporelle.

□ **déjà que.** Cette locution conjonctive, qui pourtant dit bien ce qu'elle veut dire, n'est pas acceptée par le bon usage, et se cantonne dans un registre fam. ou pop. : *Déjà que pour moi, c'est du chinois, le français tel qu'on l'écrit, cette réformette de l'orthographe, quelle tata !* (C. Sarraute, *Le Monde*, 21/07/1990).

DÉJANTÉ, E emploi et sens. Cet adj. est très en vogue dans le registre fam., au sens de « extravagant, hurluberlu » : *Je contemple sa nuque tondue conformément aux impératifs d'une mode déjantée, la touffe de cheveux épargnée à l'orée du front, maintenue debout par une épaisse couche de gel* (Khadra).

DÉJETÉ sens. « Écarté de sa position normale, contrefait. » Dans la langue pop., « avachi, enlaidi » : *Il ajouta : « Elle est déjetée en ce moment »* (Sartre).

DÉJEUNER prononc. [deʒœne] : il faut éviter de faire l'élision du [œ] central en prononçant [deʒ'ne], comme on l'entend souvent à la radio. ♦ **orth.** Pas d'accent circonflexe sur

le *u*, à la différence de *jeûner*. ♦ **constr.** On dit : *déjeuner d'une côtelette*, mais *déjeuner avec un ami*. ⟶ AVEC. ♦ **sens.** La répartition actuelle entre **déjeuner** et **dîner** est illustrée par l'exemple suivant : *Nous dînons à six heures, reprit la vieille dame, petit déjeuner à huit heures, déjeuner à deux heures* (Green). Le **souper** est aujourd'hui un repas très tardif que l'on prend après le spectacle. Mais autrefois dans certaines régions rurales, et encore aujourd'hui en Belgique, Canada ou Suisse, le mot est employé à la place de *dîner*, qui remplace lui-même *déjeuner*, lequel se substitue à *petit déjeuner*.
□ **après déjeuner.** On emploie en général l'infinitif présent, au lieu de l'infinitif passé qui est de règle à la suite de la préposition *après*. Mais ici le verbe est en partie substantivé, on peut dire du reste : *après le déjeuner*.
□ **un déjeuner de soleil. sens.** « Étoffe dont la teinte passe vite » et, par extension, « quelque chose qui ne fait pas beaucoup d'usage ».

« **DE JURE** » ⟶ « DE FACTO ». S'imprime en italique.

DELÀ orth. Toujours avec un accent grave sur le *a*, y compris dans les composés. Ceux-ci s'écrivent aujourd'hui avec trait d'union : *au-delà* et *par-delà*, mais *de delà* et *en delà*, ces deux dernières expressions étant aujourd'hui vieillies.

DÉLAI orth. Pas de *s* final, à la différence de *relais*.

DÉLATEUR forme. Fém. *délatrice*. ♦ **emploi.** Appartient à la langue soutenue. Le nom correspondant dans la langue usuelle est **dénonciateur, -trice**.

« **DELEATUR** » **sens.** Mot latin signifiant « que (ceci) soit détruit », désigne un signe typographique employé dans la correction des épreuves : suppression à effectuer. Ce signe : δ est un *d* « bouclé » manuscrit, abréviation de *deleatur*.

DÉLÉG(U)ANT orth. *Délégant* pour le substantif, *déléguant* pour le participe. ⟶ PARTICIPE PRÉSENT. ♦ **sens.** Le substantif signifie « personne qui délègue », c'est le contraire de *délégataire*. ⟶ DÉDICATAIRE.

DÉLIBÉRER constr. On dit *délibérer sur* ou *de quelque chose*. La construction absolue est également fréquente : *Je poussai la porte d'un des jardins après avoir délibéré quelques minutes avec mon compagnon* (Green). ♦ **emploi.** C'est l'équivalent « noble » de *discuter*, sauf quand il est pris dans le sens de « décider », surtout au participe passé : **de propos délibéré.**

DÉLICE genre. En principe, masc. au sing. et fém. au plur., comme **amour** et **orgue**. ⟶ ces mots : *Ce vin est un délice. Délices profondes, plus secrètes qu'aucun battement du cœur profond* (Bernanos). *Toutes ces délices prochaines s'enflent soudain comme une grosse bulle qui me dilate le cœur* (Perret). Noter le tour suivant avec la forme masc. du numéral : *Un de mes plus grands délices*.
□ **avec délices.** On rencontre en général le plur. dans cette locution : *La fièvre qu'avec délices je sens monter en ce moment* (Camus). On écrit : *un lieu de délices*. Mais le sing. se présente également.

DÉLICTUEUX sens. « Qui a le caractère d'un délit. » Ne pas confondre, bien entendu, avec *délicieux*.

DÉLIVRER ou **LIBÉRER sens.** Ces deux verbes, qui ont une origine latine commune, sont très proches par le sens. Le premier signifie « débarrasser d'un poids, d'une gêne, d'une entrave », et peut avoir pour complément d'objet un non-animé : *Quand il se réveilla, il se sentit délivré* (Roy). *Le but peut-être ne justifie rien, mais l'action délivre de la mort* (Saint-Exupéry). Le second est plus spécialisé, et s'applique d'abord à quelqu'un qu'on rend libre légalement, après une détention : *Le notaire indélicat a été libéré sous caution*. On *délivre* une personne séquestrée, mais on *libère* une personne qui a purgé sa peine. Néanmoins, les deux verbes s'emploient concurremment dans de nombreuses acceptions plus ou moins fig. : *Libéré de la pesanteur par le vibreur, il s'est* *lancé à la suite de Saint-Menoux, comme une outre gonflée d'air chaud* (Barjavel). *Paris fut libéré en 1944.*

DÉLOCALISER emploi. Ce terme n'est pas un néologisme, il figure en 1982 dans le *Grand Dictionnaire encyclopédique Larousse*, et est employé en chimie et physique nucléaire pour parler de la dépendance d'un électron à l'égard de son environnement. Son utilisation au sens de « changer l'implantation d'une administration, d'une industrie ou d'un commerce », cantonnée jusqu'alors au jargon administratif, a retrouvé une certaine vogue en 1991, avec le dérivé **délocalisation**, à propos de la décentralisation autoritaire de l'ENA de la région parisienne à Strasbourg. Cela ressemble fort à un euphémisme atténuant la brutalité de l'idée de « déplacement » ou de « déménagement » : *M. Delebarre annonce que la politique de délocalisation sera poursuivie* (*Le Monde*, 23 mai 1992). Depuis cette date, la délocalisation n'a fait que s'accentuer, au niveau international. → POLITIQUEMENT CORRECT.

DELTA forme. Invar. dans la locution *avion à ailes delta*, c'est-à-dire ayant la forme d'un triangle équilatéral.

DÉMAILLOTER orth. Deux *l*, comme *maillot*, mais un seul *t*. → EMMAILLOTER.

DEMAIN emploi. Demain indique toujours le jour qui suivra le moment où l'on parle ; s'il s'agit d'un autre moment de référence, on emploie **le lendemain**, le jour suivant. *De demain en huit* est supplanté dans l'usage courant par *demain en huit*. → DE.
□ **demain (au) matin**. Dans ce type de locutions temporelles, l'ellipse de *au* est habituelle. → À.

DEMANDER constr. Suivi de l'infinitif, **demander** se construit avec **à** ou **de**, selon que le sujet de l'infinitif est le même que celui de l'infinitif ou non : *M. de Charlus demanda à s'asseoir dans un fauteuil* (Proust) : même sujet pour les deux verbes. Mais : *Tu me demandes de t'expliquer ces vers* (Cocteau). *J'ai demandé à Paul d'intervenir en ma faveur* : le sujet de *demander* et celui *d'intervenir* sont différents. Cependant, dans le premier cas, il arrive que *de* se substitue à *à*. **Demander à ce que** est très répandu, mais lourd. On doit lui préférer le tour plus bref **demander que**, qui en dit autant en moins de mots (dans les deux cas, suivi du subj.). → À. *Demander pour + infinitif* est incorrect, mais *demander après qqn* est seulement fam. Cette dernière construction est très anciennement attestée.
□ **c'est à se demander si.** Locution de caractère fam. : *C'était à se demander s'il valait encore la peine d'engloutir dans la souterraine entreprise tant de millions* (Romains).

DEMANDEUR forme. Fém. *demanderesse* (terme de droit). → DÉFENDEUR.

DÉMANTELER conjug. Comme *geler*. → APPENDICE GRAMMATICAL.

DÉMARQUAGE orth. On trouve aussi *démarcage*, avec un *c*.

DÉMARRER emploi et sens. À l'origine (au XVIe s.), ce verbe de marin ne pouvait s'appliquer qu'à un bateau : transitivement, il signifiait « larguer les amarres, mettre l'esquif en mouvement » ; intransitivement, il signifiait « partir, quitter le port ». Aujourd'hui, on l'emploie pour toutes sortes de mécanismes ou de véhicules : *Ce moteur est encrassé, il démarre mal.* On préfère souvent dans ce cas, à la construction transitive « ancienne » *démarrer une voiture*, comme dans l'exemple suivant : *Nous avons laissé un vieil homme démarrer son antique 4L* (Fottorino), le tour factitif **faire démarrer** : *Le paysan a eu du mal, ce matin, à faire démarrer son tracteur* (mais on peut admettre *démarrer son tracteur*). L'emploi de ce verbe s'est élargi à l'ère des progrès techniques : *Les conditions pour une véritable causerie n'étant pas réunies, Malioutine tardait avant de démarrer son discours* (Volodine).

DÉMÊLER orth. Un accent aigu et un accent circonflexe à toutes les formes du verbe et aussi dans les dérivés. ♦ **emploi.** Fréquent dans la langue littéraire au fig. : *Il est bien difficile de démêler le vrai du faux dans ce que je raconte* (Camus). → DÉBROUILLER.

DÉMENTIEL emploi. De plus en plus fréquent au sens élargi : « Déraisonnable, excessif, excessivement vaste, démesuré » : *Des projets démentiels, un programme démentiel.*

DÉMENTIR constr. On trouve le plus souvent, dans la subordonnée qui suit, le subj., mais l'indic. est également possible : *Dans les milieux bien informés, on dément qu'il y ait eu la moindre rencontre entre les deux parties. Il est impossible de démentir que l'aviation ennemie a bien attaqué la première.* Ce verbe se construit également avec un complément d'objet direct, soit substantif, soit verbe à l'infinitif : *Xavier Bertrand dément vouloir impliquer les médecins dans l'indemnisation des victimes* (P. Santi, *Le Monde*, 10/05/2011). *La personne mise en examen dément toute participation à cette affaire.* ⟶ NIER.

DÉMETTRE ⟶ DÉMISSIONNER.

DEMEURANT (AU) emploi. Cette vieille locution adverbiale est aujourd'hui assez littéraire : *Comment enfin le combisme s'écroule subitement ; au moins en apparence, car, au demeurant, l'écroulement ne fut pas subit* (Péguy). *Au demeurant elle parlait peu, en tout cas le moins possible d'elle* (Échenoz). On cite parfois le vers de Marot : *Au demeurant, le meilleur fils du monde*, pour atténuer plaisamment l'effet produit par l'énumération des défauts de quelqu'un.

DEMEURE emploi. L'expression **Il n'y a pas péril en la demeure** est généralement prise à contresens : le subst. *demeure* signifie ici « retard » (son sens ancien) et non pas « maison ». Le sens global est donc : « Nous pouvons prendre notre temps, rien ne presse. » Dans l'article 1991 du Code civil, *il y a péril en la demeure* est pris au sens propre, « il y a péril dans le retard » : *Le mandataire est tenu de même d'achever la chose commencée au décès du mandant, s'il y a péril en la demeure.*

DEMEURER conjug. Avec l'auxiliaire *avoir* au sens de « résider, habiter », avec *être* au sens de « s'arrêter, rester en quelque endroit » : *Il a longtemps demeuré rue Caulaincourt*, mais *Il est demeuré étendu, sans connaissance.*

□ **demeurer court.** Dans cette locution verbale, *court* est adverbe et reste invar. : *Prises au dépourvu, elles sont demeurées court.*

□ **demeurer d'accord avec quelqu'un** ⟶ D'ACCORD.

□ **demeurer dans** ou **sur**. On doit dire : *demeurer dans telle rue*, mais *sur tel boulevard* et *dans ou sur telle avenue.* Il est vrai qu'on pratique fréquemment l'ellipse de la préposition : *Demeurer rue Quincampoix.*

□ **être demeuré.** Dans le langage fam., « être attardé du point de vue du développement intellectuel ».

DEMI orth. Toujours invar. comme premier élément d'un adj. ou d'un substantif composé : *Roberte jeta une demi-louche d'eau bouillante sur le café pour le faire gonfler* (Vailland). *Nous ne disposions plus que d'une demi-heure* (Colombier). *Nous laissons les demi-dieux aux demi-jeunes filles et aux demi-épouses* (Giraudoux). *L'attribution, demi-spontanée, demi-calculée, demi-négligée, du portefeuille de l'Intérieur* (Péguy). On notera l'illogisme apparent de cette dernière phrase : preuve que le sens originel de **demi** s'est à la fois atténué et élargi. Accord en genre (non en nombre) quand *demi* suit le nom : *Une heure et demie* et *deux heures et demie.* Sont invar. les composés suivants : *demi-gros, demi-sang, demi-sel.* Quant à *demi-solde*, il prend un *s* final quand il désigne des « appointements » et reste invar. quand il désigne des « militaires en demi-solde » : *Des demi-solde en uniforme.*

□ **à demi.** Pas de trait d'union devant un adj. : *Sa maison n'était plus qu'à demi pleine* (Mauriac). *Il tenait d'une main une carafe de cristal biseautée à demi remplie de vin rouge* (Gallo). Mais le trait d'union est obligatoire devant un substantif : *Ce sont des choses que l'on n'a pas besoin de me dire deux fois, et que je sais comprendre à demi-mot* (Mauriac).

□ **midi et demi(e).** Cet adj. se substantive aisément aux deux genres avec des sens variés. D'où le fait qu'on hésite, dans *midi et demi(e)*, entre le masc. et le fém. pour le second élément. Le masc. semble le plus courant, de même pour *minuit et demi(e)* : *À minuit et demi, tous les employés de la petite gare d'Ascq sont morts* (Vercors).

□ **la demie de cinq heures.** Ce tour est ambigu : il s'agit de la demie *après* cinq heures (mais cette préposition n'est guère employée qu'à la campagne). On prendra garde de s'y tromper : *Neuf heures sonnèrent à l'horloge du Sénat. La demie de neuf heures sonnait* (Radiguet). → MI.

DEMI ou **SEMI emploi et sens.** Ce dernier préfixe a à peu de chose près le même sens que **demi**, mais il entre dans la composition de mots à caractère technique : *un corps semi-conducteur, un semi-embryon,* etc. Dans certains mots plus courants, il y a lieu de croire que **semi** subit l'influence sémantique de **sembler**, par exemple dans la phrase suivante : *Il vit dans une semi-retraite,* c'est-à-dire « Il ne voit presque personne et vit en solitaire. » Au contraire, *il touche une demi-retraite* a une valeur arithmétique précise. *Le métier semi-carcéral de comptable désargenté n'était pas pour lui* (Khadra). *Le spectacle d'une femme demi-nue dont la chemise rejetée dévoilait une chair grisâtre* (C. Simon).

DÉMISSIONNER constr. En principe, verbe intransitif : *J'ai démissionné de mon poste.* Pour le sens de « faire démissionner », on emploie *démettre qqn de ses fonctions.* Mais *démissionner qqn* s'emploie parfois, ironiquement : *Aussi, les anciens fonctionnaires donnèrent en masse leur démission. Les autres, on les démissionna* (Tharaud). *Oleg, mon régisseur, a de plus en plus de mal avec les paysans. Trois de leurs délégués sont venus me demander de le « démissionner »* (Wiazemsky).

DEMOISELLE emploi. Fam. dans la locution *être demoiselle,* c'est-à-dire « non mariée ». *Votre demoiselle, sa demoiselle,* pour *votre fille, sa fille, sa jeune fille,* est un provincialisme vieillot à exclure de la langue correcte. → DAME.

DÉMON forme. Le fém. *démone* est une création littéraire et n'a guère d'existence dans la langue courante. On dira d'une petite fille comme d'un petit garçon, s'il s'agit d'enfants turbulents : *C'est un petit démon !*

DÉMONOLOGIE sens. « Étude de tout ce qui se rapporte aux démons. » Ne pas confondre avec **démonomanie**, terme ancien de psychologie, désignant « l'ensemble des thèmes démoniaques dans le délire ou la psychose ».

DÉMULTIPLIER emploi et sens. Curieusement, ce verbe a deux sens presque opposés : au point de vue technique, il s'applique principalement à la réduction de la vitesse de certains organes moteurs. Mais dans le langage courant, il est perçu comme un augmentatif du verbe **multiplier** : *Dans* La recherche [de Proust], *ils, elles, sont là, transfigurés par la création, démultipliés en cinq cents personnages* (Pontalis). *Les forteresses rajpoutes, dont les murs sont recouverts d'or et d'argent incrustés de pierres précieuses que d'innombrables miroirs démultiplient à l'infini* (C. Guedj).

DÉMYSTIFIER sens. C'est un mot sur lequel on a beaucoup disserté, et qui est plus ou moins confondu avec **démythifier**. Le premier verbe signifie « détromper quelqu'un qui a été victime d'une duperie collective » (qui peut d'ailleurs se présenter sous la forme d'un *mythe*) : *Pourquoi fallait-il qu'il essayât de démystifier les gens ? Poe, poète, que faisait-il d'autre que de se mystifier lui-même et de mystifier les autres ? Et l'alcool, n'est-ce pas de la mystification ?* (Triolet). Quant à **démythifier**, de création récente, il est moins ambigu et signifie : « Atteindre, détruire en tant que mythe. » On peut *démystifier* n'importe qui, mais on *démythifie* Jeanne d'Arc ou Napoléon : *On nous offre un carnet de croquis un peu cruel qui démythifie l'importance de cet événement* (*Le Monde*, 09/12/1965). *Démythifions les guides gastronomiques* (*Le Figaro*, 24 /04/1967).

DÉNI emploi et sens. Vieux mot, surtout dans **déni de justice**, « refus d'accomplir sa fonction, en parlant d'un juge ».

DÉNIAISER sens. « Faire perdre sa timidité, son innocence à une jeune fille ou à un jeune homme » : *Enfin on songeait aussi à déniaiser leurs chers petits* (Montherlant). Souvent employé au fig., au sens de « dégourdir ».

DÉNOMMÉ emploi et sens. Ce substantif, qui renforce lourdement le simple **nommé** et le péjore, appartient à la langue administrative, ou à celle des rapports de police : *Ce soir, je vais rencontrer le dénommé Clavié pour la seconde fois* (Franck & Vautrin). ⟶ SUS-.

DÉNOMMER orth. Avec deux *m*, mais les mots de cette famille n'en prennent qu'un : *dénominateur, dénomination.*

DÉNOTER ⟶ DÉTONNER.

DÉNOUEMENT orth. L'ancienne orthographe *dénoûment* ne se rencontre plus guère.

DENSÉMENT orth. Ne pas oublier l'accent aigu sur le *e.* ♦ **emploi.** Cet adverbe est rare, on lui préférera en général *fortement, intensément,* etc.

DENT-DE-... forme. Tous les composés prennent deux traits d'union, et au plur. seul *dent* s'écrit avec un *s* : *des dents-de-lion.*

DENTAIRE emploi. Cet adj. ressortit au domaine médical, tandis que **dental** s'emploie en phonétique : *Une carie dentaire n'empêche pas l'articulation dentale.*

DENTÉ ou **DENTELÉ emploi.** Ces deux adj. sont très proches, mais la technique emploie davantage **denté** : *une roue dentée,* tandis que la botanique et la numismatique utilisent **dentelé** : *une feuille dentelée. Les vieilles photos dentelées et jaunes, le bord si large* (Mauvignier). Substantifs dérivés, à ne pas confondre, **denture** et **dentelure** : *Il ne voyait que la dentelure des sapins russes, noirs sur le ciel laiteux* (Ikor).

DENTELLIÈRE prononc. À la différence de **dentelle** et **dentellerie**, le substantif **dentellière**, bien qu'orthographié avec deux *l*, se prononce [dɑ̃təljɛr] : *L'activité de la ville et son réseau de dentellières à domicile n'en font pas un puissant centre industriel* (Rouaud).

DENTIER sens. « Ensemble de dents artificielles destinées à remplacer la denture naturelle » : *Mordez, croquez, mâchez sans penser à votre dentier, saupoudrez-le avec X...* (Publicité). *Le pauvre vieux en fut tellement ému qu'il faillit perdre son dentier.* L'emploi de **râtelier** dans ce sens est assez fam. Ces deux mots ont vieilli et sont en général remplacés par **prothèse (dentaire)**.

DENTITION sens. À l'origine, « croissance des dents » : *On me félicite sur sa courbe de croissance, sur son admirable dentition, sur ses amygdales qu'il est inutile de retirer* (Desarthe), mais ce mot est de plus en plus confondu avec **denture**, « ensemble des dents » : *On voyait un homme à l'extravagante denture, celle d'un canasson, qui jouait des rôles d'imbécile et s'appelait Fernandel* (Labro). Flaubert lui-même, qui écrit : *« malgré sa détestable dentition »*, a commis cette confusion. Il vaut mieux, cependant, respecter cette distinction et dire *un retard de la dentition,* mais *protéger sa denture avec une excellente pâte dentifrice.* En mécanique, on ne peut employer que *denture* : *la denture d'un pignon.* ⟶ DENTÉ.

DÉNUEMENT orth. Pas d'accent sur le *u* et un *e* intercalaire.

DÉODORANT emploi. Ce mot, que Grevisse appelait « un petit monstre venu d'outre-Manche », et bien que ne répondant pas à la norme orthographique française qui préfère le préfixe *dés-* à la forme *dé-* devant voyelle, est passé dans l'usage, et figure dans les Robert et le GDEL. Au moins comme substantif, il fait concurrence à **désodorisant**, qui est à la fois adj. et subst. Il a le mérite d'être plus bref, sans que cela nuise à la clarté de sa signification : *X..., lui, contient un élément désodorisant longue durée* [...] *X... savon super-déodorant* (lu dans la même page publicitaire). Les formes verbales correspondantes sont encore rares : *Une armée de mannequins, hommes et femmes pleins d'espoir, haletants et désodorisés* (Chraïbi).

DÉPAREILLER sens. « Rendre incomplet et hétéroclite. » Ne pas confondre avec **déparer**, « enlaidir », ni avec le suivant : *Un ameublement dépareillé.*

DÉPARIER sens. « Défaire une paire » : *Déparier des chaussettes.* On dit plus souvent *désapparier*, sous l'influence de *apparier*.

DÉPARTIR conjug. Verbe réfléchi, se conjugue comme *partir* (et non comme *répartir*) : *Au-dessous du caraco de flanelle, fait à la maison, dont elle ne se départ ni hiver ni été* (Aragon). *L'attitude même de Max, cet air taciturne dont il ne se départait plus* (Combescot). *Pourquoi voulez-vous qu'il se départe de son indifférence ?* On rencontre souvent des formes erronées, par exemple : *Nous ne nous départissons pas de* ; la forme correcte est : *Nous ne nous départons pas de.* ♦ **sens.** « Se séparer, se détacher, abandonner. »

DÉPECER orth. Se conjugue comme *mener* : le second *e* se transforme en *è* devant une syllabe muette : *Le monde extérieur, quand je suis là, face aux années qui me dépècent, je m'en fous* (Schreiber). ♦ **dérivé.** *dépeçage.* Il existe aussi, au fig., *dépècement.*

DÉPÊCHER sens. « Envoyer quelqu'un en hâte avec un message » : *Il dépêcha un nouveau messager auprès du Parlement dôlois afin de demander la reddition pure et simple de la place* (A. Besson). Ce sens est vieilli et on ne trouve plus guère que **se dépêcher**, au sens de « se hâter ».

DÉPENDRE constr. Ce verbe est suivi de la préposition *de* : *Si je te disais que tout dépend encore de toi, que pourrais-tu me répondre ?* (Sagan). **Dépendre de** peut être suivi d'une proposition complétive introduite par *que* et construite avec le subj. : *Il dépend de ton patron que tu puisses t'absenter cet après-midi ou non.* ⟶ TENIR.

DÉPENS orth. Pas de *d* entre *n* et *s*. ♦ **forme.** Pas de sing. (comme *frais* ⟶ ce mot). ♦ **emploi et sens.** Surtout dans **condamner aux dépens**, dans la langue judiciaire : « Condamner à payer les frais du procès. » **Aux dépens de** signifie : « Au préjudice de, aux frais de. »

DÉPENSIER ⟶ DISPENDIEUX.

DÉPÊTRER (SE) emploi. Malgré les apparences, ce verbe est à peine fam., et déjà très employé par les écrivains classiques : *Il espérait que les plantes, les mousses enlaceraient ses jambes, qu'il ne se pourrait dépêtrer de cette eau bourbeuse* (Mauriac).

DÉPIQUAGE forme. On écrit aussi *dépicage* avec un *c*. ♦ **sens.** « Action d'égrener les épis des céréales. »

DÉPISTER sens. Construit transitivement, ce verbe a deux sens contraires, selon le contexte : « Découvrir quelqu'un comme un animal qu'on suit à la trace », par exemple : *La police cherche à dépister les criminels*, ou bien « faire perdre sa trace, égarer », par exemple : *Le criminel, en s'engouffrant dans ce vieux quartier, a dépisté ses poursuivants.*

DÉPIT emploi. La locution *en dépit que j'en aie*, « quoi que je fasse », ne subsiste plus que comme un archaïsme. ⟶ MALGRÉ.

DÉPLAIRE orth. Le participe passé de ce verbe demeure invar. en toute circonstance, étant donné qu'il ne peut jamais avoir de complément d'objet direct : *Elles ne se sont pas déplu*, etc. ⟶ COMPLAIRE et PLAIRE.

DÉPLISSER sens. « Défaire les plis d'un tissu » ou « repasser un papier chiffonné ». **Déplier** signifie « ouvrir un objet replié sur lui-même ». On doit donc distinguer entre *déplisser une feuille de papier* et la *déplier* : *On aurait dit qu'il voulait déplisser son front, ses tempes* (Mauriac).

DÉPLOIEMENT orth. Ne pas oublier le *e* intérieur.

DÉPOITRAILLÉ emploi. Un degré de plus dans la familiarité que **débraillé** : *Ces drôlesses dépoitraillées* (Huysmans).

DÉPORTEMENT emploi. Au plur. « excès, débauche ». Littéraire ⟶ DÉBORDEMENT. Au sing., « fait d'être déporté », en parlant d'un véhicule. Ne pas dire, en ce sens, *déportation.*

DÉPOSE emploi et sens. Mot technique, contraire de **pose**. *Faire la dépose d'un moteur, d'une serrure,* etc. Ne pas confondre avec **déposition**, qui, dans un vocabulaire judiciaire, désigne « l'ensemble des déclarations d'un témoin » et, dans le vocabulaire politique, le fait de « déposer, destituer » : *la déposition d'un souverain.*

DÉPÔT orth. Accent circonflexe sur le *ô*, mais on écrit **dépotoir**.

DÉPOUILLER emploi. On disait autrefois, dans le registre soutenu, *dépouiller un vêtement*, au sens de « quitter » : *Les bérets des enfants des écoles respectueusement dépouillés à notre approche* (Bazin). Cet emploi est rare de nos jours. Le verbe est le plus souvent suivi d'un complément direct désignant un être, et d'un complément d'objet indirect désignant une chose : *dépouiller qqn de sa fortune.*

DÉPRÉCATION sens. « Prière visant à obtenir le pardon », mot rare et seulement au sens propre, tandis que **imprécation** est d'un emploi plus large. Ne pas confondre avec **dépréciation** : *Soient tes oreilles attentives, Seigneur ! à la voix de ma déprécation* (Claudel).

DÉPRÉDATION sens. Contient une idée de « vol, pillage avec dégâts ». Ne pas confondre avec **dégradation**, « détérioration (d'un bâtiment) ». Ces deux mots sont assez souvent employés l'un pour l'autre. On s'interdira de fabriquer une *dépradation*, par contamination des deux formes.

DÉPRENDRE (SE) emploi et sens. « Se détacher sentimentalement », surtout littéraire : *La tête entre les mains, j'essayais de me déprendre de mon mal poétique et implacable* (Mac Orlan).

DEPUIS emploi et sens. Cette prép.-adv. a surtout un sens temporel : *Depuis ce moment où il avait accepté de tout quitter sans regret, il n'avait pas renoué avec la terre* (J. Roy). On peut marquer une précision complémentaire à l'aide de **jusqu'à** : *Depuis le matin jusqu'au soir, il ne cessa de gémir.* L'extension au sens spatial est devenue courante, bien qu'elle soit condamnée par certains grammairiens : *La famille, depuis le perron, nous observait* (Mauriac). *Depuis la fenêtre de sa chambre [...], Baumgartner aperçoit une femme au magnifique physique d'otarie* (Échenoz). *On vous parle depuis Berlin.* L'avantage de cette préposition est qu'elle supprime l'ambiguïté fréquente de la préposition *de* ; son inconvénient est une certaine lourdeur : *Ce concert est retransmis depuis Rome.* On emploiera mieux **à partir de**. L'exemple suivant présente un mélange inconséquent : *Depuis le toboggan du pont de Saint-Cloud, l'accès de l'autoroute de l'Ouest sera direct,* et quelques lignes plus bas : *L'accès au parc de Saint-Cloud se fera à partir d'un nouveau passage souterrain* (*Le Monde*).
□ **depuis** ou **dès.** On peut substituer *dès* à *depuis* dans de nombreux cas, mais toujours avec une valeur ponctuelle et non durative : *Un fils qui, dès sa petite enfance, s'attaquerait à des lions, à des monstres ?* (Giraudoux).
□ **depuis** (dix ans) **que.** On emploie très correctement *depuis... que* en intercalant un complément qui indique la durée : *Depuis (le temps, cinq ans, etc.) qu'il y travaille, son roman devrait être achevé.* On rencontre parfois dans la subordonnée un **ne** qui n'est pas accompagné de *pas* : *Que d'ennuis depuis que je ne vous ai vu !* (Bedel). *Comment ça va, depuis qu'on ne s'est vu ?*

DÉPUTÉ forme. Pas de fém. On dit *une femme député* (ou *un député femme*), ou *M*[me] *Une telle, député de l'Yonne.* Le composé **député-maire** s'écrit avec un trait d'union.

DERECHEF emploi et sens. Vieil adverbe devenu littéraire signifiant « de nouveau » : *Il le frappa sur la nuque avec un gourdin. Le voyageur essaya désespérément de se redresser pour faire face à ce nouvel agresseur. En vain. L'autre le frappa derechef avec violence sur le crâne* (A. Besson). *Ces péripéties ont retardé derechef la procédure pénale* (*Libération*, 30/10/2009).

DÉRÉGLER orth. Avec deux accents aigus. Mais **dérèglement** prend un accent grave sur le deuxième *e*.

DERMATITE forme. On emploie aussi *dermite.* ♦ **sens.** « Inflammation du derme. »

DERMATOLOGISTE forme. ⟶ -LOGISTE ou -LOGUE.

DERNIER forme. Abréviation pop. dans *la der des ders,* pour désigner « une guerre, une partie de cartes, une course ». ♦ **emploi.** La locution *être le dernier des derniers* a une valeur superlative, en même temps que péjorative et signifie l'être « le plus bas, le plus vil de tous » : *C'est aller avec les soldats que tu veux comme la dernière des dernières* (Anouilh).
□ **tout dernier.** Pour les règles d'accord ⟶ TOUT : *Il y avait encore quelques feuilles aux marronniers, les toutes dernières* (Butor).
□ **le dernier** + substantif + **qui** ou **que.** Cette locution est suivie de l'indic. quand elle constate un fait : *C'était peut-être la dernière fois qu'ils le voyaient vivant* (Ikor). *C'est la dernière fois que je te le dis* (Sagan). Mais on rencontre aussi le subj. quand il s'agit de marquer une intention, un refus, une conséquence : *Elle était présidée par la dernière personne que j'eusse rêvé d'y trouver* (Vercors). *Je vous ai applaudie à la dernière fête de charité que ma tante ait donnée de son vivant* (Kessel).
□ **place de *dernier*.** La postposition de cet adj. est littéraire, sauf dans des expressions comme *la semaine dernière, la fois dernière,* ou la locution figée *les fins dernières de l'homme* : *La destination dernière des fabrications était l'écrabouillement* (J. Roy).

DERNIER-NÉ orth. *Dernier* s'accorde toujours, au contraire de **nouveau** dans *nouveau-né.* ⟶ ce mot.

DÉROGER sens. Dans la langue soutenue, « manquer à une règle, à un principe, à une convention » : *Des gens d'apparence normale, mais qui soudain, inexplicablement, dérogeaient aux principes élémentaires de la raison commune* (Dubois).

DÉROUILLÉE emploi et sens. Seulement dans le registre fam., au sens de *rossée, raclée* (également fam.). Mêmes observations pour le verbe **dérouiller**.

DERRICK orth. Avec deux *r* et *-ck* en finale. Emprunt à l'anglais. ♦ **emploi.** Un arrêté ministériel du 12 janvier 1973 préconise son remplacement par *tour de forage* (dans l'industrie pétrolière). Mais **derrick** fait partie depuis longtemps des emprunts bien intégrés.

DERRIÈRE emploi. Comme subst., ce mot fait concurrence à **arrière** ⟶ ce mot, au sens de « partie postérieure d'une chose ». Il semble qu'on emploie plutôt **derrière** quand cette partie est masquée par le *devant,* et **arrière** lorsqu'on considère l'ensemble de la chose : *Le derrière d'une maison* n'est pas visible de la façade, tandis que *l'arrière d'un train* ou *d'un convoi* suppose une vue « de profil ».
□ **par-derrière.** Avec un trait d'union.
□ **de derrière.** *Derrière* peut être cumulé avec **de**, soit comme adverbe : *une roue de derrière,* soit comme préposition : *Son image de derrière la tête* (Péguy).

DES ⟶ DE et UN.

DÈS emploi. Ne pas faire suivre cette préposition d'un gérondif, mais d'un nom d'action : *dès mon arrivée* et non *dès en arrivant.* **Dès** signifie « aussitôt après » et indique la postériorité immédiate. Mais il peut signifier également « à l'époque de », avec l'idée que cette époque est de beaucoup antérieure à ce qu'on pourrait penser : *Les musiques aimées dès l'enfance* (Mauriac). On rencontre également ce tour correct : *Dès le boulevard traversé, il avait pris la rue Championnet* (Romains). On peut enfin combiner *dès* avec une autre préposition de temps, en particulier avec la préposition *avant* : *Retiré dès avant la guerre, il aimait servir la patrie, lorsque l'occasion se présentait à portée de sa main* (Radiguet). *Dès* peut être suivi d'un infinitif passé : *Dès l'avoir appris...* ⟶ DEPUIS.
□ **dès longtemps. emploi.** Ce tour est un équivalent littéraire de *depuis longtemps* : *Frédéric eut l'impression d'entrer dans un lieu dès longtemps familier* (Jorif).
□ **dès que.** Il est préférable, après cette locution, de ne pas faire l'ellipse du verbe *être,* comme dans l'exemple suivant : *Aussi, dès*

que débâillonné, il n'hésita pas à cracher à ses bourreaux son incoercible mépris (Pergaud).

DÉSAFFECTER emploi et sens. Se dit à propos « d'un local, d'un immeuble auquel on ôte sa destination première » : *Folcoche partie, La Belle Angerie parut désaffectée* (Bazin). Le substantif correspondant est **désaffectation**. Ne pas confondre avec **désaffection**, « perte de l'affection » : *Les chrétiens se détachaient de Rome sans vouloir la perdre ; leur désaffection ne se traduisait pas en complots* (Chasles). Le participe *désaffectionné*, dérivé, est vieilli.

DÉSAGRAFER ⟶ DÉGRAFER.

DÉSAPPARIER ⟶ DÉPARIER.

DESCELLER orth. À distinguer de **déceler** et de **desseller**. ⟶ ces mots.

DESCENDRE conjug. Avec *avoir* ou *être* selon l'emploi. *Être* est le plus fréquent dans l'emploi intransitif : *Je suis descendu vers quatre heures. Est-il encore là-haut ? Non, il est descendu.* Toujours avec *avoir* lorsqu'il est suivi d'un complément direct : *Est-il descendu ? Non, mais son frère a descendu sa valise. Il a descendu l'escalier quatre à quatre.*
□ **descendre qqn.** Répandu dans le registre fam., au sens de « tuer » ou parfois seulement « assommer » : *Je me voyais descendre d'Artagnan d'un bon crochet* (Camus).
□ **descendre en bas.** Pléonasme à éviter, mais il est toujours possible de faire suivre le verbe d'un complément plus précis : *descendre au premier étage, au sous-sol, dans son jardin,* etc. ⟶ SORTIR et MONTER.

DESCENSEUR emploi. Ce mot n'est couramment employé que dans les mines, mais le composé **ascenseur-descenseur**, que les constructeurs essayèrent de lancer jadis, n'est pas passé dans l'usage courant, et il ne faut pas hésiter à dire : *Je suis descendu par l'ascenseur*, malgré l'apparent illogisme de cette association.

DÉSEMBROUILLER ⟶ DÉBROUILLER.

DÉSESPÉRANCE emploi. Ce terme est d'un caractère plus littéraire que son contraire **espérance** : *Nous parvenions, grâce aux textes de Lorca [...] à faire sentir la désespérance andalouse* (Semprun). Cette opposition de registres n'existe pas pour **espoir** et **désespoir** : *Une sorte de désespoir, ou tout au moins de désespérance dans mes affections, me poussait à m'étourdir* (Sand).

DÉSESPÉRER constr. Suivi de **de** avec un nom ou avec un verbe à l'infinitif, ou de **que** (avec un verbe au subj.), ce verbe est d'emploi littéraire : *Lui s'acharne à vivre et désespère / De féconder jamais tous les charniers* (Emmanuel). *Un bon point pour lui, jugeait Danglard, qui ne désespérait jamais complètement du commissaire* (Vargas). À la forme pronominale, il est accompagné du groupe **de ce que**, avec l'indic. ou le subj. selon la nuance de sens (réel ou éventuel) ou, plus rarement, de *que* suivi du subj. : *Pourtant je commençais à me désespérer sérieusement de ce que seul l'amour nous donnât des droits sur une femme* (Radiguet). ⟶ DE (CE QUE).

DÉSHÉRENCE sens. En droit, « absence d'héritiers pour recueillir une succession, que s'approprie l'État ». Au fig., on parle d'une coutume qui *tombe en déshérence*, c.-à-d. qui tend à disparaître. Ne pas confondre avec **décadence**.

DÉSHONNÊTE sens. « Qui choque la pudeur, les bonnes mœurs » tandis que **malhonnête** signifie « contraire à l'honnêteté ». Mais les emplois sont souvent assez proches : *Il trouvait un plaisir déshonnête à l'interpeller en lui-même* (Colette).

« **DESIDERATA** » **orth.** Pas d'accent. ♦ **forme.** Ce mot latin n'a pour ainsi dire pas de sing. *(desideratum).* ♦ **sens.** « Revendication concernant des lacunes, des manques » : *Quand ils eurent tous exprimé leur opinion et leurs desiderata, le prince de Condé qui les avait écoutés en silence reprit calmement la parole* (A. Besson).

DESIGN prononc. [dɛsajn] ou [dizajn]. ♦ **emploi et sens.** Anglicisme introduit vers

1960 dans la langue des décorateurs ainsi que son dérivé **designer** : *Avec l'aide du designer Jonathan Yve, il* [Steve Jobs] *lance en 1998 l'iMac, un ordinateur tout-en-un aux faux airs de gros bonbon acidulé* (C. Lacombe, *Le Monde*, 26/08/2011). Ces mots, qui renvoient à une sorte d'« habillage esthétique d'un produit industriel », sont mal intégrés dans notre langue. Un arrêté ministériel du 24 janvier 1983 recommande – sans grand succès jusqu'à présent – le nom fém. **stylique** à la place de *design*, et **stylicien** pour remplacer *designer*. De même, **stylisme** devrait désigner les « activités esthétiques dans le cadre de la publicité », et **styliste** le professionnel chargé desdites activités. Enfin, le *design urbain* doit être appelé, plus simplement, **décoration urbaine**. ⟶ STYLIQUE.

DÉSINTÉRESSÉ sens. « Qui n'obéit pas à l'intérêt personnel et financier » : *Les gens désintéressés, c'est toujours hors de prix* (Anouilh). Ne pas l'employer comme le part.-adj. de **se désintéresser**, qui a le sens de « ne pas s'intéresser à ». Le subst. **désintérêt** est purement littéraire et correspond à *se désintéresser* : *L'enfant, dans le désintérêt parfait du moment qui passait* (Duras).

DÉSINTÉRESSEMENT sens. Ce mot signifie soit « absence d'ambition personnelle » : *Le sentiment de la grandeur, du désintéressement et du sacrifice* (Vercors), soit « dédommagement, compensation » : *Procéder au désintéressement des créanciers.*

DÉSIRER constr. Avec *de*, tour vieilli et littéraire : *Il eût désiré de pouvoir l'entendre, à l'heure de la mort* (Bernanos). La construction habituelle est la construction directe : *Que désirez-vous faire ? Désirer que* : avec le subj.

DÉSOBÉIR emploi. Le passif **être désobéi** est correct, bien que ce verbe soit aujourd'hui transitif indirect : *obéir à qqn.* Mais on disait jadis : *obéir qqn.* ⟶ OBÉIR. *De sa petite voix, qui contrastait avec ce qu'il disait, il donnait des ordres et jamais il ne fut désobéi* (Tahar Ben Jelloun).

DÉSOLIDARISER (SE) constr. On se *désolidarise de* ou *d'avec qqn.* ⟶ AVEC.

DÉSORDRE emploi. Ce substantif est parfois adjectivé dans la langue familière, mais il demeure alors toujours invar. : *Ou bien chez des gens désordre* (Aragon).

DESPOTE genre. Pas de fém. : *Sa belle-mère est un effroyable despote.*

DESSAISIR orth. Deux *s*.

DESSÉCHER conjug. Comme *sécher.* Le subst. **dessèchement** prend un accent grave. ⟶ ASSÉCHER.

DESSELLER orth. Avec deux *s*. ♦ **sens.** « Ôter la selle » : *Jim a dessellé les chevaux, les a attachés à l'abri* (Rouaud). Ne pas confondre avec l'homonyme **desceller**, « ouvrir en brisant un sceau » ou avec **déceler** (découvrir). ⟶ ce mot.

DESSICCATIF orth. Avec deux *s* et deux *c*, comme *dessiccation.*

DESSILLER orth. Deux *s* et non un *c*, bien que ce verbe soit de la même famille que *ciller.* ♦ **sens.** Verbe transitif, signifiant « ouvrir », en parlant des yeux ou des paupières : *Je suppose que nos yeux se dessillèrent à peu près dans le même temps que nous étions en train de perdre la dernière trace de notre accent du Sud-Ouest* (Labro).

DESSOÛLER orth. Ce verbe s'écrit, en dépit de l'Académie, plutôt avec un accent circonflexe sur le *u*. On rencontre aussi **dessaouler**. ⟶ SOÛL.

DESSOUS emploi. Nettement archaïque comme préposition : *Il avait un béret enfoncé jusque dessous les oreilles* (Giono). *Dessous le mur du proscenium sont percées de petites fenêtres* (Claudel). Mais **de dessous** est encore assez vivant : *Suzanne sortit de dessous le bungalow* (Duras). De même pour la locution figée : *faire quelque chose par-dessous* (et non *par-dessus*) *la jambe*, c.-à-d. « bâcler, faire sans soin ». ♦ **orth.** Les composés **au-des-**

sous, ci-dessous, là-dessous, par-dessous prennent un trait d'union, mais **en dessous** n'en prend pas.

□ **au-dessous** ou **en dessous.** Ces deux locutions adverbiales (ou prépositionnelles, avec l'ajout de *de*) sont équivalentes, mais *en dessous (de)* semble peu à peu l'emporter sur l'autre forme : *En dessous du dessin, Xavière avait écrit avec de grosses lettres violettes* (Beauvoir). *M. Marin qui habitait en dessous de chez Marthe* (Radiguet).

□ **par en dessous.** Cette locution n'appartient pas à la langue châtiée, mais est répandue dans le registre fam. : *Achetaient-ils des fruits, le fruitier leur glissait toujours une figue pourrie, des raisins gâtés, par en dessous* (Aragon). *« Oui, mais le métro passe par en dessous », pensa Boris* (Sartre).

DESSUS emploi. Mêmes remarques que pour **dessous.** ⟶ ce mot. Mais comme préposition, **dessus** est plus rare et encore plus archaïsant : *Alors ton regard se lève de dessus tes nouilles à l'eau* (Bazin). *S'élançant dessus l'azur brillant ou engorgé, je vois les vols funèbres en ciseaux incessants* (Llaona).

□ **foncer dessus, crier** ou **gueuler dessus.** Ce tour appartient au registre pop. ou fam., où l'emploi adverbial supplante celui de la préposition **sur** : *Le taureau est devenu furieux, il lui a foncé dessus et ne l'a pas lâché* (Rosenthal). *Elle passe son temps à me crier dessus parce que j'ai laissé des miettes dans la cuisine* (Barbery). *Brigadier, quand tu auras accompli pour Lui ton acte de dévotion à cette hauteur, tu auras conquis le droit de me gueuler dessus* (Vargas).

DÉSTABILISER emploi et sens. Ce verbe est apparu vers 1970, et connaît une belle carrière dans le domaine politique, voire psychologique. Il correspond bien à une période de profonde crise économique et morale, et son intégration dans le lexique français n'est pas surprenante. Il a fourni plusieurs dérivés également usuels : *déstabilisateur, déstabilisation,* etc.

DESTROYER prononc. [dɛstrwaje] (à la française) plus fréquente que [dɛstrɔjœr] (à l'anglaise).

DESTRUCTEUR ou **DESTRUCTIF emploi.** Le premier mot s'emploie avec un nom d'être vivant ou un nom de chose, indifféremment, et signifie « qui détruit » : *Les Barbares furent les destructeurs de l'Empire romain.* **Destructif** s'emploie avec un nom de chose et signifie « qui a le pouvoir de détruire » : *Un explosif très destructif.* En fait, cette distinction n'est pas toujours observée, et l'on trouve des expressions du type : *Le pouvoir destructeur de la bombe H.* ⟶ CONSTRUCTEUR.

DÉSUET prononc. avec un [s] ou un [z], ainsi que le dérivé **désuétude.** Le *t* final ne se fait pas entendre. ♦ **orth.** Fém. *désuète,* avec un accent grave et un seul *t.* Dans *désuétude,* deux accents aigus, à la différence de *désuète.*

DÉTAIL (AU) emploi et sens. Dans le lexique commercial, signifie « par petites quantités ou même à l'unité ». Ne pas confondre avec **en détail** (toujours au sing.), qui a une valeur beaucoup plus générale : « Minutieusement, en n'omettant aucune partie. »

DÉTEINDRE conjug. Comme *peindre.* ⟶ APPENDICE GRAMMATICAL.

DÉTENDEUR emploi. Mot technique à ne pas confondre avec **détenteur,** « celui qui détient, qui possède ».

DÉTENTE emploi et sens. Pour tirer un coup de feu, on ne peut qu'appuyer sur la **détente** et même plus exactement sur la *queue de détente,* non sur la **gâchette,** car ce dernier mot désigne une pièce interne de l'arme. Cette confusion est très fréquente. Emploi correct dans : *Il imprima longuement les doigts encore chauds sur la crosse et la détente* (Calef). *Ils se trouvaient en arrêt, le doigt sur la détente du pistolet* (Aragon).

□ **dur à la détente.** Locution familière, qui a le sens de « pingre, peu généreux » : *Il pensa avec un serrement de cœur : « Il a l'air dur à la détente »* (Sartre).

DÉTENTEUR forme. Fém. *détentrice.*

DÉTERGENT et **DÉTERSIF emploi et sens.** Ces deux adj. ou subst. sont équivalents par le sens : « Qui nettoie en dissolvant les impuretés. » Mais **détergent** s'emploie dans le lexique de la mécanique : *une huile détergente* ; **détersif** dans celui des travaux ménagers : *un produit détersif.*

DÉTESTER constr. Avec un infinitif, peut être suivi de **de** : *S'il avait toujours gardé une conscience claire du passé, il détestait d'en éveiller des images précises* (Mauriac). Mais la construction avec infinitif juxtaposé est aujourd'hui la plus fréquente : *Je déteste sortir le dimanche.* Toutefois, lorsque le complément du verbe est un substantif ou un pronom et que l'infinitif représente la cause du sentiment, alors la préposition *de* est obligatoire : *Elle les déteste de reparler de procès, de ressasser les mêmes histoires* (Chaix).

DÉTIRER → ÉTIRER.

DÉTON(N)ER orth. Avec un seul *n* au sens de « faire explosion » : *un mélange détonant,* et au fig. : *Comme vient de le montrer le député Gilles Carrez dans un rapport détonant, plus une entreprise est grosse, moins elle paie d'impôts* (*Le Canard enchaîné,* 13/07/2011). Deux *n* dans l'emploi musical : « Faire entendre des sons qui ne sont pas en harmonie avec l'ensemble » (souvent au fig.) : *Mais enfin la vérité quelquefois se déclare et détonne dans l'harmonieux système des fantasmagories et des erreurs* (Valéry). *C'était une grande chose molle et sexagénaire dont la finesse de traits et la blancheur de teint détonnaient derrière l'étal de ses carnages* (Desproges : il s'agit d'une bouchère). Ne pas employer en ce sens **dénoter**, qui signifie « indiquer, traduire, exprimer » et n'a pas de valeur négative : *Le prêtre chez qui l'étole mauve assortie au drap funéraire dénotait une tendance à la coquetterie* (Colombier). [Le maître] *veut bien m'accorder d'utiliser des mots de plus de deux syllabes, ce qui dénote chez lui une large ouverture d'esprit* (Rouaud).

DÉTOXICATION sens. « Élimination des toxines par un organisme. » Ne pas confondre avec **désintoxication**, « élimination, produite par un agent extérieur ».

DÉTRACTEUR forme. Fém. *détractrice.*

DÉTRICOTER → TRICOTER.

DÉTRITUS prononc. Le *s* final se fait toujours entendre, au sing. comme au plur.

DÉTRUIRE (SE) emploi et sens. Pop., au sens de « se donner la mort » : *Elle n'aurait pas choisi, pour se détruire, la fenêtre du salon, à l'entresol* (Mauriac).

« DEUS EX MACHINA » prononc. *Machina* doit se prononcer avec un [k] et non un [ʃ]. ♦ **sens.** « Apparition insolite et artificielle d'un personnage ou d'un événement, à propos pour dénouer une situation embrouillée. »

DEUTSCHE MARK → MARK.

DEUX prononc. La prononciation sans liaison, dans *le deux / avril,* est plus soignée que la prononciation liée *le deux-[z]-avril.* C'est une fausse élégance que de lier le nom de nombre au substantif à initiale vocalique.
□ **deux ou plusieurs.** Peut se dire correctement. → PLUSIEURS.
□ **tous les deux** ou **tous deux.** L'ellipse de *les* paraît littéraire, mais les deux formes de cette locution sont acceptables et équivalentes quant au sens : *Ils diffèrent l'un de l'autre mais portent tous les deux la même canadienne* (Pontalis). *Tous deux fort grands seigneurs et petits savants, ils déçurent beaucoup notre père* (Bazin). Toutefois, on dit plutôt : *Ils sont venus tous les deux.*
□ **entre les deux.** Expression familière pour désigner un état intermédiaire entre deux sentiments, une absence de choix entre deux jugements différents.
□ **nous deux mon frère.** Considérée comme très familière, cette façon de s'exprimer est rejetée par le bon usage. On doit dire : *mon frère et moi* ou bien *avec mon frère, je...*

DEUXIÈME emploi et sens. Strict équivalent de *second.* On emploie en principe *deuxième* lorsque l'ensemble compte plus de deux éléments. Quand on parle chiffres, c'est toujours *deuxième* qui doit être utilisé. Il faut avouer que cette distinction est très inégalement respectée. On dit plutôt *voyager en seconde, prendre une seconde*, que *voyager en deuxième*. On dit le plus souvent *en second lieu, de seconde main*, et toujours *lieutenant en second.*

DEVANT emploi et sens. Cette prép.-adv. a aujourd'hui un sens exclusivement spatial, sauf dans certains emplois archaïques. → ci-dessous : *Ces inscriptions que j'ai vues depuis, repassant de jour devant ces maisons* (Butor). Cette valeur spatiale peut être comprise dans un sens large : *Devant son embarras, elle sourit avec gentillesse* (Barjavel). On peut cumuler l'emploi de **devant** et de **chez** à l'exclusion des autres prépositions : *Il rentra à Paris dans la nuit et se retrouva devant chez Paule vers deux heures du matin* (Sagan).

□ **au-devant de.** On ne doit pas dire *à mon devant*, comme on l'entend parfois encore, mais *au-devant de moi. Il était accouru au-devant de moi, pour prendre ma valise.* La locution fautive vient sans doute, par analogie, de *à ma rencontre*.

□ **il m'est passé devant.** On dira mieux : *Il est* ou *a passé devant moi*. Non que *devant* ne puisse s'employer très correctement comme adv. : *Et devant, à quelques pas seulement, commençait ce pays de la liberté qui le fascinait* (Ikor).

□ **comme devant.** Locution archaïque, au sens temporel, « comme avant » : *Ainsi badinèrent-ils désormais, se donnant à eux-mêmes l'illusion que tout allait comme devant* (Jorif). Même remarque pour *devant que (de)*, qui s'emploie parfois dans une langue très recherchée et même affectée, à la place de *avant que* ou *avant de*, strictement équivalents : *Les Allemands, traqués, devant que d'évacuer la ville, font sauter leurs dépôts* (Gide, cité par Grevisse).

□ **par-devant** → PAR.

DEVENIR conjug. Avec l'auxiliaire *être* : *Elle était devenue mille et mille douleurs toutes liées entre elles* (Clavel). L'emploi de *devenir* au sens de *venir* est un régionalisme qu'on ne pratique presque plus : *D'où que tu deviens ?* On doit dire : *D'où viens-tu ?* → QUE.

DEVERS → PAR.

DÉVÊTIR → VÊTIR.

DEVIN forme. Fém. *devineresse*, dans le domaine de la divination, mais *devineuse* s'il s'agit d'un emploi courant, issu du verbe **deviner**.

DÉVISAGER emploi. Ne peut avoir comme complément d'objet qu'un nom de personne, désignant un être pourvu d'un visage. Signifiait autrefois « déchirer le visage ». → DÉFIGURER. Aujourd'hui : « Regarder avec une attention curieuse et impertinente » : *Avez-vous fini de me dévisager ?*

DÉVOIEMENT orth. Ne pas oublier le *e* intérieur. ♦ **sens.** « Déviation, inclinaison d'un tuyau de cheminée, de descente. » Aucun rapport avec **dévoyer**, pris au sens psychologique et moral.

DEVOIR conjug. → APPENDICE GRAMMATICAL. ♦ **sens.** Soit l'obligation, soit la simple hypothèse. *Il doit être parti à 8 heures* peut signifier « qu'il soit parti avant 8 heures », ou « il est sans doute parti à 8 heures ». Le contexte, le plus souvent, dissipe toute équivoque.

□ **ce doit être.** On emploiera *ce* et non *ça*, dans ce cas précis. → CE *(ce doit ou ce doivent être)*.

□ **dû.** Ne porte l'accent circonflexe qu'au masc. sing. (*dû*, mais *due, dus, dues*). *Vous n'arrivez pas à distinguer avec certitude ce que vous devez et ce qui vous est dû* (Rosenthal). → CIRCONFLEXE.

□ **dussé-je, dût-il**, etc. Formes très littéraires et parfois parodiques, à éviter dans la langue courante, même très correcte. Valeur concessive : « Même si je devais... ».

DÉVOLU emploi. Seulement comme part.-adj. dans : *C'est vous, mon jeune ami, à qui ce rôle sera dévolu* (Jorif). *Le second* [étage] *était dévolu à un Suisse, travaillant dans l'empire multinational* (P. Jardin) et comme substantif dans **jeter son dévolu sur**. On prendra garde que le verbe *dévoloir* n'existe pas.

DÉVOT prononc. [o] au masc., [ɔ] au fém. ♦ **orth.** Jamais d'accent circonflexe. Un seul *t* au fém. : *dévote.*

DÉVOUEMENT orth. Ne pas oublier le *e* intérieur.

DEY sens. « Ancien chef du gouvernement d'Alger. » Ne pas confondre avec **bey**, « ancien souverain de Tunis ».

DIABLE forme. Au fém., on a *diablesse*, mais souvent aussi une forme identique à celle du masc., surtout quand il s'agit de l'adj. : *Une diable d'enfant, une petite fille très diable.* → DRÔLE.

□ **au diable si, du diable si.** Locutions anciennes équivalant à l'énergique négation d'une hypothèse. Plus fréquente dans la langue parlée est : **c'est bien le diable si.** *C'est bien le diable si l'on ne parvient pas à un compromis* : « Il n'est pas possible qu'on ne parvienne pas à un compromis. »

□ **du diable.** Sert d'épithète intensive à un substantif : *Il fait un trafic du diable toute la nuit* (Giono).

□ **au diable vert, au diable Vauvert.** La forme correcte est : *au diable Vauvert*, du nom du château de Vauvert, qui, au XIIIe s., se trouvait assez éloigné du centre de Paris et qui avait été le théâtre d'apparitions mystérieuses. ♦ **sens.** « Très loin, à l'autre bout de la ville. »

□ **que diable !** Exclamation assez désuète : *De la volonté, que diable !* (Ionesco).

DIABOLISER emploi et sens. Ce verbe, qui date du XVIe s., trouve un regain de faveur, aujourd'hui, au sens de « présenter sous un jour très défavorable » : *Les professeurs avaient tant diabolisé la nourriture qu'elle en paraissait alléchante, si médiocre fût-elle* (Nothomb). *L'extrême droite se plaint souvent d'être diabolisée par les autres partis politiques.* Il est expressif et tout à fait acceptable.

DIACRE genre. au fém. *diaconesse.* ♦ **sens.** Le personnage fém. a un caractère historique : « Fille ou veuve qui, dans l'Église primitive, recevait l'imposition des mains et était chargée de certaines fonctions ecclésiastiques. » Chez les protestants, c'est un peu l'équivalent de la dame patronnesse.

DIACRITIQUE sens. Cet adj., généralement accolé à **signe**, renvoie à l'apostrophe, au point, aux accents, à la cédille, au tilde, éléments qui servent à éviter les confusions graphiques dans un texte ou à modifier la valeur de certains graphèmes (*e* fermé, ouvert, etc.) : *Tout ce qui distingue, les signes sur les lettres ou les façons de s'exprimer, appartient à la famille des accents. Et tel est le sens du mot grec* diacritique : *ce qui distingue* (Orsenna).

DIAGNOSTIC orth. Ce subst. s'écrit avec *c*. Il existe un adj., **diagnostique**, avec *-que*, d'emploi plus rare : *signes diagnostiques.*

DIALECTE et **PATOIS sens.** Le mot *dialecte* a des sens différents, selon qu'il est employé par les médiévistes ou par les dialectologues. Dans le premier cas, il désigne une « forme du français écrit jadis dans les provinces ». Il existe ainsi une douzaine de dialectes : le picard, le champenois, le bourguignon, le berrichon, etc. Mais les dialectologues entendent le terme de **dialecte** au sens de « ensemble de patois, renvoyant à des références plus historiques que linguistiques » : *Le dialecte wallon déborde largement la frontière franco-belge* (Lerond). Enfin, le **patois** désigne le « parler indigène d'un lieu bien délimité, généralement à caractère rural ». On rencontre plusieurs patois distincts à l'intérieur même de certaines grandes villes du Nord. On préfère dans les milieux scientifiques le terme de **parler**, qui n'est pas chargé de nuances péjoratives, comme c'est souvent le cas pour *patois* : *Une enquête sur les parlers picards de la région d'Abbeville.*

DIAPOSITIVE emploi. Ce néologisme est aisément passé dans notre langue. Il est même abrégé : *une diapo.*

DIARRHÉE orth. deux *r* suivis d'un *h*, comme dans l'adj. *diarrhéique* : *Je veux parler de nos* *diarrhées, conséquence de nos passions pour ces mêmes épices* (Orsenna).

DICTATEUR forme. Le fém. *dictatrice* est plaisant et peu courant : *Il se lavait toujours les mains et passait la cuvette de Ponce Pilate à la dictatrice* (Bazin).

DICTON forme. On rencontre parfois *diton.* ♦ **sens.** Il s'agit en général d'une vérité plus limitée, plus concrète et moins psychologique que celle du *proverbe.* Le **dicton** est d'essence paysanne et concerne le plus souvent les choses de la terre et du climat : *En avril, ne te découvre pas d'un fil. Petite pluie abat grand vent. S'il pleut à la saint Médard, il pleut quarante jours plus tard. Brebis qui bêle perd sa goulée.* Le **proverbe** est une « sentence anonyme et plus ou moins moralisante ». Les proverbes d'un pays forment une sorte de « code de la sagesse pop. » : *Les proverbes ne sont point d'entendement, mais de raison. Ils ne concernent jamais la nature des choses, mais ils visent à régler la nature humaine, et vont toujours à contre-pente, contre les glissements qui nous sont naturels* (Alain). Voici quelques exemples de proverbes : *Tout ce qui brille n'est pas or* (XIIIe s.). *Nul n'est prophète en son pays. Qui veut noyer son chien l'accuse de la rage,* etc. Des auteurs comme La Fontaine et Molière ont recueilli (ou parfois créé ?) maint proverbe.

DIDACTIQUE emploi et sens. Ce mot n'est néologique que comme substantif fém. (l'adj. date du XVIe s.) : il a un sens plus large et plus technique que **pédagogie**, et renvoie à l'« étude scientifique des procédés de transmission et d'acquisition des connaissances », et pas seulement dans un cadre scolaire élémentaire. ♦ **dérivés.** Le **didacticiel** désigne le « logiciel à fonction pédagogique ».

DIÈSE orth. Avec un *s* et non pas un *z.* ♦ **genre.** Masc. : *un dièse.*

DIESEL prononc. À la française [djezɛl] ou à l'allemande [dizəl].

DIEU orth. Toujours une majuscule à l'initiale pour le Dieu des chrétiens : *adresser une prière à Dieu, le Bon Dieu, que Dieu vous aide.* Une minuscule initiale quand le mot désigne les divinités païennes : *les dieux romains, le dieu de la Guerre.* Les emplois courants ou fig. ne nécessitent pas de majuscule : *les dieux du stade, un enfant beau comme un jeune dieu.* Ce mot entre dans de très nombreuses locutions, avec une valeur sémantique souvent bien effacée : *Si c'est Dieu permis de s'met' dans des états pareils !* (Gide). *Car on ne peut pas dire qu'il n'y ait plus de pitié, non, grands dieux, nous n'arrêtons pas d'en parler* (Camus). → À DIEU VAT et BON.

DIFFAMER orth. Pas d'accent circonflexe sur le *a*, de même que sur celui de **fameux** et de **famé** (dans *mal famé*). À distinguer, à cet égard, de **infâme**.

DIFFÉREMMENT constr. Cet adverbe (comme l'adj. **différent**) se construit avec **de** et non avec *que* (attention à l'influence de *autrement.* → ce mot) : *Ce qu'il attendait d'elle, c'est qu'elle ne bouge pas, c'est qu'elle ne pense pas différemment de lui* (P. Jardin).

DIFFÉRENCE emploi. On dira **à cette différence près que**, mieux que *avec cette différence que* : *Il m'arrivait même de passer des soirées de pure amitié, sans que le désir s'y mêlât, à cette différence près que, résigné à l'ennui, j'écoutais à peine ce qu'on me disait* (Camus).

DIFFÉREND sens. « Désaccord » : *Je ne voudrais pas avoir de différend avec toi* (Green). Ne pas confondre le substantif **différend** (*-d* final) avec l'adj. **différent**, qui se termine par un *t*, ni avec le participe **différant** *(-ant)* : *Les jours se succédaient, ne différant guère l'un de l'autre* (Pontalis). → PARTICIPE PRÉSENT.

DIFFÉRENT constr. On dit et on écrit **différent de** et non *différent que* ; il est néanmoins des cas embarrassants : *Belfort est en bas et on le voit d'une façon différente que depuis le pré sous la Miotte* (Gerber). Cette phrase sera jugée peu correcte par certains, mais comment dire cela « autrement » ? L'adj. **autre** et l'adverbe **autrement** se construisent normalement, eux, avec **que**, mais ne sont pas syn. de *différent* et *différemment* : la langue française, ici, n'est pas parfaitement « au net ».

DIFFÉRENTIEL emploi et sens. Utilisé dans le jargon de l'économie, sous la forme *différentiel d'inflation*, ce terme inutile est proscrit par l'arrêté ministériel du 18 février 1987, qui recommande de dire *écart d'inflation. Le coût des CDS sur la dette souveraine française* [...] *n'a jamais été aussi élevé, et le différentiel entre les taux auxquels les Trésors publics français et allemand empruntent se creuse* (*Le Canard enchaîné*, 07/09/2011). → GAP. Mais dans certains domaines techniques, l'emploi de ce nom est assez courant : *Il s'agit d'utiliser le différentiel – ou « gradient » – de température entre eaux froides et eaux chaudes pour faire produire de l'électricité par une « machine thermique »* (G. van Kote, *Le Monde*, 05/08/2011).

DIFFÉRER constr. et sens. Suivi de **de + infinitif**, signifie « remettre à plus tard ». En construction directe *(différer qqch.)*, ce verbe signifie « repousser » : *Cette aventure que j'ai trouvée au centre de ma mémoire et dont je ne peux différer plus longtemps le récit* (Camus). De toute façon, il s'agit d'un mot appartenant à la langue soutenue. En construction absolue, ou avec un substantif introduit par **de**, différer a le sens de « se différencier » : *Si donc, s'essayant à différer infiniment de lui-même, il tentait de changer sa liberté de jugement en liberté de mouvement ?* (Valéry).

DIFFICULTUEUX emploi et sens. Ne se dit que des personnes au sens de « qui est porté à soulever des difficultés » : *un esprit difficultueux.* Ne pas employer **difficultueux** comme syn. de **difficile**, « qu'on ne fait qu'avec peine » : *un travail difficile.*

DIGEST pronon. [dajdʒəst] à l'anglaise ou [diʒɛst] à la française. ♦ **sens.** « Condensé, résumé d'un livre ; recueil de ces condensés. » Mot d'origine américaine, apparu vers 1949.

DIGESTE sens. Cet adj. est très répandu au sens de « que l'on digère aisément ». Son contraire est **indigeste** : *On croit le couscous un mets très lourd ; en réalité, il est parfaitement digeste. Au contraire, les poissons gras sont indigestes* (Dr Sliosberg). *Cela fait, pour chaque détenu, moins d'une demi-livre d'une pâte de pommes de terre indigeste* (Pineau). L'adj. positif est remplacé dans la langue scientifique par **digestible**, mais *indigestible* est pratiquement inusité : *Ce sont les viandes grillées sans graisse qui sont les plus digestibles* (Dr Sliosberg). On ne confondra aucune de ces trois formes avec le substantif **digestif**, qui a un sens actif (en opposition à *digestible*), « qui facilite la digestion » : *Vous prendrez bien un petit digestif ? dit-elle en débouchant un flacon d'eau-de-vie.*

DIGITAL emploi et sens. Cet adj., à l'origine, renvoie au mot **doigt**, par exemple dans *empreintes digitales.* Mais un sens plus technique nous est parvenu récemment, à travers l'anglais *binary digit*, « nombre binaire » ; le français **digital** se rapporte alors aux nombres binaires ou aux quantités mesurées de façon discrète : *affichage digital, montre digitale* ; il s'oppose dans ce contexte à *analogique*. La recommandation officielle (arrêté du 22 décembre 1981) est **numérique**.

DIGNE constr. Rare et littéraire avec le substantif : *un digne homme.* ♦ **emploi.** *Digne d'envie, digne de mépris* peuvent se trouver également en phrase affirmative. En phrase négative, on n'emploie **digne** que dans un contexte dépréciatif : *Il n'est pas digne de notre confiance.* Dans un contexte laudatif, il faut dire : *Il ne mérite pas notre méfiance.*

DIGRESSION forme. Éviter de prononcer et d'écrire *disgression*, faute assez répandue.

DILATOIRE emploi et sens. Dans la langue soutenue, « qui vise à gagner du temps, à retarder » : *Les officiers répondaient aux questions de façon dilatoire* (Volodine). Une *réponse dilatoire* n'est pas nécessairement un *refus.*

DILEMME orth. Ne pas écrire (ni prononcer) *-mn-*, faute fréquente due sans doute à l'analogie de *indemne.* ♦ **emploi.** Ne pas confondre **dilemme** avec **alternative.** → ce mot. Voici la traduction d'un adage allemand qui pose un véritable dilemme : *Tu bois, tu meurs ; tu ne bois pas, tu meurs de même. Aussi, bois !* Autre exemple : *C'est un dilemme très grave et très éprouvant : quand l'art et la justice s'opposent, lequel, laquelle faut-il sacrifier à l'autre ?* (Vercors). Dans la phrase suivante, on constate un glissement vers le sens banal de « problème, difficulté » : *Les grands dilemmes sont en effet adoucis par des formules à double issue qui reflètent moins une doctrine d'action que le souci de se ménager des solutions empiriques* (*Le Monde*). Mais l'emploi suivant est erroné, il s'agit non d'un *dilemme*, mais d'une *alternative* : *Dilemme délicat s'il en fut !... Périr ? Enseigner ?...* (Céline). Dans les deux exemples suivants, l'énoncé des conséquences de chaque terme est incomplet, et la limite est indécise entre le dilemme et l'alternative : *Le dilemme est donc clair : il faut, ou ne rien ajouter à ces passages, ou en retrancher certains au profit d'épisodes qui, non pas par leur qualité, mais par leur rapport au sujet principal, apparaîtront forcément accessoires* (Rivière). *Il lui fallait réfléchir, un dilemme se présentait : va-t-elle par ses dessins et le texte dévoiler déjà à partir de là que l'automate était un faux automate ? Ou fallait-il garder le secret jusqu'à la fin de la bande dessinée ?* (Triolet). Dans ces deux derniers exemples, il s'agit encore d'une *alternative* et non pas d'un *dilemme.*

DILETTANTE orth. Mot d'origine italienne, mais le plur. est *des dilettantes.* ♦ **sens.** « Qui manifeste un goût très vif pour l'art. » Dérivé : **dilettantisme.** Le mot s'est affaibli de nos jours et a pris le sens de « amateur d'art oisif et éclectique ». Au fig., *travailler en dilettante* : « en amateur ».

DILIGENCE emploi et sens. Vieilli au sens de « activité empressée ». Se rencontre surtout dans les locutions figées : *agir avec diligence* ou, absolument, *faire diligence* : *Le patron du café* [...] *servit les deux policiers avec diligence, à tout seigneur tout honneur* (Vargas). On trouve de nos jours un verbe **diligenter,** dans ce sens.

DIMANCHE (DU) emploi. Au fig., cette locution peut prendre la valeur péjorative de « amateur, peu assidu ». Elle est plus souvent au sing. qu'au plur., mais les deux sont corrects : *Je suis un écrivain des dimanches* (Sartre).

DÎME orth. Avec un accent circonflexe.

<u>DIMINUTIFS</u> emploi. En général, on doit éviter la redondance entre un mot de ce type et un adj. comme *petit,* par exemple *une petite maisonnette, une maigre parcelle,* etc. Cependant, lorsque l'idée diminutive est affaiblie ou même complètement effacée, malgré la présence d'un suffixe à l'origine diminutif, la qualification dans ce sens est alors possible ; de même lorsqu'on veut marquer une différence de taille entre deux êtres ou deux objets : *une petite fillette et une grande.* Au point de vue de la création lexicale, cette catégorie de mots est assez ouverte, et des suffixes tels que *-onner, -ot(t)er* sont encore productifs : *Dans la bergère, le baron qui lui faisait face se plaignait de ses rhumatismes et grognonnait* (Gide). *Quatre petites filles un peu roussottes comme Gaston Basque* (Mauriac).

DIMINUTION emploi. Ne pas dire : *La viande est en diminution,* mais : *Le prix de la viande est en diminution.* → AUGMENTATION.

DÎNATOIRE emploi. Adj. fam., presque uniquement dans la locution **goûter** ou **buffet dînatoire,** « sorte de lunch abondant et tardif servant de dîner ».

DINE → DAIM.

DÎNER orth. Avec un accent circonflexe. ♦ **emploi** → DÉJEUNER.

DIONYSIAQUE orth. Il faut être attentif à la succession des *i* et *y.* ♦ **sens.** À l'origine, « qui se rapporte à Dionysos, c.-à-d. Bacchus », et par extension « qui se rattache à la notion d'inspiration, d'enthousiasme ».

DIPLOMATE orth. Pas d'accent circonflexe sur le *o* (ainsi que les termes apparentés), à la différence de *diplôme, diplômer.*

DIPTYQUE → TRIPTYQUE.

DIRE conjug. → APPENDICE GRAMMATICAL. Sauf *redire*, tous les composés prennent la terminaison *-ez* à la 2e personne du plur. du présent de l'indic. : vous *contredisez* (et non *contredites*). ♦ **constr.** Avec *de + infinitif*, ce verbe a le sens de « ordonner » : *Je lui ai dit de m'attendre.* Mais lorsqu'il est suivi (plus rarement) de l'infinitif seul, il équivaut à « affirmer, prétendre » : *Depuis quatre mois, je disais l'aimer, et ne lui en donnais pas cette preuve dont les hommes sont si prodigues* (Radiguet).

□ **dire ses raisons.** On rencontre souvent dans la langue littéraire le verbe *dire* avec le sens de « exprimer, exposer », le complément d'objet pouvant désigner autre chose qu'une « parole » prise dans un sens étroit : *Ils pourraient nous parler un peu, dire leurs raisons, leurs craintes, je ne sais pas, moi !* (Ikor).

□ **on dirait (d') un fou.** Dans cette locution, fréquente à tous les registres, l'ellipse de *de* est aujourd'hui plus naturelle : *La profusion de ces christs a quelque chose de touchant. On dirait d'un congrès de crucifiés* (Apollinaire). Mais : *On dirait un jardin de théâtre sous la lune* (Mauriac).

□ **cela va sans dire.** Expression stéréotypée, qui correspond à une sorte de prétérition : *Je n'ai jamais accepté de pot-de-vin, cela va sans dire, mais je ne me suis jamais abaissé non plus à aucune démarche* (Camus). *Il a lui-même « tâté des pinceaux ». En amateur, cela va sans dire* (Japrisot).

□ **dire que... !** Cette locution à valeur exclamative est suivie d'une proposition au passé et exprime généralement un vif regret de ce qui aurait pu être : *Dire que ce brave homme avait tout préparé pour lui, était allé jusqu'à se déranger pour le tirer d'affaire !* (Ikor).

□ **je veux dire, on va dire**, etc. Un certain nombre de tics qu'on pourrait appeler de remplissage ou de précaution, formés à partir du verbe *dire* : **j'veux dire, j'ai envie de dire, on va dire**... ont tendance à envahir inutilement le langage des médias. On peut très bien supprimer ces éléments sans rien ôter d'essentiel au message : *La base de sa carotide est à 1,54 mètre du sol. – On peut dire cela comme ça* (Vargas).

□ **au dire de.** Cette locution est quelquefois au sing. (mais on rencontre surtout le plur.) : *Au dire du contrebandier, parler nourriture faisait saliver et trompait la faim* (Peyré). *Gilbert, aux dires de Chassegrange, s'il n'était bien sûr qu'un petit imbécile, pouvait devenir tout à fait gênant* (Dhôtel).

□ **ceci dit** → CECI.

□ **soit dit en passant.** Locution figée, archaïsme syntaxique souvent utilisé : *Soit dit en passant, il arrive que des fleurs bi ou tricentenaires soient collées sur les feuillets des registres* (Bazin).

□ **soi-disant** → PRÉTENDRE et SOI-DISANT.

□ **ledit, ladite, lesdits...** Ces formes sont en un seul mot et n'appartiennent qu'à la langue administrative (ou à sa parodie) : *Vous posez la cuiller sur le verre dans lequel repose déjà l'absinthe, puis vous mettez un caillou de sucre sur ladite cuiller* (Queneau). On écrit également en un seul mot *audit, dudit, susdit* : *Cette nouvelle fonctionnalité donne encore plus de visibilité auxdites photos* (L. Belot, *Le Monde*, 17/06/2011).

□ **dit-il.** On doit éviter, sous prétexte de variété dans le style, de remplacer ce groupe, fréquent dans la prose romanesque, par un groupe formé sur un verbe ne contenant pas l'idée de « dire », par exemple : *rougit-il, s'empêtra-t-il*, etc. Certains écrivains abusent de cette « ressource » : *Vous avez peur que cela vous fasse mal aux dents ! le taquina-t-elle* (Fontanet).

□ **dire tu, dire vous** → TUTOIEMENT et VOUVOIEMENT.

□ **tenez-vous-le pour dit** → TENIR.

→ LIEU-DIT, ON-DIT, OUÏ-DIRE.

DIRECTION emploi. On rencontre dans la langue technique ou le registre fam. le tour elliptique : *Un train s'arrête. Hommes et bagages y sont chargés direction Feldkirch* (Chaix). La formule complète, un peu lourde, est *en direction de...*

DIRIMANT emploi et sens. Mot de la langue du droit, surtout employé dans **empêchement dirimant**, « qui met obstacle à la célébration d'un mariage, ou qui l'annule, si la cérémonie a déjà été célébrée ». On trouve des emplois extensifs : *Des raisons* *dirimantes nous ont empêchés d'exécuter cette décision.*

DISCIPLE genre. N'a pas de fém. : *Elle est son meilleur disciple,* avec un possessif masc., malgré le genre du sujet. → ADEPTE.

DISC-JOCKEY ou **DISK-JOCKEY** → DISQUE-JOCKEY.

DISCO sens. Ce mot, comme adj. ou nom fém. invar., se rapporte à une musique facile, inspirée du jazz et du rock et très répandue dans les discothèques : *Un couple parfaitement accordé, plus rapide, plus précis, moins vite essoufflé que les acrobates disco de* Saturday night fever (Jourde).

DISCONTINUER constr. Surtout intransitive, dans la locution **sans discontinuer** : *Des enfants couraient pour rejoindre la fanfare qui prenait position devant l'entrée principale, jouant sans discontinuer* (Gallo). *La guerre n'a pas discontinué pendant vingt ans.* Plus rarement transitive, avec **de + infinitif** : *Il n'a pas discontinué de venir me voir.*

DISCONVENIR conjug. Comme *venir,* avec l'auxiliaire *être.* ♦ **constr.** Essentiellement sous la forme négative **ne pas disconvenir que**, suivie soit du subj. (avec le *ne* explétif), soit de l'indic. : *Il ne disconvient pas qu'il (ne) se soit trompé ou qu'il s'est trompé. Disconvenir de* + infinitif est vieilli.

DISCORD emploi et sens. Comme subst., c'est un syn. vieilli et aujourd'hui très rare et littéraire de **différend** → ce mot. Comme adj., s'applique à « un instrument de musique désaccordé ». À distinguer de **discordant**, « qui rompt l'harmonie d'un ensemble » (*discordant* ne peut donc s'appliquer à un élément isolé).

DISCOUNT emploi et sens. Ce mot, emprunté à l'anglais (mais issu de l'ancien français *descompte* = décompte), appartient à la langue du commerce, où il pourrait aisément être remplacé par **remise** ou **ristourne** (ce dernier mot est recommandé par un arrêté ministériel du 17 mars 1982).

DISCRÉDITER sens. Ce verbe, qui a supplanté complètement *décréditer,* signifie « faire perdre tout crédit », et a pour complément d'objet un nom de personne ou, à la rigueur, un nom désignant un procédé, une institution. On ne doit pas le confondre avec **décrier**, qui signifie : « Attaquer la réputation de », ce qui peut avoir pour résultat de *discréditer* : *Par les hommes décriée par les dieux contrariée / La noce continue et Vive la mariée !* (Brassens). *Ils ont eu beau décrier leur collègue dans les coulisses, ils ne sont pas parvenus à le discréditer dans l'esprit du public.*

DISCRÉTIONNAIRE sens. « Qui confère à quelqu'un la libre décision », surtout dans **pouvoir discrétionnaire**, c.-à-d. « arbitraire, illimité ». Se rattache non pas à être *discret,* mais à être **à la discrétion de** (à la disposition) : *Elle en avait beaucoup entendu parler de ces agents cadastraux, de leur fabuleuse fortune, de leur puissance discrétionnaire, quasi divine* (Duras).

DISGRACIEUX orth. Sans accent circonflexe sur le *a,* à la différence de *grâce,* dont il est pourtant dérivé, comme *gracieux, gracier, disgracié.*

DISPARAÎTRE → APPARAÎTRE et PARAÎTRE.

DISPARATE genre. Fém. *une disparate.* Mais on trouve parfois le masc., qui est erroné. ♦ **sens.** « Dissemblance choquante » : *Il ne souffrit pas trop de la disparate entre la caserne et la famille* (Maurois). *Il y a entre ses paroles et ses actes une excessive disparate.*

DISPATCHER emploi et sens. Ce verbe calqué sur l'anglais *to dispatch* ne dit rien de plus que le français **répartir** ou **ventiler**. On se gardera donc de l'employer dans la langue usuelle, et on le réservera à des contextes techniques, ainsi que les substantifs *dispatcher,* « régulateur », et *dispatching,* « poste de distribution, de commande ; répartition ».

DISPENDIEUX sens. « Qui exige une grande dépense » : *Grand-mère nous chaussait de galoches en été et de bottillons de caoutchouc en hiver. Madame mère les trouva dispendieux* *et, par ces motifs, les déclara malsains* (Bazin). On dit plus simplement **coûteux**. Ne pas confondre avec **dépensier**, « qui dépense excessivement ».

DISPUTER constr. et emploi. Disputer de est l'emploi le plus proche des origines latines, au sens de « discuter vivement à propos d'idées, d'opinions » : *Le dîner, pendant lequel on disputerait de points de droit civil* (Échenoz). Mais on rencontre ce verbe dans la langue courante, avec un complément d'objet direct désignant une personne, ou sous la forme pronominale, au sens de « réprimander, quereller » : *Ce n'est pas en se croisant les bras, et à se disputer, qu'on serait arrivé à ce résultat-là* (Aragon). *La Russie est sur le point de sombrer et les belles-sœurs se disputent !* (Wiazemsky). Avec un nom de chose pour complément d'objet direct, **disputer** signifie « chercher à obtenir ou à conserver qqch., contre des adversaires » : *L'interminable guerre israélo-palestinienne voit d'abord deux peuples se disputer la même terre* (Guillebaud). On dit également **disputer un match** ou **une partie**, pour insister sur l'idée de « compétition » : *Seriez-vous disposé, monsieur Benoist, à disputer une petite partie de jacquet ?* (Diwo).

□ **le disputer à** ou **avec.** Dans la langue soutenue, « rivaliser » : *Le disputer à quelqu'un en érudition, en richesse,* etc.

DISQUE-JOCKEY forme. Ce mot composé emprunté à l'anglo-américain garde parfois sa forme d'origine **disc-jockey** → ce mot. ♦ **emploi et sens.** Il désigne une personne chargée de préparer et de présenter les divers éléments d'une émission de radio ou de télévision, ou encore de passer des disques de variétés à la radio ou dans une discothèque : *L'empereur Hirohito* [...], *lui qui descendait de la déesse du soleil, Amaterasu, se tenait devant un micro comme un vulgaire disc-jockey afin de faire l'annonce à son peuple* [...] *d'une capitulation* (Y. Simon, *Le Monde*, 25/04/2011). Il paraît souhaitable de remplacer ce nom, mal intégré en français graphiquement et phonétiquement (et parfois abrégé en **D.J.**), par le simple **animateur** (arrêté ministériel du 10 octobre 1985). → cit. à ESTER.

DISQUETTE emploi et sens. Ce néologisme adapte très bien l'anglais *diskette* ou *floppy disk*, pour désigner le « disque magnétique utilisé dans les ordinateurs », objet usuel devenu rapidement indispensable en informatique (recommandation officielle du 22 décembre 1981). Les désignations **CD** et **DVD** sont techniquement plus précises.

DISSEMBLABLE constr. Comme *différent de*, au contraire du simple *semblable à* ; mais le plus souvent en construction absolue : *Ils sont si dissemblables !*

DISSENSION orth. Pas de *t*. ♦ **sens.** « Désaccord profond et manifeste. » Mot plus fort que **dissentiment**, qui n'est qu'une simple « différence de sentiments, d'opinions » : *De graves dissensions compromettent la stabilité du gouvernement.*

DISSERTE emploi. Cette abréviation de *dissertation* ne se rencontre que dans un contexte scolaire fam. : *Je repense à une de mes nièces qui me téléphonait pour que je l'aide à finir une « disserte »* (Weyergans).

DISSIMULER constr. Quand la principale est affirmative, le verbe de la complétive est le plus souvent à l'indic. ou au conditionnel : *J'ai longtemps cherché à te dissimuler qu'il était parti.* Après une principale négative ou interrogative, on trouve l'indic. ou le subj. : *Faut-il encore se dissimuler que nous n'arriverons à rien ? Personne ne se dissimule qu'il ait lamentablement échoué.* Mêmes règles pour *cacher.*

DISSOLU emploi et sens. Ancien participe passé de **dissoudre**, complètement détaché aujourd'hui de son verbe. Signifie « déréglé, débauché » et ne se rencontre qu'auprès de substantifs tels que *vie, mœurs,* etc. : *Il l'admirait pour sa hardiesse, pour son ambition sans frein, pour toute une vie dissolue qu'il imaginait* (Mauriac). L'emploi suivant est à déconseiller : *Mais, par bravade peut-être, il avait épousé une jeune fille dissolue* (Masson).

DISSONANCE orth. Avec un seul *n* : *Les deux autorités ne s'entendant guère, on présume que les dissonances du mot d'ordre relèvent du hasard* (B. Poirot-Delpech, *Le Monde*, 20/05/1992). Même remarque pour le part.-adj. *dissonant* : *Une ou plusieurs dissonantes mélopées s'élevant de cette confuse ou plutôt frénétique agitation* (Simon). → SONNER.

DISSOUDRE conjug. Comme *absoudre* → ce mot. Le fém. du participe **dissous** est **dissoute** : *Il se sentait merveilleusement dissous par cette compréhension, cette pitié* (Kessel). *En vertu de cette loi, le Parti républicain, créé il y a dix-sept ans, codirigé par Vladmiri Ryjkov, a été dissous le 26 mars* (M. Jégo, *Le Monde*, 02/04/2007). Nous jugeons souhaitable d'aligner, selon les Recomm. offic. de décembre 1990, l'orth. du masc. sur celle du fém. : **dissout, dissoute**, comme pour **absoudre** et le second participe de **résoudre**. Attention : le passé simple n'existe pas. Éviter les barbarismes : *se dissolut, se dissolva, se dissolvit...*

DISSYLLABE forme. On trouve aussi *dissyllabique*. ♦ **sens.** « Qui comporte deux syllabes. »

DISSYMÉTRIE orth. De nos jours, l'orthographe du préfixe est *dis-*, alors que les dictionnaires du XIXe siècle écrivaient *dys-*, conformément à l'étymologie. ♦ **emploi.** La langue littéraire use fréquemment de structures syntaxiques dissymétriques. En voici quelques exemples : *Je regrettai ma phrase et qu'il y eût pu sentir quelque allusion à son infirmité* (Gide). *Alain se souvenait du souffle accéléré de Camille et qu'elle avait fait preuve d'une chaude docilité* (Colette). *Elle trouvait toutes les femmes belles, et que leur élégance estivale était une insulte à tout ce qui n'était pas elles* (Duras). Sans pour autant systématiser ces procédés, souvent critiqués par les grammairiens, on se gardera de rechercher la symétrie « à tout prix », ce qui aboutit souvent à un style encore plus artificiel, et crée ce que Pascal nommait les « fausses fenêtres ». Les écrivains ne se soucient pas de balancer également leurs phrases et ils préfèrent souvent le « choc » produit sur le lecteur par un développement inattendu ou une expansion apparemment boiteuse. → ASYMÉTRIE.

DISTINCT prononc. [distɛ̃] au masc., [distɛ̃kt] au fém.

DISTINGUER constr. On dit *distinguer qqch.* ou *qqn d'un(e) autre* ou *d'avec un(e) autre.* → AVEC : *La lune et l'aube permettaient de distinguer dans les haies les aubépines des reines-vinettes et des prunelliers* (Vailland). □ **se distinguer. emploi.** Ce verbe, à la voix pronominale, peut avoir une valeur soit méliorative, soit dépréciative, selon le contexte. *Cet élève s'est particulièrement distingué* est donc une phrase ambiguë, si le contexte ne l'éclaire pas (avec ou sans ironie).

DISTRACTIF, IVE emploi et sens. Cet adj. double **distrayant** sans grande utilité : il a pour synonyme *récréatif*, voire *ludique*. Son inconvénient majeur réside dans l'amphibologie du verbe distraire (« amuser » ou « détourner l'attention »). On notera que les psychologues emploient le substantif **distractivité** au sens d'« incapacité à fixer son attention ». On dira *des équipements de loisir* plutôt que *distractifs*.

DISTRAIRE conjug. Comme *traire*. Ce verbe est défectif : pas de passé simple, en dépit d'audacieuses tentatives du jeune Stendhal, dans son *Journal*, en 1805 ! → APPENDICE GRAMMATICAL.

DITHYRAMBIQUE orth. Difficile : *i* avant *th*, *y* après *h*. ♦ **sens.** « Qui loue avec une emphase souvent disproportionnée avec l'objet. » Vient de **dithyrambe**, « poème lyrique à la gloire de Dionysos, dans l'Antiquité grecque », souvent employé aujourd'hui au sens banalisé d'« éloge excessif » : *Il exprimait ce bonheur en redoublant de blagues, dithyrambes et hyperboles* (Labro).

DIVE emploi. Cette forme abrégée de *divine* est archaïque, et ne se rencontre plus que dans l'allusion à la *dive bouteille* de Rabelais, ou dans un contexte très littéraire : *Je le lui disais. À profusion même, gâchant un peu de* *la dive émotion par une imprudente prodigalité* (Allen).

DIVERGENT, DIVERGEANT forme. Le premier mot est adj., le second participe présent. → PARTICIPE PRÉSENT.

DIVERS sens. Adj. à sens indéfini lorsqu'il est antéposé : *diverses personnes*, « un certain nombre de personnes » ; qualificatif lorsqu'il est postposé : *des personnalités diverses*, c.-à-d. « distinctes, différentes les unes des autres ».

DIVERSION sens. « Action de détourner l'esprit vers d'autres objets » : *faire diversion, tenter une diversion.* Ne pas confondre avec **divertissement**, qui n'a plus aujourd'hui que le sens de « amusement, récréation » : *La musique est un divertissement de qualité. Offrir un divertissement à quelqu'un, pour faire diversion à son chagrin.*

DIVIN prononc. On fait la liaison devant un mot à initiale vocalique, et le [ɛ̃] se dénasalise, même au masc. : *le divin enfant* [divinɑ̃fɑ̃].

DIVORCER constr. Si le verbe est suivi d'un complément, on dit **divorcer d'avec**. → AVEC. Mais la construction *divorcer avec* se répand. *Se divorcer* n'existe plus. Distinguer : *Il a divorcé il y a trois ans* (action) et *Il est divorcé depuis trois ans* (état).

DIVULGUER emploi. Seulement avec un complément d'objet non animé : *divulguer une nouvelle, un secret, une doctrine.* Éviter le pléonasme *divulguer publiquement.*

DIX prononc. Le *x* final reste muet devant un plur. commençant par une consonne ou un *h* dit aspiré : *dix tables, dix livres, dix héros.* Devant une voyelle, on prononce [z] plutôt que [s] : *dix œufs, dix enfants.* Dans les dates, on dit *le dix août* avec un [s] plutôt qu'avec un [z], mais l'usage est très variable. Dans le *dix mai*, le *x* final ne se fait plus entendre, alors qu'on disait autrefois [dismɛ]. En fin de phrase, au contraire, on prononce [dis], de même que devant *et, à, pour*, etc., *gagner par dix à trois, dix et quinze, dix pour cent, dix d'entre eux*, etc. On dit *dix-sept* [di(s) sɛt], mais *dix-huit, dix-neuf* [diz]. On écrit : *dixième* et *dizaine*, mais dans les deux cas on prononce [z].

□ **dix-sept cents** ou **mille sept cents**. L'emploi de l'une ou l'autre formule est indifférent à partir de 1700, mais jusqu'à 1600 on doit préférer *onze cents, douze cents*, etc., à *mille cent, mille deux cents*, etc. ♦ **orth.** Trait d'union dans *dix-sept, dix-huit*, etc., mais pas de trait d'union dans *cent dix, dix mille.* → CENT.

DOCILE constr. Cet adj. s'emploie aujourd'hui, le plus souvent, de façon absolue : *Un animal très docile.* Mais on rencontre encore la construction ancienne, avec la préposition *à* : *J'ai donc été docile à vos préceptes pendant ces moments qui ont suivi le début proprement dit* (Volodine).

DOCTORESSE emploi. Ce fém. est controversé : *Il se rasséréna un peu sous les questions douces de la doctoresse. (« Je crois que l'on ne dit pas 'doctoresse'. Au fait, pourquoi ? »)* (Jorif). Certaines femmes se font volontiers appeler **Madame la doctoresse**, mais il semble qu'on en revienne de plus en plus à *Madame le docteur Un tel, une femme docteur* ou *un docteur femme, Mme X..., docteur en médecine.* En tout état de cause, **doctoresse** ne peut se dire que pour une femme docteur en médecine et non pas, par exemple, pour un docteur en droit ou ès sciences.

DOCUDRAME emploi et sens. Ce mot-valise est une utile innovation, pour désigner le « documentaire dont certaines parties sont des reconstitutions dramatiques ». Il est recommandé par l'arrêté ministériel du 10 octobre 1985 pour traduire, dans le monde de l'audiovisuel, l'anglais *docudrama* ou *dramatized documentary.*

DOIGT emploi. On dit *savoir quelque chose sur le bout du doigt* (sing.) mais plutôt *avoir de l'esprit jusqu'au bout des doigts* (plur.).

DOIT-ET-AVOIR orth. Deux traits d'union. ♦ **emploi.** Cette expression invar. appartient au lexique de la comptabilité : *Des livres de doit-et-avoir pareils à des registres de plain-chant.*

DOLÉANCES emploi. Rare au sing. : *Je suis un homme libre, caché dans ma villa inviolable, prêt à écouter les doléances de chacun et à distribuer mes conseils ou avis* (Labro).

DOLENT sens. « Qui se sent malheureux et cherche à se faire plaindre » : *Une voix dolente, une démarche dolente.* Ce mot d'emploi assez littéraire ne s'oppose pas à **indolent**, « nonchalant, apathique » : *Il la vit un peu dolente et l'embrassa en frère* (Colette).

DOM emploi et sens. 1) Titre donné à certains religieux (bénédictins, trappistes) : *Il vit dom Pérignon.* **2)** Titre de noblesse espagnol ou portugais, qui a eu la même évolution que *monsieur* ; la forme espagnole moderne est *don* : *don Juan* (mais le *Dom Juan* de Molière), *don Quichotte.*

DÔME sens. Ce mot est souvent employé sans aucune distinction d'avec **coupole**, bien que ce dernier substantif désigne « l'intérieur » et que **dôme** soit plus approprié pour désigner l'extérieur. On dira donc *siéger sous la coupole de l'Institut* mais *avoir vue sur le dôme du Panthéon. Dôme* peut s'employer au fig. plus aisément que *coupole* : *un dôme de feuillage.*

DOMMAGE constr. La langue familière emploie souvent ce substantif comme mot-phrase, c'est-à-dire isolément, ou encore en début de phrase : *C'est là où tu devrais être avec Xénia et ses enfants. Dommage que tu aies refusé de m'obéir* (Wiazemsky). *Dommage qu'il ait manqué son train !* La langue académique recommande : *C'est dommage que,* ou, plus littérairement : *Il est dommage que...* Dans tous les cas, le verbe qui suit est au subj.

DOMPTER prononc. Le *p* doit rester muet, comme dans *baptiser, sculpter.*

DONATAIRE sens. « Celui qui reçoit un don. » Le **donateur** est celui qui donne. → DÉDICATAIRE.

DONC emploi. Renforce souvent un interrogatif : *Où donc un respectable professeur d'université pouvait-il prendre cet argent ?* (Godbout). *Où est-il donc ?* → QUOI. La valeur adverbiale est également fréquente, pour rendre plus pressant un ordre ou une invitation : *Dites donc ! Venez donc !* etc., ou pour marquer divers sentiments, surprise, étonnement : *C'était donc ça !* **Donc** peut servir de transition, pour indiquer un retour à ce dont il était question : *Je vous disais donc que...* → OR (conjonction).

□ **et donc.** Cette locution employée jadis par les classiques se rencontre encore et on ne peut la taxer d'incorrection : *Et donc il importe moins, pour le progrès réel, de savoir beaucoup, que de savoir très bien une chose ou deux* (Alain).

DONJUANESQUE orth. En un seul mot (mais *don Juan* en deux mots). Même remarque pour *donquichottesque* et *don Quichotte.* → DOM.

DONNER emploi. Ce verbe entre dans de multiples locutions anciennes, dont certaines sont encore en usage, surtout dans la langue littéraire. **Donner dans**, au sens de « avoir du goût pour » ou « croire à », se rencontre assez souvent aujourd'hui : *Un type supérieur comme vous, donner dans ces bobards-là, non !* (Bernanos). *Donner sur les doigts* est plus rare : *Ils prient qu'on leur donne sur les doigts, ils inventent de terribles règles* (Camus).

□ **donner de.** Au sens de « accorder, permettre », ce tour est purement littéraire : *Songeant à cet humble manuel qui lui donnerait de faire figure devant les dictionnaires de l'oncle Suprême* (Aymé). *J'aime aussi les langues, toutes les langues. Enfin, celles qu'il m'a été donné de fréquenter* (Cavanna).

□ **la donner belle** → BAILLER.

□ **étant donné.** Pendant longtemps, l'accord avec le substantif suivant était facultatif : *Étant donné(es) les raisons qu'il nous a présentées, on ne peut que lui pardonner.* Aujourd'hui, on tend à accorder cette locution selon les mêmes règles que *attendu, excepté,* etc. → ces mots. En mathématiques :

Étant donné deux droites ou *Deux droites étant données…*

□ **donner sur** → SUR et RUE.

→ ADONNER (S') et APPENDICE GRAMMATICAL (participe passé).

DONNEUR emploi et sens. De plus en plus courant pour **donneur de sang** : *L'opération pratiquée le 22 juillet dernier à Lyon peut constituer un espoir pour les familles en attente d'un donneur*, mais le fait d'abréger l'expression a un inconvénient : la confusion avec le sens qu'a le mot simple dans l'argot du milieu : « mouchard, indicateur », d'après l'emploi de **donner** au sens de « dénoncer, livrer à la police ».

DONT emploi. Pronom relatif qui a pour antécédent un nom de personne ou de chose ou un démonstratif, et qui équivaut à *de qui, de quoi* : *Caddie est sortie de la douche en prenant à la hâte un linge dont elle s'est vêtue* (Ravey). *Le fils s'était emparé de ce dont la mère au fil du temps s'était entourée* (Pontalis). Il peut se voir substituer *de qui* ou *de quoi* : *Elle a dû avoir dans ses ancêtres un apôtre de qui elle a hérité le goût de sauver les âmes* (Mauriac). L'ellipse du verbe après *dont* est fréquente, surtout dans la langue parlée : *Doriot reçut onze balles dont sept mortelles* (Chaix). *Il a mangé trois pommes, dont une un peu gâtée.*

□ **la famille dont il est issu.** Pour l'origine généalogique, *dont* est préférable à *d'où*, que l'on réserve aujourd'hui à la valeur proprement spatiale : *Je demeurais au centre d'une confusion d'où sans doute mon cœur pouvait me tirer* (Vercors). *La maison d'où il vient de sortir.* Mais cette distinction n'était pas observée jadis, et demeure assez fragile : *Elle s'en fut tout droit à l'armoire de pharmacie, dont elle retira la seringue de Pravaz* (H. Bazin). *Un cabas à la poignée cassée dont dépassent le thermos et le pain* (Vian).

□ **l'homme dont je connais le nom.** Il faut éviter d'employer dans la proposition relative un terme rappelant explicitement l'antécédent de *dont* : *Un ami dont on se console de la mort en songeant qu'il ne souffre plus* (Mauriac). La succession de *dont* et de *de* répugne à nos usages, et il aurait sans doute mieux valu écrire : *Un ami de la mort duquel on se console. Des chevaux de course dont quelques médailles sur le mur rappellent leurs exceptionnelles qualités* (Wiazemsky). L'article *les* aurait été préférable au possessif *leurs*. Plus généralement, un nom se rapportant, dans la relative, à *dont* ne doit pas, en principe, être construit avec une préposition. Parfaitement correcte, en revanche, est la phrase suivante : *Mais que dire des chercheurs de caoutchouc à l'agonie desquels mes dernières semaines de séjour me permettaient d'assister ?* (Lévi-Strauss).

□ **dont je sais que.** Ce tour est de plus en plus répandu, surtout avec des verbes d'opinion et d'affirmation : *Les fleurs de la vieille marchande dont je savais pourtant qu'elle les volait au cimetière Montparnasse* (Camus). *Qu'est-ce que conseille le maître absent, dont Clanricard aime à se répéter, avec une espèce de fanatisme volontaire, qu'il a toujours raison ?* (Romains). *Ces vêtements dont il avait jugé par la suite qu'ils orneraient agréablement les fenêtres d'une chambre à coucher* (Godbout). *Il lui consacra un texte, souvenir dont on devine que Gœthe, alors âgé de soixante ans, éprouve du plaisir à le raconter* (Pontalis). Ce tour est impossible à refuser, malgré les réserves de certains grammairiens, mais il est évident qu'il ne doit pas tourner au tic, et qu'il n'est guère justifiable lorsque le verbe suivant *dont* ne se construit pas ordinairement avec de (c'est le cas de la citation de Romains).

□ **dont acte.** Locution figée dans la langue officielle : « De laquelle opération je vous donne acte. »

□ **ce dont.** Reprend tout ce qui précède, comme antécédent tenu pour neutre, ou non animé : *Cette nuit des hôtels fut décisive, ce dont je me rendis mal compte après tant d'autres extravagances* (Radiguet). *Ils se sont intéressés à la porte que l'on ouvrait en déclenchant une sonnette grognonne, ce dont se fichait éperdument le berger allemand* (Colombier). On distinguera soigneusement des phrases telles que *J'ai rencontré sa fille, dont il ne s'est pas soucié* et *J'ai rencontré sa fille, ce dont il ne s'est pas soucié* : dans le premier cas, l'antécédent de *dont* est le mot *fille* ; dans le second, c'est la proposition principale tout entière, c'est-à-dire l'idée de

« rencontre ». **Ce dont**, en tête de phrase, peut aussi annoncer ce qui suit : *Ce dont tu aurais besoin, ce serait d'un bon verre de vin* (Peyré).

DOPING emploi. Ce terme du langage des sports est aujourd'hui de plus en plus souvent remplacé par la forme francisée **dopage** (recommandée par un arrêté ministériel du 2 janvier 1975) : *Il avait dit doping, et depuis le début de l'occupation, on s'efforçait d'oublier les néologismes anglais* (Bastide). *Le soupçon de dopage pèse sur plusieurs champions à l'occasion des premières épreuves d'athlétisme à Barcelone* (Fénoglio, *Le Monde*, 02/08/1992). *Dans sa lutte contre le dopage, l'Union cycliste internationale (UCI) a décidé de cibler les mœurs incestueuses de la grande famille du vélo* (R. Dupré, *Le Monde*, 15/07/2011). On emploie souvent, dans l'usage courant, le substantif **dope** (prononcé généralement [dop] avec un *o* fermé, à la différence des autres mots de cette série) pour désigner une drogue ou un stupéfiant en général : *On peut imaginer que la meurtrière a souhaité orienter l'enquête vers une affaire de dope* (Vargas). *Je ne touche plus à la dope, j'ai rencontré une fille bien* (Barbery).

DORADE → DAURADE.

DORLOTER orth. Avec un seul *t*.

DORMANT emploi et sens. Outre le sens classique en architecture (→ OUVRANT), ce mot revêt aujourd'hui, en tant qu'adj., un sens particulier, et s'emploie pour qualifier un individu ou un groupe infiltré dans un certain milieu pour passer brusquement à l'action terroriste : *Comment savoir si d'autres cellules dormantes de ce groupe terroriste n'attendent pas leurs heures* (*Le Monde*, 25/05/2007).

DORMIR conjug. → APPENDICE GRAMMATICAL. Le participe passé fém. *dormie* est inexistant, tandis que *endormie* et *rendormie* se rencontrent.

DOT prononc. Le *t* final se fait toujours entendre : [dɔt].

D'OÙ emploi. Fréquent au début d'une proposition ou d'une phrase, avec ellipse du verbe. *Savoir que la terre tourne, cela n'avance pas beaucoup* [...] *D'où un homme subtil et assez avancé dans les sciences voulait conclure que l'on avait fait beaucoup de bruit pour cette aventure de Galilée* (Alain).
□ **d'où vient que.** Même sens et même emploi que *d'où* : valeur affirmative et conclusive en tête de phrase. Ce groupe peut être suivi de l'indic. ou du conditionnel et aussi se voir substituer l'expression *de là vient que.*

DOUBLE orth. Les composés *double-as, double-crème, double-six* prennent un trait d'union ; les autres en sont dépourvus.

DOUCEÂTRE orth. Le son [s] devant un *a* est rendu ici, exceptionnellement, par *-ce-* et non *-ç-* : *Elle respirait avec délice le parfum douceâtre de l'arbre* (Wiazemsky).

DOUCEREUX emploi et sens. Cet adj., formé sur *doux*, qualifie à peu près exclusivement les manières, la mimique, le comportement, de façon péjorative : *Maman ne supporte pas les mines doucereuses qu'affichent les bigots* (Hoex).

DOUTE constr. Ce substantif entre dans de nombreuses locutions, à la suite desquelles on hésite sur le mode du verbe à employer. Après *aucun doute, point de doute, il n'y a pas de doute, il ne fait pas de doute, il n'est pas douteux*, on emploie surtout l'indic. ou le conditionnel, et de façon plus littéraire le subj., accompagné ou non de *ne* (ce mode est peu logique, puisque toutes ces expressions affirment une certitude) : *Il n'était pas douteux que nous étions sur une sœur jumelle de notre terre* (Boulle). *Si ce qui restait du bateau se révélait un jour accessible, nul doute qu'il s'agirait d'une affaire conséquente* (Échenoz). *Sans doute elle semble hésiter* (Rouaud). *Il n'y a aucun doute qu'après son séjour en montagne, il nous reviendra guéri.* Mais : *Il n'y a point de doute que vous ne soyez le flambeau même de ce temps* (Valéry). *Pour moi, disait Crittin, ça ne fait pas l'ombre d'un doute que la chose ne s'arrange* (Ramuz).

□ **sans doute. constr.** En tête de phrase, cette locution entraîne dans la langue soutenue une inversion du sujet : *Marie adorait sa bru. Sans doute voyait-elle en elle le reflet d'un amour, d'une patience qu'elle avait vécus* (Chaix). *Sans doute me trouva-t-elle l'air égaré* (Radiguet). Mais l'ordre normal n'est pas rare : *Sans doute le train passerait bientôt* (Dhôtel). ♦ **sens.** La valeur privative de *sans* s'est dégradée dans cette locution au point qu'il faut dire **sans aucun doute** pour affirmer une entière certitude. **Sans doute** équivaut à « vraisemblablement » : *Mais sans doute avait-il si peu d'imagination qu'il n'y pensa pas* (Duras).
□ **sans doute que.** En tête de phrase, n'est jamais suivi du subj. : *Et sans doute qu'alors la question pour Esther n'était pas si palpitante* (Aragon). *Il a au moins cent ans. Sans doute que maintenant il est mort* (Hoex).

DOUTER constr. Douter que est suivi du subj. : *Je doute cependant qu'elle sût en quoi cette solitude lui était si dure* (Green). Après *ne pas douter que*, on emploie le plus souvent le subj., sans *ne* : *Je ne doutais pas que ma place fût réservée à bord d'une de ces jolies frégates* (Mac Orlan). On rencontre cependant parfois le **ne** explétif quand le contexte antérieur a une valeur négative : *Il connaît trop le soin que j'ai des mots pour douter (c'est-à-dire qu'il ne doute pas) qu'une telle confidence, chez moi, de mes pensées les plus intimes, ne soit faite à dessein pour le troubler* (Allen). *Je ne doutais pas que de leur côté, mon père, ma mère, mes frères ou mes sœurs ne me rencontrassent* (Labro). Pour insister sur la réalité du fait, on peut employer l'indic. : *Je ne doute pas qu'il fera ce qu'il pourra.* À la voix pronominale, ce verbe a un sens quasi opposé à celui de la construction précédente, et il n'est jamais suivi du subj. : *Mais si les mitrailleurs pouvaient se douter qu'il est presque aveugle !* (Roy). *Elle se doutait, maintenant, que son nom ne l'éloignerait pas* (Mauriac). Enfin, **douter si** est très littéraire et classicisant : *Je doutai un instant si je l'étranglerais* (Louÿs). *Je commençais à douter si vous n'aviez pas résolu de quitter la place aussitôt qu'embauché* (Jorif). *Le trouble dans mes facultés est très fort et je doute si j'entrerai dans le travail de l'Esprit* (Velan).

DOUTEUX ⟶ DOUTE.

DOUX-AMER forme. Ce composé existe surtout au fém. : *Douce-amère. Pourquoi m'appelles-tu de ce nom qui me fait du plaisir et de la peine ?* (Claudel). ⟶ citat. à DÛMENT.

DRACHME genre. Ce substantif fém., qui désigne la monnaie grecque, est souvent pris à tort pour un masc. : *« C'est comme si la drachme avait été réévaluée de 40 % », commente Paul Donovan, économiste chez UBS à Londres* (C. Gatinois, *Le Monde*, 23/09/2011).

DRAINER orth. Pas d'accent circonflexe sur le *a* ni sur le *i*.

DRAISINE sens. « Wagonnet léger employé pour la surveillance et l'entretien des voies ferrées. » Ne pas confondre avec **draisienne**, « ancêtre de la bicyclette », aujourd'hui disparue.

DRAMATURGE sens. « Auteur de pièces de théâtre », et non « acteur » : *Wagner, ce grand homme qui avait un magnifique tempérament à la fois de dramaturge et de musicien* (Claudel).

DRASTIQUE emploi et sens. Cet adj. s'employait à l'origine en un sens médical, « énergique, contraignant ». Il s'applique aujourd'hui à toutes sortes de choses, notamment en politique et en finance : *Cela vient s'ajouter à nombre de décisions déjà prises et tout aussi contestables :* [...] *réduction drastique des pouvoirs de la Cour constitutionnelle* (édito du *Monde*, 17/07/2011). *Des versions plus drastiques encore exigent un équilibre budgétaire annuel, ou presque, sauf en période de récession* (*Le Monde*, 19/08/2011).

DRESSING-ROOM emploi et sens. Si ce mot peut à la rigueur (comme le recommande l'arrêté ministériel du 17 février 1986) être remplacé par le français **vestiaire** quand il s'agit d'un lieu public, il garde sa spécificité lorsqu'il désigne, dans certains appartements modernes, une « petite pièce qui sert à la fois d'armoire à linge et à vêtements, de lingerie et de vestiaire ».

DRIBBLE orth. Ce mot emprunté à l'anglais dans le domaine du football, et qui désigne l'action de « progresser avec le ballon en évitant l'adversaire », pourrait être simplifié en *drible* (recommandation officielle du 18 février 1988), de même que les dérivés *dribbler* et *dribbleur*.

DRILLE genre et emploi. On distingue *un joyeux drille*, « homme jovial » (→ LURON) et *une drille*, « outil à foret ».

DROIT constr. On dit *avoir (le) droit de*, mais toujours *être en droit de*. Distinguer **marcher droit** (invar.) et **se tenir droit** (où *droit* s'accorde en genre et en nombre). Ne pas écrire *elle va droite au but*, mais *elle va droit au but*.
□ **à main droite.** Locution vieillie, qui se présente aujourd'hui sous forme elliptique. Mais on la rencontre encore : *Tout Paris en rond autour de moi, nord devant, sud derrière, le Panthéon à main droite, la tour Eiffel à main gauche* (Sartre).
□ **à qui de droit.** Locution figée, qui ne se rencontre que comme complément : *Ce n'est pas à un Duplessis qu'il faut parler. On dit un crime à qui de droit* (Vallejo). *Il fut très vite remarqué et pris en main par qui de droit, c'est-à-dire alors par quelque bon père, jésuite ou oratorien* (Michon). Le sens est : « À la personne qui a le pouvoir de décision. »

DROLATIQUE orth. Pas d'accent circonflexe, à la différence de *drôle*. → ce mot. ♦ **emploi.** Assez rare, et souvent littéraire : *Les Contes drolatiques* de Balzac.

DRÔLE constr. Le tour **un(e) drôle de** est très répandu dans la langue courante (forme unique pour l'adj. dans ce sens) : *Sa lèvre supérieure se retroussait d'une drôle de façon sur ses petites dents* (Sartre). ♦ **forme.** En dehors du cas cité, le fém. est **drôlesse**, mais le sens est alors beaucoup plus méprisant qu'au masc. : « Femme peu recommandable » : *Pourtant, depuis que nous parlons à table de cette drôlesse* (Mauriac).
□ **se sentir tout drôle. sens.** « Mal à l'aise, pas comme d'habitude. »

DROMADAIRE → CHAMEAU.

DRU orth. Pas d'accent circonflexe. *Un petit garçon bien dru.* Fém. *drue. Une barbe drue.* Demeure invar. quand il est employé adverbialement : *À travers la neige qui continue à tomber dru* (Giono). Mais l'hésitation est fréquente et *dru* est parfois accordé, comme adj. attribut.

DRUGSTORE ou **DRUG-STORE prononc.** [drœgstɔr].

DRY prononc. [draj]. ♦ **emploi et sens.** « Sec », en parlant de certains liquides alcooliques. Anglicisme. Adj. susceptible d'être substantivé et qui reste invar. : *Il l'emmena prendre un cocktail, ce qui signifia pour elle une orange pressée et pour lui deux dry* (Sagan).

DU emploi. Article partitif, dans les phrases du type : *Il mange du pain*, et même dans : *Il mange du bon pain, il boit du bon vin*, etc. Le *de* jadis imposé par la langue académique n'est pratiquement plus utilisé dans ce cas. Mais devant un nom de personne (notamment de créateur artistique), le partitif est un peu fam. : [Il nous emmena] *par le train jusqu'à Toulouse afin d'y voir jouer du contemporain : du Sartre, du Giraudoux, de l'Anouilh* (Labro). → DE.

DÛ orth. Avec un accent circonflexe, seulement au masc. sing. : *Le Nain Jaune, lui, craignait la mort par étouffement dû aux arêtes de poisson !* (Jardin). De même pour le substantif : *Il exigeait son dû.* Mais : *Les démangeaisons dues à ses maladies de peau avaient régressé* (Volodine). → CIRCONFLEXE et DEVOIR.

DUCTILE emploi et sens. Terme technique, « qui peut être allongé ou étiré sans rupture », en parlant de divers matériaux : *Les matériaux ductiles se comporteraient en fragiles, et vice-versa* (C. Guedj). *Ductible* est un barbarisme.

DUETTISTE emploi. En relation avec *duo*. Ne pas confondre avec **duelliste**, qui vient de *duel*.

DUFFLE-COAT ou **DUFFEL-COAT prononc.** [dœfœlkot]. ♦ **sens.** « Manteau de grosse laine avec capuchon » : *Devriez lire* L'Idéologie allemande, *je lui dis, à ce crétin en duffle-coat vert sapin* (Barbery). Il est dommage que le vieux mot français **pèlerine** ne soit plus guère utilisé, car *pèlerine à manches* conviendrait parfaitement pour désigner ce vêtement.

DÛMENT orth. Avec un accent circonflexe. ⟶ ADVERBE et CIRCONFLEXE. ♦ **sens.** « Selon les formes prescrites » : *La Fête du travail dûment célébrée, le repas a pris des airs de réunion de famille* (Colombier). Voici un exemple d'emploi extensif : *Dûment censurée par la mégère, cette lettre serait pour l'un comme pour l'autre l'occasion de bien douces-amères réflexions* (H. Bazin).

DUMPING prononc. [dœmpiŋ] ou [dœ̃piŋ]. ♦ **sens.** En économie, « vente à perte au-delà des frontières d'un pays » : *Relancer l'harmonisation de la base de l'impôt sur les sociétés en Europe pour lutter contre le dumping fiscal intra-européen* (A. Leparmentier et P. Ricard, *Le Monde*, 25/05/2007).

DUNE sens. « Monticule de sable », au sens premier. Éviter le tour pléonastique *une dune de sable*.

DUPE genre. Jamais de masc. Mais le mot s'emploie le plus souvent comme adj. On dit : *Je ne serai pas dupe de ses bonnes paroles* plutôt que *Je ne serai pas la dupe*.

DUPLEX sens. « Émission où l'on peut à la fois recevoir et envoyer des communications », fréquent dans le vocabulaire de la radio et de la télévision. *Un appartement en duplex* résulte de « la fusion de deux appartements contigus dans un même immeuble ».

DUPLICATA forme. Mot d'origine latine. Invar. au plur. : *Un duplicata, des duplicata*. On trouve parfois *un duplicatum* pour le sing. C'est une forme inutile. ♦ **emploi.** Fait partie du jargon bureaucratique. Le plus simple est d'employer **copie**. ⟶ DESIDERATA.

DUPLICITÉ emploi et sens. « Fait d'adopter deux attitudes différentes, de tenir deux langages selon les circonstances, à propos d'un même objet » : *Toujours est-il qu'après de longues études sur moi-même, j'ai mis au jour la duplicité profonde de la créature* (Camus). À distinguer de **dualité**, « fait d'être double », sans valeur péjorative : *une dualité de pouvoirs*.

DUQUEL emploi. Fém. *de laquelle* (en deux mots) ; plur. *desquels, desquelles. Leur texture drue* [des mains] *est entamée par de vieilles cicatrices, des profondeurs desquelles l'ombre de la terre et la poussière des granges ne sortiront plus* (Jourde). ⟶ DONT et LEQUEL.

DUR emploi. Entre dans certaines locutions : *coucher sur la dure*, c'est-à-dire « à même le sol » ; *être élevé à la dure*, c'est-à-dire « de manière rude » : *Mon père était un tendre qui nous élevait à la dure* (Fottorino). Pour *dur à cuire* ⟶ CUIRE. On a dans *un dur de dur* le même procédé pop. de superlatif que dans *la der des ders*. ⟶ DERNIER.

DURANT emploi. Après un substantif, se comporte comme un part.-gérondif à valeur adverbiale : *Trois jours durant* a le même sens que *durant trois jours. Il se mit à balayer toute la journée durant le plancher du bungalow* (Duras). *Il aurait pu lui parler, des heures durant, de sa mère* (Sagan). *L'arbre avait produit, toute sa vie durant, dans la chaleur profonde de la Death Valley, des fruits juteux* (Godbout). *Soixante-six années durant, historiens, journalistes, parents, ont tenté de percer le mystère* [de Wallenberg], *en vain* (M. Jégo, *Le Monde*, 05/08/2011). Cette postposition à valeur insistante n'est pas possible avec *pendant*, dont le sens est pourtant équivalent. □ **durant cinq ans qu'il a travaillé.** Tournure maladroite, à proscrire.

DURIT (nom déposé) **prononc.** [dyrit]. ♦ **sens.** « Tuyau de caoutchouc pour raccords, spécialement utilisé dans l'industrie automobile » : *Jacques avait toujours pensé que la phrase « c'est la durit » était une expression coutumière de politesse chez les automobilistes* (Desproges). On trouve parfois *durite*, avec un *e* final, ce qui est une orthographe plus rationnelle.

DVD emploi et sens. Ce sigle est l'abrègement de l'anglais *Digital Video* [puis : *Versatile*] *Disc*, qui désigne un « disque optique numérique, sur lequel on enregistre images et sons », qui a remplacé la **vidéocassette** (→ ce mot). Les Recomm. offic. proposent de le remplacer par **disque numérique polyvalent**, formule qui a peu de chance d'être adoptée vu sa longueur. Il existe déjà le DVD CAM, « caméscope enregistrant sur DVD » et le DVD-ROM, qui remplace d'ores et déjà CD-ROM, disque « à mémoire morte ». → ce mot.

DYSENTERIE sens. « Maladie infectieuse et parfois mortelle des intestins », à ne pas confondre avec **diarrhée**, phénomène beaucoup plus bénin. ♦ **Dérivé :** *dysentérique*, avec un accent aigu.

E

E dit muet. prononc. Cette appellation est mauvaise : il est préférable de parler d'un *e* instable, qui est escamoté dans *rappeler* [raple], mais est articulé obligatoirement dans *gredin* [grədɛ̃]. Dans la poésie régulière, *e* est plus souvent prononcé qu'en prose, et intervient dans le compte des syllabes.

□ **e prothétique.** On rencontre à l'initiale de certains mots un *e* destiné à l'origine à faciliter l'articulation d'un groupe consonantique. Il est considéré comme pop. et rejeté par le bon usage dans *estatue, espécial, espirituel*, etc. Il est complètement intégré et passe inaperçu dans *école, échelle*, etc. Il demeure associé à *s* dans *escrime, escroc, espace*, etc.

□ **e intercalaire. orth.** Les substantifs correspondant à des verbes en *-ayer, -ier, -ouer, -oyer, -uer*, s'écrivent avec un *e* intercalaire : *reniement, aboiement, tuerie*, etc.

□ **é. emploi.** En cas d'inversion du sujet à la première personne du singulier pour les verbes du premier groupe (infinitif en *-er*) et pour quelques autres formes *(puissé-je, eussé-je)*, la langue littéraire utilise une désinence *-é*, qui n'est jamais passée dans la langue parlée : *Ailleurs que dans la chambre de Marthe, l'eussé-je désirée ?* (Radiguet). *Ça se voit, non, que je mange ? répliqué-je d'un ton brusque* (Semprun). *Entre voisins ? Mais je suis la concierge, argué-je quoique fort confuse dans ma tête* (Barbery).

EAU emploi. Au pluriel, au sens de « eaux thermales, station d'eau thermale » : *Le plus gros de sa clientèle est aux eaux* (Mauriac). L'ambiguïté de ce tour dans la langue parlée explique la rareté de son emploi. On pourra se servir de l'expression *cure thermale* dans le même contexte.

□ **faire eau.** Avec un sujet désignant un bateau, signifie « avoir une voie d'eau, se remplir d'eau lentement ». Ne pas confondre avec **faire de l'eau**, qui peut avoir le même sujet, et signifie, dans la marine, « faire provision d'eau ». → FAIRE.

□ **être (tout) en eau.** Cette expression a vieilli, au sens de « transpirer ». On dit familièrement *être en nage*.

□ **composés et locutions.** *Eau* entre en composition dans certaines locutions ou appellations particulières. *Morte-eau* et *(à) vau-l'eau* (→ ce mot) prennent un trait d'union. *Eau bénite* et *eau bénie*. → BÉNI. *Basses eaux, grandes eaux, jet d'eau, Eaux et Forêts, eau lourde, voie d'eau*, etc., se forment sans trait d'union. *Eau de Javel, de Cologne, de Seltz* : le second terme est invar. au pluriel et prend une majuscule : *des eaux de Cologne. Eau de rose, de fleur d'oranger, de lavande*, etc., s'écrivent au pluriel *des eaux de lavande, de rose*, etc.

EAU-DE-VIE orth. Avec deux traits d'union. Plur. *des eaux-de-vie.*

EAU-FORTE orth. Avec un trait d'union. Plur. *des eaux-fortes.* ♦ **sens.** « Acide nitrique étendu d'eau » et, par métonymie, « gravure obtenue par ce procédé ». *Une eau-forte, achetée à Oslo du temps de ma première femme : un vieux marin solitaire qui regarde la flamme d'une bougie* (Schreiber).

EAUX-VANNES forme. Toujours au pluriel. ♦ **sens.** « Partie liquide d'une fosse d'aisances. »

ÉBATTRE (S') emploi. Verbe vieilli : *Les docks où [...] s'ébattaient des corps consumés par la misère et par les scrofules* (Mauriac). Quant au substantif **ébats**, il n'apparaît guère qu'au pluriel : *Et votre cravate, où est-elle ? Vous l'avez perdue dans vos ébats !* (Ionesco).

ÉBAUCHE et **ESQUISSE sens.** Le premier nom désigne l'« état d'inachèvement d'un travail seulement commencé ». **Esquisse** s'applique à une « représentation d'ensemble simplifiée ».

ÉBÈNE genre. Fém. *L'ébène est fendue.*

ÉBONITE genre Fém. *Un cendrier en ébonite noire.*

ÉBOUEUR emploi. Ce substantif est le terme officiel qui désigne l'« employé municipal chargé de l'enlèvement des ordures » : *Les éboueurs étaient en grève. Des centaines de sacs-poubelle débordaient des conteneurs jusque sur le trottoir* (Bourgon). On rencontre également la forme abrégée et familière **boueur**. On entend aussi [buø], prononciation familière à éviter. ⟶ BOUEUR. Le travail des *éboueurs* s'appelle l'**ébouage**, « enlèvement de la boue ».

ÉBOULEMENT sens. « Chute de pierres » ou « résultat de la chute », c'est-à-dire « amas ». **Éboulis** désigne seulement l'« amas » : *Des éboulements de pierre avaient lieu, de sorte que toute la montagne entrait en mouvement* (Ramuz). *Quelques dizaines de pas. La galerie de droite se terminait par un éboulis* (Dhôtel).

ÉBOULER (S') constr. Presque toujours à la voix pronominale, parfois construit intransitivement, très rarement transitif : *La neige gelée, retroussée par la pointe du pas, était encore en train de s'ébouler dans l'empreinte* (Giono). ⟶ ÉCROULER (S').

ÉBOURIFFER orth. Avec un *r* et deux *f* : *Un œil rouge parmi de petites plumes ébouriffées et sanglantes* (Vailland). ♦ **emploi et sens.** La forme **ébouriffant** se rencontre surtout comme adjectif, dans la langue familière, au sens fig. de « extravagant, incroyable » : *Son numéro a remporté un succès ébouriffant.*

ÉBRASEMENT sens. « Percement en biais, par exemple d'une fenêtre (ou résultat de ce percement). » **Ébrasure** : même sens. Ne pas confondre avec **embrasure** : « Ouverture pratiquée pour l'emplacement d'une fenêtre ou d'une porte. »

ÉBRIÉTÉ emploi. Ne sort guère du style administratif : *Un individu en état d'ébriété.* C'est le substantif de formation savante qui correspond au nom *ivresse.*

ÉCAILLE emploi et sens. Ce substantif féminin désigne deux objets assez différents : ou bien les plaques recouvrant la peau des poissons et des reptiles : il s'emploie alors, le plus souvent, au pluriel : *Un serpent qui perd ses écailles* ; ou bien la matière extraite de la carapace des tortues, et servant à divers usages décoratifs : il s'utilise alors toujours au singulier : *Il se trouvait dans un cabinet orné d'un secrétaire et d'un petit bureau de bois incrusté d'écaille* (Dhôtel). On évitera de confondre ces deux emplois.

ÉCALER sens. « Ôter l'écale, c'est-à-dire l'enveloppe qui recouvre la noix, l'amande, la châtaigne. » Équivalent de *décortiquer.* Ne pas confondre avec **écailler**.

ÉCARLATE forme. Adjectif de couleur, variable en nombre. ⟶ COULEUR.

ÉCARQUILLER constr. Ne s'emploie plus que dans l'expression *écarquiller les yeux* (les ouvrir très grand).

ÉCARTELER conjug. Comme *geler.* ⟶ APPENDICE GRAMMATICAL. ♦ **orth.** *Écartèlement*, avec accent grave et un seul *l.* Ne pas confondre avec **écartement**.

« **ECCE HOMO** » **prononc.** [ɛkseomo]. ♦ **orth.** Pas de trait d'union, selon Larousse et le Petit Robert. Invar. : *des ecce homo.* ♦ **sens.** Nom donné aux représentations du Christ couronné d'épines.

ECCHYMOSE prononc. Avec [ki] et non [ʃi]. ♦ **sens.** Dans la langue soutenue, équivalent du substantif **bleu**, « aspect superficiel de l'hématome » : *C'était la trace d'un coup de poing que cette ecchymose sous l'œil* (Mauriac).

ÉCHALIER sens. « Échelle permettant de franchir une haie », ou bien « barrière mobile à l'entrée d'un champ ». Ne pas confondre avec **escalier**, ni avec **espalier**.

ÉCHALOTE orth. Un seul *t*.

ÉCHANGE constr. Forme les termes *libre-échange, libre-échangiste* avec trait d'union.

ÉCHANGER → CHANGER.

ÉCHANTILLON et **SPÉCIMEN orth.** *Échantillonner, échantillonnage* doublent le second *n*. ♦ **emploi.** L'**échantillon** est le « fragment prélevé sur un ensemble pour faire juger de cet ensemble ». Le **spécimen** est l'« unité permettant de juger d'autres unités d'un type commun ».

ÉCHAPPATOIRE genre. Fém. *Qu'y a-t-il au fond d'une vie vertueuse ? Quelles échappatoires ?* (Mauriac).

ÉCHAPPER constr. Surtout pronominale, avec l'auxiliaire *être*. Intransitif au sens de « n'être pas perçu » ou « se soustraire à, n'être pas atteint par », se construit alors toujours avec l'auxiliaire *avoir* : *Ce détail ne lui a pas échappé. Il a échappé à un grave accident.* Au sens de « être émis involontairement », on employait jadis l'auxiliaire *être* : *Un mot malheureux lui est échappé*, mais on tend actuellement à généraliser *avoir*. Enfin, la construction impersonnelle n'est pas rare dans la langue soutenue : *Il ne lui échappait pas que, quel que puisse être un jour l'héritage paternel, lui, Adrien Arnaud, n'appartiendrait jamais au véritable grand monde* (Aragon). → RÉCHAPPER.

□ **l'échapper belle.** Locution ancienne et figée signifiant aujourd'hui « passer tout près d'un grand danger », souvent employée ironiquement : *On l'a échappé belle, dit Françoise. – Pourvu que ça dure, dit Gerbert* (Beauvoir). Le participe **échappé** est toujours au masculin dans les temps composés de cette expression. Exemple : *Elle l'a échappé belle.*

ÉCHARDE → ESQUILLE.

ÉCHAUFFOURÉE orth. Deux *f* et un *r* (prendre garde à l'influence de *fourrer*).

ÈCHE forme. On écrit aussi *esche* ou *aiche*. ♦ **genre.** Féminin. ♦ **sens.** « Appât fixé à l'hameçon. »

ÉCHELLE orth. Les dérivés ne doublent pas le *l* : *échelonner, échelon. Faire la courte échelle* : pas de trait d'union.

ÉCHIDNÉ prononc. Avec un [k] et non un [ʃ]. On trouve le *ch* à prononciation « dure » dans plusieurs termes de biologie et de botanique : *échinocoque, échinococcose, échinoderme, échinocactus.* ♦ **sens.** « Mammifère australien proche du hérisson. »

ÉCHINOCOCCOSE prononc. [ekino] et non [eʃino]. ♦ **orth.** Elle est difficile : *ch*, puis un *c* suivi de deux *c*. ♦ **sens.** *L'échinococcose alvéolaire est une maladie parasitaire due au développement d'un ver dans le foie. Le renard est le principal vecteur* (*L'Est Républicain*, 17/09/1992).

ÉCHO emploi. Toujours singulier dans *rester sans écho.* ♦ **sens.** Au pluriel, les échos d'un journal sont faits des « petites nouvelles locales, de peu d'importance ». A donné, dans cette série seulement, le dérivé **échotier**. Différent de **écot**.

ÉCHOIR conjug. Verbe très défectif. → CHOIR et APPENDICE GRAMMATICAL. Il se conjugue toujours avec *être* : *Il y a huit jours, écrivait Mlle Bapier, que votre terme est échu* (Guilloux). Ne pas confondre avec **échouer** : [La valise] *qui m'échut était beaucoup trop lourde pour mes huit ans* (Bazin), mais : *Ni le ciel d'Afrique, où il avait échoué ensuite, ni les loisirs du camp ne l'avaient tiré de cette tristesse* (Camus). Dans **le cas échéant**, on trouve la forme du participe présent de *échoir*.

ÉCHOPPE orth. Avec deux *p*.

ÉCHOUAGE et **ÉCHOUEMENT forme et sens.** Ces deux noms sont très voisins par le sens :

« Situation d'un bateau qui touche le fond, soit par accident, soit de façon voulue. » La distinction entre ces deux termes est utile, mais inégalement appliquée. Certains emploient cependant le premier dans le cas d'un acte volontaire et le second dans le cas d'un accident.

ÉCLAIR genre. Masc. On écrit : *une guerre éclair.*

ÉCLAIRAGE et **ÉCLAIREMENT sens.** **Éclairage** désigne la « manière dont se distribue la lumière naturelle ou artificielle ». D'un emploi recherché, **éclairement** introduit une idée de précision et s'emploie en physique pour désigner la mesure du flux lumineux sur une surface.

ÉCLATER constr. On construit ce verbe traditionnellement de façon intransitive : *un ballon, un conflit qui éclate.* Mais la construction transitive tend à se répandre dans certains domaines, notamment celui des affaires, pour suggérer une activité intense et multiple : *Le britannique I.C.I. envisage d'éclater ses activités* (*Le Monde*, 01/08/1992). Peut-être s'agit-il d'une transposition inconsciente de la syntaxe anglaise, qui emploie *to burst* ou *to blow up* de façon transitive aussi bien qu'intransitive ; ce tour n'est pas passé dans l'usage courant du français. → EXPLOSER.

ÉCLECTIQUE sens. « Qui n'a pas de goût exclusif, qui ne se limite pas à un seul objet. »

ÉCLISSE genre. Fém. *une éclisse.* ♦ **sens.** Ce mot est le plus souvent synonyme d'**attelle**, « plaque servant à maintenir ensemble les fragments d'un membre brisé ».

ÉCLOPÉ forme. À la différence de **estropié**, de même sens, on ne rencontre ici que le participe-adjectif : il n'y a pas de verbe correspondant.

ÉCLORE conjug. Verbe très défectif. → CLORE et APPENDICE GRAMMATICAL. Moins souvent employé à la voix pronominale avec l'auxiliaire *être* qu'à l'actif avec *avoir* : *Sa chair s'était éclose depuis le gras du pouce jusqu'à la racine du petit doigt* (Sartre). *Toutes ces bulles qui éclosent à la surface de ma pensée* (Hoex). ♦ **orth.** *Il éclôt*, avec un accent circonflexe comme sur *il clôt* et *il enclôt.*

ÉCO... forme et sens. Cette abréviation issue de **écologie** (→ ce mot) entre comme premier élément dans de nombreux composés : *écocitoyen, écomusée, écoproduit, écosystème,* etc. : *L'un de ces écosystèmes discrets et sereins qui souvent relient de manière invisible les couples assagis* (Dubois). Mais on écrit *éco-industrie* avec un trait d'union.

ÉCOLO forme. Cet adj.-subst. ne varie qu'en nombre : *des écolos,* et non en genre : *une militante écolo.* **emploi.** Cette abréviation familière est aujourd'hui très répandue : *Le voilà* [René Dumont] *un moment happé par la politique, candidat « écolo » aux présidentielles de l'année suivante* (E. Fottorino, *Le Monde*, 22/05/1992).

ÉCOLOGIE sens. « Étude des milieux où vivent et se reproduisent les organismes vivants, ainsi que des rapports entretenus par ces organismes avec leur milieu. » Ce terme scientifique et ses dérivés ont subi un glissement de sens et renvoient, dans la langue usuelle, à la défense militante de l'environnement : *L'écologie politique, en France, est née à la faveur des événements de Mai 68* (Cans, *Le Monde*, 10/06/1992). *Rares sont désormais les entreprises qui se refusent à pousser leur bêlement écologique* (Postel-Vinay, *Le Monde*, 22/05/1992). On rencontre même **écologisme**, au suffixe nettement idéologique : *Pour ceux que l'écologisme séduit ou irrite, ou les deux, ce pamphlet est une mine* (*id.*). Les **écologistes** désignent aujourd'hui plus souvent des gens épris de nature et hostiles à la pollution que de savants biologistes spécialisés dans l'étude des milieux. C'est une évolution très caractéristique de notre temps.

E-COMMERCE emploi. Le préfixe *e-*, tiré de l'anglais *electronic*, a produit depuis le début des années 2000 une grande quantité de termes concernant le réseau Internet : *Le* *e-commerce s'inquiète d'une directive européenne* (*Le Monde*, 31/03/2011). La francisation de ce procédé paraît difficile, voire impossible !

ÉCOPER emploi et sens. Ce verbe, au sens fam. de « être taxé, puni », se construit avec ou sans la préposition **de** : *Les prévenus, auteurs de dizaines de grossières contrefaçons de Giacometti, ont écopé de sept ans de détention* (V. Noce, *Libération*, 08/09/2011). *J'ai écopé de deux heures de colle et M*[me] *Maigre a sauvé sa peau de prof* (Barbery). Ne pas confondre avec **ne pas y couper**.

ÉCOUTES (AUX) sens. Être aux écoutes a le sens de « être aux aguets, très attentif à » : *Il faudra que je reste aux écoutes dans l'antichambre, pendant toute une matinée* (Sartre). **À l'écoute** a un sens légèrement différent, « rester à l'écoute d'une station de radio » : *Ne quittez pas l'écoute.*

ÉCRÉMER, ÉCRÉMAGE, ÉCRÉMEUSE orth. Avec deux accents aigus. ⟶ CRÈME.

ÉCRÊTER orth. avec un accent circonflexe, comme *crête.* ♦ **emploi et sens.** Le verbe **écrêter** et le substantif **écrêtement** s'emploient souvent au fig., au sens de « égaliser en diminuant », en parlant de prix, de salaires : *Le second* [amendement] *concerne l'écrêtement des indemnités.* [...] *L'amendement Dosière veut supprimer l'écrêtement. Le surplus resterait alors dans les caisses de la collectivité* (P. Roger, *Le Monde*, 15/07/2011).

ÉCRITOIRE genre. Fém. *une écritoire.*

ÉCRIVAILLER forme et sens. Le suffixe péjoratif *-aille* se retrouve dans **écrivailleur** et **écrivaillon**. Il existe aussi le verbe **écrivasser** et le substantif **écrivassier**. Toutes ces formes sont du langage fam. et déprécient le « métier d'écrivain ».

ÉCRIVAIN genre. Pas de féminin. On dit *une femme écrivain.* La forme **écrivaine** est cependant revendiquée par certaines, dans une perspective féministe : *Je défie qui que ce soit de prouver qu'*écrivaine *est plus laid ou plus bizarre que* souveraine, châtelaine ou contemporaine (B. Groult, *Le Monde*, 11/06/1991). L'emploi de *écrivaine* est par ailleurs normal au Québec. Mais peut-être, avec la féminisation de ce mot, y a-t-il pour certains un risque de calembour dépréciatif (avec *vaine*).

ÉCROU ⟶ BOULON.

ÉCROULER (S') emploi et sens. Seulement à la voix pronominale, avec une idée de « chute brutale et complète », à distinguer de **s'ébouler**, qui exprime l'idée de « glissement continu, d'effritement plus ou moins lent ». Il vaut mieux dire : *La terre s'éboulait sous nos pieds* que : *La terre s'écroulait sous nos pieds.* Des deux mots, seul **s'écrouler** peut s'employer en parlant d'une personne : *Il met la main sur son cœur et s'écroule sur une chaise* (Prévert). *Elle s'écroula par terre, sur la carpette, en criant des choses à peine distinctes* (Simenon). ⟶ CROULER.

ÉCRU sens. « À l'état naturel, brut », surtout en parlant de tissus : *de la toile écrue.* Ne pas dire *de la toile crue.*

E.C.U. emploi et sens. C'était, depuis 1978, le sigle correspondant à la monnaie de compte de la Communauté européenne, issue de l'anglais *European currency unit*, et remplacée en 1999 par l'**euro**. ⟶ ce mot.

ÉCUEIL orth. *-cueil*, comme *accueil, recueil.* ♦ **sens.** Au sens propre : « Rocher, banc de sable, etc., à fleur d'eau, constituant un obstacle pour la navigation. » **Récif** ne s'applique qu'à une suite de rochers. **Brisant** : « Récif ou écueil sur lequel se brisent les vagues. »

ÉCULÉ sens. « Usé, déformé » : *Courant dans ses souliers à talons éculés* (Mallet-Joris). Mais le plus souvent au fig., « rebattu » : *L'adultère ! Un sujet éculé si j'ose dire et s'il en fut* (Queneau).

ÉCURER ⟶ CURER.

ÉCURIE ⟶ ÉTABLE.

ECZÉMA prononc. [egzema] et non [ek-].

EDELWEISS prononc. [edœlvajs] à l'allemande ou [edɛlvɛs] à la française. ♦ **orth.** Deux *s* à la fin du mot. Pas d'accent sur les *e*. ♦ **genre.** Masc. *un edelweiss.*

EDEN prononc. [edɛn]. ♦ **orth.** On écrira *le jardin d'Eden, l'Eden* (avec une majuscule), mais, au fig., *un éden.* L'adj. dérivé **édénique** s'écrit avec un accent aigu sur le second *e* comme sur le premier : *Je régnais, librement, dans une lumière édénique* (Camus).

-ÉER (verbes en) → appendice grammatical.

EFFECTUER emploi. Le Bidois écrivait, dans *Les Mots trompeurs* (1970) : « Ce verbe de sens très précis (« mettre à exécution, exécuter une opération délicate ou technique ») est en train d'évincer indûment, dans beaucoup d'emplois courants, le verbe *faire.* » Il cite de nombreux exemples, parmi lesquels : *La plupart effectuaient des pèlerinages aux lieux où ils avaient souffert* (Camus). *Une décision qui a fait effectuer un pas décisif aux mesures de temps* (*Le Monde*, 29/10/1968). *Il doit effectuer une visite en Algérie.*

EFFENDI orth. On écrit aussi *efendi.* ♦ **sens.** « Dignitaire civil ou religieux chez les Turcs. » Se place toujours après un nom propre.

EFFET emploi. Il faut s'abstenir de faire précéder *en effet* de *car*, l'ensemble faisant un pléonasme. C'est une tendance fréquente à l'oral.

□ **à l'effet de.** Locution d'origine juridique, parfois employée par certains écrivains pour éviter **dans le but de**, qui a été souvent critiqué. → BUT : *Il joua gros jeu à l'effet de gagner chevaux, carrosse et livrée* (France). *Je la raccompagnai chez elle et lui promis d'y passer la soirée entière à l'effet d'observer moi-même le jeune Daniel O'Donovan* (Green). Mais cet emploi, hors d'un contexte juridique ou administratif, est affecté. **À cet effet** est plus courant : *Son veau que Roberte et Bourret ont déposé sur la litière préparée à cet effet* (Vailland).

□ **pour cet effet, à cet effet** sont employés indifféremment au sens de : « dans cette intention ». **En effet, effectivement**, quant à eux, confirment ou renforcent une affirmation.

□ **effet d'annonce.** Cette expression est très utilisée dans les médias depuis le début des années 2000 pour parler d'une déclaration officielle ou solennelle qui n'est pas suivie d'effet : *SDF : les associations dénoncent les « effets d'annonce »* (titre du *Monde*, 29/12/2008).

EFFEUILLER sens. « Arracher les pétales ou ôter les feuilles. » Il y a abondance de substantifs dérivés de sens voisin : *effeuillaison* (chute naturelle des feuilles) ; *effeuillage, défeuillage* ou *défoliaison* (en arboriculture, action d'ôter les feuilles) ; *effeuillement* (chute des feuilles naturelles ou par arrachement) ; *défeuillaison* ou *défoliation* (chute saisonnière des feuilles ou leur chute massive sous l'action d'agents chimiques).

EFFICACE emploi. S'employait autrefois comme substantif dans un contexte religieux, au sens d'« efficacité » : *l'efficace de la grâce.* De nos jours, cet emploi est étranger à l'usage courant, qui préfère **efficacité**.

EFFICIENCE emploi et sens. Anglicisme peu utile, au sens de « efficacité ». De même pour l'adj. **efficient.** → le précédent.

EFFILÉ → AFFILÉ.

EFFLEURAGE emploi et sens. Mot technique, « action d'enlever une couche très mince de peau, pour en ôter les défauts », ou bien « massage superficiel ». Ne pas confondre avec **effleurement**, qui a le sens général de « caresse ou atteinte légère ».

EFFLORESCENCE et **FLORAISON sens.** L'*efflorescence* est en botanique le « début de la *floraison* ».

EFFLUVE genre. Masc. *Oh ! la gloire... j'en sens parfois de lointains effluves* (Queneau). *Les derniers effluves du soleil tamisé* (Butor). D'excellents écrivains le font, à tort, féminin.

EFFONDRER constr. Très rarement transitif : *La nouvelle baignoire-piscine, carrée, épaisse, énorme, effondrait le terrasson qui la portait* (Colette). Le plus souvent à la voix pronominale : *s'effondrer*.

EFFORCER (S') orth. Le participe passé, aux temps composés, s'accorde avec le sujet : *Ils se sont efforcés de mener leur tâche à bien.* ♦ **constr.** En général, suivi de **de + infinitif** : *Je vais m'efforcer d'y introduire un peu d'ordre* (Mauriac). Parfois suivi de **à** dans la langue littéraire : *Je m'efforçais à réveiller chez elle courage et vigueur* (Jaloux). *Il s'efforçait au chagrin avec la bonne foi des grands cœurs* (P. Jardin).

EFFRAIE sens. « Chouette au plumage clair, destructrice de rongeurs. » ⟶ ORFRAIE.

EFFRÉNÉ orth. Avec deux accents aigus (et non *ei*, malgré la parenté du mot avec *frein*).

EFFUSION sens. « Action de répandre », surtout dans la locution **sans effusion de sang**. Au fig., surtout au pluriel, « manifestation (d'un sentiment) » : *Madame Rezeau* [...], *pour couper court à toutes effusions, lança rapidement, à droite, puis à gauche, ses mains gantées* (Bazin). Ne pas confondre avec **affusion**, « aspersion », mot technique à caractère thérapeutique.

ÉGAILLER (S') prononc. [segaje]. ♦ **sens.** « Aller dans de multiples directions » : *Camions, voitures de livraison, charrettes, remontaient vers la périphérie, s'égaillaient dans les faubourgs* (Romains). *Trois chèvres, sans doute égarées, dévalent les rochers juste derrière lui et s'égaillent sur le rivage* (Maïssa Bey). Ce verbe pronominal ne doit pas être confondu avec **s'égayer**, qui se prononce [segɛje] et signifie « se réjouir, se distraire », et qu'on trouve également à la forme active : *Mais le printemps arriva, qu'égayèrent mes premières incartades* (Radiguet). La phrase suivante est involontairement comique : *Les six cents délégués se sont égayés dans leurs réunions de motion et la nuit de négociations entre les trois courants* (*Le Monde*, 06/06/2011).

ÉGAL emploi. Dans **n'avoir d'égal que**, l'adjectif peut s'accorder soit avec le sujet, soit avec le terme amené par *que*, ou encore rester invar. : *L'indifférence des maîtres n'avait d'égale que celle des surveillants* (Carco). *Elle ne se reconnaissait d'égal que le grand patron.* Même remarque pour **(être) sans égal** : *La voir dormir me procurait une volupté sans égale* (Radiguet). L'accord en genre se fait généralement, l'accord en nombre peut manquer : *Ces deux acrobates restent sans égal*, plutôt que *Ces deux acrobates restent sans égaux*. ⟶ PAREIL.
□ **d'égal à égal.** La meilleure solution semble être l'invariabilité.
□ **à l'égal de.** « Au même degré, autant que » : *Je t'adore à l'égal de la voûte nocturne* (Baudelaire).

ÉGALER forme. Ce verbe tend à rester invar. au singulier dans des locutions figées du type *quatre et quatre égale huit*, mais on peut aussi le mettre au pluriel. ♦ **sens.** Signifie « atteindre au niveau de » : *Il n'est pas arrivé à égaler sa performance du mois dernier.* Ne pas confondre avec **égaliser**, qui a une valeur plus active, « rendre égal ».

ÉGARD emploi. La locution **eu égard à** ne doit pas être déformée en *en égard à*. Son sens est « en tenant compte de, en considérant » : *Eu égard à vos bons parents, je ne vous renverrai pas* (Céline).
□ **à tous (les) égards.** Dans ce tour, l'article est facultatif. ⟶ TOUT.
□ **à l'égard de.** sens « envers » ou « en ce qui concerne » : *Notre curiosité à l'égard de ces deux hommes qui donnaient une aussi forte impression de partager de grands secrets* (Labro). Le sens de « en comparaison de » a vieilli.

ÉGARER emploi. Moins fort que *perdre*. Signifie « être dans l'incapacité momentanée de retrouver » : *J'ai égaré ces papiers, mais rassurez-vous, ils ne sont pas perdus.*

ÉGAYER (S') ⟶ ÉGAILLER (S').

ÉGÉRIE orth. Sans majuscule : *une égérie.* ♦ **sens.** Dans le style « noble », signifie

« conseillère, inspiratrice d'un homme en général célèbre » : *Elle passait des heures à contempler cette égérie inaccessible qui, par miracle, était devenue sa voisine à l'école* (Nothomb). *Égérie des Kurdes de Turquie, Leyla Zana reprend le chemin de la politique* (G. Perrier, *Le Monde*, 13/06/2011).

ÉGIDE emploi et sens. À peu près uniquement dans **sous l'égide de**, locution galvaudée, qui signifie au propre « sous le bouclier » et, par extension, « sous la protection de » : *Après la guerre, il s'établit garagiste, toujours sous l'égide de la mère impérieuse. Il n'y échappa qu'en se mariant* (Jourde). *Une carrière tout entière placée sous l'égide de Jacques Chirac, pour lequel il se démène sans compter* (H. Bellet, *Le Monde*, 04/09/2011). Ne pas confondre avec **sous le signe de.** *Sous l'égide de* ne devrait pas non plus être employé à la place de : *sous le patronage de.* Il faut lui conserver la notion de « protection ».

ÉGLOGUE genre. Féminin. ♦ **sens.** « Petit poème à caractère champêtre. »

ÉGOÏNE prononc. [egɔin]. ♦ **orth.** Avec un tréma sur le *i.* ♦ **emploi.** On dit indifféremment *une égoïne* ou *une scie égoïne.*

ÉGOÏSME, ÉGOTISME et **ÉGOCENTRISME emploi et sens.** Si le premier substantif est couramment utilisé, il n'en va pas de même de son doublet, **égotisme**, qui apparaît notamment chez Stendhal, avec le sens de « disposition à s'analyser, curiosité de soi-même », et sans valeur péjorative. Cette attitude a été nommée également le *beylisme*, d'après le nom réel de Stendhal (Henri Beyle). On emploie généralement **égoïsme** pour désigner, en la blâmant, la « tendance à tout rapporter à soi, à tout faire dépendre de sa propre personne » : *Je répliquai par un développement où j'invoquais : le don de soi, le déplacement de l'égoïsme ; l'enrichissement que l'on retire des points de vue empruntés à autrui* (Hériat). *Vous êtes tous là, à me torturer, avec votre égoïsme, et moi je vais mourir !* (Huguenin). L'**égocentrisme** est la « disposition à voir en soi le centre de toute chose, indépendamment de toute implication intellectuelle ou morale ».

ÉGOUT orth. Pas d'accent circonflexe (le verbe correspondant est *égoutter*) : *Il venait du fleuve, aux eaux basses, et des égouts, de fades odeurs* (Romains). → DÉGOÛT.

ÉGOUTTAGE ou **ÉGOUTTEMENT forme.** On rencontre indifféremment les deux mots.

ÉGRENER orth. Bien que dérivé de grain, se forme avec *e* : *Ces hommes sages et vénérables égrènent, une à une, toutes leurs défaites* (Maïssa Bey). *Je pars à l'hôpital, les stations s'égrènent jusqu'au fort d'Aubervilliers* (Bauchau). *Mercredi, M. Caïd Essebsi s'y est employé, en égrenant les difficultés auxquelles son gouvernement se trouve confronté* (I. Mandraud, *Le Monde*, 10/06/2011). On rencontre plus rarement égrainer. ♦ **dérivés.** Formes nombreuses et plus ou moins synonymes : *égrènement* et *égrainage, égrainement : Aimer jusqu'à l'égrènement des secondes, la pluie fine sur les pavés du jardin* (Lefèvre). Les nuances de sens sont subtiles…

ÉGROTANT emploi et sens. Cet adjectif, qui signifie « malade, souffrant », est archaïsant et ne se rencontre que dans un registre littéraire : *On lui assure une survie chétive, égrotante : ce fantôme* […] *est condamné à refaire toujours les mêmes gestes* (Jourde).

EH BIEN orth. Se garder d'écrire *et bien* pour *eh bien,* comme cela est fréquent. On ne met pas de point d'exclamation entre *eh* et *bien.* **Eh bien**, au début d'une phrase, est suivi d'une virgule : *Qui ça, nous autres ? – Eh bien, toi, Stéphane, les autres* (Mallet-Joris). Employé seul, il est suivi d'un point d'exclamation ou d'un point d'interrogation. Ne pas confondre avec l'interjection **hé !** qui sert surtout à appeler quelqu'un ou à faire un reproche : *Hé ! je suis ici, cria Étienne* (Troyat). *Hé ! Petit Morgat, tu n'es point seul* (Mac Orlan).

ÉHONTÉ et **HONTEUX emploi et sens.** On ne doit pas confondre ces adjectifs, malgré leur radical commun. Le premier s'applique aux personnes avec le sens de « qui n'a pas honte », et aux choses avec le sens de « qui dénote une totale absence de honte » : *Cet* *homme est un noceur éhonté. Vas-tu te livrer longtemps encore à ce commerce éhonté ?* Quant à **honteux**, il s'applique aux personnes et aux choses, au sens de « qui éprouve de la honte », ou de « qui cause un sentiment de honte » : *J'aurais été si honteuse de vous avoir tourmentés tous pour un rien* (Duhamel). *Mais il était écœuré, révolté de ce honteux partage* (Vidalie).

ÉLAGUER orth. *Élaguer, élagueur* mais *élagage* (sans *u*).

ÉLANCEMENT sens. « Douleur brusque » : *Ce poids accru dans la poitrine, ces élancements, au cœur, de meurtrissures douloureuses* (Genevoix). D'emploi littéraire au sens de « élan religieux, aspiration mystique », c'est d'ordinaire **élan** qu'on emploie en ce sens : *Un homme incapable d'élan. Marié, il a vécu comme avant, pour lui* (Simenon). *Je suis un incroyant, sans doute, et depuis si longtemps que je ne me rappelle guère les élans de mon enfance* (Duhamel).

ÉLECTRO- orth. Les composés ne prennent de trait d'union que dans *électro-encéphalogramme* et *électro-encéphalographie*, mais on écrit *électroacoustique, électroaimant, électroménager*, etc.

ÉLÉPHANTESQUE emploi. Le plus souvent en mauvaise part ; a supplanté *éléphantin*, mais **éléphantesque** ne s'emploie plus qu'au sens de « très gros », et non de « relatif à l'éléphant ».

-ELER (verbes en) → APPENDICE GRAMMATICAL.

ÉLIRE conjug. Comme *lire*. → APPENDICE GRAMMATICAL.

ÉLISION sens. « Amuïssement de la voyelle finale d'un mot devant la voyelle initiale du mot suivant. » Parfois confondu à tort avec l'ellipse. Le *i* final de *si* disparaît devant le *i* du pronom personnel *il(s)* : on doit écrire et prononcer *s'il(s)* et non *si il(s)*, faute très répandue. On ne fait pas l'élision devant le *h* dit aspiré, ainsi que devant *huit* (et ses dérivés), *onzième, oui, uhlan, ululer* (et ses dérivés), *yacht, yak, yankee, yaourt* (et variantes), *yard, yatagan, yen, yeoman, yiddish, yod, yogi, yole, youyou, yucca.* L'élision est facultative devant *onze, ouate* et *ouistiti.* → APOSTROPHE, LIAISON et H.

ELLE emploi. En principe, ce pronom employé comme complément ne peut renvoyer qu'à une personne : *Un dernier saut l'amena sur la corniche, devant elle* (Hériat). Le pronom **elle** ne peut ici représenter *corniche*. Pour renvoyer à un non-animé, on doit user des pronoms **en** et **y** quand la tournure développée serait introduite par **de** ou **à** : *Ton amie, je pense à elle ; et ses ennuis, j'y compatis vivement. Est-ce que tu te soucies d'elle ? Et ses affaires, est-ce que tu t'en préoccupes ?* Mais **elle** est d'emploi courant pour désigner un non-animé de genre féminin, après d'autres prépositions, ou lorsque le verbe est construit avec la négation *ne… que* : *Je savais quelles seraient les conséquences de ce marché, et cependant je n'avais pas hésité devant elles* (H. de Régnier). *La guerre, on ne parle que d'elle.* Et même : *Il n'aime pas les choses comme les autres hommes* […]. *Il n'a pas besoin d'elles. Il lui suffit de penser à elles en silence* (Jaloux). → EN et Y. En revanche, quand le pronom **elle** est sujet ou attribut d'un verbe, il renvoie aussi bien à un non-animé qu'à un animé : *Elle est arrivée. – Quoi ? ma commande ? – Non, ta mère.* On dit toujours : *c'est elle, ce sont elles*, même quand il s'agit de choses. On peut rencontrer **elle**, en apposition à un sujet, comme forme tonique d'insistance ou de différenciation : *Madame Pralon, elle, tenait la caisse et composait des vitrines admirables* (Diwo). En ce cas, le pronom doit être nettement détaché et dans la prononciation et dans la ponctuation (une virgule de part et d'autre). Cette double pause est encore plus nécessaire quand il y a risque de confusion entre l'affirmation et l'interrogation : *Les personnes mises en cause sont, elles, décidées à se défendre* (distinct de : *sont-elles décidées à se défendre ?*).

□ **elles deux, elles toutes.** Renforcement possible. → DEUX, TOUT.

ÉLLÉBORE orth. S'est écrit autrefois avec un *h* : *hellébore.* ♦ **genre.** Masc. *L'ellébore est très décoratif.*

ELLIPSE C'est un procédé fréquent en français, et tout à fait normal, qui permet d'alléger une phrase, une proposition ou d'éviter une répétition.
Ellipse du sujet et du verbe : *Maman est une femme forte. Pas besoin de Papa quand il faut dévisser les couvercles des pots* (Hoex). *Inutile de biaiser, le verre de sirop peut comporter plus de risques que le vin* (Jourde). *Élémentaire, n'est-ce pas Céline, élémentaire* (Lefèvre). *Surmenage, dit le médecin* (Némirovsky). *Il présentera ses vœux aux forces armées françaises déployées dans le cadre de la Force des Nations Unies au Liban (FINUL), comme annoncé depuis une quinzaine de jours* (A. Leparmentier, *Le Monde*, 02/01/2009).
Ellipse du verbe : *L'année 1915 touchait à son automne et les grandes vacances scolaires à leur fin* (Kessel). *Ils ont émigré ensemble pour se séparer ensuite. Elle, aux USA, les vôtres en France, les autres en Allemagne et en Suisse* (Wiazemsky). *Un chat va d'une maison à l'autre. L'un dit que c'est une chatte, l'autre que c'est un chat* (Pontalis).
Ellipse d'une partie de proposition : *La question de savoir qui assistera à la cérémonie à l'intérieur de l'église, qui dehors, n'est pas de moindre importance* (Jourde).
Ellipse de l'explicitation : *Marie avait laissé un mot sur le buffet, elle reviendrait vers onze heures* (Adam). *Il m'a dit qu'il allait mourir, que les résultats des examens étaient formels, tumeur au cerveau (idem). On aurait pu gronder les enfants… qu'ils soient plus sages…* (Benameur).
Ellipse de mots-outils : *Innocence ou manœuvre* [ellipse de soit], *Hélène parlait donc toujours peu* (Échenoz). *Chargés comme des baudets, nous avions déménagé armes et explosifs* [ellipse de les] (Semprun). *Selon les chiffres d'une plaquette émaillée, il y aurait dix-neuf places fumeurs et vingt-sept non-fumeurs* [ellipse de pour ou réservées à] (de Roulet). *Ces regards rieurs que nous échangions par-dessus une entrecôte frites* [ellipse de avec] (Fottorino). *Sa sœur Solange fêtant avec nous tous, cousins, frères, amis, ses soixante ans* [ellipse du possessif] (Mauvignier).
Ellipse du nom : *J'avais un sachet d'herbe dans ma poche, je m'en suis roulé un petit et je l'ai fumé en marchant* (Adam).
Pour diverses raisons (éthiques ou stylistiques), on peut aboutir à des phrases tronquées, inachevées : *C'est aussi que le sujet, voyez-vous, elle est assez sensible. Comme c'est quand même un peu, je ne voudrais que ça la* [sic] (Échenoz).

ÉLUDER sens. « Éviter avec adresse, par un artifice, un faux-fuyant » : *Ces sorties n'étaient proposées par M. Jo que pour éluder chaque fois, au même titre que les cadeaux, ce qu'on attendait de lui* (Duras). *Éluder une question gênante.* Ne pas confondre avec **élucider**, « rendre compréhensible ».

ÉLUVION genre. Féminin. ♦ **emploi et sens.** En géologie, néologisme signifiant « produit de la désagrégation des roches restées en place ». Ne pas confondre avec **alluvion**. → ce mot.

ÉLYSÉEN ou **ÉLYSIEN emploi et sens.** La seconde forme ne s'emploie plus guère. La première renvoie aussi bien au sens ancien de *Élysée*, « séjour des bienheureux » dans la mythologie grecque, qu'à l'actuel « palais de l'Élysée », à Paris, où vit le président de la République.

ÉLYTRE genre. Masc. *des élytres brillants.*

E-MAIL emploi et sens. On peut préférer à cet américanisme le mot **courriel**, « message ou courrier électronique », bien formé (comme **logiciel, séquentiel**, etc.) et employé au Québec depuis environ 1990 : *La Finlande va autoriser les entreprises à surveiller les courriels de leurs salariés* (*Le Monde*, 06/02/2009). Mais *e-mail* est encore bien vivant : *Peu d'arrivages d'œuvres nouvelles, et peu de courrier, pas de messages téléphoniques, aucun fax, nul e-mail* (Échenoz).

ÉMAIL forme. Le pluriel est *émaux* : *Ses yeux étaient gris comme le gris métallique de certains émaux* (Vian). Mais on emploie la forme *émails* en parlant de « produits de beauté » ou de « produits utilisés dans les travaux de peinture, pour les carrosseries », etc. ⟶ -AIL.

ÉMANER constr. Ce verbe n'est jamais transitif, malgré ce curieux emploi : *Une coquille émane d'un mollusque. Émaner me semble le seul terme assez près du vrai puisqu'il signifie proprement : laisser suinter. Une grotte émane ses stalactites ; un mollusque émane sa coquille* (Valéry). En fait, **émaner**, la plupart du temps, n'est construit et compris que comme **couler** ou **suinter**, c'est toujours un verbe neutre : *Ce sol d'où émanaient des effluves de fleurs ou de fruits souterrains* (Labro). *J'enviais ces écrivains qui ont l'air de mêler ce qui émane du nocturne et ce que révèle la clarté du jour* (Pontalis). Au fig., « découler, procéder ».

EMBARCADÈRE genre. Masc. *un embarcadère.*

EMBARQUER constr. Ce verbe a le même sens, qu'il soit construit de façon active (transitif ou intransitif) ou à la voix pronominale : *Les grenadiers reçurent l'ordre, à l'aube, d'embarquer dans une chaloupe appelée la « Couronne-des-Anges »* (Mac Orlan). *Enfin, il réussit à s'embarquer à Brindisi sur un navire italien, chargé de troupes* (Morand). Au fig. : *L'artiste, qu'il veuille ou non, est embarqué* (Camus).

EMBARRASSER orth. Avec deux *r* et deux s.

EMBAUCHAGE sens. « Action d'embaucher » (contraire de *licenciement*), distinct de **embauche**, « possibilité d'embauchage, de travail » : *Il y a de l'embauche dans cette usine.*

EMBAUCHOIR forme. Celle-ci a supplanté l'ancien *embouchoir* ⟶ ce mot, mais les deux sont encore acceptables, au sens de « forme à chaussures » : *Placer dans les chaussures les embauchoirs de bois* (Hoex).

EMBÊTER emploi. Très fam. à l'origine, ce verbe a obtenu droit de cité dans la littérature (ainsi que ses dérivés) : *Ça m'embête de passer devant le jardinier* (Mauriac). *Ce peuple [...] pourrait aller dans des salles souvent bien éclairées s'embêter sur des bancs comme des normaliens aux conférences* (Péguy). Son partic.-adj. **embêtant** est souvent employé, comme euphémisme (pour **emmerdant**) : *Dans le livre de lectures, la maîtresse nous lit parfois des histoires. C'est tellement embêtant que j'arrête d'écouter au bout de deux minutes* (Nothomb).

EMBLÈME orth. Avec un accent grave, mais *emblématique* prend un accent aigu. ♦ **genre.** Masc. *un emblème.*

EMBOBINER sens. Synonyme de *embobeliner*, qui est aujourd'hui vieilli. Verbes fam. signifiant « tromper par de belles paroles ».

EMBOÎTAGE orth. Avec un accent circonflexe sur le *i*, comme *boîte.* ⟶ ce mot.

EMBONPOINT orth. Avec un *n* devant le *p* (formation : *en-bon-point*, avec l'adjectif *bon*).

EMBOUCHER emploi et sens. Ce verbe n'existe guère que sous la forme participiale **mal embouché**, « mal élevé, ne disant que des grossièretés ». Cependant, le sens propre se rencontre : *Pierre le Brave avait embouché son cor* (Giono). Dans l'exemple suivant, Brassens mêle l'acception fig. avec le sens propre : *Trompettes de la renommée / Vous êtes bien mal embouchées.*

EMBOUCHOIR sens. Il est préférable de réserver cette forme au sens de « partie mobile d'un instrument à vent portant l'embouchure ». ⟶ EMBAUCHOIR.

EMBOUTISSEUSE sens. Désigne, ainsi que **emboutissoir**, une « machine à emboutir ». Ne pas confondre avec **emboutisseur**, qui désigne l'ouvrier.

EMBRASSEMENT emploi. Littéraire et plus rare que **embrassade**.

EMBRASSER orth. Ne pas confondre avec **embraser.** ♦ **emploi.** La locution *embrasser un état*, au sens de « choisir un métier », est figée et vieillie : *Six filles, dont quatre devaient embrasser l'état religieux* (Bazin). **Embrasser**, au sens de « donner un baiser », a supplanté **baiser**, verbe devenu ambigu.

EMBROUILLAMINI ⟶ BROUILLAMINI et IMBROGLIO.

EMBROUILLE emploi et sens. Ce substantif, au singulier et au pluriel, a supplanté **imbroglio** dans la langue courante : *Il se débrouillait bien, à son idée, loin des embrouilles et des chaos* (Vargas). Il a pour lui d'être plus facile à écrire et à prononcer que son synonyme italien. ⟶ BROUILLAMINI.

EMBRUNS emploi et sens. Ce mot est plutôt littéraire, et désigne une « poussière de gouttelettes d'eau qui se forme à la crête des vagues ». On le rencontre surtout au pluriel, mais en voici un exemple au sing. : *Sophie pensa à la joie de Richard, lorsque le vent et l'embrun lui brûlaient la figure* (Kessel).

EMBRYON orth. Pas de *i* avant ni après le *y*, malgré la pron. [ãbrijõ].

ÉMÉCHÉ orth. Avec trois accents aigus. ♦ **emploi et sens.** Fam., « légèrement ivre ».

ÉMERGENT emploi et sens. Comme adjectif dans **pays émergent** (ou **économie émergente**) ou même comme substantif masculin, ce mot (calque de l'anglais) a tendance à remplacer l'expression **pays en voie de développement**, qui a elle-même remplacé **pays sous-développés**, voire **pays pauvres** : *Leur soutien à ces nouveaux émergents qui promeuvent sur la rive sud de la Méditerranée les idéaux assez universels de la démocratie est des plus louables* (*Le Monde*, 27/05/2011). *L'OIT* [...] *dont l'histoire reflète la volonté des puissances industrialisées de garantir, au lendemain de la Première Guerre mondiale, une paix basée sur la justice sociale, doit désormais compter avec ces puissances émergentes* (R. Barroux (*Le Monde*, 17/06/2011). *Qu'est-ce qu'un pays émergent ? Un pays développé pauvre ou un pays en développement riche ?* (P. Lamy, *Le Monde*, 01/07/2011). On est ici dans le *politiquement correct*. ⟶ cette entrée.

ÉMERGER sens. Au propre, « sortir hors d'un liquide ». À l'opposé de **immerger**, « plonger dans », ou de **submerger**, « recouvrir complètement d'eau ». Il y a le même rapport de sens entre *émigrer* et *immigrer*. ⟶ ces mots.

ÉMÉRITE, HONORAIRE, MÉRITANT sens. **Émérite** signifie à l'origine « qui a vieilli dans un emploi » : *Cet artisan, qui a un âge avancé, peut être considéré comme émérite.* On comprend aisément le glissement de sens, qui conduit à l'idée que la personne qui a vieilli dans un emploi est devenue particulièrement capable et habile : *Georges Braque, cubiste célèbre, illustre joueur d'accordéon, et danseur de gigue émérite* (Apollinaire). On n'emploie guère ce mot (sinon par ironie) à propos d'un débutant, ou de quelqu'un de jeune dans le métier. De même, on ne confondra pas **émérite** et **méritant**. Une fois à la retraite, certains fonctionnaires sont déclarés *émérites* et jouissent de certains avantages, dont ne disposent pas les simples *honoraires*. La plupart des professeurs de faculté qui prennent leur retraite sont qualifiés « honoraires » ou « émérites » par décision ministérielle : *Monsieur X est conseiller honoraire près la Cour de cassation.*

ÉMERVEILLER (S') constr. Avec **de + infinitif** : *Elle s'était émerveillée de l'entendre intarissablement causer de pistes et de circuits* (Mandiargues). Avec **que + subj.** : *Il s'émerveillait que des actes que toujours il avait jugés si légèrement, si gaiement, maintenant fussent devenus graves comme une maladie dont on peut mourir* (Proust).

ÉMÉTIQUE emploi et sens. Adjectif ou substantif, « qui provoque le vomissement ». Équivaut exactement à **vomitif**, mot plus simple et mieux motivé.

ÉMIGRER emploi et sens. À distinguer de **immigrer**. Ces deux verbes désignent la même action selon deux points de vue différents : on *émigre* d'un pays pour *immigrer* dans un autre. *Mon grand-père était un paysan émigré à Paris* (Vailland). Quand aucune référence précise n'est donnée, on peut donc appeler les mêmes personnes *émigrants* ou *immigrants*, voire *migrants* : *Vous êtes trop jeunes, vous ne les avez pas connus, mais ces immigrants des années 80 étaient des travail-*

leurs (Gallo). La ressemblance phonétique accentue la confusion. → MIGRATION. Une différence de sens sépare **émigrant** et **émigré**. *L'émigrant* est celui qui quitte son pays pour aller gagner sa vie dans un autre ou y chercher un refuge politique. *L'émigré* est celui qui est installé dans le pays d'accueil : *Mais ses fonctionnaires traitaient les émigrants comme un troupeau de bétail* (Ikor) ; au fig. : *Émigrés des quatre coins de Paris, ils ne considèrent pas leur quartier comme un village* (Rivoyre).

ÉMINCÉ sens. « Fine tranche de viande ou d'oignon. » On dit dans certaines régions *un émincé de veau* pour « une escalope ».

ÉMINENCE (SON) constr. L'adjectif attribut s'accorde avec le titre sujet, sauf si ce dernier est accompagné d'un nom ; dans ce cas l'accord se fait avec ce nom : *Son Éminence sera satisfaite*, en face de : *Son Éminence le cardinal Untel sera satisfait.* Quand l'attribut est un substantif de forme variable, on le met au masculin. Il en va de même pour *Son Excellence* : *Son Excellence est absente pour le moment.* Mais : *Son Excellence l'ambassadeur est soucieux d'éviter toute friction entre nos deux pays.* → ADJECTIF.

ÉMINENT et **IMMINENT sens. Éminent** signifie « au-dessus du niveau commun, remarquable », presque uniquement aujourd'hui en parlant d'une personne, ou d'un objet, d'une qualité en étroit rapport avec cette personne : *Le commissaire Maigret, un des chefs les plus éminents de la police judiciaire* (Simenon). *Votre doux papa, malgré ses éminentes qualités, ne va pas gagner grand argent dans son nouveau métier* (Queneau). *M. Paul Birault se vit qualifié par les journaux de notre « distingué confrère » ; il ne tenait qu'à lui de se faire donner de l'éminent* (Apollinaire). Quoiqu'il soit possible, en théorie du moins, de parler d'un *lieu éminent*, cet emploi n'est plus courant, et on préfère, dans ce sens, *(sur)élevé.* On ne confondra pas **éminent**, de sens souvent emphatique, avec **imminent**, qui a une valeur exclusivement temporelle, et signifie « qui est sur le point de se produire » : *Ils sentaient cette aube dans la nuit d'août, près du port, imminente, avec la sonnerie des réveils, l'odeur du café au lait* (Huguenin). *Il eut conscience d'un danger imminent et fit un bon de côté* (Vidalie). Dans l'exemple suivant, le poète joue sur l'ambiguïté étymologique des deux adjectifs : *Jusqu'à ton âme qui me contemplait du haut / d'un imminent adieu déjà mué en foudre* (Emmanuel). Bien qu'il y ait dans *éminent* comme dans *imminent*, à l'origine, une idée de « menace », celle-ci a aujourd'hui disparu dans la plupart des cas.

EMMAILLOTER orth. Deux *m* et deux *l*, mais un seul *t*. → DÉMAILLOTER : *Elle lui emmaillota prestement la main dans une belle gaze blanche* (Sartre). *Le jour des noces, entièrement emmaillotée de blanc, elle redeviendra chrysalide* (Saumont).

EMMÊLER → ENTREMÊLER.

EMMÉNAGER et **AMÉNAGER constr. et sens.** Le premier verbe est le plus souvent intransitif, comme son contraire *déménager* : *Nanette et Serge abandonnèrent avec plaisir leur camion pour emménager dans leur maison provençale.* On ne le confondra pas avec le verbe **aménager**, qui signifie « préparer, apprêter en vue d'un usage donné » : *Elle s'était aménagé, dans le coin le plus sauvage de son territoire, une sorte de trou de verdure* (Vidalie). Ne pas confondre non plus **emménagement** et **aménagement** : *Il ignorait tout des aménagements de ce bateau apocalyptique* (Simenon).

EMMENER emploi. Se dit des personnes et des animaux, non des choses : *Je veux vivre, Aline. Sauve-moi. Emmène-moi* (Masson). Voir cependant : *Là où je vais, nul n'y emmène rien* (Bazin). → AMENER. Parfois employé par euphémisme pour **emmerder** : *On me fit savoir aussitôt que, de toute manière, on m'emmenait à pied et à cheval* (Camus).
□ **emmener promener.** On constate dans cette locution l'ellipse de *se*, de même que dans *envoyer promener*. → PROMENER.

EMMENTHAL orth. → FROMAGE.

EMMIELLER emploi. Ce verbe est assez souvent employé comme euphémisme pour **emmerder** : *Coupeau cria qu'on était chez soi, qu'il emmiellait les voisins, et il ouvrit toute grande la porte de la rue* (Zola).

EMMITOUFLER orth. Deux *m* et un *f* : *Le temps s'était réchauffé, pourtant les vieillardes restaient emmitouflées dans leurs peaux de mouton* (Volodine).

ÉMOLLIENT, E sens. Cet adjectif fait partie, au sens propre, du vocabulaire de la médecine, au sens de « qui amollit, qui relâche (des tissus) » : *Sur ce navire, entre la brise de mer et la chaleur émolliente, je me sens revivre* (Bialot).

ÉMOLUMENTS forme. Toujours au pluriel. ♦ **sens.** « Rétributions tarifées allouées à un officier ministériel » et, par extension, « rétribution fixe ou variable d'un fonctionnaire » : [Le jeune professeur] *avait sorti d'un panier posé sur le porte-bagages de son vélo un bouquet composé qui lui avait sans doute coûté la moitié de ses émoluments mensuels* (Labro). → SALAIRE.

ÉMOTIONNER emploi et sens. Verbe dérivé du substantif *émotion* et plus facile à conjuguer que *émouvoir*, qu'il double pour le sens, avec quelque chose de plus superficiel, d'extérieur. Littré indique : « Émouvoir s'applique à ce qui est touchant, triste, etc. Émotionner se dit des petites perturbations de la vie habituelle. Ce verbe [...] est régulièrement fait, comme *affectionner* sur *affection*. » Condamné par les puristes, il se rencontre notamment chez George Sand, Zola, etc. Queneau le place dans la bouche d'une gouvernante : *Ça m'émotionne tellement.* On évitera de l'employer autrement que dans le sens indiqué par Littré, de même que le part.-adj. **émotionnant** : *À ces plaisirs de nature* [...] *la perspective émotionnante de déjeuner chez M*[me] *Swann se mêlait* (Proust).

ÉMOULU emploi et sens. La seule forme vivante du verbe *émoudre*, « aiguiser sur la meule », se rencontre dans la locution **frais émoulu**, « récemment sorti (d'une école) » : *Un étudiant révolutionnaire frais émoulu du gymnase* (Ikor).

ÉMOUVOIR conjug. Comme *mouvoir*, mais le participe passé **ému** ne prend pas d'accent circonflexe, à la différence de *mû*. → MOUVOIR, CIRCONFLEXE et APPENDICE GRAMMATICAL.

EMPÊCHER constr. Le *ne* est facultatif dans la subordonnée, que la principale soit affirmative ou négative : *Cette raison (n')empêche (pas) qu'il (ne) parte. Je ne peux pas empêcher qu'il fréquente des filles* (Vailland). *On le prend* [le biscuit] *doucement entre deux doigts, mais on ne peut empêcher que des grains ne se détachent* (Hoex). On aura avantage, chaque fois que c'est possible, à tourner par l'infinitif : *cela ne l'empêche (pas) de partir*, car alors le problème du *ne* dit explétif ne se pose plus. Le mode est en général le subj., mais l'indic. est correct, après la tournure négative, pour affirmer vigoureusement une réalité : *Cela n'empêche pas qu'il est un des plus grands champions.*

□ **n'empêche** ou **il n'empêche que.** Ces locutions sont figées mais encore très vivantes. On les fait suivre surtout de l'indic. ou du conditionnel, car elles équivalent à un adverbe d'opposition avec le sens de « et cependant » : *N'empêche, je pensais qu'il devait y avoir autre chose en jeu sans pouvoir saisir en quoi consistait cet « autre chose »* (Pontalis). *N'empêche que le père Simon était dans une belle rage le lundi suivant* (Pergaud). *Il ne manquait pas de lieux où traîner ses insomnies. N'empêche qu'il rentrait chez lui peu après minuit maintenant* (Aragon). *Il n'empêche que je nourrissais une rancune presque haineuse contre ma mère* (Mauriac). *Il n'empêche : son avenir passe avant mon affection pour lui* (Labro). Le subj. peut s'employer après *cela n'empêche pas que.*

□ **empêcher qqch. à qqn.** Cette locution est tombée en désuétude.

□ **empêcher à qqn de.** On dit plus couramment **empêcher qqn de faire...** : *On songe toujours moins à faire sa propre besogne qu'à empêcher le voisin de faire correctement la sienne* (Duhamel).

EMPESER → AMIDONNER.

EMPHYSÈME genre. Masc. *un emphysème.*

EMPIÉTER orth. Ce verbe, ainsi que son dérivé **empiétement**, prend un accent aigu. Attention à l'analogie de *empiècement.*

EMPIRE emploi. Comme adjectif, et dans cette locution : **style Empire**, le mot *Empire* évoque toujours le Premier, et non le Second Empire : *Le bureau qui avait été celui du comte Daru, style Empire majestueux* (Malraux). *Une table Empire.*

EMPIRER constr. Intransitif, et non pronominal : *Sa maladie empire,* ou *a empiré.*

EMPLÂTRE genre. Masc. *un emplâtre* (comme *plâtre*).

EMPLIR emploi et sens. Même sens que **remplir**, mais ce dernier verbe est le plus fréquent, et la forme simple apparaît plus littéraire : *Que de fois ne l'avais-je pas cherchée entre les objets séduisants qui remplissaient nos casiers et nos vitrines* [...]. *L'odeur du tabac emplissait notre boutique* (Mac Orlan). *L'eau n'avait certainement mis qu'un instant pour emplir la voiture* (Vailland).

EMPLOYÉ et **FONCTIONNAIRE sens. Employé** a le sens large de : « Qui occupe un emploi et est subordonné à un chef. » **Fonctionnaire** se dit sans considération de grade pour désigner quiconque occupe une fonction de l'État. Mais *employé* peut prendre le sens particulier de « personne travaillant dans le secteur privé » (le commerce, les entreprises, etc.) par opposition à *fonctionnaire,* ou encore de « personne travaillant dans un bureau » par opposition à *ouvrier* ou de « personne occupant un emploi subalterne » par opposition à *chef de service, directeur, patron,* etc.

EMPLOYER conjug. Comme *noyer.* → APPENDICE GRAMMATICAL. ♦ **emploi.** La locution *s'employer pour qqn* a vieilli, mais **s'employer à + infin.** ou **à ce que + subj.** est resté assez vivant : *Il s'emploie avec succès à ce que la petite fille d'Henry s'attache à sa personne* (Pontalis).

EMPOIGNE emploi. Ce nom fém. se rencontre que dans **foire d'empoigne**, « réunion confuse et douteuse où règne la malhonnêteté ».

EMPORTE-PIÈCE orth. Ce subst. masculin est invar.

EMPORTER emploi et sens. → AMENER. La locution **emporter le morceau** signifiait autrefois « être très mordant par ses railleries ». Aujourd'hui, elle a le sens de « avoir gain de cause, triompher » (surtout à la suite d'une âpre discussion). On dit aussi, de façon plus neutre, **l'emporter**, tour dans lequel le pronom *l'* ne représente rien de précis. ♦ **constr.** On dit *s'emporter contre qqn* plutôt que *après qqn,* qui est toutefois plus pop. que vraiment incorrect. → APRÈS.

EMPREINDRE conjug. Comme *craindre.* → APPENDICE. ♦ **orth.** Ne pas confondre *empreint* et *emprunt.* ♦ **emploi et sens.** Ce verbe a un caractère nettement littéraire, et signifie « marquer » : *Un air frais en arrivait tout empreint de l'odeur des biches* (Duras). *Un regard gris-bleu empreint d'un certain charme* (A. Besson). *Des clichés délibérément pessimistes, empreints d'une morale grincheuse* (Cavanna). *Ce visage impassible et indéchiffrable qu'elle présentait inchangé* [...], *empreint en permanence d'une muette indignation* (C. Simon). On se gardera de confondre avec la famille de **emprunt, emprunter** !

EMPRESSER (S') constr. et sens. Lorsqu'il signifie dans la langue littéraire « montrer de l'ardeur à faire quelque chose », ce verbe s'emploie avec **à** ou **de + infinitif** : *Patiente, empressée à ne pas lui déplaire, la chatte le suivit dans la salle de bain* (Colette). Mais au sens de « se hâter », on ne trouve que **s'empresser de** : *Je m'empresse de répliquer* (Estaunié).

EMPRISE sens. Ce subst., au sens de « ascendant, domination intellectuelle et morale », est aujourd'hui tout à fait admis par les meilleurs écrivains : *Le désir de se libérer de* *l'emprise de l'Europe* (Siegfried). *Les Indiens du Canada veulent réduire l'emprise d'Ottawa sur leurs affaires* (*Le Monde*, 22/07/2011).

EMPRUNT Comme toute langue, le français a emprunté et emprunte aujourd'hui encore bien des éléments aux langues étrangères : c'est un phénomène universel qu'il faut admettre, tout en évitant les abus du snobisme ou les modes de répétition passive et sans grande nécessité ni grand intérêt. La forme empruntée peut : **1)** demeurer « intacte » dans la graphie, si ce n'est dans la prononciation : *À treize* [ans] *il se lança dans la gold rush et ne trouva pas une pépite* (Rouaud). *Maurice a surgi une nouvelle fois. Il sortait du peep-show. Il s'est adressé au barman : un problème de néon dans la cabine de Caddie* (Ravey). Cf. les innombrables et « intraduisibles » *american way of life, baby-sitter, black-out, bulldozer, dread-locks, eye-liner, jingle, juke-box, melting-pot*, etc. ; **2)** être adaptée plus ou moins habilement : *fioul, ouiquende, redingote, travelingue* (M. Aymé) et plus ou moins complètement : *disque-jockey* ; **3)** être dérivée : *blackbouler, doper, dopage, podcaster, zapper, booster*, etc. ; **4)** être carrément traduite : *gardien de but* pour *goal keeper ; ruée vers l'or* pour *gold rush* ; *être en charge de* pour *to be in charge of*, etc.

Il existe également de nombreux emprunts qui portent seulement sur le sens, et sont moins remarqués et stigmatisés par les puristes : *opportunité, réaliser, supporter*, etc.

EMPRUNTER orth. On évitera la fâcheuse influence du mot *empreinte*. ♦ **constr.** Généralement avec **à**, mais parfois au fig. avec **de**, en parlant d'objets ou de qualités, au sens de « tenir de ». Ce dernier tour est assez littéraire : *Ce sang qui coule et duquel le film emprunte son titre* (Cocteau).

□ **emprunter la nationale 6.** Cette tournure, qui est maintenant répandue, était à l'origine emphatique et assez ridicule : *Un château voisin, dont on empruntait un instant une des somptueuses avenues* (A. de Châteaubriant). Il suffit, en tout état de cause, de dire, plus simplement : *prendre la nationale 6.*

EMPUANTIR forme. Dire *un air empuanti* et non *un air empuanté. Empuanter* s'employait au XVIe siècle.

EMPYRÉE genre. Masculin. ♦ **sens.** Dans l'Antiquité, « la plus élevée des quatre sphères célestes », d'où « monde supraterrestre, ciel » (dans un style emphatique) : *Il a hissé au suprême de l'empyrée, à la cime inaccessible de l'histoire, ces masses mystérieuses* (Valéry).

ÉMULE genre. Masculin dans la plupart des grammaires, mais en réalité des deux genres : *un* ou *une émule.*

EN (adverbe pronominal) emploi. Représente en général des choses et non des personnes, mais l'usage est hésitant : *Cette fille, j'en suis amoureux* se rencontre aussi couramment que *je suis amoureux d'elle. Il retournait contre sa mère les armes qu'il en avait requis* (Rolland). *Picasso venait de mourir et ils en avaient parlé* (Weyergans). Il permet d'éviter la répétition d'un pronom personnel : *Les personnes que j'y avais connues, ce que j'avais vu d'elles, ce qu'on m'en avait raconté* (Proust). *M. Prosper Coutre avait un fils, Eugène. S'il n'en a pas été plus souvent question, c'est qu'on en parlait peu* (Henriot). G. et R. Le Bidois, qui citent cet exemple, remarquent : « Le premier *en* se justifie mal, on attendrait *de lui* (et alors le second *en* serait très correct). » ⟶ ELLE.

□ **garde-t'en bien.** À la suite d'un impératif, **en** se place toujours après le pronom personnel. Ne pas dire *gardes-en-toi bien*, et encore moins **garde-toi-(z)-en bien.*

□ **je crains d'en trop faire.** L'ordre des mots est variable quand **en** est accompagné de certains mots tels que *rien, tout, trop*, etc., et d'un infinitif : *Je crains de trop en faire* ou *je crains d'en trop faire. Ce marchand réservé, qui semblait en savoir plus qu'il n'en voulait dire* (Louÿs). On dirait plus couramment : *... plus qu'il ne voulait en dire.* ⟶ APPENDICE GRAMMATICAL.

□ **donnes-en.** Les impératifs terminés à la deuxième personne du singulier par *e* prennent un *s* devant *en* : *parles-en.*

□ **j'en ai de bons.** On emploie dans ce cas soit la forme partitive **de**, soit l'article contracté **des** : *Il en raconte de bonnes* ou *des bonnes.*

□ **dont il en parle.** L'association, dans une proposition relative, de *dont* et de *en*, renvoyant tous deux à l'antécédent, est pléonastique. On doit dire : *Le film dont il parle.* Cette faute est fréquente dans la langue écrite, lorsque la relative est un peu longue. Ainsi, Guermantes écrit : *De ces apologues, dont il n'y avait qu'un petit nombre de ses compatriotes à en rire.*

□ **en + participe présent** → GÉRONDIF et PARTICIPE PRÉSENT.

□ **en + participe passé.** L'accord du participe passé se fait de façon très capricieuse selon les auteurs et même selon les grammairiens. On considère en principe le pronom **en** comme un neutre de valeur partitive, équivalant à « de cela, une partie de ces choses ». De là, de nombreux exemples d'invariabilité : *Les Prussiens ! Ils n'en avaient jamais aperçu* (Maupassant). *Des enfants que l'étude n'intéresse pas, Mademoiselle Solange en a rencontré, en face d'elle* (Benameur). *Songe, Nina, que j'en ai enterré plus de cent* (Peyré). *Il en a tué plusieurs comme ça* (Troyat). Dans ces deux derniers exemples, l'invariabilité du participe passé est d'autant plus justifiée que le terme représenté par *en (plus de cent, plusieurs)* se trouve placé après le participe. Beaucoup d'auteurs, cependant, considèrent que le mot **en** assume, en pareils cas, le genre et le nombre du nom qu'il représente et font l'accord en conséquence : *Il n'y a plus beaucoup de républicains en France, la République n'en a pas formés* (France). *Des étrennes, j'en avais reçues, mais non pas les seules qui m'eussent fait plaisir* (Proust). *Une crise infiniment plus grave que l'Amérique n'en a jamais connue* (Claudel). *Dans une solitude telle que l'homme n'en a jamais affrontée de semblable* (Maulnier). L'usage des écrivains est également variable quand le pronom adverbe **en** est complément d'un adverbe de quantité *(plus, moins, autant, combien, que…)*. Tantôt le participe reste invar. : *Hélas ! que j'en ai vu mourir de jeunes filles !* (Hugo). *Il a coûté moins de larmes qu'elle n'en a versé, depuis deux jours* (Mauriac). Tantôt, il s'accorde avec le complément : *Que j'en ai connus, des suicidés* (*id.*). *J'ai reçu de Dieu plus de grâces qu'il ne vous en a accordées jusqu'à cette heure* (France). *Il se voyait entouré d'autant d'embûches qu'il en avait dressées* (*id.*). *Combien en ai-je croisés sur mon chemin ?* (Romains). On évite de faire l'accord au féminin si le participe passé féminin modifie sa prononciation. On dira donc, en parlant de lettres : *combien en avez-vous écrit ?* plutôt que *combien en avez-vous écrites ?* Cependant, certains écrivains accordent le participe en pareil cas : *Un homme capable de découvrir en douze ans autant de choses et de si utiles que Suzanne en a découvertes en douze mois serait un mortel divin* (France).

□ **ce qui est du toc et ce qui n'en est pas.** La langue pop. utilise souvent *en* à la place de *le* ou de *les* pour reprendre un substantif non déterminé ou accompagné du partitif.

EN (préposition) emploi. La langue courante l'emploie principalement devant des substantifs non déterminés : *en hiver* en face de *dans l'hiver qui suivit.* Quand le substantif est précédé d'un article, d'un possessif, d'un démonstratif, **en** est à éviter et ne se rencontre que dans une langue affectée ou par effet littéraire : *Mensongèrement certes, pour presque toutes les personnes, en presque toutes les circonstances* (Péguy). *Je l'ai chantée bien souvent en ses aspects diurnes et nocturnes* (Apollinaire). *Ses yeux où il lisait maintenant mieux qu'en un livre ouvert* (Vian). *Ce fils que j'aimais tant, n'ai-je pas cédé à la fierté de l'avoir près de moi en des heures qui s'annonçaient graves et décisives ?* (Chaix). Il faut préférer le simple **dans** quand on veut s'exprimer sans effets particuliers. → ÈS.

□ **à** et **en bicyclette** → À.

□ **en cuisine. emploi.** On rencontre souvent la préposition devant des substantifs désignant un « lieu de travail », à la place de *à, dans*, etc. : *Aujourd'hui, je suis en cuisine, je n'ai pas le temps de m'occuper de vous. La question sera étudiée en atelier, en séminaire.*

□ **en + nom géographique.** Cette préposition s'emploie en général devant un nom de lieu pris comme « étendue » et non comme « point », qu'il y ait ou non changement de lieu. Elle ne peut se rencontrer que devant un nom singulier, sans article, et entre en

concurrence avec *dans + article + substantif singulier* ou *pluriel,* et surtout avec *à + article.* On distinguera les emplois suivants :
Les noms d'îles. Seulement devant les noms féminins de grandes îles : *Vous m'avez fait encore plus peur qu'en Sicile* (Morand). Mais on dit : *à Majorque, à Chypre* (ces noms sont considérés comme des points), et par exception : *à Terre-Neuve,* bien qu'il s'agisse d'un nom féminin de grande île. → À.
Les noms de provinces. Pour la France, ils sont en général précédés de **en** : *Nous passons nos vacances tantôt en Franche-Comté, tantôt en Touraine.* Pour l'étranger, on a le choix entre *en* et *dans* : *Il vit en Palatinat, dans les Flandres, en Brabant, dans la Calabre,* etc.
Les noms de pays. Sont précédés de **en** sans article tous les noms féminins et tous les noms masculins commençant par une voyelle : *Ce globe-trotter est allé en Italie, en Iran, en Inde, en Angola, mais ne s'est rendu ni au Mexique, ni au Pérou, ni au Canada.* On ne dit plus, comme faisait La Fontaine, *aller à la Chine, à l'Amérique.* Font exception les noms *Danemark, Luxembourg, Portugal* qui peuvent être introduits indifféremment par **en** ou **au.**
Les noms de départements. On emploie **en** surtout devant les noms composés coordonnés par *et* : *en Meurthe-et-Moselle, en Saône-et-Loire,* etc. On dit aussi correctement *en Charente-Maritime,* bien que ce nom ne comporte pas de coordination. L'emploi de **dans + article** est de plus en plus fréquent pour tous les noms de départements, quels qu'ils soient : *dans le Tarn-et-Garonne, dans l'Ille-et-Vilaine, « Conversations dans le Loir-et-Cher »* (titre d'un ouvrage de Claudel). Thomas allègue contre cette extension « le fait qu'existent simultanément la Seine et l'Oise, la Meurthe et la Moselle ». Cette remarque n'est pas convaincante, car l'ellipse du second article dans un groupe de noms coordonnés est courante en français : *un aller et retour, les allées et venues,* etc. Enfin, le fait même que l'article soit considéré comme facultatif devant un nom de département coordonné par *et,* mais commençant par une voyelle, ôte toute rigueur à cette règle, et le parleur n'a pas la possibilité d'appliquer cette nuance dans le cours d'une conversation. On emploiera donc indifféremment **dans + article** ou **en sans article** devant les noms de départements composés, avec ou sans *et.*
Les noms de villes. La préposition **en** est à éviter, même lorsqu'il s'agit d'un nom de ville méridionale à initiale vocalique, comme *Avignon, Alger, Arles,* etc. En particulier le tour *en Avignon* est un provençalisme tolérable dans un contexte archaïsant, mais dont nos contemporains, notamment la presse et les « parleurs » médiatiques font un usage abusif et ridicule. Albert Dauzat voyait avec raison dans ce tour « un solécisme prétentieux dont se délectent les jeunes journalistes désireux de ne pas écrire comme tout le monde ». Malgré la longue liste d'exemples cités dans *Le Bon Usage* et signés de noms respectables, on ne saurait trop mettre en garde les usagers qui sont tentés de dire ou d'écrire : *en Avignon, en Alger, en Aix,* voire *en Aubervilliers* (comme l'a fait Duhamel). On dira plutôt, comme le fait Roger Vailland : *Nous allons aller à Aix.*
□ **une table en bois** ou **de bois.** La préposition **en** est la plus naturelle pour énoncer la matière d'un objet : *Elle porte une robe en tissu imprimé et une veste en cuir rouge* (Vailland). *Une petite statue en terre noire ou en métal peint* (Llaona). *En* s'impose notamment quand le nom de matière est suivi d'un nom indiquant l'origine ou l'espèce : *Une cheminée en marbre de Coutances* (Barbey d'Aurevilly). → DE.
□ **en moi.** La préposition **en** est beaucoup plus fréquente que *dans* devant un pronom personnel. *Dans* n'admet guère comme complément qu'un substantif : *L'opinion, bien ancrée en moi que, intellectuellement, tout ce qu'on porte en soi en naissant* [...] (Léautaud). Le vers d'Aragon : *Je te porte dans moi comme un oiseau blessé* est une des exceptions qui confirment la règle.
□ **en moins, en plus, en trop** → MOINS, PLUS, TROP.
□ **en traître.** On peut considérer cette locution comme un attribut du sujet : *Ils ont agi en traîtres,* ou comme un complément figé indiquant la manière : *Ils ont agi en traître. Il l'avait accueillie en naufragé qui, sur son île déserte, voit débarquer un compagnon de misère* (Mauriac).

□ **partir en Allemagne.** Malgré les puristes, ce tour (au lieu de *partir pour l'Allemagne*) est passé dans notre langue. → À, PARTIR et POUR.
□ **répétition.** *En* se répète en général dans les groupes coordonnés et même dans les locutions figées, à la différence de beaucoup d'autres prépositions : *M. Simonnot lui-même, absent en chair et en os* (Sartre). Mais : *Je les vis qui discutaient en se poudrant et se mettant du rouge* (Carco).
□ **en + singulier** ou **pluriel.** Après *en*, le nombre du substantif est affaire de cas particulier, de raisonnement et parfois d'appréciation personnelle : *être en coton, en fonction(s), en larmes.* On ne peut donner aucune règle générale.
□ **en + verbe** en **-ant** → GÉRONDIF.

ENAMOURÉ prononc. [ãnamure] ou [enamure]. ♦ **orth.** Pas d'accent aigu sur le *e* initial. → ENIVRER.

EN-AVANT, EN-BUT emploi. Substantifs masculins invar. Termes propres au rugby.

ENCABLURE → CÂBLE.

EN-CAS forme. Subst. invar.

ENCAUSTIQUE genre. Fém., comme cire : *Une couche d'encaustique teintée par là-dessus* (Sarraute).

ENCELLULEMENT sens et emploi. Ce néologisme bien formé n'est pas forcément redondant avec *emprisonnement* et *incarcération* : il désigne avec plus de précision le problème du nombre de détenus par cellule et de la surpopulation carcérale : *L'Assemblée nationale renonce au principe de l'encellulement individuel* (*Le Monde*, 19/09/2009).

ENCENS prononc. [ãsã]. On entend parfois [ãsãs], sans doute sous l'influence de *encenser, encensoir*. Le *s* final doit rester muet.

ENCHANTEUR forme. Le fém. **enchanteresse** est plus répandu comme adjectif que comme substantif.

ENCHÉRIR sens. Intransitivement, « devenir plus cher ». Avec un complément introduit par *sur*, « faire une enchère plus élevée ». Les composés **renchérir** et **surenchérir**, construits avec *sur*, disent sensiblement plus. De plus, *renchérir*, suivi d'un complément d'objet non animé, signifie « rendre plus cher ». Le verbe simple est moins employé dans la langue courante que les deux autres, qui sont susceptibles d'emplois fig.

ENCHIFRENÉ orth. Un seul *f* (attention à l'influence de *chiffre* !). ♦ **sens.** « Qui a le nez embarrassé par un rhume de cerveau. »

ENCLENCHER → DÉCLENCHER.

ENCLIN À emploi et sens. Cet adjectif signifiant « porté à » est d'un emploi littéraire. On évitera de l'appliquer à un nom désignant un objet : *Il semblait fort enclin à tomber dans la religion et les pratiques superstitieuses de sa tante* (Green). *Les Californiens ne sont pas très enclins à s'affronter dans des discussions d'idées* (Godbout).

ENCLORE conjug. Comme *clore*. → CLORE et → APPENDICE GRAMMATICAL.

ENCLOUER emploi et sens. Vieux verbe employé aujourd'hui surtout en chirurgie, au sens de « maintenir un os fracturé au moyen de clous ou de tiges ». Le substantif correspondant est **enclouage**, à ne pas confondre avec **enclouure**. → mot suivant. On trouve le sens ancien « mettre un canon hors de service », dans l'exemple suivant : *De ses mains, Juan avait encloué le canon de douze* (Peyré).

ENCLOUURE prononc. [ãkluyr]. ♦ **sens.** « Blessure faite à un cheval par un clou. »

ENCOIGNURE prononc. On doit dire, officiellement : [ãkɔɲyr], mais l'usage est pour [ãkwaɲyr], sous l'influence de *coin.*

ENCOMBRE forme. Toujours au singulier dans **sans encombre** : *Je suis très content que tout le monde soit rentré sans encombre* (Giono). → DÉCOMBRES.

ENCONTRE (À L') emploi et sens. « En opposition à, au contraire de », le plus souvent au fig. : *C'est la première fois, semble-t-il, qu'un organe de presse algérien formule à l'encontre des juifs des critiques débordant du cadre strict du problème du Proche-Orient* (*Le Monde*). *Il insista sur le fait que des mesures de sécurité devaient être prises à l'encontre de celui-ci* (A. Besson). Ne pas employer cette locution au sens de « à la différence de ». À rapprocher de **contre** et non de *rencontre*. Appartient à la langue littéraire.

ENCORE orth. Autrefois, on pouvait écrire, en poésie, *encor* sans *e* final, mais cette licence poétique est maintenant archaïsante. ♦ **constr.** Lorsque la phrase commence par un **encore** de valeur restrictive, il y a généralement inversion du sujet : *Encore avait-on ordre de ne pas dire son nom si je n'étais pas seul* (Proust). *Les habitants osent recommencer à parler. Encore le font-ils de manière toujours feutrée, le timbre bas* (Labro). En revanche, cette inversion est injustifiée si **encore** ne figure pas en tête de la proposition. On dira correctement : *Encore faut-il que l'émotion amoureuse soit entretenue d'une glose qui récupère alors l'exquise convergence* (Allen), mais non pas *Faut-il encore que l'émotion…*, erreur fréquente dans les médias – à moins évidemment qu'on ne soit plus dans la *concession*, mais dans *l'interrogation* : *Faut-il encore le redire ?*

□ **encore que.** Cette locution conjonctive, de caractère littéraire, est généralement suivie du subj. : *Encore que leur existence même ait récemment fait l'objet de quelques contestations* (Valéry). *Elle restait aux aguets et ne descendait pas sur la poitrine d'Alain, encore qu'il l'en priât par des paroles qu'elle reconnaissait* (Colette). Cependant, on trouve de plus en plus **encore que** suivi du conditionnel et même de l'indic. : *Elle ne le jugea point de même, encore qu'elle aurait eu de bonnes raisons pour cela* (Rolland). *Encore que cette affaire-là, si elle avait éclaté, aurait certainement mis en cause aussi le fond du problème* (Daniel-Rops). L'ellipse du verbe est possible, dans la subordonnée : *Une verve amusante, encore qu'un peu grosse, de caricaturiste* (Lanson).

□ **si encore** ou **encore si.** Introduit l'expression d'un regret, dans une proposition exclamative : *À sa droite, il y a une horloge pneumatique. Si encore il avait pu y reconnaître l'heure, il se serait senti un peu moins seul* (Supervielle).

□ **et encore.** Locution assez familière, qui émet un doute sur ce que l'on vient d'affirmer, et se prononce selon une intonation montante : *Un soir d'été, un beau soir d'été, voilà tout. Et encore, il pourrait régner une température plus étouffante* (Aragon).

EN DEÇÀ forme. Les locutions adverbiales ou prépositives **en deçà (de)** et **en dehors (de)** s'écrivent sans trait d'union, à la différence de **au-delà, au-dehors**, etc. → AU. *Je restais à la surface du sommeil, juste en deçà de l'invisible ligne de flottaison qui sépare le sommeil de la veille* (Toussaint).

ENDÉMIE et **ÉPIDÉMIE sens. Endémie** : « Maladie qui existe dans un pays de façon permanente, mais tantôt latente, tantôt manifestée. » Ne pas confondre avec **épidémie**, « maladie infectieuse qui frappe brutalement un groupe important de personnes et se propage au loin » : *La vie aussi est une épidémie, ça s'attrape de père en fils ou de mère en fille* (Prévert). Même opposition entre **endémique** et **épidémique** : *À peine l'oncle Louis paraissait-il, que la gêne, endémique au logis, s'accroissait* (Estaunié). → ÉPIZOOTIE.

ENDORMISSEMENT forme et sens. Bien que le verbe **endormir** se conjugue sans suffixe *-iss* (comme *partir* et non comme *finir*), la langue a curieusement retenu, pour « le fait de s'endormir », la forme substantive **endormissement**, qui peut paraître lourde, mais est la seule admise : *Les grillons accompagnent le mouvement de l'endormissement* (Mauvignier).

ENDROIT emploi et sens. À l'endroit de, au sens de « à l'égard de », a un caractère assez littéraire, et signifie « envers, en direction de » : *Ce certificat lui permet d'acquérir le statut de capacitaire et de lancer une procédure d'adoption à l'endroit d'une ou de plusieurs* *bêtes* (Rosenthal). *À leur endroit, elle avait même hérité de son oncle l'épithète injuste de mercenaires* (Peyré). Au contraire, *le petit endroit*, pour désigner les WC, est fam. ou enfantin, et démodé. **Par endroits** est en général écrit avec la marque du pluriel : *Par endroits, la route rejoignait le faîte des collines* (Khadra).

ÉNERGÉTIQUE emploi. C'est le dérivé technique de *énergie*, qui se distingue radicalement du dérivé courant **énergique** : *Les disponibilités énergétiques d'une région.*

ÉNERVER sens. Aujourd'hui, « irriter, rendre nerveux ». Autrefois, « ôter les nerfs, affaiblir » : *Trop d'exemples et trop de détails énervent toujours* (Vauvenargues). Le glissement de sens est donc très important et aboutit à une quasi-inversion. Pour l'opération qui consiste à enlever les tendons et ligaments d'une volaille, on dit : *dénerver.*

ENFANT genre. Masc. ou fém. selon le sexe : *un* ou *une enfant. Pour s'occuper de cette enfant sournoise* (Bazin). *L'enfant était belle comme le jour, ainsi disait-on dans ces époques* (Michon). □ **bon enfant.** Tend à rester invar. dans tous les cas : *Une attitude bon enfant. Ils se sont montrés bon enfant.* Mais certains font l'accord. ⟶ PRODIGE et PRODIGUE, PETIT.

ENFANTER sens. Synonyme noble de *accoucher*. Ne jamais l'employer au sens propre avec un sujet animé masculin, auquel convient seulement le verbe **engendrer** (⟶ ce mot) : *Est-il sage, pour un homme chargé de soins, d'engendrer des enfants, surtout dans ces temps maudits ?* (Duhamel) ; et au fig. : *Les objets trouvés dans la* Nechilik *ont engendré des bénéfices considérables* (Échenoz). **Enfanter** est également fréquent au sens fig., dans un registre plus élevé qu'*accoucher*, assez vulgaire dans le même emploi : *On dirait maintenant que tout n'est que spectres autour d'elle. Elle les enfante en les fuyant* (Valéry).

ENFANTIN ⟶ INFANTILE.

ENFER emploi. On dit *aller en enfer*, comme *en paradis, en purgatoire*. La préposition *dans* est possible, mais rare. Le pluriel **aux enfers** renvoie aux mythologies païennes.

ENFILADE (EN) sens. Cette locution adverbiale évoque l'idée de suite, de continuité dans l'espace, alors que **d'affilée** se rapporte plutôt au temps : *Les innombrables portraits que j'avais le don de collectionner et qui, présentés en enfilade, formaient la plus intrigante exposition d'originaux* (Dubois). ⟶ AFFILÉE.

ENFIN emploi. Dans la langue familière, cet adverbe s'emploie pour atténuer, corriger ou même annuler ce qui vient d'être dit : *C'est un savant, enfin, un demi-savant !* Ne pas confondre avec la construction libre **en fin** : *en fin de compte, en fin de parcours.* ⟶ BREF.

ENFREINDRE conjug. Comme *feindre*. ⟶ APPENDICE GRAMMATICAL.

ENGENDRER ⟶ ENFANTER.

ENGINEERING ⟶ INGÉNIERIE.

ENGOUER (S') sens. « S'étouffer en avalant trop vite », c'est le sens premier : *L'enfant qui plongeait le visage dans un bol de lait s'engoua* (Gide). « Se prendre d'une passion passagère et vive pour qqn ou pour qqch. » : *Elle s'était engouée pour la peinture* (Chraïbi). ⟶ ENTICHER (S'). Le dérivé **engouement** prend un *e* après *-ou-*.

ENGUEULADE emploi. Ce mot de caractère pop. a supplanté *engueulement.*

ENHARDIR prononc. [ãardir], le *n* restant muet.

ÉNIÈME emploi et sens. Mot fam., formé à partir de *n*, qui représente en mathématiques un nombre indéterminé, et employé surtout dans **pour la énième fois**, quand on veut donner l'idée d'un grand nombre de répétitions : *Encore ne s'agit-il que d'une énième étape, puisque le parquet a fait appel de ce jugement pour trois des prévenus* (*Le Monde*, 16/01/2009).

ÉNIGME genre. Fém. Ce mot était autrefois du masculin.

ENIVRER prononc. [ãnivre] et non [enivre] (de même pour les dérivés). → ENAMOURER, ENORGUEILLIR.

ENJOINDRE constr. Ce verbe synonyme d'*ordonner, prescrire*, etc., se construit de la même manière. On dira donc : *Il leur a enjoint de…* et non pas *Il les a enjoints de…*, comme on l'entend et on le lit souvent dans les médias. Voici trois bons exemples : *Richard entendit la voix de Dominique amplifiée, déformée par la cage de l'escalier. Elle lui enjoignait de remonter* (Kessel). *Les femmes se laissent tomber à terre, mais, d'un geste menaçant de leur arme, les soldats leur enjoignent de se relever* (Maïssa Bey). *Angela Merkel enjoint aux banques allemandes de venir en aide à la Grèce* (AFP, 30/06/2011). Les phrases suivantes sont fautives : *Le président du mouvement patronal, Ernest-Antoine Sellière, enjoint le gouvernement de procéder à une clarification en cessant de faire assumer à la Sécurité sociale le déficit actuel…* (C. Monnot, *Le Monde*, 08/03/2001). *On l'a vu semoncer la jeune femme, tête baissée, et l'enjoindre fermement de rentrer chez elle* (*Le Monde*, 14/05/2007). *J'entendis un policier l'enjoindre vertement de ne toucher à rien, parce qu'on allait poser des scellés* (Diwo).

ENJÔLER orth. Avec un *j*, bien que ce mot appartienne à la même famille étymologique que **geôle**. → ce mot. De même, **enjôleur**. Ne pas oublier l'accent circonflexe.

ENJOLIVEMENT forme. Dérivé de *enjoliver* (pas d'accent circonflexe sur le *o*). Il existe également *enjolivure*.

ENJOUEMENT orth. Ne pas omettre le *e* intérieur.

ENNOBLIR prononc. [ãnɔblir]. ♦ **sens.** → ANOBLIR.

ENNUYANT forme. Ce participe-adjectif de **ennuyer** tend à disparaître au profit de l'adjectif **ennuyeux**, beaucoup plus courant.

ENNUYER (S') constr. Ou bien **cela m'ennuie de** ou bien **je m'ennuie à**. Ces deux tours sont suivis de l'infinitif.
□ **s'ennuyer de qqn.** Cette façon de s'exprimer, au sens de « regretter l'absence de », est vieillie ou régionale.

ENORGUEILLIR (S') prononc. [ã-] comme *enivrer*. → ce mot.

ENQUÉRIR (S') conjug. Comme *acquérir*. ♦ **constr. et emploi.** Verbe uniquement littéraire, construit avec ***de*** + **nom de chose**, et plus souvent avec ***si*** + **indic.** ou **conditionnel** : *Par l'œil-de-bœuf sis face aux escaliers, cachée derrière la mousseline blanche, je m'enquérais discrètement de l'identité du passant* (Barbery). *Papa s'enquit de savoir si l'on avait conservé son livret de prêt* (Diwo). *Il prend une bonne respiration, s'enquiert qu'on le regarde, souffle et y met du cœur* (Hoex). *J'osai enfin m'enquérir si elle avait prévenu M*[me] *Grangier de sa grossesse* (Radiguet). *Il s'est enquis de ma santé.*

ENQUÊTEUR forme. On admettra sans difficulté le féminin *enquêtrice* : *L'enquêtrice au long cours : Taryn Simon, 36 ans, photographe* (titre du *Monde*, 07/08/2011).

ENQUIQUINER emploi et sens. Verbe fam., employé au sens de *embêter* ou même du pop. *emmerder*, et tenant lieu d'euphémisme (parfois écrit *enkikiner*).

ENRAGER emploi. Verbe vieilli, sauf dans le tour factitif **faire enrager** : *Plus sa femme montrait de perfections, plus il enrageait* (Camus). On rencontre rarement aujourd'hui la construction transitive directe : *Un teint à enrager les bourgeoises* (Japrisot). *Je suis sûre qu'il aurait commencé sans moi, rien que pour m'enrager* (Orsenna).

ENRAIEMENT prononc. Ce dérivé du verbe **enrayer** se prononce [ãrɛmã], mais on rencontre parfois aussi la forme *enrayement* et on prononce alors [ãrɛjmã].

ENREGISTRER prononc. [ãrʒistre] et non [ãreʒistre] : le deuxième *e* est muet. Cette faute très fréquente est peut-être due à l'analogie d'un verbe comme **enrégimenter**, prononcé [ãreʒimãte].

ENRHUMÉ orth. ⟶ ENCHIFRENÉ.

ENROUEMENT orth. Ne pas oublier le *e* intercalaire.

ENSEIGNE genre. *Un enseigne* est un officier (aujourd'hui seulement dans la marine) : *un enseigne de vaisseau. C'était un jeune enseigne rasé de près à la nouvelle mode américaine* (Gallo). *Une enseigne* est un panneau commercial portant un emblème, ou un symbole de commandement servant de signe de ralliement : *les enseignes romaines.*
□ **à telle enseigne que.** Cette locution se rencontre, aujourd'hui, plutôt au singulier, et signifie : « Cela est si vrai que... » : *Plutôt que d'avoir à approfondir ces questions de contenu* [...], *on préfère s'attacher aux* procédures, *à telle enseigne que ces dernières occupent tout l'espace* (Guillebaud).

ENSEIGNER constr. On disait fort bien jadis *enseigner qqn.* Aussi la création du terme **enseignés**, désignant ceux qui reçoivent le savoir des **enseignants**, est-elle correcte et admissible. Ce n'est nullement un barbarisme et cela correspond au besoin d'un mot moins chargé de « valeur hiérarchique » que **élève** ou **disciple**, et de sens plus large que **étudiant**. Mais on préfère aujourd'hui en didactique le terme d'**apprenants** (⟶ ce mot), catégorie vaste, qui inclut aussi bien les membres d'un groupe qui reçoit un enseignement professoral que l'individu travaillant isolément, par correspondance, l'autodidacte, etc.

ENSEMBLE emploi. Cet adverbe a parfois une valeur de renforcement : *Il lui semblait que toutes ses forces ensemble n'y eussent rien ajouté* (Bernanos). Péguy en a fait un usage particulier qui n'appartient qu'à lui : *Peuple familier et ensemble respectueux.* Dans la langue courante, on préférera : *et en même temps, et à la fois.*

ENSEMBLISTE emploi et sens. Néologisme mathématique, « qui a trait à la théorie des ensembles ». Ne pas confondre avec **ensemblier**, qui désigne « celui qui conçoit et réalise des ensembles de mobilier ».

ENSERRER orth. Avec un seul *s* et deux *r* (comme *serrer*).

ENSORCELER orth. Un seul *l* comme *ensorcelant, ensorcelé, ensorceleur.* Mais **ensorcellement**, avec deux *l.*

ENSUITE emploi. Il est aisé d'éviter le si fréquent pléonasme *et puis ensuite.* ⟶ PUIS. Proscrire également le tour *peu ensuite* (on préférera : *peu après*).
□ **ensuite de quoi.** Locution vieillie ; on dira mieux : *à la suite de cela.*

ENSUIVRE (S') forme. Ce verbe s'écrit aujourd'hui en un seul mot, comme *s'enfuir* : *Un luxe insolent : chevaux, voitures ; et tout ce qui s'ensuit* (Mauriac). *Jusqu'à ce que mort s'ensuive.* Mais on évitera la rencontre *s'en est ensuivi*, en faisant l'ellipse de *en* : *Il s'est ensuivi, tout ce qui s'est ensuivi.* Dans certains cas, on pourra substituer un autre verbe, **découler**, qui pose moins de problèmes, mais s'emploie surtout dans un registre abstrait et logique : *De cette observation, il découle...*
♦ **emploi.** Ne s'emploie qu'à l'infinitif et à la 3e personne du singulier et du pluriel de chaque temps : *Il s'ensuivit une ambiance de fête, comme des retrouvailles* (Labro).
□ **il s'ensuit que.** Avec *que* et dans un emploi affirmatif, cette construction est toujours suivie de l'indic. : *Il s'ensuit que vous pouvez...* Avec **que** et dans un emploi négatif ou interrogatif, elle est toujours suivie du subj. : *Il ne s'ensuit pas qu'on puisse... S'ensuit-il pour autant qu'on puisse...*

ENTACHER orth. Sans accent circonflexe, comme *tache.*

ENTAME orth. Pas d'accent circonflexe sur le *a.* De même pour *entamer.* ♦ **genre.** Fém. *Cette entame est peu présentable.*

ENTENDRE emploi et sens. Assez littéraire au sens de « comprendre » : *Chacun de ses mots injurieux, dont elle entendait le sens à* *merveille* (Bernanos). *Sir John, n'entendez nulle offense dans mes propos* (Léger). Mais **laisser entendre** est courant, avec ce sens classique : *Il me laissa entendre que j'étais le seul à ne pas « savoir »* (Radiguet).

□ **entendre + infinitif** ou **que + subj.** Dans ces deux constructions, le verbe **entendre** exprime la volonté et non plus une perception. Cela ne se rencontre que dans la langue soutenue : *J'entends me marier pauvre* (Salacrou). *Il entendait que son mariage fût la conséquence d'un rapide, d'un fulgurant roman d'amour* (Aragon). *J'entends que vous preniez soin de l'éducation de nos enfants* (de Roulet).Voici cependant un exemple d'emploi de l'indic. dans la subordonnée : *Mais j'aime Milan comme un frère et j'entends bien qu'il continuera de nous fréquenter* (Vailland). Il est aussi des cas où **entendre (que)** a le sens de « vouloir dire, signifier » : *Par fiançailles privées, j'entends qu'ils se firent le serment de s'épouser devant quelques amis intimes* (P. Jardin).

□ **je l'entends** ou **je lui entends dire.** Ces deux tours sont parfaitement corrects et équivalents : *je l'entends* ou *je lui entends prononcer ces paroles.* On notera que seule la forme de complément indirect est possible lorsque le complément d'objet direct n'est pas un substantif, mais un pronom : *On ne pouvait éviter d'être soulagé de les lui entendre enfin exprimer* (Duras). *Il répétait avec vanité ce qu'il entendait dire aux joueurs de billard* (Alain-Fournier).

□ **s'entend.** En fin de phrase, cette forme réduite de **cela s'entend** s'emploie pour apporter une précision : *Surtout pas de filatures de fruits – de fruits de l'imagination s'entend* (Queneau).

□ **entendu les témoins.** Dans ce type de locution juridique, le participe reste invar. ⟶ VU, ATTENDU.

□ **comme de bien entendu.** ⟶ COMME et PARTICIPE PASSÉ (accord).

ENTÉRINER sens. « Rendre un acte valide, le consacrer. »

EN-TÊTE orth. Avec un trait d'union. Plur. *des en-têtes.*

ENTÊTER (S') constr. On dit **s'entêter dans** + substantif ou **s'entêter à** + infinitif : *s'entêter dans l'erreur,* ou *s'entêter à refuser les honneurs.* Mais *s'entêter de quelqu'un* est vieilli. ⟶ le suivant.

ENTICHER (S') constr. Surtout pronominale, mais on rencontre également le passif *être entiché de* : *Suzanne grillait de curiosité, et puis tout à coup elle s'entichait d'un ménage* (Aragon). ⟶ ENGOUER (S').

ENTIER ⟶ TOUT (entier).

ENTORSE constr. On dit : **se donner** ou **se faire une entorse**, au sens propre : *Elle s'était donné stupidement une entorse au genou en faisant ses emplettes* (Fontanet) et **faire une entorse à** + non-animé, au sens fig. : *Il a fait une sérieuse entorse au protocole, au règlement.*

ENTORTILLAGE sens. Au fig., « ce qui est entortillé ». Distinct de **entortillement**, « action d'entortiller » ou « fait d'être entortillé ».

ENTOUR (À L') emploi. Cette locution prépositive est démodée : *Lorsque des poules et des lapins ont disparu à l'entour de leurs misérables campements* (Vidalie). *On dresserait à leur entour de hauts écrans hérissés de miradors* (Bouhéret) ; de même pour le substantif **entours** (au pluriel) : *Il a mandat d'un de ses clients pour acheter le manoir, ses entours, et ses meubles meublants* (Léger). ⟶ ALENTOUR.

ENTRACTE orth. Pas d'apostrophe. ♦ **genre.** Masc. *un entracte.*

ENTRAIDE orth. Même remarque que pour *entracte.* De même, *s'entraider.*

ENTRAILLES forme. Mot féminin pluriel, sans singulier : *Tous* [les acteurs et les hommes d'État] *ils trafiquaient de leurs dons et de leurs entrailles* (Kessel).

ENTRE- orth. Le *e* final s'élide dans les composés lorsque le radical commence par une voyelle : *entracte, s'entradmirer,* *entraide, s'entraider, (s')entrapercevoir, entrouvrir* : *Une pervenche entraperçue au pied d'une haie* (Rouaud). Fait exception *s'entr'égorger* ou *s'entre-égorger* : *Deux jeunes femmes qui s'entre-égorgent pour une place de parking* (Échenoz). Le trait d'union est de règle dans : *entre-deux, entre-deux-guerres, entre-nerf (ou nerfs), entre-nœud, entre-rail, entre-temps.* Les autres composés, comme *entrebâiller, entrecroiser*, etc. s'écrivent sans trait d'union : celui-ci est seulement facultatif dans *entre(-)déchirer, entre(-) détruire, entre(-)dévorer, s'entre(-)manger, s'entre(-)nuire, s'entre(-)regarder, s'entre(-) tuer* : *Le père et la fille s'entre-regardèrent* (A. Besson). La coutume est capricieuse et parfois peu sûre.

□ **entre deux** ou **entre les deux**. Cette dernière forme est plus usitée dans les réponses : *Êtes-vous malade ou bien portant ? – Oh ! Entre les deux !* Le substantif prend un trait d'union : *Cet entre-deux provisoire du voyage* (Toussaint). *Sa propre respiration, lourde, haletante, dans l'entre-deux d'un sommeil d'après-midi* (Mauvignier).

□ **entre parenthèses.** Cette locution s'écrit avec *s* final.

□ **entre autres** → AUTRE.

□ **entre chaque** → CHAQUE.

ENTRECHAT orth. Sans trait d'union et avec un *s* au pluriel : *Ce sont des entrechats et des chassés sans jambes* (Hoex).

ENTRECOLONNEMENT orth. Pas de trait d'union. ♦ **forme.** Ce mot a supplanté l'ancien **entrecolonne** (masculin).

ENTRECÔTE orth. Pas de trait d'union. ♦ **genre.** Autrefois masculin, aujourd'hui féminin : *une entrecôte garnie.*

ENTREJAMBES genre. Masc. → ENTRE-.

ENTRELACS prononc. Le *c* reste muet. → LAC.

ENTREMÊLER sens. « Mêler les unes aux autres des choses différentes », distinct de **emmêler**, « embrouiller ou mêler des objets identiques » : *Pourquoi, avec Philippe, rien que de marcher l'un près de l'autre, les doigts emmêlés, c'était quelque chose de merveilleux* (Rochefort), mais : *Les doigts de Léo entremêlés aux perles* (Rivoyre). *Ses cheveux sont peu emmêlés*, mais : *Il a savamment entremêlé les louanges et les reproches.*

ENTREMETS orth. Avec un *s*, même au singulier.

ENTREPRENEURIAL emploi et sens. Cet adj. relativement récent est assez bien formé pour s'appliquer à la fois à l'entrepreneur et à l'entreprise : *Pour filer la métaphore entrepreneuriale, la mission d'un média est de faire la passerelle entre ceux qui « produisent » l'information – nous, journalistes – et ceux qui la « consomment » – vous, lecteurs* (P. Galinier, *Le Monde*, 03/07/2011).

ENTRER constr. Comme la plupart des verbes de mouvement, se conjugue avec l'auxiliaire *être* : *Il est entré par la grande porte.* Mais on trouve aussi l'auxiliaire *avoir* quand le verbe **entrer** est construit transitivement : *Ils ont entré ce piano par la fenêtre.* ♦ **emploi et sens.** Ce verbe a un sens clair et s'emploie très couramment : *Ils ne sont pas entrés ce soir-là pour dormir dans l'abri aux hommes, mais dans l'abri aux bêtes* (Ramuz). *Elle lui fit signe d'entrer. Il entra, et ferma la porte sur la nuit* (Barjavel). Il désigne l'action simple qui consiste à passer d'un lieu quelconque dans un lieu considéré comme fermé. Mais, de même que pour le couple *emplir/remplir* (→ EMPLIR), la langue familière emploie plus volontiers la forme **rentrer**, même quand il ne s'agit pas d'« entrer de nouveau », pour renforcer l'expression : *Mais je m'aperçois que je fais rentrer en scène un septième personnage sur lequel je ne vous ai point fourni de lumières* (Bazin). *La vitre s'abaisse, tout rentre d'un coup dans la voiture : le froid, la pluie, les cris de la femme et ceux du type* (Rivoyre). *Il se connaît plus. Il rentre dedans au talon, le clavier éclate* (Céline). Certes, ces deux derniers exemples appartiennent à un registre nettement pop. Cependant, le verbe *rentrer*, en raison de son début plus vigoureux, au point de vue phonétique, gagne du terrain. Il est en outre certaines expressions qui consacrent officiellement cette tendance, sans raison logique apparente : *rentrer les foins* (bien qu'il s'agisse d'un acte simple).

ENTRE-TEMPS orth. Avec trait d'union (→ ENTRE-). Ne pas confondre avec **entre tant**, qui n'a aucune valeur temporelle : *Entre tant d'amis, il a préféré le plus intermittent. Entre-temps, elle avait eu ce renseignement* (Radiguet). *Entre-temps, M. X… était devenu gouverneur* (R. Jean).

ENTRETENIR constr. Entretenir qqn de qqch. et non au sujet de qqch.

ENTROUVRIR orth. S'écrit aujourd'hui sans apostrophe ni trait d'union : *Louis entrouvre la fenêtre sur les persiennes tirées* (Chaix). *Une des fenêtres de la lourde façade de l'hôtel qui surplombait le jardin était entrouverte* (Toussaint). → ENTRE-.

ENVERS (préposition) **emploi.** Avec un nom désignant une personne ou une notion, cette préposition est un peu recherchée, et de plus en plus concurrencée par **vis-à-vis de** : *De plus, il avait des remords envers Paule car il la négligeait depuis un mois* (Sagan).

ENVERS (substantif) **sens.** Comme substantif, ce mot est l'équivalent de **revers**, et s'emploie souvent comme lui au fig. : *L'écriteau qui portait à son envers les mots « Fermé lundi »* (Mallet-Joris). Il s'oppose à **avers** et à *obvers* (en numismatique, chez Littré, vieilli). On dit aussi bien **l'envers** ou **le revers de la médaille**.

ENVI (À L') emploi et sens. Même sens, mais d'emploi plus soutenu, que **à qui mieux mieux**. Ne peut s'employer qu'en parlant de deux personnes au minimum : *Toutes ces bouches répètent à l'envi : nous sommes heureux de notre défaite* (Vercors). Ne pas confondre avec **envie**.

ENVIE emploi. Le tour **avoir très envie** a largement détrôné, y compris dans le registre soutenu, le tour classique *avoir grande envie* : *J'ai très envie d'essayer, dit-il à Wolf* (Vian). Même problème pour *faim* et *soif* (→ FAIM).

ENVIER emploi et sens. La locution **n'avoir rien à envier à qqn** signifie « être pourvu des mêmes qualités (ou des mêmes défauts) que lui ».

ENVINÉ sens. Technique, chez les vignerons : « Qui a pris l'odeur du vin. » Ne pas confondre avec **aviné**, qui se rapporte toujours à une personne.

ENVIRON emploi. Rare et archaïsant comme préposition : *Certain collège de la province française, où il avait été élevé – environ les années 1880-1881* (Montherlant).
□ **vingt ou trente environ.** Cette tournure est redondante en raison du sens de *ou*. Mais on peut dire : *Il habite à environ trois kilomètres de chez moi.*
□ **aux environs de.** Cette locution, au sens temporel, est parfaitement admise aujourd'hui : *aux environs de Pâques, aux environs de minuit.* Mais on l'évitera au sens quantitatif, qui est exactement exprimé par **environ** : *Je l'ai payé environ cinquante francs.*

ENVOÛTER orth. Avec un accent circonflexe, comme *voûte* (de même pour les dérivés).

ENVOYER conjug. → APPENDICE GRAMMATICAL. ♦ **constr.** Avec un infinitif de but, on dira mieux **envoyer qqn faire qqch.** que *envoyer pour faire*, quelque peu lourd. Le tour *envoyer promener* est figé, et l'ellipse de *se* aboutit à un sens particulier, mais on peut dire, au sens propre, *J'ai envoyé mon fils se promener dans les bois.* → PROMENER.
□ **je l'envoie chercher** ou **j'envoie le chercher.** Ces deux tours sont corrects, mais le premier peut être ambigu.
□ **s'envoyer un pastis.** Cet emploi réfléchi, au sens de « avaler, absorber » est pop. et le bon usage le rejette, malgré son expressivité : *L'Anglais s'envoya trois solides lampées de rhum* (Giono).

ENZYME genre. Fém. *une enzyme.*

ÉPANCHER sens. « Verser doucement » et, au fig., « communiquer librement, livrer ». Surtout à la voix pronominale et dans le registre littéraire : *Cordial, prêt à s'épancher et tout au fond contracté, timide et malheureux* (Boileau-Narcejac). *Peut-être s'est-il épanché davantage avec son père, au cours de cette permission* (Japrisot). Ne pas confondre avec **étancher**, « arrêter l'écoulement » et « assouvir (la soif) » : *Mais pour Jean, elle n'avait pu qu'étancher le sang superficiel de sa plaie* (Peyré).

ÉPANDRE emploi. Ce mot est aujourd'hui vieilli, littéraire ou technique : *Cette force toute-puissante, depuis son enfance, que l'approche de tant de créatures avait épandue hors de lui* (Mauriac). La langue courante use beaucoup plus fréquemment de **répandre**. → EMPLIR, ENTRER.

ÉPARGNER → ÉVITER.

ÉPAULÉ-JETÉ orth. Avec trait d'union. Plur. *des épaulés-jetés.*

ÉPEICHE genre. Féminin. Attention à l'attraction de *pic*, car on rencontre souvent ce mot en apposition : *un pic épeiche.* ♦ **sens.** « Oiseau grimpeur, communément appelé *cul-rouge.* »

ÉPELER conjugaison. Comme *appeler*, mais un seul *p* : *À voix basse, il épelle son nom et dit qu'il reviendra* (Lefèvre). → APPENDICE GRAMMATICAL.

ÉPERDUMENT orth. Pas d'accent circonflexe sur le *u* : *Un homme politique qui dans sa jeunesse avait été éperdument amoureux de ma mère* (P. Jardin). → ADVERBES et CIRCONFLEXE.

ÉPHÉMÉRIDE emploi et sens. Autrefois, nom donné à des sortes d'almanachs astronomiques. Aujourd'hui, le plus souvent au féminin pluriel, pour désigner les calendriers de bureau dont on arrache chaque jour un feuillet. Cette acception naguère discutée est passée dans la langue courante et représente une extension sémantique banale.

ÉPICE genre. Féminin : *Quant aux épices de chez vous, j'ai tenté de vous l'expliquer, elles sont usées. Anémiées, vannées, vidées* (Orsenna). ♦ **forme.** On écrit **pain d'épice**, bien que le pluriel semble plus logique.

ÉPICÈNE sens. Cet adj. désigne un mot qui ne change pas selon le genre, par exemple les adj. *facile, comique, pérenne*, le pronom *tu* (masc. ou fém.), le subst. *enfant*, etc.

ÉPIDÉMIE → ENDÉMIE.

ÉPIEU forme. Plur. *des épieux.*

ÉPIGONE genre. Masc. *un épigone.* ♦ **emploi et sens.** C'est un subst. très littéraire, d'origine grecque, qui signifie « successeur » et qu'on rencontre rarement : *Tous des copieurs, des suiveurs, proférait Delphine, de fieffés épigones !* (Jorif).

ÉPIGRAMME genre. Féminin. ♦ **sens.** « Courte pièce de vers satirique. » Ne pas confondre avec **épigraphe**. → le suivant.

ÉPIGRAPHE genre. Féminin. ♦ **sens.** « Citation en tête d'un livre » ou « inscription sur un édifice » : *Fragments d'épigraphes retrouvées dans de vieux livres, et qui semblent curieusement parler à notre place* (C. Guedj). Ne pas confondre avec **épitaphe** ni avec **exergue**. → ces mots.

ÉPILOGUE genre. Masc. *un bref épilogue.*

ÉPINE-VINETTE orth. Avec trait d'union.

ÉPINGLE emploi. Les locutions correctes sont **épingle de nourrice, de sûreté**, non *épingle à nourrice, etc. : *Une épingle de nourrice qui maintenait sa jupe brilla* (Huguenin). On écrit : *des coups d'épingle* (épingle au singulier).

ÉPIPLOON prononc. [epiplun]. ♦ **sens.** « Repli du péritoine. »

ÉPISODE genre. Masc. *un curieux épisode.*

ÉPISTOLIER sens. Substantif. Dans la langue familière, « personne qui écrit souvent des lettres » : *Nous pourrions nous écrire… Je ne suis plus une épistolière enragée ; mais enfin,* *pour vous...* (Mauriac). Comme adjectif, **épistolaire** est la forme habituelle.

ÉPITAPHE genre. Fém. *une émouvante épitaphe.* ♦ **sens.** « Inscription sur une tombe. » Ne pas confondre avec **épigraphe**. → ce mot.

ÉPITHALAME orth. *-th-* central. ♦ **genre.** Masc. ♦ **sens.** « Poème de circonstance, en l'honneur de nouveaux mariés. »

ÉPITHÈTE genre. Fém. *une épithète malsonnante.* → ADJECTIF.

ÉPITOMÉ orth. Complètement francisée, avec deux accents aigus. ♦ **genre.** Masc. ♦ **sens.** « Abrégé », en parlant de certains ouvrages anciens.

ÉPÎTRE orth. Avec un accent circonflexe sur le *i*, à la différence de **chapitre**. → ce mot.

ÉPIZOOTIE prononc. [epizɔɔti]. ♦ **sens.** « Équivalent de *épidémie* pour les animaux. » → ENDÉMIE.

ÉPLOYER emploi. Exclusivement littéraire, au sens de déplier : *Les rideaux de toile cirée, éployés pour la nuit, verdissaient la pâleur de Camille* (Colette). → PLIER.

ÉPLUCHE-LÉGUMES forme. Ce nom composé est invar. : *un* ou *des épluche-légumes.*

ÉPLUCHER et **PELER sens. Éplucher** s'emploie au sens de « ôter la peau, l'écorce » (en général pour les légumes) : *Il vint s'installer à côté du gitan, sur l'escalier, et l'aida à éplucher des pommes de terre* (Vidalie). Au sens fig., dans un registre fam. : *éplucher un texte.* Le verbe **peler** a le même sens, mais s'applique soit aux légumes, soit aux fruits : *peler une pomme. Une vieille femme était en train de peler des pommes de terre* (Rey). → ÉCALER.

ÉPONGE → SERVIETTE- et TISSU-ÉPONGE.

ÉPOQUE et **ÈRE emploi. Époque** désigne un point du temps, déterminé par un événement marquant : *La Belle Époque* (avec deux majuscules), *l'époque de la puberté, l'époque des vacances.* **Ère** désigne une période de l'histoire à laquelle s'applique une chronologie : *l'ère chrétienne,* etc., et par ext. : *Cet événement commence une ère nouvelle.*

ÉPOUILLER emploi. Ce verbe est dérivé de **pou**, comme l'adjectif *pouilleux* : *Les enfants apprenaient à marcher, à nager, à s'épouiller, à voler, à pêcher, sans la mère* (Duras). Ne pas confondre avec **dépouiller**.

ÉPOUMONER (S') orth. Pas de redoublement du *n*.

ÉPOUSAILLES forme et emploi. Toujours au pluriel. Aujourd'hui désuet : *Je venais justement vous inviter à nos épousailles. Ce sera pour ce soir. La cérémonie aura lieu dans la plus stricte intimité* (A. Besson). → -AILLES.

ÉPOUSSETER conjug. Comme *jeter* : *Madeleine, un plumeau à la main, époussette les meubles* (Némirovsky). → APPENDICE GRAMMATICAL.

ÉPOUSTOUFLANT emploi et sens. Synonyme intensif de **étonnant**, appartenant au langage fam.

ÉPOUVANTAIL forme. Plur. *des épouvantails.*

ÉPOUX emploi et sens. Au sing., ce mot paraît quelque peu affecté ou prétentieux, et on préférera dans la plupart des cas les termes *mari* et *femme.* Néanmoins, la coexistence des couples *époux-épouse* et *mari-femme* dans un même contexte n'est pas rare : *C'est ce que fait toute épouse, alourdie d'un bon mari* (Giraudoux). *Et toi, tu es ma femme, ma délicieuse petite épouse* (Schwarz-Bart). Il faut noter qu'au pluriel, **époux** désigne par un terme unique le mari et sa femme : *C'était de ce visage-là que datait la complicité sans nuage des époux Messager* (Rivoyre). **Homme**, à la place de *mari* ou *époux*, appartient au registre pop. → DAME.

ÉPREINTES emploi et sens. Toujours au fém. pluriel, signifie en terme de médecine « contractions pénibles provoquées par des inflammations du gros intestin ». Ne pas confondre avec **étreintes**.

ÉPROUVER constr. Dans le registre littéraire, est parfois suivi d'une proposition complétive introduite par **que** : *Il entrouvrit ses cils, éprouva que la ruse et la contrainte ne l'avaient pas tout à fait quitté pendant son sommeil* (Colette).

ÉPURER → APURER.

ÉQUANIMITÉ emploi et sens. Ce subst. ancien appartient à un registre très littéraire et soutenu, au sens de « égalité d'âme, d'humeur » : *Ce sont les seuls moments où vous perdez votre sang-froid et où votre habituelle équanimité se mue en colère* (Rosenthal).

ÉQUARRISSAGE orth. Avec deux *r*. ♦ **forme.** On dit aussi, plus rarement, *équarrissement*.

ÉQUARRISSEUR sens. « Ouvrier qui équarrit. » Ne pas confondre avec **équarrissoir**, « instrument, couteau ou lieu servant à l'équarrissage ».

ÉQUATEUR prononc. [ekwatœr]. De même, *équation, équatorial*. ♦ **orth.** S'écrit sans majuscule, comme *méridien, latitude, longitude*, etc., lorsqu'il désigne le repère géographique. Prend une majuscule pour désigner tout territoire où passe ce repère et, bien sûr, l'État de l'Amérique du Sud.

ÉQUESTRE prononc. Il est prétentieux d'articuler [ekwestr] ou [ekɥestr]. On préférera le simple [ekɛstr]. De même pour *équitation, équidés, équin*.

ÉQUI- prononc. Cet élément préfixé se prononce [ekɥi] dans les mots suivants : *équiangle, équidistant, équilatéral, équimoléculaire, équimultiple, équipartition, équipollent, équipotentiel, équiprobable, équisétinées*, mais [eki] dans : *équilibre* (et dérivés), *équinoxe* (et *équinoxial*), *équitable, équité, équivaloir* (et dérivés), *équivoque*. Il règne donc ici une certaine anarchie, car ce préfixe est bien le même pour tous ces mots.

ÉQUINOXE genre. Masc. *un équinoxe*.

ÉQUIPOLLENCE orth. Toujours deux *l* dans ce terme de mathématiques.

ÉQUIVALENT et **ÉQUIVALANT constr.** On distinguera l'emploi substantival : *Ce fromage représente l'équivalent de cent litres de lait* et l'emploi adjectival : *Cette prestation est équivalante à celle de son concurrent*. La construction dans le premier cas se fait avec la préposition **de**, dans le second avec la préposition **à**.

ÉQUIVOQUE genre. Fém. *C'est une prévenance qu'on lui doit et j'éviterai ainsi toute équivoque* (Giraudoux).

ÉRAILLÉ sens. Cet adjectif est le plus souvent synonyme de **rauque** en parlant de la voix, mais il peut aussi s'appliquer à une matière « présentant des rayures ou des déchirures superficielles », ou à des yeux « injectés de sang » ou « dont la paupière est renversée » : *Une fade nuance mauve, la même qui colorait les lèvres et les bords éraillés des paupières* (Genevoix).

ÉREINTEMENT emploi. « Critique sévère et sans nuances », dans l'usage fam. Ne pas dire, dans ce sens : *éreintage*.

ÉRÉSIPÈLE → ÉRYSIPÈLE.

ERG orth. Plur. *des ergs*, quel que soit le sens (physique ou géographique).

ÉRISTIQUE sens. « Qui a trait à la controverse. » Ne pas confondre avec **(h)euristique**, « qui sert à la découverte ».

ERMITE emploi. On a abandonné l'ancienne orthographe *hermite*. Il en est de même pour *ermitage* et pour l'adjectif *érémitique* (relatif aux *ermites*). → BERNARD-L'ERMITE.

ÉRODER emploi et sens. Verbe rare et didactique, dont le dérivé **érosion** est plus courant. Il signifie « ronger », et s'emploie souvent au fig. : *La fatigue qui rongeait mon corps avait érodé en même temps beaucoup* *de points vifs en moi* (Camus). *Les nuages filaient, ils érodaient les petites collines désertes* (Volodine).

ERRANCE emploi. Mot surtout littéraire et assez recherché : *Qui est donc cet homme qui hante ses nuits, qui est à la source de toutes ces errances, de tous leurs malheurs ?* (Maïssa Bey).

ERRATUM forme. On rencontre plus souvent *un* ou *des errata* (mot invar.). ♦ **emploi.** La forme **erratum** (singulier latin) est utilisée pour une seule correction à un ouvrage ; la forme **errata** (pluriel latin) pour une ou plusieurs listes de corrections.

ERREMENTS ou **ERREUR emploi et sens.** Toujours employé au pluriel, **errements** signifie exactement « manière d'agir habituelle » : *suivre les anciens errements,* « faire comme on faisait autrefois ». Mais, par glissement de sens, ce mot, qui provient d'un *errer* signifiant « voyager » (*iterare* en latin médiéval, remplaçant le lat. classique *itinerari*), a subi l'influence d'un **errer** signifiant « se tromper » (latin *errare*) et a fini par signifier « erreurs dans la conduite intellectuelle ou morale ». Cet emploi est passé dans l'usage : *Sans parler des intellectuels américains néoconservateurs entourant George W. Bush* [...] *et qui ne sont pas les derniers à moquer leurs « errements passés »* (Guillebaud). *Critique des errements de la civilisation, scribe pointilleux et fantasque des règles pour établir l'harmonie à venir, cet utopiste inclassable* [Fourier] *est sérieusement déraisonnable* (R.-P. Droit, *Le Monde,* 05/08/2011).

ERRER emploi. Forme l'adjectif **errant**, d'acception générale, « qui ne se fixe pas, avec une idée d'égarement » *(chien errant)*, et l'adjectif spécialisé **erratique**, qui ne s'emploie qu'en médecine (*fièvre, douleur,* etc.) et en géologie *(roche, bloc, terrain).*

ERRONÉ orth. Avec deux *r,* comme *erreur.* Un seul *n.* Les fautes sont fréquentes. L'adverbe dérivé *erronément* est rare.

ERSE sens. Cette forme recouvre deux mots très différents : un substantif féminin, « anneau en cordage », et un adjectif à forme unique, « originaire de Haute-Écosse ». Ne pas confondre avec l'homonyme **herse**.

ÉRUGINEUX sens. « Qui a l'aspect du vert-de-gris. » Ne pas confondre avec **ferrugineux**.

ÉRUPTION et **IRRUPTION emploi et sens.** Les deux mots contiennent l'idée de « violence », « vers l'extérieur » pour le premier, « vers l'intérieur » pour le second : *Les éruptions volcaniques ne sont pas absolument imprévisibles.* Mais : *faire irruption dans une pièce. Éruption* s'emploie surtout dans des expressions comme *éruption volcanique* ou *éruption de boutons* (médical) ; *irruption* dans l'expression *faire irruption.*

ÉRYSIPÈLE forme. On trouve aussi **érésipèle.** ♦ **sens.** « Maladie de la peau, infectieuse et contagieuse, causée par un streptocoque. » Ne pas confondre avec l'**érythème**, qui est une « affection cutanée très bénigne et passagère ».

ÈS emploi et sens. Forme archaïque, résultant d'une contraction de la préposition **en** avec l'article défini **les**. Signifie « en les » et ne peut s'employer que devant un substantif pluriel. On dira : *un maître ès arts,* mais pas un *maître ès dessin.* Ce mot ne se rencontre guère que dans des locutions toutes faites : *docteur ès lettres, licencié ès sciences, bachelière ès lettres* (pas de trait d'union dans ces expressions). La création, à partir de 1985, de nouveaux diplômes universitaires, a rendu nombre de ces tours obsolètes : on emploie plus souvent aujourd'hui la préposition **de** : un *magistère de physique, de finance,* ou encore *un magistère mention chimie, mention génétique,* etc. On le trouve également dans des créations humoristiques : *Il est savant en bons mots équivoques, docteur ès grivoiseries et plaisanteries douteuses* (Léger).

ESBROUFE orth. Un seul *f* (ainsi que les dérivés) : *Il y a de l'esbroufe dans les mots ! De nos jours, le génie se cache ailleurs...* (Franck & Vautrin).

ESCADRE, ESCADRILLE, ESCADRON emploi et sens. Le premier nom désigne une « unité importante des forces navales ou aériennes » : *Une escadre de chasse comprend 75 avions.* L'**escadrille** est une « unité élémentaire de l'aviation militaire, commandée par un capitaine, ou un groupe de petits bâtiments moins importants que la flottille, dans l'armée de mer ». Enfin, l'**escadron** est une « unité groupant plusieurs escadrilles, dans l'aviation, ou une unité administrative de certains régiments ». L'*escadron* est commandé par le *chef d'escadron* (sans *-s*) dans l'artillerie, le train ou la gendarmerie, par le *chef d'escadrons* (avec *-s*) dans la cavalerie et l'arme blindée. Ces deux grades correspondent à celui de *chef de bataillon* dans l'infanterie ou dans le génie.

ESCALATOR emploi et sens. Il ne paraît pas indispensable de remplacer ce mot clair, d'origine américaine (... et d'allure latine !), par son équivalent (plus long) *escalier mécanique*, comme le recommande l'arrêté ministériel du 17 février 1986.

ESCALIER prononc. On évitera la prononciation relâchée [ɛskaje]. ♦ **emploi.** Le pluriel s'emploie parfois à la place du singulier non seulement dans l'usage courant, mais même chez les écrivains, quand il s'agit de désigner un *seul* ensemble de marches. On ne considérera plus cette extension comme une faute : *Revenus dans le vestibule, nous montâmes les escaliers du même pas* (Giono). *En attendant, je montais voir Valério, j'avais l'intention de prouver ma bonne foi. J'ai pris les escaliers* (Ravey).
□ **escalier en colimaçon.** On dit indifféremment un *escalier en colimaçon, en limaçon, à vis, en spirale, tournant*, etc. Les locutions les plus simples et les plus claires sont : *escalier circulaire* ou *tournant.* → HÉLICE.

ESCARPE genre. Masc. *un escarpe*, au sens de « malfaiteur ». Mais fém. au sens ancien de « talus » (d'où l'adjectif *escarpé*).

ESCARRE genre. Fém. ♦ **sens.** En médecine, « croûte noirâtre formée par un tissu mortifié ». Terme de blason, pièce en forme d'équerre (écrit aussi *esquarre* dans ce dernier sens). Dérivé (rare), au sens médical : *escarotique*, avec un seul *r*.

ESCHATOLOGIE sens. En philosophie, « étude de la finalité métaphysique de l'homme ». Ne pas confondre avec **scatologie**, « écrit ou propos ayant trait aux excréments » (et souvent en mauvaise part, synonyme de *grossièreté*).

ESCHE → ÈCHE.

ESCIENT emploi et sens. Ce mot archaïque ne se rencontre plus que dans la locution figée **à bon escient**, qui signifie « avec discernement, pertinence » : *Il en usait* [de sa voix] *à bon escient, pas pour massacrer des bourrées comme un con folklorique sur FR3-régions* (Desproges).

ESCLAFFER (S') orth. Deux *f*.

ESCLANDRE genre. Masc. *faire un esclandre.*

ESCROC forme. Substantif sans forme propre de féminin. On ne peut guère dire *une escroc*. Il faut dire *une femme escroc* (on trouve aussi *un escroc en jupons*).

ÉSOTÉRIQUE sens. « Compréhensible aux seuls initiés. » Ne pas confondre avec son contraire, **exotérique**.

ESPACE genre. Masc., sauf quand il s'agit du signe typographique qui sert à marquer les blancs dans un texte : on dit alors *une* espace. ♦ **emploi.** On peut, par extension, employer ce mot dans le domaine du temps : *Elle n'avait jamais vu personne devenir si laid dans l'espace de douze ans à peine* (Green).
□ **espace-temps.** Ce nom composé prend un trait d'union.

ESPÈCE genre. En principe, ce mot est toujours féminin dans les tours du type **une espèce de + substantif** : *Marthe regrettait cette espèce de voyage de noces scabreux* (Radiguet). *Il fut* [...] *beaucoup plus tard, une manière, une espèce d'enfant écorché vif* (P. Jardin). *La peau se montrait à nu, une* *espèce de cuir gris, gibbeux* (Jourde). *Sur l'avenue Ellis, le stade est précédé d'une espèce de château médiéval en pierre grise* (de Roulet). Mais la langue courante et même le registre littéraire pratiquent souvent une sorte d'accord par anticipation, en faisant **espèce** du masculin lorsque le substantif qui suit est lui-même de ce genre : *Mais cet espèce de point final autour de qui tout se compose* (Claudel). *Mais quand j'ai vu où serraient les mains de cet espèce d'oiseau* (C. Simon). *Cet homme qui sait tout, qui a tout lu, tout compris, cet homme qui est savant de façon presque monstrueuse, cet homme dit obstinément « à revoir », « escayer » pour escalier, et il prononce « un espèce de » quand il s'agit d'un objet du genre masculin. Exemple fréquent : un espèce de crétin* (Duhamel). Quant à l'accord qui suit le segment **espèce de + substantif pluriel**, il se fait soit avec *espèce*, soit avec le substantif : [Mon grand-père] *appartenait encore à cette espèce d'hommes pour laquelle la terre était plate* (Ragon). On pourrait avoir *pour lesquels* dans un autre contexte ou avec une intention pluralisante. Dans les tours exclamatifs comme **espèce d'idiot !**, les mots *espèce de* jouent en somme le rôle d'un exposant, qui renforce le mot *idiot.* On évitera dans la langue soutenue de faire varier ainsi abusivement le genre de **espèce**, et on s'en tiendra au féminin : *une espèce de.*

□ **diverses espèces de + substantif.** Le substantif qui suit *espèce* se met au pluriel s'il désigne un objet concret, et plutôt au singulier quand il a une valeur abstraite : *Il existe diverses espèces de sportifs* en face de *Il y a plusieurs espèces de désespoir.*

□ **de toute espèce** → TOUT.

□ **en l'espèce. sens.** « En ce cas particulier. » Ne pas confondre avec **en espèces**, « en argent liquide ».

ESPÉRANCES emploi et sens. Au pluriel, ce subst. est vieilli et littéraire, au sens de « espoir de gagner de l'argent, de faire fortune » : *Nourrissant de grandes espérances sur la vente clandestine des antiquités* [...], *il n'avait à présent pratiquement plus un rond* (Échenoz).

ESPÉRER constr. Le plus souvent, l'infinitif complément est simplement juxtaposé, mais la langue littéraire intercale volontiers un *de* archaïsant : *Une petite fille qu'il n'espérait plus de jamais revoir* (Mauriac). Contrairement à ce qu'ont affirmé certains grammairiens, il est possible de construire le verbe **espérer que** en liaison étroite avec une action en train de se faire, ou même un fait accompli. *Espérer* prend alors une valeur proche de la « conviction » ou de la « certitude » plutôt que de l'attente proprement dite : *J'espère qu'on ne t'a pas trop cassé la tête* (Maurois). *Espérons que cette personne* [...] *ne vous l'a pas déjà dérobée !* (Estaunié). Après *espérer que*, le mode est l'indic. ou le conditionnel si la principale est affirmative ; le subj. si elle est négative ; l'indic., le subj. ou le conditionnel si elle est interrogative : *Il n'y avait plus à espérer que la guerre finît avant le départ de Luc* (Mauriac). *Son frère disait : Je n'ai jamais espéré qu'elle pût m'aimer* (Kessel). Il est cependant assez fréquent de rencontrer le subj. dans la subordonnée, avec une nuance d'incertitude : *J'ose espérer que le Seigneur ne nous en tienne pas rigueur* (Khadra). Mêmes constructions avec *espoir* : *Tout mon espoir était qu'Albertine fût partie* (Proust). ♦ **emploi.** Si *espérer qqch.* est banal, *espérer qqn* est fréquent surtout dans le Midi, avec une valeur proche de « attendre ».

ESPION orth. On écrit : *un navire espion* (sans trait d'union). Avec deux *n* : *espionner, espionnage, espionnite* (de sens fam. : « manie de voir partout des espions ») ; *le contre-espionnage* (plur. *les contre-espionnages*).

ESPRIT- orth. Premier élément de certains composés archaïques, s'écrivant avec des traits d'union : *esprit-de-bois, esprit-de-sel, esprit-de-vin,* etc. Le pluriel de ces noms est pratiquement inexistant. Quant à *Esprit saint*, variante de *Saint-Esprit*, il ne prend pas de trait d'union.

ESQUILLE sens. S'emploie en parlant d'un os fracturé, ou parfois d'une matière inerte : *J'avais peur pour ses yeux, je lui ai retiré une grande esquille de verre du sourcil* (Sartre). À distinguer de **écharde**, « éclat de bois qui a pénétré sous la peau ».

ESQUIMAU forme. Pour le subst. : *un Esquimau, une Esquimaude.* Plur. *des Esquimaux* : *L'esprit se peuple de faces d'Esquimaux hilares, de visions de neige et de banquise* (Malaurie). Le nom indigène est *Inuk* (sing.) ou *Inuit* (plur.), qui veut dire « homme ». L'emploi d'**esquimau** est prohibé au Québec. L'adjectif *esquimau* s'accorde avec le substantif ou reste invar. : *une femme esquimau(de).* La variante ancienne **eskimo** est aujourd'hui abandonnée par la langue usuelle, mais certains ethnologues la préfèrent à l'orthographe courante.

ESQUIRE prononc. [ɛskwajr]. ♦ **sens.** Souvent abrégé en *esq.*, ce mot figure, avec une intention honorifique, à la suite du nom des Anglais non titrés. On dit aussi *squire.* Équivaut à peu près à *gentleman.*

ESSAI forme. Invar. dans les mots composés du type *pilote(s) d'essai, tube(s) à essai.*

ESSAYER conjug. Comme *balayer.* ⟶ APPENDICE GRAMMATICAL. ♦ **constr.** On doit dire aujourd'hui **essayer de** et **s'essayer à**, avec l'infinitif. La construction *essayer à*, désuète, se rencontre encore parfois : *La construction d'automates qui essaieraient d'eux-mêmes à s'éloigner des flammes* (Triolet). Si le complément du verbe est un subst., il se construit le plus souvent directement, mais on rencontre aussi le *de* partitif : *Dans une première période, il a essayé de toutes les drogues : poudres, cachets, pilules, sels, élixirs* (Romains). Le tour **essayer que**, rare, a le gros avantage d'éviter la lourde construction *de faire en sorte que* : *J'essaye que le portrait se transforme, qu'un sourire prenne la place du rictus* (Pontalis).

-ESSE et **-ERESSE emploi.** Ces deux suffixes servent à former des substantifs ou adjectifs féminins : le second, **-eresse**, en correspondance avec le suffixe masculin **-eur**, mais seulement dans les mots vieillis, littéraires ou appartenant à la langue du droit. Tels sont : *bailleresse, charmeresse, chasseresse, défenderesse, demanderesse, devineresse, enchanteresse, pécheresse, venderesse, vengeresse.* Beaucoup plus nombreux sont les féminins en **-esse** (on fait ici abstraction des différents niveaux de langue) : *abbesse, ânesse, apothicairesse, borgnesse, bougresse, centauresse, chanoinesse, cheffesse* ou *chefesse, clownesse, comtesse, diablesse, dogaresse, drôlesse, druidesse, duchesse, faunesse, félibresse, gonzesse, hôtesse, ivrognesse, ladresse, mairesse, maîtresse, moinesse, mulâtresse, négresse, ogresse, pairesse, papesse, patronnesse, pauvresse, petite-maîtresse, poétesse, prêtresse, princesse, prophétesse, quakeresse, sauvagesse, seigneuresse, suissesse, tigresse, traîtresse, turquesse, typesse, vicomtesse.*

ESSOR orth. Pas de *t* final.

ESSORILLER sens. « Écourter les oreilles (d'un animal). » Ne pas confondre avec **essorer**.

ESSOUFFLER orth. Avec deux *f* (comme *souffle*) et deux *s.* ♦ **emploi.** Surtout à la voix passive ou pronominale. La voix active est rare : *Une idée tout à coup l'essouffla net, du vinaigre coulait dans ses veines* (Sartre).

ESSUIE- forme. Les composés posent des problèmes analogues à ceux qui sont formés sur *appui-* (⟶ ce mot). Peuvent être considérés comme invar. : *essuie-mains, essuie-meubles, essuie-phares, essuie-pieds, essuie-tout, essuie-verres.* On écrit au singulier *essuie-glace* ou *essuie-glaces* (mais *s* final au pluriel), *essuie-plume* (au pluriel *-plume ou -plumes*) : *Au-delà des essuie-glaces lancés à vitesse supérieure, les phares suffisent à peine à éclairer la route* (Échenoz). Il n'y a pas de règle stricte ; le bon sens et l'usage jouent ici un grand rôle.

ESTACADE sens. « Barrage maritime fait de divers éléments étroitement associés, tels que pieux, radeaux », etc. Ne pas confondre avec **estocade**, « coup d'épée ».

ESTAFETTE genre. Fém. *une estafette*, bien que ce mot désigne pratiquement toujours un homme « chargé d'une dépêche » : *Une estafette arriva porteuse des nouvelles les plus alarmantes* (R. Jean).

ESTAMPER et **ESTAMPILLER sens. Estamper** signifie « imprimer en relief ou en creux une effigie gravée sur une matrice », et au fig., familièrement, « escroquer, duper ». Ne pas confondre avec **estampiller**, « marquer d'une estampille », c'est-à-dire d'un signe qui atteste l'authenticité d'un document, d'un produit, etc. : *Demander le silence à la presse ? C'est estampiller l'histoire officiellement* (Kessel).

EST-CE QUE ⟶ INTERROGATION.

ESTER prononc. [ɛste]. ♦ **forme.** Un homographe, prononcé [ɛstɛr], désigne un corps chimique. ♦ **emploi et sens.** Ce verbe ne se rencontre guère qu'à l'infinitif et signifie, dans le domaine juridique, « soutenir une action en justice » : *Le tribunal de grande instance de Draguignan (Var), statuant, le 6 mai, en matière de référé, a débouté M. Alain Spada, maire de Saint-Tropez, qui estait afin que M. Philippe Cortichiatto, alias Corti, ne soit plus employé comme disc-jockey au Papagayo* (Lenzini, *Le Monde*, 09/05/1992). Ne pas confondre avec **tester.**

ESTHÈTE sens. « Celui qui professe le culte du beau » (peut être pris en mauvaise part dans certains contextes). Ne pas confondre avec **esthéticien**, « écrivain qui s'occupe d'esthétique ». Quant à **esthéticienne**, c'est un mot qui désigne une « spécialiste des soins de beauté ».

ESTIVAL forme. Le masculin pluriel de cet adjectif est *estivaux.*

ESTIVANT emploi. Terme commode pour désigner « les gens qui sont en vacances d'été » et que l'on préférera sans hésiter à *juilletiste* ou *aoûtien* (trop limités dans le temps), sinon à *vacancier* : *Les salles de bal où pendront encore des guirlandes, si tristes et si nues que les derniers estivants se retireront* (Huguenin).

ESTIVE sens. Ce nom féminin désigne un pâturage d'été, en montagne (synonyme d'**alpage** pour les Alpes) : *La route* [...] *va rejoindre les hautes prairies où les troupeaux de Salers restent à l'estive* (Jourde).

ESTOC prononc. Le *c* final se fait toujours entendre. ♦ **sens. d'estoc et de taille** : « Avec la pointe de l'épée et avec le tranchant » : *On s'étrillait, on s'entretuait à coups de taille et d'estoc* (A. Besson).

ESTOCADE ⟶ ESTACADE.

ESTOMAC prononc. Le *c* final est muet. ⟶ ALMANACH.

ESTONIEN forme. On dit aussi **este**, « d'Estonie ». Les deux formes peuvent être adjectives ou substantives.

ESTUDIANTIN emploi. Cet adj., traduit de l'espagnol *(estudiantino)*, connaît une vogue abusive. S'il est possible de l'employer dans un contexte plaisant *(une farce estudiantine, la vie estudiantine)*, il y a quelque ridicule à parler, par exemple, des *effectifs estudiantins*, ou d'un *congrès estudiantin.* Ne pas oublier que le nom **étudiant** peut s'employer comme adj.

ET emploi. Dans les noms de nombres, la conjonction **et** sert à relier les noms de dizaines à *un* (sauf dans *quatre-vingt-un*) : *vingt et un* (sans traits d'union ; le *vingt-et-un*, avec traits d'union, est un jeu de cartes), *trente et un,* etc. Pour indiquer l'heure, on relie toujours *demi(e)* par *et* au nom représentant les heures : *midi et demi, deux heures et demie,* etc. Mais *quart* a un statut spécifique : on peut dire *midi et quart* ou *midi un quart. À dix heures et cinq minutes, il saura* (Duhamel) est un emploi rare, où *et* marque avec insistance la précision ; on dirait plus couramment *à dix heures cinq.* Dans l'énonciation de l'âge, ou de la durée, **et** joint le dernier terme à celui qui précède : *deux ans et trois mois ; deux ans, trois mois et sept jours.*
□ **et ni.** Il faut éviter ce tour redondant et affecté que certains écrivains d'aujourd'hui ont hérité des poètes symbolistes.
□ **et bien !** Orthographe erronée pour **eh bien !** ⟶ EH BIEN.
□ **et à Paris et en province.** On emploie parfois dans un registre soutenu la conjonction *et* en la répétant, afin d'insister et de mieux marquer l'égalité entre les deux termes : *Le temps lui-même, qui abolirait entiè-*

rement ou dissiperait dans le vaste monde, et les roses réelles et les roses de cire (Valéry). (Voir aussi le tour fam., à la fin d'une énumération : *Il est beau, riche, intelligent, et tout et tout.*)

□ **et donc** → DONC.

□ **et puis** → PUIS.

□ **j'en passe, et des meilleures.** La conjonction **et** a souvent une valeur emphatique de soulignement : *C'était un homme, et quel homme ! Voilà un rôti, et qui sent bon !* On voit ici, comme dans d'autres contextes, que le vieux principe selon lequel *et* relie seulement des éléments linguistiques de même nature est souvent battu en brèche. → DISSYMÉTRIE.

□ **&** Ce signe typographique (dont le nom technique est *esperluette, éperluette* ou *perluette*) est nommé *et commercial*, ou *et lié*, et demeure parfois utilisé pour représenter la conjonction *et*.

ÉTABLE ou **ÉCURIE emploi et sens.** En principe, le premier substantif désigne le local abritant vaches et bœufs, le second celui qui abrite les chevaux : *On ouvrait aussi la porte des étables pour faire aller boire les quelques vaches qu'on garde l'été, quand toutes les autres sont à la montagne* (Ramuz). Cf. cependant : *Les vaches des deux stalles voisines ont été mises pour la nuit à l'écurie, près du cheval* (Vailland). Ce dernier emploi est assez courant dans l'est de la France.

ÉTABLIR emploi et sens. Emploi assez désuet du passif ou du pronominal, au sens de « embrasser un état » : *M. Birault était à cette époque établi imprimeur dans ce couvent* (Apollinaire).

ÉTAI orth. Sans *s* : *un étai.*

ÉTAIEMENT → ÉTAYAGE.

ÉTAL forme. Ce substantif a aujourd'hui pour pluriel plus souvent *étals* que *étaux*, pour éviter la confusion avec le pluriel de *étau* : *M. Lévêque était devenu assez semblable à ces prodigieux étals de souvenirs touristiques* (Bastide).

ÉTALE emploi et sens. Au sens de « sans mouvement, sans aucune agitation », on est ici en présence d'un adjectif dit épicène, c.-à-d. qui a la même forme au masculin et au féminin (comme *facile, habile*, etc.) : *Il dilatait et pinçait rapidement ses narines, rebuté et séduit en même temps par le souffle étale qui emplissait, qui envoûtait la chambre* (Kessel). *Les yeux éblouis par la réverbération de la lumière sur la surface étale de l'eau* (Maïssa Bey). Comme substantif féminin, ce mot désigne le moment où la mer est immobile, juste avant la marée montante ou descendante.

ÉTALON orth. Avec un trait d'union dans les mots composés : *mètre-étalon, étalon-or*, etc. ♦ **emploi et sens.** Au fig. dans la langue littéraire, au sens de « modèle » : *Leurs successeurs les plus modestes n'ont rien compromis encore des étalons moraux qu'ils leur ont légués* (Giraudoux).

ÉTALONNER orth. Avec deux *n*.

ÉTAMINE genre. Fém. *une étamine.* ♦ **sens.** Il existe deux homonymes et homographes féminins, de même origine. L'un désigne en botanique un « organe mâle producteur de pollen » : *Une étamine de lys blanc pend à son col de pull-over* (Desarthe). L'autre, moins connu, a le sens d'« étoffe mince, légère, non croisée » : *On a aperçu un bref instant, au mât du* France, *une longue étamine, qui dans la lumière du projecteur paraît noire* (Gallo).

ÉTANCHER → ÉPANCHER.

ÉTANT DONNÉ → DONNER.

ÉTAT orth. On écrit : **un état de choses** (*choses* au plur.) mais **en tout état de cause** (*cause* au sing.). Ne prennent ni trait d'union ni majuscule : *états généraux, état(s) civil(s), tiers état(s), état(s) membre(s).* Mais les termes politiques **État** et **État-Providence** prennent un trait d'union.

□ **laisser en l'état, rester en l'état.** Tours figés. On rencontre plus souvent, de nos jours, *tel quel* : *Aucun résultat n'a encore été obtenu ; tout est en l'état* (Vercors).

□ **de son état.** Le mot a ici le sens de « profession, métier » : *Il est menuisier de son état.* C'est une tournure vieillie.

ÉTAT-MAJOR orth. Avec trait d'union.

ÉTAYAGE forme. On rencontre aussi *étaiement* ou *étayement.*

« ET CETERA » orth. On écrit aussi *et cætera* : *Le jeune homme, cheveux châtains et cætera* (Queneau). Mais en aucun cas *et cœtera* (avec *oe* collés) n'est admissible. ♦ **forme.** L'abréviation courante de cette locution latine est *etc.* On notera qu'il est tout à fait inutile de faire suivre ces trois lettres de points de suspension, ou de les redoubler sous la forme *etc. etc.*

ÉTÉ constr. On dit *en été* ou *dans l'été* : *Dans l'été qui suivit* (Gide). Plus rarement *à l'été,* mais on peut également supprimer toute préposition : *l'été* (séparé de ce qui suit par une virgule).

-ETER (verbes en) → APPENDICE GRAMMATICAL.

ÉTERNEL orth. On écrit : *le Père éternel* ou *l'Éternel* (Dieu), *la Ville éternelle* (Rome).

ÉTERNUEMENT orth. Un *e* intercalaire après le *u* : *Sa voix était claire, joyeuse, parfois ponctuée d'éternuements si le rhume des foins entrait dans la conversation* (Fottorino).

ÉTÊTAGE forme. Il existe aussi *étêtement.*

ÉTHIQUE emploi et sens. « Qui concerne la morale ». Adjectif ou substantif qui a presque supplanté l'adjectif et le substantif **moral(e)** : *Depuis l'introduction d'un code éthique en 2005, les responsables des équipes* [de cyclistes] *sont encouragés à imposer la transparence* (R. Dupré, *Le Monde,* 15/07/2011). *Ces religions et ces éthiques qui ont placé l'absolu dans l'infini* (Montherlant). *Il y a une éthique du métier* [militaire] *qui ne pardonne pas* (Kessel). Ne pas confondre avec **étique.** → ce mot. On peut faire la même remarque pour l'adverbe **éthiquement**, synonyme « noble » de **moralement** : *Si on donne à manger des vers de terre, des escargots, même des poissons, aux animaux de la ménagerie, ça ne vient à l'idée de personne que c'est éthiquement discutable* (Rosenthal). □ **datif éthique.** Pronom à forte valeur affective, qui souligne dans une phrase la part que prend une personne à l'action, ou qui prend quelqu'un à témoin dans un mouvement d'emphase : *Mais c'est tout de même drôle d'avoir une conversation de cette portée avec une petite bergère de rien du tout, qui vous tombe un beau matin du ciel* (Anouilh). *Si c'était mon fils, je te le dresserais* (Mauriac). *Au passage, je me suis pris un paquet de chips parce que l'herbe ça me donne toujours faim* (Adam). *Juliette lancée à la poursuite du fruit de ses entrailles, armée d'un chandail, afin que l'enfant de l'amour n'aille pas lui attraper froid* (Jourde). *Les cigares de l'exil, cela vous a une de ces odeurs* (Vallejo). Dans le Midi, on rencontre parfois un pronom qui renvoie au sujet lui-même, de façon redondante : *Lorsque la manucure demanda : « Et alors, le Roméo ? », elle soupira, sourit et dit avec une voix profonde : « Je me l'aime… »* (Aragon).

ETHNIQUE orth. Ne pas oublier le *h.*

ETHNOLOGIE sens. « Étude des groupements humains et des sociétés sous le rapport des mœurs et des institutions. »

ÉTHOLOGIE forme. On dit aussi *éthographie.* ♦ **sens.** « Science des comportements des espèces animales » : *Vous cherchez dans les livres des informations sur l'éthologie des rennes, leur mode de vie et de reproduction* (Rosenthal). Ne pas confondre avec **ethnologie** ni avec **étiologie**. → ces mots.

ÉTHYLOMÈTRE, ÉTHYLOTEST → ALCO(O)TEST.

ÉTIAGE prononc. [t] et non [s]. ♦ **sens.** « Le plus bas niveau des eaux » : *Malgré un régime assez régulier dans l'ensemble, les cours d'eau du bassin de la Seine enregistrent un double mouvement annuel : des baisses d'étiage… mais aussi des crues importantes* […]. *Ces* *travaux auront pour effet de renforcer les étiages de la rivière et d'en régulariser les débits* (*Le Monde*). Ce substantif ne peut donc être accompagné d'un qualificatif, sans pléonasme *(bas étiage)* ou contradiction *(étiage élevé)*. Ne pas lui donner le sens simple de « niveau », comme dans la citation suivante : *J'imagine que, au point où nous en sommes, Occidentaux ayant atteint ces étiages de richesse et de facilité proprement impensables...* (Riboulet).

ÉTINCELLE orth. Deux *l*, comme *étincellement*, mais on écrit : *étinceler, étincelant.*

ÉTIOLER (S') prononc. [etjɔle] et non [esjɔle]. ♦ **emploi et sens.** Ce verbe s'emploie pronominalement ou transitivement, au sens de « devenir (ou rendre) grêle et décoloré, (s')affaiblir » : [Les enfants] *risquent ici de s'étioler, de ne pas exploiter la promesse qui est en eux* (Labro). *Sa détention avait-elle fini par étrangler ses élans, par étioler sa jeunesse ?* (Colombier).

ÉTIOLOGIE sens. Étude des causes des maladies : *Il y a deux étiologies possibles pour les cystites, reprend Olympe* (Barbery). Ne pas confondre avec **éthologie**. → ce mot.

ÉTIQUE sens. « D'une grande maigreur » : *Un individu étique, au visage ensanglanté et vêtu de lambeaux d'étoffe* (Cossery). *Elle a des tresses étiques, des lunettes à montures roses* (Barbery). Se dit surtout des bêtes. Ne pas confondre avec **éthique**. → ce mot.

ÉTIQUETTE orth. Deux *t*. Mais *étiqueter, étiquetage, étiqueteur* (un seul *t*).

ÉTIRER emploi. À la voix pronominale, ce verbe est employé absolument avec un sujet animé humain, au sens de « détendre ses membres » (surtout les bras) : *M. Fiodor s'étira, les bras levés au plafond, avec un petit gémissement de plaisir* (Bernanos). On disait au XIXe siècle *se détirer*, mais ce verbe est aujourd'hui désuet.

ÉTOILE orth. On écrit sans trait d'union : *une étoile de mer* (plur. *des étoiles de mer*). ♦ **emploi.** Une *étoile*, une *star*, pour une artiste de cinéma, sont vieillis et désignent, le plus souvent, les actrices célèbres de l'avant-guerre. → ICÔNE.

ÉTONNER (S') constr. La plus courante est avec **de ce que, suivi de l'indic.** ou **du subj.** : *Les vieilles* [...] *regardent les jeunes hommes et s'étonnent de ce qu'avec des armes dans les mains on dirait que ce sont eux qui ont peur* (Mauvignier). **S'étonner que** appartient à un niveau de langue plus châtié, et n'admet à sa suite que le subj. : *Il s'était étonné qu'elle fût devenue aussi sensible au changement des saisons* (Vailland). *Je m'étonnais que Marinette fût si gaie* (Mauriac). Dans les phrases suivantes, l'indic. est pop. : *Grand lâche ! ça ne m'étonne pas qu'ils sont tous contre toi, qu'ils veulent te faire la guerre !...* (Alain-Fournier). *En s'étonnant que son sang avait pu brûler dans ses veines* (Aymé). Avec **à et l'infinitif** : *Elle le regarde et s'étonne à lui trouver l'air soucieux* (Gide). Quant à *s'étonner si*, c'est un tour très littéraire qui ne se rencontre plus guère.
□ **quoi** ou **rien d'étonnant.** Ces locutions se construisent différemment du verbe *s'étonner* : *Quoi d'étonnant à ce que les esprits soient troublés ?* (Camus). *Rien d'étonnant à ce que vous vous sentiez si fatiguée* (Gide). Le tour sobre **quoi d'étonnant que** (ou **si**) est assez rare : *Alors vous pensez, quoi d'étonnant qu'elle ait mal tourné ?* (Japrisot).
□ **c'est étonnant comme.** Tour répandu dans la langue courante et littéraire : *Le docteur songea : « C'est étonnant comme il ressemble à mon pauvre père »* (Mauriac). Il est préférable à *ce que*, qui est fréquent dans les tours à valeur exclamative : *C'est étonnant ce qu'il ressemble à mon pauvre père !*

ÉTOURDIMENT orth. Pas de *e* central ni d'accent circonflexe sur le *i*.

ÊTRE conjug. → APPENDICE GRAMMATICAL. ♦ **orth.** Jamais de *i* dans les formes contenant *y* : *soyons, soyez.* Évitez *soye*, forme vulgaire, pour la 3e personne du singulier du subj. : *Qu'il y ait du soleil dehors et que ça soye moins moche* (Carco).

□ **être à la place de *aller*.** Cet emploi est très répandu dans la langue courante, mais seulement au passé composé et au plus-que-parfait : *Depuis la guerre j'ai été dire bonjour à l'ami de M. Maurice Barrès* (Apollinaire). Un certain registre littéraire se sert de la même façon du passé simple, mais surtout, à notre époque, comme substitut de *s'en aller* : *Mais il ne tint que huit jours et s'en fut, claquant les portes* (Bazin). *Puis Roland s'en fut chercher de l'osier pour commencer la fabrication d'une corbeille* (Dhôtel). → ALLER.

□ **être de.** Au sens de « appartenir », cette locution est assez répandue : *J'aurais montré comment la pratique des faveurs gouvernementales fut de tous les gouvernements et de tous les partis* (Péguy). *Ariane n'était pas de ces médecins qui attendent d'avoir fini leur repas pour parler travail* (Vargas).

□ **il est.** Tour littéraire pour *il y a* : *Elles savaient qu'il est en chacun des choses qu'il ne faut pas montrer* (Rolland). *Il est une piété que j'aime et recherche, c'est la piété de la mémoire* (Tahar Ben Jelloun). *Il n'est femme de Rouen qui saurait m'en remontrer* (Anouilh). On évitera de laisser dans l'ambiguïté des phrases comme *Il est bon de faire cela* : la nature du sujet ne doit faire aucun doute. Le tour figé *Il fut un temps où...* est encore assez vivant : *Il fut un temps, sans doute, où les gens qui n'avaient rien à dire ne parlaient pas* (Ragon).

□ **il en est de... comme, il en est ainsi de.** Ces tours, exclusivement littéraires, permettent d'établir une comparaison entre deux éléments qui peuvent éventuellement se développer au cours d'une longue phrase : *Il en était de ces enfants comme des pluies, des fruits, des inondations* (Duras). *Pendant un mois il en fut ainsi de nos relations* (Louÿs).

□ **il n'est que de.** Tour classicisant et aujourd'hui très affecté. Le sens est « il suffit de » : *Il n'est que d'attendre que M*[me] *Rosen se lasse et je pourrai réintégrer mon antre* (Barbery). Autrefois, cette tournure signifiait plutôt : « Le mieux est de. »

□ **fût-ce, ne fût-ce que. orth.** Toujours au singulier et ne pouvant s'écrire *fusse* : *Toutes les choses de la campagne, fût-ce les plus charmantes* (Romains). *Vous avez refusé de renouer avec eux, ne fût-ce que de simples relations de politesse* (Boylesve). *Elles aiment tout homme marié, tout homme qui appartient à une autre, fût-ce à la science ou à la gloire* (Giraudoux). ♦ **emploi.** Ces locutions figées ont une valeur à la fois restrictive et conditionnelle : « même si c'était, même si ce n'était que ». On rencontre aussi, pour la négative **n'étai(en)t, n'eût, n'eussent été**, qui ont un caractère plus nettement littéraire, et s'accordent en nombre le plus souvent, à la différence de *fût-ce, ne fût-ce que* : *N'était-ce la couleur de leur peau, personne n'aurait le droit de leur faire des ennuis* (de Roulet). *N'étaient les liens de famille qui l'unissent à ces messieurs* (Montherlant). *N'eussent été les circonstances* (Proust). Le présent correspondant à ces formes est *ne serai(en)t-ce que* : *La police ne manquerait pas d'intervenir, ne serait-ce que pour ramener le garçon au bercail* (Dhôtel).

□ **être à + infinitif.** Locution correcte et répandue à tous les niveaux de langue. → À et APRÈS : *À cette heure* [...] *où il savait qu'elle était toujours à la maison à faire sa sieste ou à écrire des lettres* (Proust). *T'étais avec maman et deux ou trois autres femmes, à veiller une voisine qui allait mourir* (Arland).

□ **si j'étais (que) (de) vous.** Cette locution a pu se présenter sous trois formes : celle qui comprend *que* et *de* est aujourd'hui abandonnée au profit de *si j'étais de vous*, qui signifie « si j'étais à votre place » : *Si j'étais de vous, j'aurais déjà deviné* (Musset). Mais on dit plus couramment : *Si j'étais vous* (titre d'un roman de Green), dont le sens propre, « si j'étais vous-même », a le plus souvent glissé en « si j'étais à votre place ».

□ **être court** ou **à court de** → COURT.

□ **soi(en)t deux triangles.** L'accord est facultatif. La tendance la plus forte est à l'invariabilité. Brunot emploie tantôt le singulier, tantôt le pluriel : *Soit les propositions : « il a de l'argent, il peut tout »*, et *Soient ces vers de Victor Hugo.*

□ **est-ce que.** Formule interrogative figée, beaucoup plus fréquente que l'inversion du sujet, dans l'interrogation directe : *Est-ce que j'y vais ?* → INTERROGATION.

ÉTRÉCIR emploi. Vieux et rare pour **rétrécir** : *La bouteille vide, ayant conscience de* *son inutilité totale, s'étrécit et se tassa* (Vian). *Son petit visage serré, étréci, figé avait cessé d'être fin pour devenir sec* (Kessel). La langue moderne préfère généralement les verbes à préfixe *re-* aux formes plus simples. → AMOLLIR, EMPLIR.

ÊTRES orth. On trouve parfois l'orthographe *aîtres* : *Il connaissait tous les aîtres de la maison, se faufilant de la cave au rez-de-chaussée* (Ragon). ♦ **emploi et sens.** Vieux mot, rarement employé. « Différentes parties d'une maison », **aître** s'applique initialement à la cour, à l'enclos d'un couvent et au cimetière attenant à l'église.

ÉTUDE orth. *Une salle d'étude* (sing.), mais *une bourse d'études, un congé pour études* (plur.).

ÉTUDIANT emploi et sens. Comme adjectif, tend à supplanter *estudiantin* (→ ce mot), qui a souvent une nuance plaisante ou archaïque. Le substantif désigne « celui qui fait des études en faculté ». On l'emploie trop souvent, improprement, pour parler des lycéens, voire des écoliers !

ÉTYMOLOGIE orth. Pas de *h* après *t* : faute répandue.

ÉTYMON sens. En linguistique, « mot se trouvant à l'origine d'un mot dans une ou plusieurs autres langues » : *Le latin* gratia *est l'étymon du français* grâce, *de l'italien* grazzie *et de l'espagnol* gracias.

E.-U. emploi. Abréviation de **États-Unis d'Amérique**, correspond à l'abréviation américaine USA.

EU À *(Les affronts qu'il a eu à subir)*. → PARTICIPE.

EU ÉGARD À → ÉGARD.

EUCLIDIEN orth. De *Euclide*, mathématicien grec. Pas de *y* avant le *d*.

EUGÉNISME genre. Substantif masculin (on a employé aussi **eugénique**, qui est féminin) : *L'eugénisme n'est qu'une forme particulière du racisme, c'est-à-dire une forme de peur de la différence, une peur de l'autre* [...]. *Je veux aussi combattre l'idée répandue par quelques historiens, quelques généticiens et beaucoup de gynécologues qu'il n'y a pas de risque d'eugénisme tant qu'on est dans un système démocratique. L'eugénisme est une théorie d'amélioration de l'espèce humaine, de « progrès » qui ne nécessite nullement un régime nazi* (J. Testart, *Le Monde*, 17/09/1992). ♦ **sens.** « Pseudo-science étudiant les meilleures conditions de développement et d'amélioration de la race humaine. »

EUPHÉMISME Cette figure de rhétorique signifie « atténuation » : il s'agit en général d'adoucir un mot ou une expression qui pourrait choquer, pour diverses raisons : *M. Maisonneuve me dit l'autre jour que Marmontel allait à dix sans se fatiguer* [il s'agit de rapports sexuels] (Stendhal, *Journal*, 1805). *L'absence d'un certain accessoire* [dans la chambre] *rendait difficile, sinon impossible, les ablutions du milieu du corps* (C. Simon). *Oh ! Je sais, je sais, tu es assez jeune et solide pour ne pas dormir et boire, et le reste, et te tenir droit* (Kessel). *Depuis le début des « évènements », les rebelles sont insaisissables* (Maïssa Bey). *Tu aimais les gens pour peu qu'ils soient simples, qu'ils ne pètent pas plus haut que leur derrière – c'était une de tes expressions* (Fottorino). *L'ancien professeur de musique, qui a renoncé à ses élèves pour « faire le don total de sa vie à une Église en situation assez difficile ». Un euphémisme* (S. Le Bars, *Le Monde*, 26/06/2011). Aujourd'hui, cette notion rejoint souvent le *politiquement correct*. → ce mot et PÉRIPHRASE.

EURISTIQUE orth. Autre forme de *heuristique*.

EURO- forme et emploi. Cet élément de composition, issu du nom propre Europe, est très productif, et le demeurera sans doute longtemps. Il se rattache directement au second élément si celui-ci commence par une consonne : *Lord Tobbit, chef de file des « eurosceptiques », a obtenu un triomphe, à Brighton, où s'est ouvert, mardi*

6 octobre, le congrès du Parti conservateur (*Le Monde*, 08/10/1992). *Les eurodéputés inquiets du coût du réacteur ITER* (*Le Monde*, 20/05/2011).

EURO prononc. Cette monnaie européenne, qui remplace l'ÉCU (→ ce mot), a été lancée le 1er janvier 1999 comme monnaie de compte et le 1er janvier 2002 sous forme de billets et de pièces : *J'ai mangé pour soixante-trois euros des filets de rouget au curry* (Barbery). *L'actualité de la zone euro est tellement sinistre [...] qu'on prendrait volontiers la monnaie unique pour une malédiction. [...] Rien n'est plus faux : l'euro est un atout* (*Le Monde*, 15/07/2011). Il n'y a aucune raison valable de pratiquer l'hiatus devant ce mot, pas plus que devant *Europe*, dont il est issu. On dira donc **un** [-n-] **euro** avec liaison par -n-, **vingt** [-t-] **euros, cent** [-t-] **euros** avec liaison par -t-, **dix** [-z-] **euros, cinq cents euros** avec liaison par -z-, etc. L'argument selon lequel il vaudrait mieux pratiquer l'hiatus pour que les étrangers « reconnaissent » le mot dans toute la zone Euroland est spécieux, car les mots empruntés aux langues étrangères ont la plupart du temps fini par suivre les règles de la nation emprunteuse. Les fractions d'euro se comptent en **cents** (ou **eurocents**).
De nombreux mots composés sont issus de ce nom de monnaie : **eurocrédit, eurodollar,** etc. ; il est suivi d'un trait d'union devant une voyelle : **euro-arabe, euro-émission, euro-obligation** : *Philippe Maystadt est partisan des euro-obligations* (J.-P. Stroobants, *Le Monde*, 19/08/2011). On se gardera de confondre **euro-dollar**, mot qui désigne le taux de change de l'euro exprimé en dollar américain, et l'**eurodollar**, qui correspond à des dépôts en dollars faits en dehors des USA.

EUSCARIEN orth. On écrit également *euskarien.* ♦ **sens.** Synonyme de *basque* (au sens humain).

EUT et **EÛT** → AVOIR.

EUX emploi. De même que **lui**, **eux** peut malgré son accent tonique être utilisé comme sujet d'un verbe : *Tout le monde ne disposait pas des mêmes facultés de se mouvoir. Eux avaient l'air d'aller vers un but précis* (Duras). *Eux trois partaient avec les bêtes* (Ramuz). *Eux et lui étaient à coup sûr insuffisants pour recueillir tout ce qui s'exhalait de cette terre mystique* (Barrès).
□ **eux autres.** Appartient à un registre pop. : *Y en a quelques-uns d'eux autres qui ont été tués par un malheureux hasard* (Barbusse).
□ **eux-mêmes. orth.** Prend un trait d'union.

-EUX emploi et sens. Ce suffixe, autrefois neutre, a pris à notre époque une nuance péjorative dans certains noms : *bouseux, footeux, journaleux, théâtreux,* etc. *Chez les théâtreux, on a toujours du mal à gagner son lit* (Orsenna).

ÉVAGINATION emploi. Comme **invagination**, terme de pathologie médicale, sans relation de sens avec *vagin.*

ÉVANGÉLIAIRE sens. « Livre contenant les passages des Évangiles lus ou chantés à la messe. »

ÉVANGILE orth. Au sens de « livre enseignant la doctrine de Jésus-Christ, ou désignant cette doctrine même », prend une majuscule : *L'Évangile selon saint Matthieu, les quatre Évangiles.*

ÉVASEMENT sens. « Action d'évaser » ou « état de ce qui est évasé ». Ne pas confondre avec **évasure**, « ouverture évasée ».

ÉVEILLER emploi. Moins courant et plus littéraire que **réveiller** (→ EMPLIR) : *Au matin, en s'éveillant, Maline ne le vit pas auprès d'elle* (Vidalie). *J'embrassai Marthe sur l'épaule. Elle ne s'éveilla pas* (Radiguet), en face de : *Elle n'avait pas osé me réveiller* (Radiguet). *Roberte cessa de ronfler. Elle s'agita mais ne se réveilla pas* (Vailland).

ÉVÉNEMENT prononc. N'est pas en conformité avec l'accentuation : on dit [evɛnmɑ̃]. ♦ **orth.** Avec deux accents aigus, bien que ce mot soit formé sur la même base que

avènement, qui, lui, prend un accent grave. Robert, en accord avec les Recomm. offic. de 1990, propose d'écrire *évènement* et *évènementiel*, avec le même accent grave.

ÉVENTAIRE → INVENTAIRE.

ÉVENTER (S') emploi. Ce verbe ne se rencontre guère qu'à la voix pronominale ou au participe passé-adjectif : *un endroit bien éventé.* On trouve parfois **éventer** au sens de « découvrir quelque chose qui aurait dû demeurer secret » : *Jusque-là cependant, les sapes ennemies avaient été éventées* (Peyré).

ÉVÊQUE orth. Accent aigu et accent circonflexe ; de même dans *évêché*, mais *archevêque, archevêché.*

ÉVERTUER (S') emploi et sens. *S'évertuer à, s'évertuer contre.* Verbe surtout littéraire, au sens de « faire des efforts méritoires et souvent sans succès » : *En stoppant, le petit homme avait calé son moteur et s'évertuait en vain à lui redonner souffle* (Camus).

ÉVIDENT emploi et sens. Vers le début des années 80, cet adjectif anodin, qui signifie « clair au point de vue intellectuel », a connu un succès extraordinaire. En voici deux exemples « raisonnables » : *C'était assez évident, et il n'y a rien qui rende les gens muets comme l'évidence* (Dhôtel). *Les trois derniers mois je faillis devenir enragée de ce célibat volontaire dont la validité ne me semblait plus aussi évidente* (Allen). On fera bien de ne pas user de ce mot comme d'une excuse vague et passe-partout, sous la forme stéréotypée *C'est pas évident !* pour dire souvent : « Ce n'est pas commode, pas facile, cela demande un effort, etc. » : *Ben, justement, c'est pas évident. – Qu'est-ce qui n'est pas évident ? – Que les dégâts soient pris en charge par des professionnels* (Dubois). Cette vogue a quelque peu passé.

ÉVITAGE ou **ÉVITEMENT sens.** Pour les marins, « mouvement que fait un navire (ou un avion, un véhicule quelconque) pour éviter ; changement cap pour cap » : *Il n'obéissait pas aux ordres d'évitement, quand les mitrailleurs signalaient des avions dangereux* (J. Roy). La forme **évitement** se rencontre notamment dans le domaine des chemins de fer : une *voie d'évitement* est une sorte de « voie de garage ».

ÉVITER constr. Aujourd'hui, le tour **éviter qqch. à qqn** est passé dans l'usage et même en littérature : *Rien qu'un geste à faire, pour l'empêcher de souffrir, pour lui éviter une histoire sordide qui la marquera* (Sartre). *Au début, la présence de Mlle Lion nous évitait de perpétuelles frictions* (Bazin). La tradition du bon usage recommandait cependant d'employer dans ce cas **épargner**, de préférence à **éviter**.
□ **éviter que... ne.** Dans la complétive qui suit le verbe **éviter**, l'emploi de *ne* est facultatif : *Pour éviter que les conversations devinssent difficiles* (Maurois). *Les soldats se mettent en ligne le long du train pour éviter que des prisonniers ne s'enfuient en laissant leurs bagages sur le quai* (de Roulet).

ÉVOQUER sens. « Faire apparaître à la mémoire, à l'esprit » : *Fermant à demi les yeux, il évoqua une odeur de tabac ; un sourire viril, la caresse d'une main lourde dans ses cheveux* (Troyat). *Concupiscence / Quel beau mot disait le sermonneur / et qui évoque tant de choses / Le mot Conque / le mot Huppe / le mot Is / le mot Hans* (Prévert). À noter l'abus que font certains du verbe **évoquer**, au sens de « traiter, citer, faire allusion, dire un mot de » : *Il évoqua ses influences littéraires, de notre côté nous évoquâmes nos influences musicales* (A. Cathrine, *Le Monde*, 15/07/2011). *Le ministre a évoqué la prochaine conférence de presse*, etc. On ne confondra pas avec **invoquer**, qui a toujours, au sens propre, une signification plus ou moins teintée de religiosité, « appeler à son aide par la prière » : *La tramontane nous apporta longtemps les cris de l'un invoquant Vivent, les cris de l'autre citant Brousson* (Chabrol). Au sens fig., « avoir recours à », cette nuance est considérablement affaiblie : *L'opinion de Mme Hermentier était en ces matières d'un poids que l'on pouvait invoquer* (Hériat).

EX- orth. Les mots commençant par *ex-* (*examen, excessif*, etc.) ne prennent pas d'accent sur le *e* initial.

EX- emploi et sens. Préfixe productif, au sens de « ancien, autrefois » : *Je la vis qui suivait des yeux en contrebas la colonne étirée de ses ex-compagnons* (Rouaud). *Elle a revu son ex-mari. Le lycée Louis-le-Grand, ex-collège de Clermont.* Dans un contexte fam., *ex-* est employé comme substantif : *Tous les « ex » ne sont pas sortis de la croyance de la même façon* [...]. *Choisir d'être un « ex » plutôt qu'un « ancien » ne relève pas de l'idéologie, mais de la psychologie des profondeurs* (Guillebaud).

EXACT prononc. Au masculin, on dit [ɛgza] ou [ɛgzakt].

EXACTION sens. « Action d'exiger plus que ce qui est dû. » Souvent pris par extension au sens de « excès de toute sorte, violence » : *Ils craignaient d'avoir à subir bientôt les exactions de la soldatesque française* (A. Besson). *De nombreuses associations ont dénoncé avec vigueur les exactions et les violences dont la Faculté est de plus en plus fréquemment le théâtre* (*Le Monde*, 10/11/1969).

« EX ÆQUO » orth. Invar. : *Deux coureurs arrivés « ex æquo ».*

EXAGÉRER emploi. Ce verbe est employé à la voix pronominale surtout dans la langue soutenue : *Le civil s'exagère les dangers de la guerre* (Giraudoux). L'emploi le plus répandu est la construction absolue, qui donne au verbe une forte valeur expressive : *Alors, là, tu exagères !* Éviter le pléonasme *exagérer trop.*

EXALTER orth. Pas de *h*, contrairement à *exhaler*. → ce mot.

EXAMEN emploi. Dire **se présenter à un examen** ou **préparer un examen** et non *présenter un examen.* La même remarque vaut évidemment pour *concours.*

□ **mettre en examen.** Les mots de la famille d'**inculper**, qui incluent l'idée de « faute » (en latin *culpa*), sont remplacés officiellement, depuis 1993, par **mettre en examen, une mise en examen**, etc. On peut y voir, de la part du langage judiciaire, un euphémisme : *Il a le visage d'un juge qui serait à la fois sévère et légèrement apitoyé par la niaiserie du mis en examen* (Pontalis).

EXAUCER → exhausser.

EXC- orth. Commencent par ce groupe graphique notamment les mots suivants : *excéder, exceller, excentrer, excentrique, excepter, excès, exciper, exciser, exciter* et leurs dérivés. La faute qui consiste à omettre le *c* est assez fréquente dans certains de ces mots.

« EX CATHEDRA » sens. Locution latine, « du haut de la chaire ». Le plus souvent au fig. : « sur un ton dogmatique ».

EXCÉDENT orth. *-ent* quand il s'agit du substantif, *-ant* quand il s'agit du participe présent du verbe *excéder* : *un excédent de bagages*, mais : *un prix excédant nos disponibilités.* → PARTICIPE PRÉSENT.

EXCELLENCE → ÉMINENCE.

EXCELLENT orth. *-ent* pour l'adjectif, *-ant* pour le participe présent (beaucoup plus rare) : *Les scientifiques, ingénieurs et juristes, capitaines, excellant dans les arts libéraux autant que mécaniques* (Michon). ♦ **emploi.** *plus* ou *très excellent* sont rares aujourd'hui, mais ils étaient admis dans la langue classique, malgré leur aspect nettement pléonastique. On peut trouver : *Je ne connais pas de plus excellent homme que lui ; voilà un repas tout fait excellent. Excellentissime* relève du style plaisant. → -ISSIME.

EXCEPTÉ emploi. Devant un substantif, valeur de préposition, **excepté** reste invar. : *Tous les blessés le seront au bras gauche, excepté les gauchers* (Giraudoux). *Pas de puissance, excepté celle à qui, déjà, Armelle appartenait à demi* (Kessel). Placé après le nom, il s'accorde comme un adjectif : *les gauchers exceptés.*

□ **excepté que.** Locution correcte, mais un peu lourde d'un point de vue littéraire et esthétique. Suivie de l'indic. ou du conditionnel.

□ **excepté + préposition.** La répétition d'une préposition, après *excepté*, est facultative : *Il s'agit de tout le monde, excepté les* ou *des enfants.*

EXCÈS orth. Accent grave. ♦ **emploi.** La locution **se porter à des excès** a un caractère littéraire : *Je ne sais à quels excès il se porta, mais il mourut à peine âgé de quarante ans* (Green).

EXCESSIVEMENT sens. Signifie proprement « de façon excessive », « avec excès » : *Excessivement salués par le personnel, ils prirent l'escalier qui menait aux salons* (Hériat). Mais la langue courante et même la langue littéraire emploient souvent cet adverbe comme synonyme de *extrêmement, au plus haut degré.* Les protestations des grammairiens ont été inopérantes dans ce domaine : *Ce petit écoulement de salive à droite, qui rendait Mme de Loménie excessivement désagréable à regarder* (Aragon). *Micha en avait fini avec le mariage de son frère et prenait maintenant un ton excessivement sérieux* (Wiazemsky). *Je suis saisie d'une irrésistible envie de déclarer* Chez-moi *espace non-fumeur, mais c'est idiot, je fume moi-même et ce serait excessivement mauvais pour le commerce* (Desarthe). On proscrira cependant cet adverbe devant les mots qui expriment un jugement favorable, comme *beau, bon,* etc.

EXCITER orth. Ne pas oublier, dans cette famille de mots, d'écrire un *c* après le *x.* → EXC-.

EXCLURE conjug. Comme *conclure.* → APPENDICE GRAMMATICAL. ♦ **orth.** Le participe **exclu** ne prend pas de *s* final, à la différence de *inclus.* → INCLURE. Fém. *exclue* : *Le professeur a menacé celles qui ne s'y présenteraient pas* [aux cours] *d'être exclues des examens* (de Roulet).

□ **il n'est pas exclu que.** Cette locution (plus rare à la forme positive), suivie la plupart du temps du subj., ressortit au style journalistique, mais elle est parfois passée dans la langue littéraire : *La belle armure blanche, l'étendard, la tendre et dure vierge guerrière, c'est comme cela qu'on lui fera ses statues, plus tard, pour les nécessités d'une autre politique. Il n'est même pas exclu que nous lui en élevions une à Londres* (Anouilh). *Il n'est pas exclu qu'il devienne un non-universitaire de l'Université* (Velan). On pourra, la plupart du temps, dire *il est possible que.*

EXCLUSIVE emploi. On dit **jeter l'exclusive sur** (et non pas l'*exclusivité*). Mais on dit généralement **se réserver l'exclusivité de**, l'emploi de la forme abrégée est rare en ce sens : *Inventer un détail afin d'être plus vrai était une démarche de l'esprit dont il se réservait l'exclusive* (P. Jardin).

EXCRÉTION sens. Ce substantif désigne l'évacuation en dehors du corps, tandis que la **sécrétion** est le produit d'une glande, qui peut demeurer interne.

EXCUSE emploi. Dans **faites excuse**, tour pop. pour **excusez-moi** ou **je vous prie de m'excuser**, il y a renversement du sujet : c'est normalement le *coupable* qui *fait ses excuses. Faites excuse, mais je vous trouve extrêmement courant comme type* (Desproges).

EXCUSER (S') constr. On dit en général **s'excuser de (ce que)** : *Après le repas, Gilbert s'excusa d'être un embarras et se déclara prêt à s'en aller, s'ils le désiraient* (Dhôtel), plus rarement **sur ce que** : *Il s'excusa sur ce qu'il n'habitait plus Bordeaux depuis des années* (Mauriac). ♦ **emploi.** Quoi qu'en disent certains, **s'excuser** est un tour parfaitement admis, ni incorrect, ni insolent, au sens de « présenter ses excuses ». *Je m'excuse : il y a certainement quelque chose de provocant à vouloir disputer à l'ombre un mort qui est mort depuis deux années* (Montherlant). **Veuillez m'excuser** est une tournure plus « polie ». Queneau tourne en dérision la « règle » dans la phrase suivante : *Monsieur, vous m'excuserez si je m'excuse, mais j'ai un message à remettre à M. Nick Harwitt.*

« EXEAT » orth. Souvent avec un accent : *exéat.* ♦ **sens.** Mot latin signifiant dans le vocabulaire ecclésiastique « permission de changer de diocèse ».

EXÉCRER prononc. [egzekre] ou [eksekre], malgré l'absence de *s* après *x.* ♦ **sens.** Extrêmement fort. → ABOMINATION : *Plus de carottes à la crème, c'est fini. Monsieur les exècre* (Bernanos).

EXEMPLE emploi. Il est recommandé de ne pas employer la locution **par exemple** en la faisant précéder de **comme** ou **ainsi**, qui créent un pléonasme. ♦ **sens.** La locution peut prendre dans la langue familière, assez souvent, le sens de « en tout cas, quoi qu'il en soit, cependant » : *Elle recueillait, passionnément, ce témoignage en faveur de Raymond : « Par exemple, il adore les enfants, on ne peut pas lui refuser ça »* (Mauriac). *Je vais m'acheter une de ces voitures ! Du cuir, du chrome... Par exemple, il faudra que je prenne des leçons; et ça m'embête* (Mallet-Joris). Absolument, marque l'étonnement : *Oh ! par exemple, s'écria Diane. Monsieur Leurtillois ! On m'avait dit que vous étiez souffrant* (Aragon), ou l'indignation : *Venez, ma fille. Non, par exemple !* (Anouilh).
□ **il est sans exemple que.** Locution de caractère littéraire, suivie du subj. et signifiant « il n'arrive jamais que » : *Quand Ivich parlait de faire vingt kilomètres à pied, il était sans exemple qu'elle ne demandât pas à s'asseoir tout de suite après* (Sartre).

EXEMPTER prononc. Le *p* reste muet comme dans *exempt*, mais se fait entendre dans le substantif dérivé *exemption*.

EXERGUE et **ÉPIGRAPHE genre.** *Un* exergue, *une* épigraphe. ♦ **sens. Exergue** signifie « espace réservé dans une médaille pour recevoir une inscription » et « cette inscription elle-même » : *Au revers, le quadrige lancé au galop autour de la borne, dans l'arène, est représenté avec une habileté qui devient de plus en plus consommée, et à l'exergue, sous le nom d'Athla, sont représentés les prix décernés au vainqueur de la course* (Babelon). Les dictionnaires (Petit Robert, Larousse) admettent aujourd'hui ce glissement sémantique vers l'**épigraphe**, qui désigne une « citation placée en tête d'un chapitre, d'un livre, sur le fronton d'un temple, etc. » : *Il eût été sage d'inscrire « Libre Opinion » en exergue de l'article* (Mauriac). *Le quotidien du soir, le « Petit Oranais » qui, bien avant l'hitlérisme, portait en exergue la croix gammée* (Roblès). *La fréquence de comportements indisciplinés voire querelleurs constitue un « mal français » rarement mis en exergue* (*Le Monde*, 05/04/2007). Chaque chapitre de *La Guerre des boutons* de Pergaud est précédé d'une épigraphe parodiant le registre épique. On évitera la confusion entre le mot **exergue** et la *maxime*, le *précepte* et bien entendu l'**épitaphe**. → ce mot.

EXFILTRER emploi et sens. Au sens de « organiser le rapatriement d'un espion ou aider un individu à sortir d'un pays ou d'un milieu dans lequel il court de graves risques », cet anglicisme s'est bien implanté dans un certain vocabulaire politique et ne double pas **extrader**, qui résulte d'une décision judiciaire. Bien formé, il est le pendant du verbe ancien **infiltrer**.

EXHALER orth. Avec un *h*. ♦ **sens.** « Dégager de soi », souvent au fig. : *Le beurre exhale une odeur grasse et perlée* (Benameur). *Comme les fleurs, leur âme exhalait ses secrets* (Rolland). → ÉMANER.

EXHAUSSER sens. « Augmenter la hauteur. » Ne pas confondre, ni pour le sens, ni pour l'orthographe, avec **exaucer**, « accomplir » (qui a cependant la même origine) : *Sylvia, vos dieux, ils se laissent implorer ? Ils vous exaucent ?* (Schreiber).

EXHIBITIONNISME, -ISTE orth. Un *h* et deux *n*.

EXHORTER constr. On dit aujourd'hui **exhorter à** et non plus *exhorter de*.

EXIGENCE orth. Pas de *a*. Attention à l'influence du part.-adj. *exigeant*.

EXIGU orth. Au féminin, *exiguë* : *Sur la couchette exiguë, il ne fut pas facile de se retourner vers la paroi opposée* (Échenoz). → AIGU. ♦ **dérivé.** *exiguïté*, avec tréma sur le *i*.

« **EXIT** » **emploi et sens.** Terme employé dans le texte d'une pièce de théâtre. C'est un mot latin qui signifie « il sort ». Quoique singulier, on le trouve parfois précédant un sujet pluriel : *Exit les riches et les pauvres, les penseurs, les chercheurs, les décideurs* (Barbery). Quelque peu démodé aujourd'hui, il est le plus souvent traduit en français, comme les autres indications scéniques.

« **EX-LIBRIS** » **orth.** Avec un trait d'union. ♦ **sens.** En termes de bibliophilie, « inscription ou vignette portant le nom du propriétaire d'un livre et collée sur la page de garde ».

EXODE genre. Masculin. ♦ **sens.** « Départ en masse d'une population. » Emploi extensif et fig. dans l'exemple suivant : *Le pont de l'île d'Oléron favorise le tourisme, mais aussi l'exode des fonctionnaires* (*Le Monde*). Ne pas confondre avec **exorde**, terme de rhétorique signifiant « préambule, entrée en matière » : *Patrice fut si décontenancé par cet exorde qu'il resta plus d'une minute silencieux* (Duhamel).

EXOPLANÈTE emploi et sens. Ce néologisme, traduit de l'anglais, est économique et bienvenu pour désigner les planètes extérieures au système solaire : *Sur les 218 exoplanètes découvertes à ce jour, au cours d'une enquête qui a commencé il y a douze ans, aucune n'avait dévoilé la moindre molécule d'eau* (*Le Monde*, 13/04/2007).

EXORBITANT orth. Pas de *h*.

EXOTÉRIQUE ⟶ ÉSOTÉRIQUE.

EXOTIQUE sens. Ce mot est souvent employé avec une référence implicite ou explicite à des pays lointains et chauds : *Des débarquements sur des quais d'or, puis des faces exotiques et curieuses au soleil* (Barbusse). Mais originellement, il ne dit rien de plus que *étranger*.

EXPANSIONNISME, -ISTE orth. Deux *n*.

EXPECTORER et **ÉRUCTER sens. Expectorer**, « rejeter les mucosités qui se trouvent dans les bronches ». **Éructer**, « rejeter les gaz contenus dans l'estomac ».

EXPÉDIENT emploi et sens. Ce mot peut être adjectif ou substantif ; dans le premier cas, il signifie « opportun, qui convient », mais est rarement employé et paraît littéraire : *Il serait plus expédient de les débarrasser de ces pratiques* (R. Jean). Le substantif, au sens de « moyen commode », est plus répandu, mais appartient néanmoins à un niveau de langue soutenu : *Rien ne m'empêchera de penser que l'amnistie est l'expédient des gouvernements faibles* (Bazin).

EXPERT orth. On écrit : *un expert maritime*, mais, avec un trait d'union, *un expert-comptable* (plur. *des experts-comptables*).

EXPIRER emploi et sens. Verbe littéraire au sens de « mourir », mais courant au sens de « rejeter (de l'air) » ; c'est alors le contraire de *aspirer*. L'emploi suivant est recherché : *Mme de expira une plainte* (Vilmorin). ♦ **constr.** Avec l'auxiliaire **avoir**, pour indiquer le passé : *Le délai a expiré hier à midi* ; avec l'auxiliaire **être** pour exprimer l'état : *C'en est fait, elle est expirée.*

EXPLÉTIF sens. En grammaire, se dit d'un terme « inséré dans une phrase sans qu'il soit absolument indispensable au sens ». Par exemple, on rencontre souvent chez Simenon un *le* explétif dans le tour *Il (ne) (le) fait (pas) exprès de* : *Elle le fera exprès, quitte à en être malade, de dévorer la plus grande part du dîner alors que Désiré a toujours été un fort mangeur.* ⟶ NE.

EXPLICABLE, EXPLICATION orth. Avec un *c*, au contraire de *expliquer*.

EXPLICITE sens. « Nettement formulé », s'oppose à *implicite*, « qui est à interpréter, à deviner ». ♦ **dérivé. expliciter**, « rendre clair », de plus en plus répandu ; à ne pas confondre avec **expliquer**. L'adverbe *explicitement* est opposé à *implicitement* : *Il me semblait que j'avais été mis au courant d'un de ces états de choses immenses et redoutables, maladie mortelle, secret d'État, dont la communication engage implicitement la discrétion du confident* (Hériat).

EXPLOSER constr. On constate pour ce verbe originellement intransitif : *une bombe qui explose*, la même tendance à la transitivité que pour le verbe *éclater* : *Dans* Colère *(Le Seuil), Patrick Grainville explose Rio de Janeiro, où le verbe se fait extrêmement chair* (*Le Canard enchaîné*, 29/01/1992). Peut-être est-ce dû à l'influence de l'anglais, qui emploie *to explode* aussi bien comme transitif que comme factitif.

EXPONENTIEL sens et emploi. Cet adjectif qui fait partie du lexique des mathématiques (« qui se développe selon une courbe ascendante ») est souvent pris dans le sens emphatique de « sans mesure, illimité » : *Le nombre de recherches entreprises actuellement par ses collègues est, affirme-t-elle, exponentiel* (L. Rossignol, *Le Monde*, 02/01/2009). On veillera à ne pas en abuser.

EXPOSER (S') constr. Le tour *s'exposer à ce que* + subj. est correct.

EXPRÈS ou **EXPRESS emploi et sens. Exprès** est soit un adverbe, au sens de « à dessein, intentionnellement » : *Comme vous ne venez jamais à l'heure, je viens exprès en retard, au moment où je suppose avoir la chance de vous trouver* (Ionesco) ; soit un adjectif, dont le féminin est *expresse*, au sens de « chargé spécialement de transmettre la volonté de quelqu'un », ou « formel » : *Reste ! À une condition pourtant, Amphitryon, une condition expresse* (Giraudoux). *Je ne me rappelais plus à qui j'avais fait recommandation expresse de vous engager* (Jorif) ; soit un substantif, au sens de « envoyé » ou de « lettre remise immédiatement au destinataire » : *envoyer par exprès*. Dans cette phrase fautive, *Le fameux procureur royal, invité par express, avait tout quitté pour être des nôtres* (Giono), l'auteur a subi l'attraction du mot *express*, d'origine anglaise, qui évoque la rapidité, dans le domaine du chemin de fer, et qui est correctement employé dans l'exemple suivant, du même auteur : *C'est la voiture qui descendait du col. Non pas celle qui passe dans le village et fait le courrier : celle qui fait express et qu'il faut aller prendre à la route.* Le mot **express**, avec deux *s*, est substantif ou adjectif, invar. On l'emploie de façon très large : *siroter un express* (= café), *des pâtes express, un potage express,* etc.

□ **par exprès.** Locution archaïque et littéraire : *Tout nous fait croire qu'il s'absenta par exprès.* Le sens ne diffère pas de celui d'*exprès* (comme adverbe). Mais ne pas confondre avec l'emploi ci-dessus signalé : *envoyer par exprès*.

□ **comme par un fait exprès.** Ce tour résulte d'une contamination entre *faire exprès* et *par exprès*, et se rencontre même dans la langue littéraire : *Et puis, comme par un fait exprès, il avait surpris Boris en train de feuilleter ce dictionnaire d'argot* (Sartre).

EXPRESSÉMENT sens. « De façon explicite, en termes clairs et nets, formellement » : *Il en est venu à lui demander si cette personne l'avait expressément chargé de lui en parler* (Butor). Se rattache à la valeur de **exprès**, mais non de *express.*

EXQUISEMENT orth. Hésitations nombreuses, y compris de la part de l'Académie française, quant à l'accent aigu sur le *e* central. L'orthographe la plus répandue est *exquisement*, sans accent. Peu usité.

EXSANGUE prononc. On entend très souvent [egzãg], mais [eksãg] est préférable. ♦ **orth.** Ne pas oublier le *s* après le *x*. ♦ **emploi et sens.** « Qui a perdu son sang » : *Un être aussi exsangue devait nécessairement penser à la mort comme au lit le plus facile* (Kessel). *Marcel Proust, mince, exsangue, avec la barbe de Carnot mort* (Cocteau). Souvent employé de façon fig. ou extensive : *Dans les villages exsangues de la Mandchourie* (Duras).

EXSUDER emploi et sens. Ce verbe, dont l'origine est technique, au sens de « sécréter, distiller » s'emploie au fig. dans la langue soutenue : *La « présidente » s'incarnait à mes yeux en une sorte de beauté sanctifiée exsudant la bienveillance, la tendresse et la réserve* (Dubois).

EXTÉRIEUR emploi. Bien qu'issu d'une forme de comparatif latin, il semble que cet adjectif puisse admettre des degrés, comme **intérieur**, à partir du moment où l'on admet des énoncés tels que : *être situé plus à l'extérieur, se renfermer davantage à l'intérieur de soi-même,* etc.

EXTERNALISER emploi et sens. Ce verbe et son dérivé **externalisation** désignent une pratique industrielle consistant à confier une tâche ou une activité à une entreprise extérieure à l'entreprise principale : *La mondialisation externalise une partie des produits de chaque secteur et ne laisse en France que la recherche, le design et la commercialisation* (E. Le Boucher, *Le Monde,* 28/05/2007).

EXTRA forme. Comme substantif masculin, issu de la tournure *en extra,* ce mot est invar. : *des extra.* ♦ **sens.** « Chose inhabituelle », ou « serviteur engagé en surnombre ». Comme adjectif, dans la langue familière, **extra** équivaut à « excellent » : *C'est extra* (Léo Ferré). *Des repas extra.*

EXTRA- orth. Grande anarchie dans les composés, en ce qui concerne la présence ou l'absence du trait d'union. Celui-ci peut presque toujours être supprimé, sauf lorsqu'il y a un hiatus : *extra-humain, extra-utérin,* mais *extraordinaire.* ♦ **sens.** Comme préfixe, **extra-** a soit le sens de « en dehors de » : *extralégal, extra-utérin,* etc., soit celui de « très » (intensif) : *extradoux, extrafin,* etc.

EXTRAIRE conjug. Comme *traire.* → APPENDICE GRAMMATICAL.

EXTRAORDINAIRE orth. Pas de trait d'union. → EXTRA-. ♦ **constr.** La locution *quoi* (ou *rien*) *d'extraordinaire* est souvent suivie de **que** dans le registre littéraire : *Qu'est-ce qu'il y avait d'extraordinaire que Langlois aime à parler de la marche du monde ?* (Giono), et de **à ce que** dans la langue courante : *Rien d'extraordinaire à ce qu'elle ignorât aussi profondément le mouvement ouvrier que la vie ouvrière* (Aragon).

EXTRATERRITORIALITÉ forme. On dit également *exterritorialité.* ♦ **sens.** « Fiction juridique permettant de considérer qu'une ambassade est située sur le territoire du pays qu'elle représente » : *La baraque sanitaire* [...] *jouissait d'un étrange statut d'extraterritorialité* (Semprun).

EXTRAVAGANT orth. Pas de *u* après le *g,* sauf s'il s'agit du participe présent du verbe *extravaguer,* qui est d'un emploi très restreint : *Des femmes aux jupes balayant la poussière et coiffées d'extravagants chapeaux fleuris aux nœuds eux-mêmes extravagants* (Simon).

EXTRAVERTI forme. On dit aussi, moins bien, *extroverti.* S'oppose à *introverti.*

EXTRÊME orth. Un accent circonflexe, comme dans *extrêmement,* mais on écrit avec un accent aigu : *extrémité, extrémisme, extrémiste.* Pas d'accent sur *extremum,* mot employé en mathématique. Pas de trait d'union dans *extrême gauche, extrême droite,* mais on écrit *extrême-onction, Extrême-Orient, extrême-oriental (e, aux)* : *Certains agents des services secrets soviétiques, anglo-saxons et extrême-orientaux* (Bauchau). ♦ **genre.** Masc. *passer d'un extrême à l'autre.* ♦ **dérivé.** Le substantif **extrémisme** est répandu dans le domaine de l'idéologie, pour qualifier une théorie ou un engagement qui se situe aux extrêmes de l'échiquier politique : *La paix, seul remède à l'extrémisme* (titre du *Monde,* 16/01/2009).

EXTROVERTI → EXTRAVERTI.

EXUBÉRANT orth. Pas de *h.*

EXULTATION sens. « Transport de joie », appartient au domaine religieux ou au registre littéraire. Ne pas confondre avec **exaltation**, « grande excitation de l'esprit », de valeur plus générale.

EXUTOIRE genre. Masc. : *Et, quand ils en avaient envie, ils pouvaient parader comme des Césars. Ce qui est un fameux exutoire et facilite la diplomatie de préfecture* (Giono).

« EX-VOTO » forme. Locution latine substantivée, demeurant, en principe, invar. : *Au bas de la nef latérale, à droite, où les murs sont* *tapissés d'ex-voto* (Masson). Cependant, on rencontre parfois l'accord : *Comme à Lourdes, les plus misérables ex-votos trouvent leur place, le docteur avait réuni entre ces quatre murs tout ce dont l'avait comblé sa clientèle reconnaissante* (Mauriac). *Des ex-votos pendent au plafond, comme du linge : des jambes, des bras, des seins en cire, des têtes en bois, à côté de béquilles, cannes et chaussures orthopédiques* (*Le Monde*, 07/05/2007).

-EYER (verbes en) → APPENDICE GRAMMATICAL.

F

F prononc. En finale, cette lettre est généralement prononcée, sauf dans *clef* (orthographe vieillie), *nerf* et parfois *cerf*, et lorsque, dans un mot au plur., *f* est suivi d'un *s* : *des œufs, des bœufs.* ♦ **orth.** Le redoublement du *f* est courant au milieu d'un mot, ou au début, après les voyelles *a, e, o* : *affoler, effaré, offenser,* etc. Font exception : *afin, africain, éfaufiler, oflag.* On s'interdira aussi d'écrire avec deux *f agrafe* (et ses dérivés), *bafouer, boursoufler, carafe, échafaud* (et ses dérivés), *girafe, moufle, mufle, parafe, persifler* (à la différence de *siffler*), *rafale, rafistoler, rafle, soufre* (métalloïde), *trafic.*

FABLIAU orth. Pas de *e* intérieur.

FABLIER sens. « Recueil de fables. » Ne pas confondre avec **fabuliste**, « auteur de fables ».

FABRICANT orth. Le substantif s'écrit avec un *c* : *un fabricant de meubles.* Mais le participe et le gérondif du verbe **fabriquer** conservent *-qu-*, comme toutes les autres formes verbales : *C'est en fabriquant une fusée que les jeunes gens ont provoqué l'explosion.*

FABRICATEUR emploi. Plutôt que **fabricant**, dans *fabricateur de fausse monnaie, de fausses nouvelles,* etc.

FABULER sens. Admis au sens de « créer des fabulations, des représentations imaginaires ». *La Fontaine fabulait « naturellement »* (Bory). *Chacun fabule selon sa préférence : le ciel et la terre, la nature et le surnaturel ; les hommes et les dieux* (Caillois). Le subst. **fabulation** double le plus ancien **affabulation.** ⟶ ce mot. *J'en ferai la description dès le lendemain, au plus proche de mes frères ; il l'acceptera, comme je sais recevoir ses propres fabulations* (Labro). On rencontrait aussi autrefois *fabulateur.* La résurgence de ces mots n'a rien de condamnable.

FABULEUX emploi. Cet adjectif connaît une grande vogue dans les médias et le « showbiz ». Il peut qualifier élogieusement n'importe qui ou n'importe quoi : *Le bébé fut appelé Simon. Il était beau et bien portant. L'adolescente ressentit une fabuleuse bouffée d'amour en le découvrant* (Nothomb). *Une prestation absolument fabuleuse. Un acteur fabuleux,* etc. On veillera à en user modérément.

FABULISTE ⟶ FABLIER.

FACE orth. On écrit : *jouer à pile ou face, un pile ou face, une machine quatre-faces, une étoffe double-face* (ou *à double face*), *la maison d'en face.* ♦ **constr. et emploi.** Les tours normaux sont **en face de...** et **face à...** : *Quand je retourne à Deauville, je passe face à la mer* (P. Jardin). La locution *en face la poste,* qui relève du style commercial, gagne du terrain dans la langue littéraire, et, du reste, est moins incorrecte qu'on ne l'a dit. ⟶ VIS-À-VIS, employé plus librement, et DE, PRÈS.

□ **face à face. orth.** Sans trait d'union. ♦ **emploi.** Est préférable à *en face à face. Nous étions face à face, de part et d'autre de la cloison* (Godbout). Est suivi de la préposition **avec** et d'un substantif animé : *face à face avec son adversaire.* Cette locution peut être substantivée : **un face à face** (avec ou sans trait d'union) : *À Bruxelles, face-à-face musclé sur le dossier des OGM* (P. Ricard, *Libération,* 09/10/2009).

□ **en face l'un de l'autre.** On peut dire aussi correctement *l'un en face de l'autre.* ⟶ UN.

□ **de face** ou **en face.** Les sens sont proches, mais les emplois différents. **De face** est surtout spatial et signifie « du côté où l'on voit tout le devant » : *Regarder une statue de face* (par opposition à *de profil, de dos*). **En face** est plus actif et prend plus aisément un sens d'opposition, voire d'hostilité : *Oserais-tu me dire cela en face ?* (*de face* est exclu dans ce contexte).

FACE-À-MAIN orth. Plur. *des faces-à-main.*

FÂCHER (SE) constr. On emploie la préposition **avec** quand on veut signifier l'idée de mésentente, de brouille, et **contre** quand il ne s'agit que d'une querelle ou d'une colère passagère. Distinguer, de ce point de vue : *Je me suis fâché avec lui* (« je me suis brouillé »), de : *Je me suis fâché contre lui* (« je me suis mis en colère »). *Fâcher quelqu'un, cela me fâche* sont aujourd'hui désuets. Mais on dit couramment : *Je suis fâché que vous ne m'ayez pas prévenu* (ou *de ce que vous ne m'avez pas prévenu*).

FACIAL forme. Plur. *faciaux*. La forme *facials* est indiquée comme variante par le *Petit* et le *Grand Robert*, mais sans justification.

FACIÈS prononc. [fasjɛs]. ♦ **orth.** Plutôt avec accent grave. L'Académie et le *Grand Robert* l'écrivent sans accent : *Elle est ivre et son visage prend le faciès impudique de l'aveu* (Duras). *Des yeux bleus et un gros nez charnu au milieu d'un faciès dont on subodorait qu'il ne répugnait pas à la confrontation* (Dubois). *La chasse au faciès est la manifestation la plus évidente du racisme.*

FACILE emploi et sens. On n'emploie plus guère cet adjectif avec un sujet animé humain, au sens de « disposé, enclin à » : *Ces hommes sont faciles à pardonner.* Mais on trouve : *Cet homme est facile à contenter, ce travail est facile à faire.* On notera la différence de sens importante (et « sexiste ») entre *un homme facile*, c.-à-d. « conciliant, accommodant », et *une femme facile*, c'est-à-dire « qui se donne au premier venu ».
□ **avoir la larme facile.** *Il avait le verre de vin facile, le rire sonore et contagieux* (Genevoix). *Un teigneux, ainsi que ses fils, le coup de poing et le coup de fusil faciles* (Jourde). Fam.
□ **emploi adverbial.** Au sens de « facilement », **facile** est du registre fam. : *J'allais sur mes seize ans (j'en paraissais facile quatre ou cinq de plus)* (Saumont). → ADVERBES.

FACILITATEUR emploi et sens. Cet adjectif-nom, emprunté au langage de la psychologie et de la pédagogie, est correctement formé, bien qu'un peu lourd, et on ne saurait le récuser dans le langage courant : *Des volontaires sont facilitateurs de la discussion* (H. Kempf, *Le Monde*, 17/08/2009). On rencontre *facilitation* dès 1832 chez Stendhal.

FACILITÉ constr. et sens. Suivi de la préposition **à**, ce substantif désigne une « aptitude, un don naturel » : *Il a une grande facilité à s'exprimer.* Suivi de la préposition **de**, il traduit la « possibilité matérielle d'accomplir un acte » : *des facilités de paiement.*

FAÇON constr. La locution **de façon que** apparaît aujourd'hui précieuse et recherchée. On dit mieux **de telle façon que** (parfois *de façon telle que*) et de plus en plus souvent **de façon à ce que**, qui reste critiqué par les puristes. → À CE QUE. *On le présentait rondement, sans insister, de façon qu'il soit présenté, mais comme quelqu'un sans grande importance* (Giono). *Il réduisit le volume de la sphère de façon qu'elle flottât mollement dans l'espace* (Boulle). *Tu la suis d'abord, la mortelle, d'un pas étoffé et égal aux siens, de façon à ce que tes jambes se déplacent du même écart* (Giraudoux). *Il était assis de biais par rapport à la lampe, de façon que la lumière fût la meilleure pour celui de ses yeux qui n'était pas aveugle* (Kessel). *L'attelage pénétrait dans la vaste cour et venait se ranger de façon que la charrette se trouve immédiatement au-dessous de l'ouverture* (Simon). On notera qu'après **de façon à ce que** le subjonctif est de règle. L'indicatif reste possible quand on veut insister sur le résultat : *Le sofa* [...] *avait été disposé de façon telle que mon père, assis derrière son bureau, pouvait se retourner et vérifier mon état d'un coup d'œil* (Labro). La locution **de façon à** est suivie du simple infinitif, lorsque le sujet de ce dernier est le même que celui du verbe principal : *Je descends l'escalier qui va vers les quais de façon à être en face de la dernière voiture* (Bauchau).

□ **une façon de.** Dans ce tour, le mot *façon* est pris au sens de « espèce, sorte » : *On était tout près de le considérer comme une façon de saint laïque* (Aragon). ⟶ la citation à MASTOC.

□ **de la belle façon.** Ce tour est archaïsant : *Ils nous avaient aperçus et ils nous huaient de la belle façon* (Alain-Fournier).

□ **la façon dont.** On ne doit pas dire : *Tu as vu la façon avec laquelle il nous a parlé*, mais *la façon dont il nous a parlé. On aimera la façon très humaine et réalistement optimiste avec laquelle M. de Bourbon-Busset a essayé d'y répondre* (Chapelan) est une phrase que les puristes condamneraient sans doute. On préfèrera : *La façon désinvolte dont vous parlez de la mort de votre père m'a troublé* (Montherlant). *De la façon dont il avait exploité les cadavres de ses camarades, il avait honte aussi* (J. Roy).

□ **sans façon** et **de toute façon.** Dans ces deux locutions adverbiales, le substantif est généralement au sing., mais il arrive qu'on rencontre le plur. : *Elle se mettait sans façon à quatre pattes pour récupérer son butin* (Volodine). *Elle me supplia de lui pardonner ses reproches. Je le fis, non sans façons* (Radiguet).

□ **d'une ou d'autre façon, de façon ou d'autre.** Ces deux tours sont aujourd'hui littéraires et archaïques. On dit plus souvent *d'une façon comme de l'autre* ou *de toute façon.*

□ **façon porc.** Ce type de locution se rencontre dans le jargon publicitaire. *Un rideau de fausse tapisserie façon chasse à ramages* (Aragon). *J'ai pris la pose avec Mémé, avec Maman, avec la couturière, avec le vase de Val-Saint-Lambert et le tableau façon Corot* (Hoex). *Dans son camion rouge et blanc à petits carreaux, façon Lustucru, il a accroché quelques pancartes* (Lefèvre). *Appuyée sur sa canne, Arlette fixait la camionnette pliée façon origami* (Garnier).

FAC-SIMILÉ orth. Locution latine francisée ; avec un accent aigu sur le *e* final. Plur. *des fac-similés.*

FACTEUR (au sens de « élément déterminant ») **constr.** Dans les locutions de type **le facteur temps**, l'ellipse de la préposition *de*, souvent condamnée, est de plus en plus pratiquée à tous les niveaux de langue. ⟶ DE.

FACTION sens 1) « Groupe politique factieux, subversif ». **2)** « Surveillance, garde ». On dit en ce sens **être de faction** ou **en faction**, indifféremment. Ne pas confondre avec *fraction.*

FACTOTUM prononc. [factɔtɔm]. ♦ **orth.** Plur. *des factotums.*

FACTUM orth. Plur. *des factums.* ♦ **sens.** Terme peu courant, signifiant « mémoire, libelle violent ».

FADAISES emploi. « Paroles sottes et insignifiantes. » Ne pas confondre avec **fadeur**. Un discours peut être *fade* sans pour autant contenir des *fadaises*, et *dire des fadaises* n'est pas nécessairement *parler avec fadeur.*

FAGOTER orth. Un seul *t.* ♦ **emploi.** Appartient à la langue familière : *Tu ne peux pas me laisser paraître à ce bal fagotée comme ça* (Anouilh). L'emploi d'un adverbe tel que *mal* n'est pas indispensable, le sens du verbe étant déjà péj. par lui-même.

FAÏENCE orth. Un tréma sur le *i.* De même *faïencerie, faïencier.*

FAILLIR conjugaison. En français moderne comme *finir*, mais tous les temps ne sont pas usités. ⟶ APPENDICE GRAMMATICAL. Seuls sont vivants l'infinitif et les temps composés avec le participe *failli.* Voici cependant un exemple du présent de l'indicatif (3e personne) : *Voilà pourquoi ma plume neuve-taillée ne bute ni ne faut* (Chabrol). Mais c'est une phrase archaïsante. Au sens spécialisé de « faire faillite », la conjugaison est plus complète. ♦ **constr.** Aujourd'hui, on fait suivre **faillir** de l'infinitif seul, sans préposition : *Il avait bien failli participer au drame autrement que par le coup de fusil qui avait arrêté net le sermon de M. le curé sur le diable* (Giono). ⟶ MANQUER, FALLOIR. ♦ **emploi.** Rare et archaïsant au sens de « se tromper, être dans l'erreur » : *Où et quand le peuple allemand [...] a-t-il failli pour permettre aux hordes venues d'Asie de prendre Cracovie ?* (Bialot).

FAIM emploi. Malgré les recommandations réitérées en faveur de *avoir grand-faim, grand-soif,* etc., on dit beaucoup plus couramment, même dans la langue littéraire, *avoir très faim, très soif, très froid, très peur,* etc., ce qui revient à considérer **avoir faim** comme une *locution verbale,* modifiable par un adverbe, et non comme la libre association d'un verbe et d'un complément substantival : *J'avais grand-faim ; ma bonne humeur tournait à l'aigre* (Gide), en face de *J'ai très faim. J'ai fameusement faim* (Bernanos). *Angelo avait très soif de quelque chose de chaud* (Giono, cité par Grevisse). *Il sentit qu'il avait très froid aux pieds et aux doigts* (Barjavel). → ENVIE, PEUR. On dit aussi *avoir trop faim,* etc.

FAINE orth. La plupart des dictionnaires mettent un accent circonflexe sur le *i,* bien que l'Académie l'ait supprimé en 1932. Cet accent est dû probablement à une influence analogique (celle de *frêne* ou de *chêne* ?). ♦ **genre.** Fém.

FAINÉANT emploi. Adjectif substantif servant de synonyme à *feignant,* jadis correct, et curieusement devenu d'emploi pop., alors qu'il ne s'agit de rien d'autre que du participe du verbe *feindre* : *Il n'y a que les fainéantes pour se détruire... Tu l'as voulu* (Kessel). *Faut-il au contraire considérer que l'égalitarisme fait le lit des fainéants et des nuls et qu'il est temps, enfin, de récompenser à leur juste prix le mérite, l'effort et le talent ?* (E. Le Boucher, *Le Monde,* 07/05/2007). →FEIGNANT.

FAIRE prononc. Le groupe *-ai-* se prononce [ə] dans *nous faisons* (indicatif), *faisons* (impératif), *je faisais* (toutes les formes de l'imparfait), *(en) faisant* (participe ou gérondif). ♦ **conjug.** → APPENDICE GRAMMATICAL. ♦ **emploi.** Peut servir, dans un tour comparatif, de substitut à un verbe qui précède ou qui suit, pour en éviter la répétition : *Il se livrait moins encore qu'il n'avait fait le premier jour* (Mauriac). *La vie noircit au contact de la vérité, comme fait le douteux champignon au contact de l'air, quand on l'écrase* (Valéry). *Je l'entendais marcher d'un bout à l'autre de sa bibliothèque comme il avait fait pendant des années* (Green). *L'enfant, ainsi qu'il le faisait à l'ordinaire, se leva à l'arrivée de Richard* (Kessel). La présence d'un complément d'objet direct de **faire** paraît plus littéraire (à moins qu'il ne s'agisse du pronom neutre de rappel *le*) : *Il la reconnut comme il aurait fait une route de son enfance* (Mauriac). *Pour moi, l'absolu, ce n'est pas « Dieu », c'est le réel, une matière de prise immédiate et certaine, à saisir avec les mains nues, comme je faisais le ballon* (Montherlant). On peut aussi rencontrer la construction indirecte avec **de** : *Il tenait le diamant sans précaution aucune, et il le faisait sauter dans le creux de sa main avec habileté, comme il aurait fait d'une petite balle* (Duras). Le verbe **faire** disparaît parfois complètement : *La rue grouille derrière eux, les frôle de son mouvement, comme le courant d'une rivière les herbes du bord* (Romains).
□ **fit-il.** En incise, le verbe **faire** sert également de substitut aux verbes déclaratifs : *Tu sais que, le dimanche matin, il est au tennis. C'est sa seule chance d'exercice. – Bien ! bien ! fit Patrice, l'air accommodant* (Duhamel). Ce tour est surtout employé par les romanciers.
□ **faire (s')évaporer.** Après **faire**, le verbe construit pronominalement peut perdre le pronom réfléchi, surtout quand il ne s'agit pas d'un verbe « pronominal proprement dit » : *La chaleur a fait (s')évaporer l'eau de la casserole.* Mais : *Les « Ha ! Ha ! » tonitruants de sa voix de basse firent envoler les pigeons et glousser les dindons* (Ikor). *Ce qui m'a fait me retourner, de telle sorte que le pied m'a manqué* (Butor).
□ **je l'ai fait raconter son histoire** ou **je lui ai fait raconter son histoire.** Après le verbe *faire,* le sujet de l'infinitif, appelé « objet-agent » par Le Bidois, se présente sous la forme d'un pronom complément d'objet direct ou indirect, de façon assez variable. On rencontre plus souvent *le, la, les,* devant un verbe intransitif, transitif indirect ou pronominal, et plus souvent *lui, leur,* devant un verbe suivi d'un complément d'objet

direct. **1)** *Le veston était très ample et les pans en descendaient jusque sur ses genoux, à cause de la bosse qui le faisait se lever très haut par derrière* (Aymé). *Il avait mis à part les disques qui le faisaient penser à elle* (Weyergans). Mais : *Cette fatigue qui lui faisait, le souffle court, s'appuyer tout à coup sur elle* (Mallet-Joris). *Fais-le boire un peu. Il faut le faire penser à sa leçon* (ou *lui faire penser*). *Je l'ai fait changer d'avis* (ou *je lui ai fait*). **2)** *Il lui fit boire un liquide* (Brieux). *Maman lui a fait manger sa soupe* (ou *l'a fait manger sa soupe*). *Une infinité de causes imaginaires, qui la font vivre mille vies merveilleusement promptes et fondues* (Valéry). Quand le complément de l'infinitif est un substantif, ce dernier se construit généralement avec *à* : *Et l'on fit traverser tout Paris à ces femmes* (Hugo). Il est possible aussi d'avoir la préposition *par* : *Tu feras porter cette lettre à ton fils* ou *par ton fils*. On ne dira en aucun cas : *Je lui ai fait parler, je lui ai fait boire*, quand le verbe n'a aucun complément. → LAISSER.

□ **elles se sont fait embaucher.** Devant un infinitif, le participe **fait** est toujours invar. : *Son envie de voir un film avait été tellement forte qu'elle s'était fait porter malade* (Duras). *La villa qu'il avait fait construire à cet effet* (Labro). *Quant à maman, elle s'était fait faire un nouveau chapeau pour l'été* (Diwo). *C'est alors que, du haut du ciel, une toute petite voix s'est fait entendre* (Orsenna). Mais il s'accorde, bien entendu, s'il est suivi d'un adjectif attribut du complément d'objet : *Je m'étais faite belle* (Giono). *Paule s'est faite élégante pour recevoir Mykha* (Bauchau).

□ **ne faire que** ou **ne faire que de.** La première locution signifie « ne pas cesser de » ou « se contenter de » : [Elle] *pressentait que son inquiétude ne ferait que croître au fil des heures* (A. Besson). *C'est également lui l'assassin maladroit de la veille, qui n'a fait que blesser légèrement Daniel Dupont* (Robbe-Grillet). La seconde a le sens de « venir tout juste de » : *Vous le retrouverez aisément, il ne fait que de sortir.* Mais les confusions sont nombreuses, surtout au profit de la seconde construction : *Il semble que personne ne fasse que de voyager* (Boylesve). La confusion inverse est plus rare : *Dans quinze ans, la vie ne fera encore que commencer pour moi* (Radiguet).

□ **faire + adjectif neutre** ou **substantif sans article**. On rencontre fréquemment ce tour dans le langage fam. Le verbe a alors le sens d'« avoir l'apparence » : *Des bottes, ça fait joli, avec des éperons* (Triolet). *Non pas ces murs droits, ces angles comme là-haut, qui font carton, qui font pas solide, qui font pas sérieux, qui font 1843, moderne* (Giono). *Le chignon ça fait chic, ça fait grande dame, dit son mari* (Lefèvre). *Et je t'assure que ça lui va bien : ça fait princesse gothique* (Nothomb). Le tour **ça fait désordre** a acquis le statut de locution figée : *Les collégiens libérés de mauvaise grâce sous prétexte que « ça faisait désordre »* (Simon). On rencontre dans ce genre d'expressions des degrés d'intensité, notamment avec **on ne fait pas plus** : *Ça fait très théâtre, pensa-t-elle* (Sagan). *De son éducation protestante, Mme Barrel n'avait gardé qu'une secrète hostilité au culte de la Vierge. Mais pour le reste, on ne faisait pas plus idolâtre* (Aragon). Avec un complément représenté par un pronom personnel de sens animé, le verbe **faire** a le sens de « produire un effet sur » : *Ça m'a fait étrange, dit-elle d'un ton ingénu* (Beauvoir). Cela est du langage pop.

□ **faire le...** Cette locution est répandue aux sens de « faire semblant d'être, jouer le rôle de » : *Naturellement, ils se taisent, moi présente, ils font les innocents* (Bernanos). *Fils unique de la veuve Delouche, aubergiste, il faisait l'homme* (Alain-Fournier). *Je t'en prie, dit Daniel, ne te crois pas obligé de faire l'esprit large* (Sartre). On a aussi comme complément **celui qui...** : *Augustine faisait celle qui ne comprend pas* (Zola). L'emploi de l'adjectif possessif (au lieu de l'article ou du démonstratif) devant le substantif complément suggère un comportement habituel, un retour régulier de certains gestes : *Il fait son Rudolf Valentino, disait-il* (Duras). *Oswald dit que des insanités, pour faire son malin* (Vargas). [C'était] *de la rationalisation de petite fille riche qui veut faire son intéressante* (Barbery). Enfin, avec un nom de métier, *faire* a le sens de « exercer la profession de » (toujours dans la langue familière) : *Le marchand de couronnes mortuaires tient un magasin mi-consacré à l'ornement des tombes et mi à celui des têtes vivantes : il fait aussi le chapelier* (Aragon). L'ellipse de l'article ne se rencontre que dans la langue pop. : [Le] *café Opportune, qui faisait aussi épicerie et dépôt de cidre* (Vargas). Le tour **faire dans** se rencontre dans le registre fam., au sens de « exercer une activité », au propre ou au fig. : *C'est marche ou crève. La misère, tu sais, ça fait pas dans l'affectif* (Garnier).

□ **ce faisant.** Tour vieilli, au sens de « en faisant cela » : *Sans doute ce Tanton a-t-il protégé le roi de la malemort. Sans doute reçut-il, ce faisant, quelque mauvais coup* (Bazin). Même remarque pour **chemin faisant** : *Chemin faisant, elle essayait de construire la lettre à l'oncle Suprême* (Aymé). On rencontre même un tour, plutôt littéraire, d'interrogation indirecte : *J'ai pourri ma vie. Et je ne sais pas, je ne comprends pas quoi faisant* (Kessel).

□ **c'en est fait de.** Ce tour est admis aujourd'hui dans le bon usage avec un substantif complément, quoiqu'il apparaisse légèrement désuet : *Si je pense à toi, c'est est fait de mon repos* (Colette). La langue classique ne connaissait à l'origine que la construction absolue : *C'en est fait !* Avec le subjonctif optatif, *en* est facultatif : *Qu'il en soit fait comme tu le désires* (Giraudoux). *Qu'il soit fait selon ta volonté !*

□ **faire avec. emploi et sens.** Ce tour est fam., au sens de « s'accommoder de, prendre son parti de » : *La nature l'avait fait comme ça. Il faisait avec la nature* (P. Jardin). *Faut faire avec !* Assez voisine est la locution familière **se faire à**, qui a le sens de « s'habituer à » : *Elle-même, après cinquante ans, ne s'était jamais faite au nom de son défunt mari* (Garnier).

□ **il fait bon (de) + infinitif.** La construction avec *de* est admise, bien que l'absence de préposition soit presque toujours préférable et sans ambiguïté. *Un beau bureau n'est pas un luxe. C'est simplement un endroit où il fait bon de travailler* (publicité du *Monde*).

□ **savoir y faire.** Locution très familière. *Je ne sais pas y faire avec les femmes, dit Auguste. J'ai de trop grosses pattes* (Vailland). La langue soignée préfère *savoir s'y prendre.*

□ **ça va (pas) le faire.** Ce tour est aujourd'hui répandu dans un certain langage « jeune », se substituant au plus ancien **ça va (pas) aller, ça va (pas) marcher**.

□ **ça ne se fait pas.** Cette phrase stéréotypée est un exemple de présent atemporel à valeur d'obligation (surtout morale) : *Un curé blanc, ça ne se fait pas* (Bazin).

□ **faire confiance à.** Tour pleinement passé dans le bon usage malgré les mises en garde des puristes : *Une longue habitude de travailler ensemble m'oblige à lui faire une confiance absolue* (Cocteau). L'influence de *faire crédit* a été déterminante, bien que les sens originels de *crédit* et de *confiance* soient plutôt inverses que synonymes.

□ **faire les magasins, l'Algérie**, etc. Avec le nom d'un « lieu qu'on visite » ou d'un « pays dans lequel on se rend à divers titres », le verbe *faire* forme de nombreuses locutions de caractère fam. ou pop. : *Après avoir fait tous les diamantaires et bijoutiers blancs, elle commença à aller trouver les autres* (Duras). *Je fais tous les distributeurs du quartier, je retire le maximum à chaque fois* (Adam). *Il a fait mes poches sans rien découvrir.* Et dans un contexte militaire : *Il a fait l'Algérie. Il était à Oran avec Desmichels* (Giono). On a peut-être ici l'abrègement de « faire la campagne de… ». Aussi l'emploi « civil » est-il légèrement distinct : *« Cette année, on se fait la Yougo. L'an dernier on a fait les Bahamas, à Noël on a fait Tahiti… » Horrible, ce « faire »* (Cavanna).

□ **faire mien** ou **sien.** Ce tour assez recherché prend le sens d'« adopter » (suivi d'un terme plutôt abstrait : une idée, un comportement, etc.) : *Papa avait trouvé sur ce sujet, dans un livre de la bibliothèque, un passage qu'il avait fait sien et qui faisait de l'effet quand nous avions du monde* (Diwo).

□ **faire une bronchite.** Dans le langage fam. des médecins, on rencontre ce type de locution, au sens de « avoir contracté » : *Je fais de l'intoxication. Je vais rester quarante-huit heures au lit à la diète hydrique* (Mauriac). *Elle nous fait de la rétention et un commencement d'escarre* (Bazin).

□ **faire de l'eau, du bois**, etc. Tour vieilli, mais correct, au sens de « faire provision de, s'approvisionner en ».

□ **dix divisés par deux fait** ou **font cinq.** Dans les calculs arithmétiques, l'accord varie selon qu'on a dans l'esprit une idée de globalité ou qu'on envisage des unités distinctes (c'est le cas le plus fréquent).

□ **il fait clair, soleil**, etc. Emploi impersonnel dans le domaine météorologique. *Regardez, dit-il d'une voix rêveuse, il fait soleil* (Sagan). *Il faisait encore humide dans cette pièce immense, au sol de tommettes rouges* (Gallo). On trouve souvent l'article : *Il fait du soleil, du vent.* → SOLEIL.
□ fais-le-nous ou fais-nous-le → IMPÉRATIF → AFFAIRE, ATTENTION, CAS, CONFIANCE, CONNAISSANCE, FEU, FORT, MONTRE, MOQUER, OBSERVER, etc.

FAIRE-PART orth. Trait d'union. Plur. *des faire-part.*

FAIRE-VALOIR orth. Ce subst. composé est invar. : *Des fantômes de femmes pareilles à moi, des faire-valoir toujours bien plus jeunes qu'eux* (Garnier).

FAIR-PLAY emploi et sens. Cet anglicisme assez démodé, employé comme nom ou adjectif, se rencontre surtout dans le domaine du sport et de la politique : *Tout le monde admire votre sens du fair-play !... – Vous êtes gentil !...* (Némirovsky). Invar. au plur. : *Ils ne sont pas sportifs, ces gars-là, pas fair-play* (Bialot). Les mots *loyauté, bonne foi, franc-jeu* expriment à peu près la même idée (et sont également démodés...).

FAISABILITÉ emploi et sens. Ce néologisme technique, bien formé à partir de l'anglais *feasability* (mais qui est également issu de l'adjectif français **faisable**), est passé dans le lexique de la production industrielle, au sens de « propriété de ce qui est faisable, réalisable selon des normes déterminées » et a des emplois bien plus larges : *Plusieurs semaines de confusion entre les partisans du maintien du calendrier et ceux qui militaient, pour des raisons de faisabilité, en faveur d'un report des premières élections libres* (I. Mandraud, *Le Monde*, 10/06/2011).

FAISAN forme. Un seul *n* au fém. : *faisane.* On dit aussi parfois, au fém., une **poule faisane**.

FAISEUR prononc. [fəzœr] et non [fɛzœr]. ♦ **sens.** Toujours péj., au masc. comme au fém., où on rencontre surtout **faiseuse d'anges**, « avorteuse » : *Des faiseuses d'anges qui vous détraquent une femme avec des instruments sales* (Sartre).

FAIT (substantif) **prononc.** Le participe masc. se prononce toujours [fɛ]. Le substantif suit en principe la même règle, mais le *t* final se fait très souvent entendre en fin de phrase : *Il a été pris sur le fait,* ou dans des locutions figées : *en fait, de fait, par le fait, c'est un fait (que), il est de fait que, au fait,* etc. ♦ **emploi.** La locution *dire son fait à quelqu'un* est archaïsante ou littéraire : *Le matin, j'ai été dire son fait au perruquier qui n'avait pas livré la moitié des perruques* (Beauvoir). [Falstaff] *dit un peu trop leur fait aux lords, il rit trop fort de leurs mensonges* (Léger). ♦ **constr.** Après **le fait que**, on peut employer l'indicatif ou le subjonctif, suivant le contexte : *Le fait qu'il ne s'agit pas d'assassins de droit commun mais de combattants complique encore la conjoncture* (Mauriac). *Le fait qu'il ait pensé aux soins, à la surveillance nécessaire à ce moment montre qu'il estime qu'il y aura un après* (Bauchau).
□ **en fait.** L'emploi de **en fait** en début de phrase devient souvent un véritable tic : *Du moment que l'individu réel ou imaginaire ne présentait pas de vices rédhibitoires (gourmette, voix de fausset ou propension à commencer ses phrases par « En fait... »), il pouvait convenir* (Nothomb). Cette locution devrait en principe s'opposer à une hypothèse ou une solution qu'on a délaissée au profit d'une autre, plus convenable ou plus pratique : *J'ai ouvert et je leur ai proposé d'entrer. Mais je me suis repris : en fait, je préférais les recevoir dans mon atelier* (Ravey).

FAIT (participe) **orth.** *Accord du participe passé.* **1)** Conformément à la règle classique, *fait*, conjugué avec *avoir*, s'accorde en genre et en nombre avec l'objet direct qui précède : *Les promenades que nous avons faites.* Même accord pour *se faire*, avec objet direct : *Il faut tant d'années pour que les vérités que l'on s'est faites deviennent notre chair même* (Valéry). **2)** Suivi d'un infinitif, *fait* reste invar. → FAIRE.

FAIT DIVERS orth. Pas de trait d'union. Plur. *des faits divers.*

FAÎTE orth. Prend un accent circonflexe : *Une branche de palmier droite comme la hampe d'un drapeau, coincée entre les briques à l'angle d'un mur, marquait le faîte de la construction* (Gallo). De même *faîtage, faîtière.*

FAIT-TOUT orth. Peut aussi s'écrire, plus simplement, **faitout.** Plur. *des fait-tout* (inv.), mais *des faitouts.*

FAKIR orth. On rencontre aussi, rarement, la forme francisée **faquir.**

FALLOIR conjug. → APPENDICE GRAMMATICAL. C'est un doublet étymologique de *faillir.* → ce mot. ♦ **orth.** Le participe passé *fallu* est invar.

□ **il s'en faut (de) beaucoup, (de) peu.** Le *de* est plus ou moins facultatif devant un adverbe de quantité, mais obligatoire si la quantité est précisée : *Il s'en fallait au moins de sept à huit jours avant qu'il soit ici* (Giono). *Les résultats ne correspondant pas au calcul, il s'en faut exactement d'un facteur deux* (de Roulet).

□ **il s'en faut que, peu s'en faut que.** La proposition qui suit renferme facultativement un ne dit explétif : *Elle avait beaucoup de chagrin, et peu s'en fallut qu'elle ne pleurât* (Boylesve). *Il s'en est fallu de beaucoup ce soir-là que je ne me misse à genoux* (Mauriac). Mais : *Il s'en faut de peu qu'il ait l'impression aussi d'avoir toujours été général* (Romains). *Elle sentait intuitivement qu'il s'en fallait de peu pour qu'il s'ouvre aux autres* (Wiazemsky). Les médias ont forgé la locution discutable **loin s'en faut**, qui résulte sans doute d'un télescopage entre **loin de...**, **il s'en faut de beaucoup** et **tant s'en faut**, dont on peut regretter la quasi-disparition : *Non que je sois insensible, tant s'en faut, aux chatoiements du piano romantique* (C. Guedj). *Les pays développés, entre eux, et ceux du tiers-monde ne partagent pas, loin s'en faut, la même analyse de ces obstacles* (Grall, Le Monde, 12/06/1985).

□ **ce qu'il faut, l'homme qu'il faut.** Le verbe ne peut être qu'impersonnel dans les locutions de ce genre : *Mais, là comme partout, il faut ce qu'il faut, et à la guerre comme à la guerre* (Giono). *Qui*, pour *qu'il (ce qui faut)* est erroné.

FALOT orth. Fém. *falote* avec un seul *t.* ♦ **sens.** « Insignifiant jusqu'à en devenir comique. »

FAMÉ emploi. Cet adjectif ne s'emploie guère qu'accompagné de *bien* ou de *mal* : *Elle se serait ennuyée, prétendait-elle, dans un hôtel bien famé* (Duras). *Ces ruelles, pavées d'immondices et bordées de cabarets mal famés* (Mac Orlan). On peut écrire en un seul mot **malfamé.**

FAMÉLIQUE sens. « Qui ne mange pas à sa faim » : *Une foule famélique, montée des ruines et des caves, où agonisaient typhiques et blessés* (Peyré). Ne pas confondre avec **affamé.**

FAN prononc. [fan]. ♦ **emploi et sens.** Cet anglicisme est une abréviation de **fanatique**, en un sens positif, « passionné(e) ». En français, on emploie aussi **fana.** On dit *les fans de qqn*, c'est-à-dire les « admirateurs passionnés », et *être fana de qqch.*, c'est-à-dire « être captivé par (le sport, le cinéma, etc.) ». Ces deux termes appartiennent au langage fam.

FANAL forme. Plur. *des fanaux.*

FANE orth. Un seul *n.*

FANFARONNADE orth. Avec deux *n.*

FANTASMATIQUE et **FANTASMAGORIQUE emploi et sens.** Il ne faut pas confondre ces deux adjectifs : le premier renvoie aux fantasmes, « représentations psychiques par lesquelles le Moi cherche à échapper à la réalité » ; le second, plus littéraire, renvoie à des « constructions imaginaires et illusoires, à des féeries ou à des fantômes » : *Elle troquait son âme de mère de famille contre celle d'une créature fantasmagorique dotée de pouvoirs exceptionnels* (Nothomb).

FANTASME orth. Cette orthographe simplifiée, qu'on rencontre souvent, est à recommander, au lieu de l'orthographe ancienne *phantasme*. ♦ **emploi.** Éviter le tour pléonastique *les fantasmes de l'imagination*, qu'on trouve dans l'exemple suivant : *Il ne faut pas se fier aux fantasmes de l'imagination ou d'un mauvais estomac* (Mac Orlan). → le précédent.

FANTOMATIQUE orth. Pas d'accent circonflexe sur le *o*, à la différence de *fantôme* : *Nous devenons fantomatiques, perdues dans une brume épaisse* (Desarthe). → ce mot.

FANTÔME emploi. Se rencontre aussi comme adjectif : *Et ce sont des arbres fantômes, des maisons fantômes qui passent aux deux côtés du chemin* (Simenon).

FAON prononc. [fã]. ♦ **sens.** Le *faon* est le petit du cerf, du chevreuil ou du daim.

FAQUIR → fakir.

FARAMINEUX orth. On rencontre encore l'ancienne orthographe *pharamineux*. ♦ **sens.** Tous les sens de **fantastique**, mais d'emploi plus fam. et plus pittoresque : *Les incursions à Toulouse afin de goûter* [...] *au faramineux café liégeois servi à la terrasse du Grand Café l'Albrighi* (Labro).

FARANDOLE orth. Un seul *l*.

FARCE emploi. Comme adjectif, ce mot est désuet : *C'est les maîtres qui viennent chercher les employés à présent, c'est farce* (Vallejo). Cet emploi était répandu surtout au XIXe s., dans les romans.

FARD et **FART sens.** Le **fard** (du verbe *farder*) s'applique sur la peau, le **fart** (se prononçant [fart] et correspondant au verbe *farter*) est un enduit pour skis.

FARNIENTE prononc. À l'italienne [farniɛnte] ou à la française [farnjɛ̃t].

FAR WEST orth. Pas de trait d'union, mais on écrira *cow-boy* (plur. *des cow-boys*) et *Peau-Rouge* (plur. *des Peaux-Rouges*).

FASCINE orth. Noter le groupe *sc*. ♦ **sens.** « Fagot serré de branchages. »

FASCISME prononc. Avec [s], à la française, ou avec [ʃ], à l'italienne.

FASHION emploi et sens. Ce mot anglais inadaptable s'emploie comme adjectif, dans un contexte assez snob, en France, depuis 1820 environ, pour renvoyer à la mode, au « bon ton », à l'élégance supposée de l'élite : *La crêpe prend une touche chic et fashion* (J.-C. Ribaut, *Le Monde*, 31/01/2009). On rencontre également **fashionable**, au sens d'« élégant », dès le début du XIXe s.

FASTE (adj.) **emploi et sens.** L'emploi au sens de « heureux, favorable », dans *jour faste*, est aujourd'hui admis : *Ce n'est pas une ombre faste, Danglard, retenez cela. Elle n'est pas là pour nous aider* (Vargas). Au sens strict, pour les Romains de l'Antiquité, un jour **faste** était un jour « où il était permis par les dieux d'exercer certaines fonctions et d'accomplir certains actes ». Le glissement de sens de *faste* a suivi celui de son contraire **néfaste**.

FAST-FOOD emploi et sens. Cet emprunt à l'anglo-américain, qui signifie « nourriture rapide », connaît une grande vogue : *Les insolents « fast-foods » flamboient comme jamais en tubes écarlates sur les façades à cariatides de nos vénérables cités* (Cavanna). La commission de terminologie du tourisme a proposé (arrêté du 17 mars 1982) de remplacer **fast-food** par **restauration rapide** (au sens large) et par **prêt-à-manger** au sens de « produit de restauration rapide » ou de « lieu où on absorbe ce genre de produit ». Cette dernière création n'est pas très heureuse, et n'a du reste eu aucun succès.

FAT prononc. Au masc., [fat], mais on entend aussi [fa]. ♦ **forme.** Le fém. est presque inexistant.

FATAL orth. Plur. *fatals, fatales*. → -AL. ♦ **sens.** À l'origine, « qui se rapporte au destin, à la mort » : *Les maris sont en dehors des lois fatales du monde* (Giraudoux). *Riatte se montra plus réservé pour Richard qui vivait* *encore. On devait ménager l'émotion en vue d'une issue fatale* (Kessel). Mais cet adjectif a très souvent un sens affaibli : *L'enfance cherche des prétextes. Toujours appelée à se justifier devant les parents, il est fatal qu'elle mente* (Radiguet) : ici, le mot a le sens de « inévitable ».

FATIGANT ou **FATIGUANT orth.** Comme adj., pas de *u* : *Rien n'est bon pour le repos comme ces promenades apparemment fatigantes au milieu du peuple de Paris* (Péguy). *Connaissez-vous quelqu'un de plus fatigant qu'un frère ?* (Orsenna). Le participe et le gérondif s'écrivent *-guant* : *Son travail le fatiguant, il s'est assis.*

FATIGUER orth. On écrit *fatigue, fatiguer* (avec un *u*), mais *fatigable, infatigable, fatigant* (adj.). → ce mot. ♦ **emploi et sens.** La voix pronominale et la voix passive sont couramment utilisées : *Elle me racontait souvent des légendes irlandaises... Je ne me fatiguais pas de les entendre* (Green). *La Blonde aide de moins en moins, elle commence à se fatiguer* (Vailland). *Nous sommes fatigués de vos atermoiements.* La construction peut aussi être transitive : *Mais l'effort qu'il faisait pour dominer son souffle le fatiguait de plus en plus* (Rey). On rencontre le verbe employé absolument, avec un sujet animé ou non animé : *Il leur fallait parfois pousser à la roue. Le cheval fatiguait* (Vidalie). *Il semble que cette pièce de renfort fatigue excessivement.* On notera l'emploi technique, au sens de « retourner », dans *fatiguer la salade, la terre*, et l'emploi fig. dans : *Il s'est allongé dans un lit fatigué par les voyageurs de commerce* (Romains).

FAUCHEUSE orth. Les composés prennent un trait d'union : *Faucheuse(s)-essoreuse(s), faucheuse(s)-hacheuse(s)-chargeuse(s).*

FAUNESSE forme. C'est le fém. habituel de *faune*, mais on a parfois la forme unique : *une faune.*

FAUNIQUE sens. Adjectif didactique, « qui a trait à la faune ». Se distingue de **faunesque**, dérivé du masc. animé *un faune.*

FAUTE orth. On écrit (au sing.) *faire faute, sans faute* (dans le sens de « à coup sûr »). ♦ **emploi.** Le tour *c'est de ma faute* est aujourd'hui admis, bien que les grammairiens l'aient souvent condamné et lui aient préféré *c'est ma faute* : *Tout ça, c'est de ma faute, dit très doucement Richard* (Kessel), en face de : *Mais je suis venu trop tard ; c'est ma faute* (Ramuz). *C'est bien ta faute, s'écria Milan* (Vailland). On peut employer le tour *c'est la faute de* : *Maintenant nous pleurons ensemble, c'est la faute du bonheur* (Radiguet) plutôt que *c'est (de) la faute à* : *On dit qu'elle a glissé, qu'elle traversait comme une folle* [...] *C'est la faute à cette neige probablement* (Lefèvre). □ **faute de.** Noter l'emploi prépositionnel de la locution *faute de*, qui, suivie d'un substantif, signifie « comme il manque » ou « quand il manque », et, suivie d'un infinitif présent ou passé, indique une action qui n'a pas été faite alors qu'elle aurait dû l'être : *Faute de grives, on mange des merles* (dicton). *On a beau tirer sur le tuyau de sa pipe et amener à soi toute la quantité de fumée qu'on veut. Faute d'être vue, elle est comme si elle n'existait pas* (Ramuz). *Sauvan s'engageait dans une rue transversale où les voitures, faute de pouvoir franchir l'avenue de la gare, s'étaient immobilisées* (Gallo). On ne confondra pas cette construction avec le tour simple **une faute de**, suivi tantôt de mots comme *orthographe, goût, français*, qui désignent le « domaine dans lequel se fait la faute », tantôt de mots comme *inattention, étourderie*, qui désignent la « cause de la faute » : *Tu as commis là une grave faute d'inattention*, en face de : *Faute d'attention, il a confondu les deux mots.* Dans l'exemple suivant : *C'est vrai que j'ai fait une inadmissible faute d'attention et que Lou seul peut en comprendre l'irraison profonde* (Sarrazin), c'est *inattention* qu'il aurait fallu employer. □ **faute que.** Locution rare, inconnue des dictionnaires, mais correcte (suivie du subjonctif) : *Je ne me recueillais pas en vue de quelque chose, faute qu'on m'y ait invité* (Romains).

FAUTEUIL → DANS (dans un fauteuil).

FAUTEUR sens. À l'origine, « celui qui favorise, qui suscite, qui fait naître ». Mais ce substantif a subi l'influence sémantique de **faute**, ce qui rend difficiles les expressions du genre *c'est un fauteur de mariages*, bien que cet emploi soit correct ; il est le plus souvent associé à des termes négatifs, comme **guerre, trouble, désordre**, etc. : *Comment elle se fit, malgré de courageuses résistances, le fauteur de la délation* (Péguy). *Le joug des mafieux, des banquiers et des loups fauteurs de guerre* (Volodine). Quant à l'adjectif **fautif**, il s'applique aussi bien à une personne « qui est sujet à faillir ou qui a failli », qu'à un objet « qui contient un défaut » : *Je ne me cache pas que c'est moi la fautive. Il me semble que ton raisonnement est fautif.*

FAUVE forme. Adjectif de couleur, variable. → COULEUR.

FAUX- orth. Ne prennent pas le trait d'union : *faux témoignage, faux nez, fausse couche, faux bourdon* (abeille mâle), *fausse monnaie.* On écrit cependant avec trait d'union : *faux-bourdon* (en musique), *faux-fuyant, faux-monnayeur, faux-semblant, en porte-à-faux.*

FAUX JETON orth. s'écrit sans trait d'union, mais prend un *s* final au plur. : *Depuis, il se méfie des faux jetons comme de la peste* (Pontalis).

FAX emploi et sens. Ce mot bref est l'abréviation de l'anglais *telefax*, issu de *fac-simile*, « télécopie ». Il désigne un « appareil de transmission à distance de documents graphiques, texte ou image », dont l'usage s'est répandu très vite en télématique, et qui a détrôné rapidement le télex. ♦ **dérivé.** *faxer*, « envoyer (un message) par fax » : *J'ai posé la question : Monsieur Pourcelot vous a faxé quelque chose ?* (Ravey).

FAYARD ou **FOYARD emploi et sens.** Ces deux formes, qui désignent le hêtre et sont issues du lat. *fagus*, peuvent s'employer indifféremment : *Croyons-nous, tous, qu'il nous attend, le Christ* [...] *et qu'il y aura une bûche de fayard dans la cheminée ?* (Jourde).

FÉE orth. On écrit *un conte de fées, des contes de fées.* L'emploi adjectival de ce substantif (au sens de « magique, enchanté ») est rare aujourd'hui : *Dans la forêt des contes se dresse un arbre fée.*

FÉERIE prononc. [feri], conforme à l'accentuation graphique du mot. Mais l'usage tend à faire des deux *e* des [e] : [feeri]. Idem pour *féerique, féeriquement.* Ne pas confondre avec **férie.** → ce mot.

FEIGNANT emploi et sens. Comme adjectif et nom, c'est un synonyme, aujourd'hui pop., de *fainéant.* → ce mot. Il ne faut pas le confondre avec le participe présent ou gérondif du verbe *feindre* : *Ma foi non, fit le voyageur en feignant la surprise* (A. Besson).

FEINDRE conjug. Comme *craindre.* → APPENDICE GRAMMATICAL.

FÊLER orth. Accent circonflexe. De même pour *fêlure.*

FÉLICITER constr. Avec **de** ou **pour** + **substantif** (*sur* ne s'emploie plus), mais toujours avec **de** quand l'ensemble est suivi d'un infinitif : *Je te félicite de* (ou *pour*) *ton succès*, mais : *Je te félicite d'avoir réussi.* → REMERCIER.

FELLAG(H)A forme. Parfois abrégé familièrement en **fell** ou déformé en **fellouze** : *Un fell, dit Krimo. Un fumier de fell tout puant* (Khadra). ♦ **sens.** Mot arabe (au plur.) désignant de façon péjorative les combattants algériens de 1954 à 1962 : *Nous voulons vous préserver des fellagas qui viennent chez vous et vous forcent à les nourrir* (Maïssa Bey). Le terme officiel était *rebelle.* Ne pas confondre avec le suivant.

FELLAH sens. « Paysan », en Égypte et en Afrique du Nord.

FÉLON forme. Le fém. *félonne* est rare, et appartient à un registre fam. et plaisant, comme *traîtresse.* → TRAÎTRE.

FÉMININ orth. Dans certains adjectifs composés, le premier élément est invar. au fém. C'est le cas, notamment, pour *grand-ducal (grand-ducale) ; saint-simonien (saint-simonienne), franc-comtois (franc-comtoise), franc-maçon (franc-maçonne) ; nouveau-né (nouveau-née) ; court-vêtu (court-vêtue) ; mort-né (mort-née) ; haut placé (haut placée) ; bas latin (bas latine) ; bas breton (bas bretonne)*, etc. ♦ **forme et sens.** L'opposition du genre masc. et du genre fém. correspond en général, pour les êtres humains et les animaux, à une opposition de sexe : *le fermier, la fermière ; le chien, la chienne.* On prendra garde toutefois à certaines ambiguïtés propres aux suffixes *-teur/trice* et *-ier/ière*, entre autres, qui servent à désigner tantôt des objets, tantôt des personnes. C'est le cas de *indicateur, indicatrice ; cuisinier, cuisinière ; jardinier, jardinière*, etc. Les procédés de formation du fém. sont très divers. C'est l'usage qui apprend toutes les bizarreries de ce domaine morphologique. Le plus souvent, on ajoute à la forme du masc. un *-e* graphique : *Une délégation de matonnes, de psychologues* (Nothomb) ; *une citadine, une idiote*, etc. Mais certains préfèrent conserver le masc. sans modification : *Un entretien avec « Mme le président » d'Irlande* (*Le Monde*, 28/05/1992). Il y a d'assez nombreux cas de noms épicènes (→ ce mot), qui ont la même forme au masc. et au fém. : *Cette monarque* [Elisabeth II d'Angleterre], *qui n'est jamais aussi heureuse, souriante et détendue qu'à la campagne, partage avec les hobereaux de province le goût du grand air* (M. Roche, *Le Monde*, 25/06/2007). *Dans un courrier commun à la juge d'instruction Xavière Simeoni, ils ont proclamé n'être que des auxiliaires du maire* (R. Lecadre, *Libération*, 30/10/2009). Parfois, c'est le suffixe qui change : *maquereau, maquerelle ; ouvreur, ouvreuse ; aviateur, aviatrice*, etc. → -ESSE ou -ERESSE. La citation suivante illustre avec humour cette problématique : *Dommage ! Une ravissante petite imposteuse… – Impostrice ? fait Montagu, dubitatif. Imposteuse ? Impostrice ? Ah ! Falstaff aurait su. Il savait ces choses-là. – Une impudeuse, en tout cas. – Impudente, Chandos, impudente* (Léger). Dans certains cas, le fém. est morphologiquement sans rapport avec le masc. : *mari, femme ; matou, chatte ; singe, guenon*, etc. Voici un certain nombre de formes fém. anomales : *bêtasse, bufflonne ou bufflesse, cane, charlotte, chevrette* (fém. de *chevreau* et de *chevreuil*), *coche* (fém. vieilli de *cochon*, car *cochonne* est trivial), *cocotte, compagne, Émilie, Eugénie, gnomide, gosseline* (pop.), *Henriette, héroïne, Jacqueline, Léonie, levrette, louve* (mais *loup-cerve*), *mauresque* (ou *moresque*), *mule, ouistitite, Philippine, Pierrette, ponette* (fém. de *poney*), *rigolote, speakerine, sphynge, taure* (dialectal, pour *génisse*). → GENRE DES SUBSTANTIFS.

FEMME emploi. Sert à indiquer le genre fém. pour certains noms d'êtres animés à forme unique. Une *femme écrivain* ou un *écrivain femme*, etc. : *Ce qui est extraordinaire c'est que les écrivains femmes, les femmes médecins, ou les intellectuelles, n'aient pas tiré une vision d'ensemble du féminin à partir de leur propre expérience* (Gennari, *Le Figaro*, 16/04/1970). On écrit *une femme de lettres, une maîtresse femme.*

□ **je l'ai aperçu avec sa femme.** L'emploi de *dame* dans ce contexte relève de la langue pop. → DAME, DEMOISELLE, FILLE.

□ **femme de journée.** Cette locution est désuète, au sens de « qui fait des travaux domestiques à la journée ». On dira aujourd'hui *femme de ménage* ou *aide-ménagère.*

FENDRE (SE) emploi et sens. Il est un peu surprenant d'entendre ou de lire, dans les médias ou même dans un roman, ce verbe employé au sens d'« émettre, adresser (un message) », par exemple : *Après quoi le commandant se fendit d'un petit discours et remit à ferrer son diplôme de passage* (Échenoz). *L'agence de notation Moody's s'est d'ailleurs fendue d'un appel téléphonique « alarmé » auprès de l'exécutif socialiste sortant de Castille-La Manche* (E. Cuzin, *Le Monde*, 10/06/2011). *Le ministre s'est fendu d'un bref communiqué.* Il s'agit là d'un registre très fam., qui ne convient guère à un texte officiel ou à un journal télévisé. En revanche, la citation suivante s'autojustifie : *À l'arrivée d'un visiteur, ou de clients, lorsque l'auberge fonctionnait encore, il se fendait d'un* *mince sourire. Fendait est le terme exact, car M. Soubeyran disposait de très peu de peau pour effectuer cette opération* (Jourde).

FENIL prononc. [f[ə]ni], avec ou sans *e* muet.

FENNEC orth. Avec deux *n*.

FER orth. On écrit sans trait d'union *un fer à cheval, en fer de lance, le fer forgé* (*fer-à-cheval* et *fer-de-lance*, avec traits d'union, sont des termes de zoologie).

FER-BLANC orth. Avec un trait d'union : *Juste le temps de glisser leurs noms et la date de leur exploit dans une boîte en fer-blanc qu'il dissimule dans une crevasse* (Rouaud). Plur. *des fers-blancs*. Mais *ferblantier, ferblanterie* en un seul mot.

-FÈRE emploi et sens. Cet élément issu du latin signifie « qui porte ou apporte » et s'emploie comme suffixe (assez productif) : *argentifère, florifère, diamantifère, mortifère*, etc. *Au soleil, dans l'absence du vent mortifère, on aurait pu oublier, penser à autre chose* (Semprun).

FÉRIE sens. Dans la liturgie catholique, nom fém. qui désigne un jour de semaine, exception faite du samedi. Ne pas confondre avec **férié**, « chômé » (en raison d'une fête religieuse ou civile), ni avec **féerie**.

FÉRIR emploi et sens. Ce vieux verbe, signifiant « frapper », n'existe plus que dans la locution **sans coup férir**, proprement « sans combattre » : *Les dragons arrivèrent sans coup férir au pied d'un fortin accroché à la montagne* (A. Besson), d'où « sans rencontrer aucune difficulté » : *Malgré sa densité, la clameur qu'elle agitait, la voix d'Émilie parvenait sans coup férir jusqu'à moi* (Khadra), et sous la forme du participe-adjectif **féru(e) (de)** au sens de « passionné(e) par » : *Il est féru d'archéologie gréco-romaine.*

FERMAIL forme. Plur. *des fermaux.* → -AIL.

FERME emploi et forme. Cet adjectif reste invar. quand il est employé adverbialement : *Les marins souquant ferme sur les avirons* (Gallo). *Les derniers temps, j'emmenais Jérémie et il s'emmerdait ferme. La pêche, c'était pas son truc* (Adam).

FERMER emploi. *Fermer la lumière.* On dira plutôt *éteindre la lumière*. Mais l'usage tend à adapter ce verbe dans le sens de « suspendre l'usage de ». On dit *fermer le gaz, la télévision, la radio, l'interrupteur* (il est à noter que, dans un langage d'électricien, *fermer un interrupteur* signifie au contraire « permettre le passage du courant »).

FERRÉ emploi et sens. Fam. au sens de « instruit, savant en ». On dit **ferré en** ou **ferré sur** : *À vrai dire, M. Delobelle n'était pas très ferré en ces matières* (Aragon).

FERREUX, FERRIQUE et **FERRUGINEUX emploi.** Est *ferreux* ce qui, d'une manière générale, contient du fer ; *ferrique* est un terme de chimie d'un emploi très particulier ; *ferrugineux* « qui contient de l'oxyde de fer ».

FERRO- emploi. Les composés ne prennent jamais de trait d'union même si le second élément a une voyelle initiale : *ferroalliages, ferroaluminium, ferronickel.*

FERRONNIER orth. Deux *r* et deux *n*.

FERROUTAGE emploi et sens. C'est une heureuse transposition en français (recommandée par un arrêté du 18 juillet 1989) de l'anglais international *rail-road transport*, « transport combiné par le rail et la route » : *Une gigantesque entreprise* [le creusement de deux tunnels en Suisse] *étalée sur vingt-cinq ans, qui consacrera le « ferroutage », un mode de transport non polluant qui désengorge les grands verrous routiers, car les camions de marchandises sont chargés sur les wagons* (*Libération*, 27/09/1992). On emploie aussi le verbe **ferrouter**, « transporter de cette manière » et le substantif **ferrouteur**, « professionnel qui effectue ce genre de transport ».

FERRY-BOAT prononc. [feribo(u)t]. ♦ **forme.** Souvent abrégé en *ferry*. ♦ **orth.** Plur. *des* *ferry-boats, des ferrys* ou *des ferries* : *Piombino, qui était reliée à l'île d'Elbe par une ligne régulière de ferries* (Toussaint). ♦ **emploi.** Cet anglicisme (de même que son synonyme *car-ferry*) peut être remplacé par *(navire)* **transbordeur** (recommandation officielle du 18 juillet 1989).

FÉRU → férir.

FÉRULE emploi. Substantif désuet qui ne survit guère qu'au fig., dans **être sous la férule de qqn**, c'est-à-dire sous l'autorité magistrale, symbolisée par la palette ou la règle qui frappe les doigts des écoliers : *Nulle autre bonne ne tiendrait plus de huit jours sous la férule de Folcoche* (Bazin).

FESSE-MATHIEU orth. Avec un seul *t*, bien qu'il s'agisse de la déformation de « fête (de) saint Matthieu ». Plur. *des fesse-mathieux.* ♦ **sens.** Synonyme archaïsant de « avare ».

FESTIF emploi et sens. Ce vieil adjectif dérivé de **fête** a été remis à l'honneur vers 1970, dans un sens positif, proche de **convivial** (→ ce mot) : *Adamsberg n'avait jamais su participer correctement à un repas collectif, encore moins festif* (Vargas). *Les trottoirs grouillent de badauds ; l'ambiance est festive* (Khadra). *Une crise de larmes épouvantable* [...] *qui gâche en grande partie l'ambiance festive de cette vaste réunion* (Rosenthal).

FESTIVAL orth. Plur. *des festivals.* → -AL.

FÊTE constr. On peut dire indifféremment **c'est fête** ou **c'est la fête** : *Dépêchez-vous, ce soir, c'est fête !* (Orsenna).

FÉTUQUE genre. Fém., mais certains le font masc., sans doute par attraction de *fétu* (dont il est du reste issu). ♦ **sens.** « Graminée des prés et des bois. »

FEU (subst.) **orth.** On écrit un *feu d'artifice (des feux d'artifice), un feu de Bengale, un feu de camp, un pot-au-feu* (invar.) : *Sur l'écran ça s'agitait dans tous les sens, des feux d'artifice s'incrustaient sur les fesses emplumées des danseuses de revues* (Adam). ♦ **emploi et sens.** La locution **faire long feu** signifie à l'origine « ne pas partir, manquer son effet », en parlant d'une arme à feu : *Sous mes doigts jaillit alors une gerbe d'étincelles qui se propagea de prise en prise à la vitesse de l'éclair, avant de faire long feu à la manière d'un petit accessoire pyrotechnique bon marché* (Dubois). Mais, aujourd'hui, on l'emploie au fig. au sens de « traîner en longueur » et, le plus souvent, de « rater ». *Un petit miracle en somme et qui devait faire long feu dans les saints propos de la famille* (Bazin) ; cet emploi au sens de « durer longtemps » est un contresens. À la forme négative, le sens le plus fréquent est « ne pas durer longtemps, ne pas demeurer » : *Je vois d'ici que nous ne ferons pas long feu dans cette maison* (G. Marcel).
□ **feu rouge.** L'habitude s'est prise d'appeler *feu rouge* l'ensemble des feux de circulation vert, orange et rouge placés aux carrefours importants dans les villes : *Il s'arrêta à un feu rouge, la voiture repartit difficilement, dans un bruit de bielles fatiguées* (Sallenave). Voici un exemple qui correspond mieux à la réalité : *Il y a un feu tricolore au croisement du boulevard de Ménilmontant et de l'avenue Gambetta* (Échenoz).

FEU (adj.) **emploi et sens.** Comme adjectif, appartient à la langue administrative ou au style plaisant, au sens de « mort depuis peu de temps » et ne s'emploie guère qu'au sing. On dit *ma feue tante, les feus rois* (accord) ou *feu ma tante* (sans accord) : *Feu mon mari m'a souvent parlé de vous* (Troyat). *Mme Rezeau, qui trouvait le train de vie de feu sa belle-mère au-dessus de ses moyens* (Bazin). *Grâce à l'obligeance de feu M. de Royaumont, conservateur du musée de Balzac* (Apollinaire). Voici cependant un exemple d'accord de *feu* antéposé : *Feue Mme de Cambremer* (Proust) et, au fig. : *La nouvelle confédération des centres, construite autour de M. Borloo sur le modèle de feue l'UDF* (*Le Monde*, 03/06/2011) → DÉFUNT ET PAUVRE.

FEUILLÉE et **FEUILLÉES sens.** Au sing., ce mot désigne « le feuillage des arbres » ; au plur., « la tranchée servant de latrines aux troupes en campagne ».

FEUILLE-MORTE → COULEUR.

FEUILLETER conjug. Avec redoublement du *t* : *Sous la lampe les enfants feuillettent des livres lourds à l'odeur de cave* (Lefèvre). → APPENDICE GRAMMATICAL.

FEUILLETON orth. Un *roman-feuilleton* (des *romans-feuilletons*), un *feuilletoniste* (un seul *n*).

FEZ prononc. [fɛz]. ♦ **sens.** « Coiffure portée par les Arabes. »

FIABILITÉ emploi et sens. Néologisme de la langue technique. Ce mot est bien formé et utile, avec le sens de « degré de confiance que l'on peut accorder à un instrument, un appareil complexe ». L'emploi de l'adjectif **fiable** est répandu : *Je n'avançais d'un pas que pour en faire aussitôt deux en arrière, de sorte que rien n'était moins fiable que les déclarations que j'aurais pu faire* (Gide). *La fiabilité est la possibilité qu'un matériel accomplisse une fonction requise, dans des conditions données, pendant un temps donné* (George, rendant compte de *La Fiabilité industrielle*, de Peyret).

FIANCER constr. On dit aussi bien **[se] fiancer à qqn** que **avec qqn.** Cette dernière préposition, jugée parfois « plus lourde », est la seule possible pour le complément du substantif dérivé *fiançailles* : *On annonce les fiançailles de M. Untel avec Mlle Unetelle* et non pas *à Mlle Unetelle.*

FIASCO emploi et sens. Signifiant « échec », prend un *s* au plur. : *Ce sera très bien, tu verras. Nous pourrons comparer nos deux fiascos* (Schreiber). La mesure de capacité italienne (à ne pas confondre avec **fiasque**) s'écrira au plur. **fiaschi.**

FIBROME orth. Pas d'accent circonflexe sur le *o*, malgré la prononciation [o].

FICHER emploi. Correct dans **se ficher dans,** « s'enfoncer dans », *ficher un piquet en terre* ou *ficher qqn*, c'est-à-dire « faire une fiche signalétique de qqn » (participe, toujours *fiché*). Très fam. dans **se ficher de,** *je me suis fichu de lui, ficher* ou *fiche le camp, il a fichu le camp, ficher* ou *fiche à la porte, je l'ai fichu à la porte* : *S'il veut nous fiche dehors, je le menace de la guillotine* (Vallejo). → FOUTRE.

FICHU emploi et sens. Participe passé irrégulier de *ficher.* → ce mot, aux sens variés, selon le contexte : « perdu », « mauvais » ou « capable » : *Ça fait quatre francs de fichus* (Aymé). *Le fichu caractère de ma femme avait des causes physiologiques* (Bazin). *Vous ne serez jamais fichus de vous nipper convenablement* (*id.*). Tous ces emplois sont fam.

FICTION, SCIENCE-FICTION et **ANTICIPATION emploi.** Un récit, un roman de **fiction**, est une œuvre dans laquelle les créations de l'imagination ont une part dominante. La **science-fiction** est un genre littéraire dans lequel les constructions de l'imagination se fondent sur des données scientifiques réelles ou imaginaires. La littérature d'**anticipation** a pour cadre et pour thème une période de l'avenir dont l'auteur suppose ou invente les caractéristiques.

FIDÈLEMENT orth. Un accent grave. Mais on écrit (avec un accent aigu) *fidélité.*

FIDÉLISER emploi et sens. Ce néologisme est utile dans le registre commercial, où il signifie « habituer les clients à fréquenter régulièrement un point de vente, ou à acheter régulièrement le même produit » : *À moins que tu ne fasses dans un genre qui fidélise une clientèle, comme nous disons dans le commercial* (Cavanna) et, par extension : *Comment le groupe de loisirs* [Eurodisney] *parviendra-t-il à fidéliser un personnel jeune, plutôt mobile, où les Français seraient déjà minoritaires ?* (*Le Monde*, 14/06/1992). On emploie également le dérivé *fidélisation.*

FIEFFÉ orth. Deux *f* avant le *é* : *De fieffés coquins.*

FIER emploi. On doit dire **fier comme Artaban** et non *fier comme d'Artagnan.*

FIER (SE) constr. La plus répandue est **se fier à** (qqn ou qqch.). On peut également dire *se fier sur*, mais *se fier en* est aujourd'hui tout à fait abandonné. → (SE) CONFIER.

FIER-À-BRAS orth. Le plus généralement invar. au plur., mais on trouve la forme *des fiers-à-bras.*

FIÈVRE orth. Les dérivés **fiévreux, fiévreusement** prennent un accent aigu. ♦ **emploi.** On dit surtout *avoir de la fièvre*, mais le *de* partitif n'est pas obligatoire.

FIGULINE sens. « Ancien vase en terre cuite. » Ne pas confondre avec **figurine**.

FIGURE emploi. Invar. dans *faire figure de*, quel que soit le nombre du sujet : *Ils font figure de victimes.*

FIL emploi. L'expression familière **coup de fil** pour *coup de téléphone* est très répandue dans l'usage courant : *Clairon* [...] *s'était consolé au rapport scrupuleux des deux coups de fil que j'avais reçus de Boston* (Colombier). → TÉLÉPHONE.

FILANDRE genre. Fém. ♦ **sens.** Désignation vieillie du « fil de la Vierge » ou, rarement, « fibre peu comestible de certains légumes ou de certaines viandes ». Le dérivé **filandreux** est plus employé.

FILASSE emploi et sens. Ce mot est soit substantif, au sens de « matière textile végétale non encore filée », soit adjectif invar., signifiant « d'un blond pâle, fade » : *Une petite tête blême, avec des cheveux rares et filasse* (Triolet).

FILE emploi. On dit **en file** ou plus souvent **à la file**, mais *de file* est rare (tour concurrencé par *d'affilée*) : *Il fuma quatre ou cinq pipes de file près du poêle* (Giono).

FILETER conjug. Comme *acheter*. → APPENDICE GRAMMATICAL.

FILIAL forme. Plur. *Filiaux*. → -AL.

FILIGRANE orth. Un seul *n*. ♦ **genre.** Masc. *le filigrane.*

FILLE emploi. Il faut dire *Il se promenait avec sa fille* et non *avec sa demoiselle*, qui s'entendait parfois dans le registre pop. → DEMOISELLE.

FILLE-MÈRE orth. Avec un trait d'union. Plur. *des filles-mères*. Mais, sans trait d'union : *une fille naturelle (légitime, adoptive), une jeune fille.* ♦ **emploi.** Mot désuet et de valeur péjorative, auquel l'usage actuel a substitué des expressions telles que *mère célibataire, non mariée* : *Vous voyez, mon chéri, la fille-mère ne se plaint pas, disait-elle. Seulement il faut nous marier aussitôt que possible* (Kessel). *Ses doutes et ses humiliations de fille-mère dans la France provinciale des années 1960* (Fottorino).

FILOU orth. Plur. *des filous.*

FILS emploi. La suppression de la préposition **de** entre ce substantif et son complément relève de l'usage pop. : *Deux jours après la visite du fils Agosti, la mère reçut un mot de Joseph* (Duras).

FILTRE orth. et sens. Ne pas confondre avec **philtre**, plus rare et appartenant à un registre plus élevé (→ ce mot). Le *filtre* sert à filtrer (le café, le vin, etc.). *Le philtre* est un breuvage magique.

FIN emploi et sens. Dans la langue soutenue, ce mot est souvent équivalent de « but » ou « dessein » : *Un terrain qui a été destiné par ceux qui le possèdent à des fins diverses et bien singulières* (Apollinaire). Il faut dire **à des fins** ou **pour des fins**, et non pas *dans des fins* : *Les listes des tués, dont la préfecture, il ne comprenait pas à quelles fins, lui faisait remettre un double* (Gallo). *À cette fin, aux fins de l'Umschulung* [rééducation] *des militants et des cadres antifascistes* [...], *une collection de livres nazis fut installée dans la bibliothèque du camp* (Semprun). *Je suis allé m'enfermer un mois dans un monastère à des fins d'écriture* (Riboulet).

□ **à seule fin.** Les locutions **à seule fin de, à seule fin que** mettent en relief l'intention de finalité (« uniquement pour ») : *J'avais si souvent espéré m'approprier l'affection de*

mes parents ; j'avais si fréquemment feint de gémir ou pleurer à seule fin de les ramener vers moi (Labro). *C'était à seule fin qu'elle me dît de revenir vite auprès d'elle* (Proust). La forme *seule* est une déformation de l'ancien démonstratif, dans *à celle fin* (« à cette fin ») : *Il surveilla l'évacuation du cantonnement à cette fin que personne ne tire au flanc* (Barbusse).
□ **fin novembre.** L'ellipse de la préposition *de*, ainsi que du groupe introducteur *à la*, caractérise plutôt la syntaxe des textes commerciaux. Voici deux exemples littéraires de ce tour peu recommandé en bonne langue : *M*[lle] *Sergent avait payé mon hôtel jusqu'à la fin juin* (Perry). *Catherine avait trouvé, fin 68, un éditeur touffu* (Desproges). → DÉBUT.
□ **fin + adjectif.** Ce mot peut être employé comme adverbe dans la langue familière et dans ce cas reste le plus souvent invar. : *J'étais fin prête à six heures* (Giono). *Après si belle bacchanale, nous étions fin soûls, aux frais de la princesse* (Clébert). *Je découpe des champignons tout fin* (Barbery). Avec accord : *Elle était fine bonne, celle-là* [cette balle] (Duhamel).

FINAL forme. Plur. *Finals.* → -AL.

FINAL(E) genre et sens. Il faut distinguer le substantif *masc.* qui désigne la « dernière partie d'une œuvre musicale » et s'écrit avec ou sans *e* : **un final(e) d'opéra**, et le substantif *fém.*, qui s'applique à de nombreux domaines (grammaire, sports, etc.) et prend toujours un *e* : **la finale** (*d'un mot, de la Coupe de France*, etc.).
□ **au final.** Cette locution s'est fortement implantée dans le discours usuel, et double souvent, peu utilement, **à la fin, in fine, finalement, en fin de compte, pour finir**, etc. : *Je crois qu'au final je n'ai jamais pu m'habituer aux prématurés, que je n'ai jamais supporté de les voir si fragiles et comme inachevés* (Adam). *L'auteur raconte ses hésitations, ses réticences, ses impasses. Comment, au final, il décide de plonger dans la foi et découvre que l'on ne croit pas seul* (*Libération*, 07-08/04/2007). *À cause du retard pris dans le versement des subventions de l'État, les compagnies théâtrales et les lieux culturels s'endettent auprès des banques. Au final, jusqu'à 15 % de l'argent reçu part dans le paiement des agios bancaires* (*Le Monde*, 06/04/2007). *Le chef de l'État a usé de son statut de victime, multiplié les coups de gueule et obtenu, au final, le procès qu'il souhaitait* (*Le Monde*, 21/09/2009). On ne saurait cependant la condamner dans la mesure où elle est très proche, par la construction et le sens, de **au total**, qui est largement admis depuis longtemps.

FINALISER emploi et sens. Ce verbe (ainsi que le substantif **finalisation**), est un calque de l'anglais qui a pour sens « donner à un projet, à un accord, à un texte sa forme définitive » : *La multiplicité des questions soulevées et l'hétérogénéité des instances consultées ont fait que ce document, finalisé dès 1993, n'a pu prendre vie qu'aujourd'hui* (J.-Y. Nau, *Le Monde*, 11/09/1995). *Washington et Bagdad finalisent un accord sur la présence américaine* (*Le Monde*, 24/08/2008). Malgré leur indéniable utilité, ces néologismes ne devraient pas faire oublier complètement les équivalents comme *conclure, conclusion, mettre* ou *mise à jour* ou *au point, peaufiner*, etc.

FINANCE orth. Attention à l'orthographe de *moyennant finance* (sans *s*). On écrit d'autre part *le ministère* (ou *le ministre*) *des Finances*. À noter que, dans un emploi burlesque, Alfred Jarry écrivait le mot *phynance*. ♦ **emploi.** Le plus souvent au plur., mais le sing. n'est pas rare, et correspond à une signification plus abstraite, plus générale : *Judas, qui commença par la finance, continua par l'apostolat et finit en sycophante* (Apollinaire). Parfois ce sing. a une couleur ironique : *Pluvignec cent pour cent, par conséquent doué pour la finance, amateur de grandes pointures, péniblement studieux* (Bazin).

FINASSEUR forme. On dit aussi *finassier*.

FINE-DE-CLAIRE orth. Plur. *des fines-de-claire.* ♦ **sens.** « Nom commercial d'une variété d'huîtres. »

FINIR constr. et sens. Suivi de la préposition **de**, ce verbe exprime que « le sujet parvient à la dernière phase d'un processus » : *Le soir, seul dans mon lit, j'appelais Marthe, m'en voulant, moi qui me croyais un homme, de ne l'être pas assez pour finir d'en faire ma maîtresse* (Radiguet). Suivi de *par*, le verbe **finir** indique que « le sujet clôt par une dernière action une suite d'actions antérieures » : *Il finit par aller s'étaler par-delà la barrière du cirque* (Alain-Fournier). *J'ai fini par me dégager et par prendre la fuite* (Duhamel). On ne doit pas employer la préposition *par* quand il n'est question que d'une action isolée. → COMMENCER.

□ **c'en est fini de.** Tour littéraire, dans lequel **en**, qui n'a pas de sens précis, souligne le caractère irrévocable de la décision ou de l'événement : *Quand elles arrivent dans nos villes, avec leurs superbes bagages, c'en est fini, dans l'armée et dans l'art, de la paix des ménages* (Giraudoux). *Si, jusqu'alors, j'avais joué comme si la partie n'avait aucun enjeu,* [...] *c'en était fini, je jouais pour gagner à présent* (Toussaint).

□ **fini + substantif.** Ce tour elliptique ressemble au précédent, mais il appartient au registre fam., et l'accord peut se faire ou non avec le substantif qui suit : *Pour les poules, je ne suis plus le même. Finie la rigolade !* (Kessel). *Fini l'époque où s'égosillaient sans cesse les téléphones* (Échenoz).

□ **ça n'en finit pas de.** Ce tour insistant contient un **en** explétif, dont on ne saurait se priver dans certaines phrases, qui soulignent l'exaspération causée par un processus interminable : *Ce feuilleton n'en finit pas, ça devient assommant !*

FINISH emploi et sens. La locution pseudo-anglaise **au finish**, employée en sport pour qualifier une victoire remportée au tout dernier moment, peut être avantageusement remplacée par **à l'arraché** (recommandation officielle par arrêté du 18 février 1988). Quant à la *photo-finish*, le même arrêté recommande de l'appeler *photo d'arrivée.*

FIORD → FJORD.

FIOUL orth. C'est l'orthographe recommandée officiellement, à la place de *fuel(-oil)* (→ ce mot) par l'arrêté du ministre de l'Économie et des Finances du 18 février 1987 : *Des fumées de cheminées touillant un gris de fioul dans le gris poussière des nuages* (Mauvignier). Cette recommandation a été, dans l'ensemble, assez bien adoptée.

FISC forme. Mot sans plur. : *Concernant le passé, les contribuables allemands ont le choix entre révéler leurs comptes au fisc de leur pays ou payer un impôt forfaitaire au taux compris entre 19 et 34 % en fonction de la durée de la fraude et de son montant* (F. Lemaître, *Le Monde*, 12/08/2011). *Les agents du fisc.* Éviter la faute grossière consistant à intervertir dans la prononciation comme dans l'orthographe le *s* et le *c*. ♦ **dérivé.** *fiscal*, plur. *fiscaux ; fiscaliser, défiscaliser* : *Philippe Kenel, un avocat fiscaliste suisse qui a suivi les négociations* (A. Duparc, *Le Monde*, 19/08/2011).

FISSILE sens. Le *Grand Larousse universel* enregistre deux sens : « Qui a une tendance à se diviser en feuillets ou en couches minces (en parlant des minéraux et des roches, notamment) » et « susceptible de subir une fission », en physique nucléaire. Il note **fissible**, enregistré dès 1953 par le *Larousse du XXe siècle*, comme synonyme de **fissile** dans le lexique de la physique nucléaire : *La Chine posséderait suffisamment de stocks de matière fissile pour pouvoir lancer, grâce à ses bombardiers, une centaine de charges d'une puissance de 20 kilotonnes* (*Le Monde*). *L'uranium 235 et le plutonium 238 sont des éléments fissibles, mais non le plutonium 240.* Quant au verbe *fisser* (« subir une fission »), lancé audacieusement vers 1948 par A. Ducrocq, il n'a pas réussi à s'imposer. On rencontre de même les dérivés synonymes **fissilité** et **fissibilité**, dans le sens nucléaire.

FISSION et **FUSION emploi et sens.** On ne confondra pas ces deux substantifs. Le premier désigne en physique nucléaire l'« éclatement d'un noyau atomique en deux ou plusieurs nucléides » : *Elle s'arrête et dit : Fission. Wolfgang mesure la force de cette intuition : le bombardement du noyau provoque son éclatement* (de Roulet). Le second a un sens plus large, et désigne soit le « passage d'un corps solide à l'état liquide sous l'effet de la chaleur », soit la « combinaison intime de cellules vivantes » en biologie. → FISSILE. Mais on parle aussi de **fusion nucléaire** pour désigner le phénomène producteur d'une très grande énergie, qui se produit lors de l'explosion d'une bombe atomique : la confusion est donc relativement facile, pour les profanes.

FIXATEUR ou **FIXATIF emploi et sens.** Le premier substantif désigne un « produit qui maintient en place les cheveux, ou qui fixe l'image sur la pellicule photographique », ou encore le « vaporisateur qui projette un produit sur les cheveux ». Le second désigne exclusivement une « préparation liquide destinée à fixer sur le papier un pastel ou un fusain ». Il y a dans les exemples suivants une confusion entre ces deux termes : *Comme le fixateur fixe un dessin au crayon, ce que je venais de vivre fut fixé jusqu'à ma mort* (Montherlant). *Avez-vous le désir de séparer vos cheveux par une raie et de les maintenir par un fixatif ?* (Giraudoux).

FIXE orth. Invar. dans les composés : *un* (ou *des*) *fixe-fruit(s)*, *un* (ou *des*) *fixe-chaussettes*.

FIXER emploi. Il est devenu difficile de refuser le tour **fixer qqn** au sens de « fixer les yeux sur qqn », ou de « regarder qqn avec des yeux fixes ». La formule abrégée est en effet utilisée couramment par les meilleurs auteurs, malgré les condamnations de Voltaire, de Littré et de nombreux grammairiens : *Elle l'avait fixé droit dans les yeux* (Daniel-Rops). *Thérèse sourit, puis le fixa d'un air grave* (Mauriac). *Les deux anonymes s'étaient rapprochés de la porte et la fixaient avec des yeux stupides* (Rey).

FJORD prononc. [fjɔrd]. ♦ **orth.** On écrit parfois **fiord**, qui correspond mieux aux habitudes du français.

FLAGEOLER orth. *-geo-* et un seul *l*. De même **flageolet**.

FLAGRANCE → FRAGRANCE.

FLAMAND et **FLAMANT orth. et sens.** Est *flamand* (avec un *d*) ce qui se rapporte à la Flandre *(l'art flamand)*. *Flamant* (avec un *t*) désigne l'oiseau palmipède.

FLAMBANT forme. Dans les locutions du genre *des souliers flambant neuf(s)*, **flambant** est toujours invar., tandis que *neuf* s'accorde facultativement : *Dans quinze jours je fais cadeau à Marino d'une forteresse flambant neuve* (Gracq). *Des inspecteurs flambant neufs de l'enseignement technique* (Colombier). *Une Mercedes grise flambant neuve vint se garer devant nous au ralenti* (Toussaint).

FLAMBER constr. et sens. Intransitif, *flamber* signifie « brûler avec de grandes flammes » ; mais avec un complément d'objet direct, « passer à la flamme, brûler en surface ». On dira *flamber un poulet*, mais on évitera l'emploi extensif suivant : *Un fagot de sarments qu'au réveil j'ai flambé* (Giraudoux).

FLAMINGANT orth. Pas de *u* après le *g*. ♦ **sens.** « Qui parle flamand » ou « qui est partisan de l'autonomie de la Flandre ». Sens plus précis que celui de **flamand**.

FLAMME orth. Au sing. dans *être tout feu tout flamme* (pas de virgule), *jeter feu et flamme*, *des yeux de flamme*.

FLÂNER orth. Tous les mots de cette famille prennent un accent circonflexe sur le *a* : *Elle aime tant flâner, rêvasser* (N. Sarraute).

FLANQUER emploi et sens. Ce verbe est courant avec un sujet non animé, au sens de « se trouver sur le flanc de, garnir » : *La table ronde, flanquée d'une petite « servante » à roues caoutchoutées* (Colette). *Au centre de la pièce, la grande table déserte, flanquée de ses bancs, paraît repousser tout le monde* (Jourde). Avec des animés, le tour est plaisant : *Notre père rentra peu après, toujours flanqué de son ami* (Bazin). *Flanqué de son ministre de l'Économie, Giulio Tremonti, M. Berlusconi n'a pas manqué de commenter la décision* (S. Aloïse, *Le Monde*, 14/08/2011). Mais le verbe est fam. dans les phrases suivantes, où il équivaut à « jeter, lancer violemment » : *Un pied sur* *le rebord de la fenêtre il flanquait de grands coups de mouchoir pour épousseter ses souliers* (Gide). *Cette rossée que je lui flanquerais en pleine rue* (Sartre).

FLASH orth. Plur. *des flashes* : *Il est aussitôt criblé de flashes à bout portant* (R. Jean). *Des flashes d'ondes délivrant leur image paraissaient en pics défilant sur l'écran* (Échenoz). Noter le groupe *-sh,* et non *sch.* ⟶ FLASHER. Il existe en outre, pour ce nom et ses dérivés, des acceptions techniques concernant la photocomposition ; et au fig. : *Je ne sais pas pourquoi cette phrase est revenue, comme ça, qu'elle m'a traversé l'esprit, un flash, une attaque, une fulgurance* (Mauvignier).

FLASH-BACK orth. Plur. *des flash-back.* ♦ **sens.** Terme de cinéaste, « retour en arrière ». ⟶ le précédent.

FLASHER emploi et sens. Dans un registre fam., on rencontre le verbe **flasher** (*sur qqch.* ou *qqn*), au sens d'« être fortement attiré ou séduit par », ainsi que son participe-adjectif **flashant** : *Pas de la camelote quand même. J'ai flashé sur la couleur* (Saumont). Ce mot provient de **flash**, « vif plaisir causé par la drogue ».

FLASQUE (subst.) **genre.** Fém., quand le mot désigne une « poire à poudre » ; masc., quand il s'agit d'un « flacon plat », ou, en technologie, de « pièces allant souvent par paires et disposées parallèlement » : *Vos flasques de roues sont voilés.*

FLATTER (SE) constr. Après *je me flatte que,* on trouve l'indicatif ou le conditionnel : *Il se flattait qu'elle était troublée* (Aragon). Après *je ne me flatte pas que,* seulement le subjonctif : *Je ne me flatte pas que ces pages puissent avoir beaucoup de lecteurs* (Henriot). Après la construction interrogative *vous flattez-vous que ?,* on a le subj. ou l'indic. Ces constructions sont voisines de celles du verbe **espérer.** ⟶ ce mot. À la voix passive, *être flatté que* demande le subjonctif : *Elle se sentait flattée que l'âme de sa fille appartînt si peu à Jacques* (Radiguet). *Je ne serais pas flattée du tout qu'on m'en parlât* (Proust).

FLÉAU orth. Plur. *des fléaux.*

FLEGMON ⟶ PHLEGMON.

FLEMMARD orth. On rencontre aussi, mais moins souvent, *flémard.* ♦ **emploi.** Seulement dans un registre fam. avec une valeur péjorative, issue du suffixe *-ard.*

FLEUR orth. L'usage tend aujourd'hui à employer *fleur* au plur. dans la locution *arbre en fleurs.* On écrit *un bouquet* (ou *un vase*) *de fleurs, à fleur d'eau, à fleur de peau, eau de fleur d'oranger.*

FLEUR DE LIS, FLEUR BLEUE orth. Sans trait d'union : *Il est très fleur bleue.*

FLEURAISON ⟶ FLORAISON.

FLEURER emploi et sens. « Répandre une agréable odeur. » Ce verbe est littéraire et souvent précieux : *Des femmes fleurant bon, habillées cher, fouettées d'air frais* (Aragon). *Toute une vie de bâtons de chaise en gibus et cravate blanche, fleurant le porto, la poudre de riz et les cigares de la régie* (Aymé). Et en négatif : *L'air fleurait puissamment le purin* (Jourde). Ne pas confondre avec **flairer**, verbe de perception : *Ces messieurs venaient juste à temps pour flairer leur assiette* (Rochefort). ⟶ cit. à GALETAS.

FLEURIR conjug. Elle est régulière pour le sens propre, mais comporte quelques formes en *-o-* quand le verbe est appliqué à un sujet autre qu'une plante, avec le sens de « prospérer ». Il s'agit de l'imparfait *florissait* et surtout du participe-adjectif *florissant,* très fréquent dans des expressions figées, comme *une santé florissante,* et qui gagne du terrain, comme en témoigne la citation suivante : *C'était sur le flanc de cette colline que s'étalait le champ d'ananas. Sur beaucoup de rangées, ceux-ci étaient morts mais sur d'autres ils étaient florissants* (Duras). Au fig., avec le sens de « prospérer », on peut trouver à l'imparfait *fleurissait* ou *florissait. Il me sembla que cet influx florissait en mon corps aux dépens de mon être ordinaire* (Hériat). L'infinitif *florir* est d'un emploi précieux, rare.

FLEUVE et **RIVIÈRE sens.** Les géographes distinguent le **fleuve**, qui est un « cours d'eau principal, en recevant d'autres et se jetant dans la mer », et la **rivière**, « cours d'eau d'importance moyenne, qui se jette soit dans un fleuve, soit directement dans la mer ». *Le plus long fleuve de France est la Loire, qui reçoit de nombreuses rivières comme affluents.* On notera cependant que la définition de ces deux substantifs ne répond pas à des critères scientifiques. Dans la langue littéraire, *fleuve* a des acceptions figurées emphatiques et majestueuses, que n'a pas *rivière.*

FLIC-FLAC orth. Avec trait d'union, quand l'onomatopée est substantive : *le flic-flac de la pluie.* Mais *faire flic flac.*

FLINGOT forme. On emploie aussi souvent **flingue.** ♦ **emploi.** « Fusil », appartient au registre pop. De même pour le verbe **flinguer**.

FLIPPER emploi et sens. Ce verbe s'est solidement installé dans le parler fam., au sens de « être déprimé, angoissé » : *Toutes ces propositions de contrat sans garantie d'emplois durables ne règlent en rien le problème. Il faut arrêter de flipper. Entreprenons, prenons des risques, formons...* (la rappeuse Diam's, *Libération*, 07/04/2007). Il vient de l'anglo-américain *to flip one's lid*, littéralement « faire sauter le couvercle », pour désigner d'abord l'effet de la drogue.

FLOCHE emploi et sens. Adjectif dans **soie floche**, c'est-à-dire « légèrement torse ». Subst. fém., au sens de « houppette, amas floconneux ».

FLONFLON forme et emploi. Terme fam. qui se rencontre le plus souvent au plur. : *Le long des allées noires, bordées de platanes, où les flonflons d'un orchestre de province se perdaient dans la nuit d'été* (Carco).

FLORAISON emploi. Cette forme est plus répandue que **fleuraison**, qui est littéraire (c'est l'inverse pour les formes de *fleurir*). → ce mot.

FLORAL forme. Plur. *floraux* → -AL.

FLORÈS (FAIRE) emploi et sens. Locution verbale figée, de construction intransitive, au sens de « connaître de brillants succès ». Aujourd'hui rare : *En attendant, la petite reine fait florès* (Queneau). *Belleville n'est pas un exemple isolé. L'épidémie de bétonite aiguë a fait florès* (Jonquet).

FLORISSANT → FLEURIR.

FLOT orth. *Couler à flots*, mais *(re)mettre à flot* : *La marine va mettre à flot sa première frégate légère* (*Le Monde*, 10/06/1992).

FLOTTAGE sens. « Transport par eau des troncs d'arbre. » Ne pas confondre avec **flottaison**, terme de marin, employé surtout dans *ligne de flottaison*, ni avec **flottation**, « triage de certains matériaux par l'eau ».

FLOUTER emploi et sens. Ce verbe est assez employé dans les médias, pour désigner l'action de « rendre volontairement flou un visage, sur une photographie ou un écran, pour préserver l'anonymat ou respecter un tabou » : *Dans un manuel d'histoire-géographie de 5e, l'éditeur a flouté le visage du prophète Mahomet représenté dans une miniature du XIIIe siècle* (*Le Monde*, 09/04/2007). Le substantif exprimant le résultat de cette opération est **floutage**.

FLUET forme. Fait au fém. *fluette.* ♦ **sens.** « Grêle et fragile d'apparence » : *Ce garçon fluet, quel homme est-il devenu ?* (Mauriac).

FLUO forme. Cette abréviation (invar.) de **fluorescent** est très répandue dans le domaine de la décoration, de l'éclairage, de l'habillement : *Elle, habillée en orange fluo, une grande pince à la main, déambulait dans le quartier* (Bourgon).

FLÛTE orth. Avec un accent circonflexe (de même pour les autres mots de cette famille).

FLUVIATILE sens. « Qui vit ou se développe dans les cours d'eau. » Ne pas confondre avec **fluvial**, « qui concerne les fleuves » : *navigation fluviale, police fluviale.*

FLUXMÈTRE prononc. Le *x* reste muet, comme dans *flux*.

FŒHN prononc. [føn]. ♦ **sens.** Dans les Alpes suisses et autrichiennes, « vent sec et tiède », qui fait fondre la neige.

FOÈNE orth. Elle n'est pas fixée et l'on trouve de nombreuses variantes, principalement *foëne ou fouëne.* ♦ **genre.** Fém. *une foène.* ♦ **sens.** « Gros harpon à trois dents. »

FŒTUS prononc. [fetys] et non [føtys]. ♦ **sens.** « Nom pris par l'embryon à partir d'un certain stade de croissance » (après trois mois pour l'embryon humain) : *On pouvait y voir* [au musée Dupuytren] *entre autres curiosités alternant avec des squelettes, des fœtus de tout âge recroquevillés dans des bocaux d'alcool* (Simon). *Le gynécologue disait qu'il n'avait jamais eu affaire à un fœtus aussi remuant* (Nothomb). Ne pas confondre avec **embryon**.

FOIRE orth. On écrit *une* (ou *des*) *foire(s)-exposition(s), une* (ou *des*) *foire(s)-échantillon(s)*, mais, sans trait d'union, *champ de foire, Foire du Trône, foire d'empoigne.*

FOIS emploi. Ce substantif entre dans de très nombreuses locutions, dont certaines sont de la langue pop. Il en va ainsi pour **des fois**, qui supplante **parfois** et **quelquefois** dans un registre fam. ou pop. : *Non, mais des fois, attention !* (Ionesco). *Il y a des fois, on dirait qu'elle va parler* (Aymé). *C'est-à-dire, si des fois vous pouviez me prêter, prêter, hein ? Je vous les rendrais à la fin du premier mois* (Sartre). La locution *de fois à autre*, au sens de « parfois », est archaïsante : *De fois à autre, Mamitate s'en versait un petit verre* (Jorif).

□ **la fois qui.** Appartient également au registre pop. : *J'aime mieux, avait dit Langlois, me déranger vingt fois pour rien plutôt que de rater la fois qui compte* (Giono).

□ **des fois que + conditionnel.** Au sens de « pour le cas où », est d'usage pop. : *Des fois qu'il aurait pu devenir comptable et même sergent-major* (Thérive).

□ **deux fois la semaine.** Tour correct, de même sens que **deux fois par semaine** : *Il n'avait jamais manqué à visiter, une fois la semaine, son oncle Suprême* (Aymé). *La place de la Nation qui, une fois l'an, au moment de Pâques, troquait sa somnolente quiétude contre la folle turbulence de la Foire du Trône* (Diwo).

□ **une fois + participe** ou **adjectif.** Ce tour est correct et très répandu : *Une fois libres, n'avons-nous pas les mêmes désirs ?* (Queneau). *Je reviendrai au Havre une fois fortune faite* (Duhamel). *Une fois payées les factures et jetés les faire-part, invitations, circulaires et magazines, il ne restait plus rien qu'une convocation au Palais de justice* (Échenoz). Ce tour n'est qu'une forme elliptique du tour *une fois que* + verbe conjugué.

□ **une bonne fois.** Cette locution est du registre fam. : *La boîte bleu nuit que Solange avait agitée dans sa main* [...] *pour qu'il s'en saisisse une bonne fois pour toutes et la fasse disparaître* (Mauvignier). Dans le langage soutenu, on dit *une fois pour toutes* : *La vérification, en ce qui les concernait, était faite une fois pour toutes, mon pouvoir assuré pour longtemps* (Camus).

□ **deux fois plus grand** ou **une fois plus grand.** On dit aujourd'hui : *Cette pièce est deux fois plus grande que l'autre*, plutôt *que une fois plus grande*, ou *une fois aussi grande*, qui sont des tours obsolètes : *Deux rives inégales, la gauche ayant une superficie deux fois plus grande que la droite* (Butor). Pour la division, on dit de même *deux fois plus petit* ou *deux fois moins grand* plutôt que *une fois...* On raisonne actuellement plus volontiers en s'appuyant sur les notions de multiplication et de division que sur celles d'addition et de soustraction.

□ **à la fois.** Cette locution est courante en fin de proposition : *Il ne faut pas chasser deux lièvres à la fois.* Mais elle apparaît comme littéraire lorsqu'elle précède les termes sur lesquels elle porte, ou qu'elle se trouve intercalée : *Les deux ivrognes étaient à la fois flattés par les soins que leur prodiguaient ces demoiselles et agacés de ne pouvoir tirer au clair ce qui les taraudait* (Franck & Vautrin).

Cette voix suppliante à la fois et impérieuse, avait réveillé le malade (Mauriac). On peut avoir un renforcement par l'adverbe *tout* : *On peut comprendre que la Russie se soit sentie seule depuis la chute du mur, perdant tout à la fois un empire, un glacis et une idéologie* (F. Sergent, *Libération*, 12/08/2008). On emploie plus couramment *en même temps (que)*, dans ce type de contextes.

□ *à chaque fois (que)* → À.

□ **par deux fois.** La préposition *par* renforce la locution en soulignant en général l'idée d'effort, de difficulté ou d'échec : *Par deux fois, Gergev tira en l'air afin d'appeler au secours les soldats présents au manoir* (Wiazemsky).

□ **(la) fois que** ou **la fois où.** Tour plutôt fam. : *À chaque fois qu'un signal se déclenchait, Clotilde se levait en soufflant* (Adam). *L'escalier était plongé dans le noir. J'ai pensé à toutes les fois où j'avais buté sur Chet* (*id.*).

FOL emploi. Cette vieille forme masc. ne s'emploie plus aujourd'hui que devant un mot commençant par une voyelle ou un *h* dit muet : *un fol enthousiasme.* On évitera de l'employer en dehors de ce contexte phonétique, sous peine de créer une ambiguïté doublée d'un archaïsme : *Point ne suis fol* (Queneau). *Ce qu'il y a de fol, et de joyeux, et de formidable dans l'instant même* (Valéry).

FOLICHON orth. Redouble le *n* au fém. : *folichonne.*

FOLIE orth. Ce mot entre en composition de certains noms propres. On écrit *la Folie Méricourt, la Folie Saint-James, les Folies-Bergère* (*Bergère* est au sing.), *le théâtre des Folies-Dramatiques*, etc.

FOLIO orth. Plur. *des folios* → IN-FOLIO.

FOLIOLE genre. Fém., comme *feuille*, et non masc., comme *folio.*

FOLKLORE orth. En un seul mot. De même pour le suivant. ♦ **dérivé.** *folklorique*, dévié depuis 1968 de son sens propre, notamment dans le langage des étudiants : « Qui est divertissant ou spectaculaire, mais non sérieux quant au fond. » *Leur A.G. est folklorique* ou *« folklo ».*

FOLLICULAIRE sens. « Médiocre journaliste, gratte-papier sans envergure. » Ce mot péj., malgré les apparences, n'a pas de rapport étymologique avec **feuille**.

FONCTION emploi. Dans l'expression **entrer en fonction(s)**, on peut considérer que le sing. donne un simple équivalent de *profession*, alors que le plur. valorise la profession, en insistant sur ses *charges* honorifiques. Mais on dira toujours au sing. **faire fonction de, être fonction de.** ♦ **dérivés.** *Fonctionner, fonctionnaire, fonctionnariat, fonctionnement, fonctionnel*, avec deux *n.*

FOND et **FONDS sens.** Ces deux noms ont la même source latine. Le mot **fond** a un sens spatial, « le plus bas niveau » : *Ils ont laissé le muscat reposer avec sa jolie couleur dans le fond des verres* (Ramuz). *Le chemin s'enfonça entre deux talus vers les fonds* (Vailland). *Il est tombé au fond du puits et s'est noyé.* Au fig., il signifie « la base, le fondement, le cœur de » : *Lundi 12, il parlera éducation à Saint-Lô (Manche) sur fond de grogne lycéenne* (A. Leparmentier, *Le Monde*, 02/01/2009). *Tu connais le fond de l'affaire. Dans le fond, quelle importance cela peut-il avoir ?* Le renforcement de sens produit par l'emploi de l'adjectif *fin* est correct, mais plutôt fam. : *À l'entendre, ces termes désuets étaient remontés du fin fond des temps* (Vargas). On ne confondra pas avec **fonds**, qui prend un *-s* final même au sing. et a un emploi plus restreint : il désigne un « bien immeuble constitué par un domaine qu'on exploite ou un sol sur lequel on bâtit » (Robert), ou bien un « capital » : *Vendre un fonds de commerce. Veux-tu que je t'avance des fonds ? Je ne suis guère en fonds aujourd'hui.* C'est de ce mot qu'il s'agit dans les vers célèbres de La Fontaine : *Travaillez, prenez de la peine / C'est le fonds qui manque le moins* (c.-à-d. « Le travail est une valeur que tout le monde possède en soi à égalité »). Au fig., ce mot désigne le « tempérament profond d'un être » : *Cet enfant n'a pas un trop mauvais fonds. Il possède un fonds de générosité vrai-*

ment inépuisable. Ne pas confondre non plus avec **fonts.** ⟶ ce mot.

FONDAMENTALISME emploi et sens. Ce nom masc., ainsi que son dérivé **fondamentaliste** (adj. et nom), renvoie à un extrémisme religieux qui se fonde sur une interprétation étroite et absolue des textes religieux « de base » : *En 1999, à Keonjhar, des fondamentalistes hindous avaient brûlé vifs, dans leur voiture, le pasteur australien Graham Stuart Staines et ses deux enfants* (H. Tincq, *Le Monde*, 29/08/2008).

FONDAMENTAUX emploi et sens. Le substantif plur. **fondamentaux** connaît depuis peu une grande vogue, pour remplacer de façon prétendument plus technique les mots **bases, principes.** Il est très employé dans les médias au sens de « valeurs ou principes essentiels, base théorique » : *Trop de laxisme en héritage, à ses yeux. D'où cette forme de repentance à l'envers. Disons, plutôt, d'absolue non-repentance. Retour à des fondamentaux de droite* (J.-M. Dumay, *Le Monde*, 14/05/2007). *Un voyage éclair pour marteler ses fondamentaux. En se rendant en Croatie* [...], *le pape Benoît XVI met une nouvelle fois l'accent sur l'un des enjeux-clés de son pontificat* (S. Le Bars, *Le Monde*, 06/06/2011). *La remise en cause des fondamentaux du capitalisme néolibéral est de nature écologiste* (C. Lepage, *Le Monde*, 19/08/2011). ⟶ AL.

FONDÉ DE POUVOIR orth. Au fém. : *une fondée de pouvoir.*

FONDRE conjug. Comme *rendre.* ⟶ APPENDICE GRAMMATICAL. Certaines formes sont homonymes du verbe *fonder*, dont la conjugaison est très simple (sur le modèle de *aimer*). On prendra garde aux confusions possibles (présent de l'indicatif : *je fonds* ; imparfait de l'indicatif : *je fondais* ; subjonctif présent : *que je fonde* ; participe présent : *fondant*).

FONTIS prononc. Le *s* final reste muet. ♦ **forme.** On a eu également la forme *fondis.* ♦ **sens.** « Cavité souterraine causée par un affaissement du sol. »

FONTS orth. Ne pas confondre ce substantif avec **fond** et **fonds.** ⟶ ces mots. ♦ **emploi.** Uniquement dans la locution **fonts baptismaux**, qui peut être réduite au premier terme si le contexte est suffisamment explicite : *L'une d'elles a tenu sur les fonts un enfant* (Aragon).

FOOTBALL prononc. Les dictionnaires donnent [futbɔl], mais cet anglicisme est tellement passé dans nos mœurs qu'il n'est pas choquant de le prononcer à la française [futbal] ou même [fɔtbal], comme cela s'entend souvent.

FOOTING emploi et sens. Faux anglicisme. Le sens est « marche hygiénique et sportive ». L'activité et le mot ont été détrônés par la vogue du **jogging.** ⟶ ce mot.

FOR orth. Ne pas écrire *fort* dans la locution **en (mon) for intérieur** : *Il se désola en son for intérieur* (Vailland). *J'étais bien décidé dans mon for intérieur à ne pas me rendre aux obsèques* (P. Jardin).

FORCE emploi. Comme synonyme de *beaucoup de*, évidemment invar. dans les contextes de ce type : *Millie, qui était très fière de moi, me ramena plus d'une fois à la maison avec force taloches* (Alain-Fournier). *Brillant ingénieur chimiste, il traîne déjà un passé glorieux semé de force diplômes, galons, félicitations du jury et des patrons* (Chaix). Cet emploi est quelque peu archaïsant.

□ **force est de.** Cette locution figée est aujourd'hui littéraire au sens de « on ne peut que » : *Force était d'attendre avril* (Gide). *Il sait qu'il ronfle quelquefois, force est de l'admettre* (Échenoz). *Faute d'avoir pu réunir entre amis le nombre de talents nécessaire, force fut d'inviter pour tenir l'alto* [...] *le meilleur élève du Conservatoire qui se trouvait être le fils de la coiffeuse* (Simon). S'emploie le plus souvent avec un pronom personnel (datif) : *Force m'est parfois de relever le gant et d'accepter le combat* (Duhamel). *Sa vue avait beaucoup baissé. Force lui était de s'en tenir surtout aux titres et aux caractères gras* (Fontanet).

□ **à force.** Employé absolument, ce tour est l'équivalent de l'adv. *forcément* dans le registre pop. : *Au comptoir on est plusieurs, on parle de tout et de rien, des conneries, on se connaît à force* (Adam).

□ **à bout de forces.** Le substantif **forces** est au plur. dans ce tour stéréotypé : *Nous nagions les derniers mètres pour nous rejoindre, à bout de forces l'un et l'autre* (Toussaint).

□ **à toute force.** Formule un peu désuète, et souvent remplacée de nos jours par *à tout prix* : *Frank MacKenna voulut à toute force chasser le lièvre un dimanche matin* (Green). ♦ **forme.** Toujours au sing.

FORCÉMENT sens. De « par force, par contrainte », le sens est passé à « de façon nécessaire, par une conséquence rigoureuse » : *Et vous n'avez pas un préféré parmi les dieux ? – Forcément, puisque j'ai un préféré parmi les hommes* (Giraudoux).

FORCER constr. Ce verbe est suivi de **à** ou de **de** d'une manière souvent indifférente, ou fondée sur l'euphonie (on évitera par exemple *il la força à aller*). Mais l'actif est plus souvent accompagné de *à* et le passif de *de*, sans qu'il y ait de différence sur le plan du sens : *L'acharnement de son épouse et de sa fille forçait parfois à sortir de table M. Lacombe* (Radiguet). *Elle est forcée de convenir que non ; et cette idée lui est pénible* (Romains). *Le bus avait été forcé de s'arrêter à l'entrée de la ville* (Godbout). À la voix pronominale, on a normalement la préposition *à* : *Quand je me forçai à regarder, le point noir avait disparu* (Camus). L'emploi de *de* en pareil tour est un peu affecté : *Il se força de penser uniquement à Vanzone, à la cellule des condamnés à mort* (Kessel). → CONTRAINDRE.

FORCING emploi et sens. On peut presque toujours remplacer cet anglicisme par son équivalent français *pression*, surtout dans le domaine du sport (recommandation officielle du 18 février 1988).

FORCLORE conjug. Comme *clore*, mais très défective. Ne sont utilisés que l'infinitif et le participe passé *forclos*. ♦ **sens.** Terme de droit, « ôter la possibilité d'agir juridiquement après l'écoulement d'un certain délai ».

FORÊT orth. Accent circonflexe. Ne pas confondre avec **foret** (outil servant à percer des trous). On écrit : *la forêt-galerie* (plur. *des forêts-galeries)*, mais, sans trait d'union, *la forêt vierge.*

FORÉTIQUE emploi et sens. Ce terme désigne « l'ensemble des activités concernant l'industrie du bois » : *Le Défi de la « forétique »* (Grall, *Le Monde*, 09/12/1984). L'Académie française lui préfère le mot canadien **foresterie**.

FORINT prononc. [fɔrint]. ♦ **sens.** « Unité monétaire hongroise. » Ne pas confondre avec **florin**, « unité monétaire des Pays-Bas ».

FORMALISER (SE) constr. Ce verbe pronominal n'est suivi aujourd'hui que de l'ensemble *de ce que + indicatif* ou *subjonctif* → DE (CE QUE).

FORMATER emploi et sens. Depuis le début des années 70, ce verbe emprunté à l'anglais a le sens premier de « donner un format (à un disque, une page, un support de données) » : *Je lui ai demandé de prendre une rame de papier blanc au secrétariat, la formater en feuillets de huit centimètres sur seize* (Ravey). On l'emploie assez couramment au sens plus ou moins fig. de « appliquer un cadre rigide, former selon des caractéristiques préétablies et intangibles », dans divers domaines : *Il était bien difficile de se faire à l'idée déraisonnable d'une créature formatée, éduquée et modelée par un adulte au point de lui obéir corps et âme* (Franck & Vautrin). *Dans nos sociétés industrielles, les industries de pointe s'appuient sur des techniques nouvelles (microélectronique, informatique, biotechnologie, etc.) qui sont « formatées » dans ce but* (Guillebaud). Le résultat de cette opération est appelé **formatage**.

FORME emploi. Sert de suffixe dans des adjectifs composés : *difforme, filiforme, protéiforme,* etc.

□ **être en forme.** Cette locution est aujourd'hui très répandue, sous l'influence de la langue du sport. « Être dispos, dans un bon état de santé. » On ne peut plus la refuser sous prétexte de l'absence d'un adjectif, mais il est permis de préférer *être en bonne forme* ou *en pleine forme.*

FORMER et **FORMULER emploi et sens.** Le premier de ces verbes est dérivé de **forme**, d'où ses multiples emplois. *On forme un enfant, une motte de glaise, une matière plastique, un ensemble, des faisceaux,* etc. Le second, dérivé de **formule**, est d'un emploi plus restreint. Il signifie « donner une forme précise, explicite, à un texte écrit ou à des paroles prononcées » : *ne pas se contenter de former de vagues souhaits, mais formuler expressément un vœu ; formuler ses griefs auprès d'un responsable ; formuler une demande en mariage.*

FORMICATION sens. En médecine, « fourmillement ». Ne pas confondre avec **fornication**. ⟶ ce mot.

FORMIDABLE emploi et sens. Cet adjectif, signifiant à l'origine « redoutable », a vu son sens s'affaiblir considérablement. Il sert de superlatif emphatique dans toutes sortes de contextes : *Quand elle avait souri je l'avais trouvée jolie mais sa voix surtout était formidable* (Duras). *Moi, j'avais l'impression d'avoir franchi un formidable pas vers le monde des grands* (Diwo). *C'était un délicieux compagnon de désastre. Une formidable amitié nous a liés* (Volodine). On retrouve parfois la valeur première, comme ici : *Ils veulent toujours attaquer, donner de formidables coups d'épée dont on parlera dans les chroniques* (Anouilh). *Dominant l'odeur d'hommes pas lavés, de misère et de merde, un formidable parfum envahit la salle* (Bialot). Les mêmes remarques valent pour l'adverbe **formidablement**.

FORNICATION emploi et sens. À l'origine, terme biblique, « péché de la chair ». Employé aujourd'hui avec une intention le plus souvent ironique, faussement didactique : *Il m'a toujours semblé que nos concitoyens avaient deux fureurs : les idées et la fornication* (Camus).

FORS emploi et sens. Préposition archaïque : *Tout est perdu, fors l'honneur.* ⟶ EXCEPTÉ.

FORSYTHIA orth. Elle est difficile. ♦ **prononc.** [fɔrzisja].

FORT orth. Ce mot se trouve dans plusieurs locutions ou mots composés qui ne prennent pas de trait d'union, notamment *fort(s) en thème, fort(s) en gueule* (pop.), *un fort des Halles,* et, dans le sens de « lieu fortifié » : *château(x) fort(s), place(s) forte(s).* Mais on écrit *prêter main-forte* (invar.) : *Ils étaient trois à me prêter main-forte.* ♦ **emploi.** Lorsque **fort** joue le rôle de l'adverbe *très* devant un adjectif ou un adverbe, il s'agit d'un superlatif absolu qui relève de la langue recherchée et littéraire : *Il faut ajouter qu'on y est fort tranquille pour lire* (Apollinaire). *Malheureusement la prostituée avait une nature fort bourgeoise* (Camus). *Il la connaît fort bien cette distinction, il ne connaît même qu'elle !* (Pontalis). On trouve aussi cet adverbe employé avec un verbe, à la place de *beaucoup* : *Deux bibliophiles s'étaient attardés dans sa boutique, tandis qu'il traduisait un ouvrage anglais, et ils le dérangeaient fort par leur bavardage* (Apollinaire).
□ **se faire fort de.** Dans cette locution verbale signifiant « assurer qu'on a la capacité de », *fort* demeure en principe invar. : *Elle se faisait fort d'amener Octavie à des confidences* (Mauriac). *Tant de gens se font fort de vous ouvrir toutes les portes* (Romains). *Depuis le milieu des années 1990, les jurys se faisaient fort de ne laisser aucun poste non pourvu* (A. Collas, *Le Monde,* 15/07/2011). Mais l'accord se fait avec le sujet lorsque **fort** joue le rôle, non pas d'un adverbe, mais d'un adjectif, l'expression signifiant alors « tirer sa force de » : *Ils se font forts de la faiblesse de leurs adversaires.* On rencontre aussi l'adjectif seul (sans le verbe *faire*) en ce sens : *La collection du Précis-Dalloz, encyclopédie juridique et fiscale forte de trente volumes* (Labro). *Fort de son année de plus, il jouait à l'adulte, prétendait qu'il se rasait* (Nothomb). *Elles ne sont pourtant pas à court de projets pour s'enfuir. Fortes de l'expérience de Shizuko, elles ont décidé de s'agripper aux wagons du train de marchandises qui traverse le désert* (de Roulet).

□ **le plus fort de.** Même quand *fort* est substantivé, il peut se mettre au superlatif : *Dans le plus fort de sa détresse* (Aymé).

« **FORTIORI (À)** » → « A POSTERIORI ».

FORTUNÉ sens. À l'origine, « qui est favorisé par la chance » : *Jupiter daigne savoir mon existence ? Je suis fortunée entre toutes* (Giraudoux). Ce sens se retrouve couramment dans l'antonyme **infortuné**. Mais un glissement sémantique s'est produit, qui est passé dans la langue correcte, et a fait de **fortuné** un synonyme « élégant » de *riche* : *Un homme fortuné a les moyens de s'offrir plus que le superflu.* L'évolution est la même pour le substantif (rare) *fortuné* : *Quand vous laissez des biens à vos héritiers, vous les quittez et ils vous oublient ; vous faites tout ensemble des fortunés et des ingrats* (Raspail). L'adj. *infortuné* n'a pas subi le même glissement.

FORUM orth. Plur. *des forums.*

FORURE sens. Mot technique, « trou fait avec un foret ». Ne pas confondre avec **forage**, « action de forer, de percer ».

FOSSE orth. On écrit *une fosse d'aisances, une fosse septique.* → BAS (BASSE-FOSSE) et CUL (CUL-DE-BASSE-FOSSE).

FOU orth. *Fou furieux, fou rire* s'écrivent sans trait d'union. Mais : *folle(s)-avoine(s)* et *folle(s)-blanche(s).* → FOL.

FOUAILLER → FOUILLER.

FOUDRE genre. En général, fém., dans les emplois courants. Masc. au sens spécialisé de « grand tonneau » ou de « cylindre abritant une soufflerie ». On dit aussi *un foudre de guerre, d'éloquence,* et *le foudre de Jupiter*, pour l'emblème en forme de zigzag. *On les prendrait pour des foudres de guerre du genre « Ouvrez le ban »* (J. Roy). *Tout l'équipage est silencieux, les yeux fixés sur ce navire qui passe, et qui, pour nous, renferme tous les foudres de Jupiter* (Monfreid).

FOUDROIEMENT orth. Ne pas omettre le *e* intérieur.

FOUDROYER conjug. Comme *aboyer.* → ce mot.

FOUILLER constr. Ce verbe peut être transitif ou intransitif. Dans le premier cas, il a souvent un sens archéologique : *L'abbé Mouton, en compagnie de qui j'ai fouillé depuis 1934 les grottes de Farincourt et celles de Morancourt* (Jouffroy). Dans le second cas, ce verbe s'emploie très communément, au sens de « chercher », de façon non systématique, en bouleversant : *Tu as encore fouillé dans mes affaires. J'ai fouillé tout l'après-midi dans la commode, sans résultat.* Certains contextes permettent indifféremment l'une ou l'autre construction : *Chaque matin les chiffonniers fouillent (dans) les poubelles.* Ne pas confondre avec **fouailler** : *L'impossibilité pour l'être humain, caressé, entraîné, stimulé, fouaillé par la musique d'échapper au poids aussi bien qu'à l'impulsion* (Claudel). Ce dernier verbe est de la famille de **fouet**.

FOUINER emploi et sens. Ce verbe fam. est plus pittoresque que **fouiller**, auquel il correspond pour le sens, avec l'idée complémentaire d'indiscrétion. Il ne s'emploie qu'intransitivement : *Deux fois par jour Langlois remettait ses bottes et faisait une inspection soignée, fouinant dans toutes les cours, les basses-cours, les recoins, les culs-de-sac* (Giono).

FOUIR emploi et sens. Verbe assez rare, employé au sens de « creuser (le sol) », en parlant des animaux. C'est la base de *enfouir.* Ne pas confondre avec *fouiller.*

FOULE constr. Lorsque le sujet d'un verbe est constitué par la locution **une foule de** + un substantif, l'accord se fait au sing. ou au plur., selon le contexte et l'intention du parleur : *Dans nos cervelles toutes neuves devait entrer une foule de noms nouveaux* (Ragon). *Une foule de gens a envahi le hall* (idée de masse indistincte). *Une foule de clients mécontents sont venus inscrire leurs réclamations* (idée d'une somme d'individus).

On notera que si le mot *foule* est pris au sens fig. (« nombreux »), le plur. est obligatoire : *On nous a farci la cervelle d'une foule d'idées qui sont respectables, sans doute, mais passablement niaises* (Duhamel). → COLLECTIF.

FOULÉE sens. Le premier sens est celui de « traces laissées sur le sol par un être vivant » : *On arriva sur des foulées fraîches, profondes et terriblement grandes* (Giono). Aujourd'hui, l'acception la plus répandue marque une extension de sens, « mouvement fait par les pattes d'un animal ou les jambes d'un humain entre deux traces ». On la trouve surtout dans le domaine du sport : *La souple foulée d'un coureur* et au fig. : *Se placer dans la foulée de quelqu'un.*

FOUR, FOURNEAU orth. Sans trait d'union : *petit(s) four(s)* (pâtisserie), *haut(s) fourneau(x), bas fourneau(x).*

FOURBIR sens. « Nettoyer en rendant brillant » : *Fourbir son fusil.* Le participe passé est *fourbi.* Ne pas le confondre avec **fourbu**, forme isolée et adjectivale, au sens de « harassé de fatigue », à l'origine en parlant du cheval : *J'ai trop marché, je suis fourbu.*

FOURCHER emploi et sens. Fam. dans **la langue lui a fourché**, c'est-à-dire : « Il a commis un lapsus de prononciation. »

FOURGUER emploi et sens. D'origine argotique, ce verbe est pop. et signifie « vendre, placer une marchandise sans valeur ». Ne pas confondre avec **brader**, « vendre à bas prix ».

FOURMILIER prononc. [furmilje] et non [furmije]. Même remarque pour *fourmilière.* Ne pas confondre ces substantifs avec le verbe *fourmiller.* ♦ **orth.** Un seul *l.*

FOURMI-LION orth. Prend le plus souvent un trait d'union. Plur. *des fourmis-lions.* ♦ **genre.** Masc.

FOURNIL prononc. Le *l* final reste muet : [furni].

FOURNIMENT → FOURNISSEMENT.

FOURNIR constr. On dit dans le registre soutenu *fournir qqn de qqch.* et *se fournir de qqch.* : *Ils espèrent seulement que vous les entretiendrez dans la bonne idée qu'ils ont d'eux-mêmes, en les fournissant d'une certitude supplémentaire qu'ils puiseront dans votre promesse de sincérité* (Camus). Mais on rencontre plus couramment **fournir qqn en qqch.** ou **fournir qqch. à qqn.** ♦ **emploi et sens.** Absolument, *être fourni* s'emploie avec un sujet nom de personne au sens de « avoir de l'argent » : *Un petit service d'argent, je parie ? Vous n'êtes pas trop bien fournis cette année, mes pauvres enfants, c'est vrai* (Colette) ; avec un sujet non animé au sens de « être approvisionné » : *Cette boutique est assez mal fournie.*

FOURNISSEMENT sens. Dans une société, « apport de chaque associé au fonds commun », ou « établissements de lots à distribuer ». Ne pas confondre avec **fourniment**, « équipement du soldat », et, par extension, « ensemble d'objets nécessaires » : *Tout le fourniment ramassé d'un cantonnement à l'autre* (Barjavel). *Nettoyer son fourniment.*

FOURRAGER constr. et sens. Intransitivement, « faire du fourrage » et « chercher en bouleversant ». Transitivement, acception fig. très répandue : *Mme Amparat baissa les yeux, fourragea sa chevelure blanche frisée, essaya d'écarter la confidence* (Colette).

FOURRE-TOUT orth. Invar. *des fourre-tout.*

FOUTRE emploi et sens. Ce verbe, grossier à l'origine, mais seulement de caractère pop. aujourd'hui, sert de substitut à de nombreux verbes d'action : *faire, mettre, donner,* etc. : *Des indications fort claires que nous n'avions rien à foutre dans un endroit pareil* (Giono). *Allons, allons, qu'est-ce que vous foutez ?* (Barbusse). *Y a du bon, mes enfants, les Boches foutent le camp* (*id.*). → FICHER. Grevisse indique que l'infinitif se prononce généralement [fut], mais ce phénomène n'est en rien spécifique de ce verbe, et se retrouve dans le cas des mots courants *être, battre, quatre,* etc. Les dérivés *foutaise, foutoir, foutrement* ressortissent au même niveau de langage : *Mais l'acquittement est une foutaise* (Salacrou). *Mon isoloir, mon reposoir, ils vont m'en faire un foutoir* (Bazin). → la cit. à FROUSSE.

FOX-TERRIER forme. Au plur. des *fox-terriers* (ou des *fox*). *Un fox-terrier dort sur la fenêtre, dans son panier rembourré* (Némirovsky).

FOX-TROT orth. Invar. : *L'orchestre a joué quatre fox-trot.*

FOYARD → FAYARD.

FRAC sens. Synonyme de « habit noir à queue de morue » (avec deux longues basques par-derrière). Ne pas confondre avec **smoking**.

FRACTIONNEL sens. « Qui tend à diviser, dans le domaine idéologico-politique. » Ne pas confondre avec *fractionnaire*, qui a une valeur purement passive, « se présentant sous forme de fraction ».

FRACTIONS emploi. On écrira *les 8/10 d'un bénéfice* (sans le *e* abréviatif) et non les *8/10e d'un bénéfice*, et, en toutes lettres : *les huit dixièmes, les trois quarts,* etc. (sans trait d'union).

FRAGILISER emploi et sens. Ce pseudo-néologisme (1956), bien formé, est très acceptable, au sens de « rendre fragile » (surtout dans un contexte psychologique) : *L'homme d'affaires émiettait et fragilisait l'électorat de M. Bush* (Frachon, *Le Monde*, 18/07/1992).

FRAGRANCE sens. Mot très littéraire, « agréable odeur » : *Au mouvement de son menton levé et au battement de ses narines, Alain voyait qu'elle cherchait dans l'air, sauvagement, la fragrance d'un corps blond* (Colette). *Des fragrances inconnues faisaient dilater ses narines* (Bouhéret). *La soirée de la veille me revient avec un curieux arrière-goût. Il y a une agréable fragrance de cacahuète mais aussi un début d'angoisse sourde* (Barbery). Ne pas confondre avec **flagrance**, qui est le subst. correspondant à flagrant.

FRAI sens. « Ponte ou fécondation des œufs, chez les poissons » et aussi « très jeune poisson qui sert à peupler les étangs » : *À Chanteloup, le frai avait été mangé par les perches d'Amérique* (Genevoix). Il existe un second mot **frai**, identique à celui-ci, qui signifie « usure des pièces de monnaie en circulation ».

FRAÎCHE emploi et sens. La locution exclamative *À la fraîche !* est un cri de maraîcher. Mais on en trouve une expression homonyme, dans un emploi circonstanciel : « Au moment où il fait frais, aux premières heures de la matinée ou de la nuit. » Le substantif **fraîche** peut d'autre part s'employer dans les autres fonctions : *Quand la fraîche la touchait aux épaules, je sentais le froid* (Chabrol).

FRAIS emploi. Comme adverbe modifiant un adjectif, **frais** s'accorde en général : *Elle avait disposé sur le fauteuil le costume, la chemise fraîche repassée* (Jorif). Mais il peut demeurer invar. : *Une brebis fraîche tondue ou frais tondue. On a besoin de viande frais tuée et de légumes frais cueillis* (Kemp). Si on hésite, on pourra toujours préférer l'adverbe **fraîchement** : *Il avait réussi à vendre quelques peaux fraîchement tannées à quelques clients de passage à l'hôtel* (Duras). *Un professeur, fraîchement débarqué, venu « du Nord »* (Labro).

FRAIS forme. Comme subst., ce mot n'a pas de sing. : *les frais, les faux frais, les frais de vente. La duchesse croit que vous êtes en mission, tous frais payés* (Montherlant). Noter la locution fig. **se mettre en frais** « payer de son argent et de son temps ». → ONÉREUX et SOMPTUAIRE.

FRANC (adjectif) **forme.** Deux féminins : **franque** au sens historique, **franche** au sens général : *La monarchie franque est essentiellement ambulatoire* (Levrond), opposé à : *La franche bonté qui émane d'elle.*

FRANC (substantif) **orth.** Prennent un trait d'union *franc-or* (plur. *francs-or*) et *franc-papier* (plur. *francs-papier*) ; s'écrivent sans trait d'union *ancien franc, franc CFA,* etc.

FRANC forme. Les composés prennent tous un trait d'union, sauf *franc archer*. Le premier élément, **franc**, ne se met jamais au fém. : *Les enfants des écoles franc-comtoises vont avoir rendez-vous, en juin, à la Saline royale d'Arc-et-Senans* (Loridan, *L'Est Républicain*, 23/05/1992). *La ténacité franc-comtoise est célèbre.* Il prend le *-s* du plur. dans un substantif composé et peut rester invar. dans un adjectif composé : *les francs-tireurs*, mais *les loges franc(s)-maçonniques*.

FRANC DE PORT → FRANCO.

FRANÇAFRIQUE emploi et sens. Ce néologisme a été créé par François-Xavier Verschave dans un livre paru en 1998 pour dénoncer un ensemble de réseaux économiques, politiques et militaires entre la France et l'Afrique. On le rencontre souvent dans les médias, ainsi que l'adjectif dérivé **françafricain** : *« Les corrupteurs de la Françafrique peuvent sabler le champagne et continuer à piller les deniers publics », ironise l'avocat des plaignants* (R. Lecadre, *Libération*, 30/10/2009).

FRANÇAIS orth. On écrit *un Français, un jeune Français* (« un habitant de la France »), mais, sans majuscule : *un jeune homme français, un Canadien français* (*français* étant ici adjectif), et *parler le français* (*français* étant un nom commun). On écrit *le Théâtre-Français, la Comédie-Française.* Dans les composés *franco-allemand, franco-américain*, etc., le premier élément est invar. : *les guerres franco-allemandes.* → -O et FRANCO-.

FRANÇAIS (PARLER) → PARLER, CAUSER.

FRANC-COMTOIS forme. Le plur. pose un problème : au masc., on rencontre *des Franc-Comtois* et des *Francs-Comtois*, mais au fém., on ne peut écrire que *des Franc-Comtoises* (avec *Franc* invar.) : *Je suis au milieu de Francs-Comtois que je trouve les gens les plus francs du monde* (Stendhal, *Journal*, 1823). Comme *franc-maçon*, ce mot s'abrège souvent, par conservation du seul second élément. *Ce Comtois serait-il un maçon ?*

FRANCHISAGE emploi et sens. Ce mot, adapté de l'anglais *franchising*, et recommandé par un arrêté ministériel du 29 novembre 1973, désigne une pratique selon laquelle un commerçant indépendant obtient d'une société, moyennant redevance, le droit d'exploiter une marque, un brevet, etc. Ce système se répand en France, avec les mots **franchiseur** (pour la société) et **franchisé** pour le commerçant en question. Ces anglicismes renvoient en fait à l'ancien français *franc, franchir*, etc., et sont parfaitement acceptables.

FRANCILIEN, ENNE emploi et sens. Cet adjectif-nom, dérivé d'**Île-de-France** (en tant que région) est bien implanté dans le vocabulaire général : *Le combat de l'élu montreuillois lui a valu le soutien de nombreux maires franciliens de droite et de gauche* (*Le Monde*, 05/04/2007).

FRANC-MAÇON et **FRANC-MAÇONNIQUE emploi. Franc-maçon** est employé le plus souvent comme substantif, mais on peut le trouver aussi comme adjectif. **Franc-maçonnique** est toujours adjectif.

FRANCO emploi et sens. Mot d'origine italienne, très courant dans la langue commerciale sous la forme invar. **franco (de port)**, qui a remplacé à peu près complètement l'ancienne locution *franc de port*, dans laquelle l'adj. s'accordait facultativement avec son subst. Le sens est : « Dont les frais d'emballage et de port sont compris dans le tarif. »

FRANCO- orth. Comme élément de composition, ce mot est toujours suivi d'un trait d'union : *franco-arabe, franco-russe.* ♦ **emploi et sens.** Le composé *franco-français* s'emploie ironiquement, dans un registre fam., pour qualifier ce qui se passe strictement entre Français, et le plus souvent n'intéresse guère, ou pas du tout, le reste du monde : *Les débats franco-français sur la restructuration de l'opposition ou de la majorité.*

FRANGEANT emploi et sens. Se dit en géographie des « récifs de corail tout proches de la terre ferme ». Ne pas prendre ce mot au sens de : « Qui affleure à la surface de l'eau. »

FRANGIPANE sens. La *frangipane* est une « crème pâtissière à base d'amandes » et désigne par extension le « gâteau garni de cette crème » : *Une tarte aux cerises pour toi, une religieuse pour moi et une frangipane à partager entre nous deux* (Queneau). *À la boulangerie, dans cette enivrante odeur de chocolat, de frangipane et de croissant chaud, je consultais le tableau des petites annonces* (Orsenna).

FRANQUETTE (À LA BONNE) emploi. Cette locution démodée tend à disparaître de l'usage contemporain. *Recevoir des amis à la bonne franquette*, c.-à-d. « sans cérémonie ». À l'origine, elle signifiait « sincèrement » : *Le laisser-aller du docteur, à la bonne franquette, était autrement sympathique* (Aragon). La déformation pop. *à la bonne flanquette* est devenue rare aujourd'hui.

FRAPPAGE forme. Rare, pour **frappe** (des monnaies).

FRAPPE orth. S'écrit également avec un seul *p* au sens de « voyou ».

FRASQUE genre. Fém. ♦ **sens.** « Mauvaise farce » ou « écart de conduite ». Mot vieilli, employé le plus souvent au plur.

FRAYER emploi et sens. Verbe assez répandu à la voix transitive ou à la voix pronominale : *Dominique suivit le chemin qu'il lui frayait à travers la foule entassée autour des tables de jeu* (Kessel). *On s'écarte, lui frayant un chemin jusqu'au trône* (Anouilh). Aux temps composés de **se frayer**, le participe ne s'accorde qu'avec le complément d'objet direct placé avant lui : *L'eau s'étant frayé un passage entre les pierres plates* (Ramuz). Plus littéraire, lorsqu'il est construit intransitivement, au sens de « fréquenter, avoir des relations suivies » : *Je suis seule à Bordeaux de mon espèce, vous le savez bien : je ne peux frayer avec personne* (Mauriac).

FREEZER prononc. [frizœr]. ♦ **emploi et sens.** Américanisme demeuré viable en français, malgré son homophonie avec **friseur**, de la famille de *friser*. Il désigne le compartiment de congélation, dans un réfrigérateur : *Un iceberg naturel envahissait le freezer que Ferrer, quand cet iceberg virait à la banquise, dégivrait tous les ans* (Échenoz).

FREIN orth. On écrit sans trait d'union le **frein moteur**, et, sans *s* à *frein* : *des coups de frein, une passion sans frein*. On écrit **freiner** mais **refréner**.

FRÉQUENTER constr. et sens. On disait autrefois *fréquenter chez qqn*. Voir encore ces exemples : *Je suis allé à la taverne du Globe et des Deux-Mondes où il fréquentait au repas* (Queneau). *Ainsi, mon père pouvait-il, comme on disait alors, fréquenter chez ma mère* (P. Jardin). Cette construction intransitive se retrouve aujourd'hui dans le registre pop. en parlant d'un jeune homme ou d'une jeune fille « qui fait dans une famille des visites régulières en vue d'un prochain mariage » : *D'ailleurs, s'enlever avec qui ? Tous les garçons du village étaient là. De plus, tout le monde le savait, elle ne fréquentait pas* (Giono). Dans la langue courante, on ne trouve que l'emploi transitif **fréquenter qqn**.

FRÈRE orth. Avec une minuscule dans l'emploi ecclésiastique : *frère Jean des Entommeures* (chez Rabelais).

FRÉROT orth. Prend un accent aigu, au contraire de *frère*, qui a un accent grave.

FRET prononc. [frɛ]. ♦ **orth.** Sans accent sur le *e*. ♦ **sens.** « Prix du transport », puis « cargaison ou chargement » et enfin, « le transport lui-même » : *Bien que son fret représentât une haute valeur marchande, l'isolement de cette région avait découragé la compagnie de la baie d'Hudson d'essayer de récupérer le navire* (Échenoz). Mot très répandu dans la langue commerciale.

FRÉTER orth. Prend un accent aigu, ainsi que **fréteur**.

FRIC-FRAC emploi et sens. Synonyme pop. de « cambriolage ». Plur. *des fric-frac(s)*, avec ou sans *s*.

FRIGIDAIRE emploi. Nom déposé servant jadis de marque américaine à un type de réfrigérateur ; s'est substitué dans le langage courant à **réfrigérateur**. La locution de sens fig. *mettre au frigidaire* est répandue dans l'usage actuel : *Cette période où je mobilisais tant d'êtres à mon service, où je les mettais en quelque sorte au frigidaire pour les avoir un jour ou l'autre sous la main* (Camus). ⟶ FRIGO.

FRIGO forme et sens. Abréviation familière pour *armoire frigorifique*. Sert également d'abréviation pour **frigidaire** (⟶ ce mot), mais se dit aussi de la viande frigorifiée : *Où est le matériel, maintenant ? – Tout est dans le frigo comme prévu, répond Le Flétan* (Échenoz).

FRIGORIFIER emploi. Fam. quand il s'applique à une personne, dans les phrases du type : *Je suis frigorifié* (parfois abrégé en : *Il fait frigo* ou *Je suis frigo !*).

FRILOSITÉ emploi et sens. Ce subst. bien formé (cf. *porosité, rugosité*) n'est nullement un néologisme au sens de « grande sensibilité au froid » ; mais l'acception fig. « attitude timorée, pusillanimité », s'est développée récemment : *Les partisans du « oui » au traité de Maastricht ont dénoncé la frilosité de ses adversaires.*

FRIME emploi et sens. Uniquement dans le registre fam., et surtout dans les locutions suivantes : *C'est de la frime* et *faire qqch. pour la frime.* Le sens est « apparence, faux-semblant ».

FRINGUES forme et emploi. Seulement au fém. plur., et dans le registre de la langue pop. Même emploi pour le verbe *fringuer* : *Pour commencer, vous allez me faire le plaisir de vous fringuer mieux que ça* (Vercel). Il ne faut pas confondre cette forme avec l'ancien verbe *fringuer*, « sautiller en dansant », d'où est issu l'adjectif **fringant**.

FRIRE conjug. Verbe très défectif. ⟶ APPENDICE GRAMMATICAL. On emploie souvent la périphrase **faire frire** à la place du verbe transitif : *Faire frire des goujons. Il est occupé à tendre un grand voile de brouillard en faisant frire des montagnes de glace au bout de sa petite fourchette* (Claudel). La langue culinaire a créé, sur *frites* (de *pommes de terre frites*), les dérivés **friteuse** et **friter**, ce dernier étant souvent critiqué.

FRITTE sens. Mot technique, « mélange de sable et de soude qui est utilisé dans la fabrication du verre, de la céramique », etc. Ne pas confondre avec **frite** (un seul *t*). ⟶ FRIRE.

FROC prononc. [frɔk]. ♦ **emploi et sens.** N'est admis par le bon usage que dans les locutions *porter le froc* et *jeter le froc aux orties*, où ce substantif a le sens de « vêtement porté par les moines ». Au sens de « pantalon », ce mot démodé appartient au registre pop., voire argotique.

FROID emploi. Pour la locution *avoir (très) froid* ⟶ FAIM.

FROIDURE emploi et sens. Ce mot est archaïsant et littéraire comme synonyme de *froid* : *Si tout le monde m'a bien répété que le temps serait intenable ce matin, j'espérais néanmoins que le soleil viendrait tempérer cette froidure* (Dhôtel). Mais il est technique en médecine, au sens de « lésion causée par le froid ».

FROISSER constr. À la voix pronominale et à la voix passive, ce verbe, au sens psychologique de « vexer », se construit couramment avec *de ce que*, mais la langue soutenue ou littéraire préfère le simple *que* : *Elle fut froissée qu'il ne se récriât pas* (Mauriac). ⟶ DE (CE QUE).

FROMAGE orth. On écrit *un fromage de Gruyère*, mais : *du gruyère ; un fromage de Pont-l'Évêque*, mais : *un pont-l'évêque*, etc.

FRONT emploi. La locution **avoir le front de** est littéraire : *J'avais même voué une haine spéciale aux spéléologues qui avaient le front d'occuper la première page des journaux* (Camus). On rencontre plus souvent *avoir* *l'audace*, et, dans le registre fam., *le toupet* ou *le culot.*

FRONTEAU sens. Ce substantif désigne le « bandeau de tissu porté sur le front par certaines religieuses », ou un « bijou suspendu sur le front ». En architecture, c'est une sorte de diminutif de **fronton**.

FROUFROU orth. S'écrit avec ou sans trait d'union, et fait au plur. *frou-frous* ou *froufrous.* On préférera la forme liée.

FROUSSE emploi. Appartient au registre fam. C'est un mot moins bas que *trouille* : *Je vais foutre la frousse à Anselmie jusqu'à ce qu'elle m'ait donné six perdrix* (Giono).

FRUGAL forme. Plur. *frugaux.* → -AL. ♦ **sens.** « Simple, peu recherché », en parlant en général d'un repas : *« Au temps de Littré », le hareng* [...] *était le frugal festin des humbles* (Jorif). On se gardera de prendre cet adjectif au sens de « substantiel », ce qui constitue un contresens. Il en va de même pour l'adverbe **frugalement** : *Nous mangions à notre faim, quoique frugalement* (Barbery) et pour le substantif correspondant **frugalité** : *Deux ou trois biscuits lui suffisent : une frugalité dont il veut s'honorer* (Hoex).

FRUITIÈRE sens. En Suisse et dans le Jura, ce mot désigne la « maison dans laquelle on fabrique le fromage ». Elle est tenue par le *fruitier*, ou *maître fruitier.* On évitera de confondre **fruitière** avec **fruiterie**, qui désigne le « lieu où l'on conserve les fruits » ou la « boutique dans laquelle on vend principalement des fruits ».

FRUSQUES sens. Mêmes remarques que pour **fringues**. → ce mot. Il n'existe pas de verbe dérivé, mais une expression pittoresque : *le saint-frusquin* (« ensemble de *frusques* »).

FRUSTE sens. À l'origine, « usé par le frottement », en parlant notamment d'une pièce de monnaie : *Les colonnes de pierre, frustes, tordues, ont l'air d'avoir été taillées à même la roche* (Jourde). Aujourd'hui, pris le plus souvent dans le sens de « rude, grossier, d'une simplicité excessive », sous l'influence de *rustre* : *Elle savait que c'était des gens frustes, un peu naïfs mais courageux* (A. Besson). *Je plongeai dans un monde confus, peuplé d'hallucinations simples et de frustes idoles* (Sartre). *J'aspirais à l'Afrique comme à une expérience de rupture, à une existence plus fruste, plus authentique* (Balandier). Une faute fréquente consiste à écrire *frustre* pour *fruste.* C'est sans doute la forme du verbe *frustrer* qui contamine cet adjectif.

FUCHSIA prononc. On dit couramment [fyʃja] plutôt que [fyksja], donné par la plupart des dictionnaires et correspondant à l'origine germanique de ce substantif, le nom propre *Fuchs* [fuks].

FUCUS prononc. Le *s* final est prononcé [fykys]. ♦ **sens.** « Algue brune donnant ce qu'on nomme le goémon. » Ne pas confondre avec **ficus**, « figuier ».

FUEL-OIL prononc. et forme. Cet anglicisme est souvent abrégé en **fuel** qui se prononce [fjul]. Le substantif **mazout**, qui a le même sens, n'est plus guère utilisé dans un environnement domestique, sinon dans des tours comme *poêle* ou *chaudière à mazout.* → ce mot et FIOUL.

FUIR conjugaison. On trouve un *i* après le *y* aux 1re et 2e personnes du plur. de l'imparfait de l'indicatif et du présent du subjonctif : *nous fuyions, vous fuyiez.* → APPENDICE GRAMMATICAL.

FUITER emploi et sens. Depuis la fin des années 80, ce verbe intransitif est employé dans un registre fam. au sens de « être divulgué ». Il a pour origine la **fuite** d'une information, dans le langage des policiers : *Où la mettrez-vous alors ? Dans un hôtel d'Évreux ? En laissant fuiter l'information ?* (Vargas).

FULMICOTON orth. S'écrit sans trait d'union.

FULMINER sens. « Lancer (une condamnation) » dans le vocabulaire religieux ;

« faire explosion » en chimie. Employé le plus souvent intransitivement au sens fig., « se laisser aller à une violente colère ». On retrouve le sens originel dans l'exemple suivant : *Les religions se trompent dès l'instant qu'elles font de la morale et qu'elles fulminent des commandements* (Camus).

FUME-CIGARE orth. On écrit au plur. *des fume-cigare, des fume-cigarette* (ces termes sont invar.) : *Pierre-Marie fume des turques dans un long fume-cigarette en ivoire* (Japrisot).

FUMETERRE genre. Fém. ♦ **sens.** « Plante à feuilles très découpées et à fleurs roses. »

FUMISTERIE sens. Le sens premier, « métier de fumiste », est complètement effacé et même rendu impossible, dans la langue courante, par le développement de l'acception familière « chose peu sérieuse, plaisanterie douteuse » : *Un savant illustre, décoré jusqu'à droite, déclara qu'il s'agissait d'une fumisterie* (Aymé).

FUMOIR et **FUMERIE sens.** Ces deux noms sont à peu près synonymes, si ce n'est que le second s'est « spécialisé » dans la consommation de l'opium : *« Monsieur le Marquis est dans son fumoir ». Richard regarda rapidement le vieux serviteur.* [...] *« Il voulait dire fumerie », s'écria Richard* (Kessel).

FUNÉRAILLES forme. Ce subst. n'a pas de sing. : *Vous n'êtes pas là pour assister enfin, selon le rêve de chaque homme, à vos propres funérailles* (Camus).

FUNÉRAIRE emploi. Adjectif appartenant à un domaine plus restreint que **funèbre**, au sens de « qui concerne les funérailles ». Surtout employé avec *monument, urne, colonne* : *Une armoire toute noire et haute comme un monument funéraire* (Roblès). *Cette interminable rue aux boutiques fermées, où les réverbères s'alignaient comme une longue procession funéraire* (Cossery). Seul *funèbre* peut avoir un emploi fig.

FUR (AU - ET À MESURE) emploi et sens. Ce mot, qui ne se trouve jamais à l'état isolé dans notre langue, forme avec *mesure* une locution pléonastique depuis longtemps admise (suivie de **de** ou **que**) : *Au fur et à mesure de leur arrivée, les petits garçons, soulevant leur casquette, passaient devant lui* (Pergaud). *On distingue pourtant au fur et à mesure les verres vides ou à demi vides* (Velan). *Au fur et à mesure que je m'éloignais du centre tout se décomposait et ce n'était plus que des entrepôts, des tours H.L.M.* (Adam). Mais on peut employer simplement *à mesure.* → ce mot. Le sens est à la fois celui de « concomitance » et de « progression régulière ». Ne pas dire *au fur et mesure,* ni *à fur et à mesure.*

FURETER conjug. Sur le modèle d'**acheter** : *Ce jeune monsieur maigrichon qui se promène dans le faubourg, visite les grandes maisons, furète, questionne* (Diwo). Il y a parfois hésitation : *Il a un flair terrible, il furette partout, reprit Daniel très vite* (Kessel). → APPENDICE GRAMMATICAL.

FURIEUX forme. On emploie, dans le registre pop., les synonymes **furax** (latinisme) et **furibard**, (déformation de *furibond*). ♦ **constr.** On dit *être furieux contre qqn*, plutôt que *après* qqn, mais *furieux de quelque chose.* → APRÈS. ♦ **sens.** La nuance classique entre **furieux** (« en proie à un accès de fureur ») et **furibond** (« qui a une disposition naturelle aux accès de fureur ») n'est plus guère sentie aujourd'hui.

FUSER sens. À l'origine, sens technique, « se répandre en fondant », mais souvent aujourd'hui, sous l'influence du subst., « partir comme une fusée ». Ce verbe a même un caractère très littéraire, dans certains textes : *À travers ces paroles cyniques, fusait une lueur de confiance* (Mauriac).

FUSIL orth. On écrit *fusil sous-marin*, mais *fusil-mitrailleur.*

FUSILIER prononc. [fyzilje]. Il faut bien distinguer ce substantif du verbe **fusiller**, à la fois pour la prononciation et pour l'orthographe : *Un assaut massif de fusiliers balaya la première barricade* (Peyré). → FOURMILIER.

FUSIONNEL emploi et sens. Cet anglicisme connaît une grande vogue, et insiste sur l'idée d'unité, de symbiose sur le plan sentimental, affectif : *J'adorais les voir marcher côte à côte* [...], *si fusionnels qu'ils n'accordaient que très peu d'attention au monde alentour* (Khadra).

FUSTIGER emploi et sens. Le sens propre de « battre, fouetter » a aujourd'hui à peu près disparu au profit de l'acception fig. « blâmer, réprimander », qu'on rencontre dans des tours littéraires ou figés : *Le monde est fou. Les gens qui fustigent ma douleur se disent mes amis* (Duhamel). *Le gouvernement irlandais fustige l'attitude du Vatican dans les affaires de pédophilie* (S. Le Bars, *Le Monde*, 17/07/2011). Mais voici un exemple du sens propre : *Les moines ont beau fustiger leur corps, le désir les possède et les hante* (Triolet).

FÛT orth. et sens. Dans ses différents sens (« tronc d'un arbre, corps de colonne, tonneau », etc.), ce substantif prend un accent circonflexe sur le *u*. Mais ses dérivés *futaie, futaille, futé* (synonyme de *rusé*), s'écrivent sans accent.

FÛT-CE forme. *Fût-ce*, avec l'accent circonflexe, est une locution invar. à sens concessif, « même si c'étai(en)t », construite avec l'imparfait du subjonctif du verbe *être*. Ne pas la confondre avec l'inversion du passé simple (tour également très littéraire) : *Incapable, fût-ce un instant, de sortir du gouffre où elle était déjà plongée* (Alain-Fournier). *Oh, les paroles en sont trop affreuses pour que le docteur ose les citer, fût-ce à huis clos* (Léger). *Maman demande comment je peux m'intéresser, ne fût-ce qu'un seul instant, à ces imbécillités* (Hoex). Mais : *Fut-ce lui ou un autre qui apparut alors, je ne sais*. Dans ce dernier cas, *fut* s'écrit sans accent circonflexe. → ÊTRE.

G

G orth. Pour le redoublement de cette lettre → AGG-.

GABARIT prononc. [gabari].

GABEGIE prononc. [gabʒi]. ♦ **sens.** « Désordre, surtout dans la gestion » : *Il est légitime que le reste du monde se protège contre les conséquences possibles de la gabegie européenne* (G. Ugeux, *Le Monde*, 18/09/2011).

GABELOU orth. Plur. *gabelous*. On écrit **gabelle** avec deux *l*. ♦ **emploi et sens.** Mot rare aujourd'hui, et péjoratif, pour désigner un douanier. Dans le Nord, on dit *un noir.*

GÂCHE sens. Ce mot, ainsi que son diminutif **gâchette**, désigne, en serrurerie, la pièce de métal mortaisée qui maintient le pêne : *Le pêne entre dans la gâche avec le bruit sec d'un fusil qu'on arme* (Vailland). Il y a probablement confusion dans cet exemple : *Le déclic léger de la gâchette, le claquement bref de la porte de cuisine* (Sarraute). On attendrait : *le déclic léger du pêne.*

GÂCHETTE sens. Dans une arme à feu, « pièce invisible maintenant le percuteur en position tendue ». C'est abusivement qu'on dit couramment *appuyer sur la gâchette* (au lieu de **sur la détente**) : *Tout mon être s'est tendu et j'ai crispé ma main sur le revolver. La gâchette a cédé* (Camus). *Ses mains sont prêtes à tirer, les doigts crispés sur la gâchette* (Mauvignier). → DÉTENTE.

GADGET prononc. [gadʒɛt]. ♦ **emploi et sens.** Américanisme à la mode, désignant « un objet nouveau de taille réduite et de conception ingénieuse », surtout dans le domaine de l'automobile ou de l'électroménager : *Je n'ai rien contre « gadget », qui se dandine sur ses petites pattes torses et hoquette comme l'onomatopée même de la dérision* (Cavanna).

GADOUE forme. Le registre pop. utilise souvent la déformation péjorative et expressive *gadouille.*

GAÉLIQUE orth. Accent aigu. ♦ **sens.** « Qui a trait au peuple des Gaëls, anciens habitants celtes de l'Irlande et de l'Écosse. »

GAFFE emploi et sens. On distinguera le tour fam. **faire une gaffe**, « commettre un impair » et le tour pop. **faire gaffe**, « prendre garde » : *Tu es fonctionnaire, faut que tu fasses gaffe à cause de ton administration* (Sartre).

GAGER emploi et sens. Vieilli et littéraire au sens de « parier », mais vivant dans la langue commerciale au sens de « garantir par un gage » : *Je gage que Folcoche ne tenait pas à paraître devant nous la malade, la vaincue du moment* (Bazin).

GAGEURE prononc. [gaʒyr] et non [gaʒœr] : faute fréquente. Le *e* n'est là que pour éviter la prononciation de *g* en [g].

GAGNANT-GAGNANT emploi et sens. Ce composé redondant, formé sur le modèle ancien de **donnant-donnant**, est très usité pour insister sur l'aspect positif d'un accord : *« Gagnant-gagnant », vous connaissez ? Non, ce n'est pas une jolie fleur de bégaiement.* [...] *C'est une invention adjective calquée sur le* win-win *anglais très en vogue dans le monde du management ou des affaires pour désigner un accord dans lequel chacun est censé trouver son compte* (H. Viala, *Le Monde*, 09/04/2007).

GAGNE- forme. Les composés commençant par *gagne-* sont invar., sauf *gagne-denier*, qui prend un *s* au plur. : *Les gagne-petit, les gagne-deniers, des gagne-pain.*

GAGNER constr. et sens. Ce verbe est souvent construit intransitivement dans un registre pop., et équivaut à « avoir un salaire, obtenir un profit » : *Sur la porcelaine on gagne bien, mais c'est une fois pour toutes* (Aragon). Dans l'emploi transitif, on peut dire *gagner une bataille, gagner la guerre*, mais non pas *gagner un succès, la victoire* (dans ce cas, c'est **remporter** qui convient).

GAGNEUR emploi. Ce substantif est assez fréquent dans le vocabulaire du sport et des affaires, au sens de « joueur qui fait l'impossible pour gagner » : *J'étais le contraire d'un « gagneur ». Au moins ne voulais-je pas être un perdant* (Nourissier). *La mégalomanie des gagneurs prend un second souffle avec la survenue de la cinquantaine* (Cavanna). → LOSER.

GAIEMENT, GAIETÉ orth. On a abandonné l'accent circonflexe de *gaîment* et de *gaîté*, qu'on écrit aujourd'hui avec un *e* intérieur : *gaiement, gaieté*, sauf dans *rue de la Gaîté, la Gaîté-Lyrique, le Théâtre de la Gaîté.*

GAINE orth. Pas d'accent circonflexe sur ce mot ni sur ses dérivés : *gainer, dégainer, rengainer*, etc.

GALANT orth. On écrit : *le Vert-Galant* (= Henri IV) mais *un vert galant* (homme âgé entreprenant auprès des femmes). ♦ **sens.** La place de cet adjectif par rapport au substantif qu'il qualifie est importante. Antéposé, il signifie « qui a de bonnes manières d'agir, honnêtes et élégantes » ; postposé, « empressé auprès des femmes et leur faisant la cour ». De là une différence entre **un galant homme** et **un homme galant** : *Ce que vous m'en avez fait apparaître était plutôt d'un très galant homme que d'un homme très galant* (Hervieu). Mais on notera qu'une **femme galante** est toujours péjoratif, synonyme de *femme facile* ou même de *prostituée*, et qu'on ne dit guère une *galante femme* : *Les changements de fortune chez les femmes galantes avaient toujours fasciné Daniel* (Kessel). → FACILE.

GALE sens. « Maladie de la peau chez l'homme et chez les animaux. » Ne pas confondre avec la **galle**, « excroissance produite sur certains végétaux par des piqûres d'insectes parasites ». Le premier substantif s'applique également à une « maladie des végétaux », d'où la confusion orthographique.

GALÉJADE orth. Avec *-j-* et non pas *-ge-*, de même que pour le verbe **galéjer.** ♦ **emploi et sens.** D'origine provençale, ce nom désigne un type de « plaisanterie caractéristique d'une certaine exagération méridionale » : *À propos de* galéjade, *dit subitement Tartarin, ils m'en ont fait une bien bonne* (Daudet).

GALETAS sens. Ce substantif désignait jadis un « logement pratiqué sous les combles » : *La chambrette fleurait le dénuement et l'abandon. Tout naturel : le conseiller Schiller et son beau petit ventre ne montaient pas souvent l'escalier des galetas* (La Varende). Par extension, il en vient à signifier « logis misérable, taudis » : *Quand les mauvais hasards ne l'exposaient pas à coucher dehors, ses logis n'étaient que de misérables galetas* (Aymé). On évitera de confondre avec **grabat**, ce dernier substantif désignant un « lit misérable » : *Sur le grabat d'un cachot, Évariste se réveillait en sursaut dans une indicible horreur* (France).

GALIMATIAS prononc. [galimatja] et non [sja] : *Pressé de questions par Sartore qui ne comprenait rien à son galimatias, il s'obstina à ne pas répondre* (Franck & Vautrin).

GALIOTE orth. Un seul *t.*

GALLE → GALE.

GALLICANISME sens. « Théorie politico-religieuse de ceux qui étaient partisans des libertés de l'Église catholique de France à l'égard de la papauté. » Ne pas confondre avec **gallicisme**, « emploi ou tour particulier à la langue française, parfois imité ou transposé dans une autre langue ».

GALLICISME → GALLICANISME.

GALLO forme. Il existe également **gallot** et **gallec.** ♦ **sens.** « Dialecte français parlé en Bretagne centrale. »

GALLO-ROMAIN ou **-ROMAN emploi et sens.** Le premier terme s'applique à la « civilisation née du mélange des Gaulois et des Romains », tandis que le second est un substantif qui désigne la « langue mixte » née dans les mêmes conditions historiques : *En apprenant le gallo-roman, les Francs ont conservé leur ancienne manière de décliner leurs noms propres : Hugo, Hugon...* (W. von Wartburg).

GALLUP emploi. Cet américanisme est supplanté de nos jours par **sondage (d'opinion)**, qui a le même sens. Mot masc.

GALOCHE constr. On ne dit plus du tout *un menton de galoche*, mais **un menton en galoche**.

GALOP prononc. Le *p* final ne se fait pas entendre. ♦ **orth.** Les dérivés de **galop** ne prennent qu'un *p* : *galoper, galopeur, galopade.*

GAMELLE orth. Deux *l*. Mais on écrit **gamelot** pour désigner un petit saut.

GAMIN forme. Ne pas dire *son gamin, leur gamine*, pour *son fils, leur fille*, sinon dans un usage fam. → DAME, DEMOISELLE, HOMME.

GAMMA emploi. Lettre grecque. Invar. en tant que symbole : *des rayons gamma.*

GANACHE emploi. Ce substantif péjoratif et très fam., qui est toujours féminin, s'applique le plus souvent à un homme : *Il disait : « La cassure de la guerre et de l'Occupation a développé dans une proportion inimaginable le nombre de ganaches et d'amoraux »* (Labro).

GANGRÈNE orth. Avec -è- et un seul *n*. Le verbe **gangrener** ne prend pas l'accent à l'infinitif, mais un accent grave sur les formes se terminant par un *e* muet : *La plaie se gangrène.* Pas d'accent sur l'adjectif **gangreneux**.

GANGSTER orth. Plur. *des gangsters.* ♦ **sens.** Au propre, « membre d'un *gang*, d'une bande ».

GANGUE → CANGUE.

GAP emploi et sens. Cet anglicisme désigne les variations, les écarts qui se produisent dans l'estimation des valeurs boursières. → DIFFÉRENTIEL.

GARANCE genre. Le substantif est féminin : *de la garance.* ♦ **forme et emploi.** Invar. comme adjectif de couleur : *des rideaux garance.* → COULEUR.

GARANT emploi et forme. Ce mot varie en genre et en nombre lorsqu'il est appliqué à une personne ou à une chose « qui garantit » : *Ai-je jamais cru que la plus terrible épreuve fût garante de la plus grave sagesse ?* (Malraux). *Ils se sont portés garants de notre sécurité.* Mais il reste au masc. quand il signifie, plus abstraitement, « garantie » : *Ta jalousie est le meilleur garant de ma vengeance.*

GARCE emploi et sens. Ce mot très péjoratif ne s'emploie pas du tout dans les mêmes contextes que le masc. **gars**, dont il est à l'origine le féminin : *À quinze ans une fille est une fille. Ces garces savent déjà tout !* (Anouilh). Néanmoins, on constate dans la langue courante un affaiblissement de sens : le mot fait allusion plus fréquemment au « mauvais caractère » qu'à la « mauvaise conduite » d'une fille ou d'une femme : *Il savait ce qu'elles valaient, les garces !* (Zola). S'emploie comme qualification péjorative : *Nous savions que cette garce de monde, malgré ce qu'il nous racontait, s'arrangerait pour ne pas s'écrouler* (Romains).

GARÇON orth. On écrit sans trait d'union : *garçon tailleur, garçon boulanger, garçon de café.*

GARÇONNE emploi et sens. Ce mot, employé comme substantif, a dû son succès au roman de V. Margueritte, *La Garçonne* (1922). Mais il était connu dès la fin du XIXe siècle : *Ici ce sont les poitrines anguleuses des garçonnes* (Huysmans). Exemples plus récents : *Vint mon temps, où sont apparues les garçonnes* (Bazin). *Elle porte les cheveux courts, coupés à la garçonne* (Hoex), mais ce mot est aujourd'hui démodé. Sur **garçon** on a forgé le dérivé **garçonnier**, « aux manières de garçon » : *Elle tendit sa joue à Alain avec une grâce si garçonnière et si fraternelle qu'il faillit se réfugier sur son épaule* (Colette). On rencontre parfois un emploi adjectival : *Ceux qui aimaient les femmes projetaient sur cette figure garçonne mais androgyne leur douleur lancinante* (Semprun), mais on peut dire aussi : *Elle fait assez garçon.* Exemple rare : *La Muse garçonnière*, titre d'un livre de R. Peyrefitte.

GARDE- orth. Les mots composés de **garde + substantif** prennent tous un trait d'union. Quant au plur., l'usage est assez indécis. Cependant, le premier élément prend un *-s* s'il désigne une personne, reste invar. s'il représente le verbe **garder** (la distinction est parfois malaisée). Quant au second élément, son emploi au sing. ou au plur. dépend étroitement du contexte : *Ils ont été pour moi d'excellents gardes-malade* (un seul malade), mais *Le chef de clinique fait recruter des gardes-malades* (chacun pour plusieurs malades). De même : *Tous les gardes-frontière de toute la sainte Russie* (Ikor), à côté de : *Les gardes-frontières qui mitraillaient tout le monde* (Rey). On peut en effet considérer *la* ou *les frontières d'un pays*, dans des contextes voisins. Voici une liste des plur. de ces composés, les *s* facultatifs se trouvant entre parenthèses ; pour les noms de personnes : *gardes-barrières, gardes-bœufs, gardes-chasse(s), gardes-chiourme, gardes-côtes, gardes-étalon, gardes-frein(s), gardes-magasins, gardes-malades, gardes-manège(s), gardes-marine, gardes-manteau(x), gardes-meubles, gardes-pêche, gardes-ports, gardes-voie(s)* : *Les gardes-côtes arrêtent treize candidats à l'émigration* (*Le Monde*, 19/08/2011) et pour les noms de choses : *garde-boue, garde-corps, garde-côte(s), garde-feu(x), garde-fous, garde-manger, garde-meubles, garde-robes, garde-vue.* On notera que le trait d'union n'est pas employé dans les mots composés de **garde + adjectif** désignant des personnes : *un garde champêtre, garde forestier, garde maritime, garde municipal, garde sanitaire, garde bourgeois,* etc. : *Tu te donnes bien trop de peine pour une vieille bête comme moi, docteur, dit le garde forestier en retraite* (Desproges). La seule exception est constituée par *garde-française* (plur. des *gardes-françaises*), au masc. et avec trait d'union pour désigner le soldat, au féminin et sans trait d'union pour désigner le régiment.

□ **garde-à-vous,** nom invar., prend deux traits d'union. Ne pas confondre avec le commandement verbal : **garde à vous !** *Garde* reste invar. dans les constructions du type : des *mises en garde*, des *corps de garde*, des *tours de garde*, des *internes de garde*, etc. Mais on écrira : des **gardes à vue**.

GARDE constr. Les diverses locutions formées à partir de **garde** admettent des constructions multiples. Avec la préposition *à*, on peut dire **prendre garde à** et **prendre garde à ne pas**, avec le sens de « faire attention à ». Cela se rencontre surtout dans un registre classicisant : *Marthe s'était de nouveau étendue le long de la cheminée, tisonnant la braise, et prenant garde à ne pas mêler quelque parcelle noire aux cendres* (Radiguet). *Prenez garde à bien respecter les limites qu'on vous a imposées.* On rencontre plus couramment la préposition *de.* La locution **prendre garde de** signifie « éviter de », lorsqu'elle est suivie d'une tournure affirmative (comparer *gardez-vous de*) : *Prends garde de retomber malade.* Suivie d'une tournure négative, elle a le même sens que **prendre garde à** : *Il doit prendre garde de ne pas crever ses chevaux* (Romains). *Garinati s'approche de la petite porte vitrée, en prenant garde de ne pas s'exposer à la lumière qui vient du couloir* (Robbe-Grillet).

□ **prendre garde que.** Ce tour peut être suivi de l'indic., au sens de « être attentif au fait que, noter que » : *Monsieur, répondit le moine avec douceur, prenez garde que vous êtes plus* *brave que moi et que pourtant la mort vous trouble davantage* (France). Lorsque le verbe de la proposition complément est au subj., le sens de **prendre garde** est « chercher à obtenir que » ou, avec *ne*, « chercher à éviter que » : *Quand tu trépasseras, prends bien garde qu'on me cloue avec toi, dans le cercueil, et qu'on m'enterre* (Arnoux). *Elle prenait garde que les commandes de l'orphelinat allassent à des maisons, avant tout, bien pensantes* (Peyrefitte). *Il faut prendre garde que rien ne se mette en travers de notre route.* En fait, l'usage le plus courant tend à construire cette locution comme **veiller**, c'est-à-dire avec le groupe conjonctif **à ce que** : *Veux-tu prendre garde à ce que toutes les portes soient bien fermées, et à ce que personne ne puisse s'échapper ?*

□ **n'avoir garde de.** Cette locution signifie « avoir soin de ne pas » et appartient au registre littéraire : *Cet être une fois élu, je le laisse libre, je n'ai garde d'y mêler ma personnalité* (Rolland). *François n'avait garde de s'arrêter* (Barrès). *Je n'ai garde de m'y tromper* (Colette). On rencontre parfois, mais avec moins de clarté, **avoir garde de**, sans négation, surtout quand la suite du texte comprend une autre négation, comme dans la phrase suivante : *Dans un sens, et j'aurai garde de le nier, André est mort parce que son père avait perdu à ses yeux le visage qu'il lui prêtait* (Masson).

GARDEN-CENTER emploi et sens. Cet anglicisme est avantageusement remplacé par **jardinerie** (recommandation officielle du 29 novembre 1973) pour désigner un « établissement commercial regroupant tout ce qui est nécessaire pour la création et l'entretien des jardins ».

GARDEN-PARTY orth. Plur. *des garden-parties* : *Il n'est pas question de servir de la nourriture pourrie sur des tables de buffet ou dans des garden-parties* (Desarthe). Ce mot est souvent abrégé en **party**. Il rejoint alors le français *partie.*

GARDER constr. À la voix pronominale, **se garder**, ce verbe ne peut être suivi que de la préposition **de**, et signifie « se préserver de, éviter de » (avec l'infinitif) : *Homme à fortes passions et à vices puissants, qui, tout en les cultivant, se gardait d'en rien montrer qui pût effaroucher les clients* (Rolland). → GARDE.

GARE ! constr. L'interjection **gare !** peut être employée absolument, mais elle est souvent accompagnée d'un complément ; la préposition *à* est facultative devant un substantif : *Lu pensa que Wolf avait eu raison de construire la machine, et qu'enfin ses efforts allaient être récompensés, mais gare à son foie !* (Vian). On pourrait trouver aussi : *gare son foie !* **À** est obligatoire devant un pronom ou un infinitif. On rencontre enfin, plus rarement, *gare que*, suivi d'un complément au subj.

GARGOTE orth. Un seul *t*, ainsi que **gargotier.** ♦ **sens.** « Médiocre restaurant » : *Je l'ai suivi dans une gargote de Tower Street, un sous-sol sans fenêtre* (Butor).

GARGOULETTE sens. « Vase poreux servant à refroidir les liquides par évaporation. » Ne pas confondre avec le mot pop. **margoulette**.

GARROTTER orth. Les dérivés de *garrot* prennent deux *r* et deux *t.*

GAS-OIL ou **GAZOLE orth.** La première est celle du mot anglais (sauf le trait d'union), la seconde est une adaptation assez heureuse : *Il m'a poussé de côté et il s'est mis lui-même sur le siège conducteur. J'ai chuté dans une flaque de gas-oil* (Ravey). ♦ **prononc.** La prononciation dominante reste généralement [gazwal], ni vraiment anglaise [gazɔjl], ni totalement francisée [gazɔl]. → FUEL-OIL.

GASTÉROPODES ou **GASTROPODES emploi.** Les deux termes sont employés indifféremment. En principe toujours au plur., mais on trouve dans l'usage des constructions du type : *L'escargot est un gastéropode terrestre.*

GÂT- orth. Un accent circonflexe sur le *a*, dans *gâteau, gâter, gâte-bois* (invar.), *gâte-sauce* (invar.), *gâteux* (→ ce mot), *gâtinais, gâtine.* → ce mot.

GÂTEUX sens. Cet adjectif, issu de l'argot des hôpitaux, est passé dans la langue familière : *Dans l'arrière-boutique, le gâteux gémissait doucement pour qu'on le torche* (Aragon). Il est employé, par extension, au sens de « personne qui a l'intelligence presque éteinte ». ♦ **dérivé. gâtisme** : *Et des vieux professeurs idiots. Des gâteux. Une école de gâtisme* (Vian). Tous ces mots sont aujourd'hui un peu démodés, et pas usités dans le domaine médical, plus ou moins détrônés par **(maladie d') Alzheimer**.

GÂTINE sens. « Terre marécageuse et stérile en raison de son sous-sol imperméable. » De là l'usage toponymique du mot (cf. l'ode *Aux bûcherons de la forêt de Gastine*, de Ronsard). Ne pas confondre avec **gattine**, « maladie du ver à soie ».

G.A.T.T. emploi et sens. Ce sigle international désigne un accord international *(General Agreement on Tarrifs and Trade)* conclu en 1947 entre les États occidentaux pour réduire les droits de douane et favoriser les échanges commerciaux. Un arrêté ministériel du 18 février 1987 recommande d'employer *A.G.É.T.A.C.*, sigle de *Accord général sur les tarifs douaniers et le commerce*, mais le sigle anglais est bien implanté dans les usages, et paraît difficile à remplacer.

GAUCHE (À MAIN) → DROIT (À MAIN DROITE).

GAUFRE orth. Ne prend qu'un *f*, ainsi que les dérivés : *gaufrier, gaufrette, gaufrage*.

GAUSSER (SE) emploi. Verbe exclusivement littéraire, auquel on préférera dans l'usage courant **se moquer, railler**.

GAY emploi et sens. Ce substantif connaît une grande vogue, depuis 1970 environ (c'est un emprunt à l'ancien français *gai*) : *« Gay », mot d'argot anglais qui signifie tout crûment « pédé », est en train de détrôner en France « homo », ce raccourci qui représentait la seule façon non injurieuse de désigner un homosexuel* (Cavanna). Malgré tout, cet adjectif-nom, par sa brièveté, semble l'emporter sur les autres désignations. On le trouve parfois orthographié à la française : *Le one-woman-show gai d'une actrice délirante* (F. Marmande, *Le Monde*, 19/08/2011).

GAZER emploi et sens. Était fréquent dans le langage fam., au sens de « aller, marcher, etc. » : *Écoute, Marcelle, ça ne gaze pas aujourd'hui. Nous sommes trop nerveux tous les deux* (Sartre). *Alors, ça gaze ?* L'acception « aller très vite » est moins répandue aujourd'hui.

GAZODUC emploi. Néologisme bien formé qui est désormais admis dans notre langue : *Pékin s'approvisionnera par gazoducs en Russie et au Turkménistan* (J.-M. Bezat, *Le Monde*, 19/08/2011). → OLÉODUC.

GECKO orth. Ce mot d'origine malaise désigne un lézard grimpeur ; son orthographe est délicate : *Dans le mur lézardé qui lui fait face nichent des geckos* (Volodine).

GÉHENNE emploi et sens. Ce mot, issu de l'hébreu et désignant à l'origine l'enfer dans la Bible, est devenu rare, au sens de « lieu de tourment, de souffrance » : *Elle ne s'habitua pas. L'école était une géhenne et le resta* (Nothomb).

GEIGER orth. et prononc. On écrit : *un compteur Geiger*, à prononcer [gajgər], ou plus souvent à la française [ʒɛʒɛr] : *Une fourmilière géante édifiée autour d'un des compteurs Geiger ayant appartenu à Tarass Brock* (Volodine).

GEINDRE conjug. Comme *peindre*. → APPENDICE GRAMMATICAL. ♦ **emploi et sens.** Ce verbe est moins facile à conjuguer et moins fréquent que son synonyme **gémir** (→ ce verbe), et apparaît plus littéraire : *Pablo sentait de nouveau sa fatigue, mais il serrait les dents pour s'empêcher de geindre trop fort* (B. Clavel). *Plus je les entends geindre, moins je crois à la réalité de leur jouissance* (Bernanos).

GEISHA orth. On écrivait jadis **ghesha**. ♦ **prononc.** [gɛʃa] et non [ʒɛʃa]. ♦ **sens.** « Chanteuse et danseuse japonaise. »

GELÉE emploi. Dans l'emploi culinaire, ce mot est généralement suivi d'un nom de fruit au sing. : *Céline prépare des crêpes pour les enfants. Ils les saupoudrent de sucre fin ou les badigeonnent de gelée de groseille* (Lefèvre).

GELINOTTE orth. Pas d'accent sur le *e*. ♦ **sens.** « Oiseau très voisin de la perdrix. » Ne pas confondre avec la **linotte**, « passereau siffleur ».

GÉMIR constr. Ce verbe se construit avec **de ce que** lorsque la subordonnée exprime la cause du gémissement. Mais on trouve aussi la conjonction *que* lorsque **gémir** est pris au sens de « affirmer en gémissant que » : *Elle s'accusait, se frappait la poitrine, gémissait que tout était bien ainsi* (Mauriac).

GEMME genre. Fém. *une gemme.*

GÉMONIES (vouer aux –, traîner aux –) emploi et sens. Locutions vieillies et quelque peu pédantes, signifiant « accabler quelqu'un de mépris, d'outrages » : *L'ex-président du conseil général de la Vendée, Philippe de Villiers, et l'ex-ministre Christine Boutin, qui vouèrent, en 2010, l'évènement aux gémonies pour dérive sataniste, avec un sens de l'hyperbole se transformant en publicité involontaire* (S. Davet, *Le Monde*, 17/06/2011). Ce mot vient du latin, avec un sens très fort : « escalier où on exposait les cadavres des suppliciés ».

GENDELETTRE emploi et sens. Désignation ironique et péjorative d'un écrivain « homme ou femme, enfermé dans le cercle étroit du milieu littéraire ». Un *gendelettre* : ce sing. a été tiré, par plaisanterie, du plur. **gens de lettres**.

GÈNE orth. Avec un accent grave, masc. ♦ **sens.** « En biologie, élément défini et localisé sur un chromosome, jouant un rôle important dans la formation des traits héréditaires » : *Il fallut attendre la fin des années 1970, et l'avènement de la biologie moléculaire, pour que la thèse de Mme McClintock soit enfin confirmée : loin d'être l'exception qui confirme la règle, les « gènes sauteurs » se révélaient présents chez toutes les espèces vivantes* (Vincent, *Le Monde*, 05/09/1992). Ne pas confondre avec la **gêne**. Ne pas confondre non plus **génétique**, « science de l'hérédité » : *La génétique moléculaire naissait à peine, et la théorie chromosomique de l'hérédité alors en vigueur restait relativement simple* (*ibidem*), avec **génération**, ni avec **gynécologie**.

-GÈNE emploi et sens. Ce suffixe d'origine grecque indique la naissance, la source : on distinguera **allogène**, « d'origine étrangère » ; **exogène**, « qui vient de l'extérieur » : *Son vaste parc de stationnement regorge d'immatriculations exogènes* (Échenoz) et **endogène**, « qui prend naissance à l'intérieur ». Parfois, cet élément a le sens actif de « qui produit », comme dans **anxiogène, ouate thermogène**.

GÉNÉRAL forme. Le féminin **générale** existe, encore qu'il soit assez peu employé : *Madame la Générale.* Dans l'ancienne langue, ce mot servait à désigner la « supérieure de certains ordres religieux ». On dit toujours : *le (Supérieur) général des jésuites.*

GÉNÉRAL (adjectif) ou **GÉNÉRIQUE emploi et sens.** Le premier adjectif-nom est employé de façon très large et ne pose guère de problèmes ; son sens est « qui correspond à un ensemble de personnes ou de choses » : *La conversation du dimanche allait du particulier au général, ou du général au particulier, sans ordre déterminé* (Daninos). Souvent on rencontre l'acception extensive de « vague » : *Il s'est livré à des considérations générales sur le civisme et sur l'incivisme.* Quant à **générique**, c'est un adjectif-nom à caractère beaucoup plus technique. Il signifie « qui appartient au genre » ou même « qui définit et constitue le genre, la catégorie » ; il s'oppose à *spécifique* : *Le générique est représenté par le type de phrase suivant : Le Français voyage beaucoup à l'étranger pendant les vacances* (J. Dubois). *Le substantif* siège *est un terme générique, tandis que* rocking-chair *ou* transatlantique *est un terme spécifique.* Quant au substantif masc., c'est un terme de cinéma et de télévision qui est aujourd'hui couramment employé au sens de « partie d'un film (généralement en préambule) dans laquelle on indique les noms de tous les acteurs et techniciens qui ont collaboré à sa réalisation » : *Le plus drôle fut qu'à la sortie de « Monsieur Verdoux » le générique en avait été réduit à un seul nom* (Bessy).

GÉNÉRALISSIME → -ISSIME.

GÉNÉRER emploi. Fréquemment employé dans le registre technique de la grammaire générative depuis les années 1970, ce verbe (issu du latin *generare* par l'anglais *to gener*) est souvent employé de façon plus ou moins pédante à la place d'**engendrer** : *Les résidents auraient tout pour être heureux s'ils ne souffraient du bruit infernal et de la poussière générée par la circulation ininterrompue place Leclerc* (*L'Est Républicain*, 11/06/1992). Il semble que, dans ce contexte, le verbe **produire** ferait aussi bien l'affaire ! *La mise en place d'un fond d'adaptation, financé par un prélèvement de 2 % des recettes générées par le mécanisme de développement propre* (H. Kempf, *Le Monde*, 02/01/2009). *C'est l'un des rares avantages de l'ennui* [...] *de générer un débordement d'activités vouées à le masquer* (Desarthe). *Le même Bentham qui, au nom de l'utilitarisme, terme inventé par ses soins en 1781 pour désigner une doctrine morale et politique dans laquelle la validité d'une action se mesure à la quantité de bonheur qu'elle génère chez le plus grand nombre...* (Rosenthal). *Que Paul Guimard ose écrire, dans l'ouvrage qu'il vient de consacrer à cet auteur, que « Giraudoux a généré une quantité impressionnante d'études », voilà qui mériterait la Haute Cour* (Boucher, *Le Monde*, 05/03/1988). Jugement bien sévère ! On notera cependant que, dans cette dernière phrase, le sens de *générer* ne correspond pas à « produire » (du moins directement), mais plutôt à « être à l'origine de ».

GENÈSE orth. Le premier *e* ne prend pas d'accent, à la différence des adjectifs dérivés : *génésiaque, génésique, généthliaque,* etc., qui s'écrivent avec deux accents aigus : *Son étourderie génésique* (La Varende). Quant aux composés dont le second élément est *genèse,* ils ne prennent qu'un accent grave comme le substantif de base : *Je ne puis vous donner à l'un de mes confrères dans l'état où vous êtes, alors que nous commençons seulement à établir la psychogenèse de votre névrose* (Bernanos). De même pour *biogenèse, glycogenèse, ontogenèse, parthénogenèse, phylogenèse, spermatogenèse,* etc. Enfin, il y a concurrence avec le suffixe **-génie**, toujours accentué : *ontogénie, phylogénie.*

GÉNÉSIQUE emploi. « Qui a rapport aux faits physiologiques de la génération » : *L'instinct génésique.* Ne pas confondre avec **génésiaque**, « qui est relatif à la genèse ».

GENET orth. Sans accent circonflexe. ♦ **sens.** « Petit cheval de race espagnole. »

GENÊT orth. Avec un accent circonflexe sur le second *e.* ♦ **sens.** « Plante à fleurs couleur jaune d'or » : *Je m'écorchais les bras aux épines des ronces, aux piquants des genêts* (Toussaint).

GÉNÉTHLIAQUE orth. Ne pas oublier le *h* après le *t.* ♦ **sens.** En astrologie, « relatif à l'horoscope ».

GENEVOIS orth. Sans accent, à la différence de *Genève.*

GENÉVRIER orth. Avec un accent aigu. Attention à l'influence de **genièvre**.

GÉNIAL forme. Au masc. plur. : *géniaux.* ♦ **emploi.** Cet adjectif est très usité aujourd'hui (pas seulement chez les jeunes), et s'applique élogieusement un peu à n'importe qui ou n'importe quoi. → CANON, FABULEUX, SUPER.

GÉNITOIRES forme. Toujours au plur. ♦ **emploi et sens.** Ce vieux substantif, masc. ou fém., désigne les parties génitales masc. et ne s'emploie plus guère que dans un contexte humoristique : *Il a moins froid maintenant, il a l'air fin dans son tricot, ses pauvres génitoires contractées ne ballant qu'à peine par en dessous* (Échenoz).

GÉNOCIDE sens. Mot hybride, mais passé dans notre langue, signifiant « destruction d'un groupe ethnique », « action criminelle contre une race » : *Le crime de génocide.*

GÉNOIS orth. Les adjectifs-substantifs dérivés de *Gênes*, nom propre, prennent un accent aigu. ⟶ GENEVOIS.

GENOU orth. Plur. en *-x*. ⟶ BIJOU. ♦ **constr.** On emploie le sing. ou le plur. suivant le contexte : *se mettre à genoux* : *À genoux, elles frottaient le linge, qu'elles rinçaient dans de grands baquets* (Gallo), mais *mettre un genou en terre.*

□ **tomber aux genoux de.** S'écrit au plur.

□ **fléchir le genou** ou **les genoux.** Au figuré, on emploie le sing. ou le plur. indifféremment.

GENRE emploi. Se rencontre dans certains tours plus ou moins figés au sens de « tournure, aspect extérieur ». Le tour **genre + substantif**, avec ellipse de la préposition *de*, est du registre fam. : *Un grand gaillard vêtu d'un pardessus en poil de chameau et escorté d'une jolie femme, genre boîte de nuit* (P. Jardin). Au sens de « grand genre, genre distingué » dans l'emploi suivant : *La maîtresse de cette maison, pour faire « genre », recevait devant la porte* (Radiguet). *Mme Françoise, celle qui ne comprenait pas le niçois, qui avait l'accent des prétentieuses, qui « faisait du genre »* (Gallo).

□ **plusieurs genres d'homme(s).** Dans cette locution, le substantif déterminant **genre** peut se trouver soit au plur., soit au sing., suivant le contexte et l'intention de celui qui s'exprime. De même pour **un genre de** : *Le genre d'hommes qui ont toujours l'impression de ne pas avoir mis la lettre dans la boîte* (Queneau). *Je n'ai jamais pu assister à ce genre de cérémonies* (Salacrou).

GENRE DES SUBSTANTIFS

Le genre des substantifs ne repose sur quelque apparence de logique que dans le domaine des êtres sexués. Encore faut-il constater qu'une seule forme correspond aux deux genres, dans les noms qui suivent : *adversaire, aide, ancêtre, arbitre, artiste, bigame, camarade, collègue, complice, concierge, convive, copiste, cycliste, élève, émule, enfant, esclave, garde, libraire, locataire, novice, partenaire, patriote, pensionnaire, philosophe, pianiste, propriétaire, pupille, secrétaire, slave, soprano, touriste,* etc. C'est seulement l'article qui indique le genre : *un ou une concierge.* Tous ces mots sont appelés **épicènes.**

D'une façon générale, il y a souvent un rapport étroit entre la terminaison du substantif et son genre. Sont *masc.* les mots suffixés en *-age, -ament, -as, -ement, -ier, -illon, -in, -is, -oir, -on,* et *féminins* les mots suffixés en *-ade, -aie, -aille, -aine, -aison, -ande, -ée, -ence, -esse, -eur, -ie, -fille, -ise, -ison, -ité, -ure.* ⟶ FÉMININ.

Nombreux sont aussi les substantifs masc. qu'on ne peut féminiser, même par l'article, mais qui peuvent être utilisés pour désigner des êtres féminins. Tels sont, par exemple, *acolyte, agitateur, apôtre, assassin, auteur, bandit, bourreau, censeur, charlatan, cocher, déserteur,* etc. Dans ce cas on dira : *un cocher femme,* ou *une femme apôtre,* etc. ⟶ FEMME.

Certains homonymes ne sont distingués que par le genre, ou, si l'on préfère, certains substantifs changent de sens en changeant de genre. Tels sont, entre autres : *aide, aigle, aune, barbe, carpe, cartouche, coche, couple, crêpe, enseigne, espace, foudre, garde, greffe, guide, laque, livre, manche, manœuvre, mémoire, merci, mode, moule, mousse, œuvre, office, ombre, page, paillasse, parallèle, pendule, physique, platine, poêle, pourpre, relâche, scolie, solde, somme, souris, statuaire, tour, trompette, vague, vapeur, vase, voile.* On trouvera des explications sur ceux qui font problème, à leur place alphabétique.

Les confusions de genre se produisent fréquemment, et pas seulement chez les étrangers parlant le français.

Sont masculins : *abaque, acabit, acrostiche, aéronef, âge, agrumes, albâtre, alvéole, amalgame, ambre, amiante, ampélopsis, anathème, anévrisme, animalcule, anthracite, antidote, antipode, antre, apanage, aphte, apogée, apologue, après-dîner, arcane, armistice, aromate, arpège, asphalte, asphodèle, astérisque, astragale, athénée, augure, auspice, autoclave, automne, balustre, bastringue, bow-window,* *braque, camée, campanile, capitule, capuce, cèpe, chromo, chrysanthème, cippe, colchique, cytise, décombre, effluve, élastique, ellébore, élytre, emblème, empyrée, encombre, en-tête, entrecolonne, épeautre, éphémère, épithalame, équinoxe, ergastule, érésipèle, esclandre, escompte, exergue, exode, exorde, fastes, girofle, globule, glomérule, granule, haltère, héliotrope, hémisphère, hiéroglyphe, holocauste, hyménée, hypogée, insigne, interstice, involucre, isthme, jade, jujube, jute, langes, libelle, lignite, limbe, lobule, mânes, manipule, midi, millefeuille, naphte, obélisque, ophicléide, opprobre, opuscule, orbe, ovule, palpe, pénates, pétale, pétiole, planisphère, pore, poulpe, quinconce, quine, rail, rifle, sépale, sévices, sesterce, socque, stipe, tentacule, thyrse, trille, trope, tubercule, ulcère, viscère.*

Sont féminins : *abside, absinthe, acné, acoustique, affres, algèbre, ammoniaque, amnistie, anagramme, anicroche, ankylose, antichambre, apostille, appoggiature, arabesque, argile, arrhes, atmosphère, autoroute, autostrade, avant-scène, azalée, bakélite, besicles, bonace, campanule, chausse-trap(p)e, clepsydre, clovisse, conteste, créosote, dartre, dinde, disparate, drachme, drupe, ébène, ébonite, ecchymose, échappatoire, écrevisse, écritoire, égide, encaustique, enzyme, éphémérides, épigramme, épigraphe, épitaphe, équivoque, escarre, estafette, estompe, gemme, glaire, hécatombe, H.L.M., hydre, hypallage, icône, idole, immondice, malachite, mandibule, météorite, moustiquaire, nacre, oasis, obsèques, ocre, omoplate, opale, optique, orbite, oriflamme, patenôtre, patère, phalène, piastre, prémices, prémisse, primeur, réglisse, scolopendre, scorsonère, sépia, spore, stalactite, stalagmite, steppe, topaze, urticaire, vêpres, vicomté, volte-face.*

Ordonnance (animé) et *palabre* sont de genre indéterminé.

□ **genre des noms de villes** ⟶ VILLE.

□ **genre des noms de bateaux** ⟶ BATEAU.

□ **genre des noms des lettres de l'alphabet.** Autrefois, on distinguait entre les voyelles, qu'on faisait du féminin *(une a, une i)*, et les consonnes, qu'on considérait comme du masc. quand leur prononciation ne commence pas par une voyelle : *un d, un p*, et comme du féminin dans le cas contraire : *une s, une f*, etc. Il existe aujourd'hui une heureuse tendance à la simplification dans le sens du masc. : *un a, un c, un h, un f, un r, un t, un y*, etc.

□ **genre des noms composés.** Ils prennent le plus souvent le genre du substantif déterminé : *une voiture-piège, un pied-d'alouette, un cordon bleu*, etc. Quand le premier élément est un verbe ou une préposition, le nom composé est masc. (en fait, neutre) : *un porte-voix, un sans-culotte.*

GENS orth. L'accord de l'adjectif ou du participe en relation avec ce substantif est compliqué. L'adjectif ou le participe se met au féminin quand il précède *gens* et au masc. quand il suit : *Il n'y a que les petites gens qui sont obligés de travailler pour vivre* (H. Bazin). *Les bonnes gens du cru, à cor et à cri, exigeaient un coupable* (Desproges). *Il s'approcha du banc où étaient assis deux vieilles gens* (Estaunié : à noter la discordance du participe *assis* et de l'adjectif *vieilles*). ♦ **emploi.** Ne peut s'employer en parlant d'un nombre déterminé de personnes que s'il s'insère un qualificatif entre le déterminant et le substantif. On ne dira pas *trois gens, vingt gens*, mais on peut dire *trois jeunes gens, vingt pauvres gens.* Si l'on n'emploie pas d'adjectif qualificatif, on usera du mot *personne* : *trois personnes.* On évitera les tours qu'affectionnent les médias : *les vraies gens, les simples gens*, qui appartiennent à un « politiquement correct » sans intérêt !

□ **tous... gens.** On emploie en général l'adjectif indéfini au masc., le féminin paraissant archaïsant : *Ce sont tous gens bien élevés*, mieux que *toutes gens. Comment tous ces gens-là réussiront-ils ?* (Bernanos).

□ **gens + substantif.** Toujours masc. pour l'accord : *D'improductifs gens de lettres, de pieux gens d'Église, de vaillants gens de guerre*, etc.

□ **jeunes gens.** Est toujours masc. (plur. de *jeune homme*) : *Ce sont deux jeunes gens à la fois sérieux et rieurs* (Pontalis).

□ **droit des gens.** Dans cette locution, *gens* doit être pris au sens de « nations ». C'est un terme ancien de droit international.

GENT emploi. Substantif à ne pas confondre avec le précédent. À peu près inusité aujourd'hui au sens de « race, espèce ». L'emploi de **gent** prend souvent une teinte péjorative, ou au moins plaisante : *N'oublions pas les puristes, cette gent redoutable qui fait régner la terreur dans la langue* (Le Bidois). *Cette popularité auprès de la gent féminine ne tient pas forcément à la politique familiale du gouvernement de grande coalition* (*Le Monde*, 04/09/2009). On évitera la confusion avec l'adjectif **gent, gente**, par exemple dans le tour *gentes dames.* Dans la phrase suivante, il s'agit d'un archaïsme, sans aucune nuance ironique : *Les chevriers, les laboureurs, les rouliers, les castreurs, les cardeurs, les muletiers, la bonne gent des bergeries, des forges et des moulins en restait là, sur un sabot* (Chabrol).

GENTILHOMME prononc. et orth. On oublie fréquemment d'écrire et de prononcer le *s* intérieur du plur. : *des gentilshommes. Nous avons dans nos rangs suffisamment de gentilshommes capables de mener à bien une action victorieuse contre le Parlement* (A. Besson).

GENTLEMAN prononc. À l'anglaise [dʒɛntləman], mais on entend couramment chez les locuteurs français [ʒɑ̃tləman], qui ne saurait être refusé. ♦ **forme.** On garde le plur. original *gentlemen* : *Là, somme toute, la jeunesse ouvrière a son club, tout comme des gentlemen anglais, a dit le sous-préfet* (Aragon). On écrit : *gentleman-farmer* (plur. *gentlemen-farmers*) ; *gentleman-rider* (plur. *gentlemen-riders*).

GEÔLE prononc. L'accent circonflexe sur le *o* ne doit pas être confondu avec un tréma, et il faut prononcer [ʒol] et non pas [ʒeɔl]. Même remarque pour *geôlier.* ♦ **emploi.** Ce mot est aujourd'hui plutôt littéraire : *Toute femme jalouse rêve d'avoir un geôlier pour allié* (Vailland). *Même les geôliers perdaient leur hargne habituelle* (Cossery). *Elle déclara qu'elle allait bientôt fabriquer un petit-fils. Les geôlières médicales aussitôt le lui interdirent* (Volodine).

GÉRER emploi. Une tendance se fait jour à employer ce verbe avec des compléments d'objet très divers, et souvent bien éloignés de renvoyer à une véritable gestion : *À l'école, ils avaient dit qu'ils ne savaient plus quoi faire, qu'ils n'avaient pas les infrastructures pour gérer ce genre de cas* (Adam). *La Chine avait appelé la France à gérer prudemment la question tibétaine* (H. Tincq, *Le Monde*, 25/08/2008). *Les principes de base de l'écologie politique consistent à* [...] *préserver les ressources communes et à les gérer au mieux pour les générations présentes et futures* (C. Lepage, *Le Monde*, 19/08/2011). → la cit. de Poirot-Delpech à TOUT À FAIT. On parle aujourd'hui de *gérer sa vie privée, sa névrose, sa réussite, son échec*, etc. ; il faut se garder d'un abus lassant. L'adjectif **gérable** est également assez en vogue.

GERMAIN emploi. Comme adjectif, s'accorde en genre et en nombre dans : *frères germains, cousines germaines.*

GÉRONDIF sens. « Nom donné souvent à la locution composée de la préposition **en** et du participe présent » (Littré). Le gérondif marque essentiellement le moyen, la manière : *Toujours précédé de* en *dans l'usage moderne,* [il] *joue le rôle d'un complément circonstanciel et possède certaines propriétés des adverbes* (Riegel, Pellat et Rioul). ♦ **emploi.** **1)** Dans l'ancienne langue, la fonction de gérondif pouvait se passer de *en.* Il en est resté quelques tours figés : *chemin faisant, ce disant, ce faisant. Sa déception allait croissant.* **2)** En principe, le gérondif doit avoir pour sujet le sujet de la proposition principale : *En fermant à demi les yeux, en laissant respirer la mémoire, en la laissant monter du cœur, j'entends encore son pas* (P. Jardin). *Cette nuit-là ou plus tard, en vagabondant, elle avait pu tomber dans quelque fondrière* (Dhôtel). *C'est en forgeant qu'on devient forgeron* (c.-à-d. « quand on forge »). Mais il peut en être autrement, à condition que le sens soit clair : *En sortant, le visage de Christian l'obsédait* (Brisson). *Les mots, en les écrivant, me faisaient pleurer* (Proust). En revanche, un tour comme *On est prié de payer en servant* est franchement incorrect (la personne qui sert n'est pas celle que représente *on*). **3)** On peut renforcer le gérondif au moyen de **tout** (qui ajoute une nuance de concession ou d'opposition) ou de **rien que** (qui exclut) : *Tout en me souhaitant du* *génie, elle se réjouissait que je fusse sans esprit* (France). *Ils descendirent doucement vers le poste de police tout en se livrant à de subtils calculs* (Perret). *Quelque chose de toi sans cesse m'abandonne / Car rien qu'en vivant tu t'en vas* (A. de Noailles). ⟶ PARTICIPE PRÉSENT.

GÉRONTOLOGIE et **GÉRIATRIE sens.** La **gérontologie** est la « science du vieillissement normal ou accidentel de l'être humain ». On notera que le substantif « de base », d'origine grecque : **géronte**, « vieillard crédule » (qui devient même un nom propre dans *Les Fourberies de Scapin* de Molière, en 1671) n'est plus employé aujourd'hui que par plaisanterie : *Et voilà que, parce qu'un géronte toasté aux UV se fend de tournures surannées, je me pâme devant lui* (Barbery). La **gériatrie** (ou **gérontiatrie**) étudie les altérations pathologiques de la sénilité : *Une femme très compétente, quarante années d'hôpital derrière elle, spécialisée en gériatrie* (Vargas).

GÉSIR conjug. Verbe très défectif. ⟶ APPENDICE GRAMMATICAL. On rencontre surtout le présent, l'imparfait et le participe présent : *gisait, gisant.* **C'est là que gît le lièvre** : « c'est là que réside la difficulté » : *Il faut ensuite concilier le courage, cette vertu magnifique, et l'humilité, cette vertu fondamentale. Voilà, sans doute, où gît le lièvre* (Duhamel). L'emploi de ce verbe, en dehors de cette locution figée, est très littéraire : *Sur cela s'acheva mon séjour dans la ténèbre où j'avais jusque-là gési sans dommages* (Volodine).
□ **ci-gît.** Formule ancienne et stéréotypée qu'on trouve sur les pierres tombales, au sens de « ici repose ». Elle est suivie du nom du défunt.

GESTE genre. Masc., pour le sens le plus répandu : *un geste hostile.* Mais féminin lorsque le mot signifie « exploit accompli par un héros » : *la geste de Charlemagne,* d'où l'expression *chanson de geste* (plur. : *chansons de geste*), et l'emploi de **geste** pour désigner « l'ensemble des textes célébrant les actions d'un même héros » : *la geste de Guillaume.* On retrouve ce sens actif, mais dégradé, dans la locution courante : **les faits et gestes de qqn.**

GESTION prononc. On peut se demander à quoi est dû le succès de la prononciation paresseuse [ʒesjõ] au lieu de la prononciation correcte [ʒestjõ], ce phénomène ne se produisant jamais pour le mot **question**, dont la forme est tout à fait comparable. ⟶ SUGGESTION.

GEYSER orth. Avec un *y* et non un *i* : *Ces geysers de brume donnent alors à la nuit des dimensions cauchemardesques* (Godbout).

GHETTO orth. Un *h* après le *g* initial. ♦ **emploi et sens.** Au propre : « quartier dans lequel on parquait les juifs », dans certaines grandes villes (Venise, Varsovie, etc.). Emplois figurés dans l'usage contemporain : *Combien de ces êtres, parqués jusqu'ici dans un ghetto fétide, font pour la première fois de leur vie connaissance avec la forêt ?* (Ikor).

GIBELOTTE orth. Deux *t.* ♦ **sens.** « Fricassée au vin blanc. »

GIBERNE sens. « Sorte de boîte recouverte de cuir dans laquelle les soldats plaçaient leurs cartouches. » Ne pas confondre avec **gibecière**, objet très voisin par la forme, mais qui se rapporte essentiellement à la chasse : *À Clelles, on prit deux gendarmes avec mousquetons et gibernes* (Giono).

GIBIER orth. On écrit *gibier à poil,* mais *gibier à plume(s)* (avec ou sans *s*). ♦ **dérivé.** *giboyeux,* qui ajoute l'idée d'abondance : *Le Craonnais, parce qu'il est presque entièrement terre de seigneurs, est resté giboyeux* (Bazin).

GIFLE orth. Un seul *f* (de même *gifler*).

GIGA emploi et sens. Ce préfixe savant multiplie par un milliard le mot qu'il précède, et donne naissance à quelques créations emphatiques plaisantes : *Les hypermarchés sont devenus des gigamarchés de plusieurs dizaines de milliers de mètres carrés* (C. Gatinois, *Le Monde,* 13/07/2009).

GIGOGNE emploi et orth. Le plus souvent adjectif postposé, qui signifie « composé d'éléments s'emboîtant les uns dans les autres » : *Une poupée gigogne, une table gigogne* (sans trait d'union).

GIGOT emploi et sens. « Morceau de mouton (agneau, chevreuil) correspondant au membre postérieur et groupant la cuisse, la jambe et la croupe » : *Des quenelles au saint-honoré en passant par le gigot, l'itinéraire du déjeuner était identique* (Daninos). Il est inutile de dire *un gigot de mouton*, qui fait pléonasme, mais cela ne constitue pas une faute grave. Pour le gibier, on peut dire *un gigot de chevreuil* (*ou* mieux : *une gigue*), mais on emploie généralement *cuissot*. → CUISSEAU. Enfin, la précision *gigot d'agneau* est acceptable, et ne peut être critiquée, comme *gigot de mouton*. Au figuré, **gigot** désigne « de gros bras ou de grosses jambes » (fam.) : *As-tu vu les gigots de la matrone ?* et, dans le vocabulaire de la mode, une « forme bouffante » pour les manches : *des manches à gigot* (ou plutôt *des manches gigot*).

« **GIORNO (A)** » **orth.** Pas d'accent sur le *a*. S'imprime en italique. ♦ **sens.** Locution d'origine italienne : *éclairage « a giorno »*, « aussi intense que la lumière du jour », en parlant d'un éclairage artificiel.

GIRAFE orth. Un seul *f*, comme *girafeau* (ou *girafon*), qui désigne le petit de la girafe, et *girafidés*, mot qui désigne cette famille animale.

GIRANDOLE sens. « Faisceau de jets d'eau, de fusées », ou « chandelier à plusieurs branches » ou « bijou suspendu au cou ou aux oreilles » : *La muraille tellement à pic que la neige n'y tient dessus qu'en girandoles* (Giono). Ce mot subit fréquemment l'influence de **guirlande** et en vient à être employé comme équivalent plus ou moins poétique de « guirlande » ou d'« enseigne lumineuse » : *Elle devait débuter le soir, selon l'usage, les girandoles lumineuses lui formant une véritable rampe* (Radiguet).

GIRATOIRE emploi. Dans l'expression **sens giratoire**. Emploi plus rare dans l'exemple suivant : *Sur tout cela passent des vents giratoires qui viennent en vingt-quatre heures des quatre points cardinaux* (Morand). Au sens de « rond-point », le nom masc. **giratoire** s'est largement imposé.

GIRELLE sens. « Petit poisson des mers chaudes. » Ne pas confondre avec **girol(l)e**, espèce de champignon, encore appelée *chanterelle*.

GIRL emploi. Emprunt à l'anglais, « fille », féminin de *boy*. Sert en français pour désigner des danseuses : *Elle descend entre des girls nues, coiffées d'un chaperon de roses* (Némirovsky). ♦ **composés.** *pin-up girl*, plur. *des pin-up girls* ; *cover-girl*, plur. *des cover-girls*.

GIROFLE orth. Un seul *f*. ♦ **emploi.** Masc. Attention à l'influence de *giroflée*. ♦ **emploi.** On se sert plus couramment du composé **clou de girofle**.

GÎT, CI-GÎT → GÉSIR.

GÎTE orth. Ne pas oublier l'accent circonflexe, de même que sur le verbe dérivé **gîter**. ♦ **genre.** Masc. au sens de « refuge », fém. comme terme de marin, dans **donner de la gîte**, c'est-à-dire « s'incliner sur un bord », en parlant d'un bateau.

GLABRE sens. « Dépourvu de poils » et non « pâle ». Attention à l'influence sémantique de **blafard** : *Boris regarda avec horreur ce vieil enfant glabre* (Sartre).

GLACE emploi. Souvent pour désigner une *crème glacée*. Ne pas confondre avec **sorbet**. Il y a du lait ou de la crème dans la glace proprement dite, tandis que le sorbet est à base de liqueur ou de jus de fruits.

GLACIAL forme. L'usage hésite en ce qui concerne le plur. : le plus souvent *glacials*, mais on rencontre aussi *glaciaux* : *La boutique rouge et chaude, brusquement traversée par de glacials coups de vent* (Alain-Fournier). *Froids sinistres, vents glaciaux,* *pluies neigeuses* (Godbout). ♦ **sens.** Il ne faut pas confondre ce dérivé de *glace* avec **glaciaire**, dérivé de *glacier (l'ère glaciaire)*, ou avec **glaceux**, terme de joaillier, « qui présente des traces d'éclat », en parlant d'une pierre précieuse.

GLAIRE genre. Fém. ♦ **sens.** « Blanc d'œuf cru », mais plus couramment « matière visqueuse sécrétée par les muqueuses durant certaines maladies » : *Elle regarda les glaires qui glissaient lentement vers le trou de vidange, en laissant des traces luisantes et visqueuses, comme des limaces* (Sartre).

GLAMOUR emploi et sens. Nom-adjectif emprunté à l'anglais, qui qualifie généralement le charme, la séduction exercée par une vedette féminine pourvue d'un style aguichant : *Voilà du peps, du chien, du brio, du glamour. La femme est une star dans l'œil de son miroir, promettent les magazines* (Hoex). *J'ai voulu créer un espace évoquant le glamour, la culture et l'esprit artistique de Paris, dont je suis tombé amoureux, avait alors expliqué l'Américain Ralph Lauren* (V. Lorelle, *Le Monde*, 15/07/2011).

GLANE, GLANER orth. Un seul *n.*

GLAPIR sens. Ce verbe désigne un cri bref et aigu, et peut s'appliquer au renard, au lapin, à l'épervier, à la grue, etc. Il est souvent employé au figuré : *On entend çà et là les cuisines siffler, / Les théâtres glapir, les orchestres ronfler* (Baudelaire). *Non, mais vous allez vous presser, tous les deux ! glapit Mme Rezeau* (H. Bazin). ♦ **dérivé.** *glapissement.*

GLATIR sens. « Crier », en parlant de l'aigle. Ne pas confondre avec **glapir.** → le précédent.

GLAUQUE sens. « Qui est de couleur vert de mer, c'est-à-dire d'un vert blanchâtre ou bleuâtre » : *Deux yeux glauques* (Balzac). *Les teintes glauques de la mer* (Gautier). On l'emploie souvent aujourd'hui au sens de « trouble ou sans éclat » : *« Glauque », qui signifie « d'une belle couleur verte nuancée de bleu », s'est perdu en route et a décidément pris le sens erroné mais hélas consacré de trouble, sale, répugnant et, au moral, de carrément immonde* (Cavanna).

GLOBULE genre. Masc. *un globule.*

GLORIA orth. Plur. *des glorias.* ♦ **sens.** Désigne un « chant religieux ». À la fin du XXe s., un **gloria** était un « café mélangé d'eau-de-vie » (ce que les habitants du nord de la France appellent *une bistouille*).

GLORIEUX emploi et sens. Dans le registre littéraire, cet adjectif-substantif peut s'appliquer à qqn « qui a trop bonne opinion de lui-même ». Il équivaut à « vaniteux » dans un registre plus élevé : *Tout d'un coup, chez ce gros homme glorieux, cette petite phrase déchirante* (Mauriac).

GLOTTE sens. « Orifice du larynx servant à l'émission de la voix. » Ne pas confondre avec **luette**, « extrémité charnue du voile du palais ».

GLOUGLOU orth. En un seul mot. Prend un *s* final au plur. : L'eau *coulait dans le ruisseau plus souplement que jamais, sans remous ni glouglous* (Orsenna). ♦ **sens.** Désigne par onomatopée le « bruit de l'eau » ou le « cri du dindon ». On rencontre aussi le verbe dérivé **glouglouter**.

GLU orth. Pas de *e* : *la glu. Passé chez les Anglo-Saxons,* [le mot *glu*] *est devenu « glue » (prononcez « glioue ») et signifie « colle », sans plus. Il nous est revenu par les bandes dessinées américaines, si bien que, partout, on l'écrit « glue », avec un e au bout. On ne connaît plus le mot français* (Cavanna). En langage fam. : *Ce fâcheux est une véritable glu.*

GLUAU sens. « Petite planche ou branche enduite de glu pour prendre les oiseaux. » Ne pas confondre avec **glui.** → ce mot.

GLUCOSE genre. Masc. ♦ **sens.** Terme générique désignant certains sucres.

GLUI orth. Pas de *s.* ♦ **sens.** Ce substantif masc. désigne la « paille de seigle utilisée pour faire des toits ou des liens ». Ne pas confondre avec **gluau**. ⟶ ce mot.

GN- prononc. Presque toujours en [ɲ], sauf dans les mots suivants, où chaque lettre du groupe **-gn-** correspond à un son : [gn] : *agnat, agnosticisme, agnostique, agnus dei, cognat, cognitif, diagnose, diagnostic, gneiss, gnocchi* (on prononce aussi [ɲoki]), *gnome, gnomique, gnomon, gnose, gnou, ignition, inexpugnable, magnat, magnicide, magnificat, magnum, physiognomonie, pugnace* et *pugnacité, recognition, régnicole, régnolite, stagner*, ainsi que dans des mots savants très spécialisés.

GNAN(-)GNAN orth. Avec trait d'union facultatif ; on a écrit également **gnian(-) gnian. ♦ emploi.** Surtout comme adjectif invar. : *L'Allemagne se délectait de cet art vieillot et enfantin, art de brutes déchaînées et de petites filles mystiques et gnan gnan* [sic] (Rolland). *Débarrassez le ballet de ses afféteries gnangnan, de son tulle, de son académisme* (Nothomb). Emploi comme substantif : *Il aimait trop sa femme, indigne de lui ; il l'appelait de quelque diminutif bébête, du plus écœurant gnangnan* (Arnoux).

GNEISS prononc. [gnɛs]. Même remarque pour les adjectifs **gneisseux** et **gneissique**.

GNOCCHI prononc. [gnɔki] ou [ɲɔki]. **♦ emploi.** Nom d'un mets italien. S'emploie surtout au plur. : *des gnocchi.*

GNOGNOT(T)E orth. Avec un ou deux *t*. **♦ emploi et sens.** Uniquement dans la locution familière : *c'est de la gnognot(t)e*, c'est-à-dire « une chose sans aucune valeur ».

GNÔLE orth. Presque toutes les orthographes possibles pour ce mot pop. sont attestées : *gnole* (avec ou sans accent circonflexe), *gniole, gniaule, niaule, niole.* La plus courante est la suivante : *Son excellence dans la discipline qui consistait à savoir merveilleusement couper, sucrer, augmenter de gnôle de rave le contenu de ces bonbonnes* (Michon).

GNOME prononc. [gnom]. **♦ orth.** Pas d'accent circonflexe.

GNOSE prononc. [gnoz]. **♦ orth.** Pas d'accent circonflexe. **♦ sens.** Terme de philosophie religieuse, « éclectisme visant à concilier toutes les religions » ou « doctrine suprême enfermant toutes les connaissances sacrées ou se donnant pour telle ». Ne pas confondre avec **glose**, mot qui signifie « commentaire ». **♦ dérivés.** *gnostique, agnostique, agnosticisme*, etc., prononcés [-gn-].

GO (TOUT DE) orth. *Ils répondirent tout de go*, et non *tous de go.* L'expression est invar. **♦ emploi et sens.** « Sans détour, directement » : *On ne va pas répondre à ça tout de go quand on est en train de moissonner et qu'on vous prend ainsi à l'improviste* (Giono).

GOAL prononc. [gol]. **♦ emploi et sens.** « Au football, joueur qui garde les buts » : *Papa m'a mis sur un vélo après avoir constaté ma nullité au football, comme goal des poussins du « Bordeaux Etudiant Club »* (Fottorino). On dit généralement aujourd'hui **gardien de but** : il est à noter que l'anglais, en ce sens, dit *goal keeper*, le seul mot **goal** ne désignant que « les poteaux » et non l'individu.

GOBE-MOUCHE(S) orth. On préférera la forme avec un *s* final, au sing. comme au plur.

GOÉLAND, GOÉLETTE, GOÉMON orth. Accent aigu, et non tréma : *Un cimetière à l'orée de l'océan, sous le vol compassé des goélands* (Semprun).

GOGO (À) emploi et sens. Locution familière signifiant « autant qu'on en veut » : *C'étaient des louvards de deux ans, déjà râblés et qui avaient eu jusqu'à présent tout à gogo dans leurs forêts de Golconde* (Giono). Pas de rapport avec le substantif fam. **gogo**, « celui qui se laisse facilement duper » (plur. *des gogos*).

GOGUETTE emploi et sens. Ce mot ne se rencontre plus qu'au sing. dans la locution **être en goguette**, c'est-à-dire « légèrement ivre ». On trouvait autrefois le mot au sing. et au plur. au sens de « partie de plaisir », et *être en goguettes, en ses goguettes*, « être en belle humeur ».

GOÏ → GOY.

GOITRE orth. Pas d'accent circonflexe. De même pour **goitreux**.

GOLDEN forme. Adjectif-substantif invar. : *des (pommes) golden.*

GOLDEN PARACHUTE emploi et sens. Cette locution, empruntée à l'anglais des USA, désigne les indemnités de départ accordées aux dirigeants de grosses entreprises ; on peut très bien lui substituer sa traduction française, **parachute doré** ou **en or** : *Les parachutes en or seront soumis à l'approbation des actionnaires et l'octroi de stock-options fera l'objet d'une consultation du comité d'entreprise* (*Le Monde*, 08/06/2007).

GOLFE orth. Le mot désignant un « bassin formé par la mer » prend un *e* final : *De grandes prairies s'enfonçaient comme des golfes dans des futaies d'un vert obscur* (Vian). Mais on écrit **golf** le mot qui désigne un sport (d'origine anglaise) ou le « terrain sur lequel on pratique ce sport » : *Des culottes de golf.*

GONADE genre. Féminin. ♦ **sens.** « Glande sexuelle. »

GONFANON forme. On emploie aussi bien **gonfalon.** ♦ **sens.** Au Moyen Âge, « bannière de guerre faite d'une bandelette à plusieurs pointes ».

GORGE constr. On dit **mettre le couteau sur la gorge** mieux que *sous la gorge*, qui se rencontre néanmoins. ♦ **sens.** *Gorge* est parfois encore employé pour désigner pudiquement les « seins d'une femme » : *Mais elle était hors d'atteinte, avec sa taille frêle et sa belle gorge dure* (Sartre). De là le mot courant : *soutien-gorge*, plur. : *des soutiens-gorge.* → COUTEAU.

GORGE-DE-PIGEON forme. Invar. comme tous les adjectifs de couleur composés. → COULEUR.

GOTHIQUE, GOTIQUE orth. En linguistique, on écrit généralement *gotique.* ♦ **sens.** « Langue des Goths. » Dans l'emploi historique et architectural, le mot s'écrit avec un *h.*

GOUAPE genre. Fém. *une gouape*, employé le plus souvent pour désigner un homme.

GOUGE orth. Avec *g* et non *j* pour les deux homonymes (« outil de menuisier » et « femme facile, prostituée »). Mais le dérivé **goujon** s'écrit avec un *j.*

GOUJATERIE orth. Un seul *t.*

GOULET, GOULOT emploi. On peut dire indifféremment un **goulet** ou un **goulot d'étranglement**, pour désigner un « passage difficile, étroit » : *M. Calvet assure que les (petits) goulets d'étranglement disparaîtront d'ici au printemps prochain* (*Le Monde*, 15/07/1988). *Un goulot d'étranglement serre mes tempes, ma gorge, en battements tels que ses paroles m'arrivent très assourdies* (Schreiber). *On évitera en particulier les goulets d'étranglement susceptibles de produire des mouvements de panique* (Rosenthal). Mais comme mot simple, avec le même sens, *goulet* semble préférable : *Un goulet étroit, taillé dans la muraille, permettait l'accès de ce port* (Audiberti).

GOULÛMENT orth. Ne pas oublier l'accent circonflexe sur le second *u.* → ADVERBES ET CIRCONFLEXE.

GOURD forme et sens. Au sens propre de « engourdi » (par le froid, la fatigue, etc.), cet adjectif a pour féminin **gourde** : *Ils burent des grogs, le nez rouge, réchauffant leurs doigts gourds en faisant flamber gaiement les archives secrètes du parti* (Chaix). *Le moteur perforait la nuit de sa petite lumière gourde* (Vian). *Sa mère vaque, comme plus gourde encore que d'habitude, pressée par le vocable « abrutie » qui ne manquera pas* (Benameur).

Ne pas confondre ce féminin avec le substantif **gourde**, employé au sens figuré de « personne sotte et embarrassée » : *Il allait retrouver ses élèves* [...] *auxquels il frappait sur les doigts avec le plat de l'épée quand il les trouvait vraiment trop gourdes* (Aragon).

GOURMANDER emploi et sens. Verbe vieilli au sens de « réprimander » : *Il surveillait l'entrée, gourmandait les traînards* (Pergaud). Ne pas confondre avec **gourmer**, encore plus ancien, qui signifiait « battre à coups de poing ».

GOURMET sens. « Personne appréciant finement les plaisirs de la table » : *Les gourmets du club des Cent qui eurent à le traiter ne trouvèrent en lui qu'un homme aussi averti qu'eux-mêmes sur les choses de bouche* (Apollinaire). Ce mot n'est pas synonyme de **gourmand**, qui qualifie un goût immodéré des bonnes choses, ni de **glouton**, « qui mange avec avidité ».

GOÛT orth. Ne pas oublier l'accent circonflexe. → DÉGOÛT. ♦ **emploi.** Ce substantif entre dans de nombreuses locutions, constituées à l'aide de diverses prépositions : *Elle se borne à deux édifices bâtis dans le goût de l'Antiquité* (Green). *Cette toilette est au goût du jour.* Il semble que **à** soit préféré dans les tours affirmatifs : *Ce projet est à mon goût*, et que **de** l'emporte dans les tours négatifs : *Cette plaisanterie n'est pas de mon goût.* ♦ **sens.** Il faut se rappeler que ce substantif, dans son emploi sensoriel, est le synonyme de **saveur** (ce qui se goûte par la bouche), et éviter de l'employer au sens de « odeur ». Ne pas dire : *Cette chambre sent un goût de moisi.*

GOÛTER orth. Avec un accent circonflexe, à la différence de **goutter**. ♦ **constr.** Elle peut être transitive directe : *La saveur du premier baiser m'avait déçu comme un fruit que l'on goûte pour la première fois* (Radiguet). *Les humains qui s'ennuyaient avaient raison : comment goûter ce qui n'a pas de goût ?* (Orsenna), ou indirecte, soit avec la préposition **à** : *Il lui fait goûter aux deux vins rouges, clos vougeot d'abord, pommard ensuite* (Lefèvre), soit avec la préposition **de** : *Goûtez donc de ce gratin, vous m'en direz des nouvelles !* Le tour avec *de* indique plutôt un premier contact, une première expérience ; mais *à* se rencontre plus souvent que *de* dans les emplois figurés.

GOUTTE emploi. Fam. et archaïque avec **voir, entendre**, pour compléter la négation **ne** : *Faut-il être bête quand on n'y voit goutte !* (Boylesve). *Prends mon bras, Lucie, la lune est cachée, on n'y voit goutte* (Mauriac). Dans **n'y voir goutte**, *y* renvoie à un complément de lieu précédemment exprimé ou sous-entendu. Si le complément suit la locution, on doit dire : *ne voir goutte. On ne voit goutte dans ce couloir.* → MAIS, MIE, MOT ET NE.
□ **se ressembler comme deux gouttes d'eau.** → RESSEMBLER (SE).
□ **goutte-à-goutte orth.** Au sens médical d'« appareil à perfusion », ce mot composé reste invar. : *Il était comme il l'avait redouté, encadré de potences ou pendaient des goutte-à-goutte divers* (P. Jardin). Mais quand il s'agit de la locution adverbiale, on ne met pas de traits d'union : *La pluie tombait goutte à goutte.*

GOUVERNAIL forme. Plur. *des gouvernails.* → -AIL.

GOUVERNANCE emploi et sens. Ce vieux mot français emprunté jadis par les Anglais, a retraversé la Manche sous une forme identique, au sens de « manière de gouverner (un pays) ou de gérer (une entreprise) » : *On peut raisonner de la même manière* [on régule au lieu de changer] *à propos du mot* gouvernance, *hier inemployé et devenu aujourd'hui un vrai tic langagier, que ce soit en politique internationale (« la gouvernance mondiale ») ou en politique intérieure (« la bonne gouvernance »)* (Guillebaud). *Le Président de la Banque mondiale avait mis la bonne gouvernance et la lutte contre la corruption au cœur de son action dans les pays pauvres* (*Le Monde*, 14/05/2007). *Un plaidoyer pour que l'Europe et sa culture du compromis servent de modèle à la création d'une nouvelle « gouvernance mondiale »* (N. Nougayrède, *Le Monde*, 29/08/2008). *Organisation du travail, méthodes d'évaluation des salariés, liberté d'expression dans l'entreprise, gouvernance : la liste de la « révision* [chez Renault] *s'annonce longue et fastidieuse* » (Le Monde, 02/05/2011).

GOUVERNEUR forme. Au sens privé et historique, « celui qui est chargé de l'éducation d'un enfant ou d'un jeune homme de l'aristocratie », a pour féminin : *une gouvernante.* Au sens public, pas de féminin : *Elle est gouverneur d'une province.*

GOY prononc. [gɔj]. ♦ **orth.** On écrit aussi *goï.* Plur. *des goym,* ou *des goyim,* mais on trouve la forme francisée *les goys* ; fém. *une goya* ou *une goïa.* ♦ **sens.** Mot hébreu, nom donné par les israélites à ceux qui ont une autre religion et en particulier aux chrétiens : *Inventez-vous un parent goï, nous a dit un ancien. Catholique, protestant, orthodoxe, peu importe, mais chrétien* (Bialot).

G.R. emploi et sens. Ce sigle est celui de *(sentier de)* **grande randonnée** ; il est couramment utilisé comme nom commun : *Faire le GR 10,* et figure sur les panneaux indicateurs qui balisent les très nombreux sentiers empruntés par les randonneurs.

GRÂCE emploi. Ce substantif entre dans de nombreuses locutions. Le sing. ou le plur. alternent parfois de façon hésitante, notamment dans *rendre grâce(s)* : *Suzanne à l'orgue, le dimanche, rendait grâce au Seigneur de la mésalliance évitée* (Aragon). *Mais à présent, pour rendre grâces à Aphrodite, regardez-la* (Valéry). On écrira *action de grâce ou de grâces* indifféremment. *Être dans les bonnes grâces de qqn, faire grâce à un condamné.*

□ **grâce à.** Cette locution exprime une idée favorable. Il faut donc éviter de l'employer pour désigner la cause d'un événement malheureux, et ne pas dire par exemple (sinon par ironie) : *C'est grâce à ses questions stupides que j'ai échoué à l'oral.* On emploiera ici **à cause de, par la faute de**. On dira en revanche : *Grâce à Dieu, grâce à votre sang-froid, nous voilà sauvés.*

GRACIEUX orth. Parmi les mots issus de **grâce**, son contraire **disgrâce** est le seul à prendre un accent circonflexe sur le *a. Gracieux, gracier, disgracieux, disgracier* s'écrivent sans accent.

GRADATION et **GRADUATION, GRADUÉ, GRADÉ** et **GRADUEL emploi et sens.** Les deux premiers mots sont souvent confondus, à tort. Le premier a le sens de « passage d'un état à un autre par des degrés insensibles » : *Son erreur a été de ne pas créer de gradations entre la réalité et l'état lyrique* (Claudel). *Elle était sensible à la savante gradation de ces trois salles d'apparat* (Peyrefitte). Le second désigne l'« action de marquer des divisions » ou ces divisions elles-mêmes : *Les graduations en bronze jaune et en relief dessinaient sur le cadran un arc de cercle* (Simon). *Les graduations de ce thermomètre sont effacées et peu lisibles.* On notera que seul le verbe **graduer** existe, au sens de « faire des divisions, des graduations » : *Cette tendresse savamment graduée, dont seuls les chevaux sont maîtres* (Bastide). *Mettre un soin particulier à graduer ses effets.* On ne dit plus du tout d'un étudiant qu'il *s'est fait graduer par l'Université de Paris,* ou *qu'il est gradué de l'Université.* Quant à la forme **gradé**, c'est un substantif issu directement de *grade,* le verbe *grader* étant inexistant : *Il croit remarquer chez les hommes, depuis la défaite, une fâcheuse désaffection à l'égard des gradés* (Perret). Enfin, **graduel** est un adjectif-substantif ayant une valeur active, « qui va par degrés », par rapport à **gradué**, qui est plus passif. Il était surtout répandu dans le vocabulaire religieux : *des (psaumes) graduels* sont des « textes ou versets chantés sur une tribune élevée, ou encore, en montant vers Jérusalem, à l'origine » (les traductions modernes disent « des degrés » ou « des montées »).

GRAFF sens. Ce nom, d'origine américaine, désigne une « composition picturale projetée sur un mur par bombage ». Il est distinct du **tag.** → ce mot. On rencontre le dérivé **graffeur, euse**, pour qualifier celui ou celle qui s'exprime de cette manière.

GRAFFITI forme. Un seul *t.* Ce mot s'emploie tant au sing. qu'au plur., bien qu'il s'agisse à l'origine d'un plur. italien. *Un graffiti, des graffitis* (avec *s*) : *Je n'ai rien à écrire. Je* *n'inscris que des graffitis sur les murs de mes évasions* (Schreiber). Apollinaire a tenté de franciser ce terme, sans succès durable : *Les graffites patibulaires ou joyeux continuent ainsi jusqu'à une construction ancienne.* On rencontre parfois le plur. italien, c'est-à-dire sans *s* final : *Cent mille imbéciles qui avaient souillé son âme* [du château fort] *de leurs graffiti indigents* (Desproges). On a forgé sur ce mot le substantif **graffiteur, euse**, ainsi que le verbe **graffiter**. → TAG.

GRAINER → GRENER.

GRAND emploi. Cet adjectif a parfois une valeur emphatique qui permet de l'employer en l'appliquant à des unités dont la taille est pourtant déterminée *a priori* : *Je suis content que nous ayons encore quelques grandes heures devant nous* (Beauvoir). → HEURE *(dans une petite heure).*

□ **grand ouvert.** Quand l'adjectif a une valeur adverbiale, devant un autre adjectif, il s'accorde en général avec le substantif qui précède : *Les grilles d'entrée étaient grandes ouvertes* (Romains). *Mais il vit qu'elle avait les yeux grands ouverts et fixes* (Sartre). Toutefois, certains écrivains se dispensent de faire varier la forme de l'adjectif, ce qui est logique, puisque l'adverbe est, en français, le plus souvent invar. : *Elle se dressa sur son lit, les yeux grand ouverts et brillants* (Duras). *Les portes grand ouvertes* (Vialar).

GRAND- orth. Dans les noms composés commençant par **grand-**, le premier élément est aujourd'hui suivi d'un trait d'union : *Ta grand-tante Moulins n'en a que pour six mois à vivre, d'après les médecins* (Némirovsky). *Vos parents ont organisé une grande fête avec les grands-mères, grands-pères, oncles, grands-oncles, tantes et grands-tantes* (Rosenthal). Cependant on employait jadis l'apostrophe : *J'ai grand'peur que son ombre ne soit du côté de chez Ixion* (Valéry). *Quelque ouvrier, qui s'est instruit seul et à grand'peine* (Alain). On écrira mieux : *Les parents de Marthe n'avaient plus à deviner grand-chose* (Radiguet). *La grand-voile de la goélette bouchait la perspective du canal* (Simenon). Ainsi pour : *grand-angle, grand-chose, grand-croix, grand-duc* (et les dérivés), *grand-guignol(esque), grand-messe, grand-peine, grand-soif. Comment s'étonner des atours grotesques voire grand-guignolesques dans lesquels cette danse s'exerce ?* (Nothomb). Au plur., les masc. prennent une double marque : *Mes deux grands-pères sont morts.* Au féminin, on maintient l'invariabilité : *des arrière-grand-mères.* Notons qu'on écrit sans trait d'union : *grand officier, grand prêtre, grand prix, grand vizir.* ♦ **emploi.** Les composés avec la forme **grand** pour le fém. sont souvent archaïsants, et des formes telles que *grande-rue, grande-route, grande-tante*, etc., font une sérieuse concurrence aux mots anciens, plus difficiles à employer.

□ **grand-chose.** Le genre de ce composé est neutre dans la plupart des cas, sauf s'il s'applique de façon négative à une personne : *Ce type-là, c'est un pas-grand-chose marié à une pas-grand-chose.* Ce tour appartient au langage fam. → CHOSE.

□ **grand-faim.** → FAIM.

GRAND-CROIX genre. Fém. ou masc. selon qu'on désigne la décoration ou celui qui la reçoit : *Un grand-croix est un homme à qui on a accordé la grand-croix de la Légion d'honneur.*

GRAND-DUCAL orth. Dans ce composé, le premier élément demeure invar. : *Les cérémonies grand-ducales.* → GRAND-.

GRANDEUR emploi. On emploie de façon adjectivale la locution **grandeur nature**. L'expression *grandeur naturelle* est rare : *Homme ou femme, c'était certainement quelqu'un de debout dans l'ombre ; en pied, presque grandeur naturelle* (Giono).

GRANIT orth. On trouve *granit* ou *granite*. Le premier est le plus courant. Les géologues emploient plutôt le second.

GRANULE et **GRANULÉ sens.** Une granule est un « petit grain », mais on emploie plus couramment en pharmacie la forme **granulé**. → LE SUIVANT.

GRANULEUX, GRENU, GRANULÉ emploi et sens. Le premier adjectif signifie « composé de petits grains » ou « dont la surface semble couverte de petits grains ». Il est employé surtout dans le domaine médical : *La conjonctivite granuleuse ou trachome est une maladie très grave.* Le deuxième a le sens de « riche en grains » ou « couvert de petits grains », et s'emploie dans des domaines très divers : *Il vit de près sa peau brune, ses cernes bleuâtres et grenus* (Sartre). *Il aime caresser le cuir grenu de ses beaux livres.* Quant à **granulé**, il est rare comme adjectif, au sens de « qui présente des granulations », et on le rencontre surtout comme substantif, en concurrence avec *granule.* ⟶ ce mot : *Faire dissoudre les granulés dans de l'eau sucrée.*

GRAPE-FRUIT ou **GRAPEFRUIT emploi et sens.** Anglicisme auquel on doit préférer le mot français **pamplemousse**.

GRAPPE orth. Deux *p* comme dans *grappiller, grappillage.*

GRAPPIN orth. Deux *p.*

GRAS-DOUBLE orth. Trait d'union. Plur. *des gras-doubles.*

GRASSEYER sens. « Prononcer les *r* du fond de la gorge et sans recourir au dos de la langue. » Ne pas confondre avec **graillonner**, mot pop. signifiant « tousser pour expectorer ».

GRATIFIANT, E emploi et sens. Cet adjectif, employé en psychanalyse par opposition à **frustrant**, connaît une grande vogue dans le parler usuel, pour qualifier tout ce qui met en valeur l'individu, lui donne du plaisir, etc. : *Un job très gratifiant, une rencontre gratifiante.* Il faut éviter l'abus et ne pas oublier l'existence de *valorisant, réconfortant, enrichissant,* etc.

GRATIN orth. Un seul *t.* ♦ **emploi et sens.** Ce substantif est parfois utilisé métaphoriquement en français fam., avec le sens de « richesse », de « ensemble des gens riches » : *Il avait tenu un bout de rôle dans une de ses pièces, jouées un soir de gratin* (Daudet). *De temps en temps elle est énervante, elle lance des bêtises pour « faire gratin »* (Proust).

GRATIS prononc. [gratis]. Le *s* final se fait toujours entendre. ♦ **emploi et sens.** Cet adverbe latin signifie « gratuitement, pour rien », mais ne s'emploie qu'au sens propre alors que l'adjectif **gratuit** et l'adverbe **gratuitement** se prennent aussi au figuré : *Il me fit à ce sujet sa première scène croyant que j'avais feint de lui annoncer gratuitement la nouvelle* (Radiguet). Dans cet exemple, *gratis* ne saurait convenir.

GRATTE-CIEL orth. Au plur., *ciel* s'écrit sans *s* : *Les gratte-ciel ont envahi la Cinquième Avenue à mesure que disparaissaient les résidences* (Morand). Mais voici un exemple divergent : *Gratte-ciels, coupoles d'or, croix grecques* (*id.*).

GRATUITEMENT ⟶ GRATIS.

GRAVATS forme. Pas d'accent circonflexe. Ce substantif ne se rencontre qu'au plur., comme **plâtras**. ⟶ ce mot et GRAVOIS.

GRAVELLE emploi et sens. Mot vieilli pour désigner les « maladies qui se manifestent par des concrétions rénales » : *S'il apprend que nous souffrons de la jaunisse et de la gravelle, il sera furieux contre nous* (Giraudoux). On dit aujourd'hui, dans la langue courante, *avoir des calculs, des coliques hépatiques* ou *néphrétiques.*

GRAVEMENT ⟶ GRIÈVEMENT.

GRAVES genre. Ce substantif est du féminin plur. quand il désigne les « terrains tertiaires du Bordelais » et du masc. quand il désigne le « vin des vignobles qui croissent sur ces terrains ».

GRAVOIS sens. Synonyme de **gravats**. ⟶ ce mot. C'est la forme employée par les techniciens du bâtiment.

GRÉ constr. On dit **savoir gré à qqn de qqch.** : *Peut-être pourrez-vous la retrouver en interrogeant les propriétaires de cette maison et je vous saurais gré infiniment de m'en avertir* (Japrisot). ♦ **emploi et sens.** La locution **de gré à gré** signifie « par un arrangement

qui satisfait les deux parties » : *conclure un marché de gré à gré.*
□ **bon gré mal gré. orth.** En quatre mots, sans virgule. → MALGRÉ.

GREC orth. Fém. *grecque.* → FRANC ET TURC.

GRÉEMENT prononc. [gremã]. ♦ **orth.** Avec un -*e*- intérieur : *La concentration de 2200 « vieux gréements », du 11 au 17 juillet à Brest et à Douarnenez, aura attiré près d'un million de visiteurs* (*Le Monde*, 14/07/1992). → GRÉER.

GRÉER orth. Ce verbe conserve l'accent aigu à toutes les formes conjuguées.

GREFFE genre. Féminin dans l'emploi le plus répandu, en arboriculture et en chirurgie : *la greffe du cœur.* Mais masc. quand le mot désigne le « bureau où l'on conserve les minutes des actes judiciaires » : *le greffe du tribunal.*

GRÈGE emploi et sens. On rencontre cet adjectif presque uniquement dans le groupe figé **soie grège**, avec le sens de « brut, dans l'état naturel à la sortie du cocon ».

GRÈGUES emploi et sens. Mot tombé en désuétude et désignant le *haut-de-chausses*, puis la *culotte.* Surtout dans **tirer ses grègues**, « s'enfuir » : *Le chiennot, consterné de leur émoi, gémissait avec tendresse en leur sautant aux grègues* (La Varende).

GRÊLE (substantif) **orth.** Avec un accent circonflexe, de même que les dérivés : *grêlon, grêler.*

GRELOTTER sens. Outre l'acception courante, il existe un sens propre, « faire un bruit de grelot », qui semble assez curieusement oublié : *Le vaste palier du premier étage sur lequel était installée la collection d'instruments anciens se mit à grelotter à notre approche de toutes ses vieilles guitares et de ses vieux pianos* (Giono).
□ **grelotter la fièvre.** Expression vieillie : *Ils étaient là grelottant la fièvre, criant de rage* (Flaubert). On dit aujourd'hui *grelotter de fièvre.*

GRELUCHON emploi et sens. Vieux synonyme de **gigolo**, tombé en désuétude : *Le greluchon d'une ci-devant* (France).

GRENAT forme. Invar. comme adjectif de couleur : *deux robes grenat.* → COULEUR.

GRENER forme. On emploie également **grainer**, quand le verbe est transitif. ♦ **sens.** « Produire de la graine » en construction absolue, « réduire en petits grains » en construction transitive : *Le sucre a pris l'humidité : il faut le grener* (ou *grainer*). Ce dernier emploi a donné les mots **grenage** ou **grainage**, **greneur** ou **graineur**. → ÉGRENER.

GRENOUILLER emploi. Dans le vocabulaire des journalistes parlementaires, au sens de « faire des combines, louvoyer » : *Dirais-tu que Retz ou Mazarin ont grenouillé ? Louis XI grenouillait-il avec le duc de Bourgogne ?... Le grenouillage n'est grenouillage qu'à l'échelon subalterne* (Dutourd).

GRENU → GRANULEUX.

GRÈS orth. Accent grave. Les dérivés techniques **gréser** et **grésoir** prennent un accent aigu.

GRÉSIL et **CRÉSYL sens.** Le **grésil** est une « sorte de grêle fine et blanche, qui tombe surtout au printemps, par temps froid » : *Une couche de grésil blanchissait la place de la Concorde sous la lune* (Mauriac). À ne pas confondre avec **crésyl**, qui est le nom déposé, devenu nom commun, d'une « solution aqueuse employée pour la désinfection » : *Les couloirs de la clinique dégagent une forte odeur de crésyl.*

GRÈVE orth. Avec accent grave dans tous les sens de ce mot, mais **gréviste** avec accent aigu. ♦ **emploi.** On doit dire en principe *faire grève* en construction absolue. Mais : *faire la grève de l'impôt, faire la grève perlée.* On trouve aussi *faire la grève* tout court.

GRIBOUILLAGE forme. On peut considérer comme équivalent le mot **gribouillis**, bien qu'en principe le *gribouillage* soit une écriture mal formée et le *gribouillis* une écriture illisible.

GRIÈCHE emploi et sens. Cet adjectif, doublet de **grecque**, ne se rencontre que dans *pie-grièche*, « petit passereau ».

GRIÈVEMENT emploi. Ce doublet de **gravement** ne s'emploie que dans la locution *grièvement blessé* : *Grièvement blessé au poumon, il avait été déclaré inapte à servir* (Wiazemsky). On doit dire *gravement malade*, plutôt que, comme Balzac dans *Le Cousin Pons* : *Il suffit de se figurer la situation d'un célibataire grièvement malade pour la première fois de sa vie.*

GRIGOU orth. Pas de *t* à la fin du mot. Plur. *des grigous.*

GRI-GRI orth. Toujours le trait d'union au sens de « grillon », mais avec ou sans trait d'union au sens de « talisman, amulette » (on trouve aussi, dans ce sens, l'orthographe *gris-gris*) : *Entre tous les maîtres d'école, le gri-gri du Congo est assurément le plus féru de ses dogmes* (Suarès).

GRIL orth. Le **gril** du barbecue s'écrit avec un seul *l*, à la différence de **grill-room**. → ce mot.

GRILLE et **GRILLAGE sens.** La **grille** a des barreaux. Le **grillage** est fait d'un treillis de fils de fer. Même différence entre *grillé* et *grillagé* : *Le panneau d'entre les croisées grillagées offre au pensionnaire le tableau du festin donné au fils d'Ulysse par Calypso* (Balzac).

GRILLE-PAIN orth. Invar. : *des grille-pain.*

GRILL-ROOM prononc. [grilrum] et non [grijrum].

GRIMPER conjug. L'auxiliaire est généralement **avoir** : *Nous avons grimpé jusqu'à la chapelle de Saint-Romain. Manuèle a grimpé sur les genoux de Pascal.* On rencontre moins souvent l'auxiliaire **être**, même quand il s'agit d'indiquer le résultat de l'action : *Elle est grimpée au faîte de la maison. Une fois que l'écureuil est grimpé sur le chêne, il se sent en sécurité.* ♦ **constr.** Parfois transitive : *Il grimpa l'escalier quatre à quatre*, mais le plus souvent intransitive, avec les prépositions *à, dans ou sur* : *Jean-Christophe, le gourmand, grimpe aux cerisiers. L'ouvrier a grimpé sur la poutre maîtresse. J'ai pu grimper dans la voiture au moment où le train s'ébranlait.*

GRINCER emploi. Ne se dit qu'à propos des dents, d'une porte, d'une serrure, d'une scie, d'une girouette. On écrit : *il grince des dents*, mais *faire grincer les dents à qqn.*

GRIOT forme. Fait au féminin *griotte.* ♦ **sens.** « Noir d'Afrique qui fait partie d'une caste particulière et qui est à la fois musicien, poète et sorcier. »

GRIS emploi. Il est à noter qu'en termes de beaux-arts, **gris** désigne non un mélange de blanc et de noir, mais n'importe quel mélange de couleurs primaires additionnées de blanc. → COULEUR.

GRIVÈLERIE sens. « Action de *griveler*, c'est-à-dire de tirer d'un emploi des profits illicites, ou encore de consommer sans payer, dans un établissement public. » Ne pas confondre avec **grivoiserie**, « propos leste, égrillard ».

GRIZZLY orth. On écrit également *grizzli.*

GROG emploi et sens. Cet anglicisme est depuis longtemps passé dans notre langue au sens de « boisson chaude au rhum » : *Mais Marthe repartait dans la cuisine, pour voir si l'eau de mon grog était chaude* (Radiguet). *Les jours de petites grippes, arrosées de grands grogs* (P. Jardin).

GROGGY forme. Plur. des deux genres : *groggys* (féminin peu usité). ♦ **sens.** « Inconscient, à la suite d'un coup », dans le langage fam. Cet anglicisme correspond tout à fait au français fam. **sonné** (recommandation officielle du 21 décembre 1990).

GROGNE emploi. Substantif déverbal de **grogner** qui est sorti de la désuétude depuis que le général de Gaulle l'a employé en 1961 dans un de ses discours.

GROGNON forme. On emploie pour le féminin **grognonne** ou la forme masc. **grognon** : *Une vieille grognon, prête à rejoindre ses dents dans la tombe* (Chateaubriand). *Je signale encore la compagnie grognonne des cochons et les mille gentillesses des jolis lézards* (Sainte-Beuve).

GROLLE orth. On écrit aussi *grôle.* ♦ **emploi et sens.** « Chaussure », dans le registre pop. C'est un mot du Sud-Est, qui n'est pas argotique.

GROMMELER orth. et conjug. Ce verbe s'écrit toujours avec deux *m* et suit la conjugaison habituelle des verbes en *-eler.* → APPENDICE GRAMMATICAL : *Il grommelle quelques mots sur cette matinée qui commence mal* (Volodine). ♦ **dérivé.** Le substantif **grommellement**, synonyme de **murmure, grognement**, s'écrit avec deux *m* et deux *l* : *Spontini s'en était allé en proférant des grommellements filigranés de menaces* (Échenoz).

GROOM prononc. [grum]. ♦ **orth.** Plur. *des grooms.*

GROS orth. Invar. comme adverbe : *Il gagna gros, toujours sur les chantiers, ne laissant à personne d'autre le soin de surveiller* (Gallo). *Cette mise peut rapporter gros.*

GROSEILLE orth. *Confiture de groseilles, gelée de groseille(s).* → CONFITURE, GELÉE. Le dérivé **groseillier** s'écrit avec deux *i.* ♦ **emploi.** Comme adjectif de couleur, invar. : *Le mur, couvert de damas groseille* (Morand). → COULEUR.

GROSSIR forme. Comme pour d'autres verbes inchoatifs, on rencontre **grossir** dans l'emploi intransitif à la forme pronominale, sans différence de sens appréciable : *La foule se grossissait encore des apports des rues voisines* (Duras). *La rivière (se) grossit à vue d'œil.* Mais l'emploi intransitif est le plus courant.

GROSSISSANT sens. « Qui devient gros » : *Les superstitions grossissantes de la foule* (Hugo), ou « qui rend gros, qui fait paraître plus gros » : *Des aliments grossissants, des verres grossissants.*

« GROSSO MODO » orth. S'écrit sans trait d'union et s'imprime en italique.

GROUILLER emploi et sens. L'acception première, « remuer en tous sens », en parlant d'une masse indistincte d'êtres, a vieilli, mais on la rencontre encore fréquemment sous la forme du participe présent : *L'Église militante est une armée sur cette terre encore grouillante d'infidèles et de forces du mal* (Anouilh). La forme pronominale **se grouiller** n'appartient plus aujourd'hui qu'au registre pop., au sens de « se presser, se hâter ».

GROUPIE emploi et sens. Dans le monde du spectacle ou de la politique, ce nom féminin d'origine américaine désigne depuis les années 1970 une admiratrice passionnée d'une vedette, qui la suit dans ses déplacements. Il ne se confond pas avec **fan**.

GRUME sens. Substantif fém. signifiant « grain de raisin », mais le plus souvent « écorce demeurant sur le tronc coupé » ou « tronc d'arbre non encore équarri ».

GRUMELER (SE) conjug. Comme *appeler.* →APPENDICE GRAMMATICAL.

GRUMELEUX emploi et sens. Cet adjectif précis qualifie un liquide contenant des grumeaux ou une surface présentant des granulations : *Sa belle et longue main* [...] *effleurait la surface élastique et grumeleuse des friandises* (Kessel). *Je les mâchais très lentement, dégustant la consistance grumeleuse, l'acidité tonique du pain noir* (Semprun).

GRUYÈRE prononc. C'est une faute d'abandonner le [j] dans ce mot, qu'on doit prononcer [gryjɛr]. ♦ **orth.** *Du gruyère* mais *des fromages de Gruyère.* → FROMAGE.

GUÊPE orth. Un accent circonflexe, ainsi que **guêpier**. Ne pas écrire sur ce modèle

guépard, qui prend un accent aigu. Invar. dans : *Elles ont des tailles de guêpe.*

GUÈRE emploi. Signifie à l'origine « beaucoup ». N'est pas négatif en soi, mais doit à son association traditionnelle avec **ne** d'avoir pris le sens négatif : *Il travaillait pour la gloire et ne brillait guère sur les palmarès* (France). *Il n'y avait guère d'hommes à qui ce ne fût arrivé au moins une fois* (Duhamel). Dans certaines provinces de l'Ouest (et au Canada), il s'emploie souvent avec la négation noble, *ne pas* ou *point* : *Elle n'était point guère une richarde* (A. de Châteaubriant). **Guère**, adverbe de quantité, peut s'employer sans la négation, dans des tours elliptiques, comme les réponses : *Une succession de montées et de descentes guère plus profondes que le profil d'une houle de mer haute* (Hémon). *Aimes-tu cette personne ? – Guère.*
□ **il ne s'en faut (de) guère.** On évite aujourd'hui dans ce tour l'emploi de la préposition *de.*
□ **ne... guère (plus) que.** L'adverbe *guère* a ici une valeur d'approximation et non de mesure : *Dans notre ridicule époque de publicité, je n'ai guère connu que lui à faire ça* (Bauchau). *Ce n'est guère plus qu'une condensation de la nuit, la trace sonore d'un rêve* (Jourde).
□ **il n'y a guère.** Cette locution temporelle archaïsante est le plus souvent remplacée par *naguère.* ⟶ ce mot.

GUÉRILLA emploi et sens. Ce mot traduit de l'espagnol *guerrilla* (avec deux *r*) désignait jadis les « partisans » : *Ces compagnons, ces guérillas, ces gentilshommes, n'avaient pas uniquement Dieu et le roi dans leur cœur* (Barbey d'Aurevilly). Il nomme aujourd'hui la guerre des partisans : *Dans le Tibesti, surtout, 400 à 500 Toubous du village de Zouar imposent à l'armée une guérilla coûteuse en hommes et en matériel* (Le Monde). *La guérilla urbaine se moque des gros bataillons et des défenses statiques (ibid.).* Ceux qui participent à la **guérilla** se nomment **guérilleros** : *Le père Vincent ressemblait à un guérillero tout droit sorti de l'imagerie révolutionnaire* (Fottorino). On emploie également **antiguérilla** (adj.) et **contre-guérilla** (adj. et subst.) : *Les autorités brésiliennes ont décidé d'autoriser la diffusion de certaines informations concernant l'opération antiguérilla de grande envergure lancée par l'armée dans la zone de Registro* (Le Monde). *Instruite par l'expérience, la police s'est pourvue de coûteux dispositifs contre-guérilla* (ou *de contre-guérilla*). Ces deux mots sont invar.

GUÉRIR constr. On notera que ce verbe peut être employé soit transitivement, soit intransitivement : *Mais les épouses guérissent plus facilement des larmes que d'un tel sourire* (Giraudoux). Comme pour d'autres verbes exprimant une action qui se fait progressivement ⟶ GROSSIR, on trouve avec la même valeur *guérir* ou *se guérir* : *Cette plaie a guéri toute seule* ou *s'est guérie toute seule.*

GUERRE orth. On écrit : *guerre éclair* (sans trait d'union), *Première* ou *Seconde Guerre mondiale.* ♦ **emploi.** La locution **de guerre lasse** (mot à mot : « las[se] de la guerre ») est figée, et l'orthographe féminine de l'adjectif subsiste même si on parle d'un sujet masc. : *De guerre lasse, Julia accepterait finalement de me laisser l'exemplaire de l'essai de Lukacs* (Semprun).
□ **après-guerre, avant-guerre.** Substantifs indifféremment masc. ou fém., invar. en nombre.
□ **entre-deux-guerres.** Avec deux traits d'union dans le cas du substantif.

GUET-APENS prononc. Toujours [gɛtapɑ̃] même au plur. ♦ **forme.** Plur. (peu usité) : *des guets-apens.* ⟶ la cit. de Khadra à *maint.*

GUEULE ⟶ BOUCHE.

GUEULE BÉE ⟶ BÉER.

GUEULES forme. Masc. plur. ♦ **emploi et sens.** « Couleur rouge de l'écu », en héraldique, surtout dans l'expression *porter de gueules.*

GUIDE genre. Lorsque ce mot désigne un objet, il est féminin au sens de « lanière de cuir servant à diriger un cheval ». Lorsqu'il désigne une personne, il peut être féminin : *Cette femme est un* ou *une guide expérimenté(e).* ⟶ RÊNE.

GUIDE-ÂNE orth. Plur. *des guide-ânes.* ♦ **sens.** Synonyme fam. de **aide-mémoire.** → PENSE-BÊTE.

GUIDEROPE genre. Masc. ♦ **sens.** « Cordage qu'on laisse traîner sur le sol, à partir d'un aérostat. »

GUIGNE et **GUIGNON emploi et sens.** Ces deux mots appartiennent au registre fam. au sens de « malchance persistante ». Mais le mot féminin est plus vivant que l'autre. On dira **avoir la guigne, porter la guigne à qqn**, mais **avoir du guignon**. Ces mots n'ont aucun rapport avec l'homonyme **guigne** désignant une « cerise à longue queue », qu'on trouve surtout dans la locution suivante : *Elle se souciait de lui comme d'une guigne, il lui servait seulement de prétexte pour parler à voix haute* (Sartre).

GUILDE orth. On rencontre plus rarement **gilde** ou **ghilde**, mais la prononciation est toujours la même : [gild]. ♦ **sens.** Ce mot a trouvé un regain de faveur à notre époque, au sens de « association commerciale permettant à ses adhérents d'obtenir sur certaines marchandises des prix avantageux » : *Guilde du livre, Guilde du disque, Guilde Dofus,* etc.

GUILLEMET prononc. [gijmɛ] et non [gilmɛ]. ♦ **Dérivé.** *guillemeter*, avec un seul *t*, qui se conjugue comme *jeter.*

GUILLOCHER sens. « Graver des traits en les entrecroisant, sculpter des ornements en creux. » ♦ **Dérivé.** *guillochis*, « ornement résultant de l'action de guillocher ». Ne pas confondre avec **guillochure**, « chacun des traits d'un objet guilloché ».

GUINGOIS (DE) orth. Ne pas mettre de *u* après le second *g* : *Ça fait trop longtemps qu'on se moque de nous qui sommes revenus de la guerre tout de guingois* (Champion). *Le résultat était catastrophique. Tout était tordu, de guingois* (Dubois).

GUTTA-PERCHA prononc. [gytaperka] et non [ʃa].

GYMKHANA orth. Elle est délicate : attention à la place du *h.* ♦ **emploi et sens.** Subst. masc. admis au sens de « fête de plein air comportant des jeux d'adresse, intermédiaire entre la kermesse et l'épreuve sportive ». C'est un mot hindi venu chez nous en passant par l'anglais.

GYMNASTE sens. « Personne s'adonnant régulièrement ou professionnellement à la gymnastique » : *Nos deux corps sont encore aimantés l'un vers l'autre, comme ceux des gymnastes, après leur exercice* (Giraudoux). À ne pas confondre avec **acrobate**, « qui exécute des exercices de gymnastique périlleux » (et qui peut être pris dans une acception péjorative, à la différence de **gymnaste**).

GYNÉCOLOGUE forme. Cette forme l'a emporté sur *gynécologiste.* → -LOGISTE.

GYPAÈTE genre. Masc. ♦ **sens.** « Grand rapace diurne. »

GYPSE genre. Masc. *du gypse.*

-GYRE ou **-GIRE orth.** On peut admettre ces deux orthographes pour le suffixe de quelques termes scientifiques ou techniques. On a symétriquement le préfixe **gyro-** ou **giro-**. *Ils ont mis le gyrophare, cela devrait vous guider* (Vargas). On écrit *autogyre* ou *autogire.* Pour le préfixe : *gyravion* ou *giravion, gyromancie, gyroscope,* etc.

H

H Ce signe typographique, même quand il est dit **h aspiré**, ne correspond plus en français à un phonème : il souligne seulement un hiatus et empêche l'élision de la voyelle précédente ou la liaison entre deux mots. Ces effets sont de plus en plus méconnus par les médias audiovisuels. On trouvera ici, d'après Grevisse, une liste des termes les plus usuels de notre langue ayant à l'initiale le groupe **ha-** (avec *h* dit aspiré) : *Ha !, habanera, hâbleur, hache, hagard, haie, haïk, haïkaï, haillon, haïr, haire, halbi, halbran, haler, hâler, haleter, half-track, hall, halle, hallebarde, hallier, halo, hâloir, halophile, halte, halva, hamac, hamada, hameau, hammam, hammerless, hampe, hamster, han !* (interjection), *hanap, hanche, handball, handicap, hangar, hanneton, hansart, hanse* (mais non pas *hanséatique*), *hanter, happe, happer, haquenée, haquet, hara-kiri, harangue, haras, harasser, harceler, harde, hardi, hard-top, harem, hareng, haret, harfang, hargne, haricot, haridelle, harki, harle, harmattan, harnacher, haro, harpail(le), harpe, harpie, harpon, hart, hasard, haschi(s)ch, hase, hâte, hâtelet, hâtier, hâtif, hauban, haubert, hausse, haussière, haut, hautain, hautbois, hauturier, havane, hâve, havir, havre, havresac, hayon* (et les dérivés). → aussi HE-, HI-, HO-, HU-. Voir d'autre part, à l'ordre alphabétique, les mots difficiles.
□ **noms propres.** Certains noms propres, notamment germaniques, commencent par un *h* aspiré. On ne devrait pas faire l'élision : *la folie de Hitler, le port de Hambourg,* etc.

HA ! → AH !

HABILETÉ forme. Il faut se garder d'écrire et de prononcer *habilité,* qui est un dérivé ancien et tout à fait désuet de **habile**, sauf dans le vocabulaire du droit, où il équivaut à *capacité.* Cette erreur a la vie dure. → le suivant.

HABILITÉ (adjectif-participe) **sens. Être habilité à**, « être légalement, officiellement autorisé à ».

HABILLER constr. La langue courante dit **habiller qqn en bleu marine**, mais la langue soutenue préfère la préposition *de* : *De plus près, je distinguai une mince jeune femme, habillée de noir* (Camus). ♦ **dérivés.** *habillage* (valeur active, « action d'habiller »), *habillement* (valeur passive, synonyme de *costume, vêtements*).

HABITAT sens. « Mode d'arrangement des établissements humains à la surface de la terre. » Bien que certains n'aient pas fait de différence sensible avec **habitation**, il vaudrait mieux s'abstenir d'employer **habitat** pour « demeure, logement », comme c'est le cas dans l'exemple suivant : *Ceux qui vivent « hors d'un habitat normal », euphémisme signifiant dans les hangars, les bidonvilles et les baraquements de toutes sortes* (*Le Monde*). On peut également utiliser ce mot pour les animaux et même pour les plantes.

HABITER constr. Avec ou sans préposition devant le complément de lieu, sans différence de sens : *habiter Paris* ou *habiter à Paris.* Mais s'il s'agit simplement de fournir une indication, et non de *décrire,* on utilise en général la tournure la plus simple : *Denise habite rue de Navarre* plutôt que *dans la rue de Navarre.*
□ **habiter dans** ou **sur** → AVENUE, BOULEVARD.
□ **être habité.** La tournure passive est possible : *La maison de la rue Longue n'était que rarement habitée par la famille* (Aragon).

HABITUÉ (ÊTRE) constr. On dit **être habitué à + infinitif** quand le verbe principal et le verbe subordonné ont le même sujet ; **être habitué à ce que + subjonctif** dans le cas de deux sujets distincts : *Un deuxième canonnier-conducteur n'est pas habitué à ce qu'on lui récite ses propres vers* (Apollinaire). → À (CE QUE). De même pour *s'habituer.*

HÂBLER prononc. Le *h* est dit aspiré. ♦ **orth.** Avec un accent circonflexe sur le *a*. De même pour *hâblerie, hâbleur.*

HACHE- emploi. Ce mot forme les composés invar. *hache-légumes, hache-paille* et *hache-viande* (on dit aussi, pour ce dernier, *hachoir*).

HACHER prononc. et orth. Avec *h* dit aspiré. Bien que les dérivés de *hache* se prononcent tous avec un [ɑ] postérieur, ils ne prennent pas plus l'accent circonflexe que le nom dont ils sont issus : on écrit *hacher, hachage* ou *hachement, hachis.*

HACHIS sens. Le **hachis** est fait de plusieurs aliments hachés très fin : *un hachis Parmentier*, tandis que le **haché** désigne dans la langue courante exclusivement « de la viande hachée ».

HACHISCH → HASCHICH.

HACKER sens. Cet anglicisme récent désigne le « pirate informatique » : *Les services spéciaux s'étaient opposés à ce qu'il continue à utiliser le courrier électronique, par crainte des hackers ou des espions* (*Le Monde*, 23/01/2009). *Avec ces révolutions en ligne, le monde a donc basculé dans un social mondialisé, promu par des hackers surdoués* (N. Truong, *Le Monde*, 23/05/2011). Il est malaisé de lui trouver un équivalent français, et le mot *fouineur*, officiellement recommandé, n'est pas des plus heureux !

HAÏKAÏ orth. En un seul mot, avec deux trémas. Plur. *des haïkaïs.* ♦ **sens.** « Poème à forme fixe, classique chez les Japonais et tenant en dix-sept syllabes. » On trouve aussi fréquemment, dans ce sens, le terme **haïku** qui, techniquement, est légèrement différent du *haïkaï* : *Je le voyais* [...] *s'effondrer dans la pénombre d'un To ko no ma, en murmurant un dernier haïku inaudible* (Dubois).

HAINE constr. On dit *éprouver de la haine pour* ou *contre qqn*, mais *en haine de.*

HAÏR conjug. Beaucoup de formes sont inusitées. Ce verbe perd son tréma sur le *i* aux formes suivantes : *Je hais, tu hais, il hait ; hais* (impératif). Partout ailleurs, le *i* se fait entendre et prend le tréma : *Les hommes sans avenir le haïssaient, les autres, non* (Michon). → APPENDICE.

HAÏTIEN prononc. [aisjɛ̃] Avec *h* dit aspiré. Attention à l'influence du nom propre *Haïti* [aiti]. ♦ **orth.** Avec un tréma sur le premier *i.*

HALAL ou **HALLAL emploi et sens.** Cet adjectif invar. qualifie la viande préparée selon le rite coranique.

HALER orth. et sens. Avec *h* dit aspiré. *Haler* sans accent circonflexe sur le *a* signifie « tirer lentement et avec effort » : *Ivich, la tête tournée en arrière, halait Mathieu à reculons* (Sartre). ♦ **dérivés.** *halage, haleur.*

HÂLER orth. et sens Avec *h* dit aspiré. *Hâler* avec accent circonflexe signifie « bronzer, assombrir le teint » : *Enfin elle n'est pas hâlée comme tout le monde* (Giono). ♦ **dérivé.** *hâle.*

HALETER prononc. Avec *h* dit aspiré. ♦ **conjug.** Comme *acheter.* → APPENDICE GRAMMATICAL. ♦ **dérivé.** *halètement*, avec accent grave.

HALF-TRACK prononc. Avec *h* dit aspiré. ♦ **emploi et sens.** Anglicisme peu nécessaire, auquel on pourrait aisément substituer l'ancien mot **autochenille**, tombé en défaveur : *Il se souvient de la première fois où il est allé à Oran, du half-track en tête et de la jeep traçant la route* (Mauvignier).

HALL prononc. [ɔl]. Avec un *h* dit aspiré.

HALLALI prononc. Aujourd'hui plutôt avec un *h* dit muet : *Deux des plus fortes émotions* *de l'homme, la chasse et l'amour, unies en une seule aventure, confondues dans un même objet, le chasseur joignant le viol à l'hallali* (Delteil). *Il ne resterait rien du parc, ni du château* [...]. *Les appareils de radio, que l'on venait de placer, semblaient sonner l'hallali de Murville* (Peyrefitte). Mais le *h* aspiré était préféré jusqu'au siècle dernier.

HALTE ! emploi. Forme d'interjection voisine : **halte-là** (avec un trait d'union), surtout dans une acception fig. : *Halte-là, vous en avez trop dit.*

HALTE-GARDERIE orth. Ce composé prend deux *s* au plur. : *des haltes-garderies.*

HALTÈRE prononc. Le *h* n'est pas aspiré, comme dans les autres mots de cette famille : *Il se déplaçait sur ses cuisses d'haltérophile avec la légèreté et la vivacité d'un écureuil* (Dubois). ♦ **genre.** Masc. : *de lourds haltères.*

HAMAC prononc. Le *h* est muet, et le *c* final se prononce : [amak].

HAMSTER orth. et prononc. Ne pas omettre le *h* initial et prononcer en hiatus : *un hamster* [œ̃ / amstɛr].

HANAP prononc. Le *p* final se fait toujours entendre : [anap]. ♦ **orth.** Un seul *n.* ♦ **sens.** « Grand vase à boire monté sur pied. »

HANDBALL orth. Pas de trait d'union.

HANDICAP prononc. Il faut se garder de faire la liaison ou l'élision devant ce substantif très employé dans la langue du turf et du sport : *Ce que je considérais comme un cadeau de la nature pouvait déjà tenir lieu de handicap* (Labro). *Ce cheval a remporté plusieurs handicaps.* ♦ **dérivé.** *handicapé*, adjectif-nom (appliqué à l'humain), devant lequel on ne doit pas non plus faire de liaison ni d'élision : *Elle est venue se faire opérer par un jeune professeur juif, Arno Feldmann, qui a rendu à trois handicapés comme elle une partie de leurs mouvements* (Japrisot). *Ses deux filles, Josiane et l'autre, Claudine, la handicapée* (Jourde).

HAPPENING sens. Anglicisme branché qui désigne un spectacle « spontané » ou un événement ressemblant à un tel spectacle : *« Happening » chez le directeur de la main-d'œuvre de la région parisienne* (titre du *Monde*, 01/03/1973).

HARA-KIRI orth. Plur. *des hara-kiris.*

HARASSER conjug. Ce verbe, sans être défectif, est employé surtout aux temps composés de l'actif, et à la voix passive. ♦ **dérivés.** *harassant, harassement* (peu usité).

HARCELER prononc. Le *h* initial est aspiré, comme dans le dérivé *harcèlement* : *Il me harcèle constamment.* ♦ **conjug.** Comme *geler.* → APPENDICE GRAMMATICAL. ♦ **dérivés.** *harcelant, harcèlement* (avec accent grave et un seul *l*) : *Les organisations syndicales et patronales européennes devaient signer, jeudi 26 avril à Bruxelles, un accord-cadre sur la lutte contre le harcèlement et la violence au travail* (*Le Monde*, 27/04/2007).

HARD emploi et sens. Cet adjectif anglais, qui signifie « dur », s'est bien installé en français familier, pour qualifier soit une certaine musique rock, soit une œuvre (film, roman) osée, voire pornographique.

HARDE prononc. Avec *h* dit aspiré. ♦ **sens.** En vénerie, « troupe de bêtes sauvages » (ne pas confondre avec **meute**, « groupe de chiens dressés pour la chasse ») ou « lien servant à attacher ensemble les chiens », ni avec **horde**, qui désigne une bande, une troupe d'individus peu recommandables. À distinguer de **hardes**, toujours au plur., « vêtements en mauvais état » (jusqu'au XIXe s., pas de nuance particulièrement péjorative).

HARDIMENT orth. Pas d'accent circonflexe sur le *i.*

HARDWARE emploi et sens. Cet anglicisme, qui désignait en informatique l'« ensemble des éléments physiques employés pour le traitement des données », est détrôné aujourd'hui par le mot **matériel** (recommandation officielle du 22 décembre 1981). → LOGICIEL.

HARICOT prononc. Avec un *h* dit aspiré et sans liaison ni élision. La langue populaire tend à la liaison : [dezariko].

HARISSA prononc. avec ou sans *h aspiré* : **du harissa, de l'harissa** : *J'enfourne les épaules d'agneau à l'ail après les avoir enduites de harissa* (Desarthe). *J'étais aussi blanc que ma première rencontre avec la harissa m'avait rendu écarlate* (Fottorino). ♦ **genre.** Indécis, on rencontre aussi bien le masc. que le fém.

HARMONIQUE genre. Fém. au sens de « corde harmonique » ou de « grandeur sinusoïdale », en électricité. Masc. au sens de « son dont les fréquences sont les multiples d'une même fréquence » ou de « son produit en un point donné d'une corde d'un instrument de musique ».

HARNOIS prononc. Avec *h* dit aspiré. ♦ **emploi et sens.** Cette forme archaïque de *harnais* ne se rencontre plus guère que dans la locution **avoir blanchi sous le harnois**, littéraire ou plaisant : « Avoir vieilli dans le métier. »

HARPAGON emploi. En tant que substantif familier syn. d'*avare*, ne prend pas de majuscule : *Cet homme est un véritable harpagon.*

HARPONNAGE forme. On emploie également **harponnement.** Tous les deux avec *h* dit aspiré.

HARUSPICE orth. On écrit aussi **aruspice.**

HASARD prononc. Pas d'élision ni de liaison devant *hasard*, dont le *h* est dit aspiré. Cependant, on entend souvent dans le registre populaire la prononciation fautive, notamment dans la locution **à tout hasard** : [atutazar]. ♦ **orth.** Ne pas mettre un *z* à la place du *s*.

HASARDER prononc. → HASARD. ♦ **constr.** On dit **se hasarder à** : *Il se hasarda même à la toucher. Elle était tellement familière, Dorothée* (Giono). À la voix active, **hasarder** se construit avec un complément d'objet direct : *hasarder une plaisanterie douteuse* ou avec **de + infinitif**, tournure plus littéraire : *hasarder de perdre la vie.* On préfère en général *risquer* : *Je hasardai un conseil de transport immédiat dans un hôpital* (Céline).

HASARDÉ et **HASARDEUX sens.** Les deux mots sont équivalents : « Qui comporte des risques, dont l'issue est douteuse. » Le second est le plus courant : *Ce prêt hasardeux, de la part de son oncle qu'il savait très avare, ne manqua point de le surprendre* (Aymé).

« HAS BEEN » emploi et sens. Ce tour anglais, signifiant « il a été », s'applique à un individu dont la célébrité est en déclin, en voie de disparition, ou à une mode qui devient désuète : *Longtemps jugée has been, la rive gauche est redevenue fréquentable aux yeux des fashionistas depuis que la griffe Ralph Lauren y a installé sa plus grande boutique en Europe* (V. Lorelle, *Le Monde*, 15/07/2011). On le rencontre surtout dans le monde du spectacle : *Dans « Limelight », Chaplin interprète un rôle de* has been *assez pathétique.*

HASCHICH prononc. Avec *h* dit aspiré. ♦ **orth.** On écrit aussi **hachisch** : *Je te vois très bien cultivant d'immenses champs de hachisch, dit El Kordi* (Cossery). ♦ **sens.** Synonyme de *chanvre indien.* Le nom de cette drogue très répandue est souvent abrégée en *hasch* et même *h*, mais cette lettre *h* est aussi utilisée pour l'héroïne depuis 1939 ! : *Je me trouve à court d'« H », mon mignon* (Kessel).

HASE prononc. Avec *h* dit aspiré. ♦ **sens.** « Femelle du lièvre », emprunt à l'allemand.

HÂTE orth. Accent circonflexe, ainsi que sur les dérivés *hâter, hâtif*, etc.

HAUSSE-COL orth. Plur. *des hausse-cols.*

HAUSSIÈRE orth. On écrit ce mot également sans *h* : *aussière.* Mais dans la forme avec *h*, celui-ci est dit aspiré.

HAUT orth. Cet adjectif entre dans la formation de noms géographiques. On distinguera les termes donnant une précision physique : *Il a remonté en bateau vers la haute Loire. Les* *archéologues ont fouillé la région du haut Nil.* On voit que, dans ce cas, l'adjectif conserve son autonomie. Au contraire, dans le cas d'une « entité politique ou administrative », on a un véritable composé, avec une majuscule à l'initiale de *Haut*, et un trait d'union : *Il est né en Haute-Saône, mais vit en Haute-Savoie.* Un certain nombre de locutions à caractère officiel sont également formées à l'aide de cet adjectif. Prennent des majuscules à l'initiale : *le Très-Haut, la Haute Cour (de justice).* Les autres noms s'écrivent avec une minuscule : *un haut fonctionnaire, en haut lieu, haute trahison.* ♦ **emploi.** Comme adverbe, **haut** reste invar., ainsi que la plupart des adjectifs employés adverbialement : *L'air ne se renouvelle que par deux vasistas haut placés* (Romains). *Ils avaient tenté tout haut d'ébaucher ensemble une esquisse de la personnalité d'un assassin possible* (Desproges). *Les défaitistes étaient aussitôt pendus haut et court aux bras des fourches patibulaires* (A. Besson). *Son col est trop serré et la pomme d'Adam se tient perchée trop haut sans venir dans la gorge* (Hoex). *Ils parlent haut. Haut les mains ! Ils sont montés haut. Des gens haut placés* (mais *de hauts personnages*). La remarque vaut pour les adjectifs composés : *En tête, venaient les jeunes filles en corselet blanc et la cotte haut-plissée* (Cendrars).

□ **au haut.** Cette locution qu'on évite dans la langue parlée en raison de l'hiatus, est acceptable dans la langue écrite : *Il m'apparut au haut d'une étroite rue à escaliers* (Roblès).

□ **le haut bout.** Locution désuète au sens de « place d'honneur ».

□ **haut** (substantif). *Le haut du pavé. Avoir des hauts et des bas. C'est de l'énervement, la contrepartie de l'excitation de tout à l'heure, elle a souvent de ces hauts et de ces bas, elle passe si facilement d'un extrême à l'autre* (N. Sarraute).

□ **monter en haut.** Il faut éviter ce pléonasme, en précisant : *monter au deuxième étage, au grenier,* etc., ou en se contentant d'une construction intransitive quand le contexte est clair.

□ **haut de gamme.** Ce tour signifie « de première qualité, de premier rang ». Il s'emploie comme adjectif ou comme substantif dans le domaine commercial : *Je tiens* Blade Runner *pour un chef-d'œuvre de la distraction haut de gamme* (Barbery). *Acheter un appareil haut de gamme, donner dans le haut de gamme* (recommandation officielle du 17 mars 1982). Il correspond à l'anglais *standing.*

HAUTBOÏSTE orth. Avec un tréma. ♦ **sens.** « Joueur de hautbois. »

HAUT-COMMISSAIRE orth. Ne pas omettre le trait d'union. De même pour *haut-commissariat.* Plur. *des hauts-commissaires.*

HAUT-DE-CHAUSSE(S) orth. Au sing., avec ou sans *s* à *chausse.* Au plur., *haut* prend toujours un *s* et *chausse* varie facultativement : *des hauts-de-chausse(s).*

HAUT-DE-FORME forme. On emploie parfois dans le même sens *haute-forme,* qui demeure masc. La ressemblance entre la prononciation des deux composés explique sans doute la facilité de glissement de l'un à l'autre. Plur. : *Ces panoplies de l'honneur commercial anglais : des hauts-de-forme et des parapluies* (Morand). Ne pas confondre avec la construction libre, sans trait d'union, **un chapeau haut de forme** : *Le chapeau haut de forme qu'il tenait sous son bras* [...] *apportait une note assez distinguée* (Dhôtel).

HAUTE-CONTRE orth. Plur. *des hautes-contre.* ♦ **genre.** Fém. au sens de « voix masculine aiguë ». Mais quand le mot désigne le chanteur doué de cette voix, l'usage est hésitant : *un* ou *une haute-contre.*

HAUT-FOND → BAS-FOND.

HAUT FOURNEAU orth. Plur. *des hauts fourneaux.*

HAUT-LE-CŒUR orth. Substantif invar. : *Les nouveaux venus regardent vite, ils s'éloignent aussi vite. Ils ont des haut-le-cœur* (Vallejo).

HAUT-LE-CORPS orth. Substantif invar., comme le précédent.

HAUT-LE-PIED orth. emploi et sens. Avec traits d'union, cette locution archaïsante était employée surtout adverbialement au sens de « à la hâte » : *Mandé de toute urgence par son patron, il est parti haut-le-pied.* Encore plus rare comme substantif, au sens de « homme sans rôle stable » : *On a besoin de quelques haut-le-pied pour faire de menus travaux.* Sans trait d'union, cette locution est un adjectif qualifiant une « locomotive circulant seule, sans wagons » : *Le cheminot s'est fait happer par une machine haut le pied.*

HAUT-PARLEUR orth. Plur. *des haut-parleurs. Haut* tient ici le rôle d'un adverbe : *Je l'aperçois, tandis que les haut-parleurs déversent leurs musiques suraiguës* (Schreiber).

HAVANE emploi. Comme adjectif de couleur (invar.), ou comme substantif, pour désigner un cigare : *un havane* (noter le *h* dit aspiré).

HÂVE orth. Avec un accent circonflexe sur le *a.* ♦ **emploi et sens.** Adjectif littéraire, « amaigri et pâli » : *Une barbe noire, en collier étroit, soigneusement roulée autour du menton et des joues hâves* (Triolet).

HAVRE orth. Pas d'accent circonflexe, ni sur le nom commun ni sur le nom propre **Le Havre** : *Le laboratoire surtout lui était un havre* (Mauriac).

HE- prononc. On trouve le groupe *he-* avec *h* dit aspiré à l'initiale des mots suivants : *heaume, heimatlos, hein !, hélas !, héler, henné, hennin, hennir, héraut, her(s)cher, hère, hérisser, hernie, héron, héros, herpe, herse, hêtre, heurt.* ⟶ H, HI-, HO-, HU-.

HÉ ! emploi et sens. Interjection servant à interpeller quelqu'un : *Hé ! D'où êtes-vous donc ? dit Frédéric II* (Giono), ou simplement à renforcer une assertion : *Hé ! vous le voyez, répondit le marquis* (France). ⟶ EH BIEN.

HEBDOMADAIRE sens. « Qui a lieu une fois par semaine. »

HÉBÉTUDE forme et emploi. Avec deux accents aigus, comme dans *hébéter* et *hébétement.* **Hébétude** est le mot le plus courant en médecine et dans la langue littéraire : *Il avait été en proie à un engourdissement profond ; une sorte d'hébétude le désarmait* (Mauriac). *Il examinait les alentours avec une hébétude d'ivrogne* (Volodine). Mais on rencontre aussi **hébétement** (écrit aussi **hébètement**), qui insiste davantage sur la notion d'état physique : *Et déjà l'hébétement de la faim était dans leurs yeux* (Duras). Le verbe **hébéter** est assez rare : *Ce spectacle hébète l'homme et le paralyse* (Échenoz).

HÉBRAÏQUE forme et emploi. Cette forme tend à se spécialiser en tant qu'adjectif appliqué aux choses : *Les murs s'ornaient de portraits d'hommes barbus entourés d'inscriptions hébraïques* (Roblès). *À part l'écriture hébraïque, il y a l'écriture cyrillique pour les Russes, et l'écriture latine pour le reste du monde* (Ikor). Emploi au masc. : *Les phrases latines qu'il citait, ou les noms propres hébraïques* (Butor). **Hébreu** s'emploie comme substantif ou comme adjectif appliqué aux personnes : *les Hébreux, le peuple hébreu.* Aucun des deux mots n'a de forme spécifique du fém. Attention au plur. de *hébreu,* qui prend un *x.* ⟶ ISRAÉLIEN, JUDAÏQUE.

HÉCATOMBE sens. Ce substantif signifiait à l'origine « sacrifice de cent bœufs », et il a conservé une valeur collective et un sens intensif, désignant aujourd'hui le plus souvent « le meurtre collectif, ou la disparition d'un grand nombre de personnes, ou même d'objets » : *Elle était faite pour vivre et pour aimer, et non pas pour attendre la nouvelle hécatombe annoncée par le roulement continu du canon* (Peyré). *Livrant ton corps à mes furies je te pansais / avec la terre des hécatombes* (Emmanuel). *Il paraît que cette hécatombe / Fut la plus belle de tous les temps* (Brassens). ⟶ HOLOCAUSTE et SHOA.

HECTO- emploi. Préfixe qui, placé avant une unité, la multiplie par cent. Son abréviation est *h. Hectomètre* (= *hm*), *hectogramme* (= *hg*), etc. : *Nous cheminions quelques hectomètres avec sur nos talons le vilain tintamarre des sacs* (Volodine).

HÉGIRE genre. Fém. ♦ **sens.** « date originelle de la chronologie musulmane » (an 622 de l'ère chrétienne).

HEIN emploi. Interjection qui correspond, dans le registre familier, au *n'est-ce pas ?* de la langue soutenue : *C'est commode, hein, des lampes de poche ?* (Mauriac). *Hein ? Quand même… il y a de la ressource* (Perret). Emploi exclamatif : *Est-ce assez bête, hein !* (Bazin).

HÉLER prononc. Avec un *h* dit aspiré : *Lorsqu'il propose un café à ses visiteurs, le docteur Pierre Drielsma ne hèle pas son assistante* (J.-P. Stroobants, *Le Monde*, 16/01/2009). ♦ **conjug.** Comme *céder, gérer*, etc. ⟶ APPENDICE GRAMMATICAL.

HÉLIANTHE orth. Un *h* après le *t*. ♦ **genre.** Masc. ♦ **sens.** Synonyme de *tournesol*.

HÉLICE emploi. C'est le mot qu'il conviendrait d'employer pour désigner un « escalier qui monte en tournant autour d'un axe » : *un escalier en hélice*, mieux que *en spirale, en colimaçon*, etc. ⟶ ESCALIER.

HÉLICOPTÈRE genre. Masc. *un hélicoptère*. Ce mot a formé les dérivés *héliport* (⟶ ce mot), *héliporté, héliportage, hélistation, hélitreuillage*.

HÉLIOTROPE genre. Masc.

HÉLIPORT emploi et sens. Mot assez mal formé, mais passé dans la langue technique et commerciale. Il désigne « l'ensemble des installations nécessaires à l'utilisation régulière d'une flotte d'hélicoptères ». À distinguer de **héligare**, autre terme de sens plus restreint, correspondant à **aérogare**, pour les avions.

HELLÉBORE ⟶ ELLÉBORE.

HELLÈNE prononc. [elɛn] ou [ɛlɛn] indifféremment. ♦ **emploi et sens.** Comme adjectif ou substantif, au sens de « grec » : *C'est sans rapport avec les vieilles citadelles hellènes comme Trieste* (Morand). Emploi un peu emphatique : on évitera de dire *les Hellènes* pour *les Grecs*, à moins d'une nécessité d'ordre littéraire ou stylistique.

HELVÈTE emploi et sens. Ce substantif est à *suisse* ce que *hellène* (⟶ ce mot) est à *grec* : *Alors l'Helvète, elles vous plaisent nos montagnes au lever du jour ?* (de Roulet). L'adjectif **helvétique** est d'un emploi plus banal, mais réservé à des expressions du langage politique, telles que *Confédération helvétique* : *La nuit de son retour, je suis allé de l'autre côté de la frontière helvétique accueillir mon frère à sa descente du train* (Ravey).

HÉMICYCLE genre. Masc. *un hémicycle bondé*.

HÉMISPHÈRE genre. Contrairement au mot de base *(sphère)*, ce substantif est masc., comme *planisphère* (⟶ ce mot), mais à la différence d'*atmosphère, stratosphère*, qui sont fém.

HÉMISTICHE genre. Masc. ♦ **sens.** « Moitié d'un vers, ou césure au milieu d'un vers. »

HÉMORRAGIE orth. Deux *r*, comme **hémorragique, hémorroïde, hémorrhée** : *Leurs artères étaient sectionnées et il essayait d'arrêter les hémorragies en appuyant dessus avec ses doigts* (Fontanet). [La petite chatte] *faisait pipi partout et – elle prend haleine avant d'entamer le meilleur – ses urines étaient faiblement hémorragiques !* (Barbery).

HÉMOSTASE genre. Fém. On dit aussi *hémostasie*. ♦ **sens.** Ce nom signifie « arrêt d'un écoulement sanguin ». ♦ **dérivé.** *hémostatique*.

HENNÉ prononc. Avec un *h* dit aspiré. ♦ **genre.** Masc. *le henné*. ♦ **sens.** « Poudre rougeâtre avec laquelle les musulmanes se teignent les cheveux et certaines parties du corps » : *Un couple dont l'extraordinaire tenait à une djellaba vert anis et un foulard bleu clair, des mains recouvertes de henné* (Mauvignier).

HENRI prononc. L'usage est variable quant à la liaison et à l'élision, mais le *h* initial du fém. **Henriette** est toujours « muet » :

la bague de Henri ou *d'Henri* en face de *le mariage d'Henriette.*

HÉRALDIQUE prononc. Le *h* initial n'empêche ni la liaison ni l'élision, alors qu'il le fait pour **héraut**, qui est de la même famille étymologique. ♦ **emploi et sens.** Adjectif ou substantif fém. : « (qui se rapporte à la) connaissance des armoiries ».

HÉRAUT prononc. Avec *h* dit aspiré. → HÉRALDIQUE et HE- ♦ **orth. et sens.** *Héraut, hérault.* Ne pas confondre les deux graphies. Le **héraut**, au Moyen Âge, était l'officier qui annonçait la venue d'un haut personnage ; on rencontre parfois ce nom, par extension, au sens d'historiographe ou de chantre : *Me plairait, John, que tu sois le héraut non de mes hauts faits, mais de mes scélératesses* (Léger). **Hérault** (avec un *l*) ne s'applique qu'à un département, à un fleuve français (avec une majuscule) et à un point d'acupuncture, *le point hérault.*

HERBE emploi et sens. Les locutions **dans l'herbe, sur l'herbe** et **en herbe** ne sont nullement équivalentes. La première implique que « l'herbe est haute et non coupée » : *Il aperçut, caché dans l'herbe, un orvet. Pour échapper aux regards, ils se couchèrent dans l'herbe.* La deuxième, *sur l'herbe*, considère celle-ci comme « une surface, un tapis » : *Venez, on va déjeuner sur l'herbe. Il est interdit de marcher sur l'herbe des pelouses.* Enfin, *en herbe* a toujours le sens (au propre et au fig.) de « qui n'est pas encore mûr, avant maturité » : *Couper le blé en herbe. Tu fais un sacré archéologue en herbe, avec ton grattoir et ton sac !* Titre d'un roman de Colette : *Le Blé en herbe.*

HERBEUX emploi et sens. Distinguer **herbeux**, « où il pousse de l'herbe », et **herbu**, « où l'herbe foisonne ». Les deux exemples suivants d'un même auteur, à quelques pages de distance, marquent la nuance : *Déjà l'eau suintait des bas-côtés herbus et les ornières devenaient boueuses* et *Il posa son fusil et s'étendit sur un talus herbeux* (Vailland). *Adamsberg allait et venait dans les allées herbeuses du petit cimetière* (Vargas). **Herbageux** a un autre sens : « couvert d'herbages », c'est-à-dire de prés entretenus pour l'élevage.

HERBORISER sens. Activité de l'herborisateur, qui « ramasse des plantes pour les étudier ou encore pour en tirer parti sur le plan médicinal » : *Car elle s'occupait de botanique. Certains jours elle partait herboriser, portant en bandoulière sur ses robustes épaules une boîte verte qui lui donnait l'aspect bizarre d'une cantinière* (Gide). Ne pas confondre **l'herborisateur** avec **l'herboriste**, « commerçant qui vend des plantes médicinales, de la droguerie, des parfums, etc. ».

HÈRE sens. Outre le tour figé **pauvre hère** (avec *h* dit aspiré), cette forme s'emploie dans le vocabulaire de la vénerie : « Jeune cerf de plus de six mois. »

HÉRISSER emploi. L'Académie autorise les tournures suivantes : *Les cheveux lui hérissèrent à la tête ; Le lion hérisse sa crinière quand on l'irrite.* Mais elles sont peu vivantes, et l'usage préfère l'emploi pronominal : *La crinière du lion se hérisse*, ou le participe passé-adj. : *Sa crinière hérissée.*

HÉRITER constr. On dit régulièrement **hériter de qqn** et **hériter qqch. de qqn** : *La baronne de Selle d'Auzelle, qui vient d'hériter de sa belle-mère un hôtel particulier rue de la Marne* (H. Bazin). *De leur père, ils avaient hérité le désordre, l'élégance, les caprices furieux c'était, hélas ! le plus clair de son héritage* (Cocteau). *Scouffi avait de gros revenus qui lui provenaient des propriétés qu'il hérita de son père* (Modiano). Le Bidois fait l'observation suivante : « Quand un même verbe a deux objets de valeurs différentes, le souci d'être clair exige qu'un signe formel permette de les distinguer nettement. » → FOURNIR, PERSUADER. On peut dire aussi **hériter de qqch.** : *Je l'observais beaucoup sans qu'il s'en doutât, voulant voir jusqu'à quel degré il avait hérité de l'humeur de ses parents* (Green). *Ah ! père, en cela au moins j'aurai été votre fille : j'aurai hérité de votre soif* (Sarrazin). Le passif est possible : *Lui et son frère souffraient d'une infirmité curieuse héritée assurément du grand-père de la Vallée*

(Boylesve). Le sujet du verbe passif désigne la chose dont on a hérité.

HERMÉNEUTIQUE emploi et sens. Adjectif et substantif fém. : *Est herméneutique toute discipline qui procède par discernement d'un sens caché sous un sens apparent : c'est la lecture du « double sens »* (Lacroix). Ne pas confondre avec **hermétique**, à l'origine terme d'alchimie, « qui a rapport à la science du grand œuvre ».

HÉROÏNE prononc. Le *h* est dit muet dans tous les dérivés de *héros*, bien que ce mot comporte un *h* dit aspiré : *une héroïne* [ynerɔin], opposé à *un héros* [œ̃ / ero] ; *les héroïsmes* [lezerɔism]. De même pour **héroïque**.

HÉROS prononc. Avec *h* dit aspiré. ⟶ NOUVEAU, BEAU.

HÉSITER constr. Ce verbe se construit le plus souvent avec la préposition **à** : *J'ai longtemps hésité à en maintenir quelques-unes qui puissent faire planer un doute* (Daninos). *J'hésite à lui confier mes économies.* On rencontre également, quand le complément est un substantif, **entre, quant à** et **sur** : *Il hésita longtemps entre deux partis* ou *quant au parti qu'il prendrait* ou *sur le parti à prendre.* Quant aux tours *hésiter de* ou *hésiter si*, ils sont aujourd'hui littéraires et archaïsants : *J'hésite depuis deux jours si je ne ferai pas Lafcadio raconter mon roman* (Gide). *Tout m'avait empêché de la reconnaître et fait hésiter si je dormais ou si ma grand-mère était ressuscitée* (Proust).

HÉTAIRIE forme. On rencontre aussi *hétérie.* ♦ **sens.** En Grèce, « société politique ou littéraire ». Ne pas confondre avec **hétaïre**, « courtisane d'un rang assez élevé » : *Jamais donc je ne connaîtrai ces hétaïres aux noms mérovingiens* (Daninos).

HÉTÉROCLITE, HÉTÉRODOXE, HÉTÉROGÈNE sens. Ne pas confondre ces adjectifs. **Hétéroclite** signifie « dépareillé », **hétérodoxe**, « contraire à l'orthodoxie », **hétérogène**, « qui ne peut engendrer une unité ».

HEUR emploi et sens. Mot archaïque, signifiant « chance » dans *avoir l'heur de.* Cet emploi est recherché, et souvent ironique. Voici un emploi audacieux, qui cumule et décumule à la fois la construction de *heur* avec les adjectifs *bon* et *mal*, par jeu de mots : *Un an de baptêmes, de mariages, de morts, de bons et de malheurs* (Chabrol). Se garder d'écrire **heure**, avec un *e* final.

HEURE prononc. Il faut éviter la liaison prétendument distinguée : *six heures et demie* doit se lire [sizœrɛdmi]. ♦ **forme.** On écrit *tout à l'heure, les Vingt-Quatre Heures du Mans, un livre d'heures.* ♦ **constr.** On insère la préposition **de** entre le nombre d'heures et les mots *matin* ou *après-midi* : *Il était largement trois heures de l'après-midi lorsque Angélique vint place du Marché reprendre ses affaires* (Aragon). Il faut dire **de trop bonne heure**, et non *trop de bonne heure*, comme on l'entend dans le parler populaire. On emploie, à la suite de **heure**, le relatif **où** pour marquer le moment : *À l'heure où je vous parle...* sauf dans la locution *à l'heure qu'il est*, figée, et fréquente dans le registre familier : *À l'heure qu'il est, le cannage d'une chaise coûte au bas mot un franc cinquante* (Romains). *Elle doit avoir à l'heure / À l'heure qu'il est / Deux ou trois marmots qui pleurent / Pour avoir leur lait* (Brassens). On emploie généralement **que** lorsque le mot *heure* indique la durée, notamment après les tours *il y a tant d'heures que, ça fait tant d'heures que*, etc. : *En réalité, ça faisait trois heures qu'on attendait dans une atmosphère confinée* (Vian).

□ **gagner quatre francs de l'heure** ⟶ DE.

□ **par heure.** On dit : *Il va deux fois par heure à la fenêtre*, ou *deux fois dans l'heure*, ou même : *Le téléphone retentissait dix ou douze fois l'heure* (Duhamel). ⟶ FOIS ET PAR.

□ **une demi-heure** et **une heure et demie** ⟶ -DEMI.

□ **deux heures et quart** ou **un quart.** On dit aujourd'hui *neuf heures et quart, moins le quart, trois quarts*, plutôt que *neuf heures (et) un quart, moins un quart, et trois quarts*, qui ont vieilli : *Huit heures et quart, je n'aurais pas cru* (H. Bazin). ⟶ QUART.

□ **à l'heure.** Cette construction ne convient que pour exprimer la vitesse : *La princesse* *adore foncer à soixante à l'heure entre la capitale et le château royal* (Audiberti). On fait souvent l'ellipse de la préposition, à condition que le nom de l'unité de mesure soit présent : *Avec une vitesse limitée à 80 km/h, la puissance insatisfaite que l'on sent sous ses pieds n'est pas pour rien dans le vagabondage des idées* (Colombier). Cette transcription (avec une barre oblique) est seule admise dans la langue officielle. On ne dira pas *145 km de l'heure.*

□ **de bonne heure.** Cette locution fait au comparatif *de meilleure heure*, et non *de plus bonne heure*, bien que l'adjectif et le substantif forment un bloc peu dissociable : *Sir Herbert quitta le quartier de meilleure heure que d'ordinaire* (Benoit).

□ **à la bonne heure.** Ce tour est vieilli et exprime la « satisfaction devant un résultat attendu » : *Votre licence, dit Brunet d'un air absorbé, votre licence, à la bonne heure* (Sartre). Parfois ironique : *À la bonne heure ! Toi, au moins, ce n'est pas la modestie qui t'étouffe !*

□ **à huit heures sonnantes** → BATTRE, SONNER, TAPANT et le dernier paragraphe de cet article.

□ **pour l'heure.** Locution vieillie, au sens de « pour l'instant » : *Pour l'heure, elle était une petite cigale, pas encore bruyante* (Barrès).

□ **d'heure en heure.** Ce tour signifie soit « toutes les heures » : *Il faut renouveler les compresses d'heure en heure* ; soit « à mesure que le temps s'écoule » : *On s'attend d'heure en heure à la chute du régime.*

□ **dix-neuf heures.** Le compte des heures se fait dans la langue courante de un à onze (plus *midi* et *minuit*), dans la langue administrative et officielle de un à vingt-quatre : *Le magasin restera ouvert jusqu'à vingt-deux heures. Sortie des bureaux à dix-sept heures trente.* Curieusement, on préfère le plus souvent, dans la conversation, recourir à la tournure *sept heures du matin* ou *sept heures du soir.*

□ **dans une petite heure.** La langue familière introduit souvent cette nuance apparemment illogique puisqu'il s'agit d'unités rigoureusement égales, pour suggérer la patience, l'ennui, etc. : *J'ai fini dans une petite heure. Nous avons encore une grande heure devant nous. Sa conférence a duré trois longues heures.*

□ **accord du verbe *sonner* après l'indication de l'heure.** On trouve tantôt le plur., tantôt le sing., selon que le sujet est lui-même au plur. ou au sing. : *Onze heures sonnaient à toutes sortes d'horloges lointaines* (Daudet). *Trois heures cependant ont lentement sonné* (Vigny). *Les trois quarts de cinq heures sonnèrent* (Lacretelle, cité par Grevisse). Mais : *La demie de cinq heures venait de sonner* (Martin du Gard). *Midi a sonné. Une heure venait de sonner.* Albert Dauzat a même écrit : *Trois heures et demie a sonné.* Cet exemple se comprend si l'on considère qu'un seul coup (celui de la demie) a effectivement retenti. → SONNER.

HEUREUSEMENT emploi et sens. Cet adverbe porte rarement aujourd'hui sur un verbe, au sens de « avec succès » : *Une fille de Corinthe, que j'ai heureusement aimée* (Valéry).

□ **heureusement que.** Forme une proposition suivie de l'indicatif : *Heureusement que le monde de l'amour est aussi vaste que le cœur lui-même* (Romains). *Heureusement que le marchand d'estampes était connu de sa section* (France). La conjonction *que* est dans ce contexte d'un emploi facultatif et peut être suppléée par une virgule : *Heureusement, le marchand...*

HEUREUX constr. On dit : **être heureux que + subjonctif** dans la langue soutenue : *Je fus heureux qu'en cette circonstance Marthe ne montrât pas de sagesse* (Radiguet). **Être heureux de ce que** suivi de l'indicatif est à déconseiller, en raison de sa lourdeur.

□ **encore heureux...** Ce tour elliptique et exclamatif appartient au registre familier : *Encore heureux si un des anciens de la confrérie ne l'attire un soir dans un traquenard* (Léger). *Encore heureux qu'elle eût gagné la sympathie et une certaine estime auprès de ses pairs : sinon, elle eût eu encore plus de mal à supporter les réactions que suscitaient ses réponses* (Nothomb).

HEURISTIQUE emploi et sens. Adjectif et substantif fém., « (partie de la science) qui a trait à la découverte des faits ». On écrit aussi **euristique**. ⟶ HERMÉNEUTIQUE.

HEURTER emploi. Aujourd'hui, surtout avec un complément d'objet direct, ou à la voix pronominale. On dira *heurter qqch.* ou *qqn*, ou *se heurter à* ou *contre qqn* : *Il lui prit la tête dans les mains et la heurta plusieurs fois sur le sol* (Green). *Étendant toujours plus leur empire, ils se heurtaient à l'Est à la puissance grandissante des États-Unis* (Cendrars). L'emploi intransitif est rare.

HI- prononc. On trouve le groupe **hi-** avec *h* dit aspiré à l'initiale des mots suivants : *hi !* (interjection), *hibou, hic, hickory, hideur, hie, hiérarchie, hiéroglyphe, highlander, hi-han, hilaire, hile, hisser, hittite.* ⟶ H, HE-, HO-, HU-.

HIATUS prononc. Paradoxalement, le français hésite en ce qui concerne l'élision et la liaison devant ce mot, qui désigne la « rencontre de deux voyelles consécutives, l'une finissant un mot, l'autre commençant le mot suivant », et on peut dire [œ̃njatys] ou [œ̃jatys] pour **un hiatus**, [dezjatys] ou [dejatys], pour **des hiatus** : *Le hiatus entre le traitement du « cas libyen » par la communauté internationale et l'apparente limitation de ses moyens, s'agissant de la Syrie, apparaît de plus en plus évident* (N. Nougayrède, *Le Monde*, 28/08/2011). *Les classiques proscrivaient formellement l'hiatus de leurs vers.* Contrairement à une idée répandue, la langue française n'a pas « horreur de l'hiatus » (comme on croyait jadis que la nature « avait horreur du vide »). On prendra garde au fait que l'obsession de l'éviter peut conduire à des cuirs et des pataquès (voir ces mots) ridicules, dont le modèle demeure la phrase souvent citée (et plus ou moins réelle) du *Bossu* de Féval : *Si tu ne vas pas à Lagardère, Lagardère ira-t-à toi...* Du reste, il existe en français de très nombreux hiatus internes, contre lesquels on ne peut rien, par exemple, dans *aéré, ahaner, aorte, cahot, chaos, déhancher, éhonté, huer, oasis*, etc. À noter enfin qu'un *h* entre deux voyelles ne supprime nullement l'hiatus, puisque celui-ci est un phénomène d'ordre phonétique et non graphique...

HIBERNER sens. « Passer l'hiver dans un état d'engourdissement, quand il s'agit de certains animaux (escargot, marmotte). » Transitivement dans le domaine médical : « mettre en état *d'hibernation* », c'est-à-dire provoquer chez un malade un important abaissement de la température. Ne pas confondre avec **hiverner**. ⟶ ce mot.

HIBOU orth. et prononc. Plur. *des hiboux* (sans liaison). ⟶ BIJOU.

HIDEUR emploi. Ce substantif est beaucoup plus rare que l'adjectif **hideux** et l'adverbe correspondant. Littré écrit : « Ancien mot fort nécessaire. »

HIER prononc. On peut dire [ijɛr] (deux syllabes) ou [jɛR] (une syllabe). *Avant-hier* se prononce [avɑ̃tjɛr].
□ **hier matin, hier soir.** On dit rarement aujourd'hui *hier au matin, hier au soir.* ⟶ À.

HIÉROGLYPHE orth. et prononc. Attention à la succession du *i* et du *y*. Le *h* initial empêche liaison et élision. ♦ **genre.** Masc. : *Peut-être l'horreur ne peut-elle s'écrire qu'avec des hiéroglyphes non encore décryptés à ce jour* (Bialot).

HIGH-TECH emploi et sens. Cet emprunt à l'anglo-américain, abréviation de **high technology**, « haute technologie », s'emploie comme nom fém. au sens de « technologie de pointe », et comme adjectif, qualifie un mobilier ou des appareils d'une haute sophistication.

HILE prononc. Avec un *h* dit aspiré. ♦ **genre.** Masc.

HINDOU emploi et sens. Ce mot a surtout une valeur religieuse : « adepte de l'hindouisme ». *Un dieu doré tordait ses membres en une danse plus hindoue que chinoise* (Mallet-Joris). Pour désigner la nationalité, il est préférable d'appeler les habitants de l'Inde les **Indiens** (avec éventuellement la précision *d'Asie*, pour éviter l'ambiguïté). ⟶ INDIEN.

HINDOUISME et **HINDOUISTE orth.** Pas de tréma sur le *i* : *De l'Église catholique, il ne connaît pourtant que Lourdes, où sa famille, hindouiste, va en pèlerinage chaque année* (S. Le Bars, *Le Monde*, 26/12/2008).

HIPPIE ou **HIPPY emploi et sens.** Mot anglo-saxon, substantif et adjectif, qui a été en vogue dans les années 70, surtout sous la forme du plur. **hippies**, pour désigner des « personnes qui refusent les valeurs sociales et culturelles de la société de consommation » (Robert) : *Un hippie c'est quelqu'un qui cherche la vérité hors de la société et ailleurs – en défonçant systématiquement les tabous avec un idéal mystique, pacifiste et esthétique pour arriver au bonheur* (Axel). *Quand il a été dans la cage d'escalier, il a gueulé : « Voilà les hippies maintenant, à quoi elle va ressembler la France dans dix ans quand plus personne ne voudra travailler ? »* (Bourgon). *L'aventure hippie.*

HIPPO- ou **HYPO- emploi et sens.** Ces deux préfixes n'ont rien de commun quant au sens ; le premier sert à former des composés sur le thème du « cheval » : *J'eus un soulagement lorsqu'il eut terminé, sans apoplexie, son cours d'hippologie commerciale* (Constantin-Weyer). *Le district s'inquiète d'une vente éventuelle de l'hippodrome de Saint-Cloud à des promoteurs immobiliers* (*Le Monde*). Le second a le sens de « dessous » et sert à former des termes savants ou techniques en grand nombre. → HYPO- et les mots qui suivent.

HISTOIRE orth. Ne prend pas de majuscule : *Le cours de l'histoire, l'histoire ancienne, étudier l'histoire naturelle.* ♦ **emploi.** La locution familière **histoire de** s'emploie en apposition pour marquer le but, l'intention : *Et, redressant la tête, il nous disait, histoire de souffler un peu : « Eh bien ! ça va, la jeunesse ? »* (Alain-Fournier). *J'en ai tué un en duel, histoire de lui prouver qu'il n'existait pas* (Rey). *Et histoire de pousser commerçants, artisans et professions libérales à fournir des factures ou des reçus fiscaux, des sanctions* [...] *puniront ceux qui persistent à œuvrer au noir* (S. Aloïse, *Le Monde*, 14/08/2011).

□ **sans histoire**. Au sens de « sans difficulté », dans le registre familier, cette locution se met au sing. : *L'entrée à Arago s'effectua sans histoire* (Diwo).

HIT-PARADE emploi et sens. Cet anglicisme courant dans le monde des médias ne dit rien de plus que le français **palmarès**, qu'on peut lui préférer, d'autant qu'il n'est pas plus long (recommandation officielle du 10 octobre 1985).

HIVER constr. Pour l'indication de la saison, on dit généralement **en hiver** ou, pour insister, **dans l'hiver**. Le tour **à l'hiver** est rare, alors que cette construction est régulière pour *automne* et *printemps*. En revanche, la construction sans préposition est fréquente, pour marquer la généralité ou le retour régulier : *L'hiver, il fait froid.*

HIVERNER sens. « Passer l'hiver dans un abri », ou « mettre les bêtes à l'étable pendant l'hiver », ou, transitivement, « labourer (une terre) avant l'hiver » : *L'hiver avait été pluvieux sur la côte. Les hivernants ont été déçus, ils disent que la guerre a changé le climat* (Gallo). À distinguer de **hiberner**. → ce mot. De même, distinguer **hibernal** et **hivernal** : *L'engourdissement hibernal*, mais *un froid hivernal.*

H.L.M. prononc. Le *h* initial est traité tantôt comme un *h* dit aspiré, tantôt comme un *h* dit muet. ♦ **genre.** On dit en principe **une H.L.M.**, puisque ce sigle représente la locution *habitation à loyer modéré* : *De gigantesques et vétustes H.L.M., toutes construites sur le même modèle* (Wiazemsky), mais l'attraction du genre de *immeuble* est forte, et on entend fréquemment **un H.L.M.**

HO- prononc. On trouve le groupe **ho-** avec *h* dit aspiré à l'initiale des mots suivants : *hobby, hocco, hocher, hockey, holà, holding, hold-up, Hollande, hollywoodien, homard, home, homespun, hongre, hongrois, honnir, honte, hop, hoquet, hoqueton, horde, horion, hors, hot, hotte, hottentot, hou, houache, houblon, houdan, houe, houille, houka, houle, houlette, houlque, houp, houppe, houppelande,* *hourd, hourdis, houri, hourque, hourra, hourvari, houseau, houspiller, houssaie, houx, hoyau.* → H, HE-, HI-, HU-.

HO ! emploi et sens. Cette interjection, marquant l'appel, l'étonnement ou l'indignation, se distingue peu dans la langue parlée de son homonyme *oh !* La distribution orthographique de ces deux lettres est imprécise.

HOBBY emploi et sens. Anglicisme, auquel on peut préférer *passe-temps, violon d'Ingres,* voire *dada* (traduction française de ce terme familier) : *Maintenant que je suis à la retraite, je peux me consacrer à ce qui me passionne le plus, mon « hobby », comme disent les Anglais* (Wiazemsky). → LOBBY.

HOCHER emploi. De nos jours, seulement dans *hocher la tête.*

HOLÀ ! orth. Ne pas omettre l'accent grave sur le *a* final, comme dans *voilà* : *Holà ! Y a-t-il quelqu'un ?*

HOLDING orth. Plur. *des holdings.* ♦ **genre.** Ce mot est généralement masc. : *M. Gilbert Gross augmente son poids dans le holding britannique AEGIS* (*Le Monde,* 11/08/1992), mais on rencontre le fém., dû à l'influence du tour *société holding* : *Cette holding familiale a été créée en 1982 à partir d'un autre château, Duhart-Milon* (*Le Monde,* 02/06/1992). *Nicolas Bazire est directeur général du groupe Arnault, la holding du fondateur du leader mondial du luxe, LVMH* (G. Davet et F. Lhomme, *Le Monde,* 23/09/2011). ♦ **sens.** Anglicisme de la langue de l'économie, difficile à franciser, encore que *monopole* ou *société monopoliste* traduise assez bien le contenu de ce mot, qui désigne une « combinaison financière permettant à une firme de jouer un rôle dirigeant dans diverses entreprises ».

HOLD-UP orth. Invar. au plur. : *des hold-up.* ♦ **emploi et sens.** Américanisme (invar.) bien implanté dans l'usage français et signifiant « attaque à main armée, coup de main ».

HOLISTIQUE emploi et sens. Cet adjectif renvoie au substantif **holisme**, qui désigne une « théorie d'explication globale de l'homme » et ne peut guère être employé dans le langage courant, si ce n'est avec un soupçon de pédantisme : *La philosophie du NHS est « holistique », le patient étant totalement suivi dans la chaîne des soins* (M. Roche, *Le Monde,* 17/08/2009).

HOLLANDE orth. *Du fromage de Hollande,* mais *du hollande* (avec une minuscule). ♦ **prononc.** Ne jamais faire d'élision ni de liaison devant ce mot : *aller en / Hollande, manger du / hollande, les / Hollandais.* Dans le cas du nom de pays, et de l'adjectif *hollandais,* on ne doit pas prononcer le double *l* : *Ne se trouvera-t-il personne pour leur dire* [aux parleurs de la radio] *qu'il est malséant de dire : Hollandais, voie ferrée ?* (Gide).

HOLOCAUSTE genre. Masc. *un holocauste.* ♦ **sens.** « Sacrifice religieux dans lequel on consume entièrement la victime » : *Les fouilles de Carthage ont confirmé les rites cruels des holocaustes d'enfants* (Eydoux). Employé souvent comme synonyme « noble » de *sacrifice* : *S'offrir en holocauste.* On applique de plus en plus systématiquement ce mot à l'extermination des juifs par les nazis, au cours de la Seconde Guerre mondiale. → SHOA.

HOMARD prononc. Avec un *h* dit aspiré. ♦ **emploi.** On dira *homard à l'américaine* et non *à l'armoricaine,* qui n'est qu'un pédantisme fantaisiste.

HOME prononc. Avec un *h* dit aspiré. ♦ **emploi.** Littré écrivait en 1875 : « Mot anglais qui tend à s'introduire en français et pour lequel nous n'avons pas d'autre équivalent que : le chez-soi. » Devenu désuet de nos jours, sauf dans **mobil home** et **home-center**. → le suivant.

HOME-CENTER emploi et sens. Cet anglicisme commercial désigne un « centre spécialisé dans la vente au détail d'articles pour l'équipement de la maison ». Le Ministère de l'économie, en avril 1967, a proposé – sans grand succès – de le remplacer par l'équivalent « français » *maisonnerie.*

HOMICIDE sens. « Action de donner la mort à qqn », dans le langage juridique. Signifie aussi « personne ayant donné la mort ». S'emploie assez rarement comme adjectif, sauf dans un registre littéraire, au sens de « qui a donné la mort » : *un geste homicide.* On dit plus ordinairement de nos jours *criminel* ou *meurtrier*. → PARRICIDE, SUICIDER (SE).

HOMME emploi. L'emploi de ce mot au sens de « mari » relève du registre populaire : *Elle ne comprenait pas que son homme se soit fourré dans une pareille affaire* (Guilloux). → DAME.
□ **il n'est pas homme à, suivi de l'infinitif.** Cette locution est encore assez vivante, et parfaitement correcte, avec une valeur consécutive, « il n'est pas tel, d'une telle nature que... » : *Je ne suis pas homme à faire le malheur de mon fils* (Maurois). *Il ne serait pas homme à ne l'afficher que pour « la montre » comme on le croit à Bordeaux* (Mauriac). Le tour affirmatif est plus rare : *Il était homme à provoquer sans motif un carabinier dans la rue* (Daudet). *Il est homme à se réveiller frais et dispos, prêt à affronter la perpétuité en ne comptant que sur ses forces* (Chaix). Ce tour n'est d'ailleurs pas réservé au mot *homme* : *Je ne suis pas femme à abuser d'un secret qu'on me confierait* (Becque).
□ **l'homme Vigny, l'homme Hugo.** Les critiques littéraires usent beaucoup de ce tour « globalisant » : *Une suite de témoignages incontestables sur l'homme Stendhal, si prodigieusement attachant* (Guermantes, *Le Figaro*, 20/06/1966).
□ **orthographe des composés.** On ne met jamais de trait d'union dans les locutions telles que : *homme d'affaires, d'argent, de bien, de cour, d'Église, d'épée, de loi, de paille, de rien,* etc. De même pour *homme lige, homme propre,* etc. Mais les substantifs suivants prennent un trait d'union : *homme(s)-grenouille(s), homme-mort, homme(s)-orchestre(s), homme-protée, homme(s)-sandwich(es), homme(s)-singe(s),* etc. *Ces montagnes russes qui, chassant pour tout un mois la petite assemblée des hommes-troncs, élevaient leurs échafaudages compliqués* (Simon).

HOMO emploi et sens. C'est une abréviation familière, non péjorative, d'**homosexuel(le)**, qui s'emploie comme adjectif ou comme nom. → GAY.

HOMOGÉNÉISER forme. Celle-ci tend à l'emporter sur *homogénéifier*, qui est aussi correct, avec le même sens : « rendre homogène ». *Du lait homogénéisé.*

HOMOLOGUE sens et emploi. Cet emprunt au vocabulaire des mathématiques désigne couramment, comme substantif masc. ou fém., une personne qui joue le même rôle, ou est située au même niveau qu'une autre, dans un cadre ou une activité différente : *Les raisons morales invoquées cachent mal une certaine irritation des commerçants algériens devant les succès de leurs homologues chinois* (*Le Monde*, 07/08/2009).

HOMONCULE orth. On écrit aussi *homuncule.* ♦ **emploi et sens.** Mot littéraire de valeur péjorative et signifiant « avorton, minus » : *C'est à vous de voir, avait concédé l'homoncule* (Franck & Vautrin).

<u>HOMONYME</u> emploi et sens. Ce mot, qui signifie « qui a une prononciation identique mais un sens différent », renvoie à deux termes plus précis : **homophone** (identité de la prononciation) et **homographe** (identité de l'orthographe). Les couples *maire* et *mer*, ou encore *faux cil* et *fossile* sont *homophones*, mais non *homographes*, tandis que le substantif *(une) serre* et le verbe *(il) serre* sont à la fois *homophones* et *homographes.* Ces diverses ressemblances sont source de nombreuses ambiguïtés, dont sont victimes les enfants et, parfois, les adultes : *Tous les espoirs s'écroulaient quand le garde des Sceaux (dont je me demandais quels sots il pouvait bien garder)* [...] *changeait de tête ou de parti* (Chaix).

HONCHETS → JONCHETS.

HONNÊTE sens. Cet adjectif prend parfois un sens différent selon qu'il est placé avant ou après le substantif. Mais ce changement est beaucoup moins net que pour les adjectifs *brave, grand, galant,* etc. *Un honnête homme* peut signifier « un homme cultivé, distingué, de bonnes manières et ayant des lumières en tous domaines », mais seulement dans un registre soutenu et dans un milieu relativement restreint. La majorité des francophones ne fait en réalité guère de distinction entre *un homme honnête* et *un honnête homme*. La différence est plus sensible, dans la langue courante, entre *honnête femme* (« de bonnes mœurs ») et *femme honnête* (« probe »). En outre, l'adjectif **honnête** a couramment le sens de « moyen, correct », dans un nombre croissant de locutions ; cette extension paraît irrésistible : *Un euro le kilo, c'est honnête ; un repas honnête, sans plus ; une récompense honnête.*

HONNEUR emploi et sens. Ce substantif entre dans diverses locutions plus ou moins figées : *Naturellement, avec Langlois, en tout bien tout honneur, ils s'entendaient comme cul et chemise* (Giono). *Moi seul connus le déshonneur / De ne pas être mort au champ d'honneur* (Brassens). *J'espère bien qu'on va la mettre en prison – En quel honneur ? dit Migeon, placide* (Aragon). *Elle nous fit avec simplicité les honneurs de sa bicoque.* On notera le passage du sens abstrait au sens concret, entre le sing. et le plur. : *Il s'est battu pour l'honneur du nom. Tu es trop sensible aux honneurs.*

HONNIR emploi et sens. Verbe archaïque, qui ne subsiste guère que dans la devise *Honni soit qui mal y pense !* Le sens est « vouer au mépris public afin de couvrir de honte » : *Le public français honnit la nouvelle et le conte, il veut de beaux gros romans* (Cavanna).

HONOR- orth. Les mots formés sur *honneur* ne prennent qu'un *n*, à la différence du radical de base, dans : *honorable, déshonorant, honoraire, honorariat, honorifique.*

HONORAIRES (substantif) **forme.** Pas de sing. ♦ **sens.** « Somme accordée en échange de ses services à un médecin ou à un avocat, et plus généralement à un membre d'une profession libérale » : *Il finirait, au bout de quelques années, par accepter des honoraires, encore qu'il lui répugnât d'engager avec tout être humain le moindre échange à propos d'argent* (Labro). → SALAIRE.

HONTE constr. On dit aujourd'hui **n'avoir pas** (ou **point**) **honte de + substantif** ou **infinitif**, mais **il n'y a pas de honte à** (avec la préposition *de* entre *pas* et *honte*) : *Oh ! citoyen, s'écria Gamelin, n'avez-vous pas honte de tenir ce langage ?* (France). *La vérité pas bonne à dire, très mauvaise à dire pour lui si on osait, si on n'avait pas honte de l'humilier* (Sarraute). *Il n'y a pas de honte à le dire.*
□ **toute honte bue.** Cette locution est littéraire et archaïsante, au sens de « sans être sensible au déshonneur » : *Et devant vous, toute honte bue, je ne suis plus qu'un commis voyageur ou un sous-off qui court le jupon* (Montherlant).

HOOLIGAN ou **HOULIGAN orth.** Les deux sont acceptables, le mot étant d'origine anglaise *(oo)*, mais fréquemment employé en Russie (transcrit par *ou*). ♦ **sens.** « Jeune voyou, n'hésitant pas à employer la violence » : *Des hooligans anglais ont provoqué des incidents à Malmö* (*Le Monde*, 16/06/1992).

HÔPITAL orth. Ne pas oublier l'accent circonflexe.

HOQUETER conjug. Comme *jeter*. → APPENDICE GRAMMATICAL. ♦ **emploi.** Souvent au fig. : *Alors, le petit moteur du scooter hoqueta sur la route de briques* (Vian).

HORAIRE emploi et sens. Ce mot est un adjectif formé sur *heure* : *Si les ouvriers horaires mensualisés sont payés au mois, cela pourrait favoriser encore l'usage de la monnaie scripturale au détriment de la monnaie fiduciaire* (*Le Monde*). Mais il est le plus souvent employé comme substantif, soit pour désigner une personne : *Les horaires sont moins nombreux dans cette entreprise que les mensuels*, soit pour désigner un « tableau ou guide donnant les heures », surtout dans le domaine des transports : *Les autobus sont souvent en retard sur l'horaire.* Ce substantif a également, dans l'administration, l'enseignement, etc., le sens de « répartition des heures de travail » : *Elle espère malgré tout que l'on s'achemine vers une solution : horaire de nuit l'été et horaire de jour l'hiver* (*Le Monde*).

HORDE → HARDE.

HORION prononc. Avec *h* dit aspiré. ♦ **emploi et sens.** Ce mot ne doit pas être employé avec le sens de « marque sur la peau, bleu », mais avec celui de « coup donné avec force ».

HORIZON forme. Invar. comme adjectif de couleur, dans *des uniformes bleu horizon.* ♦ **emploi et sens.** Courant au sens spatial de « partie de la terre et du ciel délimitée par un plan perpendiculaire au fil à plomb et passant par l'observateur » : *Pendant longtemps, les bois de Vaux bordèrent l'horizon d'une ligne noire qui allait en s'amincissant* (B. Clavel). *C'était la nuit, mais une énorme lueur embrasait l'horizon* (Roy). Il est inutile, dans ce sens, de mettre ce substantif au plur. Mais cette pratique est répandue chez certains écrivains : *Tout contre la terre, la chaleur faisait vaciller l'air, et les horizons lointains ressemblaient à des fumées volatiles fusant d'entre les brins d'herbe* (Le Clézio). Au fig., on rencontre le plus souvent le plur., au sens de « perspective », mais le sing. est aussi correct : *Le siècle était sans horizon et toutes les avenues aveuglées, sauf celles de la chamaille, du ressentiment, de la haine* (Duhamel) *; un horizon extrêmement borné ; ouvrir des horizons.* Il n'est pas possible de refuser cet emploi, malgré les réserves de certains grammairiens.

HORLOGE genre. Ce substantif, autrefois masc., est aujourd'hui fém. : *Une horloge comtoise. L'horloge parlante.*

HORMIS emploi et sens. Préposition vieillie et supplantée par **excepté** ou **sauf**. → ces mots : *Personne ne croit plus à toi, Jeanne, hormis le menu peuple, qui croit tout, qui en croira une autre demain* (Anouilh). *Elle avait d'abord refusé toute visite, hormis celle de son mari* (Bazin). *Hormis la pluie, ils n'ont rien* (Audiberti). La même remarque vaut pour la locution conjonctive **hormis que** : *Hormis que le printemps n'arrive bientôt, je ne sais pas ce que nous allons faire* (Hémon).

HORMONE prononc. [ɔrmɔn]. Éviter de prononcer le second *o* comme un [o]. ♦ **dérivé.** *hormonal.*

HORREUR constr. et emploi. On dit *éprouver de l'horreur pour qqn* ou *qqch.* (et non *contre*, qui est possible avec, par exemple *aversion*) : *J'éprouve pour lui de l'horreur, une horreur insurmontable.* Est également répandu : *J'ai horreur de faire attendre mes clients. Le lèche-vitrines, j'ai horreur de ça !* Mais on rencontre plus rarement, aujourd'hui : *Il lui communiqua l'horreur de ses fautes passées. Se rappelant ce qu'il avait fait, il eut l'horreur de son acte.* Ce dernier tour est littéraire. *Horreur* est fréquemment employé au sing. ou au plur., avec le sens concret de « objet affreux » : *Il a un mauvais goût tel que son séjour est un vrai musée des horreurs. Ce bonhomme est une horreur.*

HORRIFIQUE emploi. Vieil adjectif qui n'est substitué à **horrifiant** que dans le registre plaisant et à un certain niveau de culture : *L'horrifique récit de ses exploits.*

HORS prononc. Le *h* initial est « aspiré » : il ne faut donc pas faire la liaison dans *Il est / hors de question que..., Il était / hors jeu*, etc. Cette règle est très souvent violée aujourd'hui. ♦ **constr.** Cette préposition s'emploie le plus souvent avec **de**, au sens de « à l'extérieur de » ou « au-delà de » : *hors d'affaire, d'atteinte, de combat, de doute, de sens*, etc. : *Hors des bois, on pouvait peut-être encore y voir un peu mais ici c'était fini* (Giono). *Il se sentait dégagé de lui-même, hors de sa possession* (La Varende). *Vous délirez, Boris Schreiber. Il est hors de question que je le chasse* (Schreiber). Il existe des locutions figées, sans la préposition *de* : *hors banque, hors classe, hors commerce, hors concours, hors jeu, hors la loi, hors l'eau, hors les murs, hors ligne, hors pair, hors rang, hors texte, hors tour, hors tout* : *Les deux principaux partis politiques africains ont été mis hors la loi* (*Le Monde*). *Et de ce temple hors les murs, auprès de l'autel de Borée, te souvient-il ?* (Valéry). *Des cuirassiers venus pour tuer leur dimanche, voir « membrer » la section hors rang* (Courteline). Ailleurs, l'absence de *de* relève d'une volonté d'archaïsme : *C'est pourquoi il n'y a pas de salut hors l'Église* (Anouilh). *Elle avait mené une vie si peu naturelle que les actes hors nature la laissaient indifférente*

(Kessel). *C'est lui, ce Horla, qui provoque les hallucinations visuelles, les apparitions des morts : hors moi, en moi* (Pontalis). Dans la langue littéraire, on rencontre encore assez souvent la construction directe, au sens de « excepté » : *Hors deux détenus qu'on y avait mis, récemment transférés du Luxembourg à la Conciergerie, il ne s'y trouvait que d'honnêtes gens* (France). *Bordeaux, ville pauvre en arbres, hors ce jardin public* (Mauriac). *Le malheur commun vous avait dépouillé de tout – hors la noblesse* (Vercors).
□ **hors norme(s).** Dans ce tour figé, on peut mettre le mot *norme* au plur. ou au sing. : *Je veux que son prénom lui suggère un destin hors norme* (Nothomb). *Personne ne saurait le nier. Marcel Petiot, industriel de la mort, était un criminel hors normes* (Franck & Vautrin). *L'homme* [Soljenitsyne], *on l'a dit, écrit et répété, ici et ailleurs, est totalement hors norme* (J. Amalric, *Libération*, 12/08/2008). *Il existe peu d'êtres respectables sur notre bonne vieille terre. Ces femmes-là l'ont été par un dévouement incessant et hors norme* (Bialot). On notera que le sens est souvent détourné et acquiert une valeur emphatique, comme équivalent de « exceptionnel, extraordinaire », etc. : *Une pression sur le démarreur confirme le caractère hors norme de cette moto* (J.-M. Normand, *Le Monde*, 15/07/2011). On peut aussi varier l'expression avec d'autres locutions, comme ici : *C'est un homme bâti comme un chêne, avec une force de vie, une histoire et un engagement dans le théâtre hors du commun* (B. Salino, *Le Monde*, 24/07/2011).
□ **hors que.** Cette locution conjonctive ne se rencontre plus guère, même dans la langue littéraire, et fait place à *sauf que, excepté que.* L'emploi suivant est insolite : *La rue ne présente guère d'animation, hors qu'à la nuit* (Aymé).

HORS- orth. Le trait d'union apparaît dans le cas d'une étroite association sémantique entre **hors** et ce qui suit. On écrira toujours : un *hors-bord*, un *hors-la-loi*, mais *être mis hors jeu, hors la loi ; un hors-texte*, mais *une gravure hors texte.* Plur. : *des hors-bord, ils sont hors-concours, des hors-jeu, des hors-la-loi, des hors-texte.* L'invariabilité est de règle.

HORS-D'ŒUVRE forme. Invar. au plur. Sur un menu le *s* final fait plus riche, mais moins français.

HORSE-GUARD prononc. [ɔrsg(w)ard] ♦ **orth.** Plur. *des horse-guards.* ♦ **emploi et sens.** Cet anglicisme désigne un type bien défini de soldat britannique, celui qui appartient au régiment des gardes à cheval.

HORSE-POWER forme. Souvent abrégé en **HP.** ♦ **sens.** Version anglaise du « cheval-vapeur, unité de puissance ». → CHEVAL-VAPEUR.

HOSANNA orth. Plur. *des hosannas.*

HOSTELLERIE prononc. Le *-s-* n'est réintroduit dans ce substantif que par un snobisme mal informé, car cette consonne, à l'intérieur d'un mot et devant une autre consonne, n'était plus prononcée en français à partir du XIIIe siècle. Il est donc recommandé de la considérer comme une lettre « muette ». On prononcera donc [ɔtɛlri].

HOT DOG orth. Plur. *des hot dogs.* Pas de trait d'union : *Le gardien furieux lui servit deux hot dogs et un verre de lait pour tout déjeuner* (Godbout). *Traduire « hot dog » par « chien chaud » – cela fut tenté ! – serait parfaitement ridicule* (Cavanna).

HÔTE forme et sens. Au sens actif, « personne qui reçoit », ce mot a pour fém. **hôtesse** : *Malou fut pour toi une hôtesse pleine d'attentions.* Mais au sens passif, « personne qui est reçue », la forme est unique pour les deux genres : *Ton amie est une hôte charmante.* On trouve plus fréquemment dans ce dernier sens le substantif **invité(e)** ou, dans l'emploi commercial, **client.** Les mots *hôte* et *hôtesse* ont vieilli, en dehors d'un usage mondain ou poétique. Lorsque celui qui est hébergé paie une redevance à celui qui héberge, on emploie *propriétaire* et *locataire*, ou, plus spécialement, *hôtelier* et *client.* On dit aussi *hôte payant.*

HÔTEL orth. Prennent un accent circonflexe tous les dérivés sauf **hostellerie.**

→ ce mot (mais on écrit **hôtellerie**, « ensemble des activités relatives au métier d'hôtelier »).

HÔTEL-DIEU orth. En général, écrit avec une majuscule à **Dieu**. Plur. *des hôtels-Dieu*. Pour désigner l'hôtel-Dieu de Paris, en emploi absolu, deux majuscules : *On l'a admise à l'Hôtel-Dieu.*

HOTTE orth. Deux *t* : *La hotte du Père Noël.*

HOUPPE → HUPPE.

HOUPPETTE orth. Avec deux *p* et deux *t*.

HOURRA orth. Avec deux *r* et sans *h* final : *Hourra l'Oural*, titre d'un livre d'Aragon. Ne pas confondre avec la forme anglaise **hurrah**, qu'on ne rencontre plus guère en français : *Les premiers hurrahs de l'assaut éclataient* (Peyré).

HOURVARI orth. Plur. *des hourvaris.* ♦ **sens.** « Grand tumulte. »

HOUSEAU emploi. Généralement au plur. : *des houseaux.* ♦ **sens.** « Sorte de jambière protectrice. » Au fig. : *Les érables se guêtrent de houseaux rouges* (Giono).

HP → HORSE-POWER.

HU- prononc. On trouve le groupe **hu-** avec un *h* dit aspiré à l'initiale des mots suivants : *hublot, huche, hucher, huer, huerta, huguenot, huis clos* (mais non *huis* et ses dérivés), *huit, hulotte, hum, humage, hune, huppe, hurdler, hure, hurler, huron, hussard, hussite, hutte.* → H, HE-, HI-, HO-.

HUIS prononc. Le *h* n'est dit aspiré que dans le groupe figé **huis clos** : *Le juge a cru bon de prononcer le huis clos* (et non *l'huis clos*). Mais partout ailleurs, et notamment dans les dérivés **huissier, huisserie**, etc., le *h* est dit muet. ♦ **emploi et sens.** Le mot *huis*, au sens de « porte », est archaïque et littéraire : *Ma voisine affolée vint cogner à mon huis* (Brassens).

HUIT prononc. Avec un *h* dit aspiré quand il est employé seul : *le huit août, tous les huit jours, les huit dixièmes.* Mais la liaison interne se fait en composition : *dix-huit, vingt-huit, trente-huit.* Le *t* final se fait entendre en fin de phrase ou de proposition : *Ils étaient huit* [ɥit], mais a tendance à rester muet devant tout mot à initiale consonantique : *Le huit décembre* [ɥi].

HUITANTE → OCTANTE.

HUITIÈME prononc. Mêmes observations que pour *huit.*

HUÎTRE orth. Ne pas omettre l'accent circonflexe sur le *i*.

HULULEMENT, HULULER → ULULER.

HUMANISTE ou **HUMANITAIRE sens.** Le premier mot est surtout substantif, au sens de « personne versée dans la connaissance des langues et des civilisations anciennes, surtout gréco-romaines » : *Les humanistes de la Renaissance.* On le rencontre aussi comme adjectif : *Les théories humanistes d'Érasme.* Quant au second mot, il est avant tout employé comme adjectif, et prend aujourd'hui assez facilement une teinte péjorative : *Les idées de ce philosophe humanitaire sont généreuses, mais irréalistes.* Le sens est « qui est favorable à l'humanité, qui se penche sur ses grands problèmes ». Ces mots sont chargés d'un contenu intellectuel ou affectif, plus nettement que **humain**, qui renvoie directement à **homme**. On parle toutefois plus concrètement d'une *mission humanitaire.* Les rapports entre ces trois mots sont étroits, comme le montre cet exemple : *Le grand poète Hemmet Tekrit vient d'être condamné à mort, à raison de son activité non pas même politique, mais humaine, humaniste, humanitaire* (Duhamel).

HUMANITARISME emploi. Ce substantif a souvent une valeur péjorative, ainsi que l'adjectif-substantif **humanitariste**. → le précédent.

HUMER sens. Autrefois, « boire », devenu « aspirer par le nez pour sentir ». Emploi hardi et fantaisiste dans la phrase suivante : *Des ascenseurs modernes humaient vers le toit la clientèle* (Morand).

HUMÉRUS orth. Prend un accent aigu, ainsi que **huméral**.

HUMOUR et IRONIE sens. Le premier substantif est la version anglaise de notre **humeur**. Il désigne une « attitude de raillerie légère ou de plaisanterie relevant moins du sens commun que d'une vue personnelle et singulière ». Voici des exemples d'humour « français » : *Je suis née des Allocations et d'un jour férié dont la matinée s'étirait, bienheureuse, au son de « Je t'aime Tu m'aimes » joué à la trompette douce* (Rochefort). *La fille de l'épicier, celle qu'on avait choisie pour faire Jeanne d'Arc dans le cortège, elle a tellement le trac qu'elle grelotte dans son armure – Gli gli gli – Finalement c'est son cousin qui la remplace comme pucelle* (Audiberti). **L'ironie** est un procédé plus répandu à tous les niveaux de langue. Il consiste à « ne pas donner aux mots leur valeur réelle, ou complète, à feindre l'ignorance ou la naïveté », use souvent de l'antiphrase, et sert comme instrument de moquerie. En voici des exemples : *Ah ! vous êtes chouettes, oui vous êtes propres ! De beaux cadeaux à faire pour le jour de l'an !* (Courteline). *Une phrase de Descartes lui revenait à l'esprit, une phrase qui l'avait irrité longtemps parce qu'il croyait y déceler de l'ironie. Le philosophe avait donc écrit : « Il ne me reste plus maintenant qu'à examiner s'il y a des choses matérielles »* (Duhamel).

HUPPE ou HOUPPE sens. Le premier substantif désigne une « touffe de plumes sur la tête de certains oiseaux », un « oiseau roussâtre portant une huppe » ou un « défaut du bois se présentant sous forme d'une poche remplie de bois mort ». Le second est beaucoup plus fréquent et désigne « tout assemblage de filaments ou de poils formant une touffe, un bouquet », et en particulier un « instrument à l'aide duquel on poudre les cheveux ou le visage » : *Les poudres de diverses couleurs avec chacune sa houppe* (Vailland).

HURE prononc. Avec *h* dit aspiré. ♦ **sens.** C'est, en principe, la « tête du sanglier », et, par extension, celle de certaines bêtes fauves ou même de certains poissons.

HURLUBERLU forme. Le fém. est rare et appartient au registre familier : *Je trouve cette nana quelque peu hurluberlue.*

HUTTE orth. Avec deux *t*, tandis que *cahute* n'en prend qu'un.

HY- prononc. Le *h* n'est jamais aspiré dans ce groupe initial.

HYACINTHE orth. Ne pas intervertir *i* et *y* : *Les soleils couchants / Revêtent les champs / D'hyacinthe et d'or* (Baudelaire).

HYDROPISIE orth. D'abord un *y*, puis deux *i*. Mot construit sur le radical emprunté au grec *hydro-*.

HYÈNE prononc. Le *h* initial est muet : *l'hyène.* Mais nombre d'auteurs ne font pas l'élision. Pierre Loti, en 1916, intitula un de ses livres *La Hyène enragée* (= l'Allemagne). Grevisse et Le Gal citent des exemples analogues de Gascar, Arnoux, René Benjamin, Soubiran et autres. C'est certainement à dessein que Céline a écrit : *J'apercevais la pianiste qui passait et revenait au milieu d'un cercle de passagères, la hyène.* Selon Dauzat, l'usage et le goût opposent « la délicate *hyacinthe* à la *hyène*, bien plus expressive avec une prononciation contractée correspondant à la férocité du fauve » (*Le Monde*, 28/08/1963).

HYGIÈNE orth. Avec un accent grave. Mais les dérivés *hygiénique, hygiéniste* prennent un accent aigu.

HYMEN forme. On emploie aussi bien **hyménée** (masc.). ♦ **sens.** Ces mots, au sens de « mariage », ne s'emploient que dans un style « poétique » archaïsant, ou, au contraire, dans un style burlesque : *Cet hymen de pensées qui s'est conclu de soi-même sur tes lèvres* (Valéry).

HYMNE genre. Masc. dans l'acception la plus courante, « chant national » ou « poème lyrique » : S'ils *ont entendu mon hymne muet, cela me suffit* (Giraudoux). Mais au sens spécialisé de « cantique religieux chanté à l'église, généralement en latin », le mot *hymne* est fém. *Une hymne d'action de grâces.*

HYPALLAGE orth. Avec un *p* et deux *l* et non l'inverse. ♦ **genre.** Fém. Les erreurs sont fréquentes : *Les hypallages subtils* (Queneau). ♦ **sens.** « Figure de style qui consiste à attribuer à un mot ce qui convient à un autre. » Les locutions *de guerre lasse, permission libérable, un blessé grave* sont des exemples d'hypallage. → PRÉAVIS.

HYPER emploi. Ce préfixe est productif dans la langue savante, mais la langue courante lui préfère en général **extra-, super-**. → ces formes. Les mots formés sur ce préfixe ne prennent pas de trait d'union : *hyperactif, hypermétrope, hypersensible. L'hypermoderne, par des voies détournées, se serait-il métamorphosé en hyperarchaïsme ?* (Guillebaud). Dans le langage « jeune » et branché, on rencontre **hyper**, seul ou préfixé, avec la valeur d'un degré plus fort que **super** : *Un moustique dans une mercerie hypertraitée à la naphtaline, c'est plutôt pas courant* (Desproges). Quant à **l'hypermarché**, il correspond officiellement à une norme de superficie, et désigne une grande surface de plus de 2 500 m². → SUPER.

HYPNOTISER prononc. Il faut se garder de la métathèse fréquente chez les personnes peu instruites, et ne pas prononcer [inɔptise]. De même pour **hypnotique**.

HYPO- orth. Ne pas confondre avec le préfixe **hippo-** : on a toujours *y* avec un seul *p* et *i* avec deux *p* : *Les élastiques de ses chaussettes semblaient hypotendus* (Échenoz). *Les hypocondriaques ont du mouron à se faire* (*Le Monde*, 25/04/2011). → HIPPO-.

HYPOGÉE genre. Masc. ♦ **sens.** « Construction souterraine, servant souvent de sépulture » : *Tout le monde a entendu parler de ce fameux hypogée* (Apollinaire). Ne pas confondre avec **catafalque**. → ce mot.

HYPOPHYSE orth. Avec deux *y* et sans *i*.

HYPOTÉNUSE orth. Pas de *h* dans ce mot, après le *t*.

HYPOTHÈQUE orth. Tous les composés et dérivés s'écrivent avec un accent aigu : *hypothécaire, hypothéquer,* etc.

I

ÏAMBE orth. Ce mot et ses dérivés s'écrivent généralement avec tréma : *vers ïambique* (Académie). ♦ **sens.** « Pied composé d'une brève et d'une longue (⏑ –) », dans la versification antique.

IBÈRE emploi et sens. Cet adj.-subst. désigne le peuple qui a colonisé autrefois le sud de la Gaule et le nord de l'Espagne : **les Ibères.** Il ne se confond pas avec l'adj. **ibérique**, qui s'applique à la péninsule comprenant l'Espagne et le Portugal.

« **IBIDEM** » **sens.** Mot latin signifiant « au même endroit », qu'on utilise pour éviter une redite, quand on fournit une nouvelle citation d'un texte déjà cité antérieurement. Abréviation : *Ibid.* (S'imprime en italique).

IBN orth. Pas de trait d'union entre ce mot et le nom propre qui suit : *Ibn Khaldun.* ♦ **sens.** Mot arabe signifiant « fils de » : *Ibn al-Farid, Ibn Massawayh, Ibn Zaydun,* etc. → BEN.

ICEBERG prononc. À la française [isbɛrg], plus fréquemment qu'à l'anglaise : [ajsbɛrg]. ♦ **orth.** Plur. *icebergs.*

ICE-BOAT orth. Plur. *des ice-boats.*

ICE-CREAM prononc. À l'anglaise [ajskrim]. ♦ **orth.** Plur. *ice-creams.* ♦ **emploi.** Ce mot connaît aujourd'hui moins de faveur que naguère : *Longtemps ce parfum d'ice-cream à la banane embaume la mémoire de Fumika* (de Roulet). On dit plus couramment : **glace** ou **crème glacée.**

ICE-FIELD prononc. Toujours à l'anglaise : [ajsfild]. ♦ **orth.** Plur. *des ice-fields.* ♦ **sens.** « Champ de glace des régions polaires. »

ICHTY- prononc. -ch- se prononce [k]. ♦ **orth.** Simplifiée par rapport au grec : un seul *h.* Au siècle dernier on écrivait **ichthy-** pour transcrire χ et θ. ♦ **sens.** Premier élément de composition signifiant « poisson » : *ichtyologie.*

ICI emploi. Ici désignant un lieu avec une idée de proximité s'oppose couramment à **là**, qui marque l'idée d'éloignement. **Ici** et **là** sont corrélatifs, et marquent l'antériorité quand ils se rapportent à des faits : *Une bizarrerie de décoration que l'on retrouve ici ou là dans des cimetières perdus* (Jourde). *Le médecin l'envoya chez le meilleur chirurgien de l'univers qui préleva ici un peu de cartilage, là un peu de peau* (Nothomb). *Un village où il connaissait chacun, où il avait ici rééduqué une jambe, là soulagé une hanche, ailleurs délié une main* (Fottorino) ou simplement dans le temps de la narration et sans idée d'éloignement : *Ici, il s'interrompit et reprit haleine. Je crois que nous en sommes restés là.*

□ **ici près.** Cette locution est vieillie et supplantée par le tour plus « logique » **près d'ici.**

□ **d'ici (à).** Quand cette locution est prise en valeur temporelle, on fait souvent l'ellipse de **à** : *D'ici le treize, tout a le temps de sauter* (Romains). *D'ici huit mois nous avons largement le temps de nous retourner* (Montherlant). *D'ici le soir fatal, pas une allusion qui vous fasse rien pressentir* (Gide). Mais : *Des tests techniques et financiers devaient être effectués d'ici à la mi-juillet* (F. Lemaître, *Le Monde*, 13/06/2011). On notera que la séquence **d'ici là** est figée, et admet difficilement l'insertion de **à**, au moins quand elle a un sens temporel : *D'ici là, nous avons largement le temps de revoir le problème.* De même pour **d'ici peu, d'ici une heure** : *Si tu ne fais* *pas distribuer des viandes et de l'or, tu seras renversé d'ici deux heures* (Jarry).

□ **d'ici que.** *D'ici que nos enfants soient grands, il se bricolera bien là-dedans une ou deux langues communes* (Parain). **D'ici à ce que** est plus rare : *D'ici à ce que tout le monde vienne sonner à ma porte, il n'y a pas loin.*

□ **ici où** ⟶ OÙ.

□ **ici-bas, ici même,** etc. **orth.** *Ici-bas*, adverbe du langage religieux ou philosophique, prend un trait d'union. Mais *ici dedans, ici dessus, ici là, ici même, par ici* s'écrivent sans trait d'union. *Jusqu'ici* peut introduire une notion de temps ou de lieu.

ICÔNE orth. Avec un accent circonflexe. Mais les dérivés ne prennent pas d'accent : *iconique, iconoclaste, iconographie* : *Pour une fois, le Fils de Dieu n'était pas représenté selon l'iconographie classique dans la peinture religieuse* (Bialot). ♦ **genre.** Fém. *une icône dorée.* ♦ **emploi et sens.** Ce substantif fém. (masc. pour les anglophones) est très souvent employé au sens de « emblème, symbole, archétype », etc. : *À ce jour, toute la carrière de Frédérique Jossinet* [une escrimeuse] *s'est faite à l'ombre d'une icône, Ryoko Tamura* (*Le Monde*, 14/05/2007). *Sa voix* [de Oum Kalsoum], *sa présence hypnotique, son engagement et son talent à construire un répertoire ont fait d'elle une icône* (V. Mortaigne, *Le Monde*, 26/06/2008). *L'« icône du fétichisme »* [Dita Von Teese] *réserve en général ses tableaux aux soirées privées* (*Le Monde*, 06/02/2009). *Trente ans après, Mitterrand redevient l'icône de la gauche* (*Le Monde*, 10/05/2011). On veillera à varier l'énoncé grâce aux trois synonymes précités. Le sens originel est « peinture religieuse sur un panneau de bois » : *Tous étaient réunis dans le grand salon, autour de l'Icône, celle-là même avec laquelle Maya avait béni Nathalie et Adichka alors qu'ils n'étaient que fiancés* (Wiazemsky). On peut noter aussi que l'équivalent ancien de **icône** dans l'emploi galvaudé d'aujourd'hui était **idole**, pourvu également d'un caractère religieux, de même que le mot **fétiche**, qui, en apposition, possède à peu près la même valeur : *Blonde, pâle et belle, Carola Neher, comédienne fétiche des années vingt en Allemagne* (Semprun).

ICTÈRE genre. Masc. ♦ **sens.** « Coloration jaune de la peau révélant la présence de pigments biliaires dans les tissus. » Ne pas confondre avec **ulcère**.

« ID. » forme. Abréviation du mot latin *idem.* ♦ **sens.** « Même chose, pareillement. »

IDÉAL forme. L'adj. et le substantif ont leur plur. masc. en *-als* ou en *-aux* indifféremment, selon l'Académie. Littré préconise le plur. **idéaux** pour le masc. de l'adj. : *des êtres idéaux*, et **idéals** pour le plur. du substantif. La 8e édition du Dictionnaire de l'Académie précise : « Idéaux est employé plutôt dans la langue technique de la philosophie et des mathématiques, idéals dans le langage de la littérature, des beaux-arts et de la morale » : *Il a pleine confiance dans son armement de modèles et d'idéaux mathématiques* (Valéry), mais : *La coexistence de doctrines, d'idéals, de systèmes tout opposés* (*id.*).

IDÉATION emploi et sens. Mot didactique, « formation et enchaînement des idées ». Ne pas confondre avec **idéalisation**, « action de donner un caractère idéal à une personne ou à une chose ».

IDÉE emploi. *Avoir l'idée de, idée que ; dans un certain ordre d'idées* (le plus souvent au plur.) ; *une idée fixe* (sans trait d'union), mais *une idée-force* (avec trait d'union). Le tour **on n'a pas idée de**... est du registre fam., au sens de « il est absurde ou ridicule de... » : *On n'a pas idée d'habiller une enfant comme ça !* (Nothomb).

« IDEM » ⟶ « ID. ».

IDENTIFIER constr. Ce verbe, qu'il se présente sous la forme transitive ou sous la forme pronominale, se construit indifféremment avec les prépositions **à** et **avec** : *Le révolté exige sans doute pour lui-même le respect, mais dans la mesure où il s'identifie avec une communauté naturelle* (Camus). *Il s'identifie volontiers aux* (ou *avec*) *les héros de ses romans préférés.* ⟶ AVEC.

IDENTIQUE ⟶ ANALOGUE.

IDÉO-MOTEUR, -TRICE orth. Avec un trait d'union. ♦ **forme.** Plur. *idéo-moteurs, -trices.*

IDES forme. Ce substantif est toujours au fém. plur. ♦ **sens.** « Date du calendrier romain : le 15 du mois en mars, mai, juillet, octobre ; le 13 pour les autres mois » : *les ides de mars.* → CALENDES.

« ID EST » → I. E.

IDIOME orth. Pas d'accent circonflexe sur le *o* malgré la prononciation en [o]. ♦. **dérivé.** *idiomatique.*

IDIOTISME emploi et sens. On n'emploie plus aujourd'hui ce substantif au sens de « sorte d'aliénation mentale » (comme ce fut le cas au XVIIIe SIÈCLE et encore dans cet exemple de Fromentin : *Des distractions de pur idiotisme*), mais seulement dans une acception linguistique, « tour ou construction propre à une langue particulière » (même famille que **idiome**). Les idiotismes du français se nomment **gallicismes** (par ex. : *la sentir passer, prendre des vessies pour des lanternes,* etc.). Ne pas confondre avec **idiotie**.

IDOINE emploi. Ce mot a beaucoup vieilli et, curieusement, ne peut plus servir de variante à **apte, approprié**, si ce n'est dans un registre plaisant : *J'ai un reginglot 1924 qu'est spécialement idoine* (Vian). *Après avoir embrassé René, je lui demandais la permission d'appuyer sur le bouton idoine pour alerter le père et la mère* (Diwo).

IDOLE genre. Fém. *une idole.* S'emploie même pour un homme.

IDYLLE orth. Ne pas oublier l'*y* et les deux *l*. De même dans *idyllique.* ♦ **genre.** Fém. *une idylle.*

« I. E. » emploi. Abréviation de l'expression latine *id est,* « c'est-à-dire ».

-IÈME emploi. Suffixe formant les nombres ordinaux sauf **premier** : *deuxième, troisième,* etc.

IGAME sens. Ce sigle, paronyme de *igname,* équivaut dans le vocabulaire de l'administration à « Inspecteur Général de l'Administration en Mission Extraordinaire », sorte de préfet itinérant.

IGLOO orth. L'orthographe **iglou** serait plus proche de la prononciation française : *L'iglou de Juditha est semblable aux autres : une cabane de bois entourée d'un mur de tourbe* (Malaurie). Mais la forme esquimaude **igloo** est la plus fréquente : *Dans la clairière, une douzaine de caravanes pareilles à des igloos carrés formaient un village d'esquimaux domestiqués* (Garnier). Plur. *des igloos.*

IGNARE forme. Cet adj. est à forme unique pour les deux genres (épicène) : se garder de fabriquer un fém. *ignarde,* sous l'influence du suffixe péjoratif *-ard* : *Comment a-t-elle pu offrir sa collaboration à ces brutes ignares qui ravagent, défigurent tout le pays ?* (N. Sarraute).

IGNÉ prononc. [igne]. ♦ **emploi.** Uniquement littéraire ou technique. De même pour les dérivés : *ignifuge, ignifuger, ignition.*

IGNORER constr. On emploie l'indic. ou le conditionnel si l'on veut présenter le fait comme réel ou possible : *Ils font semblant d'ignorer que le monde change* (Camus). *« Il ignorait que vous étiez là. Cet indicatif met dans tout son jour la réalité de la présence »* (Le Bidois). Mais le subj. est fréquent dans la langue littéraire : *Ignorant qu'elle eût donné sa vie pour moi, je la tyrannisais sans contrainte* (Estaunié). [Mon grand-père] *ignorait d'ailleurs qu'il existât une Australie et ne s'en portait pas plus mal* (Ragon). *Diane, ignorant qu'elle fût épiée par deux yeux fixes* (Louÿs).
□ **vous n'êtes pas sans ignorer.** La double négation **ne... pas sans** ayant une valeur positive, cette locution signifie le contraire de ce qu'on veut lui faire dire, et non pas « vous savez ». Il faut dire : *vous n'ignorez pas* ou *vous n'êtes pas sans savoir.* → SANS.
□ **pour que nul n'en ignore.** Cette construction du verbe **ignorer** est désuète et ne survit qu'en locution figée, dans un style recherché.

IL prononc. la prononciation [i] est tenue aujourd'hui pour pop. Prononcer [il]. ♦ **emploi.** Le pronom neutre **il** s'emploie encore dans la langue littéraire ou soutenue à la place de *ce, cela, ça* : *Il est vrai, dit tristement la mère* (Duras). *Il me vexait que dans une lettre de rupture, Marthe ne me parlât pas de suicide* (Radiguet). *Il se raconte que dans les moments critiques où l'on se sent proche de la mort on revoit l'ensemble de sa vie défiler en accéléré* (Rouaud). *Il va sans dire* [= cela va sans dire]. Le pronom **ils**, au masc. plur., est employé parfois de façon vague et péjorative, pour désigner des « êtres mal définis qu'on rend responsables de certaines choses, surtout d'événements désagréables » : *Elle est jolie, leur science !... Quand ils auront tout démoli, ils seront bien avancés* (Zola). *Ah ! ils pensent bien à faire pleuvoir pour les pauvres laboureurs !* (Proust). Daninos définit ainsi ils : *Troisième personne du pluriel, souvent réduite à une seule lettre (« Y vont encore nous embêter longtemps avec tous leurs trucs ? ») et adoptée par les Français pour désigner l'origine de tous leurs maux : députés, percepteurs, communistes, fascistes, piétons, automobilistes, fonctionnaires, gouvernement, Américains, Russes, etc. Tout est la faute de cette troisième personne, jamais de la première.*
□ **il est, il n'est que de** ⟶ ÊTRE.
□ **ellipse de il.** Elle ne se produit que dans des tours impersonnels figés et bien connus : *qu'importe, peu me chaut, manque, reste que,* etc., et on la distingue parfois malaisément d'une simple inversion du sujet : *Reste à savoir quel sens avait ce vœu* (Daniel-Rops). *Cette première étape franchie, restait à organiser l'État* (Tharaud). ⟶ RESTER. L'ellipse de *il* dans *faut, y a* (pour *il faut, il y a*) est un tour pop. et même fam. ⟶ (VERBES) IMPERSONNELS.
□ **il n'y a pas que** ⟶ NE (ne... pas que).
□ **ce qui se passe** et **ce qu'il se passe** ⟶ QUI.

-IL prononc. La prononciation de ce groupe final est variable et souvent mal fixée. Le *l* reste muet dans : *chenil, coutil, fournil, fraisil, fusil, gentil, nombril, outil, persil, sourcil.* Il est prononcé dans *courbaril* et *mil.* Enfin, il se fait entendre de façon facultative, et souvent selon l'environnement phonétique, dans : *baril, fenil, grésil* et *gril.*

ÎLE constr. Pour *à* ou *en* + nom d'île. ⟶ À.

ILION forme. On rencontre aussi **ilium**, qui est prononcé [iljɔm]. ♦ **sens.** « Partie supérieure de l'os de la hanche. »

ILLETTRÉ ⟶ ANALPHABÈTE.

ILLETTRISME orth. Il est paradoxal et fâcheux de rencontrer souvent dans la presse des fautes... d'orthographe dans ce mot, qui s'écrit avec deux *l* et deux *t* ! *Elle avait admiré son esprit novateur dans des domaines aussi différents que* [...] *la lutte contre l'alcoolisme et l'illettrisme* (Wiazemsky). [Ce chèque] *représentait une sorte de sauf-conduit qui les mettait à l'abri d'une humiliation publique à laquelle leur illettrisme les exposait* (Dubois).

ILLICO orth. Avec deux *l.* ♦ **emploi et sens.** Adverbe du registre fam., au sens de « sur-le-champ » : *J'ai des témoins sous la main et vous vous battrez en duel illico* (Queneau). *Alors là, ça partait très mal. Ça m'a illico chauffé les oreilles* (Barbery).

ILLUSIONNER (S') emploi et sens. Ce verbe, qui s'emploie seulement à la voix pronominale, a le même sens que la périphrase **se faire des illusions** : *Pendant le jour elle s'illusionnait peut-être encore, mais au milieu de la nuit, non, elle devenait lucide et pouvait en parler calmement* (Duras). ♦ **constr.** On dit **s'illusionner sur qqch.** (ou **sur qqn**).

ILLUSIONNISTE et **PRESTIDIGITATEUR sens.** Le second mot, de sens plus restreint, implique le recours à la dextérité manuelle, ou à des manipulations de physique amusante, alors que le premier s'applique à tout créateur d'illusion, sans préjuger des moyens.

ILLUSTRISSIME ⟶ -ISSIME.

ÎLOT orth. Accent circonflexe sur le *i*, comme dans *île*, et non sur le *o* : Plur. *des îlots.*

ILOTE orth. Pas de *h* initial. ♦ **sens.** « Esclave des Spartiates », souvent utilisé aujourd'hui au figuré.

IL Y A... forme. On entend trop souvent dans les médias : *Je crois, je pense que y a...* etc. au lieu de : *Je crois qu'il y a...* Ce barbarisme phonétique est évidemment à proscrire.

IMAGINABLE emploi. On évitera le contresens qui fait employer le terme contraire, **inimaginable**, dans des phrases analogues à celles-ci : *Elle interrogea tous les médecins possibles et imaginables : il n'y en eut pas un pour lui laisser une lueur d'espoir* (Nothomb). *Il avait sillonné toutes les mers, sur tous les bateaux imaginables* (Orsenna). *Pour guérir il a essayé toutes les drogues imaginables.*

IMAGINER emploi et sens. Ce verbe change de sens suivant la construction de ce qui suit. **Imaginer que** équivaut à « penser, supposer que », tandis que **imaginer de** signifie « inventer, avoir l'idée de » : *Afin que ces deux témoins se tussent, j'imaginai de les marier, en quelque sorte* (Radiguet). L'omission de *de*, devant l'infinitif, et la substitution d'une proposition infinitive à une complétive introduite par *que*, caractérisent un style affecté : *J'imaginais sa robe blanche fuir au détour de chaque allée* (Gide). On dira dans le langage courant : *J'imaginais que sa robe fuyait* ou *Je croyais voir fuir sa robe.* Après **ne pas imaginer que**, on rencontre souvent le subj. : *Je n'imaginais pas que cela fût si difficile.*
□ **s'imaginer.** Suivi soit de l'infinitif seul (même sujet pour les deux verbes), soit d'une complétive : *On s'imaginait facilement que c'était le matin* (Sartre). *Il s'imagine être un grand joueur de bridge.* Aux temps composés, le participe passé reste invar. si le complément direct de *imaginer* suit le verbe : *Ils se sont imaginé que l'argent leur viendrait tout seul,* mais *Les stupidités qu'il s'est imaginées.*

IMAM orth. La forme *iman* est archaïque. ♦ **sens.** Ce mot emprunté à l'arabe désigne soit un fonctionnaire laïc employé dans une mosquée comme chef de prière, soit, pour les historiens de l'islam, le chef d'une école de droit sunnite ; aujourd'hui, pour les chiites (par ex. en Iran), il a le sens de « titre donné au successeur de Mahomet et à ceux d'Ali » : *Feu l'imam Khomeiny.*

IMBÉCILE orth. Avec un seul *l*, mais *imbécillité* en prend deux. Il serait souhaitable d'aligner sur l'orthographe de l'adj. celle du nom fém. et d'écrire **imbécilité**, avec un seul *l* (Recomm. offic. 1990).

IMBRIQUÉ orth. Le dérivé est imbrication, avec un *c*.

IMBROGLIO prononc. Le groupe *-gl-* est aujourd'hui plus souvent prononcé à la française : [ɛ̃brɔglio] qu'à l'italienne : [ɛ̃brɔljo]. ♦ **forme.** Plur. *des imbroglios.* ♦ **sens.** « Situation confuse, affaire embrouillée » : *L'Imbroglio agricole du Marché commun,* titre d'un livre de A. Zeller. *Dans quel imbroglio t'es-tu fourré ?*

IMITER emploi. Certains grammairiens ont condamné l'expression **imiter l'exemple de qqn** comme étant pléonastique, et ont recommandé de dire : *imiter sa conduite,* ou *suivre son exemple.* Mais l'Académie accepte *imiter l'exemple de.*

IMM- prononc. Avec voyelle nasale [ɛ̃] dans : *immangeable, immanquable, immarcescible, immariable, immesurable, immettable* et voyelle orale [i] dans toutes les autres formes : *immaculé, immature,* etc. Il est tout à fait inutile de faire entendre un double *m* dans ce type de mots.

IMMANENT et **IMMINENT sens. Immanent** : « Qui n'a de cause qu'en lui-même » (antonyme : *transcendant*). On écrira : *une cause immanente, la justice immanente.* **Imminent** : « Qui est susceptible de se produire prochainement, avec souvent une nuance de menace » : *Chaque mouvement serait à l'avance deviné, tandis que le risque d'être mordu et mis en pièces devenait imminent* (Dhôtel). → ÉMINENT.

IMMANQUABLE ou **INFAILLIBLE prononc.** → IMM- ♦ **sens. Immanquable** signifie « qui ne peut manquer d'arriver, ou d'atteindre son but » : *Lance ta flèche immanquable, ô déesse !* (Valéry). L'adj. **infaillible** signifie « qui ne peut se tromper », ou « dont le résultat est assuré » : *un coup d'œil infaillible, un truc infaillible.* On trouve cet adj. surtout avec des mots comme *recette, règle, remède, secret, truc,* etc. L'idée de « réussite » domine, tandis que celle d'« apparition inévitable » est plus fréquente avec **immanquable** et l'adverbe **immanquablement** : *Une pâtisserie justement nommée « éponge », couverte de cette immanquable crème couleur de jonquille fanée* (Butor). *Le feutre tyrolien à plume de faisan qui, immanquablement, avantage toujours son homme* (Giono).

IMMARCESCIBLE orth. On rencontre aussi *immarcessible.* ♦ **emploi et sens.** Cet adj. ancien est assez rare, et signifie « qui ne peut se flétrir » (surtout au figuré) : *Quel est le secret de l'immarcescible* Regina virgina *? Sa virginité ?* (Léger).

IMMATURE prononc. [im(m)atyr]. Il n'y a pas d'accent aigu sur le *e* final. ♦ **emploi et sens.** Adj. scientifique, « qui n'a pas atteint la maturité » : *Son écriture d'ancien bagnard fatigué, dépressif, encore immature* (Volodine).

IMMÉDIAT emploi. On abuse souvent de l'emploi substantival : *dans l'immédiat.* On peut dire aussi *pour l'instant, actuellement.*

IMMERGER emploi et sens. Ce verbe est toujours transitif, au sens de « plonger quelque chose dans un élément liquide », à la différence de **émerger**, qui est intransitif. → ce mot.

IMMIGRER → ÉMIGRER et MIGRATION.

IMMINENT → ÉMINENT, IMMANENT.

IMMISCER (S') orth. On notera la différence entre le verbe qui s'écrit avec *-sc-*, et le substantif dérivé **immixtion**, qui comporte le groupe *-xt-*. → IMMIXTION. ♦ **emploi et sens.** Toujours à la voix pronominale, ce verbe s'emploie dans le domaine idéologique et politique, au sens de « prendre part de façon indue à » : *s'immiscer dans les affaires intérieures d'un pays.* → INGÉRER (S').

IMMIXTION orth. *-xtion.* Attention à l'influence de *miction.* ♦ **prononc.** Elle a évolué insensiblement et irrésistiblement de [imikstjõ] à [imiksjõ]. Cette dernière prononciation est la plus courante aujourd'hui.

IMMONDICE genre. Fém. ♦ **forme.** On rencontre ce substantif généralement au plur., mais le sing. est possible : *Au milieu des immondices que la mer a répudiées cette nuit* (Valéry). *Mathieu avait honte de lui-même. Il était de trop : une grosse immondice au pied du mur* (Sartre).

IMMORAL → AMORAL.

IMMUN, E emploi et sens. Alors que le verbe **immuniser** est d'un usage courant, l'adj. **immun, e**, qui s'applique soit à un organisme immunisé, soit à une substance immunisante, est cantonné à un domaine technique. Il revêt un aspect quelque peu affecté dans la citation suivante : *J'ai atteint un degré de satisfaction qui me rend immune aux contrariétés* (Desarthe).

IMMUTABILITÉ et **IMMUABILITÉ forme et sens.** Ces deux substantifs sont à peu près équivalents, et renvoient à l'adj. **immuable**. **Immutable** semble être une création pédantesque de Huysmans : *Glisser dans la ténèbre des immutables dogmes.*

IMPACT emploi et sens. On évitera de suivre les journalistes qui parlent à tout moment de l'impact d'une nouvelle, et on se rappellera le sens premier de ce substantif, « choc, heurt d'un projectile contre la cible » : *le point d'impact d'une balle.* Si on tient à employer **impact** au figuré, il sera souhaitable de ne pas l'appliquer à n'importe quelle sorte de fait ou d'événement. On évitera : *L'impact économique de l'O.R.T.F. en France* (titre du *Monde*) ; *l'impact des décisions du gouvernement* (*ibid.*). On préférera, selon les cas : *effet, répercussion, retentissement.*

IMPACTER emploi et sens Ce verbe, assez nouveau, est régulièrement dérivé de **impact** et signifie, surtout dans le domaine économique, « avoir une incidence, un effet direct sur » : [Cette marque] *a choisi ses cibles. Elle les a impactées, développées, fidélisées aussi* (J.-C. Gallien, *Le Monde*, 11/05/2007). *Ces initiatives risquent progressivement d'impacter significativement les revenus des principales banques américaines* (J. Porier, *Le Monde*, 24/01/2010).

IMPARDONNABLE → PARDONNER.

IMPARTIR conjug. Défective : seuls existent l'infinitif, le présent de l'indic. et le participe passé. ♦ **emploi et sens.** Ce verbe appartient à la langue soutenue et signifie « donner en partage », d'où « donner en charge » : *Installé dans le minuscule mètre carré qui lui était imparti contre un hublot, il entreprit de l'aménager* (Échenoz). *Dans ma caserne, le temps qui nous est imparti pour régler nos affaires personnelles est très court* (de Roulet). *La mission qui lui est impartie par la loi pour maintenir l'ordre public* (*Le Monde*). → RÉPARTIR.

IMPASSIBLE et **IMPAVIDE sens.** Ces deux adj. sont assez voisins, le second étant plus littéraire. **Impassible** s'applique à « qui n'éprouve ou ne manifeste pas d'émotion », **impavide** à « qui n'éprouve ou ne manifeste pas de peur ».

IMPATIENCE constr. On dit : **l'impatience de + infinitif**. L'exemple suivant semble faire une entorse à cet usage : *Il redoutait d'interroger, craignant surtout, par une vaine impatience à connaître et à admirer, de blesser une telle âme au point le plus sensible* (Bernanos), mais l'emploi de **à** est dû probablement au désir d'éviter l'ambiguïté et la lourdeur qui auraient résulté de l'accumulation des **de**.

IMPEACHMENT emploi et sens. On peut remplacer sans difficulté cet américanisme par **(procédure de) destitution** : *Neuf vice-présidents sont devenus présidents à la suite du décès, de la démission ou de l'impeachment (destitution) du président, comme ce fut le cas pour Gerald Ford, qui a remplacé, en 1974, Richard Nixon après le scandale du Watergate* (N. Bourcier, *Le Monde*, 29/08/2008).

IMPECCABLE emploi et sens. Avec le sens premier, « qui ne peut pécher », l'adj. ne peut s'appliquer en principe qu'à un nom de personne. Mais cet adj. s'emploie en fait depuis longtemps avec des noms de chose, au sens de « sans défaut », et cette extension naturelle est irréversible : *Il avait encore des bottes impeccables qu'il salissait imperturbablement* (Giono). *Voilà un raisonnement qui me paraît impeccable* (Queneau). *Une chevelure blonde aux ondulations aussi impeccables que si elle sortait de chez le coiffeur* (C. Simon). *Une conduite, une langue, une attitude impeccables.* On rencontre l'emploi adverbial dans le registre pop. : *Ça s'est très bien passé,* [le cochon] *a saigné impeccable* (Rosenthal).

IMPÉCUNIEUX emploi et sens. Adj. rare et littéraire, « qui manque d'argent ». Ne pas le prendre au sens de « qui ne se soucie pas de l'argent » (sous l'influence de **insoucieux**).

IMPEDIMENTA prononc. [ɛ̃pedimɛ̃ta]. ♦ **forme.** Ce mot est surtout employé au plur. : **des impedimenta** (sans accent et sans *s*). ♦ **emploi et sens.** Latinisme dont le sens premier est « bagages encombrants d'une troupe », mais qui est le plus souvent employé figurément, au sens de « entrave, obstacle ».

IMPENSABLE emploi. Cet adj., autrefois critiqué par les puristes, est maintenant largement accepté, au sens de « inconcevable », « qu'on ne peut admettre dans sa pensée ». Grevisse, dans ses *Problèmes de langage*, a donné d'excellentes raisons qui justifient l'emploi de **impensable** : *L'idée de persécution était impensable ici* (Véraldi). *Un énorme effort d'imagination presque impensable* (Parain). *Il est impensable que de Gaulle ait commis cet acte gratuit* [...] *sans avoir de profondes raisons* (Mauriac) ; et, comme substantif : *Le monde reste terrible en dépit de l'ivresse de dénégation dans laquelle on s'immerge : on refoule activement l'impensable* (Riboulet).

IMPÉRATIF orth. À la deuxième personne du sing., l'impératif prend un *s* final, sauf pour les verbes en *-er*, ainsi que ceux qui suivent : *assaillir, couvrir, cueillir, défaillir, offrir, ouvrir, savoir, souffrir, tressaillir, vouloir* : *De grâce, continue ! De grâce, remplis ta bouche ! Mastique, de grâce ! Active tes mandibules ! De grâce, cesse de rêver !* (Hoex). Cependant, tous les impératifs se terminent par un *s* s'ils sont suivis des pronoms **en** et **y** ne précédant pas un infinitif : *Serre-les moins et fumes-en deux. Ou serre-les plus et fumes-en trois, dit-il* (Giono). *Contre Cachan, il en a sous la mandibule, retournes-y donc à Paris* (Vallejo). Mais on écrira : *viens en chercher, va en acheter,* etc. Fait exception l'impératif du verbe *laisser* : *laisses-en partir quelques-uns.* De même pour *y* : *files-y,* mais : *file y prendre ce dont tu as besoin.* Quand **en** est préposition, l'impératif ne prend pas de *s* : *marche en silence.* Le trait d'union ne relie que des éléments très proches par le sens et par la syntaxe, c'est pourquoi il est le plus souvent absent entre l'impératif et un mot dépendant d'un élément postérieur.
□ **va-t'en.** L'apostrophe marque l'élision des pronoms personnels **te, me, le, la** devant **en** et **y** : *Défais-t'en le plus tôt possible. Voyons, félicite-m'en ! Fais-l'y entrer. Laisse-l'en partir.* On notera que des constructions « correctes » comme *consacre-t'y, pousse-m'y, jette-l'y,* sont ridicules et à peu près impossibles à employer. On les remplace par *consacre-toi à cela, pousse-moi dans cette direction* (ou à la rigueur *pousses-y-moi*), *jette-le dedans.*
□ **dis-le-lui.** Quand l'impératif est suivi d'un ou de deux pronoms dépendant de *lui,* on met un trait d'union : *fais-le,* ou deux : *dis-le-lui. Remettons-nous-en au destin* (Mauriac). Mais on écrira : *laissez-le en faire d'autres* (*en* dépend de *autres* et non de *faire*). *Venez le prendre* (*le* dépend de *prendre* et non de *venez*). *Envoyez-nous y apprendre la sagesse* (*y* dépend de *apprendre* et non de *envoyez*).
□ **ordre des pronoms.** Quand un impératif sans négation admet deux pronoms compléments, ceux-ci sont placés après, et c'est le pronom complément d'objet direct qui apparaît le premier : *Alors, décris-la-moi, ton amitié* (Giraudoux). *Donne-la-lui, racontez-le-nous, renvoyons-le-lui.* Les pronoms *en* et *y* sont toujours rejetés en fin de phrase : *parle-nous-en, placez-vous-y.* Quand l'impératif est accompagné d'une négation, l'ordre est inverse. Les pronoms sont antéposés au verbe, et c'est l'objet indirect qui apparaît le premier : *ne te le fais pas redire, ne me l'enlevez pas,* etc. Mais il y a exception pour *lui* et *leur,* qui apparaissent en seconde position : *ne le leur cachez pas, ne la lui laissez pas voir,* etc. Les registres pop. ou fam. font de nombreuses entorses à ces règles, soit pour des raisons d'euphonie, soit par souci d'analogie de structure entre les phrases affirmatives et les phrases négatives. En voici un exemple : *Fie-toi pas aux ivrognes* (Perry), de même structure que *Fie-toi aux sobres.* De même pour *décris-moi-la, dis-moi-le,* de même structure que *décris-moi ton action, dis-moi ton avis,* au lieu de : *décris-la-moi, dis-le-moi,* seuls admis par le bon usage.
□ **et me donnez des nouvelles.** Quand deux impératifs étaient coordonnés, la langue classique plaçait le pronom complément du second avant lui, et non après comme aujourd'hui. Il en reste des traces dans le registre littéraire : *Venez avec moi dans le jardin, mon jeune hôte, et me donnez des nouvelles du Paris penseur* (Gide). *Enseignez-moi sourdement les exigences de la nature et me communiquez ce grand art dont vous êtes doué* (Valéry). Ce tour paraît maintenant très affecté, mais il n'est pas fautif.
□ **tiens-le-toi** ou **tiens-toi-le pour dit** → TENIR.

IMPÉRATIF et **IMPÉRIEUX sens.** Ces deux adj. renvoient étroitement à l'idée d'ordre, de commandement, mais le premier ne doit s'employer qu'avec un nom de chose : *Ce n'était pas un appel timide, non, c'était un appel discret mais impératif* (Duras). Le second est d'un emploi plus large, et s'applique aussi bien à une personne qu'à une chose : *une femme impérieuse. Patrice alléguait, non sans raison, ses devoirs et le caractère impérieux de ses obligations* (Duhamel). *Encore une fantaisie de mon Juanico, poursuivait, approchant, la voix impérieuse* (Peyré).

IMPERFORATION sens. « Occlusion complète et congénitale d'un orifice naturel ou d'un canal. » Ne pas confondre avec **perforation**.

IMPÉRIEUX → IMPÉRATIF.

IMPÉRITIE sens. Ce substantif appartient au registre soutenu et signifie « manque d'aptitude ou d'habileté dans une fonction, un métier » : *L'impéritie et la corruption de ses gouvernants successifs ont mis à genoux une Guinée qualifiée de « scandale géologique », tant son sous-sol regorge de richesses* (*Le Monde*, 29/07/2011).

IMPERSONNELS (VERBES) forme. Les verbes proprement impersonnels ne possèdent que l'infinitif et la troisième personne du sing., tel *falloir*. Mais on notera que la plupart des verbes français peuvent être employés sous une forme impersonnelle, par déplacement du sujet et ajout du pronom neutre **il** (ou parfois *ce, cela*) : *Cependant on ne sait pourquoi il lui avait pris la fantaisie de lui faire construire un petit berceau* (Duras). On pourrait écrire avec la même valeur : *la fantaisie l'avait prise*. Même remarque pour les verbes pronominaux : *bien des choses se sont dites* peut être transformé en : *il s'est dit bien des choses. Il se fit un essai de conversation générale* (Romains). *Il ne s'en est jamais dit plus entre nos familles* (Chabrol). Le tour dit « passif impersonnel » peut d'autre part servir pour de nombreux verbes. On voit que la notion de conjugaison « impersonnelle » s'étend à un plus grand nombre de cas qu'il ne pourrait sembler au premier abord : *J'estime qu'il a été dit là-dessus beaucoup de bêtises à la commission du budget* (Romains). *Il lui était venu la passion des fleurs* (Simenon). *Il fut décidé que le curé serait averti s'il n'était déjà au courant* (Vidalie). *Il n'a pu être pris aucune mesure contre lui* (Morand). *Un événement historique, dont il serait parlé dans le pays* (Peyrefitte). *Il a été accédé à toutes les exigences que vous m'aviez chargé de défendre* (Martin du Gard).

IMPERTINEMMENT emploi et sens. Cet adverbe peu répandu signifie le plus souvent aujourd'hui « insolemment » ; mais il garde parfois son sens ancien, « d'une façon inopportune, mal à propos » : *M. de Saint-Auréol parfois, tout à coup, flanquait un énorme coup de pincette au travers du feu, si impertinemment qu'il en éclaboussait au loin la braise* (Gide).

IMPÉTRANT sens. Ce terme de la langue administrative signifie « qui a obtenu » (en général un diplôme, un titre) : *À Châlons, il serait d'ailleurs audacieux de prétendre que l'impétrant* [un prêtre nouvellement ordonné] *va apporter un « souffle nouveau » au clergé local* (S. Le Bars, *Le Monde*, 26/06/2011), et non « qui brigue », comme on le croit trop souvent. Dans ce dernier sens, c'est **candidat** ou **postulant** qui conviennent. Voici un exemple de cette confusion : *En attendant d'engranger les résultats de la popularité du gouvernement, on la partage avec les candidats de passage à Paris. Depuis deux mois, les impétrants font un crochet par Matignon pour une rapide séance de photos* (Récit du service France, *Le Monde*, vendredi 13/03/1998).

IMPLICITE → EXPLICITE.

IMPLOSION et EXPLOSION sens. De formation récente, **implosion** désigne un phénomène de destruction violent qui a son effet orienté vers un centre (par différence de pression), au contraire de l'**explosion**, dont l'effet est expansif : *La discrimination raciale, un fléau ranimé par les croissantes inégalités depuis l'implosion de l'Union soviétique et la crise du « modèle cubain »* (P. A. Paranagua, *Le Monde*, 26/08/2011). *L'implosion d'un récepteur de télévision.* On rencontre également le verbe **imploser**, qui s'emploie souvent métaphoriquement (comme *implosion*) : *Le R.P.R. a implosé, ont estimé alors certains gaullistes* (C. Didier, *L'Est Républicain*, 15/09/1992).

IMPONDÉRABLE emploi. Exactement, « qui échappe à l'action de la pesanteur ». De là, l'emploi figuré au sens de « dont on ne peut apprécier exactement le poids » : *Que d'impondérables dans l'issue d'une guerre !* (Acad.). Ne pas confondre avec **fortuit** ni avec **imprévu**.

IMPORTER forme. Dans les tours **peu importe** et **qu'importe**, le verbe peut soit s'accorder avec le sujet, soit rester invar. : *Peu importe les noms* (Vercors). *Mais qu'importent ces vérités et ces chiffres et ces hasards ?* (Roblès). Quand le verbe est à un autre temps que le présent, il y a généralement accord : *Mais qu'importaient ces vétilles ?* (Gide). (Il) **n'importe** est toujours invar. : *Bon. Il faut boire. N'importe quel cabaret ils trouveront en chemin* (Léger).
□ **ce qu'il** ou **ce qui importe.** On écrira : **ce qu'il importe de** ou **que**, mais **ce qui importe** si le verbe est en position finale : *Il me rendait le service d'apprendre à Jacques ce qu'il importait qu'il sût* (Radiguet). *Ce qui est suffisant à notre but, voilà ce qui nous importe* (Valéry). *Je vais te dire ce qu'il importe de faire*, en face de : *Sais-tu ce qui m'importe, en ce moment même ?*

IMPORT-EXPORT prononc. [ɛ̃pɔrɛkspɔr]. Les *t* ne se font pas entendre. ♦ **orth.** Invar. ♦ **emploi et sens.** Anglicisme de la langue commerciale, très acceptable puisque sa forme pourrait être aussi bien, par l'orthographe comme par la prononciation, une abréviation des mots français **importation** et **exportation**. Le sens est « commerce de produits circulant dans les deux sens ».

IMPOSER (EN) emploi et sens. Le verbe **imposer** peut avoir deux sens : « commander le respect », ou « faire illusion, induire en erreur » (d'où **imposteur**). L'ancienne langue distinguait ces deux acceptions. La première s'exprimait par **imposer** (sans *en*) ; la seconde par **en imposer.** De bons écrivains font encore cette distinction : *Sa démarche compassée et sa parole grave t'imposaient ; tu lui découvris toutes les vertus* (France). *Protos a eu sur vous de l'influence. – Peut-être. Il m'imposait* (Gide). *Tout le passé ne lui imposait que fort peu* (Valéry). Mais il faut reconnaître que l'on emploie de plus en plus souvent le tour avec **en**, quel que soit le sens : *L'assurance de Jacques Blanche leur en impose à tous* (Gide). *Cet auteur en imposait énormément à Jacques Lamberdesc* (Aragon). *Oh ! les belles phrases ne m'en imposent plus, pensez donc ! à mon âge* (Bernanos). L'emploi de **imposer** seul, dans ces deux sens, est aujourd'hui désuet. En revanche, **s'imposer**, au sens de « faire valoir son autorité, sa force, son intelligence », etc., est courant : *Il s'impose par ses mérites.* On dit aussi : *c'est un choix qui s'impose.*

IMPOSTE genre. Fém. *une imposte.*

IMPOSTEUR forme. Ce mot n'a pas de fém. ⟶ ESCROC.

IMPÔT emploi. Étant donné qu'on ne peut que payer ses impôts et non les déclarer (ce serait trop beau !), il faut éviter de parler de **déclaration d'impôts** et de **feuille d'impôts**, et substituer à ces tours **déclaration de revenus** et **feuille de revenus**. Cette déviance est pratiquée très couramment, y compris par des fonctionnaires du fisc ! *C'est le moment que choisit* L'Express *pour publier les feuilles d'impôt des quatre principaux candidats* (*Le Monde*, 13/04/2007).

IMPRENABLE emploi. On ne rencontre guère cet adj. bien formé (même si **prenable** est rare, et le verbe *imprendre* inexistant) que dans le tour **vue imprenable**, de sens clair et très usité dans la publicité des agences de tourisme et de l'immobilier : *La vue est imprenable sur deux bouches d'une même station de métro* (Échenoz).

IMPRÉSARIO prononc. Avec un [z] plutôt qu'un [s]. ♦ **forme.** Mot italien, à l'origine sans accent aigu sur le *e*, mais qui est suffisamment francisé pour que, dans l'usage, on mette un accent. Plur. courant : *imprésarios.* ⟶ SCÉNARIO.

IMPRESCRIPTIBLE sens. « Dont il est impossible de se libérer, de se défaire. » Terme de droit souvent employé au figuré dans la langue soutenue : *Il est temps que je vous rende clairs leurs rapports avec les hommes, les hypothèques imprescriptibles, qu'ils ont sur les habitants de la terre et leurs épouses* (Giraudoux). ⟶ PRESCRIPTION.

IMPRESSION orth. Les mots dérivés de cette famille prennent tous deux *n* : *impressionner,* *impressionniste, impressionnant, impressionnable,* etc.

IMPRESSIONNER et **IMPRIMER sens.** Le premier verbe a un sens affectif, « faire éprouver une vive impression, émouvoir fortement » : *J'ai été vraiment impressionné par sa démonstration. L'assurance de l'accusé a fortement impressionné l'auditoire.* Il a aussi, en photographie, un sens technique : *Cette photo est sous-exposée : le soleil n'a pas eu le temps d'impressionner le film correctement.* Le verbe **imprimer**, outre son sens technique bien connu, s'emploie dans la langue littéraire au sens de « communiquer, transmettre » : *imprimer un mouvement à un objet.*

IMPRIMATUR forme et sens. Mot latin invar., signifiant « que (cela) soit imprimé » et qui désigne « l'autorisation accordée par la hiérarchie (surtout ecclésiastique) de faire paraître un ouvrage ».

IMPROMPTU prononc. On prononce le *p.* ♦ **forme.** Ce latinisme, depuis longtemps complètement francisé, doit être considéré comme un adj. variable en genre et en nombre. Le maintien de l'invariabilité est d'autant moins justifié que son application est très capricieuse. On écrira : *des vers impromptus* (Littré). *Une belle histoire et une pendaison impromptue* (Arnoux).

<u>IMPROPRIÉTÉ</u> sens. Ce mot désigne l'emploi incorrect d'un mot, surtout au point de vue du sens, le **barbarisme** désignant l'incorrection au point de vue de la forme du mot et le **solécisme** une incorrection au point de vue de la construction syntaxique : *Je m'excuse à l'avance pour les impropriétés et les fautes de frappe qui pourraient se trouver dans mon texte en dépit de mes révisions* (Le Clézio). *Courbet fut la victime d'un mot, le mot déboulonner, dont l'impropriété fit le succès* (Descaves). *À coup sûr l'impropriété est le vice capital du style* (Romains). *Amnistie* pour *armistice, climatérique* pour *climatique, emprise* pour *empreinte, démantibuler* pour *démanteler, solution de continuité* au sens de « liaison », sont des impropriétés flagrantes et fréquentes. → ces mots.

IMPUDENCE, IMPUDEUR et **IMPUDICITÉ emploi et sens.** Ces trois subst. sont formés sur le même radical, mais ont des sens assez distincts. Le premier signifie « audace, cynisme » et n'a pas de rapport avec le domaine sexuel : *Les entendez-vous, les mots qu'ils ont tous dits sur les bûchers, les échafauds, au fond des chambres de torture, chaque fois que nous avons pu nous saisir d'eux ? Les mots qu'ils rediront encore dans des siècles, avec la même impudence* (Anouilh). L'adj. correspondant est **impudent**. Le deuxième substantif, **impudeur**, signifie « manque de retenue, sur le plan sexuel ou sur le plan psychologique » : *Je réprouve le sans-gêne et ne pratique pas l'impudeur : je n'ai jamais regardé un domestique, si ce n'est le jour où il vient s'engager* (Peyrefitte). *La passion inattendue qu'elle développait pour lui et qu'elle lui jetait au visage tous les jours avec une impudeur si parfaite qu'il en était fasciné* (Sagan). Quant à **impudicité**, son sens est limité, et renvoie exclusivement au domaine sexuel : « Acte, geste ou parole inconvenante ou obscène » : *Tout journal, de la première ligne à la dernière, n'est qu'un tissu d'horreurs. Guerres, crimes, vols, impudicités, tortures, une ivresse d'atrocité universelle* (Baudelaire). *L'impudicité des exhibitionnistes est un phénomène pathologique.* On notera qu'un seul adj., **impudique**, correspond à la fois à **impudeur** et à **impudicité** : *Forbin, évidemment, n'avait pu cacher son admiration, mais sans se permettre ses anciennes libertés verbales ni ses impudiques enthousiasmes* (La Varende). Il s'agit dans la phrase précédente d'*impudeur*, et dans la phrase suivante, d'*impudicité* : *Elle se tenait, nue et impudique, devant le petit escalier qui donnait accès à l'intérieur de la roulotte* (Vidalie).

IMPUISSANCE, STÉRILITÉ et **FRIGIDITÉ sens.** Dans le domaine sexuel, on ne doit pas confondre le premier substantif, qui signifie « incapacité de l'homme à pratiquer le coït », avec le deuxième, qui a le sens de « incapacité de féconder (pour l'homme) ou d'être fécondée (pour la femme) », ni avec le troisième, qui désigne, chez l'homme comme chez la femme, le « manque d'appétit sexuel », indépendamment des capacités sur le plan physique. Le mot **infécondité**, synonyme de *stérilité*, ne s'emploie plus guère.

IMPUISSANT emploi et construction. Au sens adjectival de « incapable », ce mot se construit avec la préposition **à** : *Impuissante à vivre et entêtée à pénétrer ou régenter la vie des autres, vous êtes exigeante jusque dans le dévouement* (Kessel).

IMPULSER emploi et sens. Ce verbe est assez critiqué, bien que sa formation soit régulière. Il signifie « lancer, donner un élan à », surtout en parlant d'une campagne publicitaire, de méthodes commerciales, politiques, etc.

IMPUNÉMENT emploi et sens. Cet adverbe signifie « sans s'exposer à un dommage, sans subir aucun tort » : *Il est démontré aujourd'hui qu'un homme peut impunément exercer un césarisme impitoyable dans la République* (Péguy). *On ne passe pas impunément, après des mois d'un régime de famine, à une surdose alimentaire aussi intense* (Bialot). Mais on rencontre aussi souvent impunément avec le sens affaibli de « en vain, sans résultat » : *Ce n'était pas impunément que depuis quinze ans il visitait toutes les grandes usines de tissage du monde pour y vanter la qualité de ses fils* (Duras). Cette extension de sens est à éviter aussi longtemps que l'idée de « punition, dommage » est encore perçue dans ce mot.

IMPUTER constr. On dit couramment **imputer qqch. à qqn**, au sens de « attribuer à qqn (ou à qqch.) la responsabilité de ». Seule la langue littéraire emploie des tournures comme **imputer à crime à qqn** : *Pour eux, pas de circonstances atténuantes, même la bonne intention est imputée à crime* (Camus), en face de : *Il semblait difficile d'imputer son suicide à des souffrances passionnelles* (Romains).

« **IN-** » **emploi.** Préposition latine entrant dans plusieurs locutions d'origine latine ou italienne : *in-pace, in-plano, in petto, in-folio, in-quarto, in-octavo, in partibus, in situ, in vitro*, etc. → ces mots à leur ordre alphabétique.

IN- emploi. Ce préfixe, lorsqu'il a une valeur de négation, entre en concurrence avec **non-**, qui semble plus productif de nos jours. Les écrivains usent assez librement de cette double possibilité : *Posant nos têtes sur l'oreiller de l'inespérance* (Montherlant). *Il faut qu'un bon historien ne laisse intraitée aucune partie du sujet que ses maîtres scolaires ou ses maîtres les événements lui ont donné à traiter* (Péguy). Certains auteurs usent abondamment de ces formes en **in-**. On trouve ainsi chez Gide : *inappétissant, inartistique, inartistisme, incuriosité, inextirpable, insupprimable* ; chez Huysmans : *imprescrite, inexauçable* ; chez Proust : *infleurissable, inintellectuel, inversibilité* ; chez Pontalis : *insoignable*, etc. On ne saurait, par exemple, refuser l'adj. *infréquenté*, forgé par P. Jourde, sur le « modèle » de *infréquentable*. Quant au substantif, on acceptera le *non-traitement*, le préfixe *in-* étant ici... inemployable. En revanche, sont admis simultanément *inexistence* et *non-existence*, ce qui permet de risquer ce néologisme littéraire : *Quant à M. Jo, du moment qu'il avait donné le phonographe, il inexistait d'autant* (Duras). → NON et PAS.

INACCESSIBLE et **INTERDIT sens.** Le premier adj. a le sens de « dont l'accès est impossible pour des raisons matérielles, physiques » : *un pic inaccessible*. Au figuré : *Il est vain et dangereux de se proposer un objectif inaccessible* (Maurois). Avec un nom de personne, le mot a le sens de « difficile à aborder » : *un chercheur inaccessible*. Il faut éviter la confusion avec **interdit**, qui doit s'employer seulement « dans le cas où c'est une défense, un veto légal ou personnel qui empêche l'accès » : *Quoique aisément accessible de la route, cette plage est interdite à ceux qui ne sont pas membres du club. La reproduction de ce document est interdite.*

INATTENTION emploi. Pour *faute d'inattention*. → FAUTE.

INAUDIBLE sens. À l'origine, cet adj. signifie « qu'on ne peut entendre », pour des raisons qui tiennent à l'acoustique : *Il jouait en sourdine, avec une douceur infinie, rendant des sons presque inaudibles* (Le Clézio). *Le moribond* *eut un murmure inaudible. Les ultrasons sont inaudibles à l'homme.* Il n'y a guère de raison de refuser l'extension de ce sens au domaine esthétique : « Qu'on ne peut entendre en raison du contenu, de la discordance, de l'inharmonie, etc. » : *Pour moi, la musique sérielle est quelque chose d'inaudible.* Toutefois, on peut préférer l'emploi de **inécoutable**, dont l'existence est signalée par Robert et le TLF, et qui est aussi bien formé que **inécouté**, mot enregistré par Littré et qui n'a guère vécu : *Une symphonie inécoutable.*

INCA forme. Comme adj., toujours invar. ; comme substantif, prend un *s* au plur. ou demeure invar. : *les tribus inca, le peuple des Inca(s).*

INCARNADIN et **INCARNAT emploi et sens.** Dans la langue littéraire, le premier mot double l'adj. de couleur **incarnat**, en s'accordant, comme lui, avec le substantif : *des pommes incarnadines* ou *incarnates.*

INCARTADE sens. « Autrefois, écart de langage, injure », mais aujourd'hui le substantif vise plutôt le comportement humain, la conduite : *En renouvelant ces aimables incartades, je réussis seulement à désorienter un peu l'opinion* (Camus).

INCERTAIN constr. Le complément de cet adj. est en général introduit par **de**, comme celui de **certain**. Cependant, l'usage penche pour l'emploi absolu de **incertain**, et l'on constate un flottement dans l'emploi des prépositions introduisant le complément : *je le crois incertain de son avenir, sur son avenir, quant à son avenir.*

INCESSAMMENT sens. Cet adverbe s'emploie de plus en plus au sens de « dans un délai très court » : *Je sentais mon cœur se gonfler et me proposai d'avoir incessamment avec lui une conversation tragique* (Gide). Cependant, le sens originel est « sans interruption » : *Ce que je constate surtout* [...] *devant un corps vivant d'homme, c'est qu'il change à chaque seconde, qu'incessamment il vieillit* (Giraudoux). *Si je n'étais pas incessamment inquiet pour lui, je ne l'aimerais pas* (Montherlant). Cet emploi est vieilli alors que **incessant** s'emploie couramment comme synonyme de *continuel, ininterrompu.* □ **incessamment sous peu.** Ce tour pesant est souvent utilisé façon très pléonastique avec le groupe **sous peu** placé avant ou après, au sens de « dans un délai très court » : *Pourquoi Mitterrand va partir. Là, maintenant, sous peu incessamment. Grand amateur de titres choc,* L'Évènement du jeudi, *cette semaine nous l'explique sur vingt colonnes* (C. Sarraute, *Le Monde*, 08/02/1992). On a affaire ici à un véritable tic langagier.

INCESTE genre. Quand ce substantif désigne un « rapport ou un sentiment incestueux », il est au masc. : *commettre un inceste. L'inceste violant une des lois les plus antiques des hommes* (Maurois). On l'employait autrefois aux deux genres quand il désignait la « personne qui commet l'inceste ».

INCHOATIF prononc. Le groupe *-ch-* se prononce [k]. ♦ **emploi et sens.** En linguistique, « se dit d'une forme marquant le commencement ou la progression d'une action ».

INCIDENT → ACCIDENT.

INCIPIT forme. Substantif invar. ♦ **sens.** Ce mot latin qui signifie « il commence » désigne le début d'un texte, d'un chapitre, etc. Certaines éditions contiennent une **table des incipit**, c'est-à-dire des premiers vers des poèmes qui n'ont pas de titre particulier.

INCISE → DIRE *(in fine).*

INCIVILITÉ emploi et sens. Ce mot fait partie du lexique « socialement correct », et sert à euphémiser les injures, agressions et violences diverses qui se manifestent dans la société actuelle : *Les parents d'élèves, premiers auteurs d'incivilités envers les chefs d'établissement* (*Le Monde*, 28/04/2011).

INCLÉMENT et **INCLÉMENCE emploi et sens.** Se dit surtout dans le registre littéraire : « qui n'a pas de clémence, rigoureux » : *Des dieux incléments.* Au figuré : *un ciel inclément. Des piles de bûches s'y consumaient sans fin quand* *la température devenait inclémente* (Green). Le substantif est plus rare que l'adj. correspondant : *l'inclémence de la saison*. On ne parle plus guère de *l'inclémence d'un juge*.

INCLINATION et **INCLINAISON emploi et sens. Inclination** appartient à la langue soutenue, et évoque l'idée de « pente naturelle », dans le domaine psychologique : *Il y a des chances pour que nous ayons en commun des inclinations, des dégoûts, des tentations* (Mauriac). *Gilbert* [...] *s'occupait aussi de la cuisine avec ce garçon charmant et muet par inclination naturelle* (Dhôtel). *Je peux assouvir sans perturbations olfactives et sans que personne n'en suspecte rien mes propres inclinations culinaires* (Barbery). *L'inclination au bien, de mauvaises inclinations.* **Inclinaison**, « état de ce qui est incliné », s'emploie dans le domaine matériel : *Des escaliers feuilletés, rappelant, sous les courbes de l'asphalte, l'inclinaison des vieux terrains maraîchers* (Morand). *Mâchoires fermées, la Japonaise salua son hôte d'une simple inclinaison de tête* (Franck & Vautrin).

INCLURE conjug. Comme *conclure*, sauf au participe passé, qui prend un *s* final : *inclus*, fém. *incluse*. Ce verbe n'est guère employé qu'à l'infinitif et au participe passé : *Vous trouverez ci-inclus la facture.* → JOINDRE.

INCLUSIVEMENT emploi et sens. Cet adverbe est moins fréquent et moins connu que **exclusivement**, auquel il s'oppose. Il signifie « en comprenant, en incluant » : *Ce curieux mélange d'humilité et d'insolence, de grandeur et de bon sens, jusqu'au bûcher inclusivement* (Anouilh). On emploie plus couramment l'adj.-adverbe *compris*. → ce mot.

INCOGNITO prononc. Deux prononciations sont également correctes : [ɛ̃kɔɲito] ou [ɛ̃kɔgnito]. ♦ **forme.** Plur. *incognitos* (rare). ♦ **sens.** « En cachant volontairement son identité » ou, comme substantif, « le fait de cacher son identité au cours d'un déplacement » : *À la bonne heure, Jupiter ! Si vous renoncez à votre incognito, je puis vous assurer que, d'ici quelques minutes, je l'aurai convaincue de vous attendre au coucher du soleil* (Giraudoux). → ANONYMAT.

INCOLLABLE emploi. Adj. très répandu, mais n'appartenant qu'au registre fam., comme les termes dérivés de **colle** au sens de « question embarrassante ».

INCOMMENSURABLE sens. Bien que ce terme ait au point de vue scientifique une signification précise, « qui n'a pas de mesure commune avec, qui ne peut être mesuré au moyen de la même unité sans décimales », il n'empêche que l'acception la plus répandue est celle de « trop grand pour pouvoir être mesuré, sans commune mesure avec quoi que ce soit, immense ». Cette extension de sens, considérée comme abusive par certains, ne peut plus aujourd'hui être refusée. Elle est ratifiée par d'excellents auteurs : *Raymond comprit qu'aux yeux de Maria son beau-fils planait au-dessus de lui à une distance incommensurable* (Mauriac). *L'autre partie de sa vie, que la douleur venait d'atteindre, se révélait d'une incommensurable étendue* (Rolland). *Au cœur de la forêt, la paix est incommensurable* (Ragon). *Elle attendait tout naturellement, en échange, un don entier de soi, avec une confiance naïve, incommensurable, comme une enfant qu'elle était encore* (Némirovsky).

INCOMPARABLE constr. Si le tour **comparable à** ne pose aucun problème, il est plus rare de rencontrer cette construction avec l'adj. de sens contraire **incomparable** : *Une proximité, incomparable à toute autre, entre frères nés d'une même mère, héritiers d'un même père* (Pontalis).

INCONFORTABLE emploi. Cet adj. s'emploie aujourd'hui en français surtout à propos d'un lieu, d'un siège, etc. et moins souvent d'un être humain « mal installé » : *Il se retournait sur le sable chaud* [...], *non pas véritablement malheureux, mais se sentant très exactement ce que les Anglais nomment « inconfortable », sans arriver à comprendre pourquoi* (Némirovsky). → CONFORTABLE.

INCONGRÛMENT orth. Avec un accent circonflexe sur le *u*. → ADVERBES et CIRCONFLEXE (ACCENT).

INCONNU constr. En principe avec **à** : *inconnu à toute la terre*. Mais la construction avec **de** est maintenant plus répandue : *Il vit inconnu de tous.*

INCONSCIENT emploi et sens. Employé comme substantif ou comme adj., s'applique en psychologie à « tout ce qui échappe à la conscience du sujet » : *Le comique est inconscient* (Bergson). Ne pas confondre avec **inconscience**, qui désigne principalement une « privation momentanée de la conscience » ou, dans la langue courante, une sorte d'« aveuglement », d'« irresponsabilité ».

INCONTOURNABLE emploi et sens. Cet adj. néologique (apparu vers 1980, selon Robert) est bien formé et n'a rien en soi de répréhensible. C'est seulement son emploi trop fréquent, pour qualifier tout ce qu'on est obligé de traiter, d'affronter, etc., qui est quelque peu lassant : *Pour les Verts, cette alliance est toutefois soumise à un accord préalable entre les deux partis fondé sur les cinq « points incontournables » déjà définis à la fin du mois de mars dernier* (*Le Monde*, 30/08/1992).

INCONVERTIBLE forme. On rencontre également *inconvertissable*. Mais **inconvertible** est le terme usuel dans le lexique financier : *une monnaie inconvertible.*

INCULPATION et **INCULPER** → EXAMEN et ACCUSÉ.

INCULQUER emploi et sens. C'est un équivalent de **enseigner**, avec une nuance de sens, « faire entrer dans la tête de quelqu'un, faire admettre et retenir » : *J'essayais de le soustraire à cette influence et, quand je le pouvais, de lui inculquer quelques idées justes* (Green).

INCULTURE sens. C'est l'opposé de **culture** au sens social et non au sens « agricole » : *Le rédacteur de cet article trahit son inculture.* Mais on dira aussi bien *un champ inculte* ou *un esprit inculte.*

INCUNABLE sens. Ce mot désigne « tout imprimé antérieur à l'an 1500 ». Il ne faut pas le confondre avec **manuscrit** ni avec **palimpseste**. → ce mot. On l'emploie parfois ironiquement, pour parler de vieux livres plus ou moins précieux : *Le pupitre du vieux professeur (il lui donna cent ans d'après la poussière accumulée et les incunables empilés)* (Godbout).

INDEMNE orth. et prononc. Ne pas substituer *-mm-* au groupe *-mn-*. → DILEMME. ♦ **sens.** Adj. signifiant « sans dommage, sain et sauf ».

INDICIBLE emploi. Se dit surtout de la joie, de la douleur, du plaisir, dont il caractérise le haut degré. **Ineffable**, de même sens (« qu'on ne peut exprimer »), désigne plutôt la qualité : *Des prénoms de tous les jours, ineffables de banalité* (Labro). **Inénarrable**, de nos jours, s'applique plutôt à un épisode comique « qu'on ne peut raconter sans être saisi par le rire ». **Innommable** : « qu'on ne peut nommer », en parlant d'une chose répugnante.

INDIEN emploi et sens. Cet adj.-subst. désigne tantôt certains « autochtones d'Amérique du Nord », tantôt les « habitants de l'Inde ». Ne pas confondre avec **hindou**. → ce mot.

INDIFFÉRER emploi. Ce verbe, d'abord du registre fam., se construit seulement avec un pronom personnel comme complément d'objet, dont on peut se demander s'il est direct ou indirect, vu que l'adj. **indifférent** se construit plutôt avec un datif : *Je crois ne pas lui être indifférent.* Voici plusieurs exemples où la fonction est ambiguë : *Tout le restant m'indiffère, / J'ai rendez-vous avec vous* (Brassens). *Il se trouve que mes sentiments pour elle ne l'indiffèrent pas* (Khadra) : on attendrait plutôt : *ne lui indiffèrent pas. Son prénom m'indiffère, dit-elle* (Sagan). *Je me suffisais, mon corps m'indifférait* (Montherlant). Et en emploi absolu : *Qu'il pleuve ou qu'il fasse beau temps cela indiffère* (Le Clézio). L'emploi non ambigu du pronom personnel en objet indirect est rare : *C'était prouver que tous les sujets leur indifféraient* (Wyzewa, cité par Nyrop). → INSUPPORTER.

INDIGÈNE emploi et sens. Cet adj.-subst. s'applique à une personne née dans le pays dont il est question, et il n'a rien de péjoratif en soi : *Sais-tu qu'aujourd'hui encore, la ration accordée à l'indigène est inférieure à celle qui est attribuée à l'Européen ?* (Maïssa Bey). *La caserne de la ville en question où l'on nous certifia que l'école n'accueillait plus que les « indigènes »* (Khadra). C'est un certain racisme qui l'a fait parfois employer avec la valeur de « personne de couleur » ou même de « sauvage ». Si l'on veut éviter d'employer ce mot, on pourra utiliser les synonymes **autochtone** ou **aborigène**. ⟶ ces mots.

INDIGESTE ⟶ DIGESTE.

INDIGÈTE emploi et sens. Cet adj. rare ne doit pas être confondu avec **indigène** : il s'applique dans l'Antiquité romaine aux dieux « propres à une famille, à une ville ou à un pays ».

INDIGNER constr. À la voix passive ou pronominale, on dit *être indigné de* ou *par*, *s'indigner de qqch.* (ou *de + infinitif*), et *être indigné* ou *s'indigner contre qqn. S'indigner* et *être indigné* se construisent d'autre part avec *que* suivi du subj. : *Des gens criaient, s'indignaient que ses maîtres ne fissent rien pour sauver cette malheureuse* (Radiguet). On trouve parfois *de ce que*, avec tantôt l'indic., tantôt le subj. : *Il était surtout indigné de ce que le vieil oncle Goislard se portât très bien* (Boylesve). *Les grands-parents s'indignaient de ce que leur petit-fils ne comprenait rien à la Belle Époque.*

INDIGO forme. Invar. comme adj. de couleur. ⟶ COULEUR.

INDIVIS forme. Fém. *indivise*. Est adverbe dans la locution **par indivis**. ♦ **emploi et sens.** Terme de droit s'appliquant à un bien « dont la propriété est commune à plusieurs personnes » : *Une maison indivise les a à jamais divisés* (Pontalis).

IN-DIX-HUIT ⟶ IN-FOLIO.

INDOU orth. Autre orthographe de *hindou*. ⟶ ce mot.

IN-DOUZE ⟶ IN-FOLIO.

-INDRE (verbes en) ⟶ APPENDICE GRAMMATICAL.

INDU orth. Pas d'accent circonflexe sur le *u*, à la différence de **dû**. ⟶ ce mot, INDÛMENT et CIRCONFLEXE (ACCENT).

INDUIRE emploi et sens. Ce verbe est aujourd'hui assez rare, si ce n'est dans la locution **induire en erreur**. Parfois employé en logique, avec une valeur correspondant à *induction*, « raisonnement remontant des faits à la loi ».

INDULGENT constr. Avec les prépositions **pour** ou **envers**.

INDÛMENT orth. Avec un accent circonflexe sur le *u*. ⟶ ADVERBES et CIRCONFLEXE (ACCENT).

INDUSTRIEUX et **INDUSTRIEL emploi et sens.** Ces deux adj. sont issus de *industrie*. Le premier, rare et littéraire aujourd'hui, renvoie au sens classique de « qui montre de l'adresse, de l'habileté » : *Le plus habile opérateur du monde, qui met ses doigts industrieux dans ta plaie* (Valéry). *On avait fermé les volets bien avant la nuit, mais les jumeaux, toujours industrieux, avaient réussi, canifs à la main, à élargir une fente entre deux lattes de bois* (Labro). *Il y a loin des cordeliers pouilleux et ignares de Fontenay-le-Comte aux bénédictins industrieux et lettrés de Maillezais* (Ragon). On rencontre plus couramment **habile, ingénieux**, etc. Quant à l'adj. **industriel**, il ne renvoie qu'au sens moderne d'« industrie », c'est-à-dire « ensemble d'activités économiques visant à l'exploitation des richesses naturelles et à la transformation des matières premières » : *De nombreuses sociétés industrielles s'installent au Gabon* (*Le Monde*).

INÉDIT sens. « Qui n'a pas encore été imprimé, édité » : ce mot est aussi bien adj. que substantif. Par extension, on emploie également l'adj. au sens de « neuf, qu'on n'a encore jamais vu » : *Voulez-vous passer des vacances inédites ? Il s'y est pris d'une façon* *inédite*. On évitera d'utiliser **inédit** au sens de « secret ».

INEFFABLE orth. Avec deux *f*. ♦ **sens** ⟶ INDICIBLE.

INÉNARRABLE orth. Pas de double *n* dans cet adj. ♦ **sens** ⟶ INDICIBLE.

INEPTE sens. Ce mot n'est rien d'autre qu'une variante de **inapte**, dont le sens s'est restreint et spécialisé : « qui trahit la sottise, l'absurdité ». Il est beaucoup plus péjoratif que son doublet. ♦ **dérivé.** *ineptie* [inɛpsi]. ♦ **constr.** Autrefois, comme **inapte**, avec *à*. Aujourd'hui, le plus souvent en construction absolue, sans complément.

INEXACT prononc. Comme *exact*. ⟶ ce mot.

INEXPUGNABLE prononc. Avec [gn] et non [ɲ]. ♦ **sens.** « Qu'on ne peut prendre de vive force, après un siège. » Surtout au figuré aujourd'hui.

« IN EXTENSO » prononc. [inɛkstɛ̃so]. ♦ **sens.** « Intégralement, dans toute sa longueur » : *Le Journal officiel publie les débats « in extenso ».*

INEXTINGUIBLE prononc. On entend plus fréquemment aujourd'hui [inɛkstɛ̃gibl] que [inɛkstɛ̃gɥibl], mais les deux prononciations sont correctes.

« IN EXTREMIS » sens. « Au dernier moment. »

INFÂME orth. Avec un accent circonflexe sur le *a*, mais les dérivés **infamant, infamie** n'ont pas d'accent : *La sexualité peut enfin constituer, plus qu'un argument, une accusation infamante, utilisée pour disqualifier un adversaire politique* (J. Chapoutot, *Libération*, 09/10/2009). ♦ **sens.** Adj. de sens très fort, mais d'un emploi surtout littéraire et emphatique : *Infâme insecte, qui nous fait de ces peurs !* (Giraudoux).

INFANTILE emploi et sens. À la différence de **enfantin**, cet adj. s'emploie avec une valeur technique (« qui se rapporte à l'enfant »), notamment dans le lexique médical : *les maladies infantiles*. Il signifie également « qui ne dépasse pas le niveau mental d'un enfant » : *Ses raisonnements sont infantiles* (*enfantins* aurait ici un sens moins fort). De là l'emploi, dans ce sens, du dérivé *infantilisme*.

INFARCTUS forme. Éviter l'erreur pop. fréquente consistant à inverser dans l'écriture et dans la prononciation le *a* et le *r* : *infractus* : *Oh ! C'est pour mon mari ! Depuis qu'il a eu son « infractus », il n'a plus goût à rien* (Lefèvre). ♦ **sens.** « Épanchement sanguin à l'intérieur d'un tissu », en général le tissu cardiaque dans l'usage courant, qui considère surtout l'infarctus du myocarde : *Ils disent, les cardiologues, « infarctus du myocarde ». Quand j'étais jeune, on disait endartérite ou coronarite, je ne sais plus* (Duhamel). *Les hommes comme lui ne meurent que de ça* [de chagrin], *leurs infarctus et leurs cancers ne sont que des alibis* (P. Jardin). *En suivant 259 patients âgés de moins de 45 ans et ayant fait un infarctus, nous avons retrouvé trois fois plus d'événements coronariens après infarctus du myocarde* (Professeur Montalescot, *Le Monde*, 05/01/2009).

INFATUER (S') constr. Avec la préposition **de**. ♦ **sens.** Ce verbe très littéraire signifie « s'exagérer le mérite ou l'importance de qqn ». Ne pas confondre avec **s'enticher de**. L'adj.-participe **infatué** est toujours pris en mauvaise part, et surtout dans les locutions telles que *infatué de soi-même, de sa personne, de son talent*. Le sens est « trop satisfait, fier sans motifs sérieux » : *Infatuée de ses fabrications éphémères, elle se croit capable d'une infinité de réalités différentes* (Valéry).

INFECTER emploi et sens. Ne pas confondre ce verbe, qui signifie « donner de l'infection, communiquer des germes morbides », avec **infester**, qui signifie « ravager, piller », et aussi, par extension, « envahir » : *une plaie infectée*, mais : *Il commandait un vrai bateau, sur des eaux vraiment dangereuses, infestées de vrais pirates* (Orsenna). L'exemple suivant est ambigu : *Il en mourait tellement dans ces villages infestés de paludisme* (Duras).

INFECTIEUX sens. « Qui produit une infection, ou qui donne une infection » : *une maladie infectieuse.* Ne pas confondre avec *infecté.* ⟶ INFECTER.

INFÉRER et RÉFÉRER sens. Ne pas confondre **inférer**, qui signifie « tirer une conclusion » (par ex. dans l'expression *en inférer que*), **se référer**, dans le sens de « se reporter », et **en référer**, dans le sens de « en appeler (à) ».

INFÉRIEUR emploi. Cet ancien comparatif admet des degrés de comparaison, à partir du moment où l'on distingue plus de deux niveaux : *Les géologues firent d'intéressantes trouvailles dans la plus inférieure des strates.* On peut aussi, dans ce cas, employer des adj. tels que *bas, profond,* etc. ⟶ ANTÉRIEUR, EXTÉRIEUR. Pour marquer un degré particulier d'infériorité, on pourra dire : *C'est un résultat très inférieur à celui que vous avez obtenu le mois dernier.*

INFERNAL forme. Au masc. plur., cet adj. fait toujours **infernaux**, qu'il ait son sens primitif « de l'Enfer, des enfers » ou un sens dérivé, « extrêmement pénible » : *À l'intérieur de ces rapports infernaux, il ne coulait jamais la moindre paix* (P. Jardin).

INFESTER ⟶ INFECTER.

INFILTRER emploi et sens. Outre l'emploi traditionnel à la voix pronominale, au sens de « pénétrer lentement, en parlant d'un liquide », on rencontre de plus en plus souvent ce verbe sous la forme transitive directe, au sens idéologico-politique de « noyauter » : *La grande force des pays du bloc socialiste est d'avoir su infiltrer tout de suite et au plus haut niveau des organisations d'immigrés* (P. Besson), ou au sens physique de « pénétrer, envahir » : *Un bloc urbain serré* [...] *que, dès qu'on s'écarte un peu du centre, les jardinets placides de la banlieue viennent infiltrer* (Gracq). ⟶ EXFILTRER.

INFIME emploi et sens. À l'origine, superlatif signifiant « le plus bas, le dernier ». En fait, cet adj. est souvent pris comme un positif, au sens de « tout petit, minuscule » : *La frange infime de la plèbe du camp qui végétait en marge du système de travail forcé* (Semprun). *Monsieur, vous à qui on ne la fait pas, vous avez lu et bien lu que Robespierre, Danton le bon et Hébert le mauvais, voulaient à d'infimes nuances près la même chose* (Michon). *Une somme infime.* On peut dire *une dose aussi infime que celle d'hier,* mais on s'abstiendra d'employer les tournures *plus, moins, très infime.*

« IN FINE » emploi et sens. Locution latine indiquant qu'il faut se reporter « à la fin du texte de référence ». Elle s'emploie surtout dans les apparats critiques. ⟶ FINAL.

INFINITÉ constr. Pour **une infinité de** et l'accord du verbe qui suit. ⟶ COLLECTIF. ♦ **emploi.** Ne pas confondre **infinité, infimité**, caractère de ce qui est « infime » (⟶ INFIME), et **infinitude**, « qualité de ce qui est infini, sans bornes ».

INFINITIF emploi.

□ **et lui de rire.** Cet infinitif de description ou de narration appartient exclusivement à la langue littéraire : *En avant, marche ! Et l'ivrogne de se diriger vers la porte et de sortir* (Malraux). *Il a une drôle de bobine, dit-il. Et de boire une gorgée, le regard absent* (Marceau). *Et notre homme de faire le geste d'épauler et de viser très haut* (Rouaud). La juxtaposition de l'infinitif (sans **et**) est plus rare : *S'il s'en plaignait à elle, elle de se plaindre à son tour* (Montherlant). *Je lui dis que c'est du chantage ; aussitôt de s'écrier : En effet ; mais du chantage légitime* (Gide) : dans cet exemple l'infinitif a pour sujet la personne représentée par *lui.*

□ **je pourrai la voir** ou **je la pourrai voir.** Le pronom personnel complément de l'infinitif s'intercale aujourd'hui entre cet infinitif et le verbe régissant. Mais les écrivains contemporains recourent encore au tour ancien **pronom + verbe régissant + infinitif** : *Elle avertirait son mari qu'on l'avait voulu violer* (Aymé). *Je m'échappe une seconde et le vais voir* (Duhamel). *À présent, elle la devait reconnaître, en prendre possession* (Bernanos). *Pourtant autre chose m'aurait dû renseigner* *sur mes véritables sentiments* (Radiguet). *Un lion lui venait creuser une fosse avec ses ongles* (France). *Personne qui lui en désire parler* (Estaunié). *Ou alors il me pose des questions d'un air de n'y pas toucher* (Sartre).

□ **verbe + infinitif.** L'infinitif sans préposition se rencontre après les verbes suivants (voir à l'ordre alphabétique des indications complémentaires pour les mots marqués d'un °) : *accourir, affirmer, aimer autant* (et *mieux*), *aller, apercevoir, assurer, avoir beau, avouer, compter, conduire, confesser, courir, croire, daigner, déclarer, descendre, désirer, détester, devoir,* °*dire* (seulement comme verbe déclaratif), *écouter, entendre,* °*envoyer,* °*espérer, estimer, être* (au sens de « aller »), °*faillir, faire, falloir, figurer (se), imaginer (s'), laisser, mener, monter, oser,* °*partir, penser, pouvoir,* °*préférer, présumer,* °*prétendre,* °*rappeler (se), reconnaître, regarder, rentrer, retourner, revenir, savoir, sentir, supposer,* °*venir, voir, vouloir*. Pour les verbes se construisant avec la préposition **à** ou **de + infinitif**, on les trouvera à leur ordre alphabétique.

□ **infinitif après préposition.** Lorsqu'un infinitif, complément d'un verbe, est introduit par une préposition, il doit avoir le même sujet que le verbe dont il est complément : *L'enfant embrasse sa maman avant de s'endormir*. Si les deux sujets sont différents, il faut employer une proposition circonstancielle avec un verbe à mode personnel. Ne pas dire : *Avant de passer à la douane, les policiers ont vérifié nos papiers d'identité*, mais : *avant que nous (ne) passions à la douane...*

□ **proposition infinitive.** Cette proposition est caractérisée par un double fait : d'une part, elle dépend d'un verbe principal auquel elle sert de complément ; d'autre part elle comporte un terme (substantif ou pronom) qui est à la fois objet du verbe principal et sujet de l'infinitif. On a donné à ce terme le nom d'« entrejet » (Damourette et Pichon) ou d'« objet-agent » (Le Bidois). La proposition infinitive soulève deux problèmes principaux : la place de l'objet-agent et sa présentation, directe (sans préposition), ou indirecte (avec préposition, ou au « datif », dans le cas des pronoms).

Place du substantif. Deux constructions sont possibles : *Elle regardait sa propre jeunesse dormir* (Sagan). *Il entendit chanter sa mère.*

Présentation de l'objet-agent.

objet direct : *Des nouvelles un peu moins bonnes les firent précipiter leur départ* (Gide). *À trente ans, une énorme soif d'agir le fait abandonner soudain le chemin facile* (Chaix).

objet indirect (datif) : *Elle lui faisait pousser le piano et tourner les pages* (Proust). *Une phobie du mariage qui lui fit rompre net avec sa jeune fiancée* (Aymé).

L'objet-agent est un substantif : *Cette fleur que vous laissiez cueillir aux demoiselles de boutique* (France). *Le nom de Bonaparte a fait lever les yeux au voisin* (Aragon).

L'objet-agent peut être un pronom relatif : *Des parents qu'il prétendait s'être mal conduits à son égard* (Proust). *Des hommes que je savais être de grands pécheurs* (Mauriac). *C'est un peu surprenant de la part d'un homme de science tel qu'on me le dit être* (Henriot) : cette dernière phrase n'est pas à imiter.

INFIRMER sens. « Affaiblir, diminuer la valeur de », d'où « dénier la vérité de ». Ce verbe est très éloigné, on le voit, de **infirme** : *Il faut donc que le jeune homme ait imaginé une bonne partie de la promenade dont il nous parle. Cela infirme le récit tout entier* (Green).

<u>INFIXE</u> genre. Masc. ♦ **sens.** En linguistique, « élément introduit dans le corps d'un mot », par opposition à l'**affixe**, qui désigne à la fois le préfixe et le suffixe. Ce phénomène est assez rare en français : on peut considérer le *s* interne du plur. **bonshommes** comme un infixe.

INFLAMMATION emploi. Surtout au sens figuré, médical. Pour le jaillissement des flammes, au propre, on emploie plutôt **embrasement**.

INFLATION emploi et sens. Anglicisme du domaine financier, qui s'est acclimaté dans notre langue et désigne le « phénomène d'accroissement excessif de la monnaie par rapport aux produits ». Ne pas employer ce mot pour désigner l'augmentation du coût de la vie. Le contraire de **inflation** est **déflation** ou **désinflation**.

INFLUENCER constr. Ce verbe est transitif direct, tandis que **influer**, de sens voisin, mais de registre plus élevé, se construit avec la préposition **sur** : *Ma mère ne voulant pas que cela influât sur mes prix, mes couronnes, se réservait de dire la chose, après la distribution* (Radiguet). *Tony Blair peine à influer sur le conflit israélo-palestinien* (titre du *Monde*, 20/07/2009). Il existe un emploi transitif et rare de **influer**, au sens de « faire couler dans » : *Elle se croyait capable de l'apprivoiser, de lui influer un peu de la joie de vivre propre aux Belgorodsky* (Wiazemsky).

INFLUENT forme et sens. Distinguer **influent** adj. et **influant** participe présent. L'adj. signifie « qui a de l'influence, du crédit » : *C'était généralement un gros électeur influent et qu'on savait ambitieux* (Giono).

INFLUENZA prononc. On hésite entre [ɛ̃flyɑ̃za] et [ɛ̃flyɛnza].

INFLUER → INFLUENCER.

IN-FOLIO orth. Plur. *des in-folio*, invar. : *Les fichiers américains avaient détrôné les vieux in-folio* (Morand). Même remarque pour **in-quarto, in-octavo.** Selon certains grammairiens, il convient de laisser invar. quand il y a un nom plur. : *douze volumes in-octavo* (du format in-octavo), mais de faire l'accord dans le cas contraire : *douze in-octavos. Il a lu beaucoup d'in-folios* (Sainte-Beuve). *In-douze, in-seize, in-dix-huit* ne prennent jamais de *s* final. ♦ **sens.** Terme d'imprimeur, désignant le « format d'un livre composé de feuilles pliées en deux et fournissant chacune quatre pages », et par extension, le livre lui-même. Le plus grand format est l'**in-plano** (feuille non pliée) et le plus petit l'**in-soixante-quatre**, dont la feuille, pliée six fois, donne cent vingt-huit pages.

INFORMEL emploi et sens. Dans les beaux-arts, cet adj. correspond à peu près à **non-figuratif.** On l'emploie aussi dans des locutions comme **assemblée informelle**, au sens de « qui n'est pas convoquée ou réunie conformément aux statuts ».

INFORMER constr. On dit **informer que**, plutôt que **informer de ce que** : *Ils m'informèrent que mon ami était prisonnier en Sibérie* (Aymé). **S'informer** se construit généralement avec la préposition **de** et un complément nom de chose : *Ernest la Jeunesse alla s'informer d'une pièce qu'il avait déposée dans je ne sais plus quel théâtre* (Apollinaire). On peut employer aussi la préposition **sur**, qui admet à sa suite aussi bien l'animé que le non-animé : *s'informer sur qqn* ou *sur qqch.* □ **s'informer si.** Cette construction condensée est bien préférable au pesant **pour savoir si** : *Raymond s'informait si rien ne manquait au voyageur* (Mauriac). *Tous s'empressaient autour d'eux, s'informant s'ils étaient fatigués, s'ils étaient contents de leurs chambres, s'ils n'avaient besoin de rien* (Rolland).

INFORTUNÉ → FORTUNÉ.

INFRA- orth. Les mots construits avec **infra-** ne prennent pas de trait d'union : *infrason, infrastructure*, sauf lorsque le radical commence par une voyelle.

INFUS emploi et sens. Adj. signifiant « répandu (dans) » est très rare aujourd'hui, en dehors de la locution **science infuse**, « savoir qu'on possède sans avoir étudié » (en général ironique) : *Et je me sens l'esprit vaguement pressentir tout le trésor infus des réponses qui s'ébauchent en moi devant une chose qui m'arrête et qui m'interroge* (Valéry).

INFUSOIRE genre. Masc. ♦ **sens.** « Animal microscopique vivant dans les liquides. »

INGAMBE sens. « Qui se sert normalement de ses jambes. » Ne pas croire que le préfixe *in-* a ici une valeur négative et ne pas prendre ce mot au sens de « impotent ».

INGÉNIERIE emploi et sens. Cet heureux substitut de l'anglais *engineering*, au sens d'« activité de définition, de conception et d'étude d'un projet, ou encore de coordination, d'assistance pour la réalisation d'un projet technique » ou de « profession de ceux qui exercent ce type d'activités », a été approuvé par l'Académie et recommandé par l'arrêté ministériel du 12 janvier 1973 : *L'ingénierie doit être simultanée (conception/ industrialisation en parallèle) pour gagner du temps* (Gosselin, *Le Monde*, 13/10/1992). *Il y a quelques mois encore, cet étudiant en ingénierie civile se contentait d'une poignée d'amis pour public, et de sa chambre à coucher comme scène de spectacle* (C. Hennion, *Le Monde*, 10/07/2011). On rencontre toutefois : *La passion qu'il nourrissait pour le bricolage* [...] *ou plutôt une sorte d'engineering maritime qui lui faisait accumuler dans son grenier* [...] *une véritable flotte de modèles réduits* (Simon).

INGÉNIEUR-CONSEIL orth. Le nom **ingénieur** n'est suivi d'un trait d'union que dans les composés **ingénieur-conseil** et **ingénieur-docteur** (plur. *ingénieurs-conseils, ingénieurs-docteurs*) : *Les enfants des ingénieurs-conseils ne peuvent bénéficier de la cantine à prix réduit* (Saumont). Partout ailleurs, pas de trait d'union : *ingénieur civil, ingénieur chimiste*, etc.

INGÉNUMENT orth. Pas d'accent circonflexe sur le *u*, ni de *e* intérieur : *Combien d'hommes n'avait-il pas connus qui* [...] *étaient prêts à commettre ingénument les pires malversations pour défendre et accroître leur fortune ?* (Kessel).

INGÉRER (S') emploi et sens. On rencontre souvent ce verbe dans la langue politique ou économique, au sens de « s'introduire indûment dans, se mêler plus ou moins discrètement de (la politique d'un autre pays) ». Ce verbe et le substantif dérivé **ingérence** sont d'un emploi plus commode que leurs quasi-synonymes **s'immiscer** et **immixtion**. → ces mots.

INGUINAL prononc. [ɛ̃gɥinal] et non [ɛ̃ginal]. ♦ **sens.** « Relatif à l'aine » : *On l'a opéré d'une hernie inguinale.*

INHABITUÉ et **INHABITUEL emploi.** Ne pas confondre ces deux mots. **Inhabitué** : « Qui n'a pas l'habitude » (peu usité). **Inhabituel** : « Dont on n'a pas l'habitude » : *Sa santé a souffert de ces efforts inhabituels.*

INHIBER, INHIBITION orth. Ne pas oublier le *h*. ♦ **emploi.** Dans l'ancienne jurisprudence, **inhibition** était le synonyme de **prohibition**, « défense ». Aujourd'hui, il appartient au lexique médical : « Phénomène d'arrêt dans l'organisme. » On l'emploie couramment au sens de « blocage », d'« impossibilité de passage à l'acte ».

INHUMER emploi et sens. C'est l'équivalent de **enterrer**, dans la langue administrative : [L'inscription] *disait que Clotilde Périot, née Demoncelle en 1882, avait été inhumée là en 1943* (Duhamel). ♦ **dérivé.** *inhumation.*

INIMITIÉ emploi. Plus littéraire que son contraire **amitié** : *Je rencontrai des inimitiés surtout parmi ceux qui ne me connaissaient que de très loin* (Camus).

ININTELLIGIBLE et **INCOMPRÉHENSIBLE sens.** Le premier adj. signifie « qu'on ne peut saisir par l'intelligence » et s'applique surtout au domaine de la réflexion et du langage : *Les propos de cet illuminé sont inintelligibles. Il m'a écrit une lettre inintelligible.* Le second adj. a un sens très voisin, « impossible ou difficile à comprendre » : *Les raisons de son acte me semblent incompréhensibles. Il a eu là un geste incompréhensible.* Les nuances qu'ont cherché à définir les lexicographes semblent aujourd'hui peu senties et sans fondement bien rigoureux : *Inintelligible se dit par rapport à l'expression ; inconcevable par rapport à l'imagination ; incompréhensible par rapport à la nature de l'esprit humain* (Guizot).

INIQUE emploi et sens. Synonyme très fort de **injuste**. Appartient à la langue soutenue.

INITIAL forme. Masc. plur. : *initiaux*. → -AL.

INN- orth. Les mots suivants, formés avec le préfixe *in-* sont seuls à redoubler le *n* : *innervé* (et ses dérivés), *innocent* (et ses dérivés), *innocuité, innombrable, innommé* (et ses dérivés), *innover* (et ses dérivés).

INNÉ prononc. [in(n)e]. ♦ **sens.** Même sens que **infus** (⟶ ce mot), mais plus répandu : *L'admiration et la compréhension du chat, il les portait innées en lui* (Colette). ♦ **dérivé.** *innéité.*

INNOCENCE et **INNOCUITÉ emploi.** Ces deux substantifs sont de sens voisin, mais le premier s'applique surtout aux personnes, et le second uniquement aux choses : *Dans son innocence, elle croyait à l'innocuité de ce breuvage !*

INNOMMABLE ⟶ INDICIBLE.

INNOMMÉ orth. Il est préférable, conformément à l'avis de Littré et de Robert, d'adopter la même orthographe, avec deux *m*, que pour *nommer, innommable*, etc., malgré la curieuse position de l'Académie à ce sujet, qui écrit *innomé* : *Son désir, en suspens, innomé, se mua lentement en une sorte d'angoisse* (Sartre), mais : *Il avait eu, comme on dit, une aventure avec elle, avec cette inconnue, innommée du moins, innommable pour moi* (Semprun).

INOBSERVANCE sens « Manque à observer des prescriptions religieuses et morales. » Ne pas confondre avec **inobservation**, d'emploi plus général.

IN-OCTAVO orth. ⟶ IN-FOLIO. Abréviation : *in-8.*

INOUÏ emploi et sens. Cet adj. est généralement employé avec une valeur de superlatif, comme équivalent de **extraordinaire**, et on oublie souvent qu'il signifiait au sens propre « qui n'a pas encore été entendu ». Cette évolution est depuis longtemps ratifiée par le bon usage : *Alors, il y eut une minute inouïe dans la vie du Bombé* (Aymé). *Une table de jeux d'un luxe inouï en marqueterie d'ivoire et d'ébène* (Giono).

IN-PACE orth. Avec trait d'union, dans l'emploi substantif. Plur. *des in-pace* (invar.). ♦ **sens.** Ce latinisme désigne un cachot, une prison souterraine où l'on gardait certains coupables jusqu'à leur mort, dans les anciens couvents.

« **IN PARTIBUS** » **emploi et sens.** Se dit familièrement de quelqu'un qui « n'exerce pas de fonction réelle » : *Depuis que son fils a pris sa succession, c'est un boucher « in partibus ».*

« **IN PETTO** » **orth.** Pas de trait d'union. ♦ **emploi et sens.** Cet italianisme (ce n'est pas du latin...) signifie, dans le langage fam., « en son for intérieur, pour soi-même ».

IN-PLANO ⟶ IN-FOLIO.

IN-QUARTO ⟶ IN-FOLIO. Abrév. *in-4.*

INQUIET constr. On distinguait autrefois **inquiet de**, exprimant la cause de l'inquiétude, et **inquiet sur**, exprimant l'objet de l'inquiétude. Cette nuance n'est plus guère observée aujourd'hui et on dit à volonté : *Je suis inquiet de sa santé* ou *sur sa santé.*

INQUIÉTER emploi. Transitivement, signifie « donner de l'inquiétude à ». **S'inquiéter** se construit avec *que* et le subj., ou avec *de ce que* et l'indic. : *Elle s'inquiétait que Galbert ne la volât pas* (Mauriac). *Elle s'inquiétait de ce qu'il allait nous manquer* (Aymé).

INRACONTABLE forme. Éviter la forme fautive *irracontable* (mais on dit *irrecevable, irréconciliable*).

« **I.N.R.I.** » **sens.** Cette inscription, mise sur la croix par Pilate, est formée des initiales de « Jésus de Nazareth Roi des Juifs » (en latin, le J est un i majuscule).

INSANE emploi et sens. Adj. littéraire et recherché, qui équivaut exactement à **insensé**. Le substantif **insanité** est rare, mais expressif : *La mort / Mêle son ironie à ton insanité* (Baudelaire).

INSATIABLE prononc. [ɛ̃sasjabl]. Pas de [z] ni de [t] dans ce mot. ⟶ SATIÉTÉ.

INSECTE sens. La dénomination d'*insecte*, d'un point de vue scientifique, ne convient qu'à de « petits animaux invertébrés, articulés, à six pattes ». En réalité, la langue courante étend ce nom à toutes sortes de « petites bêtes ».

IN-SEIZE → IN-FOLIO. Abrév. *in-16*.

INSERMENTÉ sens. C'est le contraire de **assermenté**, qui concerne le « serment de fidélité à la Constitution civile du clergé que les ecclésiastiques devaient prêter en 1790 » : *Un prêtre insermenté.*

INSIGNE (subst.) **genre.** Masc. *un bel insigne doré.*

INSIGNE (adj.) **sens.** « Remarquable. »

INSINCÈRE emploi. Cet antonyme de **sincère** appartient à la langue littéraire : *Les mots, même insincères, jouaient sur un sentiment si puissant que Richard fut comme entravé* (Kessel).

« **IN SITU** » **emploi et sens.** Locution latine de caractère didactique, signifiant « dans son cadre naturel », utilisée surtout par les biologistes et les botanistes.

INSOMNIAQUE forme et sens. « Relatif ou sujet à l'insomnie » : *La bourdonnante, obsédante et insomniaque nuit d'août* (Huguenin). On emploie plus rarement **insomnieux**, qui appartient au registre littéraire.

INSOUCIANT et **INSOUCIEUX constr.** Le premier adj. est employé le plus souvent sans complément, tandis que le second admet à sa suite **de + substantif** : *Il est très insouciant*, en face de : *Edmée vivait donc dans une paix très grande, insoucieuse de l'avenir aussi bien que du passé* (Dhôtel). *Il est insoucieux de ce qui peut lui arriver.* ♦ **sens.** Les deux adj. sont presque équivalents, mais **insouciant** signifie « qui ne se fait aucun souci, d'une manière générale », tandis que **insoucieux** a pour complément un mot qui désigne un objet précis.

INSTANCE emploi et sens. Autrefois, synonyme de **insistance**, qu'on emploiera de préférence avec des verbes comme *demander, prier*, etc. Mais au plur., ce substantif n'est pas rare au sens de « demande, prière » : *Vous savez, dit-il, j'imagine aussi qu'il l'aurait fait de lui-même un jour, même sans ses instances à elle* (Duras). Quant au sens de « autorité détenant un pouvoir de décision », il a été discuté, mais on ne peut plus le refuser : *Il a fait appel aux plus hautes instances de l'État.* □ **en instance de. constr.** Avec un substantif ou un verbe : *en instance de divorce* ou *en instance de divorcer.* ♦ **sens.** « Sur le point de. »

INSTANT forme. Au plur. dans **par instants** : *Il s'arrêtait par instants.* Mais au sing. dans **à tout instant.** ♦ **emploi.** La langue soutenue préférerait toutefois **par intervalles.** → MOMENT et PAR.

INSTAR (À L'... DE) emploi et sens. Cette locution littéraire ne signifie pas, comme on le croit parfois, « à l'opposé de », mais « de la même manière que » : *Ces bagnards, ces grands criminels, « découverts » par les blancs à l'instar des champignons, étaient des condamnés à vie* (Duras). *Derrière ce rapprochement physique à Levallois se profile la création d'un service unique, à l'instar de ce qui existe dans d'autres pays occidentaux* (P. Smolar, *Le Monde*, 25/05/2007). Ne pas dire *à son instar*, mais *à l'instar de lui.*

INSTIT prononc. [ɛ̃stit]. ♦ **emploi.** Cette abréviation est très répandue dans le registre fam. On peut regretter que la nouvelle appellation **professeur des écoles** ait remplacé à partir de 1990, dans la langue usuelle, le beau mot d'instituteur, qui date du XVe s. et auquel Jules Ferry donna, à partir de 1881, ses lettres de noblesse.

INSTRUMENTS DE MUSIQUE emploi. Il est toujours possible d'employer le verbe **jouer** pour désigner « l'action de se servir d'un instrument de musique particulier » : *Au début on pouvait parler en riant des premiers prix de grec, des parties de tennis enlevées en quelques jeux, du piano dont elle jouait mieux que Saint-Saëns* (Nimier). Le verbe **toucher**, qui ne peut s'appliquer qu'aux instruments à touches, est vieilli : *Je suis une jeune fille bien élevée qui sait toucher le piano, laver une aquarelle* (Queneau). On dit aussi **toucher**

du piano : *Elle touchait du piano avec grâce.* Le verbe **sonner** est en général utilisé par les spécialistes, quand il s'agit de certains instruments à vent : *sonner du clairon, de la trompe, de la trompette,* mais l'utilisateur a le droit de conserver le verbe *jouer,* même dans ce cas. Certains prétendent également qu'on ne peut que *battre le tambour* ou *pincer la guitare,* mais cette affirmation est contredite par le bon usage actuel et par un certain bon sens, qui évite d'identifier absolument langue de métier et langue commune. Si l'on poussait l'exigence puriste à ses extrêmes conséquences, il faudrait alors se servir des verbes spécifiques *claironner, harper, tambouriner* (dont le sens s'est élargi), et même connaître le vocabulaire de la vénerie dans son détail. Ce n'est alors ni *jouer du cor de chasse* ni *sonner de la trompe* qu'il faudrait dire, mais *grailler, forhuer,* etc. → JOUER, TOUCHER.

INSULTER constr. Transitif direct le plus souvent, avec un complément nom de personne, ce verbe peut se construire, dans le registre littéraire, avec la préposition **à** devant un complément non animé : *Ces tristes sires, qui acclament ce qu'ils croient ma faute et insulteraient à ma vertu* (Giraudoux). *Sa légèreté insultait aux lois de la pesanteur* (Nothomb).

INSUPPORTER emploi. Verbe mal formé tiré d'**insupportable**, surtout courant dans le tour **ça m'insupporte** : *Malgré tout et même en dehors de la question convenance, je crois qu'Albertine eût insupporté maman* (Proust) : le tour usuel serait *eût été insupportable à maman,* ou *que maman n'eût pas supporté Albertine. La phénoménologie m'échappe et cela m'insupporte* (Barbery). *La chanson de Serge Lama sur l'Algérie (« Même avec un fusil, c'était un beau pays ») l'insupportait* (Fottorino) : « lui insupportait » paraît plus logique, étant donné que le pronom personnel correspond ici à un complément d'objet indirect. → INDIFFÉRER.

INTANGIBLE et **INTOUCHABLE sens.** **Intangible**, terme didactique, « qui ne doit pas être changé » (par ex. une institution). **Intouchable**, « qui ne peut être touché, pour quelque raison que ce soit, matérielle, affective, morale, etc. »

INTÉGRALITÉ et **INTÉGRITÉ sens.** On distingue aisément ces deux substantifs en se reportant au sens des adj. dont ils sont issus : **intégral** a le sens de « complet, entier » *(le contenu intégral),* tandis que **intègre** a le plus souvent une valeur morale, « honnête, probe ». Néanmoins, **intégrité** peut signifier « état d'une chose qui est dans sa totalité » : *conserver l'intégrité de son territoire.*

INTÉGRER et **INCORPORER sens.** Le premier verbe est le plus ancien. Il appartient au domaine des mathématiques au sens de « calculer l'intégrale (d'une fonction) » ou à celui des techniques, « faire entrer dans un ensemble plus vaste » : *Toutes les références philosophiques, assez faciles à décrypter d'ailleurs, étaient intériorisées, intégrées à mon propre discours* (Semprun). *Il a intégré ses nouvelles théories dans le système précédent.* Fréquent au sens fig. : *Ceux qu'on a appelés les rapatriés se sont dans l'ensemble bien intégrés dans la population de la métropole. Ce raisonnement s'intègre parfaitement dans la pensée collective.* On dit aussi d'un lauréat au concours d'une grande école qu'**il a intégré** (Normale Sup) (construction transitive). Le verbe **incorporer** a un sens voisin, mais s'applique à des domaines plus divers, et indique une fusion moins complète que le verbe précédent : *Les jeunes gens seront incorporés début septembre. Nous nous sommes incorporé quelques spécialistes de l'informatique.*

INTELLIGENTSIA prononc. [ɛ̃teligɛn(t)sja]. ♦ **orth.** On rencontre parfois *intelligentzia.* ♦ **emploi et sens.** Ce mot russe désigne de façon quelque peu affectée « l'ensemble des intellectuels d'un pays ».

INTELLO emploi et sens. À partir de 1977, cette abréviation d'*intellectuel,* qui prend un *s* au plur. mais demeure invar. en genre, est assez souvent employée dans un contexte fam., avec une valeur plus ou moins péjorative : *Dans mes pensées profondes, je joue à ce que je suis, hein, finalement, une intello* *(qui se moque des autres intellos)* (Barbery). *Ça, c'est une vue d'intello !* Et adjectivement : *Une soirée très intello, des copains intellos.*

INTEMPÉRIE et **INTEMPÉRANCE sens.** On évitera de confondre ces deux substantifs. Le premier désigne « les rigueurs du climat » et s'emploie presque uniquement au plur. : *les intempéries de cet hiver ; affronter les intempéries.* Le second signifie « manque de modération, de retenue » : *Ce buveur est d'une rare intempérance ; des intempérances de langage.*

INTEMPESTIF sens. Cet adj. signifie « qui survient mal à propos » : *Son geste intempestif déclencha la colère du père. Une demande intempestive, une démarche, un zèle intempestifs.*

INTEMPOREL → ATEMPOREL.

INTENSE et **INTENSIF sens.** Le premier adj. a le sens de « qui agit avec force », d'où par extension « qui dépasse la mesure ordinaire » : *L'affaire a soulevé une intense émotion. Une intense satisfaction se peignit sur son visage. Il règne dans ce défilé une chaleur intense.* Quand à **intensif**, il a toujours une valeur active, et signifie « qui met en œuvre des moyens importants » ; il ne s'applique pas à un phénomène naturel, mais à un « haut degré d'intensité recherché systématiquement » : *Ils furent soumis pendant des heures à un pilonnage intensif. La culture intensive des légumes.* Cet adj. a fourni les dérivés très fréquents aujourd'hui **intensifier** et **intensification**.

INTENSÉMENT orth. On met un accent sur le second *e* : *intensément.* ♦ **emploi et sens.** Cette forme a complètement supplanté, de nos jours, *intensivement*, qui n'est plus signalé par les dictionnaires que pour mémoire. Il semble bien que **intensément** serve d'adverbe aux deux adj. étudiés ci-dessus : *Jean-Pierre et Lise se regardèrent intensément.*

INTENTION constr. On ne dit plus aujourd'hui avoir intention de, mais seulement **avoir l'intention de** : *J'ai l'intention de remettre l'affaire entre les mains de mon ami, le procureur Déterne* (Sartre).

INTENTIONALITÉ orth. Avec un seul *n*, à la différence de *intentionnel.*

INTENTIONNÉ et **INTENTIONNEL sens.** Le premier adj. s'emploie toujours accompagné des adverbes **bien** ou **mal**, comme *famé* (→ ce mot) et ne s'applique qu'à un nom de personne, avec le sens de « qui a de bonnes ou de mauvaises intentions (envers quelqu'un) » : *Tous les gens bien intentionnés / Riaient de me voir emmener* (Brassens). On ne confondra pas avec **intentionnel**, « fait à dessein, exprès » : *Il y a eu là un geste intentionnel, une sorte de provocation.*

INTER... forme. Les composés commençant par *inter* ne prennent jamais de trait d'union. Les adj. de ce type qui se terminent en *-al* font leur plur. en *-aux*, sans exception : *intercostal, -pariétal, -syndical,* etc. → -AL.

INTERARMES ou **INTERARMÉES forme.** Ces deux adj. sont invar. et se présentent toujours avec le *s* du plur.

INTERCALATION forme. Ne pas utiliser *intercalement*, qui n'existe pas : *L'intercalation d'un mot dans un texte.*

INTERCHANGER emploi. Curieusement, ce verbe calqué sur l'anglais *to interchange* et employé par Proust en 1918 n'est guère accepté en français (bien que présent chez Robert et dans le TLF), alors que l'adj. **interchangeable** (déjà issu de l'anglais vers 1870) ne nous pose aucun problème : *Ils entreprirent de questionner Gregory dans la cuisine et Terounech au salon. De temps à autre ils interchangeaient les rôles* (Godbout).

INTERCLASSE orth. Au sing., s'écrit sans *s* final. ♦ **emploi et sens.** Ce nom masc. est tout à fait admis aujourd'hui, au sens de « intervalle qui sépare deux heures de classe ».

INTERCLUBS orth. Avec *s* : *une rencontre interclubs.*

INTERDIRE conjug. Comme *contredire, médire.* → ces mots.

INTÉRESSER orth. Les dérivés de **intérêt** ont toujours un seul *r*. ♦ **constr.** Ce verbe se construit normalement avec le groupe conjonctif **à ce que** (et le subj.) : *Il faut intéresser l'opinion publique du monde entier à ce que la paix future soit juste* (Rolland).

INTÉRÊT emploi. On dit **avoir intérêt à** et non plus **de + infinitif** : *Vous n'avez aucun intérêt à....* En outre, **avoir intérêt à ce que** est à la fois admis par le bon usage et beaucoup plus répandu que le tour plus sobre *avoir intérêt que* : *Je ne vois pas l'intérêt qu'il y a à ce que je signe de cette façon-là* (T. Bernard). *Ayant grand intérêt à ce que le gouvernement ne reçût aucune insulte éclatante et que les ministres pussent jouir en paix de cette indifférence...* (France).

INTERFACE emploi et sens. Cet anglicisme technique, qui désigne la « limite commune à deux appareils » ou la « jonction entre deux éléments d'un ensemble informatique », est souvent employé en un sens métaphorique d'« intermédiaire », de façon plus ou moins pédante : *Songeons plutôt à organiser l'interface entre ce qui doit, dans l'intérêt de la justice et celui des parties, demeurer nécessairement confidentiel et ce qui peut être délivré au public* (Vogelweith, *Le Monde*, 05/06/1992). *Dans tous les domaines où s'est aventuré cet homme* (Pierre-Gilles de Gennes) *d'interface entre les publics, les chercheurs, les disciplines, et qui scrutait – précisément – les interfaces entre les matériaux, les molécules, les atomes, les cellules* (C. Bensimon, *Libération*, 23/05/2007).

INTERFÉRER emploi. Intransitif : *Il arrive souvent que leurs fonctionnements interfèrent (il faut dire ainsi jusqu'à nouvel ordre si on ne veut pas être repris, et non s'interfèrent comme s'entrecoupent)* (M. Cohen).

INTÉRIEUR constr. Cet adj., bien qu'il soit à l'origine un comparatif, admet des degrés de comparaison, comme *antérieur, extérieur, inférieur, intime*, etc. : *Zola, s'il a voulu, pour la série des Rougon-Macquart, une unité plus forte et plus intérieure aux parties, ne l'a pas obtenue autant qu'il le pensait* (Romains). On dira du reste très correctement : *Venez donc un peu plus à l'intérieur.* Il y a, au moins pour la langue commune, des degrés dans l'intériorité. ♦ **sens.** Cet adj. a un sens spatial, même quand il s'agit de politique : *Un goulet long et profond met un grand lac intérieur en communication avec la mer* (Cendrars). On le rencontre souvent au figuré : *Il est riche d'une profonde vie intérieure. Le débat du cœur et du corps est tout intérieur.* On ne saurait confondre avec **interne**, qui a un caractère plus « technique » : *Le blessé a succombé à une hémorragie interne. Montrez-moi les angles internes de cette figure.*

INTÉRIM emploi et sens. Adverbe latin signifiant « pendant ce temps », devenu en français un substantif désignant la « période durant laquelle une place se trouve dépourvue de titulaire » et l'« action de remplacer quelqu'un dans sa fonction » : *Il y avait fait l'intérim de la critique théâtrale après la mort de Catulle Mendès* (Apollinaire). *Par intérim ; assurer l'intérim de qqn.* ♦ **dérivé.** *intérimaire.*

<u>INTERJECTIONS</u> **orth.** L'usage est parfois hésitant quant à l'orthographe ou à l'emploi de certaines interjections que l'on peut confondre avec un homonyme.

□ **çà !** et **ça. Çà !** exclamation (qui peut être employée seule ou intégrée à une locution interjective : *Ah çà !, or çà !*), prend un accent grave sur le *a* ; **ça**, démonstratif (contraction de **cela**), ne prend pas d'accent.

□ **ô, oh !** et **ho ! Ô** (accent circonflexe) marque souvent, dans un style lyrique, un transport affectif tel que l'étonnement, l'admiration, la joie, la douleur, la colère ou l'invocation : *Ô mon Dieu !* **Oh !** exprime la surprise, avec parfois une nuance d'indignation : *Oh ! par exemple, quelle surprise !* **Ho !** peut être une interjection d'appel (dans le sens de **hé !**, de **holà !**) ou témoigner l'étonnement, l'admiration, etc. à un moindre degré ou dans un style moins recherché que **ô.**

□ **ah !** et **ha ! Ah !** exprime un soudain mouvement d'esprit, ou un avertissement, un appel, une douleur. **Ha !** indique la surprise, le regret, ou, répété *(ha ! ha !)* une exclamation amusée ou le rire.

□ **eh !** et **hé ! Eh !** exprime divers mouvements d'esprit : *Eh ! quel vacarme ! Eh bien !* **Hé !** sert plus particulièrement à interpeller ou figure le ricanement.

□ **oui-da** a un trait d'union et ne prend pas d'accent sur le *a*.

→ ces interjections à l'ordre alphabétique.

INTERJETER emploi et sens. Uniquement dans le vocabulaire judiciaire, et surtout dans la locution **interjeter appel**, « introduire un appel à la suite d'un procès ».

INTERLIGNE genre. Masc. au sens de « espace entre deux lignes », mais fém. quand il désigne, en imprimerie, une « lame d'espacement ».

INTERLOPE emploi et sens. Autrefois, « navire marchand commerçant en fraude ». Aujourd'hui, adj. qui signifie « dont l'activité est illégale » ou, plus généralement, « ayant un air louche, suspect ».

INTERLUDE genre. Masc. *Les interludes télévisuels ont cédé la place à la publicité.*

INTERMÈDE genre. Masc. *un intermède.*

INTERMÉDIAIRE genre. Ce subst. a les deux genres selon le sexe de la personne qui s'entremet : *un* ou *une intermédiaire.*

INTERMISSION emploi et sens. Ce subst. signifiait anciennement « interruption ». Aujourd'hui, les médecins l'emploient au sens de « intermittence ». Ne pas confondre dans l'emploi médical avec **rémission**.

INTERNE → INTÉRIEUR.

INTERPELLER prononc. [ɛ̃tɛrpəle] comme **appeler**, plutôt que [-pɛle]. ♦ **orth.** Partout avec deux *l*, à la différence de **appeler**. → ce mot : *nous interpellons, il a interpellé. Des rempailleurs de chaises* [...] *les interpellèrent avec des mots qu'ils ne comprirent pas* (Gallo). *Les gamins criant et riant et les femmes inquiètes s'interpellant* (Mauvignier). Robert serait favorable à une orth. avec un seul *l* quand le *e* qui suit est muet : *nous interpelons* (Recomm. offic. 1990). ♦ **emploi et sens.** Il s'est répandu depuis les années 70 une mode, dont il ne faut pas abuser, consistant à employer ce verbe en un sens psychologique, voire psychanalytique, quelque chose comme « adresser un message auquel on ne peut rester insensible » : *Le problème* [de la laïcité à l'école] *nous interpelle comme il avait interpellé François Mitterrand alors candidat à la présidence de la République* (A. Savary, 08/05/1982).

INTERPRÈTE genre. Masc. ou fém. *un* ou *une interprète*, selon le sexe de la personne.

INTERPRÉTER conjug. Comme *céder*. → APPENDICE GRAMMATICAL.

INTERROGATION constr. Il faut éviter le cumul de la tournure avec inversion du sujet *(l'enfant a-t-il bien compris ?)* et de la tournure avec *est-ce que (est-ce que l'enfant a bien compris ?)*. Cette faute risque de se produire quand le sujet est séparé du verbe par un long membre de phrase. Entendu le 19/09/2009, sur France-Inter, dans une émission *Culture et mémoire* : *En quoi est-ce que la Shoah est-elle décisive... ?*

□ **parle-t-on ? parla-t-il ?** Dans la tournure par inversion (de plus en plus rare à l'oral), si le pronom personnel commençant par une voyelle suit une forme verbale s'achevant elle-même par une voyelle, on intercale un *-t-* « euphonique ».

□ **tu vas où ?** Le registre pop. a tendance à conserver au tour interrogatif la même structure qu'au tour affirmatif, en supprimant l'inversion sans pour autant employer **est-ce que** : *Mais je lui dirai d'aller où ?* (Romains). *Et vous faites combien pour ce business ?* (Carco). *C'est quel dimanche après la Pentecôte ?* (Mauriac). *Jamais enceinte ! Comment tu t'y prends ? Tu t'en débarrasses ?* (Wiazemsky). *Juste ils disent : Tu as vu la grosse ?* (Lefèvre). → QUOI.

□ **aimé-je ?** Avec les verbes de la 1re conjugaison, l'inversion relève de la langue très littéraire... et a aujourd'hui quasiment disparu : *Vous gêné-je ? Je m'en vais* (Stendhal,

Journal, 1805). Prend un *é* et non un *è*. → -É.
□ **mangez-vous, ou si vous attendez qu'il revienne ?** L'interrogation disjonctive peut très correctement avoir son second élément introduit par *ou* et le *si* de l'interrogation indirecte. → OU et SI.
□ **qui est-ce qui** ou **qui, qu'est-ce qui** ou **ce qui, qu'est-ce que** ou **ce que.** Proscrire l'erreur grossière et fréquente qui consiste à employer **qu'est-ce que** dans l'interrogation indirecte, alors que ce tour ne convient qu'à l'interrogation directe : *Je me demande ce qui va sortir de là* (Dhôtel) et non pas *qu'est-ce qui va sortir de là*. → QU'EST-CE QUE.
□ **valait-il pas mieux... ?** → NE.

INTERROMPRE conjug. Comme *rompre*. → ce mot.

INTERSTICE genre. Masc. un étroit interstice. *Le parfum passe par le trou de la serrure, les interstices de la porte palière* (Échenoz). Attention ! l'adj. dérivé s'écrit avec deux *t* : *Des patios délabrés où, entre les ruines et les gravats, se faufilaient quelques herbes interstitielles* (Toussaint).

INTERVALLE genre. Masc. *un intervalle*. ♦ **emploi.** Au plur. plutôt qu'au sing. dans la locution **par intervalles**.

INTERVENIR conjug. Toujours avec l'auxiliaire *être*.

INTERVIEW prononc. [ɛ̃tɛrvju]. ♦ **orth.** Le *w* se trouve seulement à la finale. Plur. *interviews*. ♦ **genre.** Fém., mais Gide, entre autres, l'employait tantôt au fém., tantôt au masc. ♦ **emploi et sens.** Cet anglicisme est depuis longtemps passé dans notre langue, malgré sa forme mal assimilée, au sens précis de « entretien accordé à un journaliste par une personnalité ». On a formé sur ce substantif un verbe : *S'agissait de me voir, de m'interviewer* (Verlaine). *On l'a interviewé plus souvent que M. Edmond Rostand* (Apollinaire).

INTERVIEWER (subst.) **prononc.** [ɛ̃tɛrvjuvər]. ♦ **emploi et sens.** Ce substantif, qui se confond graphiquement avec le verbe, est peu employé, au sens de « journaliste spécialisé dans les interviews ». On devrait pouvoir l'écrire **intervieweur** (avec l'approbation de Robert).

INTESTIN emploi. Bien que l'intestin soit composé, grosso modo, de deux parties, l'intestin grêle et le gros intestin, l'emploi du plur. appartient surtout au registre fam. : *J'ai mal dans les intestins*. On évitera donc de s'exprimer ainsi, et l'on préférera *avoir mal à l'intestin*, ou *avoir des douleurs d'intestin*.

INTESTINE emploi et sens. Comme adj., ce mot n'apparaît guère qu'au plur., dans l'expression *querelles intestines*. C'est un synonyme de **interne** : *Jamais Suter ne se laissa entraîner dans ces luttes intestines* (Cendrars).

INTIMEMENT orth. et prononc. Pas d'accent aigu sur le *e* central : on se gardera donc de prononcer [ɛ̃timemɑ̃] comme on l'entend parfois : *Elle me laissa écarter l'étoffe, puis elle se blottit plus intimement encore contre moi* (Volodine).

INTRA- forme. Les mots construits avec *intra* ne prennent un trait d'union que si le radical commence par une voyelle (*intraveineux*, mais *intra-atomique*), et dans l'expression *intra-muros* : *Paris intra-muros est devenue le centre d'un territoire dont les frontières géographiques, politiques et administratives sont dépassées* (*Le Monde*, 09/04/2007). *Un film pour vous légendaire et fondateur dont vous vérifiez à cette occasion n'avoir aucun souvenir intra-utérin* (Rosenthal).

<u>INTRANSITIF</u> sens. Ce mot appartient au vocabulaire de la grammaire et s'applique à un « verbe qui exprime une action limitée au sujet et ne passant sur aucun objet ». *Rire, pleurer, venir* sont des verbes intransitifs. Mais il s'agit plus de la construction du verbe que de sa nature : en effet, un verbe dit intransitif peut souvent admettre un complément d'objet dont le sens correspond à celui du verbe : *pleurer toutes les larmes de son corps, vivre une existence difficile*, etc. Inversement, un verbe dit transitif peut très bien se passer de complément explicite, et donc se construire intransitivement : *Il écrit* *toute la journée. Est-ce qu'on mange ? Il ne faut pas dire, il faut faire,* etc. Il est préférable de ne pas nommer intransitifs les verbes qui sont construits avec un complément d'objet indirect, c'est-à-dire « relié au verbe par une préposition », et de leur réserver le nom de transitifs indirects. Dans la phrase *Cela ne plaît pas à ton père,* le verbe *plaire* est transitif indirect. Mais dans la phrase *Naturellement, il faut que ça plaise,* il est construit intransitivement.

INTRICATION sens. « État de ce qui est entremêlé », assez proche de **imbrication**, mais plus rare et plus didactique.

INTRIGANT ou **INTRIGUANT forme.** La première est celle de l'adj. et surtout du substantif : *Elle n'oubliait rien pour le persuader qu'elle l'aimait d'amour. C'était une intrigante* (Vailland). *Une cabale d'intrigants est parvenue à s'emparer du pouvoir.* La seconde est celle du participe présent du verbe **intriguer** : *C'est en intriguant contre sa patrie qu'il a trouvé la mort.* ⟶ PARTICIPE (PRÉSENT).

INTRODUCTION et **PRÉFACE emploi.** L'**introduction**, rédigée par un commentateur, est une présentation de l'ouvrage. La **préface**, qui peut être écrite par un commentateur ou par l'auteur lui-même, peut avoir trait à l'œuvre en général, à la biographie de l'auteur, ou développer un aspect complémentaire de l'ouvrage. **L'avant-propos** est une introduction ou une préface très brève. L'**avertissement** signale à l'attention un ou plusieurs points particuliers.

INTROVERTI emploi et sens. Adj. et substantif, s'applique, en termes de psychologie, à celui qui prête une attention exclusive à son « moi » : *Le sujet qui fait trop attention à ce qui se passe en lui-même, qui s'occupe trop de son humeur, est un introverti* (Romains). C'est le contraire de **extraverti.** ⟶ ce mot. Ne pas confondre avec **inverti**, synonyme de *homosexuel.* ♦ **dérivé.** *introversion,* à ne pas confondre avec *introspection,* « observation de ce qui se passe en soi-même ».

INTRUSIF emploi et sens. On se trouve ici en présence d'un néologisme assez « tendance », formé sur le substantif **intrusion** : *M. Cheney a manœuvré de telle sorte qu'il a écarté les autres prétendants, après leur avoir fait subir des questionnaires intrusifs, et interrogé jusqu'à leur médecin* (C. Lesnes, *Le Monde,* 16/01/2009). Le sens de cet adj. cumule « illégal » et « abusif ». ⟶ citat. à POSITIONNER.

INVAGINATION sens. En médecine, « repliement d'une partie de l'intestin dans le secteur suivant ». Pas de rapport sémantique avec *vagin,* sinon dans l'étymologie des deux mots (lat. *vagina,* gaine).

INVECTIVER constr. La construction classique est **invectiver contre qqn** (recommandée par Littré) : *Il invectivait contre Gertrude, qui le regardait, stupide* (P. Adam). *Ils invectivent contre tout* (Suarès). On emploie aujourd'hui plus couramment le tour direct : *Mais déjà l'abbé invective Fred* (Bazin). *Une fois le chien et les bêtes copieusement invectivés, vient le moment rituel où Adrienne peut plus calmement* [...] *exprimer une nouvelle fois à son époux son immémorial grief* (Jourde).

INVENTAIRE sens. « Revue analytique et descriptive d'un ensemble d'objets, surtout dans la langue commerciale, en parlant d'un stock. » Ne pas confondre avec **éventaire**, « corbeille portée devant soi pour vendre certains objets », ou, plus généralement, « étalage en plein air » : *un éventaire de bouquiniste.*

INVENTEUR forme. Le fém., peu usité, est **inventrice.** ♦ **sens.** Une acception ancienne subsiste dans la langue juridique : « celui qui a découvert un trésor » : *Tranquillisez-vous, continua le garçon. L'inventeur d'un trésor, s'il doit déclarer sa trouvaille, n'en a pas moins des droits* (Dhôtel).

INVENTORIER emploi. Bien que correspondant au substantif *inventaire,* ce verbe synthétique est moins usité que la périphrase **faire l'inventaire de** : *Je mis plus d'une heure* *à inventorier ce que je vous dis en cinq minutes* (Giono).

INVERSE sens. Cet adj. signifie « qui est exactement opposé » : *Cette roue tourne en sens inverse des aiguilles d'une montre. Il faut maintenant se pencher sur le processus inverse.* On ne confondra pas avec **inversé**, le part.-adj. du verbe **inverser**, qui présente cette notion de « contraire » sous un aspect dynamique, et non plus statique : *Le sens de la marche est inversé grâce à cet appareil. Les fils ont été inversés volontairement.*

INVERSION emploi. On signalera seulement pour mémoire les tours dans lesquels l'inversion du sujet est, en principe, obligatoire : les propositions dites « incises » : *reprit-il, fit-elle, annoncèrent-ils,* etc. *Syntaxe : endroit où le français est, dit-on, chatouilleux* (Daninos). *Comme ça, la petite ne perdra pas tout le bénéfice de l'école, a-t-elle dit* (Benameur) et l'interrogation directe. → INTERROGATION. Elle se rencontre systématiquement dans :
1) Certaines formules officielles : *Sera punie d'un emprisonnement de six mois à deux ans toute personne qui...*
2) Les définitions : *Est bon tout ce qui réunit les qualités de son espèce* (emploi vieilli).
3) Les indications scéniques : *Entre le valet. Exit Paul* (tours devenus obsolètes, les dramaturges actuels écrivent : *Le valet entre, Paul sort,* etc.).
4) Des tours surtout littéraires : a) entre l'attribut et son sujet : *Fini le coup d'œil vers la vitrine des Pralon, oubliée la tête de veau du tripier Besson, évanoui le flan du boulanger Blanchet* (Diwo) ; b) entre l'adj. et son complément : *Il serait toujours temps, plus tard dans la soirée, de reparler de la vente pour lui inévitable des grands crus et des chevaux de course* (Wiazemsky). *Les rapports secrets à lui remis par Bottom le laissent sans illusion* (Léger) ; c) entre le verbe et son complément : *De mon ancienne peau je souhaitais me défaire* (Desarthe). *Me vient une réplique d'Yves Montand, dans « César et Rosalie »* (Fottorino).
□ Dans une proposition indépendante ou principale, le sujet peut être rejeté après le verbe pour des raisons de rythme ou d'insistance. Le cas se produit fréquemment aussi quand la phrase commence par un verbe (surtout de mouvement) ou un adj. attribut : *Le soir tombe. Se lève un tout petit vent qu'on n'entend pas* (Giono). *Arrive Milan qui va rejoindre les deux hommes* (Vailland). *Vint un moment où, penché sur une de mes molaires, le dentiste murmura ceci...* (Nourissier). *Noires sont les lueurs des casques dans les âmes* (P. Emmanuel). *Innombrables sont les récits du monde* (Barthes). *Est arrivé un grand gaillard peu causant, à cartouchière et ceinturon* (Jourde). Si cet usage est à peu près inexistant dans la langue parlée, il est très répandu dans la langue littéraire.
□ Toujours dans une proposition principale (au point de vue de la forme), on rencontre l'inversion à valeur hypothétique, avec un verbe (surtout être) au subj. imparfait ou plus-que-parfait : *Les conversations avec le « pape des juifs » – fût-il de nationalité israélienne – n'auraient eu aucun caractère officiel* (*Le Monde*). *Patrice ne prenait pas la moindre part à l'entretien. L'eût-il voulu qu'il l'eût tenté en vain* (Duhamel). Cet emploi de l'inversion équivaut à une subordonnée circonstancielle commençant par *même si...*
□ Enfin, après certains adverbes en tête de proposition, le sujet est en principe inversé : **à peine, ainsi, aussi, difficilement, du moins, (et) encore, en vain, peut-être, à plus forte raison, rarement, sans doute, vainement,** etc. L'inversion est obligatoire après **tel.** → ce mot. *Mais vous, Monsieur, peut-être avez-vous un plus long trajet* (Mauriac). La langue pop. pratique volontiers une sorte d'inversion à valeur expressive : *Tenez, il y avait Bobby et puis un grand, que je vous ai vu avec lui, Corbin, aux abattoirs il est* (Sartre). Ce tour n'est évidemment pas admis par le bon usage.
□ Dans une subordonnée circonstancielle ou relative, l'inversion est fréquente, mais n'apporte le plus souvent aucune nuance ou aucune insistance dans la phrase : *Lorsque la rejoignit son compagnon* (Mauriac). *Je sentais combien blâmable pour la morale courante était ma conduite* (Radiguet). *Il ne pensait à rien lorsque à côté de lui s'assit un monsieur à l'aspect grave* (Queneau). *Quelques rares familiers que n'avait point rebutés son avarice*

(Aymé). *Les petits ridicules qu'estompait leur totale et irréfléchie bonté* (Mallet-Joris). *Un panier plat où s'étalaient des fromages sur un lit de feuilles de vigne* (Roblès). Le tour normal *sujet + verbe* est possible dans chacun de ces exemples. De même dans ce qu'on nomme les comparatives : *Une chair un peu rosée comme seules en ont les blondes* (R. Benjamin). *C'était plus qu'en pouvait supporter Octavie* (Mauriac).

INVERTI → INTROVERTI.

INVERTIR emploi. Moins courant que *inverser* ou *intervertir*.

INVESTIR conjug. Comme *finir*. → APPENDICE GRAMMATICAL.

INVESTISSEMENT et **INVESTITURE emploi et sens.** Le premier substantif dérive du verbe **investir** employé avec un complément d'objet non animé : *l'investissement d'une place forte* (le fait de « l'assiéger en l'environnant de troupes »), *l'investissement de capitaux dans une entreprise* (le fait de « les utiliser en vue d'un profit »). **Investiture** dérive du même verbe employé avec un objet personnel : *l'investiture d'un candidat par son parti* (de : *investir qqn du droit de représenter un parti*).

INVÉTÉRÉ emploi et sens. Cette forme adjectivale du verbe pronominal *s'invétérer*, « devenir ancien », est la seule à demeurer vivante. Elle est le plus souvent prise en mauvaise part, au sens de « ancré dans le temps », en parlant d'un défaut, d'une habitude : *une haine invétérée*. Mais on la rencontre aussi avec une valeur neutre : *Le seul* [peuple] *qui soit à l'aise et qui sache se tenir et se présenter dans l'histoire, en ayant une longue habitude, ayant une habitude invétérée de cette forme et de ce niveau d'existence* (Péguy).

« **IN VITRO** » **emploi et sens.** Locution adverbiale technique, « en milieu artificiel, en laboratoire ». S'oppose à « **in vivo** », « dans l'organisme vivant ». → « IN SITU ».

IONIEN ou **IONIQUE emploi.** Ces deux adj. sont synonymes, mais le premier est un terme géographique ou linguistique *(les îles Ioniennes, le dialecte ionien)*, et le second est réservé au domaine de l'architecture : *l'ordre ionique, des colonnes ioniques*.

IOTA prononc. On évite de faire la liaison devant ce mot : *Il n'a pas changé un / iota dans cette phrase*. ♦ **sens.** En général, sens figuré : « détail infime », d'après la lettre grecque *iota*, qui, dans la graphie, occupe le moins de place : *Toutes ces choses qui passent, que nous manquons d'un iota et qui sont ratées pour l'éternité* (Barbery).

IRONIE → HUMOUR.

IRONISER emploi. Verbe intransitif, « prendre le ton de l'ironie ».

IRONISTE emploi. Substantif, « celui qui affecte l'ironie ». Ne pas dire *ironiseur*.

IRRADIER constr. et sens. Ce verbe était à l'origine intransitif au sens de « se propager en rayonnant à partir d'un centre » : *Et les regards, au lieu d'irradier des nerfs optiques, vous arrivent d'un foyer extérieur à vous à travers votre crâne* (Giraudoux). Plus récemment, on s'est mis à dire **irradier quelque chose**, au sens de « soumettre à l'action de certaines radiations » (surtout en physique nucléaire et en biologie).

IRRATIONNEL orth. On écrit (avec deux *n*) : *irrationnel, irrationnellement*, mais (avec un seul *n*) *irrationaliste, irrationalisme, irrationalité*. → RATIONNEL.

IRRÉ... orth. Contrairement au terme de base, certains mots composés prennent un accent aigu sur le premier *e*. Ainsi de *irrécouvrable, irréligieux, irréligion, irrémédiable, irrémissible, irréprochable*. On écrit en revanche *irrecevable, irreprésentable*.

IRRÉFRAGABLE emploi et sens. Adj. assez pédant, au sens de « qu'on ne peut contredire » : *un témoignage irréfragable*. On emploie plus couramment *irrécusable* ou *indiscutable*.

IRRUPTION → ÉRUPTION.

-ISER emploi. Ce suffixe est actuellement très productif, et il ne faut pas en abuser, comme le font souvent les journalistes : c'est ce que commente avec humour la citation suivante : *Les mutations politiques sont tributaires de la conjugaison. S'il est facile de se giscardiser ou de se chiraquiser, la gaullisation est beaucoup plus ardue. Certains noms passent mal, quand ils se terminent par* y *notamment : qui peut prétendre se sarkozyser ou s'aubryser ? La fabiusisation est encore plus difficile* (R. Solé, *Le Monde*, 28/05/2010). Mais voici des néologismes qui s'intègrent sans problème : *Personne n'a été traduit en justice ou victimisé d'une manière quelconque* (*Le Monde*). *Un système infantilisant de contrôle* (*ibid.*). *Des années de démonisation (et de réduction) de l'impôt n'ont cessé de diminuer les revenus de l'État* (B. Frachon, *Le Monde*, 26/08/2011). *La lepénisation des esprits.* Cette suffixation est parfaitement acceptable également dans le vocabulaire des sciences et des techniques : *Optimiser les investissements de toute nature* (*Le Monde*). *Assister à la « Commission des études pour la normalisation des appareils de mesure »* (Duhamel). *Un moteur miniaturisé et entièrement transistorisé* (Chraïbi), etc. Certains de ces termes sont entrés dans notre langue, comme *militariser* et le substantif dérivé : *La militarisation du conflit cambodgien vient renforcer la division de l'Indochine en deux camps* (*Le Monde*).

ISLAM orth. Ce subst. commence par une minuscule ou une majuscule selon qu'il s'agit de désigner la « religion fondée sur le Coran » ou « l'ensemble des adeptes de cette religion et la civilisation qu'ils représentent » : *Se convertir à l'islam*, mais *parcourir l'Islam, à travers l'Islam.* ♦ **dérivés.** *islamique.* Ne pas confondre avec **islamiste**, nom qui désigne les ultras et les fanatiques de la religion islamique.

-ISME prononc. Il faut éviter le relâchement phonétique qui fait prononcer [izm] au lieu de [ism], négligence ou affectation très répandue. ♦ **emploi.** Ce suffixe est depuis longtemps très productif, surtout à partir d'un nom de personne : *La démission du waldeckisme et le commencement du combisme* (Péguy). *Mais on est en France. Il faut bien une dose de pompidolisme industriel, à l'heure du centenaire de la naissance du successeur du général de Gaulle* (A. Leparmentier, *Le Monde*, 26/06/2011). *Nous traversions ces paysages de douceur, champs en vallon, bois, vergers. Et ces lamartinismes n'épongeaient pas mon exaspération* (Schreiber). Et même à partir d'un nom commun : *Sauf à rendre les armes devant un conspirationnisme qui fait florès depuis les attentats du 11 septembre...* (*Le Monde*, 20/05/2011).

ISOCHRONE et **SYNCHRONE sens.** Ces deux adj. appartiennent exclusivement à la langue technique. Le premier signifie « dont la période a une durée constante » : *les vibrations isochrones d'un fil de cuivre.* Le second implique un rapport entre au moins deux phénomènes « qui se produisent dans le même temps ou selon la même périodicité » : *La narine se soulevait d'un souffle lent, qui n'était pas synchrone avec les battements du cœur* (Aragon). *En plus de la prouesse individuelle avec tout un tas de vrilles, de saltos et de retournements, il faut que les plongeurs soient synchrones* (Barbery).

ISOLATIONNISME orth. Avec deux *n*.

ISOTOPE et **ISOTROPE sens. Isotope**, terme scientifique s'appliquant aux corps « ayant le même numéro atomique, mais des nombres de masse différents ». Ne pas confondre avec **isotrope**, « qui a les mêmes propriétés physiques dans toutes les directions ».

ISRAÉLIEN prononc. [israeljɛ̃] et non [izra...], faute fréquente. ♦ **sens.** « Qui se rapporte à l'État d'Israël ou qui vit dans l'État d'Israël. » Ne pas confondre avec **israélite**, « qui appartient par sa religion à la communauté juive ». → HÉBRAÏQUE et JUDAÏQUE.

-ISSIME emploi et sens. Ce suffixe à valeur superlative se rencontre dans quelques rares adj., comme **doctissime, excellentissime, gravissime, rarissime, révérendissime, richissime, simplissime** : *Il se prénommait Paul et possédait une automobile – fait rarissime en ces temps de pénurie et de priva-*

tions (Labro). *Faute de goût gravissime à ses yeux, car Danglard avait l'ambition de porter son esprit très au-delà des réflexes primitifs* (Vargas). *Le Milan AC et Liverpool possèdent tant de joueurs excellentissimes que le spectacle ne peut être, avec des gens comme ça, tout à fait médiocre* (*Le Monde*, 25/05/2007). Il renvoie assez souvent à un registre plaisant : *Il portait une étole de soie verte autour du cou et s'adressait à l'assistance de sa voix mièvre et précieuse, féminissime* (Toussaint). Quant à *généralissime*, c'est un substantif qui désigne le « commandant suprême des forces mobilisées d'un pays ».

ISSU emploi. C'est la seule forme encore vivante du vieux verbe **issir**, qui signifiait « sortir ». Noter un emploi technique du participe présent *issant* pour décrire, dans un blason, des animaux « ne présentant que la partie supérieure du corps ». ♦ **dérivé.** *issue*, « passage permettant de sortir » : *chercher une issue pour s'échapper.* La **sortie** est une issue aménagée dans un lieu public. On dit *chercher* une *issue* mais *chercher* la *sortie.*

ISTHME genre. Masc. *un isthme étroit.*

ITALIQUE sens. Cet adj. a deux sens très distincts. Une **lettre italique** ou **une italique** est un « caractère d'imprimerie incliné vers la droite ». Le second sens est « qui a trait à l'Italie antique » : *les (peuples) italiques.* On appelle également *italique* chacune des langues romanes parlées dans l'Italie ancienne.

« **ITEM** » **forme.** Invar. comme adverbe, variable comme substantif. ♦ **emploi et sens.** Terme de comptable, « de même, en outre » ; en linguistique et en psychologie, « élément d'un ensemble lexical ou grammatical ; élément d'un test ».

-ITION orth. Les mots dont la fin se prononce [-isjõ] s'écrivent en *-ition*, excepté *fission, mission* (et tous les mots préfixés à partir de cette base : *admission, démission*, etc.), *scission* et *suspicion.*

-ITRE orth. Les mots se terminant ainsi ne prennent pas d'accent circonflexe sur le *i*, sauf : *bélître, épître, huître.*

IVRE MORT orth. Pas de trait d'union. Plur. *On les a retrouvés ivres morts.*

IVROGNESSE forme. Ce fém. étant très péjoratif, maints écrivains préfèrent conserver la forme *ivrogne* pour les deux genres : *Elle titubait sur les tuiles, sans, d'ailleurs, avoir l'air d'une ivrogne* (Radiguet).

IXIÈME forme. Dérivée de *x*. ♦ **emploi et sens.** Comme adj. synonyme de **énième**, ce mot appartient au registre fam. : *C'est la ixième fois qu'il essaie de me convaincre, mais je ne céderai pas !*

J

JABOTER orth. Un seul *t.*

JACASSEUR forme. Plus fréquente aujourd'hui que l'ancien *jacassier*. Fém. *jacasseuse.*

JACK-POT prononc. [dʒakpɔt]. ♦ **emploi et sens.** Cet anglicisme, quand il désigne la somme à gagner dans certains jeux d'argent (notamment à la télé), peut être remplacé par le français **cagnotte**, vieux mot expressif qui a le même sens. Parfois aussi, il désigne la *machine à sous* des casinos, appelée aussi *bandit manchot* (traduction de l'américain).

JACQUERIE, JACQUET orth. Avec *-cq-* (dérivés de Jacques) : *Plusieurs de ses hommes s'étaient fait massacrer par des paysans réfugiés dans les bois. S'agissait-il d'une jacquerie dirigée contre l'armée française ?* (A. Besson).

JADE genre. Masc. *des jades chinois.*

JADIS et **NAGUÈRE sens.** Adverbe de temps, **jadis** est le synonyme littéraire de *autrefois*. Il se différencie de **naguère**, qui signifie « il y a peu de temps ». → ANTAN. Dans l'expression **le temps jadis**, *jadis* est employé comme adjectif : *Mon prince on a les dames du temps jadis qu'on peut* (Brassens).

JAIS sens. « Lignite d'un noir luisant, qui peut être travaillé et poli. » C'est ce mot qui entre dans les locutions *un noir de jais, noir comme du jais.* Ne pas confondre avec **geai.**

JALONNER orth. Avec deux *n* (dérivé de *jalon*). De même *jalonnement.*

JALOUX constr. Avec la préposition *de*, devant un nom ou un pronom : *J'étais jaloux de lui, de ses succès.* Avec la conjonction *que*, suivie du subj. (plus rare) : *J'étais jaloux que le bénéfice de cette habitude revînt à Jacques* (Radiguet).

JAMAIS emploi. On méconnaît souvent la valeur positive de cet adverbe, qui peut signifier « à un moment quelconque », lorsqu'il est employé sans **ne**, soit dans une subordonnée au subj., soit dans une phrase interrogative : *Ai-je jamais fait preuve d'étroitesse d'esprit ?* (Anouilh). Cet emploi positif se trouve avec un superlatif, après la conjonction **si** et dans l'interrogation directe et indirecte : *C'est ce qu'on a jamais écrit de plus touchant* (Proust). *Si jamais elle arrivait au moment où il partait chez elle, ce serait trop bête* (Mauvignier). *Sait-on jamais qui vous observe ?* (Gide). On le trouve aussi dans les locutions figées **à jamais, pour jamais** : *L'esprit règne sur tous les temps, la douleur de vivre est à jamais révolue* (Camus). *Si Dieu, en rendant l'homme et surtout la femme, à jamais coupables du péché originel, […] était notre grand pervers ?* (Pontalis). *« Fermez vos cahiers », dit le maître. Et les cahiers resteront à jamais fermés, car le maître mourra beaucoup trop jeune* (Lefèvre). Dans *Le Grand Jamais*, titre d'un roman d'Elsa Triolet, dans les réponses et dans certaines locutions, on trouve *jamais* employé seul mais ayant une valeur négative : *Et elle dormait vraiment par désir de dormir, avec délices et entêtement, comme jamais encore* (Duras). *Est-ce que vous voyez quelquefois des choses intéressantes ? Moi, jamais* (France). Voir aussi **au grand jamais, à tout jamais** : *On ne devait au grand jamais interrompre une partie* (Masson). Pour l'ellipse de *ne* → ce mot.

□ **jamais plus** ou **plus jamais.** La première séquence est littéraire : *Quitter la maison de mon oncle sans sa permission, n'était-ce pas*

me condamner à ne jamais plus y remettre les pieds ? (Green). La langue usuelle dit **plus jamais** : *Nous n'aurons plus jamais besoin de lui.*
□ **jamais de la vie.** Expression qui renforce le sens négatif de *jamais.*

JAMBE orth. Ce mot est au plur. dans les expressions : *à toutes jambes, n'avoir plus de jambes,* mais *des ronds de jambe* : *Il court à toutes jambes à travers le jardin vers le canal* (Michon). ♦ **emploi.** *Jambe* peut, dans une acception didactique, s'appliquer aux animaux : *la jambe de la girafe, du chardonneret* ; mais on dira plus communément *la patte* dans ce domaine. ♦ **mots composés.** *croc-en-jambe* (plur. : *des crocs-en-jambe*), *entre-jambes* (invar.).

JAPONAISERIE forme. On a dit aussi **japonerie.** ♦ **emploi.** Ces termes ont connu à la fin du siècle dernier une grande vogue, mais ils n'ont plus aujourd'hui qu'un sens péjoratif, et, dans une description neutre, on parlera plutôt *d'objets, de bibelots du Japon.* Le **japonisme** est la passion des objets qui viennent du Japon.

JAPPER orth. Avec deux *p* (à la différence de *laper*).

JAQUEMART orth. On rencontre parfois *jacq-* ; mais toujours un *t* final (et non un *d*).

JAQUETTE orth. Ce mot, dérivé d'un ancien *jaque* (sorte de justaucorps), s'écrit avec un *q*, et non avec *cq* comme **jacquet.** → JACQUERIE.

<u>JARGON</u> sens. Nous emprunterons la définition de ce mot à P. Guiraud, linguiste qui s'appuie lui-même sur une citation des grammairiens Damourette et Pichon : il s'agit de la langue telle qu'elle est parlée par un cénacle, par un de ces milieux « qui recourent, soit par intérêt, soit par fantaisie, soit par traditions particulières, à des tours ou à des vocables incompréhensibles pour les non-initiés ». L'argot des malfaiteurs est une des formes les plus caractéristiques de ces jargons. On notera que **jargon** prend souvent une valeur péjorative, plus peut-être – le paradoxe n'est qu'apparent – que **argot** lui-même, qui se cantonne dans une certaine zone socioculturelle. Daninos commente ironiquement cette valeur dans la remarque suivante : *Jargon : le « leur ». Jamais le nôtre.*

JARGONNER, JARGONNESQUE, JARGONNEUR orth. Avec deux *n.* Dérivés de *jargon*, au sens de « langage corrompu ».

JARRETELLE et **JARRETIÈRE sens.** La **jarretelle** est une « bande élastique servant à retenir le bas sur le haut de la jambe, en l'attachant à la gaine ou au porte-jarretelles ». Quant à la **jarretière**, c'était une bande élastique ornée qui serrait le bas à mi-cuisse ; elle a servi aussi à « tenir la chaussette masculine au-dessous du genou en l'enserrant dans une sorte de bracelet élastique ».

JASPE genre. Masc. comme **jade** (→ ce mot).

JAVEL → mot suivant et EAU.

JAVELLISER orth. Avec deux *l* (mais un seul dans la prononciation). Mot formé sur le nom propre *Javel (eau de)* : *L'infirmière vêtait Ferrer d'un pyjama hautement javellisé* (Échenoz).

JAZZ prononc. [dʒaz] ou, à la française [ʒaz]. ♦ **constr.** Forme les composés *jazz-band* (plur. *des jazz-bands*), *orchestre de jazz, jazzman* (plur. : *des jazzmen*).

JE emploi. Le pronom tonique *je* ne peut plus être séparé du verbe, si ce n'est dans le tour figé **je soussigné.**
□ **qu'entends-je ?** L'inversion de *je* dans l'interrogation directe est uniquement littéraire, et ne peut se produire avec certains verbes en raison des risques de calembours involontaires ou de cacophonies, tels que *cours-je ? mens-je ?* etc. Quant à la modification *mangé-je ? dussé-je ?* etc., elle est rare et passe pour pédante : *Ne parlé-je pas d'eux comme d'autant d'adversaires ?* (Colette). *De quoi souffré-je ?* (Jaloux). Certains auteurs

ont commis des barbarismes : *Le voyé-je mieux ?* (Giraudoux). *Ô Jupiter, vraiment* vous *plaisé-je ?* (*id.*). La langue parlée emploie dans tous ces cas le groupe *est-ce que* suivi de l'ordre affirmatif : *Est-ce que je cours, mens, mange, dois,* etc. ? ⟶ -É et INVERSION. □ **le je.** Le pronom **je** peut être substantivé (langage de la linguistique ou de la philosophie). Il se prononce [ʒə], en opposition à la prononciation du nom **jeu** [ʒø].

JEEP prononc. En général à l'américaine : [dʒip]. ⟶ JERRYCAN.

JE-NE-SAIS-QUOI forme. Substantif, s'écrit avec des traits d'union : *un je-ne-sais-quoi.* Mais : *je ne sais quoi vous dire.* ⟶ QUE (pronom interrogatif).

JERRYCAN ou **JERRICAN prononc.** Le plus souvent [ʒɛrikan]. ♦ **orth.** Ce mot a tendance à se franciser, et on le trouve parfois écrit **jerricane** : *Elle considérait avec regret le jerrican d'eau propre qu'elle avait rempli la veille* (Volodine). *Il m'a indiqué le jerricane d'essence à l'intérieur, et un chiffon* (Ravey).

JET prononc. [dʒɛt]. ♦ **emploi et sens.** Anglicisme équivalant à **avion à réaction**, et qui a sur la locution française le mérite d'une brièveté synthétique : *Réparaz qui ne sort du VII*[e] *arrondissement que pour traverser l'Atlantique dans son jet privé* (Échenoz).

JETER conjug. Prend deux *t* devant un *e* muet : *je jette, je jetterai,* mais *nous jetons.* ⟶APPENDICE GRAMMATICAL.

JET-SET ou **JET SOCIETY emploi et sens.** Ce mot quelque peu snob désigne les « personnalités en vue, qui se déplacent surtout en avion privé ». ⟶ JET.

JEU orth. Attention aux plur. : *des jeux de mots, des jeux de cartes, des jeux d'orgues* (technique), mais *des jeux d'esprit, des jeux d'adresse, de hasard, de société.* Proverbe : *Jeux de main, jeux de vilain,* mais : *le jeu de mains d'un pianiste.* ♦ **emploi.** Le pronom *en* est facultatif dans la locution bien connue et de sens figuré : *Le jeu vaut* (ou *en vaut*) *la chandelle* ; *le jeu ne vaut pas* (ou *n'en vaut pas*) *la chandelle.*

JEUN, JEÛNE, JEÛNER orth. et emploi. Le mot **jeun** (prononc. [ʒœ̃]) n'est employé que dans le tour **à jeun**, et le *u* ne prend pas d'accent circonflexe, contrairement au substantif **jeûne** et au verbe **jeûner** : *Ramadan est le mois du jeûne, des prières mais aussi de la fête pour tous les musulmans* (C. Hennion, *Le Monde*, 07/08/2011). *Une Yamina qui jeûne au Ramadan* (Saumont). ⟶ DÉJEUNER.

JEUNISME emploi et sens. Ce mot est le pendant de **âgisme** (⟶ ce mot) : il désigne, au point de vue sociétal et idéologique, la « valorisation systématique de la jeunesse ».

JINGLE emploi et sens. Cet emprunt à l'anglais est synonyme de **indicatif musical**, qu'on peut lui préférer, en suivant les Recomm. off. : *Les jingles des radios privées* (Échenoz).

JOAILLIER orth. Ne pas omettre le *i* après les deux *l.* ♦ **dérivé.** *joaillerie.*

JOGGING emploi et sens. Cette pratique hygiénique a détrôné l'ancien **footing** (⟶ ce mot), et fait florès depuis 1974, ainsi que le mot qui la désigne, issu de l'anglo-américain *to jog*, trottiner : *Je veux bien, chaque matin, m'adonner à la trottine, comme font les Québécois, mais je laisse le jogging aux enragés du franglais* (Jorif). Cependant, cet anglicisme est bien implanté, et désigne non seulement le sport, mais aussi la tenue adéquate... On ne peut aujourd'hui le refuser, d'autant qu'il existe déjà le verbe dérivé **jogger** (v. intr.), et le substantif **joggeur, -euse**.

JOINDRE conjug. Comme *craindre.* ⟶ APPENDICE GRAMMATICAL. ♦ **constr.** Ce verbe se construit le plus souvent avec la préposition **à** : *Les enfants se joignent à nous pour vous souhaiter une bonne fête.* On peut aussi employer **avec**, pour exprimer l'idée d'« une liaison plus étroite » : *On a joint l'acier avec le béton pour obtenir une construction plus solide.* Le *Petit Robert* ne signale pas cette construction, cependant admise par l'Académie. La règle est la même pour *allier, associer, unir*, etc. → ces mots, et AVEC.

□ **ci-joint.** Ce groupe, de même que *ci-inclus* et *ci-annexé*, est considéré tantôt comme adjectif : *Vous trouverez ci-jointe la preuve écrite de ce que j'avance* ou *Vous trouverez une copie ci-jointe*, tantôt comme adverbe : *Vous trouverez ci-joint la preuve de ce que j'avance* ou *Vous trouverez une copie ci-joint.* L'antéposition est généralement considérée comme une marque d'adverbialisation, et entraîne l'invariabilité.

JOINTOIEMENT orth. et sens. On prendra garde à l'orthographe délicate de ce substantif, qui désigne l'« action de jointoyer, c.-à-d. de faire affleurer exactement au parement les joints d'un mur » : *À droite le vide qui s'appuie contre la paroi lisse ou seulement striée d'un jointoiement* (Saumont).

JOLIESSE emploi et sens. Ce dérivé de l'adjectif **joli** a un rapport différent de celui qu'entretient le nom **beauté** avec l'adjectif **beau**. Il est souvent reçu avec une nuance péjorative, dans laquelle il entre quelque mièvrerie : *L'auteur ne parle pas ici de ceux qui ont fait d'une fausse joliesse un principe de mépris et d'exclusion* (Nothomb).

JOLIMENT orth. Pas de *e* entre *i* et *m.* Pas d'accent circonflexe sur le *i.* ♦ **emploi.** Souvent au sens de « très, beaucoup » : *Un samedi, elle eut joliment du mal* (Zola).

JONCTION et **JOINTURE sens. Jonction** a plutôt un sens dynamique, et désigne l'« action de joindre », tandis que **jointure** a le plus souvent un sens statique et désigne l'« endroit où se fait une jonction ». Mais *jonction* est ambivalent, et l'on dira *la jonction de deux routes*, non pas *la jointure de deux routes.*

JONQUILLE orth. Adjectif de couleur invar. → COULEUR.

JOTA prononc. [xota], avec un son initial que le français ne connaît pas et qui correspond à un raclement tiré du fond de la gorge. ♦ **orth.** Il serait plus normal d'écrire ce mot en français avec un *r* initial : *rota.* ♦ **sens.** « Chant et danse espagnols. »

JOUER constr. Ce verbe est transitif direct : *Un orchestre hawaiien jouait des airs barbares* (Cendrars), ou indirect. On emploie la préposition **à** quand le complément désigne un « jeu » : *Ils jouent aux quilles, aux cartes, au nain jaune, à la belote, à qui perd gagne*, etc. ; la préposition **de** quand le complément désigne certains instruments de musique : *Il apprit qu'elle avait joué de plusieurs instruments, harpe et flûte, notamment* (Fontanet). Au figuré : *jouer du couteau, du revolver. Le père Lambert commença à jouer du pique-feu* (Giono) (→ INSTRUMENTS DE MUSIQUE et TOUCHER) ; la préposition **avec** quand le complément désigne le « partenaire », au sens propre ou figuré : *Il joue avec les enfants, avec le feu*, etc.

□ **jouer** est souvent construit avec un objet interne, animé ou non animé, et prend alors une valeur comparable à celle de *faire* (→ ce mot) ou de *feindre* : *Pour mieux jouer l'étonnement il jeta sa cigarette et ouvrit les mains en parenthèses des deux côtés de son visage* (Gide). *Elle voulait jouer l'esprit fort* (Romains). *Je vous remercie et j'accepterais si j'étais sûr de ne pas jouer les fâcheux* (Camus).

JOUFFLU orth. Deux *f.* → MAFFLU.

JOUG prononc. Le *g* final est muet, et on fera bien d'éviter la liaison dans *un joug insupportable* [œ̃ʒu / ɛ̃syportabl].

JOUIR emploi. Ce verbe implique une idée de plaisir, d'avantage, et ne doit pas s'employer avec un complément désignant « qqch. de pénible ou de désagréable » : *Johann August Suter va enfin pouvoir jouir et se réjouir de ses richesses* (Cendrars). Les tours suivants prennent une valeur stylistique, en soulignant une alliance de mots paradoxale : *Jean d'Anville jouissait d'une anomalie généreuse infiniment rare* (La Varende). *Pour mieux jouir de la guerre* (B. Clavel).

JOUJOU orth. Plur. *des joujoux.* → BIJOU.

JOUR orth. Un trait d'union dans *contre-jour, demi-jour*, et des majuscules dans *les Cent-Jours*. Mais pas de trait d'union dans *faux jour, petit jour, plein jour*, etc. On écrit au sing. *à jour*, au sens de « ajouré », et dans *se faire jour*, le substantif reste invar. : *Elles ont revêtu des chemisiers à jour. Les revendications se sont fait jour, malgré les pressions exercées.* ♦ **constr.** Pour indiquer le moment à partir duquel commence un procès, on emploie concurremment les tours prépositionnels suivants : *de ce jour, du jour où, depuis ce jour, à compter de ce jour.* La préposition **de** est surtout employée dans un registre soutenu : *Du jour où je fus alerté, la lucidité me vint, je reçus toutes les blessures en même temps* (Camus). *Et nous avons commencé à être battus de ce jour-là, contre toutes les lois de la stratégie* (Anouilh).

□ **il n'y a pas de jour que... ne** → QUE ET SANS.

□ **quel jour sommes-nous ?** C'est le seul tour acceptable actuellement. → COMBIEN et QUANTIÈME.

□ **au jour d'aujourd'hui** → AUJOURD'HUI.

□ **mettre à jour** ou **mettre au jour.** On connaît l'emploi que font les comptables de la première locution, qui signifie « tenir en ordre, ne pas laisser prendre de retard à un compte » : *Est-ce que le registre est bien mis à jour* (ou *tenu à jour*) *régulièrement ?* Quant à **mettre au jour**, le sens de cette locution est « faire sortir, porter à la connaissance de tous » : *La mise au jour, sous la basilique de Saint-Denis, de la tombe de la reine Arnegonde* (Eydoux). On ne dit plus *mettre un enfant au jour*, mais soit *donner le jour à un enfant*, soit *mettre au monde un enfant.*

JOURNAL forme. Plur. *des journaux.* ♦ **emploi.** On dira indifféremment **un journal** ou **un quotidien**, mais il y a dans l'usage une tendance à l'extension de l'emploi de *journal* à toute parution régulière ayant le format d'un quotidien (on dira plus exactement, dans ce sens, **un périodique**). *Lire sur le journal*, autrefois accepté par Littré, a été remplacé par *dans le journal* : *Je n'ai pas eu le temps de jeter un coup d'œil ce matin sur mon journal, dit M. Travot* (Romain Roussel). → DANS et LIRE.

JOVIAL forme. Le masc. plur. est incertain : *jovials* ou *joviaux*. On peut préférer la première forme.

JUBILÉ sens. « Indulgence plénière accordée par le pape pour l'année sainte », et, dans le domaine profane, « fête célébrée lors du cinquantenaire d'une entrée en fonctions ». Ne pas confondre avec **jubilation**, dérivé de **jubiler** au sens de « se réjouir beaucoup, vivement ».

JUDAÏQUE ou **JUIF emploi et sens. Judaïque** est employé surtout dans un contexte religieux et antique, au sens de « qui se rapporte à la religion des anciens juifs ». Son aire est plus limitée que celle de **juif**. Il est moins répandu que le substantif **judaïsme** : *Le judaïsme oriental tournait ainsi délibérément le dos au judaïsme occidental des temps modernes, éclos au Siècle des lumières* (*Histoire générale des religions* Quillet). Mais le français semble hésiter entre **judéité** ou **judaïcité**, au sens de « fait d'être juif » et **judaïté**, à celui de « réalité, condition du juif » : *Ceux qui, par crainte ou par fidélité, avaient assumé leur judéité ont été sélectionnés* (Bialot). Le verbe **judaïser** et son dérivé **judaïsation** ont pris depuis la création d'Israël un sens très politique : *Ibrahim, lui, pense que M. Barkat est un « très chic type », tout en reconnaissant que sa politique participe de la judaïsation systématique de la Ville sainte* (L. Zecchini, *Le Monde*, 14/08/2011). → HÉBRAÏQUE et ISRAÉLIEN.

JUDOKA emploi et sens. Ce mot japonais est entré dans notre langue. Il désigne « toute personne pratiquant le *judo* », et peut par conséquent s'employer au fém. aussi bien qu'au masc. Plur. *des judokas.*

JUGE genre. La fonction s'étant largement féminisée, il est normal de rencontrer de plus en plus ce substantif précédé d'un déterminant fém. : *Le juge était une juge aux cheveux gris* (Échenoz).

JUGEOTE orth. Avec un seul *t.*

JUGER constr. Ce verbe est transitif au sens juridique de « trancher un différend par les

voies judiciaires » : *Pourquoi l'ont-ils jugé ? demanda Étienne* (Troyat). On dit aussi **juger un procès.** Dans la langue courante, on dit **juger de qqch.** au sens de « se faire une opinion » : *Il est encore trop tôt pour juger de la limitation de vitesse* (*Le Monde*). On construit souvent avec **sur** ou **à** le complément qui désigne les « motivations du jugement » : *Il ne faut pas juger les gens sur la mine.* Sont également corrects les tours : *Il s'obstine à juger de ses amis par les ragots qu'on lui rapporte. Si on en juge d'après les sondages, le Premier ministre est très populaire.*
□ **juger que.** Comme avec les verbes d'estimation, *croire, estimer, penser, trouver*, etc., le mode est l'indic. quand la principale est affirmative : *On juge, dans les milieux autorisés, que l'expérience s'arrêtera là. Nous jugeons que tu as fait tout ce qui était possible* ; et le subj. quand elle est négative ou interrogative : *Nous ne jugeons pas, ton père et moi, que tu aies fourni un effort suffisant. Jugez-vous qu'il y ait là un prétexte à saisir ?* Le mode indic. et le conditionnel sont également possibles dans les deux cas : *Tu juges sans doute qu'il faudrait faire quelque chose de plus utile. Nous ne jugions pas qu'il était nécessaire de recommencer.*

JUILLETTISTE emploi et sens. Pas plus qu'**aoûtien**, ce mot qui fleurit dans les médias au retour de chaque été n'est très heureux. Il faut sans hésiter lui préférer **vacancier** ou **estivant.** → ces mots.

JUKE-BOX prononc. [dʒykbɔks]. ♦ **orth.** Plur. *des juke-boxes.* ♦ **emploi et sens.** Américanisme désignant une « machine à disques automatique » : [Il] *avait choisi de s'asseoir au fond, à une table près du mur et du juke-box* (Mauvignier).

JUMELER orth. Un seul *l.* → APPENDICE GRAMMATICAL.

JUMELLE emploi. En optique, on dit à peu près indifféremment **une** ou **des jumelles**, bien que cet instrument comprenne toujours deux éléments distincts, mais on évitera de dire *une paire de jumelles* pour désigner un *seul* instrument. Dans l'automobile, une *jumelle* est une « articulation située entre le ressort de suspension et le longeron du châssis » : le sing. et le plur. s'emploient dans ce cas normalement.

JUNGLE prononc. La plus courante est [ʒœ̃gl], mais on entend encore celle que recommandait naguère l'Académie : [ʒɔ̃gl].

JURASSIEN ou **JURASSIQUE emploi.** Le premier adjectif a un emploi très large et s'applique à tout ce qui « se rapporte au Jura », alors que le second est cantonné dans le domaine de la géologie et caractérise les « terrains de l'ère secondaire dont le Jura est composé pour l'essentiel ».

JURÉ forme. Ce mot n'a pas de fém. ♦ **emploi.** Les **jurés** sont constitués en **jury** (plur. *des jurys*).

JUREMENT emploi. Doublet vieilli de **juron.** L'exemple suivant est archaïsant ou plaisant, l'auteur songeant manifestement au « serment d'Hippocrate » : *Si les médecins n'étaient pas d'authentiques disciples d'Hippocrate, selon leur jurement*... (Queneau).

JUS constr. Le substantif qui détermine **jus** se met tantôt au sing., tantôt au plur., de façon très variable selon les textes : *il aime boire du jus de pomme(s), de tomate(s),* etc. Mais on écrit au sing. *du jus de viande,* et au plur., *du jus de légumes, du jus de fruits.*
□ **dans son jus.** Cette locution adverbiale n'est pas du registre fam., mais est employée couramment par les décorateurs et antiquaires, pour signifier qu'un élément d'architecture, un meuble, etc. se trouve « dans son état d'origine » : *Le petit théâtre de Napoléon III* [à Fontainebleau], *entièrement dans son jus, machinerie comprise, exige 5 millions d'euros* (*Le Monde*, 09/04/2007).

JUSQU'AU-BOUTISTE orth. Avec un trait d'union : *Elle connaissait le caractère jusqu'au-boutiste de son amie et savait qu'elle lui interdirait de se mêler de son salut* (Nothomb).

JUSQUE orth. Le *e* final s'élide devant une voyelle : *jusqu'à, jusqu'alors, jusqu'ici,* etc.

Le *s* final devant la préposition *à* est un archaïsme assez littéraire ou administratif : *Jusques à présent* (Hermant). *Le plafond jusques auquel il* [le salaire fiscal] *est accordé devrait être plus élevé pour ceux qui emploient au moins une personne* (P. Uri, *Le Monde*, 17/08/1984). *Jusques à quand ? Jusques et y compris le 1*[er] *jour.* ♦ **constr. Jusque** peut être suivi de prépositions très diverses et non pas seulement de **à** : *Plusieurs tables et chaises s'avancent jusque près du milieu du plateau* (Ionesco). *Jusque vers une heure du matin, j'errai avec mes camarades par les rues berlinoises* (Roblès).

□ **jusque** s'emploie en valeur adverbiale, au sens de « même », pour mettre un objet en relief : *Ils les ont dépouillés de leurs provisions et jusque de leurs semences* (Romains) : « et même de leurs semences ». La langue littéraire emploie de même **jusqu'à** devant un sujet isolé : *Ainsi jusqu'à la source de sa vie était empoisonnée* (Rolland). Une variante de ce tour consiste à introduire un relatif entre le sujet ainsi renforcé et le verbe : *Jusqu'aux poules qui s'en mêlent* (Dorgelès). *Jusqu'à la pluie qui lui plaisait ici* (Aragon). Devant un complément d'objet : *Le pas des chevaux sans fer ne sonne pas sur les cailloux, les pieds nus trompent jusqu'à la vigilance des chiens* (Bernanos). *Il lui arrivait de regretter jusqu'aux douleurs de la passion et de la drogue* (Kessel).

□ **il n'est pas jusqu'à... qui ne...** C'est une variante développée du tour précédent : *Il n'est pas jusqu'aux simples besognes ménagères qui n'imposent au corps par leurs pratiques une certaine définition de l'espace* (Allen). *Et il n'est pas jusqu'aux rides, ces autres plis du corps, qui ne recèlent une part d'ombre plus intense que la lumière* (C. Guedj). Ce tour très expansif comporte une double négation *(ne pas... ne)* et le mode subj. dans le second terme.

□ **le mode après jusqu'à ce que.** Dictionnaires et grammaires déclarent un peu imprudemment que cette locution régit le subj. : *Il resta là jusqu'à ce que le jeu prît fin* (Queneau). *Les deux soldats n'osent pas reprendre leur souffle jusqu'à ce que le commandant lui-même l'admette : ça suffit comme ça* (de Roulet). *Jusqu'à ce que mort s'ensuive.* Cependant l'indic. est correct quand la phrase ne contient aucune idée de finalité ni d'incertitude : *J'éprouvai un sentiment de pitié douloureuse jusqu'à ce que je vis que cette petite fille n'avait pas une seule fois regardé sa captive* (Barrès). *L'étoile qu'ils avaient vue en Orient les précédait jusqu'à ce que, venant au-dessus du lieu où était l'enfant, elle s'y arrêta* (France). Dans cette phrase, par exemple, le subj. *s'arrêtât* ferait un véritable contresens. On notera à ce propos que très souvent la proposition introduite par **jusqu'à ce que** est détachée, par un signe de ponctuation, de la phrase précédente : *Ils reprenaient haleine ; jusqu'à ce qu'enfin Louis, s'étant à demi soulevé, regarda la fenêtre blanchissante* (Mauriac). Le Bidois voit dans cet emploi un « cas de désubordination » analogue à celui que présentent les *conjonctions concessives*, lorsqu'elles sont éloignées du verbe régissant.

□ **jusqu'à ce que + négation.** Il faut se garder de l'influence du tour **avant que**, qui, à la différence de **jusqu'à ce que**, peut admettre un **ne** dit explétif : *Le diagnostic est connu : les déficits vont s'accroître, le service aux patients diminuer. Jusqu'à ce que « le meilleur système de santé au monde », selon l'expression consacrée, ne devienne l'ombre de lui-même* (R. Godeau, éditorial de *L'Est Républicain*, 29/04/2009). La phrase *Il s'est abrité jusqu'à ce qu'il ne pleuve plus* est correcte, mais non pas : *jusqu'à ce que le soleil ne brille.* Cette erreur est fréquente dans les médias, surtout à l'oral : *Longtemps, M. Cable* [...] *a donc été le seul lib-dem que les Britanniques identifiaient. Jusqu'à ce que Nick Clegg, le leader de son parti depuis 2007, ne participe aux débats télévisés entre les candidats et ne déclenche l'enthousiasme de ses concitoyens* (V. Malingre et M. Roche, *Le Monde*, 14/05/2010). *Trois guerres si intériorisées qu'elles en étaient devenues personnelles* [...] *jusqu'à ce que, en 1964, Santiago Carillo ne fasse exclure « Federico Sanchez » (son pseudonyme) du PSE* (P. Assouline, *Le Monde*, 10/06/2011).

□ **jusqu'à + infinitif.** Construction possible quand le sujet des deux verbes est le même : *Il pressa violemment ses yeux jusqu'à voir des taches fulgurantes* (Vian). *Pour trouver vie et liberté, elle serait allée jusqu'à marcher sur les genoux* (Peyré). *Le nouveau était particulière-*

ment poignant quand il poussait l'incongruité jusqu'à arriver en cours d'année scolaire au lieu de se joindre au troupeau de septembre (Nothomb).

□ **jusqu'à tant que.** Cette locution conjonctive est archaïque ou régionale : *Plusieurs années s'écoulèrent ainsi, grâce aux subventions d'Estelle jusqu'à tant que la mère mourût* (Henriot). Cet auteur emploie aussi parfois **jusqu'à temps que** : *Laissez-moi vous regarder sans parole, jusqu'à temps que mon front s'abaisse.*

□ **jusqu'aujourd'hui.** Ce tour apparaît littéraire : *Je puis te le dire, maintenant, je ne t'aimais guère, jusqu'aujourd'hui* (Louÿs). C'est **jusqu'à aujourd'hui** qui l'emporte dans l'usage : *En somme, le prestige a été, jusqu'à aujourd'hui, l'unique raison d'être de cette émission* (Mauriac). *Ce morceau de paysage amené ainsi jusqu'à aujourd'hui* (Proust).

□ **jusqu'à plus soif.** Tour pop. Le tour académique est : *jusqu'à satiété.*

□ **jusqu'au moment où** ⟶ MOMENT.

JUSTE emploi. Cet adjectif prend parfois le sens de « à peine suffisant, étriqué » : *Ces chaussures me font mal, elles sont un peu justes.* L'emploi adverbial est de plus en plus répandu, soit au sens de « justement, exactement » : *chanter juste, voir juste*, soit au sens de « seulement » : *J'ai juste bu deux pastis à l'auberge* (Vailland). *Je crois bien qu'on va passer la soirée juste tous les deux* (Adam). *Entre le regard et l'esprit de la petite, une aile de papillon, juste une, s'est déployée* (Benameur).

□ **comme de juste.** Naguère encore critiquée, cette locution est aujourd'hui pleinement admise. ⟶ COMME.

□ **au juste.** Cette locution est répandue dans le registre pop., avec le sens de « exactement » : *Elle ne savait pas au juste pourquoi elle s'ennuyait* (Vilmorin).

JUSTIFIER constr. Avec la préposition **de** au sens de « apporter la preuve de », surtout dans des locutions du type *justifier de son identité* (en montrant ses papiers), *justifier d'un paiement.* Le plus souvent, la construction est directe : *On justifie qqn ou qqch. Presque toute vie d'homme est corrompue par le besoin qu'il a de justifier son existence* (Montherlant).

JUTE genre. Masc. *Il a percé le jute de l'emballage à la base au lieu de le faire en haut* (Bialot).

K

KABBALE → CABALE.

KAKATOÈS → CACATOIS.

KAKI (adjectif) **orth.** On rencontre encore parfois l'ancienne orthographe **khaki**. ♦ **forme.** Adj. de couleur invar. : *Il portait une chemise kaki et un short de même couleur* (Duras). → COULEUR.

KAMIKAZE **prononc.** [kamikaz(e)]. ♦ **orth.** Pas d'accent aigu sur le *e* : *Il les décrivait comme une caste d'imprévisibles et irréductibles kamikazes* (Dubois).

KANAK, E ou **CANAQUE** **forme.** Le féminin est *kanake*, avec un *e* final, mais dans l'orthographe francisée *canaque*, on a une seule forme pour les deux genres : *Plongée dans le malaise de la jeunesse kanake* (titre, *Le Monde*, 24/08/2009).

KARAOKÉ **sens.** Divertissement musical et populaire venu du Japon : *Un karaoké invite le visiteur à se harnacher comme pour un saut en parachute, afin de venir crier sa colère dans un micro* (F. Evin, *Le Monde*, 11/09/2011).

KARATÉ **orth.** Avec un accent aigu et un seul *t*. On appelle *karateka* la personne qui pratique le **karaté**.

KARTING **emploi et sens.** Anglicisme du langage sportif désignant une course de petits engins automobiles très simplifiés, les *karts*.

KEEPSAKE **prononc.** [kipsek]. ♦ **orth.** Plur. *des keepsakes*. ♦ **sens.** Cet emprunt à l'anglais désigne un « Livre-album illustré de gravures, à l'époque romantique. » Ne pas confondre avec **sweepstake**, « loterie liée aux courses de chevaux ».

KEFFIEH **orth.** On écrit aussi *kéfié*. ♦ **sens.** « Coiffure des Bédouins, constituée par un carré de tissu plié en triangle » : *Son ample keffieh à damier rouge et blanc, sa longue tunique et ses mocassins immaculés témoignent qu'Ibrahim Abou El-Hawa soigne son apparence* (L. Zecchini, *Le Monde*, 14/08/2011).

KHMER **orth.** Un *h* après le *k* : *Des bribes de khmer, une langue pour moi presque inconnue* (Volodine).

KHOL **forme.** On rencontre également **kohol** [kɔɔl] et **koheul** [kɔœl], mais nous suivons les Recomm. offic. (décembre 1990) en préférant **khol**, sans accent circonflexe. ♦ **sens.** Ce mot d'origine arabe désigne un fard de couleur sombre : *Simone pousse la porte et entre. Elle est seule. Le khôl est répandu en larges traînées sur ses joues* (Desarthe). → HENNÉ.

KIBBOUTZ **orth.** Avec deux *b* et un *z*. Plur. *des kibboutzim* ou *des kibboutsim*. ♦ **sens.** « Exploitation agricole collective en Israël. »

KIDNAPPING **forme et emploi.** On lui préférera **enlèvement** ou **rapt** ; en principe, **kidnapping** ne s'applique qu'au rapt des enfants.

KILO- **emploi et sens.** Ce préfixe, dont le sens est « mille fois », est assez productif dans le vocabulaire technique : *kilocalorie, kilofranc, kilohertz, kilojoule, kilotonne, kilovolt,* etc.

KILOGRAMME **forme.** Abrév. *kilo* (plur. *des kilos*). Symbole : **kg** (jamais de point ni de *s* final).

KILOGRAMMÈTRE orth. Avec deux *m.* ♦ **sens.** « Ancienne unité d'énergie et non de poids, de puissance » (ne pas confondre avec le **kilogrammètre-seconde**). Symbole : **kgm.**

KILOMÈTRE forme. Le symbole est **km** et ne prend jamais de point ni de *s* final.

KILOWATT forme. Symbole : **kW** et pour le kilowattheure : **kWh.** Plur. *des kilowatts, des kilowattheures.*

KIMONO orth. Pluriel du substantif, *des kimonos* ; le plur. de l'adj. est invar. : *des manches kimono.*

KINÉSITHÉRAPEUTE et **KINÉSITHÉRAPIE forme.** Étant donné la longueur de ces mots savants, qui correspondent à une réalité courante, rien d'étonnant que nous les ayons abrégés en **kinési** ou, plus fréquemment peut-être pour désigner soit la pratique médicale, soit le praticien ou la praticienne, en **kiné** : *Lui qu'on appelait l'homme aux mains d'or quand il était « kinési » rue Bazoges, avec sa blouse blanche* (Fottorino). *La crise, quelle crise ? se demande Michel Jacob. Ce kiné quadragénaire, râblé et hâbleur, se demande si elle a, en fait, déserté un jour sa région* (J.-P. Stroobants, *Le Monde*, 16/01/2009). *Le médecin m'a prescrit dix séances de kiné.*

KITCHENETTE emploi. Ce faux anglicisme (le suffixe est français) tend à être remplacé dans le vocabulaire de l'immobilier par son équivalent français **cuisinette** (recommandation officielle du 17 février 1986).

KLAXON emploi. Ce mot a vieilli et se trouve fortement concurrencé par **avertisseur**, qui serait franchement à préférer malgré sa longueur, si le verbe **klaxonner** avait un correspondant précis en français (ce qui n'est pas le cas) : *Le cri strident d'un klaxon dont la poire était actionnée à la main* (Labro). *Je me suis retrouvée sur le bas-côté avec dans les oreilles un son traînant de klaxon* (Adam). *On klaxonne loin dans la brume* (Lefèvre).

KLEPTOMANE orth. On peut préférer la forme francisée **cleptomane.** ♦ **sens.** « Qui a une passion morbide du vol. »

KNOW HOW emploi et sens. Cet anglicisme, très représentatif d'un snobisme pseudo-technique, ne dit rien de plus que le **savoir-faire** (mot français du XVIIe s.), recommandé officiellement par la commission de terminologie du Ministère des finances (2 avril 1987).

K.-O. emploi et sens. Cet emprunt à l'américain, abréviation de **knock-out**, ressortit à l'origine au « noble art » de la boxe : *Son adversaire l'a mis K.-O.* ou *knock-out.* Mais on rencontre rarement aujourd'hui la forme pleine : *Les Américains ont raison : le triomphe, le pont d'or, puis knock-out, à un autre !* (Némirovsky).

KOHOL → KHÔL.

KOLA forme. Souvent écrit **cola.** ♦ **genre.** Masc. quand il s'agit de la plante ; fém. pour la graine et le produit : *de la kola.* ♦ **sens.** « Fruit du kolatier dont on fait une boisson tonique. »

KOLKHOZE orth. Le *h* se trouve après le second *k.* Ne pas remplacer le *z* par un *s. Adepte de l'économie dirigée, cet ancien président de kolkhoze n'a aucun plan de sortie de crise* (M. Jégo, *Le Monde*, 10/06/2011). → SOVKHOZE.

KOPECK orth. Un *c* devant le *k* final.

KRACH prononc. [krak]. ♦ **sens.** « Terme de Bourse, effondrement soudain et massif des cours. » Emploi extensif au sens de « effondrement brutal d'une entreprise industrielle ou commerciale, ou baisse brutale des marchés d'actions » : *Il n'y a pas de vraie définition. Chaque économiste a ses propres critères pour parler de krach : certains estiment qu'il s'agit d'une baisse d'au moins 10 % lors d'une seule séance ; d'autres se baseront sur plusieurs séances* (J.-M. Daniel, professeur d'économie à l'ESCP-Europe, *Le Monde*, 12/08/2011). Ne pas confondre avec **crack** ni avec **krak.** → ces mots.

KRAK orth. On trouve aussi *krac* et *karak*. ♦ **sens.** Nom de plusieurs places fortes édifiées en Syrie par les croisés. → KSAR.

KSAR forme. Plur. *des ksour.* ♦ **sens.** « Lieu fortifié en Afrique du Nord. »→ KRAK.

KYSTE orth. Avec un *y* : *un kyste.*

L

LA (article ou pronom fém.) → LE.

LÀ emploi et sens. L'adv. de lieu **là** (qui s'écrit avec un accent grave) s'oppose en principe à **ici** (→ ce mot), comme « lointain » à « proche », mais cette opposition se perd dans de nombreux emplois à caractère emphatique : *Ah ! pour se faire tuer, ils sont un peu là : tous volontaires !* (Anouilh). **Là** s'emploie aussi au sens temporel : *À quelques semaines de là, maman demanda de l'argent* (Duhamel) (= de ce moment-là). *D'ici là, nous avons le temps de nous retourner.* Comme particule suffixée, **là** sert à former les pronoms-adj. composés exprimant l'éloignement, par opposition à ceux qui sont formés avec **ci**. → ce mot et CECI.

□ Les démonstratifs formés avec **là** peuvent aussi désigner « ce dont on vient de parler », par opposition à ceux formés avec **ci**, qui désignent « ce dont il va être question par la suite » : *Je vous ai apporté des cadres. Il y a ces deux-là, qui vont très bien ensemble, ou bien ces deux-ci. Ces deux-ci étaient un Sacré-Cœur de Jésus et une Sainte-Vierge. Ces deux-là n'étaient que des chromos* (Romains). *Maman passa cette nuit-là dans ma chambre* (Proust). *Ces femmes-là sont comme les médecins. Mais celle-ci est malgré tout très consciencieuse* (Romains).

□ **là** est souvent employé même quand l'objet est proche, avec une force plus grande que pour les démonstratifs en **ci** : *Elle m'en avait coûté dix-sept. – Cette pipe-là ?* (Courteline). *On ne risque pas d'attraper des poux là-dedans ?* (Romains).

□ **là où.** Cette association n'est admise que si le groupe n'est pas précédé de *c'est*, et l'adv. *là* y est toujours d'un emploi facultatif : *Là où était notre trésor, là aussi était notre cœur* (Mauriac). *Elle rétablira les erreurs qu'il a pu commettre en même temps qu'elle complétera son récit là où il pourrait sembler insuffisant* (Green). *De là où je me tiens, debout sur mon banc de pierre, je ne parviens pas à distinguer les visages* (Labro). *Le sang rouge de son cœur. Les fleuves souterrains affleurent là où la peau est fine* (Hoex). Mais, dans la phrase suivante, l'auteur imite le parler provincial et emploie un tour qui n'est pas admis par le bon usage : *La maison, c'est là où ils ont ouvert l'épicerie-mercerie, et les meubles c'est là où j'ai trouvé la photo de Callas Delphin-Jules et d'Anselmie* (Giono). La langue soutenue dira plutôt : *c'est là que.*

□ **là contre.** Cette locution, qu'on trouve déjà chez Molière, est pleinement admise aujourd'hui et s'écrit sans trait d'union : *Que peut faire la raison là contre ?* (Duhamel).

□ **d'ici là.** Locution adverbiale de temps. → ICI.

□ **là, particule adverbiale.** *Là* est lié par un trait d'union au nom qui le précède si ce nom est lui-même précédé d'un adj. démonstratif : *cet endroit-là, cet homme-là, ce Marseille-là, ces deux-là,* etc., mais on écrira *ce curieux endroit là, cette moitié d'homme là.* Prennent un trait d'union les composés : *celui-là, celle-là, ceux-là, celles-là ; là-bas, là-dedans, là-dessous, là-haut ; jusque-là ; de-ci de-là* (ou *de-ci, de-là*) (mais *au-delà, par-delà*), *par-ci par-là* (ou *par-ci, par-là*). S'écrivent sans trait d'union *çà et là, de là, d'ici là, là contre, par là, là même, par là même.* Mais on écrit *voilà* en un seul mot, et *cela* sans accent grave.

LABELLISÉ, E orth. Prend deux *l* ainsi que **labellisation. ♦ sens.** « Label, marque attribuée à un produit, qui vaut comme attestation d'origine ou de qualité » : *Tu sais que tout est labellisé, quand même, c'est plus facile* *pour moi de promouvoir quelque chose qui ne bouge pas trop* (Échenoz).

LABO emploi. Cette forme abrégée de **laboratoire** est très fréquente, et tout à fait acceptable, dans un contexte à la fois fam. et technique : *On a créé de nouveaux labos dans cette fac.*

LABYRINTHE orth. Noter la place du *y*, du *i*, du *h* : *Le labyrinthe de l'oreille est le gardien de notre équilibre* (C. Guedj). *Seul le passage obligé par un labyrinthe de vieux rideaux. Peut-être n'avions-nous jamais quitté Pékin* (Toussaint). De même pour **labyrinthique** : *Dans la ville arabe, les femmes ne sont qu'ombres rares et furtives se faufilant dans des rues labyrinthiques* (Maïssa Bey). Au sens fig., on emploie aussi **dédale**.

LAC emploi. La locution **tomber dans le lac** est aujourd'hui passée dans la langue correcte, bien qu'elle résulte d'une confusion entre deux mots : *lac*, et le vieux *lacs* (prononciation : [lɑ]), qui signifiait « lacet, filet, piège ». Du reste, on dit couramment : *L'affaire est dans le lac.*

LACÉRER conjug. Comme *céder, gérer* : *La glace de la rivière que les traîneaux lacèrent sans cesse de leurs patins* (Bialot). → APPENDICE GRAMMATICAL.

LACRYMOGÈNE orth. Avec un *y* et non un *i*. De même les autres mots qui, dérivés ou composés, sont construits sur ce radical : *lacrymal, lacryma-christi* (vin italien).

LADITE → DIRE.

LADY forme. Le plur. « à l'anglaise », *ladies*, est le plus courant. **Lady** est initialement le fém. de *lord* et, par extension, celui de *gentleman*. Ce mot prend, en principe, la majuscule devant un nom propre : *une lady* mais *Lady Macbeth*. S'adressant à une *lady*, on dira *Milady*.

LAGON sens. Bien que certains réservent ce terme pour désigner « l'étendue d'eau au centre d'un atoll », par opposition à **lagune**, « étendue d'eau de mer située entre la terre ferme et un cordon littoral », la confusion est fréquente.

LAÏC, LAÏQUE forme. Le substantif s'écrit au masc. **laïc** ou **laïque** et au fém. **laïque** : *La palette est large… et incomplète. On y trouve des catholiques pratiquants, des athées, un agnostique et un laïque* (*Le Monde*, 06/04/2007). L'adj. s'écrit toujours **laïque** : *l'enseignement laïque, l'école laïque* (contraire de *confessionnel*). *Ce genre d'apostolat laïque aggravé par le farouche esprit d'indépendance qui animait Céline, choquait l'aristocratie franc-comtoise* (A. Besson). *Encore faudrait-il que notre saint laïque ait réapparu, dit madame Birenbaum* (Franck & Vautrin).

LAIDERON forme et genre. On dit un **laideron**, qu'il s'agisse d'un homme ou d'une femme. La forme du fém., **laideronne** (avec deux *n*), est rare. Autrefois, *laideron* était du fém. : *Mlle Corneille est une laideron extrêmement piquante* (Voltaire).

LAÏQUE → LAÏC.

LAISSÉ-POUR-COMPTE orth. Le substantif, toujours masculin, s'écrit avec des traits d'union. Plur. *des laissés-pour-compte.*

LAISSER forme. En principe, le part. *laissé*, suivi d'un infinitif, s'accorde avec le complément d'objet quand il est le sujet de l'infinitif, et reste invar. s'il est l'objet de l'infinitif : *Cette femme que j'ai laissée peindre* (« à qui j'ai permis de peindre »), et *Cette femme que j'ai laissé peindre* (« que j'ai permis que l'on peignît »). *Je suis tout de même un sagouin de vous avoir laissés tomber comme ça. La femme qu'il a laissé insulter.* Beaucoup d'auteurs négligent cette « règle ».

□ **laissé à la forme pronominale.** L'accord dépend aussi de la fonction que joue le pronom objet. Il se fait si le pronom est sujet de l'infinitif : *Je me suis laissée aller moi-même à parler trop* (Vildrac), mais : *Elle s'était laissé marier par son père* (France). *J'admire combien peu ses jugements et sa pensée se sont laissé fausser ou entamer par des considérations de prudence ou de sympathie* (Gide). Il faut reconnaître que rares sont les écrivains qui observent cette distinction. → FAIRE.

□ **ne pas laisser de.** On rencontre dans la langue littéraire **ne pas laisser de**, au sens de « ne pas s'abstenir, ne pas cesser » : *Tous porteurs de souliers dont une police tatillonne avait enlevé les lacets, mince détail qui ne laissait pas d'incommoder ces hommes de mérite dont beaucoup étaient fort âgés* (Duhamel). *La longévité de ces choses ineptes, quand des vies valeureuses périssent chaque jour, ne laissera jamais de me confondre* (Barbery). Le tour **ne pas laisser que de**, avec le même sens est plus rare : *Sa visite ne laisse pas que de m'embarrasser* (France).

LAISSER-ALLER, LAISSER-FAIRE orth. Ces substantifs composés invar. sont formés sur l'infinitif des deux verbes : *Un sourire qui s'adoucit tout en se refusant au laisser-aller des sentiments* (Bauchau). *Une sorte de fatigue mentale a entraîné chez moi un laxisme inhabituel, un laisser-faire qui m'a sauvé la vie* (Bialot) ; tandis qu'on trouve l'impératif dans **laissez-passer**, également invar. : *Ils devraient être là. Leurs laissez-passer étaient en règle* (Chaix). Tous ces mots prennent un trait d'union.

LAIT forme. Les locutions composées avec ce mot ne prennent pas de trait d'union, sauf *petit-lait.*

LAITANCE forme et sens. On emploie également *laite* au sens de « matière blanchâtre constituée par le sperme des poissons ».

LAMBDA emploi et sens. Dans le registre fam., cet adj. invar. signifie « moyen, quelconque » : *Ailleurs, il faudrait, sans balises, sans appuis, comme un détenu lambda, tout recommencer* (Bialot).

LAMBDACISME emploi et sens. Ce mot désigne en phonétique un défaut de prononciation concernant le [l] ou ne distinguant pas le [r] de ce son. Exemple : *une* [lɔb] pour *une robe.*

LAMENTER (SE) forme. Ce verbe n'existe plus guère que sous la forme pronominale. Les autres tours avec *lamenter* (emploi intransitif ou transitif au sens de « déplorer ») sont archaïques : *Ils affectaient parfois de lamenter la fuite du temps* (Duhamel).

LAMPE orth. des composés. Les substantifs composés avec **lampe** s'écrivent tantôt sans trait d'union : *lampe torche, lampe Berger,* tantôt avec : *lampe-pigeon, lampe-témoin, lampe-tempête* : *Et dans la salle de classe, jamais ne devrait s'éteindre sa lampe-pigeon* [de R.-G. Cadou], *qui veillait sur la page* (Lefèvre).

LANCE orth. Les composés de *lance* prennent tous un *s* final au sing. et au plur. : *un* ou des *lance-bombes, lance-engins, lance-flammes, lance-fusées, lance-grenades, lance-missiles, lance-roquettes, lance-torpilles.* Seule exception : *un lance-pierre, des lance-pierres.*

LANCÉOLÉ sens. Cet adj. rare, mais précis, a le sens de « qui est en forme de fer de lance » : *Il dérive dans un espace parcouru de petites langues de feu lancéolées qui peu à peu s'éloignent* (Maïssa Bey).

LANCER ou ÉLANCER sens. Seul le second verbe s'emploie au sens de « provoquer une sensation de douleur brève et intense » : *Cette coupure m'élance : je sens battre mon sang tout près d'elle.* On utilise de la même façon le substantif **élancement.** → ce mot.

LANDAU orth. Plur. *des landaus.* Pas de *e* (faute fréquente).

LANGAGE orth. Pas de *u* (ne pas confondre avec la forme anglaise *language*).

LANGUE-DE-BŒUF, LANGUE-DE-CHAT orth. Avec des traits d'union. Dans ces composés, *langue* seul varie en nombre : *des langues-de-bœuf.*

LANGUE DE BOIS emploi et sens. Cette locution nominale s'emploie couramment dans le domaine politico-social pour dénoncer un parler édulcoré et hypocrite, un euphémisme de bon ton cherchant à « ne faire de peine à personne » ou à « embellir la marchandise » : [Ils] *fignolaient des arrêtés dans la* *belle langue de bois de l'an II sur les ruines de la belle langue de bois théologique* (Michon). Voici quelques exemples de langue de bois : *Sur l'ardoise du menu, le poulet-purée devient « délice mariné et son écrasé de tendresse »* (I. Talès, *Le Monde*, 20/05/2011). *La publicité faite autour de ce cas se veut donc un « signal fort » envoyé aux entreprises* (N. Vittrant, *Le Monde*, 13/06/2011). *Le salopard en camionnette de technicien de surface allait se rappeler le voyage* (Ravey). *Ne connaissant rien au vocabulaire comptable et juridique, je ne comprends pas si « l'actif circulant » désigne la bête qui court dans des prés qui lui sont exclusivement réservés ou une ligne budgétaire parallèle et complémentaire de la ligne des passifs* (Rosenthal). *Les prostituées sont devenues les vaillantes travailleuses du sexe.* ⟶ POLITIQUEMENT CORRECT.

LAPALISSADE orth. Avec deux *s*, bien que ce mot soit formé sur le nom propre La Palice. ⟶ TRUISME.

LAPAROTOMIE forme. Ne pas employer, pour ce terme de chirurgie, la forme *laparatomie.*

LAPER orth. Avec un seul *p*, ainsi que *lapement.* ⟶ JAPPER.

LAPIS-LAZULI prononc. Le *s* se prononce. ♦ **forme.** Plur. *des lapis-lazulis.* Ce mot se présente souvent sous la forme abrégée *lapis.* ♦ **sens.** « Pierre précieuse de couleur bleue. » ⟶ LAZURITE.

LAPON orth. Le fém. prend un seul *n* : *lapone.*

LAPSUS prononc. Le *s* final se fait entendre. ♦ **emploi.** On trouve parfois les groupes **lapsus linguae**, « faux pas de la langue (= de l'oral) », **lapsus calami**, « faux pas de la plume ».

LAQUE genre. Masculin quand le mot désigne un « objet d'art laqué » : *de coûteux laques de Chine.* Masculin ou fém. quand il désigne divers vernis ou produits : *un laque noir,* mais de *la laque pour les cheveux.* Uniquement fém. au sens de « résine extraite des sumacs ».

LAQUELLE ⟶ LEQUEL.

LARGE emploi. Comme adv., devant un adj., ce mot s'accorde le plus souvent : *des yeux larges ouverts.* Mais on trouve *large ouverts* : *Les belles et jeunes larmes* [...] *commencèrent à sourdre de ses yeux large ouverts* (Kessel). *Les deux fenêtres large ouvertes* (Mauriac). ⟶ COURT, FRAIS et GRAND.

□ **trois mètres de large** ou **de largeur.** Ces deux tours s'emploient indifféremment.

LARGUER orth. des dérivés. *largage* et *largable* (sans *u*).

LARRON forme. Le fém. est rare : *larronnesse* ou parfois *larronne.*

LARYNGÉ forme. On emploie également *laryngien*, de même sens.

LARYNGOLOGISTE forme. On emploie aussi *laryngologue.*

LAS (de guerre lasse) ⟶ GUERRE.

LASCIVETÉ forme. L'emploi de la forme *lascivité*, dérivé de *lascif*, est inégalement admis. On préférera *lasciveté.*

LASER prononc. [lazɛr]. ♦ **emploi et sens.** Terme scientifique bien admis aujourd'hui, et formé à partir des initiales d'une locution anglaise : *Light Amplification by Stimulated Emission of Radiations.* Le sens est « amplificateur quantique de radiations ». Plur. *des lasers.*

LASSER (SE) constr. Généralement avec la préposition **de** : *Je commence à me lasser de porter tout seul le poids écrasant de mon génie* (Mirbeau). *Une fraîche volupté dont je ne me fusse jamais lassé* (Proust). Mais aussi avec **à** quand on veut exprimer l'idée d'« effort » et non de « renonciation » : *Il s'est lassé jusqu'à l'épuisement à secourir ses camarades.* Il s'agit alors plutôt d'un complément de cause que de la construction spécifique du complément d'objet de *se lasser.*

LASTEX sens. « Fil de caoutchouc guipé de fibres textiles (marque déposée). » Ne pas confondre avec **latex**, « suc extrait de certaines plantes », bien que ces deux mots aient la même origine.

LATENT sens. Cet adj. a le sens de « qui demeure (provisoirement) caché » : *Je ressentais chacun de ses gestes comme une menace latente, une épée redoutable suspendue au-dessus de ma tête* (Dubois). *Depuis la veille, elle se sent gagnée d'une sorte de fièvre latente sous la peau* (Benameur). → PATENT.

« LATIFUNDIUM » forme. Plur. *des latifundia*, ou plus simplement, *latifundiums*. On rencontre aussi les formes italiennes un *latifondo, des latifondi.* ♦ **sens.** « Grand domaine rural au mode d'exploitation archaïque. »

LATIN orth. On écrit *le Quartier latin* (majuscule à *Quartier*), *le bas latin* (sans trait d'union), *l'Amérique latine.*

« LATO SENSU » sens. « Au sens large », s'oppose à *« stricto sensu ».*

-LÂTRE, -LÂTRIE orth. Ne pas omettre l'accent circonflexe. ♦ **emploi.** Suffixes exprimant l'idée d'adoration : *idolâtre.*

LAURÉAT et **CANDIDAT sens.** Le **lauréat** a remporté une distinction, un prix dans un concours. Le **candidat** n'est que le prétendant à un choix (par examen, concours, élection, etc.). → IMPÉTRANT.

LAURIER forme. Les composés de *laurier* prennent tous le trait d'union. Ils ont, au plur., un *s* à la fin de chaque élément, à l'exception de *laurier-sauce* (qui fait au plur. *lauriers-sauce*) : *des lauriers-cerises, lauriers-roses, lauriers-tins* (et non : *thyms*) : *C'est un jardin paisible avec des lauriers-roses* (Tahar Ben Jelloun). *Sous les lauriers-tins de la maison de Tiraqueau, les deux cordeliers vont passer de délicieuses soirées* (Ragon).

LAVALLIÈRE sens. Parfois adj. de couleur, invar. : « teinte de feuille morte », mais plus souvent substantif fém. : « sorte d'ample cravate portée jusqu'en 1914 ». → COULEUR.

LAVE- orth. *Lave-glace* : pas de *s* au sing., mais un *s* final au plur. : *des lave-glaces. Lave-mains* a un *s* final au sing. comme au plur. *Lave-vaisselle* et *lave-linge* sont invar.

LAZURITE sens. Substantif fém. qui double *lapis-lazuli.* → ce mot.

LAZZI forme. Mot d'origine italienne, au plur. des *lazzi* ou des *lazzis* (recomm. offic.) : *Toujours elle a puisé une force merveilleuse dans ces cris, ces lazzis, qui jaillissent parfois d'une salle de théâtre. Le chahut l'excite* (Némirovsky). *Parmi la grande rumeur brassée, fusaient les lazzi fulgurants et l'apostrophe capitale* (Jorif).

LE, LA, LES (articles)

□ **devant un superlatif :**

1) Quand la comparaison porte sur des êtres ou des objets différents, l'article prend le genre et le nombre du nom qualifié : *L'un des hommes les plus malheureux que j'aie jamais connus* (Mauriac). *La femme la plus élégante de Paris.* Il faut donc voir une erreur dans le manque d'accord de l'article de cette phrase : *C'est là un des moments le plus pénible de l'épreuve* (Beauvoir).

2) La comparaison porte sur des états ou des degrés différents de l'état d'un même être ou objet. « Quand Proust écrit : *Ce n'est peut-être pas là qu'elle est le plus admirable*, il ne compare pas cette femme à d'autres femmes, mais il envisage le cas particulier où cette femme provoque le maximum d'admiration qu'elle est capable de susciter » (Le Bidois, *Le Monde*, 28/03/1962). Il en est de même dans les phrases suivantes : *C'est toujours quand une femme se montre le plus résignée qu'elle paraît le plus raisonnable* (Gide) (c'est-à-dire « résignée au maximum »). *La retraite, c'est l'opération dont ils étaient le plus fiers* (Dorgelès) (= l'opération dont les soldats tiraient le maximum de fierté). *C'était de ce côté que les lapins étaient le plus nombreux* (Genevoix). *N'est-ce pas avec moi qu'elle était le plus sincère ?* (Romains). Il faut reconnaître que beaucoup d'auteurs n'observent pas cette distinction : *Elle montra la place d'où l'esquisse était la mieux en lumière* (Maupassant). *Comme si ce n'était* *pas au moment où elle se fait que l'histoire est la plus émouvante* (Romains).

□ **l'article devant un nom propre de personne** → ARTICLE.

1) Emploi péj. : *Si quelqu'un disait la Kabby, au lieu de mademoiselle Kabby, j'éprouverais ce sentiment de haine et d'horreur* (Stendhal). *Je te répète : méfie-toi de la Champvaux* (Queneau). **2)** Classique en parlant d'une artiste : *Stances à la Malibran* (Musset), *la Pavlova, la Callas.* **3)** La langue pop. et paysanne emploie souvent le fém. *la* pour désigner la femme : *la (femme) Colas, la Mathurin.* Devant un nom d'homme, l'article est plus rare : *L'Abel qui était allé au regain* (Chabrol).

□ **vers les deux heures.** L'article a une valeur d'approximation dans des tours de caractère fam. : *Elle est sortie de chez elle vers les trois heures de l'après-midi* (Giono). On trouve même l'article *les* devant un sing. : *La messe à la mode finit vers les une heure* (Stendhal). → DANS, SUR et VERS.

□ **deux fois le jour** → FOIS et PAR.

□ **le dénouement du « Rouge et le Noir »** → ARTICLE et TITRE.

□ **tous les deux** ou **tous deux** → DEUX.

□ **entre deux** ou **entre les deux** → DEUX et ENTRE.

□ **la 3e et la 4e région.** Dans les tours non figés de ce type, on peut soit répéter l'article : *J'ai manqué le premier et le deuxième actes,* soit l'employer une seule fois au plur. : *Il préfère les XVIIIe et XIXe siècles.* On rencontre rarement l'article unique au sing. Les tours figés contiennent soit l'ellipse : *les us et coutumes, les fruits et primeurs, les farces et attrapes,* soit la répétition : *(en) perdre le boire et le manger, il y a le pour et le contre.*

□ **il s'est cassé le bras (droit), lavé les mains,** etc. L'article remplace l'adj. possessif chaque fois qu'il est question d'une partie du corps dont le possesseur est clairement indiqué. On dit : *avoir mal à la tête, aux yeux.* Mais dès qu'on veut préciser, le possessif peut réapparaître : *Il les écouta, ses yeux dans mes yeux* (Prévost). *Il a mal à sa jambe gauche. Il s'est cassé son pouce droit.* De même dans le cas d'un phénomène qui revient régulièrement : *Je n'entends rien qu'avec mes oreilles* (Vallès). *Je relevai la tête, retirai mes lunettes et frottai mes yeux* (Giono). *Roger a encore mal à son genou.*

□ **ledit, ladite, lesdits** → DIRE.

LE, LA, LES (pronoms)

□ **le, la, les en fonction d'attribut.** Quand ce pronom renvoie à un nom déterminé, il s'accorde généralement avec ce nom : *Tu devrais être ma femme, n'est-ce pas fatal que tu la sois un jour ?* (Zola). *Je ne serai jamais sa maîtresse, je ne la serai jamais de personne* (Henriot, cité par Grevisse). Si le nom représenté est indéterminé, le pronom **le** reste invar. : *On m'avait annoncé que vous étiez... – Dites une coquette. Je ne le suis plus beaucoup avec les gens qui vous plaisent* (Maupassant). Quand le pronom représente un adj. ou un part. au fém. ou au plur., il reste en principe invar. : *Dans le même temps que les mœurs devenaient plus libres, l'intelligence le devenait moins* (Rolland). *Avez-vous remarqué parmi les princes que les plus gentils ne le sont pas tout à fait ?* (Proust). La langue familière ou négligée fait souvent l'accord dans ce cas : *J'ai été calme, très calme* [dit une femme]. *Je la suis plus encore ce matin* (Bourget). *Je n'ai jamais été vraiment amoureuse ; à présent, je la suis* (Colette).

□ **le, représentant un participe passif.** Littré interdit formellement de remplacer par **le** « un verbe mis à l'actif, si *le* fait sous-entendre un sens passif [...] : Ne dites donc pas : *Il corrigerait ces abus s'ils pouvaient l'être.* Mais dites : *s'ils pouvaient être corrigés* ». Cette règle trop absolue appelle des réserves. Il semble assez naturel d'écrire : *protéger ce qui peut l'être,* car le pronom *le* remplace alors le part. passé *protégé* qui a exactement la même consonance que l'infinitif qu'il représente. Mais il n'en va pas de même dans les phrases suivantes : *Cela permet de ne pas punir ce qui ne doit pas l'être* (Montherlant). *Nul aujourd'hui ne prend la peine de lire avec soin ce qui peut l'être* (Duhamel). *La session qui va s'ouvrir le sera dans un climat plus œcuménique encore que la précédente* (Daniélou). Dans ces exemples, l'emploi de **le** est un peu artificiel et oblige le lecteur à faire un effort pour rétablir la forme qu'il est censé représenter.

□ **je veux le faire** ou **je le veux faire** → INFINITIF.

□ **tu (le) leur expliqueras.** Quand on se trouvait en présence d'un pronom personnel complément d'objet direct suivi d'un pronom personnel complément d'objet indirect, la langue classique admettait volontiers l'ellipse du premier, mais ce n'est plus possible aujourd'hui que dans la langue parlée : *Quant à sa vocation, qu'est-ce que cela peut bien être, j'aurais dû lui demander* (Queneau). *Si le notaire te demande pourquoi tu prends cet argent, ne lui dis pas* (Perry). Le registre soutenu conserve la séquence indiquée ci-dessus : *J'avais commencé une lettre d'injures. Je croyais la lui devoir, par dignité !* (Radiguet). *Le curé le lui fit bien sentir* (Giono). *Malhabile, elle trace à nouveau les lettres comme on le lui demande* (Benameur).
□ **je le laisse** ou **je lui laisse faire ce qu'il veut** ⟶ INFINITIF.
□ **on la connaît.** *Le, la* entrent dans de nombreux gallicismes où ils ne représentent rien de précis : *Mais tu nous le paieras, société bête ! qui affame les instruits et les courageux quand ils ne veulent pas être tes laquais !* (Vallès). *Il allait pouvoir se la couler douce* (Romains). *Swann veut nous la faire à l'homme du monde* (Proust). *Vous nous la baillez belle. Ils l'ont échappé belle.*
□ **agis comme tu (le) veux.** Dans les propositions comparatives, introduites par *aussi, comme, mieux, moins, plus*, etc., le pronom neutre de rappel est d'un emploi facultatif : *Elle souffrait grandement de ne pouvoir parler autant qu'elle l'aurait voulu* (Green). De même avec certains verbes fréquents, surtout des semi-auxiliaires : *Il faut bien en faire profiter les autres chaque fois que nous le pouvons.* Le pronom n'est pas toujours exprimé : *Tout est bien plus simple que vous ne pensez* (Maurois). *Pressé d'argent comme il est toujours* (Romains). Dans les exemples suivants, le pronom *le* est indispensable : *Aux cœurs blessés comme l'est le mien* (Proust). *Il fut content comme on l'est d'une bonne action accomplie* (Maupassant). En revanche, la langue parlée use souvent de la redondance consistant à annoncer un contenu de pensée par le pronom neutre *le* : *Ils le sauront bien au cadastre que tous mes intérêts sont payés* (Duras).

LEADER et **LEADERSHIP emploi et sens.** Ces emprunts à l'anglais sont bien implantés dans notre langue, et difficilement remplaçables au sens de « qui dirige » et de « domination incontestée » dans le domaine de la politique ou de l'idéologie : *Silvio Berlusconi sort également renforcé vis-à-vis de ses alliés qui, comme le centriste Pier Ferdinando Casini, contestaient son leadership et sa légitimité* (J.-J. Bozonnet, *Le Monde*, 01/06/2007).

LÈCHE- emploi. Ce mot forme quelques composés : *lèche-bottes* et *lèche-vitrines* sont tous deux invar. *Lèchefrite* (⟶ ce mot) ne prend pas de trait d'union. *Lèche-cul*, adj. ou substantif invar., appartient à la langue très familière : *Quand plus de licence fut dans le vocabulaire, on l'appela lèche-cul, de bouche à oreille* (Aymé).

LÈCHEFRITE orth. Pas de trait d'union.
♦ **genre.** Fém.

LÉCHER forme. Ce verbe ne possède pas de substantif dérivé qui soit vraiment usuel : *léchage* est récent, *lèche* (fém.) est du registre pop., et *lèchement* est relativement rare : *Qu'est-ce que ton baiser ? Un lèchement de flamme* (Hugo). Mais on dit : *des lécheries de style, un ouvrage trop léché*, « d'un soin trop apparent ».

LÈCHE-VITRINES emploi. Ce mot de registre fam. équivaut à peu près au mot anglais *shopping* ; les Québécois disent *magasinage.* La recommandation officielle (arrêté du 17 mars 1982) **chalandage** n'a jamais réussi à s'imposer (car le mot *chaland*, client, est aujourd'hui obscur ou ambigu pour la plupart des gens).

LEDIT ⟶ DIRE.

LÉGÈRE, LÉGÈRETÉ, LÉGÈREMENT orth. Accent grave après le g.

LÉGION orth. On écrit : *la Légion d'honneur, la Légion étrangère, la Légion arabe*, mais *les légions romaines*, et toujours au sing. dans le sens de « nombreux » : *Les visionnaires étaient légion en ces premières années du XVI*ᵉ *siècle*

(Chamson). *Les rescapés des courants qui ont mené la bataille des primaires ne sont pas légion* (*Le Monde*, 20/04/2007).

LÉGUME genre. Masculin. On entend le fém. dans le langage fam., pour désigner un personnage important : *C'est une grosse légume.* Mais dans l'emploi fam. et péj. de « malade ou blessé atteint de dégénérescence, réduit à une vie végétative », le mot est toujours masculin, quel que soit le sexe de la personne considérée : *Deux jeunes filles avaient été attaquées, la semaine précédant son arrivée, à coups de couteau. L'une en était morte, l'autre serait pour le reste de ses jours un légume en chaise roulante* (Godbout).

LEITMOTIV prononc. [lajtmɔtif]. ♦ **forme.** Pas de trait d'union. Au plur., *des leitmotive* : *Dans cette partition musicale riche en harmoniques, l'enroulement est sans doute l'un des leitmotive les plus obsédants* (C. Guedj).

LÉNIFIANT ou **LÉNITIF emploi et sens.** **Lénifiant** signifie « qui calme, qui apaise », en parlant de paroles, **lénitif** signifie « adoucissant, calmant », en parlant d'un médicament.

LEQUEL emploi et sens

□ **lequel, interrogatif.** Ce mot-outil est le plus souvent un interrogatif, à valeur sélective : *Lequel de ces gâteaux préfères-tu ? Laquelle des deux sœurs aime-t-il le mieux ?* On n'oubliera pas qu'il peut être employé au neutre : *Lequel choisissez-vous ? Partir, ou demeurer ici ?* Dans ce type de contexte, *lequel* est plus précis et appartient à un niveau de langue plus relevé que le tour *qu'est-ce que...*

□ **lequel, pronom relatif.** *Lequel* peut avoir pour antécédent un nom de personne, d'animal ou de chose, à la différence de *qui*, d'emploi plus restreint. → QUI. C'est le seul relatif possible après *parmi.* → ce mot. On rencontre **lequel** surtout en fonction de complément circonstanciel, après une préposition, et en fonction de sujet : *Un col cassé sous les pointes duquel s'épanouissait une tendre cravate-papillon à pois* (Véry). *Des soldats de métier, pour lesquels rien n'était en jeu qu'un trophée de plus* (Peyré). *Plût d'ailleurs au ciel que les rares morts auxquels il a été laissé le pouvoir de se faire entendre de nous, parlassent seulement trop haut !* (Bernanos). *Au milieu, la porte par laquelle ils étaient entrés* (B. Clavel). *Il ne parvenait pas à guérir son rhume de cerveau, lequel tournait à la sinusite* (Barjavel). *Dispensatrice des fonds communs, elle fit venir le menuisier et l'entrepreneur de bâtisses, lesquels, flanqués de leurs aides, expédièrent l'ouvrage en huit jours* (Courteline). On peut juger ces formes lourdes en comparaison de *qui*, mais elles permettent parfois d'éviter des répétitions considérées comme fâcheuses (surtout depuis Flaubert) : *Ce qui n'est pas le sort que vous préparait M. Lubert, lequel, si j'ai bonne mémoire, vous donnait et vous laissait espérer pour longtemps une existence oisive* (Queneau). Elles lèvent aussi certaines ambiguïtés : *J'ai aperçu la femme de mon frère, laquelle m'a parlé de toi* (le relatif *qui* pourrait renvoyer aussi bien à *frère* qu'à *femme*). Mais il peut néanmoins subsister une équivoque : *Lazaridès souffla dans une petite peau molle qu'il tenait au creux de sa main, laquelle devint un canard vert qui prit son essor par-dessus la table* (Morand). Enfin, notons la valeur démonstrative et insistante de cette forme du relatif, plus pleine et plus suggestive que celle du relatif simple : *Cela peut conduire à des victoires temporaires, mais non à la paix véritable, laquelle suppose l'assentiment général des intéressés* (*Le Monde*). *Il inculpe Valpreda et ses amis d'association de délinquants, lesquels sont qualifiés d'« inconnus »* (*ibid.*). *Le chemin du Haut-Soleil qui descendrait vers la route départementale, laquelle mènerait à la route nationale, laquelle mènerait jusqu'à Paris* (Labro).

□ **lequel, adjectif relatif.** Dans cet emploi, **lequel** est aujourd'hui rare et appartient au registre littéraire : *Il pensa même à un bout de cire vierge qui devait se trouver dans la boîte marquée « Épices », là sur la cheminée, avec laquelle cire il y aurait de quoi donner du lustre et masquer les joints* (Giono). Mais **auquel cas** est un tour figé, qu'on rencontre assez fréquemment même dans la langue parlée : *L'ennui, c'est qu'il n'arrivait pas à savoir si Socrate se vantait et était aussi pauvre que lui – auquel cas il l'eût écrasé de son mépris et se fût cherché* *un autre protecteur – ou s'il était simplement avare* (Mallet-Joris).

□ **accord.** Curieusement, on peut constater à l'oral, et notamment dans les médias, une forte tendance à ne plus accorder **lequel, auquel** ou **duquel** en genre et en nombre : *une société* ou *une situation dans lequel*... etc. ; *une question auquel* [sic] *il faudra apporter une réponse*. L'ignorance (ou le mépris ?) de la grammaire élémentaire atteint ici des sommets : *Il y a deux injonctions à laquelle nous sommes confrontés* (propos d'un économiste dans une émission de France-Inter du 18 septembre 2009). Il faut faire cet accord, jusqu'à nouvel ordre, en attendant une improbable décision d'invariabilité du relatif, dans tous les cas de figure...

LES → LE et LEZ.

LÈS → LEZ.

LESBIENNE emploi et sens. Cet adj.-subst. fém. tend de plus en plus à être remplacé par son synonyme **homosexuelle** ou **gay** : *La baronne de Lamors a essayé de se suicider pour la petite lesbienne avec qui elle est en train de boire du champagne* (Kessel). → HOMO et GAY.

LÈSE-MAJESTÉ, LÈSE-HUMANITÉ, LÈSE-SOCIÉTÉ emploi. On ne trouve ces mots qu'au sing., et seulement construits sur une base fém. : *La lèse-majesté est flagrante, Essex aurait dû être arrêté séance tenante, traîné à la Tour de Londres* (Léger).

LÉSINE sens. Vieux mot pour « avarice ». Le verbe *lésiner (sur)* est plus courant.

LEST orth. Ne pas confondre ce mot (dans *jeter du lest*) avec l'adj. *leste*.

LÉTAL orth. Pas de *h* (à la différence de *léthargie*). ♦ **sens.** « Se dit de ce qui cause la mort. »

LETTON forme. Fém. *lettone*, avec un seul *n*. ♦ **emploi.** Adj. ou substantif. Il existe également *lette* et *lettonien*.

LETTRE orth. On écrit : *des lettres de cachet, de change, d'introduction, de créance*, mais *une lettre de condoléances, de félicitations, d'affaires. En toutes lettres, en lettres de feu, de sang*, mais (*demeurer* ou *rester*) *lettre morte* : *Les menaces de représailles économiques* [...] *sont restées lettre morte* (A. Duparc, *Le Monde*, 02/01/2009). *Un homme, une femme de lettres, des gens de lettres, le papier à lettres, une lettre de faire part* (mais *un faire-part*). *À la lettre, au pied de la lettre, avant la lettre. Lettres supérieures. Une lettre de remerciements* (par gratitude), mais *une lettre de remerciement* (pour congédier). *Les belles-lettres* (avec un trait d'union). On dira : *lire, écrire dans une lettre* (et non *sur une lettre*).

LEUR

□ **leur, pronom personnel.** *Leur*, plur. de *à lui, à elle*, se place toujours *devant* le verbe (sauf à l'impératif) : *Je leur ai parlé ; dites-le-leur*. À la différence du sing. *lui*, *leur* ne se fait jamais précéder de *à*.

□ **leur, adjectif possessif.** Avec un sujet plur., on hésite parfois entre le possessif au sing. et le possessif au plur. : *Elles espèrent qu'il s'agit d'une plaisanterie dont elles riront tout à l'heure en passant leur maillot de bain* : le sing. est assez logique, dans la mesure où chacune passe **un** maillot de bain. *Ils ont travaillé chacun de son côté* ou *chacun de leur côté*. → CHACUN.

□ **leur couverture est abîmée.** Comme adj. possessif, *leur* s'applique en fait aussi bien à des non-animés qu'à des animés, malgré les prescriptions de certains grammairiens. On admettra donc : *Il faut rafistoler ces livres, leur couverture est abîmée*, à côté de : *La couverture en est abîmée*, qui est d'un registre plus littéraire.

□ **ils ont mangé leur(s) pomme(s).** Le nombre du possessif dépend dans ces phrases du contexte et de l'intention de celui qui les emploie : *Sept petits chacals se tiennent assis sur leur derrière* (France). *Nous sommes les tendres lapins, / Assis sur leurs petits derrières* (Banville). On notera que la langue parlée maintient l'ambiguïté et qu'il est préférable d'utiliser un autre tour si on veut être tout à fait précis : *Chacun a mangé sa pomme* ou *Ils ont mangé chacun trois pommes*. → CHACUN.

□ **ils y ont mis du leur** → METTRE.

LEURRE orth. Deux *r*, ainsi que dans *leurrer*.

LÈVE-GLACE(S), LÈVE-VITRE(S) forme. Ces deux mots techniques, synonymes et de sens clair, s'écrivent avec ou sans *s* final au sing. : *actionner le lève-glace(s)*, mais prennent toujours un *s* final au plur. : *des lève-vitres*.

LEVER (LE) et **LEVÉE (LA) emploi.** On dira, dans le sens de « dresser, hausser, hisser ou s'éveiller », etc. : *le lever du roi, le lever du soleil, le lever de rideau*, mais, dans le sens de « ôter, percevoir, abolir, protester », etc. : *la levée des scellés, la levée du courrier, la levée d'un impôt, d'une séance, d'une interdiction, une levée de boucliers*.

LÈVE-TARD forme. Ce mot composé reste invar. au plur., de même que son contraire *lève-tôt* : *Les lève-tôt dérangent, en général, les lève-tard*. Le registre de ces deux mots est fam.

LÉVITE genre. Masculin quand il désigne « un membre de la tribu de Lévi », dans la religion judaïque ; fém. quand il désignait une « longue redingote ».

LEVRAUT orth. Terminaison *-aut*. ♦ **sens.** « Petit du lièvre. »

LÉVRIER forme. Fém. *une levrette*. Ce mot ne désigne pas la femelle du lièvre. ⟶ HASE. En revanche, *levretter* signifie « mettre bas » en parlant de la hase.

LEZ emploi et sens. Vieille préposition signifiant « près de », qu'on rencontre aujourd'hui exclusivement dans des noms de lieux : *Margny-lez-Compiègne, Plessis-lez-Tours*, etc. Avec l'orthographe *lès* : *Villeneuve-lès-Avignon, Vaux-lès-Saint-Claude*, etc. On confond souvent **lez**, ce qui n'a rien de surprenant, avec le plur. de l'article défini. C'est du reste cet article lui-même qu'on rencontre dans des noms tels que *Colombey-les-Deux-Églises, Plombières-les-Bains*, etc.

LIAISON emploi. On ne peut donner ici toutes les « règles » concernant la liaison, d'autant que l'usage est très variable. Mais il faut dénoncer une certaine manie de la prononciation « liée » chez des personnes qui voient là, systématiquement, et bien à tort, une marque du « beau langage ». Il existe également la manie opposée, consistant à lier le moins possible les mots entre eux. Il règne dans les médias une grande anarchie à cet égard. On notera que chaque registre a des usages extrêmement complexes, et on se gardera de classer et de juger les interlocuteurs d'après ce critère incertain. Un exemple particulièrement fâcheux de liaison, qui sévit quotidiennement à la radio et à la télé, est celle qui relie un verbe à la 3e personne au pronom personnel de soulignement ou d'insistance qui le suit et doit, au contraire, être détaché : *Les organisateurs sont, / eux, assez déçus. Marguerite fait, / elle, bande à part. Les petites filles sont, / elles, très intimidées.* On notera que, dans les deux derniers exemples, la liaison peut faire hésiter l'auditeur entre la phrase affirmative et la phrase interrogative (*fait-elle, sont-elles*, etc) ! En règle générale, la virgule *empêche* la liaison… ⟶ CUIR, HIATUS, PATAQUÈS.

LIBELLE genre. Masculin. ♦ **sens.** « Court écrit de caractère pamphlétaire. » Ce mot est à distinguer soigneusement de **libellé**, « termes dans lesquels est rédigé un texte (surtout officiel) ».

LIBERTIN orth. Fém. *libertine*. ♦ **sens.** Ne pas oublier le sens classique, qui apparaît encore dans le registre littéraire : « Qui n'observe pas les règles prescrites par la religion. » Mais ce mot est plus couramment employé aujourd'hui au sens de « déréglé dans ses mœurs, sa conduite ».

LIBRE orth. C'est un adj. variable dans la locution *libre penseur* (pas de trait d'union) : *des libres penseurs*. On écrit : *amour libre, union libre, à l'air libre, le libre arbitre, la libre pensée*, mais *le libre-échange, libre-échangisme, libre-échangiste, libre-service*. ⟶ ci-après.

LIBRE-ÉCHANGISTE orth. Le premier élément est invar. : *des théories libre-échangistes*.

LIBRE-SERVICE orth. Plur. *des libres-services.* ♦ **emploi.** Ce composé peut concurrencer heureusement **self-service.** → ce mot.

LIBYEN orth. Ne pas inverser le *i* et le *y* (faute fréquente).

LICE et **LISSE orth.** La **lice** désigne le « champ clos où avaient lieu joutes et combats au Moyen Âge », ou « la femelle d'un chien de chasse ». La **lisse** est une pièce du métier à tisser : *un métier de haute lisse* (dérivés : *haute-lissier, basse-lissier*).

LICENCE ÈS LETTRES → ÈS.

LICOU forme. La forme *licol* est archaïsante.

LIED forme. Le plur. d'origine est *lieder*, mais on emploie souvent la forme française : *des lieds. En vérité, ces sept derniers lieder sont aussi ses plus mauvais textes* (Volodine).

LIE-DE-VIN emploi. Adj. et nom de couleur invar. : *Voilà ce que Richard vit passer à l'ombre de lourds rideaux lie-de-vin* (Kessel). → COULEUR.

LIEU orth. On écrit : *un haut lieu, en haut lieu, des lieux saints* (avec la majuscule si l'on désigne des localités ou des sanctuaires historiques : *les Lieux saints*) *; un lieu commun, avoir lieu (de), en tous lieux,* etc. Ne pas confondre avec **lieue** (mesure itinéraire) dans l'expression *être à cent, à mille lieues de.* ♦ **emploi.** On substitue à *au lieu de*, pour insister, la locution **au lieu et place** ou bien **en lieu et place de**, dont tous les éléments sont au sing. : *Des planchers, des tables, des n'importe quoi, j'en ai connu quelques-uns en lieu et place de sommiers et matelas* (Bialot). *Au lieu et place du lycée promis, les parents ne trouvèrent qu'un terrain vague.* Le mot *lieu* entre dans de nombreuses locutions figées, tantôt au sing., tantôt au plur.
□ **au lieu que. a)** Avec l'indic., oppose deux actions ou états différents (= « alors que ») : *Au lieu qu'elle allait partir brouillée avec lui, elle allait accourir, heureuse, reconnaissante* (Proust). *Au lieu que d'ordinaire les plantations forment des bois en quinconces, c'était là-bas une sorte d'étoile* (Dhôtel) ; **b)** Avec le subj. (= « loin que »), « introduit un fait qui n'a pas eu lieu, mais qui a été remplacé par le fait énoncé dans la principale » (Le Bidois) : *Au lieu que son histoire l'ait calmé, on dirait plutôt qu'il s'aigrit* (Romains). *Au lieu que la langue s'apprenne par la seule pratique, elle est enseignée aux enfants dès l'école primaire* (Marouzeau).

LIEU(-)DIT orth. S'est longtemps écrit avec un trait d'union : *À quelques kilomètres, juste sous le volcan, il y a un lieu-dit, quelques maisons sous des frênes* (Jourde). Au sing. et au plur., nous recommandons (conformément aux R. O.) la forme liée : *des lieudits.* Ne pas confondre avec la forme libre *le lieu dit...*

LIEUTENANT orth. Composés : *lieutenant(s)-colonel(s)*, mais *lieutenant(s) de vaisseau ; lieutenant général* (plur. *des lieutenants généraux*). ♦ **forme.** On appelle aujourd'hui **lieutenant** la femme fonctionnaire de police : *Tu t'entends bien avec la grosse lieutenant ?* (Vargas). Le fém. **lieutenante** n'est plus employé pour désigner la « femme du lieutenant », mais une femme militaire qui a le grade de lieutenant. Les classiques l'admettaient.

LIÈVRE forme. La femelle du lièvre est la **hase.** → ce mot.

LIGHT emploi et sens. On rencontre souvent cet adj. anglais pour qualifier des produits (principalement culinaires) *allégés* : on préférera ce dernier mot, même s'il est plus long que son équivalent d'outre-Manche.

LIGNAGE emploi et sens. Ce substantif archaïsant est remplacé par **lignée** au sens de « ensemble des parents issus d'une même personne », mais il connaît une acception moderne dans le vocabulaire de l'imprimerie : « Nombre de lignes imprimées entrant dans la composition d'un texte. »

LIGNE orth. On écrit : *des avions, des bâtiments de ligne, monter en ligne* (« front de bataille »), mais, au plur. : *les lignes ennemies. Être en ligne, hors ligne, en ligne de compte.*

La Ligne avec une majuscule pour désigner l'équateur : *passage, baptême de la Ligne* ou, entre 1940 et 1945, la ligne de démarcation, mais *la ligne Maginot, la ligne Siegfried* (avec une minuscule).

□ **franchir la ligne jaune.** Cette locution verbale est devenue courante pour signaler une infraction grave à une règle, une morale, etc. : *Durant cette campagne, M. S... a franchi une ligne jaune, se plaçant en contradiction avec les valeurs qu'il affirme défendre* (*Le Monde*, 20/04/2007). À noter qu'en matière de sécurité routière, cette façon de s'exprimer est en retard sur la réalité, les lignes en question, tracées au milieu d'une route, étant à présent blanches et non plus jaunes. De la même façon, on a dit longtemps **traverser la rue dans les clous**, bien après la disparition de ces marques métalliques glissantes !

LIGNÉE → LIGNAGE.

LIGNITE genre. Masc. *du lignite.*

LILLIPUTIEN, ENNE orth. Prend deux *l* (provient d'une cité imaginaire, *Lilliput*, créée par l'auteur anglais Swift, où vivaient des êtres minuscules) : *Les vagues d'assaut d'une armée lilliputienne entreprenant d'envahir une région de collines* (Simon).

LIMAÇON → ESCALIER.

LIMBE et **LIMBES sens.** Au sing., « bord extérieur du disque d'un astre » (ne pas confondre avec **nimbe**, « cercle lumineux »), ou « bord gradué d'un cercle », ou, en botanique, « région centrale d'une feuille ». Au plur., **les limbes** : « Séjour de certaines âmes avant la Rédemption », mais surtout, au fig., « endroit vague et mal défini » : *Si tu crains d'avoir peur de ces limbes laiteux, je ferai apparaître dans leur angle ta fleur préférée* (Giraudoux).

LIMINAIRE, LIMINAL, PRÉLIMINAIRE sens. Le premier adj. a le sens de « qui se trouve au seuil d'une œuvre » : *une note liminaire.* Le deuxième n'est employé qu'en psychologie, au sens de « nécessaire pour provoquer le plus petit ébranlement perceptible de la conscience » : *Ce stimulus reste bien au-dessous de l'excitation liminale.* Quant à **préliminaire**, il a un emploi beaucoup plus vaste que les deux premiers mots, et se substantive aisément. Il signifie « qui se trouve au début, en tête » : *les préliminaires d'un traité.*

LIMITE orth. et emploi. Ce mot s'emploie parfois en apposition avec valeur d'adj. L'expression ne prend alors pas de trait d'union : *un cas limite, une expérience limite.* → CLEF. On écrit : *les dates limites, une ambition sans limites.* Le tour **à la limite**, qui a le sens de « presque », est devenu au début des années 90 un véritable tic du langage « branché » : *Il ne murmure plus que des mots incompréhensibles, le corps agité de faibles mouvements réguliers. On aurait pu croire, à la limite, qu'il pleurait* (Velan). Dans le registre fam., **à la limite** se réduit souvent à **limite** tout court : *En constatant, comme cet autre* [agent EDF]*, que tout faire et ne rien faire, c'est limite pervers dans la frustration* (*Le Monde*, 05/04/2007).

LIMITROPHE constr. Limitrophe de et non *limitrophe avec* ou *d'avec*, ou *à*. ♦ **sens.** « Qui a des frontières communes avec. »

LIMON sens. Même sens que **brancard**, on en compte deux par attelage : *les limons.* Ne pas confondre avec le **timon**, « flèche unique ».

LINGUAL prononc. [lɛ̃gwal] à la différence du suivant. ♦ **orth.** Avec *-gu-*.

LINGUISTIQUE prononc. Non pas [lɛ̃gwistik] (très courant dans les médias), ou [lɛ̃gistik], mais [lɛ̃gɥistik]. De même pour *linguiste.*

LINO forme. Cette abréviation est commune à *linoléum, linotype* et *linotypiste.* Plur. *des linos.*

LINON sens. « Tissu fin et transparent en lin ou en coton » : *Elle avait du corsage et elle l'agrémentait de jabots de linon* (Giono). Ne pas confondre avec **nylon**.

LIPPE, LIPPÉE, LIPPU orth. Deux *p*.

LIQ- prononc. De tous les mots commençant par ce groupe, seul *liquation* (terme de métallurgie) se prononce avec un [w] ; les autres font [like], [liki] ou [likɔ] : *liquéfier, liquidité, liquoreux*.

LIRE constr. On dit : *lire dans un livre, dans la Bible, dans le journal*, mais *sur une pancarte, sur un mur*, etc. → JOURNAL.
□ **lu et approuvé.** Cette formule est invar.

LIS prononc. [lis]. ♦ **orth.** L'orthographe *lys* est archaïque.

LISÉRÉ prononc. et orth. Avec ou sans accent sur le premier *e* : *Je fixais mes yeux sur ce liséré sombre qui s'allongeait sur la mer* (Gracq). *Il se tourna vers Lisa qui versait lentement la tisane dans la tasse au liséré bleu* (Gallo). *Son visage sensible s'ourla d'un délicat liseré de lumière dorée* (Franck & Vautrin). La prononciation est [lizere], mais l'usage actuel tend de plus en plus à escamoter le premier [e] : [lizre].

LISSE → LICE.

LISSER emploi et sens. Ce verbe, qu'on rencontre en statistique, au sens d'« éliminer les fluctuations rapides (d'une courbe) », est utilisé en matière d'économie dans un style souvent « politiquement correct » : *Le principe est ainsi de mieux lisser les rendements des contrats dans la durée et de compenser les résultats d'une année en baisse* (D. Gallois, *Le Monde*, 05/08/2011).

LISTING emploi et sens. Cet emprunt à l'anglais ne dit rien de plus que le français **listage**, « document produit en continu par une imprimante » (Recomm. offic. en 1990).

LIT orth. On écrit (sans trait d'union) *lit(s) de camp, lit(s) clos, lit(s) gigogne(s), ciel(s) de lit, lit(s) de plume, lit(s) de roses*, mais *lit(s)-cage(s)*, et, en un seul mot, *châlit(s)*.

LITANIES emploi et sens. Toujours au plur. dans le sens premier de « prière adressée à Dieu et aux saints ». Au sing., dans une extension fig. et fam. : « Propos longs et ennuyeux. »

LITH- forme. Cet élément, issu du grec et signifiant « pierre », s'écrit toujours avec un *h* étymologique quand il est en tête du mot : *lithographie, lithosphère*, etc. Mais on le trouve parfois simplifié en *-lite* à la fin du mot : *aérolithe* ou *aérolite*.

LITOTE sens. Figure de style consistant à dire le moins pour exprimer le plus. En voici trois exemples : *Les Huault, tenanciers de la Vergeraie, accablés de filles, dont l'une ne me sera pas cruelle* (Bazin). *Son élocution saccadée n'a pas peu contribué à dramatiser la nouvelle* (Colombier). *C'était peu dire qu'en ces murs régnait une discipline de fer* (Nothomb). C'est le contraire de **l'hyperbole**.

LITRE emploi. Après un nombre en chiffres, s'abrège en *l* minuscule non suivi d'un point : *120 l, 13,5 l*

LITUANIEN orth. Ce mot s'écrit aujourd'hui sans *h*, de même que le nom du pays.

LIVIDE sens. Le sens originel de cet adj. est « bleuâtre ou violacé », mais il en vient à signifier, dans l'usage courant, « d'une pâleur grise et terne ». On l'emploie surtout en parlant de la peau, du teint.

LIVING-ROOM orth. Plur. *des living-rooms*, ou *des livings* : *Je dormais en effet dans la pièce qu'on appelait la salle à manger, le terme « living-room » étant alors inconnu dans le faubourg, même chez les marchands de meubles* (Diwo). ♦ **emploi et sens.** Cet anglicisme, souvent abrégé en *living*, peut être remplacé par le mot **séjour** (→ ce mot), mais son existence est assez solide, en partie grâce au snobisme. Il est regrettable que l'usage n'ait pas adopté la « traduction » des Canadiens français, qui disent **vivoir**. Mais nombre d'agences immobilières emploient la « traduction française » assez heureuse : **pièce à vivre**.

LIVRESQUE sens. Le plus souvent péj., « qui ne vient que des livres », en opposition à la supposée « vérité de la vie ».

LOBBY orth. Plur. *des lobbies.* ♦ **sens.** « Groupement quelconque exerçant des pressions sur le pouvoir » : *Barack Obama* [...] *a renforcé les restrictions pour les fonctionnaires qui vont travailler dans les lobbies* (C. Lesnes, *Le Monde*, 23/01/2009). Il est plus simple et plus clair de remplacer cet anglicisme par la locution **groupe de pression.** Ne pas confondre avec **hobby.** ♦ **dérivé. lobbying** et **lobbyiste** : *À l'Assemblée nationale, les lobbyistes arpentent les couloirs et la salle des Quatre Colonnes en théorie réservés aux élus* (N. Chapuis et M. Écoiffier, *Libération*, 08/09/2011).

LOBECTOMIE et **LOBOTOMIE sens.** Le premier mot désigne l'ablation d'un **lobe** (du poumon ou du cerveau), le second la section de fibres nerveuses du cerveau.

LOCK(-)OUT prononc. [lokaut]. ♦ **orth.** Trait d'union facultatif. Mot invar. : *des lock-out.* ♦ **sens.** « Fermeture d'une usine décidée par le patron pour répondre à une grève. » ♦ **dérivé.** *lock(-)outer.*

LOESS prononc. [lœs]. ♦ **sens.** « Fin limon calcaire. »

LOGARITHME orth. Ne pas oublier le *h.* Pas de *y* (attention à l'attraction de *rythme*).

LOGICIEL emploi et sens. Ce néologisme a heureusement remplacé l'anglais **software**, pour désigner l'« ensemble des programmes, procédés et règles permettant le fonctionnement d'un système de traitement de données » (recommandation officielle du 22 décembre 1981) : *La directive du 14 mai 1991* [...] *vise à renforcer la protection donnée aux auteurs de logiciels, tout en facilitant l'utilisation des programmes d'ordinateurs* (*Le Monde*, 16/10/1992). Il s'emploie aussi comme adj., au sens de « qui se rapporte à un logiciel ». ⟶ MATÉRIEL.

LOGIQUE et **LOGISTIQUE sens.** Le premier adj. signifie « qui est conforme à la logique » ou « qui résulte de la nature ou de la vérité des choses » : *un raisonnement parfaitement logique.* **Logistique** est un adj. ou un substantif du lexique militaire : « (ayant trait au) domaine de l'art militaire qui étudie l'ensemble des procédés permettant aux armées de combattre ou de faire mouvement dans les meilleures conditions possibles » : *La profondeur des intuitions logistiques de Napoléon a été mise en doute par Tolstoï dans* Guerre et Paix.

-LOGISTE ou **-LOGUE emploi et sens.** Ces deux suffixes s'emploient à peu près l'un pour l'autre dans les noms qui désignent les spécialistes d'un secteur de la science, et particulièrement dans le domaine médical : *gynécologue* ou *gynécologiste, radiologue* ou *radiologiste,* etc. Mais on emploie exclusivement : *biologiste.*

LOGO forme. Plur. *des logos.* ♦ **emploi et sens.** Ce mot est employé couramment au sens de « petit dessin ou graphisme symbolisant une entreprise, un organisme, une association, etc., et servant de signe de reconnaissance » : *La Fédération française de ski a retiré la protestation qu'elle avait émise, mardi 11 février, contre les slalomeurs italiens du combiné alpin en raison de la taille d'un logo publicitaire porté sur le bras gauche* (*Le Monde*, 17/02/1992).

LOGOMACHIE sens. « Querelle à propos de choses insignifiantes » ou « assemblage de mots creux, discours ou raisonnement tournant en rond ». Ne pas confondre avec **tautologie.** ⟶ ce mot.

LOI emploi et sens. On distingue, institutionnellement, le **projet de loi**, qui émane du gouvernement, et la **proposition de loi**, qui est faite par un groupe de députés ou de sénateurs.

LOI-CADRE orth. Avec un trait d'union. De même dans *loi-programme* et *décret-loi.* Plur. *des lois-cadres, des lois-programmes, des décrets-lois.*

LOIN orth. Invar., car il s'agit d'un adv. : *elles sont loin.* ♦ **emploi.** Cet adv. entre dans

de nombreuses locutions qui marquent la distance, soit dans le temps, soit dans l'espace, soit au point de vue logique entre deux faits, deux idées, etc.
□ **loin de.** Suivi de l'infinitif seulement lorsque le sujet des deux verbes est le même : *Loin de se complaire à cette évocation, elle se hâtait de faire ses emplettes* (Jorif). *Alors il enquête puis se fait inquisiteur, n'est pas loin de torturer par ses questions l'être qu'il chérit le plus au monde* (Pontalis). On peut aussi rencontrer **loin que** et le subj. : *Bien loin qu'il la dissimulât, l'oncle Suprême parlait volontiers de cette avarice et s'en faisait gloire* (Aymé).
□ **du plus loin que, d'aussi loin que.** Ces groupes conjonctifs se construisent avec l'indic. au sens spatial : *Du plus loin que j'apercevais une canne hésiter sur l'angle d'un trottoir, je me précipitais* (Camus), et avec le subj. au sens temporel : *D'aussi loin que je m'en souvienne, je l'ai toujours haï* (Gide).
□ **loin de (moi).** Cette locution elliptique est admise par le bon usage et peut être suivie soit d'un substantif, soit directement d'un infinitif précédé de la préposition **de** : *Loin de moi, cependant, la pensée de renoncer à des droits qui sont incontestables* (Lautréamont). *Loin de moi de vous en faire le reproche !* On pourrait avoir aussi : *loin de moi l'idée de...*
□ **de loin en loin.** Cette locution a aujourd'hui complètement supplanté le tour classique *loin à loin* ou *de loin à loin* : *Mes clients firent ce pas et se raréfièrent. De loin en loin je plaidais encore* (Camus). Le sens est tantôt temporel, comme ici, tantôt spatial.
□ **c'est le meilleur de loin. De loin** peut renforcer un superlatif ou un ensemble comparatif : *Cet athlète l'a emporté de loin sur ses concurrents.* La place est variable : *C'est de loin le plus âgé des quatre* ou *c'est le plus âgé des quatre, (et) de loin.* → BEAUCOUP et PEU.
□ **loin s'en faut.** Cette locution a été forgée dans les années 80 à partir d'un télescopage entre **loin de là** et la locution plus ancienne **tant s'en faut.** Elle est mal formée, le verbe **falloir** au sens de « manquer » exigeant un terme de quantité ; mais elle est bien implantée dans la langue usuelle, même si les dictionnaires ne l'enregistrent pas encore : *Les pays développés, entre eux, et ceux du tiers monde, ne partagent pas, loin s'en faut, la même analyse de ces obstacles* (Grall, *Le Monde*, 12/06/1985).

LOISIBLE emploi et sens. Synonyme vieilli de **permis**, qui ne s'emploie guère que dans le tour impersonnel *il m'est loisible de* + infinitif.

L'ON → ON.

LONG prononc. Le *g* final se liait autrefois devant une voyelle en donnant le son [k]. On prononce aujourd'hui plus souvent un [g] : *un long ennui* [œ̃lõgɑ̃nɥi] ou [œ̃lõkɑ̃nɥi].
♦ **emploi.** S'emploie à la place de *longueur* dans le type de phrases suivant : *Cette digue a six cents mètres de long.*
□ **tout au long** ou **tout du long.** La seconde locution est la plus courante. Toutes deux signifient « complètement, sans rien laisser de côté » : *Des documents d'un caractère si particulier qu'il s'amusa à les recopier tout au long* (Green). *Pourtant, dit mon père en laissant tomber le journal, c'est écrit là tout au long* (Guilloux).
□ **il est tombé de tout son long.** Ne pas dire *tout de son long.*
□ **au long de** ou **le long de.** La première locution apparaît plus littéraire : *Il se promenait au long du canal,* mais on dira également *le long du canal.*
□ **(ne pas) faire long feu** → FEU.

LONG-COURRIER orth. Avec un trait d'union. Plur. *des long-courriers* ou *des avions, des navires, des transports long-courriers.* **Long cours** s'écrit sans trait d'union et ne s'emploie qu'au sing. : *un capitaine au long cours, la navigation de long cours.*

LONG-JOINTÉ forme et sens. *Des chevaux long-jointés* : les vétérinaires nomment ainsi les bêtes « qui ont le paturon trop long ».

LONGUEUR → LONG.

LOOPING emploi et sens. Anglicisme déjà ancien et passé dans notre langue sans francisation orthographique, au sens de « boucle acrobatique faite par un avion ». Plur. *des loopings.*

LOQUACE **prononc.** On dit aujourd'hui [lɔkas] et non [lɔkwas]. De même pour le dérivé **loquacité** [lɔkasite]. ♦ **sens.** Synonyme de **bavard**, dans un registre plus élevé : *Eh bien, mes enfants, vous n'êtes pas loquaces. Avez-vous déjà le mal du pays ?* (Bazin).

LORD **prononc.** À la française [lɔr] ou approximativement, à l'anglaise : [lɔrd] (avec un [r] très faible). Même remarque pour *lord-maire.* ♦ **orth.** Employé devant un nom propre, **lord**, en principe, prend une majuscule : *Lord Byron.* Le fém. est **lady**. → ce mot. Prennent un trait d'union, avec *lord-maire* : *lord(s)-avocat(s), lord(s)-lieutenant(s), lord(s)-lieutenance(s).* Mais, en un seul mot : *landlord(s).*

LORS **emploi.** Cet adv. de temps ne se rencontre plus guère que dans le tour prépositionnel **lors de** : *Ces hommes se souvenaient de la sanglante répression de 1905 et de la présence d'Igor lors des exécutions* (Wiazemsky). *En 1971, François Mitterrand avait réussi à faire l'union des socialistes lors du congrès fondateur d'Épinay-sur-Seine* (P. Jaxel-Truer, *Le Monde*, 26/06/2011). → ALORS. Il est encore vivant dans quelques locutions : **dès lors, depuis lors, pour lors,** etc. : *C'est un exemple parfait de réussite, disait Merani à Ritzen qui l'interrogeait sur Carlo Revelli, l'un des gros entrepreneurs de la ville, la preuve que dès lors qu'on veut travailler, tout est possible* (Gallo). □ **lors même que.** Se construit avec le conditionnel et aussi l'indic., pour introduire une proposition concessive. Appartient à la langue littéraire exclusivement : *On dînait chez eux lors même qu'ils n'y étaient pas* (Funck-Brentano). *Ce qui est juste est juste, lors même que le monde devrait crouler* (Zola).

LORSQUE **forme.** Le *e* final s'élide devant *il, elle, on, un, une* et parfois *en.* ♦ **emploi.** **Lorsque** est d'un registre plus soutenu que **quand**. Ne pas confondre **lorsque** (« au moment où ») avec la locution **dès lors que** (« du moment que »).

LOSER **orth. et sens.** Cet américanisme, qui a le sens de « perdant » (issu de *to lose*, perdre) et s'oppose au *gagneur* (→ ce mot), est souvent écrit à tort *looser*, sans doute en raison de la prononciation (correcte) [lu:zər], qui correspond généralement en anglais à la graphie *oo* : *Son destin* [de Vince Taylor] *l'apparente aux loosers sublimes.* [...] *Il ne se relèvera jamais de ses triomphes* (Y. Marmande, *Le Monde*, août 1991).

LOUCHE **emploi.** La locution *à la louche* est souvent employée aujourd'hui au sens de « de façon approximative ». Elle remplace, sans grande nécessité nous semble-t-il, et dans un registre un peu vulgaire, les tours tels que *en gros, approximativement, à vue de nez,* etc.

LOUIS-PHILIPPARD **forme.** Trait d'union. Le premier élément est évidemment invar. : *Une bergère louis-philipparde.* De même, *louis-quatorzien.*

LOUKOUM **forme.** On rencontre aussi **lokoum** et parfois la locution arabe complète : **rahat lo(u)koum.** ♦ **sens.** « Friandise orientale. »

LOUP **orth.** Dans les composés, *loup* reste invar. au plur. quand il est précédé de la préposition *de* : *des gueules-de-loup,* et il prend un *s* quand il est en tête : *Les loups-garous épouvantaient les petits enfants.* ♦ **sens.** Dans divers jargons de métier (la couture, la métallurgie, la typographie, etc.), un *loup* est un « défaut », acception qui a donné le verbe fam. *louper* : *Ma jupe godaille : la couturière m'y a fait un loup.* ♦ **dérivé.** **loup-cervier.** Plur. *des loups-cerviers.* Fém. *loup(s)-cerve(s)* ; **loup-garou.** Prend un trait d'union ; **loup de mer.** Pas de trait d'union. Plur. *des loups de mer.*

LOUVETEAU **orth.** Un *e* après le *t.*

LOW COST **emploi et sens.** On pourra la plupart du temps remplacer cet adj.-nom, anglicisme « branché », par ses versions françaises : **(à) bon marché** ou **(à) bas prix** ou encore **(à) prix réduit** : *Le « low cost » fait son entrée sur le marché de la leçon privée* (*Le Monde*, 17/06/2011). → MARCHÉ.

LU ET APPROUVÉ → LIRE.

LUBIE sens. « Caprice, tocade. » Ne pas confondre avec **phobie.** → ce mot.

LUBRIFIER orth. Ne pas écrire *lubréfiant* ou *lubréfier* (faute assez répandue).

LUI orth. Complément d'un verbe à l'impératif, *lui* est précédé d'un trait d'union : *dites-lui, fais-lui* (impératif). ♦ **emploi.** Peut se rencontrer comme sujet insistant d'un verbe personnel, sans être la reprise d'un *il* antérieur : *Lui se sentait perclus de timidité* (Mauriac). *Faites comme moi ! Couchez-vous ! Lui ne se couche qu'à moitié* (Romains). *Lui qui n'avait plus entendu parler de toi depuis des années transmet immédiatement la nouvelle au portier* (Delay). *Son statut et le mien font que lui est plaignant et que je suis coupable* (Hoex). *Les invités retiennent leur souffle, lui affiche un sourire confiant* (de Roulet). Il est parfois séparé du verbe par une virgule : *Frédéric II savait que, lui, n'abandonnerait pas* (Giono). *Lui aussi, gagné par le plaisir, il se mit à poursuivre le grand Pierrot* (Alain-Fournier). **Lui** peut être objet direct : *Tout est prêt sous mon toit pour recevoir lui et sa suite* (Louÿs). *Nous n'accusons que lui.*
□ **à lui confié.** Ce tour, qui remonte au XVIIIe s., est marqué par l'antéposition du pronom personnel objet indirect, introduit par la préposition **à**, devant un part. : *Un des attraits du livre à lui consacré par M. G. Jean-Aubry* (Henriot). La même construction se fait avec *moi, toi, vous, elle, eux* : *Ceux qui, comme moi, ont gardé pour le Racine à eux enseigné jadis un secret penchant* (Billy). Plus rarement, le même tour se présente avec d'autres prépositions : *de, pour, par,* etc. *Deux de ses espions particuliers de moi bien connus* (Stendhal). *Les nations industrielles qui produisaient et vendaient les articles par elles fabriqués* (Duhamel).
□ **il lui a dépensé tout son argent.** Le pronom *lui* est parfois employé, comme les autres pronoms, pour indiquer au profit ou au détriment de qui se produit l'action : *Pour le convaincre, il l'avait même menacé de ne plus lui écouler son Pernod* (Duras). → PRONOMS PERSONNELS et ÉTHIQUE (DATIF).
□ **lui / soi.** Le plus généralement, **lui** est substitué à **soi** quand le sujet est bien déterminé : *Il ne pense qu'à lui. Jacques est chez lui.* Cependant, **soi** est employé pour éviter une équivoque ou quand le sujet est indéterminé : *On est chez soi. Chacun chez* soi.
□ **lui-même** → MÊME.

LUIRE conjug. Comme *conduire*, mais le part. passé ne prend pas de *t* final. Le passé simple *je luisis* et l'imparfait du subj. *que je luisisse* sont pratiquement inusités. On tend à employer *je luis, ils luirent.* Le part. passé *lui* est invar. → APPENDICE GRAMMATICAL.

LUMBAGO prononc. [lõbago] et non [lœ̃-] qui tend à se répandre.

LUMIÈRE emploi et sens. Archaïsme, au sens de « connaissance » ou de « capacité intellectuelle » (le plus souvent au plur.) : *Mais, je m'aperçois que je fais rentrer en scène un septième personnage sur lequel je ne vous ai point fourni de lumières* (Bazin). *Le Siècle des lumières* (le XVIIIe siècle). Distinguer *faire de la lumière* (« allumer ») et *faire la lumière* (« donner les explications nécessaires »). *Donner de la lumière.* → ALLUMER.

LUNCH prononc. [lœʃ] ou [lœnʃ]. ♦ **orth.** Plur. *des lunchs* ou *lunches.*

LUNETTE(S) emploi et sens. Au sing., « instrument d'optique à un seul oculaire » : *lunette d'approche, lunette astronomique.* Au plur., « paire de verres enchâssés dans une monture » : *Un vieux monsieur qui s'arrête, met ses lunettes et déchiffre avec application le texte entier* (Robbe-Grillet). *Porter des lunettes ; une paire de lunettes*, assez courant, est négligé. → JUMELLES.

LURON forme. Fém : *une luronne*, avec deux *n* (rare). ♦ **emploi et sens.** Bien que ce substantif désigne par lui-même une personne « gaie, enjouée », le pléonasme *gai* (ou *joyeux*) *luron* est aujourd'hui passé dans l'usage. → DRILLE.

LUSTRE emploi et sens. Ce vieux mot signifiait « durée de cinq années ». Il est rare aujourd'hui, et s'emploie plutôt dans un sens indéterminé : *Il y a quelques lustres, un tombeau fut vidé de ses derniers occupants au moyen d'un tombereau* (Jourde).

LUTH, LUTHERIE, LUTHIER orth. Ne pas omettre le *h.*

LUXATION sens. « Déplacement de deux surfaces articulaires, bloquant une articulation. » Ne pas confondre avec **foulure** ou **entorse**, qui sont seulement des « distensions de ligaments plus ou moins douloureuses ». Attention à l'influence formelle de **foulure**, qui fait parfois créer un faux *luxure.* → le suivant.

LUXURIANT et **LUXURIEUX sens.** Le premier adj. correspond à la **luxuriance**, au sens de « abondance », surtout en parlant de la végétation : *Ce paysage aurait eu une certaine beauté s'il n'avait recelé en lui comme la promesse d'une mort luxuriante* (R. Jean). *Une végétation luxuriante.* Le second vient de **luxure**, et signifie « ayant trait à la débauche, aux désordres de la chair » : *Il faut être au moins duchesse pour faire tolérer dans un salon cette touche de caissière luxurieuse* (Romains). Une confusion comique, et regrettable, se produit parfois : *Cet hôtel pourtant se vante, dans ses prospectus, d'être « le plus luxurieusement meublé » qui soit en Europe !* (Colette).

LY- S'écrivent avec *ly* et non avec *li*, notamment les mots : *lycée, lycéen, lymphe, lyncher* (et dérivés), *lynx, lyophiliser* (et dérivés), *lyre, lyrisme, lyrique, électrolyse, électrolytique, élyséen, élytre, olympique.*

LYNCHER forme. Ce verbe est dérivé de *Lynch*, nom propre, et remplace ordinairement la locution **loi de Lynch**, qu'on déforme généralement en *loi du lynch.* ♦ **dérivé.** *lynchage.*

LYOPHILISER orth. Un seul *y*, ainsi que pour *lyophilisation, lyophilie, lyophile.*

LYRIC emploi et sens. Ce mot américain désigne les chansons et couplets des comédies musicales. Son sens est assez éloigné de l'adj. français qu'on rencontre dans **poésie lyrique** : *L'auteur a réussi à introduire de la gravité dans ce film, dont il faut bien écouter les « lyrics », indispensables à la compréhension des personnages* (*Le Monde*, 21/05/2007).

LYS → LIS.

M

M emploi. Cette lettre commande plusieurs abréviations conventionnelles courantes, introduisant à des noms de personne. Ne pas écrire *Mr*, qui est l'abrév. de l'anglais *Mister*. → MONSIEUR.

MABOUL orth. Pas de *e* final au masculin. Plur. *maboul*s.

MAC forme. S'abrège en *M', Mc ou Mc*. ♦ **sens.** Mot celtique, qui signifie « fils » et qui, parfois abrégé, entre en composition de noms propres d'origine écossaise ou irlandaise : *Douglas MacArthur, Joseph MacCarthy* (deux majuscules et en un seul mot), mais on écrira *Pierre Mac Orlan, le maréchal de Mac-Mahon.*

MACARONI forme. On peut dire *du macaroni* ou *des macaroni(s)*. Le *s* est facultatif, *macaroni* étant un plur. italien.

MACH prononc. [mak]. ♦ **emploi et sens.** Terme technique servant à désigner une ou plusieurs fois la vitesse du son : *Ce jet volera bientôt à Mach 2.* Ce mot conserve la majuscule du nom du savant dont il est issu. → JET.

MACH- orth. On écrit (avec accent circonflexe) : *mâche, mâchefer, mâcher, mâchicoulis, mâchoire, mâchurer* et sans accent : *machette, machinal, machinalement, machine.*

MACHIAVÉLIQUE et **MACHIAVÉLISME prononc.** Avec un [k] et non un [ʃ], conformément à la prononciation italienne de l'homme d'État Machiavel (mort en 1527).

MÂCHICOULIS orth. Accent circonflexe sur le *a* (même famille que **mâcher**), et *s* terminal : *Véritable nid d'aigle couronnant un tertre abrupt de ses tours à mâchicoulis, le château de Germigney profilait sa silhouette* (A. Besson).

MACHIN emploi et sens. Ce mot « joker » est commode, dans l'usage courant, pour se référer à qqch. de vague et d'indéterminé, ou, avec la majuscule, à qqn dont on a oublié le nom, mais il ne faut pas abuser de cette facilité : *Commissaire ? Estalère a un machin pour vous* (Vargas). → CHOSE, TRUC.

MACHINE orth. Ce mot forme des composés qui prennent un trait d'union : *machine(s)-outil(s), machine(s)-frein(s), machine(s)-transfert(s).* On écrira sans trait d'union : *une machine à écrire, faire machine arrière.* Mais : *la théorie de l'homme-machine.*

MACHINER emploi et sens. Ce verbe qui signifie « bâtir en secret, fomenter », est moins courant que son dérivé **machination** : *Il se sentit pris dans un réseau de circonstances machinées comme une trappe* (Kessel). Quant à **machinerie**, il ne s'emploie que dans le lexique industriel, dans la marine... ou dans le contexte du théâtre !

MACHO prononc. [matʃo]. ♦ **orth.** Ne pas insérer de *t* : la prononciation est celle du *ch* espagnol. ♦ **emploi et sens.** Ce mot très à la mode (surtout depuis les mouvements féministes de 1968) désigne un « mâle qui abuse de sa prétendue supériorité sur le sexe fém. » : *Elle avait eu des moments difficiles, la visite imprévue d'un Monsieur l'Inspecteur de l'Enseignement secondaire qui ne s'était pas gêné pour critiquer sa façon d'enseigner les sciences. Le sale macho* (Saumont). *Les Argentins sont souvent machos.* Le français a créé le dérivé **machiste**, adj. et nom de même sens : *La structure archaïque, féodale* *et machiste de la société jordanienne est en cause* (L. Zecchini, *Le Monde*, 31/07/2011). *Un comportement machiste.*

MACKINTOSH orth. Compliquée et arbitraire : on a rajouté à l'original un *k* pour éviter la prononciation [masɛ̃...]. Mais le nom d'un célèbre modèle d'ordinateur s'écrit sans *k* : *Macintosh.* ♦ **sens.** « Imperméable d'origine écossaise. »

MACRO- orth. Les mots construits sur cet élément ne prennent pas de trait d'union, même devant une voyelle. On écrit : *macroévolution, macroéconomique*, etc. ♦ **sens.** Ce préfixe à caractère scientifique signifie « grand » et ne doit pas être confondu avec **micro-** (« petit »), dans un certain nombre de composés tels que *macrocosme*, « univers » (surtout par opposition à l'homme), *macrophotographie*, « photographie donnant une épreuve plus grande que l'objet réel » (alors que la *microphotographie* est la « photographie d'objets qui ne sont visibles qu'au microscope »), *macroscopique*, « qui se voit à l'œil nu » (par opposition à *microscopique*), etc.

MADAME forme. Abrév. *Mme*. Plur. *mesdames.* ♦ **emploi.** Dans le langage enfantin ou par ironie, ce substantif est employé pour lui-même : *la belle madame, jouer à la madame.* Il peut être employé seul lorsqu'on s'adresse à une personne : *Bonjour, madame*, et par déférence : *Madame est sortie.* On peut dire : *la belle madame Untel.* → MONSIEUR.

« **MADE IN** » **emploi et sens.** Formule invar. figurant sur les objets manufacturés, suivie du nom du pays d'origine. Le sens est : « fabriqué en ».

MADEMOISELLE forme. Plur. *mesdemoiselles.* ♦ **emploi.** On ne dit pas plus *une mademoiselle* qu'on ne dit *une madame* (sauf dans le langage enfantin). La langue populaire abrège parfois ce mot en *mam'selle, mam'zelle, m'zelle.* Lorsqu'on s'adresse à une femme relativement jeune et que l'on ne connaît pas, on l'appelle plutôt aujourd'hui systématiquement « Madame » que « Mademoiselle ».

MADRAS prononc. Le *s* final se fait entendre [madras] au contraire de celui de **damas** [dama]. ♦ **orth.** Pas de majuscule : *un madras, un châle de madras.*

MADRIGAL forme. Plur. *madrigaux.*

MAELSTROM prononc. Le *e* reste muet et le *s* ne se prononce jamais [ʃ] : on entend [malstrøm], [-ɔm] ou [-om]. ♦ **orth.** Plur. *maelströms.* ♦ **forme.** On rencontre également : *maelstroem, malstrom.* ♦ **sens.** « Tourbillon », dans un registre soutenu : *Mes références* [...] *s'étaient estompées, prises dans le maelström du refoulement et du non-dit* (Semprun).

MAF(F)IA orth. Nous suivrons Nina Catach, qui dès 1971 recommandait d'écrire ce mot d'origine sicilienne avec un seul *-f-*, conformément à son étymon, la **Mafia**, célèbre organisation criminelle, de même que son dérivé : **mafioso**, plur. **mafiosi**, « membre de la mafia », souvent francisé en **mafieux, euse** : *Ma signature figure au bas des décrets qui ont rétabli le capitalisme, expliquait-il, et qui ont permis aux mafieux de régner une nouvelle fois sur l'économie* (Volodine).

MAFFLU emploi et sens. Adj. très désuet, au sens de « qui a de grosses joues » : *Une troisième sœur entre aussitôt, mafflue, difforme* (Aymé). → JOUFFLU.

MAGASIN orth. Avec un *s*. Mais on écrit (avec un *z*) *un magazine.* → ce mot.

MAGAZINE orth. Avec un *z* et non un *s*. Ne pas céder à l'attraction de *magasin.*

MAGE orth. On écrit aussi *maje*, quand ce mot est un adj. dans la locution *juge mage* (ou *maje*) (droit ancien). *Les Rois mages* (où *mage* est un autre mot) : majuscule à *Rois*, pas de trait d'union. Mais *les Mages.*

MAGISTÈRE, MASTER et **MASTÈRE sens.** On ne confondra pas ces trois noms masculins issus du lat. *magister* ou de l'anglais *master*, « maître ». Le premier est ancien est désigne une « autorité morale ou intellectuelle » : *Il exerce un pouvoir d'influence, un* *magistère social* (F. Wenz-Dumas, *Libération*, 12/08/2008). Le second est le nom d'un diplôme à finalité professionnelle de haut niveau (Bac + 5), créé en 2005 dans le cursus universitaire L.M.D., « Licence-Master-Doctorat ». Ne pas confondre avec le **Mastère Spécialisé (MS)**, label créée en 1986 et attribué à une formation spécifique organisée par une institution membre de la Conférence des grandes écoles : il est destiné à des diplômés de 3e cycle (ingénieur, master, IEP...) ou à des diplômés BAC + 4 expérimentés. La proximité de forme entre ces substantifs ne facilite pas la compréhension, pour le citoyen moyen. Tout différent est la **master class**, anglicisme qui désigne une classe de musique de haut niveau, dirigée par un grand artiste.

MAGISTRAL forme. Masc. plur. *magistraux.*

MAGISTRATE genre. Le fém. est devenu courant et normal, vu la féminisation croissante dans cette profession : *Les services de la Présidence ont invoqué la Constitution pour bloquer l'accès du palais aux magistrates chargées d'une enquête* (*Le Monde*, 04/05/2007).

MAGMA orth. S'écrit sans *t* final. Plur. *magmas.*

MAGNAT prononc. [magna]. ♦ **sens.** Ce mot d'origine polonaise désigne un « capitaliste tout-puissant » : *La femme qui le recevait dans son domaine invitait aussi des hommes politiques, des magnats de l'industrie* (Schreiber).

MAGNÉTO- emploi. Ce radical, qui entre dans la formation de nombreux composés, est suivi d'un trait d'union devant une voyelle : *magnétodynamique, magnétomètre,* mais *magnéto-électrique, magnéto-optique.*

MAGNIFICAT prononc. [magnifikat]. ♦ **orth.** Mot invar.

MAGNIFICENCE prononc. [maɲifisɑ̃s] → MUNIFICENCE.

MAGNITUDE prononc. [magnityd]. ♦ **emploi et sens.** Ce synonyme de **grandeur** n'est utilisé qu'en astronomie, pour estimer l'importance des dimensions d'un astre, et en sismologie : *Le 14 novembre 1981, un séisme de magnitude 7 sur l'échelle de Richter avait touché la région du barrage d'Assouan* (*Le Monde*, 14/10/1992). Voici un exemple fig. non dénué d'humour : *Coucher avec la fille de l'amant de sa mère, c'est à quelle magnitude sur l'échelle de Richter de l'inceste ?* (Weyergans).

MAGNOLIA prononc. [maɲɔlja]. ♦ **orth.** Pas de *i* après le *n.*

MAGOUILLE emploi et sens. Ce mot et ses dérivés connaissent depuis 1970 une très grande vogue dans le domaine de ce qu'on appelait jadis la **combine**, c'est-à-dire l'opération ou la tractation douteuse, malhonnête : *Enfin un mot tout neuf. Un mot mouillé qui remplit la bouche et qui barbouille un peu l'estomac. Un mot que l'on bafouille et qui pourtant dit bien ce qu'il veut dire. Un mot qui a du bagou, qui évoque le magot, qui gratouille, gargouille et chatouille, qui fait penser tout à la fois à Gribouille et à une grenouille. Une de ces inventions populaires dont on chercherait en vain l'auteur, spontanément surgie, aussitôt adoptée* (P. Viansson-Ponté, *Le Monde*, 25/03/1973). On emploie aussi les dérivés *magouiller, magouillage, magouilleur, magouilleuse* : de registre fam. au départ, ces mots sont employés dans des secteurs très larges de la société actuelle.

MAHARAJA forme. On rencontre aussi **maharadjah** ou **maharajah** : *Un maharadja, celui de Palempour, acheta la première licence pour l'étranger* (P. Jardin). Plur. *maharajas* ou *maharaja.* Le fém. est *maharani.* ♦ **sens.** « Titre princier en Inde. »

MAH-JONG orth. S'écrit parfois plus simplement *ma-jong* : *Un jeu de mah-jong dont il ne manquait que six dominos* (Volodine).

MAI orth. Plur. *des mais.* Majuscules pour désigner la fête du Travail : *le Premier Mai.*

MAIGRIR conjug. Avec **avoir** pour les temps du passé : *Il a maigri* et **être** pour l'état résultant de l'amaigrissement : *Il est bien maigri* (*ou* mieux *amaigri*).

MAIL-COACH forme. Plur. *mail-coaches.*

MAILLE emploi. Dans **avoir maille à partir**, il s'agit d'un vieux mot, *maille*, qui signifiait « demi-denier », employé avec l'ancien verbe *partir*, « partager ». →PARTIR (1).

MAIN orth. On écrit *main* au sing. dans les expressions : *une poignée (des poignées) de main ; avoir ou prendre en main ; un vote à main levée ; des jeux de main ; un coup (des coups) de main ; bien en main ; de main de maître ; ne pas y aller de main morte ; faire main basse ; un homme (des hommes) de main ; à main armée ; de longue main ; de main en main ; (avoir, être) en main ; en sous-main ; un tour (des tours) de main.* Ce subst. prend le plur. dans : *à pleines mains ; en mains sûres ; en bonnes mains.* On écrit indifféremment : *en main propre* ou *en mains propres ; changer de main* et *changer de mains*, et sans trait d'union : *Haut les mains ! Réussir haut la main.* Mais : *prêter main-forte, la main-d'œuvre.* Et en un seul mot : *mainlevée, mainmise, mainmorte.* ♦ **emploi.** La locution *à main droite* (ou *gauche*) est vieillie, on dit simplement aujourd'hui *à droite* (ou *à gauche*). → DROIT. □ **en un tour de main.** Cette locution est plus claire que *en un tournemain*, qui a vieilli et paraît régional : *Tandis qu'en un tour de main j'avais quitté tous mes vêtements et les avais jetés en tas sur une chaise au chevet de mon lit* (Alain-Fournier). → TOURNEMAIN. □ La locution **mains-libres**, avec trait d'union, désigne divers appareils qui permettent de garder les mains libres en conduisant, en téléphonant avec prise de notes, etc. : *Puis il a pressé sur la touche mains-libres et activé le haut-parleur* (Ravey).

MAINLEVÉE sens. « Acte mettant fin à une saisie ou à une hypothèque. » Ne pas confondre avec **voter à main levée**, en deux mots.

MAINMORTE sens. Se dit en droit de certains biens inaliénables. C'était autrefois le « droit pour le seigneur de disposer des biens laissés par un vassal à sa mort ». Ne pas confondre avec l'expression **ne pas y aller de main morte**.

MAINT orth. *Maint* s'emploie au sing. ou au plur., pourvu qu'il soit accordé : *en mainte occasion* ou *en maintes occasions ; maint ennemi* ou *maints ennemis.* ♦ **emploi et sens.** L'emploi pronominal de cet indéfini est archaïque : *Maintes de tes insolentes réponses nous l'ont prouvé* (Anouilh). *Une philosophie dont se réclame maint d'entre eux* (Benda). Il se rencontre comme adj. au sens de « plus d'un », pour le sing., et de « un assez grand nombre de », pour le plur. : *En échangeant maint signe et maint clignement d'yeux* (Baudelaire). *Une grille, sans laquelle maint roman ou poème nous resterait obscur* (Paulhan). *Patrice, depuis 1936, recevait en outre maints papiers qui provenaient de gens qu'il ne connaissait pas* (Duhamel). *Aidée de Sylvestre et Noémi qui adoraient pousser la brouette, Céline fit maints voyages entre la maison de son ami et la sienne* (Lefèvre). Ce mot appartient essentiellement au registre littéraire, sauf dans quelques locutions stéréotypées : **mainte(s) fois, à mainte(s) reprise(s)**. *Il demanda donc à Pilar d'user à leur intention du recours maintes fois employé par les moines* (Peyré). *Je suis tombé à maintes reprises dans des guets-apens* (Khadra). Avec redoublement intensif : **maintes et maintes fois**. *Quart d'heure après quart d'heure les compagnons s'emparent de maintes et maintes tables haut situées* (Romains). *Ces rudes marins y ont déjà embarqué maintes et maintes cargaisons de planches, de peaux, de talc* (Cendrars).

MAINTENANCE sens. Anciennement, abstrait, au sens de « action de maintenir ». Les acceptions modernes sont : « maintien à leur nombre normal des effectifs et du matériel d'une troupe au combat » et, par extension, « maintien d'un matériel technique en état de fonctionnement » : *Tarass Brock, l'ingénieur de maintenance nucléaire* (Volodine).

MAIRE genre et forme. On dit *Madame le maire* (à l'oral, *Madame la maire* prêterait à ambiguïté). Mais on rencontre *la maire* : *Résolue à être la vedette de cette première journée des* *universités d'été socialistes, la maire de Lille enchaîne les discours* (F. Fressot et S. Laurent, *Le Monde*, 28/08/2011). Quand on rencontre *mairesse*, ce mot désigne généralement la femme du maire et non pas un maire de sexe fém. : *Je suis un vieux célibataire, dit-il, et là-haut je gênerais la mairesse* (Giono).

MAIS emploi. Ce mot n'est plus adv. aujourd'hui, si ce n'est dans la locution archaïsante **n'en pouvoir mais**, c'est-à-dire « plus ». On trouve parfois *n'y pouvoir mais*. Dans l'emploi courant, *mais* est conjonction de coordination. Il est alors le plus souvent précédé d'une virgule. Il sert souvent à renforcer ce qui vient d'être dit : *Il avait pris à Monte-Carlo une de ces culottes, mais alors une de ces culottes !* (Aragon). *Je suis content, mais content tu ne peux même pas imaginer !* (Kessel). Voici un curieux emploi humoristique : *J'entends Sonia se plaindre qu'il n'y a rienmaisrien* [sic, en un seul mot] (Daninos). La langue littéraire répète parfois **mais** devant plusieurs sujets juxtaposés : *Mais la retenir, mais forcer la porte, mais pénétrer n'importe comment dans la maison, non, cela ne m'était pas possible* (Gide).

□ **mais bien.** Ce groupe adversatif se rencontre à la suite d'une proposition négative, et renchérit avec vigueur. Cet emploi est plus fam. que celui de **mais au contraire** : *Je n'aime pas la pensée qui s'attife ; mais bien celle qui se concentre et se raidit* (Gide). *Une phrase qui n'est nullement une interrogation mais bien une constatation formulée sur le mode explosif* (Cavanna).

□ **non mais (des fois) !** Ce renforcement interjectif expressif (indignation) appartient à la langue populaire.

□ **non seulement... mais.** Après *non seulement...* on emploie *mais, mais aussi, mais encore, mais surtout.* → SEULEMENT.

MAISON emploi et sens. Fréquent dans la langue courante comme apposition invar., au sens de « qui a été fait à la maison » : *Laissez-vous tenter, les desserts sont maison* (Desarthe). Se dit aussi dans la langue commerciale : *le genre maison* pour « le genre de la maison ». Emploi extensif : *Je dois avoir un complexe de derrière les fagots. – Tout comme moi, nous avons des complexes maison* (Sartre). Familièrement, *maison* peut exprimer la qualité, de manière intensive : *Jacques Perret, dans son « Caporal épinglé », parle de commando maison. J'ai relevé de même un petit exposé maison chez Raymond Guérin et quelque chose de maison, je te le jure, chez Romain Gary* (Georgin).

□ **maison d'enfants.** Forme à conseiller au lieu de *home d'enfants.* On écrit : *maison d'arrêt, maison de jeu, maison de retraite. Maison de fous* a cédé la place à *hôpital psychiatrique.*

MAÎTRE orth. Les mots composés avec ce substantif, soit par juxtaposition : *maître(s) carrier(s), maître(s) chanteur(s), maître(s) nageur(s)*, soit avec la préposition **de** ou parfois **à** : *maître de maison, maître à danser* (au sens animé), *maître(s) de ballet, d'équipage, d'école, d'hôtel, d'œuvre,* et *maître(s) d'armes, de cérémonies, de conférences, des requêtes*, ne prennent pas de traits d'union, sauf *maître-à-danser* (au sens de « compas d'épaisseur »), *maître-aspirant, maître-autel, maître-chien, petit-maître* (vieilli), *maître-queux* et *premier-maître, quartier-maître.*

MAÎTRISER emploi et sens. Certains critiquent le glissement de sens consistant à employer ce verbe avec pour objet le nom d'une discipline ou d'une spécialité : *Il était admis que l'instruction dite « primaire » devait faire qu'à douze ans chaque Français avait non seulement acquis (je ne dis pas « maîtrisé », je m'efforce de parler français) la lecture, l'écriture* (Cavanna). On peut cependant voir là une métaphore tout à fait acceptable, qui assimile la chose apprise à un animal rétif, qu'il faut « dompter » ! Voici cependant un exemple assez inutilement pédant : *Entretenant des relations privilégiées avec le chancelier, il a su maîtriser la problématique allemande* (Fralon, *Le Monde*, 27/06/1992).

MAJESTÉ (EN) sens. Cette locution s'emploie, dans les arts plastiques, pour qualifier une représentation d'un personnage (souvent le Christ ou la Vierge) de face et dans une position solennelle, généralement sur un trône. Voici un emploi fig. : *Ainsi Shadow conserve sa majesté dans la chambre de prison,* *sur son lit, dans son plâtre* [...] *Je me dis peut-être que je vois Shadow en majesté comme il n'était peut-être pas, comme il ne sera bientôt plus* (Bauchau). → ÉMINENCE.

MAJOR orth. Composés : *adjudant-major, sergent-major, médecin-major, infirmière-major, tambour-major,* avec trait d'union. Plur. *sergents-majors,* etc. Mais *commandant major, major général,* sans trait d'union.

MAJORETTE → SUFFRAGETTE.

MAJORITÉ → COLLECTIF.

MAKING OF sens. Cet anglicisme désigne des éléments documentaires concernant le tournage d'un film ou l'organisation d'un spectacle, qui figurent souvent comme « bonus » sur un DVD : *Le reste, making of ou entretiens croisés sur l'élaboration du casting ou la prise en charge des rôles par les comédiens, ne propose qu'une information pâle* (J.-L. Douin, *Le Monde,* 11/05/2007).

MAL emploi. Comme adj. épithète, ce mot n'existe plus que dans certains tours figés : **bon an mal an, mourir de male mort** (ne pas écrire *mâle*), etc. : *Le père Justo était toujours de male humeur* (Peyré). Mais on le rencontre fréquemment sous la forme négative **pas mal**, comme épithète ou attribut invar. : *On ira jusqu'à dire : « Elle est pas mal » ou « Elle est jolie »* (Giono). *Il était dommage de ne pas pouvoir récupérer les quelques trucs pas mal qui restaient à bord de la* Nechilik (Échenoz). Devant un nom au plur., il prend le sens de « un assez grand nombre de » : *Autrefois, quand Pierre l'intimidait, il y avait pas mal de choses qu'elle laissait comme ça de côté* (Beauvoir). *Comme chez nous et chez pas mal d'autres* (Colette). *On a pas mal ouvert de portes à ces monstres, depuis quelque temps* (Cocteau). Devant un nom au sing., il marque un degré qui se place sensiblement entre « assez » et « beaucoup » (Le Bidois) : *Cette ardeur douloureuse que j'ai observée avec un peu de pitié et pas mal de dégoût* (Prévost). Cet emploi quantitatif, sans la particule *ne,* est du registre fam.

□ **mal embouché, mal famé,** etc. → EMBOUCHER et FAMÉ.

MAL- forme. Les composés ne prennent pas de trait d'union sauf *mal-en-point, mal-être* et *mal-jugé* (terme de droit). Ils s'écrivent en un ou deux mots de façon très variable : *maladroit, malaisé, malappris, malavisé, malbâti* ou *mal bâti, malchance, maldonne, malembouché* ou *mal embouché, malfaçon, malfaisant, mal-famé* ou *mal famé, malfaçon, malformation, malgracieux,* etc. La plupart cependant s'écrivent en un seul mot. *Mal-logé* prend un trait d'union : *Avec le retour du froid, les associations humanitaires se remobilisent pour venir en aide aux 400.000 sans-abri et aux 2.500.000 mal-logés que compte notre pays* (*L'Est Républicain,* 16/10/1992). ♦ **emploi.** À côté de certains termes tout à fait admis dans la langue moderne, tels que *maladroit, malhonnête,* etc., il y en a plusieurs qui ont une allure archaïsante et s'emploient surtout dans la langue littéraire, de façon affectée : *C'est vrai, vous ne connaissez pas cette cellule de basse-fosse qu'au Moyen Âge on appelait le malconfort* (Camus).

MALADIE orth. On écrit : *une assurance maladie, des assurances maladie.* ♦ **emploi.** Les locutions **maladie** ou **infection sexuellement transmissible** (sigles : **MST** et **IST**) sont les substituts actuels de *maladie vénérienne,* qui renvoie trop au moralisme bourgeois de la fin du XIXe s. : *L'émoi des milieux catholiques* [...] *constitue le premier accroc dans les campagnes de prévention tant publiques que privées menées depuis peu en France sur les MST et le SIDA et confirme que « le dernier des tabous » n'est pas mort* (J. Bernard, *Le Monde,* 22/02/1987). *Un stage au dispensaire du diocèse où, dit-elle, avec la même agressivité, il était bien naturel de soigner aussi les malheureux atteints de maladies vénériennes* (Simon).

MALAPPRIS orth. En un seul mot, sans trait d'union. ♦ **emploi.** Adj.-nom vieilli, auquel on substitue d'ordinaire *mal élevé.* La variante *malpoli* est fam.

MALBÂTI orth. En un ou deux mots, mais sans trait d'union.

MALCOMMODE emploi. On utilise plus couramment *incommode.*

MAL-EN-POINT orth. Deux traits d'union : *Un boxeur mal-en-point.* Mais certains auteurs écrivent : *Un boxeur mal en point.*

MALENTENDANT → POLITIQUEMENT CORRECT.

MALENTENDU orth. Comme subst., s'écrit en un seul mot, sans trait d'union. → QUIPROQUO.

MAL-ÊTRE emploi et sens. On ne voit pas pourquoi on n'accueillerait pas en français ce mot, faux néologisme, qui existe depuis le XVIe siècle et désigne un nouveau (?) mal de vivre ou mal du siècle, qui a un caractère sociétal et un sens plus collectif que **malaise** : *Il suffit de peu de temps pour découvrir que les 1 300 agents EDF – des hommes à 90 % – sont rongés par un mal-être profond* (*Le Monde*, 05/04/2007).

MALFAISANT prononc. [-fə-] ainsi que pour *malfaisance*, mais [-fɛ-] dans **malfaiteur.** ♦ **orth.** En un seul mot, ainsi que *malfaisance*, sans trait d'union. Mais *mal faire* s'écrit aujourd'hui en deux mots et non plus en un seul.

MALFAMÉ orth. En principe en un seul mot, sans trait d'union, mais on trouve aussi *mal famé.* → MAL- et FAMÉ.

MALGRACIEUX orth. En un seul mot, sans trait d'union ; pas d'accent circonflexe : *Ses vêtements trop amples qui faisaient flotter son corps malgracieux* (Labro).

MALGRÉ emploi. La locution **malgré que**, suivie du subj. et introduisant une subordonnée concessive, est aujourd'hui passée dans l'usage des meilleurs écrivains : *Justin, malgré qu'il fût peu physionomiste, demeura frappé par la ressemblance qu'accusait son visage avec celui de M. Rasselène* (Aymé). *Même il faisait déjà presque chaud, malgré qu'à ces hauteurs les matinées ordinairement soient assez fraîches* (Ramuz). *Malgré que le soir fût d'une tiédeur extrême* (Mauriac). *Malgré que me le conseillât la prudence* (Gide). *Malgré qu'il fût sévèrement jugé par les bourgeoises de la petite ville, ce constant souci de toilette n'alla jamais jusqu'à la faire suspecter de légèreté* (Vidalie). L'indic. et le conditionnel après *malgré que* sont très rares. Les puristes admettent *malgré que* seulement dans la tournure classique : **malgré que j'en aie**, « quelque mauvais gré que j'en aie », c'est-à-dire « malgré moi, en dépit de moi, contrairement à mon opinion ou à ma volonté » : *Il avait recommencé de figurer sur les estrades, de haranguer, malgré qu'il en eût, de grandes foules qu'il aimait* (Duhamel). *C'est plus fort* [...] *que toutes les répliques de Shakespeare, on le sent dans le secret de son cœur, malgré qu'on en ait* (Michon). Mais Gide a justifié depuis longtemps l'extension d'emploi de cette locution.

MALHABILE, MALHONNÊTE orth. En un seul mot, sans trait d'union. → DÉSHONNÊTE.

MALIN forme. Le fém. est **maligne** : *Tu es plus maligne que nos grands capitaines peut-être, qui ne peuvent plus que se faire piler à tous les coups, de nos jours* (Anouilh). *Il y en a de très bêtes qui n'ont qu'une réponse à la bouche : « Chais pas » ; il y en a des malignes qui peinent cependant à s'exprimer* (Desarthe). *Certains* [chats] *crachaient même. Nul besoin d'être bien maligne pour deviner que la jalousie les avait envahis* (Orsenna). Le substantif correspondant est **malignité** : *« Dis-moi, mère, est-ce que j'étais beau quand j'étais gosse ? » La malignité de cette question !* (Cossery). On entend dans le registre populaire le fém. analogique **maline** (d'après *mâtin, mâtine*, etc.). Désignant le Démon, le mot prend une majuscule : **le Malin**.

MALINTENTIONNÉ forme. En un seul mot, sans trait d'union.

MAL-JUGÉ forme. En un seul mot, avec un trait d'union. → MAL-. ♦ **emploi et sens.** Substantif. Terme de droit, « le fait de n'être pas conforme à l'équité » : *Ce procès s'est terminé par un mal-jugé.*

MALLE orth. Deux *l.* ♦ **emploi.** Forme le composé *malle-poste* (plur. *des malles-poste*).

MALNUTRITION emploi. Anglicisme bien adapté et viable : « état d'une personne insuffisamment nourrie ». Il ne se confond pas avec **dénutrition**, qui désigne un phénomène d'ordre pathologique, un trouble de la nutrition.

MALODORANT forme. En un seul mot, sans trait d'union.

MALPOLI emploi. Cet adj. (en un seul mot), employé pour *mal élevé*, est refusé par le bon usage, de façon assez arbitraire si on regarde les autres adj. composés avec *mal* : *Il eut un petit sifflement si malpoli qu'une seconde elle faillit se mettre en colère* (Sagan). On dira mieux *impoli* ou *mal élevé*.

MALSÉANT emploi et sens. Cet adj. (en un seul mot) appartient au registre littéraire et a le sens de « non conforme à la bienséance, à la correction ».

MALSONNANT orth. En un seul mot, sans trait d'union.

MALSTROM → MAELSTROM.

MALUS forme. Invar. : *Additionner les malus.* ♦ **sens.** Mot latin désignant, dans le vocabulaire des assureurs, la pénalisation financière infligée par eux aux conducteurs responsables d'accidents : *Deux roues motrices contribuent aussi à réduire (un peu) le budget carburant, voire de s'affranchir du malus écologique* (J.-M. Normand, *Le Monde*, 17/06/2011). Le contraire est **bonus**, diminution de prime consentie aux « bons conducteurs ». Ce mot **bonus** désigne aussi, en marketing, une prime incluse dans l'emballage d'un produit.

MALVENU emploi. Cet adj. (en un seul mot, sans trait d'union) est peu répandu, mais parfaitement correct, suivi de la préposition **à** et d'un verbe à l'infinitif, au sens de « ayant peu ou pas de raison de » : *Il est malvenu à se plaindre* (Acad.). → BIENVENU.

MALVOYANT → POLITIQUEMENT CORRECT.

MAMELLE orth. Pas de double *m.* De même, dans les dérivés *mamelon, mamelu, mamillaire.* Mais *mammaire, mammifère, mammite* prennent un double *m.*

MAMELOUK orth. Préférable à **mameluk**.

MAMIE ou **MAMY orth.** Les deux sont acceptables, pour transcrire la désignation de la grand-mère par le petit enfant : *Chaque après-midi, l'enfant est gardé par sa mamy.*

MAMMAIRE, MAMMIFÈRE, MAMMITE → MAMELLE.

MAM'SELLE ou **MAM'ZELLE** → MADEMOISELLE.

MANAGEMENT emploi et sens. Ce néologisme ambitieux est d'une forme très viable, puisqu'elle coïncide graphiquement et oralement avec nos usages : [Le management] *est la mise sous tension rationnelle de l'ensemble des éléments qui composent une entreprise* (Priouret). Mais il faut avouer que ce substantif « élégant » est mis aujourd'hui à toutes les sauces…

MANCHOT forme. Fém. *manchote*, avec un seul *t.*

MANDANT sens. « Celui qui donne mandat de. » Ne pas le confondre avec **mandataire**, « celui qui reçoit un mandat » : *Le mandant est tenu d'exécuter les engagements contractés par le mandataire* (Code civil).

MANDARIN forme. Dans un contexte humain, ce mot n'a pas de fém., sauf par plaisanterie et jeu de mots.

MANDARINE forme. Invar. comme adj. de couleur. → COULEUR.

MANDER et **MANDATER emploi et sens.** **Mander**, rare et archaïsant, signifie « faire venir quelqu'un » : *Je l'ai mandé auprès de moi*, ou « faire savoir (par écrit) à quelqu'un » : *Je lui ai mandé ce que j'avais appris.* Ne pas le confondre avec **mandater** : *mandater qqn*, « investir une personne d'un mandat, d'une mission », et *mandater une somme*, « payer par mandat ».

MÂNES forme. Toujours au masc. plur. Ne pas omettre l'accent circonflexe sur le *a*. ♦ **sens.** « Âmes des morts, dans la religion romaine. » Ne pas confondre avec **lares**, « dieux protecteurs du foyer » (pour le sens), ni avec **manne** (pour l'orthographe). ⟶ ce mot.

MANETTE orth. Un seul *n* et deux *t*, au sens de « levier de commande », à la différence de **mannette**, avec deux *n*, qui est un diminutif : « petite manne ».

MANGEOTTER orth. Ce diminutif rare s'écrit avec deux *t*.

MANGER (verbe) **constr.** Le complément d'agent du passif ou du pronominal peut être introduit dans certaines locutions par la préposition **à**, à côté de **par** ou de **de**, qui sont habituellement employés : *Il regardait ce vieil homme réduit, mangé aux vers* (Mauriac). On dit aussi : *par les vers.* Voir également : *Sa figure était toute mangée d'un poil roux sauvage* (Cesbron). *Le tigre mécanique se mangeait aux mites, le boa mourait* (Cocteau). ⟶ RONGER.

MANGER (substantif) **emploi.** Très fam. et quasi obsolète : *Chacun avait apporté du manger* (Thérive). *On peut apporter son boire et son manger.*

-MANIA emploi et sens. Ce composant (qui n'est pas sans faire penser au *-rama* du *Père Goriot* !) est assez à la mode au début des années 90, dans le registre fam. et journalistique. Il a le sens d'« adoration excessive et un tantinet ridicule vouée *à* un personnage en vue » : *tontonmania, gorbimania*, etc. : *Étonnante Bruelmania, à laquelle rien apparemment ne prédisposait ce pays* (Chartier, *Le Monde*, 10/06/1992). Cette dernière création reposait sur le nom d'un chanteur, Patrick Bruel. *À un an de 2012, la « tonton mania » règne au PS* (S. Landrin, *Le Monde*, 10/05/2011). Le succès de ce petit mot ne doit pas tourner à... la manie ! L'adjectivation se fait en **-aque** : *Des Français plus « gorbiphiles » que « gorbimaniaques »* (*Le Monde*, 02/07/1989).

MANIÈRE orth. *Maniéré, maniérer, maniérisme, maniériste* : accent aigu après le *n*. **De toute manière** s'écrit au sing. (mais on écrira **de toutes les manières**). ♦ **constr.** Le tour **de manière à ce que**, jugé parfois incorrect et lourd, est cependant employé par de bons écrivains : *Elle sait s'arranger de manière à ce qu'on lui manque* (Gide). *Les cages intérieures individuelles, prévues pour des utilisations temporaires, doivent être conçues de manière à ce que les animaux puissent se tenir debout, se tourner et se coucher* (Rosenthal). Il vaut mieux dire et écrire : **de manière que** (sens final, avec le subj.) ou bien **de telle manière que** (sens consécutif, avec l'indic.) : *On a soin de les changer de place chaque jour, de manière que toute l'herbe soit utilisée* (Ramuz). *Ses hommes m'avaient arraché de mon lit en pyjama, puis précipité en bas de l'escalier. Tout cela d'une telle manière que j'avais mal partout* (Bauchau). ⟶ FAÇON et À (CE QUE).

□ **une manière de...** Synonyme de *une sorte de* : *Maisons-Laffitte est une manière de parc d'entraîneurs semé de villas* (Cocteau). *Les années 1980 voient éclore, partout en Europe et en Amérique, une manière de désenchantement joyeux* (Guillebaud). On rencontre aussi le sens « humain » vieilli d'« attitude, comportement » : *Ce n'était pas ce mépris, cette façon souveraine, ces manières d'aristocrate ruiné et désabusé* (Mauvignier). ⟶ FAÇON.

MANIF emploi et sens. Cette forme abrégée de **manifestation** (uniquement au sens de « mouvement de protestation ou de revendication idéologique, politique ou sociale ») est passée dans la langue familière depuis 1968 : *Quelques semaines auparavant, une manif antiraciste était passée par là, manif à laquelle j'avais participé* (Jonquet).

MANIFOLD orth. Plur. *manifolds.* ♦ **emploi et sens.** Anglicisme désignant un « carnet à doubles, contenant des feuilles de papier blanc et de papier carbone en alternance ».

MANIGANCE, MANIGANCER orth. Pas de *u* après le *g*.

MANIP emploi et sens. Cette forme abrégée de **manipulation** a toujours un sens péjoratif, et désigne l'« action par laquelle une personne, une organisation, etc., tente de falsifier quelque chose ou d'influencer quelqu'un sur des bases mensongères » : *Prendre plaisir à manipuler – manipulation, mot qui me rappelle aussi bien les « manips » dans le laboratoire de chimie du lycée que celles des assemblées et partis politiques* (Pontalis).

MANIPULE genre. Masc. *un manipule romain.*

MANNE orth. Deux *n.* ♦ **sens.** « Nourriture miraculeuse » ou « grand panier ». ⟶ MÂNES.

MANNEQUIN orth. Deux *n.* On écrit sans trait d'union : **la taille mannequin**, et, dans la graphie flamande : **le Manneken-Pis.** ♦ **genre.** Ce mot n'a pas de fém., bien qu'il désigne un métier exercé surtout par des femmes : *Elle est mannequin chez Cardin.* On note cependant parfois un accord au fém. avec l'adj. : *Les mannequins perchées sur leurs hauts talons n'arrivaient pas à les tenir en laisse, les loups tiraient de trop* (Rosenthal).

MANQUANT orth. Avec *-qu-* et non *c* : *On a recensé les personnes manquantes. Les manquants.*

MANQUER constr. et sens. Le tour **manquer à + nom de personne** a encore parfois, à côté du sens courant « faire défaut », le sens de « ne pas rendre ses devoirs à » : *Envers celle-là, Pilar avait manqué à la charité* (Peyré). *Je crois pouvoir dire que je n'ai jamais manqué à ma mère* (Duras). Le contexte seul nous indique ici qu'il ne s'agit pas de la notion d'« absence » mais de celle de « faute ». Devant un infinitif, on rencontre le plus souvent la préposition **de** : *La torpeur que ne manquent jamais de provoquer les événements officiellement importants* (Péguy). *Serons-nous acculés à quelque réflexe de défense nationale, tel que celui de notre grand-oncle, qui ne manquait jamais, lorsqu'il faisait pipi, de se tourner du côté de l'Angleterre ?* (Montherlant). Mais dans la langue littéraire la préposition **à** n'est pas rare : *Il n'avait jamais manqué à visiter, une fois la semaine, son oncle Suprême* (Aymé). Dans la langue courante, on trouve un emploi sans préposition, avec l'infinitif en construction directe : *Je manquai tourner bride* (Radiguet). *Des plaques de verglas s'étaient formées et plusieurs fois j'ai manqué tomber* (Adam). *On jouit ensuite d'un long moment de silence au cours duquel on manque se rendormir* (Jourde). Ce mot a ici la même construction et le même sens que *faillir.* ⟶ ce mot. On trouve aussi, dans le même sens, **manquer de** : *Le bois de Boulogne est vaste, et, de plus, dangereux. On manque de s'y faire écraser à tout bout de champ* (Queneau). *À chaque arrêt – comme il était obligé d'après le règlement de descendre pour surveiller les voitures – il* [le receveur du tram] *manquait de tomber en panne* (Cossery).

□ **il ne manquait plus que cela.** *Swann t'a présenté à Bergotte ? Excellente connaissance, charmante relation ! s'écria ironiquement mon père. Il ne manquait plus que cela !* (Proust). Le locuteur veut dire que le fait d'avoir été présenté à Bergotte a mis le comble à une situation à laquelle il *manquait* encore, pour être détestable et achevée, cette dernière circonstance : la présentation du narrateur audit Bergotte. Par analogie (ou comparaison) avec ce tour à l'imparfait, la langue familière emploie fréquemment le tour *Il ne manquerait plus que cela* : *Cela risquait de dégénérer, Julien pouvait recevoir un mauvais coup. Il ne manquerait plus que ça !* (Colombier). *Il ne manquerait que cela ! S'attendrir, elle, Ida Sconin !* (Némirovsky). Il en est de même avec le conditionnel passé : *C'est tout de même moins pénible que si cela se passait du vivant de ton père* [...] *– Il n'aurait plus manqué que ça !* (Romains). Dans toutes ces phrases, l'emploi du conditionnel est franchement illogique, car si l'hypothèse exprimée par ce verbe au conditionnel venait à se réaliser, elle entraînerait une certaine conséquence, et l'événement même qui provoque cette exclamation ironique, du seul fait qu'il se produirait, aurait du même coup cessé de « manquer ».

MANUCURE forme. *Un* ou *une manucure.* ♦ **dérivé.** *manucurer*, « faire les mains de qqn ».

« **MANU MILITARI** » **emploi et sens.** Le sens de cette locution latine s'est étendu de la notion d'intervention militaire à celle de la « force publique » : *D'ici un mois* [le notaire] *allait augmenter de trois cents pour cent les loyers, avec expulsion manu militari dans l'heure pour les locataires récalcitrants* (Rouaud).

MANUSCRIT sens. On emploie désormais ce terme même lorsqu'il s'agit d'un texte original « dactylographié » et l'on voit même couramment la forme **tapuscrit**, composé contestable dans sa forme mais bien commode... Ces extensions sont admises, faute d'un autre substantif approprié. En termes d'imprimerie, d'édition, de journalisme, on dit aussi **copie** pour désigner le texte destiné à la composition.

MAOUS prononc. [maus] au masculin comme au fém. ♦ **orth.** On écrit également **mahous.** Le fém. est *ma(h)ousse* : *La Bête mahousse*, titre d'un roman de Jacques Perret. ♦ **emploi et sens.** Dans le registre populaire : « de grande taille, superbe ».

MAPPEMONDE emploi. La *mappemonde* n'est pas une sphère mais une *carte*, donnant une représentation *plane* du globe terrestre : *Ils ont, à Mourane, établi une mappemonde complète. Elle reproduit, à quelques erreurs près, les longueurs et les profils de la Terre* (Audiberti). → PLANISPHÈRE.

MAQUIGNON forme. Le fém. *maquignonne* est rare. ♦ **dérivé.** *maquignonnage*, avec deux *n.*

MARAÎCHER orth. Ne pas omettre l'accent circonflexe sur le *i.* Fém. *maraîchère.*

MARAIS orth. Forme sans trait d'union : *marais salant* (plur. *marais salants*) ; on dit aussi *salin(s).* **Le Marais** : « parti politique de la Convention », ou « quartier de Paris », s'écrit avec une majuscule.

MARÂTRE orth. Un accent circonflexe sur le second *a* (comme *parâtre*, plus rare).

MARCESCENT sens. Se dit en botanique d'un organe se flétrissant sur la plante sans s'en détacher : *Les feuilles de la charmille sont marcescentes.* Ne pas confondre avec **marcescible**, qui est un adj. plutôt littéraire et signifie « sujet à se flétrir, à dépérir ». Antonyme : *immarcescible.*

MARCHANDISAGE emploi et sens. Ce néologisme, recommandé officiellement par l'arrêté du 10 octobre 1985, peut remplacer avantageusement l'anglicisme **merchandising**, au sens d'« ensemble des techniques commerciales visant à assurer un meilleur écoulement des produits sur les points de vente ». Les personnes qui mettent en œuvre lesdites techniques s'appellent **marchandiseur** et **marchandiseuse**.

MARCHANDISE emploi. On écrira avec un *s* : *un train de marchandises, le transport de marchandises.*

MARCHÉ (BON) forme. Cette locution est introduite par la préposition **à**, lorsqu'elle a une valeur adverbiale, dans **acheter** ou **vendre qqch. à bon marché.** Avec la valeur adjectivale, on omet **à** : *Elle avait été transbahutée à travers l'Europe comme une valise, ballottée comme une denrée bon marché* (Labro). **Bon marché** demeure toujours invar. : *Ces poires sont bon marché, très bon marché, elles sont meilleur marché que celles-ci.* → BON. On écrit : *le marché noir, le marché aux puces* et, avec une majuscule pour désigner la Communauté économique européenne, *le Marché commun*, qu'on dénomme aujourd'hui l'*Union européenne.*

MARCHEPIED orth. Pas de trait d'union. Plur. *des marchepieds.*

MARCHER emploi et sens. La locution **marcher à pied** est pléonastique, mais très répandue et employée par certains écrivains pour sa valeur expressive. On dira plutôt *aller à pied*, et on évitera *faire de la marche à pied*. Voici deux emplois modernes, très courants dans la langue familière : *Cela ne marcha pas très bien en classe, ce matin-là* (Pergaud). *J'ai commencé une autre œuvre qui marche selon mes souhaits* (Queneau).
□ **marcher sur ses cinquante ans.** Ce tour n'est pas incorrect, mais fam. : *M. Eugène marchait sur ses quarante-sept ans* (Aragon). Dire plutôt : *Il va sur ses cinquante ans.* ⟶ ALLER.
□ **faire marcher.** « Se moquer de, mystifier qqn » (registre fam.) : *Au contraire de la farce dite de Boronali, qui ne mystifia personne, celle de Paul Birault fit « marcher » tous les parlementaires qui avaient été choisis pour victimes* (Apollinaire).

MARCOTTE, MARCOTTER, MARCOTTAGE orth. Avec deux *t.*

MARDI GRAS orth. Pas de trait d'union. Avec majuscule, s'il s'agit de la fête : **Mardi gras.** Sans majuscule dans l'emploi fig. : *Il est vêtu comme pour mardi gras.*

MARÉCHAL orth. Pas de trait d'union pour les composés *maréchal de camp, maréchal des logis, maréchal de France.* On écrit : *maréchal des logis-chef, maréchal des logis-major.* Plur. *Maréchaux.* ⟶ le mot suivant.

MARÉCHAL-FERRANT orth. Avec un trait d'union. Prend un *t à* la fin. ♦ **forme.** Abrégé en **maréchal** quand le contexte ne prête à aucune confusion : *Le maréchal laissait à petits coups pesants et clairs retomber son marteau sur l'enclume* (Alain-Fournier). Plur. *des maréchaux-ferrants.*

MARÉE emploi. Au sens de « poissons, fruits de mer, crustacés » dans l'expression *arriver comme marée en carême*, « inévitablement », que l'usage populaire a déformé en *arriver comme mars en carême.*

MARGINAL forme. Plur. *des marginaux.* ♦ **emploi et sens.** Ce mot, adj. et substantif, connaît une grande vogue depuis 1968 pour qualifier un individu peu ou pas intégré à la société. Il tend à remplacer le mot **asocial**, voire **clochard** : *L'audience permettra peut-être d'établir comment J. H., un marginal recruté dans un bar parisien, est mort* (Peyrot, *Le Monde*, 14/10/1992). Les dérivés **marginaliser, marginalisation** sont également très répandus.

MARGUILLIER orth. Ne pas omettre le *i* après les deux *l.*

MARIAL forme. On rencontre les deux plur., au masculin : *marials* et *mariaux.* ♦ **sens.** Cet adj. est le dérivé de (Vierge) *Marie*, à l'exclusion des autres emplois de ce prénom : *l'année mariale.*

MARIER constr. On dit indifféremment **(se) marier à** ou **avec** : *Quand il a marié le duc d'Angoulême avec Madame Royale, Louis savait bien que c'était éteindre de ce côté l'avenir* (Aragon). Mais le substantif **mariage** ne se construit qu'au moyen de la préposition **avec** : *Qui donc* avait *répandu à Paris la légende du mariage avec M*[me] *Brown ?* (Aragon). Mêmes règles pour le verbe *fiancer.* ⟶ ce mot.

MARIE-SALOPE sens. « Chaland à fond mobile servant à transporter en haute mer les produits de dragage », ou, populairement, « femme malpropre ».

MARIJUANA forme. Mot fém. On rencontre plus rarement *marihuana.* Traduction populaire : *marie-jeanne, fumer de la marie-jeanne.* ♦ **sens.** « Variété de chanvre voisine du chanvre indien, et utilisée comme stupéfiant. »

MARIN ⟶ MARITIME.

MARINE (adjectif) **forme.** Invar. : *Un peu d'air passe et fait bouger les longs rideaux marine de la penderie* (Huguenin). On dit plus souvent **bleu marine.** ⟶ COULEUR.

MARINE (substantif) **genre.** Masc., désigne un « soldat de l'infanterie de marine », dans l'armée américaine : *un marine, des marines.* Cet emprunt est utile et ne se confond nullement avec **marin**.

MARIOLE orth. On écrit aussi *mariolle.* ♦ **emploi et sens.** Cet adj.-substantif est rare au fém. et signifie avec ironie, dans le registre populaire, « malin, intéressant » : *faire le mariole.*

MARIONNETTE orth. S'écrit avec deux *n* : *Cet aspect à la fois guignolesque et macabre de marionnette* (Simon).

MARITALEMENT emploi et sens. Cet adv. est d'un emploi restreint et se rencontre surtout dans la langue administrative, en dehors de laquelle il est d'emploi parodique : *Car tout le monde sait bien que les artistes ne mangent pour ainsi dire pas et vivent maritalement avec les filles du Péché* (Aymé). Il signifie « en concubinage » (en parlant d'un homme).

MARITIME emploi et sens. Cet adj. se rapporte de moins près à son origine *mer* que **marin**, mais tous deux peuvent s'appliquer à « ce qui a trait à la navigation sur mer », et leur distribution respective correspond à un usage contraignant : *brise, carte marine* en face de *canal, chantier, pin maritime.*

MARK emploi. Avec *s* au plur. : *une pièce de 10 marks.* ♦ **emploi.** On emploie parfois, pour plus de précision, la forme complète **deutsche mark** : *M. Stark faisait partie de ces Allemands qui avaient accepté d'abandonner le deutsche mark* (*Le Monde*, 11/09/2011).

MARKETING emploi et sens. Anglicisme qui est à peu près à la vente des marchandises ce que le *management* (→ ce mot) est à leur production. L'Académie française a proposé de lui substituer **commercialisation**. Un autre équivalent, **mercatique**, a été suggéré par la commission de terminologie du Ministère des finances (J. O. du 2 avril 1987) : *Un premier regret, le non-emploi du terme français mercatique adopté par le Haut-Commissariat de la langue française* (A. Sauvy, *Le Monde*, 10/01/1989). De même le **marchéage** est censé remplacer le *marketing-mix.*

MARMOT forme. Substantif masculin, qui n'a pas de forme fém. correspondante (*marmotte* a un tout autre sens).

MARMOTTE orth. Deux *t.* De même pour *marmotter.*

MAROCAIN → MAROQUIN.

MAROLLES forme et prononc. On rencontre aussi *maroilles*, prononcé [marwal]. ♦ **sens.** « Fromage de lait de vache fabriqué en Thiérache. » → FROMAGE.

MAROQUIN forme et sens. Ce mot désigne une « peau de chèvre ou de mouton » et, par extension, un « portefeuille ministériel ». Il s'agit d'une autre orthographe de l'adj. *marocain*, mais on ne doit pas confondre ces deux formes. ♦ **dérivés.** *maroquinage, maroquinerie*, avec un seul *n.*

MAROUFLER, MAROUFLAGE orth. Un seul *f.* ♦ **emploi.** Termes techniques de peinture.

MARQUE emploi. Les noms de marques déposées prennent une majuscule initiale : *les sous-vêtements Petit-Bateau, la marque de pastis Pernod.* Mais certains de ces noms sont plus ou moins passés dans l'usage pour désigner non plus seulement une spécialité, mais l'ensemble des produits auxquels se rattache cette spécialité. Ils prennent alors une minuscule. C'est le cas notamment du vieux mot *klaxon*, devenu synonyme de *avertisseur* et si bien assimilé par l'usage qu'il a engendré le verbe *klaxonner. Frigidaire* (et la contraction *frigo*), de la marque *Frigidaire*, est moins bien accepté pour désigner un *réfrigérateur*, si bien qu'il faut écrire un *réfrigérateur* ou un *Frigidaire* (avec majuscule). Il en est de même de *Velcro* pour *fermeture velcro*, de *Lego* pour *jeu de construction*, de *fermeture Éclair* pour *fermeture à glissière.* Employés en tant que dénominations courantes, les noms de marques sont cependant assimilés à des noms communs : *le Coca-Cola*, marque américaine, mais : *Donnez-moi un coca-cola* ou *un coca.*

MARQUE-PAGE forme. Prend un *s* final au plur. : *Ce sont d'élégants marque-pages en carton parme* (Desarthe).

MARQUER emploi et sens. Verbe vieilli, mais encore utile, au sens de « spécifier, indiquer » : *Dès le studio, Camille jeta loin d'elle son béret et ses gants, comme pour marquer qu'elle n'abandonnait pas la querelle* (Colette). *Je voudrais vous marquer que votre opinion sur ces contestations est elle aussi de peu d'importance* (Montherlant).

MARQUETERIE orth. Un seul *t*. ⟶ BONNETERIE.

MARRON forme. Invar. comme adj. de couleur : *Des souliers anglais marron trop grands à la semelle trop lourde* (Godbout). Mais le fém. est *marronne* quand l'adj. se rapporte à un personnage « qui exerce illégalement une profession ». ⟶ COULEUR.

MARTEAU-PILON, MARTEAU-PIQUEUR orth. Avec un trait d'union. Plur. *des marteaux-pilons, des marteaux-piqueurs.*

MARTÈLEMENT orth. *Et puis le martèlement d'heures vides, les glapissements de la sonnerie* (Colombier). On écrit plus rarement *martellement,* mais le verbe *marteler* se conjugue comme *geler* : *Qu'on la laisse partir ! C'est tout ce que disent les pieds qui martèlent le sol* (Benameur). ⟶ APPENDICE GRAMMATICAL.

MARTIAL forme. Masc. plur. *Martiaux.* ⟶ -AL.

MARTRE forme. Ce nom fém. d'animal a aussi la forme vieillie *marte.*

MARTYR(E) orth. Il importe de bien distinguer **martyr**, « personne martyrisée » (fém. *martyre*) de **martyre** (masc.), « le supplice » : *Le four crématoire où il avait cru entendre (il ne le jurait pas) crépiter les corps des martyrs* (Cesbron). *Votre père, lui, doit se souvenir de mon martyre, lorsque M. Larousselle me traînait au Lion-Rouge* (Mauriac). *Ce n'était pas la soif du martyre qui avait poussé Gohar à renier son long passé d'erreurs* (Cossery). ♦ **emploi et sens.** Comme on voit par le dernier exemple et par le suivant, ce mot est souvent pris dans un sens emphatique, et se dégrade dans le domaine profane : *Elle avait gardé ses épaisses rondeurs ; elle n'avait pas essayé de se corseter à la martyre* (Giono).

MARTYROLOGE forme et sens. « Liste des martyrs » : *La compromission progressive d'une partie de la hiérarchie orthodoxe avec le régime soviétique ne saurait faire oublier un aussi long martyrologe* (Guillebaud). La forme *martyrologue* (avec un *u*) n'existe pas.

MASO forme. Cette apocope de *masochiste* est très répandue dans le registre fam. : *Ils sont complètement masos !*

MASSE emploi et constr. Quand ce substantif est accompagné d'un complément déterminatif au plur. et qu'il est sujet d'un verbe, ce dernier se met au sing. ou au plur., selon le contexte et l'intention de celui qui produit la phrase : *Cette grande masse d'hommes, ayant oscillé quelque temps, s'arrêta* (Flaubert). ⟶ COLLECTIF.

□ **il n'y en a pas des masses.** Cet emploi est répandu dans l'usage populaire ou fam. : *L'envie de beaucoup manger, de dormir des masses* (Sarrazin). Mais on l'évitera dans la langue soutenue. De même pour **une masse de + animé**, à moins qu'on ne cherche à présenter une foule comme « un amas confus où se perdent les individus » : *Mais, je ne sais pas, tu peux avoir vu une masse de gens* (Sartre). On préférera dans la plupart des cas : *une (grande) quantité, un grand nombre, beaucoup de.*

MASTER, MASTÈRE ⟶ MAGISTÈRE.

MASTIC forme. Invar. comme adj. de couleur : *Ses pantalons de toile mastic* (Desarthe).

MASTICAGE orth. On ne doit pas écrire *mastiquage,* bien que le verbe correspondant soit **mastiquer**, « joindre avec du mastic ». Ne pas employer, en ce sens, *mastication,* qui signifie uniquement « action de broyer avec les dents ».

MASTOC forme. Adj. invar., qui se rencontre parfois sous la forme *mastoque* : *C'était une façon de colosse, mastoc et apoplectique* (Courteline). *Une grosse chose brune et mastoc posée au fond du grand salon-salle à manger* (Labro).

MASTOÏDITE forme. On ne doit pas dire ni écrire *mastoédite.*

M'AS-TU-VU orth. Deux traits d'union. Invar. : *des m'as-tu-vu.* ♦ **emploi.** Subst. ou adj.

MAT, MATER emploi. Mat (prononc. [mat]) est adj. (fém. *mate*), dans le sens « qui ne brille pas », et adj.-substantif dans le jeu d'échecs *(faire mat, être mat)* avec pour dérivé le verbe *mater* qui a le sens de « dompter ».

MÂT emploi. *Mât* (avec un accent circonflexe, prononc. [mɑ]) est un terme de marine. On écrit : *le grand mât,* par extension *un mât de cocagne* (pas de majuscule à *cocagne*) et, pour désigner certains bateaux, *un trois-mâts, un quatre-mâts.* Les dérivés gardent l'accent circonflexe sur le *a* : *mâture, démâter,* etc.

MATCH forme. Le plur. anglais est *matches* : *Les matches du dimanche, dans un stade plein à craquer* (Camus). On rencontre de plus en plus la forme francisée *matchs.*

MATELOTE orth. Un seul *t* dans la dernière syllabe. On écrit : *une matelote d'anguille* (sing.).

MATÉRIAU ou **MATÉRIEL forme.** Le sing. **matériau** a été fabriqué d'après le plur. *matériaux*, parfois seul considéré comme correct. **Matériau** est de plus en plus courant pour désigner une « matière première » : *un matériau de choix.* Il ne se confond pas avec **matériel**, qui désigne un « ensemble d'outils ou d'instruments nécessaires à l'accomplissement d'une tâche » : *Une Muse* [il s'agit du cinéma] *qui s'exprime par l'entremise de fantômes et d'un matériel encore en enfance si on le compare à l'usage de l'encre et du papier* (Cocteau). → HARDWARE.

□ **matériel emploi.** La locution **temps matériel**, critiquée par les puristes, est entrée depuis quelque temps déjà dans l'usage normal, mais n'a pas toujours une signification claire.

MATÉRIEL emploi et sens. Ce nom masculin a heureusement remplacé l'anglais **hardware**, au sens de « ensemble des éléments physiques employés pour le traitement informatique de données » (recomm. offic. du 22 décembre 1981). → LOGICIEL.

MATHÉMATIQUE(S) forme. Ce subst. est presque toujours employé au plur. On rencontre néanmoins parfois le sing., qui donne au contexte une teinte d'archaïsme ou de didactisme : *Lui qui était aussi réfractaire aux beautés de la mathématique qu'aux règles de l'orthographe* (Pergaud). Abréviation familière : **maths** (quand le mot est employé sans adj. : *le prof de maths*), mais **math** dans *math élem* (classe de mathématiques élémentaires), *math sup* (classe de mathématiques supérieures), *math spé* (classe de mathématiques spéciales), *math géné* (certificat de mathématiques générales).

MATIÈRE emploi. Toujours au sing. dans les locutions verbales **avoir, donner, être matière (à)** : *Ces subtilités théologiques – qui peuvent être matière à discussion entre clercs* (Anouilh).

MATIN orth. Ne pas confondre, pour l'orthographe, avec **mâtin**, nom désignant un chien, **mâtiné(e)**, adj. signifiant « mélangé », **mâtin(e)**, personne délurée, et avec l'interjection familière et vieillie **Mâtin !** ♦ **constr.** On peut dire *au matin, le matin, chaque matin.* On emploie cet adv. absolument dans *se lever matin, dimanche matin, hier matin, demain matin.* → À.

□ **tous les dimanches matin.** Dans ce type de locutions, *matin* demeure en principe invar. Mais on le trouve parfois accordé comme un adj., avec le *s* final du plur.

MATINÉE emploi. Ordinairement pour désigner le temps compris entre le lever du soleil et midi : *une belle matinée.* Mais, s'agissant d'une réunion, d'un spectacle ou d'une fête, le mot désigne l'après-midi, par opposition à la soirée : *une matinée musicale, une matinée dansante, deux séances en matinée,* etc.

MATINES orth. Pas d'accent circonflexe. ♦ **forme.** Toujours au fém. plur. ⟶ COMPLIES.

MATRICE emploi. En termes de physiologie, on garde parfois la forme latine *matrix.*

MATRICULE genre. Quand ce substantif désigne « un registre sur lequel on inscrit des noms », il est fém. : *Une inscription sur la matricule.* Quand il désigne le « numéro sous lequel une personne est inscrite dans un registre », il est masculin ; c'est le cas le plus fréquent : *Marquez ces vêtements à mon matricule.*

MATRONE orth. Un seul *n* (à la différence de *patronne*).

MAUDIRE, MAUDIT conjug. Ce composé ancien ne suit pas la conjugaison du verbe *dire*, mais celle de *finir*, excepté à l'infinitif et au participe passé, qui prend un *t* final : *Nous maudissons, je maudissais, maudissant.* ⟶ APPENDICE GRAMMATICAL. ♦ **orth. Maudit**, désignant le Démon, s'écrit avec une majuscule : **le Maudit.** On dit aussi **le Malin.** ⟶ ce mot.

MAURE prononc. [mɔr] et non [mor]. ♦ **forme.** *Je vais te les faire goûter, chien maure, tailleur de Gênes* (Claudel). L'orthographe *more* est vieillie. Le fém. est *mauresque* (ou *moresque*), mais on trouve parfois cette forme pour les deux genres quand il s'agit d'un non-animé : *un bain maure* ou *mauresque.* On écrit toujours : *style mauresque.*

MAUVE forme et emploi. Variable comme adj. de couleur, bien qu'il s'agisse à l'origine d'une plante. ⟶ COULEUR.

MAXI ⟶ MINI.

MAXIMA (A) emploi et sens. On notera que, dans la langue du droit, **l'appel a maxima** vise à une *diminution* de la peine, tandis que **l'appel a minima** est interjeté par le ministère public pour obtenir un *accroissement* de la peine (en effet, dans ces deux locutions, le *a*, sans accent, est la prép. latine qui signifie « en prenant comme point de départ »). Il vaut donc mieux éviter de faire de **a minima** un synonyme de *minimum, minimal* ou *au minimum*, ce qui constitue un contresens et un pédantisme : *Ferrer jugeant qu'elle ne posait que des questions sans objet y réagit a minima* (Échenoz). *Remanier a minima en espérant masquer une défaite a maxima... Notre grand stratège de l'Élysée n'a pas trouvé mieux pour essayer de reprendre la main* (Eric Emptaz, *Le Canard enchaîné*, 24/03/2010). *Ils s'équipent a minima, débranchent dès qu'ils rentrent chez eux, s'octroient une journée off ou prennent le large* (*Le Monde*, 06/06/2011). ⟶ MAXIMAL et MINIMA (À).

MAXIMAL, MAXIMUM emploi. L'adj. **maximal** est recommandé par l'Académie des sciences, à la place de **maximum**, qui est tantôt francisé, tantôt présenté comme un mot latin : *la vitesse maximum.* Il est plus aisé d'employer *maximal(e), maximaux* : *Les langues de civilisation, aspirant à l'extension maximale pour satisfaire les besoins de la communication* (Bally). *Faire en sorte que l'expression écrite ait une efficacité maximale, voire une certaine élégance* (Cavanna). *Une adéquation maximale de mes images à une probabilité dont moi seule possédais le fin mot* (Allen). En météorologie, par exemple, on parle, en général, de températures *maximales* (ou *minimales*) et non pas de *températures maximum(s).* Il reste que **maximum** continue à être employé à la fois comme substantif et comme adj. On dit couramment **réduire au maximum**, qui est acceptable, même si l'on peut parfois percevoir une contradiction entre le verbe et la loc. : on pourrait dire plus clairement **au minimum !** L'Académie admet deux formes de pluriel : le plur. français, *maximums*, et le plur. latin, *maxima* : *les prix maximums, les prix maxima.* Il semble raisonnable de conseiller le plur. français, *maximums*, pour le substantif, et la forme *maximal* pour l'adj. Il en va de même pour *minimum* et *minimal*, *optimum* et *optimal* (→ ces mots) : *Cinq meubles y assuraient* [dans cet atelier] *un confort minimum* (Échenoz). *Maximaliste, minimaliste* sont des termes du lexique politique. On rencontre même le néologisme **minimalisme** dans le domaine esthétique : *L'un des mouvements musicaux les plus importants du XX*[e] *siècle, né aux Etats-Unis, est ce que les Anglo-Saxons nomment le minimalisme et les Francophones la « musique répétitive »* (R. Machart, *Le Monde*, 28/08/2011).

□ **au maximum, c'est un maximum.** Inutile d'ajouter *grand*, qui fait pléonasme. On peut employer de la même façon **minimum**, comme dans cet exemple : *Pour l'Élysée, il s'agit au minimum d'une « clarification importante » de la chancelière allemande* (F. Lemaître et A. Leparmentier, *Le Monde*, 20/06/2011).

MAYA forme. Pas de marque de genre à cet adj.-subst., mais il prend un *s* final au plur.

MAZOUT prononc. Le *t* se fait entendre : [mazut]. → FUEL-OIL.

MEA-CULPA orth. Ce mot invar. s'écrit avec un trait d'union, sans accent aigu ni circonflexe.

MÉANDRE genre. Masc. *De grands méandres.*

MÉCANICIEN(S)-DENTISTE(S) orth. Prend un trait d'union, alors qu'on écrit : *Un officier mécanicien* (sans trait d'union).

MÉCANO orth. Cette abréviation familière de *mécanicien* ne doit pas être confondue avec le nom du jeu de constructions, qui s'écrit *Meccano* (marque déposée, sans accent sur le *e* et avec une majuscule) : *En ce temps-là, je n'étais point mécano* (Queneau).

MÉCÉNAT orth. Avec deux accents aigus, à la différence de *mécène.*

MÉCHANT emploi et sens. Appliqué à une personne, cet adj. a à peu près le même sens, antéposé ou postposé : *C'est un méchant homme* ou *un homme méchant* (« qui cherche à faire du mal ») : *Ce méchant homme va me tuer* (Jarry). Avec un non-animé, il peut être amphibologique en antéposition : *Il a écrit là un méchant livre.* Le sens est, selon le contexte, « qui attaque méchamment quelqu'un, ou une catégorie de la société » ou bien « sans valeur » : *Nous sommes tentés de dire que ses odes sont de méchantes odes* [= « sans valeur »] *et ses épigrammes des épigrammes méchantes* (Faguet, cité par Le Bidois). L'emploi de ce mot est parfois archaïsant, notamment dans quelques tours figés : *L'oncle Suprême était d'assez méchante humeur* (Aymé). On peut employer ici aussi bien **mauvaise**.

MÈCHE orth. Accent grave et non circonflexe (quel que soit le sens) : *J'étais de mèche avec les cuistots* (Japrisot).

MÉDECIN et **DOCTEUR emploi. Médecin** désigne par sa fonction la personne légalement habilitée à soigner les malades. **Docteur** est l'abréviation de *docteur en médecine* et désigne le médecin, de façon plus honorifique, par son titre. On dit *aller chez le médecin, chez le docteur*, et non *aller au médecin, au docteur.* → À.

MÉDIA forme. On dit *un média* au sing., *des médias* au plur. (selon le Ministère de la communication, en 1983), ou plus rarement et plus étymologiquement *un medium, des media.* ♦ **genre.** Masc. *À dix jours du premier tour de l'élection présidentielle, les médias audiovisuels, soumis à la règle de l'égalité des temps de parole et des temps d'antenne entre les candidats, tendent à donner moins de place à la campagne* (*Le Monde*, 13/04/2007). *Ces révélations ont amené les médias néerlandais à enquêter sur les salaires des grands patrons* (J.-P. Stroobants, *Le Monde*, 06/04/2007).
♦ **emploi et sens.** Ce latino-anglicisme, abrégé de l'anglo-américain *mass media* (en 1960 chez Sartre), est apparu en français en 1964 : il désigne de façon utile les « grands moyens de diffusion de l'information et de la publicité » : *Vous savez que dans les médias du monde entier on affirme que la Californie prépare l'avenir de l'Occident* (Godbout).

« Média » est désormais naturalisé français, il jouit pleinement des droits et des devoirs attachés à la qualité de citoyen français à part entière, collez-lui donc un accent aigu, s'il vous plaît, et un s au pluriel (Cavanna). Les dérivés **médiatique**, adj., « qui concerne les médias » ou « qui se prête bien à la communication (surtout télévisuelle) » ou substantif, « ensemble des techniques relevant des médias », et **médiathèque**, « bibliothèque regroupant des documents tels que journaux, cassettes, photographies », etc., sont également passés dans la langue usuelle. On rencontre même l'adv. : *On observe une légère baisse, logique, car il a été peu présent médiatiquement ces derniers temps* (P. Jaxel-Truer, *Le Monde*, 26/06/2011).

MÉDICAL et **MÉDICINAL emploi. Médical** est relatif à la médecine, aux médecins : *soins médicaux, corps médical.* **Médicinal** signifie « utilisé en tant que remède » : *plante médicinale.*

MÉDICASTRE emploi et sens. Désignation familière et très péjorative du médecin : *Georges n'est pas un médicastre !*

MÉDICATION sens. « Emploi systématique de procédés médicaux aux fins de guérison. » Ne pas confondre avec **médicament** ou **remède**. Une *médication* peut être constituée de plusieurs *médicaments.*

MÉDICOLÉGAL orth. Sans trait d'union. *L'Institut médicolégal,* la morgue.

MÉDIÉVAL, MOYENÂGEUX, MÉDIÉVISTE emploi et sens. Médiéval est l'adj. dérivé de *Moyen Âge* au sens propre : *De sa grosse écriture de copiste médiéval* (Bastide). La forme **moyenâgeuse** (sans trait d'union) est plus fréquente dans les emplois fig., ironiques ou métaphoriques : *Il a une façon de raisonner vraiment moyenâgeuse.* Quant à **médiéviste**, c'est un substantif qui signifie « spécialiste de la langue ou de l'histoire du Moyen Âge ». On dit *les études médiévales,* non les *études moyenâgeuses* ou *les études médiévistes.* → MOYEN (ÂGE).

MÉDIRE conjug. Comme *dire*, sauf *vous médisez*, et le participe *médit*, qui ne peut se rencontrer au fém., puisque ce verbe n'est jamais transitif direct. → CONTREDIRE, DÉDIRE, INTERDIRE, PRÉDIRE.

MÉDITERRANÉEN orth. Avec deux *r* et un seul *n.*

MÉDIUM orth. Accent aigu sur le *e*, ainsi que *médiumnique, médiumnité.* Plur. *des médiums.* ♦ **forme.** Pas de fém., même quand ce substantif désigne une femme.

MEETING prononc. [mitiŋ]. ♦ **orth.** Plur. *des meetings.* ♦ **emploi et sens.** Cet anglicisme est totalement accepté aujourd'hui, au sens de « grande réunion populaire » : *Travailleurs niçois, vous assisterez tous à ce grand meeting* (Gallo).

MÉFIER → DÉFIER.

MÉGA- sens. Ce préfixe, de plus en plus usité avec les progrès techniques, « multiplie » par un million le mot auquel il est rattaché : *mégaoctet, mégawatt,* etc. : *Pour maintenir la réactivité de la pile à cent mégawatts, Fermi se met d'accord avec Crawford Greenewalt pour retirer d'autres barres de contrôle* (de Roulet).

MÉGAPOLE forme et sens. Les variantes **mégalopole** et **mégalopolis** semblent moins fréquentes que la forme brève. Toutes désignent une très grande agglomération urbaine, appelée aussi **conurbation** : *Ils sont des centaines de milliers, sinon des millions, de Cairotes qui, comme cette famille, sont descendus dans la rue de la mégapole* (Buccianti, *Le Monde*, 15/10/1992).

MÉHARI forme. Plur. *méharis* ou *méhara.* ♦ **sens.** « Dromadaire d'Arabie », domestiqué en Afrique du Nord. Le cavalier qui monte le *méhari* est un *méhariste.* Ne pas confondre ces deux mots.

MEILLEUR emploi. C'est le comparatif de *bon* (→ ce mot), mais on peut rencontrer *plus… bon* quand ces deux éléments sont disjoints ou quand *bon* a le sens de « crédule » : *Ses* *tartes sont infiniment meilleures que les miennes* (Desarthe). ⟶ COMPARATIF.

□ **prendre le meilleur, emploi et sens.** Les journalistes sportifs traduisent ainsi directement l'anglais *to take the best*, en oubliant (ou en ignorant) que le français dit la même chose avec **prendre l'avantage** *(sur son adversaire)*. Voici un emploi fig. : *Le niveau atteint par N. S. est le deuxième meilleur niveau atteint par un candidat de droite face à un candidat de gauche* (P. Perrineau, *Le Monde*, 08/06/2007). Il faut de même éviter de dire *le deuxième (troisième, etc.) meilleur temps*, traduit de l'anglais *the second best time*.

□ **la meilleure bonne foi.** L'association de *meilleur* et de *bon* est possible quand *bon* fait corps avec le substantif qui suit : *Il m'accorda cela de la meilleure bonne grâce.* Toutefois, il est préférable en ce cas d'éviter le cumul en écrivant : *de la meilleure grâce.* On doit dire *arriver de meilleure heure, être de meilleure humeur.* ⟶ HEURE.

□ **des étoffes meilleur marché** ⟶ MARCHÉ (BON).

□ **bien meilleur** ⟶ COMPARATIF.

□ **il est meilleur qu'on ne (le) croit** ⟶ NE.

□ **le meilleur ami que j'aie.** Dans la proposition relative qui suit le superlatif, le verbe est en général au subj. : *C'était un navigateur fini, le meilleur qui ait jamais ramé sur les galères de Barberousse* (Claudel). *La professeur s'extasiait sur ses aptitudes et* [...] *la traitait comme la meilleure élève qu'elle ait eue de son existence* (Nothomb).

MÉLANGER et **MÊLER constr.** Ces deux verbes se construisent avec les prépositions **à** ou **avec**, sans nuance de sens bien importante et selon le contexte : *Ce qu'il a pu me confier ce jour-là se mêle avec d'autres éléments qui m'ont été rapportés par la suite, aux allusions rapides de la tante* (Jourde). On dira : *Il a mélangé les bonnes poires avec les mauvaises* ou *aux mauvaises* ou encore *les bonnes poires et les mauvaises.* ⟶ ALLIER et AVEC.

MELBA forme. Ce nom propre est devenu adj. invar. : *des pêches melba.*

MÊLÉE orth. Accent circonflexe sur le premier *e*. On écrit : *une mêlée*, mais *un mélange.*

MÉLI-MÉLO orth. Pas d'accent circonflexe, bien que ce mot fam. vienne du verbe *mêler*. Un trait d'union. Plur. *des mélis-mélos.*

MELLIFLUE forme. Unique (avec le *e* final) pour les deux genres : *un discours* ou *une gentillesse melliflue.* ♦ **emploi et sens.** Adj. littéraire ou péjoratif, « qui a la douceur, la suavité du miel » : *(Le) crincrin du phono qui* [...] *reproduit la voix melliflue d'André Claveau chantant « Il pleut sur la route »* (Labro). On dit aussi *mellifluent* : *La langue n'était plus le babil mellifluent des Andalous* (Montherlant). ⟶ MIELLEUX.

MÉLO forme. Abréviation fam. de **mélodrame** et **mélodramatique** : *La* Liste de Schindler *ne montrait que de la déportation mélo à la Hollywood* (Bialot). Plur. *des mélos.* Les emplois fig. sont fréquents.

MELON forme. Ce mot reste invar. dans la locution **chapeau melon** : *Justin était doux, laborieux et portait des chapeaux melon* (Aymé). Mais on rencontre aussi l'ellipse : *porter un melon, des melons.*

MEMBRÉ et **MEMBRU sens. Membré** : « Pourvu de membres. » Cet adj. s'emploie en général précédé de *bien* ou de *mal*, à la différence de **membru**, qui signifie à lui seul « ayant de gros membres ». ⟶ OSSU. ♦ **dérivé.** *membrure.*

MÊME emploi et forme. Placé entre le déterminant et le substantif, **même** varie comme tout adj. : *Dans le même restaurant, depuis trente ans, je mange aux mêmes heures les mêmes plats apportés par des garçons différents* (Maupassant). *Les mêmes vagues arrivaient toujours, longues, puissantes, l'une suivant l'autre* (Genevoix). On peut le trouver sans déterminant : *Nous avions même taille, même aspect, même démarche, mêmes goûts* (Gide). Comme adv., il est invar., précédant un déterminant ou un adj., ou accompagnant un verbe : *Tous ces visages, qu'ils soient d'hommes, de femmes, même d'enfants* (Giono). *Même les autobus paraissaient des cages tristes* (Romains). *Même les surveillants en uniforme, qui passent entre les* *tentes, une matraque sous le bras, tolèrent cette entorse au règlement* (de Roulet). Après un subst., on a souvent le choix entre l'adj. ou l'adv. : *La guerre vous permet tout, d'aiguiser vos armes sur les statues même des dieux !* (Giraudoux). Le tour est ici adverbial et équivaut à : *même sur les statues.* Mais on pourrait avoir : *sur les statues mêmes,* au sens de « sur les statues elles-mêmes » : *Une altercation dont les éclats semblaient monter des marches mêmes de la tourelle* (Peyré). Joint au pronom personnel (avec un trait d'union) ou au démonstratif, *même* est un adj. et par conséquent s'accorde : *Ceux mêmes que j'aidais le plus souvent étaient le plus méprisés* (Camus). *C'est elle qui vous a remis* [ce pli] *pour moi ? – Elle-même à moi-même pour moi-même* (Claudel).

□ **cela même, ici même, là même, par là même** s'écrivent sans trait d'union.

□ **même pas, même plus** ou **pas même, plus même.** L'adv. **même** est en général antéposé, mais le registre littéraire pratique volontiers l'inversion : *Je crois que je ne songeai pas même à lui en vouloir* (Green). *Non seulement vous ne vous mettez pas nue dans le lit d'un garçon mais vous vous arrangez pour ne pas même être seule et habillée dans sa chambre* (Rosenthal). *Il ne lui restait plus même les corps d'enfants souples comme des plantes* (Mauriac).

□ **à même.** Cette locution se rencontre surtout dans les phrases du type suivant : *Il y avait un escalier si noir et si puant qu'il semblait percé à même un bloc de crasse* (Duhamel). *Il n'y avait pas d'autre lumière qu'une sorte de veilleuse posée à même le tapis* (Kessel). *Ici il meurt tellement de petits enfants qu'on les enterre à même la boue des rizières* (Duras). Le sens est « directement dans ou sur ». La locution **à même de** est un substitut fam. de « capable de, en situation de » : *Je jouai les chevaliers servants avec la première et mis la seconde à même de connaître quelques réalités* (Camus). *Pensent-ils toujours que les idéologies du siècle précédent étaient à même de sauver le monde ?* (Bialot).

□ **même que.** Cette locution renchérissante ou explicative appartient au registre populaire : *Elle ne s'est convertie au catholicisme que pour son mariage avec Barrel. Même que c'était cela qui avait fait romance dans ce mariage* (Aragon). *S'en souvenait-elle ? Bien sûr qu'elle s'en souvenait et même qu'après on était allés manger tous les deux des huîtres au* Pied de cochon (Weyergans).

□ **tout de même.** Ce tour a aujourd'hui une valeur d'opposition : *Tout de même, dit-il, tout de même, l'insolence de cette génération passe les bornes de la décence* (Maurois). *Tout de même son linge était plus propre que cette chemise mal attachée sur un poitrail de bête velue* (Mauriac). Mais on rencontre encore parfois la valeur d'identité, « de la même façon (que) » : *Il était bon époux tout de même qu'il était bon employé* (Aymé).

□ **voire même** → VOIRE.

□ **c'est le même que tu as vu hier.** On préfère souvent cette construction elliptique au tour complet et « normal », qui est assez lourd : *C'est le même que celui que tu as vu hier. Elle boutonna son manteau du même geste précis dont elle avait déboutonné sa blouse* (Mallet-Joris). *Hélène se regardait dans la glace avec le même étonnement qu'une chanteuse qui entend pour la première fois sa voix reproduite sur un disque* (Vailland). *Elle emprunta, à la lisière de la forêt de Chaux, le même itinéraire que les Suédois du colonel Rantzau avaient suivi une semaine auparavant* (A. Besson).

□ **de même que... de même.** Cette construction comparative appartient essentiellement à la langue écrite. Le deuxième terme comparatif peut être **ainsi**.

□ **deux sujets reliés par de même.** Le verbe qui suit est en général au sing. : *Jean, de même que son camarade, a été reçu à son examen.* → AINSI QUE et COMME.

MÊMEMENT emploi et sens. Ce synonyme de **de même** est auj. très vieilli et d'emploi exclusivement littéraire : *Les murs du monastère, lentement et sans bruit, se sont détachés et gisent en morceaux autour du cloître, l'église mêmement s'est affaissée sur la colline* (Riboulet).

MÉMOIRE genre. Fém., quand il désigne la « faculté de se souvenir », et masculin dans les autres acceptions. Au plur. : *Les subtils et mensongers Mémoires de Talleyrand* (Le

Monde, 13/07/1984). On écrit *un aide-mémoire* avec un trait d'union.

MÉMORANDUM forme. Plur. *mémorandums.*

MÉMORIAL forme. Plur. *mémoriaux.*

MENACER emploi et sens. Menacer de, suivi de l'infinitif, peut s'employer correctement avec un sujet non animé, au sens de « laisser craindre » : *Il entreprenait de biffer le nom des morts. Le travail menaçait d'être long* (Duhamel). *Les dettes s'accumulaient, le mont-de-piété menaçait d'engloutir les maigres richesses sauvées de l'avenue Rodin* (Chaix).

MÉNAGER constr. et sens. Le tour *être ménager de son temps*, au sens de « économe », est vieilli. Cet adj. s'emploie aujourd'hui surtout au sens de « qui concerne l'intérieur, la maison » : *Le Salon des arts ménagers.*

MENDIGOT orth. Fém. *mendigote*, avec un seul *t.*

MENER emploi. Ce verbe, au sens de « faire aller avec », ne s'emploie en principe qu'avec un complément d'objet animé : *Tu as mené pour la première fois ton chien à la chasse*, en face de : *Elle portait le panier à provisions.* L'exemple suivant montre bien l'opposition : *Et vous l'avez mené jusqu'ici toute seule ? Mené ? Pilar avait presque porté Juan sur les chemins* (Peyré). Mais cette distinction tend à s'estomper, au profit de *mener* et de ses composés, l'idée principale étant exprimée par les préfixes *a-* ou *em-* bien plus que par le verbe lui-même. → AMENER, EMMENER, EMPORTER.

□ **mener grand bruit.** *Mener* admet dans certains tours archaïsants un complément d'objet sans déterminant : *Il mourut dans le courant de 1918, tandis que les Berthas et les Gothas menaient sinistre bruit* (Apollinaire).

MÉNÉTRIER sens. « Violoniste campagnard qui jouait dans les noces. » Ne pas confondre avec le doublet **ménestrel**, qui désignait au Moyen Âge un « musicien et chanteur ambulant ».

MENSUEL et MENSTRUEL emploi. Les deux mots ont la même origine (lat. *mens*, « mois »), mais le second a un emploi spécifique dans le lexique de la physiologie fém. : *La sous-alimentation suffit à bloquer le cycle menstruel et les modifications physiques qu'entraîne l'apparition des règles* (Nothomb).

-MENT → ADVERBES.

MENTALITÉ emploi et sens. En principe ce substantif se rapporte à une collectivité : « Ensemble des mœurs et des usages qui constituent la vie sociale et religieuse d'un groupe » : *Il y a un mot nouveau pour exprimer un tel genre d'esprit* [...] *On dit « mentalité »* [...] *Ah ! mentalité, j'en prends note, je le resservirai, dit le duc* (Proust). *Qu'est-ce que c'est, la mentalité ? – Une façon de penser, une tendance de l'esprit* (Triolet). Mais une acception individuelle, celle de « état d'esprit, caractère », se rencontre de plus en plus fréquemment, y compris chez les écrivains : *Tu vois comme j'ai bien pris la mentalité de la femme mariée* (Vailland).

MENTERIE emploi. Ce substantif est uniquement du registre fam., voire rustique : *Il cherche encore quelles menteries il pourrait bien inventer* (Pergaud).

MENTIR conjug. Comme *dormir.* → APPENDICE GRAMMATICAL. Le participe *menti* ne peut se mettre au fém. ni au plur., au contraire de *démenti*, car *mentir* est un verbe intransitif.

MÉPLAT sens. Ce substantif est à la fois d'usage technique et plus large, « partie plane du corps, surface plane » : *Des joues osseuses, aux méplats durs* (Némirovsky).

MÉPRENDRE (SE) constr. Ce verbe se construit avec la préposition **sur**, mais aussi, de façon plus littéraire, avec la préposition **à**. Le participe passé s'accorde : *Elle ne s'est nullement méprise sur le sens de tes paroles* ou *au sens de tes paroles.*

MÉPRIS (AU - DE) emploi. La locution **au mépris de** se rencontre parfois sous la forme

en mépris de (sans doute sous l'influence de *en méprisant*) : *Et comment allait-on l'établir cet impôt ? En mépris du secret de la vie privée des gens ?* (Aragon).

MÉPRISER constr. Le motif du mépris peut être introduit par *de* ou par *pour* : *Avec fermeté, il se méprisa d'avoir tout ignoré des plaisirs qui font la vie plus belle* (Aymé).

MERCANTI forme. Cet emprunt à l'italien est un plur. Mais on écrit en français : *un mercanti, des mercantis.*

MERCATIQUE → MARKETING.

MERCI genre. Masculin au sens de « remerciement » : *Toute la famille vous dit un grand merci.* Fém. au sens ancien de « bon vouloir » (ne pas ajouter un *e*) : *Céline se sentait de plus en plus désespérée. Elle restait entièrement à la merci du baron* (A. Besson). *Votre destinée est à la merci d'un faux pas* (Bernanos). ♦ **constr.** En principe avec la préposition **de** : *Merci de toutes vos gentillesses*, mais l'usage actuel admet de plus en plus la préposition **pour** : *T'a-t-elle dit merci pour ce que tu as fait ?* Ces remarques valent également pour le verbe **remercier**. Devant l'infinitif, il convient d'employer **de** : *Merci de m'avoir téléphoné.* ♦ **emploi.** Archaïque au fém. et au sens de « pitié » : *Une guerre à nulle autre seconde, sans merci d'aucune sorte* (Chabrol).
□ **merci bien.** Cette locution, ainsi que **merci beaucoup**, remplace le tour classique **grand merci**, qui ne peut plus aujourd'hui être employé, sinon ironiquement : *La concierge apportait d'un air pompeux un plateau avec deux verres et une bouteille de vin. « Merci bien », fit Françoise* (Beauvoir). *Merci beaucoup, madame, vous êtes habile comme une infirmière* (Sartre). Ces deux locutions peuvent signifier l'acceptation ou le refus, c'est le contexte qui l'indique : *Et la nuit y passerait. Merci bien. J'aime mieux dormir* (Colette). *Et je serai obligé à nouveau, comme toi, de m'ouvrir la cuisse ou le gras du mollet. Merci bien !* (Giraudoux).

MÈRE orth. Ce mot entre dans la composition de nombreux subst., soit en antéposition, soit en postposition. Dans le premier cas, les mots ne prennent pas de trait d'union : *mère patrie, mère branche,* etc. Dans le deuxième cas, on écrit *belle-mère, fille-mère, grand-mère* (→ GRAND), *dure-mère, pie-mère,* etc., mais *branche mère, cellule mère, idée mère, langue mère, maison mère, reine mère,* etc. : *Une préparation à laquelle elle ajoute une teinture mère d'hamamélis et de marron d'Inde* (Lefèvre). Ne pas confondre le mot **mère** (du latin *mater*) en composition, comme dans les exemples précédents, avec l'élément **-mère** (du grec *meros*), qui forme des composés sans trait d'union dans le lexique scientifique, avec le sens de « partie » : *isomère, polymère.*
□ **mère** est employé (avec une minuscule à l'initiale), dans un registre fam., devant un nom propre : *La mère Michel.*

MÈRE-GRAND orth. Plur. *des mères-grand.* ♦ **emploi.** Ce substantif est archaïsant ou plaisant. Le terme usuel est **grand-mère**.

MÉRITANT et **MÉRITOIRE emploi et sens. Méritant** : « digne d'éloge ou de récompense », seulement en parlant d'une personne : *N'ayant pas le cœur assez grand pour partager mes richesses avec un pauvre bien méritant, je les laissais à la disposition de voleurs éventuels* (Camus). *C'est une petite femme bien méritante, et que je connais beaucoup* (Colette). Ne pas confondre avec **méritoire**, qui s'applique plutôt à un « acte » ou à « un trait de caractère » : *Je continue pourtant de les oublier, avec une obstination assez méritoire* (Camus).

MERLE forme. Le fém. est *merlette*, la forme *merlesse* étant à peu près abandonnée.

MERLON → CRÉNEAU.

MERVEILLE emploi. Archaïsant dans la locution **c'est** ou **ce n'est pas merveille**, suivie en général de **que** et du subj. (mais **si** avec l'indic. est également possible) : *Je me vois, distinctement, là sur la chaussée, poitrine ouverte. Et c'est merveille que, cependant, une auto véritable ne fasse pas, de moi, réelle marmelade* (Duhamel). Dans cet emploi, comme dans les autres emplois figés, le substantif est toujours sing. : *On disait merveille du costume de la capitaine* (Giono). Dans *faire merveille, à merveille,* le mot est toujours au sing. Mais on écrit *monts et merveilles,* au plur.

MÉSESTIMER emploi et sens. « Ne pas estimer (qqn) à sa juste valeur. » À distinguer de **sous-estimer**, « estimer au-dessous de son importance », qui peut avoir un complément non-animé. On dira *sous-estimer une difficulté* plutôt que *mésestimer une difficulté.*

MESSEOIR conjug. Comme *seoir.* Verbe défectif. ⟶ APPENDICE GRAMMATICAL. ♦ **emploi et sens.** Ce verbe, qui signifie « ne pas convenir », est très littéraire et peu courant : *Et, pour un parent, cela ne messiérait point* (La Varende).

MESSIEURS-DAMES emploi. Ce tour est très répandu dans la langue populaire, mais déconseillé par le bon usage : *Ces messieurs-dames désirent ? Au revoir, messieurs-dames.* On peut préférer le dédoublement : *Entrez mesdames, entrez messieurs, j'ai écrit cette pièce, je la joue* (Salacrou).

MESURE orth. *Mesure* reste au sing. dans *sur mesure, en mesure, sans mesure, être en mesure de, à mesure, faire bonne mesure, perdre* ou *dépasser toute mesure.* ♦ **emploi. À mesure que** est une locution conjonctive moins insistante et plus moderne que **au fur et à mesure** (⟶ FUR), mais cette dernière présente l'avantage de pouvoir se construire avec *que* ou avec *de,* ce qui n'est pas le cas pour **à mesure**, qui admet seulement *que* : *L'angoisse presque voluptueuse de sentir son bonheur se rétrécir dans sa poitrine à mesure que les stations dépassées faisaient plus proche l'arrivée* (Aymé). *À mesure qu'il mangeait, c'était un peu de paix qui pénétrait en lui* (B. Clavel).

MÉSUSER DE emploi et sens. Verbe très littéraire, rare : « Faire un mauvais usage ou un abus de » : *Qu'une Sabine Pallières mésuse de la ponctuation est un blasphème* (Barbery).

MÉTA- emploi. Ce préfixe entre dans la composition de nombreux mots à caractère technique, avec le sens général de « transfert » ou de « changement interne, transformation ». Ces termes s'écrivent en un seul mot, sans trait d'union.

MÉTAPHORE sens. Figure de rhétorique très répandue dans tous les registres, y compris ceux du code parlé, qui établit un rapport immédiat entre deux objets, deux personnes, etc. sans passer par un mot de comparaison : *comme, ainsi que, de même que,* etc. C'est une sorte de « comparaison éclair » dans laquelle les mots grammaticaux sont réduits au minimum : *La métaphore, elle, délivre de la mortelle répétition, elle délivre de l'enfermement. Elle anime, elle transfigure tout ce qu'elle touche* (Pontalis). ♦ **exemples de métaphores** : *En troisième lieu enfin, maniant le sextant, le compas et la boussole de ma profession – métaphore risquée, car j'ignore si ce sont bien là les instruments qui servent à cet usage, je veux dire à faire le point* [C'est un policier qui parle] (Queneau). *La stupidité impériale avait donné du grain à moudre à leur mécontentement* [il s'agit des communards] (Rouaud). *Cet homme vivra cent ans ; c'est un roc.* ⟶ MÉTONYMIE.

MÉTATHÈSE sens. « Interversion de sons ou de syllabes », qui peut aller jusqu'à la contrepèterie, et que pratiquent involontairement ceux qui prononcent *Brecht* [brɛtʃ] ou *Liszt* [lits] ou encore *aréopage* [aerɔpaʒ], ou encore *infarctus* [ɛ̃fractys]. *La question, c'est l'*opus spicatum. – Piscatum, *corrigea Danglard* (Vargas).

MÉTEMPSYCOSE orth. Pas de *h* après le *c* (contrairement à *psychose*).

MÉTÉORE genre. Masc. Mais : *une météorite.* ⟶ ce mot.

MÉTÉORITE genre. Fém. *Pour les uns, l'extinction des dinosaures serait due à la chute d'une ou de plusieurs météorites géantes* (Rebeyrol, *Le Monde*, 18/09/1991).

MÉTÉOROLOGUE forme. On dit aussi : *météorologiste.*

MÉTÈQUE emploi et sens. Pour les Athéniens de l'Antiquité, « étranger résidant en Grèce et ne jouissant pas du droit de cité ». Aujourd'hui, ce mot est devenu péjoratif : *Une fille que des métèques, des fois, ramenaient à leur hôtel* (Carco).

MÉTHODISTE sens. Adepte d'une secte protestante fondée en Angleterre au XVIIIe s. Ne pas confondre avec **méthodique**.

MÉTIS forme. Fém. *métisse.* ♦ **sens.** Se dit de qqn dont « le père et la mère sont de race différente » : *Le mardi, c'est le jour des Mexicains et autres métis* (de Roulet). Substantif de sens plus étendu que **mulâtre**. ⟶ ce mot et CRÉOLE.

MÉTONYMIE sens. « Figure de style consistant à désigner un objet de façon indirecte, en prenant la partie pour le tout, le contenant pour le contenu », etc. Par ex. : *Une assiette de soupe. Le temps qui vous passe dessus comme un quinze tonnes l'aurait-il épargnée ?* (Garnier). Ne se confond pas avec la **métaphore**. ⟶ ce mot.

MÈTRE orth. On écrira : 15,5 m et non 15 m 50. *Mètre carré, mètre cube* ne prennent pas de trait d'union.

MÉTRORRHAGIE forme. On écrit également *métrorragie.* ♦ **sens.** « Hémorragie utérine. »

METS orth. Ne pas oublier le *s*. De même pour *entremets*.

METTRE constr. On peut dire indifféremment : *Les chambres d'adjoints abandonnées où l'on mettait sécher le tilleul et mûrir les pommes* (Alain-Fournier) ou bien : *Je mets l'eau à bouillir ; ça sera prêt dans un instant* (Butor).
□ **mettre à jour** ou **au jour** ⟶ JOUR.
□ **mettre bas** ⟶ ACCOUCHER.
□ **mettre en place** ou **à sa place** ⟶ PLACE.
□ **mettre** sa confiance **en** ou **dans.** La construction est la même que pour *avoir confiance.* ⟶ CONFIANCE.
□ **mettons.** Au sens de « supposer, admettre », cette forme se rencontre dans la langue familière, surtout en début de phrase ou en incise : *Au bout de, mettons, deux minutes, pas plus, la porte s'ouvrit* (Giono). **Mettons que** se construit avec le subj. ou l'indic. : *Mettons que je n'aie rien dit* (Queneau). *Mettons qu'un jour, quand cette nouvelle guerre mondiale aura pris fin, d'autres jeunes Japonaises* [...] *veuillent émigrer aux États-Unis* (de Roulet).
□ **y mettre du sien, du leur.** Cette construction stéréotypée emploie le pronom possessif au neutre : *En y mettant chacun du sien, on peut trouver un peu d'argent* (Guilloux). *Mais supporte, ma fille, supporte ! Mets-y un peu du tien !* (Hoex).

MEUGLER emploi et sens. En parlant des bovins, « pousser son cri ». C'est une simple altération de **beugler**, qui est plus fréquent. À peu près synonyme de **mugir**. Le même rapport existe entre **meuglement** et **beuglement** : *Du fond de la vallée, montaient quelques sons de cloches mêlés aux meuglements du bétail* (Labro).

MEURTRE sens. « Action de donner volontairement la mort à quelqu'un. » ⟶ ASSASSINAT.

MÉVENTE sens. Autrefois, « vente à perte », aujourd'hui « diminution importante de la vente » : *Il y a une forte mévente d'appartements dans la région parisienne.*

MEZZANINE prononc. À l'italienne [medzanin]. ♦ **genre.** Fém. ♦ **sens.** « Petite fenêtre à l'entresol ; petit étage intermédiaire, ou petite galerie dans une salle très haute. »

MI- forme et emploi. Ce préfixe, de même sens que **demi**, est invar., et toujours suivi du trait d'union : *mi-bas, mi-carême, mi-temps, mi-voix, à mi-chemin, à mi-corps, mi-clos, à mi-côte, mi-fin, à mi-pente, à mi-cuisse* : *Il s'est assis, croisant ses mains autour de son verre mi-vide* (Butor). *Il eut de l'eau jusqu'à mi-bottes* (Vailland). *Il suivit le chemin qu'il avait découvert, se glissant à mi-côte à travers la haie* (Dhôtel). *C'était bien une idée de Frédéric que de donner à ce chat gris souris, mi-chartreux mi-gouttière, le patronyme de Littré !* (Jorif). *La brise soulève leurs jupes* *rouges et leurs cheveux. Ceux de Fumika sont mi-longs, bouclés au fer* (de Roulet). *Un magasin mi-consacré à l'ornement des tombes et mi à celui des têtes vivantes* (Aragon). Ce dernier emploi de *mi*, isolément, est exceptionnel. → DEMI.

MI-AOÛT orth. Anciennement, *mi* prenait un *e* devant un nom fém. : *En chemin de retour sur la mie-nuit* (Chabrol). ♦ **genre.** Devant un substantif désignant une tranche de temps, *mi* donne toujours le genre fém. au mot composé : *la mi-décembre, la mi-carême, la mi-temps,* etc.

MICMAC orth. En un seul mot. Plur. *des micmacs.* ♦ **emploi et sens.** Dans le registre fam., « combinaison suspecte ».

MICRO- orth. Les composés ne prennent un trait d'union que lorsque le second élément commence par une voyelle : *micro-ampère, micro-analyse, micro-onde, micro-organisme.* Mais : *Mon microcrédit ne connaît pas la crise* (C. Fourest, *Le Monde*, 09/01/2009). Le plur. est marqué par un *s* final : *Certes, ils mettent des millions d'années pour surgir, les micro-organismes, mais aux micro-instants il faut des millions d'instants* (Schreiber). Quand il s'agit de l'appareil culinaire et non d'une désignation scientifique, on trouvera toujours le composé **micro-ondes** avec un *s* final, au sing. comme au plur. : *On ne doit jamais utiliser le micro-ondes pour la décongélation des proies* (Rosenthal). Le plur. est marqué par un *s* final : *Des micro-ordinateurs, des microglossaires.* ♦ **sens.** « Petit. » Dans certains termes de mesure, marque la « division au millionième » : le *micro-ampère* est un millionième d'ampère. → MACRO-.

MICROCOSME emploi et sens. En philosophie, « l'homme considéré comme un monde complet, en réduction ». D'une façon générale, « image réduite de l'univers » présentée par divers systèmes : *Le contenu du microcosme scénique doit à lui seul supporter et faire reconstituer l'univers de l'œuvre – le macrocosme théâtral* (Souriau). → MACRO-.

MICTION sens. Mot savant pour « action d'uriner » : *miction douloureuse* (il s'agit de la capacité d'uriner plutôt que de l'action elle-même). Ne pas confondre avec **mixtion**, « action de mélanger des substances, des drogues, etc. »

MIDI orth. Prend une majuscule pour désigner la région géographique du sud de la France : *l'accent du Midi.* ♦ **genre.** Aujourd'hui masculin, de même que **minuit** : *Il est midi et demi. Il est midi précis.* Il existe encore des tours archaïsants ou régionalistes. ♦ **constr.** Quand *midi* est sujet, le verbe *sonner* se met au sing. : *Quand midi sonnait, j'étais au regret de partir* (Gide). → DEMI et SONNER.

□ **après-midi** → le mot à son ordre alphabétique.

□ **ce midi.** Ce tour, dû à l'analogie de **ce matin, ce soir**, n'est pas proprement incorrect, mais fam. : *Depuis ce midi, il avait gagné cinquante-cinq francs* (Van der Meersch). *Pierre-Marie l'a lu et relu pas plus tard que ce midi* (Japrisot). Mais on préférera **à midi** : *Attends-moi aujourd'hui à midi.* On dit du reste : *le midi de ce jour.* Mais on évitera le plur. : *vers les midi,* encore que *les* puisse avoir ici une valeur d'estimation, comme dans : *Il arriva sur les une heure.* **Le midi** peut indiquer la répétition quotidienne : *Marie Croze faisait à manger le midi pour les ouvriers de la minoterie* (Jourde).

□ **demain à midi** ou **demain midi.** Les deux tours sont également corrects. → À.

□ **midi (et) un quart** → QUART.

MIE emploi et sens. Avec *ne*, équivaut à *pas* dans des contextes archaïsants : *Monsieur, cela ne nous regarde mie* (Queneau). Cet emploi est très rare. → GOUTTE.

MIELLEUX emploi. Toujours péjoratif. → MELLIFLUE. Quant à *miellé,* il est seulement littéraire. On dira couramment *un gâteau au miel* ou *de miel.*

MIEN emploi. Rare comme adj. épithète : *La même politesse avait été faite, deux années auparavant, à un mien domestique qui me l'avait rapporté* (Montherlant). On a dans l'exemple suivant la traduction d'une interjection espagnole : *Dieu mien ! Vite !* (Peyré). Un peu plus fréquent comme adj. attribut : *Un seul être était mien dans le désert du monde, tu me l'as enlevé* (Rolland). *J'ai découvert dans le grenier de la maison qui est mienne aujourd'hui son portrait en pied* (Pontalis). Mais **mien** est surtout employé comme pronom personnel, précédé de *le, la, les.* Dans certains contextes, **les miens** « sont non pas ceux qui m'appartiennent, mais les êtres qui tiennent à moi par un lien de parenté ou de relation » (Le Bidois) : *Tes enfants, c'est toi encore. Et même ta femme. La preuve : tu dis toujours « les miens »* (Peuchmaurd).

MIEUX emploi. Sert parfois de substitut à **plus** dans certains comparatifs insistant sur l'idée de « qualité » : *Cet endroit où elle se plaisait mieux que partout ailleurs* (Vidalie). *Elle est mieux que jolie. Elle est autre chose. Elle a un charme* (Aragon). *J'étais belle, alors, et mieux que belle, songe-t-elle* (Némirovsky). Mais on évitera de dire, comme font de nombreux chroniqueurs sportifs : *Cet athlète a fait deux secondes de mieux que son adversaire*, alors qu'il s'agit ici de « quantité » et que la différence peut s'exprimer par *plus* ou par *moins* : *Untel a couvert le parcours en deux secondes de moins que son concurrent* ou *a tenu deux minutes de plus*, dans une épreuve de durée, par exemple en vol à voile ou en plongée. → COMPARATIF.

□ **des mieux.** L'adj. qui suit ce groupe s'accorde entièrement avec le substantif précédent : *Ton ami est des mieux habillés.* C'est une sorte de superlatif absolu, équivalant à « très bien habillé ». Mais le tour suivant est archaïque et figé : *Bien, disais-je. Cela va des mieux* (Jaloux, cité par Robert).

□ **d'autant mieux que.** Même fonctionnement que pour *d'autant que.* → AUTANT.

□ **mieux vaut, il vaut mieux.** La première locution est plus littéraire que la seconde : *Si après m'avoir lu vous deviez dire : « Ce n'était que cela ? », mieux vaudrait cent fois me taire* (Vercors). *Mieux vaut donc nous rallier librement à la France et en tirer le plus de profit possible* (A. Besson). *Mieux vaut attendre le hasard d'une rencontre, surtout sans avoir l'air d'attendre non plus* (Échenoz). *À Buchenwald, il vaut mieux être ajusteur qualifié que professeur d'université ou ancien préfet* (Semprun). On évitera de confondre **valoir** et **falloir**, comme le fait souvent la langue populaire : l'idée d'obligation contenue dans le verbe *falloir* ne peut en effet admettre qu'une détermination par *oui* ou par *non* et non pas une qualification. Toutefois, dans certains contextes, la séquence *Il faut mieux* est tout à fait correcte, lorsque l'adv. *mieux* porte sur le verbe qui suit (et non sur *falloir*) : *Tu négliges ta tâche, il faut mieux travailler si tu veux réussir.* → AUTANT.

□ **aimer mieux... que** → AIMER et PRÉFÉRER.

□ **le mieux** ou **du mieux.** Ces deux constructions sont également correctes : *La gauche va au ballottage en serrant les rangs du mieux qu'elle peut* (*Le Monde*).

□ **au mieux.** Ce tour superlatif a une valeur adverbiale, et accompagne généralement un verbe : *Germanisant au mieux son yiddish, il tenta d'expliquer sa distraction* (Ikor). On ne confondra pas avec la locution **être au mieux avec qqn**, c'est-à-dire « en très bons termes » : *Comme Mérani était puissant, au mieux avec le préfet et donc avec la police, on respectait Gobi Revelli* (Gallo).

□ **à qui mieux mieux.** Cette locution figée, comme **à l'envi** (→ ce mot), ne s'emploie qu'avec un sujet au plur. : *Les grandes maisons de la trahison continuent de publier à qui mieux mieux* (Vercors). *Elle entend les hommes revenir. Ils se congratulent à qui mieux mieux dans le jardin* (Japrisot).

□ **mieux que... (ne).** On rencontre facultativement la négation *ne* dans la proposition complément de *mieux* : *Je les connais bien mieux que bien, et en quelque manière, un peu mieux qu'elles se connaissent elles-mêmes* (Valéry).

□ **mieux que ça.** En tête de proposition, cette locution renchérissante appartient à la langue familière : *Ils sont incapables de distinguer le beau du laid... Mieux que ça, ils aiment la laideur* (Sartre). Parfois réduit à **mieux** : *Ils dormaient sur des chaises longues. Mieux, ils ronflaient comme des poêles à mazout* (Dubois).

□ **le mieux** ou **la mieux coiffée** → LE, MOINS et PLUS.

□ **qui mieux est.** Locution figée et archaïsante. ⟶ QUI.

MIEUX-ÊTRE orth. Avec un trait d'union, comme **bien-être**.

MIGRATION emploi et sens. On emploie ce subst. surtout pour désigner les « déplacements de certaines espèces animales » ou, dans les sciences, « certains déplacements d'organismes ou de substances ». Pour les déplacements humains, on précise généralement en parlant d'**émigration** ou d'**immigration**. ⟶ ÉMIGRER.

MI-JAMBE emploi. Au sing. ou au plur., indifféremment, dans : *Il avait de l'eau jusqu'à mi-jambe(s).*

MIJOTER orth. Un seul *t.*

MIL ⟶ MILLE (1).

MILE ⟶ MILLE (2).

MILIAIRE orth. Avec un seul *l*, signifie « qui offre l'aspect d'un grain de mil », en parlant surtout de boutons et d'éruptions cutanées. Pas de rapport avec *mille.* À distinguer de **milliaire**. ⟶ ce mot.

MILIEU emploi. Pour la locution **milieu ambiant** ⟶ AMBIANT.
□ **au beau milieu, en plein milieu.** Ces locutions intensives sont légèrement familières.

MILLE (1) orth. Jamais de *s* final s'il s'agit du numéral : *L'arbre éloigné pouvait être un des trente-cinq mille platanes, des sept mille tilleuls ou des treize mille cinq cents marronniers plantés dans Paris* (Échenoz). On écrit : *les mille dangers, deux mille francs, l'an mille.* ♦ **forme.** L'abréviation *mil,* qui est plutôt un doublet ancien de *mille,* se rencontre encore parfois, surtout dans les dates : *Les jeunes gens qui dansaient avec nos grand-mères dans les bals de mil huit cent trente* (Alain-Fournier). *Le pharmacien Hocquigny, un vieil original qui avait accepté de le loger et dont l'érudition et le nom sentaient bon l'an mil* (Franck & Vautrin). Mais elle n'est jamais obligatoire, et l'on peut toujours écrire *mille.*
□ **mille deux cents** ou **douze cents** ⟶ CENT.
□ **gagner des mille et des cents.** *Mille* reste invar., mais *cents* prend le *s* du plur.
□ **mille et un.** On ne dit guère **mille un**, en raison de l'attraction exercée par les nombreux emplois emphatiques dans lesquels la conjonction est de règle : *Les mille et un soucis de l'existence. Les Contes des Mille et Une Nuits.*

MILLE (2) forme. Substantif variable quand il s'agit d'une « mesure ». ♦ **sens.** Ne pas confondre le **mille terrestre** (prononc. [mil]), qui s'écrit parfois **mile**, à l'anglaise (prononc. [majl]), et qui vaut 1 609 mètres, avec le **mille marin**, qui vaut 1 852 mètres : *Mais c'était assez pour rassurer un homme haletant, à 7 000 milles marins de sa patrie* (Supervielle). *On les avait chargés dans des wagons à bestiaux et transportés à mille miles de chez eux* (de Roulet). ⟶ NŒUD.

MILLEFEUILLE orth. Avec ou sans trait d'union, et un *s* final seulement au plur. : *des millefeuilles.*

MILLÉNAIRE orth. Un accent aigu et un seul *n.* ♦ **sens.** Adj. « qui a mille ans ». Subst. « durée de mille ans ».

MILLEPATTE orth. Sans trait d'union ; avec ou sans *s* final au sing. : *Un énorme millepattes jaune pâle et sinueux* (Simon) ; prend un *s* final au plur.

MILLIAIRE sens. Terme de l'Antiquité romaine : « Qui marque une distance d'un mille. » Ne pas confondre avec **miliaire**. ⟶ ce mot.

MILLIARD et **MILLION forme.** Substantifs variables en nombre comme **billion** et **trillion** : *deux milliards cinq cents millions.* ⟶ CENT.

MILLIONNAIRE orth. Avec deux *n*, mais **millionième** s'écrit avec un seul *n.*

MIME emploi. Le **mime** est la personne qui joue dans les **pantomimes** (fém.). → ce mot.

MIMODRAME sens. « Spectacle de pantomime, scène muette avec accompagnement musical. » Ne pas confondre avec **mélodrame**.

MIMOSA orth. Dans la locution culinaire **œuf(s) mimosa**, le second élément est invar. : *Maman avait préparé pour suivre les traditionnels œufs mimosa une poitrine farcie* (Diwo).

MINERAI orth. Ne prend pas de *s* au sing.

MINESTRONE prononc. À la française : [minestrɔn]. ♦ **genre.** Masc. Attention à l'attraction du genre de *soupe*. ♦ **sens.** « Soupe épaisse contenant légumes, riz et pâtes. »

MINEUR constr. Ce mot se suffit à lui-même, au sens de « qui n'a pas atteint l'âge de la majorité ». Il est inutile de dire : *Ce film est interdit aux mineurs de (moins de) dix-huit ans.* Ne pas confondre avec *minoritaire*. ♦ **Dérivé.** *minorer* : « Évaluer une chose en dessous de sa valeur réelle. » → MINORITÉ.

MINI forme et emploi. Ce préfixe, très en vogue, ainsi que son contraire **maxi**, est acceptable, mais on ne doit pas en abuser : *minijupe, minislip, minicassette,* etc. Il est toujours invar., même dans l'emploi isolé, comme adj. : *la mode mini, des tuniques maxi.* Le substantif **minibus** est entré dans l'usage courant : *Le minibus put se frayer un chemin dans la foule bigarrée qui arrivait de la campagne* (Godbout).

MINIMA (A) → MAXIMA (A).

MINIMAL emploi. Cet adj. est souvent préférable à la forme *minimum*. → MAXIMAL.

MINIME emploi. Cet adj. a par lui-même la valeur de « très petit » (→ INFIME) : *Il me serait bien difficile de préciser à quel moment s'est produit tel minime événement* (Butor). *On résolut de ne plus faire attention à lui et d'oublier cet incident minime* (Dhôtel). Il peut cependant admettre des degrés de comparaison : *Il est indispensable de rechercher la plus minime défectuosité.* On rencontre rarement cet adj. dans un emploi « humain » : *On cogne à la porte, elle ouvre, minime et cassée, ne reconnaît pas* (Jourde).

MINIMUM forme. Plur. *minimums*, selon les Recomm. offic., plutôt que *minima*. On rencontre toutefois, dans le langage administratif, le tour figé *minima sociaux* : *Avec la départementalisation, l'écart va s'accroître, car l'île bénéficiera des minima sociaux, dont le RMI* (X. Ternisien, *Le Monde*, 29/08/2008). → MAXIMAL.

MINISTRE forme. Le fém. *ministresse* n'a pu s'imposer. On dit : *Mme Untel, ministre des Affaires sociales* ou *le ministre, Mme Untel* (→ DOCTORESSE, FEMME, MAIRE). Mais on dira très bien aussi : *(Madame) la ministre de l'Aménagement du territoire,* etc. : *Mercredi, dans la soirée, M. Péchenard a rencontré pour la première fois en tête à tête sa ministre de tutelle* (P. Smolar, *Le Monde*, 25/05/2007). *L'EPFR a approuvé à l'unanimité la décision du CDR de s'engager dans l'arbitrage. La ministre des finances, si elle s'y est montrée favorable, n'avait pas le pouvoir de l'imposer* (C. Charrière-Bournazel, *Le Monde*, 03/06/2011). *Ministre* s'emploie comme adj. dans *bureau ministre, papier ministre* ; il prend la marque du plur. On écrit : *le ministre de l'Intérieur, le Conseil des ministres,* et, pour désigner le chef de gouvernement : *le Premier* (ou *premier*) *ministre.*

MINORITÉ constr. Comme sujet d'un verbe → COLLECTIF. ♦ **dérivé.** *Minoritaire*, dans le lexique politique.

MINUIT genre. Aujourd'hui masculin, comme **midi** (→ ce mot). Gouverne le sing. du verbe : *Minuit sonnait.* On rencontre encore parfois le fém., à titre d'archaïsme : *Ils se quittèrent en titubant à la minuit* (Desproges). → cit. de Chabrol à MI-AOÛT. Pour d'autres remarques → MIDI.

MI-PARTI emploi. Il vaut mieux conserver à ce mot son statut de part.-adj. (de *mi-partir*), s'accordant en genre et en nombre avec le substantif auquel il se rapporte : *Son costume est mi-parti noir et gris* ou *mi-parti noir, mi-parti gris,* ou *mi-parti de noir et de gris ; elle portait une tunique mi-partie rouge et noire* ou *mi-partie rouge, mi-partie noire* ou *mi-partie de rouge et de noir.* L'emploi d'une forme *mi-partie,* qui serait un substantif fém. par analogie de *partie,* est une erreur.

MIRACULÉ(E) emploi et sens. Pour désigner un ou une rescapé(e) d'un accident, d'une catastrophe, on évitera l'emploi de ce substantif, emphatique et d'autant plus inapproprié que l'Église elle-même reconnaît très peu de vrais miracles, parmi la quantité d'événements spectaculaires qui se produisent dans le monde. Les médias en font un usage excessif : *Quand René est tombé du toit, miraculé, vous ne l'avez pas su à Laubazac ?* (Vargas). Les noms **rescapé** ou **survivant** seront aussi pertinents.

MIRAGE emploi. Éviter le tour pléonastique : *mirage trompeur.* Un mirage est trompeur par définition.

MIRE-ŒUFS forme. Ce substantif est invar.

MIRIFIQUE emploi et sens. Cet adj., toujours ironique, est vieilli : *Il m'a berné de mirifiques promesses,* c'est-à-dire de « promesses d'autant plus belles qu'elles n'ont pas été tenues ». *Vous vous insérez là-dedans avec une facilité mirifique* (Queneau).

MIROBOLANT → MYROBOLAN.

MIROTON forme. Ce substantif est souvent déformé dans la langue courante en *mironton.* ♦ **sens.** « Plat de bœuf bouilli avec des oignons. »

MISANTHROPIE sens. « Aversion pour le genre humain. » → MISOGYNIE.

MISÉRABLE et **MISÉREUX sens.** Ces deux adj.-subst. ont un sens très voisin : « qui est dans la misère », mais le premier avait aussi le sens, qui tombe en désuétude, de « malhonnête, malfaiteur ». Le second est d'un registre plus littéraire : *Gilbert se tourna vers le miséreux comme pour solliciter une aide* (Dhôtel).

« MISERERE » orth. Ce mot latin (signifiant « ayez pitié ») ne prend jamais de *s* final au plur. : *des « miserere ».* Il peut se franciser graphiquement au moyen de trois accents aigus : *un miséréré.* Dans l'orthographe latine, il s'imprime en italique.

MISOGYNIE orth. D'abord un *i,* ensuite un *y.* ♦ **sens.** « Hostilité envers les femmes » : *J'ai toujours trouvé la misogynie vulgaire et sotte* (Camus). À distinguer de **misanthropie.** → ce mot.

MISS forme. Le plur. est **misses**, à l'anglaise (prononc. [misiz]), ou **miss**, à la française. ♦ **emploi.** Ce mot n'est pas à recommander en dehors des cas où il désigne une demoiselle anglaise (il doit alors être suivi du prénom), ou une gouvernante, auquel cas il peut s'employer seul : *Ils traversent tous deux la chambre de miss* (Supervielle). Noter l'emploi moderne, pour désigner les reines de beauté : *Miss France.* → LADY.

MISSILE emploi. Ce substantif est un exemple d'anglicisme bien adopté par notre langue. ♦ **sens.** « Projectile destructeur téléguidé », à la différence de la **roquette.** → ce mot. *Missile téléguidé* est un pléonasme à éviter. *Antimissile* s'écrit sans trait d'union.

MISSIVE emploi. Ce mot a le sens de « lettre (qu'on envoie à qqn) » : il est vieillot et ne s'emploie plus guère qu'ironiquement, mais peut aider à éviter dans certains contextes l'ambiguïté du mot *lettre* : *Il écrivit une lettre pour donner un rendez-vous à Edmée, après quoi il se rendit à ces établissements où il demanda simplement qu'on remit son mot à Mlle Edmée Santaragne ou même à Mme Santaragne (afin que cette missive parût tout à fait honorable)* (Dhôtel). *Il dictait du courrier sans répit et expédiait des missives que les coursiers de son hôtel livraient dans tout Paris* (P. Jardin).

MISTRESS forme et emploi. Abréviation : *Mrs.* (un point après le *s*). Ne s'emploie que devant un nom de personne, pour désigner une femme anglaise : *Mrs. Robinson.*

MI-TEMPS → MI-.

MITES (MANGÉ AUX) → MANGER et RONGER.

MITHRIDATISATION forme. On dit aussi *mithridatisme.* ♦ **sens.** « Immunité à l'égard des poisons, obtenue par des ingestions à dose progressive » (du nom du roi *Mithridate*). Le verbe dérivé, **mithridatiser**, est relativement courant : *Ma terreur du tunnel sous demain. Pourtant j'ai tenté de me mithridatiser* (Schreiber).

MITONNER orth. Avec un *t* et deux *n.* ♦ **sens.** « Faire cuire lentement, faire mijoter », d'où « préparer avec amour ».

MITOYEN constr. Cet adj., qui signifie « qui est commun à deux choses – généralement deux surfaces », peut se construire avec les prépositions **de, à** ou **avec** : *Sa maison était mitoyenne à la nôtre, absolument identique* (Adam).

MITRE orth. Pas d'accent circonflexe (de même pour les dérivés). → -ITRE.

MIXAGE emploi et sens. Anglicisme appartenant à la langue du cinéma et désignant le « regroupement de tous les éléments sonores d'un film ». Le **montage** ne concerne que les éléments visuels.

MIXER ou **MIXEUR forme.** On préférera la forme en *-eur* à la forme anglaise. ♦ **sens.** « Appareil culinaire. »

MIXTION → MICTION.

MNÉMONIQUE ou **MNÉMOTECHNIQUE emploi et sens.** Ces deux adj. sont à peu près équivalents, « qui aide à mémoriser, à retenir par cœur » : *La fameuse formule mnémonique* Mais où est donc Ornicar ? *permet de se rappeler aisément les conjonctions de coordination.*

MOBILE emploi et sens. L'acception récente, « objet de décoration suspendu en équilibre » est un anglicisme d'autant plus acceptable qu'il rejoint un emploi technique déjà ancien en français : *Les mobiles de Calder.* → STABILE.

MOBIL-HOME, MOTOR-HOME emploi et sens. Ces deux mots (anglicismes) désignent un « vaste véhicule à moteur aménagé pour le camping » : *Le camping est-il toujours synonyme de délassement ? Les propriétaires de mobil-homes, ces petits chalets sur roues, n'en sont pas convaincus* (R. Rivais, *Le Monde*, 05/08/2011). Un arrêté ministériel du 17 mars 1982 recommande d'employer **auto-caravane.** → CAMPING.

MOBYLETTE emploi. Ce nom est un bon exemple contemporain de nom de marque déposée devenu nom commun : *Les employés rentrent du bureau en mobylette* (plutôt que *à mobylette*). → MARQUE et À.

MODE genre. Fém. pour le sens courant : *la mode nouvelle, un journal de mode.* Masc. pour les sens « savants » (en philosophie, musique, grammaire, etc.), et au sens de « type, catégorie » : *Il s'avisa néanmoins d'imposer à Gilbert un nouveau mode de travail* (Dhôtel). Sur l'emploi des modes en grammaire, voir à l'ordre alphabétique les verbes qui appellent des remarques sur ce sujet.

MODÈLE orth. Accent grave sur le *e.* ♦ **dérivé.** *Modéliste*, avec un accent aigu.

MODELER conjug. Comme *geler.* → APPENDICE GRAMMATICAL.

MODERATO orth. Ce mot ne porte jamais d'accent aigu.

MODERNISTIQUE emploi. Cet adj., calqué sur l'anglais *modernistic*, semble doubler inutilement – et de façon quelque peu risible en français – l'adj. **moderne** : *M. Dory, directeur artistique des disques Odéon* [en 1934] *finit par laisser tomber, glacial : « Après délibération, notre Conseil* *d'administration a trouvé cet orchestre trop modernistique pour notre firme* » (Marmande, *Le Monde*, 16/11/1988).

MODERNITÉ emploi et sens. Ce substantif ne se confond pas avec **modernisme**, mais désigne le « caractère de ce qui est moderne ». On peut employer sans hésiter ce terme, qui remonte à Chateaubriand.

MODERN STYLE prononc. [mɔdɛrnstil] ♦ **orth.** Pas de trait d'union ni d'apostrophe. ♦ **emploi.** Cette expression s'emploie soit comme substantif *(le modern style)*, soit comme adj. invar. : *des sièges modern style.*

MODULE genre. Masc. ♦ **sens.** « Unité de mesure, d'abord en architecture, puis dans d'autres domaines. » La vogue des kits, notamment dans l'ameublement, a favorisé le sens de « élément – par exemple de mobilier – qu'on peut assembler progressivement à d'autres, pour obtenir un ensemble plus ou moins complexe » : *Une bibliothèque qu'on peut agrandir à l'aide de modules.*

« **MODUS VIVENDI** » **forme.** Locution latine invar. ♦ **sens.** « Transaction intervenant entre deux parties en litige. » Souvent employé au simple sens de « manière de vivre, mode de vie ».

MOELLE prononc. [mwal] et non [mwɛl]. ♦ **orth.** Pas de tréma ni de œ lié (de même : *moelleux, moellon*). ♦ **emploi et sens.** Au sing. ou au plur., emploi littéraire et vieilli pour désigner « le plus intime de l'être » : *Moi, Renée, intimidée et effrayée jusqu'en ma plus intime moelle* (Barbery). *Il faudrait changer jusqu'aux moelles* (Sartre). *Ah ! c'est terrible, mon cher ; je me sens catholique jusqu'au fond des moelles* (Martin du Gard).

MOI emploi. Employé seul, ne peut faire fonction de sujet que d'un infinitif : *Moi, vous trahir ?* d'un participe dit « absolu » : *Moi vivant, il ne remettra pas les pieds ici !*, ou d'un verbe sous-entendu : *Il est mieux renseigné que moi.* Dans une comparaison : *Il a besoin de moi, pensa-t-elle. Moi pas* (Maurois). En relation ou coordonné à un nom ou un pronom : *Max et moi ne fîmes aucune allusion à nos lettres* (Hériat).

□ **moi** sert à renforcer le pronom *je* : *Moi, je ne verrai plus, je serai morte, moi* (Noailles). On veillera à ne pas abuser de ce genre de renforcement, que dénonce avec humour Cavanna : *Un étranger écoutant la télévision ou la radio française est vite convaincu que le pronom personnel de la première personne du singulier n'est nullement « je », ainsi qu'on le lui a enseigné, mais bien « moi personnellemanj ». En effet, chaque fois qu'est posée une question, par exemple : « Que pensez-vous de... ? » la réponse commence ainsi : « Moi, personnellement, je... ».* Apprécions aussi l'analyse suivante : *Nous vivons une période de basse intensité idéologique ou doctrinale. Le triomphe du « moi je » sur le « nous on » entraîne une psychologisation sans précédent de la vie politique, dont les effets sont décuplés par les médias* (C. Prochasson, *Le Monde*, 23/04/2007).

□ **moi,** attribut. *Un autre que moi, qui serait moi* (Romains). *C'était bien moi, ça, ce temps que je perdais pour des conneries* (Adam).

□ **moi,** objet direct et indirect. *Regardez-moi. Il nous a vus, ma femme et moi.* Avec certains verbes exprimant le mouvement, l'intérêt, la pensée, la forme *me* est remplacée par *à moi. Je le vis se lever et venir à moi* (Bourget). *Je songe à toi. Je songe à moi* (Jammes). *Je saurai l'intéresser à moi* (Gide).

□ **c'est moi qui suis là** → QUI (PRONOM RELATIF).

MOINDRE emploi. Ce comparatif de **petit** est plus littéraire que la forme analytique *plus petit*, surtout comme attribut : *Les humbles et les femmes, qui ont un cerveau moindre que celui des hommes* (Barbusse). *La véritable survie du plus apte, c'est la capacité de vivre, de survivre à moindres frais* (Siegfried). *Son impact sur la campagne présidentielle, qui s'est révélé moindre que imaginé* (*Le Monde*, 14/05/2007). Superlatif : **le moindre.** *D'événements dans la vie de Jack, pas le moindre* (Daudet). *Tu sais qu'elle en connaît les moindres beautés, les moindres taches* (Giraudoux). *Était-il vraiment destiné à vivre la moindre des paroles qu'Edmée avait prononcées avec sa voix de prophétesse ?* (Dhôtel). Quand il s'agit d'une grandeur concrète, on ne peut employer que le comparatif analytique : *Paul est plus petit que sa sœur.* Ne pas dire : **le moindre petit,* qui fait pléonasme.

□ **le moindrement.** Presque toujours accompagné de la négation *ne... pas,* et plus littéraire que **le moins du monde** : *Comme si cette façon d'être avec moi se fût imposée à lui sans même qu'il eût eu besoin d'y réfléchir le moindrement* (Aymé). *Dehors, Frédéric ne recouvra le moindrement son âme légère* (Jorif).

MOINS prononc. [mwɛ̃]. ♦ **constr.** Devant un nom de nombre, *moins* est en général relié par *de* : *en moins de deux heures* ; mais on rencontre également *que,* soit dans la langue cursive, soit pour insister : *Il n'y a pas eu moins que deux cents personnes pour assister à ta conférence.*

□ **le moins** ou **la moins.** *Cette robe est la moins coûteuse. C'est en uniforme qu'ils sont le moins ridicules.* Avec *possible* : *Une partenaire le moins bavarde possible sera la bienvenue* (Romains) (= « qui soit le moins bavarde qu'il est possible »). Ne pas écrire ici : *la moins bavarde.* ⟶ LE.

□ **d'autant moins** ⟶ AUTANT.

□ **cent francs de moins** ou **en moins.** Les deux locutions sont correctes, la seconde étant plus répandue dans la langue cursive : *Il a trouvé cent francs de moins* ou *en moins dans sa caisse.* On dit plus rarement : *cent francs de manque.*

□ **des moins** ⟶ MIEUX (des mieux) : *N'est-ce pas que cet homme est des moins ordinaires ?* (Rostand, cité par Grevisse).

□ **deux fois moins grand.** Cette locution est parfois concurrencée par *une fois moins grand,* qui affirme (moins clairement) que l'objet déterminé est équivalent à la *moitié* de l'autre.

□ **moins de deux.** Contre toute logique, le verbe qui suit ce tour se met toujours au plur. : *Moins de deux ans ont passé.* L'accord se fait avec le complément de *moins.*

□ **moins... (et) moins.** Deux *moins* en corrélation peuvent être reliés par *et* quand on veut insister sur la nécessité de la conséquence concomitante : *Moins il travaille, (et) moins il a envie de travailler.* Parfois précédé de *le* : *Le moins tu en dis, le moins ça te retombe dessus* (Vallejo).

□ **moins... plus...** Cette tournure marque une relation inversement proportionnelle : *Moins le facteur m'apporte de lettres, plus je suis content* (Stendhal). ⟶ PLUS.

□ **j'ai moins hâte de partir.** En principe, l'adv. *moins* ne peut pas modifier un substantif, mais il figure constamment dans les locutions composées d'un verbe et d'un substantif non déterminé. ⟶ FAIM et GRAND.

□ **moins un quart** et **moins le quart.** Les deux locutions sont correctes, mais la seconde est la plus fréquente dans la langue cursive : *À sept heures moins un quart, le carillon du réveille-matin les arracha au sommeil* (Aymé). *Ils sont partis à (huit heures) moins le quart.* ⟶ QUART.

□ **au moins** ou **du moins.** Le sens de ces locutions adverbiales est proche : elles marquent une restriction, la seconde avec plus de force : *Je pense que cela vous conviendra, au moins pour quelques jours* (Butor). *Sans la guerre elle aurait disparu ou du moins serait devenue méconnaissable* (Apollinaire). Il y a en principe inversion du pronom sujet quand ces locutions sont en tête de proposition. Cette inversion est très fréquente et naturelle après **du moins** : *Et quand les chevaliers allaient en guerre, du moins n'y étaient-ils pas forcés* (France). *Du moins me suivait-elle dans mes chasses et ne répugnait-elle pas trop à retourner avec moi bouses et charognes* (Gide). Après **au moins,** l'inversion est possible mais moins fréquente : *Au moins faudrait-il que la décision se prononçât toute seule* (Romains). *Tout au moins était-il tombé sur un excellent spécimen* (Barrès). Elle est plus rare encore après **pour le moins** : *Ces idées, c'est peut-être à lui que je les dois ; ou, pour le moins, les a-t-il encouragées* (Gide). *On reste pour le moins étonné par le dramatique tableau que fait le même narrateur, au début de* Sodome et Gomorrhe, *de certaines pratiques* (Simon). On emploie dans un registre plus littéraire **tout au moins,** ou **à tout le moins** : *À partir de cet instant, il put tout au moins avoir l'assurance d'être introduit chez M*[me] *Santaragne comme un familier de sa maison* (Dhôtel). *Le violeur qui affirme que la fille l'avait provo-*

qué, qu'à tout le moins elle était consentante (Pontalis).

□ **il travaille moins qu'il (ne) le faudrait** → NE.

□ **à moins que... (ne)** → NE.

□ **le moins qu'on puisse dire** → PLUS.

□ **à moins que de partir.** Ce tour sera heureusement remplacé dans la langue moyenne par **à moins de partir**.

□ **moins que rien.** Locution péjorative et méprisante qui appartient à la langue familière et s'emploie comme substantif masc. ou fém. : *Il suffisait d'un petit miracle, d'une apparition, de moins que rien* (Romains). *Le garçon voulait faire des études ?* [...] *Il échouait ? Forcément, un moins que rien* (Vallejo). *C'est pas parce qu'elle s'était trompée d'horaire que cette moins que rien avait le droit de lui claquer la porte au nez* (Barbery).

□ **rien (de) moins que** → RIEN.

MOIS emploi. Quand il s'agit d'indiquer la date, on ne se sert plus guère des formules anciennes : *ce 29 septembre* ou *le 29 de septembre.* On peut dire : *c'était le 3 août* ou *c'était le 3 du mois d'août* ou *c'était le troisième jour (du mois) d'août.*

□ **au mois, par mois.** On dit : *je paie ma location au mois*, mais *je paie 700 euros par mois de location ; il touche 1000 euros par mois* (et non *au mois*).

MOISIR constr. On rencontre indifféremment la construction intransitive ou la construction pronominale : *Les confitures ont moisi* ou *se sont moisies par manque de sucre.* La construction transitive est moins répandue : *Les larmes de la femme moisissent le cœur de l'homme* (Audibert). *L'humidité de la cave a moisi les conserves.*

MOITIÉ constr. Quand **la moitié de**, suivi d'un substantif plur., est sujet d'un verbe, celui-ci se met de préférence au plur. : *Plus de la moitié de ses auditeurs lui étaient inconnus* (Romains). *Aussitôt la moitié des conseillers l'imitèrent* (Guilloux). Voir cependant : *La moitié des personnes présentes n'osait pas rester, se levait* (Proust). Le sing. est peu naturel. → COLLECTIF.

□ **plus d'à moitié** ou **plus qu'à moitié.** Ces deux locutions sont également correctes : *L'anglo-américain nous envahit, mais l'anglo-américain est lui-même français plus qu'à moitié, tout au moins en ce qui concerne le vocabulaire* (Cavanna). *Ils l'ont laissé plus d'à moitié* ou *plus qu'à moitié assommé.*

□ **moitié-moitié.** On rencontre ce tour soit en agglutination (avec un trait d'union) : *partager le butin moitié-moitié*, soit séparément : *Il lui servait même une rente, moitié je crois dans l'espoir de calmer ses velléités subversives, et moitié pour qu'il pût entretenir la vieille Nénène, qui avait la garde de son fils* (Masson). Ces emplois appartiennent à la langue familière.

□ **ma moitié.** Cet emploi relève du style plaisant ou même burlesque, et l'on ne peut guère désigner ainsi son « époux » ou plus souvent son « épouse » qu'avec une affectueuse ironie.

□ **moitié moins.** Tournure familière : *Mettez-m'en moitié moins* (c.-à-d. *mettez-m'en seulement la moitié*).

□ **à moitié prix, à moitié chemin.** Pas de trait d'union.

MOL emploi. Cette forme masculine archaïque s'emploie surtout devant un mot commençant par une voyelle ou un *h* dit non aspiré : *Balancé voluptueusement par les mols effluves de ta lenteur majestueuse* (Lautréamont). *Un mol oreiller. Un mol abandon.* Plus rarement devant une consonne, au moins dans la langue littéraire : *Le mol caramel et la lisse dragée étaient chargés de compenser, sucés interminablement, l'intolérable séparation d'avec un père adoré* (Allen). Mais on n'ira pas jusqu'à écrire : *Cet affreux mélange du sec et de l'humide, du dur avec le mol, de la lumière avec les ténèbres* (Valéry). → BEAU et FOL. ♦ **dérivé.** Diminutif : *mollet* (dans *un œuf mollet*).

MOLAIRE orth. Un seul *l*, pour désigner la dent.

MOLETER conjug. Comme *jeter.* → APPENDICE GRAMMATICAL.

MOLETTE orth. Un seul *l*, à la différence de *mollet.*

MOLLASSE (adj.) **forme.** Unique pour les deux genres, mais surtout appliqué aux femmes. Pour les hommes on dit plutôt : *mollasson.*

MOLLETIÈRE orth. Avec deux *l* et un *t.*

MOLLETONNER orth. Avec deux *l* et deux *n.*

MOMENT forme. Au plur. dans **par moments** : *Que dois-je penser de ma tête ? Par moments, devant une glace, sous un certain jour, j'ai envie d'en penser beaucoup de bien* (Romains). Mais on trouve plutôt le sing. dans **à tout moment, de moment en moment.** ⟶ INSTANT.

□ **au moment que.** Archaïsme pour **au moment où** : *Ils se livraient sur sa personne à mille farces d'écolier, comme de lui retirer sa chaise au moment qu'il s'asseyait* (Aymé). L'exemple suivant est plus courant : *Au moment où il se courbait pour passer sous la voûte basse, elle le rappela* (Peyré). ⟶ OÙ et QUE.

□ **du moment où, du moment que.** Ces deux locutions se rencontrent parfois avec le sens temporel : *Il ne comptait jamais ni ses peines ni ses pas, du moment qu'il s'agissait de rendre service* (Rolland). *Mais du moment où le sentiment du mystère eut effleuré Daniel, il n'eut plus de répit* (Kessel). Mais le plus souvent avec le sens causal (« puisque ») : *Du moment où ça plaît à Coupeau nous n'avons pas à nous en mêler* (Zola). *Du moment que vous ne vous occupiez pas de la femme, vous pouviez vous occuper de Langlois* (Giono).

□ **jusqu'au moment où.** Cette locution périphrastique est suivie de l'indic. ou du conditionnel, à la différence de *jusqu'à ce que* : elle est donc à recommander chaque fois que l'idée d'attente de l'événement disparaît au profit de celle de réalisation complète : *Wolf la suivit des yeux jusqu'au moment où la tête brune disparut sous le plancher bleu de la mer* (Vian).

MOMERIE orth. Pas d'accent circonflexe sur le *o*, contrairement à *môme* (« enfant » ou « jeune fille » dans un registre pop.).

MON prononc. Il est préférable, d'après le phonéticien P. Fouché, de ne pas dénasaliser la voyelle nasale de *mon* devant un substantif à initiale vocalique : *mon agréable propos* doit se dire [mõnagreabl] et non [mɔnagreabl]. Même remarque pour *ton, son,* mais non pour les adj. terminés en *-ain, -ein, -on.*

□ **mon lieutenant.** Devant un nom de grade militaire (sauf dans la marine), on emploie *mon* pour parler d'inférieur à supérieur : *D'où venez-vous ? – De Billancourt, mon lieutenant, répondit l'homme* (Lanoux). Les seules exceptions sont : *monsieur l'aspirant* et *monsieur le maréchal.* Les civils s'adressant à un militaire n'ont pas à suivre cette règle, même lorsqu'il s'agit d'un grand personnage : *Général, que pensez-vous de la tactique qui a été adoptée ?* De même, à plus forte raison, pour les femmes.

□ **ma mère, mon père.** Le possessif ne s'emploie plus guère pour adresser la parole à un parent : cet usage paraît aujourd'hui cérémonieux et guindé. On peut du reste faire la même remarque pour les noms de parenté employés seuls : *Et moi je compte sur vous, ma mère, pour convaincre papa de la nécessité de notre départ* (Bazin). *Père, voici vos fils qui se sont tant battus* (Péguy). ⟶ POSSESSIF.

MONDE orth. On écrit : *l'Ancien Monde, le Nouveau Monde* (désignations géographiques), mais, sans majuscules : *une femme du monde, l'autre monde, le monde moderne* ; mais *monsieur Tout-le-monde.*

□ **du monde** ou **au monde.** Ces deux expansions servent de complément intensif au superlatif ou à la négation : *Je suis venu avec les meilleures intentions du monde* (Vian). *Ils arrivent, sur une planète relativement si peu éclairée, à voir plus clair dans leurs maisons qu'aucun être au monde* (Giraudoux). *Cet internement de citoyens, américains pour la plupart, n'est pas la chose la plus démocratique au monde* (de Roulet). Noter les expressions fig. : *Voudrais-tu... que moi et une autre... – Pour rien au monde, dit Richard* (Kessel). *Mathilde retrouve ses chats, qui ne sont pas intimidés le moins du monde* (Japrisot) ; *pour tout l'or du monde, il faut de tout pour faire un monde, c'est le monde renversé.*

MONDIAL orth. Masc. plur. *mondiaux.*

MONDOVISION forme. On rencontre aussi **mondiovision**, mais la première forme est préférable, parce que plus facile à écrire et à prononcer. ♦ **emploi et sens.** Ce terme technique désigne la « transmission télévisée entre les continents, à l'aide de satellites-relais ».

MONNAIE orth. La locution **monnaie courante** reste invar. : *Les acquisitions sont monnaie courante dans la Silicon Valley quand il s'agit de gagner du temps en achetant une technologie qui émerge* (J.-B. Jacquin, *Le Monde*, 04/09/2011). ♦ **emploi.** On écrit : *le papier monnaie, la fausse monnaie* (mais avec trait d'union : *les faux-monnayeurs*).

MONNAIE-DU-PAPE orth. Il semble préférable de laisser invar. au plur. ce nom composé, qui désigne une plante décorative appelée également *herbe aux écus* : *Des vases sur la cheminée sont remplis de « monnaie-du-pape », plates petites feuilles d'argent* (Némirovsky).

MONO- orth. Les composés ne prennent jamais de trait d'union, même lorsque le second élément commence par une voyelle : *monoacide, monoatomique, monoïdéisme,* etc.

MONOBLOC forme. Invar. comme adj. : *des châssis monobloc.* Mais le substantif prend un *s* au plur. : *Les monoblocs sortent des moules.*

MONOCAMÉRISME forme. Ce mot a supplanté **monocaméralisme.** ♦ **sens.** « Système d'assemblée à une seule chambre. »

MONOCHROME forme. On emploie de la même façon **monochromatique**.

MONOÏDÉISME orth. Avec un tréma sur le premier *i*.

MONOLITHE genre et emploi. Surtout adj. à forme unique (comme *monolithique*), mais aussi subst. de genre masc. ⟶ AÉROLITHE.

MONOSYLLABE ou **MONOSYLLABIQUE forme.** Ces deux formes s'emploient indifféremment comme adj.

MONSIEUR prononc. [məsjœ] souvent syncopé en [msjœ] dans le parler populaire et enfantin, en s'adressant à un homme. ♦ **forme.** On rencontre parfois la transcription de la prononciation ci-dessus, sous des formes variées : *m'sieu(r), msieur,* et même : *Jamais, mmsieur* (Queneau). L'abrév. officielle est **M.** pour le sing. et **MM.** pour le plur., sans ajout de **r** (erreur fréquente). Se garder de la confusion avec *Mr.* (dont on oublie souvent le point), abrév. anglaise de *mister.* Le plur. est **messieurs**, mais il existe le plur. **monsieurs,** rare et se cantonnant dans le registre plaisant ou enfantin : *Il y avait là tout plein de beaux monsieurs.* ⟶ MESSIEURS-DAMES. ♦ **emploi.** Selon les règles de la politesse bourgeoise de jadis, *Monsieur* n'est pas suivi du nom de famille quand on s'adresse à quelqu'un : *Monsieur Dubourg, commença-t-elle bravement... – Ne dites jamais ainsi, s'il vous plaît ! D'inférieur à supérieur, rien n'est plus vulgaire, rien ne sent de plus loin la province, dans le plus mauvais sens du mot, ou la familiarité très déplacée. Dites « Monsieur », tout court, et toujours* (Farrère, cité par Le Bidois). *Sam roucoula : « Si madame votre mère et monsieur votre père ne voient pas d'inconvénients à ce que je franchisse le seuil d'une chambre de jeune fille ! »* (Labro). Cette « règle » est devenue, pour des raisons sociétales, à peu près obsolète. « Le seul cas où l'on puisse, sans risque d'être incorrect, ajouter le patronyme à l'appellatif *Monsieur* (et à plus forte raison *Madame*), c'est quand, dans un groupe de plusieurs personnes, on désire attirer l'attention d'une personne déterminée à qui l'on va parler » (Le Bidois). ♦ **sens.** Employé au sing., ce substantif désigne, généralement avec une certaine ironie, un « personnage respectable » : *Ce pouvait être un brave garçon qui, déjà à quinze ans, portait un chapeau mou de monsieur et qui, une paire de jumelles pendues à son cou, m'entraînait au champ de courses d'Auteuil* (Pontalis). *Je suis devenu un monsieur, on m'a appris à devenir comme cela autrefois. On m'a appris à porter un costume, une cravate* (Bauchau).

MONSTRE genre. Masc., mais la langue familière le fait parfois fém., exactement comme **masque** : *N'essaie pas de me monter contre ta mère. La mienne était une sainte, je sais. Mais la vôtre n'est tout de même pas un monstre* (Bazin). ♦ **emploi.** Parfois adjectivé : *Des porte-avions dormaient comme des parkings monstres dans une brocante de fer, d'acier et de cuivre* (Godbout). *Il assista à des réunions monstres.* Le sens est alors « très fourni, très important ».

MONTBÉLIARDE emploi et sens La **montbéliarde** désigne une race de vache laitière très estimée : *La haute-foire est aussi une fête agricole. Pendant deux jours* [...] *la montbéliarde est la reine de la manifestation* (*L'Est Républicain*, 15/09/1992). On se gardera de confondre avec **montbéliardaise**, qui désigne l'habitante de Montbéliard.

MONT-DE-PIÉTÉ orth. Deux traits d'union : *Elle avait attendu qu'il se mette à parler, expliquant que Luigi lui avait laissé cette montre en dépôt, il avait une dette à régler ce soir, le mont-de-piété était fermé, eux pouvaient la déposer s'ils avaient besoin* (Gallo). Plur. *des monts-de-piété.*

MONTE- orth. Prennent un *s* final au plur. : *monte-charge, monte-meuble, monte-plat, monte-sac.* Les deux éléments de *monteur-mécanicien, monteur-électricien* varient en nombre : *des monteurs-mécaniciens.*

MONTE-EN-L'AIR orth. Deux traits d'union et une apostrophe. Invar. au plur. ♦ **emploi et sens.** Seulement dans le registre fam., au sens de « cambrioleur ».

MONTER conjug. Avec l'auxiliaire *être* plus souvent qu'avec l'auxiliaire *avoir*, mais seul ce dernier est possible quand le verbe **monter** admet un complément d'objet direct : *Il n'était jamais monté dans un de ces cars qui, grâce à lui pourtant, roulaient sur la piste* (Duras). On peut trouver l'auxiliaire *avoir* même dans l'emploi intransitif : *Un jour, avec Monsieur l'abbé, j'ai monté là* (Gide).
□ **monter à Paris.** Ce tour fam. est assez répandu en province, et ne s'explique pas seulement par l'opposition nord-sud sur une carte de France, puisqu'on peut dire cela à partir de Lille comme de Marseille. Il existe également la locution antonyme **descendre en province** ou **dans le Midi** : *On descendait en province, et on montait à Paris ; cette notion nous habita pendant toute notre enfance, au point que j'imaginais la France comme un pays composé d'une seule et gigantesque colline, dont l'unique sommet, l'épicentre, se situait à Paris* (Labro).
□ **monter en haut** → BAS, DESCENDRE, HAUT, PLÉONASME et SORTIR.
□ **monter le cou** ou **monter le coup.** La seconde forme est normale après « monter » (sans *se*) : *Je pensais que Denis m'avait monté le coup* (Dabit). Le sens est « m'avait abusé, avait manigancé quelque chose contre moi » : *J'sais pas si c'est vrai ou si on nous monte le coup là-dessus aussi* (Barbusse). Quand *monter* est employé à la forme pronominale *(se monter...)*, c'est la forme **cou** que l'on attend, car on voit mal comment une personne de bon sens pourrait « monter un coup contre elle-même ». Voici des exemples : *Je ne me monte pas le cou, je ne me gonfle pas* (Mauriac). *Jeune homme, M. Aubigny n'eût souffert de personne qu'on lui damât le pion en fait de sublime : lui aussi, on l'avait dressé à se monter le cou* (Montherlant). Dans ces phrases, **se monter le cou** est synonyme de « se monter la tête », ce qui justifie l'emploi du mot *cou.* Cependant, nombre d'auteurs emploient *coup* après *se monter* : *Et on est là qu'on s'agite, qu'on se monte le coup* (Léautaud). → COU.
□ **monter à** ou **en bicyclette** → À.
□ **bien** (ou **mal**) **monté.** Cette locution appartient au registre fam. et signifie « bien ou mal équipé, pourvu » : *Mathieu vit une bouteille de teinture d'iode, des aiguilles, des ciseaux, des bandes de crêpe Velpeau. « Vous êtes bien montée », dit-il* (Sartre).
□ **faire monter quelqu'un.** Cette locution est l'abréviation de **faire monter à l'arbre**, « exciter la colère de qqn », qu'on rencontre encore parfois : *Il la faisait monter à l'arbre comme on emmène un chien faire un tour* (Gide).
□ **monter son ménage** ou **se monter en ménage.** On peut employer indifféremment l'un ou l'autre tour.

MONTRE emploi et sens. Ce mot est vieilli au sens de « action de montrer » ou de « étalage », sauf dans la locution figée **faire montre de** : *Le proviseur, l'insignifiant monsieur Poussière, faisait montre, à la surprise générale, d'une forte dose d'initiative* (Labro). *Elle fait montre d'une faculté d'oubli très rare : un don d'ignorance* (Benameur).

MONTRE-BRACELET orth. Un trait d'union. Les deux éléments prennent le *s* du plur. : *des montres-bracelets.* ♦ **genre.** Fém., mais on peut aussi employer la forme inverse **bracelet-montre**, qui est masc. : *Comment ? Pas de vélos en URSS, pas de bracelets-montres ?* (Bialot).

MOQUER constr. On rencontre encore parfois la construction transitive directe : *Il se promène sur cette terre gourmand, tranquille* [...], *moquant tout le monde et soi pour commencer* (Kessel). *L'enfant maigre que j'étais alors et dont on moquait la maigreur s'en réjouissait* (Fouchet). Le passif est plus vivant : *Il ne me déplaît pas d'être moqué* (Gide). *Il aurait voulu n'être plus seul, se sentait moqué par cette chambre* (Mauriac). Mais la construction pronominale est la plus répandue : **se moquer de qqn** : *Même l'homme qu'elle admirait le plus, et à qui elle pardonnait tout, n'avait jamais eu le droit de se moquer de sa stérilité* (Franck & Vautrin). Sans complément, elle prend un aspect vieillot : *Vous moquez-*vous, *jeune homme ? Elle est dans la rue* (Radiguet).
□ **se faire moquer de soi.** Cette locution, quoique pléonastique, est depuis longtemps utilisée et on ne peut plus la refuser : *Je n'ai pas envie de me faire moquer de moi* (Romains). L'emploi suivant est fam. : *Ils mangeront tes sous, et tu te feras moquer de ta figure* (Guilloux).

MORAL sens. « Qui concerne la morale, les mœurs », mais peut être employé comme synonyme de **mental**, surtout par opposition à **physique**, et, par extension, dans le sens de « disposition d'esprit » : *avoir un bon, un mauvais moral.* ♦ **dérivés.** Un *moraliste* est un philosophe qui traite de la morale ; un *moralisateur* (fém. *moralisatrice*) est une personne qui donne des conseils. Ce dernier mot est généralement pris en mauvaise part.

MORATOIRE forme. Ce mot a détrôné la forme latine *moratorium*, dont le plur. était en *-ums.* ♦ **sens.** En droit, « disposition légale de suspension, de retardement ». L'acception donnée aux États-Unis à ce subst. s'est notablement étendu en Europe : [Le président] *veut susciter une contre-offensive en direction des pacifistes américains pour tenter d'effacer l'impact du moratoire du 15 octobre dernier* (*Le Monde*). Il s'agit ici d'une « vaste manifestation silencieuse antibelliciste ». Ne pas confondre avec **mémorial**, dans le sens de « monument commémoratif ».

MORBIDESSE emploi et sens. Mot littéraire, signifiant « langueur, nonchalance », ou terme de peintre, désignant un « modelé souple et délicat dans les chairs ». Ne se confond pas avec **morbidité**, dérivé de **morbide** uniquement dans le domaine médical.

MORCELER conjug. Comme *appeler*. → APPENDICE GRAMMATICAL.

MORDILLAGE forme. On rencontre également *mordillement.*

MORDORÉ sens. « D'un brun chaud, avec des reflets dorés. » Ne pas confondre avec **moiré**, « qui offre l'aspect de la moire ».

MORE, MORESQUE → MAURE.

MORMON forme. Fém. *mormone*, avec un seul *n.*

MORNE (substantif) **genre et sens.** Une **morne** est, en archéologie, un « anneau dont on coiffait le fer de lance dans les joutes ». Un **morne** est, dans certaines îles (Réunion, Antilles), « une petite montagne isolée, de forme arrondie » : *Je m'empare du mauser et me dirige seul vers un morne sur la gauche* (Godbout).

MORT orth. *Nature(s) morte(s), lettre(s) morte(s), poids mort(s),* etc., s'écrivent sans trait d'union.

□ **ivre mort** → cette locution à l'ordre alphabétique.
□ **mort-né.** Le premier élément demeure invar. : *Pourquoi ne mange-t-on pas les veaux mort-nés ?* (Vailland). *À ma sœur, on avait donné le prénom d'une aînée mort-née* (Barbery). L'emploi de *né mort*, locution dont les deux éléments varient, est affecté et en voie de disparition.
□ **faire le mort.** Dans l'emploi fig., il vaut mieux considérer cette locution comme un bloc, et laisser *mort* invar. : *Ne faites pas le mort, Georges et Colette, répondez à mes lettres* (Aymé). → FAIRE.

MORT-AUX-RATS prononc. On tend à ne plus lier le *t* comme autrefois : [mɔrora] est aujourd'hui plus courant que [mɔrtora].

MORTE-EAU orth. Plur. *mortes-eaux.*

MORTE-SAISON orth. Avec un trait d'union. Plur. *mortes-saisons.*

MORTINATALITÉ orth. En un seul mot. ♦ **sens.** Mot didactique, « ensemble des naissances d'enfants mort-nés dans une situation historique et géographique donnée ».

MORTUAIRE emploi et sens. « Relatif aux cérémonies en l'honneur d'un mort » : *Cérémonie, couronne, drap mortuaire.* Ne pas confondre avec **mortel**.

MOT emploi et constr. Ce substantif entre dans plusieurs locutions figées de caractère archaïsant, sans être précédé d'un déterminant, notamment après *dire, répondre, souffler* : *De tout cela, Derancourt ne disait mot* (Duhamel). *Qui ne dit mot consent. Il ne souffla mot.* Avec **sans**, *mot* est généralement antéposé au verbe dire : *Meaulnes, sans mot dire, remisa sous le hangar la bêche et la pioche qu'il avait sur l'épaule* (Alain-Fournier). *Ils cheminèrent sans mot dire jusqu'aux approches de Perey* (Dhôtel). L'ordre inverse est rare : *Sans dire mot, elle quitta la pièce* (Huysmans).
□ **mot à mot, mot pour mot, à demi-mot.** Locutions invar.
□ **mot d'ordre, mot de passe, mot d'esprit. orth.** Au plur., *mot* prend seul un *s.*
□ **mots croisés.** Toujours au plur. Avec ou sans trait d'union. ♦ **dérivé.** *Mots-croisiste*, concurrencé par *cruciverbiste.*

MOT COMPOSÉ Il s'agit de l'association étroite de deux mots : **centre-ville, porte-fenêtre, laisser aller, droits de l'homme** – rarement plus de deux : **contrat à durée déterminée (CDD)** – dont l'un peut ne pas avoir d'autonomie, ce qui se produit fréquemment dans les mots techniques ou « idéologiques », par exemple : **auriculo-ventriculaire, électro-encéphalographie, eurosceptique, thalassothérapie,** etc. : *Le mari d'Hélène est gastro-entérologue et je peux vous garantir que, au pays des médecins, le gastro-entérologue n'est pas le plus pauvre...* (Barbery). On rencontre même des composés dont aucun des éléments n'a d'emploi autonome : **normographe.** Il y a là une source féconde de néologismes, qui renouvelle constamment le stock des mots disponibles.

MOTEL emploi et sens. Cet anglicisme est passé facilement dans notre langue. Bien motivé, il évoque à la fois « hôtel » et « véhicule à moteur », et son sens est effectivement : « hôtel pour automobilistes, situé à proximité des routes » : *Depuis, motels, drugstores, cafétérias, sont venus, fonctionnels et sans charme, s'aligner le long de la route* (*Le Monde*).

MOTEUR forme. Fém. *motrice.* → FREIN.

MOTIF au motif de ou **que.** Ces formules, initialement employées dans la langue juridique, se sont étendues au registre littéraire au sens de « en raison de ce que, parce que » : *Les États-Unis, qui l'ont longtemps soutenu au motif de la guerre contre le terrorisme, considèrent aujourd'hui que son maintien au pouvoir ne présente plus les mêmes avantages que par le passé* (G. Paris, *Le Monde*, 06/06/2011). *Violette Grelier n'avait certainement pas lu Marx, au motif qu'il ne figurait dans aucune liste de produits nettoyants pour argenterie de riches* (Barbery).

MOTO orth. Plur. *des motos.* ♦ **constr.** On peut dire **aller à** ou **en moto**. → À.

MOTORISER emploi et sens. Le sens premier « munir d'un moteur » est rare, et l'on trouve plus fréquemment un emploi collectif : *L'agriculture s'est considérablement motorisée depuis un demi-siècle*, c'est-à-dire « s'est équipée d'engins à moteur ». L'application de ce verbe, surtout sous la forme passive, à un être humain, appartient uniquement au registre fam. Le sens est alors « pourvu d'une voiture » : *Lou est présent dans chaque voiture qui passe, peut-être a-t-il touché le gros paquet et s'est-il motorisé* (Sarrazin).

MOTS-CROISISTE → MOT et CRUCIVERBISTE.

« MOTU PROPRIO » forme. Invar. : *des motu proprio.*

<u>**MOT-VALISE**</u> On appelle ainsi des mots composés dans lesquels les éléments se sont télescopés, au point que l'un s'est raccourci pour s'associer à l'autre, dans une unité insécable : *Il connaît la mélancolie des restauroutes* (Échenoz). Cf. de même **héliport**, pour « hélicoport », ou **paramoteur**, pour « parachute à moteur », etc. C'est l'Anglais Lewis Carroll qui a inventé ce procédé – devenu fréquent, notamment en littérature – en le baptisant *porte-manteau word.*

MOU forme. → MOL.
□ **mou comme une chiffe.** → CHIFFE.

MOUCHE orth. *Des bateaux-mouches* (avec *s* et trait d'union) mais *des poids mouche* (sans *s*).

MOUCHER constr. Le plus souvent à la voix pronominale : *Il se mouchait toutes les cinq minutes.* On trouve aussi : *moucher un enfant, moucher du sang.* L'emploi intransitif est archaïque.

MOUDRE conjug. Prendre garde à la confusion de certaines formes, par exemple *je moulais*, avec celles du verbe **mouler**. → APPENDICE GRAMMATICAL.

MOUFFETTE forme. On trouve aussi **moufette, mofette.** → SCONSE.

MOUFLE orth. Un seul *f.* ♦ **genre.** Au fém. : « Sorte de gant. » Au masc. : « Système de poulies » ou « vase en terre » ou encore « four à porcelaine ».

MOUJIK orth. La transcription de ce mot russe se fait avec un *i.* Plur. : *Je songe à ces moujiks d'autrefois, sinon d'aujourd'hui, qui, en bonne santé pourtant, sentaient venir la mort* (Schreiber).

MOULT emploi et sens. Ce mot archaïque, qui signifie « beaucoup de », est parfois employé dans un registre plaisant, légèrement ironique : *Après moult batailles contre les coupe-coupe de la direction du budget, M. Jean-Noël Jeanneney, secrétaire d'État à la Communication, peut aujourd'hui faire état d'un budget en hausse* (*Le Monde*, 03/10/1992). *Passe un copain avec une cigarette cousue main, toute boudinée de ces tabacs hétéroclites issus de moult mégots !* (Bialot).

MOUMOUTE orth. Un seul *t.* ♦ **emploi et sens.** Fam., pour « perruque », et parfois « manteau de fourrure ».

MOUQUÈRE orth. Cette forme francisée est préférable à *moukère.*

MOURIR conjug. Toujours avec l'auxiliaire *être.* À la voix pronominale, ce verbe est défectif : *il se meurt, il se mourait* (pas de forme composée ni de futur). ♦ **emploi et sens.** Entre la voix active et la voix pronominale, la différence est surtout stylistique : *Elle se maria avec un instituteur, qui, comme elle, se mourait d'impatience dans un village du Nord* (Duras). Le réfléchi insiste sur l'aspect duratif : *Dès le lendemain, Mme de… se mourait* (Vilmorin).

MOUSCAILLE emploi et sens. Dans la langue populaire, désigne la « misère », comme le substantif **mouise**. Saint-Exupéry le met dans la bouche d'un aviateur, pour désigner la brume : *Bon ! Voilà que je rentre dans la mouscaille.* On connaît mieux l'adj. dérivé : *Il est bien emmouscaillé* (qui sert d'euphémisme à *emmerdé*). → EMMENER.

MOUSSE forme et emploi. Adj. à double genre *(une lame mousse)* auquel on substitue en général à notre époque le participe-adj. *émoussé.*

MOUSTACHE emploi. Le sing. et le plur. s'emploient indifféremment. Cependant le sing. convient mieux aujourd'hui pour désigner un « groupe de poils ne débordant pas sur les joues et ne se divisant pas en deux branches », comme c'est le cas pour les *moustaches à la gauloise* : *Des larmes tremblaient aux vieilles moustaches grises, tombaient une à une sur la chemise crasseuse* (Vidalie). Littré et l'Académie recommandent le sing. : *Son café bu, il se levait, essuyait sa grosse moustache* (Guilloux).

MOÛT orth. Avec un accent circonflexe sur le *u.* ♦ **sens.** « Jus du raisin qui vient d'être pressé » : *Cette odeur très particulière des moûts dont il surveillait la fermentation* (Simon).

MOUTON forme. Le fém. du substantif est **brebis**, celui de l'adj. **moutonne.** ♦ **emploi et sens.** Ce subst. peut s'employer comme adj., mais **moutonnier** est plus courant et il a aussi une valeur plus péjorative : « obéissant et conformiste comme un mouton dans un troupeau » : *Pas plus que moi vous n'êtes homme à confondre le pacifisme raisonné avec le pacifisme moutonnier* (Vercors). **Moutonneux** et **moutonnant** ont toujours une acception fig., et ne s'appliquent qu'au ciel ou à la mer « prenant l'aspect d'une toison ». La désignation technique des caractères propres au mouton s'exprime par l'adj. **ovin.**
□ **à saute-mouton. orth.** Un trait d'union. Locution invar.

MOUVOIR conjug. ⟶ APPENDICE GRAMMATICAL. ♦ **emploi.** Ce verbe difficile à conjuguer est fortement concurrencé dans la langue courante par *bouger, déplacer, remuer,* etc. : *L'espace où se meuvent les mortels* (Valéry). *Les bras et les jambes ne se mouvaient pas de la même façon* (Labro). ⟶ MÛ.

MOYEN emploi. Ce substantif entre dans la composition de nombreuses locutions courantes ou populaires : *M. le curé, s'il a de la visite, il n'y a plus moyen de s'en dépêtrer* (Giono). Ce tour peut s'abréger, et la phrase passe tout entière à la forme interrogative ou exclamative : *Et le moyen de ne pas donner tort à celle qui, étant sa femme, avait la maladresse de se gâter ce bonheur !* (Rolland). On dit aussi : *Quel moyen... ?*
□ **avoir les moyens.** Au sens de « ressources matérielles ou intellectuelles », le substantif se rencontre presque toujours au plur. : *Un charmant secrétaire qu'elle a réussi à extorquer pour trois cents francs à une vieille rentière de tout petits moyens qui habite rue Guénégaud* (Romains).
□ **tâcher moyen.** Contraction de « tâcher de trouver le moyen de » : *Eh ! les poteaux, j'tez-en un coup, tâchez moyen de m'décrotter ça en cinq sec* (Barbusse). Tour populaire.
□ **il n'y a pas moyen de moyenner.** Tour fantaisiste et populaire qu'on ne saurait recommander, sinon par plaisanterie.
□ **Moyen Âge. orth.** Les deux éléments sont toujours séparés dans le mot composé, qui s'écrit sans trait d'union, avec deux majuscules quand il est subst. et deux minuscules quand il est adj. : *un costume du Moyen Âge,* mais *un costume moyen âge.* Le dérivé *moyenâgeux* s'écrit en un seul mot, avec un seul *n,* et prend l'accent circonflexe. ⟶ MÉDIÉVAL.
□ **moyen-courrier. orth.** Trait d'union. Plur. *des moyens-courriers.*
□ **moyen terme** ⟶ TERME.

MST ⟶ MALADIE.

MÛ orth. Part. passé du verbe *mouvoir.* Prend un accent circonflexe au masculin sing. seulement. ⟶ CIRCONFLEXE.

MUCOVISCIDOSE orth. On prendra garde aux deux consonnes *sc* qui rendent le son [s]. ♦ **sens.** « Grave maladie des glandes exocrines. »

MUCUS prononc. [mykys]. ♦ **sens.** « Liquide visqueux tapissant certaines muqueuses. » S'emploie toujours au sing. On peut préférer **mucosité** (sing. et plur.), qui a une forme française et un sens équivalent.

MUEZZIN prononc. [muedzin]. ♦ **sens.** « Fonctionnaire religieux, musulman attaché à une mosquée » : *Venue de la plus haute tour et portée par la brise, la voix du muezzin déroule ses intermittences* (Maïssa Bey).

MUFLE orth. Un seul *f.*

MUFTI orth. Celle-ci, plus simple, doit être préférée à *muphti.*

MUGIR ⟶ MEUGLER.

MULASSIER (adjectif) **sens.** « Qui se rapporte au mulet », dans le domaine vétérinaire, tandis que **muletier** ne s'applique guère qu'à un *chemin* ou à une *piste.*

MULÂTRE forme. Unique pour les deux genres comme adj. : *une jeune fille mulâtre*, mais le substantif fait *mulâtresse.* ♦ **sens.** Il est plus restreint que celui de **métis** (⟶ ce mot) et s'applique à « celui qui est issu d'un Blanc et d'une Noire ou d'une Blanche et d'un Noir » : *Le grand infirmier mulâtre (antillais, sans doute) qui venait me chercher tous les deux jours* (Simon). ⟶ QUARTERON.

MULTI- orth. Les mots composés sur cet élément s'écrivent sans trait d'union : *multiforme, multinationale,* etc. *Nous avons devant nous les villes dont les multinationales mafieuses possèdent les clés* (Volodine).

MULTIPLICANDE et **MULTIPLICATEUR sens.** Le premier de ces deux mots exprime, dans une multiplication, celui des facteurs qui est énoncé le premier (*deux* dans 2 × 3 = 6, *deux multiplié par trois font six*) ; le second exprime le second facteur (ici, *trois*).

MULTIPLIER forme. Au sens de « proliférer », l'emploi intransitif est désuet. On dit : *se multiplier.*

MULTITUDE constr. ⟶ COLLECTIF et FOULE.

MUNIFICENCE sens. Substantif littéraire et rare, « générosité dans l'accueil », à ne pas confondre avec **magnificence**, qui renvoie à une idée de « richesse ou de luxe éclatant » : *Recevoir ses amis avec munificence.*

MUNITION emploi. Très rare au sing. : *Je m'en vais voir si les Orihuela apportent la munition* (Peyré).

MUPHTI ⟶ MUFTI.

MÛRISSAGE forme. On emploie également *mûrissement.*

MUSARDISE forme. On emploie également *musarderie.* ♦ **sens.** « Action de musarder, de flâner. » ⟶ MUSER.

MUSCAT forme. Le fém. *muscate* est acceptable. Colette lui a donné ses lettres de noblesse. ♦ **emploi et sens.** Le mot *muscat* est surtout employé comme substantif, au sens de « vin fait avec des raisins muscats, c'est-à-dire à odeur de musc ». Ne pas confondre avec **muscade**, ou **noix de muscade**, graine du **muscadier**.

MUSELER conjug. Comme *appeler.* ⟶ APPENDICE GRAMMATICAL.

MUSELLEMENT orth. Avec deux *l* et non un accent grave.

MUSER emploi et sens. Verbe vieilli et rare, concurrencé ainsi que **musarder**, par **flâner**, ou, dans le registre fam. **se baguenauder**. Il existe aussi un sens spécial, en vénerie : « Entrer en rut, en parlant du cerf. » ⟶ MUSARDISE.

MUSÉUM forme. Avec un accent aigu, ce mot latin étant francisé. Plur. *des muséums.*

MUSIC-HALL orth. Plur. *music-halls.* S'écrit toujours avec un trait d'union.

MUSIQUE emploi. Le tour **mettre en musique** (un projet, une réforme, etc.) est courant dans les médias, mais cette métaphore n'ajoute pas grand-chose à **mettre en œuvre, concrétiser, appliquer**, etc. : *Le patron de la police nationale a mis en musique, pendant cinq ans, les idées virevoltantes de son* *ministre* (P. Smolar, *Le Monde*, 18/05/2007). On rencontre également le dérivé **mise en musique** : *Il devient aujourd'hui le responsable de la mise en musique de sa politique, en matière de sécurité* (*Id.*, *Le Monde*, 25/05/2007).

MUST emploi et sens. Cet anglicisme branché signifie, depuis le début des années 80, « ce qu'il faut faire pour se situer dans la mode, pour être « tendance » : *En face du Centre Pompidou se trouve l'école Saint-Merri. Un véritable « must » ! Elle accueille les enfants de cette partie du Marais où la densité d'HLM est singulièrement faible* (Jonquet). *Le jeune lieutenant à peine sorti de l'école militaire, fine moustache, cheveux luisants de gomina – un must à l'époque* (Saumont).

MUSULMAN emploi. On écrit sans majuscule *un musulman, un chrétien*, etc.

MUTIQUE emploi et sens. Cet adj. appartenant au domaine médical ne se confond pas avec **muet** : il signifie « qui refuse de parler » : *Elle est blonde, très maquillée, aussi ouverte et volubile que ses compagnons sont raides et mutiques* (Wiazemsky). *Deux plus jeunes* [employés des pompes funèbres], *avec des lunettes noires, mutiques, sérieux* (Toussaint).

MUTUEL, MUTUELLEMENT → RÉCIPROQUE.

MYOPATHIE orth. Ne pas oublier le *y*, issu du grec *mus*, « muscle ». ♦ **sens.** « Grave atrophie musculaire », dont souffrent les *myopathes.*

MYRIADE emploi et sens. Exactement : « dizaine de mille ». Substantif à valeur emphatique, employé pour évoquer « une immense quantité » : *Le plus savant homme de notre temps est privé de myriades et encore de myriades de connaissances dont il peut être curieux* (Alain).

MYRMIDON sens. « Être chétif. » Ne pas confondre avec **mirmillon**, « gladiateur romain ».

MYROBOLAN emploi et sens. « Vieux nom donné en pharmacie aux fruits séchés de certains arbres exotiques, employés comme remèdes. » Ne pas confondre avec **mirobolant**, « fabuleux », dans un registre fam.

MYRTE genre. Masc. *le myrte* (mais *la myrrhe* des Rois mages).

MYSTIFIER sens. « Tromper en abusant de la crédulité de quelqu'un », mais plus souvent aujourd'hui « duper par une tromperie collective » : *L'homme raciste est d'abord un homme mystifié* (*Le Monde*). Ce mot a subi l'influence sémantique de **mythe.** → DÉMYSTIFIER et MYTHIFIER.

MYTHE, LÉGENDE, MYTHOLOGIE emploi. La **légende** est un simple « récit imaginaire, le plus souvent à caractère merveilleux ». Le **mythe** comporte une signification symbolique ou une figuration allégorique. La **mythologie** est l'histoire des dieux et des héros (*la mythologie grecque, scandinave*, etc.).

MYTHIFIER emploi et sens. Néologisme qui signifie, en emploi transitif, « transformer en mythe ». L'emploi intransitif, « construire un mythe », est encore rare : *Il y a tant de mythes en nous qu'on ne peut en parler sans mythifier encore* (Valéry). → DÉMYSTIFIER.

N

NABI orth. Plur. *les nabis.* ♦ **sens.** « Personne inspirée par Dieu [= prophète] », chez les Hébreux, et, aujourd'hui, « nom que se donna à la fin du XIXe s. un mouvement de jeunes peintres indépendants ».

NÆVUS forme. Plur. *des nævi.* ♦ **sens.** « Maladie de la peau. »

NAGUÈRE orth. S'est écrit parfois avec *s* : *Lui, naguères si beau, qu'il est comique et laid* (Baudelaire). ♦ **sens.** Adv. signifiant « il y a peu de temps » : *Le Café Napolitain, sur les boulevards, eut naguère une grande vogue comme café littéraire* (Apollinaire). *Il paraissait mieux que naguère tout dévoué à leur service* (Dhôtel). S'oppose à **jadis.** → ce mot.

NAÏADE sens. « Divinité des sources et des ruisseaux. » Ne pas confondre avec **dryade**, « déesse des forêts », **néréide**, « nymphe habitant les grottes sous-marines » et **oréade**, « nymphe des grottes et des montagnes ».

NAIN emploi. Le pléonasme **petit nain** est passé dans l'usage et donc tolérable pour désigner certains personnages des récits ou légendes destinés aux enfants. Il est à éviter dans les autres cas.

NAÎTRE conjug. → APPENDICE GRAMMATICAL. ♦ **orth.** Ce verbe prend un accent circonflexe sur le *i* dans toutes les formes où cette lettre précède un *t.*

□ **c'est un chanteur-né.** Le participe **né** sert souvent de suffixe pour souligner l'idée de « vocation prédestinée ». On le joint au subst. qui précède par un trait d'union. Il prend la marque du plur. : *Cet ambassadeur-né était parti en Abyssinie* (Malraux).

□ **mort-né** → MORT.

□ **nouveau-né, premier-né** → NOUVEAU- et PREMIER-NÉ.

NANKIN forme. Invar. comme adj. de couleur. → COULEUR.

NAPHTALÈNE et **NAPHTALINE forme.** La seconde forme est le nom courant (fém.) du produit désigné en chimie par la première forme, de genre masc.

NAPHTE genre. Aujourd'hui masc. : *Le naphte.*

NARCO orth. Les composés ne prennent jamais de trait d'union : on écrit *narcoanalyse, narcothérapie, narcomanie*, etc. Le trafic grandissant de la drogue favorise les néologismes tels que *narcodollars, narcotrafic*, etc. : *Dans la traque contre les narcodollars, les Européens veulent de l'efficacité* (*L'Est Républicain*, 29/09/1992). *Le scandale Yomagate, une affaire de blanchiment d'argent de narcotrafiquants en Argentine* (Bole-Richard, *Le Monde*, 06/06/1992). On rencontre même **narcoleptique**, au fig., comme syn. de *soporifique* : *Même dans les plus narcoleptiques des conférences, l'ex-rebelle parvenait à faire rire toutes les audiences* (J.-Ph. Rémy, *Le Monde*, 20/05/2011).

NARGUILÉ orth. S'écrit également *narghilé.* ♦ **sens.** « Pipe orientale. »

NASAL forme. Masc. plur. de cet adj. : *nasaux.* La forme *nasals* aurait l'avantage d'éviter l'homonymie avec *naseaux.* → ce mot, et BANAL, FINAL, NAVAL, etc.

NASEAUX orth. et emploi. Ce mot, qui prend un *e*, ne s'emploie guère qu'au plur., en parlant des animaux. Mais les dictionnaires attestent le sing. *naseau.*

NATIF emploi. La locution *né natif* est un pléonasme populaire. **Natif** signifie : « Originaire, qui est né dans une famille de » : *La Jaguar noire, artistement conduite par Luciano, natif de Ravenne* (Rivoyre). *Les natifs* peut signifier aussi *les indigènes.*

NATIONAL-SOCIALISTE orth. Invar. au fém. : *La doctrine national-socialiste.* Fait au plur. : *nationaux-socialistes. Ils durent verser une somme, avec laquelle la Kommandantur acheta des ouvrages nationaux-socialistes* (Semprun). ⟶ NAZI.

NATURE emploi. Comme adj., demeure invar. : *Il se dit qu'il n'avait jamais triché. On l'aimait nature, comme il buvait son scotch* (Godbout). *Il préfère manger ses yaourts nature. Ils sont tellement nature qu'ils ont dit cela sans songer à mal.* ⟶ NATUREL (AU).
□ **en nature.** Cette locution s'oppose pour le sens à *en espèces, en argent,* dans *payer en nature.*
□ **de nature.** En valeur d'adv., cette locution équivaut à *naturellement* : *La jalousie empoisonna tout à fait François, qui était emporté de nature* (Aragon). Ce tour est plus fam. que *d'une nature emportée,* qui a sensiblement le même sens.

NATUREL (AU) sens. Cette locution s'emploie comme *nature* (⟶ ce mot) : *du thon au naturel* ou *du thon nature,* ou, moins souvent, comme *de façon simple et naturelle, sans préparation* : *Il jouait les aigris au naturel et n'avait nul besoin de composer.*

NATURELLEMENT emploi. Avec **que**, forme un début de phrase soulignant une « évidence » ; assez répandu dans le registre pop. : *Naturellement que si votre idée était vraie, ça changerait le cours des choses* (Romains). *Et naturellement qu'il n'oubliait jamais dans sa clientèle ouvrière d'appeler l'abbé quand il en était besoin* (Aragon). La langue soutenue dirait plutôt : *Et naturellement il...* ⟶ APPAREMMENT, BIEN (SÛR), HEUREUSEMENT, etc.

NATURE MORTE orth. Pas de trait d'union. Plur. *des natures mortes.*

NAUSÉABOND et **NAUSÉEUX sens.** Ces deux adj. ne sont pas tout à fait syn. : le premier, toujours actif, signifie « qui écœure », surtout en parlant d'une odeur : *Un jet de liquide nauséabond et visqueux jaillissait de ses entrailles* (Semprun), ou, plus largement, « répugnant » ; le second « qui provoque des nausées » (actif) et « qui souffre de nausées » (passif).

NAUTONIER orth. Avec un seul *n.*

NAVAL forme. Masc. plur. *(chantiers) navals.* ⟶ -AL.

NAVIGANT ou **NAVIGUANT orth.** La première forme est seulement celle de l'adj. ou subst. : *Le personnel navigant de la compagnie Air Inter est en grève depuis ce matin* (*Le Monde*). *Les navigants* : ce terme s'emploie dans la marine et dans l'aéronautique. **Naviguant** est la forme du participe : *C'est vous qui voulez rejoindre les Indes en naviguant vers l'Ouest ?* (Claudel). ♦ **dérivés.** On écrira sans *u* après le *g* : *navigable* et *navigateur, navigation, navigabilité,* etc.

NAVIRE Pour l'orthographe et le genre des noms de navire ⟶ BATEAU.

NAZI forme. Ce mot, qui est une abréviation de *national-socialiste,* peut prendre les marques habituelles de genre et de nombre, malgré les hésitations de certains à écrire **la défaite nazie** : *Une douzaine de personnes au moins que les nazis eussent été heureux d'emprisonner ou de déporter* (Vercors).

NE emploi. En français moderne, la négation est généralement marquée par *ne,* devant le verbe suivi d'un « contrefort » : *pas, point, plus, jamais,* ou d'un indéfini de valeur semi-négative : *aucun, nul, rien, personne...*
□ **ne s'emploie seul dans les cas suivants** :
1) Dans certaines phrases sentencieuses ou locutions figées : *Il n'est jeu si passionnant qui ne soit aussitôt interrompu* (Duhamel). *Il avait l'air on ne peut plus allègre* (Romains).

C'est le neveu de Parencloud. Qui ne connaît ses aventures dans le bas de la vallée ? (Dhôtel) et dans les tours *Si ce n'est, n'était, ne fût-ce que, ne vous déplaise, n'empêche que, n'importe.* **2)** Avec les verbes *cesser, oser, pouvoir, savoir.* → ces verbes. **3)** Après *savoir* en phrase d'interrogation indirecte : *Ne sachant que dire.* **4)** Après *que*, en fonction d'adv., dans des tours interrogatifs ou exclamatifs : *Que son fils n'était-il présent !* (Châteaubriant). → QUE. **5)** Dans la langue soutenue, certains auteurs, par imitation de la syntaxe classique, emploient *ne* seul, là où l'on s'attendrait à trouver un contrefort négatif : *Ne voulait-il manger dans sa maison ?* (Mauriac).

□ **ne dit explétif.** Dans certaines propositions subordonnées (comparatives, complétives ou circonstancielles), **ne**, sans exprimer une négation de plein exercice, s'emploie régulièrement pour marquer une nuance négative. **1)** Comparatives. Après les comparatifs d'inégalité, *davantage, plus, moins, mieux, meilleur, pire, moindre* : *Ils sont plus puissants que Louis XIV ou Napoléon ne le furent jamais* (Maurois). *L'âme de saint François était plus belle que n'est la mienne* (France). *Je suis donc condamné à gagner peu, moins que ne l'exigent des besoins réduits au minimum* (Romains). *C'est moins gai que je n'aurais cru* (Beckett). Même construction avec *autre, autrement* : *Tu ne peux plus agir autrement que tu ne ferais, animé par la foi la plus vive* (Gide). → MOINS, PLUS, PIRE, PLUTÔT, QUE, PRÉFÉRER. **2)** Complétives, introduites par les verbes *craindre, avoir peur, redouter, empêcher, éviter* et locutions de même sens : *En prévenant mon père, je craindrais qu'il ne m'interdît toute relation avec Jean de la Sorgue* (Mac Orlan). *Il était comme un homme qui retient son souffle et craint de respirer, de peur que l'illusion ne cesse (id.). De crainte que l'une des deux blessées ne fût endormie* (Alain-Fournier). → PEUR. *Empêche aussi que la discussion ne dévie ou ne s'éternise* (Vildrac). *Pour éviter que les conversations ne devinssent difficiles* (Maurois). → GARDE. **3)** Temporelles, introduites par *avant que.* L'emploi de *ne* est fréquent, surtout lorsque la phrase exprime une intention : *Allez-vous-en avant qu'Oriane ne redescende* (Proust). *Dis, mon petit, avant qu'elle n'entre ici, tu fileras, n'est-ce pas ?* (Vildrac). *Je veux arriver avant que le train ne s'ébranle* (Thérive). *Mes yeux ne quittaient jamais ma victime avant même qu'elle ne se fût effondrée* (Mauriac). *Ils se dépêchent pour arriver avec une bonne loi, ou une organisation impeccable, avant que la terre ne soit déserte* (Camus). **4)** Après *à moins que* : *Elle oubliera. À moins qu'elle ne meure, pensais-je* (Mauriac). *À moins que dans l'intervalle ne fût entrée M*[me] *Verdurin* (Proust). *À moins qu'il ne s'avisât de faire de la morale* (Peyrefitte). *Ce jour-là, nous « tournions » un film de cow-boys, à moins que ce fût une histoire de gangsters* (Diwo). → HORMIS. **5)** Après *sans que*, l'emploi de *ne* est inutile. → SANS. ♦ **Remarque** sur ces emplois du *ne*, dit explétif : ils ne sont jamais obligatoires et les grammaires (notamment *Le Bon Usage*) donnent des listes d'exemples où ce *ne* est omis.

□ **que... ne.** Lorsque la conjonction *que* a la valeur de « avant que, à moins que, sans que, de peur que », **ne** est indispensable : *Elle ne les lâcha plus qu'elle n'en eût extrait jusqu'à la dernière ligne* (Rolland). → QUE.

□ **ne... que.** Ce tour a une valeur restrictive et équivaut à « seulement » ; aussi évitera-t-on de lui adjoindre cet adv. (ainsi que *simplement*), parfaitement inutile : *Toute question de l'esprit à l'esprit même n'est, et ne peut être, qu'une naïveté* (Valéry). *Ses projets ne rencontrent partout que le scepticisme et l'ironie* (Claudel). *J'ai mieux réussi que lui auquel nos parents prédisaient un brillant avenir et qui n'a jamais fait qu'errer, que végéter, jusqu'au naufrage des dernières années* (Pontalis). Le pléonasme est fréquent dans le registre populaire : *Crois-moi, mon trésor, tu n'as simplement qu'à ne pas lui faire tuer sa femme* (Queneau).

□ **ne... pas que.** Pour nier la restriction marquée par **ne... que...**, on se sert aujourd'hui de la locution **ne... pas que...** Ce tour a été dénoncé par les puristes, ce qui n'empêche pas nos meilleurs écrivains d'en user régulièrement : *Mais il n'y avait pas que des louvards* (Giono). *Tu n'es pas qu'un pur et étincelant esprit de chat* (Colette). *Vous n'avez pas qu'une seule corde à votre arc* (Queneau). *Tout de même, ma mère, ce n'était pas qu'un ventre* (Perry). *Elle n'est pas remplie que de* *noble mélancolie et de souvenirs* (Barrès). À cette liste d'exemples, on pourra ajouter les quelque soixante citations alléguées par Grevisse (*Le Bon Usage*, § 889). On peut donc conclure que le tour négatif *Je n'ai pas qu'un ami* s'oppose en toute rigueur et exactement au tour positif *Je n'ai qu'un ami.*

□ **ellipse de ne. 1)** En phrase interrogative (ou exclamative), la langue fam. (ou littéraire) fait souvent l'ellipse de **ne** devant **pas** ou **point** : *Noire du Voison – dirait-on pas un nom de noblesse paysanne ?* (Colette). *Croirait-on pas que vous avez le monopole de la clairvoyance ?* (Vildrac). *Était-il pas plus raisonnable de se réserver, d'attendre pour juger... ?* (Hériat). *Connais-tu point quelque remède spécifique ?* (Valéry). Ce tour se retrouve en poésie, où il permet d'équilibrer le vers en gagnant une syllabe : *Vais-je pas m'efforcer et prendre un air funeste ?* (Hugo). **2)** En phrases elliptiques sans verbe exprimé, ou dans lesquelles le mot négatif ne s'applique pas directement au verbe : *Un jardin pas très grand, pas très beau* (Gide). *Je me sentais bien reposé, point faible, joyeux* (*id.*). *Vous les connaissez ? – Pas plus que ça* (Romains). *Mais vous avez un restaurant pas très loin d'ici, la jeune fille vous indiquera* (Butor). *J'étais à l'aise en tout, il est vrai, mais en même temps satisfait de rien* (Camus). *Pas rancunière, j'étais venue rapporter à mon patron la veste qu'il avait oubliée* (Orsenna). **3)** Les registres fam. et pop. suppriment constamment le **ne** : *« J'attends une bonne cliente. Elle ne peut pas tarder. – Traîne pas trop », reprit l'agent* (Kessel). *Plaise ou non, le « ne » négatif disparaît à toute vitesse de la langue parlée. Il faut vraiment se surveiller pour dire : « Je ne l'ai pas vu »... « Je l'ai pas vu » vient spontanément aux lèvres* (Cavanna). *Je peux pas lui dire ça* (Merle). *Ils disent rien, ils parlent pas, ils sont seulement assis* (Gerber).

□ **ne omis après « on ».** Comme le pronom personnel indéfini **on** se lie dans la prononciation avec le mot suivant si celui-ci commence par une voyelle, il arrive fréquemment qu'un auteur, articulant intérieurement le *n* final de *on*, s'imagine en être quitte avec la négation *ne.* Cette « illusion acoustique » (Le Bidois) joue parfois dans des cas où le *ne* est indispensable à l'expression de la négation : *On n'a rarement vu une telle arrogance* est fautif, aussi bien que l'inverse : *« On avait plus envie de se quitter », souriait Jean-Claude Mignon* (*Le Monde*, 15/05/1999). Parfois l'écrit littéraire signale le registre populaire par l'absence de *ne* : *Tu sais on a rien touché, on a rien changé* (Adam). Cette omission est particulièrement fréquente dans le cas du *ne* explétif. Nombre de bons auteurs, qui emploient régulièrement ce *ne* dit explétif, l'omettent après le sujet *on* : *(Elle) souffrait moins qu'on eût pu croire* (France). *La lettre était moins terrible qu'on aurait pu s'y attendre* (Daudet). *Là aussi, il faudrait aller plus loin qu'on allait il y a cinquante ans* (Guéhenno). *La perspective du temps et de l'espace empêche qu'on en détruise l'invisibilité* (Cocteau).

□ **pour ne pas que.** Ce tour appartient au registre pop. ⟶ PAS.

□ **n'était, ne fût-ce, ne serait-ce** ⟶ ÊTRE.

□ **que de fois ne l'ai-je pas cherché !** Ce tour, qui mêle l'exclamation à la construction négative, équivaut à une forte affirmation. On ne le trouve que dans la langue littéraire : *Que de fois ne l'avais-je pas cherchée entre les objets séduisants qui remplissaient nos casiers et nos vitrines !* (Mac Orlan). *Si nous partagions vraiment le malheur des autres, quelle société fraternelle ne serait pas déjà la nôtre !* (Vercors). Cet emploi exclamatif se rencontre même sans accompagnement de pronoms-adj. commençant par **que** : *Un de mes amis ne veut-il pas m'emmener à Venise !* (Allen). ⟶ AUCUN, JAMAIS, PAS, PERSONNE, RIEN, etc.

NÉ emploi et sens. Dans un contexte aristocratique, l'adj. **né** signifiait à lui tout seul « issu d'une famille noble » : *Il avait envié souvent aux gens qui n'étaient point « nés » leur appétit de l'existence* (Kessel). On rencontre plus couramment le tour **bien né** : *Une petite session dans le genre conversation automnale au coin du feu entre gens bien nés* (Barbery). ⟶ DERNIER, NAÎTRE, NATIF, MORT, NOUVEAU, PREMIER.

NÉBULEUX et **NUAGEUX emploi et sens.** Le premier de ces deux mots est fréquent surtout au fig., et évoque l'idée de « confusion mentale » : *La pensée de ce philosophe est des plus nébuleuses. Il échafaude sans cesse on ne sait quels rêves nébuleux.* Le second est courant au sens propre, notamment dans le domaine de la météorologie : *Le temps est si nuageux qu'il faut allumer la lampe en plein jour.*

NÉCESSITANT emploi et sens. En théologie, une *grâce nécessitante* est une grâce « qui contraint l'homme à suivre son inspiration ».

NÉCESSITEUX sens. Syn. vieilli de *pauvre, indigent* : *Une famille nécessiteuse.*

« NEC PLUS ULTRA » orth. Pas de trait d'union. Invar. ♦ **emploi et sens.** Locution latine substantivée, signifiant « ce qu'on trouve de mieux dans le genre ».

NÉFASTE constr. Sous l'influence des adj. *funeste, nocif, nuisible*, on rencontre souvent le tour **néfaste à**, qu'il est aujourd'hui difficile de refuser : *Cette cure de désintoxication lui a été plutôt néfaste.*

NÉGATION double négation. Il faut prêter attention au fait que, parfois, dans une phrase complexe (principale + subordonnée), deux négations peuvent s'annuler, pour fournir une sorte d'affirmation atténuée : *Celui qui a réussi à échapper à l'alcool n'est jamais certain qu'il ne devra pas un jour acquitter ce qu'il doit* (Jourde) [= il pense qu'il devra peut-être un jour acquitter etc.]. *Je ne veux pas dire par là qu'il n'est pas compétent, mais…* [= peut-être est-il compétent, mais…]. *Cela ne signifie pas qu'il n'ait pas de grandes qualités, mais…* → AUCUN, JAMAIS, NE, NI, NON, PAS, PERSONNE, etc.

NÉGLIGENT orth. L'adj. ne prend pas de *a*, ce qui le différencie du part. présent de **négliger** : *un élève négligent*, mais *en négligeant sa tâche.* On écrit : *une quantité négligeable.*

NÉGOCIER emploi. Négocier un virage est un cliché du lexique de la conduite automobile. C'est la traduction de la locution anglaise *to negociate a curve*. Étant donné les progrès techniques, ce tour ne s'emploie plus que dans le contexte des courses automobiles.

NÈGRE forme. Unique pour les deux genres dans le cas de l'adj. : *Ils allèrent dans une boîte nègre où on leur servit du poulet grillé et du whisky de contrebande* (Kessel). Le subst. a pour fém. *négresse* : *L'homme dit quelques mots d'une langue étrangère à son mécanicien, un nègre fort déférent* (Supervielle). ♦ **emploi.** Ce mot étant entaché de colonialisme et de racisme, on lui substitue le plus souvent aujourd'hui la forme **noir(e)**, qui est un doublet plus « neutre » : *Voilà le train, je trouve une place dans la dernière voiture, autour de moi deux Noirs parlent et rient* (Bauchau). *Le problème noir se pose aux États-Unis d'une façon aiguë. Les Noirs et les Blancs* (désignent les personnes, avec majuscules). **Nègre** subsiste dans les emplois fig. : *travailler comme un nègre, le nègre d'un écrivain*, etc. On conserve d'autre part : *l'art nègre, la musique nègre.* La défense de la **négritude**, à partir de 1935, avec Senghor et Césaire, entre autres, a cependant quelque peu réhabilité le mot **nègre** et brisé son tabou.

NEGRO-SPIRITUAL prononc. [...spiritwɔl]. ♦ **orth.** Avec un trait d'union et sans accent sur le *e*. Plur. *des negro-spirituals.* ♦ **emploi et sens.** Ce mot s'est bien acclimaté chez nous, malgré sa forme qui résiste à la francisation. Il désigne les chants religieux des Noirs américains. Souvent abrégé en **spiritual**.

NENNI emploi et sens. Ce vieux mot français, que l'on rencontre dans le dicton *Comtois, rends-toi – Nenny, ma foi !* et qui est une sorte de « Non ! » renforcé, s'emploie encore parfois avec une intention ironique et souvent précédé de *que* : *La conscience réflexive influe-t-elle bénéfiquement sur l'ordre des démangeaisons ? Que nenni* (Barbery).

NÉNUPHAR orth. Pas de *d* final. La forme officielle est *nénuphar*, avec *-ph-*, mais on rencontre parfois **nénufar**. L'origine de ce mot étant arabe, la transcription par *-ph-* ne s'impose nullement.

NÉO- orth. Le trait d'union est employé de façon extrêmement variable dans les composés. Ceux-ci prennent un trait d'union, à l'exception des mots suivants, qui s'écrivent en un seul mot : *néoblaste, néocomien, néocortex, néodyme, néogène, néoglucogenèse, néogothique, néolithique, néologisme, néomycine, néophyte, néoplasme, néoprène, néoténie.* On écrira donc *néo-calédonien, néo-classicisme, néo-colonialisme, néo-criticisme, néo-impressionnisme, néo-réalisme* (et *néo-réaliste*), *néo-romantisme* (et *néo-romantique*), etc. bien que Robert, entre autres, supprime systématiquement le trait d'union dans les composés à sens idéologique. ♦ **emploi.** Ce préfixe est très productif et permet de fabriquer de nombreux adj. ou subst. : *En Chine, l'offensive des « néomaoïstes » pour un durcissement du régime* (*Le Monde*, 25/04/2011). Il ne faut pas en abuser, comme font certains journalistes, et se rappeler l'existence de l'adj. **nouveau.** Il est vrai que le grec ancien nous a donné l'exemple d'une grande liberté créatrice dans ce domaine.

<u>NÉOLOGIE</u> ou <u>NÉOLOGISME</u> **sens.** Le premier mot, vieilli, désigne plutôt la pratique consistant à « innover en matière de lexique », tandis que le second désigne le plus souvent l'« innovation » elle-même. On rencontre beaucoup de néologismes dans les médias, mais également chez les auteurs littéraires, les théoriciens, les essayistes, et même les poètes ! Il est assez naturel de créer des mots quand on pense, de bonne foi, qu'aucun de ceux qui existent n'est apte à rendre une pensée ou une idée « particulière ». En voici quelques exemples : *paléobaleinières, échodoppler* (Échenoz), *démocratisatrice* (*Le Monde*, 28/05/2007), *inécriture, toussitude* (Schreiber), *introjecter* (Bauchau). *Il ne pouvait pas leur parler sans percevoir chez eux une arrière-pensée, une* ***arrière-angoisse*** *qui le démoralisaient* (Kessel). *Lorsqu'il eut dompté sa* ***craintitude****, il adopta une ruse de compère Lapin* (Confiant). *Une* ***vieillarderie*** *très protégée* (Schreiber). *Jamais je n'aurai aussi fortement senti la proximité, la* ***prochaineté*** *de quelqu'un* (Semprun). *Il stationnait avec une application* ***stuporeuse*** *devant la plate-bande* (Barbery). *C'est quand même une drôle de conception de la vie que de vouloir devenir adulte en imitant tout ce qu'il y a de plus catastrophique dans l'****adultitude*** (Barbery). *En Tunisie, où les filles sont comparées à des gazelles, on dirait qu'il est* ***gazellement*** *beau* (Fottorino). *Elle est un peu sophistiquée, mais c'est la* ***citadinité*** *qui le veut* (Khadra). *Le bon gros 4 x 4 reste une valeur sûre pour des acheteurs en quête de «* ***rassurance*** *» qui apprécient d'être installés en hauteur* (J.-M. Normand, *Le Monde*, 17/06/2011). *Le Consortium de réalisation (CDR), la structure de* ***défaisance*** *du Crédit Lyonnais* (P. Roger, *Le Monde*, 19/08/2011). Il ne faut pas se moquer trop vite des néologismes d'auteur, car ils peuvent n'être qu'apparents : par exemple, par rapport à la citation de Barbery, **adultisme** existe bel et bien (en opposition à **infantilisme**), même s'il est fort peu employé... Ou encore : **pervertissement** existe depuis le XVe s., avec un sens fort proche de **perversion** (qui date... de la même époque) ! De même, **ridiculité** peut apparaître à des lecteurs mal informés aussi barbare et... ridicule qu'une certaine **bravitude** : mais, ce mot est attesté en 1610 par Béroalde de Verville, sous la forme *ridiculeté* et il est très apprécié et employé par le jeune Stendhal dans son *Journal*, au début du XIXe s. : or, le vocabulaire de ce grand auteur est un des plus simples et clairement « français » qui soient, ce qui ne l'a pas empêché dans sa jeunesse de « fabriquer » à foison des formes telles que **comiquer, funester, impeignable, noblifier**, etc. qui évidemment « n'existent pas » ! Mais bien sûr, tout le monde n'est pas Stendhal ! D'autre part, un néologisme n'est pas nécessairement un **barbarisme** (→ ce mot) : *À quel point de vue ? – Esthétique, séductionnel. – Le mot « séductionnel » n'existe pas* (Vargas). Et cependant cet adj. est bien formé, comme *conventionnel, optionnel, traditionnel*, etc. : ce n'est pas un barbarisme ! → -ISER, -ISME et EMPRUNT.

NÉOPHYTE sens. Autrefois, ce mot s'appliquait à « une personne récemment convertie au christianisme et baptisée ». Aujourd'hui, son emploi est surtout fig. et légèrement ironique. Il désigne une « personne ayant récemment adopté une théorie, choisi un parti », etc.

NERVOSISME sens. « État de déséquilibre nerveux, syndrome d'une maladie sociale. » Ce mot existe, et ne se confond nullement avec **nervosité**, qui présente toujours un caractère passager, momentané, ni avec **névrose** (dont le dérivé est **névrotique** et non pas *névrosique*), qui désigne une affection nerveuse durable, liée à la vie psychique du malade.

NET prononc. Le *t* final se fait toujours entendre : [nɛt]. ♦ **emploi et forme.** Quand cet adj. a une valeur d'adv., il demeure invar. : *Elle a été tuée net.*

NETTOYAGE emploi. La locution *nettoyage par le vide*, bien que très inexacte, et fort peu scientifique, est répandue dans le registre fam. **Nettoiement** est d'un emploi plus technique et plus administratif : *Le service du nettoiement.*

NEUF (numéral) **prononc.** Le *f* final se prononce [f] dans la plupart des cas, et même devant une voyelle, bien qu'on dise plutôt [nœvɔm] que [nœfɔm] pour *neuf hommes.*

NEUF (adjectif qualificatif) **emploi et sens.** Cet adj. est souvent substantivé dans la langue courante et employé pour **nouveau** : *Quoi de neuf ? Des spectacles neufs.* Il s'applique surtout au non-animé, et n'apparaît auprès d'un nom de personne que dans des acceptions fig. : *Les peuples neufs croient trop volontiers que tout s'enseigne* (Siegfried). *Pour accomplir cette tâche, il faut un homme neuf. Il est trop neuf dans ce domaine pour pouvoir rendre de grands services.*

□ **à neuf et de neuf.** Ces deux locutions ne se confondent pas. La première signifie « en donnant de nouveau l'apparence du neuf » : *Pour rebâtir à neuf, c'est du sol même qu'il faut partir* (Gide) ; *remettre à neuf, repeindre à neuf.* La seconde signifie « en utilisant des objets ou des vêtements neufs » : *être habillé, vêtu de neuf.*

□ **flambant neuf** ⟶ FLAMBANT et BATTRE.

NEURAL forme. Masc. plur. *neuraux.* ♦ **emploi.** Équivalent scientifique de *nerveux.*

NEURO- orth. Les composés de **neuro-** ne prennent un trait d'union que si le second terme commence par une voyelle : *neurochirurgie, neurovégétatif,* mais *neuro-arthritisme.*

NEUROLOGISTE ou **NEUROLOGUE** ⟶ -LOGISTE.

NEURONE orth. Pas d'accent circonflexe sur le *o*, malgré une tendance croissante à le prononcer [o]. ♦ **genre.** Masc.

NEUTRE emploi et sens. Bien que le neutre ne soit pas une catégorie du genre reconnue en français, il existe cependant de nombreux cas dans lesquels le grammairien est obligé de parler d'un neutre, au moins sur le plan formel : *Quelque chose de beau. Rien de nouveau. À quoi pensez-vous ? Le vrai, le beau, le bon. Ceci tuera cela ! Crois-tu qu'il le sache. – Je le crois. Le comique de la chose, c'est...,* etc. Sur le plan de l'accord, le neutre prend une forme non marquée se confondant avec le masc.

« **NE VARIETUR** » **prononc.** [nevarjetyr]. ♦ **orth.** Pas de trait d'union. ♦ **emploi et sens.** Locution latine servant en général d'adj. dans un très petit nombre de cas, au sens de « définitif, qui ne doit pas être modifié » : *Une édition « ne varietur ».*

NÉVROSE ⟶ NERVOSISME.

NEW-LOOK prononc. [njuluk]. ♦ **orth.** Mot composé invar. ♦ **emploi et sens.** Adj.-subst. fam. s'employant dans les secteurs de la mode, de la politique, etc., pour désigner un « nouveau style ». Cet emprunt vieilli n'apporte rien d'original au français **nouveau style**.

NEZ orth. On écrit, sans trait d'union : *nez à nez, un pied de nez* (mais *un* ou *des cache-nez*).

NI emploi. On ne trouve plus de nos jours cette négation en dehors de la présence d'une autre négation, qui peut être la même : *Car il n'y a plus de fleurs ici, non plus, ni aucune espèce de vie* (Ramuz). *Jamais un jour de maladie, ni de paresse, ni de fatigue* (Némirovsky). *Le Clézio ne fait pas de cours d'histoire ni ne donne de leçons de politique* (*Le Monde*, 08/05/1992). *Contre son habitude il n'avait ni allumé ni bourré sa pipe* (Dhôtel). Le vers célèbre d'Apollinaire : *Ni les amours reviennent* (sans *ne*) est une licence poétique qu'on ne peut imiter.

□ **ni... ni...** Le premier **ni** est parfois supprimé dans un contexte littéraire : *Je ne suis pantin ni marionnette* (Queneau). *Cette ostentation dans le désordre et dans la saleté, parents ni maîtres ne surent y voir une bravade de l'adolescent* (Mauriac). *Le neveu ni l'oncle ne se doutaient que quelqu'un les suivait du regard* (Mauriac). *La mesure, ni la rigueur, ni la profondeur ne les tourmentaient à l'excès* (Valéry).

□ **sujets joints par ni.** Quand deux ou plus de deux sujets au sing. sont joints par *ni*, le verbe se met au plur. ou au sing., selon que les sujets forment un ensemble ou s'excluent l'un l'autre : *Ce n'est pas leur destination, ni même leur figure générale, qui les animent à ce point* (Valéry). *Ni Marie, ni la dame n'étaient encore entrées* (Toussaint). *Ni route ni chemin ne parviennent jusqu'à elles* (Benameur). Si un des sujets coordonnés est au plur., le verbe se met alors obligatoirement au plur. Si **ni** est répété une fois, les deux groupes de mots ne sont pas séparés par une virgule : *Ni les plaintes ni la douleur de son compagnon ne la touchèrent.* Si **ni** est répété plus d'une fois, on sépare les groupes par des virgules : *Ni les militaires, ni les missionnaires, ni les enseignants ne sont liés aux colons* (Malraux).

□ **ni vous ni moi.** Si les sujets joints par *ni* ne sont pas de la même personne, le verbe se met au plur. et à la personne qui a la priorité : *Ni mes cousines ni moi n'avions avec elle une grande intimité* (Gide). *Ni toi ni lui ne pouvez le contester* (Lemaître). Cependant, le verbe reste au sing. si le contexte montre que les deux sujets s'excluent : *Ni vous ni lui n'obtiendra le poste de directeur.* De même, l'accord paraît faux dans cette phrase de Camus que cite Grevisse : *Ni moi ni personne ne pouvons ici les juger.*

□ **et ni.** *Ni superstitieux, ni craintif, ni crédule... – Alors, sceptique ? – Et ni sceptique* (Duhamel). Dans cet exemple, les trois premiers **ni** correspondent à l'usage normal, le quatrième, *et ni*, est insolite et affecté. *Et ni la terre en joie et ni le ciel en flamme, / Rien ne détourne plus du rêve nos deux âmes* (Ch. Guérin). Ce tour est fréquent chez Valéry : *Rien, ni les vieux jardins reflétés par les yeux / Ni la clarté déserte de ma lampe / Et ni la jeune femme allaitant son enfant... ; Je sais bien que tu ne dédaignais pas la douceur des campagnes, la splendeur de la ville, et ni les eaux vives, ni l'ombre délicate du platane.*

□ **ni employé en relation avec sans, ou un terme de valeur négative** : *Une jeune fille sans dot, trousseau ni bijoux* (Colette). *Choisissant* [pour mourir] *une semaine toute blanche, sans crime, ni duel, ni procès célèbre, ni incident politique* (Daudet). *Sans tambour ni trompette.*

□ **ni plus ni moins (que).** *C'est ni plus ni moins des fous* (Proust : c'est Françoise, la bonne, qui parle). Locution familière.

□ **ni sans** → SANS.

□ **ni l'un ni l'autre** → UN (UN + AUTRE) et AUTRE.

NICHE emploi et sens. En économie, on désigne ainsi un segment de marché profitable : *Ces P.M.E. ont su exploiter des niches grâce à leurs innovations ou à leurs coûts maîtrisés. Elles exportent et embauchent* (*Le Monde*, 26/12/2008). La *niche fiscale* désigne une lacune où un vide législatif ou, plus récemment, un dispositif légal permettant de tirer un avantage pécuniaire plus ou moins important.

NICKEL emploi et sens. Dans le registre populaire : « D'une propreté exemplaire. » Le mot, employé comme adj., est alors invar. : *La tradition en est restée : pour un fusil qui est nickel on dit encore qu'il est Langlois* (Giono). Comparer la locution *propre comme un sou neuf.* Au fig., le mot prend le sens de « parfait, excellent » : *Tu remarqueras que, jusqu'à présent, on n'a pas une minute d'écart avec le programme. Tout ça, c'est nickel, Max* (Ravey).

NICKELER conjug. Comme *appeler*. → APPENDICE GRAMMATICAL.

NID orth. Le complément de nom est au sing. quand il désigne un oiseau pris comme « type » : *un nid d'alouette, de mésange, de pinson,* etc. *Son grenier ressemblait à un nid d'aigle.* Il est au plur. quand il désigne d'autres animaux que les oiseaux : *un nid de chenilles, de frelons, de guêpes, de termites* (mais : *un nid d'écureuil*), et dans les emplois fig. ou métaphoriques suivants : *Nos codes sont encore un nid d'injustices* (France). *Il y a sur le coteau un nid de mitrailleuses.* Mais : *Les Allemands se heurtèrent à un nid de résistance.* □ **nid-de-poule** et **nid-d'abeilles.** Dans un sens fig., ces composés prennent généralement un trait d'union : *Elle avait posé la petite serviette blanche en nid-d'abeilles de l'hôtel sur ses genoux* (Toussaint). De même pour **nid-de-pie** au sens de « poste d'observation ».

NIDATION sens. « Implantation de l'œuf fécondé dans la muqueuse utérine, chez les mammifères. » Ne pas confondre avec **nidification**, « art de construire un nid » ou simplement « construction d'un nid ».

NIÈME → -ÉNIÈME.

NIER constr. 1) Avec un infinitif : On supprime couramment la préposition **de** entre ce verbe et son complément à l'infinitif : *Votre associé Ezra nie avoir pris l'argent* (Morand). Mais elle existe encore dans la langue soutenue : *Il nie d'avoir sollicité aucune décoration* (Barrès). **2)** Avec **que** et le subjonctif : *Il fut difficile quelques années de nier que Trotski ait fait l'Armée rouge* (Malraux). *Tu nies qu'Il ait ressuscité Lazare ?* (Anouilh). *On ne peut pas nier que, pour le moment, du moins, il faille des juges, n'est-ce pas ?* (Camus). *Nierez-vous qu'un fils naturel m'ait été volé en bas âge ?* (Anouilh). *Opportune cassure ! Qui nierait qu'elle fût providentielle ?* (Boylesve). L'emploi du *ne* dit explétif est rare : *Nierez-vous que ce ne soit du gazon ?* (Arnoux). *Je ne nie pas que ces interventions ne soient ingénieuses* (France). Exceptionnellement, le verbe est à l'indic. si l'on tient à insister sur la réalité du fait : *Nier cela, c'est nier qu'il fait jour en plein midi* (Martinon).

NIETZSCHÉEN orth. L'orthographe de cet adj., dérivé du nom de *Nietzsche*, est difficile. Respecter l'ordre des consonnes : *-tzsch-*.

NIGAUD forme. Subst. et adj. Le fém. *nigaude* est rare. On le rencontre cependant, dans le registre fam. surtout : *Lui qui ne souhaitait que de disparaître et qui balbutiait de nigaudes excuses* (Mauriac).

N'IMPORTE QUI constr. Les locutions commençant par **n'importe** sont aujourd'hui considérées comme figées, et il ne faut pas y introduire de préposition : *N'hésite pas à t'en servir, contre n'importe qui* (Benoit). *Il acheta tout ce qu'il put, à n'importe quel prix* (Gallo). *Petrograd est devenu une poudrière où n'importe quoi peut éclater à n'importe quel moment* (Wiazemsky). Dire *à n'importe quelle heure* et non pas *n'importe à quelle heure*, qui est un tour archaïque. En postposition, on rencontre parfois *n'importe lequel, laquelle* ou *lesquel(l)(e)s* : *Je prenais des rues n'importe lesquelles, des rues désertes et je roulais au pas* (Adam).

NIPPON orth. Fém. *nippone*, sans doublement du *n*. ♦ **sens**. Syn. de l'adj.-nom plus usuel **japonais** : *Depuis deux jours, trois bâtiments de guerre de la flotte nippone encadrent l'Asama Maru* (de Roulet).

NIRVÂNA orth. Avec un accent circonflexe sur le premier *a*.

NITOUCHE forme. Altération de *n'y... touche pas* (pas de majuscule ni à *sainte* ni à *nitouche*). ♦ **sens.** *Une sainte nitouche*, « une personne (généralement une femme) qui affecte l'innocence ». → SAINT.

NITRE genre. Masc. ♦ **sens.** Ancien nom de l'azotate de potassium.

NITRO orth. Les composés de *nitro* ne prennent pas de trait d'union : *nitrocellulose, nitroglycérine.*

NIVEAU emploi. La locution **au niveau de** est d'un emploi très répandu dans les exposés ou les analyses de caractère didactique. Il ne faut pas en user à tout propos : *Ce qui est parfaitement valable au niveau des techniques proprement dites* (G. Marcel, cité par Le Bidois). *Il y a là un grave problème au niveau de la foi et de la représentation que l'on se fait de l'Église* (Oraison). On a raillé à juste titre l'emploi passe-partout de cette locution : *Toutes ces prépositions, ces conjonctions de truc et de machin, c'était la barbe, trop long à apprendre, trop compliqué. On les a balancées pour n'en retenir que deux :* « *sur* » *et* « *au niveau* »*. Exemple pris en classe de terminale C : Où t'en es sur Flaubert ? – Au niveau Bovary, à la page 35. – Et au niveau temps, ça t'a pris quoi ? – Dix mois. – Ben, dis donc, t'es drôlement fort sur la lecture !* (C. Sarraute, *Le Monde*, 19/10/1991). → PLAN.
□ **à niveau** ou **au niveau.** Ces deux tours sont à peu près équivalents, si ce n'est que le second semble renvoyer à une référence connue de tous : *Quand je ressors je suis juste saoul comme il faut. Juste de quoi être à niveau* (Adam).

NIVÔSE orth. Accent circonflexe sur le *o*, comme dans *pluviôse* et *ventôse* : *Le tableau fut commandé en nivôse – et non pas en ventôse, comme on l'a dit* (Michon).

NÔ orth. Plur. *des nôs.* ♦ **sens.** Terme de théâtre japonais.

NOBILIAIRE (particule) → DE.

NOCES emploi et sens. Au plur., surtout dans des locutions figées : *fêter ses noces de..., nuit de noces, voyage de noces.* Au sing., quand il s'agit de désigner concrètement la « cérémonie du mariage » ou au sens dévié de « débauche » : *Le repas de noce, aller à la noce. Faire la noce.*

NOCTUELLE genre. Fém. ♦ **sens.** « Nom de plusieurs papillons nocturnes. » Ne pas confondre avec la **noctule,** « chauve-souris de grande taille ».

NOËL genre. Masc. *Nous avons eu cette année un Noël glacial.* Mais ce nom est fém. dans la locution figée et ancienne : *à la Noël.* On met une majuscule quand il s'agit de la « fête » ou du « cadeau reçu à cette occasion », mais une minuscule quand le mot désigne un chant : *Les noëls bourguignons, recevoir son petit Noël.*

NŒUD emploi et sens. Cette unité de vitesse correspond à « un mille marin », c'est-à-dire 1852 mètres à l'heure, et s'emploie dans le domaine de la navigation maritime, mais aussi aérienne. On dira *un bateau qui file vingt-trois nœuds* sans ajouter l'expression *à l'heure*, qui ne s'emploie qu'avec le mot *mille : Un bateau qui fait quinze milles à l'heure*, en face de : *Cargo mixte. Deux cheminées ; douze nœuds* (Masson). → MILLE (2).

NOIR (AU) sens. Cette locution adjectivale est couramment employée pour qualifier une tâche, un travail effectué en dehors de la législation courante, pour échapper aux taxes et impôts : *Difficile d'estimer le poids économique de cette* « *éducation de l'ombre* » : *une grande partie de l'activité s'exerce* « *au noir* » (M. Battaglia, *Le Monde*, 17/06/2011). Pendant la guerre de 39-45, il s'agissait de l'abréviation de **au marché noir** : *Un des gardes* [...] *a acheté pour nous, au noir, deux paquets de gauloises* (Bialot). → NÈGRE.

NOISETTE orth. Invar. comme adj. de couleur : *Ses pommettes sont hautes et ses yeux noisette* (Desarthe). → COULEUR.

« NOLI ME TANGERE » emploi et sens. Cette locution latine se comporte comme un subst. masc. invar., au sens de « ulcère rebelle aux remèdes externes habituels », ou bien de « balsamine des bois » (et prend alors deux traits d'union). Le sens premier de ces mots latins est « ne me touche pas ». On les imprime en italique.

NOM emploi et sens. En grammaire, le nom tantôt s'oppose à l'adj., tantôt regroupe le subst. et l'adj., selon les théoriciens. On prendra garde à cette différence de classification : *La classe grammaticale du nom est constituée par le subst. et l'adj. qualificatif* (Grammaire

Larousse du français contemporain). *Le nom est l'élément central du groupe nominal : il y est régulièrement précédé d'un déterminant et peut être accompagné de modificateurs* (Riegel, Pellat et Rioul). → ARTICLE, LE (LA, LES), TITRE, BATEAU, PERSONNE, VILLE, etc.

□ **avoir (pour) nom. emploi et sens.** Ce tour analytique est syn. de *se nommer.* La locution courante comprend la préposition **pour**, tandis que l'ellipse de celle-ci correspond à un registre plus recherché : *Un poète, en notre siècle, a contré l'Ecclésiaste ; il a nom René Char* (Fontanet).

□ **sans nom.** Cette locution a une valeur péjorative, « trop détestable pour être nommé » : *Les chirurgiens se penchaient sur son cas, aggravé par une négligence sans nom envers sa propre santé* (Bazin). Mais on la rencontre parfois dans un contexte positif : *C'était d'une beauté sans nom, cette femme élégante enluminée par un soleil déclinant* (Rouaud).

NO MAN'S LAND emploi. Cet emprunt est bien admis : *Le « no man's land » du Sahara sert de refuge aux islamistes* (*Le Monde*, 13/04/2007). Il est le plus souvent invar. au plur.

NOMBRE emploi. Comme sujets à valeur collective, les locutions *un petit* ou *un grand nombre de, un certain nombre de, le plus petit* ou *le plus grand nombre de*, suivies d'un subst., gouvernent le sing. ou le plur. du verbe selon le contexte et les intentions de celui qui parle ou écrit. **Plur.** *Le plus grand nombre croyaient par hasard* (Rolland). *Un très grand nombre de personnes s'étaient rassemblées dans la pièce* (R. Jean). *Vers qui penche le cœur des parlementaires socialistes à moins d'un mois de l'ouverture des candidatures pour la primaire ? Pour l'heure, bon nombre sont en situation d'attente* (P. Roger, *Le Monde*, 03/06/2011). **Sing.** *Ils ont peine à imaginer que le plus grand nombre y reste insensible* (Mauriac). *Un petit nombre d'entre eux seulement ira jusqu'à se dire...* (Alain). → COLLECTIF.

□ **être au nombre de** ou **du nombre de.** Ces deux tours sont équivalents, mais seul le second est possible quand il n'y a pas de complément au mot *nombre* : *Serez-vous au nombre* ou *du nombre des invités ?* Mais on peut dire seulement *Serez-vous du nombre ?* Le sens est « faire partie de », « être compté parmi ».

□ **nombre de + subst.** Le verbe dont cette locution est sujet se met toujours au plur. : *Nombre des anciens convives regretteront ce coin pittoresque de Paris* (Apollinaire). *Nombre d'entre eux avaient connu déjà les affres de la famine après des années de sécheresse* (A. Besson). *Nombre de voyageurs s'initient aux langues des pays qu'ils visitent* (*Le Monde*, 06/04/2007). *Nombre d'affaires sensibles ne seraient pas allées jusqu'à la publicité du procès si elles étaient restées entre les mains du Parquet* (N. Guibert, *Le Monde*, 16/01/2009). Ce tour est littéraire et ne se rencontre pas dans la langue parlée.

NOMINALE (PHRASE) sens. Désignation grammaticale d'un type de phrase dépourvu de forme verbale conjuguée. On ne parlera pas nécessairement d'ellipse du verbe. En voici deux exemples : *Un peu des genres de bonnes sœurs. Pas de cornettes, mais des robes grises bien montantes, exactement toutes deux semblables, et puis des mitaines* (Céline). *Ils tenaient de molles et veules conversations sur leurs maux lamentables. Dysenteries... typhoïdes... néphrites... rhumatismes. Pas un éclat d'obus... pas une plaie vive... Pas une seule atteinte noble. « Un dispensaire », se dit Richard* (Kessel). Cette syntaxe est répandue dans la littérature ou la presse contemporaines, et n'a rien de choquant, si on la pratique sans excès.

NOMINALEMENT → NOMMÉMENT.

NOMINER emploi et sens. Ce verbe, calqué sur l'anglais *to nominate*, a été répandu dans le monde du spectacle, pour signifier « mentionner (le nom d'un film ou d'un acteur) dans une présélection avant l'attribution des oscars ou des césars ». Très critiqué, ce mot est cependant bien formé et acceptable dans un contexte précis, car ni *nommer* ni *sélectionner* ne lui correspondent vraiment... On se rappellera qu'*auditionner, réceptionner,* etc., aujourd'hui admis par l'usage, ont été formés dans le même esprit, en dépit de la préexistence d'*entendre* et de *recevoir*.

NOMMÉMENT sens. C'est un syn. plus bref de **nominativement** : *Le patron vous a nommément désigné pour ce travail.* **Nommément** peut aussi s'employer au sens de « spécialement » : *L'influence du climat, et nommément celle de l'humidité* (Littré). Ne pas confondre avec **nominalement**, qui signifie soit « par son nom », soit « de nom », par opposition à « réellement » : *Il gouverne nominalement, mais le pouvoir effectif est exercé par d'autres.*

NOMMER constr. L'attribut du sujet ou du complément d'objet est construit directement, sans préposition : *Enfin, prenez-le comme vous voudrez, mais j'ai été nommé pape dans un camp de prisonniers* (Camus). Il est inutile d'insérer *comme* ou *en tant que* entre *nommé* et *pape.*

NON emploi et sens. Cet adv. de négation devient parfois une interjection marquant « la surprise, l'étonnement » : *Tu étais là depuis longtemps ? demandait Annette. – Oh ! depuis une demi-heure ! affirme sans hésiter Sylvie. – Non ? s'exclamait la crédule Annette* (Rolland). Parfois subst., il demeure invar. → à la fin de cette entrée.

□ **ou non.** On présente en général une alternative, dans la langue soutenue, en réduisant le second membre à **ou non**, en fin de phrase ou de proposition : *Ceux qui trouvent naturel de démontrer par gendarmes si la Terre tourne ou non* (Alain). *Que Percy fût ou non un sceptique, le capitaine s'en moquait bien* (Maurois). *Et puis quoi ? A-t-on voté ou non ?* (Ramuz). Mais la langue courante emploie plus souvent **ou pas**. → PAS.

□ **lui non.** La même remarque que ci-dessus vaut pour la négation d'un sujet ou d'un complément ayant la forme d'un pronom personnel tonique, ou même d'un subst. : *Suzanne et Joseph s'étaient mis à table. Mais elle, non* (Duras). *Dieu mien, il est devenu fou ! – Fou, non. Il suit son idée* (Peyré).

□ **non que, non pas que, ce n'est pas que.** Ces locutions s'emploient en tête de proposition pour introduire une explication, une justification, et sont toujours suivies du subj. : *Non qu'ils fissent du potin, mais ils semblaient tous perdus dans un nuage* (Pergaud). *Non pas qu'il chômât, bien au contraire : il travaillait au Comité des Arts* (Michon). *Elle préférait rester chez elle, non point qu'elle fût femme d'intérieur, mais elle flânait là, en déshabillé* (Aragon). *Si son ardeur s'essouffla, ce n'est pas que sa foi se fît chancelante* (Chaix). On rencontre après *que* les négations *ne* ou *ne pas*, qui sont équivalentes, quand il s'agit d'affirmer, par annulation de deux négations, et non de nier l'hypothèse : *Non que ta curiosité ne soit pas infiniment compréhensible* (Romains).

□ **non** ou **pas.** Dans d'assez nombreux cas, ces deux particules de négation sont en concurrence. La langue littéraire préfère souvent *non* : *Le travail, punition qu'Adam mérita peut-être, mais non moi* (Montherlant). *Je sais que Juan veut faire carrière de diplomate et non de militaire* (Peyré). *Il l'avait irritée, certes, – non de la manière qu'il avait cru* (Mauriac). *Sur le lit mon corps était étendu, mais non comme je l'y avais laissé* (Green). Mais : *Lil devait s'occuper de la maison, pas loin de là* (Vian). De même pour **pourquoi non, pourquoi pas ?** Le cumul des deux particules *non* et *pas* marque, dans le registre littéraire, une insistance : *La pièce est coiffée non pas d'un dôme, comme la plupart des marabouts, mais de deux dômes* (Tahar Ben Jelloun). Il ne s'agit pas là, quoi qu'en dise Cavanna, d'un « horripilant pléonasme », mais d'un renchérissement très ancien, et qui a ses lettres de noblesse.

□ **non** au sens de **n'est-ce pas.** *Vous êtes quelqu'un de très prudent, non ?* (Ravey). *Ça veut dire que vous gagnerez beaucoup d'argent, non ?* (Beauvoir). Ce « comprimé négatif-interrogatif » (Le Bidois), constant chez cette romancière, se retrouve dans le registre fam. : *Je parle tout de même français, non ?* (Daninos). *Qu'est-ce que tu fais ? – Tu le vois, non ? Je repeins les rames* (Cesbron).

□ **non seulement... mais (encore, aussi).** Dans cette locution à deux termes corrélatifs, seuls les mots ou groupes de mots qui s'opposent directement peuvent s'insérer entre **seulement** et **mais** : *Le respect qu'elle professait non seulement pour les parents mais encore pour l'étranger, à qui on donne*

l'hospitalité (Proust). Cependant, nombre d'auteurs ne se font pas faute d'insérer des corps étrangers entre les deux membres de cette locution : *Le peuple juif se relève de son effroyable martyre non seulement dans un monde qui n'a pas désarmé à son égard, mais si j'en crois la réponse de M. D..., ses protecteurs d'autrefois semblent vouloir refermer devant lui les portes de la Terre promise* (Mauriac). *Mon oncle Gilbert a eu mille fois raison non seulement de faire cette algarade, mais aurait dû en finir il y a plus de six mois avec un dreyfusard avéré* (Proust). Dans cette dernière phrase, il semble que les mots *non seulement* sont mal placés et auraient dû être exprimés immédiatement après le sujet : « *Mon oncle Gilbert non seulement a eu raison...* »
□ **ne... pas non plus** ⟶ AUSSI. *Christophe ne dormit pas non plus* (Rolland). Le contraire serait : *Christophe dormit aussi.* **Moi, toi, lui, eux,** etc. **non plus** sont le contraire de **moi, toi, lui, eux,** etc. **aussi** et on les emploie en relation avec une phrase négative : *Je n'y ai jamais été. – Moi non plus, dit Simon* (Sagan). *Comme il ne sort pas sa réglette, on en déduit que lui non plus ne sait pas ce qui se passe* (de Roulet). *Je ne céderai pas. Oui, mais les autres non plus n'ont pas l'intention de partir* (Vallejo). *Nous nous sommes regardés, mais je n'ai rien dit. Lui non plus* (Mauvignier). On constate parfois des flottements, chez les meilleurs écrivains : *Lui aussi, il ne pouvait plus voyager qu'en première classe* (Kessel).
□ **que (non pas).** Dans une réponse négative, on peut renforcer **non** au moyen de certains termes : *que non, non pas, que non pas, vraiment non,* etc. Tous ces tours appartiennent à une langue recherchée et littéraire. *Voilà qui est bien banal. – Que non pas* (Queneau).
□ **non employé comme subst.** reste invar. : *Son idée de « traité simplifié », qui permet à l'Union européenne de sortir de l'impasse institutionnelle où l'avaient confinée les non français et néerlandais* (*Le Monde*, 25/06/2007).
□ **non compris** ⟶ COMPRIS.

NON- orth. Invar. en composition : *des non-inscrits, des non-lieux.* ♦ **emploi.** Ce préfixe est très productif et fait concurrence tantôt à *in-*, tantôt à *a-* privatif. On le rencontre surtout dans le vocabulaire abstrait de la philosophie, de la science politique, de la linguistique, etc. Voici des exemples : *non-belligérance, non-être, non-cumul* (des peines), *non-intervention, non-violence, non-prolifération,* etc. *Le traité de non-prolifération est enfin entré en vigueur* (*Le Monde*). *Pourquoi priver quelqu'un de la liberté du non-malheur ?* (Giraudoux). *De quel prix devrai-je payer un jour cette longue non-souffrance de toute une vie ?* (Montherlant). *Je ne pense pas que les non-savants soient désormais condamnés à ignorer les grandes conclusions de la science* (Rostand). *Le théâtre populaire veut atteindre le non-public. Sans être aussi tragique qu'en France, la non-lecture est une maladie qui a touché la Belgique* (*Le Figaro littéraire*, 17/03/1969). **Non** est presque toujours séparé du mot qui le suit par un trait d'union, sauf pour les composés anciens tels que *nonchalance, nonobstant, nonpareil,* etc. On écrit : *des non-fumeurs.* Il faut en distinguer l'emploi de celui de *non*, adv. libre, devant un adj. : *Une phrase non achevée, une expérience non vécue.* ⟶ POINT (point de non-retour) et IN-.

NONANTE emploi et sens. C'est l'équivalent – plus logique par rapport à la série *quarante, cinquante,* etc. – de *quatre-vingt-dix*, qui est employé en Belgique et en Suisse romande (ainsi que les dérivés *nonantième* et *nonantaine*), ou en France régionalement ou comme archaïsme : *L'archevêque est trop vieux. Il a plus de nonante ans* (A. Besson). ⟶ OCTANTE, SEPTANTE. Mais **nonagénaire** fait partie du français standard : *Quoi qu'il en soit, Tata était presque nonagénaire* (Ragon).

NONOBSTANT emploi et sens. Préposition vieillie et littéraire : *C'est dans ces dispositions d'esprit que nous trouva madame mère, quand, soudain, nonobstant les recommandations des médecins, elle quitta la clinique* (Bazin). *Nonobstant la terreur qu'il allait susciter, il se sentait momentanément apaisé, comme le comédien, à la fin de sa première* (Desproges). On emploie plus couramment **malgré**.

NONPAREIL orth. Toujours en un seul mot.

NORD-AFRICAIN, NORD-AMÉRICAIN, etc. **orth.** Plur. *les Nord-Américains, les Nord-Africains,* avec des majuscules pour l'emploi substantival (minuscules pour l'adj. : *les immigrés nord-africains*).

NORD-EST, NORD-OUEST prononc. Dans la langue standard, on évitera, pour ces deux mots, de faire entendre le *d* : [norɛst], [norwɛst]. L'usage des marins est différent : *nord-est* aboutit aux formes *nordé* ou *nordet,* tandis que *nord-ouest* donne *norois.* → ce mot.

NORMALISER emploi et sens. Ce verbe, bien formé au sens de « rendre normal », ainsi que le dérivé **normalisation** sont, depuis leur apparition en 1968, admis largement dans notre langue, dans un contexte essentiellement politique et diplomatique : *Les présidents bosniaque et yougoslave souhaitent normaliser leurs relations* (*Le Monde,* 21/10/1992). *Cette normalisation ne réglera pas, par miracle, les difficultés et les handicaps de l'île* (édito du *Monde,* 07/08/2011). Ils ne font pas double emploi avec **régulariser, régularisation,** de sens plus lâche, souvent temporel, en tout cas moins institutionnel.

NOROIS orth. On écrit également *noroît.* ♦ **sens.** « Vent du nord-ouest », dans le vocabulaire des marins. → SUROÎT.

« NOTA BENE » forme. Locution latine invar., souvent raccourcie en *nota* ou abrégée en **N. B.** ♦ **emploi et sens.** Très fréquente dans les ouvrages à caractère didactique : *Cf. § 12, Rem. 2, N. B.* (qui se lit : *Voyez paragraphe 12, remarque 2, nota bene*).

NOTABLE → NOTOIRE.

NOTAIRE forme. Les fém. anciens, *notairesse* ou *notaresse,* sont aujourd'hui perçus comme dévalorisants. On leur préfère la forme épicène : *la notaire.*

NOTOIRE et **NOTABLE emploi et sens.** **Notoire** peut caractériser une chose, au sens de « qui est bien connu » : *Il est notoire que... Un garçon d'une méchanceté notoire.* Le subst. correspondant est *notoriété* : *la notoriété d'un savant. Je n'espérais pas pour mes travaux la notoriété dont ils commencent à jouir* (Bazin). **Notoriété** s'applique plus couramment à un être que l'adj. *notoire,* encore qu'on dise : *un criminel notoire,* « bien connu comme tel ». *Notoire* doit être distingué de **notable,** qui signifie « digne d'être remarqué » : *un incident, un progrès notable,* ou « qui occupe une situation importante » (adj. ou subst.) : *les notables de cette cité. Attendons-nous à voir des personnages notables, comme M. Ubu et le tzar, forcés de caracoler en tête-à-tête sur des chevaux de carton* (Jarry). Le subst. correspondant à *notable* est **notabilité** : *Elle invitait dans son château du Ray tout ce que Nice et Cannes comptaient de célébrités internationales ou de notabilités locales* (Gallo). Ne pas dire *M. Untel est une notoriété,* mais *M. Untel est une notabilité, un notable.*

NOTRE et **NÔTRE orth.** Jamais d'accent circonflexe sur le *o* quand ce mot est *adj.,* c'est-à-dire quand il précède immédiatement un subst., mais seulement quand il est *pronom* : *Vous êtes notre allié,* opposé à : *Ne tire pas ! C'est un des nôtres* (Peyré). On notera que la forme pronominale sert d'adj. en fonction d'attribut : *Ces revendications, nous les faisons nôtres.* Les deux emplois (adj. et pronom) se trouvent réunis dans la phrase suivante : *Tu connais cette carte... C'est notre Baltique. – Oui, « notre » Baltique et je veux qu'elle soit davantage nôtre* (Peisson).

NOTRE-DAME orth. Toujours avec des majuscules : *Près de la Notre-Dame ou du Saint empaillé* (Rimbaud). On distinguera l'indication de la ville dans laquelle se trouve l'église : *La vue glauque et trouée de Notre-Dame de Paris* (Alain-Fournier). *Notre-Dame de Chartres, de Bourges,* du nom composé, qui s'écrit avec des traits d'union : *Notre-Dame-de-Lorette, Notre-Dame-des-Victoires,* etc. Les noms de villes prennent également des traits d'union : *Notre-Dame-de-Bellecombe, Notre-Dame-des-Monts,* etc. Invar. au plur. : *des Notre-Dame en chromo. Elle a deux petites Notre-Dame sur sa cheminée.*

NOUS emploi. Le *nous* dit « de majesté » ou au contraire « de modestie » n'entraîne pas la mise au plur. de toute la phrase, mais seulement des formes verbales conjuguées : *Nous allons périr, car nous mourons de soif et sommes fatigué* (Jarry). *Nous sommes convaincu que cette étude pourra aider les lecteurs.* Au fém., une juge peut déclarer : *Nous sommes disposée à la clémence.* Voir aussi cet exemple de Proust : *Nous sommes ravi que vous soyez venu, dit-il* [le baron], *en employant ce nous, sans doute parce que le roi dit : nous voulons.*
□ **avons-nous été sage ?** Le pronom *nous* peut s'employer dans la langue familière pour s'adresser à un enfant, à un élève, à un malade. Il équivaut alors à *tu* ou à *il* si on s'adresse à un tiers : *Puis se tournant vers moi comme pour l'excuser : – Nous n'avons pas encore grand usage du monde* (Gide).
□ **nous qui ne l'étions pas. constr.** ⟶ QUI.
□ **nous autres, nous deux, nous seuls, nous tous.** Quand le pronom sujet *nous* est séparé du verbe par un adj. indéfini ou numéral, il se répète généralement devant le verbe : *Les romans, nous autres, Héléna et moi, nous les vivons chaque jour* (Gallo). *Mais nous deux, dans notre chambre, là-haut, nous restâmes longtemps à rafistoler nos blouses décousues* (Alain-Fournier).
□ **ton frère et moi, elle et moi (nous) sommes...** Quand le pronom **moi** est à la fin d'une énumération de sujets, on reprend facultativement l'ensemble de ces sujets par **nous** : *Les babioles que ton frère ou moi t'avons offertes* (Vailland). *Suzanne et moi ne nous étions rendu compte de rien* (Godbout). *Tata de La Rochelle n'a peut-être jamais été atteinte d'aucune des folies dont le Nain jaune et moi l'accusions sans répit* (P. Jardin). *Lorsque ma mère mit au monde mes frères à Bordeaux* [...], *mon père et moi restâmes à La Rochelle, « entre hommes », avait-il décidé* (Fottorino). Il y a d'ailleurs tendance à répéter le *nous.*
□ **nous deux mon frère** ⟶ DEUX.
□ **nous, on s'aime bien.** Le cumul de **nous** et de **on** dans la même phrase et pour désigner les mêmes personnes appartient à la langue parlée : *Alors, nous, on risque de servir d'otages* (Romains). ⟶ citation de Colette à RODER.
□ **beaucoup d'entre nous ont** ou **avons.** Quand le sujet du verbe est constitué par une locution à valeur collective, suivie de **nous** (ou **vous**), l'accord se fait généralement à la troisième personne du plur., et non à celle du pronom : *La plupart d'entre nous étaient tenus au courant de cette affaire.* Mais : *Tous ceux d'entre nous qui reçûmes cette culture helléno-latine* (Mille). Même règle pour *quelques-uns, la plus grande partie, certains d'entre nous,* etc.
□ **redondance de nous.** On peut rencontrer le doublement consécutif de **nous**, le premier accentué et le second atone, pour distinguer ou souligner le sujet : *Les chars alliés fonçaient vers Paris. Nous, nous roulions vers un pays jamais vu* (Bialot).

NOUVEAU forme. L'adj. prend la forme **nouvel** devant un subst. masc. commençant par une voyelle ou un *h* dit non aspiré : *un nouvel amour, le nouvel an, un nouvel habit,* etc. Devant les autres mots commençant par une voyelle (article, préposition, conjonctions *et, ou*), on emploie la forme **nouveau** sauf si cet adj., coordonné par *et* à un autre adj., se rapporte à un subst. commençant par une voyelle ou un *h.* Dans ce cas, on emploie *nouvel* : *un nouvel et encore plus élégant habit.* ⟶ BEAU, FOL, VIEUX.
□ **de nouveau** ou **à nouveau.** Ces deux locutions ne sont pas syn. La première signifie « une fois de plus » : *De nouveau soufflait le grand vent du premier soir* (Alain-Fournier). *Et de nouveau régnera ce silence solennel* (Mauriac). *Je me retournai vers l'île et, de nouveau, j'entendis le rire dans mon dos* (Camus). **À nouveau** signifie proprement « sur nouveaux frais, d'une manière différente, à neuf » : *L'homme n'a droit à rien. Il faut qu'il conquière chaque chose, à nouveau, chaque jour* (Rolland, cité par Robert). Il faut reconnaître cependant que même nos meilleurs auteurs n'observent plus cette distinction et emploient *à nouveau* pour marquer la répétition pure et simple : *Le bruit de la voiture qui s'ébranlait à nouveau* (Green). *La montgolfière se posera sur le sol puis elle décollera à nouveau* (Pontalis).

NOUVEAU... orth. On écrit : *le nouvel an, le Nouveau Testament, la Bonne Nouvelle* (pour désigner l'Évangile ou son enseignement), *le Nouveau Monde* (l'Amérique). ♦ **forme.** Dans les expressions construites avec *nouveau* et un adj. ou un participe substantivé, le premier élément est variable malgré sa valeur adverbiale, sauf dans *nouveau-né* : on écrira *des nouveaux riches, les nouvelles venues*, etc. (pas de trait d'union), mais : des *nouveau-nés* (avec un trait d'union) : *Nathalie, qui se trouvait dans l'étable à recenser les veaux nouveau-nés...* (Wiazemsky). *On pèse les nouveau-nés, on décide d'un régime, on fixe des horaires* (Hoex).

NOVÉLISATION orth. On rencontre aussi *novellisation.* ♦ **emploi et sens.** Inspiré de l'anglais *novel*, roman, ce mot désigne l'opération d'écriture par laquelle on transforme un film ou un scénario en roman (c'est ce qu'on appelait autrefois *ciné-roman*).

NOYAU orth. On écrit *des fruits à noyau.*

NOYAUTER orth. Un seul *t.* ♦ **emploi et sens.** Ce terme est aujourd'hui tout à fait assimilé par notre langue, et signifie « introduire à l'intérieur d'un groupe un noyau d'individus chargés de le transformer peu à peu et éventuellement d'en prendre la direction ». ♦ **dérivé.** *noyautage* : *C'est du camouflage – Du noyautage – De la propagande* (Vian).

NU orth. Devant un subst. désignant une partie du corps, cet adj. est invar. et forme un nom composé s'écrivant avec un trait d'union : *Je me rappelle, en cet instant, le grand écolier paysan, nu-tête* (Alain-Fournier). Placé derrière le subst., il s'accorde avec lui et n'en est pas séparé par le trait d'union : *Il était pieds nus comme toujours* (Duras). *Elle allait un peu à l'école, pieds nus dans ses sabots* (Jourde). *Aller tête nue.* ⟶ VA-NU-PIEDS.

NUBILE emploi. Terme de droit, « qui est en âge d'être marié ». Ne pas confondre avec **pubère**, qui est un terme de physiologie, « ayant atteint l'âge de la puberté ».

NUCLÉAIRE sens. En cytologie, « relatif au noyau de la cellule ». En physique, « relatif au noyau de l'atome ». ⟶ ATOMIQUE.

NUÉE orth. Une nuée de, suivi d'un subst. au plur., gouverne généralement le sing. du verbe : *Une nuée de touristes a envahi les plages.* ⟶ COLLECTIF et FOULE.

NUE-PROPRIÉTÉ orth. Les deux éléments s'accordent. Plur. *des nues-propriétés, des nus-propriétaires.*

NUIRE conjug. Comme *conduire.* ⟶ APPENDICE GRAMMATICAL. Mais le participe passé reste invar., puisque ce verbe n'est jamais transitif direct : *Elles se sont nui.* ⟶ COMPLAIRE, PLAIRE, etc.

NUL emploi. Comme pronom, **nul** se rencontre surtout comme sujet, et appartient principalement au registre soutenu : *Si je vous presse d'accepter, reprit-il, c'est que nul mieux que vous ne peut se charger d'une si haute mission* (Duhamel). *Nul n'est capable de dire si les bêtes sont saines ou si elles trimbalent en elles un bobo du genre typhus* (Bialot). On trouve parfois **nul de** : *Nulle de ses pensées n'était perdue pour lui* (Rolland). *Ce qui, pour nul de nous, ne peut s'extérioriser* (Proust). Comme adj., **nul** placé devant le subst. a la valeur d'un indéfini, et correspond dans la langue courante à **aucun** : *Nul désordre suspect ne troublait la poignante monotonie du magasin* (Desproges). On trouve **nul autre** : *Mon univers ne coïncide avec nul autre* (Romains). Le plur. est rare : *Nuls métiers n'impliquent des obligations périodiques, le mot le dit, comme la fabrication des périodiques* (Péguy). **Nul** s'emploie normalement avec *ne*, sauf dans les phrases elliptiques sans verbe exprimé : *Fiévreuses années : nul répit, nulle relâche* (Rolland). Après le subst., ou employé comme attribut, il a le sens de « sans valeur » : *Des tas de cousins ou de tantes, nuls en math, mais prodigieusement calés dans la comptabilité en partie double des indulgences* (Bazin). *Un garçon charmant ici, mais d'un nul à Paris !* (Vautel).
□ **nul doute que** ⟶ DOUTE.

NÛMENT sens. « Sans déguiser, sans détours. » → ADVERBES.

NUMÉRO emploi. Ne s'abrège en **n°** (plur. **n°s**) que lorsqu'il est suivi d'un chiffre : *Le matricule n° 3826.* Ne s'abrège pas s'il est employé en tant que nom : *Il est entré au numéro 19. Le numéro 7 a été opéré ce matin.*

NUMÉROTAGE forme. On emploie également **numérotation.** ♦ **sens.** La première forme désigne plutôt l'action de *numéroter*, la seconde le résultat de cette action, mais les deux s'emploient couramment l'une pour l'autre. En médecine, on appelle **numération globulaire** le comptage des cellules du sang, effectué sur un échantillon. Ne pas confondre *numérotage* ou *numérotation* : « disposition de numéros d'ordre » avec **numération** : « Manière d'écrire ou d'énoncer les nombres. »

« **NUMERUS CLAUSUS** » **emploi et sens.** Ne se rencontre guère au plur. Le sens est « limitation discriminatoire » : *En médecine, le numerus clausus des étudiants a provoqué un manque important de praticiens.*

NU-PIEDS forme et emploi. Ce mot invar. s'emploie surtout au plur., pour désigner de légères sandales d'été, retenues sur le pied par des lanières.

NU-PROPRIÉTAIRE → NUE-PROPRIÉTÉ.

NYCTALOPE sens. Ce subst. désigne certaines espèces animales, et parfois l'homme, douées de **nyctalopie**, c.-à-d. de la faculté de percevoir les objets en pleine obscurité : *Dans l'ombre, Baumgartner distingue à peine ce type* [...] *taciturne et sans doute nyctalope puisqu'il dévale à toute allure, sans hésiter, l'escalier noir* (Échenoz).

NYMPHÉA forme. On écrit également *nymphœa*. Le plur. est *nymphéas* : *Les « Nymphéas » de Monet constituent un ensemble pictural célèbre.*

O

O' sens. Dans les noms d'origine irlandaise, le *O'* initial, suivi d'une apostrophe, signifie « fils ou fille de » : *Maureen O'Hara.*

-O emploi et forme. Le *o* qu'on trouve à la fin du premier élément de nombreux composés ne prend jamais de *s* au plur. : *Des incidents italo-grecs* (Morand), *des électro-aimants, des cumulo-nimbus.* Mais c'est aussi un suffixe très employé dans le registre pop. ou fam. pour abréger certains noms, dans divers domaines : *écolo, maso, parano, rétro, schizo,* etc. Ils prennent tous le *s* final du plur. : *Très peu d'intellectuels et de professions libérales* [à Buchenwald], *une immense majorité de prolos* (Semprun). *Des mécanos sirotant des apéros.*

Ô et **OH ! emploi et sens.** L'interjection transcrite par un simple *ô* portant un accent circonflexe est rare et littéraire : *Ô mère ensevelie hors du premier jardin* (Péguy). *Bientôt, ô gens de bien, le jour basculera dans les ténèbres* (Tahar Ben Jelloun). Mais sa valeur est ironique dans **ô combien**. → COMBIEN. Il n'y a jamais de point d'exclamation immédiatement après cette interjection, alors qu'il y en a toujours un après **oh !** Cette dernière forme est l'orthographe la plus courante quand il s'agit d'exprimer une émotion, une surprise, etc. → HO ! et INTERJECTIONS.

OASIS genre. Fém. : *Les gardiens. Ce sont les cerbères de cette oasis de verdure enclavée dans la grisaille de la ville* (Jonquet). Beaucoup d'auteurs (Gide, Aragon, etc.) font le mot masc.

OBÉIR emploi. Le passif est possible pour ce verbe, exceptionnellement, bien qu'on ne puisse plus dire aujourd'hui *obéir qqn* : *Les lois ne sont obéies que quand elles sont en rapport avec les mœurs* (Brunot). → PARDONNER.

OBÉLISQUE genre. Masc. *M. Chirac a simplement offert le cadeau de Paris pour le 350e anniversaire de la fondation de Montréal : un obélisque de 150 tonnes, haut de 17 mètres* (*Le Monde*, 18/07/1992).

OBÉRER emploi et sens. « Charger, accabler », surtout en parlant de dettes et dans le registre soutenu : *Épouse de Lusignan,* [Mélusine] *avait obéré la fortune de ce dernier* (Ragon). On emploie plus couramment **endetter**. Éviter le pléonasme : *obérer de dettes.*

OBJECTIF et **SUBJECTIF emploi et sens.** Ces termes sont en opposition de sens dans la langue philosophique, **objectif** marquant le rapport à l'objet, c'est-à-dire à la chose perçue, **subjectif** au sujet, c'est-à-dire à la personne qui perçoit. On retrouve *objectif* dans l'usage en tant que synonyme assez galvaudé d'**impartial** ou de **réaliste** : *Ce journal est* (ou *n'est pas*) *objectif. Voyons, soyez objectif...*

OBJET emploi et sens. Ce terme désigne soit une chose matérielle soit, dans une acception fig., ce à quoi s'applique la réflexion, la volonté, etc. On dira : *l'objet d'une réflexion* ou *d'une démarche.* Dans ce sens, alors que le **sujet** *(le sujet d'une réflexion, d'une démarche)* marque le rapport à la cause, **objet** est relatif à l'effet escompté.

OBLIGEAMMENT orth. Ne pas omettre le *a*, ainsi que dans **obligeance, obligeant** : *Je viens vous rendre le sucre qu'un jour vous m'avez si obligeamment prêté, dit-elle* (Franck

& Vautrin). Cette série de mots appartient au registre soutenu ou littéraire.

OBLIGER constr. On rencontre indifféremment les prépositions **à** ou **de** devant un infinitif : *C'est moi qui l'obligeais de répondre avec douceur* (Radiguet). *Pilar avait cette fois obligé les soldats à créneler le bas de la façade postérieure* (Peyré). *Surtout je m'obligeais à visiter régulièrement les cafés spécialisés* (Camus). Le tour avec **de** est souvent plus littéraire, surtout à la voix active. Si le complément de **obliger** est un subst. non animé, il se construit avec **à** : *Nous sommes obligés aux mêmes prudences que le dompteur* (Camus). Si le verbe a pour seul complément un nom de personne, le sens est « lier par une dette morale, un sentiment de reconnaissance », etc. : *Il ne pensait pas qu'un lien de parenté ou d'amitié ancienne l'obligeât en aucune sorte* (Aymé).

OBNUBILER forme. Au sens de « obscurcir ou obséder », ce verbe – surtout à la forme participiale – est fréquemment déformé, à l'oral comme à l'écrit, en *obnibuler*. C'est une faute assez grossière : *Obnubilés par leurs propres difficultés, ils finissent par limiter là leur horizon, au risque de créer des désastres* (J. de Romilly).

OBOLE genre. Fém. *une obole.*

OBSCÈNE orth. Un *s* avant le *c*. Accent grave sur le *e*. *Obscénité* s'écrit avec deux accents aigus.

OBSERVER constr. Par attraction probable de la construction des verbes **voir** et **regarder**, on rencontre parfois **observer** suivi d'une proposition infinitive : [Il] *observe, hilare, les cristaux déborder et s'écouler sur le sol noir* (Bialot). ♦ **emploi.** On évitera de dire *Je* vous *observe que vous êtes en retard de deux minutes* et on fera précéder ce verbe, dans ce sens, de l'auxiliaire *faire* : *Celle-ci n'a pas tardé à observer – et à faire observer à sa grande amie Notre Mère – certaines malpropretés intolérables* (Sarrazin). → REMARQUER.

OBTUS sens. Outre le sens géométrique, dans **un angle obtus**, on rencontre cet adj. au sens intellectuel, « dont l'esprit est faible et borné » : *Quant à Ernst Busse, il est massivement installé dans un ailleurs obtus* (Semprun) et, très rarement, comme synonyme concret de *émoussé.*

OBUS prononc. [oby]. Le *s* ne se prononce pas.

OBVIER constr. Toujours avec la préposition **à** : *Nous avons cherché à obvier à cet inconvénient majeur.* ♦ **sens.** Équivaut à **remédier** dans la langue soutenue.

OCCASION constr. On peut faire suivre la locution **ne pas manquer une occasion** de la préposition **de** ou **pour** à peu près indifféremment : *Nathalie* [...] *ne manquait pas une occasion pour faire valoir ses prérogatives de maîtresse de maison* (Wiazemsky). → OPPORTUNITÉ.

OCCASIONNER orth. Avec deux *c* et deux *n*, ainsi que les mots de cette famille. ♦ **emploi et sens.** Dans la langue cursive, ce verbe tend à remplacer, parfois abusivement, et toujours avec une certaine lourdeur au point de vue stylistique, les verbes *causer, provoquer, susciter*, etc.

OCCIRE emploi et sens. Archaïsme utilisé seulement par plaisanterie malgré le sens fort de « tuer » : *Convaincue de m'avoir occis / La voilà qui se radoucit* (Brassens).

OCCUPER (S') constr. S'occuper à, être occupé à signifie « passer son temps, ses loisirs à » : *Mes sœurs et moi nous étions occupés à jouer avec des catalogues* (Guilloux) ; **s'occuper de, être occupé de** signifie « avoir en charge, avoir souci de ». Il en est de même pour la construction du part.-adj. On dit aussi : *Sa Majesté est occupée par les affaires de l'État* (Claudel). *Je les ai sentis fort occupés de leurs petites histoires* (Vercors).

□ **je suis occupé avec le représentant.** Ce tour fréquent dans la langue cursive est peu correct.

□ **il n'a que toi à s'occuper.** Ce tour est négligé. On dira : *Il n'a à s'occuper que de* *toi.* Cette construction est répandue dans le registre pop. : *L'espèce la plus difficile à s'occuper, c'est quand même le soigneur* (Rosenthal). Le tour correct serait : *l'espèce dont il est le plus difficile de s'occuper*, etc. → PROFITER. □ **t'occupe !** Ce tour elliptique est fam., au sens de « ne te mêle pas de cela ».

OCCURRENCE orth. Avec deux *c* et deux *r*. ♦ **emploi et sens.** Mot littéraire au sens de « circonstance, occasion », mais prend en linguistique celui de « apparition d'un mot dans le discours » : *Elle disait qu'il fallait ruser avec la nature ; et suivant l'occurrence, l'imiter pour la contraindre, l'opposer à elle-même* (Valéry). Noter le tour assez affecté **en l'occurrence**, qui abonde dans la presse écrite et parlée : *Un détective privé, M. Herbert Parson justement, qui, en l'occurrence, montra un remarquable flair* (Dhôtel).

OCÉAN emploi. La mer océane, la porte océane. Limité à ces deux expressions, **océane**, adj. fém., a le sens de « relatif à l'océan Atlantique ». Ne pas confondre avec **océanique**, « relatif à l'océan ou à un océan déterminé », ni avec **océanien**, « qui a trait à l'Océanie ».

OCRE forme. Invar. comme adj. de couleur. On emploie aussi **ocreux**. → COULEUR.

OCTANTE emploi et sens. C'est l'équivalent – plus logique dans la série *quarante, cinquante*, etc. – de quatre-vingts en Belgique et au Québec. La Suisse, quant à elle, utilise **huitante**, ainsi que les dérivés *huitantième* et *huitantaine*. → NONANTE, SEPTANTE.

OCTAVE genre. Ce substantif est toujours fém., qu'il s'agisse de l'acception religieuse ou de l'acception musicale : *Elle réclame des écarts de notes toujours plus grands. Une octave ! Par pitié, une octave ! crie son cœur* (Desarthe).

OCTOSYLLABE ou **OCTOSYLLABIQUE** → SYLLABE.

OCULAIRE orth. Un seul *c*, de même que pour les mots de cette famille.

OCULISTE sens. Ce substantif désigne le « médecin des yeux ». Ne pas confondre avec **opticien**, « commerçant qui vend des lunettes et des montures » : *On va voir l'oculiste quand on a mal aux yeux et l'opticien quand on a perdu ou cassé ses lunettes.* On dit plus savamment **ophtalmologiste** (→ ce nom), souvent abrégé en **ophtalmo**, la science étant l'**ophtalmologie**.

OCULUS sens. En architecture, petite fenêtre ronde. Au plur., on rencontre l'invariabilité : *des oculus*, mais aussi la forme latine *des oculi* : *Des oculus sont percés dans les portes pour faciliter l'observation de pièces confinées* (Rosenthal).

ODORIFÉRANT sens. Cet adj. a un sens nettement positif, « qui répand un parfum agréable », tandis que **odorant** est neutre. Le contraire est **malodorant**. → ce mot.

Œ- prononc. Au début d'un mot, ce groupe graphique se prononce [œ] s'il est suivi d'un *i* ou d'un *u* : par exemple, dans *œil, œillet, œuf, œuvre*, et [e] (rarement [ɛ]), s'il est suivi d'une consonne : par exemple, dans *œcuménique, œdème, Œdipe, œsophage, œstral*, etc. La seule entorse à cette règle concerne des termes empruntés à certaines langues étrangères comme *œrsted, œrstite* qui se prononcent [œ] (d'origine danoise). On doit éviter de dire [ødip] pour [edip]. Cette faute est très répandue. → FŒTUS.

ŒCUMÉNIQUE prononc. [eky...] et non [øky...]. ♦ **sens.** « Qui rassemble des personnes de religions et de convictions différentes » : *En témoigne aussi cette conférence œcuménique qui s'est tenue en décembre 2010 à Jérusalem. Il y avait là, autour du maire, Nir Barkat, le patriarche latin Mgr Fouad Twal, le grand rabbin du Kottel (mur des Lamentations), Shmuel Rabinovitch, le patriarche de l'église orthodoxe, sa Béatitude Théophile III* (L. Zecchini, *Le Monde*, 14/08/2011). L'**œcuménisme** est le nom du mouvement qui vise à la réunion des églises chrétiennes.

ŒIL forme. Plur. *des yeux*. ♦ **prononc.** Le tour fam. *entre quatre-z-yeux* [atrəkatzjø] est assez répandu, mais on évitera cette liaison par z dans *être tout yeux*, etc. ♦ **emploi.** Ce substantif entre, au sing. ou au plur., dans de nombreuses locutions, de caractère souvent populaire et de sens clair : *Elle tourna de l'œil un jour en visite chez une Rinaldi de la plaine* (Aragon). *Il examina un instant la fille et ajouta : – Elle te fait de l'œil* (Kessel). *S'en battre l'œil, ne pas fermer l'œil, ouvrir l'œil, taper dans l'œil, n'avoir d'yeux que pour, n'avoir pas froid aux yeux*, etc. En botanique, on emploie ce mot au sens spécial de « bourgeon naissant » : *Combien de fois faut-il qu'on vous le répète ? Coupez toujours au-dessus de l'œil* (Gide).

ŒIL-DE-... forme. Le plur. des composés de *œil-de-bœuf, -chat, -perdrix, -pie* est **œils-de...** (et non *yeux*). Le second subst. est invar.

ŒUF prononc. [œf] au sing., [ø] au plur. On évitera de dire [dezœf]. ♦ **constr. Un œuf sur le plat** est plus fréquent qu'*un œuf au plat* : *Les œufs au plat, dans ce Best Western, n'étaient pas aussi délicieux que les miens* (Ravey).

ŒUVRE orth. On écrit sans trait d'union : *bonnes œuvres, hautes œuvres, maître d'œuvre, mis en œuvre, grand œuvre, gros œuvre, à pied d'œuvre, œuvres vives.* Sont seuls à prendre le trait d'union : *chef-d'œuvre, hors-d'œuvre* (→ ces mots) et *main-d'œuvre.* ♦ **genre.** Masc., dans la locution **gros œuvre** : *Une ancienne maison de jardinier qu'il avait restaurée, refaisant lui-même le gros œuvre, la maçonnerie et les menuiseries* (Toussaint) ; de même dans **grand œuvre**, qui désigne la « recherche de la pierre philosophale » pour les alchimistes ; et ironiquement : *Je décidai d'aller me dégourdir les jambes et de jeter un œil sur le grand œuvre du gang moscovite* (Dubois). Quand le mot s'applique à l'ensemble des réalisations artistiques d'un graveur, d'un peintre, ou d'un musicien, un usage ancien le fait masc. : *L'œuvre complet de Chopin dans la grande édition Ricordi* (Gide). *Tout l'œuvre peint de Léonard de Vinci.* En parlant des ouvrages littéraires, il n'y a aucune raison de mettre **œuvre** au masc., que certains auteurs semblent préférer alors que la plupart des grammairiens estiment que c'est là un emploi affecté : *Il proclama avec emphase qu'il donnerait tout l'œuvre dramatique de Giraudoux pour la seule* Antigone *d'Anouilh* (Semprun). Le plur. **œuvres** est toujours fém. ♦ **sens.** *Les œuvres* signifie parfois, dans des contextes archaïsants, « l'action de rendre une femme enceinte » : *La femme du caporal enfantait sans arrêt et toujours des œuvres des seuls miliciens* (Duras). → OPUS.

ŒUVRER emploi et sens. Équivalent souvent affecté de *accomplir une tâche, travailler, agir* : *Tous les habitants s'étaient prêtés de bonne grâce à ces corvées, conscients qu'ils œuvraient pour leur propre sécurité* (A. Besson). *C'était donc ce singulier équipage qui allait œuvrer sur mon fragile toit de tuiles* (Dubois). *C'était un agriculteur comme les autres mais pendant cette période y avait que lui qui œuvrait et ça lui rapportait pas mal* (Rosenthal). *Des sanctions allant jusqu'à la fermeture du magasin ou à la radiation de l'ordre professionnel puniront ceux qui persistent à œuvrer au noir* (S. Aloïse, *Le Monde*, 14/08/2011). *Nous avons œuvré constamment en faveur de la paix.*

OFFENSER (S') constr. La locution conjonctive **de ce que** semble préférable au simple *que*, théoriquement possible : *Sa morale n'était pas offensée de ce qu'un homme cédât à ses passions* (France). *Il s'est offensé de ce qu'elle ne l'a pas appelé Monsieur*, en face de : *Il est offensé qu'elle ne l'ait pas appelé Monsieur.* → DE (CE QUE).

OFFICE genre. Ce subst. est en principe du fém. quand il désigne le « lieu où les domestiques préparent le repas », mais cette règle est mal observée. Dans tous les autres sens, il est masc.

OFFICIER (verbe) **constr. et sens.** Ce verbe est toujours intransitif, au sens de « agir avec cérémonie, accomplir les gestes d'un rituel » : *Tandis que redoublait le bombardement, l'officiant avait annoncé la grande attaque* (Peyré). Emploi au sens fig. : *Des poissons, indubitablement chinois, officiaient dans un aquarium verdâtre au fond de la salle* (Mallet-Joris).

OFFRIR conjug. → APPENDICE GRAMMATICAL. ♦ **constr.** Avec **à + nom de personne** et **de + infinitif** : *J'ai offert à Geneviève de lui céder la place* (Mauriac). La construction **s'offrir à** est plus littéraire : *Il s'est offert à m'aider.*

OFFUSQUER (S') constr. Identique à celle de *s'offenser.* → ce mot.

OFLAG sens. Mot d'origine allemande, « camp d'officiers prisonniers » : Vous *étiez dans un stalag allemand ? demanda Choralita sans réfléchir. – Non, j'étais officier. On disait oflag* (Bastide). → STALAG.

OH ! orth. Cette interjection est toujours suivie immédiatement d'un point d'exclamation. ♦ **sens.** Indique la surprise ou l'admiration, mais peut aussi renforcer une phrase, avec des valeurs très diverses : *Oh ! Ne vous inquiétez pas pour moi. Oh ! J'en ai assez de ces reproches*, etc. Ne pas confondre avec **ho !**. → AH !, HO !, et Ô.

OIGNON prononc. [ɔɲõ] et non pas [waɲõ]. ♦ **emploi.** Très fréquent dans la locution populaire suivante : *Les affaires de la France, après tout, ce n'est pas ses oignons* (Anouilh). On la rencontre surtout sous cette forme négative, mais aussi dans une phrase affirmative : *S'il voulait croire à une humanité perfectible, c'était ses oignons* (Guilloux).

OINDRE conjug. Comme *joindre.* Verbe très défectif et en voie d'extinction. On n'utilise plus guère que l'infinitif et le participe passé **oint, ointe** : *Et de ses mains ointes d'huile parfumée, elle le pétrit un peu plus fort* [...]. *Elle oint ses membres et les frotte, les essuie de ses cheveux* (Lefèvre).

OINT (subst.) **orth.** On écrivait anciennement *oing.* ♦ **sens.** « Graisse d'animal, souvent de porc, employée à divers usages. »

OISEAU- orth. On écrit un *oiseau-chat* (des *oiseaux-chats*), un *oiseau-lyre* (des *oiseaux-lyres*), un *oiseau-mouche* (des *oiseaux-mouches*).

OISEUX emploi et sens. Cet adj. s'applique aujourd'hui uniquement à un non-animé, au sens de « inutile, vain » : *Rien n'est propice au travail comme ces promenades apparemment oiseuses* (Péguy). *Il importe ici d'ouvrir une parenthèse afin de clore une fois pour toutes un débat oiseux qui dure depuis beaucoup trop longtemps* (Nothomb). Ne pas confondre avec **oisif**, qui ne s'applique qu'à un être humain, ainsi que le dérivé **oisiveté**.

OISON sens. « Petit de l'oie. » Ne pas confondre avec **oisillon**, « petit de n'importe quel oiseau de taille réduite ».

O.K. prononc. [ɔkɛ]. ♦ **emploi.** Cet américanisme est fam., mais très répandu en français (comme dans d'autres langues). On peut lui préférer *entendu, d'accord, compris, ça marche*, etc.

OLÉ orth. On écrit aussi *ollé.* ♦ **prononc.** En général, en faisant sentir un double *l* [ɔlle]. ♦ **sens.** Interjection espagnole par laquelle on encourage : *Olé, vaillante !* (Peyré). *D'une brève question posée au bon moment, Lou l'encourageait, comme d'un « ollé » jeté au chanteur de flamenco* (Mallet-Joris). Sous la forme redoublée **olé olé**, on a un adj. fam., qui est invar. et qui signifie « de mœurs ou de langage assez libre » : *Je trouve ta petite amie assez olé olé.* On rencontre aussi **olé** seul en ce sens : *La ritournelle olé commençait par : « Au rendez-vous de la marquise... »* (Diwo).

OLÉCRANE orth. Pas d'accent circonflexe sur le *a* (attention à l'influence de *crâne*). ♦ **genre.** Masc. ♦ **sens.** « Apophyse constituant la saillie du coude. »

OLÉODUC emploi et sens. Ce néologisme a remplacé avec bonheur dans la langue française l'anglicisme **pipeline**, qui n'était pas assimilable, mais qu'on rencontre encore parfois. *Un oléoduc Iran-Turquie est envisagé* (*Le Monde*). → PIPE-LINE, GAZODUC.

OLIFANT orth. On rencontre également *oliphant, olifan, élifan.* ♦ **sens.** Autrefois, « cor d'ivoire ».

OLIVAIE forme. On emploie également dans le même sens collectif de « plantation d'oliviers » : *oliveraie* et *olivette.*

OLIVE forme. Invar. comme adj. de couleur. → COULEUR.

OLOGRAPHE orth. Celle-ci est préférable à la forme étymologique **holographe.** ♦ **emploi et sens.** Adj. rare, caractérisant un « testament entièrement écrit de la main du testateur ».

OMBELLIFÈRES genre. Fém. *Le bonheur absolu caché par les ombellifères géantes* (Lefèvre).

OMBILIC sens. Nom savant du **nombril.** Ce mot désigne aussi divers renflements ou dépressions au centre d'une plante, d'un objet, etc.

OMBLE genre. Masc. ♦ **sens.** « Poisson salmonidé, appelé aussi **omble-chevalier** ou même **ombre-chevalier**, mais tout à fait distinct de l'**ombre.** »

OMBRAGEUX emploi et sens. Cet adj. ne s'emploie qu'à propos d'une personne ou d'un animal et signifie au propre « qui a peur de son ombre », d'où « excessivement méfiant » : *De ces sentiments qu'un mari, aussi ombrageux soit-il, peut considérer avec indulgence* (Vilmorin). *Le valet est ombrageux et débonnaire, plus sensible qu'un autre peut-être aux marques de politesse* (Jourde). On ne confondra ni avec **ombragé**, « rempli d'ombre » : *Tout mon univers se bornait donc à quelques places ombragées en arrière d'un petit port inactif* (Green), ni avec **ombreux**, de même sens qu'ombragé mais de registre littéraire : *Deux ailes sombres battaient lentement dans le brouillard ombreux* (Vailland), ni avec **ombré**, terme de dessin, « où on a figuré l'ombre avec des traits de crayon ou de plume », ou employé littérairement comme synonyme *d'ombragé* : *Elle avait un visage aux traits fins, d'abondants cheveux bruns, des yeux bleus ombrés de longs cils* (A. Besson).

OMBRE genre. Masc., quand ce subst. désigne un « poisson ». → OMBLE. Fém. pour *terre d'ombre,* « terre brune utilisée en peinture », appelée aussi *terre de Sienne.*

OMBREUX → OMBRAGEUX.

OMNIPRATICIEN emploi et sens. C'est la désignation officielle du « médecin sans spécialité ». On dit plus simplement *médecin généraliste.*

OMNIPRÉSENT et **UBIQUITAIRE sens. Omniprésent**, « présent en tous lieux », suppose une présence consciente, voire agissante ; **ubiquitaire**, de même sens littéral, est relatif au seul phénomène et n'implique pas nécessairement une attention ou une intervention (on dit aussi **ubiquiste**).

OMNIUM forme. Plur. francisé : *des omniums.* ♦ **sens. 1)** « Société s'occupant de toutes les branches d'un secteur économique » : *La société prendrait le titre d'Omnium Méditerranéen* (Morand). **2)** « Course en plat ouverte aux chevaux de tout âge » ou « compétition cycliste complexe ».

OMOPLATE genre. Fém. *De dures omoplates.*

ON emploi. Ce pronom « indéfini » est en réalité un pronom personnel se substituant en fonction de sujet à n'importe lequel des mots *je, tu, il, elle, nous, vous, ils, elles* : *Depuis longtemps on ne rencontre ici de loup et d'ours que dans ses rêves. Quand je dis* on, *je ne pense à personne en particulier* (Volodine).
□ **on** pour **je.** Par modestie, un auteur écrit dans sa préface : *Ces notes furent écrites en 1910. On était fort loin de penser qu'on les donnerait enfin au public. On les a laissées dans leur ordre* (Valéry, cité par Le Bidois).
□ **on** pour **nous.** *On avait notre façon d'être et de considérer les choses. On parlait à notre manière. On avait nos idées* (Gerber). *Dans l'après-midi, j'avais emmené les filles sur la jetée, on avait marché sur la digue, on peinait à avancer tellement ça soufflait* (Adam). *Mon mari et moi, on va à la cuisine* (Barbery). *On est donc allés voir la mère. Elle nous a dit qu'il ne s'était rien passé, elle ne dépose donc pas de plainte* (Ravey). L'attribut peut donc prendre les marques de nombre et de genre,

et ne reste pas nécessairement invar. : *Je me demande s'il a pris l'argent. On serait beaux !* (Sartre). *Mon frère Simon et moi, on est montés dans la Ford américaine* (Jardin). De même pour l'apposition : *Sortis pour voir le roi, on regardait le peuple* (Péguy).

□ **on** pour **vous.** *On est injuste, dit Denise. – Qui, on ? dit M*[me] *Herpain* (Maurois). *Je sais qu'on ne m'attendait pas aujourd'hui, dit un médecin. En général ils disent on à des malades du sexe féminin* (A. de Châteaubriant).

□ **on** pour **il, elle.** *Où en êtes-vous avec la comtesse ? Vous rend-on heureux ?* (Hervieu). *On tient essentiellement, ma mère – on, c'est mon client – à ce que, le moment venu, Miss Arabella épouse* (Benoit). □ **l'on.** Le *l'* se place parfois devant *on* par souci d'euphonie, notamment pour éviter un hiatus ou la prononciation [kõ] : *Les meilleures places, celles d'où l'on avait une vue imprenable sur la scène, avaient été prises d'assaut* (Colombier). *J'ai vu l'escalier raide avec sa rampe qui tremble toute, dès que l'on y pose la main* (Butor). Mais cet emploi n'est jamais obligatoire, et paraît souvent affecté, surtout en début de phrase, où il ne répond à aucune nécessité d'ordre phonétique : *L'on se rappelait qu'il y a cent ans cette église de la Madeleine avait failli être une banque* (Morand).

□ **nous, on.** L'association de ces deux pronoms dans la même partie de phrase est considérée comme populaire : *Nous, on n'est que des ouvriers* (Benjamin). *Si on était malins, on le garderait pour nous, le studio de Patrick* (Colette). Il est préférable d'employer **nous**, mais la répétition de ce pronom peut produire un effet phonétique indésirable, et le contexte suffit le plus souvent à lever l'ambiguïté de *on*, ce qui explique la faveur que rencontre son emploi dans toutes sortes de phrases. → NOUS.

□ **on n'est pas parti.** Ne pas oublier le *n'* après *on*, quand la liaison ne permet en aucun cas de percevoir l'absence ou la présence de la négation. → NE.

□ **on dirait (d')un château.** → DIRE.

□ **on... et on.** Le pronom **on** se répète devant chaque verbe : *On a mangé et on a bu comme des goinfres.* Mais l'ellipse se rencontre aussi quand elle ne nuit pas à la clarté : *On a bien mangé et bien bu.*

□ **on en relation avec vous.** *Et un bonheur tremblant vous pénétrait le corps, comme si on avait échappé à un accident* (Troyat). *On* ne peut être complément d'objet : dans cette fonction, il est remplacé par *vous.*

ONC forme. On écrivait aussi **oncques** ou **onques.** ♦ **emploi et sens.** Très vieil archaïsme, qui ne peut plus être employé que parodiquement, au sens de « jamais » : *« Chienne de vie » n'était pas mal pour une personne qui avait huit cent mille livres de rentes et oncques ne connut un ennui* (Montherlant). Attention à l'emploi erroné de ce mot par certains auteurs avec le sens de « personne », sans doute sous l'influence de **quiconque**...

ONCLE constr. Ce substantif, de même que *tante, cousin, cousine, grand-père, grand-mère,* peut être précédé ou non de l'article dans toutes les fonctions autres que l'apostrophe : *Oncle soucieux de ses varices ne va jamais à la piscine* (Sarrazin). *L'oncle Georges est venu te voir.* Mais on n'emploie jamais l'article quand on s'adresse à la personne : *Oncle Charles, tu es un fripon.* L'absence de l'article donne en général un ton plus affectueux à la phrase. → MON.

ON-DIT forme. Subst. invar. : *Ça n'a pas de réalité. Ce ne sont que des on-dit* (Beauvoir).

ONDOIEMENT orth. Ne pas oublier le *e* intercalaire, et ne pas transformer le *i* en *y* : *Un ondoiement permanent de vaguelettes immobiles* (Toussaint).

ONDOYER conjug. Comme *noyer.* → APPENDICE GRAMMATICAL.

ONDULÉ ou **ONDULEUX emploi et sens.** Ces deux adj. sont voisins mais **ondulé** s'emploie en un sens technique pour « qui a été ondulé » et **onduleux** (plus rare et littéraire) pour « qui ondule » : *De la tôle ondulée. Une mer onduleuse.*

ONÉREUX emploi et sens. Cet adj. signifie « qui coûte cher ». On évitera donc de l'employer auprès de substantifs désignant des « sommes d'argent » : *Mon oncle ne veut pas* *envisager d'onéreux frais de pension ailleurs* (Masson). Il vaut mieux ne l'appliquer qu'à des substantifs désignant des « motifs de dépenses » : *Les menaces budgétaires les plus graves, aggravées encore par tant de promesses de tant de réformes onéreuses* (Péguy). *Et d'une façon précaire, fugitive (combien onéreuse aussi), Socrate était redevenu le roi* (Mallet-Joris). → SOMPTUAIRE.

ONOMATOPÉE sens. « Mot suggérant la chose qui est dénommée par une association de sons plus ou moins proche de la réalité acoustique » : *« Oh ! yaya ! ohoh ! yaï ! ya ! » qu'il arrêtait pas de glapir* (Céline). *Comme maintenant, les cris « houhou », joyeux et méchants, jaillissaient de toutes parts* (Némirovsky).
L'onomatopée fait partie de la catégorie grammaticale de l'interjection, mais s'en distingue en ce qu'elle est de création relativement libre : *Le clic-clac de ses gifles* (Huysmans). *J'entends le moulin tique tique taque* (Rolland). *Il entendait encore le flic-flac de ses bottes dans la vase* (R. Jean). *Et maintenant, tu vas me dire qu'il faut être raisonnable, et gnagnagna* (Nothomb).
Il existe aussi des subst., des adj. ou des verbes de formation onomatopéique : *cliquetis, zézaiement, zozoter.* Il faut se garder de croire que les bruits ou les cris sont rendus à peu près de la même façon par les différentes langues. On constate une grande variété dans ces transcriptions.
Les principales onomatopées sont, en français : *ahan, atchoum, badaboum, bang, bim, boum, brr, bzz, cocorico, coin-coin, couac, crac, cric, crin-crin, croâ, cui-cui, ding ding dong, drelin* (ou *grelin*), *dring, dzing, flac, floc, flic-flac, flon-flon, frou-frou, frrt, glouglou, grr, hi-han, meuh, miam miam, miaou, ouah, ouf, paf, pan, patatras, pif, pouf, poum, rataplan* (ou *rantanplan*), *ronron, snif, tac, tagada, teuf-teuf, tic-tac, toc-toc, tut-tut, vlan, vraoum, vroum, vrrout.*

ONQUES → ONC.

ONTOGENÈSE forme. On rencontre également **ontogénie.** ♦ **sens.** « Développement complet de l'individu. » S'oppose à **phylogenèse.** → ce mot. Les adj. dérivés sont **ontogénique** ou **ontogénétique.** → GENÈSE.

ONYX genre. Masc. ♦ **sens.** « Variété d'agate. »

ONZE prononc. Devant *onze* et ses dérivés, il n'y a ni liaison ni élision : *Le thème du onzième panneau* (Butor). *Les invités de la onzième heure.* Fait exception la locution plaisante *bouillon d'onze heures.* → ÉLISION. □ **onze cents ou mille cent.** → CENT.

OPALINE sens. « Substance vitreuse qui sert à fabriquer des vases ou des objets décoratifs. » Ne pas confondre avec **opale**, subst. également fém., qui désigne une « pierre précieuse ».

OPÉRA orth. Forme avec *comique* un nom composé qui prend un trait d'union. Plur. *des opéras-comiques.* En revanche, l'association avec *bouffe* est plus lâche : *« La Servante maîtresse » est le premier grand opéra bouffe.*

OPÉRATIONNEL emploi et sens. Cet adj. provient du langage militaire. Il constitue un néologisme de sens dans le *management* (→ ce mot), où il s'applique à « l'étude scientifique des phénomènes d'organisation ». C'est, dans ce cas, ce qu'on pourrait appeler un « anglicisme invisible ».

OPHTALMOLOGISTE forme. On dit aussi **ophtalmologue** : *Ce que nous appelons « ophtalmologue » (et qui, lorsque j'étais enfant, n'était qu'un « oculiste », c'était déjà pas mal, mais pas encore assez ronflant) se contente, chez* [les Allemands], *d'être un « Augenarzt », soit un « médecin des yeux », tout simplement* (Cavanna). → -LOGISTE et OCULISTE. S'abrège dans la langue familière ou dans le jargon médical en **ophtalmo.** → -O.

OPIMES emploi et sens. Cet adj. ne se rencontre que dans la locution **dépouilles opimes,** « trophée que remportait un général romain qui avait tué de sa main le général de l'armée ennemie ». Il n'a plus qu'un intérêt historique, à moins qu'il ne soit employé au fig.

OPINER emploi et sens. Verbe vieilli et appartenant souvent au registre plaisant, au sens de « donner son avis » (en général favorable) : *Ils vont attaquer, opina le colonel* (Peyré). *Tout en lui ne cessait de dire : c'est cela, c'est bien cela, d'opiner profondément aux paroles, à la pluie* (Jourde). *Toutes les têtes des bons abbés à tabatière de buis opinant, se rengorgeant* (Michon).

OPINIÂTREMENT orth. On ne met plus d'accent aigu sur le premier *e*, comme on le faisait encore à l'époque de Baudelaire.

OPOSSUM orth. Avec un seul *p*.

OPPIDUM forme. Plur. *des oppidums.* ♦ **sens.** En archéologie, « place forte romaine ».

OPPORTUNITÉ sens. Au sens traditionnel de « caractère propice, opportun de quelque chose », par exemple dans *discuter de l'opportunité d'une réforme*, s'est ajouté le sens « anglais » de « occasion favorable » : *Maintenant, adossé à son peuplier, Antoine était saisi par l'un de ces instants de lucidité que vous donne l'opportunité d'une action dangereuse* (Labro). *Ce commerçant a trouvé l'opportunité d'écouler son stock.* Cette extension est acceptable : il ne faut pas cependant oublier l'existence du mot français **occasion**, qui n'est pas nécessairement péj., ou des tours **moment propice** ou **favorable** !

OPPOSITE genre. Masc. Mais le seul emploi de ce mot se rencontre dans la locution vieillie **à l'opposite de**, supplantée de plus en plus fréquemment par *en face (de), à l'opposé* : *Son quartier est situé à l'opposite du mien.*

OPPRESSER et **OPPRIMER sens.** Le premier verbe signifie « Accabler », surtout en relation avec les fonctions respiratoires : *Mon père s'était senti délivré d'une gêne qui l'avait oppressé toute la soirée* (Guilloux). Le verbe **opprimer**, de sens très voisin, s'emploie plutôt au fig., dans les domaines de la morale, de la politique, etc. : *Les peuples opprimés.* Il a le plus souvent une valeur collective. On notera que le dérivé **oppression** est commun aux deux verbes.

OPPROBRE orth. et prononc. Ne pas supprimer le second *r* par dissimilation. ♦ **genre.** Masc. ♦ **emploi et sens.** Mot littéraire et vieilli, au sens de « honte, déshonneur », ou « état d'abjection extrême ».

OPTER emploi et sens. Se construit avec *pour.* Ce verbe, qui appartient à la langue littéraire ou à celle du droit, double **choisir** d'une façon parfois inutile : *Et Patrice Périot opta pour la rue Damrémont, soudainement* (Duhamel). → OPTION.

OPTICIEN → OCULISTE et OPHTALMOLOGISTE.

OPTIMAL emploi. Cette forme est préférable, en tant qu'adj., à la forme **optimum**, qu'on hésite à mettre au plur. : *Cette expérience nous a permis d'obtenir des résultats optimaux.* → MAXIMAL.

OPTIMISER ou **OPTIMALISER emploi et sens.** Dans le domaine économique, ces deux formes ont été adaptées de l'anglais vers 1960, ainsi que le nom dérivé **optimisation** : *L'ensemble des activités essentiellement intellectuelles ayant pour objet d'optimiser les investissements de toute nature* (*Le Monde*). *Cette instance pourrait s'intéresser au passé ou aux enquêtes en cours, à l'optimisation des ressources, à la conformité des activités de renseignement avec le droit* (J. Cantegreil, *Le Monde*, 25/05/2007). Le sens de cette famille de mots est « fournir les meilleures conditions de fonctionnement, de rendement ou d'exploitation ».

OPTIMUM forme. Plur. *des optimums* ou *des optima*, seulement pour le subst. Pour l'adj. → OPTIMAL.

OPTION emploi et sens. Les locutions **prendre une option, lever l'option** appartiennent à la langue des affaires. Le mot signifie « promesse de vente à un prix déterminé sans engagement du futur acheteur » : *Qu'est-ce que vous en voulez de votre option ?* (Morand).

Un certain snobisme les fait parfois employer à tort et à travers, au lieu de *faire un choix, choisir.* ⟶ OPTER.

OPUS emploi et sens. Ce mot latin signifiant « œuvre » est employé sous la forme abrégée **op.** pour classer une œuvre musicale et la situer dans l'ensemble des créations d'un compositeur (surtout classique) : *La sonate op. 13 en ut mineur dite « Pathétique », de Beethoven.*
□ L'abréviation ***op. cit.*** sert pour renvoyer à un « ouvrage cité ».

OPUSCULE genre. Masc. ♦ **sens.** « Petit livre », équivalent savant de **brochure**.

OR (conjonction) **emploi et sens.** Cette conjonction intervient dans une étape moyenne du raisonnement logique ou du déroulement d'un événement : *On ne voyait qu'un visage inerte. Or, ce visage s'anima. Les traits se tendirent* (Simenon). Il est en général suivi d'une virgule, pour détacher et mettre en relief ce qui suit : *À chaque instant, elles avançaient leur tête pour voir s'il arrivait. Or, quand il arriva, il ne les regarda même pas* (A. de Châteaubriant) : « Ici, *or* attire l'attention sur un moment de grosse déconvenue » (Le Bidois).
□ **or donc.** Ce renforcement est aujourd'hui désuet.

OR (substantif) **emploi et sens.** Ce substantif est rare au plur. Il désigne alors non plus la matière en général, mais des objets, fils, détails, réalisés dans cette matière.
□ **vieil or.** Cette locution fonctionne comme un adj. de couleur invar. : *Colette a fait accrocher des rideaux vieil or.*
□ **en francs-or.** Comme suffixe, ce mot est invar. et tout se passe comme si on avait ici un tour elliptique : *(en) or.*

-ORAMA emploi et sens. Ce suffixe, qui signifie « vue », est souvent simplifié abusivement en **-rama**. ⟶ ce mot.

ORANGE forme. Invar. comme adj. de couleur : *Un fond de galets orange et violets* (Duras). ⟶ COULEUR.

ORANG-OUTAN orth. Pas de *g* final, bien que ce soit l'orth. de l'Académie française : *Si on veut qu'un orang-outan reste un orang-outan, il faut interférer le moins possible, sinon on l'humanise* (Rosenthal).

ORANT emploi et sens. Ce subst. s'emploie aux deux genres (fém. *orante*) pour désigner la « représentation sculpturale d'une personne en prière », par opposition au **gisant** (« représentation d'un corps allongé »), terme mieux connu et plus répandu.

ORBE genre. Masc. ♦ **sens.** « Espace, cercle circonscrit par une orbite. » Ne pas confondre avec le mot suivant.

ORBITE genre. Fém. : attention à l'influence du genre de **orbe**. ⟶ le précédent. ♦ **sens.** « Cavité osseuse dans laquelle se trouve l'œil » et « trajectoire décrite par un corps céleste » : *La dernière poignée de sable s'amassa dans les orbites creuses* (Vian). *La pâleur de ma figure aux orbites profondes* (Barbusse). Le sens « astronomique » est transféré au domaine astronautique malgré certaines critiques : *Le satellite « OTAN-1 » a été placé sur une orbite stationnaire* (Le Monde) ; et au fig. : *Mes réactions devant les hasards de la vie, en une époque tout spécialement épouvantable, m'ont projeté hors de l'orbite assignée* (Cavanna). *Mes deux frères, André et René, avaient dix et onze ans de plus que moi, ce qui les éloignait de mon orbite enfantine* (Diwo).

ORDINAIRE emploi et sens. Ce subst. forme plusieurs locutions qui marquent toutes un « retour régulier de faits ou d'habitudes » : *D'ordinaire, quand nous allions dans les champs, mon père m'expliquait beaucoup de choses* (Guilloux). On fait souvent précéder de *comme* les tours suivants : **d'ordinaire** ou **à l'ordinaire** : *Il s'occupait, comme à l'ordinaire, à rectifier ses traits* (Duhamel). On peut enfin employer un adj. possessif pour insister sur une particularité individuelle : *Il monologuait, à son ordinaire, sur les thèmes qu'il appelait les « thèmes de l'évidence »* (id.). ⟶ ACCOUTUMER.

ORDINAND sens. « Celui qui est ordonné prêtre. » Ne pas confondre avec **ordinant**, qui s'applique à l'évêque conférant un ordre.

ORDINATEUR orth. Un seul *n* (prendre garde à la contagion de *ordonnateur, ordonnance*). Ce mot, comme l'objet qu'il désigne, est passé dans nos mœurs et a supplanté définitivement l'anglais *computer*, de même que les équivalents français *cerveau électronique* ou *calculateur électronique*, rapidement tombés en désuétude. ♦ **forme.** Très souvent abrégé en *ordi.*

ORDONNANCE genre. Quand ce mot désigne un « soldat au service d'un officier », le genre logique (masc.) l'emporte souvent dans l'usage sur le genre traditionnel (fém.).

ORDONNANCEMENT emploi et sens. Outre le sens financier, « action de donner un ordre de virement à un comptable » (→ ci-après), ce subst. un peu lourd a le sens de « mise en œuvre des processus de fabrication et de contrôle d'une commande » dans le domaine technico-commercial et, par extension, double parfois, de façon pédante, le sens des mots **arrangement, organisation** : [La Beauté] *jaillit d'un certain ordonnancement des choses ordinaires et de la certitude que* c'est comme cela doit être (Barbery).

ORDONNANCER sens. Ce verbe peut être synonyme de **ordonner**, au sens de « disposer dans un certain ordre » : *Nous voulons jusqu'au moindre détail – Dieu serait-il un grand obsessionnel ? – ordonnancer le monde, le régler, le quadriller* (Pontalis). Mais le premier sens est d'ordre financier, « donner l'ordre de payer (une somme) », et l'on rencontre également une acception quelque peu démodée, « prescrire (un remède) par ordonnance ».

ORDONNER orth. Tous les dérivés prennent deux *n* : *ordonnance, ordonnancement, ordonnateur, ordonnée, coordonnée,* etc. : *L'ordonnateur des pompes funèbres, un homme précis et navré, s'est multiplié* (Colombier). *M. Trichet a transformé l'institution* [la BCE] *en grand ordonnateur du sauvetage de l'euro – face aux chefs d'État et de gouvernement* (*Le Monde*, 11/09/2011), mais on écrit *ordinal, ordinateur, ordinand, ordinant, ordination.* ♦ **constr.** Le verbe de la subordonnée est en général au subj. : *Le roi a ordonné qu'on fasse périr le traître.* Mais on rencontre aussi le futur et le conditionnel : *Le Conseil ordonne que la façade de la maison commune sera sur-le-champ illuminée* (France).

ORDRE emploi et construction. La locution **de premier ordre** (ou **second**, ou **dernier**) joue le rôle d'un adj. et se présente parfois, dans la langue littéraire, sous la forme **du premier ordre** : *En ce moment même, un poète du premier ordre, un poète fou erre à travers le monde* (Apollinaire). L'article défini marque une insistance, et présente cette classification en « ordres » comme connue de tous.

ORDRE DES MOTS → INVERSION.

OREILLES (rebattre les) → REBATTRE.

ORES emploi. Dans la locution à caractère littéraire **d'ores et déjà**, « dès maintenant, à partir de ce moment, désormais » : *Ma mère avait, aidée de Dora, d'ores et déjà commencé de ranger une partie des provisions dans des bocaux* (Labro). *C'est la chose qu'il convient d'ores et déjà de noter* (Benoit).

ORFÈVRERIE orth. Accent grave, comme **orfèvre**, mais on écrit avec accent aigu **orfévré**.

ORFRAIE emploi et sens. La locution **pousser des cris d'orfraie** repose sur une confusion entre **l'orfraie**, « rapace diurne », et l'**effraie**, « rapace nocturne au cri inquiétant ». Mais elle est trop ancrée dans l'usage pour qu'on puisse songer sérieusement à la corriger.

ORGE genre. Ce subst. est exceptionnellement masc. dans les deux locutions *orge mondé* et *orge perlé.* Il est fém. dans tous ses autres emplois : *L'orge est semée en automne ou au printemps.* ♦ **sens.** Les adj. ci-dessus désignent l'orge qu'on a débarrassée de sa pellicule et passée entre deux meules pour l'affiner.

ORGUE genre. Ce subst. est toujours masc. au sing. Au plur., si le mot désigne plusieurs instruments, il demeure masc. : *Ces deux églises sont pourvues d'excellents orgues.* Il est quelquefois fém. pour désigner l'ampleur de l'instrument : *Orgues triomphantes, cloches, coups de canon* (Anouilh). *Les grandes orgues de Notre-Dame.* → AMOUR et DÉLICE.

ORGUEIL orth. Ce mot s'écrit avec le *u* immédiatement après le *g* (et non *-euil*) : *euil* devient *ueil* après *g* [g] et *c* [k], cf. *accueil, cueillir.*

ORIFLAMME genre. Fém. *« À jamais la jeunesse reconnaîtra pour sienne cette oriflamme calcinée », écrit Breton en évoquant Antonin Artaud, l'écorché vif* (C. Guedj).

ORIGINAL, ORIGINEL et **ORIGINAIRE sens. Original** porte en général un jugement de valeur positif ou négatif sur le « fait de ne pas avoir de modèle, de remonter à une source unique et rare » : *Un travail original. Quel original !* **Originel**, qui ne peut être substantivé (à la différence de *original*), est dérivé de *origine*, dans un sens neutre : *Ce château originel sera ensuite agrandi par Louis XIV pour devenir le somptueux édifice actuel* (*Le Monde*, 08/06/2007). *Le chaos originel.* Quant à **originaire**, qui est toujours adj., il peut avoir deux sens : « qui tire son origine de » : *Une famille originaire d'Alsace* ou bien « qui est à l'origine, à la source de », comme ici : *Mes références aux lieux d'origine – à l'enfance, en somme, radicalement originaire* (Semprun).

ORIGNAL forme. Plur. *des orignaux.* On emploie également *orignac.* ♦ **sens.** « Nom donné à l'élan du Canada. »

ORMAIE forme. On emploie également *ormoie.* ♦ **sens** « Lieu planté d'ormes. »

ORNEMANISTE sens. Adj. ou subst. désignant un « artisan ou artiste dont la principale activité est de réaliser des ornements ». Noter que *ornementiste* n'existe pas.

ORNITHOLOGISTE forme. On emploie aussi **ornithologue.** → -LOGISTE. ♦ **sens.** « Spécialiste de l'étude des oiseaux. »

ORO... sens. Préfixe entrant dans la composition de mots surtout techniques rattachés au sens de « montagne » : *orogénie, orographie,* etc. (jamais de trait d'union).

ORTEIL emploi. Ce terme étant réservé pour nommer les doigts de pied, on se gardera de pléonasmes du genre : *les orteils des pieds.* On rencontre parfois dans l'usage **orteil** pour désigner le *gros orteil.* On dira le **petit orteil** pour nommer le plus petit de ces doigts. En anatomie et en médecine, on désigne les orteils par *premier, deuxième orteil,* etc., en partant de l'intérieur du pied (du gros orteil).

ORTHO... emploi et sens. Ce préfixe, qui est très productif, contient l'idée de « droit, correct, régulier » et sert à former surtout des mots techniques : *orthoépie, orthogonal, orthographe, orthophonie,* etc. (pas de trait d'union).

OS prononc. [ɔs] au sing., [o] au plur. ♦ **emploi.** La locution intensive **jusqu'à l'os** est à la fois fam. et vieillie.

OSCILLER prononc. [ɔsile] ou [ɔsille], mais jamais [ɔsije]. Cette remarque est valable pour les dérivés **oscillation, oscillomètre,** etc.

-OSE emploi et sens. Ce suffixe, substantivé par les chimistes, désigne de façon générique les « hydrates de carbone ». En médecine, il sert à former les noms de maladie non inflammatoires » : **arthrose, sclérose,** etc.

OSER constr. La négation accompagnant ce verbe est souvent réduite à **ne**, surtout quand le complément qui suit est à l'infinitif : *Il n'osait fumer tout son saoul, par égard pour sa mère* (Gide). *La sœur docile n'osant refuser le parti que lui impose sa famille* (Saumont). Sans complément, le tour est littéraire et affecté : *Seigneur ! c'est trop ! Vraiment je n'ose* (Verlaine). → NE.

OSMOSE emploi et sens. « Phénomène de diffusion à travers une membrane semi-perméable. » Souvent au fig. au sens de « interpénétration, combinaison lente » : *Par une sorte d'osmose, ces deux personnages ont fini par se ressembler.*

OSSO BUCO orth. Un seul *c* à *buco*. Plur. inusité. ♦ **sens.** « Plat italien, constitué par un jarret de veau servi avec du riz à la tomate. »

OSSU et **OSSEUX emploi et sens. Ossu** est un adj. rare, au sens de « qui a de gros os ». **Osseux** signifie plutôt « qui a les os saillants ». ⟶ MEMBRÉ.

OSTENSIBLE et **OSTENTATOIRE. emploi et sens.** Est **ostensible** ce que l'on donne à voir, ce qu'on ne dissimule pas. Est **ostentatoire** ce qui fait l'objet d'une montre excessive par affectation, par orgueil, par esprit de parade.

OSTRACISME sens. Anciennement, « bannissement de dix ans ». Est devenu synonyme d'**exclusion, mise à l'écart**. On a formé sur ce mot le verbe **ostraciser** (qqn).

OSTROGOTH forme. On emploie également **ostrogot** : *Peut-être mon père avait-il cru clore toute discussion avec cet « ostrogot », qui sonnait comme un mariage entre escargot et australien,* mais *le mot nous avait remplis de joie* (Labro), et seulement comme adj., **ostrogothique.** ♦ **emploi et sens.** Souvent au fig., au sens de « homme barbare et grossier » ou « excentrique » : *Qui est-ce qui m'a fichu un ostrogoth pareil ?*

OTAGE genre. Toujours masc. : *Dans ces mêmes archives, l'un des otages fusillés est bel et bien noté comme agent infiltré dans la Résistance* (La Casinière, *Libération*, 29/06/1992). ♦ **emploi et sens.** Le grand nombre des **prises d'otage** qui se sont déroulées dans le cadre du terrorisme international des années 1980-1990 a favorisé l'emploi métaphorique – et souvent abusif – de la locution **prendre en otage** : *Les grévistes ne devraient pas prendre en otage la masse des usagers.*

ÔTÉ emploi. Même possibilité d'emploi invar., en tant que préposition, que pour **compris, excepté**, etc. (⟶ ces mots) : *Ôté quatre, il reste deux.*

OTO-RHINO-LARYNGOLOGISTE forme. Ce subst. est souvent abrégé en **oto-rhino.** Plur. *des oto-rhino-laryngologistes.* ⟶ LOGISTE.

OÙ (adverbe) **orth.** L'adv. de lieu prend toujours un accent grave, à l'opposé de la conjonction, qui reste sans accent. ♦ **emploi.** Il ne faut pas, dans une proposition commençant par **où**, qu'un **y** renvoie au même mot que l'antécédent du relatif. On ne dira pas : *La maison où il y a vécu dix ans*, mais : *où il a vécu dix ans.* Autre type de pléonasme très répandu – et inutile – dans le parler des médias : renforcement de *où* par un *là* qui le suit immédiatement, par exemple : *Rafraîchissement général du temps, excepté en Corse où, là, il fera une température nettement plus élevée.* L'antécédent de **où**, adv. relatif, est en principe un nom désignant un « lieu » ou un « moment », mais certains auteurs l'emploient de façon large : *L'obligation où je me trouvais de cacher la partie vicieuse de ma vie* (Camus). *Elle se rappelait les étranges conditions où ces jouets avaient été reçus* (Supervielle). *Un jeu superficiel où son être profond n'était pas intéressé* (Mauriac). *Ces quelques instants suffirent à ruiner les prétextes par où Geneviève tentait d'échapper à la vérité* (Kessel).
□ **où... c'est quand.** Tour littéraire : *Mais où Bloch se trompait, c'est quand il croyait que M. de Norpois eût pu, s'il l'avait voulu, lui dire la vérité sur le rôle d'Henry* (Proust).
□ **je ne peux me rendre (là) où il se trouve.** L'antécédent de **où** est parfois un adv. de lieu, employé facultativement, sauf si la relative est en première place, auquel cas **ici** ou **là** sont presque indispensables : *Ici où vous êtes, vous ne craignez plus rien. Là où je t'ai caché, tu peux être sûr qu'on ne viendra pas te chercher.* Cependant : *Où le passant ne voit qu'une élégante chapelle, j'ai mis le souvenir d'un clair jour de ma vie* (Valéry).
□ **c'est là où.** Ce tour est pléonastique et affecté : *C'est là, en somme, où aboutit à un moment donné le spiritisme* (Huysmans). Il vaut mieux dire : *C'est là que...*

□ **d'où.** Cette locution conclusive et particulièrement sobre peut être suivie immédiatement d'un subst. ou d'une proposition : *D'où ces simulacres prennent assez souvent d'étranges puissances* (Valéry). On emploiera plutôt **d'où vient que** ou **de là vient que**. → D'OÙ.
□ **d'où** ou **dont.** → DONT.
□ **où** ou **que.** Au sens temporel, **que** à la place de **où** est une élégance de la langue littéraire : *Au moment que nous quittions la salle à manger, Mme Floche s'approcha de moi* (Gide). *Au temps que j'habitais rue de Condé* (Léautaud). L'exemple suivant combine les deux constructions avec une hardiesse qui n'est pas à imiter : *Je me détacherais de Marthe, le jour où sa jeunesse se fanerait, et que s'épanouirait la mienne* (Radiguet). On notera cependant que, si l'indication du temps est construite sans préposition et introduite par l'article indéfini **un, une**, l'emploi de **que** est quasi obligatoire : *Un jour d'été qu'il faisait très chaud* (Rolland).
□ **pas une chaise où m'asseoir.** On rencontre parfois des subordonnées à l'infinitif introduites par **où**, avec un sens final : *Il nous faut une maison... une Maison du Peuple, où faire nos conférences, abriter nos syndicats* (Guilloux). *Il vit avec plaisir qu'il disposait d'une armoire personnelle où ranger ses vêtements* (Jorif). *L'homme lui trouverait un lieu honorable où se cacher* (Dhôtel).
□ **où qu'il soit.** Ce type de relative indéfinie (toujours avec le subj.) n'appartient qu'à la langue littéraire : *Il n'est pas possible qu'il y ait, dans un autre hêtre, où qu'il soit, une peau plus lisse* (Giono). *Où que j'aille et quoi que je fasse, c'est toujours contre-saison* (Gide). *Il se déplaçait vite, cherchant un angle de prise de vue convenable, mais où qu'il veuille se mettre, le mur était toujours derrière lui* (Jardin).
□ **par où, jusqu'où,** etc. L'adv. relatif **où** peut être précédé de certaines prépositions : surtout *de, par, jusque*, et plus rarement, *pour, vers*.
□ **où = alors que.** Cet emploi est rare et littéraire : *Les princes de la terre éclatent de rire de lui voir se donner tant de mal, où il leur suffirait à eux d'un bout de corde* (Anouilh).
□ **où, adverbe interrogatif.** *Où* et ses composés *d'où, par où, jusqu'où...* servent à interroger sur le lieu, le but, etc., mais, à la différence du relatif, n'ont pas d'antécédent et ne peuvent se rapporter au temps : *Où votre ami demeure-t-il à Paris ?* (Proust). *D'où venait ce souffle ?* (Rolland). *Par où s'est échappée la chienne ?* (Colette). *Où est-ce que vous me menez ? Où je vous mène ? Nulle part* (Romains). Dans la langue familière, l'adv. interrogatif est parfois exprimé en fin de phrase : *Ce serait où, que je pourrais l'avoir vu ? Il est allé où ?* appartient à la langue parlée. On doit mettre en tête de phrase le mot interrogatif, dans la langue soutenue : *Où est-il allé ?* Néanmoins, certains écrivains ne rejettent pas cette construction : *Cette mauvaise pente nous eût conduits jusqu'où ?* (Bazin). → INTERROGATION.

OU (conjonction) **orth.** Jamais d'accent grave, à la différence de l'adv. relatif. On reconnaît qu'on a affaire à la conjonction à ceci, qu'il est toujours possible de substituer **ou bien** à **ou** : *Il boit du lait, ou du vin, ou de l'eau, ou de la cervoise, indifféremment dans l'or, dans le verre, dans la corne ou dans l'onyx* (Valéry). ♦ **emploi.** Dans une approximation située entre deux nombres consécutifs, on emploie la conjonction **ou** : *Il avait fallu attendre quelques années – je ne sais pas combien exactement, moins de dix en tout cas, peut-être sept ou huit ans* (Mauvignier). Mais → À.
□ **l'homme ou le singe se comporte(nt) ainsi.** Quand deux sujets au sing. sont coordonnés par **ou**, le verbe se met au plur. ou au sing. suivant que domine l'idée de coordination ou l'idée de disjonction. **Plur.** : *L'idée gravée en moi que Mme Swann, ou son mari, ou Gilberte allaient entrer* (Proust). *Quand le crépuscule ou la pluie me chassaient du fleuve* (Mauriac). **Sing.** : *Je ne sais si la roche ou l'arbre l'entendit* (Hugo). Si les sujets sont des pronoms personnels, le verbe est toujours au plur. et à la personne dominante : *Toi* ou *moi (nous) avons ce qu'il faut pour le faire. Lui ou toi (vous) pouvez l'accepter.* → AINSI, COMME, NI.
□ **ou même, ou plutôt.** Dans ces deux tours, il s'agit d'une rectification et l'accord se fait généralement avec le dernier sujet : *La princesse de Guermantes, ou plutôt son frère, a connu le vrai* (Proust, cité par Grevisse).

□ **ou non, ou pas.** → NON et PAS.
□ **ou si... ?** Cette façon de poser une seconde question est parfaitement correcte et du reste très répandue à tous les niveaux de langue : *Mort naturelle ? ou s'il avait pris le véronal ? Naturelle, sans doute* (Montherlant). *Mentait-elle ou si seulement elle s'abusait ?* (Plisnier). → INTERROGATION et SI.
□ **soit... ou, soit que... ou.** La conjonction **ou** peut servir de substitut dans les locutions disjonctives : *Soit qu'il fasse beau ou qu'il pleuve, il ne manque jamais sa promenade. Soit par envie ou par dégoût, il ne peut supporter sa présence.* Mais l'emploi de la locution parallèle est plus naturel : *Soit par envie, soit par dégoût,* etc.
□ **ou sinon.** Ce pléonasme est admis dans la meilleure langue : *Fais cela immédiatement ou sinon tu t'en repentiras.* Mais on peut toujours se contenter de **sinon**.

OUAH ! emploi et sens. Cette interjection est très répandue dans le registre fam. pour exprimer la surprise, l'étonnement : *À chaque paquet, Margot disait : ouah, exactement ce que je voulais* (Adam).

OUAILLES emploi et sens. Surtout au plur., et dans un registre fam. et même plaisant pour désigner les « paroissiens » par rapport à leur curé : *Mme Barbentane était la piété même, et l'une des meilleures ouailles de la paroisse* (Aragon). *Les ouailles ont refusé de rester groupées comme il l'avait demandé pour en finir plus vite, et sont allées comme d'habitude sur leurs tombes respectives* (Jourde).

OUAIS emploi. Cette ancienne interjection, qui marquait la surprise, le doute, tend aujourd'hui à disparaître ou plutôt à se confondre avec la prononciation négligée de **oui**. → ce mot : *C'est une question facile, cela, n'est-ce pas ? – Ouais, dit Wolf* (Vian). *Drôle de prénom, mais très jolie fille, commenta Mathieu Saladin. – Ouais, bof, murmura Didier en jouant les blasés* (Nothomb).

OUATE prononc. On pratique facultativement l'élision devant ce substantif : *de l'ouate* ou *de la ouate.*

OUBLIER constr. Après ce verbe, la préposition complétive se met généralement à l'indic., plus rarement au conditionnel, et au subj. seulement dans un registre soutenu : *Nous avions oublié tous deux que M. de Dalens existât* (Musset). Parfois, la cause de l'oubli est rappelée par le pronom adverbial **en** : *Pendant un instant elle en oublia la guerre et la mort d'Igor* (Wiazemsky).

OUED forme. On emploie plus fréquemment le plur. *oueds* que la forme arabe *ouadi* : *Les oueds algériens.*

OUI prononc. L'élision est facultative devant *oui*, mais elle ne se fait guère dans le code écrit : *On lui a demandé si maman se plaignait de moi et il a dit que oui* (Camus). *Elle me demande si j'ai faim, je lui dis que oui et elle disparaît dans la cuisine* (Adam). Dans le parler fam. : *Et moi, je te dis qu'oui.*
□ **oui bien.** On renforce parfois la particule d'affirmation **oui** à l'aide de certains adv. : *vraiment oui, oui bien, oui certes, mais oui,* etc. Ces tours sont assez littéraires, excepté le dernier. On écrit *oui-da* (avec trait d'union).
□ **tu ne l'as pas vu ? Oui.** On évitera de répondre à une question de forme négative par *oui* au lieu de **si**. Cette habitude est fréquente surtout dans le Midi, peut-être sous l'influence de l'italien qui n'a que **si** comme équivalent sémantique de nos deux particules affirmatives. On prendra garde aux ambiguïtés possibles. On notera cependant : *Mais ne savez-vous pas ce qu'il convient de faire ? – Oui, dit-il, de jouer à l'hombre, qui se joue à trois* (France). *N'est-ce pas ? Oui, peut-être* (Romains).
□ **oui substantif**. Quand ce mot est pris comme subst., il demeure invar. : *Comme elle est enfantine dans ses oui ! L'intonation d'une poupée à qui l'on presse le ventre* (Montherlant). *La grande salle de la mairie, où s'échangeaient les oui des mariages, était pleine* (Orsenna). *Au dernier référendum, les oui l'ont largement emporté sur les non.* → NON.

OUÏ-DIRE emploi. Cette locution est employée comme un subst. invar. : *Justin ne connaissant le mal que par ouï-dire* (Aymé). → ON-DIT.

OUÏE ! orth. Cette interjection fam., qui exprime la douleur, s'écrit aussi **ouille !** Elle appartient essentiellement à la langue parlée.

OUÏR conjug. Très défective. On ne rencontre guère que l'infinitif et le part. passé, dans un contexte archaïsant ou recherché : *Je le trouve presque insupportable à ouïr* (Valéry). *Mon père était du mas dit le Gravas, de même que mes aïeux de deux ou trois générations, ainsi que j'ai toujours ouï dire* (Chabrol). ♦ **constr.** On peut dire : *J'ai ouï parler Untel* ou *J'ai ouï Untel parler*, et aussi : *Je l'ai ouï parler de. Je lui ai ouï parler de.* → INFINITIF et ENTENDRE.
□ **ouï la femme Unetelle.** Dans la langue juridique, le part. passé peut s'employer à la façon d'une préposition et demeurer invar. → ATTENDU, ENTENDU, VU, etc.

OUKASE orth. On préférera celle-ci, qui rend mieux la prononciation réelle, à *ukase.* ♦ **genre.** Masc. ♦ **sens.** À l'origine, « édit promulgué par le tsar », d'où couramment aujourd'hui, « décision autoritaire et sans appel » : *Cet ukase lui creva le cœur* (Daudet). *Que penser d'une réflexion qui ne fait que généraliser les oukases et les expressions de haine qui traversent les nations elles-mêmes ?* (D. Méda, *Le Monde*, 30/09/2011). Ce terme se rencontre principalement dans les textes de caractère politique.

OURDIR emploi et sens. Dans le domaine technique, « réunir et tendre les fils de chaîne, avant le tissage ». Mais généralement au fig., dans le domaine littéraire, avec l'acception « disposer les éléments d'une intrigue, d'un complot, etc. » : *Depuis ce matin, j'admire ton courage et ton obstination, et comme tu ourdis tes ruses avec loyauté* (Giraudoux). *J'inventerai un roman ; j'en cherche l'intrigue, j'en ourdis le mensonge* (Vallès). Le verbe **tramer** s'emploie plus fréquemment en ce sens.

OURS emploi. Au sens propre, **ourse** pour nommer la femelle de l'ours : *Nous accouchions des ourses blanches dans l'entrepont d'un paquebot* (Volodine). Au sens fig., indifféremment : *Cette femme est un ours* ou *une ourse.* L'emploi adjectival, appliqué à une personne de caractère difficile, est assez répandu dans le registre fam. : *Tout l'escalier, à part le locataire ours du premier, défila chez nous pour admirer l'instrument* (Diwo). Dans une acception populaire et toujours au masc. plur. (et non au fém. plur.), ce mot désigne les menstrues.

OUST(E) ! orth. Cette interjection s'écrit avec ou sans *e* final.

OUTLAW prononc. [autlo]. ♦ **forme.** Plur. *des outlaws.* ♦ **emploi et sens.** Synonyme désuet de **hors-la-loi** : *Les outlaws des premiers westerns.*

OUTRAGEUX emploi. Cet adj. est aujourd'hui très vieilli et littéraire. On tend à l'abandonner pour le participe-adj. **outrageant** : *Il a tenu sur mon compte des propos outrageants.*

OUTRE emploi et construction. La locution adv. **en outre** ne pose pas de problème. Quant à la préposition, on rencontre en général **outre** tout seul, au sens de « sans parler de, sans tenir compte de » : *Un des hommes m'a dit qu'outre ses blessures au visage et au cou il avait été gravement atteint à la colonne vertébrale* (Bauchau). *Outre ce changement de pratique du ministère public, les lois pénales récentes ont toutes sapé le champ d'action des juges d'instruction* (N. Guibert, *Le Monde*, 16/01/2009). La locution prépositive **en outre de,** condamnée par les puristes, s'implante dans le meilleur usage, sur le modèle de **en plus de** : *En outre des combattants, des témoins, et des médecins* (France). *Même à la cour, l'usage s'est établi qu'un homme ait une amie régulière en outre de sa femme légitime* (Montherlant).
□ **plus outre.** Cette association est correcte, mais vieillie : *N'allez pas plus outre.* On dit plus souvent : *N'allez pas plus avant.*
□ **outre que.** On construit avec l'indic. ou le conditionnel des subordonnées qui ajoutent un argument à la proposition principale : *M. de Courpière, outre qu'il ne disait rien non plus, m'abandonnait* (Hermant). La langue populaire ne connaît guère cette locution conjonctive et lui substitue **sans compter**

que. La principale peut du reste être implicite : *Sans compter qu'il avait tout fait pour réussir !* ⟶ COMPTER.

□ **outre-Rhin, outre-tombe.** *Outre* se lie par un trait d'union à certains noms communs et noms propres dans les locutions : *outre-mer, outre-tombe, outre-monts,* etc., et *outre-Atlantique, outre-Manche, outre-Rhin,* etc. : *Ma grand-mère Solange Bud barrissait des syllabes d'outre-tombe* (Volodine). *Outre* a alors le sens de « au-delà de » : *Les pays d'outre-mer, aller outre-Rhin.* Il est à remarquer que, lié à un nom propre, *outre-* ne prend pas de majuscule initiale.

OUTRECUIDANT sens. Synonyme vieilli de **vaniteux** ou d'**impertinent**. De même, **outrecuidance** est un synonyme vieilli de **vanité** ou **d'impertinence** : *L'impression diffuse que* [...] *venait de se produire, avec toute la force de son outrecuidance, un de ces moments décisifs où l'existence, telle qu'elle avait été envisagée jusque-là, change de sens* (Labro).

OUTREMER orth. En un seul mot comme adj. de couleur invar. Il ne faut pas confondre avec les **départements d'outre-mer** (en deux mots).

OUVRABLE sens. Cet adj. se rattache étymologiquement au vieux verbe *œuvrer*, c'est-à-dire « travailler », et non pas à *ouvrir*, comme on le croit souvent. Il semble aujourd'hui difficile de maintenir le sens originel, « où il est possible de travailler » : *Téléphonez pendant les jours ouvrables.*

OUVRAGE genre. Masc. : *Mon père avait de l'ouvrage pressé à livrer* (Guilloux). La langue pop. le faisait souvent fém. : *C'était de la belle ouvrage vraiment !* (Pergaud).

OUVRANT sens. Subst. désignant un panneau mobile se repliant sur un tableau ou la partie mobile d'un châssis de menuiserie, par opposition à **dormant** : *Les ouvrants du retable étaient scellés.*

OUVRE- forme. Les composés dont le premier élément est *ouvre-* sont tous invar. et ont un *-s* final, même au sing. : *ouvre-boîtes, ouvre-gants, ouvre-huîtres,* etc.

OUVRIR constr. et sens. La locution **s'ouvrir de qqch. à qqn** relève de la langue littéraire et s'emploie au sens fig., « faire confidence de qqch. à qqn » : *Il avait donc eu sa petite idée, Adrien, et il s'en était ouvert à M. Delobelle* (Aragon).

OVAIRE genre. Masc., de même que *ovule.*

OVARIECTOMIE forme. On emploie aussi *ovariotomie.* ♦ **sens.** « Ablation d'un ovaire ou des deux ovaires » pour la première forme. Le second mot désigne parfois une opération moins radicale qui n'aboutit pas nécessairement à l'ablation.

OVATIONNER emploi et sens. Créé à la fin du siècle dernier, ce verbe discuté peut être admis de la même façon que **sélectionner**, qui est contemporain : *Durant toute la traversée de la cité, les chefs de l'armée de secours furent ovationnés par les habitants* (A. Besson). *Ma mère fut ovationnée et papa, très content, me demanda d'aller chercher une bouteille de « Vieux Papes »* (Diwo). La langue du sport l'utilise volontiers : *Le public a longuement ovationné l'équipe de France victorieuse.* On n'oubliera pas néanmoins l'existence de *acclamer, applaudir, fêter,* etc.

OVE genre. Masc. ♦ **sens.** « Ornement architectural. »

OVERDOSE emploi et sens. Cet anglicisme est d'une tragique actualité, au sens de « dose mortelle de drogue ou de radiations » ; on peut le remplacer avantageusement par le néologisme **surdose**, qui dit exactement la même chose : *L'apparition de nouvelles drogues pourrait être à l'origine de la recrudescence des surdoses mortelles dans la région niçoise* (*Le Monde*, 30/05/1992). Même remarque pour **surdosé**, qui peut remplacer **overdosé** : *C'est qu'elle s'est encore endormie la veille sous les U.V., la pauvre, elle a été un petit peu surdosée* (Échenoz).

OVIDÉS et **OVINÉS sens.** La première forme désigne la famille des moutons et des mouflons ; la seconde classe cette même famille comme une tribu appartenant à la grande famille des **ovidés.** La différence ne porte pas sur le sens, mais sur la manière dont on classe les animaux du point de vue zoologique.

OVIPARE → -PARE.

OVOGENÈSE forme. On emploie indifféremment **ovogenèse** et **ovogénie.** → GENÈSE.

OVOÏDE sens. « En forme d'œuf. » **Oviforme**, rare dans l'usage courant, appartient plutôt au langage des sciences naturelles.

OVULE genre. Masc. → OVAIRE.

OXYMORON ou **OXYMORE emploi et sens.** On appelle ainsi une figure de rhétorique consistant à associer deux mots de sens contradictoire pour créer une surprise, inciter à une interprétation nouvelle : *Bon Samaritain, c'est comme bourgeois gentilhomme, c'est ce qu'on appelle un oxymore* (Rouaud). *Jeux mortifères, combinaisons illisibles, alliances d'oxymores* [...], *le Parti socialiste, déjà bien mal en point, a donné la pire image de lui-même* (*Le Monde*, 07/09/2008). Il ne faut pas confondre avec une juxtaposition de deux mots qui contredit la logique élémentaire, comme *certainement peut-être*, qu'on entend parfois sur les ondes.

OZONISEUR forme. On préférera celle-ci à *ozonisateur*, inutilement lourd. ♦ **sens.** « Appareil producteur d'ozone. »

P

P prononc. Le *p* final ne se fait entendre que dans les mots empruntés aux langues étrangères, et dans *cap* et *cep*. Le double *pp* est toujours prononcé comme un *p* simple. Il est abusif de faire entendre [pp] dans la langue parlée. Parfois le son [p] prend un accent d'insistance, au début des mots, pour accentuer leur vigueur sémantique : *Il a une puissance de travail inimaginable.*

PACHYDERME prononc. [paʃidɛrm] à la française, plutôt que [pakidɛrm], conforme à l'étymon grec, mais rare et pédant. ♦ **emploi.** Les zoologues emploient aujourd'hui le terme de **ongulés** pour désigner les animaux appelés auparavant *pachydermes*. Mais le mot ancien survit au fig. pour désigner un être d'une grosseur ou d'une lourdeur rebutante : *Combien de vocations se sont cassé le nez sur cet épais pachyderme, le roman ?* (Cavanna). On notera le pléonasme, qui n'est plus senti aujourd'hui : **pachy-** vient du grec *pakhus*, qui signifie… « épais ».

PACKAGE, PACKAGING emploi et sens. Ces anglicismes commerciaux peuvent être remplacés par leurs équivalents français **achat groupé** (arrêté du 24 janvier 1983) ou **forfait** (arrêté du 17 mars 1982) pour le premier, **conditionnement** (arrêté du 10 octobre 1985) pour le second.

PACOTILLE orth. Un *c* et un *t*.

PACS emploi et sens. Ce sigle résume le « Pacte civil de solidarité », institution juridique qui, depuis 1998, permet à des concubins ou à des homosexuel(le)s de vivre en commun en toute légalité : *Sous aucun prétexte, ils* [les parlementaires catholiques italiens] *ne doivent voter en faveur du projet de loi sur les droits des personnes vivant ensemble (dico), l'équivalent italien du pacs français* (J.-J. Bozonnet, *Le Monde*, 02/04/2007). Le verbe dérivé **pacser** est très vite passé dans l'usage.

PAGAILLE orth. On écrit aussi, quoique moins fréquemment, **pagaïe** et **pagaye.** ♦ **emploi et sens.** Seulement dans le registre fam., pour désigner un « désordre blâmable ». Ne pas confondre avec **pagaie**, « aviron court », qui se prononce toujours [pagɛ].

PAIE orth. et prononc. On écrit désormais *paie*. Mais la prononciation comprend généralement un [j] : [pɛj]. *Le lundi de paie était à Oyonnax une tradition quasi sacrée.* L'hésitation quant à l'orthographe vient de la conjugaison du verbe correspondant. ⟶ PAIEMENT et PAYER.

PAIEMENT orth. On rencontre aussi **payement**, mais la première forme est plus moderne. ⟶ PAYER.

PAILLE forme. Invar. comme adj. de couleur : *Des jaunes paille* (Goncourt). ⟶ COULEUR.

PAILLET orth. Dans l'expression : *vin paillet* (c.-à-d. « clairet ») et non *paillé.*

PAILLETTES emploi et sens. Ce subst. s'emploie au plur. pour désigner péjorativement (surtout dans le show-biz), au propre comme au fig., un décor brillant et clinquant, qui ne recouvre que du futile et du factice : *On a beaucoup raillé son statut de star, ses écharpes blanches, le sac de riz, les projecteurs, les paillettes, sa séduction à la Redford* (A. Duhamel, *Libération*, 23/05/2007).

PAILLOTE orth. Avec un seul *t.*

PAIN D'ÉPICE → ÉPICE.

PAIR (DE). Cette locution demeure invar., au sens de « à égalité, de même niveau » : *Amnistie et amnésie allaient de pair* (Guillebaud).

PAIRESSE sens. Ce fém. de **pair** ne s'applique plus qu'à une « dame anglaise possédant un titre de pairie ou mariée à un pair ».

PAÎTRE conjug. Comme *connaître*, mais défectif : pas de temps composés, ni de passé simple, ni de subj. imparfait. Le participe est pratiquement inusité. Mais le composé **repaître** a une conjugaison complète. → ce mot. ♦ **constr.** Surtout intransitive : *La forêt s'annonça par une clairière où paissaient des chèvres et des porcs* (Duras). On rencontre aussi la construction transitive, avec pour complément d'objet le terme désignant la nourriture : *Un peu plus loin le cheval paissait un maigre gazon de montagne* (Vidalie) ; ou, plus rarement et dans le registre littéraire, le subst. animé désignant les bêtes : *Lads dans les écuries, fermières dans les granges, enfants qui paissaient les troupeaux* (Peyrefitte).

□ **envoyer paître.** Locution appartenant au registre fam., un degré au-dessous de « envoyer promener » : *Il me rasait : je l'ai envoyé paître.*

PALABRE genre. Masc. ou fém. *Dans le couloir, il réfléchit qu'il ignorait où se situait ce champ clos des hautes palabres* (Jorif). *Il se complaît à des palabres oiseux.* ♦ **emploi.** Généralement au plur.

PALADIN → BALADIN.

PALE-ALE prononc. [pɛlɛl]. ♦ **sens.** « Bière anglaise blonde. »

PALÉO... sens. Ce préfixe, qui signifie « ancien », sert à former des mots savants (pas de trait d'union).

PALIMPSESTE sens. « Manuscrit sur parchemin dont le texte s'est substitué à un autre texte antérieur, qui a été gratté. » Ne pas confondre avec **incunable.** → ce mot.

PALINODIE genre. Fém. ♦ **emploi et sens.** Au plur., c'est la version pédante et politique du « changement d'opinion rapide et peu justifié ».

PALISSANDRE genre. Masc. ♦ **sens.** « Bois exotique odorant. »

PALLIER constr. C'est un verbe transitif direct : *Tout ce que l'homme a inventé pour essayer de pallier les conséquences de ses fautes* (Gide). *Julien possédait suffisamment de charme et d'intuition pour pallier l'absence d'un avocat* (Colombier). *Nous avions trop peu de temps pour les sentiments, mais le contact palliait ce manque* (Desarthe). *Un chauffagiste apte à pallier les insuffisances du central* (Dubois). Mais son sens, proche de « remédier à, parer à », entraîne souvent la construction indirecte, par analogie avec ces verbes : *Le paillasson qui était devant la porte des Arthens n'a pas été nettoyé. Pouvez-vous pallier à ça ? me demande la poule* (Barbery).

PALONNIER orth. Avec deux *n.*

PALPITANT emploi et sens. Cet adj. s'emploie non seulement au sens actif de « qui palpite », mais aussi au sens factitif de « qui fait palpiter, qui passionne » : *Les palpitantes aventures d'Arsène Lupin.* Le bon usage a aujourd'hui ratifié cette extension d'emploi.

PÂMER emploi et construction. Ce verbe, aujourd'hui vieilli, apparaît dans le registre littéraire comme une survivance archaïsante. On ne le construit plus guère que sous la forme réfléchie : *Il se pâma de rire en entendant cela.* → citat. de Vercors à DAME.

PÂMOISON orth. Avec un accent circonflexe sur le *a.* ♦ **emploi.** Ce mot vieilli prend souvent une nuance plaisante : *C'est le même élancement de tiges, cambrées avec une coquetterie voluptueuse, et menacées de pâmoison* (Romains).

PAMPLEMOUSSE genre. Aujourd'hui, seulement masc. : *un pamplemousse*. → GRAPEFRUIT.

PANACÉE emploi et sens. Ce subst., qui signifie « remède à *tous* les maux », ne doit pas être suivi d'un adj. du type de *universel* : *Elle espérait de ce breuvage la guérison de ses rhumatismes et le vantait même comme une véritable panacée* (Peyrefitte).

PANDÉMIE sens. « Vaste épidémie qui atteint beaucoup de personnes dans une zone très étendue » : [en 1848] *Le choléra sévit de nouveau. Une pandémie traverse la planète de l'Inde à l'Europe en passant par la Russie et le Moyen Orient* (P. Benkimoun, *Le Monde*, 03/07/2011). Ne pas confondre avec **endémie**. → ce mot.

PANDIT prononc. Le *t* final est généralement prononcé [pɑ̃dit], mais il peut rester muet. ♦ **sens.** « Titre honorifique donné à certaines personnalités de l'Inde » : *Le pandit Nehru*.

PANÉGYRIQUE sens. « Éloge public et officiel. » Ne pas confondre avec **apologie**. → ce mot.

PANETIÈRE sens. « Coffre où l'on garde le pain » ou, anciennement, « gibecière, sac dans lequel on met du pain et des aliments ».

PANIQUE emploi et sens. Comme adj., ce mot s'emploie surtout avec des subst. désignant la peur et a une valeur intensive : *J'avais la peur panique de manquer totalement d'argent* (Vailland). Comme subst. : *Dans le couvent, c'était une panique. Les sœurs prises d'épouvante s'enfuirent d'abord dans la chambre* (Barrès).

PANIQUER emploi. Ce verbe, qui a le sens de « prendre peur », n'est pas un néologisme ; il apparaît pour la première fois en 1828. Néanmoins, c'est surtout à partir de 1966 qu'on le rencontre couramment, notamment dans les médias, au sens de « prendre peur, perdre ses moyens, son sang-froid » : *Peu de Cérillacais, donc, pleurèrent sur le cruel trépas de Monique Poinsard, mais tous, en revanche, commencèrent à vraiment paniquer, principalement les femmes* (Desproges). *Tante Victorine, paniquée par cette immensité d'eau, obligeait son gendre à garer son engin à l'abri des dunes* (Ragon). Bien formé, ce verbe ne doit cependant pas faire oublier l'existence de *s'affoler, s'effrayer*, etc.

PANONCEAU orth. Avec un seul *n*. Attention à l'influence de **panneau**. *Il avait regardé fixement devant lui, déchiffrant machinalement des panonceaux publicitaires* (Échenoz).

PANSER orth. La deuxième lettre est un *a* dans le sens de « soigner ». Il en est de même de **pansement** et **panseur** (qui fait un pansement). ♦ **emploi.** À noter l'acception particulière « procéder à la toilette d'un animal ». *Panser un cheval, un chien*, etc., n'implique pas que ceux-ci soient blessés ou malades, mais consiste à les laver, brosser, étriller, etc.

PANTALON emploi. Au sing. pour désigner un seul vêtement : *Il étendit sur les membres inférieurs de la statue les jambes du pantalon* (Pergaud). On trouve parfois le plur. lorsque ce subst. désignait, autrefois, une « culotte de femme ». → CALEÇON, CULOTTE, etc.

PANTOMIME orth. Ne pas confondre – on le fait souvent – la finale de ce mot avec **mine**, ce qui constitue une faute grossière. ♦ **genre.** Fém. au sens non animé ; vieilli comme synonyme masc. de **mime**. *Elle semblait exécuter les figures d'une pantomime établie au tour le plus rigoureux* (Kessel). → MIME.

PAPARAZZI forme. Ce mot est presque toujours utilisé au plur., qu'il semble préférable d'écrire avec un *s* final. ♦ **sens.** « Photographes de presse qui pratiquent l'indiscrétion systématique et l'atteinte à la vie privée des personnalités en vue » : *Les paparazzi sont étonnamment jeunes et vêtus comme pour aller à la plage* (Échenoz).

PAPESSE emploi. Ce fém. de **pape** est rare et a un caractère quasi légendaire, ne s'appliquant pratiquement qu'à *la papesse Jeanne*.

PAPI ou **PAPY** **orth.** Les deux sont acceptables, pour transcrire la désignation du grand-père par le petit enfant : *Jeannot adore se promener avec son papi.* → MAMIE.

PAPIER **forme.** Les nombreux composés formés à partir du subst. **papier** ne prennent pas de trait d'union, sauf *papier-filtre, -monnaie, -toilette.* ♦ **Dérivé.** *Papeterie* ne prend pas d'accent sur le *e*.

PAPILLON **orth.** Dans le nom composé **nœud papillon**, on peut au plur. ajouter un *s* à *papillon* ou le laisser invar. : *Les choristes sont entrés sous les acclamations, en blanc et rouge avec des nœuds papillons pour les garçons* (Barbery).

PAPILLOTE **orth.** Avec un seul *t* ainsi que les dérivés *papillotement, papilloter.*

PÂQUE(S) **orth. et genre.** Sans *s* final et fém. quand le mot désigne la « fête juive ou russe » : *Chaque année, au moment de la Pâque, elle achète la carpe vivante, la plonge dans la baignoire* (Rosenthal). La majuscule initiale est alors facultative. Quand le mot désigne la fête chrétienne, il est masc. si on insiste sur la date et prend une majuscule : *Quand Pâques sera arrivé*, mais fém. (et plur.) s'il est accompagné d'une épithète : *L'herbe est douce à Pâques fleuries* (Brassens). C'est un nom commun dans la locution : *faire ses pâques*, au sens de « recevoir la communion à la date de Pâques ».

□ **la semaine de Pâques.** Cette locution désigne la semaine qui s'écoule après Pâques, jusqu'au dimanche de Quasimodo. Ne pas confondre avec **la Semaine sainte**, qui se situe avant Pâques.

PAR **orth.** La plupart des adv. formés avec **par** prennent un trait d'union, excepté *par en haut, par en bas, par ici et par là* (mais *par-ci, par-là*). On écrit donc : *par-dessus, par-dessous, par-derrière, par-devant, par-dedans, par-dehors, par-deçà, par-delà, par-devers. J'ai là l'affirmation par-devant notaire de ces deux marins de Palos* (Claudel). *Le destin de notre personnage se poursuit par-delà la mort* (Tahar Ben Jelloun). *Les résistants leur tiraient dessus par-derrière* (Bauchau). *Clotilde a enfilé son manteau par-dessus son gilet* (Ravey). On ne rencontre plus guère la locution archaïsante *par-devers soi*, qui signifie « en sa possession » : *C'était aussi le sentiment de Mamitate, qu'elle gardait par-devers soi* (Jorif). ♦ **emploi.** Ce mot s'emploie généralement comme préposition, mais il est adv. quand il renforce la valeur intensive de **trop** : *Ses aménagements étaient par trop sommaires* (Romains).

□ **de par.** Cette locution est lourde et pédante quand on l'emploie en dehors de son contexte d'origine : *Monsieur, vous êtes appelé de par le roi* (Jarry), c'est-à-dire « de la part de, au nom de ». La construction suivante appelle des réserves : *De par la situation de la maison dans la rue de Pabostre, le nouveau Réduit imprenable méritait une attaque à fond* (Peyré). On dira : *Il était, en raison même de ses fonctions* (ou *par ses fonctions mêmes*), *tout désigné pour accomplir cette tâche*, et non : *de par ses fonctions.*

□ **par** ou **pour.** L'emploi de *par* pour exprimer la cause ou le motif, très fréquent dans l'ancienne langue, est aujourd'hui un archaïsme : *Par la raison que les contraires s'attirent* (Musset). *Madame mère les trouva dispendieux et, par ces motifs, les déclara malsains* (Bazin).

□ **par en concurrence avec de**, marquant l'agent du passif. → DE.

□ **par les rues, par les jours de pluie.** Cette préposition désigne parfois une « traversée errante ou hésitante dans le temps ou dans l'espace » : *Par les jours de pluie, ils me donnent vingt sous pour aller chercher un taxi à leurs clients* (Aymé).

□ **par ailleurs, par contre,** etc. → AILLEURS, CONTRE, etc.

□ **deux fois par an, par semaine,** etc. → FOIS.

□ **par instants, par moments,** etc. Dans toutes les locutions de ce type, le subst. est au plur., en raison de la valeur distributive de la préposition : *Par sursauts, elle redevenait fraîche et claire, puis elle bâillait* (Colette). → INSTANT, INTERVALLE, MOMENT, etc.

□ **gagner cinq francs par heure.** On dit mieux *gagner cinq francs (de) l'heure.* → HEURE et DE.

□ **homme s'écrit par deux *m*.** On dit aujourd'hui : *avec deux m.* ⟶ AVEC, CRAINTE, EXPRÈS, PARENTHÈSE, TROP, etc.

PARADIS constr. On dit plus souvent : **aller en paradis** que *au paradis* ou *dans le paradis.* On emploie toujours *en* dans la locution figée : *Vous ne l'emporterez pas en paradis,* au sens de « Vous regretterez bientôt d'avoir agi ainsi, et en serez puni ». ⟶ ENFER.

PARAFE orth. Certains auteurs préfèrent cette orthographe, plus simple, à la forme **paraphe**, pourtant plus répandue dans l'usage. De même pour **parafer** et **parapher**. ♦ **sens.** « Trait de plume ajouté à la signature proprement dite », ou « signature abrégée, réduite aux initiales ». Ce mot ne doit pas être pris pour un simple synonyme de **signature** : *D'une plume d'aile légère, elles bouclent d'inimitables parafes* (Renard).

PARAFFINE orth. Un *r* et deux *f.* De même pour les dérivés : *paraffiner, paraffinage,* etc.

PARAGES forme. Ce subst. est toujours au plur., au sens de « environs » : *On s'étonna de me voir retourner dans ces mêmes parages où j'errais depuis trois années* (Montherlant). Mais on le trouve comme archaïsme au sing. au sens de « naissance » : *Une dame de haut parage,* ou aux sens techniques de « action de parer les morceaux de viande » et de « labour des vignes avant la mauvaise saison ».

PARAGRAPHE forme. Cette notion est symbolisée par le signe suivant : §.

PARAÎTRE conjug. Comme *connaître.* ⟶ APPENDICE GRAMMATICAL. ♦ **constr.** L'attribut du sujet est en général construit directement : *Même les autobus paraissaient des cages tristes* (Romains). ⟶ APPARAÎTRE.

□ **il paraît que.** On évitera l'ellipse de *il,* qui donne à la phrase un aspect négligé : *Père Bellonnet, paraît que Poincaré fait un ministère avec Daudet* (Aymé). *Paraît qu'ils n'ont pas mangé de meilleur gigot depuis qu'ils sont en France* (Chaix). La proposition qui suit est à l'indic. ou au conditionnel, mais peut être au subj. quand la principale est négative. Quand *il paraît* est suivi d'un adj. attribut, le mode de la complétive dépend du sens de cet adj. : Un *jour où il paraîtra inconcevable qu'un pouvoir social ait pu s'arroger le droit de fusiller un homme* (Martin du Gard, cité par Robert).

□ **à ce qu'il paraît** est fam. : *Oui, à ce qu'il paraît qu'il y a un chambard épouvantable là-bas* (Donnay). On préférera utiliser la proposition incise **paraît-il** : *C'étaient de vrais Normands, paraît-il, teigneux et sûrement alcooliques* (P. Jardin).

□ **sans qu'il y paraisse.** Tour figé de la langue littéraire : *Les gaillards avaient tous une méthode personnelle pour rouvrir, sans qu'il y parût, le livre fermé par ordre supérieur* (Pergaud).

□ **ce livre a paru** ou **est paru.** Bien que le verbe se conjugue généralement avec l'auxiliaire *avoir,* on emploie le verbe *être* pour indiquer que la publication d'un livre est un fait accompli : *Ce livre est paru depuis trois mois,* en face de : *Ce livre a paru chez un grand éditeur.* Le choix du verbe auxiliaire dépend étroitement du contexte. Si le sujet est un nom de personne, l'auxiliaire *avoir* insiste sur « l'action considérée dans son accomplissement », tandis que *être* insiste plutôt sur l'état et le résultat de l'action : *Ils ont paru, puis ont disparu ; on ne les voit plus, ils sont disparus* (Le Bidois).

PARALLÈLE ou **PARALLÉLISME emploi et sens.** Comme substantifs, ces formes sont très voisines, mais la seconde évoque des notions plus précises que la première, qui suggère une « comparaison ou une progression simultanée » : *Mettre en parallèle deux attitudes, faire un parallèle entre deux comportements.* On parlera dans la langue technique du *parallélisme de deux flasques, de deux roues,* etc., et en philosophie du *parallélisme des phénomènes physiques et psychiques,* etc.

PARALLÉLÉPIPÈDE orth. Elle est compliquée, et les erreurs sont fréquentes (également pour la prononciation). On ne doit pas raccourcir ce mot, ni le déformer en *parallélipipède,* orthographe adoptée néanmoins par l'Académie mais proscrite par Littré. Ces remarques valent aussi pour l'adj.

dérivé : *Il s'agit d'un petit cimetière parallélépipédique, bordé à l'ouest par un grand mur aveugle* (Échenoz). Ne pas confondre avec **parallélogramme**.

PARAMÈTRE sens. Terme de mathématicien, parfois galvaudé. Il désigne une « quantité fixée à volonté, figurant comme variable dans une équation ou une expression ». Pris souvent par extension au sens de « élément constant dans un calcul » : *Ces stations déterminent très précisément la position et la vitesse de l'engin ainsi que les paramètres de l'orbite sur laquelle il se trouve* (*Le Monde*).

PARAPHE → PARAFE.

PARATAXE sens. « Construction juxtaposée, n'indiquant pas explicitement le rapport logique qui existe entre deux propositions ou deux phrases. » Elle est fréquente dans la langue parlée, mais se rencontre également chez de bons écrivains : *Ce que j'aime, il a déclaré, c'est votre simplicité* (Toulet). *Seulement c'est une de ces personnes, on ne peut pas boire un verre de lait devant elles sans se sentir une mauvaise conscience* (Beauvoir) (au lieu de la subordination : *devant lesquelles*, etc.). *De toute façon ils me verraient ils ne me laisseraient même pas entrer* (Adam). *Vos pas l'auraient-ils mené jusqu'au bagne, il n'aurait pas fait un écart* (Rouaud).

PARC emploi et sens. Les tentatives faites pour remplacer par ce mot l'anglicisme **parking** n'ont pas abouti : *La richesse vous retire de la foule du métro pour vous enfermer dans une carrosserie nickelée, vous isole dans de vastes parcs gardés* (Camus). La remarque vaut aussi pour **parcage**, au sens de « action de se garer ».

PARCE QUE orth. Le *e* de *que* ne s'élide que devant *à, il, elle, on, un, une.* ♦ **prononc.** On évitera, dans la langue soignée, de prononcer [paskə] au lieu de [pars(ə)kə]. ♦ **emploi.** Cette locution conjonctive s'emploie absolument dans le registre fam., quand on refuse de répondre à une question, ou qu'on en est incapable : *Pourquoi ? – Parce que ! Le plus terrible des motifs et la plus indiscutable des réponses. Parce que* (Hugo). Dans un dialogue, **parce que**, comme interrogatif, peut avoir le sens de *« pourquoi ». Je voudrais quitter cette maison. – Parce que ? – Parce que je n'aime plus ma mère* (J. Renard). On fait souvent l'ellipse du sujet et du verbe quand ils seraient les mêmes que ceux de la principale : *Les bibliothèques sont passionnantes, parce que révélatrices* (Semprun). → POURQUOI.

□ **parce que** ou **par ce que.** On ne confondra pas les deux tours. Dans le second, on peut remplacer **ce** par un substantif : *On ne savait pas si elle était gênée par ce qu'elle disait ou par la présence de quelqu'un* (Tahar Ben Jelloun). *Si j'ai été peiné, ce n'est pas parce que vous m'avez dit mes vérités, mais par ce que vous avez dit de ma mère* (= par les propos que vous avez tenus sur ma mère). On ne trouve plus que rarement **pour ce que** avec une valeur causale : *Son visage a atteint à la noblesse pour cela seul qu'elle est devenue grave* (Montherlant).

PAR-CI PAR-LÀ orth. Ne pas oublier les traits d'union. → PAR et LÀ. Quand **par-ci** et **par-là** sont juxtaposés, la virgule disparaît généralement. ♦ **emploi et sens.** Dans cette locution adverbiale, les deux termes apparaissent toujours en corrélation. Le sens est le plus souvent spatial, mais on rencontre également assez souvent l'idée de répétition : *C'était toujours : la sœur par-ci, la sœur par-là* (Guilloux).

PAR-DELÀ, PAR-DEDANS, etc. → PAR.

PARDON ? emploi. Ce subst. est correctement employé pour demander à l'interlocuteur de répéter ce qu'il vient de dire et qu'on n'a pas entendu. Il a supplanté l'ancien *Plaît-il ?*

PARDONNER constr. On dit en général **pardonner qqch. à qqn** et rarement **pardonner qqn**, qui est archaïque : *Notre Seigneur n'a pas à pardonner les pères qui tapent sur leurs filles, Jeanne* (Anouilh). Mais le passif est plus répandu dans ce même emploi : *Et je n'ai jamais su si j'étais pardonné* (Sully Prudhomme). → OBÉIR.

-PARE sens. Ce suffixe signifie : « Qui engendre sous forme de » ou « qui produit ». Il forme de nombreux adj.-subst., en zoologie : *ovipare, vivipare* et en physiologie : *sudoripare.* Il entre en concurrence avec son synonyme **-gène** (→ ce mot) qui s'applique aussi bien au non-animé, par exemple en chimie.

PARE- orth. Les noms composés à l'aide de ce préfixe verbal sont tous invar. : *pare-balles, -boue, -brise, -choc(s), -douche, -éclats, -étincelles, -feu, -fumée, -soleil.*

PAREIL emploi. Les grammairiens condamnent en général l'emploi adverbial de cet adj. dans des tours tels que : *Je compris que chaque soir, en sortant de l'école, il faisait pareil et qu'il collait son nez au carreau* (Giono). *Ça se prononce pareil et ça s'écrit autrement* (Perry). *Et pareil l'été suivant, sauf que maman n'était plus là* (Simon). *C'est exactement ce qu'elle éprouve en ce moment, comme pour le choix des plats, pareil* (Rouaud). *Les objets avec une place bien définie et malheur à Mme Grémond si elle ne les remet pas exactement pareil une fois qu'elle a fait le ménage* (Barbery). La langue pop. use beaucoup de ce procédé, qui ne se distingue pas foncièrement de *chanter juste, sentir bon.*

□ **à pareille heure.** Cet adj. est souvent construit sans article, très correctement : *Je priai Mme Grangier de m'excuser de la déranger à pareille heure* (Radiguet). On dit également à **une heure pareille** : *La confiance que pareille politesse lui serait bientôt rendue* (Aymé).

□ **pareil que.** Les registres pop. et fam. ne connaissent guère que cette construction analogique de **même... que**, mais tenue souvent pour incorrecte : *Le murmure de Paris n'était pas pareil que d'ordinaire* (Romains). *Qu'est-ce que vous faites sur la route un 31 décembre à cette heure ? je lui ai demandé. – Pareil que vous. Le boulot* (Adam). *Il a promis. Ça te comptera pareil que l'atelier. Pour ton pécule* (Saumont). On construit normalement cet adj. avec **à** : *On entendait le bruit du verrou de l'étable à cochons pousser longuement son cri tout pareil à celui des bêtes qu'il tient enfermées* (Ramuz). *Pareil à ces orateurs et à ces poètes auxquels tu pensais tout à l'heure* (Valéry). Néanmoins, **pareil à** est aujourd'hui une construction assez littéraire, et on tend de plus en plus soit à employer l'adj. absolument : *Pour moi, c'est exactement pareil,* soit à utiliser **même** : *Françoise dit la même chose que toi.*

□ **c'est du pareil au même.** Cette expression figée et pléonastique appartient à la langue fam. : *Un beuglement de veau enrhumé auquel Pierre-le-Brave répondit du pareil au même* (Giono).

□ **sans pareil(le).** L'adj. s'accorde généralement en genre avec le subst. dont cette locution est le complément : *Ces fleurs sont d'une beauté sans pareille.* → ÉGAL.

□ **n'avoir pas son pareil.** Cette locution s'accorde en genre et en nombre : *Elle n'avait pas sa pareille pour suggérer qu'il manquait deux pincées de poivre à ce gratin dauphinois* (Orsenna).

PARENTÈLE emploi et sens. Mot vieilli et rare, au sens de « consanguinité » ou « ensemble des parents » : Voici *que je revois en effet ma parentèle en chemin de retour* (Chabrol). On rencontre aussi **parentage**, avec le même sens : *Nos noms et notre parentage (auxquels nous tenons comme à la prunelle de nos yeux)* (Giono).

PARENTHÈSE forme et constr. On ne peut dire que **mettre entre parenthèses** (au plur.), mais, dans la plupart des contextes, **entre parenthèses** et **par parenthèse** sont interchangeables : *Celle-là, entre parenthèses, il faudra qu'elle se décide à me débarrasser de son chat* (Barjavel). *Soit dit par parenthèse, il aurait mieux fait de ne pas venir.* ♦ **sens.** La *parenthèse* ne désigne pas seulement le « signe typographique », mais aussi le « procédé rhétorique qui consiste à interrompre la construction syntaxique d'une phrase par une insertion ». C'est pourquoi le subst. est au plur. dans *entre parenthèses* et au sing. dans *par parenthèse.* Certains écrivains, tels Giono et Cendrars, font, par style, un usage très large de ce double signe : *Il était probable alors que seule la peur (du soleil, pour prendre un exemple) pût l'aider à rester dans les limites de la pondération* (Le Clézio).

PARER orth. Ne pas confondre **il parait**, à l'imparfait, avec **il paraît**, présent du verbe *paraître*. ♦ **constr. et sens.** Le tour **parer à** signifie : « se mettre en garde contre, se préparer à » : *parer à toute éventualité.* Transitif ou pronominal, le verbe a un tout autre sens : « Orner, décorer. » ⟶ PALLIER.

PARESTHÉSIE sens. « Anomalie de la perception des sensations. » Ne pas confondre avec **cénesthésie**, qui désigne la « sensation qu'on a des états internes du corps ».

PARFAIRE conjug. et emploi. Comme *faire*, mais seuls sont employés l'infinitif et les temps composés : *Il est allé parfaire son accent en Angleterre.*

PARFOIS emploi. Cet adv. tend à s'effacer de la langue parlée, qui lui préfère **quelquefois** et même **des fois** : *Nathalie courait devant eux dans les allées, au bord du lac. Un écureuil parfois s'immobilisait sur les pelouses* (Gallo). ⟶ FOIS.

PARHÉLIE ou **PARÉLIE orth.** Il ne semble pas nécessaire de supprimer le *h* de ce mot, comme certains le recommandent, car la famille de mots issue du grec ηλιος, « soleil », est très fournie et ne pose pas vraiment de problème. ♦ **sens.** « image réfractée du soleil » : *Ce même soleil s'était soudain multiplié dans les nuages glacés par effet de parhélie* (Échenoz).

PARIER constr. On dit **parier avec qqn** ou **contre qqn.** L'enjeu n'est pas toujours exprimé : *Je vous parie (cent francs) qu'il n'y arrivera pas.* ♦ **emploi et sens.** Le registre fam. use fréquemment de ce verbe pour affirmer quelque chose avec force, l'idée de « pari » réel s'estompant, surtout quand le verbe de la complétive est à un temps passé : *Je parie que vous n'y avez jamais mis les pieds !*
□ **il y a fort à parier que.** Ce tour figé, réputé « élégant », est à peu près synonyme de « il est vraisemblable, très probable que… » : *Il y a fort à parier que d'ici vingt ans Belleville aura subi bien des bouleversements* (Jonquet).

PARIÉTAIRE genre. Fém. ♦ **sens.** « Plante commune poussant sur les murs. » Ne pas confondre avec les **pariétales**, « groupe de plantes comprenant les orchidées ».

PARJURE genre et sens. Toujours masc. au sens non animé, « violation de serment », mais masc. ou fém. quand le mot désigne la « personne qui viole son serment ».

PARKA genre. Ce nom, qui désigne une veste imperméable de sport, est fém. ou masc., ce dernier genre semblant être moins attesté : *La façon de sortir de la poche de son parka la grosse enveloppe jaune* (Mauvignier). *J'ai enfilé ma parka. On va y aller, Jerry* (Ravey).

PARKING emploi et sens. On a tenté, sans grand succès, de remplacer cet anglicisme par **parc** pour désigner le « lieu où l'on gare sa voiture » (on dit concurremment *parc automobile, parc à voitures, parc de stationnement*) et par **parcage** pour l'« action de garer ». ⟶ PARC.

PARLER (verbe) **constr.** On dit **parler à qqn**, mais aussi **parler avec qqn**, alors que cette double construction n'est pas admise pour le verbe *causer.* ⟶ ce mot : *Avec qui parlais-tu ? Réponds, ou je te bats comme plâtre* (Anouilh).
□ **parler français.** Il est incorrect ou pop. de dire : *causer (le) français.* ⟶ CAUSER.
□ **tu parles (si)…** Cet emploi appartient au registre pop. et met en relief une « évidence positive ou négative » : *Vous parlez si le fils Baculard aurait raté sa place d'un millimètre et d'une seconde* (Giono). *Paraît qu'elle grimpait dessus soi-disant pour le masser ! Tu parles d'un massage !* (Lefèvre). *Se retrouver seul avec soi-même, tu parles d'une compagnie !* (Garnier). *Tu parles qu'ils aiment la danse ! Ils sont ses pires ennemis* (Nothomb). Le sens est ici négatif, tandis qu'il est positif dans la phrase suivante : *Vous êtes libre ce soir ? – Tu parles si je l'étais* (Duras).
□ **parler (de) politique.** On fait volontiers l'ellipse de la préposition dans ce type de locutions : *J'ai parlé littérature. Je parlerais tout aussi bien langage : discussion, cri, aveux, récits à la veillée* (Paulhan). *Paule et Anne-Marie penchées sur des albums d'échantillons*

discutent moquettes (Bauchau). *Tout le monde parle football à Martine Aubry* (G. Deffrennes, *Le Monde*, 23/05/2011). ⟶ CAUSER.
□ **il a été parlé de...** Bien que *parler* ne soit pas transitif direct, le passif impersonnel se rencontre, de façon très correcte : *Des traductions de poèmes français où il était parlé du désespoir de la terre et de l'indifférence du ciel* (Green).
□ **parler français comme une vache espagnole** ⟶ BASQUE.

PARLER (substantif) **emploi et sens.** Le **parler vrai** est devenu un thème fréquent en politique, et qui s'oppose en principe à la **langue de bois**. ⟶ ce mot.

PARLOTE orth. Un seul *t*. ♦ **emploi et sens.** Dans la langue courante, « bavardage futile » : *Toutes ces parlotes nous mènent à quoi ?* (Salacrou). *Bref, une discussion se serait engagée, d'où parlotes et palabres* (Semprun). Mais pour les avocats, « exercice de parole » ou « local où ils s'entraînent à plaider ».

PARMI emploi. Cette préposition ne se rencontre aujourd'hui que devant un nom plur. (avec un nombre supérieur à deux) ou de sens collectif : *Les noëls ne sont-ils point parmi les plus curieux monuments de notre poésie religieuse et populaire ?* (Apollinaire). *Alors, de parmi les morts amassés, on voyait se lever étrangement l'officier allemand* (Vercors). *Étienne est, Dieu merci, un des plus pieux parmi ses camarades* (Thérive). *Il l'aperçut parmi la foule.* Devant un sing. non collectif, l'emploi de **parmi** est archaïque : *Parmi l'égouttement des fontis et le débordement des ruisseaux* (Daudet). Il est exceptionnel que **parmi** s'emploie adverbialement (à la différence de *autour, avant*, etc.) : *Des livres en perspective linéaire, les fameux dictionnaires Larousse parmi, garnissaient des rayons de bois* (Aymé).
□ **parmi lesquels.** On ne peut avoir le relatif *qui* après la préposition *parmi.* Le verbe est parfois sous-entendu : *Pilar avait fait relever les hommes exténués, parmi lesquels le sous-officier d'Olivenza* (Peyré).

PARODIE ⟶ PASTICHE.

PARONYME sens. « Se dit de mots presque homonymes, qui ne diffèrent que par un ou deux sons, une ou deux lettres. » Exemples : *Conjecture, conjoncture ; recouvrir, recouvrer ; démythifier, démystifier.* Le rapprochement des mots *chat* et *rat* dans le proverbe *À bon chat bon rat* constitue ce que la rhétorique ancienne appelait une **paronomase**, à ne pas confondre avec **paronyme**.

PARPAING orth. Ne pas oublier, sous l'influence de **pain**, le g final : *Il était l'un de ces ouvriers qui, toute leur vie, ont porté des parpaings sur les épaules* (Gallo). *En guise de table, une planche sur des parpaings cachés par une nappe vert anisé* (Lefèvre).

PARQUET emploi et sens. Dans le domaine judiciaire, le **parquet** désigne l'ensemble des magistrats (avocats et procureurs) chargés de requérir l'application de la loi (c.-à-d. le **ministère public**) ainsi que le local qui leur est réservé en dehors des audiences : *« Moi, j'étais dans le parquet. » Il adressa un clin d'œil à Adamsberg. « Pas le Parquet des juges, hein, le parquet en bois. Je vendais des parquets. »* (Vargas). Ce terme s'oppose à la **magistrature assise** ou **du siège** (c.-à-d. les juges). ⟶ DEBOUT.

PARRICIDE genre. Masc. au sens non animé, « meurtre du père ou de la mère », mais des deux genres au sens animé, « personne ayant tué son père ou sa mère » : *Cette jeune parricide a bénéficié de circonstances atténuantes.*

PARSEC emploi et sens. Terme scientifique, mot-valise formé du début des mots **parallaxe** et **seconde**, et désignant en astronomie une « unité de longueur valant 3,26 années-lumière ».

PART emploi. On a dans la locution vieillie à **part moi** (**toi**, etc.) une altération graphique de **par**, qui est l'inverse de celle qu'on trouve dans *de par le roi.* ⟶ PAR : *Lorsqu'il m'interdit de sortir après le dîner, je le remerciai à part moi d'être encore mon complice* (Radiguet). Le sens est « en moi-même » : *À part lui, il pense que sa femme était irrémédiablement idiote* (Henriot).

□ **à part ça.** Locution appartenant à la langue pop., et extrêmement répandue dans le registre fam. : *À part ça, ils devaient être en affaires tous les deux* (Giono). *Et à part ça qu'est-ce que je vous sers ?* (Lefèvre).
□ **de toute(s) part(s).** On emploie indifféremment le sing. ou le plur. dans cette locution. Le plur. est plus fréquent : *C'était une copie du Panthéon de Rome. Une large terrasse l'entourait de toutes parts* (Green).
⟶ COTÉE, SORTE et TOUT.
□ **à part (de) montrer.** L'emploi de la préposition **de** est bizarre dans cette locution : *Que pouvait faire la petite femme grise à part de montrer soigneusement que ses soies étaient de parfaite qualité ?* (Giono).
□ **faire part.** Cette locution verbale ne se construit qu'avec un subst. complément, ou avec la relative substantivée : *Je me contente de vous faire part de ses intentions, de ce qu'il m'a dit textuellement.* Le subst. **faire-part** prend un trait d'union (plur. *des faire-part*).
⟶ INFORMER.
□ **part à deux !** Locution interjective vieillie, employée pour exiger un partage équitable.

PARTAGEUX emploi et sens. Désignation rustique, vieillie et péj. de celui qui est « partisan d'une meilleure distribution des richesses » : *L'idée que les hommes de la Commune étaient des « partageux » et que ceux qui avaient quatre sous seraient obligés d'en donner deux* (Goncourt).

PARTANCE emploi. Vieilli et littéraire, sauf dans le vocabulaire maritime et ferroviaire : *Les trains en partance pour Tours.*

PARTANT emploi et sens. Mot vieilli, comme conjonction équivalant à **par conséquent** : *Leur échec n'aurait en effet d'autre résultat que d'accroître la tension et, partant, de relancer la course aux armements* (Le Monde). *Puis j'ai cessé de travailler, partant de me perfectionner* (Duhamel).

PARTENARIAT emploi et sens. Régulièrement formé sur **partenaire**, ce néologisme utile est très en vogue dans le domaine économico-politique : *L'octroi de la garantie financière américaine : Relance du « partenariat » entre Washington et Jérusalem* (Le Monde, 13/08/1992). *(Le film) a été fort bien soutenu par les Affaires culturelles (la DRAC), le Conseil régional et la ville de Besançon qui ont joué le jeu d'un partenariat efficace* (L'Est Républicain, 08/10/1992).

PARTI orth. Pas de trait d'union à *parti pris.* ♦ **emploi.** Les locutions **prendre parti pour qqn** ou **prendre le parti de qqn** sont absolument équivalentes. Le fait que **parti** et **partie** soient homonymes, et parfois proches quant au sens, peut amener certaines ambiguïtés dans la langue parlée : *Les parti(e)s adverses.* On écrit **prendre à partie**, et non plus *prendre à parti.*

PARTIAL forme. Masc. plur. *partiaux.* ♦ **sens.** Cet adj. renvoie à *(prendre) parti (pour)*, tandis que **partiel** renvoie à *part* (au sens de « fraction »).

PARTICIPE orth. et emploi. Il n'est pas question de traiter ici en détail l'irritante question de *l'accord du participe.* On tentera de condenser le plus possible ces « règles », en tenant compte des tolérances permises par l'arrêté de 1901.
1) PARTICIPE PASSÉ conjugué avec avoir. Il s'accorde en principe avec son complément d'objet direct si ce dernier est placé avant le participe : *Ma tante me parlait aussi beaucoup de l'Ancien et du Nouveau Testament qu'elle avait lus et relus bien des fois* (Green). *La dernière nuit que j'y ai vécue* (Mauriac). *Cette piété que, me dit-on plus tard, elle avait quelque peu négligée pendant ces trois années de bonheur orgiaque alimentées de langoustes qu'elle avait goûtées auprès de mon père dans l'île tropicale où il l'avait emmenée* (Simon). On notera cependant qu'il peut y avoir un accord « anticipé » du participe passé lorsque celui-ci est assimilé à un adj. en apposition, et ne fait pas partie intégrante d'un passé composé : *Il n'était pas assez borné pour avoir ancrée en lui la certitude de l'inexistence d'autres êtres pensants sous d'autres cieux lointains* (Desproges). Il demeure invar. dans les autres cas, c.-à-d. lorsque le verbe n'a pas de complément d'objet direct, par nature ou en raison du contexte (verbes construits intran-

sitivement, transitifs indirects ou impersonnels). Ces règles d'accord concernent surtout la langue écrite et, dans la langue parlée, seuls sont modifiés les participes terminés par *s* et par *t* : cf. *Les démarches qu'il avait faites ces temps-ci ne l'encourageaient guère* (Dhôtel). *Ça les avait beaucoup surprises* en face de : *Ça nous avait frappées, M*[me] *Tim et moi* (Giono). *Les démarches qu'il avait tentées.* D'où de fréquentes entorses, même dans la conversation de personnes instruites. On entend sans cesse dans les médias *Les mesures que nous avons pris, les déclarations que le ministre a fait*, etc. Il est important de respecter la règle élémentaire de l'accord du participe ! Pour cela, il est nécessaire de pratiquer une analyse précise du complément, surtout quand il se présente sous une forme élidée ou non marquée en genre ou en nombre : *Cela m'a étonné* (*m'* = « un homme »), *Cela t'a étonnée* (*t'* = « une femme »), *Elle a été moins étonnée que je ne l'aurais cru* (*l'* = « neutre », parce que représentant une idée, reprenant le contenu de ce qui précède : qu'elle serait étonnée).

□ **les choses que tu as dit que tu ferais.** Dans ce type de phrases, le relatif *que* n'est pas complément du premier verbe mais du second : d'où l'invariabilité du participe. De même pour : *Quand, des années plus tard, vous avez vu le film, vous avez imaginé les angoisses terribles qu'elle avait dû éprouver* (Rosenthal) (*qu'* = C.O.D. de *éprouver* et non de *dû*). *Les efforts qu'il a fallu déployer pour y parvenir* (*qu'* = C.O.D. de *déployer* et non de *fallu*).

□ **les habitants que j'ai vu(s) piller.** Devant un infinitif, l'accord ne se fait que si le complément d'objet direct du participe est en même temps le sujet de l'infinitif : *Jamais on ne les avait entendus dire avec autant d'assurance que tout allait changer* (Guilloux). *Un chargé de cours, qui les avait entendues discuter* (Godbout). Mais : *Des paroles que j'avais entendu prononcer autrefois par un ecclésiastique anglais* (Green). *Deux passages qui correspondent tout à fait aux sentiments que j'ai cherché à exprimer ici* (J. de Romilly). *Ils se sont vu exposer les grandes dates de l'histoire de France* (*Le Monde*, 05/04/2007). On notera cependant que l'arrêté de 1901 admet l'invariabilité du participe dans tous les cas, et que le participe **fait** ne varie jamais devant un infinitif. → FAIRE, LAISSER, etc.

□ **le nombre de gens qu'elle a connu(s).** Après un nom à valeur collective, le participe peut s'accorder avec lui ou avec son complément, suivant le contexte ou l'intention de celui qui s'exprime : *La pile de livres que Milan lui a choisis au début de la soirée* (Vailland). (On choisit chaque livre séparément, et non la pile.)

□ **des pommes que j'avais cru(es) (être) bonnes.** Le participe reste invar. quand le relatif *que* est sujet d'une complétive à l'infinitif : *Mon amie, que j'avais pensé être absente.* Sans infinitif exprimé, on accorde en général le participe : *Ses yeux étaient si clairs qu'on les aurait dits aveuglés par la lumière* (Duras).

□ **(combien) il en a lu(s)** → EN, PLUS, etc.

□ **les devoirs qu'il a eu(s) à faire.** Avec les locutions verbales *avoir à, donner à*, etc., l'accord est facultatif : *La leçon que la maîtresse t'a donné(e) à apprendre.*

□ **cette colère et (ni, ou) cette honte que j'ai éprouvée(s).** Le part. suit dans ce type de phrases les mêmes règles d'accord que l'adj., et prend les marques du ou des sujets de façon variable selon le sens général du contexte : *Aucune trace de cette préférence ni de cette haine qu'avait ressenties l'enfant qu'il n'était plus* (Mauriac). Il s'agit ici de deux sentiments distincts et antagonistes. On a dans d'autres cas de coordination une synonymie, ou une gradation, un renchérissement, et l'accord est affaire de réflexion personnelle et de bon sens.

□ **un des plus chers amis que j'aie eu(s).** L'accord du participe se fait avec *un* ou avec le complément au plur. selon la signification globale de la phrase. → UN : *Une des meilleures* choses *que j'aie écrite* (Gide). *Une des choses les plus importantes qu'elle ait faite* (Kessel).

On trouvera à leur ordre alphabétique de nombreux verbes commentés au point de vue de l'accord du participe.

2) PARTICIPE PASSÉ conjugué avec être. On constate de plus en plus aujourd'hui, tout au moins à l'oral, un oubli ou un mépris à la fois de la liaison et de l'accord du participe passé qui suit le verbe *être* dans le passif et le passé composé : *Toute activité humaine est soumis* [sic] *à des risques d'erreur* (un célèbre essayiste, le 06/08/2009, sur France-Inter).

□ **elle s'est coupé le doigt.** Les verbes qui sont toujours pronominaux : *s'évanouir, s'enfuir, se suicider,* etc., accordent leur participe avec le sujet du verbe, qui désigne le même acteur que le pronom réfléchi *se* : *Elles se sont enfuies de leur école.* La seule exception est constituée par le verbe *s'arroger* (→ ce mot). Les verbes occasionnellement pronominaux sont traités comme s'ils étaient conjugués avec l'auxiliaire *avoir* : *Tu t'es mise à sangloter au milieu des blessés* (Anouilh). *Elle s'est réservée pour le dessert,* mais : *Mme de Saint-Papoul s'est réservé la chambre aux boiseries* (Romains). Dans la première phrase avec *réserver,* le pronom *s'* est complément d'objet direct, dans la seconde complément d'attribution (« pour elle »). Idem pour : *Dans la cuisine, elle s'est servi un whisky* (Adam). *Ces spéculations se sont donné libre cours d'autant plus aisément que des responsables politiques* [...] *n'ont pas écarté l'éventualité d'un piège* (*Le Monde,* 20/05/2011).

□ **nous sommes convaincu** → NOUS.

□ **on est parti(es) hier matin** → ON.

3) CONSTRUCTION ABSOLUE DU PARTICIPE. Elle est courante, et a souvent une forte valeur expressive : *Finie la vie glorieuse, mais finis aussi la rage et les soubresauts* (Camus). *Venu le temps des désastres, en 1940, la maison de Patrice Périot avait été l'objet, de la part des Allemands, de plusieurs perquisitions* (Duhamel). *Les invités partis, la marquise avait retenu Jean* (Peyré). Il faut distinguer :

– si le participe est placé avant le nom, l'accord se fait ou non selon que l'on considère le participe comme un adj., ou au contraire comme une sorte de mot neutre. → PASSÉ. *Mais aujourd'hui fini les nouvelles* (Prasteau). *Fini, la tranchée, les obus, fini les attaques, la gamelle froide* (Dorgelès). Dans ce tour, il faut interpréter « C'est fini de... ». En revanche : *Quittée la salle de bains, l'odeur du pain grillé lui fit grand accueil* (Jorif).

– si le participe est placé après le nom, il s'accorde nécessairement : *Ce qui est sans importance* [pour Charles Fourier], *l'essentiel étant que ces chers petits, toutes catégories confondues, deviennent socialement utiles* (R.-P. Droit, *Le Monde,* 05/08/2011). *La jeunesse une fois passée, il est rare qu'on reste confiné dans l'insolence* (Proust). *La cour d'assises évitée, il respire* (Mauriac). *Toutes informations prises, le condamné est bien certainement le coupable* (Gide). *À cette heure, tous bureaux fermés, la Défense était une ville fantôme, noire et inquiétante* (Adam). Certaines formes se sont figées pour donner de véritables prépositions. → ATTENDU, COMPRIS, ENTENDRE, EXCEPTÉ, ÔTÉ, OUÏR, REÇU, VU, etc.

4) PARTICIPE PRÉSENT. Il est invar., de même que le gérondif, formé de **en + participe présent** : *Elle nous surprend ainsi, pissant, riant, pleurant, rotant, pétant, dans l'intimité si convenable de ses commodités !* (Jardin). *Tous les Français de la baraque se précipitèrent, clopinant, claudiquant, haletant, à la rescousse de leur compatriote* (Semprun). *Malheur à celui qui traînera, les traînards trébuchant, les plantes de pieds roulant sur les pierres* (Mauvignier). *Ils sont partis en marmonnant des menaces.* Font exception quelques locutions figées appartenant à la langue juridique : *les ayants cause, ayants droit* (→ AYANT CAUSE) ; *toute(s) affaire(s) cessante(s), la partie plaignante,* etc. On reconnaît qu'une forme en *-ant* est un participe à ce qu'elle admet un complément d'objet, direct ou indirect, un adv., bref une expansion plus ou moins importante, tandis que l'adj. verbal, qui a en général la même forme que le participe présent, s'emploie et s'accorde à la façon d'un adj. épithète ou attribut : *Vers qui dans la mémoire sonnent et retentissent comme une fanfare, vibrants, trépidants, sonnant comme une fanfare* (Péguy). *Le Cabinet des Archives plein de mouches mortes, d'affiches battant au vent* (Alain-Fournier). *Il raconta les derniers bruits circulant dans la capitale comtoise* (A. Besson), en face de : *Malgré le froid de la porte battante* (Alain-Fournier). La distinction entre adj. verbal et participe s'efface parfois, et d'autant plus aisément que l'ancienne langue les accordait de la même façon : *Je le voyais recouvert de ces tables de marbre ruisselantes de bière et de limonade* (Giono). *Ils sont sortis trottinants dans un frou-frou de robes* (Anouilh). *Albert déambule entre les arbres nus, le long des allées craquantes de gel* (Chaix).

□ **en partant, je** (**tu, il**, etc.). Le participe ou le gérondif doivent se rapporter au sujet de la proposition principale, sous peine de créer une ambiguïté : *En partant pour l'Espagne, il me confia ses craintes.* C'est *lui* qui part, et non pas *moi.* Sinon, on dira : *Comme je partais pour l'Espagne...*, ou encore : *En partant pour l'Espagne, je reçus ses confidences.* Cette règle de bon sens n'était pas suivie par les classiques, et les entorses sont encore fréquentes aujourd'hui : *Et, ne t'ayant pas raconté l'histoire de France, tu en déduis quoi ?* (Giono). Le sens est : « comme je ne t'ai pas raconté » : *En me voyant, leur musique entonne un petit air* (Montherlant). *Cette idée m'était déjà venue. En te la suggérant, elle ne devient pas mauvaise* (Queneau). On évitera en tout cas de construire des phrases du genre : *En prenant le car, la foudre est tombée.* → GÉRONDIF.

□ **excellant** ou **excellent**, **naviguant** ou **navigant** ? Parfois, le part. et l'adj. verbal ou le subst. se distinguent par l'orthographe. → ADHÉRENT, EXCELLENT, FABRICANT, FATIGANT, INTRIGANT, NAVIGANT, etc.

De même que pour le participe passé, on trouvera maint renseignement sur le participe présent dans les rubriques que nous avons consacrées aux verbes, à leur ordre alphabétique. → ALLER, CESSER, FLAMBANT, PASSANT, SONNER, TAPER, etc.

PARTICIPER constr. Avec un sujet humain, on emploie la préposition **à**, et le sens est « prendre part à » : *Elle venait de discuter avec son amie de parties de boules en Angleterre auxquelles cette amie avait participé* (Dhôtel). *Plus je me serrais contre elle, plus je la sentais participer elle aussi à cette étreinte muette, clandestine et cosmique* (Toussaint). *Participer à un combat, à la guerre, à une réunion*, etc. En revanche, avec un sujet nom de chose, le sens est « faire partie (d'un ensemble) » et la préposition est en ce cas **de** : *Je maintiens donc que cette mort de madame la comtesse et les attentats ne participent pas d'un même univers criminel* (Pilhes). *Tout comme chaque table participe d'une essence qui lui donne sa forme, toute œuvre d'art participe d'une forme universelle qui seule peut lui donner ce sceau* (Barbery). Mais l'idée de « participation involontaire » peut être exprimée, même dans le cas d'un sujet humain, avec la préposition **de** : *Dans la grande lignée des romans noirs, et sans savoir de quoi il s'agissait, nous participions de ces messes noires, de ces sabbats de sorcières calfeutrées* (Llaona).

PARTICULE → DE.

PARTICULIER, ÈRE emploi et sens. Cet adj. est obsolète dans le tour **amitiés particulières**, au sens de « homosexuel », qui remonte au moins à 1928 (chez la romancière Gyp) : *Cette Andrée dont* [...] *il soupçonne qu'elle a entretenu avec sa maîtresse une amitié particulière ou plutôt gomorrhéenne : mot, pour éviter celui de lesbienne, forgé (ou encore pour faire poétiquement pendant à celui de sodomite) d'une façon assez malheureuse, évoquant phonétiquement logorrhée ou encore gonocoque* (Simon). → HOMO.

PARTIE constr. Quand **une** (**petite, grande**, etc.) **partie + substantif pluriel** est sujet d'un verbe, celui-ci se met au sing. ou au plur. selon le contexte, et l'intention du locuteur : *Une partie des assistants s'est élevée* ou *se sont élevés contre le projet.* → COLLECTIF.

□ **parties du discours.** Ce terme est employé en linguistique pour classer « les types de mots dont une langue se compose ». *La tradition grammaticale répartit les constituants ultimes de l'ACI (les mots) en neuf parties du discours : le nom, l'article, l'adjectif, le pronom, le verbe, l'adverbe, la préposition, la conjonction et l'interjection* (Riegel, Pellat et Rioul).

□ **prendre à partie.** Ne pas confondre l'orthographe ni le sens de cette locution avec **prendre le parti de qqn** ou **prendre son parti de qqch.** → PARTI.

PARTIR (1) emploi et sens. Ce verbe n'existe plus au sens ancien de « partager », si ce n'est dans la locution archaïque **avoir maille à partir avec qqn**, c.-à-d. « avoir une querelle mesquine, comme celle qui consisterait à vouloir partager une pièce de monnaie » (c'est ici le sens de *maille.* → ce mot). → MI-PARTI.

PARTIR (2) conjug. L'auxiliaire *avoir* n'est plus guère employé. Il subsiste parfois à titre d'archaïsme. ♦ **constr.** Quand **partir** est suivi d'un infinitif marquant le but, la destination, on n'emploie pas de préposition : *Il est parti se reposer à la montagne.* La préposition *pour* n'est pas incorrecte, mais le plus souvent lourde et inutile. Au sens de « se mettre à », *partir* se construisait avec la préposition *à* : *Mais quand il est parti à dormir, c'est une bûche* (Vallejo). *Elle partit à rire.* Ce tour est tombé en désuétude.

□ **partir en vacances.** Ce tour est aujourd'hui pleinement admis, bien qu'il ait été condamné jadis : *Est-il parti en voyage ?*

□ **il part pour Paris.** On emploie de plus en plus les prépositions *à*, *en*, et même *vers*, en concurrence avec *pour*, seul admis par les grammairiens : *J'aimerais mieux partir pour Paris à pied que dans sa voiture* (Vailland). *Elle part en Auvergne, à Clermont-Ferrand.* ⟶ POUR.

□ **il est parti soldat.** Cette construction était pop. On disait mieux : *Il est allé* ou *parti faire son service (militaire).*

PARTISAN forme. Le fém. **partisane** (avec un seul *n*) se rencontre surtout appliqué à un non-animé : *Il ne craint pas de prendre des positions partisanes.* Mais on ne dira guère : *Luce se montre partisane de l'émancipation des femmes* (encore moins *partisante*, forme barbare). Dans ce cas, on laissera le mot invar., ou on emploiera *prôner, soutenir, défendre*, etc.

PARTITIF (ARTICLE) ⟶ ARTICLE, DE et DU.

PARTITION sens. L'ancienne acception, « division » ⟶ PARTIR (1), se rencontre encore parfois, surtout dans le domaine politique : *La partition de l'Algérie fut un instant envisagée.*

PARTOUT constr. Cet adv. de lieu peut très correctement servir d'antécédent à **où** : *Partout où va la veuve dans la pièce, le défunt la suit de son froid regard de papier* (Supervielle).

□ **tout partout.** Cette locution appartient au registre pop. : *Ils ont fouiné tout partout.*

□ **de partout.** Locution fam. On l'évitera dans le registre soutenu : *On l'avait entaillé de partout* (Giono). *Elle sortit du camping-car et ouvrit le capot* [...] *– Alors ? – Alors, j'en sais rien, moi, ça fume de partout !* (Garnier).

PARUTION emploi et sens. Ce synonyme de **publication** est aujourd'hui admis, bien que sa formation soit discutable, si on le rapproche de **apparition** : *Afin de me précipiter le plus rapidement possible après la parution de l'annonce* (Butor). *La parution de ce roman est échelonnée en feuilletons.*

PARVENIR constr. On peut faire suivre ce verbe du groupe *à ce que*, lorsque le sujet de la subordonnée est distinct du sujet de la principale : *Il est parvenu à ce que tu lui prêtes plus qu'il ne demandait.* On peut préférer : *Il est parvenu à se faire prêter par toi*, etc. ⟶ À (CE QUE).

PAS (adv.) **emploi. Pas** est aujourd'hui plus courant que **point**, comme particule de négation absolue. *Point* est affecté ou rustique : *Je ne l'ai point vue.* Exemples littéraires : *Il faisait bon dans le compartiment, l'on n'était point serré* (Aymé). *Comment n'y avons-nous point pensé ?* (Giraudoux). *Mais n'y a-t-il point des ivresses qui n'aient point leur source dans le vin ?* (Valéry). *Albert est impressionné mais ne se déclare point encore convaincu* (Chaix).

□ **pas croyable** et **pas possible.** Ces deux tours ne sont pas tout à fait synonymes de **incroyable** et **impossible**, car ils sont plus chargés d'affectivité, dans le registre pop. : *Les plantes, c'est maman qui s'en occupe. Et c'est un cirque pas croyable. Elle a deux arrosoirs, un pour l'eau avec engrais, un pour l'eau sans calcaire, et un vaporisateur* (Barbery). *Sa chambre, qui était un souk pas possible, est devenue clinique* (*id.*).

□ **pas ou ne... pas** ⟶ NE.

□ **moi pas** ou **pas moi.** Dans la langue courante, ces deux tours concurrencent *moi non*, seul admis à l'origine. On prendra garde aux ambiguïtés possibles : *Je l'ai fait entrer dans mes appartements ; toi pas.* Le sens est ici : « Tu ne l'as pas fait entrer », mais on risque d'interpréter en « Je ne t'ai pas fait entrer ». ⟶ NON.

□ **en avoir ou pas.** Comme ci-dessus, *pas* remplace couramment *non* dans l'alternative : *Il s'agit de savoir si tu es courageux ou pas.*

□ **pas mal** → MAL.
□ **pour ne pas que** ou **pour que... ne... pas...** La langue familière tend à grouper cet ensemble de mots-outils, vraisemblablement sous l'influence de la construction de l'infinitif *pour ne pas partir* : *Pour ne pas qu'elle se défît prématurément, il en noua les extrémités avec un bout de corde* (Roblès). *Elle attachait certaines des personnes âgées pour ne pas qu'elles tombent pendant la nuit* (*Libération*, 09/10/2009). Et même (pop.) : *Alors moi, je le voyais dehors pour pas qu'elle m'attrape* (Sartre).
□ **ce n'est pas rien** → RIEN.
□ **pas moins de** ou **pas moins que.** La première locution est la plus répandue, mais la seconde n'est pas incorrecte. → MOINS.
□ **il n'y a pas que toi** → NE.
□ **pas un.** Ce tour se rencontre souvent sans verbe, pour créer une phrase nominale à forte valeur expressive : *Pas un pli sur les joues lisses et rondes* (Vailland). *Pas un seul orphelin devant ce monument aux morts* (Giraudoux). Combiné avec *comme*, *pas un* forme au niveau pop. une sorte de superlatif : *Il savait comme pas un jouer de la politique et découvrir la vérité* (A. de Châteaubriant). Dans ce tour, *comme* équivaut sensiblement à *mieux que*.
□ **je n'ose** → NE et OSER.
□ **ne pas être** ou **n'être pas.** Le fait d'encadrer l'infinitif par *ne... pas* (au lieu de grouper *ne pas*) n'est plus, chez certains écrivains, qu'une affectation de classicisme : *Il me venait toujours à l'esprit que ce pouvait n'être pas le capitaine* (Green). *Comme elle feignait de n'entendre pas cette remarque du docteur* (Mauriac). *Le capitaine avait décroché le téléphone pour n'être pas dérangé par une urgence* (Orsenna). On visera dans l'usage courant à la plus grande simplicité : *ne pas entendre, ne pas être*, etc.
□ **(un ou une) pas-grand-chose** → GRAND-.
□ **tu ne sais pas mentir** ou **tu sais ne pas mentir.** On prendra garde à la distribution de *ne... pas* dans la phrase : selon que la négation porte sur l'auxiliaire ou sur l'infinitif, le sens de la phrase est tout différent : *Il ne sait pas mentir quand il le faut* (on reproche « d'ignorer le mensonge ») s'oppose à : *Il sait ne pas mentir quand il le faut* (on félicite « de ne pas pratiquer le mensonge »). Les nuances sont parfois fragiles.

PAS-D'ÂNE forme. Subst. invar. ♦ **sens.** En botanique, synonyme de **tussilage**.

PAS DE DEUX emploi. En termes de chorégraphie, on écrira sans trait d'union *un pas de deux, de trois, de quatre...*

PAS-DE-GÉANT forme. Subst. invar. Deux traits d'union (tandis que **faire un pas de géant** s'écrit sans trait d'union). ♦ **sens.** « Appareil de gymnastique permettant de faire de grandes enjambées en tournant autour d'un mât. »

PAS-DE-PORTE orth. Invar. au plur.

PASIONARIA orth. Ce mot emprunté à l'espagnol s'écrit parfois avec deux *s*, mais toujours avec un seul *n*. ♦ **sens.** Il s'agit d'une référence à Dolorès Ibarruri, héroïne de la guerre d'Espagne (morte en 1989), femme militante et passionnée, devenue par son exemple le symbole d'un parti ou d'un mouvement humanitaire : *Elle danse comme une pasionaria, soulevant le vieil homme de terre* (Lefèvre).

PASO DOBLE orth. Pas de trait d'union. Invar. au plur.

PASSAGE CLOUTÉ emploi. Cette locution devrait, logiquement, être abandonnée au profit de **passage (pour) piétons**, étant donné que la signalisation d'un tel passage ne se fait plus depuis longtemps au moyens de disques métalliques implantés dans le sol, mais de bandes de plastique thermocollé. On trouve cependant encore quelques retards de ce genre de la langue sur la réalité : *De petites grappes éparses traversaient la rue hors des passages cloutés* (Échenoz). → LIGNE.

PASSANT emploi et sens. Il faut dire **une rue passante** et non *une rue passagère* : *La rue d'Odessa est, au dire de ses habitants, très passante* (Mallet-Joris).

PASSATION emploi et sens. Ce terme de la langue juridique, *la passation d'un contrat*, tend à se répandre, malgré les critiques, dans le domaine politique : *La passation des pouvoirs a eu lieu à l'Élysée*, et au fig. : *Ce qui a eu lieu, c'est une passation de pouvoir. Je ne voulais plus avoir de pouvoir sur Mykha et j'avais encore un pouvoir intérieur, sa colère l'a montré* (Bauchau). On peut toujours préférer, pour le second type d'emploi, le mot **transmission**, ou bien **renouvellement** : *Pour empêcher le jeune Lewis d'avoir accès au Conseil, lors du renouvellement des pouvoirs* (Morand).

PASSE genre. Ce subst. n'est masc. que comme abréviation pop. de **passe-partout**.

PASSE- orth. Les composés prennent un trait d'union, sauf quand les deux éléments ne sont plus envisagés séparément : *passepoil, passeport.* Les uns sont invar. : *passe-bande, -bas, -debout, -haut, -partout, -passe, -temps, -thé, -tout-grain, -velours, -vues* : *La dernière diapositive de la vie heureuse métamorphose le passe-vues en couperet de guillotine* (Lefèvre). *Marie lui demanda si elle n'avait pas un passe-partout, un double de la clé* (Toussaint). Les autres prennent un *-s* final au plur.

PASSÉ forme et emploi. Ce mot s'emploie souvent avec la valeur d'une préposition. Il demeure alors invar. : *Passé les arbres, le vent criait moins* (B. Clavel). *Tous les petits ritals, passé la porte de chez eux, ne connaissaient que le français* (Cavanna). *Passé les premiers frissons d'horreur, une bruissante fébrilité de jour de foire, à la limite de l'indécence, s'empara du village* (Desproges). Mais certains auteurs font l'accord : *Passée la stupeur des premiers jours* (Mauriac). *Passées les courses de feria* (Montherlant). *Passée cette seconde d'étourdissement* (Perret). Il s'accorde comme un adj. quand il est post-posé : *Il était neuf heures passées* (Peyré). *La semaine passée, il fut saisi.*

□ **passé quoi...** Ce tour est très affecté, et l'on ne conseillera pas d'imiter ce grand auteur : *Force est de marcher en plein champ, heureux encore si l'on distingue ses limites ; passé quoi, l'on roule dans la fondrière* (Gide).

PASSEPORT orth. Pas de trait d'union. → PASSE-.

PASSER conjug. L'auxiliaire *avoir* devient rare, sauf lorsque le verbe est transitif : *Et après avoir encore passé dans deux ou trois estaminets, il remonta définitivement sur sa bicyclette* (Van der Meersch). *Être* l'emporte généralement dans tous les contextes : *Je ne sais pas où sont passées mes forces* (Peyré). *Où est passé le monsieur assis à cette table ?* (Queneau).

□ **passer sous-directeur.** Cet emploi très courant ne fait pas encore partie de la langue soutenue : *Les jeunes ouvriers, en arrivant au régiment, pouvaient très vite être nommés de première classe, passer caporaux* (Aragon).

□ **passer** ou **y passer.** Au sens de « mourir » (cf. *trépasser*), le verbe *passer* s'emploie dans le registre pop. ou paysan (avec l'auxiliaire *avoir*) : *Elle a eu bien du mal à passer. Elle est morte sur les deux heures du matin* (Guilloux).

□ **trois bouteilles y ont passé.** Dans cet emploi fam., l'auxiliaire employé est souvent *être* : *Tous les modèles y étaient passés* (Peyré).

□ **passer** ou **dépasser.** Le verbe simple est souvent utilisé avec le sens du verbe composé : *Je lui tournai le dos et, passant la grille, m'engageai dans une allée* (Green). *La poursuite d'un objet indéfinissable qui nous passe infiniment* (Valéry).

□ **passer outre (à) qqch.** On dit aujourd'hui *passer outre à un inconvénient* plutôt que *passer outre un inconvénient* : *Il a passé outre à mes admonestations*. Et absolument : *Il n'y a que ce seul homme ici qui veut passer outre* (Claudel).

PASSIF IMPERSONNEL forme et emploi. La plupart des verbes, même s'ils n'ont pas la possibilité de recevoir un complément d'objet direct, peuvent être mis au passif impersonnel ; le sujet est toujours le pronom neutre **il** : *J'estime qu'il a été dit là-dessus beaucoup de bêtises, à la Commission du Budget* (Romains). *Il n'a été pris aucune mesure contre lui* (Morand). *Ensuite, il avait été convenu qu'on irait voir sur place où les choses en étaient* (Ramuz). *Sur ma fiche, il était déploré mon manque d'investissement* (Adam). On évitera les contextes ambigus, dans lesquels *il* pourrait représenter une personne. → IMPERSONNEL et PARLER.

« **PASSIM** » **forme et sens.** Cet adv. latin signifiant « çà et là » est employé dans les ouvrages didactiques, pour renvoyer le lecteur à une œuvre, sans référence précise : cf. RABELAIS, *Tiers Livre, passim.*

PASSIONNÉ constr. On dit à peu près indifféremment **passionné de + substantif** ou **passionné pour + déterminant + substantif**, toujours dans le domaine du non-animé : *Il est passionné d'archéologie.* Mais : *Uncle se passionnait pour la perpétuelle création de vocables* (Vailland). *Il se plaisait au commerce des gens passionnés pour n'importe quel idéal* (Aymé). On dit aussi, mais moins bien, **passionné par** : *Il est passionné par son métier.*

PASSIONNEL sens. On ne confondra pas avec le précédent cet adj., qui a le sens plus « objectif » de « relatif à la passion » ou « causé par une passion » : *Je passe sur les discussions politiques qui divisaient les Français* [...]. *Conflits verbaux et passionnés, voire passionnels* (Bialot).

PASSIVITÉ forme. *Passiveté* n'est pas un barbarisme, mais ne s'emploie plus.

PASTEL forme et emploi. Ce mot est invar. quand il est employé adjectivement : *Le ciel a de délicieux tons pastel.* Ce n'est pas à proprement parler un « adj. de couleur » : pastel ne désigne plus aujourd'hui une teinte précise, mais plutôt une sorte de « modulation douce de la lumière ».

PASTEURIEN forme. Cet adj. dérivé du nom de Pasteur se présente parfois sous la forme un peu pédante **pastorien** : *Les théories pasteuriennes apparaissent aujourd'hui comme des évidences.*

PASTICHE et **PARODIE emploi et sens.** S'agissant de genres littéraires, la **parodie** est la « déformation burlesque et satirique d'une œuvre », alors que le **pastiche** est un « exercice de style dans la manière de l'original ». Ne pas confondre avec **plagiat**, qui désigne une imitation textuelle ou un emprunt frauduleux.

PASTIS sens. Outre le sens bien connu, il existe une acception régionale pop., « ennui, désagrément » ou « situation confuse » : *Il s'est fourré dans un drôle de pastis.*

PATAQUÈS sens. « Faute de prononciation consistant dans une mauvaise liaison. » Exemple : *il va-t-à Paris.* Par extension, désigne « toute incorrection grossière en matière de langage ». → CUIR et VELOURS.

PATCHWORK emploi et sens. Ce mot venu des États-Unis désigne à l'origine (notamment chez les Amish) l'art pop. d'assembler (*work* = ouvrage) géométriquement des morceaux (*patch*) de tissu de provenance, de matière et de couleur diverses : la rigueur y est en général plus importante que la disparate... Ce nom a été largement adopté au sens fig. d'« assemblage plus ou moins harmonieux » : *Les centaines de feuillets multicolores qui couvraient comme un patchwork les poteaux de téléphone du quartier* (Godbout). *Au Palais des Congrès : Soirée « patchwork » du Kirov* (*Le Monde*, 08/06/1982). *À chaque instant, je découvre un patchwork d'humanité dont chaque élément peut raconter un* Guerre et Paix (Bialot).

PÂTE prononc. Avec un [a] postérieur, très ouvert. Ne pas prononcer, comme beaucoup de Parisiens, [pat] : cette prononciation est réservée au mot *patte.* ♦ **orth.** Un accent circonflexe et un seul *t* : *Des pâtes au gratin, de la pâte à papier,* etc.
□ **pâte d'amandes, de fruits.** Le complément est généralement au plur., mais ce n'est pas absolu : *Voici une délicieuse pâte d'abricot(s).* C'est une tolérance de l'arrêté ministériel de 1901. → CONFITURE, JUS.

PÂTÉ genre. Masc. *un pâté en croûte.* Au fém., **la pâtée** désigne plus particulièrement la nourriture que l'on donne à certains animaux ou, fam., la sévère correction qu'on inflige à qqn.

PATELIN emploi et sens. Mot vieilli comme adj., au sens de « doucereux, hypocrite ». Surtout employé comme subst., dans le langage fam., pour désigner une « localité de faible importance » : *Les deux aînés qui avaient plaqué leurs amies pour quitter le patelin* (Aragon).

PATENT emploi et sens. Ce synonyme de *évident, manifeste,* est assez recherché et appartient à la langue soutenue, avec un soupçon de pédantisme : *L'échec de la Commune était patent, dont ne manquait que la date de l'écrasement final* (Rouaud). *Je me demandais quelle perversion avait bien pu pousser ces deux méridionaux à s'affubler de pareils prénoms dont il était patent que leurs parents ne les avaient jamais encombrés* (Dubois). *Là encore, les divisions sont patentes parmi les États rassemblés à Deauville* (27/05/2011). Il s'oppose à *latent.* → ce mot.

PATER forme. Invar. au sens de « prière » : *les Pater noster* (→ la cit. de Brassens à **AVE**) ; mais prend un s final au plur., au sens de « gros grain de chapelet » : *les paters.*
□ **pater familias. forme.** Invar. ♦ **sens.** « Chef juridique de la famille romaine » et, dans la langue littéraire, « père autoritaire » : *Sam eut un rire de dérision, presque condescendant à l'égard du pater familias à cheveux blancs* (Labro).

PATHOS emploi et sens. Terme de la langue soutenue appartenant à l'origine à la rhétorique : « Ensemble des moyens propres à émouvoir l'auditeur. » Aujourd'hui, valeur nettement péj., « pathétique déplacé, senti comme abusif, et en tout cas, inefficace » : *Ce film, c'est du pathos !*

PÂTIR emploi et sens. Ce synonyme de *souffrir* ne se rencontre plus guère, si ce n'est dans un registre littéraire ou soutenu : *L'enfant unique pâtit d'être l'unique de sa mère* (Pontalis).

PÂTISSER emploi et sens. Ce verbe n'est pas un barbarisme, mais on le rencontre rarement, au sens de « faire de la pâtisserie » ou « travailler la pâte ». Dans un registre pop., on trouve dans le Midi de la France le terme **pastisser** qui a le sens de « salir abondamment ». → PASTIS.

PÂTRE orth. Accent circonflexe sur le *a.*

PATRON forme. Le fém. est **patronne**, au sens habituel du mot, mais **patronnesse** quand on veut désigner une « dame responsable de l'organisation d'une œuvre de charité » : *Priant elle aussi sa sainte patronne pour tous les morts du lendemain* (Peyré). *Pour faire une bonne dame patronnesse / Il faut avoir l'œil vigilant* (Brel).

PATRONAGE orth. Avec un seul *n*, comme *patronal* et *patronat*, mais on écrit *patronner, patronne.* → PATRON.

PATTE- orth. Tous les composés formés sur le type **patte- de- + substantif** s'écrivent avec un trait d'union. Au plur., on met un *s* final seulement à *patte* : *des pattes-d'éléphant, des pattes-d'oie, des pattes-de-mouche,* etc. *Il prend un air plus humain avec ses pattes-d'oie autour des yeux* (de Roulet).

PÂTURAGE orth. Un accent circonflexe sur le premier *a*, ainsi que dans *pâture, pâturer, pâturable.*

PATURON orth. Sans accent circonflexe sur le *a* : *Leurs beaux chevaux patinaient à chaque pas, enfonçaient jusqu'aux paturons* (Léger).

PAUSE emploi et sens. Ce subst., qui correspond au verbe *pauser*, « cesser », signifie un « arrêt » ou un « silence » et non une « attitude ». On dira **faire la pause**, pour « interrompre le travail », et non *faire la pose* : *Ma pause n'a duré qu'un crépuscule à présent que la nuit même ne peut m'arrêter* (Chabrol). On ne confondra pas avec **pose**, comme ici : *À l'occasion des poses que nous nous accordions, Harang m'avait livré les conceptions assez particulières qu'il avait de la médecine* (Dubois).
□ **la pause café.** Ce tour est en vogue dans le langage fam., et l'ellipse qui le caractérise est acceptable : *Pause café gratuite sur l'aire de Marchaux* (*L'Est Républicain*, 29/08/1992). → CÔTÉ, POINT (DE VUE), QUESTION, etc.

PAUVRE forme. Le fém. de l'adj. est identique au masc. : *Un garçon* ou *une fille pauvre*, mais celui du subst., assez rare, est *pauvresse* : *La tête enfoncée dans les épaules, elle avait l'air d'une vieille pauvresse* (Sartre). ♦ **sens.** Antéposé, l'adj. a une valeur souvent affective : **un pauvre homme**, « un être malheureux » ; postposé, il se réfère plus nettement à l'argent, à la fortune : **un homme pauvre**, « sans ressources ».
□ **ton pauvre père.** L'adj. *pauvre* sert de substitut à *défunt* dans la langue courante.

PAVEMENT sens. Aujourd'hui, ce subst. désigne principalement le « résultat de l'action de paver », mais on rencontre plus souvent **pavage**, au double sens de « action de paver » et « résultat de l'action de paver » : *Le pavage de cette rue est indispensable. Cet atrium est décoré d'un admirable pavement de mosaïque.*

PAYE emploi. Dans le registre pop., **une paye** prend le sens de « longtemps » : *Les Boches seraient à Bordeaux depuis une paye* (Dorgelès). ⟶ PAIE.

PAYER conjug. Devant un *e* muet, le *y* se change facultativement en *i* : *il paiera* [ilpɛra]. ⟶ BALAYER et APPENDICE GRAMMATICAL.
□ **payer qqch. à qqn.** Au sens de « offrir, acheter pour », le verbe *payer* se rencontre dans certaines locutions très répandues mais qui ne sont pas admises par le bon usage : *Tout juste de quoi me payer un petit cigare* (Giono). *J'ai payé un pourpoint à mon frère de lait qui part comme maître-canonnier* (Claudel).
□ **ça paye.** L'emploi intransitif de ce verbe, au sens de « être d'un bon rapport, donner des bénéfices », ou, au fig., « des résultats appréciables », appartient au registre pop. : *Le blé ça paye pas... Ça a eu payé ! Mais ça paye plus...* (F. Raynaud).

PAYSAGER emploi et sens. Cet adj. déjà ancien (1846), et qui renvoie à la simulation architecturale d'un paysage naturel, connaît sous la plume des promoteurs une certaine vogue « écologiste » : *Sous les jardins « paysagers », les aires de jeux, les allées cailloutées, le cœur des Halles aurait pour toujours cessé de battre* (Jorif).

PAYSAGISTE emploi et sens. Cet adj.-nom se rapporte aux architectes qui conçoivent un « paysage artificiel » : *Depuis un an, le même diplôme de paysagiste DPLG est préparé dans les mêmes conditions* [qu'à l'ENSP de Versailles] *dans la section paysage de l'École d'architecture de Bordeaux* (*Le Monde*, 14/10/1992).

PEAUCIER emploi et sens. Adj. ou subst. : **un (muscle) peaucier**, c.-à-d. « en surface ». Ne pas confondre avec **peaussier**, également dérivé de **peau**, et désignant comme adj. ou subst. un « (ouvrier) chargé de préparer et de travailler les peaux ».

PÊCHE orth. Toujours un accent circonflexe sur le premier *e*, qu'il s'agisse du fruit ou de la prise du poisson. ♦ **constr.** On dit *la pêche au brochet* aussi bien que *la pêche du brochet*, mais lorsque deux compléments sont présents dans ce type de locutions, l'un indiquant le « poisson qu'on pêche », l'autre la « technique » ou l'appât utilisé, on dira : *la pêche de la truite au lancer, la pêche du gardon au coup*, etc.

PÊCHER et PÉCHER conjug. Le verbe **pêcher** conserve l'accent circonflexe à toutes les formes verbales, tandis que **pécher** transforme son accent aigu en accent grave devant un [ə] terminal : *Elle pèche, ils pèchent*, etc. ⟶ APPENDICE GRAMMATICAL. ♦ **orth.** Le premier *e* porte un accent circonflexe au sens de « prendre du poisson » et pour désigner l'arbre fruitier, et un accent aigu au sens de « commettre une faute » : *Le vieux pêcher dans le fond du jardin, qui est tout rabougri, mais qui donne de bonnes pêches* (Hoex). On prendra garde que la prononciation ne distingue pas nettement ces deux verbes : *Elle a beaucoup péché. Il a pêché beaucoup de poissons.*

PÊCHEUSE et PÉCHERESSE forme. Le fém. **pêcheuse** au sens de « qui prend des poissons » est rare, et le fém. **pécheresse**, « qui commet des fautes », appartient au vocabulaire de la religion : *Il parlait doucement à la pécheresse* (Camus).

PÉCUNIAIRE forme. Adj. à forme unique (épicène), auquel il est inutile de substituer un *pécunier, pécunière*, formes fantaisistes. ♦ **sens.** Il renvoie à la notion d'« argent monnayé » : *Tant pis pour les conforts pécuniaires, je n'avais qu'à écouter mon père* (Sarrazin). *Des difficultés pécuniaires, un ennui pécuniaire.*

PÉDÉRASTE emploi et sens. Employé autrefois comme synonyme d'**homosexuel**, ce terme désignait un homosexuel masc. adulte entretenant des rapports sexuels avec de jeunes garçons (on l'appelle aujourd'hui **pédophile**) : *Elle avait peur que je sois pédéraste. À cause de mes cheveux* (Kessel). *Ce détenu allemand* [...] *avait été écarté de toute responsabilité politique clandestine parce que c'était un pédéraste « passionné »* (Semprun). Les dérivés sont **pédérastie** et **pédophilie** (plus ou moins équivalents d'*homosexualité*). La forme apocopée **pédé** est très méprisante, et appartient au registre pop. ⟶ GAY, HOMO.

PÉDIATRE orth. Pas d'accent circonflexe sur le *a*. De même pour **pédiatrie.** ⟶ -ATRE. ♦ **sens.** « Médecin spécialiste des maladies des enfants. »

PÉDOLOGIE forme. On emploie aussi **paidologie** au sens 1. ♦ **sens. 1)** « Étude de la conduite et de l'évolution de l'enfant. » **2)** « Étude du sol, de ses composants chimiques et de sa fertilité. »

PEDZOUILLE orth. On écrit aussi *pédezouille.* ♦ **emploi et sens.** Équivalent pop. de *péquenot.* ⟶ ce mot.

PEIGNER conjug. Attention à l'homonymie de plusieurs formes de ce verbe et du verbe **peindre** : *Je peignais, en peignant. Des visages où se peignaient* [verbe *peindre*] *la fierté, l'amour et l'inquiétude qu'il leur inspirait* (Kessel). ♦ **emploi et sens.** La locution **peigner la girafe**, qui est du langage fam. et plaisant, signifie « perdre son temps à une activité futile et sans intérêt ».

PEINARD orth. On écrit plus rarement **pénard.** ♦ **emploi.** Fam. : *Tiens-toi peinard.*

PEINDRE conjug. Comme *craindre.* ⟶ APPENDICE GRAMMATICAL et aussi PEIGNER.

PEINE emploi. La locution **à peine** (valeur temporelle), en tête de proposition, entraîne généralement l'inversion du sujet si celui-ci est un pronom personnel, et sa reprise par un représentant personnel si c'est un subst. : *À peine avait-on balayé leurs feuilles qu'il fallait recommencer* (Morand). *À peine y fut-il monté* [dans l'omnibus] *qu'il en sauta pour aller acheter des journaux* (Dhôtel). *Tant de fois il a vu l'aîné faire des ronds de jambe à des amies de la mère pour, à peine avaient-elles le dos tourné, en dire pis que pendre* (Pontalis). *À peine l'homme était-il parti...* La proposition qui suit celle dans laquelle se trouve la locution adverbiale est introduite par *que* (plus rarement *lorsque* ou *quand*) ou simplement juxtaposée. La non-inversion est beaucoup plus rare : *À peine j'en étais guéri, qu'il renaissait sous une autre forme* (Proust). *À peine les yeux de sa raison s'étaient ouverts au jour qu'il avait aperçu autour de lui cet amas de ténèbres* (Rolland).
□ **(c'est) à peine si.** Ce tour, qui a une valeur semi-négative (« presque pas »), peut servir à présenter de façon expressive une proposition qui n'a rien de « conditionnel », et équivaut à une indépendante dans laquelle se trouverait le groupe négatif *ne... presque pas* : *C'est à peine si on a eu le temps de faire ses malles* (Proust). *Quand Anna lui avait annoncé qu'elle était enceinte, à peine s'il avait hoché la tête* (Gallo).
□ **à peine de.** On peut construire la locution *à peine* avec un *de* partitif, au sens de « presque pas » : *Suivant un régime, il mange à peine de pain.*
□ **avoir (de la) peine à.** Avec l'article, cette locution évoque l'idée de « difficulté » (sauf en construction absolue : **avoir de la peine,** « du chagrin ») : *Il a de la peine à assimiler les mathématiques modernes.* Sans article, elle signifie à l'origine « répugner à, se refuser à ». Mais on tend aujourd'hui à employer l'article dans tous les cas : *Il a (de la) peine à admettre son triste sort.*
□ **à grand-peine.** Cette locution s'écrit avec un trait d'union et non une apostrophe. ⟶ GRAND-.

□ **être en peine de** (surtout à la forme négative). Dans cette locution, le substantif **peine** équivaut à manque, faute : *Je n'étais pas en peine de discours, étant avocat, ni de regards, ayant été, au régiment, apprenti-comédien* (Camus). **N'être pas en peine de faire qqch**, « pouvoir le faire aisément » : *Elle accepta, quoiqu'elle ne fût pas en peine d'enfourcher un vélo pour cette petite course* (Dhôtel).

PÉKIN sens. D'abord utilisé par les militaires pour désigner le **civil** de façon péj., ce subst. a fini par désigner, dans le registre fam., un « homme quelconque, ordinaire » : *Les paradis fiscaux ne sont pas uniquement des refuges pour les vulgaires pékins* (Bialot).

PÉLASGIEN forme. On rencontre également **pélasgique**. ♦ **sens.** Terme d'archéologie, « attribué aux Pélasges, peuple de l'Antiquité préhellénique ». Ne pas confondre avec **pélagique** (relatif à la haute mer) et **pélagien** (adepte de la doctrine de Pélage).

PÊLE-MÊLE orth. Toujours invar., qu'il s'agisse de l'adj., de l'adv. ou du subst. : *Au milieu d'un épais nuage de poussière et de fumée, des dizaines de corps déchiquetés gisaient pêle-mêle parmi les décombres* (A. Besson). *Il vit là des vêtements (entassés) pêle-mêle.*

PELER conjug. Comme *geler*. → APPENDICE GRAMMATICAL.

PÈLERIN orth. Un accent grave, ainsi que pour tous les dérivés : *un pèlerinage, le faucon pèlerin, une pèlerine* (vêtement).

PELLAGRE sens. « Maladie de la peau causée par un manque de vitamine PP. » Ne pas confondre avec **pelade**, « maladie qui fait tomber poils et cheveux par endroits ».

PELLE-BÊCHE orth. Plur. *des pelles-bêches*. On écrit aussi : *une pelle-pioche, des pelles-pioches.*

PELOTARI orth. Plur. *des pelotaris.* ♦ **sens.** « Joueur de pelote basque. » Mot peu utilisé par les non-spécialistes, et cependant commode et bref : *Le pelotari guipuzcoan avait dû renoncer à détendre son bras* (Peyré).

PELOTE orth. Un seul *t* ainsi que les dérivés : *peloter, pelotage.*

PELOTONNER orth. Avec deux *n*. Ne pas omettre le *e*, qui est le plus souvent escamoté dans la prononciation : [plɔtɔne].

PELUCHER orth. On suit souvent la prononciation en supprimant le *e* : *plucher*. De même pour l'adj. **pelucheux**, mais non pour le subst. **peluche**, en raison sans doute de la confusion avec **pluche(s)**. → ce mot. ♦ **constr.** On dit indifféremment qu'un tissu *p(e)luche* ou *se p(e)luche.*

PENALTY orth. Terme sportif emprunté à l'anglais. Pas d'accent sur le *e*, un *y* à la fin : *Bon, j'ai raté un penalty. Et je suis pas sûr, ce matin du 16 juillet, d'avoir encore envie de cogner dans le ballon* (Saumont). On dit plus souvent aujourd'hui **pénalité**.

PÉNARD → PEINARD.

PENAUD forme. Le fém. **penaude** n'est pas très répandu : *Annette fit la mine penaude* (Rolland).

PENCE → PENNY.

PENDANT (substantif) **forme.** Dans la locution verbale **se faire pendant**, on met le mot *pendant* indifféremment au sing. ou au plur., quand le sujet représente deux choses : *Ces deux tableaux se font pendant(s) de part et d'autre de la cheminée.*

□ **des pendants d'oreille(s).** On peut écrire *oreille* au sing. ou au plur. : *Pourquoi as-tu mis ces pendants d'oreille, ce soir ?* (Peyré). De même pour *boucle d'oreille(s).*

PENDANT (QUE) emploi. La locution conjonctive *pendant que* a un sens principalement temporel. Il faut éviter de l'employer, dans la langue soutenue, au sens adversatif de « tandis que » : *Il préfère la montagne, pendant que vous, vous préférez la mer.* On dira beaucoup mieux : *tandis que toi… alors que vous… mais vous, en revanche,* etc.

□ **tout pendant que.** Ce renforcement est archaïque ou pop. : *S'amuser avec sa mort tout* *pendant qu'il la fabrique, ça c'est tout l'homme, Ferdinand !* (Céline). ⟶ CEPENDANT.

PENDULE genre. Masc. au sens technique de « système oscillant » ou « masse mobile suspendue à un point fixe » : *Le physicien comme le sourcier utilisent le pendule,* et au fig. : *Richard se vit sous l'aspect d'un pendule qui balançait sans arrêt ni terme de l'un à l'autre pôle* (Kessel). *Le pendule penche à gauche en ce moment en Europe* (déclaration de Vondra, vice-premier ministre tchèque, *Le Monde,* 13/04/2007). Fém. au sens courant de « petite horloge ».

PÊNE orth. Masc. et avec un accent circonflexe. Ne pas confondre avec **penne** (fém.), qui désigne notamment une plume d'oiseau. ♦ **sens.** « Pièce de la serrure s'engageant dans la gâche et maintenant la porte fermée » : [la porte] *du garage dont le pêne très rude ne cède qu'à un élan brusque* (Hoex). ⟶ GÂCHE.

PÉNÉTRÉ emploi. Le tour **être pénétré de** se rencontre dans le style soutenu, et signifie qu'une idée, une conviction s'est ancrée profondément chez une personne : *J'avais le désagréable sentiment de n'avoir pas avancé. J'étais maintenant pénétré de l'idée que la maison me mettait à l'épreuve* (Dubois).

PÉNIBILITÉ emploi et sens. Ce néologisme est bien formé et très acceptable (comme *faisabilité*) au sens de « caractère pénible » ; il ne fait pas double emploi avec *difficulté* : *Côté pénibilité, le job de publicitaire ne le cède en rien à celui de journaliste* (*Le Canard enchaîné,* 25/03/1992).

PÉNICHETTE emploi et sens. Ce néologisme bien formé remplace heureusement l'anglais *houseboat,* pour désigner un bateau plat, de plaisance, aménagé comme une caravane pour des voyages touristiques sur les canaux et rivières : *Dans le port de Gray, on peut louer des pénichettes pour descendre la Saône.*

PENNE ⟶ PÊNE.

PENNY forme. Le plur. est **pence**, dans un compte : *Trois livres cinq shillings quatre pence,* mais **pennies** pour désigner les « pièces de bronze » : *Nanette retrouva deux pennies dans le fond de son sac.*

PENSE-BÊTE orth. Plur. *Tout cela est marqué sur les pense-bêtes : cela ne se voit pas, sur le tableau* (Michon).

PENSÉE UNIQUE sens. Cette formule très employée dans les analyses économiques n'est pas un « concept » d'une grande clarté et peut s'appliquer à diverses idéologies : *La pensée unique a été la médiatique formulation des critiques émises contre la politique économique et monétaire suivie à partir de 1983 par tous les gouvernements de gauche comme de droite jusqu'à 2002* [...]. *Les ingrédients de la « pensée unique » sont des acquis intellectuels, toute la question est qu'ils ne répondent pas parfaitement à toutes les situations et qu'il faut donc corriger, nuancer, ajouter !* (Eric Le Boucher, *Le Monde,* 04/06/2007).

PENSER orth. Se garder de l'homonymie de **panser** (bien que l'origine des deux verbes soit la même, le latin *pensare*) : *Maintenant encore je ne puis penser à la désespérée sans panser en mon cœur la plaie innombrable de sa féminitude* (Allen). ♦ **constr.** Ce verbe est tantôt transitif indirect, tantôt transitif direct.
□ **penser à.** « Avoir présent à l'esprit, appliquer son esprit à » : *– À quoi penses-tu, maman ? – Mais à rien, mon chéri... À ce que tu me disais* (Mauriac). On notera que, dans cet emploi, le pronom personnel objet est toujours à la forme tonique ou introduit par *à* : *Je m'efforçais de ne plus penser à Marthe, et, par cela même, ne pensais qu'à elle* (Radiguet). Si le pronom personnel représente un nom de chose, c'est *y* qui convient.
□ **penser (à) + infinitif.** « Ne pas oublier, avoir l'idée de, songer à » : *Comment ai-je pensé à mettre ce cahier dans mes bagages ?* (Mauriac). Ou encore dans le sens de « croire », ou « compter, avoir l'intention de », ou « être près de, manquer » : *Du diable si je pensais vous rencontrer ici* (Carco). *Un instant, il avait pensé acheter un drageoir ancien* (Simenon). *La douleur fut si forte, qu'il pensa s'évanouir* (Mirbeau). La construction avec

de est rare et littéraire : *Il pensa de s'adresser à son évêque* (Peyrefitte).

□ **penser + substantif** ou **pronom objet.** « Embrasser par la pensée, réfléchir sur » : *Voici la nuit qui se peuple. L'homme pense la terre, les champs, les forêts, une vallée étroite* (Duhamel, cité par Le Bidois, *Le Monde*, 29/06/1960). *Une tête qui pense le drame français, oui, j'aurai le ridicule de la chercher encore et toujours* (Mauriac).

□ **penser + substantif non déterminé.** *Pour que je pense civilisation, sort de l'homme, goût de l'amitié dans mon pays* (Saint-Exupéry). *Je pense geste commercial. Je pense fidélisation de la clientèle* (Desarthe). Ici l'objet « direct » exprime moins un objet proprement dit qu'une certaine manière de penser.

□ **penser + adjectif.** *Le premier courage à avoir, c'est de penser vrai* (Romains) : ici l'adj. exprime plutôt une « qualité » de la pensée. *Elle pense périssable, elle pense individuel, elle pense par raccrocs* (Valéry).

□ **penser que.** « Après une principale interrogative ou négative, on rencontre l'indic. ou le subj. suivant que celui qui parle est incertain ou sûr de la réponse. » (Nyrop) : *Au reste, il ne pensait pas que la vie fût tout à fait mauvaise* (France). *Vous ne pensez pas que ce soit plutôt un* vol *?* (Queneau). L'emploi de *c'est* au lieu de *ce soit* donnerait ici à l'ensemble une valeur plus affirmative.

□ **je me pensais (que).** Cette construction pronominale est fautive et semble être due à l'analogie de *je me disais* ; dans le Midi, c'est un provençalisme.

□ **il est plus fort que je (ne) (le) pensais.** L'ellipse de *le* est fréquente, mais celle de *ne* l'est moins : *Il se trouvait possesseur d'un paquet d'actions trois fois plus gros qu'on ne pensait* (Morand).

□ **le penser. emploi et sens.** L'infinitif substantivé du verbe *penser* est archaïsant au sens de « faculté, ou façon de penser, ou résultat de l'action de penser ». On n'emploie aujourd'hui que *la pensée*, ou des termes philosophiques issus du grec : *noème, noèse,* etc.

□ **bien-pensant.** Avec un trait d'union. Adj. et subst. Plur. *des bien-pensants. Des paroles bien-pensantes.* → BIEN.

PENSEUR genre. Le fém. est rare. On maintiendra plutôt le masc. : *Marie Curie fut un penseur de génie.*

□ **libre penseur.** Pas de trait d'union dans cet adj.-subst. Plur. *des libres penseurs.* Au fém. : *Élevée par un père sceptique, une mère libre penseuse* (Rolland). → LIBRE.

PENTHOTAL prononc. [pɛ̃tɔtal] ♦ **orth.** Attention à la place du *h.* ♦ **emploi et sens.** Synonyme de *penthiobarbital*, plus connu sous le nom fam. de *sérum de vérité* : *Une piqûre de penthotal.*

PENTODE orth. On préférera celle-ci, pour sa simplicité, à *penthode* qu'on rencontre souvent. ♦ **sens.** « Tube à vide à cinq électrodes. »

PÉNULTIÈME emploi et sens. Terme technique souvent employé en phonétique, signifiant « avant-dernier » (et non pas « dernier ») et surtout, comme subst., « avant-dernière syllabe » : *Dans le mot latin* patrem, *l'accent tonique est sur la pénultième.* On nomme **antépénultième** ce qui précède l'avant-dernier.

PEOPLE emploi et sens. Cet adj.-nom, anglicisme qui date de 1988 environ, renvoie aux vedettes, aux célébrités et à l'actualité qui les concerne, avec une connotation souvent dédaigneuse et péjorative : *Sarah Brown, d'habitude si discrète, ne se contente pas de multiplier les rencontres avec les people* (V. Malingre, *Le Monde*, 13/07/2009). *Un article people où elle parlait de shopping, de grands couturiers, de musique, de danse, de régime… et de l'Élysée* (S. Zappi, *Le Monde*, 23/09/2011). On rencontre parfois la forme francisée **pipole** et le dérivé **pipolisation.**

PÉPINIÉRISTE orth. Prend deux accents aigus, alors que **pépinière** s'écrit avec un accent aigu et un grave. ♦ **emploi et sens.** Ne pas confondre **pépinière**, lieu où l'on cultive des arbres destinés à être replantés, et **pinède** (ou **pinière**), « bois de pins ».

PEPS sens. Cet anglicisme, encore absent de la plupart des dictionnaires, a le sens de

« tonus, énergie », comme son étymon *pep* : *Voilà du peps, du chien, du brio, du glamour. La femme est une star dans l'œil de son miroir, promettent les magazines* (Hoex).

PÉQUENOT forme. C'est, au masc., la forme la plus courante. On trouve aussi *péquenaud.* Le fém. est en général *péquenaude.* ♦ **emploi et sens.** Ce mot appartient à la langue parlée et désigne de façon péj. le « paysan » : *Ils peuvent pas se coller une couronne d'oranger sur la tête. Ça ferait péquenot* (Aymé).

PERCE- orth. La plupart des composés formés avec **perce-** ne prennent pas de *-s* final au sing. (sauf naturellement le *perce-bois*, nom donné à divers insectes). On écrira donc un *perce-bouchon*, un *perce-muraille*, un ou une *perce-neige* (⟶ le suivant), un *perce-oreille*, un *perce-pierre.* Au plur., le *s* final est distribué de façon variable...

PERCE-NEIGE orth. Subst. invar. : *Les premières fleurs éclosaient, à l'abri des murs : éranthes d'un jaune acide, perce-neige et même quelques primevères* (Fontanet). ♦ **genre.** Masc. ou fém. selon les dictionnaires et les auteurs : *Les perce-neige sont fleuri(e)s.* Le masc. est plus courant.

PERCER emploi. Dans la langue soutenue, on rencontre ce verbe au sens abstrait de « paraître » : *Il laissait percer des opinions respectueuses de l'ordre établi* (Bazin).

PERCEVOIR constr. Comme **apercevoir**, ce verbe se construit plutôt avec un nom complément d'objet qu'avec une proposition infinitive, comme ici : *Nathalie perçut alors quelque chose d'étrange, d'inédit, flotter autour du groupe* (Wiazemsky).

PERCHERON forme. Le fém. est *percheronne.*

PERCHISTE emploi et sens. Néologisme bien formé, employé au sens d'« athlète sautant à la perche » ou de « technicien chargé du maniement de la perche, pendant le tournage d'un film ».

PERCLUS forme. Le fém. est **percluse**, et non *perclue* : *La musique qu'on y jouait était tout juste bonne pour des vieilles femmes percluses de rhumatismes* (Gerber). Attention à l'analogie de *conclu(e).* ⟶ EXCLURE et INCLURE. ♦ **emploi et sens.** Le verbe *perclure* n'existe plus qu'au participe passé, qui signifie « paralysé (par) » : *Lui se sentait perclus de timidité* (Mauriac). *Le village, sommeillant, perclus, ossifié, était triste comme un dimanche au paradis* (Aymé). ⟶ COURBATURÉ et RECRU.

PERDURABLE emploi et sens. Adj. rare et littéraire, au sens de « éternel ». Le verbe **perdurer**, « se prolonger dans le temps », est d'un usage plus courant : *Soixante-cinq ans après, pendant la drôle de paix que nous vivons, le massacre perdure* (Bialot). ⟶ PÉRENNE.

PÈRE emploi et forme. On dit : *le père Trubel* (Bazin), *le père abbé* ; sans majuscule, pour nommer un ecclésiastique. En abrégé, le *P. Untel, les PP. Untels.* Quand on s'adresse à la personne, on dit *Père ou Mon père.* Ces appellations tendent à supplanter *Monsieur l'abbé* ou *Monsieur le curé* : *Quant à « Mon père » ou plus familièrement « Père », il a tendance à se généraliser depuis quelques années pour le clergé séculier ; certains jeunes évêques lui manifestent leur préférence* (*Le Monde*).
□ **tes père et mère.** Malgré les puristes, ce tour est fréquent dans la langue fam., où il constitue peu à peu un groupe figé : *Ses propres père et mère, il les leur livrerait* (N. Sarraute). On peut préférer *tes parents* ou encore le tour analytique *ton père et ta mère.*

PÉRÉGRINATION forme. Ne pas déformer ce subst. en *périgrination.* ♦ **emploi et sens.** Surtout au plur., au sens de « voyages fréquents et divers » : *Il ne s'agissait pas de virées touristiques suspectes ni de pérégrinations sauvages, mais de bénins circuits en car pour personnes âgées* (Vargas).

PÉRENNE emploi et sens. Adj. didactique, « qui dure longtemps ». Les géographes le prennent encore au sens étymologique de « qui dure toute l'année », mais les médias l'ont adopté massivement dans toutes sortes de contextes : *Jacques Chirac* *était parvenu à instaurer, en 2006, une taxe pérenne sur les billets d'avion* (A. Faujas, *Le Monde*, 18/08/2011). On évitera l'emploi passe-partout de ce mot, qui peut paraître pédant, et se cantonne principalement dans des emplois techniques : *Les branches deviennent pérennes, le système racinaire est plus important et le sol plus compact* (C. Galus, *Le Monde*, 20/04/2007). → PERDURABLE. On écrit **pérennité, pérenniser** : *Cela suffisait à pérenniser le jeu des hiérarchies sociales* (Barbery).

PERFECTIONNISME emploi et sens. Ce subst. désigne de façon souvent critique la « tendance à rechercher la perfection » dans de nombreux domaines. De même pour *perfectionniste.*

PERFORMANT emploi et sens. Cet adj. très à la mode double souvent sans grande utilité des mots comme **efficace, fécond, productif**, etc. : *M. Védrine, qui s'emploie depuis sa nomination à reconstituer un état-major qui soit non seulement aussi performant que les précédents mais composé de compétences reconnues* (Rollat, *Le Monde*, 29/07/1992). *L'invasion se borne au vocabulaire, qui fait tellement plus efficace (pardon : « performant ! »)* (Cavanna). On évitera l'abus de ce mot, qui se justifie surtout dans un contexte de compétition...

PERFUSION sens. Moins répandu que *transfusion*, ce terme désigne le « fait d'injecter dans un organisme le sérum ou le sang conservé dans un récipient stérile ». La **transfusion** se fait au contraire immédiatement, de personne à personne : *Ce blessé n'a pu survivre que grâce à plusieurs perfusions.*

PÉRI- emploi et sens. Préfixe signifiant « autour » et entrant dans la formation de nombreux mots savants : *périarticulaire, péricarde,* etc. (jamais de trait d'union).

PÉRIGÉE → APOGÉE.

PÉRIL → DEMEURE.

PÉRIMER constr. Ce verbe se rencontre surtout à la voix pronominale ou à la voix passive : *Les systèmes autrefois corrosifs vieillissent et se périment avec les civilisations qui les ont vus naître* (*Le Monde*). *Les vêtements à la mode se périment rapidement.* On emploie parfois **périmer** de façon transitive, au sens de « rendre caduc » : *Le texte périmera la linguistique, comme la linguistique est en train de périmer l'œuvre* (Barthes).

PÉRIODE genre. Ce subst. n'est masc. que dans l'acception classique de « chacun des degrés par lesquels passe une chose pendant sa durée » : *Un couple, au plus haut période de son bonheur, compose une sorte d'écho, un assemblage de miroirs parallèles* (Valéry).

PÉRIPHRASE sens. « Figure de rhétorique par laquelle on remplace le mot propre, qui est simple, par une tournure ou locution explicative. » (Morier) : *Les « précieuses » du Grand Siècle usaient de nombreuses périphrases.* Voici des exemples : *le bas du dos* (pour le *postérieur*), *le nerf de la guerre* (pour *l'argent*). La périphrase peut prendre la forme d'un **euphémisme**, c.-à-d. d'une « expression adoucie » : *L'absence d'un certain accessoire rendait difficile, sinon impossible les ablutions du milieu du corps* (Simon). L'adj. correspondant est **périphrastique**.

PÉRIPLE sens. Au sens propre et géographique, ce mot équivaut à **circumnavigation** : *Poésie pour apaiser la fièvre d'une veille au périple de mer* (Saint-John Perse). *Son second cahier à ce sujet est éloquent où il relate son périple depuis son embarquement* (Rouaud). On passe aisément au sens de « voyage », et même à celui de « n'importe quel circuit compliqué », l'idée de navigation se perdant peu à peu : *Peu de gens visitent pour leur seul plaisir l'Éthiopie, d'autant plus que le renversement du négus n'a pas rendu les périples touristiques particulièrement aisés* (Godbout). *Déjà ce court périple m'avait égaré ; j'étais arrivé dans une autre gare* (Butor). La langue a admis aujourd'hui ce glissement sémantique.

PÉRIR conjug. Ce verbe s'emploie surtout aux temps composés, avec l'auxiliaire *avoir* : *Un petit voilier a chaviré jeudi près du Tréport.*

Deux hommes ont péri noyés (*Le Monde*). L'auxiliaire *être* est à peu près complètement sorti de l'usage. Mais le participe passé **péri** est toujours vivant avec un sens passif, et se rencontre même parfois sans auxiliaire : *Qui sait ?... Divinité peut-être, périe avec le même vaisseau qu'elle était faite pour préserver de sa perte ?* (Valéry). ♦ **emploi.** Ce verbe appartient au registre littéraire, et la langue courante lui préfère le simple **mourir**, sauf dans certaines locutions figées où le verbe ancien s'est bien conservé : *Mon oncle se faisait un curieux point d'honneur de ne presque jamais sortir de sa bibliothèque, mais il s'y ennuyait à périr et n'y travaillait point* (Green). L'adj. **périssable** peut avoir le même emploi recherché, mais il s'applique également, dans l'usage courant, à des « marchandises ou denrées qui s'abîment rapidement » : *Le transport des denrées périssables.*

PÉRISSOLOGIE sens. Synonyme savant de **pléonasme** (→ ce mot) ou, en rhétorique, procédé d'insistance par répétition, du type : *Je l'ai vu, dis-je, vu, de mes propres yeux vu, ce qu'on appelle vu* (Molière).

PERMETTRE orth. Le participe passé du verbe employé pronominalement est invar. s'il n'y a pas d'objet direct qui précède : *Elle s'est permis de me tutoyer.* Mais : *La familiarité qu'il s'est permise à mon égard.* → PARTICIPE PASSÉ. ♦ **constr.** On dit **permettre à qqn de faire qqch.**, et plus rarement **permettre que** (sans préciser le complément animé) : Qui *a permis qu'on touche à ces fleurs ? Permettre que* est en général suivi du subj. : *Il ne permettait pas à ces désordres de la rêverie qu'ils commandassent son activité* (Barrès). On trouve parfois l'indic. dans la langue classique. Il faut éviter le cumul de ce verbe avec **pouvoir** et ses dérivés, qui fait pléonasme. On entend et on lit très souvent dans les médias : *Cela permet de pouvoir faire*, etc. La notion de « possibilité » réside déjà dans le verbe *permettre* ! → CAPACITÉ.

PERMISSIF et **PERMISSIVITÉ emploi et sens.** Ces deux mots comportent généralement une nuance légèrement négative, que n'exprime pas forcément le verbe **permettre** ni le substantif **permission** : *Sourire à ce point rassérénant et permissif que Ferrer n'hésita bientôt plus à s'inventer tous les deux jours des affections faciles à simuler* (Échenoz).

PERMUTATION sens. Ce mot désigne un « échange réciproque », une « interversion de termes », et ne doit pas être confondu avec la **commutation**, qui désigne une « substitution ». La vieille plaisanterie : – *Que faites-vous, mon brave, dans le civil ?* – *Euh... colonel, mon charcutier !* repose sur une **permutation**. Au contraire, le fait de remplacer un mot par un autre, en raturant un texte, est une *commutation.* Cette distinction est souvent mal observée.

PÉRORER emploi et sens. Ce verbe est toujours péj. et signifie « parler avec suffisance et emphase » : *Il y avait en lui un professeur sans élèves, dont ces occasions de pérorer décongestionnaient la cervelle* (Bazin).

PERPÈTE (À) emploi et sens. Expression pop. signifiant « à perpétuité ». On écrit aussi *à perpette.*

PERPÉTRER sens. Ce verbe s'emploie comme **commettre**, au sens de « accomplir (une action délictueuse) ». Son sens est donc fort et spécialisé : *S'il avait pénétré chez Chassegrange, c'était avec l'intention certaine de perpétrer un drame à sa façon* (Dhôtel). *Cet attentat a été perpétré par un commando qui a voulu exercer des représailles* (*Le Monde*). On ne confondra pas ce verbe avec **perpétuer**, qui signifie « continuer, prolonger » et s'applique généralement à une habitude, une tradition, etc. : *Cette présence en pointillé suffisait à perpétuer, au fond de moi, une époque dont j'avais du mal à admettre la fin* (Colombier). *Des rafles sont organisées jusque dans les orphelinats, pour s'assurer qu'aucun enfant tsigane, en échappant à la « solution finale », ne risque de perpétuer la « race »* (L. Rossignol, *Le Monde*, 02/01/2009). *Le but avoué des parcs animaliers est de perpétuer les espèces telles qu'elles sont* (Rosenthal). *Peut-on laisser se perpétuer la situation actuelle ?*

PERQUISITIONNER constr. Ce verbe est intransitif : il convient de dire **perquisitionner dans un local**. Il est parfois confondu abusivement avec le verbe **saisir** : *Les gendarmes ont perquisitionné dix fusils et carabines au domicile familial des V...* (*Le Monde*, 06/04/2007).

PERRUQUE emploi et sens. Ce mot est souvent perçu comme péj. On lui substitue, dans le vocabulaire de la mode, le terme de **postiche**, comme adj. ou subst. → ce mot et MOUMOUTE.

PERSAN ou **PERSE emploi et forme.** Le premier mot est l'adj.-subst. utilisé pour l'histoire moderne de la Perse : *Persans et Persanes se précipitèrent pour voir le chah.* On emploie, de nos jours, le mot **iranien**. Le second appartient au vocabulaire des historiens de l'Antiquité et des linguistes : *La victoire des Perses sur les Athéniens à Aigos Potamos. L'étude de la langue perse est ardue.* Quant au subst. fém. **la perse** (sans majuscule), il désigne une « cretonne imprimée ».

PERSIFLER orth. Un seul *f*, à la différence de *siffler*. De même pour *persiflage*.

PERSIL prononc. Contrairement à une habitude qui tend à se répandre, le *l* final ne doit pas se faire entendre : [pɛrsi].

PERSONA (NON) GRATA emploi et sens. Locution latine utilisée le plus souvent sous la forme négative et dans la langue de la diplomatie, au sens de « officiellement indésirable » : *L'attaché militaire a été déclaré persona non grata et reconduit à la frontière.*

PERSONNE (pronom) **genre.** L'indéfini est généralement considéré comme neutre, même s'il désigne une femme : *Je ne connais personne de plus gentil que cette fille.* ♦ **constr.** Comme indéfini, ce pronom a un sens positif à l'origine et n'est pas nécessairement accompagné de *ne*. C'est le cas notamment en phrase interrogative ou après un terme de comparaison : *Je suis meilleur juge que personne de ce qui lui convient* (Augier). *Connaissez-vous personne qui puisse vous répondre ?* (= « qui que ce soit »). Avec un verbe de sens négatif : *Elle nia avoir jamais donné d'œillets rouges à personne qu'à Évariste* (France). *Je vous défends de laisser pénétrer ici personne* (Méré, cité par Sandfeld). On notera que ce tour est très proche de l'emploi comme subst. (→ le suivant) : *As-tu déjà vu une personne plus séduisante que lui ?* Néanmoins, on trouve le plus souvent *ne* avec, éventuellement, *jamais, plus* et *rien*, à l'exclusion de *pas* et *point*. *Il se fit conduire rue de Courcelles. Plus personne* (Gide). *Il ne pouvait plus rien pour personne, ni pour le navigateur, ni pour la femme qu'il aimait* (J. Roy). On peut cependant employer **pas** et **personne** dans la même phrase, à condition qu'ils appartiennent à des propositions différentes : *Il ne faut pas que personne reste en arrière* (Guilloux). *Ce mot d'ailleurs n'a plus de sens ; il ne vaut pas qu'on risque de choquer personne* (Camus). *Ne vous figurez pas que vous choquerez personne* (Romains).
□ **place de personne.** La construction *Je n'ai vu venir personne* semble la plus naturelle, mais on trouve aussi l'intercalation entre les deux verbes, qui est correcte : *Ne voyant personne venir, j'entrai dans la maison* (Apollinaire).
□ **ne... personne qui (ne).** La relative qui a pour antécédent ce pronom indéfini a en général son verbe au subj., avec une valeur consécutive ou finale : *Elle n'avait vu personne, à l'arrêt de Vierzon, qui ressemblât au grand Meaulnes* (Alain-Fournier).
□ **comme personne.** « Aussi bien que qui que ce soit » : *Elle frottait, cousait, mijotait les plats comme personne* (Dorgelès). *Mlle Dinh est très intelligente. Elle sait comme personne deviner les attentes de la clientèle* (Orsenna).
□ **personne de.** *Huit jours sans que l'on vit personne des Baillard* (Barrès). (Ici *aucun* serait plus courant).

PERSONNE (substantif) **emploi et sens.** Comme subst., **personne** se distingue de **gens**, en ceci qu'on peut l'accompagner d'un adj. numéral : *Deux ou trois personnes étaient présentes*, ce qui est impossible pour « gens », bien qu'on puisse dire à peu près indifféremment *certaines personnes* ou *certaines gens*. → GENS.

□ **la personne de...** Il s'agit d'un emploi emphatique : *Il s'en est pris à la propre personne du ministre et lui a dit son fait.* De même pour : *Les responsables sont venus en personne assister à l'inauguration.*
□ **en personne.** Construit en apposition à un nom abstrait, renforce ce subst. : *C'est la bonté en personne* (= « la bonté personnifiée »).
□ **bien fait de sa personne.** Cet emploi est pléonastique et figé : *Je n'étais pas mal fait de ma personne, je me montrais à la fois danseur infatigable et discret érudit* (Camus).

PERSONNEL emploi et sens. Ce subst. a un sens collectif : « Ensemble des personnes qui ont une activité au sein d'une entreprise. » On évitera de l'utiliser au sens d'« agent, employé, cadre », etc.

PERSUADER forme. Le part. passé peut s'accorder ou non avec le sujet à la voix pronominale : *Elle s'est persuadé(e) que je l'avais prise en grippe.* Cela s'explique par la double construction, commentée ci-après. ♦ **constr.** On dit également bien **persuader qqn de (faire) qqch.** (ou **qu'il fasse qqch.**), ou **persuader qqch. à qqn** : *Je ne suis pas arrivé à la persuader de m'accompagner*, opposé à : *Son tacite langage* [de la nature] *nous persuade l'insuffisance de tout vocable humain* (Rostand). Aussi, à la voix pronominale, le pronom réfléchi est-il considéré tantôt comme complément d'objet direct, tantôt comme objet indirect : *Je suis tranquille à présent, parce que je me suis persuadée que, où que j'aille, le reste du monde se déplace avec moi* (Beauvoir), opposé à : *Ils s'étaient persuadé qu'on n'oserait les contredire* (Acad.). Cet accord est indifférent et ne modifie ni le sens du verbe ni celui de la phrase dans laquelle il se trouve.
□ **persuader que.** On ne doit pas employer *de ce que* mais toujours *que.* Le mode est l'indic. après une principale affirmative, le subj. ou parfois l'indic. après une principale négative ou interrogative : *Il se persuada qu'il n'était plus rien à ses yeux qu'un vieux mur à abattre* (Mauriac).

PESANT emploi et sens. Employé comme subst. notamment dans le tour figé : *Cela vaut son pesant d'or.*

PÈSE- forme. Dans les composés formés avec **pèse-**, le premier élément étant verbal demeure invar. Le *s* du plur. est facultatif dans le subst. complément : des *pèse-acide(s), -alcool(s), -bébé(s), -esprit(s), -lait(s), -lettre(s), -moût(s), -personne(s), -sel(s), -sirop(s), -vin(s).*

PÈSE-PERSONNE emploi et sens. Ce mot, auquel il n'y a rien à reprendre du point de vue de la forme, a remplacé le subst. **bascule.**

PESER forme. La règle d'accord du part. passé est la même que pour *coûter.* Si le verbe est intransitif, l'accord ne se fait pas : *Les quatre-vingts kilos qu'il a pesé, au temps où il mangeait trop.* S'il a un complément d'objet direct antéposé, l'accord habituel apparaît : *Les quatre-vingts kilos de viande que le boucher a pesés dans la journée pour ses clients.* Au fig. : *Toutes les raisons qu'il a longuement pesées.* → COÛTER.

PESETA prononc. On hésite entre [z] et [s]. De plus, au plur., le *s* final peut ou non se faire entendre : des [pɛzɛta(s)]. Même remarque pour **peso,** « monnaie ayant cours en Amérique latine ». ♦ **forme.** Parfois francisée en **pésète.**

PÉTALE genre. Masc., contrairement à ce qu'on croit souvent : *Il faut que je me lance dans la fabrication des pétales de rose confits pour remplacer les dragées* (Desarthe). *Au niveau de la terrasse, il doit y avoir un doux tapis de pétales blancs, détrempés et jetés bas par l'orage* (J. de Romilly). → PÉTIOLE.

PÉTANT(ES) emploi. Dans le registre fam., on emploie ce participe-adj. précédé d'une heure quelconque, pour insister sur la précision ; l'accord est facultatif : *Je t'avertis que, sitôt habillé, je me sauve. On entre à sept heures trente pétant, chez Jouvenceau* (Romain Roussel). *Or, c'est justement elle que, à huit heures pétantes, Colombe m'envoie en émissaire* (Barbery). → SONNER et TAPANT.

PET-DE-LOUP orth. Avec deux traits d'union, comme les autres composés *pet-de-nonne* et *pet-en-l'air.* Au plur., des *pets-de-loup* et des *pets-de-nonne,* mais des *pet-en-l'air.*

PÈTE-SEC forme et emploi. Mot invar., comme adj. ou comme subst. : *Sont-ce ses descendants* [du peuple] *ces arrivistes pète-sec, aussi fermés à la véritable beauté que la serrure de leur attaché-case ?* (Cavanna). *Ce sont des (femmes) pète-sec.*

PÉTIOLE prononc. [pesjɔl] et non [petjɔl]. ♦ **genre.** Masc. ♦ **sens.** Nom scientifique de la « queue » d'une feuille : *Cette plante possède de très fins pétioles.*

PETIT orth. Distinguer les subst. de parenté : *petit-fils, petite-fille, petit-neveu, petite-nièce,* comportant un trait d'union et dont les deux éléments prennent la marque du plur., ainsi que *petits-enfants* (sans sing.), des formes libres : *des petits enfants* (des enfants en bas âge), *sa petite nièce* (sa jeune nièce), etc. ♦ **emploi et sens.** On prendra garde que, lorsque ce mot est employé comme préfixe et séparé du mot suivant par un trait d'union, il a généralement un sens spécialisé s'éloignant plus ou moins du sens spatial originel : *petit-bourgeois, petit-fils, petit-maître, petit-lait, petit-nègre,* etc. (tous ces mots prennent le *s* du plur. sur les deux éléments). Comme subst., **les petits** s'applique très souvent aux enfants et non pas seulement aux « petits d'animaux ». On évitera cependant de dire, en parlant d'une femme : *Elle est venue avec ses petits.*

□ **sa petite enfance.** Cette constr. est passée dans la langue des meilleurs écrivains, de même que la *toute enfance.* → TOUT (ADJ.).

PETIT-BEURRE forme. Plur. *des petits-beurre.*

PETIT-BOURGEOIS sens. Adj. et nom désignant ce qui appartient à la petite bourgeoisie, à ce qu'on appelle communément les classes moyennes : *Je suis le fils de petits-bourgeois* (Vailland). Souvent péj. : *Mais je deviens un vieux garçon, un petit-bourgeois sordide* (Kessel). *Ça aggrave les connotations de mesquinerie, d'étroitesse d'esprit, d'égoïsme attribuées généralement à cet adjectif,* « petit-bourgeois » (Semprun).

PETIT-SUISSE orth. Avec trait d'union, et double *s* au plur. : *des petits-suisses.*

PÉTREUX et **PÉTRÉE emploi et sens.** De même que **pierreux**, qui apparaît comme le dérivé standard, **pétreux** et **pétrée** sont dérivés du subst. **pierre**, mais ont des sens et des emplois particuliers, comme l'indique bien la citation suivante : *Le rocher de l'oreille* [...] *est un massif osseux en forme de pyramide quadrangulaire que l'on qualifie de pierreuse (on dit parfois plus savamment pétreuse, préférant garder pour l'Arabie le joli terme de pétrée)* (C. Guedj).

PÉTROCHIMIE forme. On critique à juste titre cette forme, malencontreuse, et qu'il faudrait remplacer par **pétrolochimie**, mais qui s'est imposée de façon irréversible, de même que **pétrodollar**. Même remarque en ce qui concerne l'adj. **pétrochimique** : *L'industrie pétrochimique va être fortement développée autour de l'étang de Berre* (*Le Monde*). Il est vrai que **pétrole** et **pierre** ont le même étymon latin *petra,* d'où quelques erreurs de dérivation.

PÉTROLIER ou **PÉTROLIFÈRE emploi et sens.** Le second adj. comporte l'idée de « contenir, produire » : *roche, terrain, couche, gisement pétrolifère,* tandis que **pétrolier** signifie simplement « qui concerne le pétrole » : *Au Canada, les sociétés pétrolières françaises renforcent leurs positions* (*Le Monde*). Seul cet adj. se substantive, au sens de « bateau servant au transport du pétrole » : *On construit des pétroliers au tonnage de plus en plus important,* et parfois avec un sens animé : *Les pétroliers opérant en Libye* (*Le Monde*).

PEU emploi et sens. Peu est utilisé, soit comme adv. de quantité : *En décembre, la chose était peu croyable* (Guéhenno). *Il mange si peu qu'il s'anémie,* soit comme nominal (substitut d'un nom) : *Son peu de désir de revenir à Paris* (Vailland). On passe aisément de l'un à l'autre emploi dans l'exemple suivant : *Il y a quelques belles choses, mais* *peu. Ce peu, c'est encore beaucoup pour moi* (Rolland). On se gardera de confondre pour le sens **peu** et **un peu**, qui s'opposent dans : *Il est peu nerveux* et *il est un peu nerveux*.

□ **le peu de + subst. plur.** Quand ce tour est sujet d'un verbe, celui-ci se met au sing. ou au plur., selon qu'on veut insister sur l'idée de manque et d'insuffisance ou sur le contenu positif du complément de **peu**. Il en est de même, en principe, pour l'accord du part. passé. Il va sans dire que beaucoup d'auteurs n'observent pas cette distinction. Ainsi, Duhamel écrit : *Le peu de cheveux qui me reste grisonne allégrement.* Or, il est clair que ce qui grisonne allégrement, ce n'est pas le manque de cheveux, mais les quelques cheveux qui restent. De même, dans cette phrase de Romains : *Les doigts perdaient le peu d'assurance qu'ils auraient eu*, **le peu de** signifie « la possible assurance » et non pas « le défaut d'assurance », et le participe *eu*, au masc., n'est pas très conséquent.

□ **de peu inférieur** ou **inférieur de peu.** Quand *de peu* modifie un comparatif synthétique, il est presque toujours antéposé : *Elle est de peu supérieure à sa sœur*, mais on peut dire : *supérieure de peu à sa sœur.* En revanche, *peu*, employé seul, est nécessairement antéposé : *Elle est peu supérieure à sa sœur.* Avec les comparatifs analytiques, on emploie seulement *un peu*, toujours antéposé : *Elle est un peu plus grande que sa sœur.*

□ **je l'ai trop peu vu** ou **vu trop peu.** Les locutions *assez peu, bien peu, trop peu* sont relativement mobiles dans une proposition dont le verbe est à un temps composé ; on dira aussi bien : *Je l'ai trop peu fréquenté pour me faire une opinion*, que *je l'ai fréquenté trop peu.*

□ **peu s'en faut que, il s'en faut de peu** → FALLOIR et BEAUCOUP.

□ **un petit peu, un tout petit peu.** Ce tour pléonastique est complètement passé dans le bon usage : *Gévigne s'agitait un tout petit peu trop* (Boileau-Narcejac). Mais un certain snobisme – qui dans les médias tourne parfois au tic – use et abuse de ces douteuses litotes, et Cavanna raille avec esprit : *Attendons-nous à ce que Monsieur l'abbé, au catéchisme, parle de Dieu qui est un petit peu tout-puissant et un petit peu infiniment bon, tandis que Satan serait peut-être pas tout à fait recommandable et un petit peu damné.*

□ **peu ou prou.** Locution archaïsante, signifiant « plus ou moins » : *L'échec de mouvements de guérilla rurale dont les dirigeants s'inspiraient peu ou prou de l'expérience cubaine* (*Le Monde*). *Le courant autonomiste corse, peu ou prou éclipsé pendant deux décennies par les nationalistes purs et durs, s'est progressivement réengagé avec succès dans la vie politique de l'île* (édito du *Monde*, 07/08/2011). *J'ai beau savoir que nous en sommes tous peu ou prou là, ce problème parfois m'assaille* (Riboulet).

□ **un peu bien, un peu beaucoup.** Ces emplois sont ironiques : le premier est plutôt littéraire, le second fam. : *Des farces un peu bien grosses* (H. Pourrat). *Ça me paraît un peu beaucoup, tu devrais en enlever.*

□ **un peu là.** Cet emploi expressif est franchement pop., de même que *un peu* suivi ou non d'une proposition débutant par *que* : *S'il y a du grabuge, le gaillard est là, et même un peu là ! Un peu, qu'ils se sont battus !* → LÀ.

□ **va voir un peu ce qu'ils font.** *Un peu* a auprès de certains verbes une valeur d'atténuation familière : *Viens un peu là. Dis-moi un peu, qu'est-ce qu'ils t'ont raconté ?*

□ **peu (de personnes) le connaissent.** Quand *peu* est employé en valeur nominale, comme sujet simple ou accompagné d'un complément au plur., le verbe se met nécessairement au plur. : *Peu de chers amis venaient rendre visite au prince* (Bastide). *Beaucoup de proscrits sont malades, certains laissent des veuves, peu travaillent* (Vallejo). *Aucun campement n'était visible, et pourtant peu de reliefs arrêtaient le regard* (Volodine).

□ **(un) tant soit peu.** Locution restrictive : *Aucune vue tant soit peu nouvelle* (Romains). *Il n'est pas possible qu'une femme tant soit peu propre puisse habiter dans ces endroits* (Giono).

□ **et pas qu'un peu.** Ce tour expressif ressortit également au registre très fam. : *Là où il y a de l'argent, il y a de la drogue – et pas qu'un peu* (Barbery).

□ **pour un peu.** Cette locution est très répandue dans le registre fam. : *Pour un peu, on se fût attendu à les voir en blouse blanche* (Chraïbi). **Pour un peu**, en corrélation avec un verbe au conditionnel, marque une donnée hypothétique : *Pour un peu, il se fût imaginé qu'il les connaissait depuis longtemps* (Romains) (= « si on l'avait poussé un peu »).

▫ **pour peu que.** Cette locution conjonctive introduit une proposition concessive : *Pour peu que nous revenions sur nos vies, les occasions ne manquent pas de nous étonner et de nous scandaliser nous-mêmes* (Camus). *Pour peu qu'on ait pratiqué les savants, on s'aperçoit qu'ils sont les moins curieux des hommes* (France). Le sens est très voisin de **si peu que**, qui se construit également avec le subj. : *Mais si peu que ce soit, il lui parlait quand même plus qu'à la mère* (Duras). On évitera de combiner ces deux tours et d'écrire *pour si peu que*, qui est considéré comme incorrect.

PEUPLE emploi et sens. Comme adj., ce mot est invar. Il a une valeur nettement péj. et ne se confond pas avec **pop.** : *L'importance du dos, aussi large que la poitrine, choqua Alain. « Elle a le dos peuple »* (Colette). *Faire peuple.*

PEUR constr. On dit en principe : *Avoir grand-peur*, mais plus souvent *avoir très peur*. → FAIM.

▫ **avoir peur que.** Cette locution verbale se construit avec le subj. Le *ne* est facultatif : *Il a peur qu'on ne me prenne, pensa Mathieu* (Sartre). *Il se levait comme s'il avait peur que Mme Oberti ne lise son avenir ou ne lui jette un sort* (Gallo). *Elle avait peur qu'on la prît pour une femme des déserts chauds* (Giono). La construction est la même pour la locution **de peur que** : *Elle osait à peine toucher la poignée, de peur que tout ne se réduise en ombre* (Vian). *Elle se retenait, de peur qu'on la remarquât trop, de tousser, de pleurer* (Saint-Exupéry). On trouve aussi **par peur, dans la peur** : *Les femmes évitaient de s'essuyer les yeux par peur qu'ils ne vissent le geste* (Vercel). *Elle me renvoyait par peur que je la fatigue* (Proust). → CRAINDRE et CRAINTE.

PEUT-ÊTRE forme. Ne pas confondre avec la construction libre **peut être**, sans trait d'union, et qui fait au plur. **peuvent être.** ♦ **constr.** Placé en tête d'une phrase, cet adv. entraîne généralement l'inversion : *Peut-être l'une d'elles est-elle à point ?* (Vailland). *Mais peut-être après tout avez-vous raison de traiter les dieux comme de simples hommes* (Giraudoux). Cependant, l'ordre sujet-verbe n'est pas impossible : *Peut-être il avait l'intention de donner à Edmée les bagues volées chez Chassegrange* (Dhôtel). Et on le rencontre systématiquement à la suite de **peut-être que** : *Peut-être que je pensais à mon travail tout en l'écoutant* (Masson). *Peut-être bien aussi que je m'étais mis dans la tête de ne pas céder ?* (Gide). C'est par contamination qu'on entend souvent dans la langue pop. : *Peut-être que le rhinocéros s'est-il échappé du jardin zoologique !* (Ionesco). → INTERROGATION.

PHALÈNE genre. Fém., bien que les emplois au masc. soient fréquents : *Comme une phalène attirée par une lampe nocturne* (G. Marcel), mais *l'aile d'un phalène* (Colette).

PHALLUS orth. Deux *l*, ainsi que **phallique**, « relatif au phallus », que l'on ne doit pas confondre avec **phalloïde**, ce dernier adj. n'étant employé que pour qualifier un champignon : *Une amanite phalloïde* (en forme de phallus).

PHANTASME → FANTASME.

PHARAMINEUX → FARAMINEUX.

PHARAONIEN et **PHARAONIQUE emploi.** Ces deux adj. signifient « relatif aux pharaons et à leur époque », mais le second s'emploie de plus en plus par référence au gigantisme des travaux ou des monuments : *Le détournement de ce fleuve est un projet pharaonique.*

PHARE emploi. Ce subst. s'emploie fréquemment (jusqu'à l'abus) comme second élément d'un mot composé, sans trait d'union, avec le sens fig. de « qui éclaire, qui sert d'exemple » : *Le port « pourri » de Saint-Nazaire devient « quartier phare »* (*Le Monde*, 23/04/2007). *Cette institution phare de la culture aux États-Unis est éclaboussée par un scandale* (*Le Monde*, 07/05/2007). *Les produits phares sont les sushis au saumon et aux crevettes* (A. Bo, *Le Monde*, 26/12/2008). → PILOTE.

PHARYNX sens. « Carrefour très complexe, dans le fond de la gorge, où aboutissent de nombreux conduits, digestifs et respiratoires. » Ne pas confondre avec le **larynx**, qui est englobé par le **pharynx** et désigne seulement l'organe de la phonation, à l'issue de la trachée-artère.

PHILANTHROPE orth. Noter la position des *h.* ♦ **sens.** Littéralement « ami des hommes », par opposition à **misanthrope**, « qui n'aime pas les hommes, qui fuit leur société ».

PHILATÉLIE orth. Pas de *h* après le *t.*

PHILISTIN orth. Un seul *l* : *Philistins, épiciers* (Brassens).

PHILO sens. Cet abrègement de **philosophie** est depuis longtemps admis dans la langue courante, et a produit le nom composé **café philo**, « lieu de réunions publiques où l'on fait de la philo à bâtons rompus, librement et sans aucune sanction universitaire ».

PHILTRE emploi et sens. Ce subst., qui n'est autre qu'un doublet du mot courant **filtre**, appartient à la langue littéraire et désigne un « breuvage magique destiné à inspirer l'amour ».

PHLEGMON orth. Il serait souhaitable de remettre en vigueur l'ancienne orthographe **flegmon**, plus simple. ♦ **sens.** « Abcès en profondeur. »

PHOBIE sens. « Peur excessive et maladive causée par un danger imaginaire », en pathologie. Le plus souvent pris comme équivalent de « crainte très forte » : *Il était affligé d'une phobie du mariage qui lui fit rompre net avec sa jeune fiancée* (Aymé). S'emploie comme élément suffixé dans de nombreux mots : *Ophiophobie, musophobie, ornithophobie ou arachnophobie sont des phobies spécifiques que la psychanalyse explique comme des phénomènes de projections et de déplacements* (Rosenthal). *La germanophobie ne fait pas recette en Pologne* (Piotr Smolar, *Le Monde*, 07/10/2011). Se garder de confondre avec **manie** et **lubie**.

PHONIATRIE orth. Pas d'accent circonflexe sur le *a.* → -ATRE. ♦ **emploi et sens.** Terme tout à fait admis au sens de « étude des troubles de la phonation ».

PHONOGRAPHE emploi et sens. Ce subst. a disparu de notre langue (la forme abrégée **phono** s'est quelque temps mieux conservée), au profit de **tourne-disque** et, surtout, de **platine.** → ce mot et PICK-UP.

PHOTO (IL N'Y A PAS) emploi et sens. Ce tour fam. est très usité au sens de : « il y a une nette différence (entre X et Y) ».

PHOTO- orth. Pas de trait d'union quand le second élément commence par une consonne : *photogénique,* etc. Il est suivi d'un trait d'union devant une voyelle : *cellule photo-électrique.* Le cas de **photo-finish** (→ ce mot) est différent, car **photo-** n'y désigne pas la lumière, mais est une abréviation de *photographie.* ♦ **emploi et sens.** Préfixe signifiant « lumière » et très productif dans le domaine de la photographie, du cinéma, de la télévision, voire de l'imprimerie *(photocomposition).*

PHOTO-FINISH genre. Fém. ♦ **emploi et sens.** Anglicisme de la langue du sport, désignant le « procédé qui consiste à prendre une photographie de l'arrivée d'une course, afin de départager des concurrents en apparence *ex æquo* ». → FINISH.

PHTISIE orth. Pas de *y.* ♦ **sens.** Nom donné anciennement aux formes graves de la tuberculose. Il n'est plus en usage dans la médecine d'aujourd'hui, de même que l'adj. **phtisique** : *Le pathétique visage d'une jeune prostituée qui se mourait de phtisie dans un bordel des environs* (Cossery). Mais **phtisiologue** et **phtisiologie** sont encore employés couramment.

PHYLLOXÉRA orth. Un *y*, deux *l* et un accent aigu sur le *e.*

PHYLOGENÈSE forme. On emploie également **phylogénie**, et comme adj., **phylogénique** ou **phylogénétique** indifféremment. → GENÈSE.

PHYLUM orth. Un seul *l*. Plur. *des phylums* ou *des phyla.* ♦ **sens.** « Lignée biologique. »

PHYSIOGNOMONIE orth. Veiller à l'orthographe difficile de ce mot. ♦ **sens.** « Art de connaître le caractère d'une personne d'après l'interprétation de sa physionomie. »

PIANO emploi et sens. Adv. invar. au sens de « doucement », en musique : *Cette partie doit être jouée piano.* Le superlatif est **pianissimo**, qui peut aussi s'employer comme subst. : *La beauté de chaque seconde de l'exécution,* [...] *ces pianissimos impondérables* (*Le Monde*, 26/05/1992). Ces deux mots sont utilisés couramment dans la langue fam. à propos de toute espèce d'acte.

PIC forme. On écrit un **à-pic** avec trait d'union, pour le substantif, mais la locution adverbiale s'écrit toujours **à pic**, en deux mots : *Elle s'éloigna du bord et commença à longer le grand à-pic rocheux de la montagne* (Toussaint). *Il voit, à pic sous ses pieds, de l'eau qui paraît fumer* (Simenon). ♦ **emploi et sens.** Le subst. a toujours le sens spatial (→ APLOMB), tandis que la locution adverbiale s'emploie tantôt au sens propre : *Il distingua, au-dessus de lui, une muraille de rocher presque à pic où s'attachaient des végétaux* (Vian), tantôt, familièrement, au sens temporel : *Il tendait le bras, tirait n'importe quelle feuille du grimoire, et nous tombions à pic chez les Guermantes ou chez les Verdurin* (Cocteau).

PICK-UP emploi et sens. Cet anglicisme s'est nettement démodé au profit de **tourne-disque**, puis d'**électrophone**, et enfin de **platine**, qu'on préférera : *Il ne manque qu'un pick-up pour secouer ce désert par ses hurlements* (Roblès). *Un sous-sol du boulevard Saint-Germain, qu'un pick-up inondait de rythmes sud-américains* (Sagan). Il est apparu un nouveau sens, emprunté à l'américain, « petite camionnette à plateau découvert » : *On voyait le potager, l'appentis et le pick-up garé pas loin* (Adam). *Un pick-up Datsun a stoppé au bord de la nationale, à hauteur du chemin* (Ravey). → PHONOGRAPHE, PLATINE.

PICORER ou **PICOTER emploi et sens.** Ces deux verbes sont proches par le sens : Littré définissait le premier « aller à la recherche de nourriture », de façon très large, tandis que picoter signifiait « chercher des graines ». Aujourd'hui, **picorer** s'emploie exclusivement au sens de « chercher sa nourriture à droite et à gauche », en parlant d'oiseaux ou, ironiquement, de personnes (mais plus du tout à propos des abeilles) : *Philippe Viniès développa une grappe de raisin qu'il se mit à picorer* (Maurois). *Grimpe aussi haut que tu veux / Que tu peux / Et tu croques et tu picores* (Brassens). Quant à **picoter**, le sens ancien se rencontre rarement : *Il aperçoit le perdreau piétant et picotant à travers le chaume* (J. Renard). Le plus souvent, ce verbe signifie « piquer à plusieurs reprises » : *Sa pelote est toute picotée,* ou évoque, à propos d'une personne, les « démangeaisons, les fourmis ».

PIC-VERT → PIVERT.

PIE forme. Invar. comme adj. de couleur. → COULEUR.
□ **queue-de-pie** → QUEUE-.

PIÈCE orth. Pièce est au plur. dans *mettre en pièces, tailler en pièces, de pièces et de morceaux* ; au sing. dans *pièce à pièce.*
□ **de toutes pièces** (toujours au plur.) : *Il s'était donc créé de toutes pièces une vie de complications et de drames* (Camus). Le sens est « à partir de rien » : c'est une version cursive de *ex nihilo.* Ne pas confondre avec **tout d'une pièce**, c'est-à-dire « d'un seul bloc », surtout au fig., en parlant d'un caractère, etc. : *Ivich se laissa aller avec raideur, tout d'une pièce, comme si elle perdait l'équilibre* (Sartre).
□ **un deux-pièces. orth.** On écrira sans trait d'union : **un appartement de deux pièces, trois pièces,** etc., mais avec trait d'union : **un deux-pièces, un trois-pièces,** etc. : *D'un galop de girafe, elle arpentait le parquet geignard de son quatre-pièces cuisine* (Franck & Vautrin). Le subst. composé **deux-pièces** peut également s'appliquer à un vêtement : *J'ai ouvert la porte de son bureau et je l'ai salué dans son costume deux-pièces chocolat sur col roulé framboise* (Ravey).

PIÉCETTE orth. Avec un accent aigu, à la différence de **pièce**.

PIED (1) emploi et sens. La locution **marcher à pied**, longtemps condamnée comme pléonastique, est aujourd'hui passée dans l'usage. On peut lui préférer cependant **aller à pied**. → MARCHER.
□ **couper l'herbe sous le pied à qqn.** La forme ancienne de cette locution figée est parfois modifiée, le sing. paraissant bizarre à certains : *M. Nixon coupe l'herbe sous les pieds de M. Wallace, auquel il enlève un argument de poids* (*Le Monde*).
□ **pied** ou **patte.** Le **pied** est la « partie inférieure du membre de certains animaux, recouverte d'un sabot ou d'un onglon (mais non munie de griffes) », tandis que la **patte** désigne l'ensemble du membre animal, au moins dans sa partie principale, au-dessous de la cuisse. La locution familière **ne pouvoir remuer ni pied ni patte**, au sens d'« être réduit à une immobilité complète », souligne de façon plaisante cette distinction.
□ **coup de pied.** Dans les tours **à coups de pied, donner des coups de pied**, etc., le second subst. demeure toujours au sing. (car on ne frappe que d'un pied à la fois !) : *À coups de pied et de poing, je défends mes loques que d'autres parias veulent m'arracher* (Schreiber).

PIED (2) sens. Il n'y a pas une correspondance exacte entre la mesure de longueur ancienne, qui valait 0,324 m, et la mesure anglo-saxonne, employée encore aujourd'hui, même en France, pour mesurer l'altitude, qui vaut 0,304 m : *L'altimètre indiquait quinze cents pieds* (J. Roy). Quant au sens de « unité rythmique dans un vers », il doit être réservé à la métrique ancienne et ne peut s'appliquer aux vers français : *La caractéristique du vers français est qu'il fonde son rythme sur le compte des syllabes (Grammaire Larousse du français contemporain)*.

PIED- orth. Dans les composés formés avec de, seul varie le premier élément au plur. : *des pieds-d'alouette, -de-biche, -de-cheval, -de-chèvre, -de-coq, -de-loup, -de-mouton, -de-poule, -de-roi, -de-veau, -d'oiseau.* Mais les deux éléments prennent un *s* dans : *pieds-bots, pieds-noirs, pieds-plats* : *Tu te rends compte ? On ne nous appelle plus que les pieds-noirs, maintenant* (Khadra).

PIED-À-TERRE orth. Subst. invar. au sens de « demeure occasionnelle ». Plur. *des pied-à-terre.* Ne pas confondre avec la locution **mettre pied à terre** (qui s'écrit sans trait d'union).

PIED-DROIT orth. On écrit également *piédroit.*

PIÉDESTAL forme. Le plur., rare, est *piédestaux.*

PIED-(ET)-PAQUETS forme et sens. Ce subst. composé (avec un *et* facultatif), désigne un plat à base de tripes et de pieds de mouton : *Les pieds-et-paquets (mais on prononce pieds-paquets) sont une recette marseillaise et non provençale* (J.-C. Ribaut, *Le Monde*, 31/07/2011). On dit aussi, plus simplement, **paquets**.

PIE-GRIÈCHE → GRIÈCHE.

PIE-MÈRE orth. Le plur. est *pies-mères.* ♦ **sens.** « Nom de la plus profonde des méninges. »

PIERCING sens. Cet emprunt à l'anglais *body piercing*, « perforation du corps », désigne depuis le début des années 90 la pratique consistant à se percer certaines parties du visage (nez, langue, joue, menton) pour y introduire un anneau ou un bijou : *De jeunes Allemands blêmes, piercings aux oreilles et aux lèvres, dans leurs loques de clochards de luxe* (Schreiber).

PIERRERIES forme. Toujours au plur. : pour le sing., on doit employer **pierre précieuse**.

PIETÀ forme. Ce subst. est invar. et conserve l'accent grave de son origine italienne sur le *a* final. ♦ **sens.** « Représentation de la Vierge de douleur » : *Des pietà sculptées.*

PIÈTEMENT orth. Accent grave. ♦ **sens.** « Ensemble des pieds et des traverses d'une table ou d'un siège. » Ce mot assez récent est passé dans notre langue sans difficulté.

PIÉTON ou **PIÉTONNIER forme et sens.** Le premier mot a été employé dès 1862 par Hugo comme adj., au sens de « réservé aux piétons ». Vers 1967 est apparu un synonyme **piétonnier, piétonnière**, qui ne s'imposait pas vraiment. On dira plus simplement : *Un sentier piéton, une rue piétonne.*

PIGEON forme. Le fém. *pigeonne* est rare : *Il vaut mieux rester à la maison comme le pigeon auprès de sa pigeonne* (Claudel). ♦ **sens.** Le sens fig. et fam. de « dupe » est très ancien.

PILE emploi et sens. Adv. très répandu dans la langue fam., notamment avec les verbes *s'arrêter, tomber* : *Je règle juste ce petit problème d'amour et je pourrai reprendre ma journée pile où elle s'est arrêtée* (Desarthe). Sens de « net », mais aussi de « exactement, précisément », de même que le composé plus récent **pile-poil**, qui connaît un assez grand succès dans le registre pop. : *Le 10 mai, à minuit pile – donc déjà le 11 mai, l'expédition démarra* (Volodine). *Suzanne, quittée depuis un an pile moins deux jours, est tout à fait experte en matière de jour de l'an* (Échenoz). *Barbantane-Chauvelet vous donnait pile-poil le prix de l'hectare et le rendement en blé de chaque pièce traversée* (Franck & Vautrin).

PILER emploi et sens. Fam. au sens fig. de « abattre, écraser qqn » : *Je suis en train de me faire piler parce qu'en ce moment je suis le moins fort* (Anouilh).

PILIER emploi et sens. Fam. au sens animé de « qui hante, qui ne quitte pas », avec les subst. *cabaret, bistrot*, etc. : *Bouvard qui la connaissait d'Ève et d'Adam, qui était un pilier du Café de la Route* (Giono).

PILORI orth. Sans *s* final au sing., contrairement à *pilotis.*

PILOTE emploi et sens. Élément de composition productif, au sens de « qui sert de modèle » : *Une usine pilote. Des classes pilotes* (pas de trait d'union).

PILULE orth. Ne pas redoubler le premier *l* (faute fréquente).

PINCE- forme. Sont invar. les composés suivants : *pince-cul (ou pince-fesses), pince-nez, -notes, -sans-rire.* Le classicisant *pince-maille*, au sens de « personne très avare », fait au plur. *pince-mailles. Pince-monseigneur* prend deux *s* : *pinces-monseigneurs* (car il s'agit ici du subst. et non du verbe *pincer*).

PINÉAL forme. Masc. plur. *pinéaux.*

PINEAU ou **PINOT sens.** On évitera de confondre le premier subst., « vin de liqueur des Charentes », avec le second, qui désigne divers cépages de l'est de la France, mais surtout des crus bourguignons. On distingue le *pinot noir*, le *pinot blanc* et le *pinot gris.* Il est vrai que **pinot** est parfois écrit également **pineau**.

PINGOUIN sens. « Oiseau marin des régions arctiques », très différent du **manchot**, spécial à l'Antarctique.

PING-PONG orth. Invar. et un trait d'union. ♦ **emploi.** À l'origine, nom déposé. S'est donc écrit d'abord avec deux majuscules, mais l'usage en a fait un nom commun. La dénomination officielle est **tennis de table.** → PONGISTE.

PINOT → PINEAU.

PIN'S forme et emploi. Ce néologisme a une forme pseudo-anglaise ridicule, l'apostrophe suivie de *s* n'étant justifiée par rien (surtout au sing.). On préférera, pour désigner ce qui est assez proche du **badge** ou de la **broche** de jadis, la version française **épinglette** : *Les fabricants de pin's (qu'il est désormais conseillé d'appeler épinglettes) voient-ils dans les néo-nazis une clientèle potentielle à ne pas négliger ?* (*Le Monde*, 13/10/1991).

PIN-UP forme. Mot invar. : *des pin-up.* ♦ **emploi.** Cet américanisme, lié aux réalisations cinématographiques de Hollywood, est démodé : *Sexy ! fredonne-t-il comme pour* *lui-même, car il songe aux pin-up des calandres de camions* (Hoex). ⟶ GIRL.

PIPELET, PIPELETTE emploi et sens. Pop. Plus fréquent au fém., au sens de « concierge » ou plus généralement de « femme bavarde et cancanière », qu'au masc., bien qu'il s'agisse à l'origine du ménage *Pipelet* (dans *Les Mystères de Paris,* de Sue) : *Ainsi, m'avait-il annoncé triomphalement, pas de loyer ! pas de pipelette !* (Carco).

PIPE-LINE prononc. La prononciation à la française, [piplin] paraît moins prétentieuse que la prononciation à l'anglaise : [pajplajn]. ♦ **orth.** Plur. *des pipe-lines.* ♦ **emploi et sens.** Cet anglicisme a à peu près disparu, au profit de **gazoduc** et **oléoduc**. ⟶ ces mots : *Ils poseront bientôt un pipe-line du Cotentin à la Lorraine* (de Gaulle).

PIPER-CUB orth. Plur. *des piper-cubs.*

PIPI (FAIRE) ou **PISSER emploi.** Le choix d'un verbe, ici, est délicat. La locution verbale garde quelque chose d'enfantin ou d'humoristique. D'autre part, le verbe **pisser** est assez brutal et nous choque plus que nos ancêtres : *Dites-moi, il en met du temps pour pisser, notre Icare* (Queneau). Enfin, **uriner** a un caractère « administratif » ou « médical » qui rend son emploi difficile dans la langue cursive : *Défense d'uriner.* Même problème pour *urinoir* et *pissotière.* Cela dit, on peut user de divers euphémismes : *passer aux toilettes,* etc.

PIQUE- forme. Dans les composés, le premier élément, qui représente le verbe **piquer**, demeure invar. Ne prend le *s* final au plur. que : *pique-bœuf* (nom d'un oiseau). Sont invar. : *pique-assiette, -feu, -fleurs, -notes* et *piquenique.*

PIQUENIQUE orth. Nous recommandons, conformément aux Recomm. offic., la suppression du trait d'union dans cette famille de mots : *Glenn Gould les avait accompagnées jusqu'à Bourges où elles s'étaient arrêtées* [...] *pour piqueniquer* (Garnier).

PIQÛRE orth. Ne pas omettre l'accent circonflexe sur le *u.* ♦ **emploi.** Quoi qu'en disent certains puristes, on parlera indifféremment d'une **piqûre** ou d'une **morsure** de serpent, car ce dernier inocule son venin par le moyen de *crochets* et non de *dents.* Littré écrivait : *(Piquer) se dit aussi des serpents, des insectes.*

PIRATE ⟶ CORSAIRE.

PIRE et **PIS forme et emploi.** Ce sont des comparatifs, dont le sens général est « plus mauvais », « plus mal ». Précédés de l'article défini ou d'un déterminatif, ces deux mots deviennent des superlatifs. Le premier vient du masc.-fém. latin *pejor,* le second du neutre *pejus.* C'est ce qui fait que **pis** est souvent adv. ou nom, ou adj. attribut d'un sujet neutre, mais jamais adj. épithète. Au contraire, **pire**, qui joue surtout un rôle d'adj., peut aussi servir de nom, mais jamais d'adv. On notera que *pire* ne peut pas remplacer le comparatif *plus mauvais,* si cet adj. est pris au sens de « défectueux, imparfait ». On dira donc : *Cette solution est pire que l'autre,* mais : *Cette machine à laver est plus mauvaise que le modèle précédent.* Voici une série d'exemples :

1) PIRE : *Qu'elle était désagréable cette sonnerie, le matin ! Pire que celle du lycée. Pire que celle du tribunal* (Colombier). *Rien ne peut arriver de pire que cette indifférence* (Mauriac). **Pire** peut être renforcé par *bien* ou *encore* : *Une surprise encore pire m'attendait* (Cocteau). Mais *plus* n'est pas compatible avec *pire,* si ce n'est dans le langage enfantin, comme ici : *Théo ne dira rien, car la plus pire injustice, la plus terrible de toutes, vient d'être épargnée à la race des hommes* (Gerber). De même pour *moins* dans le registre fam., comme équivalent ironique de **meilleur** : *Merci, mon Dieu, je pense. C'est ce que dit ma mère quand la situation est moins pire que ça pourrait être* (Bourgon). *Pour trente-quatre euros, ce que j'ai trouvé de moins pire dans la carte : un fondant au chocolat amer* (Barbery). ♦ **Emploi nominal** : *Et si, tout à coup, il envisageait le pire et s'il ne la ressentait pas, cette joie ?* (Mallet-Joris). *Mais le pire, je ne te l'ai pas encore dit* (Triolet). *Le pire c'est d'avoir réuni en un

même procès l'affaire Albert B. à caractère politique et l'affaire M. où il s'agit de meurtres (Chaix). **Le pire qui, ... que** : quand **le pire** est antécédent d'un relatif, le verbe qui suit se met régulièrement au subj. : *Le sort qui m'attendait, le pire que j'eusse pu imaginer, m'était inconnu* (Mauriac). → SUBJONCTIF ; **au pire** : *Au pire tu lui dis que je suis rentrée, que j'étais malade* (Adam). *Des hôtesses indifférentes qui me renseignaient de mauvaise grâce, au mieux avec ignorance, au pire avec désinvolture* (Toussaint) ♦ **Emplois fautifs ou discutables** : *Ils font des petits toutes les six semaines, c'est pire que des lapins* (Jarry). *Aujourd'hui pourtant, c'était pire* (Mallet-Joris). *Ces gens-là c'est pas la peine, ils se reconnaissent, pire que des chiens* (Adam). Dans ces exemples, **pis** serait plus approprié. *Chaque chose à sa place, chaque itinéraire balisé, pire que pour une revue royale* (Giono) : cette phrase se trouve dans un contexte de langue pop. et même paysanne. De même pour : *En tout cas, l'envie y était. Et pire que l'envie* (*id.*). Bien entendu, la locution *tant pire* est franchement mauvaise : on ne peut dire que **tant pis**.
2) PIS : *Il n'y a rien de pis que mépriser la grâce de Dieu* (Bernanos). *« Après tout, pensa-t-il, je n'ai rien fait de mal. » Mais c'était pis : il s'était laissé frôler par le Mal* (Sartre). *Elle disait que c'était une vraie pornographie. Pis que le dimanche soir à la télé* (Lefèvre). ♦ **Emplois nominaux** : *En mettant tout au pis, il aurait un retard d'une demi-*heure (Mauriac). *C'est le pis qu'on puisse faire.* **Emplois figés** : *Sauf que de son fils, ce qu'elle disait, pis que pendre, comme ça, sans gêne, à le traiter de voleur et d'assassin* (Mauvignier). *Il avait engrossé la fille Martin, de Bourgueil, rien qu'en la regardant, et qui pis est, d'un seul œil, car il louchait affreusement* (Boylesve). **Emplois incorrects** : *Cet homme est pis que ses compagnons*, tour à éviter. On ne dira pas non plus : *C'est bien plus pis*, mais seulement : *C'est encore pis*. D'une façon générale, la forme **pis** est plus rare et plus littéraire que l'autre.

PIS-ALLER forme. Subst. invar. : *des pis-aller.* Mais on écrira sans trait d'union la locution adv. **au pis aller**.

PISSE-FROID forme. Subst. invar. : *des pisse-froid.* Il en va de même pour *pisse-vinaigre* : *Des propos moralisateurs, austères et pisse-vinaigre* (Nothomb).

PITHÉCANTHROPE orth. Noter la place des *h.*

PITOYABLE sens. L'emploi de cet adj. avec un sens actif, « qui éprouve de la pitié », est littéraire : *Le chevalier s'en alla content, car les enfants sont rarement pitoyables* (Boylesve). On trouve plus souvent le sens passif, « digne de pitié », ou intensif, « lamentable » : *Une attitude pitoyable.*

PITRE orth. Pas d'accent circonflexe sur le *i* : *Les cirques dont les riches contrôlent les pitres* (Volodine). → -ITRE.

PITUITE sens. « Mucosité ou vomissement glaireux se produisant à jeun chez les alcooliques ou chez certains sujets atteints de gastrite. » Ne pas confondre avec le nom **pépie**, synonyme pop. de *soif.* ♦ **dérivé.** On dit plus fréquemment *pituitaire* que *pituiteux.*

PIVERT forme. On écrit aussi bien **pic-vert** ou **picvert** (qui se prononce [pikvɛr]), par analogie avec *pic-épeiche, pic-rouge*, etc.

PIZZA forme. Mot italien, de même que **pizzeria**. On francise généralement le plur. en **pizzas** et **pizzerias**. Robert est partisan d'un accent aigu sur le *e.*

PIZZICATO forme. Plur. *des pizzicatos* (à la française) ou *pizzicati* (à l'italienne).

PLACAGE ou **PLAQUAGE orth.** Le mot s'écrit avec un *c* dans ses acceptions techniques (surtout en ébénisterie), quoique les teinturiers écrivent souvent **plaquage** pour désigner « l'action de déposer une couleur sur une face d'un tissu ». Dans la langue du rugby, on orthographie d'ordinaire **plaquage**, de même que, dans le registre pop., pour désigner « l'action d'abandonner (une maîtresse) ». → TRUCAGE.

PLACE emploi et sens. On peut, au sens spatial, dire indifféremment **en place** ou **à sa place** : *Épaulée par la masse vivante, la porte était restée en place* (Peyré). Mais au sens fig., **à sa place** est le seul tour usuel : *Je l'ai remis vertement à sa place.*

□ **par places.** Cette locution se présente toujours au plur., de même que *par endroits* : *Des galets et du sable avaient recouvert, par places, la chaussée de la rue Saint-François-de-Paule* (Gallo). ⟶ ENDROIT. Mais **de place en place** ne connaît que le sing. : *Des lampes, de place en place, guidaient les pas de Wolf et de Lazuli* (Vian).

□ **au lieu et place de.** Ce tour est plus répandu que *en lieu et place*, seul admis à l'origine, dans la langue du droit. ⟶ LIEU.

□ **sur place.** Cette locution, qu'elle soit employée comme adv. ou comme nom, ne prend pas de trait d'union : *Un oiseau à présent faisait du sur place au-dessus des brebis* (Volodine). *Il est resté sur place afin de mieux observer la situation. Les embouteillages nous obligent à faire du sur place.*

□ **n'avoir place que pour.** Dans un certain nombre de locutions, le subst. *place* s'emploie sans déterminant : *Car je n'avais place que pour la joie* (Radiguet). *Dansez ! Il n'y a place aujourd'hui que pour la gaieté ! Faites place !* On rencontre cependant aussi : *Faites de la place, il n'y a de (la) place,* etc. L'usage est assez indécis.

PLAFOND et **PLANCHER orth.** Employés en apposition pour indiquer un niveau maximal ou minimal, ces subst. prennent en général le *s* final dans le cas du plur. : *Ministre, elle applique la politique voulue par N. Sarkozy* [...] *: peines planchers, rétention de sûreté, durcissement de la justice des mineurs* (*Le Monde*, 26/01/2009).

PLAIDER constr. On dit *plaider pour qqn*, et aussi *plaider la folie, la légitime défense.*

PLAIDOIRIE orth. Pas de *e* après *-oi-*. ♦ **sens.** Ce subst. désigne de façon neutre et technique « l'action par laquelle un avocat défend un client ». Il se confond partiellement avec **plaidoyer**, qui a cependant une valeur plus affective, et s'emploie souvent en dehors du contexte strictement juridique : *La plaidoirie de mon avocat me semblait ne devoir jamais finir* (Camus). *Plaidoyer pour un rebelle* est le titre d'une pièce d'Emmanuel Roblès.

PLAIN emploi et sens. Comme subst., ce mot désigne le « plus haut niveau de la marée ». ⟶ ÉTIAGE. Mais il ne s'emploie couramment que dans la locution **de plain-pied**, c.-à-d. « au même niveau », au propre ou au fig. : *Les portes-fenêtres aux rideaux rejetés sur le côté donnaient de plain-pied dans un jardin* (J. Roy). Se garder de confondre avec **plein**. ⟶ ce mot et le suivant.

PLAIN-CHANT orth. Ne pas écrire *plein-chant.* Plur. *des plains-chants.* ♦ **sens.** « Type musical monodique de la liturgie catholique » : *L'orgue permet de tout interpréter, une phrase de plain-chant comme des variations sur le thème de Star Wars* (R. Machart, *Le Monde*, 14/10/2011).

PLAINDRE constr. À la voix pronominale, ce verbe est suivi régulièrement de **que + subj.** ou, très couramment, de **de ce que + indic.** ou **subj.** : *Justement on entendait tout le monde se plaindre que Paris fût odieusement encombré* (Romains). *Ils se plaignaient que la soupe ne fût pas salée, leurs assiettes pas chaudes* (Morand).

□ **plaindre sa peine.** Tour archaïque, « ménager, épargner sa peine », le plus souvent dans des prép. négatives : *Très actif, il ne plaignait pas sa peine.*

PLAIRE conjug. ⟶ APPENDICE GRAMMATICAL. ♦ **orth.** Ne pas omettre l'accent circonflexe sur le *i*, à la 3e personne du sing. de l'indic. : *S'il te plaît.*

□ **plaise à Dieu.** Locution vieillie. On rencontre également *Plût à Dieu*, qui renvoie davantage au passé, à un regret, plutôt qu'à un souhait. La forme négative *À Dieu ne plaise* est franchement archaïque et se rencontre aussi dans le tour figé *ce qu'à Dieu ne plaise !* L'insertion de ces formules dans une proposition relative est devenue exceptionnelle, y compris dans le registre littéraire : *Cette rive ultérieure que plaise à la grâce Divine de nous faire atteindre* (Claudel).

□ **se plaire à + infinitif.** Cette construction appartient surtout au registre littéraire : *Bien des choses se feraient facilement, sans les chimériques objections que parfois les hommes se plaisent à inventer* (Gide). *De grands crus de Bourgogne et du Bordelais que trois générations de Belgorodsky s'étaient plu à sélectionner* (Wiazemsky). Dans l'emploi absolu de **se plaire**, le participe *plu* est toujours invar. : *Elles s'étaient tellement plu là-bas* (Adam).
□ **il plaît.** Le tour impersonnel avec *il* est également du domaine littéraire : *Je me déclare prête à subir la sentence qu'il lui plaira de m'infliger* (Anouilh). Voir dans la langue fam. : *ça me plaît (de...).*
□ **ce qu'il me plaît** ou **ce qui me plaît** → QUI (PRONOM RELATIF).
□ **participe passé** → COMPLAIRE, DÉPLAIRE et participe.
□ **plaît-il ?** Ce tour est assez désuet. → PARDON ?

PLAISIR emploi et sens. La locution **à plaisir**, au sens de « autant qu'on le souhaite » ou de « sans sujet réel », appartient au registre littéraire : *Mon cerveau déformait à plaisir sa physionomie un peu rude* (Green). On ne confondra pas avec la formule d'adieu **au plaisir**, qui est l'abréviation pop., bannie du bon usage, de **au plaisir de vous revoir**, locution correcte, mais rare. Queneau s'en moque dans la parodie suivante : *Maître d'hôtel : – Oui, madame. Au plaisir de vous ravoir, madame, au plaisir de vous ravoir, monsieur.*
□ **faire (le) plaisir de + infinitif.** Ce tour exprime une « aimable obligation » : *Peut-être n'avez-vous pas encore dîné ? Vous me ferez plaisir de dîner ici. – Oui, Monsieur* (Aymé). On rencontre aussi la construction avec le gérondif : *Faites-moi plaisir en gardant pour vous ce que je viens de vous dire. Faites-moi le plaisir de* (impératif) : *Tais-toi donc ! murmura-t-il. Hein ? fais-moi le plaisir de te taire* (Zola, cité par Robert).

PLAN emploi et construction. Au sens fig. de « domaine, niveau, point de vue », la langue soutenue n'admet que le tour **sur le plan (de)** : *Sur le plan nucléaire aussi, son alliance avec le groupe Schneider aurait un heureux effet* (*Le Monde*). *Sur le plan des connaissances scientifiques, il n'a rien à envier à ses confrères.* Mais on rencontre couramment : *Au plan du diocèse, l'évêque était tout, les prêtres rien. Sans oublier ce qui peut nous séparer aux plans politique et philosophique,* etc. Ce tour subit l'influence de **au niveau de.** → NIVEAU. En outre, on dit correctement : *au premier plan (de l'actualité), à l'arrière-plan,* etc.
□ **un bon plan, se faire un plan.** Dans le langage branché, **plan** a le sens assez vague de « projet à court terme » ou pis encore, de « idée » : *Elle se faisait déjà le plan geisha moderne invitée chez le riche monsieur japonais* (Barbery). Mais ce mode d'apposition directe gagne du terrain : *Barack Obama défend son plan santé avec vigueur* (*Le Monde*, 11/09/2009).

PLANISPHÈRE genre. Masc. *Le vernis écaillé d'un planisphère* (Alain-Fournier). *On peut d'abord essayer de les considérer* [les pôles] *comme occupant le haut et le bas d'un planisphère classique* (Échenoz) (prendre garde à l'influence de *sphère*). ♦ **sens.** Ce subst. est à rapprocher de **mappemonde** (fém.), « représentation plane du globe terrestre », mais souvent confondue abusivement avec **globe (terrestre)**.

PLANNING orth. Deux *n*. ♦ **emploi et sens.** Cet anglicisme apparaît irremplaçable. Il désigne la notion de « programme de travail détaillé et schématisé par des tableaux, dans une entreprise », et même, de plus en plus, le « tableau présentant l'organisation de l'entreprise ou le programme de travail ». On pourrait préférer le terme de **plan**, bien qu'il ait une acception plus étendue. La locution **planning familial** est un peu bizarre, mais bien implantée dans l'usage au sens de « dispositions visant à régler le nombre des naissances dans une famille ». La recommandation officielle, très peu suivie, est **planisme familial**.

PLAQUAGE → PLACAGE.

PLAQUE emploi et sens. Dans les locutions devenues très courantes **être** ou **mettre à côté de la plaque**, pour « se tromper complètement », il semble que le nom *plaque* soit un ancien synonyme de **cible** : *Elle prononçait un nom au hasard, toujours à côté de la plaque, avec un manque d'intérêt un peu trop manifeste* (Nothomb).

PLASTIC orth. Avec un *c* final. ♦ **sens.** Ce subst. (qui a pour dérivés *plastiquer, plasticage* ou *-quage, plastiqueur*) ne doit pas être confondu avec **(matière) plastique**, dont les dérivés sont en *-fier* : *plastifier, plastifiant.* ♦ **sens.** Forme anglaise de *plastique*, qui désigne un « explosif se présentant sous l'apparence d'une sorte de mastic jaune » : *Pas une seule mitraillette Sten, pas un gramme de plastic n'avaient été perdus* (Semprun). Le verbe dérivé est **plastiquer** : *Quelques commerçants sans doute las de mettre à sac ou de plastiquer des perceptions* (*Le Monde*). → PLASTIQUE.

PLASTIQUE genre. Curieusement, l'abrègement de *matière plastique* donne **un plastique** : *L'éclat de la vie moderne qui étale autour d'eux ses plastiques éclatants* (Mallet-Joris). Le subst. est fém. quand il désigne « un art de la représentation formelle, tel que sculpture, peinture, etc. ».
□ **des sacs plastique.** Dans ce tour, l'adj. demeure invar. : *Des enfants traînaient des sacs plastique en haut des pentes* (Orsenna).

PLAT emploi et sens. Néologisme au sens de « non gazeux », en parlant de l'eau : *Cela que vous avez gâché en versant barbarement de l'eau plate à gros débit !* (Queneau).

PLAT-BORD forme. Plur. *des plats-bords.*

PLAT-DE-CÔTE forme. On rencontre rarement aujourd'hui *des plates-côtes*, qui n'est pas incorrect. ♦ **sens.** « Région moyenne des côtes du bœuf. »

PLATE- forme. Le premier élément étant adj. dans tous les composés, ceux-ci prennent un double *s* au plur. (le trait d'union est le plus souvent facultatif) : *des plates-bandes, -cuves, -faces, -failles, -formes, -longes* : *Inventer des « plates-formes de répit » pour soulager les familles* (titre du *Monde*, 21/09/2009).

PLATINE genre. Masc. au sens de « métal précieux » et fém. au sens technique de « plaque, support plat ». Cette dernière acception se rencontre dans de nombreux domaines : optique, horlogerie, mécanique, serrurerie, etc. : *Pour obtenir la meilleure audition de ces disques, il faut avoir une excellente platine.* → PICK-UP.

PLATONICIEN et **PLATONIQUE emploi et sens.** Le premier adj. sert de dérivé au nom de *Platon*, dans le langage philosophique. Le second s'applique généralement à un « sentiment qui cherche à demeurer sur un plan de pureté idéale » : *Un amour platonique.*

PLÂTRAS forme. Ce subst. est aussi bien sing. que plur. : *Jacinto parut, tandis que Fermina balayait les plâtras* (Peyré).

PLÂTRE orth. Accent circonflexe sur le *a*, ainsi que pour les dérivés *plâtrier, plâtrage*, etc.

PLÉIADE orth. Pas de tréma sur le *i.* ♦ **emploi et sens.** Ce subst. désignait à l'origine un groupe de poètes rassemblés autour de Ronsard. Aujourd'hui, le mot **pléiade** (sans majuscule) désigne de façon flatteuse un petit groupe de personnes de talent : *Une pléiade de vedettes.* On ne confondra pas avec **myriade** (→ ce mot) et on évitera d'employer *pléiade* pour désigner un grand nombre de personnes.

PLEIN orth. Ne pas confondre avec **plain** (→ ce mot) dans **de plain-pied, le plain-chant**, etc. ♦ **emploi et sens.** Comme adj., ce mot est très fam. au sens de « ivre » (avec ou sans expansion) : *Enfin, plein comme un œuf, il vint finir la nuit chez Ravanel* (Giono). Mais on rencontre cet adj. au niveau littéraire, appliqué à un animé humain et au sens psychologique : *Elle était pleine de ce sujet* (Green). Dans ce cas, il a toujours un complément.
□ **de la terre plein les poches.** Comme prép., **plein** est très répandu dans la langue cursive, et ne peut être considéré comme incorrect : *Lola a des sous plein sa mallette et elle n'en fait rien* (Sartre). *Il avait de petites*

rondelles de plâtre plein les cheveux et la moustache (Guilloux). *De toute façon, ajouta une des filles, des reproches plein la voix, « vous n'êtes même pas marquée dans son agenda »* (Lefèvre).

□ **plein d'hommes.** Comme adv. de quantité, **plein** se rencontre à la place de **beaucoup** dans le style fam. : *Il y avait plein d'hommes dans la salle, comme à la messe* (Sartre). *Il y avait plein de gens dans l'antichambre* (Aragon). *Et tu as des petits camarades ? – Plein ! dit Théo* (Gerber). *Cette révolution est un épisode comme il y en a eu plein dans l'histoire de notre pays !* (Wiazemsky).

□ **en plein.** Locution fam. signifiant « exactement, juste » : *Tu es en plein parti pour me dire des choses affreusement supérieures* (Vian).

□ **plein pot. sens.** Ce tour, emprunté au sport, demeure d'usage très fam. et signifie « à fond, sans hésiter » ; en voici un emploi fig. : *Acheter plein pot ne se fait plus, car dans l'esprit des clients, « acheter plein pot » = « je me fais avoir », estiment plusieurs professionnels* (P. Santi, *Le Monde*, 31/01/2009).

□ **battre son plein** → BATTRE.

PLEIN(-)EMPLOI orth. Le trait d'union est facultatif, mais l'usage tend à l'imposer. ♦ **emploi et sens.** Terme d'économie utile pour désigner la théorie idéale de l'« emploi de tous les travailleurs » : *Une politique de plein-emploi.*

PLÉONASME sens. C'est, d'après Grevisse, *une abondance d'expression non exigée par l'énoncé strict de la pensée.* Selon les grammairiens, il est jugé plus ou moins sévèrement. Cependant une tendance de la langue cursive au renchérissement a fait admettre depuis longtemps certains tours trop riches, mais dont un ou plusieurs éléments ne sont plus bien compris par l'ensemble des parleurs : *au fur et à mesure* (*fur* = « mesure, proportion »), *comparer avec* (*com* < *cum* = « avec »), etc. Certains tours pléonastiques sont considérés comme pop. ou régionaux : *La provocation habituelle était : « Sors dehors et tu vas voir si je te 'peux' ! »* (Roblès). *Il dit que les curés vont devenir intenables et qu'en fin finale ils deviendront les maîtres de tout* (Aymé). *Approchons encore un peu plus* (Alain). *Est-ce que tu crois qu'une vraie femme, vraiment vraie, peut m'aimer autant ?* (Kessel). Il est inutile de s'indigner contre ce type de surenchère quand il a une valeur expressive, pittoresque ou stylistique. Le Bidois, dans *Le Monde* du 24 mai 1962, avait une position nuancée et ouverte : *Rappelons ici nombre d'expressions familières ou négligées qui servent à compenser l'usure sémantique d'un verbe : prédire l'avenir, prévoir d'avance, suivre derrière, joindre ensemble, etc. Il ne manque d'ailleurs pas de cas où ces apparentes tautologies ont leur raison d'être et leur utilité.* On trouvera de nombreux compléments et exemples dans l'ordre alphabétique : → APANAGE, AUJOURD'HUI, BAS, DESCENDRE, HAUT, LURON, MARCHER, MONTER, PANACÉE, PRÉPARER, PRÉVENIR, PUIS, RENVERSER, SISMIQUE, SORTIR, TOPOGRAPHIE, UNANIME, etc. ; → aussi TAUTOLOGIE et REDONDANCE.

□ **pléonasme de syntaxe.** On rencontre soit au niveau pop., soit dans la langue fam., des phrases contenant deux formes qui renvoient à la même notion ou au même objet. Par exemple, le rappel de l'antécédent à l'intérieur de la proposition relative par un pronom est incorrect : *La ville où j'y suis allé. La maison d'où, après bien des efforts, il en est sorti. C'est à lui à qui je pense,* etc. Il s'agit ici, en termes de linguistique, d'une *redondance* qui rappelle une information déjà donnée et n'ajoute rien au discours, ni du point de vue du sens ni du point de vue de l'expressivité. Mais on acceptera les tours suivants, dans certains contextes : *Vous voyez ! J'étais sûr qu'on oublierait mon sacre ! On n'y pense jamais à mon sacre* (Anouilh). *Mais vous savez où le trouver, lui, le docteur ?* (Boylesve). *La comprend-il assez, sa sonate, le petit misérable ?* (Proust). *En revenant, il a fait la remarque que j'en avais mis du temps à l'usine* (Ravey) → À, EN, LE, Y, DONT, etc.

PLÉTHORE emploi et sens. On prendra garde que ce subst. n'est pas un simple synonyme de **quantité**, mais qu'il implique généralement la notion d'« excès, de surabondance » : *Le « boom » de l'ère thatchérienne a provoqué une pléthore de bureaux* (M. Roche, *Le Monde*, 15/10/1992).

PLEURE-MISÈRE forme. Subst. invar. (masc. ou fém.) : *des pleure-misère.*

PLEURER constr. Le plus souvent intransitif. Mais le verbe peut avoir aussi un complément d'objet direct animé (ou plutôt « défunt ») humain : *Elle nous aimait véritablement, elle aurait eu plaisir à nous pleurer* (Proust). *Venez le pleurer avec nous sur le coup de midi* (Brassens), ou un « complément d'objet interne » : *Que pleuraient les déesses, à cette époque, du bronze ?* (Giraudoux). *Pleurer toutes les larmes de son corps. Pleurer des larmes de joie.* On dit aussi, avec un complément non animé : *pleurer sa jeunesse perdue,* au sens de « regretter ». *Jamais elle ne s'est plainte, jamais elle n'a pleuré ce qu'elle avait quitté en 1919* (Wiazemsky).

PLEUVASSER forme. On rencontre aussi, comme diminutifs de *pleuvoir,* les verbes *pleuvoter, pleuviner* et *pluviner.*

PLEUVOIR conjug. Verbe impersonnel ou personnel intransitif. Seules existent normalement les troisièmes personnes du sing. et du plur. → APPENDICE GRAMMATICAL. ♦ **constr.** On dira : Il **pleut** (**fort, longtemps**, etc.) et non *ça pleut,* qui est du langage pop. Quand le verbe est en tête de phrase, il ne peut être qu'au sing. : *Le lieu est habitable, même s'il y pleut des obus* (Romains). Mais il s'accorde comme un verbe personnel si le sujet le précède : *Des projectiles pleuvaient de tous côtés,* ou simplement si le *il* neutre disparaît du texte : *De tous côtés pleuvaient des projectiles.*

PLEXIGLAS prononc. [plɛksiglas]. ♦ **emploi et sens.** Cette marque déposée a donné sans difficulté un nom commun invar. désignant une « matière plastique lisse et transparente », très employée dans les équipements modernes : *Un livre épais qui trônait sur un lutrin, protégé par une vitre de plexiglas* (Vargas).

PLI orth. Pas de *s* final au sing. : *un pli.*

PLIER ou **PLOYER emploi et sens.** Le premier verbe est concret et précis, c'est « faire un pli ». Le second évoque plutôt une « courbure » et appartient en général à un registre plus littéraire : *L'une, de corail rose, et curieusement ployée, souffle dans un énorme coquillage* (Valéry). *Une femme ployée rinçait sa chevelure au robinet de cuivre* (Mallet-Joris). On peut souvent employer **plier** à la place de l'autre verbe. Quant à la forme *éployé,* elle relève exclusivement de la langue littéraire. → ÉPLOYER et DÉPLISSER.

PLINTHE orth. Un *h* après le *t.*

PLIURE sens. « Action ou manière de plier », mais surtout « marque faite par un pli » : *Le temps n'est pas. Il est notre pliure* (Cocteau). Ce subst. a une valeur plus statique que **pliage** et n'est donc pas son strict équivalent.

PLOIEMENT orth. Un *e* intercalé.

PLOMB (À) → APLOMB.

PLOYER → PLIER.

PLUCHES forme. Toujours au plur. ♦ **emploi et sens.** Au niveau fam., et particulièrement dans l'armée, la **corvée de pluches** consistait à « éplucher les légumes ». → PELUCHE.

PLUME constr. Larousse et Grevisse recommandent le plur. dans la locution **lit de plumes**, mais le Petit Robert propose le sing. ou le plur., indifféremment. Étant donné que **plume** peut être envisagé de façon singulière ou collective, on peut préférer l'une ou l'autre solution selon le contexte. On écrit : *gibier à plume(s),* avec ou sans *s.*

PLUMITIF emploi et sens. « Registre tenu à l'audience par le greffier des tribunaux. » Mais surtout au sens animé, avec une valeur nettement péj., pour désigner un « greffier » et, par extension, un « bureaucrate » ou un « écrivain médiocre ».

PLUM-PUDDING forme. On emploie plus souvent *pudding.* Plur. *des plum-puddings.*

PLUPART (LA) constr. Quand **la plupart** est suivi d'un complément au plur., le verbe se met au plur. : *La plupart d'entre nous ne se creusèrent pas la tête* (Hériat). *Un récit de ses impressions que la plupart des journaux ont reproduit* (Romains). *La plupart des maisons sont plongées dans le noir* (Adam). *La plupart des boutons qui la fermaient* [la robe] *avaient été arrachés* (Volodine). *Aujourd'hui, la plupart des pays européens ont modifié leur législation afin de permettre aux femmes de transmettre leur nom de famille* (A. Chemin, *Le Monde*, 26/12/2008). Le complément est rarement au sing. ; dans ce cas, le verbe est toujours au sing. : *La plupart du temps se passait en jérémiades* (Thomas). Quand **la plupart** est employé seul, sans complément explicite, le verbe qui suit est régulièrement au plur. : *Mais la plupart ont de la Beauté je ne sais quelle notion immortelle* (Valéry). *La plupart reviennent de Charleroi ou des environs* (Gide). Il y a en général référence implicite à des êtres animés ou à des objets : c'est le contexte qui éclaire le sens. *La plupart ont été louées quinze jours auparavant* (en parlant de places de théâtre, par exemple). Le sing. est plus rare : *Toutes les femmes s'éveillèrent à regret. La plupart essayait de reprendre le rêve interrompu* (Louÿs).

□ **(pour) la plupart.** On ne fait plus guère l'ellipse de la préposition **pour** dans ce tour : *Ils s'étaient incorporés à la ville et travaillaient pour la plupart à la biscuiterie* (Labro). *Les hommes couchés, les uns près des autres, certains se soulevant sur le coude, la plupart immobiles* (Gallo). *Les candidats ont pour la plupart remis copie blanche.* On notera que **pour la plupart** est plus fréquent avec des animés qu'avec des non-animés.

PLURAL forme. Masc. plur. *Pluraux.* → -AL.

PLURIEL emploi et sens. Comme adj., ce mot est devenu très « tendance » pour exprimer la variété, la diversité, l'association de tendances ou de courants plus ou moins proches : *En douze ans, ce festival aura pu montrer que l'Histoire est plurielle et que ses domaines d'investigations n'ont cessé de se diversifier* (E. Magne, *Libération*, 09/10/2009).

PLUS prononc. Dans le groupe négatif **ne... plus**, le *s* final de *plus* ne se prononce en aucun cas comme un [s]. Devant une voyelle, on fait la liaison en [-z-] dans tous les cas. Devant une consonne, *plus* signifiant « davantage » se prononce [plys] ou [ply] selon le contexte et l'intention du parleur : *Des poissons, il en a pris plus que toi.* En finale ou devant une pause, *plus* augmentatif fait toujours entendre le [s]. D'une façon générale, on cherchera à éviter les ambiguïtés : dans la langue parlée, il sera utile de distinguer entre *J'en veux plus* [plys] (c.-à-d. « davantage ») et *J'en veux plus* [ply] (c.-à-d. *je n'en veux plus*, avec l'ellipse courante du *ne*). ♦ **constr.** :

1) Groupe négatif : *Plus* a une valeur négative non seulement précédé de *ne*, mais aussi de *non, pas, sans* (→ ces mots), et même seul : *Selon l'Agence France-Presse, la capitale royale n'est plus ravitaillée qu'à partir de Vientiane* (*Le Monde*). *Aucun rire, aucune exclamation joyeuse ne fusaient des groupes d'adultes non plus que de ceux des enfants* (A. Besson). *La place était propre. Plus de charmeurs de serpents, plus de dresseurs d'ânes ni d'apprentis acrobates, plus de mendiants montés du sud à la suite de la sécheresse, plus de charlatans* (Tahar Ben Jelloun).

2) Groupe positif : *Plus* entre dans la composition de nombreux tours de valeur comparative ; le superlatif est formé par l'adj. précédé de **le plus, la plus**, ou **les plus** quand on compare des êtres ou des objets distincts : *Mais il y a bien des espèces d'impuissance. Celle de vos maîtres est la plus dangereuse* (Bernanos). *C'est, avec le cousin, l'une des deux sortes de moustiques les plus répandues dans le monde* (Desproges). *Or, voilà que la plus délicate, la plus dangereuse des situations lui était soudain imposée* (Labro). Mais quand on établit un rapport entre divers états ou qualités d'un même être ou d'un même objet, l'article du superlatif est le neutre **le** : *Les pièces du mobilier dont Germaine est le plus fière* (Romains). *Les instants où sa tendresse pour son père et son entente avec lui étaient le plus intenses* (Kessel). *On vous invite à être lâches, le plus lâches possible* (Vercors). Dans la langue cursive, cette distinction est rarement observée : *C'est aujourd'hui qu'elle est le* ou *la plus gentille.* → LE.

□ **le plus... qui** (ou **que**). Quand le superlatif est suivi d'une relative, le verbe de cette proposition est généralement au subj., avec une nuance finale ou consécutive : *C'était un projet ambitieux, le plus vaste qui eût jamais été formé sur la terre* (Boulle). *Les lettres les plus tendres qu'elle lui eût encore écrites* (Proust). *C'est l'expression la plus surannée qu'il m'ait été donné d'entendre* (Delay). On peut employer l'indic. si on veut insister sur la véracité de l'affirmation « superlative » : *L'un des livres le plus résolument ennuyeux que j'ai lus* (Guermantes). *C'est un des meilleurs devoirs que tu as jamais faits.* Mais cette nuance est parfois mal comprise, et il faut être prudent dans ce domaine. → SUBJONCTIF.

□ **des plus.** Ce groupe précède un adj. ou un adv., et leur donne une valeur de superlatif. L'adj. se met généralement au plur., à moins que *des plus* soit envisagé comme un groupe figé n'établissant pas de comparaison, mais posant un degré très élevé : *La situation de la Californie était des plus précaires* (Cendrars). *Bien que votre attitude me semble des plus étranges, je puis vous communiquer son adresse* (Queneau). *Le mobilier est des plus composites* (Romains). Dans toutes ces phrases, on peut remplacer *des plus* par *extrêmement.* Sing. : *Bien que ma cuisine soit des plus simple* (Thérive). *L'argot est des plus instructif* (Bruneau). *C'est un homme des plus loyal* (Brunot). On notera que *le* sing. s'impose quand l'adj. se rapporte à un pronom neutre : *Ce qui n'est pas des plus aisé* (Jaloux). *Cela est des plus immoral.*

□ **plus... plus..., plus... moins..., moins... plus, moins... moins.** S'emploient pour marquer corrélativement l'augmentation ou la diminution, soit directement, soit inversement proportionnelles (Grevisse) : *Plus notre ennemi est petit et fragile, plus il est tendre, plus il est pur, plus il est innocent, plus il est redoutable* (Anouilh) (à noter qu'en dépit des apparences il *n'y a ici* que *deux* groupes comparés : le premier va jusqu'à *innocent*). *De toute manière, il semblait qu'il devait être bafoué. Plus il crânerait, mieux il serait bafoué* (Dhôtel). *Il vivait seul, ayant fini par se convaincre que, moins on a de relations avec les hommes, meilleures elles sont* (Toussaint). *Plus on est de fous, plus on rit.* La seconde proposition peut être coordonnée par **et** : *Plus le sentiment où j'avais espéré trouver le repos se trouvait alors menacé, et plus je le réclamais de ma partenaire* (Camus). *Plus on approchait de Théoule et plus l'appréhension d'Edmond grandissait* (Maurois). *Plus on avance dans cette direction, et moins on y voit clair.* On a les deux tours (sans *et* et avec *et*) dans la citation suivante : *Plus Rivière regardait Robineau, plus se dessinait sur les lèvres de celui-là une incompréhensible ironie. Plus Rivière regardait Robineau et plus Robineau rougissait* (Saint-Exupéry).

□ **plus de** ou **plus que.** On rencontre en général la préposition **de** devant un numéral : *Il n'est jamais arrivé que le même numéro sortît plus de sept fois de suite* (Vailland). S'il y a une comparaison, ou une insistance sur la notion de qualité, on trouve plus souvent **que** : *J'ai sur les bras plus qu'un orphelin* (Masson). L'objet représente dans la phrase précédente une seule personne. → MOINS.

□ **plus d'un... plus de la moitié.** Ces locutions sont suivies du sing. ou, plus rarement, du plur., selon l'intention du parleur : *Plus d'un homme en avait paru séduit* (Arland). *Comme l'ont fait remarquer plus d'un philologue...* (Thérive). *Plus de la moitié se trouvaient disponibles pour la vente ou la location* (*Le Monde*). Il y a dans cette dernière phrase référence à des appartements, et le plur. est donc logique. → MOITIÉ.

□ **plus que... ne.** Le *ne* dit « explétif » est de règle après **plus que** : *Il en savait plus à ce sujet que n'en apprendront jamais les peuples ni leurs ministres* (France). *C'est bien plus admiratif que vous ne le pensez, dit-il* (Sagan). Mais *ne* peut être omis, surtout quand la proposition qui contient *plus* est à la forme négative ou interrogative : *Je consumerai vos trésors avec un peu plus de suite et de génie que vous le faites* (Valéry). *On ne peut pas être plus heureuse que je le suis* (Chamson, cité par Grevisse).

□ **de plus.** En tête de phrase, cette locution a un sens assez abstrait : elle ajoute une remarque, un argument complémentaire : *Cela est bien ancien et ne résout rien. De plus cela est de mauvais ton* (Alain). Mais au sens concret, et dans le cours de la phrase, on emploie à peu près indifféremment **de plus** et **en plus** : *Et les bouches roses des enfants étaient toujours des bouches en plus* (Duras), en face de : *Il lui fallait établir le lien entre cette ville de 1895 qu'il avait quittée et cette cité qui comptait vingt mille habitants de plus* (Gallo). *Il me faudrait cent euros de plus pour finir le mois.* On évitera d'employer en tête de phrase *en plus*, au sens de *de plus*, comme dans les exemples suivants : *Un homme a été entièrement déshabillé et peint en bleu. En plus sa forme avait été modifiée* (Vian). *En plus, ils ont planté des genêts dans le jardin et ils étaient si pressés de s'en aller qu'ils ont laissé tous les outils à l'abandon* (Japrisot).

□ **en plus de.** Cette locution prépositive, qui marque l'addition, doit être considérée comme correcte : *Il n'y avait chez eux, en plus de moi, qu'une jeune femme* (Romains). *En plus des Français, quelques familles juives vivaient mêlées aux nôtres* (Roblès).

□ **tout au plus.** Ce tour s'emploie dans le registre soutenu au sens de « à la rigueur » : *C'est plus qu'un écœurement, c'est un refus. Je pourrais tout au plus tremper un peu la langue dans un verre d'eau de Vichy* (Hoex).

□ **plus encore** et **encore plus.** De ces deux tours, le premier a un caractère plus littéraire : *Tout le monde, à travers l'immense édifice, tremblait de lui déplaire et ses enfants plus encore que les serviteurs* (Kessel). Dans l'usage courant, on dira : *encore plus que les serviteurs.*

□ **d'autant plus** → AUTANT.

□ **une fois plus grand** ou **deux fois plus grand** → FOIS.

□ **qui plus est** → QUI.

□ **plus tôt** ou **plutôt** → PLUTÔT.

PLUSIEURS emploi et sens. Cet ancien comparatif évoque un plur. indéfini, qui commence en principe au-dessus de *deux* : *Et j'ai quatorze enfants, dont plusieurs sont de moi* (Courteline, cité par Robert). *Plusieurs de nos ouvriers et employés seront appelés en témoignage* (Salacrou). On peut donc dire : *Deux ou plusieurs personnes.*

□ **se mettre (à) plusieurs pour.** L'ellipse de la préposition **à** est plutôt littéraire. → À.

PLUS-QUE-PARFAIT prononc. Le *s* se fait entendre : [plyskəparfɛ].

PLUS-VALUE orth. Plur. *des plus-values.*

PLUTONIEN ou **PLUTONIQUE emploi et sens.** Le premier adj. est dérivé du nom propre *Pluton*, « dieu des Enfers », mais aussi de **plutonisme**, « théorie géomorphologique aujourd'hui abandonnée, qui expliquait par le feu intérieur la formation de l'écorce terrestre ». **Plutonique** est un adj. descriptif, s'appliquant aux « roches formées à de grandes profondeurs ».

PLUTÔT forme. La confusion entre cet adv. et le comparatif **plus tôt**, en deux mots, est plus ou moins grave selon le contexte. Il s'agit en tout cas, à l'origine, des mêmes éléments. → TÔT. ♦ **emploi et sens.** On emploie devant un infinitif **plutôt que de** (l'ellipse de la préposition *de* appartient à un registre très recherché) : *Sans doute aurait-il fallu l'envoyer en pension plutôt que de lui offrir l'hospitalité* (Masson). *Plutôt que de révéler notre peur à ces agitateurs bolcheviques, il vaut encore mieux leur laisser mettre leurs menaces à exécution* (Wiazemsky). *Comme j'avais du temps devant moi, plutôt que de prendre un taxi, je m'étais rendu à la gare en autobus* (Toussaint). *Il m'est arrivé de sauver des rats et de les ramener chez moi plutôt que de les laisser passer à la casserole* (Rosenthal). Cette périphrase est souvent utilisée avec le verbe *préférer* (→ ce mot) : *Plutôt que d'être mal loué, je préfère ne l'être point* (Gide). Si le choix concerne des subst. et non des verbes, il n'y a pas de difficulté : *Un homme qui pourrait en rentrant trouver une calme solitude plutôt qu'un foyer désuni* (Mallet-Joris). Quand **plutôt que** relie deux propositions à un mode personnel, il est généralement suivi de *ne* : *Mes rêves caricaturent hélas ! l'organisme même de l'âme et me découragent plutôt qu'ils ne me donnent le moyen de me combattre* (Cocteau).

□ **il semble plutôt bien.** Cet emploi, au sens de « passablement », est passé depuis longtemps dans l'usage : *Cela me donne plutôt bonne réputation parce que le motif les amuse* (Perry). *Il avait l'air plutôt intimidé* (Sagan). *Il s'installa dans une chambre d'hôtel plutôt minable* (Pontalis).

□ **ou plutôt.** Cette formule est fréquemment employée non pour préciser un choix, mais pour introduire un correctif qui peut aller jusqu'à contredire complètement ce qui précède : *Le prochain congrès aura lieu à Orléans le 10 mars prochain… ou plutôt à Tours, excusez-moi.*

□ **pas plus tôt que.** Cette locution a une valeur proprement temporelle : *Il n'eut pas plus tôt menti, qu'il rougit* (Gide). *M*[me] *Tim n'a pas plus tôt tourné le coin de la rue que j'entends trotter* (Giono). Par ce tour à la fois comparatif et temporel, on rapproche dans la pensée deux faits successifs, et l'on feint de nier que le premier se soit produit avant *(plus tôt que)* le second ; en somme, on donne à croire que la succession a été si rapide qu'elle équivaut presque à une simultanéité (Le Bidois, *Syntaxe du français moderne*). On notera que beaucoup d'auteurs confondent souvent cette locution temporelle et le tour **plutôt que**, surtout en phrase négative.

PLUVIAL forme. Masc. plur. *pluviaux.* ♦ **emploi.** Ne pas confondre ce terme scientifique, employé par les géographes, pour parler de ce « qui a un rapport avec la pluie » *(le ruissellement pluvial)* avec **pluvieux**, adj. courant qui signifie « où il pleut beaucoup » : *Je suis comme le roi d'un pays pluvieux* (Baudelaire).

PLUVINER → PLEUVASSER.

PLUVIÔSE → NIVÔSE.

PNEUMATIQUE forme. Comme subst. (dans toutes ses acceptions), s'abrège le plus souvent en **pneu** (plur. *des pneus*), y compris au sens disparu de « télégramme » : *Je projetais de crever les pneumatiques des petites voitures d'infirmes* (Camus). *Mon pneu n'est pas crevé, s'étonna-t-elle* (Vailland). *Le lendemain matin, à huit heures, on apportait à Hélène un pneu, écrit à la machine* (Supervielle).

POCHE constr. On dit à peu près indifféremment *avoir de l'argent en poche, dans la poche, dans ses poches*, mais plutôt *pas un sou en poche.* → DANS et EN. **Poche** est toujours au sing. dans *argent de poche.*

POCHETTE-SURPRISE orth. Plur. *des pochettes-surprises.*

POÊLE orth. Tous les mots (masc. et fém.) que recouvre cette forme s'écrivent avec un accent circonflexe sur le *e* intérieur, et non plus avec un tréma.

POÊLON prononc. [pwalõ]. Tous les mots de cette famille se prononcent [pwa] et non [pwɛ].

POÈME orth. Accent grave, ainsi que pour **poète** (mais *poésie, poétique*). Le tréma sur le *e* intérieur correspond à une graphie archaïque (encore chez Baudelaire).

POÉTESSE emploi. Ce fém. est souvent ironique ou péj., et on lui préfère généralement la forme masc. : *Cette femme est vraiment (un grand) poète.*

POGROM orth. Se garder du barbarisme *progrom.* On trouve parfois **pogrome**, qui peut être assimilé à une forme correcte et rend mieux compte de la prononciation réelle, pour un Français. Plur. *des pogroms.* ♦ **sens.** « Soulèvement antisémite pop., d'origine gouvernementale et encouragé par les tsars, souvent meurtrier » : *Le pogrom de Zémyock passa inaperçu parmi des centaines d'autres* (Schwarz-Bart). On rencontre le dérivé **pogromiste**, qui désigne « l'auteur ou le responsable du pogrom » : *Les millions de Juifs polonais, enfin débarrassés des pogromistes russes* (Bialot). Ne pas confondre avec **prodrome.** → ce mot.

POIDS orth. Avec un *s* final (ne pas confondre avec **pois**, légume) : *Il ne faisait pas le poids, Meiners* (Semprun). *Un poids mort, un poids lourd, vendre à faux poids,* etc.

POIGNANT → POINDRE.

POIGNÉE forme et construction. Les grammairiens et lexicographes sont ici peu écoutés : on trouve fréquemment *une poignée de mains* et *jeter de l'argent à poignées*, alors que Littré, l'Académie, Grevisse et le Petit Robert préconisent le sing. On écrira donc plutôt : *une poignée de main.* Quand il s'agit d'objets nombrables, le plur. s'impose évidemment : *Une poignée de jetons, de grains,* etc.

POIL forme. Ce mot a une valeur collective et reste au sing. dans certaines locutions, dont : *Du gibier à poil et à plume.* Il désigne parfois la chevelure humaine : *Je le regarde, sidéré : le poil ras, tout blanc, certes, mais encore gaillard* (Semprun). ⟶ GIBIER et PLUME. Au fig., et fam., dans : *Les galants de tout poil viennent boire en mon verre* (Brassens).
□ **au poil.** Cette locution exclamative, qui souligne « l'excellence d'un acte ou d'un état », appartient au langage très fam. : *La fenêtre donnait sur un jardin ratissé au petit poil* (Bazin). De même pour *être de bon* ou *de mauvais poil*, et de nombreux tours bien connus.

POINÇONNAGE orth. Deux *n*, comme pour **poinçonner**, etc. ♦ **forme.** On emploie également *poinçonnement.*

POINDRE conjug. Comme *joindre.* ⟶ APPENDICE GRAMMATICAL. Ce verbe de conjugaison délicate est parfois rattaché, de façon erronée, à la première conjugaison ; on se gardera de fabriquer un infinitif *poigner* : *L'anxiété de ses enfants commence à la poigner à son tour* (Daudet, cité par Grevisse) ou un passé simple en *-a* : *Un nouveau malaise le poigna au ventre* (Troyat). On comprend que le verbe **empoigner**, qui se conjugue régulièrement comme *chanter*, exerce une influence quasi irrésistible. Mais le verbe *poigner* est vigoureusement condamné par la plupart des grammairiens, car ses formes procèdent plus d'une ignorance de la langue que d'une réelle volonté d'innover ou de simplifier. ♦ **emploi et sens.** Peu de formes existent réellement. Les plus courantes sont l'infinitif, le part. présent *poignant*, les 3ᵉ personnes du présent, de l'imparfait et du futur de l'indic. En emploi transitif, le sens est « piquer » : *Je sentis un froid de glace me poindre le dos* (Hériat). *Une douleur subite me poignit à la tête et me contraignit de m'arrêter* (Green). *L'envie qui l'avait point, tout à l'heure, de jouer des jambes, s'était dissipée* (Jorif). Ce mot entre dans un proverbe : *Oignez vilain, il vous poindra, poignez vilain, il vous oindra.* Intransitivement, le verbe signifie « apparaître » : *C'est pourquoi je veux voir avec une tendre émotion, poindre sur cette vivante, le mouvement sacré* (Valéry). *Mon père, qui voyait poindre l'aubaine d'une randonnée célibataire* (Bazin). Le participe *poignant* est courant et sert le plus souvent de simple adj. : *Ah ! capitaine, toutes vos pensées n'étaient pas aussi poignantes et vous m'avez parlé des temps heureux de vos vacances* (Roblès).

POING forme. Ce subst. est au sing. dans la locution **coup(s) de poing**, car le sens est « donné(s) avec le poing » : *Combien de fois ne s'était-il pas écrié : « Je m'appelle Merlin ! » en frappant de grands coups de poing sur la chaire* (Guilloux). *Dans un coin, deux anciens règlent leurs comptes à coups de poing avec un troisième homme* (Bialot). ♦ **emploi.** Ne pas confondre cette locution et le subst. **coup-de-poing.** ⟶ ce mot.

POINT (signe de ponctuation). Il sert à séparer, à isoler, à distinguer un fragment d'un texte considéré comme un tout indépendant sur le plan formel : *Le point, garde-chiourme de la syntaxe, mais aussi auxiliaire puissant de la pensée* (Cavanna). Il coïncide généralement avec la notion de phrase grammaticale : *Il assiste impassible à la prise en possession et au partage de ses terres. On établit des titres de propriété. Un nouveau cadastre s'enregistre. Les derniers arrivants sont accompagnés d'hommes de loi* (Cendrars). Mais parfois le point souligne un découpage subjectif ou littéraire qui ne correspond plus au découpage en propositions ou en membres de phrase : *Il l'a vu mourir. Un petit hoquet. C'est tout* (Céline). Trop souvent aujourd'hui, notamment à la télé sous l'influence du téléprompteur, les journalistes oublient plus ou moins complètement de marquer la pause à laquelle oblige nécessairement le point dans un énoncé.
□ **points d'interrogation et d'exclamation.** Leur emploi est simple, encore qu'ils soient trop souvent remplacés dans l'écriture cursive par de simples points. Cela se produit surtout quand la phrase est nettement interrogative ou exclamative par certains de ses mots. On doit écrire : *Mais alors, le coup de feu ? Vous n'avez pas entendu un coup de feu ?* (Salacrou). *Pourquoi a-t-il fait cela ?*

Mais le point d'interrogation disparaît quand on a affaire à une interrogative indirecte : *Je me demande pourquoi il a fait cela*, et quand la question porte sur une phrase se terminant par un autre signe de ponctuation : *Te souviens-tu comme il disait : « Non ! Il ne faut pas faire ça ! »*. Il est en effet impossible de faire se succéder un point d'exclamation et un point d'interrogation, ou vice versa (bien que certains auteurs s'amusent à accumuler ainsi les signes de la surprise, de l'indignation, etc. Par exemple : *Quoi !? s'écria-t-il.*). Le point d'exclamation transforme en interjection, en mouvement affectif (avec une intonation montante) toute phrase ou tout fragment de phrase grammaticale : *Site résidentiel ! Site classé ! Belle vue sur la Seine, sur la vallée, sur les forêts, sur les collines de l'horizon ! Yachting ! Bon air !* (Ikor). Il se met après *Oh, Ah, Eh*, mais non après *O*. Quand l'interjection comprend deux segments, il se met après le second : *Ah oui ! Eh bien ! Hé quoi !* Mais cette règle n'a rien d'obligatoire et souvent *Eh bien* est suivi d'une virgule. En tout cas, il ne faut pas écrire *Et bien.*

□ **points de suspension.** Ils servent à indiquer un arrêt de la phrase, une interruption venant soit du sujet d'énonciation, soit de l'interlocuteur : *Quatre ans... La garce... Moi, l'imbécile, j'étais doux avec elle* (Aragon). *Il me regardait affectueusement. Il était ému au possible... Toute sa moustache tremblotait...* (Céline). *« Honoré, tu vas me dire... – Pas les mains ! – Ta belle-sœur, tu vas me dire... » Honoré ne voulut pas en entendre davantage* (Aymé). On met les points de suspension entre parenthèses ou entre crochets pour signaler dans le texte une coupure qui n'est pas due à l'auteur : *Il leur était certainement arrivé quelque chose, un bonheur inattendu* [...], *parce qu'ils avaient commandé du champagne* (Sartre).

□ **le point-virgule.** On le nomme aussi *point et virgule.* ♦ **orth.** Un trait d'union. Plur. *des points-virgules.* ♦ **emploi.** Il sert à alléger une phrase trop longue pour être lue d'un seul tenant, à établir dans une phrase une sorte d'équilibre entre plusieurs parties pouvant avoir un mot – par exemple, un verbe – en commun sur le plan syntaxique : *Et même il n'y aurait eu qu'à l'écrire, ce cahier ; écrire n'est rien, tous nos jeunes gens le savent ; il était fait d'avance ; il n'y avait qu'à rédiger ; un devoir de vacances, enfin ; naturellement, et comme tout bon Français, j'aurais tout ignoré de la politique extérieure ; mais j'en aurais parlé un peu, par politesse internationale* (Péguy). *Bec-Salé était un lâche, oui ; et ce Bourrel une brute* (Genevoix). Ce signe est trop peu employé de nos jours. Il est néanmoins très commode quand un contenu de pensée déterminé exige une longue phrase, et que le lecteur ne paraît pas capable de la suivre tout au long. Beaucoup d'écrivains préfèrent employer le point, qui sépare plus radicalement les divers éléments, mais d'autres l'introduisent comme une sorte de variante typographique, intermédiaire entre le point et la virgule par l'aspect comme par la fonction.

□ **deux points. orth.** On écrit *les deux points* ou *le deux-points* (dans ce cas avec trait d'union). ♦ **emploi.** Ils servent à annoncer une explication ou à présenter une énumération : Vous *n'avez pas prononcé le cri du ralliement actuel, mais il était déjà sur vos lèvres : la faillite de la science* (Martin du Gard). *Il aurait pu lutter encore, tenter sa chance : il n'y a pas de fatalité extérieure. Mais il y a une fatalité intérieure : vient une minute où l'on se découvre vulnérable* (Saint-Exupéry). *À chaque barbe rencontrée, repérée, des tournois s'improvisaient : quinze, trente, quarante et partie* (Morand). Les deux points annoncent également qu'on va rapporter textuellement les paroles de qqn : *La maîtresse ouvrit le livre, et dit : « Qu'est-ce que Dieu ? Dieu est un pur esprit, infiniment parfait. »* (Rochefort).

POINT (substantif) **point de vue.** Ce nom composé s'emploie couramment dans des locutions figées : *à tout point de vue* (le sing. est préférable au plur.) ou *de tout point de vue.* Quant au tour *sous le point de vue de*, il est rare aujourd'hui, et il vaut mieux l'éviter.

□ **au point de vue (de).** *Il demanda une prorogation afin d'étudier l'affaire de plus près, notamment au point de vue de la concession éventuelle par la municipalité d'une voie mixte à la mer* (Morand). L'ellipse du second *de* est fréquente dans la langue cursive, notamment chez les journalistes : *C'est un petit homme roux* [...] *qui doit être producteur ou quelque*

chose comme ça vu qu'au point de vue jeunes filles ça m'a l'air de défiler sec (Échenoz). *Au point de vue chômage, on constate une légère régression au cours de ce dernier mois (Le Figaro).* ⟶ CÔTÉ, FACTEUR, QUESTION, etc.
□ **point de non-retour.** Cette expression est traduite de l'américain et se rencontre aujourd'hui dans la langue des journalistes. Le Bidois, dans *Le Monde* du 8 avril 1970, constatait déjà que la formule était définitivement entrée dans la langue courante. Son origine est militaire : le *point of no return* désigne le « point, sur le trajet d'un bombardier, à partir duquel celui-ci n'a plus les moyens techniques de retourner à sa base ». Les hommes politiques en font un usage « pacifique » très étendu : *Puis un matin, tout est dit, on a passé le point de non-retour dans la nuit et sans même le savoir* (Vargas). *L'échéance du 1er juillet 1968 marquera le point de non-retour du Marché commun* (*Le Monde*).
□ **point final. emploi et sens.** Ce couple de mots s'emploie adverbialement pour signifier qu'on est au terme d'une déclaration, d'une démonstration : *Ici, on faisait des exercices, point final* (Nothomb). On rencontre aussi en ce sens **point à la ligne** ou **un point, c'est tout**, et de plus en plus, dans un contexte fam. et sous l'influence du codage informatique : **point barre.**
□ **en tout point** ou **tous points.** Cette locution adverbiale, qui signifie « absolument, sans exception », peut s'employer au sing. ou au plur., mais il semble que le sing. soit plus fréquent : *Peter est un garçon étrange, en tout point opposé aux cow-boys affichant leur virilité* (Pontalis). *Même en cas d'affluence où il faut bien se lever pour laisser un peu de place, le strapontin lui paraît préférable en tous points* (Échenoz).
□ **au point que, à tel point que, à un point tel que.** Toutes ces locutions sont correctes et de sens identique : *La pauvre fille pinça la bouche au point que disparut l'étroit liséré violet de ses lèvres* (Mauriac). *La vie est à ce point insipide qu'il faut s'en distraire à tout prix* (France). *Des traces à ce point ineffaçables que nous reconnaissons leur vérité passée à la force de leurs effets* (Maurois). Dans tous ces exemples, le verbe de la consécutive est à l'indic. Le subj. n'est possible que si le résultat est incertain, c.-à-d. dans une phrase négative ou interrogative : *Uni voulait voir ce qui captivait l'attention de son fiancé au point qu'il se désintéressât d'une blessure qui eût pu lui être fatale* (Bedel). Dans cette phrase, la consécutive dépend d'une interrogation indirecte. ⟶ CE (QUI).

POINT (adv. de négation) ⟶ PAS.

POINTER emploi et sens. Comme verbe transitif, **pointer** a une valeur plutôt technique et implique une certaine précision. Dans le registre fam., à la voix pronominale, il équivaut à « survenir, arriver de façon plus ou moins inattendue » : *Je me mettais à imaginer qu'un type se pointait et elle était seule et on la retrouvait au petit matin dans les chiottes le visage en sang* (Adam).

POINTE SÈCHE orth. S'écrit sans trait d'union. Plur. *des pointes sèches.*

POINTURE emploi et sens. Ce terme de mesure s'emploie fam., et parfois avec ironie, pour désigner une personnalité très douée ou de haut niveau. Il est l'équivalent tacite de « forte pointure ».

POIS emploi. On écrit sans trait d'union (et le plus fréquemment au plur.) *des pois chiches, des pois de senteur, des pois cassés, des petits pois...*

POISSON orth. On écrit sans trait d'union *des poissons rouges, des poissons volants...*, mais les composés formés de deux subst. ont un trait d'union et chacun de leurs éléments prend la marque du plur. : *des poissons-chats, -clowns, -lunes, -scies.* Les dérivés de *poisson* prennent deux *n* : *poissonnerie, poissonneux, poissonnière,* etc.

POITRINE sens. Ce terme est plus général que **seins** et désigne tout le buste. Peu utilisé aujourd'hui en médecine, il sert parfois d'euphémisme, au même titre que **gorge.** ⟶ ce mot.

POIVROT forme. Au fém. **poivrote**, avec un seul *t.*

POLAR emploi et sens. Création du début des années 1980, ce mot, qui est du registre fam., connaît une grande vogue comme synonyme bref (et commode) de **roman policier** : *Depuis les décès successifs des grands rendez-vous annuels de Reims, puis de Grenoble, il y a une place à prendre dans le cœur des amateurs de grand-messe du « polar »* (B. Audusse, *Le Monde*, 24/04/1992).

POLARISER emploi et sens. Ce verbe d'origine technique connaît une vogue un peu abusive dans la langue courante, au sens de « attirer sur un point, concentrer ». De même l'acception « obséder », avec un nom de personne : *Il est polarisé par la préparation de son concours.* L'argot des étudiants emploie la forme abrégée **polar** (masc. et fém.) : *Elle ne parle plus que de ça : elle est complètement polar.*

PÔLE orth. Avec un accent circonflexe, à la différence de ses dérivés : *le cercle polaire.* On écrit *le pôle Nord, le pôle Sud.*

POLICÉ orth. et sens. On évitera de rattacher cet adj., qui signifie « aux mœurs adoucies par la civilisation » (Petit Robert), à la famille de **polir**, malgré une certaine affinité sémantique. Le part. passé de ce verbe est *poli.*

POLICE SECOURS orth. Pas de trait d'union.

POLICLINIQUE sens. « Établissement parfois annexé à un hôpital, où l'on donne des soins à des malades qui ne sont pas hospitalisés. » Ne pas confondre avec **polyclinique**, « établissement hospitalier comprenant plusieurs services spécialisés pour le traitement de maladies diverses » : *Les réclames et les devantures de la place de Catalogne : « Voyez ! nous avons des polycliniques ! des superproductions ! »* (Montherlant).

POLIMENT orth. Ni *e* intercalaire ni accent circonflexe sur le *i.*

POLIOMYÉLITE orth. L'orthographe délicate de ce mot, couramment utilisé, a favorisé son abrègement en **polio**, forme à l'aspect un peu fam., mais largement adopté par l'usage. Les **polios** : les malades atteints de poliomyélite.

POLITIQUEMENT CORRECT emploi et sens. Ce tour, calqué sur l'anglo-américain *politically correct*, est très usité dans le langage politique et idéologique pour qualifier une façon de s'exprimer qui ne soit pas contraire aux principes d'un parti, d'un gouvernement, d'un groupe, d'une association, etc. : *On a scellé des alliances pires que cela. Bien sûr, ce n'est pas politiquement correct de l'évoquer avant le premier tour* (B. Kouchner, *Le Monde*, 20/04/2007). *Acceptera-t-on que les hétérosexuels soient simplement qualifiés d'« hétéros ploucs » ? Poser ces questions, c'est souligner toute l'ambiguïté du* politiquement correct *américain* (J.-C. Guillebaud). Voici une illustration, dans le domaine social, de cette notion : *Elle est au SMIC. Ou sans emploi. On ne dit plus au chômage, mais en « recherche d'emploi »* (Lefèvre). *On demandait un technicien de surface (lavage au jet des trottoirs)* (Saumont). *Nicolas Sarkozy prône l'élargissement du G8 à cinq grands pays émergents* [= anciennement « pauvres », puis « en voie de développement »] (*Le Monde*, 22/08/2008). *Le système local* [à Istanbul] *permet aux travailleuses du sexe* [= prostituées] *d'avoir accès à la sécurité sociale, à la retraite et aux contrôles médicaux* (*Le Monde*, 20/07/2009). Autres exemples : **dommages collatéraux** (= pertes civiles lors d'un conflit) ; **personne décédée à la suite d'une longue maladie** (= morte d'un cancer) ; **personne à mobilité réduite** (= handicapé moteur) ; **malvoyant, malentendant** (= aveugle, sourd) ; **plan social** (= programme de licenciement) ; **dégraisser** (= licencier). À rapprocher de l'euphémisme et de la périphrase. → ces mots.

POLLEN orth. Deux *l*, ainsi que les dérivés *pollinisation, pollinique*, etc. Plur. *des pollens.*

POLOCHON orth. et sens. Ce synonyme pop. de **traversin** ne prend qu'un seul *l.* On l'écrit et le prononce parfois fautivement *pelochon.*

POLTRON forme. Fém. *une poltronne*, avec deux *n* : *Je sais parfaitement qu'il y a du danger, mais je ne suis pas poltronne* (Némirovsky).

POLY- orth. Se garder de l'assimilation au préfixe **poli** (du grec πολις, ville), notamment dans les mots *polyandrie, polychrome, polyclinique, polycopie, polyculture, polyèdre, polygame, polyglotte, polygone, polymorphe, polynévrite, polynôme, polype, polyphonie, polypier, polyptyque, polytechnicien, polythéisme, polyurie, polyvalent*, etc. (pas de trait d'union.) : *La polygamie a longtemps constitué un obstacle à la départementalisation de Mayotte* (L. Canavate, *Le Monde*, 29/08/2008). ♦ **emploi et sens.** Préfixe grec signifiant « en nombre abondant ». Il est productif, mais concurrencé par les préfixes latins *pluri-* et *multi-*.

POLYCOPIER sens. Ce verbe (ainsi que ses dérivés) renvoie à un procédé de « reproduction à de nombreux exemplaires par décalque du texte sur une couche de gélatine » : *Les exilés des mêmes pays envoyaient de petits bulletins tirés au polycopiste et le plus souvent illisibles* (Duhamel). Ces mots ont disparu, au profit de ceux qui désignent les nouveaux procédés de reproduction : **photocopie, photocopier ; scan, scanner ; fax, faxer.** → ces mots.

POLYESTER orth. Ce subst. désignant une « matière plastique très utilisée » s'écrit sans *h* après le *t*.

POLYÉTHYLÈNE forme. On dit aussi, plus brièvement, *polythène*.

POLYGAMIE et **POLYANDRIE sens.** La **polygamie** désigne l'état d'un homme marié à plusieurs femmes à la fois, la **polyandrie** celui d'une femme mariée à plusieurs hommes à la fois.

POLYGLOTTE orth. Deux *t*.

POLYGONE orth. Pas d'accent circonflexe sur le *o*, contrairement à *polynôme*.

POLYPTYQUE orth. Deux *y*. On commet souvent une faute en introduisant un *i* dans la graphie de ce mot. → TRIPTYQUE.

POLYSYLLABE forme. On rencontre aussi *polysyllabique*. → SYLLABE.

POMMÉ et **POMMELÉ emploi et sens.** Ces deux adj., dérivés de **pomme**, ne doivent pas être confondus. Le premier a le sens d'« arrondi » et s'applique surtout aux légumes : *Un chou pommé, une laitue pommée.* Le second a le sens de « parsemé de petits nuages ronds » : *Des cirrus pommelés et, plus bas, une continuité de cumulus blancs* (de Roulet). *Un ciel pommelé annonce souvent la pluie*, ou « couvert de petites taches rondes grises ou blanches » en parlant de la robe d'un cheval : *À leur place piétinait un gros cheval pommelé qui vint vers nous en secouant sa crinière* (Ragon).

POMME DE TERRE emploi et sens. On dira : des pommes de terre *en robe de chambre* et non *en robe des champs*, malgré un préjugé tenace, dont témoignent les exemples suivants : *Mme Rezeau nous a pourvus d'œufs durs, de salade de haricots et de pommes de terre en robe de chambre (je proteste au passage ; on devrait dire : pommes de terre en robe des champs)* (Bazin). *Pendant des années, je n'ai pas pu manger de pommes de terre en robe des champs* (Bialot). Le sens est « qui sont cuites et présentées dans leur peau ».

POMPADOUR forme. Invar. comme adj. Pas de majuscule à l'initiale.

POMPÉIEN orth. et sens. Pas de tréma sur le *i*. « Relatif à la ville de Pompéi, ou à Pompée, rival de César. »

PONANT emploi et sens. Vieilli et littéraire comme synonyme de **couchant**.

PONCEAU forme. Invar. comme adj. de couleur (« rouge vif ») : *L'affaire risque de perdre en discrétion avec Mlle Berthe, sa robe ponceau, son chapeau, ses rires* (Vallejo). → COULEUR.

PONCHO orth. On ne doit pas écrire *puncho.*

PONCIF sens. Mot technique, qui désigne « un papier dans lequel un dessin est piqué ou découpé de façon à pouvoir être reproduit à volonté ». Mais l'emploi le plus fréquent est fig. : un *poncif* est « un thème ou une expression stéréotypés, sans originalité » : *Véritable poncif de piété, il émaillait son discours de clichés sacerdotaux* (Bazin).

PONCTUATION ⟶ POINT et VIRGULE.

PONDÉRAL et **PONDÉREUX emploi et sens.** Le premier adj. signifie « relatif au poids » et s'emploie surtout dans le tour euphémique **surcharge pondérale**, qui tend (en langue de bois) à remplacer **obésité** : *Votre... obésité... euh !... votre surcharge pondérale, bref, votre apparence, vous pouvez me remercier ! Vous voyez, je suis bon prince, je vous prends à l'essai...* (Lefèvre). Quant à **pondéreux**, il se rapporte plutôt aux produits de forte densité, dans le vocabulaire du marketing.

PONDRE emploi. Si *pondre un œuf* est un pléonasme, il est souvent nécessaire de préciser le nombre d'œufs : *Cette poule a pondu huit œufs.*

PONGISTE emploi et sens. Néologisme irréprochable, qui désigne un « joueur de ping-pong ». ⟶ PING-PONG.

PONT orth. On écrit avec un trait d'union *des ponts-levis, des ponts-promenades, des ponts-canaux, des ponts-portiques.* Mais : *entrepont, le service des Ponts et Chaussées.*

PONT-L'ÉVÊQUE orth. Des minuscules, et invar. au plur. : *des pont-l'évêque* (fromage). Mais on écrira avec des majuscules : *un fromage de Pont-l'Évêque.* ⟶ FROMAGE.

PONT-LEVIS orth. Un trait d'union (contrairement à *château fort*). Plur. *des ponts-levis.*

POOL prononc. [pul]. ♦ **emploi et sens.** Ce mot est souvent employé en économie moderne pour désigner une « entente momentanée entre producteurs en vue de conserver la maîtrise d'un marché ». Ne se confond pas avec **trust** ni avec **monopole**. L'emploi du mot **pool** est impropre quand il s'agit de la *Communauté européenne du charbon et de l'acier* (la C.E.C.A.), qui était en fait une sorte de « trust supranational ».

POPULAIRE ou **POPULEUX sens.** Ces deux adj. se distinguent nettement. Le premier renvoie aux « couches sociales dénommées **peuple**, par opposition à la bourgeoisie et à l'aristocratie » : *Or, surtout dans les quartiers populaires, « quelqu'un de la Ville » est une autorité* (Romains). Le second signifie « très peuplé », et son emploi est plus limité : *Les messagères d'une arche de Noé bien plus populeuse que la première* (Giono).

POPULISME sens. Ce subst., de même que l'adj. dérivé **populiste**, renvoie à une « attitude politique démagogique, critiquant le système global et les représentants élus du peuple ».

PORC-ÉPIC orth. Plur. *des porcs-épics.*

PORE genre. Masc. L'erreur est fréquente d'employer ce mot au fém. ♦ **sens.** « Minuscule orifice de la peau ou d'une surface végétale (dans ce cas, syn. de *stomate*) » : *Il faut voir comment le luthier traite le bois, de l'épicéa à pores fins* (Diwo). *Les pores de son visage étaient obturés par la crasse* (Dubois). Se garder de l'assimilation à **spore** (fém.), qui désigne un germe végétal.

PORPHYRE orth. Un *y* et non un *i.*

PORT emploi et sens. Ce subst., qui désigne la « manière naturelle de se tenir », peut être employé avec ou sans un complément tel que *tête* : *La jeune fille au chien était en effet grande, élancée, d'un port fier* (Peyré). *Quel port de tête, ma fille !* (*id.*). On s'en sert également en botanique, au sens de « forme naturelle et distinctive d'un végétal croissant en hauteur ».

PORTABLE ou **PORTATIF emploi.** Ces deux adj. s'emploient concurremment. Le premier, plus récent, est un « anglicisme invisible » qui offre l'avantage d'une plus grande brièveté (non sans quelque ambiguïté). La langue commerciale l'utilise beaucoup : *Un téléviseur portable.* Il supplante l'ancien **portatif**, dont le sens n'est pas foncièrement différent, « conçu pour être transporté aisément » : *La machine à écrire portative a laissé la place au portable, téléviseur ou téléphone.*

PORTE constr. On dira aussi bien : *La clef est à la porte ou sur la porte.* ⟶ CLEF.
□ **la Porte.** Absolument, et avec une majuscule initiale, *la Porte* désignait jadis le « gouvernement des anciens sultans turcs ». On disait aussi *la Sublime-Porte.*
□ **veine porte.** Ce mot n'est adj. que dans cette locution figée, « veine qui sert de passage pour le retour du sang au foie ».

PORTE- orth. Les composés sont généralement invar. Le premier élément ne prend un *s* que dans *portes-fenêtres*, seul mot dans lequel on ait affaire au subst. **porte** et non au verbe **porter** : *On dîne à quatre dans la grande salle, toutes les portes-fenêtres ouvertes* (Japrisot) ; le second élément varie au plur. dans *porte-affiche, -aiguille (instrument de chirurgie : le* s *est facultatif), -amarre, -assiette, -baïonnette, -balai, -bannière, -bouquet, -broche, -carte, -chandelier, -chéquier, -copie, -coton, -couteau, -crayon, -crosse, -drapeau, -étrivière, -fanion, -greffe, -hauban, -jupe, -lame, -menu, -montre, -objet, -outil, -savon.* On constate de nombreux flottements à ce sujet, et une tendance marquée à mettre un *s* final à de nombreux composés désignant des instruments dont chacun porte un objet unique : *des porte-plat* ou *porte-plats.* Sont invar. *un* (et *des*) *porte-bonheur* ou *porte-malheur, un* (et *des*) *porte-aéronefs* ou *porte-avions, porte-bagages, porte-bouteilles, porte-chapeaux, porte-cigares, porte-cigarettes, porte-clés, porte-conteneurs, porte-croix, porte-documents, porte-enseigne, porte-épée, porte-étendard, porte-étriers, porte-étrivière, porte-fort, porte-glaive, porte-hélicoptères, porte-jarretelles, porte-monnaie, porte-parapluies, porte-parole, porte-plume, porte-queue* : *La Tersée lui tendit un porte-cigarettes en platine, long et plat* (Kessel). *Le soir, au coucher du soleil, il n'était pas rare de voir un porte-avions prendre le large* (de Roulet). S'écrivent en un seul mot, et prennent un *s* final (ou *x*) au plur. : *portefaix, portefeuille, portemanteau, portemine* : *Il imagina l'alignement des portemanteaux* (Volodine).

PORTE(-)À(-)FAUX orth. Cette locution prend deux traits d'union quand elle est employée comme subst. : *Je ne pouvais pas douter que mon pouvoir fût en porte-à-faux* (de Gaulle). *Le financement du RSA met gauche et droite en porte-à-faux* (titre, *Le Monde*, 29/08/2008). La distinction entre la forme substantivée et la construction libre est ici le plus souvent assez arbitraire.

PORTE-À-PORTE orth. Ce groupe, devenu subst., prend des traits d'union : **faire du porte-à-porte**.

PORTÉE constr. À portée de s'emploie surtout dans des tours figés (avec *fusil, voix, etc.*) : *L'arme était à portée de sa main* (Vailland). *Les choristes allaient glapir dès qu'ils seraient à portée de voix* (Vian). Au fig., on dit plutôt **à la portée de** : *Cette méthode est à la portée de tous.* On dira également **hors de portée de** ou **hors de la portée de** : *Tu y seras hors de portée / Des chiens des loups des homm's et des / Imbéciles* (Brassens).

PORTE-FENÊTRE ⟶ PORTE-.

PORTE-JARRETELLES ⟶ JARRETELLE.

PORTER emploi et sens. Ce verbe est le plus souvent transitif (⟶ MENER), mais il s'emploie sans complément d'objet dans certains tours : *L'argument a porté. Cette chatte porte en ce moment : elle est lourde et inquiète.* La locution **porter beau** est vieillie, au sens de « avoir belle apparence, sembler à la fois vigoureux et élégant » : *Il ne faut pas savoir monter à cheval, s'habiller, même en redingote, avoir des éperons, porter beau* (Péguy). *Un homme d'une quarantaine d'années, bien étoffé, portant très beau, quoique d'une façon déjà un peu hors de mode* (Kessel).
□ **se porter fort de.** Dans ce tour, *fort* reste en général invar., mais ce n'est pas une règle absolue. ⟶ FORT.

PORTE-VOIX orth. Prend un trait d'union, comme *porte-parole.*

PORTRAITURER emploi et sens. Ce verbe a remplacé l'ancien *portraire*, dont **portrait** est le participe figé en subst. : *Des loups-garous dont les différentes gueules sont portraiturées* (Giono). On écrit aussi **portraicturer** (mais **portraitiste**).

PORT-SALUT forme. Invar. : *des port-salut.* → FROMAGE.

POSE → PAUSE.

POSER constr. Intransitivement, ce verbe a une acception technique, au sens de « servir de modèle à un peintre, un sculpteur », ou dépréciative, au sens de « avoir une attitude affectée ». À la voix pronominale, on rencontre avec un sujet animé, **se poser comme** ou **en** : *Il vient se poser en redresseur de torts* ou *Il se pose comme le seul capable de nous tirer de cette situation.* À distinguer de **pauser.** → PAUSE.

POSITIONNER emploi et sens. Cet anglicisme « invisible », mais un peu lourd, n'est pas à recommander, à moins qu'il ne s'agisse d'une acception technique très précise, que ne pourrait avoir le verbe **placer**. L'emploi pron. **se positionner**, au sens de « adopter une attitude, une opinion », est devenu très courant dans les medias : *Au CNE, je supervise des entraîneurs en écoutant ce qu'ils vivent, je joue le rôle du tiers. Ils me font part de leur difficulté à se positionner, par exemple, par rapport à des parents intrusifs* (Makis Chamalidis, *Le Monde*, 06/04/2007). *Les rues sont barrées par des murets de sacs de sable, derrière lesquels sont positionnés des soldats équipés d'une batterie d'armes lourdes* (C. Clanet, *Le Monde*, 10/06/2011).

POSSÉDANTS emploi et sens. Ce part. substantivé se rencontre surtout au plur. et tend à remplacer **riches**. Il n'est ni nécessaire ni condamnable. Ne pas l'employer, en tout cas, à la place du suivant.

POSSESSEUR orth. Deux fois deux *s* comme dans *possession, possessif, possessionnel*, etc. ♦ **forme.** Pas de fém. S'il s'agit d'une femme, il vaut mieux tourner la phrase d'une autre manière ou employer d'autres termes, par exemple *propriétaire.* Voir cependant : *Peut-être que cette humble herbe que je foule au pied attend, possesseuse d'un secret, que l'homme formule enfin la question dont elle serait la réponse* (Gide).

POSSESSIF (adj.) **emploi et sens.** Dans certains cas, l'adj. possessif indique moins la « possession » que le « retour fréquent, l'habitude », et il se charge de valeur affective : *Son visage était fripé, durci, il paraissait presque ses vingt ans* (Beauvoir). *Il avait sa table, toujours la même, dans chaque établissement, son maître d'hôtel, son sommelier* (P. Jardin). *Nous travaillons nos huit heures par jour* (Martin du Gard). *« Vite, ma fille, montez : j'ai ma sciatique. » Il avait sa sciatique* (Mauriac) (si le premier *ma* a une certaine valeur « possessive », le second *ma* et le *sa* expriment l'idée d'habitude). *Tu ne veux pas me jouer ton Prélude ? Pour Mme d'Hocquinville, Chopin n'avait écrit qu'un Prélude et il était devenu « ton » Prélude parce qu'elle l'associait à sa petite-fille* (Maurois). *Il cherche à faire son malin.* → FAIRE.

□ **possessif** ou **article.** L'indication du possesseur n'est pas nécessaire quand le contexte est suffisamment clair. Aussi trouve-t-on fréquemment l'article défini *le, la, les* au lieu de l'adj. possessif qu'on attendrait, pour déterminer « une partie du corps » : *Le sang me coulait sur les yeux* (Peyré). *Elle lui passait la main dans les cheveux* (Pérochon). Cependant, le contexte et le besoin de précision peuvent exiger ou recommander la présence du possessif : *Il se rassit devant sa table et prit sa tête dans ses mains* (Troyat). *Gerbert frotta ses yeux* (Beauvoir). *Elle a pensé aux enfants, qu'elle devrait se relever pour aller laver ses mains* (Mauvignier). L'exemple suivant montre bien l'équivalence de l'article et de l'adj. : *Lorsqu'il n'y a personne autour d'elle pour lui troubler les idées et contrarier ses innombrables allées et venues* (Romains). → ARTICLE et LE, LA, LES (article).

□ **chacun de son** ou **de notre côté** ⟶ CHACUN.
□ **dont + possessif.** On ne doit pas rappeler l'antécédent à l'intérieur d'une proposition relative par un adj. possessif qui ferait double emploi avec le pronom possessif : *Une maison dont le prix est élevé* (et non *son prix*). ⟶ PLÉONASME.
□ **son plaisir à lui.** Le renforcement de l'adj. possessif par un pronom personnel est possible à certaines conditions : *Mais notre Histoire à nous, celle de la Révolution française, est éloquente* (Pontalis). ⟶ REDONDANCE.
□ **en** ou **adjectif possessif.** Le même rapport peut être établi entre « possesseur » et « objet possédé » par le pronom *en*, mais seulement quand il s'agit de choses et non de personnes, du moins en principe : *Une usine d'incinération empêchait les Rennais de dormir : ils en bloquent l'entrée* (*Le Monde*). ⟶ EN.
□ **on + son, notre,** etc. ⟶ ON.
□ **mon lieutenant** ⟶ MON.
□ **mon cousin.** Comme interpellatifs, certains noms de parenté sont précédés ou non de l'adj. possessif : *Mon cousin, vous serez un juriste éminent !* L'absence de tout mot devant ces noms de parenté donne à la phrase un ton plus solennel : *Père, ne me grondez pas !* On notera que devant *papa, maman, tonton*, etc., qui sont des mots d'intimité, il est difficile de mettre le possessif. ⟶ MON.

POSSIBLE forme. Après un superlatif relatif, *possible* se met ou non au plur. selon qu'on le rattache au subst. précédent ou au *il* d'une proposition implicite : *Ils échangèrent quelques phrases, les plus pauvres et les plus ordinaires possibles* (Romains) (= qui seraient possibles). Le même romancier laisse **possible** au sing. dans un tour tout à fait analogue : *J'inviterai quelques autres amis. Le moins possible. Et les moins gênants possible* (= qu'il soit possible de trouver). Une certaine tolérance est donc admise. *C'est certainement un des meilleurs candidats possible(s).* Bien entendu, le mot *possible* reste invar. s'il fait fonction d'adv. : *Ils ont tiré le plus possible la couverture à eux.* ♦ **constr.** Dans de nombreux cas, cet adj. peut être antéposé aussi bien que postposé au nom, sans grande différence de sens : *L'autre critique concerne un possible conflit d'intérêts* (*Le Monde*, 07/09/2008).
□ **(il est) possible que.** Cette locution en tête de phrase peut s'abréger dans le registre fam. (les classiques pratiquaient souvent ainsi dans la langue soutenue) : *Possible qu'elles soient pareilles aux hommes, dit Wolf* (Vian). L'emploi de l'indic. ou du conditionnel est devenu exceptionnel.
□ **au possible.** Cette locution invar. sert de substitut au superlatif absolu et se place toujours après un adj. : *Un tango comme tous les tangos, banal à souhait, racoleur au possible* (Aragon).
□ **Dieu possible.** Tour figé à valeur exclamative, qu'on rencontre aujourd'hui encore dans certains parlers ruraux : *Ce n'est pas Dieu possible ! s'écria ma mère* (Guilloux).

POST- orth. Voici les seuls composés avec **post** qui prennent un trait d'union central : *post-impressionnisme* (et *-iste*), *post-it*, *-partum* et *-scriptum*. Tous les autres s'écrivent en un seul mot : *postcombustion, postmarxiste, postmoderne, postopératoire, postscolaire,* etc. *En post-scriptum, maman m'annonce que Catherine est enceinte de sept mois* (Wiazemsky). *La grande révision postcommuniste des années Mitterrand* (Guillebaud). *Une dépression posttraumatique dont rien ni personne ne semblait pouvoir le guérir* (Dubois). *C'était beaucoup trop grand pour évoquer la marque postopératoire d'un bec-de-lièvre* (Nothomb). *La postmodernité, à mieux la regarder, n'est pas aussi sceptique et agnostique qu'on l'imagine* (Guillebaud).

POSTDATER sens. « Mettre sur une lettre ou sur un acte une date postérieure à la date réelle. » Contr. *antidater.*

POSTE orth. On écrit **poste-frontière** avec trait d'union : *Trois kilomètres après l'ancien poste-frontière, un nouveau bouchon s'est formé* (Échenoz), mais **poste restante** avec un espace.

POSTER (substantif) **prononc.** [postɛr]. ♦ **emploi et sens.** « Sorte d'affiche, portrait en couleurs ou en noir et blanc, à usage privé, représentant généralement un personnage célèbre, une vedette de cinéma », etc. Il est malaisé de trouver un substitut français à ce néologisme : *Sa chambre est toute tapissée de posters multicolores.*

POSTÉRIEUR constr. Cet adj., qui est à l'origine un comparatif, « placé après dans le temps », admet toutefois le degré du superlatif (contrairement à **ultérieur**) : *Cet événement est très postérieur à sa décision.* On peut dire aussi *bien postérieur* ou *de beaucoup postérieur.* ⟶ ANTÉRIEUR et BEAUCOUP.

POSTICHE emploi et sens. Ce mot est adj. ou subst., et s'applique à un « élément fabriqué et destiné à remplacer un élément naturel », surtout en parlant de cheveux, de cils, de rembourrage. Le subst. est toujours masc. dans cet emploi : *Mémé a rajusté mon postiche d'anglaises et a raffermi les fixations des violettes* (Hoex). ⟶ PERRUQUE.

POST-IT emploi et sens. Cet emprunt à l'anglais est invar. Il désigne un petit morceau de papier adhésif sur un bord et qu'on peut coller n'importe où. C'est un équivalent bureaucratique de **pense-bête** : *Sur certaines* [de nos évaluations] *étaient collés des post-it jaunes où l'on déchiffrait des observations et des objectifs* (Adam). Recomm. offic. : *papillon.*

POSTMODERNE emploi et sens. Cet anglicisme à peine francisé qualifie au départ le rejet ou le « dépassement » du modernisme dans les arts plastiques et se trouve employé aujourd'hui dans un langage « branché » avec pas mal d'imprécision : *Comme quoi : il vaut mieux être un moins pensant qu'un penseur postmoderne* (Barbery). ⟶ ALTER.

POSTURE emploi et sens. Ce subst., qui a souvent un sens dévalorisant ou péj., « attitude peu naturelle ou peu convenable », est souvent employé en un sens abstrait, là où on attendrait plutôt *position* ou *attitude,* qui sont plus neutres : *Deux autres postures ont alors surgi. D'abord, la prudence, comme celle de Pierre Moscovici* [...]. *Ensuite, le soutien, à l'instar de Bertrand Delanoë* (C. Delporte, *Libération,* 09/10/2009). ⟶ POSITIONNER.

POT orth. On écrit avec des traits d'union : *pot-au-feu* (invar.), *pot-de-vin (des pots-de-vin), pot-pourri (des pots-pourris).* ♦ **constr.** On ne dit plus aujourd'hui *pot à l'eau,* mais seulement **pot à eau** (destination) et **pot d'eau** (contenant de l'eau). L'article ne s'emploie plus que dans certains tours figés : *découvrir le pot aux roses, s'enfoncer dans le pot au noir.*

POTABLE emploi et sens. Cet adj. est très correct dans **eau (non) potable**, mais fam. au sens fig. « acceptable » : *Ça lui ménageait une sortie potable* (Sartre).

POTRON-MINET emploi et sens. Ce mot vieilli désigne l'« aube » dans certains tours figés et rares, qui ont encore une certaine faveur dans les médias : *Mercredi 31 août, dès potron-minet, la radio annonce un scoop à la « une » de Libération : Affaire Bethencourt* (P. Galinier, *Le Monde,* 04/09/2011). On dit également **potron-jaquet** ou même, par une déformation fautive, *patron-jaquet* ou *-minet.*

POU orth. Plur. *des poux.* ⟶ BIJOU.

POUDROIEMENT orth. Ne pas omettre le *e* central.

POUDROYER conjug. Comme *noyer.* ⟶ APPENDICE GRAMMATICAL.

POUFFIASSE orth. On rencontre souvent **poufiasse** avec un seul *f* : *Une de ces poufiasses de province* (Aragon).

POULPE genre. Masc. *On eût dit d'un poulpe mauve* (Mac Orlan). On prendra garde à l'influence du genre fém. de **pieuvre**, qui est synonyme.

POUPART sens. Autre nom du **tourteau**. Ne pas confondre, pour l'orthographe, avec **poupard**, « bébé gros et joufflu ».

POUPE ⟶ PROUE.

POUR emploi et sens. La fonction principale de **pour** est d'exprimer le but : mais cette prép. sert parfois à établir un rapport de cause ou de concession, même devant un infinitif : *Pour n'avoir pas su empêcher le départ des ouvriers en Allemagne, Laval a permis la constitution du maquis* (Chaix) (le sens est : « parce qu'il n'a pas su... »). *Elle l'avait tutoyé tout de suite, pour avoir lu sans doute beaucoup de romans français* (J. Roy) (le sens est évidemment : « car elle avait lu... »). De même : *L'on avait toujours peur d'être grondées pour être en retard* (Boylesve). En relation avec une proposition négative, *pour* a souvent une valeur concessive (« même si ») : *Pour être fée, on n'en est pas moins femme* (France). *De telles considérations, pour être exactes, ne sont propres qu'à gêner les sots* (Gide).

□ **pour + adjectif + que.** La proposition concessive ainsi introduite a un verbe au subj. : *Les enseignes lumineuses sur la place de l'Hôtel-de-Ville, pour brouillées, pour noyées qu'elles fussent, demeuraient lisibles* (Butor). *Pour effrayant que soit un monstre, la tâche de le décrire est toujours un peu plus effrayante que lui* (Valéry). *Leurs relations, pour agréables qu'elles fussent devenues, n'étaient pas encore assez familières à son gré* (Dhôtel). On rencontre rarement l'indic. : *Je finirai par faire mon profit, pour légèrement contradictoires qu'ils sont, d'enseignements aussi désintéressés* (Colette). L'addition de *si* après *pour* n'est pas un solécisme, mais la reprise d'un tour ancien : *Pour si obstiné qu'il l'observât* (Bernanos). *Pour si paradoxale que la chose puisse paraître* (Simon). On préférera en général le tour le plus simple et le moins pléonastique.

□ **être pour.** « Être partisan de... » : *À ce que je crois comprendre, vous êtes pour confier le gouvernement aux peuples* (Anouilh). Mais on évitera l'ellipse du complément de but : *Tout le monde était pour, bien entendu* (Giono). *On s'est bien amusés. Il fallait trouver ce qu'il fallait pour* (Triolet). Ces abrègements relèvent de la langue très fam., comme le montre le sketch de F. Raynaud : *C'est étudié pour !*

□ **pour + préposition.** On rencontre le cumul de *pour* et de certaines prép. : *Tiens-toi prêt pour dans une heure au maximum* (Giono). *Ce qu'il désirait pour après sa mort* (Proust).

□ **ellipse de pour.** Elle a un caractère pop. après des verbes comme *regarder* ou des verbes de « déplacement » : *Elle regarde à travers ma vitre voir si j'y suis* (Giono). *Lui-même retournait souvent à Jesenice voir des oncles et il s'y trouvait bien* (Ravey). *Elle sort bien parfois dans la cour marcher un peu, parler aux enfants* (Benameur). → VOIR.

□ **pour ce qui est de.** Locution sensiblement synonyme de **en ce qui concerne** : *Imbattables, pour ce qui est du paquetage, les Suisses* (Aragon). *Pour ce qui est du tabac, de la nourriture, je fais partie de la plèbe, certainement* (Semprun).

□ **avoir (tenir, prendre)... pour,** suivi d'un attribut d'objet : *Je vous tiens pour une niguedouille* (Louÿs). Dans ce tour, *pour* a sensiblement le même sens que *comme.* Avec un verbe tel que **connaître**, l'emploi de *pour* apparaît plus littéraire que *comme* : *Certains itinéraires que l'on connaissait vaguement pour être les itinéraires des cortèges* (Péguy) (= « comme étant »).

□ **pour, terme de soulignement.** Cet emploi est très répandu à tous les niveaux de langue : *Pour un orateur, c'est un orateur* (Romains). *Pour une maison ouverte, on peut dire de cette maison qu'elle est ouverte* (Bernanos).

□ **pour de bon,** etc. La langue écrite (fam.) semble accepter le tour **pour de bon** : *Ce fut cette fois un mariage pour de bon* (France). *Il lui fallait l'emmener chez elle pour pouvoir l'embrasser pour de bon* (Sagan). Mais les tours **pour de rire, pour de vrai**, etc. appartiennent au langage enfantin : *Des petites filles aussi* [...] *qui sautent à la marelle avec des grâces que la danseuse étoile ne saura plus revivre, qui chantent en cristal et qui s'ennuient déjà poliment avec les fusils de la guerre pour de rire* (Desproges). *Moi, je te crois, dis-je à Bonazèbe. Je suis sûr que c'est pour de vrai* (Labro). *Il suffirait d'un coup de dés sur le carrelage noir et blanc de la vieille maison et tout recommencerait pour de faux* (Fottorino).

□ **pour ce que...** Ce tour exclamatif appartient au registre pop. : *– D'ailleurs, pour ce que j'y resterai, dans cette boîte..., disait Sarah avec une vulgarité apprise* (Mallet-Joris). *Pour ce qu'ils payaient, ces cochons d'ouvriers !* (Aragon). On trouvera de nombreuses indications complémentaires à À, ALLER, D'ACCORD, DE, MERCI, MOINS, PARTIR, PAS (adv.), POURQUOI, QUAND, QUOI (interrogatif), RAISON, RECONNAISSANT, REMERCIER, SÛR, TENIR, etc.

POURPRE genre. Fém. au sens de « matière colorante », « étoffe teinte au moyen de cette matière » et, par métonymie, « dignité dont la couleur pourpre est le signe » : *La pourpre cardinalice.* Masc. au sens de « teinte pourpre » : *La lumière a des ombres d'un pourpre profond* (Giono). Comme adj. de couleur, *pourpre* est variable en nombre. → COULEUR.

POURQUOI emploi et sens. Cet adv. sert à la fois à interroger et à renseigner sur la cause : *Pourquoi ne l'a-t-il pas dit plus tôt ?* (Boylesve). *Pourquoi est-ce que vous saluez cette Cambremer ?* (Proust). *Alors, pourquoi vous voulez me revoir ?* (Romains). *C'est pourquoi je suis parti.* Combiné avec **ce**, on trouve tantôt **pourquoi** (lié) et tantôt **pour quoi** : *Ce pour quoi l'on se sent vocation paraît bon* (Gide). *Mesurait-elle le néant de ce pourquoi elle luttait depuis tant d'années ?* (Mauriac). Dans le passage suivant, l'emploi absolu de **c'est pourquoi** relève de la langue pop. : *C'est bon, dit Suzanne, c'est formidable. – J'y ai mis une goutte de vin blanc, c'est pourquoi* (Duras). On dit plus correctement : *C'est pour ça.*

□ **j'ai fait ça pourquoi ? Parce que…** C'est devenu un véritable tic de s'exprimer dans les médias de cette façon lourde et insistante, au lieu du simple : *J'ai fait cela parce que…*

□ **pour quoi faire** ou **pourquoi faire ?** Avec un verbe transitif, on écrira **pour quoi** en deux mots si *quoi* est le seul complément : *« J'ai toujours eu du courage. » Aussitôt il se demanda : « Pour quoi faire ? »* (Kessel). Le rejet de *quoi* en fin de proposition interrogative, parfois critiqué comme d'usage fam., a en tout cas l'avantage de supprimer toute ambiguïté : *Jamais je ne leur ai parlé. Pour leur dire quoi ? Qu'ils ont un air de famille avec toi, papa ?* (Fottorino). Mais on écrit évidemment **pourquoi** en un seul mot si le verbe est suivi d'un complément d'objet ou s'il est intransitif : *Pourquoi faire tant d'histoires ?*

□ **pourquoi non** ou **pourquoi pas ?** Le premier tour est plus littéraire, le second plus naturel. → NON.

POURRISSAGE, POURRISSEMENT, POURRITURE emploi et sens. Le premier terme est technique et désigne l'opération qui consiste à « faire macérer des chiffons dans l'eau pour la fabrication de la pâte à papier » et un « traitement de l'argile à céramique par l'humidité ». Le deuxième terme a une valeur surtout abstraite : *Le pourrissement de la situation sociale.* Quant à **pourriture**, il marque plus le « résultat » que l'« action en train de se faire ». Il peut éventuellement servir d'insulte.

POURSUIVRE (UN BUT) → BUT.

POURVOIR conjug. Irrégulière, sur *voir*, avec des anomalies. → APPENDICE GRAMMATICAL. ♦ **constr.** On dit : **pourvoir à qqch.** (et non pas **à qqn**) : *Commence, Jeanne, Dieu ne te demande pas autre chose, après il pourvoira à tout* (Anouilh). On dit aussi *pourvoir qqn de* (et non pas : *en*) *qqch.* : *Camille entendit son mari aller et venir, ouvrir un robinet, sut qu'il pourvoyait la chatte de nourriture et d'eau fraîche* (Colette). Le tour **pourvoir un emploi** est courant au sens de « y nommer qqn ». **Pourvoir qqn** (sans complément non animé), au sens de « établir, donner une situation sociale », est plus rare.

POURVU (QUE) emploi et sens. Cette locution conjonctive, toujours suivie du subj., *présente la condition comme une exigence qui doit être remplie pour qu'un fait quelconque puisse s'accomplir* (Sandfeld). *Toute histoire d'amour la retenait pourvu qu'elle ne falsifiât pas le réel* (Mauriac). *Je le laissais faire pourvu qu'il me donnât des billes* (Perry). En tête de phrase, simple valeur de souhait : *Pourvu, au moins, qu'il s'en rende compte ! qu'il ne gâche pas ça !* (Romains).

POUSSE-CAFÉ forme. Subst. invar. : *des pousse-café.*

POUSSE-POUSSE forme. Subst. invar., souvent abrégé en **pousse**. De même pour *cyclo-pousse*, qui s'abrège en **cyclo** : *Minh freina brutalement, arrêta son cyclo au milieu de la place* (R. Jean).

POUTRAGE ou **POUTRAISON emploi et sens.** Ces mots désignent tous deux, à peu près indifféremment, l'assemblage des poutres d'une charpente.

POUVOIR conjug. → APPENDICE GRAMMATICAL. ♦ **forme. Je peux** ou **je puis.** La seconde forme est aujourd'hui une survivance littéraire d'une élégance quelque peu désuète, excepté dans la tournure interrogative : *Puis-je vous aider ?* bien plus rare à l'oral, certes, aujourd'hui que : *Je peux vous aider ?* Quant à *peux-je*, il est inusité. *Puis-je vous demander ce qui vous intéresse dans cette quatrième page réservée aux annonces ?* (Aymé). *Méprisé, traqué, contraint, je puis alors donner ma pleine mesure, jouir de ce que je suis, être naturel enfin* (Camus). *Ce livre, je ne puis le racheter car j'en ignore le titre et je ne sais pas non plus le nom de l'auteur* (Desarthe).
□ **ce peut être** ou **ce peuvent être.** La règle est la même que pour le verbe **être** seul. → CE *(c'est ou ce sont)*.
□ **la possibilité de... Pouvoir** fait une forte redondance avec tous ses dérivés : **possible, possibilité** ainsi qu'avec **capable, capacité** et **permettre.** On évitera ce genre d'enchaînement pesant... le plus possible.
□ **pouvoir + peut-être.** Contrairement à ce qu'ont dit certains grammairiens, l'emploi côte à côte du verbe **pouvoir** et de l'adv. **peut-être** n'a rien de fautif : *Je pourrai peut-être venir demain* ne dit manifestement pas la même chose que *Je viendrai peut-être demain.* De nombreuses formules d'« affirmation atténuée » présentent cette juxtaposition : *Je fis remarquer au colonel qu'on aurait peut-être pu prévoir un roulement* (Vercors). *Peut-être pourrions-nous convenir d'un rendez-vous ?*
□ **il se peut que.** Se fait généralement suivre du subj. : *Il se peut que jouer de l'argent ne soit pas très moral* (Romains). *Il se peut que la maladie ait préparé Dostoïevski à ces états les plus rares de l'intuition* (Suarès). L'emploi de l'indic. ou du conditionnel est moins fréquent : *Il se peut qu'en Chine on l'entendrait mieux* (Green, cité par Grevisse).
□ **elle pouvait avoir quarante ans.** Le verbe *pouvoir* a dans ce type de phrases une valeur d'approximation : *Il pouvait être huit heures du matin* (Pergaud). → DANS et VERS.
□ **on ne peut mieux** (ou **plus**). Ces locutions figées marquent un très haut degré : *J'ai tout ça on ne peut mieux présent à l'esprit* (Romains). *La sexualité humaine est foncièrement perverse en ce qu'elle n'obéit pas* [...] *aux normes imposées par la Nature ou la Société, qu'elle est on ne peut plus déraisonnable* (Pontalis). *Nous étions toujours ensemble, silhouettes en ombres on ne peut plus chinoises* (Toussaint).
□ **on ne peut pas ne pas rire.** La double négation est fréquente avec ce verbe employé comme auxiliaire modal. On aboutit à un sens nettement positif, c'est le cas, par exemple, dans cette phrase : *Tu ne peux pas ne pas te poser la question* (Romains) (= « tu te poses inévitablement la question »).
□ **n'en pouvoir mais.** Locution archaïque exprimant qu'on est « impuissant devant un fait » et plus souvent « épuisé » : *Sylvie, maussade, turlupinait l'ami, qui n'en pouvait mais* (Rolland). Mais au second sens, on dit aujourd'hui, dans le registre fam., **n'en pouvoir plus**. → la cit. d'Échenoz à SEC.
□ **ne pouvoir que... ne...** « Être dans l'impossibilité de ne pas. » Ce tour classique, toujours suivi du subj., se rencontre encore sous la plume de certains écrivains précieux : *Le terroriste ne peut qu'il ne mêle à la peur, à l'amour, à la liberté, un continuel souci de langage et d'expression* (Paulhan).

POUVOIR (substantif) **emploi et sens.** Dans le vocabulaire de la finance, ce mot signifie « capacité légale d'agir ». Il se rencontre surtout dans les tours suivants : *fondé de pouvoir(s)* (sing. ou plur.) : *Le fondé de pouvoir(s) d'un banquier. Avoir ou donner (les) plein(s) pouvoir(s) à qqn* (au sing. ou au plur.) : *Lewis avait pleins pouvoirs* (Morand). → FONDÉ.

PRAGMATIQUE emploi et sens. « Relatif à l'étude des faits » ou, par extension, « qui a pour critères des valeurs pratiques ». Se garder de l'assimilation à **empirique**, « qui s'appuie sur l'expérience » et à **éclectique**, « qui emprunte à divers genres, à divers systèmes ».

PRAIRE genre. Fém. ♦ **sens.** « Mollusque comestible voisin de la palourde. »

PRATICABLE orth. Un *c*, comme **praticabilité**, mais on écrit **pratiquant** (nom et part. présent).

PRATIQUE (substantif) **emploi et sens.** Mot vieilli au sens de « clientèle » (au sing.) ou de « client » (au sing. et au plur.) : *J'ai cherché à m'établir sous un autre nom dans quelque endroit où la pratique ne me manquerait pas* (Camus). Le sens le plus courant aujourd'hui est « mise en action de règles ou de principes en vue d'un résultat concret ».

PRATIQUEMENT sens. « Dans la pratique, en fait » : *La cabine est donc pratiquement inutilisable* (*Le Monde*) (opposé à **théoriquement**). *Adeline Serpillon appartenait à cette écrasante majorité des mortels qu'on n'assassine pratiquement pas* (Desproges). Par un glissement de sens condamné en vain par les grammairiens, cet adv. est pris couramment au sens de « presque, à peu près » : *Elle n'avait pratiquement plus de Veinamitol, ce qui allait l'obliger à faire venir le médecin* (Garnier). *En dehors des millions de fantômes, il n'y a pratiquement plus de Juifs en Pologne* (Bialot). *Il est pratiquement arrivé au résultat qu'il cherchait. Son ouvrage est pratiquement terminé.*

PRÉ- orth. Jamais de trait d'union dans les composés, même quand le second élément est à initiale vocalique : *préexistant, préoccupation,* etc. Seule exception : *pré-salé* peut s'écrire avec un trait d'union.

PRÉAVIS emploi et sens. « Avertissement préalable, qui doit être donné un certain nombre de jours avant la clôture d'un emprunt, le déclenchement d'une grève, etc. » L'habitude est prise aujourd'hui de dire, par une sorte d'hypallage, *un préavis de cinq jours,* bien que l'indication donnée ne concerne pas le préavis lui-même, mais seulement la durée qui le sépare du fait en question. ⟶ HYPALLAGE.

PRÉCÉDENT ou **PRÉCÉDANT orth.** La première, qui est de loin la plus fréquente, s'emploie pour un adj. ou un subst. : *C'était une grande nouveauté qu'une jument verte et qui n'avait point de précédent connu* (Aymé). *Son précédent roman était mieux écrit.* L'orthographe avec un *a* est celle du participe-gérondif exclusivement : *Deux jeunes filles avaient été attaquées, la semaine précédant son arrivée, à coups de couteau* (Godbout). *Il marchait en précédant le cortège.*

PRÉCEPTEUR emploi et sens. On ne confondra pas ce mot, signifiant « éducateur privé », et relativement rare aujourd'hui, avec **percepteur** : *Mon petit frère, éduqué à l'ancienne, regagnait à pas sages ses appartements où son précepteur l'attendait afin de lui inculquer les rudiments de la philosophie thomiste* (P. Jardin).

PRÊCHI-PRÊCHA forme. Avec un trait d'union. Invar. *des prêchi-prêcha* : *Les mômes de maintenant n'ont pas connu ce prêchi-prêcha sur la bravoure* (Saumont).

PRÉCIPITER emploi et sens. Surtout à la voix pron., avec un sujet animé humain, plus rarement transitif, au sens de « accélérer », avec un objet non animé : *La tension nerveuse à laquelle j'ai soumis ma pauvre mère a-t-elle précipité l'heure de la crise ?* (H. Bazin). Intransitivement, au sens technique de « former brusquement un dépôt, en parlant d'un liquide ».

PRÉCIS forme et emploi. Cet adj. s'emploie après un nom d'heure de la même façon que **passé**. ⟶ ce mot. Il se met au masc. avec *midi* et *minuit,* au fém. dans les autres cas : *À midi précis, tous les voyageurs sont installés, l'alerte retentit* (Chaix). *Le repas qui se prenait à douze heures quarante-cinq précises* (P. Jardin). *Désormais, il arriverait à huit heures précises, voilà – pour commencer* (Aymé). Il ne peut être antéposé.

PRÉCOCEMENT prononc. [prekɔsmã]. Il ne faut pas transformer le *e* interne en *é,* comme cela s'entend souvent dans les médias.

PRÉCURSEUR forme. Pas de fém. : *Nathalie Sarraute peut être considérée comme le précurseur du Nouveau Roman.*

PRÉDÉCESSEUR forme. Pas de fém. → le précédent.

PRÉDICANT emploi et sens. Simplement descriptif au sens de « ministre du culte protestant principalement chargé de la prédication », mais littéraire et péj. comme adj., au sens de « moralisateur ».

PRÉDICATION et **PRÉDICTION sens.** On évitera de confondre ces deux paronymes, le premier renvoyant à **prêcher** et **prédiquer** (de *prédicat*), le second à **prédire**.

PRÉDIRE conjug. → CONTREDIRE, DÉDIRE, etc. et APPENDICE GRAMMATICAL.

PRÉEMPTER emploi et sens. Ce verbe néologique (il date de 1983 selon le TLF) a été très utilement et sobrement forgé sur **préemption**, et on ne voit pas au nom de quoi on pourrait le récuser (d'autant qu'on aurait pu inventer... *préemptionner !*) : *Était-il opportun d'attribuer le réseau de la Cinq à Arte ? Le gouvernement était-il en droit de « préempter » ce réseau pour elle ?* (Le Monde, 23/07/1992).

PRÉFÉRENTIEL sens. Cet adj. a un sens actif, « qui établit une préférence » : *un vote préférentiel*, et on ne doit pas l'employer comme synonyme de **préféré**, comme ici : *Je devais avoir des paroles, une attitude, une façon d'être qui me désignaient, dans la foule, comme pigeon préférentiel* (Dubois).

PRÉFÉRER constr. Avec des substantifs ou des pronoms compléments d'objet, on dit **préférer X à Y** : *À l'offrande de Caïn, des « fruits du sol », Yahvé a préféré celle d'Abel, « les premiers-nés de son petit bétail »* (Pontalis). *Dans le métro* [...], *Baumgartner préfère toujours les strapontins aux banquettes* (Échenoz). *En vérité, plutôt que créateur, Zenfl était linguiste. Aux romans il préférait les dictionnaires* (Volodine).

□ **préférer + infinitif... plutôt que (de) + infinitif.** Cette construction est seule admise par les puristes : *Je préfère y voir la jeune héritière en sa pleine beauté, c'est-à-dire, entre vingt et trente ans, plutôt que de l'y suivre à l'âge ingrat* (Boylesve). *Je préférerais ne réussir point, plutôt que de me fixer dans un genre* (Gide). L'ellipse de **de** (après **plutôt que**) est rare et archaïsante. Aujourd'hui, on construit de plus en plus souvent **préférer** avec deux infinitifs par analogie avec la locution **aimer mieux**, qui se fait suivre normalement du simple **que** : *Sans doute souffrirait-elle, mais elle préférait souffrir qu'être dupe* (Radiguet). *Je préfère suivre ma plume que de la diriger* (Claudel). *Il préfère être assiégé avec tous que prisonnier tout seul* (Camus). On notera que notre langue ne permet pas de construire ce verbe avec deux propositions conjonctives comme complément en raison de la rencontre des deux *que*. On tourne dans ce cas la difficulté en recourant au verbe **voir** et en transformant le second objet : *Je préfère qu'il parte plutôt que de le voir triste*, au lieu de **que qu'il soit triste*, tour impossible. *Il a préféré se suicider plutôt que de se voir injustement condamné* (au lieu de : **que qu'il soit condamné*). Les mêmes règles s'appliquent à l'adj. **préférable** : *Sans doute les gendarmes avaient-ils jugé préférable de taire leur échec que de lancer toute la police aux trousses de leur jeune et insignifiant voleur* (Dhôtel).

□ **préférer (de) + infinitif.** L'insertion de la prép. *de* entre *préférer* et l'infinitif est du domaine littéraire : *Il admit sans peine que la jeune fille eût préféré de disparaître que de tenter un grand effort* (Kessel). *Mais on peut préférer de voir les choses en pleine lumière* (Roblès).

□ **préférer rester à partir.** Cette constr. dans laquelle le second infinitif est introduit par *à* semble assez récente (Littré ne la mentionne pas) : *Il préfère, même quand il est seul, se taire à se tromper* (Romains). *Il préférait souffrir à ne pas aimer* (Triolet). Elle est constante chez Montherlant : *Toutes les femmes préfèrent être dévorées à être dédaignées. Si Dieu voulait me donner le ciel, mais qu'il me le différât, je préférerais me jeter en enfer à devoir attendre le bon plaisir de Dieu.*

PRÉFET forme. Le fém. est *préfète*.

PRÉFIX forme. Adj. invar., dans la langue du droit, au sens de « fixé d'avance » : *le terme préfix*. Le subst. correspondant est **préfixion**.

Ne pas confondre avec **préfixation**, terme de grammaire, « formation à l'aide d'un préfixe » (avec un *e*).

PRÉFIXE Il s'agit d'un élément (ou morphème) de constr. des mots, qui se place en tête d'un radical (dont il peut être séparé par un trait d'union) et contribue à créer des unités nouvelles : **antivirus, transsexuel, démonétisé.** En général, le préfixe ne modifie pas la catégorie grammaticale du mot sur lequel il se greffe : un **héliport** est un nom masc., comme **port**, une **polyclinique** est un nom fém. comme **clinique** ; **bidirectionnel** et **extraconjugal** sont des adj. de même statut que **directionnel** et **conjugal** ; **déconstruire** est un verbe comme **construire** ; **inconsciemment** demeure un adv. au même titre que **consciemment**, etc.

PRÉGNANT emploi et sens. Ce terme de psychologie, « qui s'impose avec force », s'emploie aussi en linguistique, la *valeur prégnante* étant le « sens implicite d'un attribut proleptique ». On emploie souvent ce vocable de façon un peu pédante en lui donnant le sens de « convaincant, décisif » : *Elle était restée avec cette inquiétude au cœur, cette inquiétude diffuse, lourde, prégnante* (Toussaint). *Rien ne semblait le dégoûter davantage que le contact ou l'odeur prégnante des peintures* (Dubois). La même remarque s'applique au dérivé fém. **prégnance** : *Nous avons pris conscience, à ce moment de l'annonce de sa mort, de la prégnance de cette image* (Jourde).

PRÉHENSILE forme et sens. « Qui peut saisir », surtout en parlant d'organes chez certains animaux. Ne pas confondre avec **préhensible** (rare), au sens passif, « qui peut être pris ».

PRÉJUDICIEL forme. Masc. plur. : *préjudiciels*, sauf dans le tour figé : *frais préjudiciaux.*

PRÉJUGER constr. Dans la langue classique, on dit **préjuger qqch.**, au sens de « juger d'avance » : *Tu ne saurais préjuger ma conduite.* Aujourd'hui, la constr. indirecte par *de* tend à se généraliser : *Sans préjuger de la suite des événements, on peut penser que...* (formule journalistique fréquente). L'influence de **juger de** et de **présumer de** est évidente dans la phrase suivante : *Bourget affirme qu'il n'y a point de roman qui ne laisse préjuger des opinions de l'auteur* (Boylesve, cité par Hanse). → PRÉSAGER.

PRÉMICES → PRÉMISSES.

PREMIER constr. Cet adj. est parfois postposé, avec un sens précis. En mathématiques, un **nombre premier** n'est « divisible que par lui-même et par l'unité ». Dans la langue littéraire, le mot signifie « ancien, abandonné au moment où on parle » : *Cependant, il lui reste quelque chose de sa religion première* (Aragon). *Sans doute bougé-je trop encore, ai-je le mauvais goût de me dérober à l'injonction première* (Riboulet).

□ **le premier... qui.** Par analogie avec les tours superlatifs, le verbe de la relative qui a pour antécédent cet adj.-subst. est au subj., avec une nuance de conséquence, d'attente, etc. : *Tu es le premier à qui je dise ça, avoua Palaiseau* (Troyat). *Ainsi le premier homme avec lequel j'aie eu une conversation personnelle dans cette ville dressait contre elle ce réquisitoire* (Butor). Mais l'indic. est possible aussi : *Le premier qui rira aura une tapette* (chanson d'enfant). *La première fille qu'on a prise dans ses bras* (Brassens).

□ **emploi adverbial.** L'adj. **premier** employé adverbialement est toujours variable : *De grand matin les premiers arrivés dans la cour se réchauffaient en glissant autour du puits* (Alain-Fournier).

□ **tout premier.** Le mot *tout* est invar. dans ce tour, répandu à tous les niveaux et difficile à refuser, en dépit du pléonasme apparent : *Il avait été l'un des tout premiers à donner des cours réguliers à l'université des baraques* (Lanoux). → DÉBUT et FIN.

□ **en premier.** Cette locution, abréviation de **en premier lieu**, est très en vogue et tend à faire oublier l'existence des adv. **premièrement** et **primo**.

PREMIER-NÉ forme. Le premier élément est aujourd'hui variable : *Votre première-née est superbe* (on dira plus simplement : votre aînée). *Les enfants premiers-nés sont bien souvent les plus chéris.*

PRÉMISSES et **PRÉMICES emploi et sens.** Il ne faut pas confondre ces subst., tous deux fém. **Prémisses** est rare et spécialisé : il désigne « chacune des deux premières propositions d'un syllogisme » et ne s'emploie, même figurément, que dans un registre très intellectuel : *Que reprochent à Kant, me demandai-je, nos cerveaux modernes ? De poser pour évidentes des prémisses qui ne le sont plus* (Vercors). *Le suicide signifierait la fin de cette confrontation et le raisonnement absurde considère qu'il ne pourrait y souscrire qu'en niant ses propres prémisses* (Camus). **Prémices** désigne, dans l'Antiquité, les « premières productions de la terre ou du bétail, qu'on offrait aux dieux ». Il est aujourd'hui souvent employé au fig., au sens de « commencements, début » : *Votre grand-tante Nathalie Belgorodsky approuvait mes recherches concernant les prémices de la guerre civile* (Wiazemsky). *Juste en face de la galerie se prépare un gros chantier qui n'en est qu'à ses prémices* (Échenoz). *Je devinais chez lui les prémices d'une peur animale. Et cela me terrifiait* (Dubois).

PRÉNATAL forme. Masc. plur. : *des examens prénatals.* ⟶ -AL.

PRENDRE constr. Dans certains contextes, les prépositions *pour* et *comme* sont équivalentes pour introduire l'attribut du complément d'objet : *Nous décidâmes de la prendre comme premier objectif* (Boulle).

□ **ça l'a pris** ou **ça lui a pris.** Le verbe **prendre** est considéré comme transitif direct ou indirect quand il s'agit d'une « idée ou d'une maladie qui prend possession de qqn » : *Cela le prenait tous les matins* (Chraïbi). *Qu'est-ce qui leur a pris de s'en aller brusquement ?*

□ **se prendre à** ou **de.** On trouve ces deux constr. à la voix pronominale, avec un sujet animé. **Se prendre à** signifie « se mettre à » et se construit avec un infinitif : *Mais Thierry s'était pris à crier d'une voix sanglotante* (Duhamel). *Songeant aux deux élégantes et à l'artiste présumé, il se prit à évoquer des rendez-vous galants dans une garçonnière capitonnée* (Aymé). **Se prendre de** s'emploie exclusivement devant un subst., et signifie « se laisser envahir par » : *Je me pris ainsi d'une fausse passion pour une charmante ahurie* (Camus).

□ **prendre sur soi.** Cette locution figée signifie « supporter une situation sans mot dire » : *Dans le moment, j'ai pu prendre sur moi et, sans éveiller personne, je suis sorti pour aller considérer la situation dans la rue* (Aymé).

□ **se** ou **s'en prendre à quelqu'un.** Le second tour, qui contient un *en* explétif, tend à être utilisé également à la place du premier : *Il s'en est pris à son voisin de son infortune* signifie « il a rejeté sur son voisin la cause de son infortune », mais aussi bien : « il a attaqué son voisin, à cause de son infortune ». Voir, avec jeu de mots sur deux sens de « se prendre » : *Tous ceux qui s'en sont pris à elle s'y sont pris* (Aragon).

□ **prendre garde à, de, que** ⟶ GARDE.

□ **prendre à parti(e), le parti de** ⟶ PARTI et PARTIE.

□ **prendre à témoin** ⟶ TÉMOIN.

□ **bien** (ou **mal**) **lui (en) a pris de.** Ce tour est figé et archaïsant, au sens de « l'événement a montré qu'il avait eu raison (ou tort) de... » : *J'ai dû me lever. Bien m'en a pris, d'ailleurs* (Benoit).

PRÉPARER emploi. On évitera le pléonasme *préparer d'avance*, qui n'est pas justifiable. On dira : *La maîtresse de maison avait déjà préparé ses toasts* ou *avait fait d'avance tous ses toasts.*

PRÉPOSITION constr. On met toujours la prép. devant son complément, sauf dans le cas de *durant*, qui peut être postposé : *Sa vie durant, il s'est plaint de sa santé.* Le cumul des prép. est rare dans la langue soutenue, mais la langue cursive n'y répugne pas : *C'était là des propos d'après la table* (Duhamel). *Elle retrouvait ses airs de petite fille et ses manières de pendant l'amour* (Aragon). *De derrière le mince rideau improvisé en toile cirée* [...], *Dora apparut en robe de chambre* (Labro). *Ôte tes coudes de sur la table. C'est pour dans une heure. Il vient de chez toi* (correct à tous les niveaux), etc. ♦ **emploi.** Beaucoup de prép.

peuvent s'employer absolument, en fonction d'adv. Cet usage remonte à l'ancien français. ⟶ APRÈS, AVANT, AVEC, CONTRE, DEPUIS, DERRIÈRE, DEVANT, etc. Mais à **dans, sur, sous**, qui ne peuvent être adv., correspondent les formes **dedans, dessus, dessous** (qui s'emploient aussi, mais rarement, comme prépositions). ⟶ ces mots à l'ordre alphabétique. Il n'existe pas de règles absolues en ce qui concerne la répétition d'une préposition devant des régimes distincts. En général, **à, de** et **en** sont répétés, à moins qu'il ne s'agisse d'un groupe figé, comme *allées et venues, us et coutumes*, ou de plusieurs mots qui ne font que développer le contenu d'un seul : *La méthode de penser en commun et de décider en commun est mauvaise* (Alain). Mais : *Il était tellement prêt à s'occuper d'elle, lui ouvrir les portes, allumer ses cigarettes, courir au-devant de ses moindres désirs* (Sagan). *Elle riait, par moquerie de mon ignorance ou plaisir de mon compliment* (Proust). *On peut se tourner dans un sens ou l'autre de l'étendue* (Barbusse). *Il restait volontiers, les coudes sur la table, à fumer, boire et causer* (Rolland). D'une façon générale, la répétition est utilisée quand les compléments sont tout à fait distingués dans l'esprit, ou qu'on veut insister vigoureusement sur chacun d'eux : *Il a appris à lire, à écrire et à compter en très peu de temps.* ♦ **ellipse.** Elle est de deux sortes : **1)** Absence de la préposition **de** dans de nombreux tours actuels : *la question salaires, le côté cour, au point de vue travail*, etc. Ces tours souvent critiqués par les puristes sont très usités. ⟶ CÔTÉ, POINT (DE VUE), QUESTION, etc. **2)** Absence de la préposition **de** dans des tours anciens : c'est le cas de *(en) face, près, proche, vis-à-vis*. ⟶ ces mots. Lorsque le rapport entre deux termes est évident, la langue tend à faire l'économie de la préposition (principalement *de*). Il est certain que, du point de vue du sens, *fin mai* ou *parler littérature* ne sont nullement ambigus. Il ne faut donc pas condamner trop vite les nombreuses ellipses de ce type que nous fournissent la langue des journalistes et celle de maint écrivain.

PRÈS ou **PRÊT constr. et sens.** On ne doit pas confondre ces deux mots. Le premier, adv. ou locution prépositive, se construit avec **de**, et indique la « proximité dans l'espace ou figurément dans le temps » : *Les Leroy achetèrent cette année-là une villa près de Portsaint* (Huguenin). *Il dit qu'il n'est pas près de nous oublier* (Guilloux). *La flamme de la bougie fut près de s'éteindre, puis se ranima en tremblotant* (Cossery). *Je suis près alors de m'écrier, comme un enfant : « C'est trop injuste à la fin »* (Pontalis). *Elle avait tué en elle ce qui, de près ou de loin, s'apparente à un sentiment* (Orsenna). *Le Sénat n'a jamais été aussi près de basculer à gauche* (P. Roger, *Le Monde*, 26/08/2011). Le second mot est adj., et se construit avec **à**. Son sens est actif, « disposé à, ayant l'intention de ou étant préparé pour ». Il se rapporte généralement à un nom de personne : *Tiens-toi prête à tirer, dit Milan* (Vailland). *Il toisait les passants, tout prêt à engager le fer* (Ikor). *J'étais comme tous ceux dont le cœur débarque, prêt à être Zorro, prêt à être Pasteur, aviateur ou pompier* (P. Jardin). Cependant, on rencontre assez souvent **prêt à** en rapport avec un non-animé, au sens de « apprêté pour » : *Je lui ai monté une grande machine qui est maintenant prête à fonctionner* (Claudel). *Il avait dans tous ses muscles une puissance sauvage prête à bouillir* (Vian). *Je sens l'espace en mouvement, prêt à basculer d'un horizon à l'autre* (Roblès). *Le couteau en l'air prêt à trancher* (Lefèvre). *La France est prête à fermer ses centrales défaillantes* (*Le Monde*, 27/03/2011). Les écrivains classiques confondaient souvent ces deux formes, et même les constr. par **à** ou **de**. On peut penser que, dans les trois citations qui suivent, l'emploi de **près de** aurait été préférable : *Soudain il se sentait la gorge serrée et il était prêt à fondre en* larmes (Dhôtel). *Un leurre, comme ces brindilles à feuilles fraîches sur un tronc vermoulu et prêt à s'effondrer* (Schreiber). *Je revis soudain, dans cette lumière du soir, prête à bientôt s'effacer, tous ces savants amis* (J. de Romilly).

□ **ellipse** de **de.** Le tour elliptique *près le...*, sans la préposition *de*, est très ancien et se rencontre encore dans la langue du Palais : *Il est avocat près la Cour.* Et même : *Près l'escalier du potager* (Gide).

□ **à cela près (que).** Dans cette locution aujourd'hui courante, *près* est employé adverbialement pour indiquer « le plus ou moins d'exactitude d'une estimation » ou, au fig., pour corriger légèrement une affirmation qu'on vient de présenter : *À quelques secondes près, il sera trop tard* (Romains). *Max devait, au centième de seconde près, en corriger les ombres, le champ et l'intensité* (Chraïbi).

PRÉSAGER constr. Ce verbe est construit avec un objet direct, au sens de « annoncer par des signes » : *La jeune fille s'inquiétait de cette absence. Elle se demandait si elle ne présageait pas quelque traîtrise dont la province ferait les frais* (A. Besson). *Dans son visage redevenu très jeune, l'extrême éclat de ses yeux présagea des larmes* (Colette). *Son profil exogène, selon le mot d'un proche, ne laissait pas présager une ascension aussi rapide* (P. Smolar, *Le Monde*, 25/05/2007). Au sens de « prévoir », on rencontre également le tour **présager que** : *Rien ne laissait présager que des funérailles se tenaient à l'intérieur de l'église* (Toussaint). On évitera de dire *présager de qqch.*, sous l'influence du tour correct : *Que peut-on présager de ce discours ? Je ne présage rien de bon de la conjoncture présente.* Autrement dit, quand ce verbe a un seul complément d'objet, il est toujours direct. → PRÉJUGER.

PRESCIENCE orth. Pas d'accent aigu sur le préfixe, mais on écrira avec accent : *préscientifique*, qui désigne la qualité ou l'état de ce qui n'est pas encore *(pré-)* scientifique.

PRESCRIPTION sens. Dans la langue du droit, « mode de libération de certaines obligations ». On connaît surtout dans l'usage la *prescription extinctive*, « mode d'abandon des sanctions pénales ou d'extinction des poursuites ». Plus généralement, ce mot signifie « ordre ou recommandation précise, explicite » : *Il faut observer les prescriptions du médecin.* Ne pas confondre avec **proscription**, « action de bannir qqn ou, au fig., qqch. » : *Je suis prêt à signer de mon sang, dit Gamelin, la proscription des traîtres fédéralistes* (France). Même opposition entre les verbes **prescrire** et **proscrire**.

PRÉSENT constr. Le tour **ici présent** est archaïsant, on le rencontre dans la langue littéraire ou administrative : *Je donne le commandement de mon armée royale à la Pucelle ici présente* (Anouilh).

PRÉSENTEMENT emploi. Adv. vieilli qu'on tend à remplacer par **actuellement** ou **à l'heure actuelle** : *Il est présentement sur la route de Thèbes, maugréant et jurant* (Giraudoux).

PRÉSERVATEUR et **PRÉSERVATIF emploi.** La première forme est vieillie et rare, comme adj.-subst. : *L'ordre moral se veut le grand préservateur de la jeunesse.* La seconde s'est fixée comme subst., au sens de « condom », ce qui restreint beaucoup les autres possibilités d'emploi.

PRÉSIDENT forme. Le subst. prend un *e* : *Le président de l'assemblée.* Le participe et le gérondif prennent un *a* : *en présidant la réunion...*

PRÉSOMPTIF emploi et sens. Généralement auprès du subst. **héritier**, au sens de « désigné à l'avance, soit par la parenté, soit par l'ordre de naissance » : *L'héritier présomptif tenait de mon père tous ses traits essentiels* (Bazin). Ne pas confondre cet adj. avec **présomptueux** ni avec **présumé**.

PRESQUE orth. Le *e* final s'élide seulement dans *presqu'île.* ♦ **constr.** Quand cet adv. modifie un verbe, il est postposé à une forme simple : *J'en pleurerais presque*, mais intercalé entre l'auxiliaire et le participe dans un temps composé : *J'en aurais presque pleuré.* La postposition totale dans cette dernière phrase a un caractère littéraire. Il en est de même avec un infinitif : *Il se prenait à la ruminer, à la désirer presque* (Huysmans). Quand **presque** modifie un groupe *préposition + son régime*, il est antéposé, sauf si le régime comprend les déterminants : *chacun, chaque, nul, tout, aucun. Il ne se souvient de presque aucun détail. Il parle à presque chaque personne qu'il rencontre.* Les tours *presque d'aucun, presque à chaque*, etc., sont moins répandus, mais la règle n'est pas impérative. ♦ **emploi.**

Cet adv. s'emploie parfois devant un subst. abstrait (sans trait d'union), à la manière de *quasi* : *La presque infinité des rapports possibles assure à l'humanité une presque infinie durée* (Gide). → QUASI.

PRESSE- forme. Les composés formés sur **presse** (représentant le verbe *presser*) sont invar. : *un* ou *des presse-agrumes, -bouton, -citron, -étoffe, -étoupe, -fruits, -garniture, -papiers, -purée, -raquette.* (Noter le *s* à *un presse-fruits* et à *un presse-papiers*).

PRESSÉ (ÊTRE) emploi. Cette locution est fréquente dans la langue commerciale pour parler d'une commande, d'un objet qu'on doit retirer dans un certain délai : *Et vous en êtes très pressée ?* (Romains). On dira mieux : *Est-ce que c'est urgent ?*

PRESSENTIR emploi et sens. Ce verbe a le plus souvent pour complément un non-animé : *Je ne sais pourquoi j'avais pressenti son échec.* Mais il s'emploie aussi très correctement avec un complément animé, au sens de « prendre contact avec quelqu'un, sonder ses intentions » : *On disait que le docteur Rébal avait fait « pressentir » les libéraux et les radicaux* (Guilloux). Ce verbe peut remplacer heureusement, dans ce genre de contexte, l'anglicisme **contacter**. → ce mot. Combiné avec *d'avance*, **pressentir** ferait pléonasme. Il suffit de dire : *Je l'avais pressenti*, ou bien : *Je l'avais senti* (ou *perçu*) *d'avance.* → AVANCE.

PRESSURER emploi et sens. Cet intensif de **presser** s'emploie dans le domaine technique : « Soumettre fruits, graines, etc., à l'action du pressoir, dans un but d'extraction », et surtout, au fig., au sens de « accabler, écraser » : *Le contribuable est pressuré par toutes sortes d'impôts.* Ne pas confondre avec **présurer**, « faire cailler avec de la présure ».

PRESSURISER emploi et sens. Ce verbe est tout à fait admis dans certains langages techniques, au sens de « maintenir, sous une pression correspondant à celle de l'atmosphère, l'intérieur d'un aéronef » : *La carlingue des jets est pressurisée.*

PRESTATION sens. Ce mot se rencontre le plus souvent au plur. ; son sens le mieux connu aujourd'hui est « allocation en espèces versée par l'État à divers titres » : *Une augmentation des prestations familiales est en discussion.* L'expression **prestations de services** relève du langage économique, mais se répand sous l'influence des médias. On l'emploie encore, par extension, au sens de « performance accomplie » : *Il faut bien dire que la prestation du Premier ministre a laissé une impression de gêne et de malaise* (*Le Monde*). En revanche, c'est le sens ancien de « impôt direct consistant en corvées, en journées de travail, etc. » qui apparaît dans la phrase suivante : *Nous apprîmes dans la même heure que, sous forme de prestation communale, nous passions avec armes et bagages sous les ordres directs de Langlois pour une battue générale* (Giono).

PRÉSUMER constr. Quand ce verbe est transitif direct, son sens est proche de celui de **pressentir** ou **prévoir**. Comme transitif indirect, il s'emploie pour exprimer une idée d'excès de confiance : *Il ne fallait pas trop présumer de ses forces* (Bazin). L'adv. *trop* l'accompagne généralement.

PRÊT → FIN et PRÈS.

PRÊT-À-PORTER orth. Plur. *des prêts-à-porter* : *Pour habiller ce « deuxième sexe » en voie d'émancipation, Yves Saint Laurent n'avait pas hésité à emmener son prêt-à-porter sur l'autre rive* (V. Lorelle, *Le Monde*, 15/07/2011). Ne pas confondre avec la construction libre : *Un vêtement prêt à porter.*

PRÊTÉ emploi et sens. Malgré son illogisme, la locution **un prêté pour un rendu** est à ce point consacrée par l'usage qu'il est aujourd'hui quasi impossible de la refuser, au sens de « la victime de ce tour se vengera, l'autre ne perd rien pour attendre » : *Je me débrouillais, d'accord, mais je n'ai jamais trompé personne et c'était toujours un prêté pour un rendu* (Japrisot). *Eh bien ! dit le prince en souriant, il s'agit après tout d'un prêté pour un rendu. Vous voilà quitte à* *présent !* (A. Besson). Le seul tour « correct », *un prêté rendu*, n'a plus d'existence réelle.

PRÉTENDRE et **PRÉTENTION constr. et sens.** Transitif direct, au sens de « soutenir avec force et, souvent, avec la conscience de son droit » : *Eh bien, je prétends, avant toute chose, consulter notre médecin !* (Valéry). *Elle m'a menti, elle a prétendu avoir perdu ces diamants* (Vilmorin). *Quand elle prétendit consacrer tant par mois à éteindre les dettes, il refusa net* (Ikor). *Il y avait là un type extraordinaire. Il se prétendait l'ami d'un ministre* (Cossery). Suivi de la préposition **à**, ce verbe signifie « aspirer (en général à juste titre) à » : *C'était son privilège. Il était seul à pouvoir y prétendre* (Cocteau). *Il a élevé le dépouillement de la crevette à un degré de virtuosité auquel personne n'oserait prétendre* (Hoex). *La reconnaissance du titre auquel ils prétendent justement* (*Le Monde*). Dans ce sens, le subst. **prétention** a la même constr. que le verbe : *Les prétentions bien connues de M*[me] *Maillecotin à la propreté* (Romains). Le sens est alors moins péj. que dans l'emploi absolu : *Il n'est pas sans prétention.* Mais on dira, dans la langue des affaires : *Quelles sont vos prétentions ?* pour : « À quel salaire prétendez-vous ? »

□ **prétendre que + subjonctif.** Cet emploi assez rare est correct quand **prétendre** est assimilé à un verbe de « volonté ». Voici une double phrase qui réunit les deux modes : *Je prétends que cette demoiselle recherche visiblement les bonnes grâces d'un homme beaucoup trop sérieux pour l'épouser et je prétends que, dans ma maison, cette aventure n'aille pas jusqu'au scandale* (Pailleron). Dans la première phrase, *prétendre* a le sens de « déclarer, affirmer », et le verbe *recherche* est à l'indic. (bien que la forme ne l'indique pas nettement) ; dans la seconde, *prétendre* signifie « exiger », d'où le subj. *aille*. → ENTENDRE.

□ **prétendu.** Ce part.-adj. est très courant au sens *actif* de « qui se prétend, se donne pour » (avec un subst. animé humain), ou au sens *passif* de « dont on prétend que, qui est présenté comme » : *Jusqu'au boulevard, où le prétendu sosie de Wallas serait entré dans un bureau de poste* (Robbe-Grillet). *Il y a quelques mois, quand je rencontrais Marthe, mon prétendu amour ne m'empêchait pas de la juger* (Radiguet). Ces exemples montrent que **prétendu** est d'une grande souplesse d'emploi, à la différence de **soi-disant**. → ce mot. La postposition est rare et a un aspect littéraire : *N'avez-vous pas honte d'abuser ainsi d'un secret prétendu ?* (Bernanos). *Bien des chansons, pamphlets et caricatures circulent à Paris sur l'impuissance du roi et sur la liaison prétendue de son épouse* (J. Chapoutot, *Libération*, 09/10/2009). Seule exception : **un gendre prétendu** se dit dans certaines campagnes comme équivalent de *promis*, sans aucune idée de « suspicion ».

PRÉTENDUMENT orth. Pas d'accent sur le *u*, contrairement à *dûment* : *Mamitate releva les raisons sociales de quelques entreprises verticales où son neveu avait prétendument occupé un poste d'employé administratif* (Jorif). *Le livre se présente sous la forme, qui fit jadis fortune, de Mémoires apocryphes prétendument retrouvés au hasard d'une succession* (A. Fontaine, *Le Monde*, 16/10/1992). → SOI-DISANT.

PRÊTE-NOM orth. Plur. *des prête-noms.*

PRÉTENTION → PRÉTENDRE.

PRÉTEUR et **PRÊTEUR orth.** On ne confondra pas **préteur**, avec un accent aigu, qui désigne, dans l'histoire romaine, un « magistrat chargé d'interpréter et de faire exécuter la loi », et **prêteur, euse** avec un accent circonflexe, adj.-subst. dérivé du verbe **prêter** : *La fourmi n'est pas prêteuse* (La Fontaine). *Un prêteur sur gages.*

PRÉTEXTE constr. Dans la locution **sous (le) prétexte que**, la présence de l'article est facultative : *Je cessai de serrer sous le prétexte que la ficelle, surmenée, pourrait bien casser* (Bazin). *M. Jo avait décidé de prolonger son séjour dans la plaine sous prétexte qu'il avait à surveiller des chargements de poivre et de latex* (Duras). *Oh ! vous, dit le sénateur, sous prétexte que rien ne vous amuse, vous croyez que tout le monde est dégoûté de tout* (Vian). ♦ **emploi et sens.** On évitera le pléo-

nasme *chercher un faux prétexte,* puisque ce subst. signifie « motif fabriqué, mauvaise raison ». On dira simplement **chercher un prétexte** ou **alléguer de mauvaises raisons (pour...)**.
□ **être prétexte à.** Cette locution apparaît parfois figée au point que le subst. attribut reste au sing. même si le sujet est au plur. : *Le jeu, l'alcool ou l'amour ne lui sont que prétexte à flamber* (Vailland).

PRÊTRE orth. On écrit avec un trait d'union *prêtre-ouvrier.* Plur. *des prêtres-ouvriers. Prêtrise, prêtraille* ne changent pas l'accent circonflexe en accent aigu. ♦ **forme.** Le fém. **prêtresse** est rare, et renvoie toujours (sauf ironie) à un contexte de « mythologie » ou de « religion antique ».

PREUVE emploi. Ce subst. entre dans la formation de plusieurs locutions de caractère conclusif : *C'est la preuve que, la preuve en est que.* Dans le registre fam., on rencontre *preuve que, à preuve que.*

PRÉVALOIR conjug. ⟶ APPENDICE GRAMMATICAL. ♦ **emploi et sens.** Ce verbe est le plus souvent employé à la voix pronominale : *Les succès dont elles se sont prévalues,* c.-à-d. « dont elles ont cherché à tirer avantage ». L'emploi intransitif est rare et assez littéraire : *Je soutins cette suggestion qui, finalement, prévalut* (Boulle).

PRÉVARICATION emploi et sens. Ce terme qui désigne tout « crime ou délit commis dans l'exercice d'une charge publique » est à distinguer de **concussion.** ⟶ ce mot.

PRÉVENIR emploi et sens. Vieilli et littéraire au sens de « devancer, aller au-devant de » : *Il ouvrit brusquement la porte d'entrée. Il était trop tard, l'enfant l'avait prévenu : elle s'était enfuie* (Sartre). Dans le sens actuel de « informer d'avance », on évitera d'adjoindre au verbe une locution formant pléonasme, telle que : *au préalable, d'avance,* etc.

PRÉVENTION sens. Quoi qu'en disent certains, le sens classique et neutre de ce subst., « opinion disposée d'avance dans un sens favorable ou défavorable », cède le pas de plus en plus, à l'acception négative, sous l'attraction sans doute de **préconçu, préjugé**, qui connaissent à peu près la même évolution : *Pourquoi ces préventions contre un homme si sympathique ?*

PRÉVENTORIUM forme. Plur. *des préventoriums.*

PRÉVENU ⟶ ACCUSÉ.

PRÉVISIONNEL emploi et sens. Cet adj. de la langue administrative, qui date de plus d'un siècle, caractérise « ce qui a trait à la prévision systématique dans une entreprise ». Seul son abus peut être blâmé.

PRÉVOIR conjug. ⟶ APPENDICE GRAMMATICAL. ♦ **constr.** Le part. passé *prévu* est employé familièrement dans des tours elliptiques : *Tout se passa comme prévu ; mon roman est terminé* (Queneau). *Ayant triomphé plus facilement que prévu, la NASA...* (*Le Monde*). Le sujet d'une forme active est le plus souvent un nom de personne. Mais on trouve, par extension, certains subst. non animés : *Enfin, le projet prévoit encore la condamnation de l'employeur à une amende civile* (*Le Monde*).
□ **prévoir d'avance** ⟶ PLÉONASME, PRÉVENIR, etc.

PRÉVÔT orth. Accent circonflexe sur le *o,* ainsi que pour *prévôté, prévôtal* (plur. *prévôtaux*).

PRÉVU ⟶ PRÉVOIR.

PRIE-DIEU forme. Subst. invar. : *des prie-Dieu.*

PRIER conjug. Le *i* du radical se maintient même lorsque la désinence commence par un *i* également : *Hier, vous priiez à la chapelle.* ♦ **constr. et sens.** On dit **prier qqn de + infinitif** ou **que + subj.**, ou même, pour insister, **afin que + subj.** : *Je prie le Dieu tout-puissant afin qu'il me donne lumière et compétence* (Claudel). Quant au tour prier **qqn à**, au sens de « inviter », il est très littéraire et cérémonieux : *J'avais envoyé à Puig un mot le priant à dîner* (Montherlant). *À la fin de la semaine, M. Parencloud recevait une lettre de M*[me] *Santaragne qui le priait à déjeuner* (Dhôtel).

PRIÈRE genre. La locution **prière d'insérer** est considérée par certains gens de métier comme de genre masc., mais un grand nombre la font de genre fém., comme une logique apparente le réclame. C'est cette dernière forme qu'on préférera : *Il ne se fie pas au « prière d'insérer »* (Mauriac). *Dans sa « prière d'insérer »* (Henriot). Tel auteur (A. Billy) la fait tantôt masc. et tantôt fém.

PRIMA DONNA prononc. Il est inutile de faire entendre un double [n]. On dira donc : [primadɔna]. ♦ **forme.** Plur. *des prima donna*, invar., ou à l'italienne, *des prime donne.* Mais cette dernière forme peut paraître pédante.

PRIMAUTÉ, PRIMEUR, PRIORITÉ sens. Primauté appartient au domaine de la logique et non au domaine du temps, au sens de « premier rang, supériorité de fait » : *Il s'est assuré dans son métier une primauté indiscutée.* **Primeur** a une valeur temporelle, « priorité dans le temps » : *Les enquêtes judiciaires suivent normalement leur cours. La primeur en est évidemment réservée au procureur de la République et au juge d'instruction qui sera nommé* (*Le Monde*). **Priorité** a un sens temporel ou logique, « antériorité » ou « droit de passer avant les autres » : *L'Éducation nationale est la priorité des priorités* (Mitterrand). *Respectez la priorité à droite.* On évitera le pléonasme **première priorité**, fréquent dans les medias. ⟶ PRIMEUR.

PRIME forme et sens. Adj. de forme archaïsante, sauf dans la locution figée **de prime abord**, qui ne se distingue guère quant à l'emploi de **au premier abord** : *Cette personne, qui fut soumise aux lions en 177, pour la plus grande gloire de l'Église, vécut sa prime jeunesse à Cérillac* (Desproges). *C'est le prime été aujourd'hui, c'est le seigneur juin qui me reçoit* (Sarrazin). *Il retournait lentement aux limbes de sa prime enfance* (Van der Meersch). Cet emploi, au sens de « premier », appartient à la langue littéraire. De même : *Il est naturel qu'au prime abord nous nous soyons méfiés d'elle* (Vilmorin). On dit plus couramment *de prime abord* : *De telle sorte que même un connaisseur ne s'aperçoit pas, de prime abord, de la largeur anormale du lit* (Romains). Comme subst., **prime** n'a plus que des sens techniques (en dehors du sens commercial bien connu, qui a une autre origine) : « première heure », dans le vocabulaire de la liturgie, ou « position d'escrime ».

PRIMER constr. Au sens de « accorder une prime », ce verbe a toujours un complément d'objet direct, mais au sens de « l'emporter sur », il se construit transitivement ou absolument : *De nouveau l'émotion prime la réflexion. La peinture de la violence submerge l'effort abstrait* (Caillois). *Le secret de l'instruction prime la liberté d'informer* (C. Prieur, *Le Monde*, 26/06/2001). *Il tordit ses lèvres en signe d'embarras avant de murmurer : « Tu penses que l'amour prime l'amitié ? »* (Khadra). *Primer une vache laitière au concours agricole. De toutes ses qualités, c'est sans doute son honnêteté qui prime. La force prime le droit.* Mais la tendance à construire ce verbe avec la prép. *sur* (par analogie avec *l'emporter sur*) paraît quasi irrésistible : *Vous pensez que la légitimité politique prime sur tous les pouvoirs* (Eva Joly, *Le Monde*, 16/01/2009).

PRIMEUR genre. Fém., dans tous les emplois, y compris **fruits et primeurs**. ⟶ PRIMAUTÉ.

PRIMORDIAL sens. Cet adj. a en principe une référence temporelle, « qui existe dès les origines du monde » : *Tout va se passer alors dans le marécage primordial qui est à l'origine même du monde* (Catalogue de l'exposition *Toutankhamon*). *Le métier d'agriculteur a perdu son principe primordial, l'exercice et l'élément naturel* (Giraudoux). Mais les dictionnaires enregistrent déjà un glissement de sens condamné par certains et qui cependant peut paraître naturel. Il est fréquent que « ce qui est à l'origine » ait une grande importance pour expliquer « ce qui suit ». Ne dit-on pas de même **capital, fondamental**, en employant des métaphores plus ou moins oubliées ? Les exemples de cette extension sont nombreux : *Une entente parfaite sur les choses primordiales de la vie courante* (Boylesve). *La question primordiale était, en effet, celle du ravitaillement* (Bazin). *Aujourd'hui, dans les affaires, il est primordial de parler couramment une langue étrangère* (publicité du *Monde*). *Le dictionnaire de langue, instrument pédagogique primordial* (A. Rey, préface du Petit Robert).

PRINCE forme. Ce subst. reste invar. dans la locution figée **bon prince** : *Les autorités se sont montrées bon prince.*

PRINCE-DE-GALLES forme. Ce subst. est invar. dans la langue spécialisée des tailleurs : *La douche fait de lui un autre homme et le costume en prince-de-Galles à double boutonnage* (Hoex). Dans cet emploi, une minuscule à **prince** et une majuscule à **Galles**.

PRINCEPS emploi et sens. Adj. invar., synonyme de *original*, dans la locution **édition princeps**, qui s'oppose *à édition définitive, ou « ne varietur »*. → ce mot.

PRINCESSE forme. Se met au sing. ou au plur. dans les locutions **haricots princesse(s), amandes princesse(s)**, qui désignent des espèces « fines ».

PRINTEMPS constr. On dit **au printemps** pour indiquer simplement l'époque, et non *le printemps*, à moins que le subst. ne soit accompagné d'une épithète : *Le printemps dernier.* → ÉTÉ, HIVER.

PRIORI (A) → A PRIORI.

PRIORITÉ → PRIMAUTÉ.

PRISE emploi et sens. La locution **en prise directe** est souvent employée au fig. pour signifier un « étroit rapport entre un être et le monde qui l'entoure » : *N'était-ce pas cela, en effet, l'Éden, cher monsieur : la vie en prise directe ?* (Camus). Ne pas confondre avec **être aux prises avec**, qui évoque une « lutte concrète ou figurée » : *Presque dans la même attitude que Thésée aux prises avec le Minotaure* (Butor).

PRIVATIF emploi et sens. Dans la langue du droit, cet adj. signifie « qui accorde une chose exclusivement à une personne déterminée ». Cette acception est banalisée de nos jours par la publicité : *Inutile de compter les mètres carrés de terrain « privatif », comme disent avec tant de médiocre ruse nos promoteurs* (*Le Monde*). Mais la valeur négative est plus fréquente : *Les préfixes privatifs « in » et « a » sont assez productifs.*

PRIVILÉGIER constr. Sans doute à cause de l'attraction du verbe **préférer**, la constr. du complément second de **privilégier** se fait très souvent avec la préposition **à**, tandis que la grammaire traditionnelle préférait **aux dépens de, au détriment de** : *On a privilégié l'ordre public aux actions sociales* (*Le Monde*, 02/01/2009). On rencontre aussi la préposition **sur** : *En 1997, lors du colloque de Villepinte,* [Lionel Jospin] *avait su opérer une mutation idéologique en affirmant que la sécurité était une liberté fondamentale et qu'il convenait de privilégier « la responsabilité individuelle sur les excuses sociologiques »* (N. Herzberger et C. Prieur, *Le Monde*, 05/05/2002). *La gestualité d'une culture qui semble privilégier le continu sur le discontinu* (C. Guedj).

PRIX (À BAS). Cette locution est synonyme de **à bon marché**, mais la préposition **à** y est toujours obligatoire : *Il avait vu en esprit une misérable petite pension de famille ou un pavillon meublé à bas prix* (Kessel). → MARCHÉ et LOW COST.
□ **au prix de** → AUPRÈS DE.

PRO emploi et sens. On rencontre souvent dans l'usage courant cette abréviation de **professionnel**, avec le plus souvent un sens positif : *Des diocèses recrutent des pros de la finance* (E. Vincent, *Le Monde*, 22/08/2008).

PROBABLE constr. La locution impersonnelle **il est probable que** est suivie de l'indic. ou du subj. selon le degré de « probabilité » : *Il est peu probable que des problèmes précis soient* *résolus au cours des entretiens de M. Palme avec MM. Pompidou, Chaban-Delmas et Schumann* (*Le Monde*). *Il est donc très probable que cette femme soit encore vivante, mais que son décès soit programmé à une date inconnue entre avril et juin* (Vargas). *Il est probable qu'il viendra.*

PROBLÈME emploi et sens. Sous l'influence de l'anglais, l'habitude s'est prise d'employer le mot *problème* systématiquement, dans le sens restreint d'« obstacle, difficulté » : *Mais Dora, Jannette et Franck avaient, sans problèmes, atteint à pied la ferme des Barbier* (Labro). *Pour tout ce qui concernait les rapports du citoyen avec l'État, si vous étiez de ses amis, il n'y avait plus de problème* (P. Jardin). On reconnaît ici la traduction de *No problem !* **Sans problème** est à la mode pour « Oui, certainement » en réponse à une demande. On prendra garde à ne pas abuser de cette facilité, en mettant ce mot à toutes les sauces : *Quel est le problème ? Y a un problème ? Un problème (de) santé, d'argent, un problème vacances,* etc. Ce mot a été relayé depuis quelques années par le **souci** : *Pas de souci, on s'en occupe.*

PROCÉDER constr. et sens. Ce verbe se construit en général avec la préposition **à**. C'est un équivalent emphatique et souvent prétentieux de **faire** : *Nous allons procéder à l'examen de l'article 2.* À un niveau plus recherché, **procéder de** s'emploie au sens de « découler, provenir » : *De ce désespoir procédait une bonne part de sa hâte à conquérir le bonheur* (Roblès). *Notre prédilection bien connue pour les conversations sur le temps procède de notre amour du paradoxe* (Cavanna).

PROCÉDURE et **PROCESSUS emploi et sens. Procédure** appartient d'abord à la langue du droit, et signifie « ensemble des règles qui doivent être nécessairement suivies, et dans un certain ordre, pour la revendication de certains droits ou le règlement de certaines situations juridiques » : *Ils devront recourir à une procédure coûteuse, alors que le juge d'instance est près de l'entreprise et n'entraîne pas de gros frais* (*Le Monde*). Ce mot connaît actuellement une grande vogue, qui le fait passer dans toute sorte de domaines : *La NASA a prévu de longue date toute une série de procédures pour venir au secours d'un équipage spatial en difficulté* (*ibid.*). Le sens est ici assez proche de celui de **procédé**. Il ne faut pas confondre ces deux mots avec **processus**, « marche, déroulement plus ou moins réglé ou régulier » : *J'ai toujours eu horreur de faire la cour à une personne selon le processus éprouvé qui consiste à lui parler du clair de lune, du mystère de son regard et de la profondeur de son sourire* (Vian). *La rénovation devrait être une occasion de freiner le processus d'embourgeoisement constaté dans la capitale* (*Le Monde*). Le terme anglais de **process**, fréquemment employé dans l'industrie du pétrole, ne semble pas ajouter un sens vraiment spécial à **procédé technique**.

PROCÈS orth. Un accent grave sur le *e*. ♦ **emploi et sens.** Ce subst. n'a le vieux sens de « marche, déroulement » que dans un contexte archaïsant, ou en grammaire, appliqué à un verbe pour « synthétiser les notions particulières d'action, d'existence, d'état, de devenir, rapportées à un sujet » (Grevisse) : *Le verbe* faire *est par excellence celui d'un procès actif.*

PROCESSUS → PROCÉDURE.

PROCÈS-VERBAL orth. Avec un trait d'union. Plur. *des procès-verbaux.* ♦ **forme.** Abrégé dans la langue familière en P.-V. ♦ **emploi et sens.** On peut *lire* un procès-verbal, qui est une « relation écrite », mais non une contravention, qui est le « fait de contrevenir à la loi ». Mais on dit indifféremment **avoir un procès-verbal (un P.-V.)** ou **avoir une contravention** : *Glissée sous le balai essuie-glace par un sadique en ciré noir et collée à la vitre par les intempéries, une contravention brillait, si l'on peut dire* (Rivoyre) → CONTRAVENTION.

PROCHAIN emploi et sens. Pour désigner « autrui », ce subst. est couramment utilisé avec une référence plus ou moins patente à la religion chrétienne : *Il invitera les participants à s'interroger sur la qualité de leur vie de relations, qu'il s'agisse du prochain « immédiat » ou du prochain « éloigné »* (*Le Monde*). Dans cet exemple, le caractère de ce terme permet de lui adjoindre des qualificatifs apparemment en contradiction avec son sens usuel.

□ **à la prochaine.** Cette locution elliptique qui abrège *à la prochaine fois* appartient au registre pop. et n'est pas reçue par le bon usage.

PROCHE constr. L'ellipse de la préposition **de** dans **proche de** n'est pas incorrecte, mais fam. ou archaïque : *Le citoyen Jean Blaise, marchand d'estampes, rue Honoré, vis-à-vis de l'Oratoire, proche les Messageries* (France). *Les enfants jouaient proche le bûcher.* On dira mieux : *près du bûcher, près des Messageries.* En revanche, le tour, très fréquent : *une personne qui nous est proche* est critiquable, dans la mesure où la forme du pronom indirect *nous* correspond à un complément régi par la préposition **à**, et non **de** : *Tu es le seul être qui me soit proche. Je suis avec toi, avec toi et contre tous* (Kessel). *Il ne s'expliqua point comment, en si peu de temps, cette grande fille brune lui était devenue si proche* (A. Besson). *Les Italiens, qui nous sont pourtant si proches, ont assez peu subi dans leur langue l'influence française* (Cavanna). *Le P.C. avait ouvert les débats* [...] *d'abord à ses adhérents et aux militants des mouvements ou des syndicats qui lui sont proches* (*Le Monde*, 20/10/1982). Il vaudrait mieux dire et écrire : *qui sont proches de nous, de lui,* etc. *La fenêtre est ouverte et les moineaux du lierre sont tout proches de moi* (Hoex). *Ces maisons sont trop proches de la voie ferrée pour qu'on y dorme bien.* ♦ **emploi et sens.** En fonction d'attribut, **proche** est parfois considéré comme adv. et reste invar. : *Les Gauchet habitent tout proche (de chez nous).* Ici comme plus haut, **près** tend aujourd'hui à remplacer **proche**. → PRÈS.

□ **proche-oriental orth.** Trait d'union à cet adj. formé sur Proche-Orient. Plur. *proche-orientaux.*

PRODIGE ou **PRODIGUE sens.** On se gardera de confondre ces deux mots. Le premier est un subst. utilisé en apposition pour souligner des talents « extraordinaires » : *Quelle famille ne possède son enfant prodige ?* (Cocteau). *Mozart fut un pianiste prodige.* Le second est d'abord un adj. signifiant « qui dépense sans compter » : *Une vraie cigale, prodigue de son temps, de son être et même de l'argent qu'elle n'avait pas* (Lefèvre). Il renvoie souvent au thème évangélique du « retour de l'enfant prodigue » : *Cet enfant prodige est prodigue de ses dons.*

PRODROME prononc. [prodrom]. ♦ **emploi et sens.** En médecine, « signe avant-coureur d'une maladie », souvent au plur. Ce subst. passe dans le registre littéraire par extension : *Le délit collectif, prodrome de la guérilla urbaine* (Ricœur).

PRODUCTIVITÉ sens. Ce subst. est à **production** ce que **puissance** est à **force**. Il désigne le « rapport entre la production et les facteurs qui la conditionnent ». Sa valeur est souvent intensive : *L'agriculture, à mi-chemin de sa mutation, garde des réserves étonnantes de productivité* (*Le Monde*). *La recherche de la productivité à tout prix.*

PROF → PROFESSEUR.

PROFANE sens. « Qui n'est pas initié. » À distinguer de **profanateur**, « qui viole les choses sacrées ».

PROFÈS forme. Fém. *professe.* Adj. ou subst. : *un (religieux) profès, une (religieuse) professe.* ♦ **sens.** « Qui a prononcé ses vœux dans un ordre religieux. »

PROFESSER emploi et sens. Outre le sens tiré du subst. **professeur**, ce verbe, dans le registre littéraire, signifie « assurer avec force » : *Connaissant les plus tristes secrets des hommes, le docteur professait à leur égard une mansuétude sans limites* (Mauriac). Cette acception se retrouve dans la locution figée **profession de foi**, et aussi dans l'exemple suivant : *M. Lorne faisait profession de mépriser l'humanité* (Perry).

PROFESSEUR forme. Le fém. **professeure** est déjà admis au Québec et en Suisse. On l'adoptera donc ici sans difficulté : *Entre cette professeure d'histoire-géographie et l'agrégé de lettres, une relation de près de trente ans*

(*Le Monde*, 06/04/2007). *Encore trop peu de femmes professeures d'université* (titre du *Monde*, 13/06/2011). Cela permet d'éviter des énoncés tels que : *Son professeur de dessin a accouché d'une petite fille.* Mais la forme abrégée **prof** admet mieux un article fém., surtout dans l'argot scolaire : *Lors d'une escapade, nous sommes allés saluer la prof de français dont nous étions les locataires* (Bialot).

PROFIT emploi et sens. La locution **faire du profit** appartient au langage fam. et signifie « être économique », toujours avec un sujet non animé : *On peut dire que ces chaussures t'ont fait du profit.*

PROFITATION forme. Ce mot, qui peut apparaître « barbare » à un français hexagonal, est bien formé et très clairement employé aux Antilles françaises. Au reste, on ne voit pas de mot « français » qui ait la même signification : « Action de profiter illégalement d'un avantage, notamment financier. »

PROFITER constr. Le bon usage, peu conséquent avec lui-même, condamne le tour *profiter que*, qu'il recommande avec *s'attendre, se réjouir, se soucier*, etc. Il faut en principe user de tournures lourdes, comme **profiter de ce que, du fait que** : *Comment lui laisser entendre qu'il fallait profiter de ce que M. Larousselle faisait sa tournée en Belgique ?* (Mauriac). *Vous profitez de ce qu'un ancêtre a trahi, dit le Ouapiti* (Vian). On rencontre parfois la constr. incriminée, dans la langue écrite : *Profitons qu'il y a beaucoup de monde* (Dorgelès). *Mademoiselle, je profite que c'est dimanche pour vous écrire* (Japrisot). On notera que, dans tous ces exemples, la subordonnée est à l'indic. L'emploi du subj. est assez rare : *Il profitait de ce que, grâce aux incendies, les pins fussent dépréciés* (Mauriac). ♦ **emploi et sens.** Employé intransitivement, ce verbe a divers sens, et n'appartient pas seulement au registre fam., qu'on reconnaît dans : *Au retour de son séjour à la mer, on se rend compte que ta fille a beaucoup profité.* □ **affaire à profiter.** Cette locution est bien ancrée dans la langue du petit commerce ; il faut dire *affaire à enlever, occasion à saisir*, ou tourner autrement : *Profitez de nos occasions !*

PROFITEROLE orth. Un seul *l.* ♦ **sens.** « Pâtisserie sucrée ou salée à base de pâte à choux. »

PROFITEUR emploi. Toujours dépréciatif, à la différence du verbe **profiter**. ⟶ PROFITATION.

PROGRAMMATION emploi et sens. Subst. très répandu aujourd'hui, ainsi que **programmer** et **programmeur**, dans la langue de la radio, de la télévision, et surtout de l'informatique. Le sens est « organisation des programmes » ou « codification des opérations nécessaires pour obtenir un résultat de la part d'un ordinateur ».

PROGRESSIF ou **PROGRESSISTE sens.** Ne pas confondre ces deux mots, de sens proche. Le premier, adj., signifie « qui suit une progression, s'accomplit selon une certaine courbe » : *Son ascension vers le secrétariat général a été progressive.* Le second, adj.-nom, signifie « qui est politiquement partisan du progrès social, d'une transformation radicale de la société dans le sens de la justice pour tous » : *Une politique progressiste.* Dans cet exemple, l'adj. s'oppose à **réactionnaire**. ⟶ RÉACTEUR.

PROLEPSE sens. « Figure de rhétorique consistant à réfuter d'avance une objection supposée » : *On m'objectera que... À quoi je répliquerai...* Ce procédé un peu voyant ne se trouve plus que dans le style de certains discours judiciaires. Mais le mot **prolepse** a un autre sens, en linguistique, et désigne une « anticipation du sens », du type : *Elle le voyait pris, condamné, exécuté.* On la rencontre aussi dans cet exemple : *Le continent saigné à blanc avait cessé d'exister économiquement et politiquement* (*Le Monde*).

PROLIFICITÉ emploi et sens. Ce subst., qui n'est pas un barbarisme, est surtout employé dans le registre littéraire ou, au contraire, dans des textes de caractère technique. Il signifie « fécondité d'un être vivant, d'une espèce ».

PROLIFIQUE ou **PROLIXE emploi et sens.** On évitera de confondre ces deux adj., qui évoquent tous deux l'abondance, mais le premier surtout du point de vue « génétique », et le second du point de vue du « langage » ou de l'« intellect » : *Baptiste, qui pensait à part soi que ces juifs sont prolifiques en diable* (Ikor). *Comment ce petit lopin de terre pouvait-il à lui tout seul être si prolifique et convenir à tant d'espèces différentes ?* (Llaona). Mais : *Il n'a guère été prolixe au cours de cette réunion. Ce roman est écrit dans un style prolixe et confus.*

PROLONGATION ou **PROLONGEMENT sens.** Le premier subst. concerne exclusivement le temps : *L'arbitre a accordé une prolongation. Il envisage la prolongation de son séjour.* Le second subst. s'applique surtout à l'espace, mais aussi au temps, par une extension admise, souvent avec une nuance de « conséquence » : *Prolongement en 1971, vers Miromesnil, de la ligne Porte-de-Clichy-Saint-Lazare* (*Le Monde*). *Cette affaire aura des prolongements dans les chancelleries.*

PROLONGER ou **PROROGER emploi et sens. Proroger**, qui signifie « repousser une date, un délai au-delà de la limite fixée », appartient surtout au vocabulaire de l'administration ou de la politique : *Ses pouvoirs ont été prorogés jusqu'au 31 décembre. Le terme de l'échéance a été prorogé.* Le verbe **prolonger** est d'un domaine plus commun, et se rencontre dans nombre de contextes, s'appliquant aussi bien au temps qu'à l'espace. → le précédent.

PROMENER constr. On distinguera soigneusement : *J'ai envoyé se promener l'enfant dans le parc* de : *Je l'ai envoyé promener.* Ce dernier tour sans pronom réfléchi forme bloc et a une valeur négative, « se débarrasser d'un fâcheux » : *Elle a demandé de l'argent à mon père, mais il l'a envoyée promener.*

PROMETTRE constr. S'emploie en général avec un futur de l'indic. (ou le conditionnel de concordance) : *Il me fait promettre que je reviendrai souvent. Je vous promets qu'il ne sera plus là quand vous reviendrez.* Mais le langage fam. ou pop. emploie souvent ce verbe avec un temps présent ou passé : *Levez les mains, je vous dis, reprit l'autre, sinon je vous promets que je vous assomme* (Dhôtel). *Tu me promets qu'il est bien là ?* Le sens est alors « assurer, certifier ». Un emploi particulièrement répandu en ce sens est celui de **je te promets**, en incise : *Si, si, je te promets, je l'ai vu hier.* Avec un sujet non animé désignant une situation, le sens du verbe est « laisser attendre un certain développement, risquer de » : *À en juger par l'ampleur des moyens mis en œuvre, l'affaire promettait d'être sérieuse* (A. Besson).

PROMOTEUR emploi et sens. Au sens général de « celui qui donne la première impulsion », on évitera d'employer avec ce subst. un terme rappelant la notion de « premier » : Si *le principal promoteur de cette réforme, M. Kossyguine, doit quitter le gouvernement...* (*Le Monde*). L'emploi historique de « prélat tenant le rôle du ministère public auprès d'un évêque » apparaît dans la phrase suivante : *Dans un instant, je crains que Messire le Promoteur ne demande la même chose* (Anouilh). Rien n'empêche d'adjoindre un mot comme *premier*, quand on a le sens, de plus en plus répandu aujourd'hui, de « homme d'affaires faisant construire des immeubles ». Le mot **promoteur** signifie dans ce cas « promoteur de construction ».

PROMOTION emploi et sens. La locution **promotion des ventes**, traduite de l'anglais, au sens de « développement des ventes et ensemble des moyens mis en œuvre », est critiquée, ainsi que l'emploi social ou politique de ce subst. assez galvaudé. *« Il est permis de penser*, écrit Le Bidois, *que ce mot manque de précision et ne s'impose guère, car il y a bien d'autres termes pour désigner la progression dans le domaine social, économique, moral et culturel : progrès, avancement, développement, élévation, perfectionnement. »* Le mot **promotion** s'est néanmoins bien installé dans l'usage.

PROMOUVOIR conjug. On rencontre surtout l'infinitif, le part. présent et le part. passé, ainsi que les temps composés. ♦ **emploi et sens.** Ce verbe signifie « faire avancer » et surtout, avec un objet animé humain, « nom-

mer à un grade plus élevé, installer à un poste supérieur » : *C'est grâce à ses qualités que cet employé a été promu si rapidement.* On évitera de galvauder ce verbe au sens de « créer, proposer, lancer » : *Le Premier ministre pourrait être radical* ou *socialiste, et appartiendrait au courant réformateur que nous entendons promouvoir* (J.-J. Servan-Schreiber). *Non que je prête aux enseignants harassés et désireux de bien faire qui promeuvent cette réforme des intentions aussi tortueuses que mercantiles* (Cavanna).
□ **promu.** Pas d'accent circonflexe sur le *u.* On ne peut dire, comme le faisait remarquer avec pertinence Thomas, *être promu chevalier de la Légion d'honneur*, mais seulement *être nommé*, car il s'agit du premier échelon de l'ordre. En revanche, on peut être *promu officier* ou *commandeur.* Pour *grand officier* ou *grand-croix*, il est d'usage d'employer l'expression *élevé à la dignité de...*

PROMPT prononc. Le second *p* est muet [prõ] ainsi que dans les dérivés **promptitude** et **promptement**.

PRONATION et **SUPINATION sens.** Dans le domaine de la physiologie, ces deux termes savants désignent : le premier, « le mouvement de rotation de la main et de l'avant-bras exécuté du dehors vers le dedans » ou la « position de la main, paume en dessous et pouce tourné vers l'intérieur » ; le second, « le mouvement inverse, du dedans vers le dehors » ou « la position inverse de la main » : *Cet avant-bras se trouvait en supination, retenu au montant du lit par une sangle* (Échenoz).

PRÔNER orth. Un accent circonflexe sur le *o*, ainsi que dans **prône** (subst. masc.) : *Sa critique ne le conduit toutefois pas à prôner le grand soir, et s'il ose parler de révolution, c'est en restant fidèle aux dogmes libéraux* (L. Caramel, *Le Monde*, 02/01/2009).

PRONOMS PERSONNELS On trouvera diverses sortes de renseignements à chaque pronom, dans l'ordre alphabétique : → AUTRE, DEUX, EN, IL, JE, LE, LEUR, LUI, NOUS, VOUS, Y, etc.

□ **ellipse du pronom.** Celle du pronom sujet est exceptionnelle. C'est soit un archaïsme, soit un régionalisme : *Quant à Marcel, point n'ai l'intention de l'abîmer* (Bazin). *Déodat, mon ami, de vrai, êtes un bien beau facteur* (Aymé). Cependant elle est courante dans une proposition coordonnée : *J'écris cette lettre et (je) la poste immédiatement.* De même pour le pronom complément : *Il m'a aperçu, abordé et invité à dîner. Tu lui as parlé et proposé une affaire intéressante.* Mais, pour que le pronom puisse être omis, il faut qu'il ait la même fonction dans les deux groupes coordonnés. On ne peut dire : *Il m'a vu et parlé*, mais seulement : *Il m'a vu et m'a parlé* (*m'* étant objet direct dans le premier cas et objet indirect dans le second). Nombre d'écrivains font des entorses à cette règle : *Quels sont aussi les livres qui m'ont le plus touché ou plu* (Léautaud, cité par Grevisse). Le pronom neutre **le** est souvent facultatif : *Il mange plus que sa femme ne (le) voudrait. Je crois que je vais faire comme vous (le) dites. (Le) croyez-vous ? Je ne (le) pense pas*, etc. Le pronom réfléchi est souvent omis quand le verbe pronominal (proprement dit ou non) est précédé des verbes *faire, envoyer, laisser, mener* (et les composés). → ces mots. *Tes derniers mots me font souvenir de celle-ci* (Peyrefitte).
□ **place du pronom personnel complément** → IMPÉRATIF, INFINITIF, LE, etc.
□ **pronom tonique sujet.** Les formes toniques ne font en général que souligner le pronom sujet, normalement atone : *Eux, ils se tiennent en cercle et ils tapent dans leurs mains* (Hoex). *La menace sourde, attachée à la trame fine du tissu, est restée, elle, dans la petite maison* (Benameur). Il est cependant des cas où l'on emploie un pronom tonique comme « sujet immédiat » d'un verbe : *J'eusse voulu dire à mes frères qu'eux aussi étaient oncles* (Radiguet). *Lui était d'une autre espèce* (Sagan). → EUX et LUI.
□ **ton frère et moi (nous) avons.** Le pronom sujet est facultatif quand il est la reprise d'une séquence : **substantif(s) + moi, toi, lui** → ces pronoms.
□ **pronom « d'intérêt atténué »** (selon Brunot et Grevisse). C'est le cas où le pronom indique « dans l'intérêt ou au détriment

de qui se fait l'action » ; il a une valeur plus stylistique que grammaticale : *Tu vas nous attraper une de tes bronchites* (Romains). *Si c'était mon fils, je te le dresserais* (Mauriac). On a dans la phrase suivante un pronom encore plus atténué, correspondant à un vague **on** que l'auteur prend à témoin : *Et je t'arrange, et je te pomponne, et je te fais mousser les dentelles autour* (Giono). ⟶ ÉTHIQUE (datif éthique).
□ **chanté-je** ⟶ JE et -É.
□ **nous, on...** ⟶ NOUS et ON.
□ **nous autres, vous autres** ⟶ AUTRE, NOUS, VOUS, EUX.

PRONOSTIQUEUR emploi et sens. Ce vieux mot français appartient aujourd'hui surtout à la langue du sport, et désigne celui qui établit les **pronostics** (essentiellement dans les courses de chevaux). On se gardera des barbarismes *prognostic, prognostiquer, prognostiqueur* formés par contagion de *diagnostic* (et ses dérivés).

PRONUNCIAMIENTO prononc. [prɔnunsjamjɛnto], à l'espagnole, ou [prɔnõsjamjɛ̃to], à la française, mais jamais avec un [ʃ] à la place du [s]. ♦ **sens.** « Refus d'obéissance au gouvernement, de la part d'un chef militaire. » Ce mot, d'origine hispanique, devient par extension syn. de **putsch** (emprunt à l'allemand), « coup d'État (de caractère militaire) ».

PROPORTION forme. On rencontre plus souvent le plur. que le sing. dans la locution **toute(s) proportion(s) gardée(s).**
□ **à proportion de.** Cette locution est plus rare et littéraire que **en proportion de** ou **avec.** ⟶ RAISON.

PROPORTIONNÉMENT emploi et sens. Cet adv. rare ne se confond pas avec **proportionnellement** : il renvoie à l'idée de « juste mesure », tandis que l'adv. courant relève du sens « mathématique » de **proportion.**

PROPRE constr. et sens. Cet adj. a un sens matériel, « sans souillure » : *Elle a les mains propres. Les assiettes sont-elles propres ?* Dans ce cas, l'épithète est toujours postposée : *Voici un tablier bien propre.* Mais au sens de « qui appartient véritablement à », l'adj. est antéposé ou, moins souvent, postposé et sert notamment à renforcer le possessif : *Il respectait son propre personnage de beau jeune homme plein d'avenir* (Mallet-Joris). *On était venu chercher mon père quelque temps auparavant en pleine classe, pour lui annoncer que son propre père venait de mourir* (Labro). *Ce sont les termes propres* (ou *les propres termes*) *qu'il a employés.* Dans cette phrase de Labiche : *J'aurais pu servir ma propre femme sans la reconnaître... si toutefois j'avais eu une femme propre... qui me soit propre*, le premier **propre** renforce l'adj. possessif *ma*, le deuxième est l'adj. qualificatif (convenable) et le dernier signifie « qui soit exclusivement à moi ». On notera qu'un subst. abstrait admet les deux constructions sans ambiguïté, puisque le sens de « non souillé » ne peut pas, en général, s'appliquer à lui : *Cet élément du vaisseau possède sa propre autonomie*, ou *son autonomie propre.*

PROPRE-À-RIEN orth. Deux traits d'union. Plur. *des propres-à-rien.* ♦ **emploi.** Ne pas confondre avec la constr. libre : *Cet homme n'est propre à rien.*

PROROGER ⟶ PROLONGER.

PROSCRIPTION ⟶ PRESCRIPTION.

PROSPECTIVE emploi et sens. Ce subst. n'est pas un néologisme, mais la reprise récente d'un mot de la Renaissance. Il désigne une « science dont l'objet est de dégager une prévision des situations possibles dans le futur ».

PROSTHÈSE ⟶ PROTHÈSE.

PROSTITUÉ emploi et sens. Si le nom fém. **prostituée** est un mot ancien et bien connu, le masc. s'emploie souvent aujourd'hui, témoin de l'évolution des mentalités et de la reconnaissance croissante de l'homosexualité. Du reste, on rencontre depuis longtemps déjà certains emplois au masc. plus ou moins « fig. » : *Tous* [les acteurs et les hommes d'État] *prostitués et bien plus* *profondément, plus honteusement que par la peau* (Kessel).

PROTAGONISTE sens. « Personne jouant le premier rôle, au théâtre ou dans la vie » : *Des petites capitales pour le nom des protagonistes comme dans les pièces de théâtre imprimées* (Queneau). *À la Comédie Saint-Martin, des protagonistes peu ordinaires (Le Figaro)*. Ce subst. est souvent employé dans le journalisme politique : *Le pendant de la rencontre d'Erfurt et des entretiens Bonn-Moscou et Bonn-Varsovie, dont les deux protagonistes allemands, MM. Egon Bahr et Duckwitz, accompagnaient M. Willy Brandt* (*Le Monde*). On notera qu'en principe il n'existe qu'un **protagoniste** – le principal personnage – par « pièce » : πρῶτος, en grec, signifie « premier ».

PROTÈGE- forme. Les composés formés sur *protège-* prennent un *s* final au plur. quand ils n'en possèdent pas déjà au sing. C'est le cas de *protège-cahier, -parapluie, -radiateur, -slip, -tibia.* Mais on écrira : *un* ou *des protège-bas, protège-dents.* Le premier élément reste invar.

PROTÉGER constr. On dit **protéger de** ou, plus fortement, **protéger contre**, suivant le contexte : *Protéger les fleurs des ardeurs du soleil*, opposé à : *Être protégée contre les malfaiteurs. Il faut protéger l'homme contre lui-même.*

PROTESTER constr. et sens. Ce verbe est rarement transitif : **protester un billet**, dans la langue du droit, signifie « faire constater officiellement, par un protêt, qu'il n'a pas été accepté ou payé à l'échéance ». Intransitif, ce verbe a un sens négatif, « affirmer son opposition » : *Le gouvernement a vigoureusement protesté contre le traitement infligé à son représentant.* La construction avec **de** ou **que** est littéraire, et correspond à un sens affirmatif, « assurer avec force » : *Elle s'étonnera : je lui protesterai que je ne peux plus vivre sans elle et alors peut-être...* (Mauriac). *Oh ! comme elle proteste de son inexistence par une légèreté inépuisable !* (Valéry).

PROTHÈSE sens. « Partie de la chirurgie qui vise au remplacement partiel ou total d'un membre ou de certains organes », et « élément de remplacement » : *Porter une prothèse. Les prothèses dentaires.* Les linguistes appellent **prothèse** ou **prosthèse** le fait d'« ajouter en tête d'un mot un élément non étymologique », soit pour des raisons d'euphonie, soit par suite d'une confusion entre deux formes consécutives : *Le* é *initial de* échelle *et de* école *est une lettre pro(s) thétique, de même que le* e *du très populaire* esquelette.

PROU → PEU.

PROVENDE emploi et sens. Subst. vieilli et littéraire, au sens de « vivres ». Il s'emploie figurément, comme **pâture** : *Ah ! vous avez déjà tout regardé, dit-il tristement. Sans doute aurez-vous trouvé là peu de provende* (Gide). *Le clan, la tribu faisait ainsi sa provende d'une après-midi enfantine* (Llaona). Mais le sens de « mélange de diverses sortes de fourrage » est encore bien vivant en économie rurale.

PROVERBE → DICTON.

PROVOQUER forme. Le part.-gérondif est **provoquant** : *C'est en provoquant son ami qu'il s'est attiré cette riposte foudroyante.* Mais l'adj. est plus répandu, et s'écrit **provocant** : *Elle jugeait cette scène théâtrale, provocante et de mauvais goût* (Wiazemsky). *Elle connaît la valeur provocante de son corps mal caché sous des étoffes épaisses et lourdes* (Némirovsky). ♦ **constr. et sens.** Le sens premier de **provoquer** est « appeler à » : *Provoqué à la vérité, je répondrai au défi* (Camus). *La grasse odeur des terres à fleurs, nourries, provoquées sans cesse à la fertilité* (Colette). *Car on a le droit de faire sursauter le lecteur* [...], *de le provoquer à réfléchir ou à réagir au plus profond de lui-même* (Semprun).

PROXIMITÉ sens. Se garder de confondre ce terme, de sens neutre, et **promiscuité**, quasi syn., mais de sens péj.

PRUD'HOMME emploi et sens. « Magistrat faisant partie d'un conseil de prud'hommes, tribunal d'exception ayant pour rôle de trancher les différends de caractère professionnel entre patrons et salariés » : *La C.G.T. a réaffirmé avec force son attachement aux prud'hommes* (*Le Monde*). Jadis, ce mot avait le sens moral de « homme de haute vertu », que l'on retrouve dans : *Un prud'homme avec une belle robe bien repassée et deux grandes ailes toutes blanches* (Anouilh). Même remarque pour les dérivés **prud'homal** et **prud'homie**, qui ne prennent qu'un *m* : *Je vous entends et vous remercie de votre prud'homie* (Claudel). On ne confondra pas avec **prudhommerie** et **prudhommesque**, qui s'écrivent sans apostrophe et avec deux *m*, et viennent du nom propre Joseph Prudhomme, « personnage médiocre, ridicule et sentencieux » inventé par Henri Monnier en 1831 : *Une déclaration prudhommesque.*

PRUNELLIER prononc. [prynɛlje] et non [prynəlje].

PSEUDO- forme. Les composés ne prennent pas de trait d'union, sauf si le second élément débute par une voyelle : *pseudo-alliage*. On écrit en un seul mot *pseudobulbaire, pseudobulbe, pseudolite, pseudomère, pseudopériode, pseudopode*, etc. L'emploi est plus libre dans un contexte non technique : *Céline de Montbarrey avait mis au point, avec ces pseudos cavaliers français, une machination hasardeuse* (A. Besson). *Les douaniers et médecins de l'aéroport, trop occupés par un parti de pseudo-bijoutiers pakistanais et de soi-disant touristes colombiens pour s'intéresser longuement à Ferrer* (Échenoz). *Je me suis souvenu de mon apprentissage de pseudo-catho durant l'Occupation* (Bialot). ♦ **sens.** Ce préfixe très productif signifie « faux » : *La morgue supposée de l'amateur d'architecture pseudo-Renaissance* (Simon). Il entre dans la composition de nombreux mots de caractère scientifique. Son synonyme **simili**- est d'un usage plus commun. Comme subst., la forme **pseudo** est toujours synonyme de **pseudonyme**, dans un registre fam. : *Contrôle dans des fichiers de bois. Nom, pseudo, tout doit être décliné* (Bialot).

PSITTACISME et **PSITTACOSE emploi et sens.** Le premier terme désigne un « trouble du langage qui consiste à répéter des mots et des tours qu'on ne comprend pas ». La **psittacose** est une « maladie infectieuse et contagieuse transmissible à l'homme par le perroquet, et se manifestant par l'asthénie jointe à des troubles pulmonaires ».

PSY emploi et sens. Cette forme abrégée est très répandue ; elle est commode, mais présente l'ambiguïté de désigner aussi bien un psychologue qu'un psychiatre ou un psychanalyste : *Je me tais et je réfléchis. J'arrive pas à croire ce qu'il raconte, le psy* (Saumont). *Elle dit que je suis malade et qu'il faut que je me soigne, que je consulte un docteur, un psy ou ce genre de trucs* (Adam). *Moi, j'ai pas envie de vivre avec un type qui me parle à longueur de temps de sa mère. C'est très simple. Y a pas besoin de psy pour ça* (Desarthe). Quant au mot **psycho**, c'est toujours l'apocope de **psychologie** : *Faire de la psycho, étudier la psycho.*

PSYCHANALYSE orth. Deux *y*, ainsi que dans *psychanalyste, psychanalyser*, etc.

PSYCHÉ genre. Fém. *une psyché.* ♦ **sens.** « Miroir inclinable ou variété de papillon. » On rencontre également, assez souvent banalisé, le sens psychanalytique de « ensemble des phénomènes psychiques » : *Trois guerres [...] ne suffiront pas à vider cette querelle himalayenne, forgeant dans la psyché pakistanaise une solide haine de l'Inde* (F. Bobin, *Le Monde*, 10/06/2011).

PSYCHIATRE orth. Pas d'accent circonflexe sur le *a*. Il en va de même pour **psychiatrie** et **psychiatrique** : *On m'a prédit un avenir éblouissant dans les cures psychologiques et psychiatriques* (Desarthe). → -ATRE.

PSYCHIQUE et **PSYCHOLOGIQUE emploi et sens.** Ces deux mots appartiennent au même champ sémantique, mais le premier renvoie à la notion d'« esprit, pensée » : *Votre maladie est surtout psychique*, c.-à-d. « se rattache à des causes qui ne sont ni physiques ni physiologiques, mais mentales ». Le second se rapporte au mot **psychologie**, et a des sens divers : *un roman psychologique, la guerre psychologique.*

PSYCHOPATHIE orth. Deux *h* ainsi que pour *psychopathe, psychopathologie,* etc.

PSYCHOSE sens. « Maladie mentale dont le sujet n'est pas conscient » : *La paranoïa est une forme de psychose.* Ne pas confondre avec **névrose**, « trouble moins profond de la personnalité, dont le sujet garde pleine conscience, et qui se manifeste souvent par une angoisse ou une obsession ». Les formes intermédiaires sont nommées **psychonévroses**.

PU forme. Ce part. passé de **pouvoir** est invar. quelle que soit sa place dans la phrase, car il ne peut en aucun cas avoir un objet direct : *L'erreur qu'il a pu faire.*

PUBÈRE et **PUBESCENT sens.** Se garder de confondre **pubère**, « qui a atteint la puberté », et **pubescent**, synonyme de « duveté » (s'agissant, par exemple, d'un végétal) : *Pourtant, il y a quelques dures à cuire qui parviennent quand même à devenir pubères malgré les privations* (Nothomb). → NUBILE.

PUBLICISTE sens. Subst. vieilli au sens de « écrivain ou journaliste politique ». On ne le confondra pas avec **publicitaire**, seule forme substantivable susceptible de désigner aujourd'hui un « professionnel de la publicité » : *La triomphante bêtise des publicitaires, qui se font plus bêtes encore (ils n'ont aucun mal) que le public qu'ils méprisent pour le flatter* (Cavanna).

PUCEAU forme. Fém. *une pucelle.*

PUDEUR et **PUDICITÉ sens.** Ces deux subst. ont à peu près le même sens : « Sentiment de honte, de retenue devant ce qui concerne la sexualité ou ce qui paraît attenter à la dignité de l'individu. » Mais le second ne se rencontre que dans la langue littéraire. → IMPUDENCE,

PUER emploi. Ce verbe n'est pas un « mot bas ». Il s'emploie normalement pour signifier « sentir très mauvais » et se construit intransitivement ou avec un complément d'objet interne, qui précise d'où vient l'odeur en question : *Ne vous approchez pas trop, je dois puer* (Anouilh). *Toute la maison, pourtant, a défilé dans la loge qui puait le phénol* (Camus).

PUÉRILISME et **PUÉRILITÉ emploi et sens.** Le premier terme, qui appartient à la langue de la médecine, désigne une « régression mentale au stade de l'enfance ». On ne le confondra pas avec le second, qui est de la langue commune et désigne « l'état d'enfance » de façon dépréciative. → INFANTILE.

PUERPÉRAL forme. Ne pas dire ou écrire *puerpuéral.* ♦ **sens.** « Qui a trait à la période qui suit l'accouchement. »

PUÎNÉ orth. Accent circonflexe sur le *i.* ♦ **emploi et sens.** Vieux mot pour **cadet**, aujourd'hui cantonné dans des registres archaïsants et littéraires : *Freud a insisté là-dessus, sur ce que suscitait l'arrivée intempestive du puîné* (Pontalis).

PUIS emploi et sens Cet adv. très courant marque la succession dans le temps et, secondairement, dans l'espace : *Six heures du matin, un corps intact, heureux de vivre. Puis venaient les petits déjeuners pris à l'aise, et l'hôtel de la Paix* (Mallet-Joris). La langue fam. emploie souvent **et puis**, qui est généralement admis. Les tours **(et) puis après, (et) puis ensuite**, bien que condamnés par les puristes, sont également très fréquents : *J'étais comme ça quand j'étais jeune, j'étais terrible. Puis ensuite bien sûr, j'ai changé* (Duras).

PUISQUE orth. Les grammairiens sont en désaccord quant à l'élision du *e* final devant un mot commençant par une voyelle. La plupart ne le suppriment que devant *il(s), elle(s), ainsi, en, on, un(e).* L'oreille admet aujourd'hui l'élision quand une voyelle suit immédiatement la conjonction : *Puisqu'Ariane le veut ainsi...* ♦ **constr.** On admet aujourd'hui l'ellipse du verbe dans la subordonnée, comme après *bien que, quoique,* etc. ♦ **emploi et sens.** Cette conjonction fournit une explication, une justification considérée comme évidente, plus qu'une cause : *Puisque la guerre ne l'avait pas ramenée en Suède,* *elle n'avait besoin de rien. Puisqu'elle aimait tant Paris, elle devenait française* (Bastide). *Le 10 août de la même année, torride entre toutes puisqu'on vit se tarir les sources...* (Champion). C'est ce qui la distingue de **parce que**, qui énonce la cause d'une façon en quelque sorte objective et dépourvue d'affectivité : **puisque** suppose dans l'esprit le désir de trouver chez l'interlocuteur un acquiescement (Le Bidois, *Syntaxe du français moderne*). C'est ce que montre bien la phrase suivante : *Vous croyez à la science, parce qu'elle rassemble beaucoup de faits. À plus forte raison vous faut-il croire à la religion, puisqu'elle les rassemble tous* (Rivière). On notera en outre qu'il est impossible de faire précéder **puisque** de *c'est*, tandis que ce tour est fréquent avec **parce que**. L'évidence de *puisque* n'a pas en effet à être soulignée. ⟶ PARCE QUE.

□ **puisque je te (le) dis.** S'emploie souvent dans la conversation, de façon absolue, pour renforcer une affirmation : *Mais puisque je vous dis qu'il n'y a pas de jardinier* (Mauriac). *Que tu es bête, Louis ! Puisque je te dis que nous sommes fiancés...* (*id.*). *Ce n'est pas possible... elle a dû te dire... – Puisque je te dis que non !* (Aragon). Noter le tour **puisque... il y a** : *Ce récit, puisque récit il y a, met fréquemment en scène de pauvres gens de la campagne* (A. Billy). Le même tour est fréquent avec *si*.

PUITS orth. Un *s* final même au sing.

PULLMAN prononc. [pulman] ou [pylman]. ♦ **orth.** Un seul *n* final.

PULL-OVER prononc. [pulɔvœr] à l'anglaise ou [pylɔvɛr] à la française. ♦ **orth.** Plur. *des pull-overs* ou *des pulls* : *Pour gagner un peu d'argent, elles tricotaient des pull-overs* (Chaix). ♦ **forme.** Souvent abrégé en *pull.*

PULLULER constr. Ce verbe, à la différence de **abonder**, ne peut admettre qu'un animé comme sujet, et non un lieu : *Sur l'innocence morte, les juges pullulent* (Camus). *En amour, le gibier longtemps pullule* (Mauriac). ♦ **dérivés.** *pullulation* et *pullulement* s'emploient indifféremment.

PULVÉRULENT et **PURULENT sens.** Ne pas confondre **pulvérulent** qui signifie communément « à l'état de poussière » et **purulent** dont le sens est « qui exsude du pus » : *Elle pensait en même temps à sa passion d'intoxiquée, aux abcès purulents* (Kessel). *Ils montraient* [...] *leur aisselle encore purulente d'une furonculose persistante* (Semprun).

PUNCH prononc. Deux mots anglais se cachent sous cette forme unique. Au sens de « boisson alcoolisée », on prononce [pɔ̃ʃ]. Au sens de « capacité d'un boxeur au point de vue de la force et de la rapidité de ses coups », on dit [pœnʃ].

PUPILLE prononc. Le double *l* se prononce en principe sans [j], mais la langue courante dit fréquemment [pypij], que ce mot ait un sens animé ou non animé. ♦ **sens.** Quand ce mot désigne un « orphelin en tutelle », il est des deux genres : *C'est un* ou *une pupille de la Nation.* Quand ce mot désigne une « partie de l'œil », il est fém. Il ne faut pas le confondre avec le « diaphragme coloré » qu'est l'**iris**. Il s'agit du « trou au centre de l'iris, plus ou moins grand selon la quantité de lumière qui se trouve en face de l'œil » : *Elle le regardait avec une tendresse profonde et inquiète, qui lui dilatait un peu les pupilles et la baignait de passion* (J. Roy).

PUPITRE orth. Pas d'accent circonflexe sur le *i.* Se garder de l'influence de **épître.** ⟶ -ITRE.

PURÉE forme. Ce mot est invar. quand il est en apposition : *Faire des pommes purée.*

PURPURIN sens. « De couleur pourpre. »

PUR-SANG forme. Subst. invar. : *Ces pur-sang ont bien couru.* On écrit sans trait d'union quand **pur sang** est employé comme adj. : *un animal pur sang.*

PURULENT ⟶ PULVÉRULENT.

PUTATIF sens. Terme de droit : « Qui est supposé être », en parlant d'un enfant, d'un parent, etc. On emploie souvent cet adj. au sens extensif de « présumé » : [Ils] *ont suivi,* *durant un an et demi et jusqu'au 6 mai au soir les candidats déclarés ou seulement putatifs* (*Le Monde*, 14/05/2007). *Son nom est ajouté comme fiancée putative, actuellement détenue au centre de rassemblement* (de Roulet).

PUTRESCENT et **PUTRIDE sens. Putrescent** s'applique à ce qui est en cours de putréfaction, **putride** à ce qui est putréfié. Mais ces deux adj. sont souvent confondus, au profit du second : *J'avais prévu de l'intéresser, de le distraire, du moins, de la lente progression putride de sa propre mort* (Semprun).

PUTRESCIBLE orth. *s* et *c*, ainsi que dans **putrescent, putrescence**, etc. Se garder de la contagion de formes proches comme **compressible.** ♦ **sens.** « Qui peut se putréfier, pourrir. »

PUTSCH prononc. [putʃ] et non [pœtʃ] : ce mot vient de l'allemand, et non de l'anglais. ♦ **emploi et sens.** Synonyme expressif de **coup d'État**, vulgarisé par l'usage des journalistes. ⟶ PRONUNCIAMIENTO.

PUZZLE prononc. À l'anglaise [pœzəl] ou à la française [pyzl]. Cette dernière prononciation, non signalée par les dictionnaires, est parfaitement justifiable, et gagne du terrain dans la langue cursive.

PYGMÉE orth. Un *e* terminal, même au masc.

PYLÔNE orth. Un accent circonflexe sur le *o*. ♦ **sens.** On admet aujourd'hui le sens de « construction plus ou moins élevée, en forme de tour ou de pyramide ». Jadis, un *pylône* était un « portail monumental ».

PYLORE orth. Pas d'accent circonflexe sur le *o*. ♦ **sens.** « Orifice situé entre l'estomac et le duodénum. »

PYRÉNÉEN orth. Attention à l'orthographe de ce mot, qui ne possède qu'un *r* et pas de *h*.

PYTHAGORICIEN forme. On emploie moins aujourd'hui *pythagorique*.

PYTHIEN ou **PYTHIQUE emploi.** Ces deux formes sont synonymes, et s'associent à certains subst. : *l'Apollon pythien, les Jeux Pythiques* (ou *Pythiens*).

Q

QUADR- prononc. Les mots commençant par **quadr-** se prononcent généralement [kwadr]. Font exception : *quadrille, quadriller* (et les dérivés), dans lesquels le [w] disparaît : [kadrij]. En outre, les mots suivants font [kwadr] ou [kadr] facultativement : *quadrant, quadrat, quadrimoteur, quadriréacteur, quadrupler.* La tendance à prononcer [kadr] semble peu à peu l'emporter, au moins dans la langue cursive. **emploi.** Les formes **quadr-, quadri-, quadru-** correspondent à un préfixe ou un radical signifiant « quatre » et entrant dans la formation de nombreux mots, tels : *quadrilatère,* « qui a quatre côtés » ; *quadrige,* « char attelé de quatre chevaux » ; *quadrupède,* « animal marchant sur quatre pattes », *quadruple,* etc. → QUIN- et le suivant.

QUADRA emploi et sens. Abréviation de **quadragénaire**, souvent employée dans le registre fam., de même que **quinqua** pour **quinquagénaire** : *Plusieurs quadras ont repris la charge lancée la veille par le porte-parole du parti* (M. Écoiffier, *Libération*, 09/10/2009). *Très peu d'éléphants, pour ne pas dire un seul, Jack Lang, et beaucoup de « quinquas »* (*Le Monde*, 20/04/2007).

QUADRANT sens. En mathématiques, « quart de la circonférence ». Ne pas confondre avec son homonyme **cadran**.

QUADRATURE → CADRATURE.

QUADRIPARTI ou **-PARTITE** → BIPARTI.

QUAKER prononc. [kwejkœr] à l'anglaise, ou en simplifiant [kwekœr]. ♦ **forme.** Le fém. est *quakeresse.* Plur. du masc. : *quakers.*

QUALITÉ forme. On doit mettre le subst. au plur. dans la locution **(agir) ès qualités.** → ÈS. ♦ **sens.** « En tant que, en qualité de. »

QUAND (conjonction) **forme.** Ne pas confondre avec l'homonyme **quant (à).** → ce mot. ♦ **constr. et sens.** Cette conjonction établit entre deux procès un rapport temporel, mais souvent aussi un rapport causal ou adversatif : *Et pourquoi jeûne-t-il quand tout le monde mange ?* (Rostand). *Quand on n'a rien à se mettre sous la dent on n'est pas difficile* (Duras). Au sens adversatif, **quand** est fréquemment suivi de **même**, et le verbe de la prép. est à l'indic., ou plus souvent au conditionnel : *S'il ne portait pas le poids de la faute dont on l'accusait, il en avait commis d'autres, quand même il ignorait lesquelles* (Camus), en face de : *Et quand même j'en aurais envie, du gosse ?* (Sartre). On trouve aussi **quand bien même** : *Je ne vous propose pas expressément mes services, quand bien même ils ont satisfait la presque totalité de mes clients* (Japrisot). *Décidément, il faut se lever, quand bien même la nuit n'est pas dissipée* (Jourde). *Cette identification a tout pour séduire, quand bien même elle serait une fantaisie* (Michon). La présence de *même* n'est pas indispensable, mais son omission caractérise la langue littéraire : *Quand l'univers entier ferait semblant de s'écrouler, je passe à travers !* (Claudel). Le tour *quand même que* est peu recommandable : *Justin, quand même qu'il fût loin des bureaux de la rue des Francs-Bourgeois, sentait toujours la présence de ces entités en faux cols glacés* (Aymé).
□ **quand même.** L'emploi adverbial ou exclamatif de cette locution est aujourd'hui admis à tous les niveaux de langue, concurremment à **tout de même** : *Elle ne pouvait quand même pas lui sacrifier ses rares heures*

de travail personnel (Beauvoir). *C'est un peu risqué quand même, murmura Lazuli* (Vian). *Quand même je ne serais pas étonné qu'il soit question d'une jeune fille...* (Dhôtel). *Quand même ! Peut-être que ça ne fera pas revenir Monsieur Germain, mais Papa, quand même !* (Labro).

□ **quand, introduisant une phrase exclamative, non subordonnée. 1)** *Quand je vous le disais.* Locution familière soulignant la « justesse d'une prévision » : *Quand je vous le disais, qu'ils seraient allés du côté de Guermantes* (Proust). **2)** *Quand je pense que c'est lui qui nous a fait nous connaître !* (Vildrac). *« Quand je pense »... chaque période débutait par ce « quand je pense » étonnant chez une personne qui pensait si peu* (Mauriac). Contrairement à l'apparence, ces phrases ne présentent aucune ellipse. ⟶ PUISQUE.

□ **de quand.** Dans la langue familière, **quand** est parfois précédé d'une prép. (à, de, pour) : *Ça ressemble à quand nous voyagerons dans les hôtels* (Gyp). Il *avait cette expression laide et touchante de quand il était enfant* (Mauriac). *Ce sera mon porte-bonheur pour quand je rejoindrai le front* (Wiazemsky).

□ **quand et.** Au sens de « avec », cette locution est archaïque : *Il est arrivé quand et lui.* On dit encore dans certaines régions, notamment en Franche-Comté et au Canada : *Je suis arrivé quand lui.* Ce tour s'explique aisément par l'ellipse d'une proposition subordonnée : *quand lui (il) est arrivé.*

QUANT À emploi et sens. Cette locution prépositive, en tête de phrase, sert à « souligner un élément de la pensée », avec le sens de « en ce qui concerne ». Elle met en relief de façon redondante soit le sujet, soit le complément, soit même le verbe de la proposition : *Quant aux achats qu'on ne peut faire ni trop à l'avance, ni à la dernière minute, Mme Maillecotin recourt à divers expédients* (Romains). *Quant à la marquise, elle avait fui avec des cris d'horreur* (Peyré). *Quant à moi, je tenais le ménage car il était opposé à ce que j'en fisse chez d'autres* (Barbery). ⟶ TANT.

□ **quant-à-moi** ou **quant-à-soi.** Ce tour substantivé s'écrit généralement avec deux traits d'union : *Il ne se livrait pas facilement, ne se liait pas, gardant ses distances, préservant son quant-à-soi* (Semprun). *On se croise, on s'interpelle parfois, mais chacun reste sur son quant-à-soi* (Bialot).

QUANTA ⟶ QUANTUM.

QUANTIÈME emploi et sens. Ce mot n'a guère d'existence réelle aujourd'hui, qu'il s'agisse d'un interrogatif : *Quel quantième sommes-nous ? Le quantième (du mois) sommes-nous ?* ou d'un subst. : *Cette montre marque aussi les quantièmes* (on dit plus simplement *les jours*). Ce problème est assez irritant pour un Français, car aucune solution n'est tout à fait satisfaisante : *Quel jour (de la semaine ou du mois) sommes-nous ?* est ambigu si on ne précise pas davantage (nom du jour ou date), et cette façon de s'exprimer est peu économique. Mais *le combien* et, à plus forte raison, *le combientième* sont des tours fam. ou pop. rejetés par le bon usage. ⟶ COMBIEN.

QUANTITÉ constr. Comme sujet d'un verbe, précédé ou non de l'article, ce subst. collectif gouverne le sing. ou le plur. selon le nombre du complément et aussi selon l'intention du parleur : *Cette grande boutique où quantité de gens feuilletaient* (Butor). *Lucien autrefois s'était livré à des recherches : quantité de leurs ancêtres étaient morts* (Fontanet). *Quantité de chercheurs ont émigré aux États-Unis* (de Roulet). ⟶ COLLECTIF, FORCE, FOULE, NOMBRE, etc.

QUANTUM forme. Plur. *(théorie des) quanta.* ♦ **emploi et sens.** Ce mot plus connu sous son aspect plur. est un néologisme du début de ce siècle, au sens scientifique de « quantité élémentaire d'action, sorte d'atome d'action » (L. de Broglie) : *Si les quanta se propulsaient par milliers, on verrait leur trajectoire* (Schreiber).

QUART emploi. Dans les indications d'heures, on rencontre de plus en plus des formules figées, non susceptibles de variation : *moins le quart* (avec article), *trois quarts* (non précédé de *et*), *et quart* : *Ils étaient d'abord convenus de huit heures moins le quart* (Rivoyre). *Faites décoller le courrier d'Europe à deux heures et quart* (Saint-Exupéry). L'emploi

de **un quart** est plus rare : *À* six *heures un quart* (Cocteau). → ET, HEURE.
□ **le quart de.** Il est préférable de préciser, en disant : *Il était le quart après huit heures* ou *avant huit heures,* quand il peut y avoir doute. Même problème que pour *demie.* → DEMI.
□ **les trois quarts de.** Pas de trait d'union, à la différence du subst. **quatre-quarts** (« gâteau ») : *Elle s'est fait photographier de trois quarts. Il est aux trois quarts idiot.*

QUARTERON sens. « Ancienne mesure » et aussi « métis possédant un quart de sang d'une race et trois quarts de sang d'une autre race ». Admet le sens figuré, parfois péj., de « petit nombre » : *Un quarteron de conjurés monarchistes* (Aragon). *Un quarteron de généraux félons* (de Gaulle).

QUARTIER orth. On écrit : *un quartier-maître (des quartiers-maîtres) ; un quartier général (des quartiers généraux) ; le Quartier latin. Après quinze mois, il avait été reçu à l'examen de quartier-maître électricien* (Gallo).

QUART-MONDE sens. Ce mot composé, dans lequel **quart** a le sens de « quatrième », désigne soit la partie la plus défavorisée de la population dans les pays riches, soit les pays les moins avancés (sigle P.M.A.) ou « en voie de développement » dans le monde entier. → TIERS et ÉMERGENT.

QUARTZ prononc. [kwartz].

QUASI orth. Ne prend pas de trait d'union devant un adj., mais seulement quand il précède un subst. : *quasi-contrat, quasi-délit. Cet ex-bagnard avait ramené à Séville les trois quasi-épaves rescapées du tour du monde de Magellan* (Schreiber). Ce mot est toujours invar. ♦ **emploi et sens.** Vieilli, comme adv. indiquant une approximation, « pour ainsi dire » : *Dans ce décor quasi lunaire, d'eaux noires, de rochers et d'arbres nus* (Vidalie). *Une petite jaca andalouse, quasi sans bouger, nous donne l'émotion de la mort* (Montherlant). Mais ce mot est plus vivant comme préfixe servant à former des subst. : *Tu veux nous faire passer pour de quasi aveugles ! Histoire de nous fourguer ta camelote* (Orsenna). *Cette motion a été adoptée à la quasi-unanimité.*

QUASIMENT emploi et sens. Adv. comme **quasi**, mais qui tombe en désuétude : *À présent, j'en suis quasiment certain : la femme qui m'a rendu visite avait la voix de Tawaddud* (Tahar Ben Jelloun). *Cet appareil est quasiment hors service.*

QUATER prononc. [kwatɛr]. ♦ **emploi et sens.** Adv. multiplicateur latin, d'emploi plus rare que *bis* et *ter.* Son sens est « quatre fois » ou mieux, « pour la quatrième fois » : *Ce gros immeuble occupe les numéros 25, 25 bis, ter et quater de la rue.*

QUATRE prononc. On se gardera de faire la liaison avec un [-z-] senti comme caractéristique du plur. dans le registre pop. : *Je voudrais quatre[-z-]œufs.* ♦ **orth.** Ne prend jamais de *s* final au plur., même comme subst. : *J'ai fait trois quatre au zanzi.*
□ **descendre quatre à quatre.** Cette locution est aujourd'hui admise, soit construite absolument, soit avec un complément d'objet direct tel que : *escalier, marches, gradins,* etc.
□ **faire son** (ou **ses**) **quatre heures.** Ce tour est régional, et se rencontre aussi dans le parler enfantin. On préférera le subst. *goûter.*
□ **entre quatre (z') yeux.** Cette locution, avec ou sans liaison, est fam. : *Se regarder entre quatre-z-yeux.*

QUATRE-QUARTS, QUATRE-SAISONS et **QUATRE-VOIES orth.** Au sing. comme au plur., ces mots de sens clair s'écrivent avec un trait d'union et un *s* final : *Il est vrai que le quatre-quarts de maman ne souffrait aucune comparaison* (Diwo).

QUATRE-VINGT(S) orth. Cet adj. numéral prend un *s* final quand il n'est pas suivi d'autres unités : *Ils étaient quatre-vingts chasseurs* (chanson), mais *J'en ai compté quatre-vingt-deux.* Comme ordinal, au sens de « quatre-vingtième », il s'écrit sans *s* : *Voyez page quatre-vingt.*

QUATTROCENTO prononc. [kwatrɔtʃɛnto]. ♦ **sens.** Ce mot d'emprunt désigne le XVe siècle italien, c.-à-d. la Renaissance en Italie. On prendra garde de ne pas « traduire » par *XIVᵉ siècle* : il s'agit des années qui *suivent* 1400.

QUATUOR prononc. [kwatɥor]. Attention à l'influence de *quatre.* ♦ **forme.** Subst. variable (à la différence de *quatre*) : *Il organisait des quatuors* (Cocteau).

QUE (adverbe) **emploi et sens.** Comme adv. d'intensité, dans une proposition exclamative, **que** est plus fréquent que *combien,* mais moins fréquent que *comme* : *Mais va-t-il répondre ? Qu'il est bête !* (Romains).

□ **que ne.** Au sens de « pourquoi », cet adv. est en général accompagné de la particule *ne* et suivi d'une inversion du pronom personnel sujet : *Que ne me suis-je livrée à cette fureur maladroite !* (Mauriac). *Que ne laissez-vous caché dans l'ombre ce vilain démon ?* (Boylesve). *Toi qui sèmes des paratonnerres à foison / Que n'en as-tu planté sur ta propre maison ?* (Brassens). Ce tour est inconnu de la langue parlée. Il est plus rare encore avec un sujet subst. : *Ah ! Qu'Albertine n'avait-elle aimé Saint-Loup !* (Proust). *Ah ! Que Furetière n'est-il Molière !* (Gide). On rencontre exceptionnellement un emploi affirmatif, ou plutôt non négatif : *Si vos conclusions ne valent que pour vous, que nous ennuyez-vous avec elles ?* (Montherlant). *Qu'a-t-il besoin de se mêler des qualités de mon derrière ?* (Hoex).

□ **le jour qu'il est venu.** Le mot *que* peut être considéré ici comme « une sorte d'adv. conjonctif » (Grevisse), qui marque surtout le moment ou la durée, et peut commuter avec **où** (qui est plus fréquent) : *Le matin qu'Alexis revint à la cabane, la chaleur était accablante* (Cesbron). *Un jour que j'étais là, un monsieur fort bien entra* (Apollinaire). *On aimait mieux pas être là, dans le cas qu'il l'étranglerait* (Céline). *Pendant la saison d'été que les enfants étaient tenus loin de l'école pour garder les troupeaux* (Aymé). → OU.

QUE (conjonction) **emploi et sens.** Ce mot-outil constitue la « conjonction à tout faire du français ». Il sert souvent à remplacer une autre conjonction :

1) Quand elle est déjà présente dans la phrase, et pour éviter une répétition : *Mais comme dix heures sonnaient à la mairie, et que mes parents étaient couchés depuis quelque temps déjà, je ne pus attendre* (Radiguet).

2) Dans certains tours littéraires : *Un malheur ne vient jamais qu'un autre ne vienne* (Ramuz) (*que* = « sans que »). *Déshabille-toi, que je t'ausculte* (Martin du Gard). *Il faut cacher cela bien vite, que votre père ne voie rien* (Guilloux) (*que* = « pour que »). *Et cette fois, elle ne les lâcha plus qu'elle n'en eût extrait jusqu'à la dernière ligne* (Rolland) (*que* = « avant que »). *Mais ma chère nièce serait-elle souffrante, qu'elle ne t'a pas accompagné ?* (Aymé) (*que* = « puisque »). On notera que la conjonction s'emploie presque facultativement, ou du moins chargée d'un sens très faible, entre deux propositions liées par un rapport de concomitance ou d'opposition : *Prenait-on le café qu'elle était déjà repartie* (Vidalie). *Le lendemain il faisait encore nuit que j'étais déjà sur le quai* (Mac Orlan). *Avant son accident, on lui aurait offert une place dans une école qu'il aurait refusé* (J. Roy). *J'accomplirais ces nobles tâches qu'elles me laisseraient torturé de désespoir* (Montherlant). Dans les quatre phrases qui précèdent, la conjonction pourrait être remplacée par une simple virgule ou par la conjonction et, comme ici : *On le mènerait à la boucherie et il ne pousserait pas le moindre bêlement* (Mauriac). On ne confondra pas ces tours, tous corrects et admis par le bon usage, avec les emplois fam. ou pop. suivants, très fréquents dans la langue parlée : *Lambriot, qu'on m'appelle, Ernest* (Aymé). *Ben, qu'elle me répond, elles ne peuvent pas le faire elles-mêmes ?* (Triolet). *Pourquoi que vous lui avez donné ça ? demanda-t-il au bout d'un petit moment* (Duras). *Ah, dites donc, votre cousin je sais plus comment qu'il s'appelle, le grand brun* (Garnier). *Regarde comme elle est à l'honneur, qu'on se sent fier d'être son père* (Anouilh). Il ne s'agit cependant ici que de « redondances d'articulation », et on franchit un degré de plus dans l'incorrection quand ce **que** de jonction se trouve à la place d'un pronom relatif mal connu et spontanément évité : *Ceux qui gagnent leur vie en vendant des choses qu'on n'a pas* *vraiment besoin* (Gerber). On se rappellera que les verbes trans. indirects construits avec *de* exigent le relatif **dont** ou un pronom relatif complexe formé à partir de *lequel* : *Le couteau dont j'ai besoin.*

□ **c'est un héros que cet homme.** *Que*, dans ce tour, introduit le terme (nom, infinitif) qui précise et complète le pronom neutre *ce* et qui est le véritable sujet. Le grammairien Henri Frei l'appelle un « outil d'inversion, un signaleur expressif » : *C'est une période odieuse que celle des formalités, des entrevues* (Colette). Cette phrase est l'inversion expressive de : *La période des formalités est une période odieuse... Il n'y avait pas de savon, mais c'était déjà une délivrance que ce premier décrassage* (Butor). Le plus souvent, l'infinitif est introduit par **que de** : *Parce que c'eût été gâcher ta vie que de te marier et d'avoir des enfants ?* (Salacrou). *C'était le métier de Richard que de forcer les* confidences (Kessel). C'était *chez eux une tradition familiale que d'ironiser à propos de tout et de rien* (Wiazemsky). ⟶ DE. La même **constr.** peut se faire sans le présentatif *c'est*, dans des tours exclamatifs : *Ô récompense après une pensée / Qu'un long regard sur le calme des dieux !* (Valéry). *Dur labeur que d'être jolie femme !* (Allen).

□ **subordonnée introduite par que, en tête de phrase.** La conjonction a pour effet de substantiver une proposition et de la mettre en relief. Son verbe est presque toujours au subj., même quand l'ordre « normal », **principale + subordonnée**, rétablirait l'indic. dans cette dernière : *Qu'un danger pût venir d'eux ou de leurs parents nous paraissait absurde, inimaginable* (Roblès). C'est une mise en relief de : *Il nous paraissait absurde qu'un danger pût venir d'eux* (même mode : le subj.). *Qu'Annette ne lui donnât plus signe de vie, ne l'inquiétait nullement* (Rolland). *Mais qu'il pêchât dans un lieu ou dans un autre, le résultat aurait été le même* (Dhôtel).

□ **que si...** Cette locution, placée en début de phrase, a un caractère nettement oratoire. C'est un latinisme qui frise aujourd'hui l'affectation : *Que si tu le veux, mon âme, tout ceci est absurde !* (Valéry). *Que si j'avais donné mon héros pour exemple, il faut convenir que j'aurais bien mal réussi* (Gide).

□ **que oui, que si, que non.** Ces locutions employées comme réponses « intensives » appartiennent au registre fam. : *Oh ! Que oui ! qu'elle est jolie !* (Gyp). *Il joue si mal ! – Oh ! que non ! Vous ne jouez pas mal* (Duhamel). *Ils n'ont pas besoin l'un de l'autre. – Que si !* (Romains). Cet emploi est quasi adverbial.

□ **s'attendre que** ou **à ce que** ⟶ À, DE et tous les verbes posant un problème de constr., à leur place alphabétique. ⟶ aussi NE.

QUE (pronom interrogatif) **1)** Dans l'interrogation directe, **que** ne peut guère être employé comme sujet, sinon avec un verbe impersonnel : *Que s'était-il passé entre lui et Marion ?* (Troyat). Il est le plus souvent complément d'objet direct, ou circonstanciel avec certains verbes : *Peut-être était-il trop timoré encore. Que risquait-il pourtant ?* (Gallo). *Que gagnes-tu par mois ?* (= « combien »). *Que sert d'essayer de m'abuser ?* (Benoit). *Allons ! que tardez-vous ?* Ce dernier emploi, assez littéraire, rejoint l'emploi adverbial. ⟶ QUE (adverbe).

2) Dans l'interrogation indirecte, **que** se rencontre entre un verbe « principal » signifiant la « connaissance » ou son contraire et un infinitif : *Je ne savais que penser de ce discours* (Green). *Mes parents n'ont jamais su que faire de moi* (Dhôtel). La langue courante emploie plus volontiers *quoi* : *Elle se demandait peut-être quoi faire de tout cet argent maintenant* (Duras). *Elle tentait de ramasser les mèches de cheveux dont elle ne savait plus quoi faire ensuite* (Wiazemsky). ⟶ QUOI et SAVOIR.

QUE (pronom relatif) **emploi.** Le tour *terrassés qu'ils étaient par la fatigue* peut être considéré comme correct, en dépit de certains puristes. Le relatif y est neutre : *Réduits que nous sommes aux seuls agréments de la conversation, j'aimerais assez de l'entendre* (Valéry). *Cette cité unique où tout d'ailleurs devait être homogène, isolée qu'elle était du reste du monde* (Proust). *La ratatouille de 1940 causa une humiliation géante, et qui n'a pas fini d'agir, ravivée qu'elle fut par les déculottées coloniales* (B. Poirot-Delpech, *Le Monde*, 10/06/1992). On ne confondra pas ce tour littéraire avec les emplois pop. du type :

Un petit endroit coquet que c'était le village, bien éclairé (Céline). *Bleu qu'il était ! Étouffé à demi par l'hostie !* (Mallet-Joris). Le mot **que** n'est pas, dans ce cas, le relatif neutre, mais la conjonction. ⟶ QUE (conjonction).

□ **cet enfant qu'elle dit qu'elle a vu.** Ce tour « en cascade » n'est pas incorrect, mais paraît lourd, et il vaut mieux l'éviter. C'est une survivance de la langue classique qu'on rencontre surtout chez les écrivains au style recherché : *L'histoire qu'on voit qui vous tient au cœur* (Gide). *Ne serait-on jamais jaloux que de ce qu'on suppose que suppose l'autre ?* (Malraux). *Il est étrangement jaloux de cette liberté et de cette ubiquité qu'il croit que possède l'esprit* (Valéry). On tend aujourd'hui à tourner par **dont on dit, dont on voit que,** etc. ⟶ DONT. Cette constr. paraît cependant assez acceptable avec certains verbes, comme *vouloir* : *La compassion qu'il aurait voulu qu'on lui témoigne dans son enfance* (P. Jardin).

□ **que je sache** ⟶ SAVOIR.

QUEL emploi. Rare comme pronom interrogatif, sauf avec un partitif : *Quelle de nos gloires d'aujourd'hui, que l'on voit se faner si vite, sera encore lumineuse ?* (Henriot). *Voyons ! Quelle vous semble la couleur de cette bosse ?* (Dhôtel). *Dites-moi, de nous deux, quel est à vos yeux le plus sérieux* (avec ou sans point d'interrogation selon l'intonation, qui donne à cette phrase son statut d'interrogation, directe ou indirecte). L'emploi suivant est un pur caprice d'auteur : *Il m'avait préparé un destin bien antipathique. – Peut-on savoir quel ?* (Queneau). On emploie d'ordinaire le composé **lequel**. ⟶ ce mot. Mais avec une valeur exclamative et intensive, et non plus interrogative, **quel** est moins rare, employé seul comme pronom : *Nous, on a l'essentiel pour un enfant ; un jardin, et quel !* (Colette). *Quelle est votre erreur, ma chérie !* (Romains).

□ **quel... que** ⟶ QUELQUE.

□ **tel quel** ⟶ TEL.

QUELCONQUE emploi et sens. Cet indéfini signifie à l'origine « quel qu'il soit » : *Écrivez : « L'inspecteur Robineau inflige au pilote Pellerin telle sanction pour tel motif... » Vous trouverez un motif quelconque* (Saint-Exupéry). *Et Julie, les deux mains sur son sac en imitation de crocodile, fixait un point quelconque de l'espace* (Simenon). *Je dis maintenant que l'ensemble de cet arbre est plus complexe que l'une quelconque de ses parties* (Valéry). *Nous n'avons pas été proches [...], en tous les cas pas suffisamment pour cultiver un quelconque grief* (Khadra). Mais le plus souvent, cet adj. est employé comme qualificatif, avec un sens péj. : « commun, banal, ordinaire ». Il est alors antéposé ou postposé au nom qu'il qualifie, tandis que, dans l'emploi indéfini, il est le plus souvent postposé : *En bas, il trouve un type debout qui attend, un type quelconque, plutôt miteux, pas un habitué* (Robbe-Grillet). *Les meubles étaient quelconques, en acajou de bonne qualité, mais sans plus* (Simenon).

QUELQUE forme et emploi. Il est souvent difficile de bien distinguer les emplois de **quelque** adj. (accord) et ceux de **quelque** adv. (invar.). Il est adj. quand il porte sur un nom (accompagné ou non d'un adj.) et adv. quand il modifie un adj. (seul ou en relation avec un subst.) ou un adv. : **1)** *Les quelques mots dont je ne comprenais pas le sens gênaient à peine mes réponses* (Butor). *Par quelque côté qu'on la prenne maintenant, on l'atteignait toujours dans des régions vives et douloureuses* (Duras). *Les quelques rares survivants de la catastrophe.* **2)** *Quelque terrible qu'il pût être, en effet, un étage entier me séparait encore de lui* (Green). *Cette insistance me met mal à l'aise, quelque affranchie que je sois* (Barbery). *Quelque habilement qu'ils s'y soient pris, ils ont laissé des traces de leur passage.*

□ **quelque + nom de nombre.** Toujours adv., au sens de « à peu près, environ », et donc invar. : *À quelque deux cents mètres j'ai aperçu ce que m'avaient caché la nuit et la brume* (Butor). *Parmi les quelque cent trente employés de tout grade qui travaillaient à la S.B.H.* (Aymé). *Quelque soixante ou soixante-dix minutes plus tard, un mercenaire indifférent nous le ramena sur un chariot* (P. Jardin). Mais on dira, pour ajouter une quantité indéfinie : *Vers dix-sept cent et quelques* (Mazeline). *J'ai dépensé trois cents et quelques francs.*

□ **quelque** ou **quel que.** On se gardera de confondre ces deux tours également concessifs, le premier adv., le second pronom, tous les deux se construisant avec le subj. La concession s'exprime par **quel que**, en deux mots, devant un verbe d'état, *être, paraître, sembler*, ou devant certains verbes semi-auxiliaires, *devoir, pouvoir*, etc. : *J'abhorre toutes les soutanes et toutes les fausses enseignes, quelles qu'elles soient* (Martin du Gard). *Il lui semblait nécessaire de laisser les sentiments, quels qu'ils fussent, retrouver un cours normal* (Dhôtel). *Quel que soit le rôle que tu aies joué dans cette affaire, Ferdinand est l'aîné* (Bazin). *Quelle que soit sa rancune envers Louis Martin, elle devrait se rappeler que je suis son fils* (Troyat). On ne peut rencontrer la forme soudée **quelque** immédiatement devant le verbe **être**.

□ **quelque chose.** Le plus souvent, cet ensemble devient neutre : *Quelque chose, en vérité, quelque chose était fini* (Duhamel). *Leur effort a quelque chose de surhumain et de parfait* (Barbusse). La locution un *(petit) quelque chose* appartient au langage fam. : *Mitonne-moi un petit quelque chose pour ce soir* (Giono). → CHOSE.

QUELQUEFOIS orth. Cet adv. de temps est en principe soudé, mais curieusement, on peut constater une tendance à le « décomposer » sous sa forme ancienne **quelques fois** (ce qui ne peut être considéré comme incorrect) : *Enfin, disons, non, pas souvent, quelques fois c'est arrivé, une fois dans un café et deux autres dans un dancing* (Mauvignier). ♦ **forme.** Cet adv. équivaut, à un niveau plus neutre, à **parfois**, qui est plus littéraire. ♦ **emploi et sens.** On évitera les tours pop. *si quelquefois*, au sens de « au cas où », et surtout *quelquefois que*, qui a le même sens : *Si quelquefois tu le voyais cet après-midi, dis-(le)-lui. Je me prépare, quelquefois qu'il viendrait me chercher.* On note que le registre pop. use volontiers de *fois*, seul ou en composition, pour exprimer l'éventualité, à la place de **si** ou avec le cumul : *si quelquefois, si des fois, si une fois.*

QUELQU'UN forme. Le masc. s'emploie absolument pour les deux genres : *Mort de quelqu'un* (titre d'un roman de Jules Romains). *Dans tout le lycée de filles, y a-t-il quelqu'un qui l'ignore ?* Mais chaque genre a sa forme propre quand ce pronom indéfini est suivi d'un complément partitif : *Pour me rassurer, quelqu'un, quelqu'une d'entre vous m'écriront-ils ?* (Colette). *La peinture d'un esprit sollicité par quelqu'une de ces formations naturelles remarquables qui s'observent çà et là* (Valéry). Plur. *quelques-uns, quelques-unes.* ♦ **emploi et sens.** Le maniement de ce mot n'est délicat qu'au sing. On notera que celui-ci est rare après les pronoms *en* et *dont* : *J'en ai retenu quelques préceptes. – Peux-tu m'en redire quelqu'un ?* (Valéry). *Des pauvretés assez surprenantes, dont je montrerai quelqu'une* (*id.*). Le fém. sing. en position absolue de sujet est très rare : *Quelqu'une demanda : « Et Tourny, il se gratte aussi ? »* (Jorif). *Le capitaine du port a besoin d'un adjoint. – Ou d'une adjointe ! – Quelqu'un qui sait voir au loin. – Ou quelqu'une !* (Orsenna).

□ **c'est quelqu'un.** On rencontre dans le registre pop. un emploi emphatique de *quelqu'un*, au sens de « personnage d'importance » (y compris pour une femme) : *Je murmurais en serrant les dents : je suis quand même quelqu'un, quelqu'un* (Duhamel). *Il est arrivé à devenir quelqu'un.* Le parler pop. emploie même **quelqu'un** pour désigner non pas une personne, mais un événement : *Et quel incendie ! Des décombres fumants, monsieur. C'était quelqu'un* (Queneau). *Ça alors, c'est quelqu'un !...*

QU'EN-DIRA-T-ON forme et emploi. Cette locution invar. est depuis longtemps complètement substantivée, et s'écrit avec des traits d'union (mais une apostrophe entre *qu* et *en*). On la rencontre le plus souvent au sing. : *Se moquer du qu'en-dira-t-on.* Voir toutefois : *Les regarder remonter vers la colline, s'éloigner du village et des qu'en dira-t-on était un régal* (Khadra).

QUÉRIR emploi et sens. Ce vieux doublet de **chercher** ne se rencontre plus qu'à l'infinitif dans certains parlers régionaux ou dans un registre tout à fait littéraire et archaïsant : *Le majordome, qu'on était allé quérir en hâte, eut un brusque haut-le-corps en voyant le visiteur* (A. Besson). En voici un exemple humoristique : *Je prends donc mon cabas et mon sac et m'en vais dans le grand monde quérir* *de la substance qui fait briller les ornements des maisons des riches* (Barbery). → ALLER (in fine).

QU'EST-CE QUE emploi. Ce groupe très répandu n'est admis dans le bon usage qu'en tête d'une proposition interrogative directe : *Qu'est-ce que tu as fait ? Qu'est-ce que nous devons comprendre ?* etc. L'emploi exclamatif et intensif appartient à la langue très familière : *Et, puis, qu'est-ce qu'on ne fait pas quand on aime !* (Mallet-Joris). *Oh, la princesse Grace, dit la blonde ravie, qu'est-ce qu'elle est bien !* (Rivoyre). *Qu'est-ce que c'est bon ! s'exclame-t-elle* (Desarthe). *Comme c'est bien fait, qu'est-ce que c'est bien fichu !* (Barbery). → CE et COMME. Proscrire l'emploi franchement incorrect et pesant (et malheureusement de plus en plus répandu) de **qu'est-ce que** à la place de **ce que**, pour introduire une subordonnée interrogative indirecte : *Je ne sais pas qu'est-ce qu'il lui a pris.* On dira mieux et plus simplement : *Qu'est-ce qu'il lui a pris, je ne sais pas !* ou bien : *Je ne sais pas ce qu'il lui a pris. Je n'allais pas entrer dans les détails et raconter ce que fut ma vie* (Tahar Ben Jelloun). → CE et INTERROGATION.

QUESTEUR prononc. [kɥɛstœr] ou [kɛstœr], mais non [kwɛstœr]. Même remarque pour **questure**.

QUESTION constr. L'ellipse de la préposition **de** après ce subst. (bien qu'elle soit condamnée par les puristes) est fréquente dans la langue cursive : *Question propreté, tout le monde peut pas avoir votre niveau, M'sieur Bor !* (Franck & Vautrin). *La question traitements a été étudiée par la commission.* → CÔTÉ, POINT (DE VUE), etc. À noter que cette ellipse n'est plus possible quand le complément du subst. est un infinitif : *Question de changer les idées on ne pouvait pas faire mieux* (Giono). *Pas question de trahir le séminariste, déjà trahi d'ailleurs par Cropette* (Bazin).

QUEUE emploi et sens. Au sens métaphorique de « file de clients », **faire la queue** ou **faire queue**. → TÊTE À QUEUE.

□ **à** ou **en queue-d'aronde.** Cette locution technique est invar. : *La commode, ce meuble dont les tiroirs assemblés à queue-d'aronde ont nourri des générations d'artisans du faubourg* (Diwo).

□ **à la queue leu leu.** Cet archaïsme équivaut à **en file indienne** et n'est plus décomposé ni même compris littéralement (il vient d'une déformation de *à la queue du loup*) : *À la queue leu leu, des ombres commencèrent à traverser* (Ikor). *Ces longues cordelettes constituées de milliers de chenilles à la queue leu leu* (Rouaud).

QUEUE- forme. Dans les composés, seul prend un *s* au plur. le premier élément : *des queues-d'aronde, -de-chat, -de-cheval, -de-cochon, -de-rat, -de-renard, -de-pie,* etc.

QUEUX genre. Masc. au sens de « cuisinier », uniquement dans le composé **maître queux** (sans trait d'union). Fém. au sens de « pierre à aiguiser » (il s'agit d'un mot différent). On prendra garde à l'homonymie de **queue**.

QUI (pronom interrogatif) **emploi.** Ce pronom est le plus souvent au masc. sing., en fonction de sujet ou d'attribut : *L'animateur demandait à un auditeur qu'il avait en ligne : Et moi, je suis qui ?* (Dubois). *Qui est satisfait de son sort ?* Mais il est parfois fém. et même plur. : *Qui est idiote ? Ma sœur, ma mère, ma nièce ?* (Giraudoux, cité par Grevisse). *Qui sont les protégés de tante Adèle ?* (Estaunié). Mais on ne pourrait pas dire : *Qui sont venus ?*

□ **qui croyez-vous qui soit là ?** Ce tour, qui n'est pas incorrect, est littéraire et classicisant : *Qui voulez-vous qui m'attende ?* (Mauriac). *Qui voulez-vous qui le lui ait soufflé ?* (Sartre). Mais la présence de deux formes commençant par *qu-* dans une phrase courte répugne souvent à nos habitudes. → QUE (pronom relatif). La même remarque vaut pour le tour fam. et expressif qu'on rencontre dans l'exemple suivant : *Qui a tué qui, cette nuit ? Quand aurai-je à m'occuper d'un beau crime bien insupportable ?* (Sagan). *Qui veut mettre au courant qui ? s'écria-t-elle indignée* (Schwarz-Bart).

□ **qui m'empêche de le faire ?** L'interrogatif neutre est rare, et risque aujourd'hui de paraître ambigu : *Qu'avez-vous, mademoiselle ? Qui vous peine ? Vous pleurez ?* (Carco). On réservera plutôt *qui* pour désigner un animé humain et on emploiera *quelle chose* ou *qu'est-ce qui* pour un non-animé.

□ **qui est-ce (que c'est) qui ?** Le renforcement de l'interrogation peut se faire à deux degrés. La langue soutenue évite généralement d'alourdir ainsi la phrase, quand le sens est parfaitement clair : *Qui est-ce qui s'occupe de votre santé ?* (Proust). *Je sais qui est-ce qui est allé la mettre où elle est* (Giono). Le tour non inversé **qui c'est (qui)** appartient au registre pop. : *Et qui c'est qui va la découper, la cuisse de vache ? Faut être du métier* (Garnier).

QUI (pronom relatif) **orth.** On ne peut élider le *i* de ce relatif, si ce n'est dans un registre pop. : *J'ai pas raison, Lucienne, toi qu'es de la partie ?* (Garnier). ♦ **constr.** Avant le pronom relatif, on rencontre généralement un antécédent : animé ou non si **qui** est sujet du verbe de la relative, mais seulement animé si **qui** est complément précédé d'une préposition : *Il était incroyable que ce fût elle qui prétendit lui apprendre à vivre* (Mauriac). *Il rabattit la couverture sale qui le recouvrait* (Rey). *Une belle personne de qui je pusse contempler la descente de reins* (Montherlant). *L'inimitié tenace de deux épiciers chez qui l'on avait négligé de se fournir* (Vidalie). L'emploi du groupe **préposition + qui** avec un antécédent non animé n'est pas incorrect, mais constitue une survivance classique assez affectée : *Des murs solides et sur qui les balles les plus violentes ne marquent pas* (Cocteau, cité par Grevisse). Il est du reste certains cas où l'antécédent se trouve à mi-chemin d'un concret animé et d'un abstrait non animé : *Le nouveau gouvernement, entre les mains de qui le Congrès, pris de panique, a abandonné tous ses pouvoirs* (Vercors). *On a une entreprise spécialisée à qui on achète des cartons de poussins congelés* (Rosenthal). Dans tous les exemples ci-dessus, on peut aussi simplifier la question en employant *lequel* et ses diverses formes (*laquelle, lesquel(le)s, auquel, duquel,* etc.), ce relatif convenant aussi bien à l'animé qu'au non-animé.

□ **ellipse de l'antécédent.** Dans certaines phrases de type proverbial ou archaïque, l'antécédent de **qui** n'est pas exprimé : *Les hommes sont volages, bien folle est qui s'y fie* (Queneau). *Et qui aime l'homme, n'aime pas Dieu* (Anouilh). *Pendra bien qui pendra le dernier* (Audiberti). La langue littéraire emploie volontiers ce tour quand l'antécédent serait **celui** ou **celle** : *Clameur, ruée, bousculade à qui passera le premier* (Ikor). *Ah ! mon cher, pour qui est seul, sans dieu et sans maître, le poids des jours est terrible* (Camus). *Le demi-sourire de qui veut bien se prêter aux simagrées photographiques* (Jourde). *Elle a un sourire que Luce ne lui a jamais vu, le sourire de qui s'excuse* (Benameur).

□ **mode et personne du verbe de la relative.** Le mode est le subj. s'il y a une nuance de « conséquence » ou de « but » : *Je n'ai jamais rien fait qui ne soit efficace* (Anouilh). *Il ne trouvait pas le biais qui lui permît de s'en accommoder* (Romains). Quant à la personne du verbe, c'est celle de l'antécédent ; elle varie donc lorsque ce dernier est un pronom personnel : *C'était une grande surprise pour moi, qui avais écouté si longtemps le claquement de ses pas sur les pierres* (Guilloux). *N'est-ce pas ton avis, écho, toi qui m'as toujours donné les meilleurs conseils ?* (Giraudoux). *Ce n'est pas vous qui êtes entré tout brûlant dans mon lit* (id.). *Nous savons que nous sommes des milliers d'hommes en France qui pensons de même* (Rolland). *C'est donc moi qui ai prié le Magnifique à dîner* (Allen). Cet accord peut se faire même en l'absence du pronom : *Lâches, qui m'avez abandonné au moment où on me lapidait...* (Léger) (tout se passe dans cette phrase comme si elle contenait un *vous* avant *qui*). On prendra garde à l'orthographe des formes verbales, surtout quand il y a homophonie entre la troisième personne et les autres : *C'est toi qui chantes* et non *qui chante.* Le registre pop. comprend mal cette règle, d'où les graves solécismes du type : *C'est moi qui va,* ou même *C'est nous qu'on a fait ça* (erreurs très fréquentes). *C'est pas de la blague, y a que nous qui grattent* (Dorgelès). *C'est nous qu'on lui payait l'entrée du restaurant. Il nous faisait de la peine* (*Le Monde*, 05/04/2007).

□ **disjonction du relatif et de l'antécédent.** On ne se fait pas faute, dans la langue littéraire, d'éloigner plus ou moins le relatif et le subst. auquel il renvoie : *Mais quelqu'un est venu qui m'a enlevé à tous ces plaisirs d'enfant paisible* (Alain-Fournier). *Des figures familières nous entouraient alors qui ont disparu aujourd'hui* (Roblès). *Et le courage du suicide ne lui vient pas, qui aurait pourtant la douceur de l'huile tiède* (Masson). *Un standard est installé à la tête de son lit, qui le met en rapport avec ses bureaux* (Morand). *Quand il faisait tempête les mouettes étaient nombreuses qui faisaient escale dans leur fuite vers l'intérieur* (Beckett). Dans ces derniers exemples, la présence d'un autre subst. entre l'antécédent et le relatif crée parfois une réelle ambiguïté. Il en est de même dans cette phrase de Proust, citée et critiquée par Le Bidois : *Des fauteuils offerts par elle à de jeunes fiancés ou à de vieux époux, qui, à la première tentative qu'on avait faite pour s'en servir, s'étaient effondrés.* On notera que cette disjonction du relatif et de son antécédent se présente aussi avec d'autres formes pronominales que **qui** : *Catherine m'attendait, que commençaient à miner mes voyages à Paris* (Colombier). *Des passereaux criaient, qu'il ne voyait pas* (Mauriac). *Autour d'un rond-point, des vasques penchantes s'élevaient où buvaient des colombes* (France).

□ **qui une table, qui une chaise.** Cette valeur distributive de *qui*, avec l'ellipse du verbe de la relative, est assez fréquente chez les écrivains, mais tombe en désuétude dans la langue parlée : *Les petites filles se faufilèrent allégrement dans le lit et s'installèrent en différents points de l'énorme masse affalée sous la mousseline, qui à la tête, qui aux orteils, qui aux genoux, qui au ventre* (R. Jean). *Cinq fiacres faisaient résonner de façon sinistre qui les pavés, qui l'asphalte, qui même la simple boue* (Queneau). *Les danseurs regagnaient qui les tables, qui le vestibule, qui le bar* (Aragon). Le sens est « celui-ci... celui-là ; l'un... un autre... un autre... ».

□ **qui** ou **qu'il.** Avec certains verbes qui admettent à la fois la constr. impersonnelle et la constr. personnelle, on emploiera à peu près indifféremment ces deux formes : *Tu sais ce qu'il va arriver ? On va l'expulser et toi avec* (Gallo) en face de : *Et Marie a répondu t'as raison, je ne sais pas ce qui lui a pris* (Adam). *Qu'est-ce qu'il se passe* et *Qu'est-ce qui se passe* correspondent à : *Il se passe quelque chose* et *Quelque chose se passe.*

□ **qui mieux est, qui pis est, qui plus est.** Dans ces tours figés, le relatif est neutre et équivaut *à ce qui* : *Qui plus est, on devinait qu'elle avait le sens du spectacle : la présence d'un public augmentait son talent* (Nothomb). Il est exceptionnel de rencontrer cette valeur dans d'autres contextes. En voici un exemple, qui n'est pas à imiter : *Il n'y a pas besoin de sauver l'humanité, qui paraîtra un jour un idéal aussi désuet que les autres* (Montherlant). L'antécédent de *qui* n'est évidemment pas *l'humanité*, mais un *ce* neutre non exprimé. → DONT, PIRE (pis).

□ **un des... qui, un de ceux qui** → UN (indéfini).

□ **qui... que (avec le subjonctif).** *Oh ! qui que vous soyez, bénissez-la. C'est elle* (Hugo). Ce tour concessif est plus rare quand le pronom *que* fait fonction d'objet direct : *Qui qu'elle fréquentât, désormais elle resterait pour tout le monde marquise de Saint-Loup* (Proust).

□ **qui que ce soit.** Relatif indéfini à forme presque figée, étant pour un animé humain ce que **quoi que ce soit** est pour un non-animé. → QUOI : *Je n'ai de comptes à rendre à qui que ce soit* (Martin du Gard). *Il n'avait jamais envisagé d'éventrer qui que ce fût* (Vidalie). L'exemple suivant, bien que correct, sonne assez mal : *Pour moi, il est urgent de faire une rien du tout de cette fille... Qui qu'elle soit* (Anouilh). On évitera les rencontres de sons telles que [kikɛl] ou [kikil].

□ **tout vient à point, qui sait attendre.** Il est inutile d'ajouter la prép. **à** devant le relatif. Dans ce dicton très ancien, **qui** équivaut non pas à « celui qui », mais à « si qqn ». Ce tour appartient à la langue littéraire : *Qui s'obstine à ne chercher, ici-bas, que le bonheur, celui-là s'expose à rencontrer d'abord l'ennui, et, plus tard, le remords* (Audiberti).

□ **comme qui dirait.** Dans ce tour figé, on retrouve l'emploi de *qui* au sens hypothétique de « si l'on disait » : *Tu sais dans quelles conditions je suis venu ici : comme qui dirait à titre amical* (Romains).

□ **des qui ne s'embêtent pas.** Cette façon de s'exprimer est du registre pop. Si le sing. est parfaitement admis, c'est parce qu'il est pronom, alors que *des* ne l'est jamais. *En voici un qui ne s'ennuie pas* est correct, à la différence de : *Rien que des affreux coureurs. Des qui dansent, qui s'habillent bien, qui soient bien rasés* (Vian). → UN (indéfini).

QUIA (À) prononc. [akɥija]. ♦ **emploi et sens.** Cette locution d'origine latine ne se rencontre guère qu'avec les verbes *mettre, réduire* ou *être*, et son emploi est assez pédant. On pourra lui préférer son équivalent sémantique : *réduire à sa merci, être à la merci de.*

QUICONQUE emploi et sens. Ce pronom indéfini a en principe exactement le même sens et la même syntaxe que **qui que ce soit qui** : *J'assenais ce maître mot à quiconque me contredisait* (Camus). *Mais quiconque un seul instant peut subsister / dans une telle absence de soi-même / est éternel* (Emmanuel). *Voici que Yahvé met un signe à Caïn pour que ne le frappe pas quiconque le rencontre* (Pontalis). *Quiconque s'empare de votre image s'empare aussi de votre âme* (Maïssa Bey). Emploi fréquent dans les textes de loi. **Quiconque** occupe dans ces phrases une double fonction : il est sujet ou complément du verbe de la proposition principale, et sujet de celui de la subordonnée. Il ne faut pas le reprendre par un pronom personnel. On dira : *Je récompenserai quiconque aura bien travaillé,* plutôt que : *Quiconque aura bien travaillé, je le récompenserai.* Cependant, à tous les niveaux de langue, on constate que **quiconque** est maintenant traité le plus souvent comme un pronom indéfini non relatif, de la même façon que **personne, n'importe qui** : *Au vrai, elles ne riaient pas plus de Raymond que de quiconque* (Mauriac). *Il ne pouvait tolérer qu'elle montrât devant quiconque le plus petit indice de dépit amoureux* (Vilmorin). *Elle cessait d'être belle, laide, jeune, vieille, comparable à quiconque, même à elle-même* (Duras). *Je considère que mon destin m'a appris, mieux qu'à quiconque, à résister aux suggestions négatives de la pensée mondiale* (Barbery). D'après Grevisse, « cet emploi est incontestablement reçu aujourd'hui par le meilleur usage ». Mais Le Bidois est plus rebelle à l'invasion de ce qu'il appelle « l'ersatz de nos bons et loyaux indéfinis *personne* ou *qui que ce soit* ». L'usage a aujourd'hui tranché en faveur de cet « ersatz » si commode : on se contentera de l'éviter quand la phrase contient d'autres [k] à proximité.

QUIET prononc. [kɥije] ainsi que *quiétisme, quiétiste, quiètement,* mais *quiétude* est en train de passer de [kɥijetyd] à [kjetyd] sous l'influence de *inquiet* et *inquiétude.* ♦ **emploi.** Cet adj. et son dérivé **quiétude** sont peu employés et archaïsants, tandis que leurs contraires sont très usuels : *J'avais aimé son regard quiet, ses mains fines et blanches* (Khadra). *Était-elle la seule à veiller ainsi ? la seule à profiter de cette quiétude ?* (Wiazemsky). Fém. *quiète.*

QUIN- prononc. Les mots commençant par ce groupe se prononcent généralement [k] sauf dans le cas où le sens de « cinq » est encore nettement perçu. On dit alors souvent [kwɛ̃], ainsi dans *quinquagénaire, quinquagésime, quinquangulaire, quinquatries, quinquennal* (et dérivés), *quinquérème, quintette, quintuple* (et dérivés). Cependant, la tendance à la simplification se fait fortement sentir chez les parleurs : elle est du reste enregistrée par les dictionnaires, qui sont souvent en désaccord sur ce point.

QUINCAILLIER orth. Ne pas omettre le *i* après les deux *l.*

QUINCONCE forme. On dit au sing. **en quinconce** : *De jeunes arbres plantés en quinconce,* car il s'agit d'un « schéma géométrique, d'une structure abstraite ». *J'ai flâné entre les bureaux, certains alignés, d'autres en quinconce* (Adam).

QUINQUA → QUADRA.

QUINTESSENCE emploi et sens. Ce terme de philosophie se rencontre pour désigner « l'essentiel et le plus pur de qqch. » : *C'était comme si ce voyage était la quintessence de tous les voyages de ma vie* (Toussaint).

QUINTEUX emploi et sens. Adj. vieilli avec un nom de personne, au sens de « fantasque, ombrageux » (peu de rapport avec *quinte de toux*). Mais on le trouve qualifiant un cheval « rétif », ou dans un emploi médical, avec un non-animé : *Le malade déglutit une salive imaginaire et dit encore, la voix quinteuse...* (Duhamel).

QUIPROQUO orth. Plur. *des quiproquos.* ♦ **sens.** Ce subst. résulte de la locution latine *quid pro quod*, « qqch. pour qqch. (d'autre) ». Il désigne le fait de « se tromper au sujet d'une personne ou d'un objet » : *Les quiproquos abondent dans la comédie, chez Molière, Marivaux ou Beaumarchais.* Ne pas confondre avec **malentendu**, qui, bien que son sens soit assez proche, désigne étymologiquement une « erreur d'interprétation d'une parole entendue » : *Simple malentendu, madame la duchesse* (Prévert). *Mais ils affirmaient et moi je raisonnais, c'était toujours le même malentendu* (Martin du Gard). → IMBROGLIO.

QUITTE constr. L'adj. **quitte** admet les prép. *de* et *pour.* Le sens d'origine est « libéré de » : *Ils en seraient quittes pour avancer le mariage et ne monter leur ménage que peu à peu* (Vailland). La constr. absolue, ou la simple indication du destinataire, se rencontre quand il n'y a pas de doute sur « la dette ou l'obligation dont on est libéré » : *Il vous avait appris beaucoup de choses. – Je l'avais distrait pendant cinq ans, nous étions quittes* (Vailland). La locution *quitte à quitte*, toujours au sing., ne s'emploie plus du tout.
□ **quitte à. sens.** « Au risque de. » Cette constr. entraîne en général l'invariabilité de **quitte**, et l'ensemble *quitte à* tend à fonctionner comme une locution prépositive plutôt que comme un adj. suivi d'un complément : *D'autres brûlent d'un térébrant désir de marquer leur indépendance, de ne pas faire comme leurs voisins, quitte à se trouver, par la suite, des raisons déterminantes* (Duhamel). *Tes enfants auraient tout aussi bien pu faire leur vie ici, quitte à choisir eux-mêmes, plus tard* (Labro). L'accord de *quitte* reste toutefois assez libre ; on tiendra compte du contexte, et notamment de la proximité ou de l'éloignement de ce mot par rapport à celui qu'il complète.
□ **jouer quitte ou double.** Ce tour est plus économique et plus fréquent aujourd'hui que *jouer à quitte ou double.*

QUITTER sens. Ce verbe signifie « laisser » et admet comme complément d'objet direct aussi bien la désignation d'une ville, d'un vêtement, que celle d'une personne : *Je vais d'ailleurs vous quitter, vous voici à ma porte* (Camus). *Il est dur de quitter les lieux de son enfance.*
□ **quitter la place à quelqu'un.** Ne se dit plus, et paraît tout à fait archaïque.

QUI-VIVE forme. Cette locution, quand elle est substantivée, est du masc., s'écrit avec un trait d'union et demeure invar. : *J'étais sur le qui-vive, mi-angoissé mi-impatient des mirages merveilleux de la forêt* (Llaona). *Plusieurs se proposèrent pour descendre le cercueil dans la crypte et Adichka accepta leur aide. Mais là encore, on le sentait sur le qui-vive* (Wiazemsky).

QUOI (pronom interrogatif) **forme.** On hésite souvent entre **pour quoi** et **pourquoi.** → ce mot. La forme soudée pose une question qui porte sur le verbe de la proposition : *Pourquoi savoir ?* (Carco). *Pourquoi ne l'a-t-il pas dit plus tôt ?* (Boylesve). La forme dédoublée intègre le complément de but : non pas « pour quelle raison », mais « dans quel dessein ». Quand le verbe **faire** n'est pas suivi d'un complément, on écrit toujours *pour quoi* en deux mots. *Renseigne-toi. – Pour quoi faire ?* (Carco). Dans ce cas, on peut du reste mettre chaque élément de part et d'autre du verbe : *Pour faire quoi ?* (au moins dans le registre fam.). ♦ **emploi.** Le registre soutenu emploie ce mot dans l'interrogation directe ou indirecte, surtout en fonction de complément d'objet indirect ou de complément circonstanciel : *À quoi s'est consumée sa vie ?* (Rolland). *Sur quoi porte spécialement ton embarras ?* (Romains). *Vers quoi s'achemine la musique ?* (Gide). Cependant **quoi** peut être sujet dans des tours elliptiques : *Quoi de neuf ? – Rien* (Benoit). *Quoi, dans sa vie, lui donnait le droit de parler ainsi ?*

(Daniel-Rops). *Quoi de plus souverain qu'un enfant seul dans la forêt ?* (Bouhéret). Ce tour n'est pas rare quand *quoi* est suivi de *donc* : *Quoi donc me retient auprès d'elle ? Quoi donc me fait supporter, désirer parfois sa présence silencieuse ?* (Colette). *Quoi donc t'a poussée ?* (Châteaubriant). On rencontre rarement **quoi** sujet dans l'interrogation indirecte : *Il n'y a probablement pas lieu de se demander quoi est la cause, quoi est l'effet* (Romains). La langue cursive fait un usage beaucoup plus étendu de cet interrogatif, qui paraît, par son accent et sa sonorité, plus « plein » que le maigre **que**. On le trouve même employé sans inversion : *Mais pour lui dire quoi ?* (Sartre). *On irait, on y ferait quoi ?* (Giono). *On joue quoi ? demanda Marcel en se rapprochant* (Mallet-Joris). *Et nous demandions : « Ça veut dire quoi, un intellectuel ? »* (Labro). Comparer : *Que lui dirai-je ? Qu'y ferait-on ? Que joue-t-on ?* Bien plus, ce pronom interrogatif finit par servir de substitut à n'importe quel mot qu'on ne sait ou qu'on ne peut expliciter : *Vous voulez que je devienne vaniteuse, coquette, ou quoi ?* (Bernanos). *Dis donc, le nouveau, il a fait la guerre du Viêt-Nam, ou quoi ?* (Nothomb). *Qu'est-ce que c'est, ça ? dit brusquement Alain. – Ça quoi ?* (Colette). *Crois-tu que c'est un péché mortel ? – Que quoi est un péché mortel ? Dis-le, et je te répondrai* (Peyré). *Monsieur Kantor, c'est quoi, ça ? – Quoi ? – Ces poutres* (Dubois). *Une question traverse la société : c'est quoi être Suisse ? Qu'est-ce qui nous réunit ?* (*Le Monde*, 07/08/2009).

On rencontre aussi **quoi** absolument, pour demander à l'interlocuteur de répéter ce qu'il vient de dire : *Quoi ? qu'est-ce que tu as dit ?* Mais le bon usage préfère dans ce cas l'emploi de **comment ?** ou de **pardon ?** Enfin, **quoi** sert souvent d'exclamation : *Mais quoi, je me faisais dur et je n'ai jamais pu résister à l'offre d'un verre ni d'une femme* (Camus). *J'ai été chargé comme un sac, sur le dos de quelqu'un qui m'emportait, qui a fait quelques pas ; qui m'emportait, quoi* (Giono). *C'était une jeune fille, quoi, une jeune fille de ce temps-là, sérieuse, studieuse, enjouée* (Ragon). Quant à **de quoi** en tête de phrase ou équivalant à une phrase, il appartient exclusivement au registre pop. et exprime le « défi » : *C'est pas croyable ! – De quoi ? Bébert ?* (Carco).

QUOI (pronom relatif) **emploi.** Ce pronom a généralement pour antécédent un subst. ou un pronom indéterminé, et ne se rapporte qu'à des objets : *Soudain, ce fut précisément le contraire de ce à quoi on s'était attendu* (Giono). *Il y a là quelque chose d'extrême à quoi je répugne* (Aragon). *On s'enfonce dans le sol sans trouver rien de solide à quoi se retenir* (Hoex). Ce relatif peut même représenter l'idée contenue dans la principale : *Nous ne concevons pas leur formation, et c'est par quoi ils nous intriguent* (Valéry). *Mais que l'on commence par cela, voilà contre quoi je me suis dressé* (Vian). *Sa personne semblait incarner jusqu'à la caricature une résistance pour ainsi dire obscène à ce pour quoi nous nous trouvions tous les deux là* (C. Simon). Dans ce cas, la proposition « relative » est souvent séparée de la principale par une ponctuation forte : elle se comporte alors à peu près comme une proposition indépendante, si ce n'est que **quoi** rattache plus étroitement son sens à ce qui précède que le démonstratif **cela** : *Où Respellière l'avait-il trouvée, et qu'était-elle alors ? C'est sur quoi elle restait fort discrète* (Aragon). *Qu'une seule fois, l'une d'entre elles attire votre attention. Après quoi il me semble que vous lirez les autres* (Duras). En fait, de très nombreux écrivains continuent comme par le passé à employer **quoi** avec un antécédent non animé plus précis et déterminé : *Quant au blason, à quoi travaille un peu en retrait le troisième peintre* (Romains). *Le feu demeurait le plus fort, se fortifiait des flammes par quoi on avait prétendu le combattre* (Mauriac). *Le goût de la vérité à tout prix est une passion qui n'épargne rien et à quoi rien ne résiste* (Camus). *La télévision est là, avec ses jeux et ses guerres, à quoi se résume presque la vie culturelle* (Jourde). Ces tours relèvent tous de la langue littéraire.

□ **de quoi faire.** La relative avec un verbe à l'infinitif est répandue à tous les niveaux et parfaitement admise : *Tu lui donneras de quoi payer son métro et dix sous pour sa commission* (Aymé). *Et comme ils n'ont pas de quoi continuer les travaux, j'ai le temps de voir venir* (Carco). *Les « fiches » qu'il tenait*

serrées dans sa main potelée comme un prêtre son bréviaire avaient de quoi vous dégoûter à jamais de la littérature (Pontalis). **Avoir de quoi** (« de l'argent ») est pop. ou rural.
□ **quoi que.** ⟶ le mot suivant.

QUOIQUE orth. L'élision du *e* final est restreinte par certains grammairiens, comme pour *lorsque* et *puisque*. ⟶ ces mots. En fait, rien n'empêche de la faire chaque fois que cette conjonction est devant une voyelle : *Quoiqu'Oscar soit fâché…* ♦ **constr.** Le verbe qui suit est en principe au subj. : *Il ne pleut pas, quoique le ciel soit très nuageux.* On rencontre parfois le conditionnel : *Mais tu ne vois pas dans la nature le citronnier produire des pommes, quoique, peut-être, cette année-là elles lui coûteraient moins cher à former que des citrons* (Valéry), et même l'indic., surtout lorsqu'une expression de renchérissement s'intercale entre la conjonction et ce qui la suit : *Nous le savions bien, quoique cette amitié, avouez-le, était bougrement exigeante* (Giono). *Quoique évidemment, ajouta-t-elle, je ne peux pas dire qu'il me laisse indifférente* (Sagan). Les deux modes sont réunis dans la phrase suivante : *Pourtant je ne peux pas quitter Edmée, quoique je ne sois rien pour elle et que je ne la trouverai jamais* (Dhôtel). Les puristes condamnaient ces constr., de même que pour **bien que, encore que**, etc. Mais l'usage penche nettement en faveur de cette possibilité d'user d'autres formes verbales que celles du subj. La conjonction équivaut alors à « et cependant » et se comporte à peu près comme un adv. marquant l'opposition. ⟶ ci-dessous le tour pop. *quoique ça*, et BIEN (QUE).
□ **ellipse du verbe.** Elle est fréquente quand le verbe serait **être** : *Ma mère s'énervait qu'il fût si exact quoique si occupé, si aimable quoique si répandu, sans songer que les « quoique » sont toujours des « parce que » méconnus* (Proust). On rencontre aussi **quoique** suivi d'un part. actif : *Quoique n'augurant pas grand succès* (Gautier). *Quoique ne se présentant pas aux élections, il a une grande influence politique.* ⟶ BIEN (QUE).
□ **quoique** ou **quoi que.** On distinguera soigneusement dans l'orthographe la conjonction, possible quand un verbe transitif a un complément d'objet direct, et le relatif indéfini, dans lequel **quoi** est complément d'objet direct ou attribut du sujet du verbe de la proposition qu'il régit : *On ne voit jamais les deux époux ensemble quelque part, ni d'accord en quoi que ce soit* (Masson). *Es-tu bien sûr que notre petite Jeanne comprenne quoi que ce soit à ce que tu lui fais dire ou faire ?* (Duhamel). *Quoi qu'il advienne, je resterai aux côtés de l'homme sans tête* (Troyat). *Cela forçait l'estime quoi qu'on pût penser par ailleurs* (Guilloux). *Se pouvait-il que la mort d'un homme change quoi que ce soit au désastre actuel de la Russie ?* (Wiazemsky). On écrit **quoi que** en deux mots si on ne peut mettre à la place *bien que*. ⟶ QUELQUE.
□ **quoi qu'il en ait.** Locution discutée mais courante : *D'être né sur la glèbe, d'en avoir vécu à force jusqu'à l'âge de seize ans, il lui restait, quoi qu'il en eût, un consentement aux réalités absolues* (Aymé). ⟶ MALGRÉ.
□ **quoi qu'il en soit.** Cette locution figée s'écrit toujours en séparant **quoi** et **qu'** : *Quoi qu'il en soit, et quels que fussent mes faiblesses et mes mérites passés, je me dois de constater aujourd'hui que j'ai failli à ce que je considérais comme mon rôle* (Champion). *Quoi qu'il en soit, Kaminsky avait fini par s'habituer à mes rencontres avec Maurice Halbwachs* (Semprun).
□ **quoique ça.** Locution pop. ancienne, qui est tombée en désuétude. On dira mieux *malgré ça*.

QUOTA genre. Masc. Ne pas confondre avec **quote-part.** ♦ **sens.** « Pourcentage déterminé », dans la langue des affaires et de l'économie : *Le CSA reproche à Canal Plus de ne pas respecter les quotas de diffusion de films français* (*Le Monde*, 08/08/1992). *La famille du football français a réagi unanimement pour démentir l'existence d'un projet d'instauration de quotas ethniques dans les centres de formation* (*Le Monde*, 02/05/2011). *Le problème des quotas laitiers concerne tragiquement les agriculteurs français.* C'est un néologisme, alors que *quote-part*, qui désigne, dans toute sorte de domaines, la « part proportionnelle de chacun », est un mot ancien (qu'on ne rencontre qu'au sing.).

QUOTIDIEN (AU) emploi et sens. Cette locution adverbiale, qui ne dit rien de plus que **quotidiennement, chaque jour** ou **au jour le jour**, est extrêmement répandue dans le langage courant : *On y découvre* [dans ce journal de bord] *la vie d'une propriété au quotidien et la montée du bolchevisme* (Wiazemsky). *Au quotidien, il vit dans un périmètre assez réduit, entre le boulevard de la Villette, la rue des Pyrénées, la place du Colonel-Fabien* (Jonquet). *Les autres violences contre les forces de l'ordre, qui surviennent presque au quotidien dans les cités sensibles, ne retiennent plus l'attention* (*Le Monde*, 08-09/04/2007).

R

R orth. On rencontre souvent le redoublement erroné du *r* dans les mots *caresse* et *chariot*. Ce dernier subst. (et ses dérivés *chariotage* et *charioter*) est le seul de toute la série *char-* (mots désignant des véhicules) à s'écrire avec un seul *r*. ⟶ CHARRETTE. ♦ **emploi.** Le préfixe **re-** se limite parfois à **r-** devant un radical à initiale vocalique, mais on rencontre par exemple *récrire* et *réécrire*. ⟶ RE-.

RABÂCHER constr. Ce verbe peut s'employer avec un complément d'objet direct ou absolument. ♦ **sens.** « Se répéter » ou « redire souvent la même chose, par sénilité, sottise, etc. » : *Je ne gaspillerai pas mon énergie en rabâchant des fadaises sur l'au-delà ou la renaissance* (Volodine). Le synonyme **radoter** est beaucoup plus ancien.

RABAT-JOIE orth. Adj. et nom invar. : *Certes quelques rabat-joie ont mis en avant une autre motivation, beaucoup moins noble celle-là* (A. Billette, *Le Monde*, 19/08/2011). *Des propos rabat-joie.*

RABATTRE ⟶ REBATTRE.

RABAT-VENT forme. Nom invar. : *des rabat-vent.*

RABIOT orth. On ne trouve plus guère les anciennes formes *rabiau, rabiauter* (un seul *t* comme *rabioter*), etc. Mais la forme abrégée **rab** est restée très vivante dans le registre fam. : *Une des religieuses* [...] *m'apporte toujours un peu de rab lorsque j'ai achevé mon plat* (Bialot).

RÂBLÉ orth. Avec un accent circonflexe sur le *a*. ♦ **sens.** « Robuste et court. »

RAC- Prennent un seul *c* : *racaille, racolage, racoler*. Prennent deux *c* : *raccommoder, raccord, raccourci, raccroc, raccrocher* et leurs dérivés.

RACCOURCIR constr. Transitive ou intransitive : *Les jours raccourcissent à vue d'œil. Pour être à la mode, elle a dû raccourcir sa robe. Accourcir* n'est plus employé dans la langue courante. On dit *prendre un raccourci* ou *par un raccourci.*

RACCROC emploi et sens. Surtout dans la locution **par raccroc**, « grâce à un hasard heureux » : *Ayant échoué plusieurs fois à l'examen du permis de conduire, il l'a obtenu un jour par raccroc.*

RACIAL ou **RACISTE sens.** On ne confondra pas ces deux adj. : le premier signifie « qui concerne la race » : *la discrimination raciale.* Le second renvoie à une « théorie des races allant dans le sens de la suprématie d'une race sur les autres ». ⟶ ANTIRACISTE.

RACINÉ et **ENRACINÉ sens. Raciné** signifie « qui possède des racines », **enraciné**, « qui est implanté, qui a pris racine ».

RACKET sens. Cet américanisme désigne une « association de malfaiteurs organisant des extorsions de fonds systématiques, par la terreur et le chantage ». Ceux qui font partie du *racket* sont appelés **racketters** ou **racketteurs**. Cette dernière forme, francisée, est à préférer.

RACLER orth. Pas d'accent circonflexe sur le *a* : *Elle retient sa main qui racle trop fort les cercles de fonte de la cuisinière* (Benameur). Prendre garde à l'influence de **bâcler**. Même remarque pour les dérivés *raclement, raclée,* etc. → RÂPER et RÂTELER.

RACOLER orth. Un seul *c*. → RAC-.

RACONTAR orth. Pas de *d* final. Prendre garde à l'influence du suffixe péjoratif *-ard.*

RADIATION sens. On a là deux subst. fém. homonymes : le premier renvoie à **radier**, syn. de *rayer,* « supprimer dans une liste, une nomenclature » : *la radiation d'un cadre* ; le second est un syn. savant de **rayon** ou **rayonnement** : *des radiations nocives.*

RADICELLE sens. « Petite ramification de la racine principale d'une plante. » Ne pas confondre avec la **radicule**, « partie inférieure de l'axe de l'embryon, qui donne la racine de la plante ».

RADICULAIRE sens. « Relatif à la racine » (d'une plante, d'une dent). On trouve aussi **racinaire** en botanique : *système racinaire, vrilles racinaires.*

RADIER sens. Comme verbe, n'admet qu'un complément animé humain, au sens de « ôter d'une liste, exclure d'une catégorie » : *Cet avocat a été radié du barreau.* **Rayer**, qui peut avoir le même sens, s'emploie pour les objets.

RADIN forme et emploi. Le fém. *radine* est souvent remplacé par la forme masc. : *Ce qu'elle peut être radin !*

RADIO- orth. Ce préfixe ne renvoie à *radius* que dans *radio-cubital* et *radio-carpien* (toujours avec un trait d'union). Tous les autres termes préfixés de caractère technique (ils renvoient à *rayon*) peuvent s'écrire sans trait d'union, sauf lorsque le terme de base commence par un *i* : *radio-immunisation, radio-immunologie, radio-indicateur, radio-isotope.* On rencontre cependant le trait d'union devant d'autres voyelles ou même devant consonne : *Les pulsars : des radio-phares tournant dans l'espace* (Le Monde). *Un groupe de radio-astronomes anglais de Jodrell Bank* (*id.*). *Des radios-réveils, des radios-taxis.* L'usage des scientifiques eux-mêmes est assez hésitant. On écrira : *radio-activité* (ou *radioactivité*), *radio-actif* (ou *radioactif*), *radio-astronomie* (ou *radioastronomie*), *radiocassette, radiocommunication, radiocompas, radiodiffuser, radio-diffusion, radio-électricien, radio-électricité* (ou *radioélectricité*), *radiogoniométrie, radioguidage, radio-journal* (ou *radiojournal*), *radionavigation, radiophare, radioreporter, radiosonde, radiosource, radiotélégraphiste, radiotélévisé, radiotélévision.*

RADIO forme et sens. Abréviation fam. de **radiographie** ou **radioscopie**. On notera que les médecins abrègent en supprimant le premier élément, ce qui évite l'ambiguïté : *passer une scopie.* Comme abréviation de *radiodiffusion* (devenu obsolète), ce mot est tout à fait admis aujourd'hui (comme *télé* pour *télévision*). Notons enfin qu'en apposition, au sens de « par radio », il reste invar. : *La 3e armée demande trois contacts radio par jour, ce qui pose un problème de courant* (Chaix).

RADIOGRAPHIE et **RADIOSCOPIE sens.** Alors que la *radiographie* fournit une photographie, c.-à-d. une image figée, la *radioscopie* consiste en un examen qui peut porter par exemple sur le mouvement des organes.

RADIUMTHÉRAPIE sens. « Traitement par la radioactivité, surtout celle du radium. » Ce mot ne se confond pas avec **radiothérapie**, « traitement par les rayons X » (qui ne sont pas radioactifs).

RAFFINER → AFFINER.

RAFFOLER orth. S'écrit comme *affoler*, avec deux *f*.

RAFFUT orth. Pas d'accent circonflexe. ♦ **emploi et sens.** Synonyme fam. de **vacarme**.

RAFIOT orth. La forme *rafiau* est rare aujourd'hui.

RAFISTOLER orth. Avec un seul *f* : *Ma mère rafistolait d'humbles toilettes* (Alain-Fournier).

RAFLE orth. Malgré la prononciation avec un [a], ce mot ne prend pas d'accent circonflexe. Le *f* ne doit pas être doublé : *Nos carpes, secrètement raflées de nuit dans notre étang* (Bazin).

RAFRAÎCHIR orth. L'accent circonflexe se place sur le *i* central. ♦ **constr.** Verbe transitif ou pronominal : *La pluie a rafraîchi l'atmosphère. Le temps s'est bien rafraîchi depuis hier.* On rencontre aussi la construction absolue : *L'air a considérablement rafraîchi,* dans laquelle le verbe composé tend à supplanter le verbe simple *fraîchir,* qui paraît vieilli.

RAGER emploi et sens. Ce verbe simple relève du registre fam. Son sens n'est pas différent de celui de **enrager**, qui appartient à la langue littéraire et tombe en désuétude (sauf dans **faire enrager**).

RAGLAN forme. Cet anglicisme est soit un subst., soit un adj. ; dans ce cas il reste invar. : *À quelques mètres de là, rompant avec son immobilité, l'inconnu venait d'ôter son raglan* (Franck & Vautrin). *L'homme portait un pardessus raglan en grosse ratine bleue et râpée* (Kessel). *Des manches raglan.*

RAGOÛT orth. Avec un accent circonflexe, comme goût : *Pas question de renoncer à la plus belle histoire du monde à cause d'un ragoût brûlé* (Saumont).

RAGOÛTANT sens. « Appétissant, qui excite l'appétit. » On le rencontre surtout dans des constr. négatives : *Il y a un Bacon encadré dans les WC de mes parents, avec quelqu'un qui est sur des WC, justement, et à la Bacon, quoi, genre torturé et pas très ragoûtant* (Barbery). *Des berlingots de vers peu ragoûtants rassemblés au bout d'un hameçon* (Fottorino).

RAI orth. Le sing. ne prend de *s* que dans une graphie archaïque : *Un rais de soleil, filtrant entre les ramures, fit scintiller le trésor* sous *leurs yeux éblouis* (A. Besson). ♦ **sens.** Ce mot masc. désigne un « rayon lumineux » : *Un rai de lumière filtrait* sous *la porte de Xavière* (Beauvoir), ou un « rayon de bois joignant la jante au moyeu », ou encore, en héraldique, les « rayons d'une étoile ou de l'escarboucle » : *Les rais du couchant embrumaient d'or les lointains* (La Varende). La confusion est fréquente avec le mot fém. *raie* : *Un rai de salive coule sur son menton* (Benameur).

RAIDE forme. La variante **roide** ne se rencontre plus que dans le registre littéraire ou dans quelques locutions figées, ainsi que **roidement** pour l'adv. et **roideur** pour le subst. : *Elle marchait d'un petit pas sec, étriqué, se tenant très roide* (Mallet-Joris). *Elle suçait sa joue à l'intérieur de sa bouche et esquissait roidement la courte révérence des fillettes* (Colette). *Dans sa roideur de stuc, le bâtiment dégageait une impression de froid et d'humidité* (Franck & Vautrin). ♦ **constr.** Employé comme adv. dans la locution **raide** ou **roide mort**, cet adj. est variable : *Il les a étendus raides morts.*

RAIL genre. Masc. ♦ **emploi.** Parfois au sens de « chemin de fer » : *La concurrence du rail et de la route.*

RAINETTE orth. Avec un *a* après le *r* initial, et non un *e*. Prendre garde à l'influence de *reine*. → REINETTE. ♦ **sens.** « Petite grenouille », diminutif du vieux mot *raine* : *Lorsqu'on met les petits de la raine dans le lit de la litorne, celle-ci les adopte* (Buffon).

RAISINÉ orth. Ne pas écrire *résiné*, ce subst. ne venant pas de *résine*, mais de **raisin**. Mais *un vin résiné* désigne un vin contenant de la résine.

RAISON constr. On dit correctement **avoir des raisons de** ou **des raisons pour**, la deuxième constr. insistant davantage sur la justification : *Il n'y a pas de raison pour que l'on garde la moindre mémoire de ce qu'il a été* (Jourde). *Quelles raisons avez-vous d'agir ainsi ? J'ai mes raisons pour cela.* Même remarque pour **motif**, mais on emploie plutôt *pour* après **prétexte**.

□ **à raison de** ou **en raison de.** D'après Littré lui-même, chacune de ces locutions peut avoir deux sens : « en proportion de » ou « à cause de ». On constate toutefois que la première, avec la prép. **à**, s'emploie surtout dans la langue du commerce et des affaires, avec l'idée de « rapport proportionnel » : *Vous serez payé pour ce travail à raison de vingt euros de l'heure. À raison d'un mètre carré à l'heure, nous mettrons des années à fouiller ce terrain.* La seconde locution, **en raison de**, a le plus souvent un sens causal : *En raison du froid, nous restions dans les* classes (Lacretelle). *La voie sur berge sera interdite à la circulation en raison de la montée des eaux.* Mais certains auteurs préfèrent dans ce sens employer **à raison** : *Cette revue jouissait d'un mystérieux crédit. Il s'exprimait* avec *retenue, presque en confidence, à raison du sujet* (Barbusse). *Ponthieu avait été, sans nul doute à raison de ce crédit, élu membre de l'Institut* (Duhamel). Ces exemples relèvent de la fantaisie littéraire plus que de l'usage courant. On trouve parfois le tour absolu **à raison**, au sens de « avec raison », sans doute sous l'influence de *à bon droit, à juste titre* : *C'était en 2003, je crois. On parlait beaucoup, à l'époque, de l'influence du cinéma sur notre génération d'auteurs. À raison* (A. Cathrine, *Le Monde*, 15/07/2011).

□ **comme de raison.** Ce tour est parfaitement admis par le bon usage, mais tombe en désuétude.

□ **raison de plus.** Locution très répandue dans la langue courante et qu'il n'y a aucun motif de refuser : *Raison de plus, lui dis-je. Nous l'emmènerons* (Carco).

□ **pour la raison** ou **par la raison**. Les deux constr. sont correctes, mais la prép. **pour** a supplanté par : *Que ce soit pour une raison, ou pour une autre, ou pour point de raison du tout, à cette même minute où je vous parle un intrus est sous votre toit* (Courteline). *Je ne sus qu'ensuite qu'il m'épargnait sa voix, pour la raison que sa bouche était un canon* (Chabrol). *Nos libres penseurs qui, le plus souvent, ne pensent pas librement pour la raison qu'ils ne pensent pas du tout* (France). **Par la raison** ne se dit plus guère : *Elle ne s'en était pas mêlée, par la raison qu'elle n'avait pas cru un seul instant que…*

RAJEUNIR conjug. En général, avec l'auxiliaire *avoir* : *Il a rajeuni de cinq ans depuis qu'il s'est mis au sport.* Mais l'auxiliaire *être* est possible si on veut souligner l'état qui résulte du « rajeunissement » : *C'est un autre homme, il est tout rajeuni depuis son opération.*

RAJUSTER ou **RÉAJUSTER** → RE-.

RÂLE orth. Avec un accent circonflexe, ainsi que *râler, râleur*.

RALLONGER → ALLONGER.

-RAMA emploi et sens. Ce suffixe résulte de la forme **-orama**, issue du grec, et qu'on rencontre régulièrement dans *panorama, diorama, etc.* La langue de la publicité use et abuse de cette forme erronée pour baptiser toute sorte d'exposition d'objets destinés à la vente, des organismes de vente, des groupements de divertissements variés : *Première exposition organisée cette année par Logirama* (*Le Monde*). *« Loisirama », le plus vaste répertoire des loisirs que vous ayez jamais vu* (*id.*).

RAMASSAGE forme. On rencontre dans la langue littéraire la forme *ramassement*, qu'il ne faut pas prendre pour un barbarisme, malgré sa rareté. ♦ **emploi et sens.** Le nom composé **ramassage scolaire** n'est pas très heureux, puisqu'on ne dit guère *ramasser qqn* que dans le registre fam., mais il est officiellement employé et adopté par l'usage.

RAMASSE- forme. On écrira *un* (ou *des*) *ramasse-miettes*, mais le *s* est facultatif dans *des ramasse-poussière(s)*.

RAMENER ou **RAPPORTER emploi.** Le même problème d'emploi se pose pour la plupart des composés de mener et de porter (→ MENER) : *Benjamin Gordes et le jeune La Rochelle, ayant ramené des prisonniers allemands, reviennent vers leurs lignes* (Japrisot). *Demain je ferai deux voyages pour vous ramener avec les bagages* (Diwo). *Sa mère l'avait un jour menacé de se suicider s'il ramenait une femme à la maison* (Jourde). On constate que **ramener** tend à l'emporter sur l'autre verbe, et maint bon écrivain l'emploie même avec un complément non animé : *J'ai ramené les poupées de chez les Indiens Hopis* (Breton). *Je ramenai la majeure partie du trésor dans la chambre de Frédie* (Bazin). *Une flamme vacil-*

lante se reflétait dans la bibliothèque ramenée d'Argelouse (Mauriac). *Ils tirent leurs épreuves en une heure ; quand vous me les ramènerez, tout sera prêt* (Butor). *Sur le toit de la voiture ils ramenaient un cercueil en bois clair de fabrication indigène* (Duras). *Son nouveau « conseil »* [du GSPC] *est constitué de gens instruits sur le plan idéologique, formés pour la plupart en Afghanistan, d'où ils ont ramené de nouvelles méthodes* (*Le Monde*, 13/04/2007). Il faut noter que *ramener* est correct quand il signifie « tirer en arrière (un objet) » : *Elle ramène son châle sur ses lourdes épaules rondes* (Masson). *Ses très beaux cheveux roux presque noirs ramenés en arrière comme ceux de sa sœur* (Butor).

RAMONAGE orth. Les mots de cette série prennent un seul *n*.

RAMPEAU orth. Ne pas écrire *rampot*. ♦ **sens.** « Coup supplémentaire qui doit départager deux joueurs » ou encore, « coup nul », dans la locution : *Ils ont fait rampeau*.

RAMPON(N)EAU orth. Avec un ou deux *n*. ♦ **emploi et sens.** Mot vieilli signifiant « bourrade, coup » : *L'auteur de ces lignes doit le confesser : il a horreur des ramponneaux* (Nourissier).

RANCART orth. Ce subst. signifie « rebut » et se rencontre surtout dans la locution **mettre au rancart** : *Je suis bonne à mettre au rancart. Je ne vaux plus la soupe pour me nourrir* (Arnoux). Ne pas le confondre avec **rancard** ou **rencard**, avec un *d* final, qui appartient au registre pop., au sens de « renseignement confidentiel » : *File-moi un rancard !* ou de « rendez-vous secret » : *Je lui avais donné (un) rencard au bistrot*. Même remarque pour **rencarder** ou **rancarder**, « donner un renseignement » ou « fixer un rendez-vous ».

RANCH prononc. [rã(n)tʃ] ou plus souvent, à la française [rãʃ]. ♦ **forme.** La forme originelle espagnole *rancho* est rare. Plur. *des ranchs* ou *des ranches* : *On parla durant 25 ans dans les ranchs de l'intérieur d'un chariot traîné par 60 couples de bœufs blancs* (Cendrars).

RANCUNIER ou **RANCUNEUX emploi et sens.** *Rancuneux* est vieilli et littéraire : *Il vit le mauvais petit visage d'Ivitch tout tassé, avec des yeux rancuneux et vagues* (Sartre). C'est **rancunier** que l'on rencontre le plus souvent, à tous les niveaux de langue : *Ne soyez donc pas si rancunier !*

RANG emploi et sens. La plupart des dictionnaires omettent de mentionner la locution **de rang**, cependant très répandue dans le registre pop., au sens de « à la suite » : *Une intraitable pluie tiède qui tomba plusieurs jours de rang* (Masson). *Le cercueil vire dans l'angle étroit de l'escalier, où nous ne pouvons tenir de rang* (Jourde). On dira mieux **de suite** ou **sur une même ligne**, ou encore : *Ils sont au nombre sept, disposés en rang d'oignons* (Wiazemsky).

RANIMER ou **RÉANIMER** → RE-.

RAP emploi et sens. « Sorte de danse très rythmée et syncopée », dont la vogue n'a fait que croître : *Le voilà, le nouveau phénomène de mode : le rap. Né dans les ghettos noirs new-yorkais, il est aujourd'hui récupéré et commercialisé par l'industrie du disque* (A. Wais, *Le Monde*, 28/11/1982). Il a donné le dérivé **rappeur** : *Europe 1 organise une tournée en France et en Angleterre avec quelques-uns de ces rappeurs sans reproche* (*ibidem*). *André Minvielle, rappeur gascon des voix, des accents, des couleurs et des langues* (*Le Monde*, 31/03/2011).

RÂPER orth. Prend un accent circonflexe ainsi que **râpe** et les mots de même famille (auxquels il faut se garder d'inclure *rapetasser, rapiécer, rapiat, rapin*, etc.). À rapprocher pour l'accent des formes voisines, **ratisser** et **râteler** (mais *racler* et dérivés sans accent).

RAPETASSER emploi et sens. Ce verbe fam. et expressif est assez répandu dans la langue littéraire : *Ulysse rapetasse en vain sur la grève les sandales de l'aventure* (Masson). Le sens est à peu près celui de **rapiécer**, mais l'emploi est plus étendu, notamment au fig.

RAPIAT emploi et sens. Mot proche de **radin** (→ ce mot), mais avec en plus une idée de « cupidité » : *Elles sont terriblement rapiat* (mieux que *rapiates*). Cet adj. tombe en désuétude.

RAPIÉÇAGE forme. On emploie aussi bien *rapiècement.*

RAPIÈRE orth. Pas d'accent circonflexe sur le *a* : prendre garde à l'influence (purement graphique) de *râpe.*

RAPPELER constr. Le tour *se rappeler de quelque chose* a été considéré comme incorrect par la plupart des grammairiens (→ (SE) SOUVENIR). Cependant, la construction avec *de* n'est pas incorrecte, d'après Littré, quand le complément de **se rappeler** est un infinitif. De nombreux écrivains se laissent entraîner à suivre l'usage courant, et des linguistes tels que Vendryès estimaient depuis longtemps que ce tour était dans la tendance naturelle de la langue. Voici une série de phrases « correctes » : *Il se rappelait le dîner silencieux et rapide* (Clavel). *Alors, je me rappelai le nom de mon camarade* (Hériat). *Et ce matin, Alcmène, où je revins à l'aube de la guerre pour t'étreindre dans l'ombre, te le rappelles-tu ?* (Giraudoux). *Il se rappela seulement avoir ressenti d'abord un grand choc sur les épaules* (A. Besson). Quant aux tours « incorrects » : *Je me rappelle de cette histoire, il s'en rappelle,* etc., ils sont si nombreux dans la presse et dans la conversation courante et même chez de bons écrivains, qu'il paraît presque inutile d'en donner des exemples. Voici toutefois : *Je me rappelle très bien de* Barrabas *[un film à épisodes] qui nous avait tenus en haleine durant quatre semaines* (Diwo). *Je me suis rappelée, de façon lucide, d'une notation de ce temps-là, un simple détail* (J. de Romilly). *Je lui ai demandé s'il se souvenait de cela. – Je me rappelle de rien, Max* (Ravey). Il faut cependant prendre garde à certains tours dans lesquels les pronoms *en* ou *dont* se rapportent non pas au verbe **se rappeler**, mais à un subst. complément du verbe : [La lettre était de Paule.] *Et, tout en parlant, il essayait de s'en rappeler les termes exacts* (Sagan). *Une amie rieuse, à figure plate, dont elle ne se rappelait pas le nom* (Mallet-Joris). Ces deux derniers exemples sont tout à fait corrects. Mais il y a une certaine ambiguïté dans la phrase suivante : *Aussitôt que je veux retrouver le lointain souvenir de cette première soirée d'attente dans notre cour de Sainte-Agathe, déjà ce sont d'autres attentes que je me rappelle* (Alain-Fournier). Il faut comprendre : *Ce sont certaines autres attentes que je me rappelle.* Notons enfin que *se rappeler* se construit correctement avec *de* suivi d'un infinitif présent quand il marque une « intention », un acte « à faire » : *Rappelle-toi de me téléphoner dès que tu seras arrivé.*

RAPPORT constr. Le tour **avoir [un] rapport à**, considéré parfois comme littéraire avec un sujet nom de chose : *Deux lettres du mari, où je ne trouvai pas un mot qui eût rapport à moi* (Laclos), a repris du service, surtout pour parler de la « relation, de l'attitude de qqn vis-à-vis de qqch. » : *Les Néerlandais ont la réputation d'être économes, mais leur rapport à l'argent est décomplexé* (J.-P. Stroobants, *Le Monde*, 06/04/2007). On dit à l'heure actuelle **avoir (un) rapport avec** ou **être en rapport avec**, mais **par rapport à** : *Je n'ai plus aucun rapport avec lui depuis l'affront qu'il m'a fait. Il faut vous mettre en rapport* (ou *en relation*) *avec eux sans tarder. Cet événement est apparemment sans rapport avec sa venue.* Les locutions formées avec la prép. **sous** et le subst. **rapport**, bien que critiquées jadis par Littré d'un point de vue logique, sont aujourd'hui pleinement admises : *Vous avez été blessé ? – Oui. Mais rien de grave. Sous ce rapport-là, j'ai toujours eu de la chance* (Romains). *« J'aime les spéculatifs, moi... » Le professeur Chadnown, sous ce rapport, le combla* (Bazin). *Roselyne était quelqu'un de bien sous tous rapports aux yeux des élèves* (Nothomb).

□ **rapport à.** Cette locution elliptique appartient au registre pop. et signifie sensiblement « à cause de » : *J'avais à travailler du côté de Montmartre, rapport à la fête* (Aymé). *On n'aura plus de pistaches grillées, rapport à la guerre* (Colette). *Tu vas pas discuter, rapport au temps ?* (Carco). On trouve même *rapport que, rapport à ce que* (au sens causal, « à cause que »).

RAPPORTEUR forme. On admettra, pour le fém. de cet adj.-subst., la forme **rapporteure**, à côté de la forme traditionnelle **rapporteuse**, qui peut être perçue comme péj. : *La députée s'est faite la rapporteure de la proposition de loi.*

RAPSODIE → RHAPSODIE.

RAPT emploi et sens. Ce mot est à préférer pour sa simplicité à **kidnapping**. → ce mot. Mais **enlèvement** est le terme français le plus clair et le mieux motivé pour désigner l'« action d'enlever une personne illégalement ».

RAREMENT constr. Une faute fréquente consiste à employer avec cet adv. la négation *ne* : *Rarement l'esprit le plus traditionnel et le plus facile du Boulevard n'a passé ainsi à l'écran avec cette élégance* (Mauriac). *Rarement la poésie ne s'est mieux accordée avec le physique de son poète, que celle de Cadou avec lui-même* (Ragon). *Rarement, il est vrai, la vue d'un écritoire quelconque ne m'a réjoui le cœur* (Perret). Cette « contamination » se présente souvent quand la phrase contient une liaison par [n] : *Rarement on n'avait vu une telle affluence.* Sans doute y a-t-il ici influence du tour, équivalent quant au sens, **ne... pas souvent**. On suivra l'exemple qui est donné dans ces phrases : *Les médecins admirent : rarement on a vu opération si bien faite !* (Simenon). *Rarement les platanes de la place de l'hôtel de ville de Sigean* [...] *avaient abrité autant de monde* (V. Schneider, *Le Monde*, 30/09/2011).

□ **rarement et l'inversion**. L'inversion du sujet est assez fréquente après **rarement** placé en tête de la phrase : *Rarement, au cours de ma vie, ai-je éprouvé des sentiments de découragement et de tristesse comparables* (Maurois). *Bien rarement passait sur la route poudreuse le pas traînant d'un brave* paysan (Rolland).

RAS forme. Invar. dans l'emploi adverbial : *On ne voit plus la flèche du clocher, elle est coupée ras par le nuage* (Giono). L'adj. s'accorde, lui, normalement : *Elle le cajola comme un bébé, caressant la limite rase de ses cheveux derrière l'oreille* (Vian). *On devinait la maison perdue au milieu de la végétation rase et des chênes-lièges* (Adam). Quand il s'agit d'un récipient empli complètement, on emploie de façon très souple et peu codifiée le tour **(à) ras-bord(s)**, avec ou sans la préposition **à**, avec ou sans trait d'union, au sing. ou au plur. : *Des saisons de pluie, impossibles à dénombrer, l'avaient remplie* [la jarre] *à ras-bord* (Labro).

□ **à ras de** ou **au ras de.** La première locution, sans article, est moins répandue que la seconde : *Des frelons passaient à ras du sol* (Morand). *Un grand vent chargé d'ombres et de nuées courait au ras de la terre* (Duhamel, cité par Robert). On rencontre aussi l'emploi absolu : *Les détenus masculins et les enfants sont tondus à ras, ça empêche les parasites* (de Roulet). Les aviateurs disaient autrefois dans leur argot *voler au ras des marguerites* ou *au ras des parpaings*, avec le sens de « en rase-mottes ».

RASE-MOTTES forme. Invar. : *Sa réputation d'as du rase-mottes en faisait l'homme de la situation* (Franck & Vautrin). *Voler en rase-mottes.*

RAS(-)LE(-)BOL emploi et sens. Cette locution argotique est passée en 1968 dans la langue usuelle pour exprimer la saturation, le dégoût total de qqn ou de qqch. : *Vous pouvez vraiment le dire, on en a ras le bol, les gens de ce quartier sont payés pour le savoir* (R. Jean). *Je n'ai même plus droit à des phrases. Finis les déterminants. Ras le bol des verbes* (Desarthe). La forme substantivée prend des traits d'union : *Pollution : le « ras-le-bol » des travailleurs de la mer* (titre du *Monde*, 05/04/1976). *Il écarta les bras en signe d'immense ras-le-bol. « Elle est trop compliquée. Toujours à chercher des poux au chauve, à me corriger pour des sottises. »* (Khadra). On ignore généralement qu'à l'origine **bol** a ici le sens de « postérieur », et que la locution entière est l'équivalent du plus trivial *en avoir plein le cul.*

RASSEOIR conjug. Comme *asseoir* (et non *réasseoir*). → APPENDICE GRAMMATICAL.

RASSIS forme et sens. Ce part. du verbe *rasseoir* donne au fém. **rassise** : *Aussitôt que l'idée du Déluge se fut rassise* (Rimbaud). Mais quand ce mot est employé comme adj., au sens de « desséché », en parlant de certains aliments, la forme fém. est, au moins dans la langue cursive, *rassie*. Bien que le bon usage n'admette pas plus cette déformation que la création du verbe *rassir*, il semble que la plupart des gens, même cultivés, ne comprennent plus que *rassis* est à rattacher au verbe *rasseoir*, et que personne ne se risque à employer le tour correct : *une brioche rassise.* On esquive parfois la difficulté au moyen de la forme active : *Cette baguette a complètement rassis.* On écrira sans aucune nuance dépréciative : *une mentalité rassise, un caractère rassis* dans le sens de « calme, sérieux ».

RASSORTIR ou **RÉASSORTIR** → RE-.

RAT forme. Fém. *rate* ou *ratte*. Pas d'accent sur *ratier*, mais on écrit *ratière.*

RÂTEAU orth. Avec un accent circonflexe sur le *a*, ainsi que pour les dérivés : *râtelage, râtelée, râteler, râteleur, râtelier, râtelures.* Mais on écrit sans accent : *ratisser, ratissage, ratissoire*, qui ont la même étymologie que *racler.* → ce mot.

RÂTELER et **RATISSER orth. et sens.** Outre l'absence d'accent circonflexe sur le *a* de *ratisser* et de ses dérivés, il y a entre ces termes une sensible nuance de sens. **Ratisser** suppose une intervention plus minutieuse, voire d'ordre esthétique. → RATISSAGE. **Râteler** se rapportera principalement à des travaux plus grossiers d'entretien, de ramassage (*râteler les foins*, etc.). Ne pas confondre **râteler** et **ratteler**, « atteler de nouveau ».

RÂTELIER orth. Accent circonflexe sur le *a*. → DENTIER.

RATIOCINER prononc. Le *t* est prononcé [s] : [rasjɔsine]. ♦ **dérivés.** Le subst. dérivé est **ratiocineur.** On n'emploie plus aujourd'hui la forme pesante *ratiocinateur.* ♦ **emploi et sens.** Ces termes sont rares et désignent de façon dépréciative l'« action de se perdre dans d'interminables argumentations ».

RATIONNAIRE emploi et sens. Dans la langue de l'administration, « personne ayant droit à une ration ». Ne pas confondre avec *rationné.*

RATIONNEL orth. Avec deux *n*, à la différence de *rationalisation, rationalisme, rationaliste.* ♦ **sens. Rationnel** est relatif à la raison en tant qu'« esprit de logique », **raisonnable** marque le rapport au bon sens et à la convenance.

RATISSAGE orth. → RÂTEAU. ♦ **sens.** Dans une acception qui date du début des années 1950, « opération militaire ou policière de contrôle et de fouille méthodique, dans un secteur donné » : *Dans le cliquetis des armes et les jappements brefs des officiers, l'opération de ratissage se poursuivait* (Maïssa Bey).

RATTRAPAGE orth. Deux *t* et un seul *p*. De même pour **rattraper** : *Gilbert qu'il se promettait de rattraper bientôt et de corriger de la belle manière* (Dhôtel). → ATTRAPER.

RAUCITÉ emploi et sens. Ce subst. dérivé de rauque est rare et littéraire : *La raucité de sa voix, peut-être hongroise, peut-être même tzigane, me séduit* (Schreiber).

RAUGMENTER emploi. Forme surtout pop. → RE-.

RAVI constr. Avec la prép. **de**, quand il s'agit de l'adj., au sens de « très content, enchanté » : *Mon fils a été ravi de son séjour chez vous.* Quand le complément est une proposition, on peut avoir, comme liaison, **que** ou **de ce que** : *Il l'encourageait plutôt, ravi que ma précocité s'affirmât d'une façon ou d'une autre* (Radiguet). Mais quand **ravi** est le participe du verbe signifiant « enlever », dans la langue littéraire ou dans certains tours figés, le complément d'agent ou de cause est introduit par la préposition **par** : *Il a été ravi par la maladie à l'affection de sa famille.*

RAVIGOTER orth. Avec un seul *t.*

RAVOIR emploi et sens. Ce verbe se rencontre surtout à l'infinitif : *Tous ensemble / Nous vaincrons, nous allons tout ravoir* (Hugo). *Nos hommes brûleraient-ils Avranches pour r'avoir* [sic] *Des Touches ?* (Barbey d'Aurevilly). *N'avais-je pas vu souvent des temps bien lointains nous faire ravoir tout ce qu'ils avaient contenu pour nous ?* (Proust). *La sonnerie était très belle mais il fallait attendre une heure pour la ravoir* (Giono). Au sens de « remettre en état un objet abîmé », ce verbe appartient au registre pop. : *Maman, qui avait eu beaucoup de mal à « ravoir » le tapis, m'avait confisqué la bouteille d'encre* (Diwo). → citat. à PLAISIR.

RAYAGE ou **RAYURE sens.** Le premier mot désigne l'action de *rayer*. Quant à **rayure**, ce subst. n'indique que le « résultat de l'action de rayer » et non cette action elle-même. → RADIATION.

RAYER conjug. Comme dans tous les verbes en *-ayer*, le *y* peut se changer en *i* devant un *e* muet. L'Académie recommande le *i* : *Tous les matins il raie une ligne de son calendrier.* ♦ **sens.** → RADIER.

RAZ DE MARÉE orth. Ce mot s'écrit sans trait d'union, contrairement *à rez-de-chaussée.* ♦ **sens.** Souvent au fig., dans la langue des journalistes : *La décision ministérielle a soulevé un raz de marée de protestations.* Le subst. simple **raz** (mot breton) est moins connu. Il désigne un « chenal où les courants sont particulièrement violents ».

RAZZIA prononc. [radzja] ou plus simplement [razja]. ♦ **orth.** Plur. *des razzias.* [Les SS] *entraient aussi pour se livrer à des razzias punitives* (Semprun). *Ces incursions rapides qu'on nomme razzias et qui ont pour objet de s'emparer des hommes ou des troupeaux* (Maïssa Bey).

RE- orth. Ce préfixe prend toujours la forme re devant un radical à initiale consonantique : *Il rebouchait les flacons de parfum, revissait le capuchon du tube de dentifrice* (Troyat). Devant un h, on rencontre tantôt *ré*, tantôt *r*, tantôt *re* : *réhabituer, rhabiller, rehausser.* Devant une voyelle, on rencontre *ré* ou *r* de façon assez anarchique : *Ligne occupée. Il s'assit sur le bord du lit [...] et réessaya dix minutes plus tard* (Vargas). Tantôt les deux formes sont de simples variantes orthographiques : On a dû ranimer le blessé dans *un centre de réanimation*, tantôt elles correspondent à des sens distincts : *Ils haussent l'épaule pour rajuster la courroie* (Sarraute), mais : *Les syndicats revendiquent un réajustement des salaires.* De même, l'usage général confond **récrire** et **réécrire** : *Et elle avait réécrit son nom : « Simon »* (Sagan). *Une fois la pièce écrite, je m'acharnai à la récrire* (Cocteau). Étant donné la productivité intense de ce préfixe, qui sert à créer non seulement des verbes, mais aussi des subst., de façon très libre, nous ne donnons ici qu'une liste des principaux doublets orthographiques tolérés (et = sens différents, ou = même sens) : *rajuster* et *réajuster, ranimer* ou *réanimer, rapprendre* ou *réapprendre, rapprovisionner* ou *réapprovisionner, rassortiment* ou *réassortiment, rassortir* ou *réassortir, rassujettir* ou *réassujettir, récrire* et *réécrire, réhabituer* ou *rhabituer, rembarquer* ou *réembarquer, remployer* ou *réemployer, rengagement* ou *réengagement, rengager* ou *réengager.* → RESS-.

RÉACTEUR sens. Ce mot n'appartient plus aujourd'hui qu'à la langue scientifique et technique. Il était autrefois employé au sens politique de « partisan d'une politique rétrograde, réactionnaire » : *Je vois, citoyen Gamelin, que, révolutionnaire pour ce qui est de la terre, vous êtes, quant au ciel, conservateur et même réacteur* (France). Ce sens est complètement sorti de l'usage : on dit maintenant **réactionnaire** : *Comment considérer comme « réactionnaire » l'étrange et robuste ferveur de ces prêtres* [...] *qui, dans le monde, mettent quotidiennement leur foi religieuse au service du progrès social ?* (Guillebaud).

RÉACTIF emploi et sens. Ce mot s'est longtemps cantonné, en tant que subst., à des acceptions techniques, notamment en chimie. Aujourd'hui, on le rencontre fréquemment comme adj., au sens très naturel de « qui réagit à », en parlant d'une personne ou de son comportement : *Il y a sûrement* *chez Hubert une haine bien masquée qui ne soit pas seulement réactive à celle dont il se dit la victime* (Pontalis).

RÉACTION constr. On dit aussi bien **en** ou **par réaction à** ou **contre** : *Il ne faut pas nous laisser duper par les mots qu'utilisa Stendhal, par réaction aux fadeurs de la Restauration* (Vailland).

RÉACTIONNAIRE → RÉACTEUR.

RÉALISER emploi et sens. Ce verbe est parfaitement admis au sens courant de « faire exister, donner un être concret à » : *En réalisant ses désirs, autrement dit en se réalisant soi-même, l'homme réalise l'absolu* (Montherlant). On doit également admettre que, par imitation de l'anglais, on lui donne le sens de « se rendre compte de ou que, se faire une idée précise de » : *On ne réalisera jamais assez que chez Sainte-Beuve la sensibilité prime tout* (Brémond). *Pour comprendre ces invraisemblables allées et venues, il faut réaliser la pagaïe qui règne* (Pineau). Certains grammairiens n'acceptaient ce sens que lorsque le complément du verbe était un subst. et non une proposition. Gide a défendu avec force cet anglicisme, qui est entré pleinement dans l'usage littéraire : *Les gens qui ont la pratique des sports disent que c'est après l'effort que l'on « réalise » sa fatigue* (Duhamel). *S'agitant sans paraître « réaliser » qu'elle est fort dévêtue* (Prévert). *On ne peut pas réaliser que les autres gens sont des consciences qui se sentent du dedans comme on se sent soi-même* (Beauvoir). On rencontre l'emploi absolu dans un contexte fam., surtout à l'oral : *Le temps de réaliser, Laurent freina une bonne centaine de mètres plus loin* (Garnier). Le sens matériel est admis, ainsi que le sens financier, dans des phrases telles que : *Il bazarde sa ferme et réalise tout son avoir* (Cendrars) ; *Air France a réalisé vingt-cinq millions de francs de bénéfice en 1969* (*Le Monde*). Seul l'abus qu'en font certains est à éviter, comme tout emploi systématique et mal motivé. → VALABLE.

RÉANIMER emploi et sens. Cette forme ainsi que celle du subst. **réanimation** a surtout un emploi médical, au sens de « remettre en fonction un organisme devenu inerte mais non détruit ». La forme *ranimation* est rare, tandis que le verbe **ranimer** a des sens bien plus divers (et notamment fig.) que **réanimer.** → RE-.

REBATTRE emploi et sens. La locution **rebattre les oreilles à qqn de qqch.** est courante. On ne doit pas confondre avec le verbe **rabattre**, ce qui arrive parfois, peut-être sous l'influence de *rabattre le caquet* : *Il cherche encore au fond de lui cette joie, cette paix céleste dont on lui a rebattu les oreilles* (Mallet-Joris). Ce tour se rencontre généralement dans un contexte fam. On emploie de même le part.-adj. **rebattu**, au sens de « ressassé, éculé » : *Le cliché est donc une façon de dire tellement rebattue qu'elle a du poil aux pattes et de l'ennui plein les yeux* (Cavanna).

REBOND ou **REBONDISSEMENT emploi et sens.** La première forme a le plus souvent un sens concret : *Sophie Gironde* [...] *apercevait ces rebonds noirs contre les jambes de Bagdachvili* (Volodine). *Sur un sol dur, la balle a de meilleurs rebonds.* La seconde forme évoque dans la langue des journalistes les « développements plus ou moins surprenants d'une affaire » : *On s'attend dans les prochains jours à quelques rebondissements politiques, à la suite de cette déclaration.* Dans la phrase suivante, l'emploi de **rebond** relève sans doute d'une volonté de sobriété « classique » : *L'O.P.A. de Genvrain par la S.A.P.I.E.M. connaîtra encore de nouveaux rebonds (Le Figaro).*

REBOURS emploi et sens. La locution **compte à rebours** est une traduction heureuse de l'anglais *count down.* Elle a passé très vite dans notre langue, depuis 1960, grâce aux nombreuses expériences de lancement de fusées spatiales : *Le compte à rebours continue à se dérouler normalement pour Saturne V et le véhicule Apollo au port lunaire de Cap Kennedy (Le Figaro).* On rencontre même bien des emplois fig.

□ **à rebours** ou **au rebours.** La seconde locution est vieillie : *Il n'y a peut-être pas une connaissance, je dis soutenue par ses vraies* *preuves, dont un homme ne puisse se passer. Au rebours, je dis que toute connaissance est bonne pour réveiller l'esprit, pour lui donner l'expérience du vrai et du faux* (Alain). La forme **à rebours** est plus usuelle : *Elle se le disait parfois, en caressant à rebours les cheveux doux, soyeux, coulants de Simon* (Sagan). *Il n'y avait que l'homme et moi qui marchions à rebours* (Giono). *Quand finalement et à rebours de ma pratique habituelle je l'ai interrogé, il m'a répondu : « J'ai tout dit. »* (Bauchau). Le sens est « à l'inverse, en sens inverse de ». *À rebours* est le titre d'un roman de Huysmans.

REBUFFADE orth. Deux *f*.

RECALER emploi et sens. Ce verbe signifie proprement « caler de nouveau » : *Cette pièce a glissé, il faut la recaler.* Il est fam. au sens de « refuser à une épreuve, un examen » : *Il a été recalé pour la cinquième fois.* On dit officiellement *refuser* ou *ajourner*.

RECELER prononc. [rəs(ə)le]. ♦ **orth. et conjug.** Il est préférable de ne pas mettre d'accent aigu à l'infinitif, et de ne pas écrire *recéler.* Le verbe se conjugue comme le simple *celer*, c.-à-d. sur le modèle *geler* et non sur *céder* : *On disait aussi que ses cinquante-trois chambres recelaient des trésors* (Godbout). *Le bois mouillé, la terre humide forment une seule substance entrelacée de rhizomes, recelant comme une lueur depuis très longtemps voilée* (Jourde). C'est ainsi qu'on ne rencontrera dans la conjugaison de **receler** que des accents graves : *il recèlera*, etc. → APPENDICE GRAMMATICAL.

RECELEUR orth. Pas d'accent sur ce mot, à la différence de *recèlement*, rare il est vrai, et concurrencé par **recel**.

RÉCÉPISSÉ forme et sens. Ce mot latin, qui équivaut au mot français **reçu**, est entièrement francisé. Il prend l'accent aigu sur les trois *e*, et un *s* final au plur. : *On y voyait des récépissés dont il parlait avec respect* (Cesbron).

RÉCEPTIONNER emploi et sens. Ce verbe, normalement formé sur **réception**, a été critiqué par les puristes, mais est tout à fait acceptable si, loin de doubler inutilement **recevoir**, il est cantonné dans la langue du commerce et de l'industrie, au sens de « vérifier une marchandise livrée afin de constater qu'elle répond aux clauses du contrat, ou simplement qu'elle est en bon état » : *Les commerçants reçoivent leurs clients avec amabilité et réceptionnent leurs livraisons avec minutie.*

RÉCESSION emploi et sens. Ce terme est employé en astronomie au sens de « recul, éloignement » ; on se gardera de le confondre avec **précession**, courant dans *précession des équinoxes*, c'est-à-dire « mouvement rétrograde des points équinoxiaux ». Le sens économique est très en vogue : c'est selon certains grammairiens un ersatz hypocrite du mot **crise** : *Le danger est que ces politiques ne soient renversées prématurément par crainte d'une récession et qu'il n'en résulte une reprise des pressions inflationnistes* (*Le Monde*).

RÉCHAMPIR sens. « Détacher d'un fond une surface ou un ornement, en marquant ses contours à l'aide de différentes couleurs » : *Un pinceau à réchampir* ou *à réchampis* (part. passé substantivé). Le verbe simple *champir* n'existe pas.

RECHAPER orth. Sans accent sur le *e* et avec un seul *p*. Prendre garde à l'influence de **réchapper**. ♦ **sens.** « Remettre un vieux pneu en état en reconstituant sa chape de caoutchouc. »

RÉCHAPPER emploi et sens. Ce verbe se rencontre dans le registre littéraire, ou dans la locution verbale *en réchapper* : *La balle s'était logée dans la paroi du ventricule, il pouvait en réchapper* (Robbe-Grillet). Le doublet **rescapé** n'existe que sous la forme du part.-adj. et ne se conjugue pas, c'est la forme picarde de **réchappé** : *90 % des effectifs meurent de la fièvre jaune. Les rescapés qui atteignent la côte du Pacifique affrètent des voiliers* (Cendrars). *Quatre citoyens dont rien ne révèle qu'ils sont des rescapés portant, en eux, une cicatrice invisible* (Bialot). L'infinitif est très rare : *On a eu les plus grandes peines à rescaper le sauveteur* (Duhamel).

RECHAUSSER emploi et sens. Ce verbe est employé dans divers domaines techniques, avec le sens de « consolider la base ». On dit aussi bien *rechausser une voiture*, « lui mettre des pneus neufs », que *rechausser un arbre*, « mettre de la terre à son pied », etc.

RÊCHE sens. Cet adj. s'applique le plus souvent au toucher, au sens de « rude, râpeux », mais on peut dire aussi *une pomme rêche*, « âpre au goût » : [Ses doigts] *étaient crevassés, fendus, striés de rides rêches et les ongles n'avaient plus de forme* (Kessel). *Il reconnaît le picotement rêche des poils de son grain de beauté* (Huguenin).

RÉCIPROQUE emploi et sens. Cet adj., ainsi que l'adv. en *-ment* qui en est issu, établit une relation à double sens entre deux objets ou deux personnes. On évitera donc le cumul des termes *réciproque, mutuel, de part et d'autre, entr-*, etc. L'emploi de cet adj. permet parfois de lever une ambiguïté : *Ils s'aiment d'un amour réciproque* est plus clair que *ils s'aiment*, qui peut signifier « chacun s'aime soi-même » ou « ils s'aiment l'un l'autre ». Les mêmes remarques valent pour *mutuel* et *mutuellement* (qui peuvent se dire pour deux ou plus de deux objets ou personnes). Ne pas confondre **réciproque** et **respectif** (faute fréquente). → ce mot.

RÉCITAL forme. Plur. *Il joue : petits récitals contre un rab de pain, de soupe, de margarine* (Semprun).

RÉCLAMER et **REVENDIQUER constr. et sens.** Si ces deux verbes sont à peu près synonymes à la voix active, il n'en va pas de même lorsqu'ils sont employés à la voix pronominale : **se réclamer de** signifie « invoquer en sa faveur le témoignage ou la caution de qqn » : *Le premier, à l'exemple des grandes familles aristocratiques, se réclame de ses ascendants* (Pontalis). *Plusieurs dizaines de « terroristes islamistes » se réclamant d'un « djihad mondial » et proches d'Al Qaida étaient entrés depuis un an dans la bande de Gaza* (L. Zecchini, *Le Monde*, 17/08/2009). Quand à **se revendiquer**, qui se construit plutôt avec **comme**, il a le sens « s'assumer en tant que » : *Ceux qui se revendiquent épiciers figurent depuis plusieurs années déjà en bonne place dans le palmarès des plus grandes fortunes de France* (C. Gatinois, *Le Monde*, 13/07/2009). *Ces féministes se revendiquent comme partisanes de l'IVG.*

RECLUS forme. Ce part., qui s'emploie souvent comme subst., fait au fém. *recluse*. → PERCLUS. *Cette rage de vouloir être de tout en affectant de vivre en recluse* (Morand).

RÉCOLER emploi et sens. Verbe didactique, « faire un récolement, c.-à-d. une vérification accompagnée d'un pointage, sur une liste d'inventaire ». On ne le confondra ni avec **recoller**, ni avec **racoler**, « attirer » ou « enrôler ».

RECONNAISSANT constr. On construit aujourd'hui cet adj. avec **à** dans la plupart des cas : *Je suis extrêmement reconnaissant à mes maîtres.* La prép. **envers**, plus employée jadis, paraît assez lourde : *Je suis reconnaissant envers vous de l'accueil que vous m'avez fait.* Mais l'influence analogique de la locution *être obligé*, qui admet toujours la prép. **à**, est grande, et il n'y a pas de raisons sérieuses pour refuser le tour **être reconnaissant à**, quand le motif de la reconnaissance n'est pas explicité. On dit, de toute manière : *je vous* (*te, lui*, etc.) *suis reconnaissant de* (ou *pour*).

RECORD emploi et forme. Comme adj., ce mot demeure invar. au plur. : *battre des records* (subst.), mais : *Les eaux du fleuve avaient débordé pour atteindre des crues record* (Labro). *Pour les hécatombes record qui vont suivre, il convient d'abord de rendre justice au progrès technique* (Rouaud). *La spéculation a connu des chiffres record.*

RECORDMAN forme et emploi. Ce faux anglicisme, très répandu dans le langage sportif, fait au fém. *recordwoman* : *Madame Birenbaum, habituée des lieux et recordwoman des départs manqués, avançait en tête du cortège* (Franck & Vautrin) et au plur. *recordmen* (ou *recordmans*), *recordwomen* (ou *recordwomans*). L'anglais dit *record holder* pour les deux genres.

RECOURS sens. Ce subst. désigne un « dernier moyen efficace » et correspond à une situation d'impuissance, mais non de détresse comme *secours*, avec lequel il faut se garder de le confondre : *Cette observation lui fit croire qu'il trouverait un recours du côté des exercices physiques* (Romains). *Comme dernier argument, il était décidé à avoir recours au sort des armes* (Cendrars).

RECOUVRER et **RETROUVER** emploi et sens. Le premier verbe est aujourd'hui assez littéraire, au sens de « rentrer en possession de », ou de « recevoir une somme due » : *Il n'avait pas tardé à recouvrer toute sa confiance. La hardiesse en même temps lui était revenue* (Genevoix). *L'unique personnage présent en scène n'a pas encore recouvré son existence propre* (Robbe-Grillet). *Un chien délivré s'élançait, muet, tournait autour du jardinet et ne recouvrait la voix qu'après son temps de course sans but* (Colette). *Elle finit par avoir entière confiance en moi et même par former des plans pour me faire recouvrer la liberté* (Boulle). Voici un exemple du sens financier : *Ce contrat doit permettre, à partir de 1971, de recouvrer plus rapidement et de façon plus économique, à Paris, les impôts, les amendes de simple police* (*Le Monde*). On remarquera que **recouvrer** n'est que la forme « populaire » du mot de formation savante *récupérer*. Il ne faut pas confondre les formes verbales de *recouvrer* avec celles du verbe *recouvrir*, « couvrir de nouveau » ou « former une couche supplémentaire qui cache la précédente » : *Mais, pour une affiche détruite, cent, mille, dix mille affiches apparaissaient, recouvraient les anciennes* (Roblès). Ainsi, le futur de *recouvrer* est *je recouvrerai*, tandis que celui de *recouvrir* est *je recouvrirai*. En outre, on est souvent tenté d'employer, au lieu de *recouvrer*, le verbe **retrouver**, de conjugaison claire et de sens proche, mais plus étendu : « trouver ce qu'on a perdu, avoir de nouveau », l'objet étant soit abstrait : « une qualité, un état psychologique, etc. » – comme dans le cas de *recouvrer* –, soit concret, « une chose quelconque, liée à son possesseur de façon plus ou moins forte » : *Les clichés pourront retrouver droit de cité dans les Lettres, du jour où ils seront enfin privés de leur ambiguïté, de leur confusion* (Paulhan). *Il a retrouvé sa bonne mine de l'été dernier. Le tourneur a retrouvé la place qu'il avait auparavant.* Les dictionnaires enregistrent cette évolution, qui semble irréversible. ♦ **dérivés.** Le subst. issu de *recouvrer* au sens financier est **recouvrement**. Quant au verbe **retrouver**, il n'a produit que **retrouvailles**, mot fam. et d'emploi limité.

RECRÉER et **RÉCRÉER forme et sens.** Il y a là deux verbes distincts. Le premier, sans accent sur le préfixe, signifie « créer de nouveau » : *Paule avait sans doute espéré mettre cette trêve à profit pour reprendre Roger, tout au moins le revoir, recréer leur entente* (Sagan). Le second, qui prend un accent aigu sur le premier *e*, se rencontre surtout à la voix pronominale, avec le sens de « se distraire agréablement ». Il appartient au registre littéraire, tandis que le subst. dérivé **récréation** est de la langue commune : *Autrefois, je me récréais en peignant. Et je ne connais rien de plus heureux que la vie d'un paysagiste* (Apollinaire). Il s'agit en réalité des variantes d'un mot unique, dont le sens s'est peu à peu divisé.

RÉCRIER emploi et sens. Ce verbe appartient à l'origine au vocabulaire des chasseurs et s'applique aux chiens : « Donner de la voix en relançant un animal qui les a mis en défaut. » Dans la langue littéraire, à la forme pronominale, **se récrier**, il sert en quelque sorte de forme intensive à **s'exclamer** : *Plus je me récriais d'aise devant de tels résultats, plus elle m'appréciait* (Carco). *Elle examina les toiles du peintre, souriant, se récriant, portée à l'admiration par la beauté de l'artiste* (France).

RÉCRIRE et **RÉÉCRIRE** → RE-.

RECRU orth. Pas d'accent circonflexe. ♦ **emploi et sens.** Cet ancien part. du verbe *recroire* n'est plus aujourd'hui qu'un adj., signifiant « épuisé, accablé par la fatigue ou la souffrance ». On admet généralement la locution **recru de fatigue**, bien qu'elle forme pléonasme ; cependant les écrivains soucieux de sobriété l'évitent : *Quant au professeur Antelle, il dormait déjà tant il était* *recru* (Boulle). L'exemple suivant est d'une propriété douteuse : *Le garçon était si recru de sommeil que même l'idée de sa mort le berçait très doucement* (Cesbron). → PERCLUS.

RECTO forme et sens. Ce mot invar. désigne la première page d'une feuille de papier, dont la seconde est le **verso**. Le tour **recto verso** s'écrit sans trait d'union : *Un texte imprimé recto verso.*

RECTUM sens. Ce subst. désigne la « portion terminale du côlon », située à l'intérieur du corps, et qu'il ne faut pas confondre avec l'**anus**, qui est un « sphincter externe » : on peut faire un examen visuel direct de l'anus, mais non du rectum.

REÇU forme. Invar. quand il est placé devant l'indication d'une somme d'argent : *reçu une avance de dix mille francs ; reçu cent francs de M. Untel.* Ce mot fonctionne dans ce cas comme une préposition. Il s'accorde quand il est postposé : *inscrivez les mille francs reçus de M. Untel.* → PARTICIPE PASSÉ.

RECUEILLIR orth. Comme *cueillir*. → ce mot.

RECUIT emploi et sens. Comme adj., ce mot (issu du verbe technique **recuire**, *« cuire une deuxième fois »*), s'emploie surtout au fig., avec le sens de « ressassé, accru par le temps » : *D'anciennes histoires* [...] *de haines familiales longtemps recuites et remâchées* (Jourde).

RECULER forme. Ce verbe s'emploie à peu près indifféremment sans complément d'objet ou à la voix pronominale : *Elle se recula un peu et dit d'un air de passion, les dents serrées...* (Sartre). Parfois la constr. pronominale vise à souligner la part que le sujet prend à l'action, et l'effort qu'il tente.

RECULONS (À) orth. Ne pas omettre le *s* final : *Cette odeur de légumes et de sueur l'incommodait. Elle sortit à reculons sans remercier* (Gallo).

RÉCURER → CURER.

RÉCURRENCE orth. Deux *r* après le *u*. ♦ **emploi et sens.** Terme de logique ou d'anatomie, désigne, de façon générale, ce qui revient sur soi-même, ce qui recommence, ce qui se répète. À distinguer de **résurgence**.

RÉCURRENT emploi et sens. Le langage journalistique abuse parfois de cet adj., qui signifie « qui recommence, revient régulièrement » et ne devrait pas être considéré comme un simple équivalent « élégant » de **fréquent** : *C'est avec cela seulement qu'il devait, lui, Adamsberg* [...] *obtenir, selon le terme récurrent du divisionnaire, des Résultats* (Vargas). *Le sentiment que la recherche française connaît un déclin rapide est devenu un thème récurrent du discours politique, des éditoriaux des journaux et des émissions de télé* (revue *Nature*, avril 2007). *Le terme d'euthanasie est employé de manière récurrente dans les textes sur l'usage des animaux* (Rosenthal).

RÉCUSER constr. Ce verbe se construit le plus souvent avec un subst. complément d'objet direct. mais la constr. suivante, avec un verbe complément, bien que rare, n'est pas pour autant incorrecte : *Au bord de la ruine, Annie Leibovitz récuse avoir gagé son œuvre* (*Le Monde*, 28/08/2009).

RECYCLER emploi et sens. Ce verbe, ainsi que le subst. dérivé **recyclage**, connaît un grand succès dans divers secteurs : « changer l'orientation scolaire d'un enfant », « donner une formation entièrement nouvelle à certains cadres techniques », ou encore, « faire repasser une matière, un fluide, dans un circuit ou un cycle déjà parcouru ». Ce dernier sens est précis et acceptable : *Renault et BMW s'associent dans le recyclage des épaves* (*Le Monde*, 13/10/1992). *Le député de la Charente, recyclé dans le recyclage des huiles usées, refuse toutefois de donner de plus amples informations sur cette entreprise française* (Robert-Diard, *Le Monde*, 10/06/1992). On évitera l'abus de ce verbe : *Il est aussi important de se « décycler » que de se « recycler ». Il faut réapprendre à vivre* (*Le Monde*).

REDAN forme. On trouve aussi *redent.* ♦ **sens.** En architecture, « découpure en forme de dent ». Dans une fortification, un *redan* est un « angle saillant d'au moins 60° » : *Construire par redans.*

REDEVOIR orth. et conjug. Comme *devoir, dû.* → ce verbe et APPENDICE GRAMMATICAL.

REDIRE conjug. Entièrement comme *dire*, y compris à la 2ᵉ personne du plur. du présent de l'indic. : *vous redites*, à la différence des autres composés : *vous contredisez*, etc. → DÉDIRE, MÉDIRE, etc. ♦ **sens.** Quand ce verbe a le sens, non pas de « dire une nouvelle fois », mais de « blâmer, reprendre », il ne se rencontre qu'à l'infinitif, dans la locution **trouver à redire à qqch.** : *On ne peut rien trouver à redire à sa conduite.*

REDONDANCE sens. Ce terme a le plus souvent une valeur dépréciative : « Surabondance de mots ou d'ornements dans le discours » : *La conférence de ce voyageur est farcie de redondances.* Mais il existe un sens descriptif et neutre de ce mot, dans le domaine de la communication. Il désigne le « retour d'une information donnée antérieurement » : *Le phénomène essentiel dans la structuration de l'énoncé sera donc le système des redondances* (J. Dubois).

REDOUTER constr. Ce verbe se construit comme *craindre*, avec **de + infinitif** ou avec **que + subj.**, accompagné facultativement de *ne* : *Étienne ne la quittait pas des yeux, comme s'il eût redouté qu'elle disparût par une trappe* (Troyat).

RÉDUPLICATION emploi et sens. Terme didactique et redondant signifiant « redoublement, répétition ». Il s'applique notamment au type de répétition expressive qu'on trouve dans *il n'est pas joli joli, je la trouve un peu olé olé*, etc.

RÉFECTION orth. Prendre garde à l'influence de *réflexion.* ♦ **sens.** Parfois « collation, repas dans une communauté religieuse », mais plus souvent « réparation » : *À la suite d'un hiver rigoureux, il faut procéder à la réfection de nombreuses routes.*

REFEND orth. Avec un *d* final et non un *t.* Plur. *des refends.* On écrit : *des lignes de refend.* ♦ **sens.** Un *mur de refend* est un « mur intérieur, qui fait séparation et se distingue de la simple cloison ». Le *bois de refend* est un bois « scié en long ».

RÉFÉRENDUM prononc. [referɛ̃dɔm]. ♦ **orth.** Ce mot bien francisé prend généralement des accents aigus sur les deux premiers *e*, mais ce n'est pas impératif. ♦ **forme.** Plur. *des référendums* (jamais *referenda*, bien que ce soit le plur. latin qu'on exige par exemple pour *duplicata, errata*, etc.) : *Les élections au Parlement européen sont, en dehors des référendums, la seule occasion donnée aux citoyens...* (T. Ferenczi, *Le Monde*, 29/08/2008). ♦ **emploi.** Par opposition, on trouve parfois **plébiscite**, l'usage donnant à ce terme le sens dépréciatif de « sollicitation à ratifier par voie de scrutin populaire une décision préalablement prise ».

RÉFÉRER constr. Ce verbe se rencontre surtout à la voix pronominale, avec le sens de « se reporter à » : *Les autres secrets risqueraient fort de t'ennuyer, car ils se réfèrent aux procédés et aux connaissances les plus spéciales de mon art* (Valéry). *L'appareil qui mesurait la dérive se référait au sol, qui n'apparaissait plus que dans les trous du brouillard* (Malraux). Dans la langue du droit, on dit **en référer à** au sens de « en appeler à, faire appel à ». Ce tour, dans lequel le pronom en est « vide », passe fréquemment, au fig., dans le registre littéraire : *Je suis obligé d'en référer immédiatement à votre grand-mère* (Bazin). *Ma mère et les fidèles assemblés le conjurèrent de n'en rien faire et lui suggérèrent d'en référer sur l'heure à son ami de toujours* (P. Jardin). Il y a confusion des deux constr. dans l'exemple suivant : *J'y dressais le dur contre le pur. J'en référais à une admirable phrase de Maritain : « Le diable est pur parce qu'il ne peut faire que le mal »* (Cocteau). On ne rencontre plus la constr. transitive *référer qqch. à qqn.* Est très vivant en revanche le tour transitif indirect **référer à**, d'origine anglaise, au sens de « se rapporter à, renvoyer à », en parlant d'une notion, d'un objet, etc. Il se distingue des constr. qui précèdent en ce que le sujet n'est pas humain : *Un signe qui réfère à un objet.*

RÉFLÉCHIR constr. On dit **réfléchir à qqch.**, mais **réfléchir que + indic.** : *Au moment d'épousseter la machine à coudre, elle réfléchit qu'il est déjà tard, et que ses lits ne sont pas faits* (Romains). *Elle réfléchit aussitôt que cette image était fausse* (Sagan). La constr. transitive **réfléchir qqch.** est réservée au sens physique de « refléter ». On évitera de confondre les deux sens du verbe, le sens « physique » et le sens « intellectuel », sous peine de tomber dans le cliché ou dans ce qui peut ressembler à un mauvais calembour, comme la phrase suivante : *Elle lui répondit par des mots que sa pensée n'avait pas réfléchis* (Vilmorin).

RÉFLEXE orth. Avec un accent aigu sur le premier *e* : *Un homme très brun, au visage inflexible et qui, par un mouvement réflexe, avait enfoncé sa main droite dans la poche de son veston* (Kessel). *Les hommes auraient acquis des réflexes conditionnés, suivant le jargon scientifique* (Boulle). Mais on écrit *un (appareil) reflex* (sans accent ni *e* final) en photographie.

RÉFLEXION forme. La locution *(toute) réflexion faite* s'écrit au sing. L'adj. *tout* y est peu nécessaire, et tend à être abandonné.

REFLUX prononc. [-fly], comme pour *flux*.

REFRÉNER orth. De façon peu conséquente, ce composé de *freiner* s'écrit avec un *e* et non avec *-ei*. Pas d'accent aigu sur *re-*. ♦ **sens.** Presque toujours au sens fig. de « retenir, réprimer » : *Il se leva, me laissa, sans que j'aie pu démêler s'il cherchait à refréner ma curiosité ou s'il ne s'amusait pas à l'éperonner au contraire* (Gide). *Il y avait de la lumière dans le salon, j'avais refréné une envie stupide de sonner, d'appeler* (Colombier). On dit maintenant *retenir sa langue* et non plus *refréner sa langue.* → FREIN.

RÉFRIGÉRATEUR → FRIGIDAIRE.

REFUSER constr. À la voix active, ce verbe se construit généralement avec la préposition **de** : *Cette fois-ci, il avait refusé de partir* (J. Roy). On trouve aussi *refuser à manger à qqn*, mais ce tour est vieilli, et on préfère *refuser de donner à manger.* À la voix pronominale, le verbe est toujours suivi de la prép. **à**, que le complément du verbe soit un subst. ou un infinitif : *Il se refusa à tout commentaire* (Sagan). *L'attitude orgueilleusement raidie de Martine, se refusant à toute camaraderie, à toute aventure, à toute compromission dans ce travail pour lequel elle n'était pas faite* (Mallet-Joris). *Oserez-vous prétendre que tout eût tourné de même si les gouvernements se fussent refusés d'abord à rien faire qui fût immoral ?* (Vercors). *Une finesse animale qui s'arrêtait aux apparences et se refusait à aller au fond des choses* (Vidalie).

□ **se refuser à ce que** est rare : *Il se refusait à toute espèce de soin et même à ce qu'on fît son lit* (Balzac).

□ **ça ne se refuse pas.** Cette locution est répandue dans le parler fam., avec une valeur de « passif » et d'« obligation » simultanément : *Et puis, disait-elle, le travail ne se refuse jamais. Il faut le prendre comme il se donne* (Guilloux).

□ **accord du participe passé.** Il s'accorde soit avec le sujet, s'il n'y a pas d'objet direct, soit avec l'objet direct, si celui-ci est énoncé avant le verbe : *Elle s'est obstinément refusée à partir. Les douceurs et les fantaisies qu'il s'est toujours refusées.*

REGAIN emploi et sens. Au sens propre, « plante repoussant après une première coupe », mais plus fréquent au fig., avec le sens de « retour, renouveau ». On n'abusera pas de ce genre d'emploi, qui tourne facilement au cliché.

RÉGAL forme. Plur. *régals.*

RÉGALE emploi. Comme adj. fém., n'entre plus que dans l'expression **eau régale**, mélange d'acides qui a la propriété de dissoudre l'or et le platine. Ne pas confondre avec **régale**, « droit royal », nom fém. qui a formé l'adj. **régalien**, « relatif au droit du souverain », souvent utilisé aujourd'hui dans le domaine politique, et non sans une certaine ironie « républicaine », au sens de « absolu » : *Le cordon* [de la concierge]*, sans atteindre le prestige de la Légion d'honneur,* *conférait une sorte de pouvoir régalien à cette petite femme sans âge* (Diwo). *L'ambition doit être de tricoter* [pour Paris] *un territoire égalitaire de 10 millions d'habitants. Avec un supermaire doté de fonctions régaliennes en matière d'urbanisme* (R. Castro, *Le Monde*, 09/04/2007). *La magistrate est la première fille d'immigrés maghrébins à obtenir un ministère régalien* (A. Auffray, *Libération*, 20/05/2007).

REGARDER constr. Avec la prép. **à**, ce verbe a le sens abstrait de « donner son attention à, tenir compte de » : *Si le châtaignier, ou l'orme, ou le chêne y sont également propres, le charron ou le menuisier les emploieront à peu près indifféremment ne regardant qu'à la dépense* (Valéry). Dans la locution fam. **il faut y regarder à deux fois avant de...**, on a un tour figé, le pronom *y* n'étant pas analysable pour lui-même : *Vous comprendrez que j'y regarde à deux fois avant de sacrifier ça* (Marceau). *Quand elle achète, elle n'y regarde pas* (R. Benjamin). D'où l'adj. **regardant**, qui signifie « économe, presque avare » dans la langue pop.

□ **regarder comme.** Ce tour équivaut à **considérer comme**, mais appartient surtout au registre littéraire : *Le savant qui possède l'amour de la recherche regardera toujours comme du temps perdu les heures, les minutes accordées à la passion* (Mauriac).

□ **ça (ne) te regarde (pas).** Avec un nom de chose pour sujet, cet emploi du verbe *regarder* est fam. Il est synonyme de *toucher, concerner* : *Mêle-toi de ce qui te regarde et cesse de me donner des conseils* (Queneau).

□ **regardez-moi ça.** On a souvent au niveau fam. le pronom dit « expressif d'intérêt atténué » auprès du verbe *regarder*. → PRONOMS PERSONNELS et ÉTHIQUE (DATIF).

□ **regardez voir** → VOIR.

RÉGICIDE → -CIDE.

REGISTRE constr. On dit plutôt *écrire, lire,* etc., *sur un registre*, que *dans un registre*, bien que ce subst. désigne un objet qui peut être « ouvert ou fermé », de la même façon qu'un journal (→ ce mot). *En quel lieu se trouve le registre avec ses paraphes, ses cachets ?* (Cayrol). *Il s'est fait inscrire sur le registre d'attente.*

RÉGLAGE orth. Avec un accent aigu, comme tous les mots de cette famille : *régler, réglementaire,* etc. à l'exception de *règle* et de *règlement*, qui prennent un accent grave.

RÉGLER ou **RÉGLEMENTER sens.** Le premier verbe signifie « fixer avec précision » ou « résoudre » ou « donner un équilibre à un système physique ». On ne le confondra pas avec le second, qui a le sens de « assujettir à un règlement », surtout dans le domaine de l'économie ou du commerce : *C'est une question réglée que celle du marché de la viande : le gouvernement l'a vigoureusement et minutieusement réglementé.*

RÉGLISSE genre. Fém. : on doit dire **de la réglisse** et non du réglisse : *Les petits bonbons ronds et aussi la réglisse en bois, qu'il faisait si bon sucer et mâcher en classe* (Pergaud).

RÉGNER forme. Ce verbe n'étant jamais transitif, le participe *régné* ne saurait s'accorder en aucun cas : *Les quarante ans que Salazar a « régné » sur le Portugal* → PARTICIPE PASSÉ.

REGRET constr. On emploie couramment aujourd'hui **avoir du regret**, plutôt que *avoir regret*, qui est archaïque ou littéraire. On dit aussi **avoir le regret de + infinitif** : *Nous avons le regret de vous annoncer la fin de votre séjour parmi nous.* Le tour **être au regret de** appartient surtout au style administratif. ♦ **sens.** Au plur., *regrets* peut signifier « lamentations » : *se consumer en regrets.*

□ **faire quelque chose à regret** ou **sans regret**. Dans ces tours figés, le subst. *regret* est au sing.

REGRÈVEMENT emploi et sens. Dans le vocabulaire financier, « augmentation de l'impôt ». C'est le contraire de *dégrèvement.*

RÉGULER emploi et sens. Ce doublet ancien de *régler* semble être de peu d'utilité (en dehors d'un contexte très technique).

RÉHABILITER emploi et sens. Ce verbe signifie à l'origine « rétablir qqn dans ses droits ou dans la considération d'autrui ». Depuis 1968, le sens, issu de l'anglais, de « remettre en état un bâtiment, un quartier, etc. » s'est largement répandu : *Limiter à 17 000 le nombre des logements disponibles, dont 5 000 réhabilités sur les 7 500 existants : c'est le pari des élus* (C. de Chenay, *Le Monde*, 12/10/1992). *Le fort de Chaudanne réhabilité par des jeunes* (*L'Est Républicain*, 27/08/1992). Si cet emploi n'est pas condamnable, il entraîne cependant une certaine connotation morale, et on peut lui préférer **rénover**, « remettre à neuf », ou **restaurer**, « rétablir dans son état primitif ». La remarque vaut également pour les noms dérivés *réhabilitation, rénovation, restauration* : *Dans le cadre du syndicat mixte de la Loue, les travaux de rénovation du barrage ont commencé* (*ibidem*).

RÉHABITUER ou **RHABITUER forme.** Les deux formes sont admises. ⟶ RE-.

REHAUSSER orth. et prononc. Ce verbe s'écrit sans accent aigu sur le *e*. Une erreur fréquente consiste à prononcer [re] au lieu de [rə]. On doit dire : [rəose]. ⟶ ENREGISTRER.

REINE- forme. Les composés fém. commençant par cet élément s'écrivent avec des traits d'union et prennent une double marque au plur. : *des reines-claudes, des reines-des-prés, des reines-marguerites, etc.*

REINETTE orth. C'est le nom de la pomme qui s'écrit ainsi, mais le mot désignant l'« outil du fondeur en caractères » peut s'écrire aussi avec un *a*. ♦ **sens.** La *pomme de reinette*, ou plus souvent la *reinette* est une « pomme à la peau tachetée » (comme celle des grenouilles). ⟶ RAINETTE. D'où les hésitations de l'orthographe. Mais c'est le *e* qui a, en fin de compte, prévalu.

REITRE orth. En accord avec le rapport du Conseil supérieur de la langue française (06/12/1990), nous recommandons l'abandon de l'accent circonflexe sur le *i*, qui n'a aucune justification historique ou systémique. ♦ **emploi et sens.** Synonyme vieilli et péj. de **cavalier**, qu'on ne rencontre que dans un registre littéraire : *Rantzau, reître brutal commandant « les Gris », ces cavaliers suédois loués à la France par Bernard de Saxe-Weimar* (A. Besson).

RÉJOUIR (SE) constr. Ce verbe peut se construire avec **que + subj.**, ou, conformément à une tendance très générale pour les verbes « de sentiment », avec **de ce que + indic.** ou **subj.**, plus analytique, mais plus lourd. Voici quelques exemples, tous corrects : *Pour le moment, réjouissons-nous qu'il soit sain et sauf, pour le reste, vous verrez bien* (Triolet). *Il se réjouissait que le « senorito » fût là, à défaut de son frère le capitaine* (Peyré). *Je me réjouis de ce que tu es enfin parmi nous.* ⟶ DE.

RELÂCHE genre. Ce subst. est normalement du fém. dans le vocabulaire des marins, où il désigne « l'action de faire halte en un point quelconque » ou « le lieu où séjourne un bateau » : *Le navire trouva une relâche tranquille. Quand ils font relâche dans un port, les marins descendent à terre.* Au masc., le mot a le sens plus général de « interruption dans une production, un exercice » : *Alors, ils font relâche, avant de jouer à nouveau leur rôle, celui que leurs gouvernants, leurs chefs militaires leur ont assigné* (Pontalis). *Le relâche de ce théâtre a lieu le lundi.* On comprend que la forme de ce subst., ainsi que la communauté de sens, au moins partielle, dans les deux cas, provoque de nombreuses erreurs. On tend souvent à prendre **relâche** pour un fém. quel que soit son sens : *J'y pensais, sans la moindre relâche, en faisant ma toilette du soir* (Duhamel).

RELAIS orth. Ne pas omettre le *s* final. Prendre garde à l'influence de **délai** : *Point d'église, ni de mairie. Jadis simple relais de poste* (Estaunié).

RELATION forme. On dit **entrer, se mettre en relation** (sing.) ou **en relations** (plur.) *avec qqn* ; le plur. apparaît chez la plupart des écrivains, malgré l'Académie, qui préfère le sing. Ce flottement quant au nombre vient probablement de ce que ce subst. est couramment employé au plur. avec le sens concret de « personnes que l'on connaît superficiellement, et le plus souvent pour des raisons socioprofessionnelles ». On écrira de même **par relation(s)** avec ou sans *s* selon l'idée qu'on a dans l'esprit. ♦ **emploi et sens.** La locution **relations publiques** est une traduction de l'anglais, qui désigne un « ensemble d'activités professionnelles ayant pour objet d'informer l'opinion sur les réalisations d'une collectivité industrielle ». Ce mot composé est répandu.

RELAX → COOL.

RELAXATION sens. « Méthode thérapeutique visant à relâcher le tonus musculaire et permettant une récupération rapide des forces perdues » : *Il sortait des séances de relaxation dans un état de bien-être vaporeux.* Il ne faut confondre ce mot ni avec **relaxe**, terme de la langue du droit, « action de remettre un prisonnier en liberté », ni avec **relâchement**, qui est toujours dépréciatif, qu'il désigne « l'état d'un objet qui perd une certaine tension nécessaire » ou « le fait pour un être humain de diminuer son effort, de s'abandonner ». → le mot suivant et RELAX.

RELAXER emploi et sens. On peut très correctement dire : *le juge a relaxé* ou *relâché le prisonnier*, indifféremment. **Se relaxer**, verbe pron., a été tiré de l'anglicisme *relaxation* et s'emploie couramment au sens de « se détendre » : *Le temps de s'allonger sur son lit, les yeux fermés, de ne penser à rien. De se détendre. De se relaxer* (Sagan). → les précédents.

RELEVER constr. Au sens de « se remettre debout », au propre ou au fig., ce verbe se construit avec la préposition *de*, et peut s'employer à la voix active ou pronominale : *Si l'homme peut se relever aux yeux de Dieu, jamais il ne se relève aux yeux du monde* (Balzac). *Il relève d'une grave maladie.* D'où le tour répandu : *il ne s'en relèvera pas*, qui a subi l'influence de *s'en sortir, s'en remettre*, etc. Ce verbe s'emploie souvent aussi au sens de « être sous la dépendance, du ressort, du domaine de » : *Bien, dit Veyrenc avec réticence, ne sachant pas encore distinguer chez Adamsberg ce qui relevait de l'intérêt vrai ou de la simple fantaisie* (Vargas). *Le cas de ce conspirateur ne relève que de la Haute Cour.*

RELIEF forme et sens. Rare au sens de « restes », uniquement au plur. : *Une femme de forte corpulence était occupée à enlever les reliefs du dîner* (Véry). → BAS-RELIEF et RELIQUAT.

RELIGIONNAIRE sens. « Ancien nom donné aux protestants. » Ne pas confondre avec **coreligionnaire**, « qui appartient à la même religion ».

RELIQUAT emploi et sens. Terme de comptabilité, « ce qui reste dû après la clôture d'un compte » : *Une échéance si lointaine que l'attente aurait suffi à absorber le maigre reliquat de la vente de la bague, une fois ses intérêts payés* (Duras). Comme on le voit dans cet exemple, le sens glisse aisément à la simple idée de « reste ».

REMAILLER ou **REMMAILLER sens.** La variante orthographique ne sert pas à distinguer le sens. Chacune de ces formes peut signifier « raccommoder en refaisant les mailles » ou « assembler côte à côte des tresses de paille pour faire un chapeau ».

REMAKE prononc. [rimek]. ♦ **sens.** Cet anglicisme appartient à la langue du cinéma et signifie « nouvelle version d'un film à succès » : *Du remake au plagiat, toutes les formules ont été essayées par ce metteur en scène.* Ce mot et la pratique qu'il représente, se sont bien acclimatés dans notre langue et notre culture.

REMARQUER emploi et sens. Ce verbe fait dans la langue courante une concurrence croissante à **noter**, et se construit de la même façon : *Remarquez que c'était leur intérêt, naturellement pas immédiat, mais est-ce que c'était l'intérêt immédiat d'Émile Barrel quand il déboursait le prix des jolis vêtements de la clique ?* (Aragon). On dira indifféremment **se faire remarquer par** ou **pour** : *Le gâteau* *de ptarmigan aux truffes se faisait remarquer pour sa délicatesse* (Queneau). On ne dira pas *remarquer qqch. à qqn*, mais **faire remarquer qqch. à qqn**. → OBSERVER.

REMBLAI orth. Pas de *s* final. → DÉBLAI.

REMBLAIEMENT orth. Ne pas omettre le *e* intercalaire.

REMBUCHER orth. Pas d'accent circonflexe. ♦ **emploi et sens.** Ce verbe de la langue des chasseurs exprime le contraire de **débucher** ou **débusquer**, c.-à-d. « faire rentrer dans le bois », ou « rentrer dans le bois », à la voix pronominale et avec un nom d'animal comme sujet : *En voyant la meute, le cerf s'est prudemment rembuché.* Contrairement à *débusquer*, ce verbe ne s'emploie pas au fig. → DÉBUCHER.

REMÉDIABLE emploi. Cet adj. est plus rare que son contraire *irrémédiable*, qui, lui, prend un accent aigu sur le premier *e*. On écrit *remédier*. → IRRÉ-.

REMÉMORER emploi et sens. Ce verbe, qui appartient à la langue littéraire, se présente surtout sous la forme pronominale, avec le sens de « se rappeler, se remettre en mémoire » : *Lorsque Raymond Courrèges se remémora les circonstances de cette nuit, il se souvint de l'amertume dont il avait souffert* (Mauriac). *Pendant les travaux il cherchait à se remémorer, mais c'était si loin, un poème appris en classe* (Godbout).

REMERCIER constr. À côté de la constr. habituelle avec la prép. **de**, on peut aujourd'hui admettre celle qui utilise la prép. **pour** : *Il la remercia de ses prévenances. Ma mère vous remercie pour vos fleurs.* La prép. **pour** est plus expressive que *de* dans ce contexte, et elle est souvent préférée lorsqu'il s'agit d'un objet concret. Il faut noter que le verbe re**mercier** employé isolément a un sens ambigu, comme le mot **merci**, car il ne précise pas à lui seul si on accepte ou si on refuse. D'après Grevisse, l'opinion selon laquelle *je vous remercie pour* ne saurait s'accompagner d'un refus, *de* étant obligatoire dans un contexte négatif, est mal fondée. Rien n'empêche en effet de dire : *Je vous remercie pour votre offre, mais je crois que je saurai me débrouiller seul.* Quoi qu'il en soit, la prép. sera toujours **de** si le complément du verbe *remercier* est un infinitif : *Je vous remercie de m'avoir fait lire votre bel ouvrage* (Barrès). *Nous vous remercions de vous intéresser à notre fils.* Ces remarques valent également pour *merci* (→ ce mot et RECONNAISSANT). On rencontre assez rarement comme complément une proposition complétive au subj. : *De sa voix inhumaine, elle remerciait qu'on l'eût enfin comprise* (Radiguet). Enfin, le sens de « licencier, congédier » a vieilli : *Mauvais recopieur de bordereaux et autres textes insalubres, il fut rapidement remercié et s'inscrivit au « chômage intellectuel »* (P. Jardin).

REMETTRE emploi et sens. Dans le registre fam., au sens de « reconnaître » : *Marie avouait qu'elle avait bien reconnu les clients [...] (son attitude au début du repas semblait indiquer qu'elle ne les remettait pas du tout)* (Jourde). La locution *se remettre qqn* ne s'emploie plus guère. Mais **s'en remettre à** est fréquent dans le registre littéraire au sens de « se reposer sur quelqu'un du soin de » : *Son fiancé, dont elle savait les goûts, s'en était remis complètement à elle du soin de choisir son mobilier* (Radiguet). Le pronom *en* n'est pas plus analysable que dans le tour **s'en prendre à**. → PRENDRE.

RÉMINISCENCE orth. Avec *-sc-*. ♦ **sens.** « Vague retour d'un événement ou d'un objet à la mémoire », distinct du **souvenir**, qui a un sens plus actif : *Elle n'avait qu'une fragile réminiscence de sa mère qui l'avait abandonnée à l'âge de deux ans* (Labro). *Elle ne pouvait deviner quelles brûlantes réminiscences donnaient à ce regard une expression d'absence et d'égarement* (Kessel).

REMMAILLER → REMAILLER.

REMMAILLOTER orth. À la différence du précédent, ce verbe prend toujours deux *m*, comme *emmailloter*.

REMMENER ⟶ MENER.

REMONTE-PENTE forme. Plur. *des remonte-pentes.*

REMONTRER emploi et sens. Ce verbe ne se rencontre plus guère que dans la locution **en remontrer à qqn**, avec le sens de « lui donner des leçons, manifester de façon tangible sa supériorité dans un domaine ». Au sens de « faire remarquer », avec une nuance de blâme, l'emploi est archaïque : *Les autres me remontrèrent l'impiété de ma colère* (Chabrol).

REMORDS orth. Invar. (un *s* au sing.) : *un* ou *des remords.* ⟶ REPENTIR (substantif).

REMPLACER ⟶ SUBSTITUER.

REMPLIR ⟶ EMPLIR et BUT.

REMPLOI ou **RÉEMPLOI forme.** On emploie indifféremment deux séries de formes équivalentes, avec le préfixe *ré-* ou avec la forme réduite *r-*. Il en est de même pour le verbe correspondant.

REMPORTER emploi et sens. Ce verbe se rencontre le plus souvent au fig., au sens de « obtenir qqch. que l'on brigue, en général dans une compétition » : *C'est Alcmène qui avait remporté sur moi la victoire* (Giraudoux).

REMUE-MÉNAGE orth. Invar. : *Et c'fut l'plus charmant des remue-ménage* (Brassens).

REMUGLE emploi et sens. Ce subst. masc. est vieux, au sens de « odeur prise par certains objets à la suite d'un long confinement » : *L'air qui vous arrive de ce fond de rue, c'est un remugle d'usines, un suintement de substances fabriquées* (Romains). *L'effroyable remugle de lisier qui entre avec eux et empoigne aux narines* (Jourde).

RÉMUNÉRER emploi et sens. Il faut se garder de déformer ce verbe signifiant « rétribuer, accorder un juste salaire » en l'écrivant ou en le prononçant *rénumérer*, forme barbare influencée par **énumérer** : *Les provisions que j'avais compté lui offrir pour rémunérer ses services* (Volodine). La remarque vaut également pour les termes de la même famille : **rémunérateur, rémunération.**

RENÂCLER orth. Avec un accent circonflexe sur le *a*, conformément à la prononciation [a].

RENAÎTRE conjug. Les temps composés et le part. passé sont rares et relèvent de la langue littéraire : *Elle* [la République] *est née et renée trois fois en cent ans, et toujours par la France* (Michelet). *Ma chair / se bat avec les armes folles du désir / dans le passé mué en femme où je suis nu / et dans l'Orphée futur où la femme est renée* (Emmanuel).

RENCARDER forme. On écrit aussi *rancarder.* ⟶ RANCART.

RENCHÉRIR ⟶ ENCHÉRIR.

RENDRE emploi et sens. Dans le registre pop., ce verbe est employé au sens de « vomir » : *J'ai de la chance, il paraît qu'il y en a qui vomissent toute la journée, au deuxième mois ; moi, je rends un peu le matin* (Sartre). Le part. passé **rendu** se rencontre souvent dans le registre fam. avec le sens de « fatigué » : *Imaginez, dit la concierge en riant, j'étais si rendue que je m'étais endormie sans éteindre* (id.). Au sens de « parvenu à un certain endroit, arrivé », l'emploi est correct : *On est bientôt rendu, dit-il sur un ton radouci* (Gide). *Enfin, passé le Val-de-Grâce, la vue d'une palissade m'apprit que nous étions rendus* (Carco).
□ **c'est un prêté pour un rendu** ⟶ PRÊTÉ.

RÊNE orth. Avec un accent circonflexe. ♦ **genre.** Fém. ♦ **sens.** « Courroie fixée au mors du cheval et servant à le diriger » : *Ces rênes sont craquelées, il faut les changer.* S'emploie souvent au fig., au sens de « direction » : *Quelle volupté de prendre en main toutes les rênes de l'attelage !* (Delteil). *L'« esprit start-up » que le cofondateur Larry Page voulait redonner au groupe en en reprenant les rênes en avril* (J.-B. Jacquin, *Le Monde*, 04/09/2011). Ne pas confondre avec **renne** (cervidé) ni avec **reine** (fém. de *roi*).

RENFERMER sens. Le préfixe *r-* a dans ce verbe un sens plus intensif que répétitif. On ne dit guère d'un malade mental qu'*on a dû le renfermer après une tentative malheureuse de libération.* Au fig., l'emploi est courant : *Il est taciturne et renferme en lui-même toutes ses pensées.* Il en est de même avec un sujet désignant une chose, au sens de « contenir, avoir à l'intérieur » : *Ce coffre scellé renferme le secret de sa mort.* D'une façon générale, le rapport qui existe entre les verbes *renfermer* et *enfermer* est très voisin de celui des verbes **remplir** et **emplir**. ⟶ ces mots.

RENGAINER orth. Pas d'accent circonflexe sur le *i*. ⟶ GAINE.

RENGRENER orth. et conjug. Le second *e* peut prendre ou non un accent aigu, et le verbe se conjugue soit comme *celer*, soit comme *céder*. ⟶ APPENDICE GRAMMATICAL.

RENIEMENT orth. Ne pas omettre le *e* intercalaire : *Une certaine évolution culturelle des conseillers municipaux [...] et des patrons de café les poussa à renier leur premier reniement* (Simon).

RENOMMÉ constr. On emploie la prép. **pour** ou la prép. **par**, de même que pour les part.-adj. de sens proche : *connu, réputé,* etc. *Saint-Claude est une ville renommée par* ou *pour ses excellentes pipes.* Il semble que *pour* tende à l'emporter dans l'usage actuel.

RENONCEMENT et **RENONCIATION sens.** Le premier subst. appartient au domaine de la psychologie, de la morale ou de la religion : *Il vit dans un renoncement quasi total aux attachements terrestres. Le renoncement de cet homme à ce qui aurait pu être sa gloire est un exemple à suivre.* Le second subst. désigne dans la langue juridique « le fait de renoncer à un bien ou à un droit » : *Le souverain a proclamé sa renonciation au trône.*

RENONCER constr. Ce verbe est généralement transitif indirect : *Promets-tu de renoncer à jamais à prendre les armes ?* (Anouilh). *J'appelle bourgeois quiconque renonce à soi-même, au combat et à l'amour, pour sa sécurité* (Fargue). *Sans doute est-il plus facile de renoncer à ce que l'on a connu qu'à ce que l'on imagine* (Gide). On rencontre, dans le registre littéraire exclusivement, la constr. directe, avec le même sens de « abandonner, renier » : *Il les accusait d'être les assassins de leur jeunesse, et, avant qu'elle les renonçât, de la trahir* (Mauriac). Certains écrivains vont jusqu'à employer le tour pronominal : *J'ai essayé de me délivrer de moi-même – J'ai voulu me renoncer* (*idem*). *Cette montagne / où l'esprit s'étant renoncé accède au vide / éternel* (Emmanuel). Le tour **renoncer à ce que** est conforme aux tendances de la langue et se répand de plus en plus : *Il faut qu'elle renonce absolument à ce qu'on vienne la voir tous les jours.* Il n'est pas toujours possible d'employer un infinitif après ce verbe.

RENSEIGNER constr. C'est la même que celle du verbe *informer.* On ne voit pas ce qui pourrait empêcher de dire **se renseigner si**, à la voix pronominale, par analogie avec **s'informer** et **s'enquérir** : *Il a cherché à se renseigner s'il y avait un train dans la soirée.* La constr. parfois recommandée *se renseigner pour savoir si* est lourde et peu élégante. Le plus souvent, on emploie ce verbe à la voix active avec un nom de personne pour objet direct : *Le rôle du critique n'est point tant de railler ou de rejeter un auteur bien intentionné que de le renseigner sur ses qualités et de l'avertir de ses défauts* (Jaloux).

RENTE emploi. D'après l'Académie, ce subst. s'emploie au sing. dans la locution du type *avoir 30 000 francs de rente.*

RENTRER ⟶ ENTRER.

RENVERSER emploi et sens. On admet depuis longtemps l'extension de sens permettant d'employer comme objet direct de ce verbe non seulement un « récipient » qu'on peut retourner, mettre la tête en bas, mais aussi le « liquide contenu dans ce récipient » : *Le bébé a renversé sa bouillie.* D'un véhicule, on ne dira plus *qu'il renverse*, comme dans la langue classique, mais *qu'il verse* ou *se renverse.* Le sens emphatique de « stupéfier » est courant dans le registre fam. : *Andrée,* *tu es renversante, s'écria-t-elle* (Proust). *Ce que tu me dis là me renverse.* Enfin, on peut s'étonner de ce que l'Académie admette *se renverser en arrière*, alors qu'elle est généralement hostile à tout ce qui ressemble à un pléonasme. Dans bien des contextes, on pourra se contenter du seul verbe : *L'acrobate s'est renversé pour attraper les mains de son partenaire. Elle se renversa nonchalamment sur la balustrade.*

REPAIRE et **REPÈRE sens.** Le premier nom désigne le « lieu où se réfugie une bête sauvage » et, au fig., un « individu plus ou moins dangereux » : *Sous l'escalier de pierre, dans cet angle noir, ce repaire poussiéreux de toutes les araignées du manoir* (Huguenin). Il y a souvent dans l'emploi de ce subst. une emphase plaisante : *Tu verras, c'est très amusant son bistrot, c'est un repaire de matadors* (Rey). La confusion avec l'homonyme **repère** constitue une faute grossière, ce second mot signifiant « marque qui permet une reconnaissance, une utilisation ultérieure » : *Il regarde, à gauche d'Anne, quelque repère qu'il a choisi sur la côte* (Huguenin).

REPAÎTRE conjug. Elle est complète, à la différence de celle de **paître**. → ce mot. ♦ **emploi et sens.** Surtout à la voix pronominale et au sens fig. de « se remplir, se rassasier de » : *Les animaux se repaissent ; l'homme mange ; l'homme d'esprit seul sait manger* (Brillat-Savarin). *Durant son séjour à Paris, Marcelle s'est repue de spectacles.*

RÉPANDU orth. Un *a*. Éviter l'influence de *pendre*. ♦ **emploi et sens.** Ce part,-adj. a dans le registre littéraire, et avec un subst. animé, le sens de « qui fréquente le monde, qui a de l'entregent » : *J'eus l'occasion de rencontrer encore M. Paul Birault ; c'était déjà un journaliste répandu* (Apollinaire).

RÉPARTIE orth. Ce subst., au sens de « réplique », s'écrit aujourd'hui (selon les Recomm. offic.) avec un accent aigu sur le premier *e*, et se prononce [re], au lieu de [rə], encore prôné par certains puristes. → le mot suivant.

REPARTIR et **RÉPARTIR forme et sens.** On se gardera de confondre ces deux formes, qui correspondent à trois verbes. Sans accent, **repartir** signifie « partir de nouveau » : *Il s'est arrêté un court instant, puis est reparti sans m'attendre. Nous sommes repartis à sa recherche malgré notre fatigue.* Il signifie aussi « répondre immédiatement » : *– Et moi ? dit Camille. – J'ai deux genoux, repartit Alain* (Colette). En ce sens et sans doute sous l'influence de **répondre** et de **répliquer**, on écrit de plus en plus **répartir**, avec un accent (→ RÉPARTIE). Ce glissement est d'autant plus aisé que le verbe **répartir** existe : il a le sens de « distribuer entre plusieurs personnes, affecter des parts ». Tandis que **repartir** sans accent se conjugue comme *partir*, c.-à-d. sans suffixe *-iss-*, *répartir* se conjugue comme *finir* : *Puis le commandant d'escadre prenait la parole à son tour, répartissait les avions suivant les vagues du raid* (J. Roy). *Comment se répartissent les cinq cent onze sièges d'administrateurs ?* (*Le Monde*). → PARTIR (1).

REPENTIR conjug. Comme *dormir*. Il faut prendre garde à la collision homonymique avec des formes de *rependre*. On écrira par exemple *il se repent*, avec un *t* pour le premier verbe, et *il se repend*, avec un *d* pour le second. Le part. passé suit la règle habituelle des verbes pronominaux « proprement dits » : *c'est une faute énorme, dont jamais elles ne se sont repenties.* Précédé du verbe *faire*, le verbe **se repentir** perd souvent le pronom réfléchi : *Ton éloquence les a fait (se) repentir à temps.* C'est une règle de syntaxe qui est générale. → FAIRE.

REPENTIR (substantif) **sens.** Ce subst. a un sens proche de celui de *regret* et de *remords*, mais il implique une référence plus ou moins lointaine à un contexte religieux. Il existe aussi un sens tout à fait profane, « changement apporté dans l'élaboration d'un ouvrage, par un retour réfléchi » : *Ce manuscrit ne comprend pas un seul repentir.*

REPÈRE → REPAIRE.

RÉPÉTER emploi et sens. Ce verbe contient l'idée de « redoublement » et ne doit pas être employé en même temps que le tour adverbial *deux fois* : *Il m'a répété ce qu'il avait dit la veille.* Quand ce verbe est suivi de *deux fois,* il se peut que l'auteur veuille indiquer par là un triple procès : *Pierre-le-Brave se posta pour sonner une vue magnifique qu'il répéta deux fois* (Giono). On préférera cependant éliminer toute ambiguïté en employant des formes verbales simples : *dire* ou *faire deux fois, trois fois,* etc., *la même chose.* Rien à reprendre, en revanche, dans des emplois emphatiques, où l'adj. numéral perd sa valeur première et son exactitude : *Et Julie, qui a déjà répété dix fois que le capitaine n'est pas riche !* (Simenon). De même avec l'adj. *plusieurs* : *Ils commencèrent à parler, répétant plusieurs fois, comme si Carlo n'avait pas compris le français* (Gallo).

<u>RÉPÉTITION</u> Souvent pourchassée par les puristes, la répétition est cependant une figure de rhétorique qui permet l'insistance, l'expressivité : *Dans la foule se côtoient* [...] *les visages connus, les visages inconnus, les visages évocateurs de souvenirs que l'on croyait perdus* (Jourde). *Tout cela a duré un bon moment puis : pas brillant brillant, tu peux t'essuyer, a résumé Feldman* (Échenoz). *Ton père se posait pas tant de questions, boulot, boulot, boulange, boulange. – Et picole, picole !* (Garnier). *J'ai un enfant de lui, un enfant, un enfant !* (Némirovsky). *Il faut payer, toujours payer et on ne paie pas avec des pensées. Il faut payer de sa personne. Payer avec sa vie* (Bauchau). *À monnaie unique, budget unique, gouvernance unique, dette unique, solution unique* (Y. Pietrasanta, *Le Monde*, 04/09/2011). Il ne s'agit pas dans les citations qui précèdent de pléonasmes ni de tautologies. → PRÉPOSITION, PRONOM, etc.

REPLET orth. Fém. replète (un seul *t*) : *Le chat était gras, lustré, avec de replètes joues tigrées de blanc* (Volodine).

RÉPLÉTION orth. Avec deux accents aigus, à la différence de l'adj. **replet, replète**, dont le *e* initial est muet. ♦ **sens.** Anciennement, « excès d'embonpoint », aujourd'hui, sens plus ou moins pathologique de « excès de liquide » ou « état d'un organe qui est plein ».

RÉPONDRE constr. Ce verbe est parfois transitif direct, dans des locutions telles que *répondre la messe, un mémoire,* etc. Si on ne dit plus *répondre une lettre,* le passif est encore assez fréquent, selon Grevisse : *Je l'ai mise ce matin dans le dossier des lettres non répondues* (G. Marcel). La constr. transitive indirecte admet la préposition **de**, quand le verbe a le sens de « se porter caution pour qqn » ou de « garantir la véracité d'un propos » : *Tu me réponds de sa sécurité sur ta tête. Je ne réponds pas de ses réactions, à l'annonce de cette catastrophe.* Dans la langue de la justice, on dit aussi **répondre pour qqn**, avec le sens de « s'engager officiellement en faveur de qqn » : *À la demande pressante de mon ami, j'ai répondu pour lui au cours de son procès.* La locution **en répondre** est figée et familière : *Il ne bougera plus d'ici, je vous en réponds.* ♦ **emploi et sens.** Dans le registre fam., **répondre à qqn**, sans objet direct, peut avoir le sens de « être insolent » : *« On ne répond pas à son père. »* (Camus).

RÉPONS sens. « Chant liturgique exécuté alternativement par le chœur et par un soliste » : *Un grand élan de foi paysanne qui se traduirait par des répons fiévreux et des chœurs exaltés* (Jourde). Il ne faut pas confondre ce subst. avec les **réponses** que fait l'enfant de chœur au prêtre qui célèbre la messe.

REPORTER genre. On admet aujourd'hui sans difficulté le genre fém. : *Une courageuse reporter.*

REPOSE-PIED orth. Invar. : *des repose-pied.*

REPOSER constr. et emploi. Verbe courant à la voix pronominale, mais qu'on rencontre aussi à la voix active, construit intransitivement. La langue littéraire en fait un usage fréquent : *Ses enfants viennent l'embrasser à l'instant du départ, sauf s'il y a eu soirée, la veille, et qu'elle ait donné l'ordre à sa femme de chambre qu'on la laissât reposer* (Romains). Mais quand on parle d'un mort, **reposer** est d'un emploi général : *La phrase décrit très bien le cimetière où repose ta tante* (Green). *Ici repose Nikolaï Kotchkourov, ici reposent les brutes qui l'ont battu* (Volodine).

REPRÉSAILLES emploi. Ce subst. ne se rencontre guère qu'au plur., comme un certain nombre d'autres, dépourvus de sing. → -AILLE(S) : *En représailles, au cours des trois années écoulées, le soupirant éconduit s'était montré le plus exécrable des voisins* (A. Besson). L'emploi au sing. est rare et affecté : *La représaille maladroite apporte un titre de gloire* (Duhamel).

REPRÉSENTATION emploi et sens. Au sens de « observation plus ou moins critique, reproche », ce subst. s'employait au plur. dans un contexte littéraire : *Elle mangeait des potages au céleri. Je lui fis des représentations sur son régime, qu'elle eut l'air de ne pas écouter* (Weyergans). Cette acception est aujourd'hui considérée comme vieillie.

REPRISE emploi et sens. Ce subst. entre dans de nombreuses locutions qui contiennent l'idée de « s'y reprendre, tenter de nouveau » : *Par la suite, Julienne essaya à plusieurs reprises de revenir à un tutoiement moins cérémonieux* (Vidalie). Selon que les tentatives sont considérées comme un simple recommencement ou qu'elles s'effectuent au moyen de procédés chaque fois différents, on pourra accepter ou non des tours comme : *À trois reprises différentes, elle tenta de contourner l'obstacle.* Cependant, il semble que, sans adj. numéral, les locutions **à diverses reprises** ou **à différentes reprises** ne soulèvent aucune difficulté. On écrira plutôt **à maintes reprises**, au plur., mais le sing. est également possible.

RÉPUBLIQUE orth. Contrairement à **État** qui dans le sens de « pays souverain » prend toujours la majuscule, *république* en tant que nom commun prend une minuscule à l'initiale : *Sommes-nous encore en république ? Il est malaisé d'instaurer durablement la république dans certains pays.* Mais on perçoit aisément la valeur affective qui peut s'attacher à ce vocable, ce qui fait que la majuscule apparaît souvent, comme une façon plus ou moins consciente de valoriser ce modèle politique : *Que la République était belle, sous l'Empire !* (Aulard). *Sous la République, nous en avons tant vus, de rois* (Péguy).

RÉPUGNER constr. Outre le tour connu **cela me répugne**, on rencontre fréquemment avec ce verbe un sujet désignant une personne, et un complément non animé (subst. ou infinitif), précédé de la prép. **à** : *On répugne à se représenter une scène aussi pénible* (Pérochon). *Votre nature si fine, si distinguée, répugne d'instinct à comprendre une telle brutalité* (Mallet-Joris). *Elle répugnait à rester auprès de sa mère, de sa nurse* (Wiazemsky). On ne confondra pas cette constr. avec le tour **il** (ou **cela**) **me répugne de + infinitif**, dans lequel le groupe qui suit la préposition **de** est analysé traditionnellement comme le « sujet réel » : *Toutefois, il lui répugnait de refuser un service* (Cossery). Certains écrivains du XIXe siècle (Zola, Huysmans) emploient **répugner** de manière transitive, avec pour sujet un nom de chose et pour objet direct un nom de personne : *Cela le répugnait.* C'est un tour archaïque ou incorrect.

RÉPULSION constr. On dit **éprouver de la répulsion pour qqn** ou **à l'égard de qqn**, mieux que **contre qqn**. Et dans le registre littéraire : *J'éprouve à l'endroit de cet homme une invincible répulsion.*

REQUÉRIR conjug. Comme acquérir. → ce mot. *Ainsi entendu, le métier de roi devient le plus difficile des métiers, le plus dangereux et celui qui requiert le plus du courage le plus exact* (Péguy). ♦ **emploi.** Ce verbe appartient au style soutenu, ou à la langue du droit : *Son secrétaire pourvoyait à toutes les tâches qui requéraient un contact avec moi* (Barbery).

REQUIEM prononc. [rekɥijɛm]. ♦ **orth.** Subst. latin invar. : *Tous les mélomanes connaissent les admirables requiem de Verdi et de Mozart.*

RÉQUISIT emploi et sens. Ce terme de philosophie désigne « ce que l'esprit exige pour obtenir un résultat ». Il est assez souvent employé comme synonyme plus ou moins pédant d'**exigence** : *Nous nous regardons agir et, glacés de constater la dépense vitale que requiert la maintenance de nos réquisits primitifs, nous demandons avec ahurissement ce qu'il en est de l'Art* (Barbery).

RESCAPÉ → RÉCHAPPER.

RÉSERVATION emploi et sens. Ce vieux mot français signifiait à l'origine « droits qu'on se réserve dans un acte juridique ». Aujourd'hui c'est, pour le sens, un anglicisme admis et bien installé dans notre langue : « Action de réserver une place. » Ce mot, selon la pertinente remarque de Robert, ne fait pas double emploi avec **location**, qui « implique toujours un paiement et ne peut s'employer en parlant d'une chambre d'hôtel ».

RÉSERVER emploi et sens. La forme pronominale **se réserver de**, suivie d'un infinitif, est admise, à côté du tour plus développé **se réserver le droit** ou **la possibilité de**, avec le sens de « conserver pour l'avenir la latitude de » : *Le chef du service sentait chez Galuchey une volonté de révolte et se réservait de le doucher au bon moment* (Aymé).

RÉSIDANT ou **RÉSIDENT forme.** Le premier mot est le part. présent du verbe **résider** : *Les enfants résidant depuis huit ans dans des zones de pollution élevée ont trois fois plus d'eczéma* (*Le Monde*, 07/05/2007). *Un membre résidant d'une société savante habite dans la localité où ont lieu les réunions.* Le second mot est un subst. qui désigne un « diplomate ou haut fonctionnaire envoyé auprès d'un gouvernement étranger, ou, anciennement, sous protectorat » : *On dit que le ministre résident a quitté son poste. Il fut de longues années résident général au Maroc.* On désigne également sous ce nom les « personnes établies dans un autre pays que leur pays d'origine » : *Au premier semestre, l'Espagne a perdu 70 000 résidents* (S. Morel, *Le Monde*, 26/08/2011). Enfin, vu le succès de la « résidence » (→ le suivant), le subst. **résident** dénote couramment les personnes qui occupent certains logements, qu'ils soient appelés *résidence, lotissement, ensemble immobilier*, etc. : *Une collecte fut organisée par la vieille M*[me] *Meurisse auprès des résidents de l'hôtel* (Barbery). → RESSORTIR.

RÉSIDENCE emploi et sens. Ce subs. ne devrait en principe désigner que certains « immeubles ou groupes d'immeubles relativement luxueux », mais les excès de la publicité font qu'on en vient à baptiser de ce vocable à peu près n'importe quel lieu d'habitation à vendre ou à louer.

RÉSIDUAIRE ou **RÉSIDUEL emploi et sens.** La première forme est rare, au sens de « qui forme résidu » ; la seconde est bien plus répandue, dans divers domaines techniques, au sens de « qui appartient aux résidus » : *Les fabriques de produits chimiques ont de graves problèmes d'évacuation de leurs produits résiduels.*

RÉSIGNER constr. Avec un complément d'objet direct, et à la voix active, ce verbe appartient au registre soutenu, au sens de « renoncer à, abandonner » : *Je n'ai rien résigné de ma grandeur obscure* (Emmanuel). *Résigner sa charge.*

RÉSILLE sens. « Réseau de filet dont on enveloppait les cheveux longs. » Ne pas confondre avec **mantille**, « écharpe de soie ou de dentelle que les femmes portent sur la tête, en Espagne et dans les régions du Midi ».

RÉSIPISCENCE prononc. [rezipisɑ̃s]. ♦ **emploi et sens.** « Regret qu'on a d'une faute, accompagné du désir de s'amender. » Ce subst., qui a un caractère littéraire très prononcé, se rencontre surtout dans les locutions **amener qqn à résipiscence** ou **venir à résipiscence**.

RÉSOLUMENT orth. Pas d'accent circonflexe sur le *u* : *Il se veut résolument conservateur.* → ADVERBES.

RÉSONANCE orth. Avec un seul *n*, à la différence de **résonner** et des formes directement issues de ce verbe : *Son discours de vrai fils de France trouve des résonances au plus profond de moi* (Chaix). *Elle écoute la résonance de ces paroles rapportées par les enfants* (Lefèvre). La faute est fréquente. → SONNER.

RÉSORPTION orth. Avec le groupe *-pt-* et non *-bt-*. Prendre garde à l'influence de *résorber*.

RÉSOUDRE conjug. → APPENDICE GRAMMATICAL. Ce verbe ne garde le *d* de l'infinitif qu'au futur et au conditionnel présent : *Il résoudra, tu résoudrais.* Mais partout ailleurs le *d* disparaît : *Le Portugal se résout à réclamer en urgence une aide de l'Europe* (Le Monde, 08/04/2011). *La petite pose une énigme qu'elle ne résout pas* (Benameur). ♦ **forme.** Le part. passé **résous, résoute** (qu'on devrait écrire au masc. *résout* (→ ABSOUDRE et DISSOUDRE) n'a plus guère d'existence réelle ; quant à **résolu**, il ne s'emploie plus qu'au sens abstrait de « décidé ». L'Académie ne fait plus mention du part. parallèle à *dissous, dissoute.* Dans la phrase suivante : *Et le visage était celui d'un gars résous, mangé de barbe drue, pas affiné, sans doute, mais viril* (Genevoix), la forme *résous* est à la fois un archaïsme et un régionalisme. ♦ **constr.** **1)** *Voix active* : ce verbe se construit avec la prép. **de** : *Depuis quelque temps déjà, j'avais résolu de te mettre au courant* (Troyat). *Alors, s'étant fait une certitude, il résolut d'interroger Élodie* (France). Mais si le verbe a un nom de personne (ou un pronom) comme complément d'objet direct, l'infinitif qui suit est précédé de **à** : *Je l'ai résolu à grand-peine à venir à cette réunion.* On emploie plus souvent en ce sens le verbe *décider.* **2)** *Voix pronominale* : se résoudre est suivi de **en** au sens de « se transformer », et plus rarement de **à** (surtout dans la langue littéraire) : *Cet encouragement se résout en désespoir* (Vian). *Au sein d'un laborieux silence, les paroles les plus complexes se résolvent aux plus simples* (Valéry). Au sens de « se décider », on rencontre presque toujours la prép. **à** : *En attendant son retour, je me résoudrai à reprendre quelques-uns des personnages secondaires* (Queneau). *La clinique où, non sans courage, il s'était résolu à suivre une cure de désintoxication* (Pontalis). Le tour *se résoudre de* est nettement archaïque. On dit aussi très correctement **se résoudre à ce que** : *Il ne pouvait se résoudre à ce que la Vérité et la Pureté ne fussent que de vains mots* (Psichari). **3)** Le tour « passif » **être résolu** est suivi de la préposition **à**, plus rarement **de** : *J'y vois que tu étais résolue à te tuer, si j'avais été ton amant* (Giraudoux). *Elle ne se souvenait plus que la veille, le matin, elle était résolue à lui marquer sa désapprobation morale* (Rolland). *Je vis qu'il avait deviné la faiblesse de mon caractère et qu'il était résolu de ne pas y faire attention* (Green). Les deux constr. se trouvent réunies dans cette phrase : *Il semblait qu'elle fût résolue d'avance à ne pas entendre ce que j'étais pourtant bien résolu de lui dire* (Estaunié).

RESPECT prononc. [rɛspɛ] sauf dans **respect humain**, locution dans laquelle certains font la liaison en prononçant le *c* : [rɛspɛkymɛ̃] ; mais cet usage tend à disparaître ainsi que la locution elle-même. ♦ **emploi.** Au sing. dans *Je vous prie de croire à mon profond respect, avec (tout) le respect que je vous dois*, etc. *Je ne suis pas plus de la Fronde que de la Chouannerie : je suis, sauf votre respect, M*[lle] *de Murville* (Peyrefitte). Au plur. dans *Je vous présente mes respects, veuillez agréer mes respects.* Dans ce dernier cas, le subst. s'emploie sans adj. épithète. Ce genre de formule est de rigueur quand à la notion de hiérarchie s'ajoute une importante différence d'âge entre celui qui parle et celui qui écoute. Le sing. correspond mieux au « sentiment », et le plur. à ses manifestations ou à ses marques extérieures.

RESPECTABLE et **RESPECTUEUX emploi et sens.** Ces deux adj. sont souvent pris l'un pour l'autre. Le premier a la valeur passive de « que l'on doit respecter » : *Moi non plus, je ne te protège pas. Nous ne sommes pas respectables* (Sartre). *Les raisons de votre refus sont parfaitement respectables.* Par une extension acceptable, il peut prendre le sens de « qui a une certaine importance » : *Il aligna devant lui un nombre respectable de billets. Autour de la place stationnaient une quantité respectable de cars de police.* On évitera de confondre cet adj. avec **respectueux**, dont le sens est actif : « qui marque, traduit le respect », et qui s'emploie parfois avec les mêmes mots qu'on rencontre ci-dessus : *Inscrit aux syndicats patronaux, et respectueux de la respectabilité* (Malraux). *Dès qu'il retrouvait la jeune femme respectueuse et dans l'attente de sa parole, il se rendait à l'évidence de son malheur irrémédiable* (Mauriac).

RESPECTIF emploi et sens. Cet adj. se rencontre au plur. ou plus rarement au sing.

collectif, et sert à « distribuer des éléments par rapport à des ensembles » : *Les ministres respectifs de l'un et l'autre royaume parapheront le contrat* (Audiberti). *Pendant le reste du déjeuner, ils parlèrent de leur métier respectif* (Sagan). Ne pas confondre cet adj. avec **réciproque**. → ce mot.

RESPECTUEUX → RESPECTABLE.

RESPIRER emploi et sens. Ce verbe se rencontre dans le registre littéraire avec un nom abstrait comme complément, au sens de « dégager une impression de » : *Elle avait l'air presque aussi sérieuse que son aînée malgré la grâce et la douceur que respirait son visage* (Green).

RESPONSABLE emploi et sens. Cet adj., qui a le sens de « qui est garant de qqch. ou de qqn », est souvent employé comme subst., au sens de « créateur, inventeur ». Cette extension est considérée comme abusive par Le Bidois, qui cite entre autres exemples : *Fernand Gregh est l'auteur responsable de très jolis poèmes. Les deux premiers responsables de cette réussite.* Mais on doit surtout se garder du type de pléonasme suivant : *Les autorités responsables avouent que les mêmes prélèvements ont été effectués, en vain, sur les mortes* (Desproges). On dira simplement : *les autorités* ou *les responsables.* Si on tient à insister, on pourra conserver les deux mots, à condition de préciser : *les autorités responsables de ce domaine* ou *de ce secteur.* Les dérivés **responsabiliser** et **responsabilisation**, ainsi que leurs contraires **déresponsabiliser** et **déresponsabilisation**, connaissent une grande vogue dans le discours sociétal depuis les années 70 : *Je pense, bien entendu, au projet d'une franchise sur le remboursement des soins, censée « responsabiliser » les assurés sociaux* (E. Arié, *Libération*, 23/05/2007).

RESQUILLE ou **RESQUILLAGE forme.** Ces deux variantes s'emploient indifféremment.

RESS- prononc. La prononciation du préfixe est [rə] sauf dans *ressayer* et *ressuyer*, où elle est [rɛ] et dans *ressusciter*, où elle est [re]. Pour *ressayer*, on rencontre aussi la forme *réessayer*. → RE-. ♦ **orth.** On hésite souvent sur le doublement du *s* dans les verbes commençant par ce préfixe. Voici la liste de ceux qui prennent un double *s* : *ressaigner, ressaisir, ressasser, ressauter, ressayer, ressembler, ressemeler, ressemer, ressentir, resserrer, resservir* (on rencontre aussi *reservir*), *ressortir, ressouder, ressourcer, ressouvenir, ressuer, ressusciter, ressuyer* : *J'étais débarrassé de ce bracelet pour mesurer la tension qui se resserrait et se desserrait automatiquement à intervalles fixes la première nuit* (Simon). *Un bras cassé, presque pas ressoudé malgré le plâtre* (Bauchau). Les autres verbes ne prennent qu'un *s*, mais *resurgir* s'écrit parfois *ressurgir*.

RESSEMBLER forme. Ce verbe n'étant plus trans. direct, le part. passé est toujours écrit *-é*.

□ **se ressembler comme deux gouttes d'eau.** Ce tour, qui est passé depuis longtemps dans notre langue, présente une ellipse facile à suppléer : *comme deux gouttes d'eau se ressemblent. Les deux armes, celle qui tue et l'inoffensive, se ressemblent comme deux gouttes d'eau* (*L'Est Républicain*, 26/05/1992). *Nous nous ressemblons comme deux gouttes d'eau, vous ne vous en êtes jamais aperçue avant ?* (Sarraute). On préférera cependant le tour pronominal, avec sa valeur réciproque : *Pierre et Jacques se ressemblent comme deux gouttes d'eau*, au tour actif, où l'image est moins nette : *Pierre ressemble à Jacques comme deux gouttes d'eau.* Il vaut mieux éviter d'employer ce verbe avec un sujet sing., comme ici : *On regarda passer encore des centaines de prairies. Pas une qui se ressemblât* (Dhôtel).

RESSORTIR conjug. Cet infinitif est commun à deux verbes différents. L'un, dérivé de **sortir**, se conjugue comme *partir* ; l'autre, qui signifie « être du ressort de », se conjugue comme *finir*. Le premier utilise les auxiliaires *être* et *avoir* : *Hier soir, j'ai ressorti tous mes « journaux » de jeunesse* (Gide). *Le gardien ne peut s'empêcher de lancer une remarque désobligeante d'où il ressort que, s'il n'aime pas les Japonais, il aime encore moins les femmes de là-bas* (de Roulet). *Il est ressorti hier malgré la mise en garde du médecin. Mais : Il* *paraît qu'il existe un public pour ces âneries qui ressortissent davantage au fétichisme qu'à la littérature* (Cavanna). On notera que les temps composés du verbe signifiant « être du ressort de » sont rarement employés. ♦ **constr.** On dit **ressortir d'un lieu**, avec **de**, comme pour tous les verbes à sens spatial évoquant la séparation, et **ressortir à une juridiction, à un domaine particulier** : *Cette oreille qui me fascine tant, tout en courbes, en volutes et en boucles, ressortit à une esthétique à laquelle je me suis toujours profondément identifiée, celle du baroque* (C. Guedj). La phrase suivante est donc incorrecte : *Une morale individuelle appliquée à des actions collectives, lesquelles ressortissent d'une autre morale : celle des nations* (Dutourd). Les erreurs de forme et de constr. sont souvent cumulées, comme dans cet exemple fautif : *Elle affirme que l'exclusion de son dirigeant « ressort de l'arbitraire le plus odieux »* (*Le Monde*). Le second verbe **ressortir** a donné le subst. dérivé **ressortissant**, couramment employé au sens de « individu protégé par les représentants officiels de son pays, lorsqu'il réside dans un pays différent du sien propre » : *les ressortissants vietnamiens.* ⟶ RÉSIDANT.

RESSOURCE forme. Ce subst. s'écrit généralement au plur. dans la locution *être sans ressources*, car il s'agit le plus souvent de « moyens financiers », et le sens est ici plus concret que dans *avoir la ressource de*, qui renvoie à l'idée de « moyen personnel plus ou moins caché ».

RESSUER emploi et sens. Rare comme simple « redoublement » du verbe *suer*, ce mot signifie « rendre son humidité », en parlant d'un mur, ou « soumettre au ressuage, c.-à-d. à l'action de séparer les composants d'un métal brut par fusion partielle ».

RESSURGIR ou **RESURGIR** ⟶ RESS-.

RESSUSCITER conjug. Ce verbe se rencontre avec l'auxiliaire *être* ou *avoir* selon le contexte et l'intention du parleur : *Je n'ai abandonné aucune des belles images que j'ai créées, et Bérénice, qui me fut l'une des plus chères, est ressuscitée* (Barrès). *Avec l'aide du psychanalyste, il a pour ainsi dire ressuscité.* ⟶ cit. de Proust à HÉSITER. Bien entendu, l'auxiliaire est toujours *avoir* quand le verbe est employé transitivement : *Ce remède l'a complètement ressuscité.*

RESTANT emploi et sens. Ce subst. a toujours un sens concret, et se rencontre plus rarement que **reste**, qui peut se charger de toutes les valeurs attachées à cette notion : *Vous me donnerez le restant quand vous pourrez. Il y a un restant de soupe dans le fond de la marmite.* ⟶ RESTE.

RESTAU ou **RESTO emploi.** Cette abréviation de **restaurant**, qui date de la fin du XIXe siècle, est aujourd'hui passée dans le langage courant, avec deux orthographes possibles : *Sur le port, on a repéré deux trois restos encore ouverts* (Adam). ⟶ RESTOROUTE.

RESTE forme. Au plur., ce subst. prend généralement une valeur plus concrète qu'au sing. et signifie « ce qui subsiste d'une personne ou d'un objet » : *Son assiette, contenant les restes figés d'un civet de lapin* (Giono). *Voici ses restes – enfin les restes de son déjeuner* (Salacrou). ♦ **constr.** Quand le sujet d'un verbe est constitué par la locution **le reste de + subst. plur.**, le verbe s'accorde le plus souvent au sing., mais se met parfois au plur. : *Le reste de ses biens terrestres n'étaient que livres brochés et reliés, lettres, photographies* (Colette). *Le reste des candidats n'a pu pénétrer dans le hall.* La présence d'un complément plur. facilite l'accord du verbe au plur.

□ **au reste, du reste, de reste, en reste**. Les deux premières locutions sont à peu près équivalentes, avec le sens de « au surplus, d'ailleurs ». La première, qui relève surtout du registre littéraire, tend plutôt à renchérir sur ce qui précède : *Au reste, je dois vous confesser que je manquais de goût quand j'entrai en rhétorique* (France). *Au reste, dit-il encore, vous êtes le seul, et vous ne devez donc pas vous dérober* (Duhamel). **Au reste** se place généralement en tête de phrase. La locution **du reste** peut soit renchérir, soit introduire une rupture ou, au moins, une réserve : *Il était du reste joli garçon avec sa moustache cirée, son profil de danseur gitan* (Peyré). *Du reste, il ne faut rien exagérer.* C'est la seule locution que connaisse la langue cursive. Quant à **de reste**, cette locution a un sens assez différent, sauf dans le tour vieilli *il a vingt francs de reste.* Elle signifie « bien assez, plus qu'il n'est nécessaire » : *Les faiblesses, les abandons, les déchéances de l'homme, nous les connaissons de reste et la littérature de nos jours n'est que trop habile à les dénoncer* (Gide). *De reste* est toujours en liaison étroite avec un verbe. Enfin, **en reste** s'emploie correctement dans un contexte toujours négatif : *ne pas être en reste* signifie « ne pas avoir de dette (au fig.) envers qqn » : *Les enfants, jamais en reste, avaient joué aussi à la guerre des boutons* (Bouhéret).

RESTER conjug. Avec ce verbe, l'emploi de l'auxiliaire *avoir* est devenu très rare, même quand il s'agit d'exprimer l'action plutôt que l'état : *Il est resté caché dix-huit mois dans le maquis. Elle est restée marquée définitivement par cette épreuve.* Les deux seuls exemples d'emploi avec *avoir* que contient le Robert nous font remonter à Voltaire et à Rousseau. Stendhal écrivait encore en 1805, dans son *Journal* : *Je suis sorti de chez elle à quatre heures, après y avoir resté une heure et quart.* ♦ **constr.** Avec un infinitif de but, on dit **rester à manger** mais aussi **rester manger** : *Elle est restée consoler son amie* (Daudet). *Maurice est resté sur le palier à chercher ses clés dans sa poche de pantalon* (Ravey). *Chacun restait à le regarder en buvant son verre de vin* (Mauvignier). La constr. directe a été condamnée par Littré, mais elle est aujourd'hui pleinement entrée dans le bon usage : *Voulez-vous rester dîner avec nous ?* ♦ **emploi et sens.** Au sens de « habiter », l'emploi du verbe *rester* appartient à certains parlers français régionaux (surtout du Nord) : *Dites, cette maison là-bas, la cinquième, celle qui a deux fenêtres ; vous savez qui est-ce qui y reste ?* (Giono).

□ **ce qui reste** ou **ce qu'il reste.** Ces deux tours s'emploient indifféremment, le verbe **rester** admettant fort bien la constr. impersonnelle : *J'avais découpé la mince tranche de pain noir qu'il me restait encore en tout petits morceaux carrés* (Semprun). *J'ai feuilleté la pile de dossiers qu'il me restait à éplucher* (Adam). → QUI. Quand **ce qui** (ou **ce qu'il**) **reste de** + subst. plur. est sujet d'un verbe, ce dernier se met le plus souvent au sing. : *Ce qui reste de soldats a été regroupé dans une même compagnie.*

□ **rester (à) court** → COURT.

□ **rester + sujet.** L'inversion absolue est très fréquente après ce verbe, surtout quand il fait fonction de simple copule. Dans ce cas, il peut s'accorder avec le sujet plur. : *Restaient donc, pour faire le point, la boussole et la vitesse* (Malraux). *Restent les cléricaux, tu les connais* (Aymé). Mais il y a une forte tendance à le laisser au sing. : *Reste ceux qu'on n'ose pas déranger* (Triolet). *Reste bien des problèmes à résoudre.* On rapprochera de ces exemples la constr. impersonnelle, dans laquelle le verbe est évidemment invar. : *Il restait les images dorées échangées avec les copains* (Vian).

□ **reste à savoir si.** Cette formule est fréquente dans la langue des journalistes ; elle est bien admise par les écrivains : *Reste à savoir si, en l'occurrence, il y a un intérêt quelconque pour mon récit à commencer par un signalement du monde* (Marceau).

□ **il me reste de.** On n'emploie plus guère ce tour, sauf dans le cas où l'infinitif correspond à un fait qui a eu lieu ou qui a lieu : *Si ce que j'ai fait est vain, qu'il me reste au moins de m'être dépassé en le faisant* (Montherlant, cité par Grevisse).

□ **reste cinq.** Dans l'énoncé qui accompagne et explique une soustraction, **reste** devient une forme absolument invar. : *Cinq ôté de dix, reste cinq.* → ÉGALER.

□ **reste que.** Ce tour concurrence **il reste que** : *Reste que l'extraordinaire est beaucoup plus commun qu'on ne croit* (Pourrat).

RESTITUER sens. Outre le sens juridique bien connu, « rendre ce qu'on a pris illégalement », ce verbe a le sens de « rétablir en son premier état » et de « reproduire fidèlement un son, une image, etc. » : *Le trader a dû restituer intégralement les sommes qu'il avait détournées. Il a été malaisé de restituer le texte original, en raison de nombreuses interpolations.*

RESTOROUTE emploi et sens. Ce néologisme s'est s'installé sans difficulté dans notre langue. Il désigne exclusivement un « restaurant installé à proximité immédiate d'une route à grande circulation ».

RÉSULTER conjug. Ce verbe n'est usité qu'à l'infinitif, au part. présent et à la troisième personne du sing. et du plur. de tous les temps. Mais ce n'est pas un verbe impersonnel proprement dit : *ce qui en résulte* ou *ce qu'il en résulte, c'est...* L'auxiliaire est *avoir* ou *être*, souvent de façon indifférente : *Ce qui en a résulté pour moi* (Parain). *Une nette amélioration de nos conditions de vie a résulté* ou *est résultée de ces négociations.* ♦ **emploi et sens.** Ce verbe signifie « découler de ». Il semble que ses formes impersonnelles soient plus répandues dans la langue littéraire : *Il en résulte d'étranges découvertes* (Valéry). → QUI et RESTER.

RETABLE orth. Pas d'accent sur le *e*. La forme ancienne *rétable* n'a plus cours.

RETENIR emploi et sens. Avec sujet et objet animés, ce verbe entre dans divers tours stéréotypés. *Je ne vous retiens pas* est une litote, qui équivaut à « vous pouvez partir, je souhaite votre départ ». *Je vous retiens !* marque l'étonnement agacé devant le comportement négatif d'une personne dont on attendait (par exemple) un service.

□ **retenir à dîner.** Cette locution est courante et correcte aujourd'hui, bien qu'on puisse employer également la prép. *pour.* → RESTER.

□ **retenir de.** Cette constr. se répand de plus en plus par analogie avec celle de *empêcher de* : *Mais quelque chose le retint de disparaître dans l'ombre* (Rey).

□ **retenir d'avance.** Cette locution fait pléonasme. → AVANCE et PLÉONASME.

RÉTENTION emploi et sens. Dans la langue du droit, il existe un *droit de rétention*, qui « permet à un créancier de retenir un objet appartenant à son débiteur, jusqu'à ce que la dette soit acquittée ». Ne pas confondre avec **détention**. En médecine, la *rétention* est le fait de « retenir dans un organisme un élément qui doit en être évacué » : *La rétention d'urine rend la miction impossible.*

RÉTICENCE sens. « Omission volontaire de ce qu'on devrait ou pourrait dire. » Dans la langue du droit, elle peut aller jusqu'au délit de faux témoignage : *La réticence d'Hélène aggravait les soupçons de son ami qui se faisait de plus en plus pressant* (Vailland). Le mot glisse souvent au sens de « hésitation » ou « réserve » : *Il ne se laisserait pas marcher sur les pieds, lui. Sale caractère, manque de souplesse, réticences à se lier avec les Allemands* (Chaix). *Il ne dansait pas, semblant éprouver une réticence maladive devant les jeunes femmes qui se croisaient sur la piste improvisée* (Labro). *Autant de décisions individuelles qui témoignent des réticences de nombreux Allemands à accepter l'évolution qui a été celle de la BCE* (*Le Monde*, 11/09/2011). La remarque vaut également pour l'adj. : *Il suivait une pensée encore confuse, qu'il exprimait d'une manière très réticente* (Boulle). *Il s'agit du récit de trois journalistes d'un petit journal local,* La Voix de Diyabarkir, *qui, bien que réticents, ont accepté de témoigner* (*Le Monde*, 14/10/1992). On se gardera cependant d'aller jusqu'au sens de « refus » : *Le texte gouvernemental provoque réticences et émoi* (*Le Monde*). À plus forte raison évitera-t-on de « *formuler* » ou « *d'élever* » des réticences comme disent certains journalistes : *Les grands « européens » ont élevé sans tarder les plus vives réticences* (F. Fabiani).

RETOMBEMENT emploi. Ce subst. est rare et surtout littéraire, mais ce n'est pas un barbarisme. On connaît surtout **retombée**, au sens propre et au sens « sale » : *Les retombées radioactives.*

RETOQUER emploi et sens. Ce verbe assez ancien a retrouvé aujourd'hui un usage courant dans le domaine politique, judiciaire ou même scolaire, au sens de « refuser, rejeter » : *Si le dispositif était maintenu et voté en l'état, le gouvernement risquerait donc de se faire retoquer son texte par le juge constitutionnel* (C. Alix, *Libération*, 09/10/2009).

RETOUR emploi. La locution elliptique **retour de**, critiquée par les puristes, se rencontre aujourd'hui chez de très bons écrivains, à en juger par les nombreux exemples que fournit Grevisse. En voici d'autres : *Il ne faut pas oublier que ces femmes-là, sur la fin de leur gloire, consolèrent tout le contingent des vieux officiers subalternes retour d'Algérie et du paradis d'Allah* (Giono). *M. Edgar Faure, retour de Katmandou, continue de donner son avis* (Bidault, *Le Monde*). *Retour d'Italie, Diane avait un diamant* (Aragon). Certains auteurs n'hésitent pas à faire se succéder les deux prép. **de** : *Passage des filles Moiselet, de retour des sports d'hiver* (Daninos). *Un après-midi, de retour d'un nouveau voyage, il ne sut plus où mettre son butin* (Barjavel). On peut préférer **à mon (ton, son) retour**, qui est presque obligatoire en tête de phrase : *À mon retour, je n'ai fait qu'un saut jusqu'à sa maison.* Cependant, il faut noter que l'abrègement de la locution complète n'est ni différente de celle qu'on trouve dans **faute de**, employé pour *par faute de*, ni plus choquante. → FAUTE et aussi CRAINTE. La locution verbale **faire retour**, au sens de « revenir » est littéraire et archaïsante : *Voici le moment de faire retour du côté des Santaragne* (Dhôtel).

RETOURNER emploi et sens. Ce verbe a de nombreux emplois transitifs et intransitifs. On dit couramment dans la langue commerciale *retourner une lettre à l'expéditeur*, et *retourner une gifle, un compliment*, dans le registre fam. Intransitivement, **retourner** est très proche de **revenir**, mais s'applique mieux au retour dans un *lieu* (souvent clos), tandis que *revenir* évoque plutôt le retour à un *point* : *Ils avaient encore une heure de marche pour retourner à la maison* (Vian). *Il ne retournera jamais dans ce pays, sache-le* (Masson). Mais : *Je reviendrai à Kandara*, titre d'un roman de Hougron, dans lequel le nom propre a une valeur ponctuelle.
□ **de quoi il retourne.** Cette locution stéréotypée, qui se conjugue avec l'auxiliaire *avoir*, signifie « de quoi il s'agit, de quoi il est question » : *Ce qui importait, voyez-vous, c'était de quoi il avait retourné dans tout ça* (Giono).

RÉTRACTIF ou **RÉTRACTILE emploi et sens.** Le premier adj. est surtout didactique, et a le sens actif de « qui provoque une rétraction », le second est plus répandu et a le sens passif de « qui peut être retiré, qui est susceptible de rétraction », en parlant de certains organes des êtres vivants : *Les cornes de l'escargot sont des appendices rétractiles.*

RETRAITE constr. On peut dire indifféremment **être à la retraite** ou **en retraite**, en parlant de qqn qui est parvenu au-delà de son temps d'activité professionnelle.

RETRANCHER emploi et sens. Ce verbe s'emploie surtout dans un contexte de non-animé, au sens d'« ôter, séparer » : *Cet arbre s'est développé de façon anarchique : il faut lui retrancher toutes les branches basses. Retranchons de cette somme la part qui vous revient. La prison a retranché à sa vie de précieuses années.* On voit que ce verbe admet aussi bien la prép. **à** que la prép. **de**. Au lieu de *on lui a retranché une partie de son salaire*, on emploiera plutôt les verbes **enlever, ôter, supprimer**.

RÉTRO- orth. Les nombreux mots techniques commençant par ce préfixe productif s'écrivent sans trait d'union : *rétroactif, rétrofusée, rétroviseur.* ♦ **sens.** Plus fort que *re-*, et univoque : « d'avant en arrière » dans le temps ou dans l'espace. Ainsi, comparer *rétroaction* et *réaction.*

RÉTRO orth. Invar. au plur. ♦ **emploi et sens.** Cet adj., abrégé de **rétrograde**, est fréquemment employé dans le registre fam. au sens de « vieillot, démodé » : *Cela n'est plus qu'une vieille histoire, un vieux film un peu rétro* (Bauchau). → RINGARD.

RETROUSSEMENT, RETROUSSIS emploi et sens. Le premier subst. a le sens actif d'« action de retrousser » tandis que le second désigne le plus souvent une « partie (de vêtement) retroussée en permanence, un revers ».

RETROUVAILLES forme et emploi. Ce mot ancien, mais toujours assez usuel, ne se rencontre qu'au plur. : *Pour le Nain jaune et pour elles trois, c'étaient des retrouvailles qu'ils avaient crues longtemps, les uns et les autres, impossibles* (P. Jardin). *La visite en Chine de l'empereur du Japon marquera les retrouvailles des deux géants asiatiques* (*Le Monde*, 18/08/1992).

RETROUVER ⟶ RECOUVRER.

RETS orth. Pas d'accent circonflexe sur le *e.* ♦ **emploi et sens.** Vieux mot qui ne se rencontre qu'au plur. Son sens premier est « réseau servant à capturer les animaux » ; son sens fig., seul usité aujourd'hui, et dans un registre très littéraire, est « piège » : *À la faveur du sommeil, il redevenait faible, chimérique, attardé dans les rets d'une interminable et douce adolescence* (Colette).

RÉUNIR constr. On emploie le plus souvent la prép. **à**, mais on rencontre aussi **avec, et** : *Chassegrange avait le désir bien arrêté de réunir son domaine à celui de Mme Santaragne* (Dhôtel). Le problème est le même que pour les autres verbes exprimant une idée d'« association ». ⟶ ALLIER, ASSOCIER, JOINDRE. *Les discussions de Grenelle ont réuni patronat et syndicats. Les autoroutes réunissent plusieurs régions entre elles. Nous nous sommes réunis entre amis* (mais on dit aussi *avec des amis*). *Un pont flottant, en bois, réunit le corps de la cité avec le faubourg de la ville de Mitau* (Triolet). ⟶ AVEC.

RÉUSSIR constr. Ce verbe, à l'origine transitif indirect, se construit aujourd'hui très couramment avec un complément d'objet direct : *Il a brillamment réussi à son examen de passage* ou *réussi son examen de passage.* L'emploi du tour direct a aujourd'hui la caution des meilleurs écrivains : *Il réussit cette gageure inouïe de vouloir rendre sensible le signe de la vie spirituelle* (Barrès). Le part. passé se rencontre fréquemment aussi, avec une valeur passive : *Sa réception était parfaitement réussie. Voilà un plat qui ne semble pas très réussi.* On notera cependant que la constr. indirecte est seule possible dans certains cas, par exemple quand l'objet constitue un « domaine général et abstrait », ou qu'il se présente sous forme d'un infinitif : *Racontez-moi, je vous prie, comment vous avez réussi à ne jamais risquer votre vie* (Camus). *Il a merveilleusement réussi dans sa profession.*

REVANCHE (EN) ⟶ CONTRE (par contre).

RÊVASSER constr. Ce dérivé de **rêver** est le plus souvent intransitif, mais peut se construire aussi avec la prép. de : *Comme un ivrogne qui embrasse tout le monde, je rêvassais d'écrire à Jacques, de lui avouer que j'étais l'amant de Marthe* (Radiguet).

RÉVEILLE-MATIN forme. Subst. invar. : *des réveille-matin.* Mais l'abréviation courante *réveil* prend un *s* au plur. : *des réveils.* Ne pas écrire *réveil-matin. Il vous suffit de vous immerger complètement dans l'eau de votre bain en compagnie d'un réveille-matin* (Rouaud).

RÉVÉLER ⟶ AVÉRER.

REVENDIQUER ⟶ RÉCLAMER.

REVENEZ-Y emploi et sens. Cette locution verbale est entièrement substantivée et toujours invar. : *Cette liqueur a un petit goût de revenez-y.*

REVENIR emploi. Le tour pronominal **s'en revenir** est vieilli ou littéraire : *S'ils allaient à l'église de Perey, ils s'en revenaient comme s'ils avaient les gendarmes à leurs trousses* (Dhôtel).
□ **pour en revenir à.** On rencontre également, dans le registre fam., l'ellipse du complément, facile à suppléer : *Mais, pour en revenir, vous ne voyez pas notre Langlois, là-bas* (Giono) (= « pour en revenir à ce que nous disions »).
□ **être revenu de.** Le verbe a le sens fig. de « être blasé, fatigué de », mais seulement aux temps exprimant l'accompli. Voir cet amusant dialogue de Musset : *Tu me fais l'effet d'être revenu de tout. – Ah ! pour être revenu de tout, mon ami, il faut être allé dans bien des endroits* (cité par Robert). *Vous ne m'aurez pas comme ça, dit le sénateur, je suis revenu de tout* (Vian). ⟶ RETOURNER.

RÊVER constr. Suivi d'un verbe, **rêver** est toujours construit avec **de** : *Les quatre planches d'un mort qui / Rêvait d'offrir quelque douceur / À une âme sœur* (Brassens). Suivi d'un subst. objet, **rêver** peut se construire : **1)** directement (ce tour est peu répandu) : *J'ai rêvé la nuit verte aux neiges éblouies* (Rimbaud). *Je rêve pour toi ce qu'il y a de mieux.* **2)** indirectement : a) avec la prép. **de**, au sens de « voir en rêve quelqu'un ou quelque chose » : *J'ai tant rêvé de toi / que tu perds ta réalité* (Desnos). Également au sens fig. de « désirer vivement » : *Elle qui avait rêvé d'un travail de bureau !* (Mallet-Joris) ; b) avec la prép. **à**, au sens de « songer, penser », avec un désir moins vif que ci-dessus : *Né en 1874, ce Lorrain, qui avait rêvé toute sa jeunesse à la conquête de Paris* (Apollinaire). Mais on emploie aussi **de** en ce sens : *Dans le train si lent à traverser la Camargue, je rêvais de ces mornes remparts qui depuis sept siècles subsistent intacts* (Barrès) ; c) avec la prép. **sur**, au sens de « réfléchir profondément sur » : *À force de rêver sur lui-même, il a complètement oublié l'existence d'autrui.*

RÉVÉRENCE emploi et sens. La locution **révérence parler**, au sens de « sauf votre respect », est vieillie : *Révérence parler, tout le monde s'en fout* (Brassens).

RÉVERSIBLE orth. Avec un accent aigu sur le premier *e*, à la différence du verbe **reverser**, qui n'a plus que peu de rapports sémantiques avec cet adj. ⟶ IRRÉ-.

REVÊTIR ⟶ VÊTIR.

RÉVISER orth. et prononc. La forme avec un accent aigu sur le premier *e* a détrôné l'ancienne orthographe sans accent. Cette remarque vaut pour la série *réviseur, révision, révisionnisme*, etc. Ce n'est pas une faute, mais un archaïsme que de continuer à dire et à écrire *reviser*, etc.

REVISITER emploi et sens. Ce verbe, emprunté à l'anglais, ne se confond pas avec **réviser** ; il désigne le plus souvent une nouvelle lecture, une réinterprétation d'une œuvre, d'une tradition, etc. : *La grande et la petite histoire de TF1 revisitées avec sérieux et ironie* (*Le Monde*, 21/05/2007).

REVIVISCENCE orth. Sans accent aigu sur le premier *e*. Prendre garde à l'influence de **réminiscence** : *Un passé révolu, à propos duquel, dorénavant retournés à la terre, aux arbres, à la quiétude de leur pays natal, ils n'éprouvaient aucun regret mais une reviviscence indulgente* (Labro).

REVOICI, REVOILÀ emploi et sens. Redoublement fam. de *voici, voilà*, qu'on rencontre surtout avec un pronom personnel : *Madame Valérie, nous revoici ! C'est nous* (Vautel). *Tiens, revoilà le chien qui hurle* (Maupassant).

REVOLVER orth. Pas d'accent aigu sur le premier *e*. ♦ **sens.** « Pistolet muni d'un mécanisme tournant appelé barillet. » La locution *revolver à barillet*, assez fréquente, est donc un pléonasme. Les armes à barillet s'imposant aujourd'hui de plus en plus, on a étendu le sens de **revolver** à toute arme de poing. Cette extension est considérée comme abusive par les spécialistes. ⟶ GÂCHETTE.

REZ-DE-CHAUSSÉE forme. Subst. invar., sur lequel on a forgé *rez-de-jardin*, séquence utile dans le cas d'un immeuble construit sur une pente, et où un appartement peut se trouver à la fois au premier étage d'un côté et, de l'autre, de plain-pied avec un jardin.

RHABILLAGE forme. On ne rencontre plus guère *rhabillement*, qui n'est cependant pas incorrect.

RHAPSODIE orth. Avec *rh-*. Il en est de même pour *rhapsode, rhapsodique* : *Parfois, je me raconte, semblable au rhapsode qui tient à bout de lèvres l'épopée des ancêtres* (Desarthe). Le *h* était autrefois omis.

RHÉTEUR, RHÉTORICIEN et RHÉTORIQUE orth. Le *h* se place après le *r* initial et non après le *t*. La même remarque s'applique aux autres mots de cette famille. ♦ **emploi et sens.** Autrefois, **rhéteur** désignait particulièrement le maître de rhétorique et **rhétoricien**, l'élève. Actuellement, dans un sens neutre, dépréciatif ou laudatif, *rhéteur* est plutôt relatif à la personnalité de qui pratique la rhétorique, *rhétoricien* marquant plutôt le rapport à l'activité. La **rhétorique** est à l'origine l'art du discours et de l'argumentation. Comme adj., **rhétorique** a souvent aujourd'hui un sens péj., « qui ne repose que sur des mots, qui ne concerne pas la réalité » : *Ils comprirent bien vite que l'offre de M. Wasselin était surtout une effusion rhétorique* (Duhamel).

RHIN- ou **RHINO- emploi et sens.** Ce préfixe entre dans la composition de nombreux termes médicaux : *rhinite, rhinoplastie,* etc. Il signifie « nez ». Ne pas confondre avec **rhizo-**, qui signifie « racine ».

RHODODENDRON prononc. [rododɛ̃drõ] et non [-dãdrõ]. Même remarque pour **philodendron.** ♦ **orth.** Un seul *h*, après le *r* initial : *Les mimosas sont en fleur dans le jardin, avec les rosiers, les rhododendrons* (Japrisot).

RICTUS sens. « Contraction spasmodique des muscles peauciers de la face. » En fait, ce subst. est pris très couramment au sens de « sourire grimaçant », avec une valeur affective, et non plus pathologique : *Autour de lui, les spectres familiers l'imitent ; chacun y va de son rictus* (Robbe-Grillet).

RIEN orth. Ce mot peut prendre le *s* du plur. quand il est subst., au sens de « chose insignifiante » : *Il s'agite trop, et pour des riens* (Bourget). *Il donna le meilleur du jour à des riens* (Duhamel). On écrit : *en un rien de temps,* mais un *rien-du-tout.* ♦ **constr.** On met **rien** après la forme simple du verbe : *je ne vois rien,* mais entre l'auxiliaire et le participe : *je n'ai rien vu* (à la différence de **personne**, qui se place d'ordinaire après toutes les formes verbales : *je ne vois personne, je n'ai vu personne*). Complément d'un infinitif présent, **rien** se place généralement avant : *Ne rien avouer de tout cela à Roger* (Romains). Quand **rien** est suivi d'un complément, on le place souvent à la suite du temps composé : *je n'ai fait rien de plus que ce qu'on m'avait demandé.* Le mot **rien** a un sens positif à l'origine. Aussi le trouve-t-on encore souvent, et (tout au moins dans la même proposition) très correctement, sans qu'il soit accompagné d'une négation formelle, notamment après un verbe à valeur négative : *Je vous défends de rien changer brusquement à l'ordonnance de notre petite vie* (Bernanos). *Et de nouveau le bruit a empêché de plus rien entendre de ce que le Président disait* (Ramuz). *Il fit le plein d'essence, but un demi au comptoir d'un café – où Anne refusa de rien prendre* (Huguenin). Le sens de **rien** dans ces exemples est « quelque chose, quoi que ce soit ». Il en est de même en phrase interrogative, hypothétique et après **sans, sans que** : *Y a-t-il rien, aujourd'hui, de moins exceptionnel que l'accident d'automobile ?* (Prévost). *Tu parles comme si rien la pouvait remplacer dans mon cœur* (Gide). *Il est parti sans rien dire.* On rencontre généralement **ne (plus, jamais) rien** avec un sens global négatif : *Ses élèves, de braves petits idiots qui ne comprendront jamais rien aux papillons* (Rey). Mais ce sens négatif peut subsister même en l'absence de la particule *ne* : *Rien de sinistre comme la lumière verte sur les amants qui s'éveillent* (Giraudoux). *Le Temps rapide réduit les roses à rien* (Valéry). *Il se surprit bientôt en train de* [...] *jeter un coup d'œil dans la rue l'air de rien* (Échenoz). *Il faut avouer que c'est mieux comme ça. Merci, Jeanne. – De rien* (Orsenna).

□ **rien de bon.** La prép. *de* sert à relier le pronom *rien* aux adj. tels que *autre, tel, mieux, bon, vrai,* ainsi qu'aux adv. de quantité tels que *plus, moins, mieux* (mais → ci-dessous *rien (de) moins que*) : *Ce qui l'avait poursuivi jusqu'alors, ce n'était sans doute rien d'autre que l'étrange prophétie d'Edmée* (Dhôtel). Seul le registre littéraire omet parfois *de* devant *autre* : *La lecture ne lui suggérait rien autre* (Aymé). *Rien autre ne lui avait été donné par la vie* (Malraux). *Revendiquer le droit – le devoir – de ne se préoccuper de rien autre, lorsqu'il sécrète, que de faire beau* (Martin du Gard). → autre. ♦ **emploi et sens.** Combiné avec **jamais**, avec un verbe à temps composé, **rien** peut former quatre constr. différentes : *Jamais je n'ai vu rien de si beau. Jamais je n'ai rien vu de si beau. Je n'ai jamais vu rien de si beau. Je n'ai jamais rien vu de si beau.* Dans toutes ces constr., dont les plus usuelles sont celles où *rien* précède le part., *jamais* se place nécessairement avant l'indéfini.

□ **rien qui.** La relative qui suit **rien** a le plus souvent son verbe au subj., avec une nuance de conséquence : *Avec cela il a une foi de fétichiste. Rien qui ne lui soit signe bénéfique ou néfaste* (Masson). *Le plus subtil, le plus enthousiaste commentateur de l'œuvre de Hugo ne me fera jamais rien partager qui vaille ce sens suprême de la « proportion »* (Breton).

□ **ce n'est pas rien.** Cette litote, en dépit du cumul de deux « négations », est courante dans le registre fam., au sens de « c'est qqch. d'important » : *150, peut-être 200 francs de plus chaque mois, ce n'est pas rien* (Mauriac, cité par Grevisse). On ne confondra pas avec la double négation, qui s'annule : *Il ne savait pas ne rien faire* (Mauriac).

□ **rien que.** Ce groupe s'emploie comme locution adv. avec la valeur restrictive de « seulement », accompagné ou non de la négation : *Je voudrais le voir rien qu'un instant* (Proust). *Ils accuseraient père et mère rien que pour avoir une bonne histoire à raconter* (Simenon). À distinguer de **rien que de**, qui signifie « rien d'autre que », « rien si ce n'est » : *Pourtant ce projet n'avait rien que de raisonnable* (Beauvoir). *Au temps où elle s'amusait avec Gilbert, il n'y avait entre eux rien que de simple* (Dhôtel).

□ **rien (de) moins que.** Cette double locution fait problème depuis longtemps pour la plupart de ses utilisateurs. La règle est cependant très simple : **rien moins que**, le groupe le plus *court*, a le sens négatif de « nullement, absolument pas », tandis que **rien de moins que**, le groupe le plus *long*, a le sens positif de « précisément, bel et bien ». Voici des exemples : **1)** Sens négatif : *Je ne suis rien moins qu'un philosophe, je suis un biologiste anxieux* (J. Rostand). *Le « oui » a été des plus ternes et rien moins que massif* (*Le Monde*). *D'humeur et de tempérament, je ne suis rien moins que révolutionnaire* (Gide). **2)** Sens positif : *Cette lucidité, ce n'était rien de moins que le sens profond de leur amour* (Sartre). *Il ne s'agit de rien de moins que de choisir entre saint Bernard et le pape* (Brémond). Mais « il faut reconnaître que ces deux locutions sont d'un maniement délicat, et prêtent à confusion, puisque la valeur – positive ou négative – de la phrase dépend tout entière de la présence ou de l'absence de la prép. **de**. On conçoit que tant d'auteurs s'y trompent » (Le Bidois). En effet, on donne souvent *à rien moins que* une valeur positive, alors que l'erreur inverse est très rare : *Pour la ramener, il ne faudrait rien moins qu'un désastre* (Estaunié). *On dit que par enfantillage ou par coquetterie, Alcmène affecte de ne pas apprécier la faveur de Jupiter, et qu'elle ne songe à rien moins qu'à empêcher le libérateur de venir au monde* (Giraudoux). Si ces tours de maniement délicat jouissent d'une telle faveur chez les écrivains, cela est dû sans doute à la valeur intensive qui naît de la figure nommée *litote*. On a l'impression de dire plus avec **rien de moins** qu'avec un tour direct comme **bel et bien**, etc. Mais dans le doute, on fera bien d'éviter l'emploi de *rien (de) moins que*, qui est en général fort mal compris.

□ **un rien (de).** Cette locution fonctionne tantôt comme subst., au sens de « petite quantité » (cf. *un zeste*), tantôt comme adv., au sens de « légèrement » : *Même quand je suis très loin et comme étranger à ces années englouties, un rien suffit parfois à les faire revenir* (Roblès). *Pour un rien je fonds en larmes* (Colette). *Justin était chaussé de souliers neufs, les plus pointus qu'il eût trouvés et qui craquaient avec un rien d'insolence* (Aymé). *La présence de ces gardiens coiffés d'un béret noir un rien insouciants et pas du tout rébarbatifs* (*Le Monde*). *Barner sursauta un rien* (Duras). On ne confondra pas ce dernier emploi, adverbial, avec le suivant, considéré comme vulgaire, et qui donne à **rien** le sens intensif de « très » : *Eh bien, c'est rien moche, par ici, dit Vandale* (Benoit). *Vous êtes rien vicieux, dit Gerbert* (Beauvoir).

□ **il ne m'est (de) rien.** Avec ou sans *de*, cette constr. appartient à un niveau de langue très soutenu : *Le fait ne m'est de rien tant que je ne pénètre pas sa cause* (Gide). *Il est toute ma vie, tout le reste ne m'est rien* (Rolland). La collision homophonique avec le verbe *aider* peut être gênante.

□ **comme si de rien n'était.** Cette locution figée s'écrit plutôt avec la prép. **de** que sans elle : *Frédéric II a dépassé la maison comme si de rien n'était* (Giono). *Les gens vaquaient* *à leurs occupations comme si de rien n'était* (Khadra).

□ **rien du tout, rien qui vaille**. Ces locutions sont invar. comme subst. La première se rencontre surtout en apposition à un nom : *Il avait eu de la difficulté même à se payer une petite Peugeot de rien du tout* (Aragon). *Tu te dis : c'est une petite bergère de rien du tout, bon !* (Anouilh). On notera que *du tout* donne une allure familière à l'expression, qui est moins nettement méprisante que **de rien** : *Ces hommes de rien, qui avaient détruit la royauté, renversé le vieux monde* (France).

□ **servir de** ou **à rien** ⟶ SERVIR.

□ **il a fait ça comme rien.** Ce tour appartient à un niveau très fam., voire pop., au sens de « avec une grande facilité ». On rencontre aussi *comme un rien.*

RIGOLO forme. Un seul *l* et pas de *t* final. Le fém. est *rigolot(t)e*, avec un ou deux *t* : *Vos filles elles sont tellement mignonnes. Surtout la petite. Elle est rigolote, avec ses dents* (Adam), ou parfois identique au masc. : *rigolo* : *Et puis les envoyés de Dieu, il est rare que ce soient des rigolos* (Anouilh). *Des heures rigolo dans le métier* (Courteline).

RINCE- forme. Les composés **rince-bouche, rince-bouteilles** et **rince-doigts** sont invar.

RINGARD emploi et sens. Cet adj. connaît depuis une trentaine d'années une vogue extraordinaire. Employé à l'origine pour qualifier un comédien sans talent, il est aujourd'hui synonyme de *démodé* et de *rétrograde* : *Nous avons peur, une peur panique, d'avoir l'air de n'être pas dans le coup, « ringards ». Ringard ! Mot terrible, le pire mot de notre époque, mot qui vous anéantit un être humain sans rémission…* (Cavanna). *Des chanteurs et des comiques ringards fêtaient la nouvelle année* (Adam). *On en a assez de ces salons ringards, de ces hôtels, de toute cette surenchère du tralala* (Desarthe). *Ces chansons sont tellement « ringardes » : Depuis qu'un tribunal infâme / Veut qu'on vive séparément, / Il est venu une autre femme / Qu'on me fait appeler maman* (C. Guedj). *Trois heures de discours ! C'est complètement démodé d'organiser une réunion comme ça ! C'est ringard !* (D. Douillet, *Le Canard enchaîné*, 07/09/2011). Le dérivé **ringardise** est également très vivant. En argot, on a même forgé l'adj. *ringardos.*

RIPAILLE orth. Pas de *s* final : *D'une voix de sonneur en ripaille* (Courteline). *Bombance ! allez ! c'est bien ! Vivez ! faites ripaille !* (Hugo). Prendre garde à l'influence des subst. en *-aille(s)*, le plus souvent au plur. ⟶ -AILLE(S).

RIRE conjug. Le *i* du radical s'ajoute au *i* de la désinence aux 1re et 2e personnes du plur. de l'indic. imparfait et du subj. présent : *Nous riions tous à gorge déployée de Dugazon, qui répétait le rôle de Iodelet* (Stendhal, *Journal*, 1805). *(que) nous riions, (que) vous riiez.* Le part. passé *ri* est invar., puisque ce verbe ne peut en aucun cas être construit transitivement : *Ils se sont ri de nous.*

□ **laisse-moi rire.** Dans cette locution fam., ainsi que dans *tu veux rire*, le verbe a le sens de « se moquer, railler ».

□ **pour de rire** ⟶ POUR (de bon).

□ **pince-sans-rire** ⟶ PINCE-.

RIRE, RIS et **RISÉE sens.** Il faut distinguer entre ces trois subst. : le premier, le plus usuel, est doué du sens le plus large ; le deuxième est littéraire et archaïsant, on le rencontre souvent associé à *jeux* : *Les Jeux et les ris* ; le troisième implique une nuance de moquerie : *J'entends les risées de mes ennemis s'ils apprenaient mon séjour ici* (Schreiber). Ne pas confondre avec le terme de marine **risée**, « bref renforcement du vent ».

RIS-DE-VEAU orth. Ne pas écrire *riz-de-veau*, sous l'influence de *riz.*

RISOTTO emploi. Le plur. est inusité. On dit *manger un risotto* ou *du risotto.*

RISQUER emploi et sens. Ce verbe comporte en principe une idée de « danger », ou tout au moins d'« issue fâcheuse ou douloureuse » : *Je serai prudent, j'emprunterai les lignes secondaires qui ne risquent pas d'être bombardées* (Chaix). *C'est un peu risqué quand* *même, murmura Lazuli* (Vian). *L'événement risque d'accroître les difficultés de M*[me] *Golda Meir* (*Le Monde*). Cependant l'idée de « danger » est bien affaiblie dans certains cas, surtout avec la constr. transitive directe : *Deux, trois fois, il risque de l'argent dans des expéditions lointaines* (Cendrars). *En tout cas, nous nous accordions à ne jamais risquer une parole quant à la moralité du bonhomme* (Aymé) ; ou le tour pronominal **se risquer à** : *Au moment où j'allais me risquer à exprimer maladroitement ce que je voyais avec mes yeux de tous les jours, il me venait – quelquefois – une idée* (Perry). Aussi ne faut-il pas s'indigner lorsqu'on rencontre, chez de très bons écrivains, le tour **risquer de**, avec le sens de « avoir une chance (bonne ou mauvaise) de » : *Puisque les vertus viriles risquent de demeurer sans emploi dans les guerres de demain* (Gide). *Les nécessités d'une enquête difficile l'obligent à interroger, un peu au hasard, toutes les personnes du quartier qui risquent de fournir le moindre indice* (Robbe-Grillet). On voit par ce dernier exemple qu'on en vient même à exprimer par ce verbe la simple idée de probabilité. Mais le sens de **risquer** est assez déformé dans : *Vous risquez de gagner cent francs* ou *le cheval risque de gagner le Grand Prix.* Feu la Loterie nationale avait donné le bon exemple autrefois en publiant une annonce qui marquait nettement la différence entre le *risque* et la *chance* : *Qui risque peu à la Loterie nationale a des chances de gagner beaucoup.* ⟶ CHANCE et HASARDER.

RISQUE-TOUT orth. Subst. invar. : *des risque-tout.*

RIVIÈRE ⟶ FLEUVE.

ROAST-BEEF ⟶ ROSBIF.

ROBE DE CHAMBRE ou **ROBE DES CHAMPS** ⟶ POMME DE TERRE.

ROBINETTERIE orth. Deux *t.*

ROCKING-CHAIR orth. Plur. : *des rocking-chairs.*

ROCOCO forme. Invar. comme adj., et sans plur. comme subst. ♦ **sens.** Au fig., synonyme de *vieillot.*

RODÉO orth. Un accent sur le *e*, dans la forme francisée.

RODER et **RÔDER orth. et sens.** Il faut éviter de confondre ces deux verbes de formes très voisines. **Roder** s'écrit sans accent, se prononce avec un *o* plus ou moins fermé et signifie « user certaines pièces par frottement afin que le mécanisme fonctionne ensuite avec douceur et précision » : *Nous déjeunons en forêt de Rambouillet, on va roder… Il se reprit : – Nous allons roder la voiture, vous comprenez* (Colette). Au fig., ce verbe prend le sens de « mettre au point un nouveau système » : *Sophie Gironde, plus rodée que moi à ce genre de situation* (Volodine). *La machine est maintenant suffisamment rodée pour que ces progrès se poursuivent d'eux-mêmes, sur leur lancée, sans intervention de l'État* (*Le Monde*). Le second verbe, **rôder**, s'écrit avec un accent circonflexe sur le *o*, se prononce avec un [o] fermé et signifie « errer avec une intention plus ou moins louche ou suspecte » : *Il fait des bêtises, ne rejoint pas son bateau, rôde pendant des semaines sans travailler* (Simenon). Les mêmes remarques concernant l'accentuation, la prononciation et le sens s'appliquent également aux dérivés : *rodage* et *rôdeur*, etc.

ROGOMME orth. Deux *m.* ♦ **emploi et sens.** Désigne l'eau-de-vie, dans un registre pop. Surtout dans l'expression *une voix de rogomme*, « une voix rendue rauque par (ou comme par) un abus de boissons alcooliques ».

-ROI emploi. Dans certains tours, ce subst. est employé comme suffixe valorisant : *client-roi, enfant-roi. Le « vrai » fils est devenu le « faux », le bâtard est l'enfant-roi* (Pontalis).

ROIDE, ROIDEMENT ⟶ RAIDE.

ROLLEUR emploi et sens. On distingue (mais pas par la prononciation) le **roller**, « patin à roulettes auquel est fixé une chaussure rigide » et le **rolleur**, fém. **rolleuse**, « personne qui pratique le roller » : *Les cyclistes, rolleurs et promeneurs déambulent au bord de l'eau entre coquelicots et iris* (*Le Monde*, 07/05/2007).

ROMAN- orth. Les composés de *roman* s'écrivent avec un trait d'union et prennent au plur. une double marque : *A priori, rien de plus démodé que le roman-photo* [...] Nous Deux *songe maintenant à exporter ses romans-photos sur smartphone en Asie* (X. Ternisien, *Le Monde*, 24/07/2011). *Les romans-fleuves semblent être quelque peu passés de mode, mais non les romans-feuilletons.*

ROMANCE genre. Masc. au sens de « composition poétique formée d'octosyllabes, genre typiquement espagnol » : *Mais devant cette fuite, ce que le monde appelle tout de même une dérobade, le romance de la petite infante de Castille me revenait* (Montherlant). Fém. au sens de « composition musicale, plus ou moins sentimentale » : *Il ouvrait la fenêtre et poussait sa romance préférée : « Femmes, que vous êtes jolies ! »* (Camus).

ROMANICHEL forme. Parfois abrégé en *romani, romano* et *rom* dans les années 2000. ♦ **emploi et sens.** Désignation plus ou moins péj. des « nomades » : *On les appelle les gitous, les rabouins, les cinnetines, les gitans, les manouches, les boumians, les tziganes, les zingari, les gipsies, les bohémiens ou les romanichels, suivant l'heure, le climat et le pays qu'ils traversent sans jamais s'y poser* (Vidalie). *Ma tête aussi qui, je le sais, est davantage celle* [...] *d'une romanichelle en mission d'infiltration, que celle d'une Marie-Joseph de concours* (Desarthe). ⟶ BOHÈME et TSIGANE.

ROMPRE conjug. ⟶ APPENDICE GRAMMATICAL. Le *p* se maintient devant les désinences *s* et *t* du sing., même quand il est muet : *tu romps, il rompt.* ♦ **emploi et sens.** Ce verbe apparaît comme littéraire et vieilli, au sens de « briser » : *La vitre se rompit sous une violente poussée.* Cependant il entre dans d'assez nombreuses locutions stéréotypées qui s'emploient couramment : *Attends ! tu irais te rompre la tête !* (Peyré). *Il tomberait de haut, un jour, et se romprait les os* (Guilloux). *Elle décida de rompre... Rompre, le pouvait-elle encore, quand elle venait de s'engager ?* (Rolland). *Les personnes timides ont des difficultés à « rompre la glace ».*
□ **être rompu à.** Cette locution est du registre littéraire, et signifie « être très expérimenté dans » : *Rompu à toutes sortes de sports, il pouvait indifféremment pêcher le brochet à la carabine, grimper aux arbres, tricoter des chaussettes* (Bazin).

ROMSTECK orth. Elle résulte d'une francisation incomplète de l'anglais *rumpsteak.* ⟶ BIFTECK et ROSBIF.

ROND-DE-CUIR orth. Seul le premier élément prend un *s* au plur. : *Encore un sigle breveté par tous ces ronds-de-cuir du Marché commun payés pour déplacer des papiers de corbeille en corbeille* (C. Sarraute, *Le Monde*, 04/10/1990).

RONDE-BOSSE orth. Le subst. prend un trait d'union, mais non la locution *(sculpter) en ronde bosse.* ♦ **sens.** En sculpture, ce mot désigne un « relief complet », par opposition à **bas-relief** (⟶ ce mot) et à **demi-bosse**.

ROND-POINT orth. Avec un trait d'union. Les deux composants prennent un *s* au plur. : *Les ronds-points, mon vieux Manfred, c'est la fin du monde* (Garnier).

RONÉOTYPER forme. Ce verbe, ainsi que les formes abrégées **ronéoter** et **ronéo**, est devenu totalement obsolète dans les années 75-80, en raison de l'apparition des photocopieuses et imprimantes de bureau, puis des progrès foudroyants de l'informatique : *J'étais tombé par hasard sur* Absalon ! Absalon ! *dans le catalogue ronéoté de la bibliothèque du camp* (Semprun).

RONGER constr. Ce verbe offre les mêmes possibilités de constr. du complément de cause que pour le verbe *manger* (⟶ ce mot) : *Les murs étaient délabrés, les fenêtres disjointes, les boiseries rongées des vers* (Guilloux).

□ **se ronger le(s) sang(s).** Cette locution pop. et vieillie signifie « se faire beaucoup de souci » : *Elle qui se rongeait le sang pour ses petits !* (Peyré). → SANG.

ROQUETTE orth. Cette forme a remplacé dans la langue des militaires l'anglais *rocket.* ♦ **genre.** Fém. ♦ **sens.** « Projectile auto-propulsé non guidé, à la différence du *missile* » : *Ces roquettes, longs fuseaux destructeurs qui tombent du ciel dans un hurlement et tuent net* (J.-Ph. Rémy, *Le Monde*, 06/06/2011). → MISSILE.

ROSAT forme. Cet adj. est invar. en genre et en nombre, malgré l'autorité de Colette : *Les géraniums rosats qui prodiguaient leur méridional parfum.* ♦ **sens.** En général, « qui est fait à partir de roses », plutôt que « qui a l'aspect de la rose » (sauf pour *géranium rosat*).

ROSBIF forme. Ce mot est une francisation, qu'on doit sans hésiter préférer à l'original, de l'anglais *roast beef.*

ROSE emploi. On écrit au plur. *de l'essence, de l'huile de roses*, et au sing. *un teint de rose, l'Aurore aux doigts de rose, une histoire à l'eau de rose.* L'adj. de couleur varie au plur. : *des joues roses.* → COULEUR.
□ **rose(-)thé. orth.** S'écrit avec ou sans trait d'union ; seul le premier élément prend un *s* au plur. : *La tonnelle de roses-thé au feuillage touffu* (Simon).
□ **confiture de rose(s)** → CONFITURE.
□ **rose moussue** ou **mousseuse** → MOUSSU.

ROSE-CROIX orth. Pas de *s* au plur. : *des rose-croix.* ♦ **sens.** « Membre d'une confrérie secrète d'Allemagne », la *Rose-Croix* (avec deux majuscules).

ROT orth. On écrit aussi sans accent *roter.* ♦ **sens.** Étant donné que la forme **rôt**, pour *rôti*, est tombée en désuétude, on ne risque plus guère de la confondre avec le **rot**, qui s'écrit sans accent circonflexe et désigne le « fait d'émettre par la bouche des gaz stomacaux » : *Le bébé a-t-il bien fait son rot ?*

ROTATIF ou **ROTATOIRE sens.** Le premier adj. est de beaucoup le plus répandu. Il signifie « qui agit en tournant » : *La scène change grâce à un mouvement rotatif du plateau.* Le second adj. est d'un niveau plus technique, et signifie « qui est caractérisé par la rotation ».

RÔTIE emploi et sens. Ce mot désigne une « tranche de pain grillée », ce qui est différent du *toast* (pain de mie) : *Il cassa bien nettement l'une des rôties, qu'il aimait sèches* (Velan). S'emploie aussi pour *toast* au Québec, et dans certains hôtels.

ROTURIER orth. Pas d'accent circonflexe sur le *o*. De même pour *roture.*

ROUAN forme. Fém. *rouanne.* ♦ **sens.** Cet adj. qualifie la robe d'un animal quand elle est « mélangée de blanc, d'alezan et de noir ». → ALEZAN, BAI.

ROUGE forme. Adj. de couleur variable. → COULEUR.

ROUGE-GORGE, ROUGE-QUEUE orth. Au plur., ces deux noms composés prennent chacun deux *s* : *des rouges-gorges, des rouges-queues.*

ROUILLE forme. Invar. comme adj. de couleur. → COULEUR.

ROULIS sens. « Mouvement d'oscillation d'un bord sur l'autre. » Ne pas confondre avec **tangage**, « mouvement d'oscillation dans le sens longitudinal ».

ROUMI emploi et sens. C'est le nom dont les musulmans baptisent les chrétiens : *Les Roumis aiment ce qui est solidement implanté dans le sol* (Maïssa Bey). Ne pas confondre avec **rom**, abréviation de *romanichel.*

ROUVRIR forme. On notera la différence arbitraire, mais enregistrée par l'usage, entre le verbe, et le subst. dérivé **réouverture** : *Israël a décidé de rouvrir partiellement la bande de Gaza* (P. Claude, *Le Monde*, 07-08/06/1992). *Un petit tronçon de la voie* *express sur berge a été rouvert à la circulation automobile* (*Le Monde*). *Une petite affiche manuscrite annonçant la date de la réouverture* (Gallo).

ROYALTIES emploi et sens. Anglicisme, presque toujours au plur. avec le sens de « redevances versées au propriétaire d'un brevet, ou d'un sol dont on extrait du pétrole, etc. ». Parfois étendu abusivement au sens de « redevances quelconques ».

-RRAGIE et **-RRHÉE sens.** Ces deux suffixes ont un sens proche, le premier désignant un « jaillissement », le second un « écoulement ». Seul ce dernier peut avoir un emploi fig. : *Une hémorragie a fait perdre beaucoup de sang au blessé*, en face de : *Cet orateur est atteint de logorrhée* (= « excès verbal »).

RU orth. Sans accent circonflexe. Prendre garde à l'influence de mots tels que **crû** (de *croître*), etc. ♦ **emploi et sens.** Mot obsolète, mais bien connu des cruciverbistes, qui signifiait « petit ruisseau ».

RUBRIQUE constr. On dit vous *trouverez ces indications à la rubrique financière* ou *sous la rubrique financière*, mieux que *dans la rubrique*, car ce subst. conserve toujours quelque chose de son sens ancien de « titre ».

RUCHE orth. Pas d'accent circonflexe, non plus que sur les dérivés : *On nomme* trou de vol *l'orifice permettant aux abeilles d'entrer et de sortir de la ruche.*

RUDEMENT emploi et sens. Outre son sens propre, « d'une façon rude », cet adv. a dans un registre fam. celui de « très fortement » et sert fréquemment à constituer un superlatif absolu : *Elle est rudement bien !*

RUE (habiter (dans la) - de -) ⟶ HABITER.
□ **sur la rue.** Cette constr. est correcte dans les locutions *avoir vue sur la rue, donner sur la rue, avoir pignon sur rue*, mais non après des verbes comme *jouer, marcher, habiter*, etc. On dira : *Les enfants jouent dans la rue* (et non *sur la rue*), mais : *L'immeuble avait deux façades : l'une donnait sur la rue de P… et portait le n° 3, l'autre sur la rue R… et portait le n° 36* (Triolet).
□ **être à la rue.** Cette locution signifie une « exclusion », le « fait de se trouver sans logement », et ne saurait se confondre avec *être dans la rue.*
□ **rue passante** ⟶ PASSANT.

RUFFIAN forme. On rencontre plus rarement *rufian* (avec un seul *f*) et *rufien*, qui est vieilli. ♦ **sens.** « Homme débauché, entremetteur, souteneur. »

RUINE emploi et sens. Ce subst., au sens statique de « restes, débris d'une construction », se rencontre le plus souvent au plur. : *Le château de la Quartfourche dont il ne restera bientôt plus que des ruines* (Gide). Appliqué par métaphore à une personne, le sing. est cependant assez courant : *Cet intellectuel surmené n'est plus qu'une ruine.* Enfin, au sens dynamique de « processus d'écroulement », le mot **ruine** se rencontre au sing. dans des locutions stéréotypées comme **menacer ruine** ou **tomber en ruine**.

RUINEUX sens. Cet adj. a généralement l'acception fig. de « très coûteux », mais on le rencontre parfois dans un contexte littéraire au sens propre de « qui menace ruine » ou « qui tombe en ruine » : *Une voie mal tenue, pleine de cailloux et d'ornières et que bordent des murs ruineux* (Apollinaire).

RUPESTRE emploi et sens. Ne pas faire de ce mot le synonyme de **rural** ou de **champêtre** (« relatif à la campagne »). **Rupestre** désigne ce qui pousse sur les rochers ou a le sens de « sur la roche », « dans la roche », dans des locutions telles que *dessins rupestres, tombe rupestre*, etc. : *Les parois abritent des peintures rupestres, plusieurs sont intactes dans leur fragilité millénaire* (C. Guedj).

RUSH prononc. [rœʃ] ♦ **emploi et sens.** Cet anglicisme, qu'on peut à la rigueur admettre dans la langue du sport, au sens de « effort final, qui décide de l'arrivée », est inutile dans la langue courante, où il ne dit absolument rien de plus que **ruée** : *À la suite de ces informations alarmistes, il y a eu un rush*, ou mieux *une ruée des ménagères sur les produits de première consommation.* Le sens technique de « film brut avant montage » est courant dans le langage des médias : *Les cinq cents heures de rushes, montés « au cordeau », font de ce documentaire un feuilleton passionnant de la vie politique* (*Le Monde*, 07/05/2007).

RUTILANCE forme. On emploie aussi *rutilement.*

RUTILER sens. Ce verbe signifie « briller d'un vif éclat », l'idée originelle de « rouge » s'étant peu à peu effacée : *Et tout ça est fait de ce que le monde a de plus rutilant et de plus vermeil* (Giono). [Une] *longue limousine noire qui rutilait sous les cyprès sur fond de mer étale* (Toussaint). La forme du part.-adj. **rutilant** est de beaucoup la plus fréquente. Quelques écrivains reviennent par coquetterie au sens premier : *Certains buissons pourprés rutilaient à travers l'averse* (Gide). *Il portait un rutilant blazer de drap rouge à boutons dorés* (Labro).

RYTHME orth. On veillera à ne pas écrire ce mot, d'origine grecque (ainsi que ses dérivés) avec un *i* et en oubliant le *h* (comme ont fait très raisonnablement les Italiens et les Espagnols). On a, de plus, écrit chez nous jusqu'à la fin du XIXe s. *rhythme* avec un double *h*. Bel exemple de réforme orth. manquée !

S

S prononc. Un [es] ou un [s]. ♦ **genre.** Le masc. s'est aujourd'hui imposé : on dit *un s.* ♦ **emploi.** Certains adv. ont pris jadis, par analogie avec des formes régulières comme *plus, moins,* etc., un *s* final, appelé plus tard adverbial par les grammairiens : *avecques, doncques, encores, naguères,* etc. On le rencontre encore parfois dans *jusques,* surtout dans la locution emphatique *jusques à quand.* ⟶ JUSQUE.

□ **parles-en à ta mère.** Les impératifs qui se terminent normalement par un *e* à la 2e personne du sing. prennent un *s* final devant *y* et *en* quand ces mots sont des adv. ou des pronoms compléments de l'impératif : *Manges-en un peu. Penses-y.* Mais : *Mange en silence,* etc. Cette règle fondée uniquement sur un souci d'euphonie explique la faute fréquente qui consiste à écrire tous les impératifs de la 2e personne du sing. avec un *s* final. ⟶ IMPÉRATIF.

SABBAT orth. Avec deux *b.* De même pour les dérivés : *Ces antres de perdition, les fabriques – où le jour du Sabbat n'est pas respecté* (Schwarz-Bart). Ne pas confondre avec **Saba** (dans *la reine de Saba*).

SABLEUX ou **SABLONNEUX emploi et sens.** Le premier adj., le moins fréquent, signifie « qui est de la nature du sable » ou « qui contient du sable » : *Un terrain sableux.* Le second est courant, au sens de « riche en sable » : *Elle venait par l'allée sablonneuse, bordée d'épicéas et de pommiers alternés* (Genevoix).

SABORDAGE forme. On rencontre aussi bien *sabordement.*

SAC orth. On écrit **sac(-)poubelle** avec ou sans trait d'union : *Il faut pousser un chariot flanqué d'un grand sac poubelle* (Lefèvre). Chaque composant prend un *s* au plur. : *des sacs-poubelles.*

SACCADE, SACCADÉ orth. Avec deux *c,* comme *saccager* : *Le corps de Carlo résonna des saccades de son sang, un coup, deux coups, elles le secouaient, martelant ses tempes* (Gallo).

SA(C)QUER orth. Avec ou sans *c.* ♦ **emploi et sens.** Dans la langue fam., « congédier » ou plus souvent « réprimander avec vigueur » et aussi « mal noter » : *Il s'est fait saquer par son patron.*

SACRAMENTAIRE, SACRAMENTAL ou **SACRAMENTEL emploi et sens.** Les deux premiers mots sont le plus souvent des subst. masc., **sacramentaire** désigne un « livre qui contenait jadis les prières de la messe et des autres sacrements » ou un « réformé ne croyant pas à la présence réelle du Christ dans l'Eucharistie » (on employait aussi autrefois *sacramentaire* comme adj.). **Sacramental** désigne un « rite sacré institué par l'Église pour obtenir un effet spirituel, de moindre importance que le *sacrement* ». Quant à **sacramentel**, c'est l'adj. issu de **sacrement** par la voie latine, qu'il ne faut pas déformer en *sacrementel,* etc.

SACRIFIER constr. En plus de sa constr. directe, ce verbe admet la prép. **à**, seulement dans le registre littéraire, au sens de « se conformer à, se plier à » (avec le plus souvent une nuance de blâme) : *Ils se demandent si le gouvernement de Pretoria n'est pas en train de sacrifier à la théorie raciste de la suprématie de la race blanche* (*Le Monde*).

SACRIPANT prononc. On entend dire parfois, de façon fautive, [sakrispã], par analogie (peut-être) avec le part. présent du verbe *crisper*, ou avec l'ancien juron *sacristi.*

SACRO-SAINT emploi et sens. Cette sorte de superlatif de *saint* ne s'emploie plus qu'ironiquement : *Dans l'enceinte / Sacro-sainte / Quel émoi* (Brassens). *Il a, une fois de plus, appliqué le sacro-saint règlement.* Le sens est : « À quoi on attache une importance exagérée, qu'on respecte avec un formalisme dérisoire. »

SADISME emploi et sens. À comparer à **masochisme**. Le *sadique* prend plaisir à la souffrance des autres, le *masochiste* à la sienne propre. On dit aussi **sadomasochisme** pour désigner la réunion des deux tendances chez un même individu.

SAFARI orth. Plur. des safaris(-photos).

SAFRAN forme. Invar. comme adj. de couleur : *des chemisiers safran.* ⟶ COULEUR. Les dérivés *safraner, safranière* s'écrivent avec un seul *n.*

SAGA orth. Plur. *des sagas.* ♦ **emploi et sens.** « Anciens récits d'origine scandinave. » Il y a une légère impropriété, ratifiée par l'usage littéraire, à employer ce mot au sens général de « légende, mythe, cycle, suite romanesque », etc. : *Le public français* [...] *veut de beaux gros romans bien gras, plus ils sont gros plus il aime, et par-dessus tout il chérit les sagas interminables, dix-huit tomes épais à la queue leu leu ne lui font pas peur* (Cavanna).

SAGACE emploi et sens. Cet adj., qui relève surtout d'un usage littéraire, signifie « plein de pénétration, de finesse et d'intuition » : *Monsieur peut compter... répétait la fille en agitant comiquement sa tête ronde, d'un air sagace* (Bernanos). Ne pas employer *sagace* et *sage* l'un pour l'autre.

SAGE-FEMME orth. Plur. *des sages-femmes.*

SAGITTAIRE orth. Deux *t,* quel que soit le sens de ce mot, qui prend une majuscule dans le sens de « constellation » et de « signe du zodiaque ».

SAILLIR conjug. Au sens de « jaillir », il a existé une conjugaison de *saillir* sur le modèle de *finir* (*il saillissait,* etc.), mais ces formes sont devenues caduques et se confondent en partie avec la seule conjug. actuellement pratiquée, qui prend pour modèle *assaillir.* ♦ **sens.** Voici un exemple du sens ancien : *À cette vision, ses yeux saillirent, environ un pied et demi de leurs orbites, et y rentrèrent toutefois* (Aymé). Le sens le plus courant aujourd'hui est celui de « faire saillie, dépasser » : *Ses frêles épaules saillaient sous la robe de chambre de grosse laine* (J. Roy). *Les os de ses pommettes saillaient sous la peau trop fine* (Guilloux). *Son grand nez pincé saillant entre deux joues jaunes et creuses* (Némirovsky). Mais **saillant** est plus répandu comme adj. : *Cette corniche est légèrement saillante. Quel a été le fait saillant de cette période ?*

SAIN forme. Fém. *saine.* Il ne faut pas confondre cet adj. (à rattacher à *santé*) avec *saint, sainte, ceint.*

SAIN ET SAUF orth. Ce groupe adjectival varie et s'accorde comme l'adj. seul : *Les trois Nancéiens sont sortis hier matin sains et saufs de la cavité où ils étaient bloqués depuis douze heures* (D. Christophe, *L'Est Républicain,* 09/06/1992).

SAINT orth. L'adj. *saint* ne prend une majuscule et n'est séparé du subst. par un trait d'union que lorsqu'il désigne une « époque, une fête, un lieu, une rue » : *La chapelle Saint-Jean. L'église Saint-Étienne-du-Mont.* Mais pour désigner la « personne du saint », on écrit le mot avec une minuscule et sans trait d'union : *Ah ! tu as rendez-vous avec saint Michel, petite coureuse* (Anouilh). *J'ai une lettre de saint François pour le roi d'Espagne* (Claudel). ♦ **forme.** Dans les noms composés, *saint* est invar. : *des saint-bernard(s), des saint-cyriens, des saint-émilion(s), des (poires) saint-germain, des saint-honoré(s), des saint-marcellins, des saint-nectaires, des saint-paulins, les saint-simoniens.* Un *sainte-maure* (fromage) fait au plur. *des sainte-*

maures. Quant à *sainte nitouche* il ne prend pas de trait d'union et les deux éléments varient : *Ce sont de vraies saintes nitouches.* → NITOUCHE.

SAISIE- forme. Les composés de **saisie**, qui appartiennent à la langue judiciaire, prennent un trait d'union, et un double *s* au plur. : *L'huissier se remémora tous ses exploits et fit le compte des saisies-arrêts, des saisies-brandons et des saisies-contrefaçons auxquelles il avait procédé.*

SAISINE emploi et sens. Ce mot, proche de *saisie*, appartient exclusivement au vocabulaire juridique et signifie « prérogative accordée à une personne ou à un organisme de saisir en justice une autre personne ou un autre organe afin de faire exercer ses droits » : *Le bureau de l'Assemblée examine la demande de saisine de la Haute Cour dans l'affaire du sang contaminé* (*Le Monde*, 14/10/1992).

SALACE emploi et sens. Cet adj. est rare et littéraire, au sens de « très porté aux plaisirs charnels » : *Madame Blèze avait pris son congé de la province, sans avoir trahi le secret qui la liait au petit garçon trop salace* (Labro). Il s'applique à un nom de personne, mais s'emploie souvent aussi, par influence de **salé**, au sens de « osé, graveleux », en parlant de mots ou d'histoires qu'on raconte : *Il ne pouvait s'empêcher de croire que toute plaisanterie salace, visant les femmes en général, insultait sa mère en particulier* (Troyat). *On causera, on rira. On racontera des bêtises et des blagues salaces* (Jourde).

SALADE constr. Le complément de ce subst. est toujours au plur. : *de la salade de fruits, de tomates, d'oranges.* Quand le plat se compose exclusivement de « feuilles comestibles », il est inutile de préciser par un complément, et on a le choix entre le terme général : *Nous avons mangé de la salade*, et le terme précis : *Nous avons mangé de la mâche, de la laitue, du cresson,* etc. Mais on peut dire : *manger (un légume) en salade*, quand ce légume peut être préparé autrement : *des endives en salade*, ou *une salade d'endives.* L'exemple donné par l'Académie : *une salade de laitue, de chicorée*, est tombé en désuétude, mais on dit couramment *de la salade verte.*

SALAIRE sens. Le salaire est « la somme régulièrement versée à un ouvrier pour son travail ». L'employé touche des **appointements** mensuels, le fonctionnaire un **traitement**. Cependant, *salaire* est souvent étendu à des catégories de travailleurs autres que l'ouvrier, même dans la terminologie officielle. Par exemple, un employé ou un fonctionnaire dont la femme ne travaillait pas recevait jadis, outre ses *appointements* ou son *traitement*, une prime de *salaire unique*. Les trois catégories ci-dessus ont des *bulletins de paie* (ou *paye*). On voit par là l'extension moderne de la notion de « salarié ». Les militaires reçoivent la **solde**, le **prêt** ou le *complément de paquetage*, les greffiers, huissiers, conservateurs des hypothèques ont des **émoluments**, les médecins et les avocats des **honoraires**, les artistes un **cachet**, les experts des **vacations**. Mais **gages**, pour un employé de maison, est désuet. → ces mots à l'ordre alphabétique.

SALAMI forme. Ce mot italien est un plur., mais en français il s'emploie surtout au sing. : *manger du salami, acheter un salami.* Plur. *des salami* ou *salamis.*

SALAUD forme. C'est le mot **salope** qui tient lieu de fém. à cet adj.-subst. : *Son articulation très nette, très lente et sans colère, presque à voix basse pour dire qu'elle était une salope* (Mauvignier). Aussi trouve-t-on en retour, parfois, l'orthographe *salop* (avec un *p* muet) pour le masc. : Si *tu crois que tu l'épouseras, ton salop… Jamais !* (Zola). ♦ **emploi.** Ce mot se rapporte toujours au domaine moral, à la différence de **sale** : *Je bois, j'ai volé pour boire, je suis un salaud, c'est la prison des salauds qui me guette* (Masson).

SALE constr. et sens. La place de cet adj. (comme pour bien d'autres) influe sur son sens : *un chien sale* est « malpropre », *un sale chien* est « une bête suspecte ou hostile ». Un *métier sale* n'est pas nécessairement un *sale métier.* Dans ce domaine, l'adj. **salissant** est moins ambigu.

SALLE constr. Ce subst. sert à former divers composés, avec un complément au sing. ou au plur. : *salle d'armes, de conférences, des ventes,* mais *salle d'audience, d'étude, de jeu, de spectacle,* etc. On écrit indifféremment **salle de bain** ou **de bains**, avec une préférence pour le plur. Quant à **salle d'eau**, c'est une séquence utile qui désigne une « pièce aménagée pour la toilette » lorsqu'il ne s'y trouve pas de baignoire.

SALMIGONDIS orth. Un *s* au sing. : *Un effroyable salmigondis.* ♦ **sens.** Au sens propre, « ragoût », mais aussi dans une acception fam. : « Désordre dans les paroles, les écrits, les actes. »

SALON(N)ARD orth. Avec un ou deux *n.* ♦ **emploi et sens.** Ce mot péj. désigne l'« habitué des salons ». À distinguer de **salonnier**, « critique spécialisé dans la chronique des Salons de peinture ».

SALOON prononc. [salun]. ♦ **sens.** « Bar, tripot américain » : *Ce genre de filles, les entraîneuses que l'on voyait au cinéma évoluer dans les « saloons »* (Simon). Mot impossible à franciser, tant il correspond à un décor spécifique, qu'on trouve dans les *westerns.*

SALOP, SALOPE → SALAUD.

SALVE orth. Il peut être utile d'écrire *salvé* (avec accent aigu) ce subst. masc., au sens de « prière à la Vierge commençant par les mots *Salve, regina* » pour le distinguer graphiquement du subst. fém. *une salve.*

SAMOURAÏ orth. Cette forme est aujourd'hui plus fréquente que *samurai.* Plur. *des samouraïs.*

SANATORIUM forme. Le plur. est *sanatoriums* (avec un *s* final). Voir cependant : *Ainsi les services d'hygiène n'emmenaient aux sanatoria que les tuberculeux déclarés* (P.-H. Simon). Le mot s'abrège souvent en un **sana**, des **sanas** : *Le camp n'est plus qu'un sana, désormais !* (Semprun).

SANCTION emploi et sens. Le sens premier de ce subst. est « consécration, ratification » ou, dans la langue du droit, « peine ou récompense prévue pour assurer l'exécution d'une loi » : *Ce mot a reçu la sanction du bon usage. Cette remise de peine a été la sanction normale d'un acte aussi courageux.* Mais **sanction**, de même que le verbe dérivé **sanctionner**, a glissé de plus en plus vers l'acception négative de « punition, châtiment » : *Les pénalités très graves qui sanctionnaient ce genre d'entreprises* (Camus). *Le surveillant général a pris des sanctions. Nous nous rebellerions devant une sanction injuste.*

SANCTUAIRE emploi. Ce mot, qui a en français le sens de « lieu saint, sacré », connaît chez les journalistes politiques un emploi extensif : « asile, refuge » venu de l'anglais et difficile à refuser. De même pour le verbe **sanctuariser**, « accorder une protection spéciale à un lieu quelconque » : *La Grande-Bretagne envisage aujourd'hui sérieusement de sanctuariser les banques de dépôt* (éditorial du *Monde,* 18/09/2011).

SANDWICH forme. On a écrit traditionnellement *des sandwiches,* conformément au plur. anglais : *Une boîte à sandwiches, en aluminium* (Morand). Mais nous sommes partisan de l'orthographe simplifiée **sandwichs** (Recomm. offic. 1990).

SANG prononc. En liaison, le *g* final se prononce [k] dans certains emplois traditionnels : *Qu'un sang impur abreuve nos sillons. Suer sang et eau.* Mais on tend aujourd'hui à prononcer [sã] dans tous les contextes. ♦ **orth.** On écrit : *Il a le sang vif ; il a le sang chaud,* mais *du sang-froid.* ♦ **emploi et sens.** Il subsiste de nombreuses locutions plus ou moins figées : *se tourner, se ronger les sangs, se faire du mauvais sang,* etc. : *Au diable cet enfant ! Il m'a fait tourner les sangs* (Mac Orlan). *On ne va pas se retourner les sangs pour une nouvelle lubie de M. de l'Aubépin* (Vallejo). *Lubert doit se ronger les sangs* (Queneau). *Elle se fait un sang noir pour lui* (Peyré). Dans ces phrases, *sang* désigne une « humeur en relation directe avec l'état psychique de la personne ». → PUR-SANG et RONGER.

SANGLOTER orth. Un seul *t.*

SANG-MÊLÉ forme. Subst. invar. ♦ **sens.** Synonyme péj. de **métis.** → ce mot, ainsi que MULÂTRE.

SANISETTE emploi et sens. Ce néologisme, nom déposé vers 1980 pour désigner des « toilettes publiques payantes à fonctionnement automatique », remplace avantageusement les anciens *pissotière* et *vespasienne* et même les *WC publics* : *Une minuscule cabine métallique dotée d'une sanisette et d'un distributeur de boissons* (C. Sarraute, *Le Monde*, 03/10/1992).

SANS emploi. Le complément régi par la prép. *sans* se met au sing. ou au plur., de façon très variable selon le contexte, la vraisemblance, la logique du contenu, etc. Voici quelques exemples du sing. : *De si puissants rois qu'ils n'avaient plus rien à désirer qu'une tombe sans pareille* (Valéry). *Ce T.-C. Hamilton sans visage, sans adresse, sans état civil, sans biographie* (Butor). *Les ouvriers étaient partis sans gilet de laine sous leur veste* (Romains). *De très belles jambes dans des bas sans défaut qu'elle achetait en cachette* (Colette). Et pour le plur. : *Mais on ne retire pas ses enfants à une jeune femme sans motifs graves* (Bazin). *Pour chaque bout, une came, et le passage d'une came à l'autre, sans heurts* (Triolet). *On resta un an sans nouvelles de lui* (Aragon). *L'instinct parlait clairement, sans faux-fuyants, dans mon attitude* (Camus). On voit par ces exemples que le nombre du complément est fonction de la signification de l'ensemble. L'intention de l'auteur joue ici souvent un rôle prédominant, et il est assez oiseux de chercher à donner une « règle » dans ce domaine.

□ **sans... ni...** *Une jeune fille sans dot, trousseaux ni bijoux* (Colette). *C'est une petite pièce sombre et nue couverte de boiseries sales, sans chaise ni table* (Chaix). Même construction avec **sans que** : *Sans qu'il se rapproche ni s'éloigne* (Romains). *Il avait achevé ce récit sans qu'une inflexion ni qu'un geste témoignât qu'une émotion quelconque le troublât* (Gide).

□ **ni sans.** Ce tour apparaît littéraire, à côté de **et sans**, aujourd'hui beaucoup plus naturel : *L'image d'un caprice sans but, sans commencement, ni fin, ni sans autre signification que la liberté de mon geste dans le rayon de mon bras* (Valéry). *Ces transformations ne peuvent intervenir sans difficultés ni sans troubles* (*Le Monde*).

□ **n'être pas sans + infinitif.** Ce tour est souvent mal employé et mal compris dans la langue courante. Les idées de négation contenues dans **ne... pas** et dans **sans** s'annulent pour donner une valeur positive à l'ensemble : *Elle n'avait pas été sans remarquer une série de colloques, ni sans deviner qu'elle en était l'objet* (Romains) (= « elle avait effectivement remarqué et deviné »). *Cependant la certitude de son chef n'est pas sans le troubler* (Robbe-Grillet) (= « le trouble réellement »). *D'ailleurs, son amour-propre n'était pas sans remarquer que sa sœur n'approuvait pas tout en elle* (Rolland). On évitera surtout de dire *vous n'êtes pas sans ignorer*, au lieu de *vous n'êtes pas sans savoir*, pour signifier « vous savez pertinemment » : *En tant que médecin, poursuivit Kohaine, vous n'êtes pas sans savoir que les dépressions nerveuses se manifestent chimiquement par une destruction partielle des molécules d'acide désoxyribonucléique* (Desproges). La même remarque vaut pour le tour plus littéraire et plus rare **ne pas aller sans** : *Ces paradoxes soigneusement mûris n'allaient pas sans soulever des protestations* (Aymé). Elle vaut aussi pour la locution **non sans** : *En fait, sa pensée commençait de s'orienter, non sans faux pas, non sans hésitations* (Duhamel). *Un moyen d'échapper au prosaïsme de mon entourage, à ce prosaïsme auquel, non sans injustice, je donnais les traits de ma mère* (Pontalis). *J'arrive dans les Ardennes non sans mal, les communications sont peu rétablies* (Bauchau).

□ **sans guère.** L'association de ces deux mots appartient exclusivement au registre littéraire : *Ce qui lui a donné un total d'une part et un autre total de l'autre, deux totaux sans guère de peine* (Ramuz).

□ **sans plus + infinitif.** Dans ce tour, qui exprime la « cessation d'un procès à partir d'un moment donné », l'infinitif est généralement postposé à *sans plus*, ou bien intercalé : *Et sans plus m'expliquer, je la pris par la taille* (Carco). *Sans plus penser à la* *recommandation de sa mère, je lui demandai* (Hériat). Exception pour certaines loc. verbales : *Mais l'autre, sans faire plus attention à lui, a continué son chemin vers le pont* (Robbe-Grillet). Lorsque **sans plus de** régit un subst., celui-ci est forcément postposé : *Il était tout d'un coup un pauvre homme esquinté, sans plus de raisons d'être, autorité et prestige cassés* (Aymé).

□ **emploi adverbial.** Tandis que la prép. **avec** est considérée comme correcte dans cet emploi adverbial : *Il a pris ta voiture et il est parti avec*, la prép. **sans**, selon le bon usage, n'est admise que dans un contexte très fam. : *Vous n'en avez pas ?… C'est aussi bien allez… pour la reconnaissance qu'on en a ! On est bien mieux sans* (Daninos) [il s'agit d'enfants]. *Nous sommes bien obligés de compter avec. Que ferions-nous sans ?* (Duhamel) [il s'agit d'argent].

□ **sans nul, personne, jamais,** etc. Le cumul des mots négatifs après **sans**, avec renforcement de la valeur négative de l'ensemble, est admis dans la langue : *Il se sentait capable d'attendre bien plus sans éprouver nulle trace d'ennui* (Romains). Mais les tours *sans pas, sans pas un* ne sont plus possibles aujourd'hui.

□ **sans presque** ou **presque sans.** Le premier tour est plutôt littéraire. ⟶ PRESQUE.

□ **sans (aucun) doute** ⟶ DOUTE.

□ **sans égal, sans pareil** ⟶ ÉGAL, PAREIL.

□ **sans dessus dessous.** Forme fautive pour *sens dessus dessous.* ⟶ SENS.

□ **sans que.** Dans la subordonnée introduite par **sans que**, on constate une tendance croissante à insérer un *ne* parfaitement inutile puisque cette locution conjonctive a par elle-même une valeur négative : *Il m'arrivait même de passer des soirées de pure amitié, sans que le désir s'y mêlât* (Camus). *Je restai là, ma cigarette intacte aux lèvres, sans qu'il s'en aperçût* (Marceau). Mais le plus souvent, la subordonnée introduite par **sans que** contient un mot négatif ou un des indéfinis « mi-positifs, mi-négatifs » *rien, personne, aucun*, etc. Dans ce cas encore, le *ne* est inutile : *Sans que leur liaison fût en rien rompue, il était devenu pour elle un étranger* (France). *Un typhon de ferrailles éclatait sans que rien l'ait fait prévoir* (Lanoux). *Il était là sans que personne l'eût entendu* (Mauriac). Cependant, les exemples de *ne* en pareilles phrases sont nombreux : *La vie reprenait paisible, monotone, sans que rien ne justifiât une inquiétude singulière* (Bernanos). *Je voyais s'approcher la rue sans que rien ne se produisît* (Radiguet). *Il pénètre en ville sans que personne ne le reconnaisse* (Cendrars).

□ **ne** apparaît souvent aussi après **sans que** quand la principale contient une négation : *Je n'apprends rien de malencontreux sans qu'il n'y ait sa part de responsabilité* (Louÿs). *Cette croyance que rien ne m'arrivait sans que l'Être incréé ne s'en mêlât* (Mauriac). *Il ne s'est pas écoulé une seule journée sans que je n'aie cru entendre ainsi les pas du châtiment en marche* (Benoit).

SANS- forme. Les composés formés à partir de ce premier élément demeurent invar. : *sans-abri, sans-allure, sans-cœur, sans-dessein, sans-Dieu, sans-emploi, sans-façon, sans-faute, sans-gêne, sans-le-sou, sans-parti, sans-patrie, sans-soin, sans-souci, sans-travail*, etc. : *La crise financière et vivrière* […] *jetait toute la misère anglaise sur les routes : sans-travail, sans-logis, sans-pain* (Léger). *C'est le pays du non-droit, du sans-dieu, du sans-âme, du sans-pitié. Le pays du rien ! Il n'y a pas de « merci » à Auschwitz* (Bialot). Font exception : *sans-culotte, sans-filiste et sans-grade*, qui prennent un *s* final au plur.

SANS-ABRI forme. Plur. *des sans-abri.* ♦ **emploi et sens.** Ce néologisme bien motivé est passé dans notre langue sans difficulté : *Les sans-abri de l'esplanade du château de Vincennes veulent être relogés en Île-de-France* (J. Perrin, *Le Monde*, 27/05/1992). On désigne ainsi des « personnes n'ayant plus de logement », tandis que **sans-logis** signifie en principe qu'« elles n'en ont jamais eu ».

SANSKRIT forme. On écrit aussi, en francisant, *sanscrit.*

SANS-PAPIERS orth. Ce subst., apparu vers 1975, prend un *s* final au sing. comme au plur. : *En Europe, les sans-papiers ne bénéficient pas du même accès aux soins que les citoyens ordinaires* (*Le Monde*, 25/09/2009).

SANTAL forme. On n'emploie plus la forme *sandal*. Le plur., rare, est *santals*, sauf dans la locution employée par les pharmaciens, *poudre des trois santaux*.

SANTÉ emploi et sens. Il est quelque peu absurde de dire *qu'on jouit d'une mauvaise santé*, ce verbe ne pouvant avoir qu'une valeur positive : *Il jouit d'une excellente santé.* → JOUIR. La locution **pour raison de santé** est figée et se rencontre toujours au sing. : *Il a demandé un congé sans traitement pour raison de santé.* On dit également **pour cause de maladie**.

SAOUL → SOÛL.

SAPEUR-POMPIER forme. Plur. *des sapeurs-pompiers*.

SAPHIQUE orth. Avec un seul *p*, à la différence du nom propre *Sap(p)ho*, qui peut être écrit avec deux *p* (selon son orthographe grecque) ou un seul. ♦ **sens.** Nom donné à un « type de vers grec composé de onze syllabes ». Dans une acception moderne : adj. « relatif au *saphisme* », qui désigne l'homosexualité fém.

SAPIDE emploi et sens. Cet adj. didactique est le contraire rare et mal connu de **insipide**, et signifie « qui a une saveur ».

SARBACANE → BARBACANE.

SARCOME orth. Pas d'accent circonflexe sur le *o*, malgré la prononciation en [o]. Un seul *m*. ♦ **sens.** « Tumeur conjonctive maligne, une des formes du cancer. »

SARCOPHAGE → CATAFALQUE.

SARIGUE orth. Un seul *r*. ♦ **genre.** Le masc. n'est plus guère employé de nos jours : *La sarigue porte ses petits sur son dos.*

SARONG prononc. [sarõ]. Le *g* final reste muet. ♦ **sens.** « Jupe étroite et serrée portée en Malaisie. » Ne pas confondre avec **sari**, qui désigne le costume national des femmes en Inde, ni avec **sarrau**. → ce mot.

SARRASIN orth. Jamais de *z* dans ce mot, qu'il désigne une céréale : *le sarrasin*, ou la population musulmane du Moyen Âge : *J'évoquais ces mystérieux Sarrasins* (Barrès).

SARRAU forme. Plur. *des sarraus.* ♦ **sens.** « Blouse de travail, ample et portée par-dessus les vêtements. » Mot désuet.

SAS prononc. [sa]. On entend souvent [sas], sous l'influence de l'orthographe, et pour mieux distinguer ce mot, désignant un « passage obligé », des homonymes *ça* et *sa*.

SASSAFRAS prononc. Le *s* final reste muet. ♦ **orth.** Avec un double *s* et un seul *f*. ♦ **sens.** « Arbre d'Amérique du Nord, aux racines aromatiques. »

SATANÉ emploi et sens. Adj. appartenant au registre fam. Plus faible que **satanique**, il est toujours placé avant le subst. et a le sens de « fieffé, maudit » : *Bobo, j'ai toujours vérifié que cette satanée liqueur était une dangereuse cochonnerie* (Salacrou).

SATIÉTÉ prononc. [sasjete] et non [satjete]. → INSATIABLE.

SATIN orth. Les dérivés de ce subst. ne redoublent pas le *n* : *satiner, satinette,* etc.

SATIRE ou **SATYRE orth. et sens.** Ne pas confondre ces deux subst. Une **satire** est un « écrit qui tourne en dérision qqn ou qqch. » : *Knock est une divertissante satire des médecins.* Un **satyre** est un « être mythologique à cornes et pieds de chèvre », et le plus souvent aujourd'hui, par extension, un « homme lubrique, exhibitionniste ou sadique » : *Et tous se sont répandus, contre le satyre, en un concert d'injures trop grandes* (Barbusse). Les deux orthographes ont été confondues jusqu'au XVIe siècle.

SATISFAIRE constr. Ce verbe est généralement suivi d'un complément d'objet direct : *Chacun cherche à satisfaire aveuglément ses désirs.* Mais au sens de « remplir une exigence, agir en conformité à une règle », on rencontre la constr. indirecte avec la

prép. **à** : *Il comptait sur elle pour satisfaire à certaines dépenses auxquelles le service de la République l'avait engagé* (France).
□ **être satisfait que** ou **de ce que**. → DE.

SATISFECIT forme. Subst. invar. : *des satisfecit.*

SATRAPE emploi et sens. Dans une acception fig., « personne tyrannique vivant dans le faste et les plaisirs ». Ne pas confondre avec **sybarite**, « personne molle et voluptueuse ».

SATYRE → SATIRE.

SAUCISSONNER emploi et sens. Ce verbe appartient au registre fam., au sens de « piqueniquer, manger sur le pouce » : *Que faisait le gouvernement pendant que les soldats saucissonnaient ?* (Dutourd).

SAUF emploi et sens. L'adj. **sauf** s'emploie comme prép., au sens de « excepté » : *Chez le vrai savant, il est impossible que, sauf éclipses passagères, la science ne l'emporte pas sur l'amour* (Mauriac). *Il n'empêche que Giordano Bruno était tout sauf le rationaliste pur et dur que nous imaginons* (Guillebaud). La locution prépositionnelle **sauf à**, d'emploi littéraire, signifie « en se réservant de, sans exclure que » : *Jeannerin était le seul qui observât par-devers Galuchey une neutralité sans arrière-pensée – sauf à empiler les dossiers sur sa table* (Aymé). *Sauf à croire qu'Esperanza ait confondu une autre arme avec des dragons, ce qui est plus qu'improbable* (Japrisot).
□ **sauf que.** Cette loc. conjonctive est courante et correcte au sens de « avec cette réserve que » : [Les vaches] *vont être mangées pareil sauf que si on est pointilleux sur le rendement et la qualité, on est mieux avec des bêtes qui n'ont pas vêlé* (Rosenthal). *Sauf qu'elle était très pâle, on aurait pu croire qu'elle somnolait* (Duras). Au sens de « à moins que », on n'emploiera pas **sauf que**, mais **sauf si.**
□ **sauf + préposition.** La prép. qui introduit un complément repris après *sauf* se répète généralement : *Il pense à tout, sauf à l'essentiel. Je veux bien m'occuper de tout, sauf de ta mère.*
□ **sauf votre respect** → RESPECT.

SAUF-CONDUIT forme. Plur. des *sauf-conduits* : *Je rapporte des sauf-conduits qui nous permettront de nous faire connaître des éléments avancés de son armée* (A. Besson).

SAUMÂTRE sens. « Qui a un goût salé », au sens propre : *une eau saumâtre.* Ne pas confondre avec *trouble, sale.* Au fig., cet adj. signifie « aigre, désagréable, acerbe », etc. : *un accueil saumâtre, une plaisanterie saumâtre.*

SAUNA genre. Masc. ♦ **sens.** « Sorte de bain de vapeur en usage dans les pays scandinaves, et popularisé chez nous depuis pas mal de temps. »

SAUPOUDRER emploi et sens. « Couvrir d'une mince couche de. » On emploie ce verbe, en dépit de son sens étymologique, « poudrer de sel », avec n'importe quel complément de « matière pulvérulente » : *Le petit garçon tenant à la main une tartine de beurre salé saupoudrée de sable* (Huguenin). *Cochon de lait farci à la rissole et saupoudré de farine de tapioca* (Cendrars). *Céline prépare des crêpes pour les enfants. Ils les saupoudrent de sucre fin* (Lefèvre), et au fig. : *Il n'est pas de carrefour de la ville, de bâtiment public qui ne soit saupoudré de leur présence* [des C.R.S.] (R. Jean).

SAUTE-MOUTON sens. Cette loc. invar. est employée surtout dans **jouer à saute-mouton** ou **faire une partie de saute-mouton** : *Ils les régalent aussi d'une démonstration de gymnastique et leur dédient le spectacle d'un jeu de saute-mouton* (Hoex). Elle ne doit pas être confondue avec **saut-de-mouton** (plur. *sauts-de-mouton*), qui désigne, en urbanisme, un « croisement de deux voies de même nature à des niveaux différents ».

SAUTERIE emploi. Ce subst. pourrait être préféré à *surprise-partie* (→ ce mot) ou à ses variantes familières (*surboum, surpatte,* etc.), pour des raisons de simplicité et d'économie.

SAUTERNES orth. Ne pas omettre le *s* final, et ne pas mettre de majuscule à l'initiale, quand on écrit *du sauternes*, pour désigner du vin de Sauternes : *Un sauternes, jugea le vieux en plissant les yeux* (Vargas).

SAUTE-RUISSEAU forme. Invar. : *des saute-ruisseau.*

SAUVAGE forme. Le fém. de l'adj. est identique au masc. : *J'ai seul la clé de cette parade sauvage* (Rimbaud). Celui du subst. est **sauvagesse**, ou parfois **sauvage** : *Une sauvagesse, dis-je, appartenant à quelque race attardée* (Boulle). *Tu te conduis comme une vraie sauvage.* Le diminutif **sauvageon** redouble le *n* au fém. : une **sauvageonne**, mais n'existe au masc. qu'au sens d'« arbre non greffé ».

SAUVE-QUI-PEUT orth. Subst. invar.

SAUVEUR et **SAUVETEUR forme.** Ces adj.-subst. n'ont pas de fém. dans la langue courante. La forme *sauveuse* est rare, et **salvatrice**, adj. de caractère savant, ne s'emploie que dans un registre soutenu : *Du haut de la chaire nous est parvenue la parole salvatrice.* Le plus souvent, on emploie le masc. pour les deux genres, ou on a recours à une périphrase : *Elle fut pour nous un sauveur inattendu. L'innocence est ce qui vous sauve* (mieux que : *votre sauveuse*). *Salvateur* est à peu près inusité en tant que nom.

SAVANE orth. Avec un seul *n.*

SAVOIR conjug. ⟶ APPENDICE GRAMMATICAL. La plupart des formes du subj. imparfait *(que je susse)* sont quasiment inusitées, en raison de leur collision homonymique avec celles du verbe *sucer*. ♦ **constr. Savoir + proposition infinitive**. L'emploi d'un infinitif après **savoir** ne pose pas de difficulté quand ces deux verbes ont le même sujet : *Il savait y revoir la belle institutrice* (Maurois). Le sens est clair : « il savait qu'il y reverrait ». Mais le tour se complique quand l'infinitif régi par *savoir* a pour sujet un subst. antécédent du relatif **que** : *Pour le grand patriote que tous savaient n'avoir jamais existé* (Daudet). *Une matière noirâtre que je ne savais pas être du caviar* (Proust). *Enfin il eut l'idée d'aller chercher à l'office un poulet froid qu'il savait s'y trouver* (Montherlant). *La fin de cette tirade s'adressait à un monsieur ennuyé que nous sûmes ainsi être notre père* (Bazin). On préférera cette constr., chaque fois que cela est possible, à : *un monsieur ennuyé dont nous sûmes ainsi qu'il était notre père.* Plus rarement, l'infinitif a pour sujet un pronom personnel qui est objet direct du verbe *savoir* : *Il me savait alors souffrir de troubles respiratoires* (Gide) (= « il savait que je souffrais alors »). ⟶ DONT et INFINITIF. ♦ **emploi et sens.** Avec certains subst. compléments, ce verbe s'emploie au sens de « connaître », surtout dans le registre littéraire : *Je sais peu d'époques aussi désastreuses dans ma vie* (Louÿs). *Après tout, j'en sais d'autres qui ont les apparences pour eux* (Camus). *Presque neuf ans, Magdeleine, en ce temps, et elle commence à savoir sa forêt aussi bien que le garde-chasse* (Vallejo). Avec une négation (souvent limitée à **ne**) et au conditionnel, **savoir** équivaut presque à **pouvoir**, et marque plus l'incapacité que l'ignorance : *La princesse ne saurait avoir de meilleur guide et de plus ferme tuteur que moi* (Audiberti). *On ne saurait penser à tout.*
□ **savoir si.** En tête de phrase, cette locution introduit de façon fam. une interrogation : « Est-ce que ? » *Il y en a, du porc, aujourd'hui ! Savoir s'il y a eu autant de sang ailleurs* (Peyré). *Savoir si l'usine de Bertrand est en grève ?* (Romains, cité par Le Bidois). On trouve aussi **savoir** devant un mot interrogatif : *Il est parti le quatrième jour ; mais savoir quand il reviendra ?* (Pourrat).
□ **à savoir.** Cette locution développe le contenu du mot précédent, et annonce une explication ou une énumération : *Il fut arrêté le lendemain, pour être expédié par les voies coutumières, à savoir : poignets tranchés, langue arrachée, yeux crevés* (Chabrol). *La Brigade avait accumulé des résultats incontestables, mais Veyrenc demeurait très sceptique. À savoir si cette efficacité était le résultat d'une stratégie ou le fruit tombé de la providence* (Vargas). Le registre fam. abrège parfois en **savoir**, qui ne se confond pas avec l'« interrogatif » ci-dessus : *Une œuvre qui se serait ornée d'un abominable crime. – Savoir ? – À coups de hachoir* (Queneau). ⟶ ASSAVOIR.

□ **que je sache** et **je ne sache pas que.** Ces deux locutions appartiennent exclusivement au niveau littéraire et sont toutes deux correctes. La première est relativement mobile dans la phrase : *Mallarmé, que je sache, n'était pas mallarméen* (Cocteau). *Elle ne se drogue pas, que je sache* (Mauriac). La seconde se place en tête : *Je ne sache pas qu'un beau talent s'y soit jamais gâté* [dans le journalisme] (France). *Je ne sache pas que personne m'ait parlé de vous en ces termes* (Jorif). Le sens est « d'après ce que je sais, à ma connaissance ». C'est un subj. « d'atténuation », à rapprocher du conditionnel **je ne saurais.** La même constr. se rencontre parfois avec le pronom **on** : *On ne sache pas qu'il* [Zola] *soit devenu alcoolique comme l'un de ses personnages* (Rouaud). Plus rarement, cette locution se présente dans une phrase positive : *Cela est, que je sache, sans exemple* (Gide). *Vous avez signé un pacte avec Benès. Or son gouvernement est, que je sache, provisoire* (de Gaulle, cité par Le Bidois). *Mais Reims est aux Anglais, que je sache* (Anouilh).

□ **ne savoir que** ou **quoi faire.** Le premier tour est tenu pour plus élégant, mais le second est répandu même dans la langue soutenue : *Les démocraties ne savent quoi faire des peuples depuis que les peuples se demandent à quoi elles servent* (Bernanos). *Il avait cent fois raison et je ne sus que répondre* (Boulle). *Je n'ai pas su quoi dire. Je n'avais pas envie de mentir* (Adam). Les deux tours sont parfois réunis dans une même phrase : *Aujourd'hui je ne sais plus que dire et, ce qui est plus grave, je ne sais pas quoi penser* (Martin du Gard).

□ **tu sais (c'est) quoi ?** Dans la langue fam. apparaissent ces tours, adaptés de l'américain *you know what ?* : *Et tu sais quoi ? Eh bien Vanessa, elle sort avec Fred, oui, le type de troisième !* (Nothomb). *Et tu sais c'est quoi le plus beau ? Eh bien c'est moi qui ai demandé à être de service ce soir* (Adam). → QUE et QUOI.

□ **on ne sait qui, quoi, quel.** Le verbe **savoir** entre dans de nombreuses locutions de sens indéfini, où le pronom sujet varie à volonté : *On préparait je ne sais quel jeu guerrier dont nous étions exclus* (Alain-Fournier). Ces groupes sont considérés tantôt comme un bloc syntaxique, tantôt comme une séquence, dans laquelle peut s'insérer une préposition. **1)** *Il tira soudain d'on ne sait où une liasse de fiches qu'il consulta* (Vian). *Tout occupée d'il ne savait quelle passion* (Mauriac). *Le boulevard ivre de bruit, de mouvement, d'on ne sait quelle avide et sombre fureur* (Duhamel). *Il ressentait une impression formidable, surhumaine, celle d'une lutte contre il ne savait qui* (Nothomb). **2)** *Une partie de commode, signée je ne sais par qui* (Peyrefitte). *Un jour, je ne sais à quel propos...* (France). *Des vestiges d'idées étrangères venues Dieu sait d'où* (Romains).

□ **vous n'êtes pas sans savoir** → SANS.

□ **l'homme dont on sait que** → DONT.

SAVOIR-FAIRE emploi. Pas de plur., de même que pour **savoir-vivre**.

SAVONNETTE orth. Avec deux *n* et deux *t.*

SAYNÈTE orth. Bien que la prononciation de ce mot le rattache au français *scène*, il n'y a entre eux aucun rapport étymologique et on ne doit donc pas écrire *scénette* : *Il encourageait l'expression orale, nous faisait jouer des saynètes tirées de Courteline et de Labiche* (Labro). La langue actuelle emploie plus couramment **sketch.** → ce mot.

SCABREUX sens. Le sens premier de cet adj. est « rude, raboteux », puis « qui présente des dangers », et ce n'est que par une extension relativement récente qu'on lui a donné le sens de « qui choque la décence ».

SCARABÉE orth. Un *e* final dans ce mot masc. : *un scarabée.*

SCAROLE forme. On dit aussi *une escarole.* ♦ **sens.** « Variété de salade. »

SCATOLOGIQUE sens. « Qui a trait aux excréments », surtout pour ce qui est des propos. À distinguer de **stercoral**, « qui concerne les excréments » et des subst. **coprolalie** qui désigne l'état mental d'une personne obsédée par les excréments et **coprophilie**, le fait de se complaire dans les excréments.

SCELLÉ emploi et sens. Le plus souvent au plur., au sens de « bande de papier ou d'étoffe fixée à chaque extrémité par un cachet de cire, et empêchant (par décision de justice) d'ouvrir une porte, une fenêtre ou un meuble ». Ce nom s'emploie surtout dans les locutions stéréotypées **apposer, lever, briser les scellés**.

SCÉNARIO orth. Plur. *des scénarios* : *Il y a des gens pour vous prononcer, le petit doigt en l'air, « des scenarii », en détachant bien les deux i, ce qui exige un certain double sursaut de la glotte assez peu compatible avec la phonie française. Je regrette : « un scénario », « des scénarios ». Ce rital est désormais bien de chez nous* (Cavanna).

SCEPTIQUE et **SEPTIQUE emploi et sens. Sceptique**, adj. et nom, est relatif au fait de douter ; **septique**, adj., signifie « qui peut être cause d'infection ». On écrit : *une fosse septique.*

SCHEIK → CHEIKH.

SCHELEM → CHELEM.

SCHELLING → SCHILLING.

SCHÉMA orth. Une faute fréquente est d'écrire *shéma.* Ce mot est parfois adapté en **schème**, avec un sens plus théorique ou plus abstrait que **schéma**, qui évoque une « représentation géométrique » : *Le carré rouge du schéma des itinéraires des bus* (Butor).

SCHÉRIF orth. Autre graphie pour **chérif**, « prince arabe ». → ce mot. Ne pas confondre avec **shérif**, « magistrat en Angleterre et officier de police, aux USA ».

SCHILLING forme. Parfois « francisé » en *schelling* ♦ **sens.** « Unité monétaire de l'Autriche. » → SHILLING.

SCHIZOPHRÉNIE prononc. [ski] et non [ʃi]. ♦ **sens.** « Psychose se manifestant par la perte du contact avec la réalité » : *Les données scientifiques mettent en évidence la vulnérabilité d'une personne atteinte de schizophrénie, bien plus souvent victime d'agressions, de vols et de viols qu'une personne non malade* (V. Girard et C. Lefebvre, *Le Monde*, 17/08/2008). *J'entends schizophrénie en son sens étymologique, « l'esprit fendu, l'âme brisée »* (Bialot). On nomme **schizoïdie** la prédisposition à cette psychose, que l'on oppose classiquement à l'hystérie. L'individu atteint de schizophrénie est le **schizophrène** (abrégé souvent en **schizo**) : *Face à eux, j'ai compris brutalement que tous les rescapés des camps étaient des schizophrènes* (Bialot).

SCHOONER prononc. [ʃunœr] ou [skunœr].

SCIEMMENT prononc. [sjamɑ̃]. ♦ **emploi et sens.** Adv. du registre soutenu, qui a le sens de « en connaissance de cause » : *A-t-il sciemment décidé de pratiquer la politique de la terre brûlée ?* (S. Zappi, *Le Monde*, 26/06/2011).

SCIENCE-FICTION → FICTION.

SCIENTISTE emploi et sens. Cet adj.-subst. qualifie ou désigne celui « qui prétend résoudre par la science tous les problèmes ». Il prend assez souvent une valeur péj., totalement absente de **scientifique**, avec lequel on se gardera de le confondre.

SCOLOPENDRE orth. Avec un *e*, non un *a*. ♦ **genre.** Fém. *une scolopendre.* ♦ **sens.** « Fougère commune » ou « espèce de mille-pattes carnivore et venimeux ».

SCONSE forme. Celle-ci, qui est francisée, est à préférer aux nombreuses autres : *skunks, skuns, sconce,* etc. ♦ **sens.** « Fourrure des animaux du genre *mouffette.* » → ce mot.

SCOOP emploi et sens. Cet anglicisme, très employé dans les médias, a le sens d'« information importante ou à sensation qui est donnée en exclusivité par un journal ou une chaîne » : *Tel est en tout cas le projet explicite d'un livre dont on pouvait craindre qu'il n'incite, par cette logique même, vers la révélation jubilatoire, le* « scoop » *fracassant ou le procès oblique* (J.-C. Guillebaud, *Le Monde*, 16/10/1992). Un arrêté ministériel du 10 octobre 1985 recommande de le remplacer par *exclusivité* ou *primeur* : mais le premier mot est trop long pour avoir des chances de s'imposer, et le second évoque le groupe de mots *fruits et primeurs*... **Scoop** s'est bien installé dans le registre fam. : *Manu a traité la femme d'Antoine de grosse pute. – C'est pas un scoop, tout le monde le sait, et Antoine aussi* (Garnier).

SCORE emploi et sens. Cet anglicisme de la langue du sport désigne la « présentation numérique d'une performance » : *L'équipe de Saint-Étienne a fait le meilleur score.* Ce terme sportif est passé dans le vocabulaire politique : *Le candidat a fait un score brillant.*

SCORSONÈRE genre. Fém. ♦ **sens.** Synonyme de *salsifis noir.* On déforme souvent ce mot en *scorsenère.*

SCOTCH orth. Pas de majuscule, de même que *whisky.* Plur. *des scotches.* Mais une majuscule de marque déposée, au sens de « adhésif ». ♦ **dérivé.** Le verbe **scotcher**, outre son sens propre de « fixer au moyen d'un adhésif », a souvent aujourd'hui, au passif, le sens fig. de « être stupéfait ou passionné au point d'en rester immobile sur son siège » : *Je suis scotché de voir la manière dont le gouvernement, sur ce dossier, préfère mettre la poussière sous le tapis* (*Le Monde*, 23/09/2011).

SCOUT forme. S'accorde en tant qu'adj. : *l'amitié scoute.*

SCRIPT genre. Masc. au sens de « écriture simplifiée » ou de « document remis à un obligataire par un débiteur momentanément insolvable ». Fém. quand il s'agit de l'abréviation de **script-girl** (plur. *des script-girls*), « secrétaire de plateau ». En ce cas, s'écrit officiellement *une scripte* avec un e final : *L'un des rares films de la Nouvelle Vague réalisé par une femme, qui fit scandale parce que l'auteur (ancienne scripte de François Truffaut) semblait défier les conventions* (*Le Monde*, 13/04/2007).

SCULPTEUR prononc. Le *p* est muet. La difficulté d'articuler [skylptœr] fait que l'influence de l'orthographe sur la prononciation de ce mot (et de ceux qui appartiennent à la même famille) est moins forte que pour **dompteur**. → DOMPTER. ♦ **forme.** Pas de fém.

SE constr. et emploi. Le pronom réfléchi **se** ne peut être séparé de l'infinitif que dans un registre très littéraire et principalement par un autre verbe auxiliaire de mode : *Mille intrigues se nouaient dans sa propre maison pour que les fiancés se pussent rejoindre à son insu* (Mauriac). La langue courante dit : *puissent se rejoindre.* → INFINITIF. Le pronom **se** ne doit renvoyer qu'à un sujet à la troisième personne : *il(s), elle(s), on.* Cependant, on rencontre assez souvent dans le registre pop. des tours discordants du type suivant : *Alors, nous devons se laisser exploiter par les capitalistes ?* (Dorgelès, cité par Le Bidois). *On se r'pliait parce qu'on nous avait dit de se replier* (Barbusse). Mais dans certains cas, on peut admettre, dans la même phrase qu'un verbe conjugué avec **nous**, l'infinitif pronominal avec **se**, lorsque ce dernier a une valeur généralisante : *Pétrifiés par l'incapacité de s'exprimer en public, nous avions bredouillé nos identités en mangeant nos mots* (Labro). On pourrait avoir : *l'incapacité des enfants de s'exprimer*... et dès lors la syntaxe ne poserait plus de problème.
□ **je l'ai fait (se) laver de force.** Après certains verbes comme *faire, laisser*, le pronom réfléchi peut disparaître, même dans le cas d'un verbe pronominal « proprement dit ». → FAIRE et PRONOMS PERSONNELS.
□ **il se frotte la jambe** ou **il frotte sa jambe**. → POSSESSIF.

SÉANT emploi et sens. Pour le part. et l'adj. → SEOIR. Le subst. ne se rencontre guère que dans les locutions vieillies : **être, se trouver, se mettre sur son séant** : *Je rougis, haussai les épaules et me dressai sur mon séant* (Boulle). Certains écrivains emploient cependant ce mot de façon assez libre, au sens de « derrière d'une personne » : *Il s'arracha de son fauteuil, épaule après épaule, et les reins ensuite, et enfin le séant* (Colette).

SEC orth. On écrit *sèchement* (accent grave) mais *sécheresse* et *séchoir* (accent aigu).

Sèche-cheveux est invar. ♦ **emploi et sens.** Cet adj. peut s'employer de façon adverbiale, et demeure invar. dans ce cas : *Ferrer dut patienter. Généralement gardant la chambre car ne souhaitant pas s'éloigner de ses antiquités, s'ennuyant sec quand il n'en pouvait plus de les regarder* (Échenoz). *Elle a démarré sec.* Le sens ne se confond pas avec celui de **sèchement**, bien qu'on puisse dire *parler sec* ou *parler sèchement.* La valeur intensive de cet adv. est si nette au niveau pop. qu'on en vient à l'employer au sens de « abondamment », même quand le contexte semble en contradiction avec l'« idée de sécheresse » : *Il pleut sec ! Ils boivent sec !* (au sens de « beaucoup » et non plus de « sans mettre d'eau dans leur boisson », qui est l'acception première). → PÈTE-SEC.

SÉCABLE orth. Un seul *c*, comme *sécateur.* ♦ **sens.** « Qui peut être divisé. » Antonyme : *insécable.*

SECCOTINE orth. Avec deux *c* et un *t.* Nom de marque déposée. Comme tel, prend une majuscule : *la Seccotine.* → cit. de Romains à *selon.*

SÉCESSION orth. On écrit : un sécessionniste, la guerre de Sécession.

SÉCHER → ASSÉCHER.

SECOND → DEUXIÈME.

SECONDE (substantif) **forme.** Au sens temporel, s'abrège en *s* (non suivi du point abréviatif).

SECOURS → RECOURS.

SÉCRÉTER orth. Deux accents aigus, ainsi que les dérivés : *des organes sécréteurs, des sécrétions,* etc. Toutefois, dans sa forme latine, *secreta,* mot plur. qui désigne l'ensemble des sécrétions glandulaires utiles à l'organisme (par opposition à *excreta,* qui nomme les excrétions ou déchets). ♦ **sens.** « Produire une substance en la laissant sortir lentement » : *Il aperçut Christine qui semblait sécréter du silence* (Duhamel). *Des villages interdits aux couples avec enfants devaient sécréter une nouvelle idée du bonheur* (Godbout). *Il y a une abondance de liquides sécrétés et de sucs prisonniers dans des récipients mous* (Hoex). *Ces œuvres d'art spontanées, sécrétées par la nature, qui obligent à faire preuve d'humilité* (C. Guedj). Il ne faut pas confondre ce verbe avec **secréter** (un seul accent sur le *e* médian), qui signifie « frotter les peaux avec une solution de nitrate mercurique acide », ni céder à l'influence de **secret**.

SECTATEUR et **SECTAIRE emploi et sens.** Subst. rare et vieilli, **sectateur** signifie « adepte d'une théorie » et ne doit pas être confondu avec l'adj. **sectaire**, « qui a des opinions étroites et intolérantes », ou bien « qui se rapporte aux sectes » : *La question sectaire est à ranger, elle aussi, parmi les non-dits et les dissensions de l'Union européenne* (Guillebaud).

SECTION constr. L'ellipse de la préposition **de** est admise, à la suite de ce subst., dans la langue des archivistes, bibliothécaires, conservateurs, etc. : *Je le ferais empailler et je le mettrais au musée de l'Homme, section vingtième siècle* (Sartre).

SÉCULAIRE et **SÉCULIER sens.** Le premier de ces deux adj. signifie « qui a lieu tous les cent ans », ou plus souvent « qui date d'un ou de plusieurs siècles, qui est très ancien » : *Ils se sont faits d'eux-mêmes, en quelque sorte ; l'usage séculaire a trouvé nécessairement la meilleure forme* (Valéry). *Imposer un ordre nouveau aux lois séculaires de la nature* (Cendrars). *Il est malaisé de se débarrasser d'une tradition séculaire.* Le second est du domaine de la religion et signifie « qui appartient au siècle, c.-à-d. au monde profane ». Il s'oppose à **régulier** (« qui appartient à un ordre ecclésiastique ») et à **moine** : *Je réclame pour Jeanne l'excommunication, le rejet hors du sein de l'Église, et sa remise au bras séculier pour qu'il la frappe* (Anouilh). On oppose **le clergé séculier** (le prêtre de paroisse) et **le clergé régulier** (hommes d'Église appartenant à un ordre, par exemple les bénédictins).

SÉCURISER emploi et sens. On use et on abuse de ce verbe (et de son dérivé **sécurisation**), tantôt au sens de « rendre un lieu, un local, etc. plus sûr », tantôt à celui de « préserver un individu d'un risque, d'un danger quelconque » : *D'après Jerry,* [...] *l'urgence était de planquer les sacs de sport, ensuite de lui trouver un lieu sécurisé dans la maison* (Ravey). *Les parents ont prévenu leurs enfants pour qu'ils ne se précipitent pas dans la fosse, les riverains ont sécurisé leurs pavillons et leurs appartements* (Rosenthal).

SÉCURITÉ et **SÛRETÉ orth.** On écrit la *Sécurité sociale* (avec une majuscule pour désigner l'organisme), mais la *sécurité sociale* (pour les mesures prises). ♦ **emploi et sens.** Ces deux subst. se font concurrence au sens de « situation calme résultant d'une absence de danger » : *J'ai parlé jadis de la sécurité des imbéciles* (Bernanos). *Elle n'a pas de métier, dit Milan, et l'amour de la sécurité vient avec l'âge* (Vailland). *M. Kossyguine accuse M. Nixon de saper les assises de la sécurité internationale* (Le Monde). *On se sent en sûreté* (ou *en sécurité*) *auprès de lui. Il a fait installer dans son entrée un dispositif de sûreté* (ou *de sécurité*). *La route est bordée par des glissières de sécurité. Les ceintures de sécurité sont devenues obligatoires.* Mais on emploie toujours **sûreté** dans les acceptions « judiciaires » : *L'hypocrisie de l'éloquence associée aux odeurs de cuir de la Sûreté générale !* (Audiberti). *La Cour de sûreté de l'État. Les inspecteurs de la Sûreté.* Il faut noter également qu'au sens actif de « fermeté, maîtrise », seul s'emploie **sûreté** : *Ce tableau est peint avec une étonnante sûreté de trait. Ce pilote a une rare sûreté de coup d'œil.*

SÉDIMENT ou **ALLUVION emploi et sens.** Contrairement aux *alluvions* (→ ce mot), dépôt fertile laissé par les eaux courantes, les **sédiments** désignent toutes sortes de dépôts laissés par divers agents physiques (la mer, le vent, etc.).

SÉDUIRE constr. On rencontre encore parfois le tour classique *se laisser séduire à*, à côté de la constr. habituelle avec la préposition **par** : *Il s'est laissé séduire à ses artifices.* → SURPRENDRE.

SÉGRÉGATION orth. Deux accents aigus. On écrit (avec deux *n*) : *ségrégationnisme, ségrégationniste.* On rencontre quelquefois dans l'usage **ségrégatif**, formé sur le modèle de *agrégatif* et que reprennent le *Grand Larousse de la langue française* et le *GDEL.*

SEICHE orth. Ne pas écrire *sèche.* ♦ **sens.** « Mollusque céphalopode. » On connaît moins l'homonyme *seiche,* qui désigne des « vagues stationnaires, sur le Léman », ou en physique, une « onde superficielle stationnaire ».

SÉIDE sens. « Adepte fanatique. » Proche de **affidé** : *L'irruption des Allemands en vert-de-gris, bientôt suivis de leurs séides, Français en uniforme de la Milice ou en civil* (Labro).

SEIGNEUR orth. On écrit avec des majuscules : *Notre Seigneur, le Seigneur,* pour désigner Jésus-Christ.

SEIGNEURIE forme. Ne pas dire ni écrire *seigneurerie.* ♦ **sens.** « Droits, pouvoirs, terre, ou titre attachés à certains dignitaires » : *Nous prions humblement Votre Seigneurie de nous rendre notre parole* (Claudel).

SEIN emploi et sens. La locution **au sein de**, qui a le sens fig. de « à l'intérieur de », appartient au registre littéraire et apparaît vieillie ou stéréotypée.

SEING emploi et sens. Ce subst. qui signifie « signature » est rare aujourd'hui, en partie à cause des rencontres homonymiques nombreuses (avec *sain, sein,* etc.), et ne survit que comme archaïsme : *Ce fut même ce pauvre pasteur qui remarqua que j'avais reçu la vie terrestre le jour même où l'édit de révocation avait reçu le seing royal* (Chabrol). *Affaire faite, tous frais pour actes, seings et sceaux acquittés, lui resteraient encore quinze bonnes livres sterling* (Léger), ou dans quelques loc. de la langue administrative, telles que *sous seing privé.*

SÉISME forme. L'adj. dérivé est **sismique** plutôt que **séismique** (indiqué aussi par les dictionnaires). On dit un *sismographe.* Haroun Tazieff a écrit : *Une remarque d'ordre philologique : faut-il dire (et écrire) sisme, sismique, sismographe, sismologie ou séisme, séismographe... Logiquement, c'est le premier terme de l'alternative qu'il faut adopter, et c'est ce que j'ai fait, sauf pour le mot séisme, où la phonie à deux syllabes s'est généralisée à tel point qu'il est inutile d'aller contre cette coutume, bien ancrée.* → SISMIQUE.

SÉJOUR emploi et sens. Ce subst. est vieilli au sens général de « lieu où on séjourne » : *J'ai parcouru notre pâle séjour, je t'ai demandé de toutes parts* (Valéry). Mais il est très répandu comme abréviation de **salle de séjour**, et tend dans cet emploi à supplanter *living(-room)* (→ ce mot), *salle à manger, salon* : *Il m'a reçu dans son séjour encore encombré par les caisses des déménageurs.* On rencontre aussi aujourd'hui dans l'immobilier la bonne traduction **pièce à vivre**.

SELECT forme. Cet anglicisme est resté longtemps inaccentué et invar., mais on tend aujourd'hui à l'écrire avec un accent aigu : *sélect*, et même parfois à lui ajouter un *s* au plur. On écrira donc soit *des bars select* (sans accent ni *s*) soit *des bars sélects* (avec accent et *s*). Vieilli.

SÉLECTIONNER emploi et sens. Ce verbe implique plus de rigueur dans le choix que son « synonyme » **choisir**. Il signifie « établir une classification précise permettant de conserver une partie d'un tout » : *Parmi les nombreux candidats, il a fallu sélectionner les plus sérieux.* Ce verbe est particulièrement employé dans la langue du commerce et dans celle du sport. Sa longueur ou sa lourdeur le fait souvent éviter aux écrivains, bien que, grâce à la facilité de sa conjugaison, il soit bien passé dans l'usage. → RÉCEPTIONNER, SOLUTIONNER.

SÉLÉNIEN forme et sens. « Qui a trait à la lune. » On dit aussi **sélénique** et l'on trouve le mot **sélène**. A formé *sélénographe* et *sélénologue*, ces deux termes désignant une personne spécialisée dans l'étude de la Lune. Ne pas confondre avec **sinologue**, « personne étudiant la langue, la culture ou la politique chinoise ».

SELF emploi et sens. Ce préfixe anglais qui équivaut à notre préfixe *auto-* entre dans la composition de termes appartenant aux domaines de la politique, de la psychologie, etc. Il signifie « (par) soi-même » : *self-control, self-government, self-inductance, self-made-man, self-service* (abrégé en *self*). → ce mot. *Il se mit à mener un tapage d'enfer, en conservant assez de self-control pour miauler de temps en temps, comme un bon chat domestique* (Vian).

SELF-SERVICE forme. Plur. des *self-services.* S'emploie plutôt pour des restaurants où l'on se sert soi-même : *On déjeunait au self-service des Oiseaux, le Foyer des jeunes travailleurs dans le nord de la ville* (Ravey). *Déjeuner au self. Libre-service* (plur. *des libres-services*) s'applique à divers établissements commerciaux. → LIBRE-SERVICE.

SELLETTE (ÊTRE SUR LA) orth. Deux *l* et deux *t.*

SELON ou SUIVANT emploi et sens. Comme prép. *(selon, suivant)* ou conjonctions (*selon que, suivant que* avec l'indic.), ces deux mots s'emploient à peu près indifféremment : *Suter leur distribuait des terres ou les employait selon leurs capacités* (Cendrars). *Le fils aîné l'a recollé à la Seccotine, après avoir chauffé les deux bords de la cassure suivant les instructions qui figurent sur le tube* (Romains). *Suivant la vieille coutume française, on ne mettait jamais de nappe le matin* (La Varende). Il semble que **selon** soit plus littéraire. Quoi qu'il en soit, son sens de « en se conformant à » est moins immédiatement senti que lorsqu'on emploie **suivant**, qui fonctionne encore partiellement comme le part. présent du verbe *suivre.* Devant un pronom régime, on ne peut employer que *selon* et non *suivant* : *Selon moi, il ne dit pas la vérité.* Enfin, le tour elliptique, **c'est selon**, au sens de « cela dépend, peut-être bien », est vieilli. Voici des exemples de **selon que**, locution conjonctive : *Ça sera un cache-nez, ou une écharpe, ou une couverture, selon que j'aurai plus ou* *moins longtemps besoin d'occuper mes doigts* (Giono). *Cela, sachez-le, vous pouvez l'entraver ou l'aider selon que vous lui montrerez votre méfiance ou votre foi* (Vercors). *Selon que*, au sens comparatif de « comme », est désuet : *L'heure de l'épreuve est venue en Babylone, selon qu'il est dit dans les prophètes* (France).

SEMAILLES forme. Ce subst. n'a pas de sing. : *De nouvelles semailles arrivent d'Europe* (Cendrars). ⟶ -AILLE(S).

SEMAINE emploi et sens. Employée comme complément circonstanciel, la locution **la semaine** évoque une durée variable, six, sept ou même huit jours : *Il est absent la semaine, pour la semaine.* Pour signifier « un jour de la semaine », on dit **en semaine** : *Si* vous *voulez voir mon mari, il ne faut pas venir en semaine.*

□ **deux fois la semaine, par semaine** ⟶ FOIS et PAR.

□ **à la petite semaine.** Cette locution est du registre fam., et signifie « sans plan d'ensemble » (comparer *au jour le jour*) : *Tu peux t'en servir pour jouer aux cartes et pour continuer à rouler l'Archevêque à la petite semaine* (Anouilh).

SEMBLABLE et **SIMILAIRE sens.** « Qui ressemble à », équivalent de **analogue**, tandis que **identique** implique une « ressemblance parfaite, rigoureuse » : *Dans le prolongement du sentier, le soleil, semblable à une grosse orange, monte très vite vers le zénith* (Cendrars). Le doublet savant **similaire** est moins usité et se rencontre, entre autres, dans la langue du commerce : *Au cas où l'article commandé ne serait plus disponible, nous vous proposerions un article similaire.* ⟶ ANALOGUE.

SEMBLANCE emploi et sens. Ce subst. est archaïsant et ne s'emploie plus que dans un registre très littéraire, au sens d'« apparence » : *Regardez donc là-bas. – Il y a quelque semblance* (Queneau).

SEMBLANT (faire - de rien). forme. Cette locution s'emploie le plus souvent sans la négation *ne*, et signifie « adopter un comportement faussement innocent » : *Tout le monde savait, mais faisait semblant de rien* (Jourde).

SEMBLER constr. À la forme impersonnelle, ce verbe est suivi d'une proposition dont le verbe est au subj. ou à l'indic., selon le degré de probabilité ou de certitude (que **sembler** soit accompagné ou non d'un pronom personnel complément d'objet indirect) : *Il semblait qu'elle les eût fort bien connus* (Aragon). *Il semble que cette pièce n'ait jamais été habitée que par le temps* (Huguenin). *Il me semblait parfois qu'une impression de beauté naquît de l'exactitude* (Valéry). Avec l'indic. : *À dix-huit ans, il me semble que j'ai le droit de savoir quelles sont tes intentions exactes pour l'avenir* (Troyat). *Il lui semblait qu'il avançait environné de lumière* (Barjavel). *Il semble que le droit d'aînesse est une prérogative injuste et contraire au droit naturel* (Pontalis). On notera cependant que l'indic. est plus fréquent si le verbe **sembler** est accompagné d'un objet secondaire (pronom personnel ou subst.) et le subj. quand il est employé absolument : *Il me semble qu'il y a*, en face de : *il semble qu'il y ait.* De plus, quand **sembler** se trouve dans un contexte négatif ou interrogatif, le verbe qui suit se met normalement au subj., comme après les verbes *croire, penser*, etc. : *Il ne me semble pas, cependant, que cette discrimination fondamentale soit admise aujourd'hui* (Daniel-Rops). *Vous semble-t-il qu'il y ait là matière à discussion ?*

□ **sembler (de) + infinitif.** Cette constr. est franchement archaïque : *Il me semble d'avoir fait de l'existence qui me fut donnée, une sorte d'ouvrage humain* (Valéry). La constr. directe, sans *de*, est la plus habituelle : *Il me semblait découvrir l'envers de l'ouvrage* (Lacretelle).

□ **que te semble de ?** Ce tour est littéraire et archaïsant : *Ô Socrate, que te semble de la danseuse ?* (Valéry). La langue courante dit : *que penses-tu de ?*

□ **à ce qu'il** ou **qu'il me semble.** Les deux formes sont correctes, puisque **sembler** est tantôt personnel, tantôt impersonnel : *Longtemps après, à ce qui lui semblait, le mot féroce venait l'atteindre* (Bernanos). ⟶ QUI, RESTER, etc.

□ **ce (me) semble.** Avec ou sans pronom complément, cette loc. appartient au registre littéraire, et forme une proposition incise : *Le grand défaut des acteurs actuels est, ce me semble, de réciter* (Stendhal, *Journal*, 1804).

SEMESTRIEL sens. « Qui a lieu tous les six mois » ou « qui se rattache à une période de six mois, à un semestre ».

SEMI- orth. des composés. Ce premier élément est toujours suivi d'un trait d'union : *On la faisait s'asseoir dans un grand fauteuil qui basculait lentement en arrière dans une position semi-allongée* (Lefèvre). → DEMI.

SEMIS orth. Un *s* final, même au sing. : *un semis de jacinthes.*

« **SEMPER VIRENS** » **emploi et sens.** Nom invar. de certaines plantes « dont les feuilles sont toujours vertes ». On trouve chez certains botanistes l'adj. **sempervirent** : *une forêt sempervirente.*

SÉNESCENT ou **SÉNILE emploi. Sénescent** se réfère au vieillissement biologique normal, c'est un terme d'acception scientifique, alors que **sénile** marque l'affaiblissement des facultés.

SENESTRE orth. Sans accent aigu sur le premier *e.* ♦ **emploi et sens.** Adj. devenu très rare, au sens de « gauche, à gauche » : *Il constate enfin que la statistique des dextres et des senestres accuse une forte préférence pour les premières* (Valéry).

SENS prononc. Le *s* final se fait entendre, sauf dans **sens dessus dessous** et **sens devant derrière**, qui se prononcent [sãdsydsu] et [sãdvãdɛrjɛr]. ♦ **orth.** Les locutions précédentes s'écrivent aujourd'hui *sens*, et non *sans* ou *c'en* : *Elle s'affolait, voulait tout emmener et mettait la maison sens dessus dessous* (B. Clavel). **Contresens** s'écrit en un seul mot, sans trait d'union, mais **faux sens** en deux mots.

□ **d'un sens.** Cette locution relève du registre pop. : *D'un sens, ça vaut mieux, qu'il soit arrivé au dernier moment* (Hériat). *Ça, c'était plutôt bien d'un sens* (Sartre). Pour signifier « d'une certaine manière », on emploiera mieux **en un sens** ou **dans un sens** : *Il y a encore des policiers ? Dans un sens, j'aime mieux ça, et voilà qui me tranquillise un peu* (Salacrou).

□ **à mon sens, à ton sens,** etc. « Selon moi, toi, etc. » : *À son sens, M. Rezeau ne pouvait nous donner nulle preuve plus péremptoire de sa tendresse* (Bazin).

SENSÉ et **CENSÉ** → CENSÉ.

SENSIBLE emploi et sens. Depuis le début des années 2000, cet adj. est souvent employé comme euphémisme, accolé à **cité, quartier, problème, etc.** pour désigner certaines zones urbaines qui sont souvent l'objet de troubles ou de manifestations plus ou moins violentes (sens emprunté à l'anglais) : *Devant eux, la vie s'écoule tranquillement à la cité dite « sensible » des Tarterets, à Corbeil-Essonnes* (*Libération*, 08/04/2007). *La politique le rattrape une nouvelle fois avec Jacques Chirac [...] qui le nomme en 2001 président du CSA. Poste sensible et somme toute politique, il utilisera tous ses talents de centriste pour prendre ses décisions* (D. Psenny, *Le Monde*, 06/06/2011). On rencontre même ce mot appliqué parfois à un nom de personne : *Le corps d'élite du RAID intervient parfois pour protéger certaines personnalités sensibles* (Piotr Smolar, *Le Monde*, 14/05/2007). On en arrive à une langue de bois, qui fausse complètement le sens usuel : *La fermeture du tribunal des armées de Paris va différer l'examen de dossiers sensibles* (N. Guibert, *Le Monde*, 15/04/2011). → POLITIQUEMENT CORRECT et LANGUE DE BOIS.

SENSORI-MOTEUR orth. Le premier élément reste invar. : *des troubles sensori-moteurs, des affections sensori-motrices.*

SENTE emploi et sens. Ce mot est rare, au sens propre ou fig. de « petit sentier » : *Et tout de suite, sa pensée se trouvait ramenée sur les sentes familières* (Duhamel). Ne pas confondre avec **sentine**, qui désigne le « fond de la cale d'un navire » et, par extension, un « lieu sale et humide ».

SENTIR conjug. Comme *dormir.* → APPENDICE GRAMMATICAL. ♦ **emploi et sens.** La locution de sens fig. *sentir le pédant* ou *sentir son pédant* est admise par le bon usage, à la différence de *faire le* ou *son malin*. → FAIRE. *Il craignait que sa sœur ne dît ou ne fit quelque chose qui sentît trop son village* (Mérimée). Quant à **ne pas pouvoir se sentir**, c'est un tour exclusivement fam., qu'on ne rencontre pas sous la forme affirmative et qui a la valeur réciproque de « ne pas se supporter mutuellement » : *Ces deux collègues ne peuvent pas se sentir.*

□ **ne pas se sentir de + infinitif.** Ce tour est fam., au sens de « n'avoir pas envie de » : *C'est, dit-il d'une voix ralentie, du thé qu'il me faudrait, peut-être, mais alors je ne me sens vraiment pas de me lever* (Échenoz). *Reste, je ne me sens pas de passer la soirée toute seule ici* (Garnier).

SEOIR conjug. Très défective. → APPENDICE GRAMMATICAL. ♦ **emploi et sens.** Ce verbe est rare et littéraire, au sens de « convenir, s'accorder à » : *Quatre ou cinq pages de développements qu'il siérait ici de gonfler* (Gide). *Si les choses doivent s'arranger, il sied que le médecin ne les trouble point* (Valéry). *Il y avait fausse donne, et l'improvisation ne seyait pas à sa nature* (Khadra).

□ **séant** ou **seyant.** Ce sont deux variantes du part., la seconde forme étant la plus fréquente, et fonctionnant en général comme un adj. : *Mes culottes cyclistes sont des plus seyantes* (Queneau). *J'ai passé là-haut deux jours de brume et de neige, plus seyantes au pays que le ciel bleu que nous espérions y trouver* (Gide). La première forme se rencontre au sens propre de « qui siège » dans certains tours de la langue judiciaire : *La Cour de cassation séante à Paris* (accord du part. selon l'ancien usage, d'après Grevisse). → SÉANT.

SÉPALE genre. Masc. *un sépale*, comme *pétale*. → ce mot.

SÉPARER constr. Comme pour les verbes **détacher, discerner, distinguer**, etc., on peut construire **séparer** avec un simple **de** ou avec le groupe **d'avec** : *Et vous voudriez commettre la mauvaise action de vous séparer d'eux ?* (Martin du Gard). *Il vit séparé de sa femme* ou *d'avec sa femme. Les bonnes âmes disposent de mystérieux critères pour séparer les bons d'avec les méchants* ou *séparer les bons des méchants*. Le groupe **d'avec** est plus lourd, mais permet parfois d'éviter une ambiguïté. Il en est de même pour le subst. **séparation** : *Toute séparation, même courte, d'avec l'expérience lui était funeste* (Romains).

SÉPIA orth. Invar. comme adj. : *des photos sépia*, mais prend un *s* final au plur. au sens de « dessin ou lavis réalisé avec cette matière brunâtre ».

SEPT prononc. [sɛt]. Le *p* est muet ainsi que dans *septain, septième, septièmement, septmoncel* (fromage et localité). Il se prononce partout ailleurs : *septante, septembre, septuple*, etc. ♦ **forme.** Invar. dans tous les cas. *Le beau film « Les Sept samouraïs ».* Mais on écrit avec deux *n* : *septennat, septennal* et l'on prononce le *p*.

SEPTANTE prononc. [sɛptɑ̃t]. ♦ **emploi et sens.** C'est l'équivalent – plus logique dans la série *cinquante, soixante...* – de *soixante-dix*, couramment utilisé en Belgique et en Suisse, de même que les dérivés *septantième* et *septantaine*. Mais *septuagénaire* appartient au français standard.

SEPTENTRIONAL emploi et sens. Cet adj., d'emploi didactique ou littéraire, signifie « qui est au nord » : *Une maison de bonne apparence, construite sur le trottoir septentrional de la rue* (Duhamel). On dit plus couramment : *le trottoir nord.* **Nordique** a un sens plus précisément géographique : [Son] *admiration devant les exploits septentrionaux de Ferrer* (Échenoz). *Les pays nordiques.*

SEPTIQUE → SCEPTIQUE.

SÉPULTURE, SÉPULCRE emploi et sens. Le premier nom a soit le sens actif de « action d'ensevelir » : *La porte de la chambre de Pilar, dont celle-ci avait pris sur elle la clé afin de garder son père jusqu'à la sépulture* (Peyré), soit le sens de « tombeau » : *Il faut explorer dans le froid et l'obscurité des sépultures qui avaient été violées dans les temps anciens* (Eydoux). Il est littéraire et vieilli, en dehors d'un contexte archéologique (comme dans la cit. qui précède). De même **sépulcre** : *La découverte de sépulcres souterrains.* Voir aussi le *Saint-Sépulcre* (avec deux majuscules), qui désigne le « tombeau du Christ ».

SÉQUENTIEL prononc. [sekɑ̃sjɛl] (comme *séquence*) et non [sekwɑ̃-].

SÉQUESTRER orth. Un accent aigu sur le premier *e*. De même pour **séquestration** et **séquestre**.

SÉQUOIA prononc. [sekɔja] ♦ **orth.** Un accent aigu sur le *e*. Pas de tréma sur le *i*.

SÉRÉNADE emploi et sens. À l'origine, la **sérénade** est destinée à être jouée le soir (ou dans la nuit) et en plein air, sur des instruments à vent et sur les instruments à corde les plus légers à véhiculer. Elle remplace ou supporte un chant vocal et s'oppose à l'**aubade**, donnée au lever du jour (selon Massin). Le mot prend parfois une valeur dépréciative : *On dirait que vous allez me chanter une sérénade* (Romains). → AUBADE.

SERF prononc. Le *f* final est toujours prononcé : *un* ou *des* [sɛrf]. ♦ **forme.** Le fém. est *serve*. ♦ **emploi et sens.** Le système féodal ayant disparu, ce subst. se rencontre surtout dans des emplois fig., de même que **esclave**, dont il est synonyme : *Serfs dans l'âme, ils envoient à la Chambre une demi-douzaine de vicomtes républicains* (Bazin). *Et lui, prisonnier dans son appartement, serf de sa famille, esclave de la loi bourgeoise* (Kessel).

SERGENT orth. On écrit : *un sergent-chef, des sergents-chefs ; un sergent-major, des sergents-majors. Il s'assoit derrière un pupitre, il trempe sa plume sergent-major dans l'encrier* (Maïssa Bey).

SERGENT DE VILLE emploi. Ce nom composé est aujourd'hui remplacé par **agent de police** et **gardien de la paix.**

SÉRIE constr. Comme pour les subst. à sens collectif, l'accord du verbe qui suit varie, quand **série** a un complément au plur. : *Toute une série de mannequins a* ou *ont défilé sous nos yeux.* → COLLECTIF, FOULE, etc.

SÉRIER emploi et sens. Ce verbe, qui signifie « établir une classification rigoureuse », insiste plus que **classer** ou **classifier** sur la notion de « division, séparation » : *Nous allons sérier, répondit-il. Nous allons faire une série de découpages psychologiques dans votre vie de femme* (Chraïbi).

SERIN forme. Invar. quand il est employé comme adj. de couleur : *Un petit-maître en culotte serin* (France). → COULEUR.

SERMON et **PRÊCHE emploi.** Le *sermon* est prononcé par un catholique, le *prêche* par un protestant.

SERPENT orth. On écrit *serpent à lunettes, à sonnettes* (avec *s* final).

SERPILLIÈRE prononc. [sɛrpijɛr]. ♦ **orth.** Ne pas omettre le *i* après les deux *l* : *Va me chercher la serpillière et un seau d'eau* (Jelinek).

SERRE- forme. Le plur. des composés formés à l'aide de cet élément verbal invar. prend un *s* final, dans le cas de *serre-file, serre-frein* et *serre-joint*, et bien entendu quand le sing. en est déjà pourvu : c'est le cas de *serre-fils* et *serre-livres*. On écrit *des serre-tête* ou *des serre-têtes*.

SÉRUM et **VACCIN emploi. Sérum** désigne une préparation curative, **vaccin** une préparation administrée à titre préventif.

SERVAL forme. Plur. *des servals.* ♦ **sens.** « Chat-tigre d'Afrique. »

SERVANTE ou **SERVEUSE emploi et sens. Servante** (fém. de *serviteur*) est un terme obsolète qui désignait une femme ou fille employée à des travaux ménagers. On dit actuellement une *femme de ménage* ou *une aide ménagère.* **Serveuse** (fém. de *serveur*) s'applique à une personne qui sert dans un café ou dans un restaurant.

SERVICE emploi. On dit **offrir ses services à qqn**, mais **faire des offres de service** (au sing.).

SERVIETTE-ÉPONGE orth. Trait d'union. Plur. *des serviettes-éponges.*

SERVIR constr. Dans les tours impersonnels et interrogatifs **à quoi sert(-il) de** et **que sert(-il) de + infinitif**, on notera que le pronom neutre *il* est facultatif : *À quoi lui avait-il servi de s'enfuir ?* (Vidalie). *Mais que sert de rappeler ici tant d'espoir ?* (Gide). → QUE (pronom interrogatif).
□ **servir à rien** ou **de rien.** Ces deux constr. sont équivalentes pour le sens. Il semble que de nombreux écrivains aient une préférence pour la prép. **de**, même quand il ne s'agit pas seulement d'éviter la rencontre *servir à X... à faire* : *Nous refusons distraitement l'avenir à ce qui ne nous sert de rien* (Valéry). *Elle ne lui servait plus de rien, elle n'autorisait plus le Rêve de sa vie* (Schwarz-Bart). *Il ne servirait de rien que je vous dise que je suis ici par devoir* (Mauriac). *Je sais que les conseils ne servent absolument de rien* (Duhamel). *Même si je parvenais à me glisser jusqu'à la porte de votre coffre, ma clef ne me servirait de rien* (Romains). Mais la constr. la plus courante est la suivante : *Le fait est qu'ils ne m'ont servi à rien* (Bernanos). *Une force qui ne servirait jamais à rien d'autre qu'à vivre, sans pensées et sans regrets* (Mallet-Joris). Quant à la constr. transitive directe, elle correspond au sens de « être au service de », au propre comme au fig. : *On trouvait encore des gens pour vous servir* (Daninos). *Depuis cinquante ans, il n'est pas une découverte de la science qui n'ait finalement servi la guerre* (Bernanos).

SERVITEUR emploi et sens. On ne dit plus *je suis votre serviteur*, ou, par ellipse, *serviteur !* pour remercier qqn ou, avec une nuance d'ironie, pour décliner une proposition. Mais on rencontre encore, dans le style plaisant, **votre serviteur**, au sens de « moi-même » : *Qui est-ce qui a encore tout arrangé ? – Votre serviteur !* → SERVANTE.

SERVITUDE emploi et sens. Vieilli et littéraire au sens de « esclavage » (→ SERF), mais courant avec des noms d'objet, au sens de « restriction d'ordre juridique ou mécanique » : *Elles s'opposaient* [...] *à ce que la jouissance leur fût supprimée d'une servitude qui appartenait à leur immeuble* (Barrès).

SERVOMÉCANISME orth. Se garder du barbarisme *cerveau-mécanisme.* De même pour *servocommande, servodirection, servofrein, servomoteur.*

SESSION et **CESSION sens.** Ces homonymes ne doivent pas être confondus dans l'écriture. Le premier renvoie à **siéger** : *Le thème principal de cette session de l'Otan sera celui des rapports Est-Ouest* (*Le Monde*). Le second renvoie à **céder**, surtout dans le domaine des affaires : *Tout souscripteur ou actionnaire qui a cédé son titre cesse, deux ans après la cession, d'être responsable des versements non encore appelés* (statuts de société immobilière). Ne pas confondre avec **cessation**, qui renvoie au verbe *cesser.*

SESTERCE genre. Masc. *un sesterce.* ♦ **sens.** « Monnaie romaine d'argent. »

SEUL constr. Cet adj. change de sens suivant qu'il est placé avant ou après le subst. qu'il qualifie : *C'est un homme seul* (c.-à-d. « qui vit et décide dans la solitude »). Mais : *C'est le seul homme compétent dans ce domaine* (c.-à-d. « il n'y en a aucun autre, il est unique de son espèce »).
□ **le seul... qui** ou **à**. Ce tour s'apparente à la constr. du complément du superlatif relatif. Le verbe de la relative qui suit peut être : **1)** À l'indic. pour insister sur la réalité du fait : *La seule vie dont il pouvait entendre le récit, c'était la sienne* (Rey). *Le seul d'entre nous pour qui la venue de Swann devint l'objet d'une préoccupation douloureuse, ce fut moi* (Proust). Ce mode se rencontre surtout quand le verbe principal est au passé, mais en voici un exemple au présent : *Je suis la seule devant qui il peut prononcer ce mot* (Kessel). **2)** Au subj., avec une nuance de but ou de conséquence. C'est le cas le plus fréquent : *La seule chose qu'elle ait entendue parmi tout ce qui était dit, crié, toussé, pleuré ; – et la seule chose qu'elle ait comprise, c'est*

qu'elle pourrait passer, puisque Romain avait passé (Ramuz). *Ces deux beaux yeux jadis, les seuls qui m'aient jamais regardé* (Claudel). *Elle le regardait, lui, le seul être qu'elle aimât de tendresse, le seul qui lui fût nécessaire* (Peyré). *Le sentiment de sa fatigue était le seul dont Stéphane n'arrivât pas à tirer le moindre effet* (Mallet-Joris). **3)** Au conditionnel : *Tu as fait disparaître les seuls insectes qu'il aurait fallu garder.* ♦ Quand le mot se rapportant à **seul** est également sujet du verbe qui le complète, on peut employer **seul à + infinitif** : *Bleston est la seule ville de toute l'Angleterre à posséder de beaux spécimens de cette période* (Butor). *Les seuls de la maisonnée à ne pas avoir connu M. de l'Aubépine le Jeune, c'était les Lambert* (Vallejo). On rencontre aussi le tour **pas un seul X... pour** : *Peut-elle imaginer qu'il se soit trouvé un seul chef de nos armées pour passer outre à cette signature ?* (Japrisot).

□ **le seul...** au lieu de **seul le...** Ce tour est une survivance de la langue classique qu'affectionnent certains écrivains : *C'est pourquoi la seule danseuse peut le rendre visible par ses beaux actes* (Valéry). La langue d'aujourd'hui antépose l'adj. à l'article : *Seule la danseuse...*

□ **seul à seul.** Quand cette locution se rapporte à deux hommes, elle reste invar. : *Le père et le fils restèrent seul à seul.* S'il s'agit de deux femmes, on écrit normalement : *Elles se sont parlé seule à seule.* S'il s'agit au contraire de deux personnes de sexe différent, on fait généralement l'accord suivant le sens, et le premier **seul** se met souvent à la personne de celui qui parle. Ainsi Verlaine écrit : *Nous étions seul à seule et marchions en rêvant.* De même : *Il eût voulu lui parler seul à seule* (Rolland). Mais on trouve aussi l'ordre inverse : *À présent qu'il la possédait seule à seul* (M. Prévost). Conformément à l'usage ancien, certains auteurs laissent la locution invar. même s'il s'agit d'un homme et d'une femme : *Peut-être aurait-il mieux valu que chacun parle à Françoise seul à seul* (Beauvoir).

□ **seul en épithète détachée.** On rencontre parfois cet adj. en tête de phrase au sens adv. de « seulement ». Il s'accorde néanmoins avec le subst. auquel il se rapporte : *Seules, les girls qui l'entourent s'en aperçoivent* (Némirovsky). *Seuls les vieux journaux qui lui servaient de matelas avaient souffert de l'incident* (Cossery). *Seuls comptent les beaux yeux clairs de la petite qui doivent s'ouvrir* (Benameur).

□ **à seule fin de** → FIN.

SEULEMENT emploi et sens. La langue soutenue évite en général l'emploi de cet adv. associé à la locution **ne... que**, qui a déjà un sens restrictif par elle-même. On entend fréquemment à la radio ou à la télévision : *Il n'y a seulement qu'à...*, ce qui n'est pas heureux. Cependant, il est parfois nécessaire d'employer *seulement* pour éviter une équivoque, par exemple avec **ne... plus que** : *Et déjà, elle ne faisait plus seulement que de se résigner* (Martin du Gard). L'absence de *seulement* aboutirait ici à un véritable contresens. Le sens restrictif de cet adv. porte en général sur un segment de phrase : *Il n'est pas qu'un gars perdu et déglingué par la vie, non, pas seulement, même si la vie l'a déglingué* (Mauvignier). *Il y a seulement trois jours qu'il est parti.* Dans le groupe **non seulement... mais encore**, on veillera à assurer l'équilibre des deux éléments comparés : *Non seulement il a été grièvement blessé, mais encore* (de plus, etc.) *il ne s'en remettra jamais tout à fait. Non seulement son père, mais aussi sa mère est venue* (ou : *sont venus*) *me voir.* La règle est la même que pour les autres mots coordonnants, qui doivent relier entre eux des éléments de même nature : *Non seulement elle était capable de faire ce qu'elle disait, mais de dire ce qu'elle faisait* (Rolland). *Cela dit, non seulement nous devons remercier J.-M. Marcel d'avoir tenté l'expérience, mais reconnaître dans son film des qualités évidentes* (A. Brincourt). Le Bidois qui cite ces phrases (*Le Monde*, 26/06/1968) fait justement remarquer qu'elles présentent une anticipation illogique de *non seulement.* La constr. régulière serait : *Elle était capable non seulement de faire, mais de dire. Nous devons non seulement remercier, mais reconnaître.* → MAIS.

□ **seulement, en tête de phrase**, marque l'opposition ou la restriction : *Un homme de six pieds allonge le bras et prend ce livre sur le plus haut rayon ; un petit homme n'en peut faire autant ; seulement il prend l'escabeau* (Alain). Le registre fam. dit volontiers : *Faites-le seu-*

lement, et vous verrez. Mais le sens temporel est parfaitement correct : *Je viens seulement de me rendre à l'évidence.*

□ **ne... seulement pas.** Ce tour est littéraire lorsque *seulement* signifie « cependant » : *Celles-ci sont vénérables personnes que ne j'introduirai seulement pas dans un conte où l'on badine* (Boylesve). Il est fam. lorsque *seulement* signifie « même ». On trouve plus souvent, dans ce sens *ne... pas seulement* : *Vous n'avez pas seulement dit bonjour à Marcel* (Bazin).

SÉVIR conjug. Comme *guérir.* → APPENDICE GRAMMATICAL. ♦ **emploi et sens.** Ce verbe signifie « exercer une répression », et, par extension, « exercer une activité pénible pour autrui » : *Cette attaque semble le fait de jeunes voyous qui sévissent fréquemment aux abords de la gare* (*Le Monde*). *Il y avait du soleil sur les vitres. Pourtant la corne de brume sévissait toujours* (Simenon). Quant au subst. dérivé **sévices**, il ne s'emploie qu'au plur. et au sens propre de « mauvais traitements corporels, tortures » : *L'intervention énergique de cette grand-mère nous avait sauvés de sévices inconnus* (Bazin). *Elle l'avait vu un soir, la menaçant – elle, sa mère ! – des pires sévices si elle « gâchait » tout* (Sagan).

SEXE emploi et sens. Ce subst. est désuet au sens de « ensemble des femmes » : *Cette stupidité sans prétention qui est un charme chez le sexe* (Montherlant). On disait aussi : *les personnes du sexe*, pour « les femmes » : *Je ne pourrais pas plus que vous corriger à la main une personne du sexe* (Kessel). Dans l'emploi actuel, ce mot est le plus souvent accompagné d'un adj. : *Le sexe masculin, prétendu fort, et le sexe féminin, prétendu faible, ou beau.* On rencontre aussi le sens relativement récent de « activité liée aux relations sexuelles » : *Là où il y a de la drogue, il y a du sexe. Ne soyez pas étonnés : aujourd'hui, on couche très tôt* (Barbery).

SEXY emploi et sens. Cet adj.-subst. d'origine anglo-saxonne qualifie en principe, dans l'usage fam., ce qui se rapporte au sexe, à l'érotisme : *Comme c'est rue Saint-Honoré, évidemment, c'est du sexy chic, avec des dessous en dentelle fait main, des strings en soie et des nuisettes en cachemire peigné* (Barbery). Mais l'extension d'emploi et de sens est jugée sévèrement par maint spécialiste : *Aujourd'hui, tout est sexy : un gâteau, un pot de confitures, une voiture* [...]. *Les jeunes disent : « C'est pas sexy », pour dire : « C'est pas top ». La moindre contrariété peut être qualifiée de « pas sexy », même si la frustration est l'essence du désir. Une femme sexy, c'est une femme qui a de la valeur sur le marché de la séduction. Or, le sexy ne devrait pas être visible* (M. Margiela, couturier, *Libération*, 09/08/2008).

SEYANT → SEOIR.

SH- orth. Initiale de certains mots d'origine anglo-saxonne par contraste avec les mots d'origine germanique, qui s'écrivent avec *sch-*. → CI-DESSOUS.

SHAMPOOING prononc. [ʃãpwɛ̃]. ♦ **forme.** Ce subst., bien qu'il soit admis aujourd'hui dans notre langue, a conservé une forme assez barbare. On peut très bien se contenter d'un seul *o* : *Le fils de la coiffeuse (celui qui faisait les shampoings)* (Simon). Il prend un *s* au plur. : *Shampooings bariolés gonflant de petites vessies transparentes* (Mallet-Joris). Il a donné les dérivés *shampouiner, shampouineur.* Eric Orsenna écrit *shampouineuse*, mais ne va pas jusqu'à franciser le *sh-* initial en *ch-* !

SHANT(O)UNG orth. Le nom de cette soie d'origine chinoise peut s'écrire avec ou sans *o* : *shantung* ou *shantoung.*

SHÉRIF orth. Ne pas confondre avec *schérif* ou *chérif.* → ces mots. ♦ **sens.** « Magistrat » (en Angleterre), « officier d'administration élu » (aux États-Unis).

SHILLING sens. « Unité monétaire anglaise » : *Cinq shillings le boisseau de seigle ! Huit shillings le boisseau de blé !* (Léger). Une livre vaut vingt shillings. Ne pas confondre avec **schilling.** → ce mot.

SHINTO sens. « Religion nationale au Japon. » On dit aussi *shintoïsme.*

SHOA orth. S'écrit aussi avec un *h* final. ♦ **sens.** Ce mot est appliqué à l'extermination des Juifs par les nazis : *Actuellement, le mot Shoa domine en Occident. Lanzmann a popularisé ce terme qui signifie « catastrophe » en hébreu* (Bialot).

SHOOT et **SHOOTER prononc.** [ʃut]. ♦ **forme et emploi.** À l'origine, ce sont des termes de football, aujourd'hui désuets et remplacé par **tir (au but)** et **tirer**. De même le **shooteur** est devenu le **tireur**. Voici cependant un exemple d'emploi sportif : *Au moment de démarrer, mon grand-père shootait au loin dans un ballon de foot* (Fottorino) et un autre, d'emploi plus large et fam. : *On a attendu. Il a shooté dans un caillou* (Ravey). Mais les mots de cette famille sont passés, au début des années 70, dans le vocabulaire de la drogue : *Moi, à voir ma mère se shooter aux antidépresseurs et aux somnifères, ça m'a vaccinée pour la vie* (Barbery). *Ils étaient shootés. Complètement shootés, a crié Rainer. Deux montgolfières de shit* (Desarthe).

SHOPPING orth. Avec deux *p*. ♦ **emploi et sens.** Anglicisme très répandu et snob : *J'acceptai de l'accompagner dans un safari de shopping du côté de Union square* (Godbout). Il peut être remplacé par les mots **lèche-vitrines** (registre fam.) et, au cas où, ne se contentant pas de regarder, on achète, par *emplettes*.

SI (adverbe)
1) d'affirmation : Les locutions **si fait** et **que si** sont vieillies, pour confirmer ou renforcer une affirmation précédente : *Tu n'y es pas allé ? – Si fait ! Oh ! que si !* On a le plus souvent le choix entre **oui** et **si** dans les tours pronom personnel tonique + adv. d'affirmation : *Tu ne l'apprécies pas ? Moi si* ou *Moi oui !* Et même parfois après une question négative : *Comment ? Tu ne l'as pas vu ? – Si, je l'ai vu* ou *Mais oui, je l'ai vu, et après ?* ⟶ OUI.
2) d'intensité : En principe, on emploie **si** (et **aussi**) devant des qualificatifs, des part.-adj. et des adv., **tant** (et **autant**) devant des verbes : *Pourtant elle m'agaçait parce qu'elle était si douce avec lui, si patiente et lui, si lent, si lent* (Duras). *Elle marche d'un pas si modéré, coupé de tant de haltes, qu'elle est pour toute la rue un exemple de repos* (Romains). *La vie était si belle, / Elle entrait si bien dans ses prunelles / Qu'il éclata de rire* (Desnos). Néanmoins, on rencontre fréquemment **si** à la place de **tant** : *La tranquillité d'esprit dont j'aurais pourtant si besoin* (Du Bos). *Elle a été si éprouvée par cette disparition qu'elle ne s'est jamais consolée.* Quant à *si tellement*, c'est un cumul à éviter. On ne le rencontre que dans la langue populaire. ⟶ TANT et TELLEMENT.
3) de comparaison : Il entre en concurrence avec **aussi** dans les tours négatifs et interrogatifs, plus rarement dans les tours affirmatifs : Vous *ne serez jamais si étonné que moi* (Marceau). *Ce n'est jamais si simple qu'on le dit, un divorce* (Colette). *Dans une âme si claire et si complète que la tienne, il doit arriver…* (Valéry). Le tour **ne pas être si… que de** est désuet : *Il n'était pas si sot que de ne pas prévoir la lutte* (Vercors). On dit plus couramment : *pas assez sot pour ne pas prévoir.*
4) la locution conjonctive si… que, à valeur concessive. Il y a inversion du nom sujet quand **si… que** encadre un adj. attribut : *Si grand que soit votre esprit de conciliation, vous n'accepterez pas, je pense, les solutions de commodité* (Duhamel). *Ils ne surent jamais comment il leur avait échappé, si incroyable que puisse paraître un tel défaut de perspicacité* (Dhôtel). Mais, avec un pronom sujet : *Les puissances de l'heure, si passagères qu'elles fussent* (Aragon). *Si abandonnés qu'ils aient pu être, les morts sont toujours là, et ne se font pas prier pour répondre à notre appel* (Sallenave). On rencontre fréquemment **aussi** dans cet emploi, chez les meilleurs écrivains, malgré la condamnation des puristes. ⟶ AUSSI. Il y a parfois ellipse de **que**, avec inversion du sujet, que ce soit un nom ou un pronom : *Si ennuyeux soit-il de faire le même chemin* (Romains). *Aucun fil, si mince fût-il, ne la rattachait plus à cette auto* (Duras). *Tous ces voyageurs français, si courte fût leur vue, souffraient tous d'un même mal* (Bastide). On rencontre rarement l'ellipse archaïsante de **si** : *Boiteux qu'il fût, avec sa jambe raide, Louis n'était pas manchot pour ce qui est des filles* (Aragon).

5) la locution si... que, à valeur consécutive. Il n'y a aucune difficulté quand la phrase est affirmative : *À ces hauteurs, l'air était si pur, si raréfié, que Christophe avait peine à respirer* (Rolland). *Il est si grand qu'il dépasse tout le monde d'une tête.* Mais quand la principale est négative ou interrogative, le verbe de la subordonnée est au subj. : *Ce problème n'est pas si difficile qu'on ne puisse le résoudre.*

□ **si tôt** → SITÔT.

SI (conjonction) **orth.** Une faute très fréquente consiste à oublier de faire l'élision du *i* devant *il(s)* : on doit écrire (et dire) *s'il(s)* et non *si il(s).* ♦ **constr.** L'ellipse du verbe après **si** est rare, sauf dans les tours figés *si possible, si oui, sinon* : *Étais-je encore en vie ? Si oui, étais-je à Buchenwald ou bien dans un camp annexe ?* (Semprun). Le mode du verbe de la subordonnée est l'indic. (ou le subj., dans le registre littéraire) quand **si** a une valeur conditionnelle : *Ah ! si j'avais des capitaux, j'aurais un plan irrésistible.* L'usage pop. emploie parfois le conditionnel dans les deux propositions : *Si j'aurais su, j'aurais pas venu* (Pergaud). Mais ce mode se rencontre très correctement quand **si** a une valeur d'opposition : *Si le pluriel « olympiens » aurait été possible, « grands hommes » ne l'était pas à cause de la liaison qui choquerait l'oreille* (Georgin), ou quand il introduit une interrogation indirecte (sans valeur conditionnelle) : *Il savait, en écoutant le sifflet des locomotives, si le temps serait à la pluie* (Guilloux). *Le commissaire regardait son lit en se demandant s'il dormirait quelques heures* (Simenon). De même, le futur est exclu du contexte hypothétique : *S'il fait beau demain* (et non *s'il fera beau), je sortirai,* mais il est admis quand il y a simple opposition. Quant au subj., dont il a été question plus haut, en voici deux exemples : *Tout se passait comme s'il dût jouer un premier rôle dans une pièce qu'il ne connaissait pas encore* (Aragon). *Mme Marin, peut-être indulgente si j'eusse servi ses plans, ne nous pardonna pas son désastre* (Radiguet). La syntaxe de **si** et de **comme si** est comparable, sauf que **comme si** en tête de phrase admet plus aisément le conditionnel. → COMME.

□ **si... et que.** Pour éviter la répétition de **si** en tête de deux propositions coordonnées, on peut remplacer la seconde conjonction par **que**, qui doit être suivi du subj. : *Si jamais vous allez à Rome et que vous puissiez y faire un petit séjour, je vous donnerai des adresses* (Romains). Il en est de même après **sauf si** et **comme si**. L'emploi de l'indic. après *que*, dans ces tours, est incorrect. → QUE.

□ **ou si.** Tour fréquent pour introduire le deuxième terme d'une interrogation directe : *Est-ce qu'il est déjà nuit, ou si ce sont mes yeux ?* (Peyré). → OU et INTERROGATION.

□ **regardez si...** *Regarde-moi ça, mon vieux Jack, si c'est beau !* (Daudet). Ce tour, fréquent dans la langue parlée, doit être modifié dans la langue soutenue pour être admis : *Regarde comme* (ou *combien*) *c'est beau !*

□ **si ce n'est.** Cette locution ne varie pas en nombre quand elle est employée comme variante de **sinon** : *Il n'y a pas plus casanier, si ce n'est les tigres, que les conquérants au repos* (Giraudoux). *À quoi ça sert de mourir si ce n'est à ne pas souffrir ?* (Barbery). De même pour **s'il en est, s'il en fut**, avec le verbe à l'indic. (et sans accent circonflexe sur le *u*) : ces locutions figées ont une valeur superlative, le sens est « unique dans le monde, seul de son espèce » : *Pierre Louÿs et Paul Valéry, puristes s'il en fut* (Billy). *Elle décrivit un demi-cercle, filmant le building de la T.T.C., œuvre moderne s'il en fut* (Chraïbi). *La danse, art total s'il en fut, requérait l'investissement entier de l'être* (Nothomb).

□ **si tant est que.** Ce tour restrictif se construit avec le subj. : *Si tant est que le versificateur doive à tout prix célébrer ce qui le touche* (Audiberti). *Beaucoup estiment pourtant que c'est la réforme qui l'a sauvée, si tant est qu'elle dût l'être* (Peyrefitte). Mais l'indic. est possible aussi : *Que tous les pères et mères de Paris tremblent, si tant est qu'ils ont une fille de cet âge !* (Supervielle).

□ **si c'était... qui.** Après ce groupe de soulignement, on met le verbe le plus souvent à l'indic. : *Si c'était moi qui commandais...* (Sartre). Le registre littéraire emploie parfois le subj. pour insister sur l'irréalité de l'hypothèse : *Ah ! si c'était le cœur qui fît l'homme* (Jouhandeau).

□ **c'est à peine si** → PEINE.

□ **si encore** → ENCORE.
□ si j'étais (de) vous → ÊTRE.

SIBYLLE orth. Nom commun et nom propre, ce mot s'écrit avec un *i* puis un *y*, et non l'inverse.

SICCITÉ prononc. [siksite] et non [sisite]. ♦ **emploi et sens.** Subst. didactique, « état de ce qui est sec ».

SIDA emploi et sens. Le nom de ce nouveau fléau de la fin du XXe s. est l'acronyme de *Syndrome d'Immuno-Déficience Acquise* (traduction française apparue, vers 1983, de l'anglais AIDS, de même sens). Le dérivé créé pour désigner la personne qui en est atteinte est **sidéen, -enne**, adj. et nom : *Mille deux cents hémophiles sidéens représentés par quelques dizaines des leurs qui se sont constitués parties civiles* (Greilsamer, *Le Monde*, 23/06/1992). *En 1991, 500 millions de subventions ont été versés à l'Assistance publique pour soigner les sidéens* (*Le Canard enchaîné*, 17/06/1992). Les créations telles que *sidaïque* et *sidatorium* (sur le modèle de *sanatorium*) très tendancieuses, ont été rejetées : *Sans craindre de s'opposer à l'avis des meilleurs spécialistes de la maladie, le Front national souhaite également la création de « sidatoriums » pour isoler et soigner tous les malades qui ne pourraient ou ne voudraient appliquer les règles de la prévention* (*Le Monde*, 03/12/1986). La forme « normale » serait **sidatique** (cf. *traumatique*), enregistré par le PLI.

SIDE-CAR prononc. On ne dit plus guère, à l'anglaise, [sajdkar], mais seulement [sidkar]. ♦ **orth.** Plur. *des side-cars.*

SIDÉRER emploi et sens. Ce verbe est courant dans le registre fam., au sens de « stupéfier » : *Beaudricourt, sidéré : – Qui t'a dit ça ? C'est secret* (Anouilh). L'adj. **sidérant** est employé dans le même sens : *Une jeune fille d'une splendeur sidérante, vêtue comme pour un bal costumé* (Nothomb). Quant au nom **sidération**, il a en médecine le sens très fort d'« anéantissement soudain des fonctions vitales », et semble n'avoir pris que récemment celui de « stupéfaction » : *La sidération de la planète, née de la découverte de « l'univers concentrationnaire », a disparu* (Bialot).

SIÈCLE orth. On dit, au sing. : *le XIXe et le XXe siècle* ou *le XIXe siècle et le XXe* (le mot *siècle* est sous-entendu) ; au plur. : *les XIXe et XXe siècles.* Cependant, le subst. est parfois mis au plur., même quand les deux articles sont au sing. : *au XVe et au XVIe siècles* (Littré), *au XVIIe et au XVIIIe siècles* (Académie, à l'article *sarabande*, cité par Grevisse). Dans les textes littéraires, les noms de nombres sont transcrits soit en lettres, soit en chiffres romains et imprimés en petites capitales (I, II, III, etc.), non pas en chiffres arabes (1, 2, 3, etc.). Enfin, l'ellipse du subst. **siècle** est générale, quand le contexte est clair : *Ce vitrail est attribué à des maîtres de votre pays. – De quelle époque ? – Le milieu du seizième* (Butor). → LE, LA, LES (article).

SIEN (METTRE DU) → METTRE.

SIERRA emploi. Ce mot désigne une chaîne de montagnes dans les pays de langue espagnole. Son équivalent portugais et italien est *serra* : *la sierra Madre*, mais *la serra de Estrela.*

SIFFLOTER orth. Deux *f* comme *siffler*, et un seul *t*. De même pour *sifflotement* : *J'eus quelque mal à comprendre les mots qu'il lâchait entre deux sifflotements* (Labro).

SIGNAL emploi. Les médias emploient très souvent le cliché : *Un signal (politique) fort.*

SIGNALER et **SIGNALISER sens.** On ne confondra pas ces deux verbes. Le premier a le sens de « attirer l'attention sur », le second, plus récent, signifie « pourvoir de signaux » : *Ces travaux ne sont pas signalés, bien que la route soit généralement assez bien signalisée.*

SIGNE emploi. On n'abusera pas de la locution **sous le signe de**, dont le sens est d'origine astrologique, et qui est souvent employée à tort et à travers. On notera la précaution moqueuse avec laquelle Montherlant l'insère dans la phrase suivante : *J'y vis « sous* *le signe » de la vieille formule militaire « C'est du… et la suite ! »*

SIGNÉ DE constr. Le complément d'agent de ce verbe se construit plutôt avec **de** qu'avec **par** : *Cette lettre est signée de son sang, d'un grand nom, de la main même de l'auteur*, etc. Quand il s'agit d'une création de caractère esthétique, on peut omettre la prép. : *Dans son bureau signé Majorelle, M. de Champcenais a une conversation téléphonique* (Romains).

SIGNIFIER sens. Avec un nom de personne comme sujet, ce verbe a le sens de « faire connaître, en général dans un cadre légal et avec une certaine autorité » : *Un jour, il me fut signifié que j'aurais à commettre mon crime dans la nuit qui allait suivre* (Green). *C'est ainsi qu'elle me signifiait qu'elle ne voulait pas être dérangée* (Hougron).

SILHOUETTE orth. Un *h* après le *l*.

SILICE et **CILICE sens.** La *silice* (fém.) est un minéral ; le *cilice* (masc.) est une étoffe.

SIMILAIRE → SEMBLABLE.

SIMILI emploi et sens. Ce mot, qui est tantôt préfixe (sans trait d'union) dans *similibronze, similicuir, similipierre*, etc., tantôt subst. masc. : *du simili*, désigne diverses matières synthétiques imitant un élément naturel. Il a beaucoup vieilli, et sa valeur est souvent péj. C'est pourquoi la publicité et l'industrie ont inventé aujourd'hui toutes sortes de termes, pour ne pas alerter le consommateur sur le caractère artificiel du matériau. Par exemple, le **similicuir** a été supplanté par le **skaï**, le **skivertex**, etc.

SIMONIE sens. « Trafic des choses saintes, vente de biens spirituels. »

SIMOUN orth. Sans majuscule, comme tous les noms de vents : *le mistral, le sirocco, la tramontane*, etc.

SIMPLES emploi et sens. Ce nom (vieilli) de plantes médicinales est masc. et s'emploie toujours au plur.

SIMULER emploi et sens. Ce verbe peut s'employer avec un sujet non animé, au sens de « être disposé de manière à ressembler à » : *Une de ces lampes à essence qui, une fois accrochées au mur, simulent tout à fait une lampe à gaz* (Romains).

SINÉCURE sens. On se trompe souvent sur la signification de ce subst., qui est positive : « Emploi profitable et peu astreignant » : *La patrie a bon dos ! – Toutes ces prébendes… – Ces sinécures !* (Daninos). *Moi, je t'offre une sinécure et tu seras nourri, logé, blanchi* (Cendrars). L'emploi de *C'est une vraie sinécure* pour « c'est une cause de soucis multiples » est un contresens : c'est le tour négatif *Ce n'est pas une sinécure* qui a ce dernier sens.

« SINE QUA NON » sens. Mots latins, imprimés en italique, et signifiant « absolument nécessaire ».

SINGE forme. Le fém. *singesse* n'est pas un barbarisme. Il a existé, à côté de **guenon**, et, au fig., il est moins péj. que ce dernier subst.

SINO- sens. Préfixe servant à former de nombreux mots ayant un rapport avec la Chine : *sinologue, sinophile*, etc. *Cette association régionale* [la SCO, Organisation de la Coopération de Shanghaï] *créée sous la houlette sino-russe en 2001 pour faire pièce à l'influence de l'OTAN en Asie centrale* (B. Philip, *Le Monde*, 29/08/2008).

SINON emploi et sens. Cette conjonction, toujours en un seul mot, exprime : **1)** L'opposition ou la restriction : *La chevelure d'un blond, sinon artificiel, du moins accentué artificiellement* (Romains). *La religion est soumise, sinon à la mode, du moins au développement moral de l'humanité* (Martin du Gard). *J'ai horreur d'arriver en retard, à cause du manque de tact dont peuvent à bon droit s'offusquer sinon le regretté du moins ses proches* (Colombier). *Nous hurlons d'abord notre nom, puis la réponse. Si elle est inexacte, nous devons nous excuser, rester debout. Sinon, nous pouvons nous asseoir* (de Roulet). On évitera d'employer, pour s'opposer à la partie concessive, la conjonction adversative **mais** et de dire ou d'écrire : *Il vient sinon tous les jours, mais assez souvent* : c'est *au moins, à tout le moins, du moins, en tout cas*, qui seuls conviennent. **2)** Une donnée d'hypothèse négative, quand la phrase qui suit contient un conditionnel : *J'ai pensé que l'assassin de Cardelec était probablement jeune, sinon, il n'aurait pas eu l'audace de se glisser sur le rebord du toit* (Hougron). **3)** Le renchérissement positif, « et même peut-être » : *Le droit du maître sur l'esclave, vieux de centaines sinon de milliers de siècles, qui devait sembler aussi naturel que celui de marcher et de respirer* (Vercors). *Son bois* [de la poignée] *depuis longtemps à nu, grisâtre, sinon même crasseux* (Simon). On évitera les ambiguïtés pouvant résulter de ce double sens : *Il faut que cet intrus soit réprimandé, sinon chassé* peut signifier « sans qu'on le chasse » ou au contraire « et (je souhaiterais même) chassé ».

□ **rien (d'autre), sinon.** Cette conjonction peut remplacer **que** sans difficulté, après un segment de phrase négatif ou interrogatif : *Pour Suter même, loin d'être un hommage, ces noms ne signifient rien, sinon la ruine de son établissement et le malheur de sa vie* (Cendrars). *De quoi il avait l'air et s'il était parfaitement déguisé, personne n'aurait pu le lui dire, sinon les anges* (Dhôtel). *Que me restait-il de mon enfance, sinon quelques gros chagrins ?* (Ragon).

□ **sinon que.** Cette locution conjonctive est vieillie, sauf après **rien** : *Je ne veux rien, sinon que vous n'entriez pas tous à la fois dans ma chambre* (Colette). *On ne savait rien d'eux, sinon que M*[me] *Parmesny était une femme encore jeune* (Vidalie).

□ **ou sinon.** Le cumul de ces deux mots n'a rien de choquant pour Littré, à plus forte raison pour nous aujourd'hui : *Il ne voyait personne, si ce n'est dans des buts très précis, ou sinon, comme avec Paule et un seul ami, pour parler* (Sagan).

□ **emploi adverbial de sinon.** On évitera d'employer **sinon** adverbialement, au sens de « en outre, quant au reste, par ailleurs ». On rencontre parfois cet emploi en tête de phrase : *Elle ne répondait qu'aux questions concernant sa grossesse. Sinon, elle restait muette* (Nothomb). Au cours de la revue de presse de certaines stations de radio, il vaudrait mieux dire : *Et ailleurs, dans la presse*, plutôt que : *Et sinon, dans la presse...* Enfin, on trouve parfois, dans un style très parlé, le sens adv. de « dans le cas contraire » : *Seuls les parents des choristes sont invités parce que sinon ça ferait trop de monde* (Barbery).

SINOQUE orth. On rencontre également *sinoc* et *cinoque*. Au plur., un *s*, quelle que soit la forme. ♦ **emploi et sens.** « Fou », dans le registre pop. Vieilli.

SIPHON orth. Avec un *i* et non un *y*.

SIROCCO orth. Avec deux *c*. Toujours une minuscule à l'initiale. → SIMOUN.

SIROP constr. Le complément de ce subst. se met à peu près indifféremment au sing. ou au plur. : *Du sirop de fraise ou de fraises.* → JUS.

SIROTER orth. Un seul *t*.

SIS emploi. Ce part. passé du verbe *seoir* (→ ce mot) est employé à la place de **situé** dans la langue du droit ou par archaïsme plus ou moins pédant : *L'hôtel où il habitait, hôtel sis au bout d'un lointain boulevard* (Apollinaire). *Le cheminot Maluzier, qui s'occupait à serrer les boulons de la voie ferrée au niveau du passage du même nom sis à la sortie du bourg* (Desproges).

SISMIQUE forme. → SÉISME. ♦ **emploi et sens.** Cet adj. signifiant à l'origine « qui secoue, qui tremble », on devrait éviter d'employer le pléonasme **secousse sismique**. Mais ce dernier mot s'utilise seulement pour les tremblements de terre et non pour d'autres types de secousses, ce qui fait que *secousse sismique* est acceptable : *Dans le livre sur les volcans, je décrirai les cadavres éjectés des tombes par une secousse sismique* (Weyergans). Autres emplois : *Plus que l'amplitude, c'est l'accélération qui est capitale dans les ondes sismiques* (Le Monde). *En pointant soigneusement tous les épicentres connus, il a donc été facile de dessiner les zones sismiques* (id.). → TELLURIQUE.

SISTRE → CISTRE.

SITE orth. Sans accent circonflexe sur le *i*, de même que *cime*.

SIT-IN sens. Cet anglicisme, auquel on ne voit guère de traduction possible, désigne une forme de manifestation non-violente consistant à s'asseoir sur le sol dans un vaste lieu public : *C'est cette date qu'a choisi l'armée* [...] *pour évacuer sans ménagement le sit-in installé depuis le 8 juillet sur la place Tahrir* (C. Hennion, *Le Monde*, 07/08/2011).

SITÔT ou **SI TÔT orth.** On distingue parfois malaisément ces deux homonymes. Le premier, en un seul mot, a le sens de « aussi rapidement » : *Sitôt dit, sitôt fait.* Le second s'oppose à **si tard** et signifie « de si bonne heure » : *Cela m'ennuie que vous arriviez si tôt, je ne suis pas prêt.* En réalité, seul ce dernier contexte permet d'écrire en deux mots *si tôt* sans hésitation. On constate en effet pour les autres tours des flottements considérables. Robert signale que **si tôt** est l'orthographe la plus courante. Il semble toutefois que, dans le tour figé **pas de sitôt**, on écrive toujours *sitôt* en un seul mot : *La coterie avait gagné. Elle n'oublierait pas de sitôt son offense* (A. Besson). → AUSSITÔT.
□ **sitôt que.** Cette locution conjonctive alterne avec *aussitôt que*, au sens temporel de « dès le moment où » : *Sitôt que j'y touche, je l'abîme* (Gide). *On va aller au spectacle, sitôt qu'on sera arrivés, dit Lil* (Vian).
□ **sitôt + participe.** La formation d'une proposition part. ou d'un groupe part. en apposition est très répandue : *Une première étoile parut sitôt le jour retiré* (Ramuz). *Sitôt le déjeuner terminé, il a dû sauter le petit mur* (Alain-Fournier). *Elle n'avait pas fait comme tant d'autres qui se négligent sitôt mariées* (Ikor). Ce tour elliptique et élégant se trouve même en l'absence d'une forme verbale : *Les enfants morts sitôt le jour ne seront point exemptés de ces supplices* (France). *J'espérais bien, sitôt mon brevet en poche, écrire une demande* (Mac Orlan). *Sitôt debout, mitraillette à la main, j'entrouvre la porte* (Chaix).

SIX prononc. Ce numéral suit à peu près les mêmes contraintes phonétiques que **dix**. → ce mot. On prononce [si] devant un mot à initiale consonantique ou devant un *h* dit aspiré : *six personnes, six maisons, six hiboux*, etc. Cependant, on peut prononcer [sis] devant un nom de mois : *le six mai* : [ləsimɛ] *ou* [ləsismɛ]. On dit [siz] devant un mot à initiale vocalique ou devant un *h* dit muet : *six armes, six hôtels*, etc. Mais on prononce avec une finale sourde [sis] devant les conjonctions *et, ou* : *six ou sept personnes, six et quatre font dix.* Devant un nom de mois : *le six avril* se prononce aussi bien [ləsisavril] que [ləsizavril]. Quand le mot **six** est placé à la fin d'un groupe rythmique, ou quand il est subst., il se prononce toujours [sis] : *Nous étions six. Le nombre six me porte bonheur. En l'année mil(le) neuf cent quarante-six*, etc. ♦ **orth.** On écrit *sixième, sixièmement*, avec *x* et un accent grave.

SIXAIN orth. On écrit également *sizain*.

SKETCH forme. Plur. *des sketches* : *Actualités, dessins animés, sketches, documentaires* (Butor). ♦ **sens.** Le sketch est une « esquisse destinée à la scène ou au cinéma, sous forme de monologue, de dialogue très court ou encore de mime » (décision du tribunal de Paris, *Le Monde*). → SAYNÈTE.

SKI constr. On dit **aller à skis** (pour certains, en skis. → À), une épreuve de ski, un tremplin de ski, un saut de ski, faire du ski ou skier : *Ils s'entendent pour une promenade à skis en fin de matinée* (de Roulet). On rencontre aussi le sing., à sens plus générique : *Le dernier tronçon, nous l'avons parcouru à ski* (Ravey).
Mais en ce qui concerne le *ski nautique*, avec un ou deux skis, on pourra, suivant le cas, employer le sing. ou le plur. : *Il file sur l'eau à ski(s).*

SKUN(K)S → SCONSE.

SLOOP prononc. [slup]. ♦ **sens.** « Petit navire à mât vertical gréé en cotre. »

SMASH prononc. Ce terme de la langue du sport devrait se prononcer [smaʃ] et non [smatʃ], comme on le fait trop souvent, par analogie avec *match*. La remarque vaut également pour le verbe *smasher*. ♦ **forme.** Plur. *des smashes* ou *smashs*.

SNACK-BAR forme. Ce mot s'abrège souvent en **snack**. Plur. *des snack-bars*, mais *des snacks*.

SNIPER pron. [snajpœr]. ♦ **emploi et sens.** Ce mot anglais désigne un « tireur isolé et généralement embusqué sur un toit à un angle de rue » : *Il est tombé le 12 mai 2003 sous les balles d'un sniper devant le siège du gouvernement* (C. Châtelot, *Le Monde*, 25/05/2007). Apparu au milieu du XXe siècle, de récentes guerres civiles lui ont donné un sinistre regain d'actualité.

SNOB orth. Plur. *des snobs*. ♦ **forme.** Invar. pour les deux genres. Les formes **snobinard, -e** et les fém. *snobette* ou *snobinette* n'apparaissent que dans le registre fam. : *Gilberte était devenue très snob* (Proust). *Si vous saviez comme les policiers sont snobs !* (Salacrou). Le verbe **snober**, au sens de « traiter de haut », appartient au même usage : *Il se demandait s'il fallait trouver cette provinciale singulière, ou la snober* (Aragon).

SOCIAL- forme. Ce premier élément de certains noms composés varie généralement au fém. et au plur. : *L'enthousiasme inébranlable avec lequel les dirigeants sociaux-démocrates allemands célébraient, le 1er janvier 1900, l'arrivée d'un nouveau siècle* (Guillebaud). *Les listes sociales-démocrates. La tentative des sociaux-chrétiens.* Mais, par imitation de l'allemand, on le laisse parfois invar. : *La municipalité de la ville était social-démocrate et elle en prenait pour son grade, mais c'était contre la social-démocratie en général que s'élevaient les malédictions* (Volodine). Et dans le style polémique : *les social-traîtres*. Le composé *social-démocratie* ne prend jamais de *e* final à social.

SOCIÉTAL ⟶ le suivant.

SOCIÉTÉ orth. Dans le sens de « communauté humaine », **société** s'écrit avec une minuscule : *La société de consommation. À bas la société ! Des sociétés de commerce.* Vieilli au sens de « compagnie » : *La bonne sœur Marthe alla dans l'étable tenir société à la vache* (Barrès). ♦ **dérivé.** Le néologisme **sociétal**, forgé par les sociologues et figurant dans le GDEL (en 1985), au sens de « qui se rapporte aux divers aspects de la vie sociale des individus, en ce qu'ils constituent une société organisée », ne se confond pas avec **social**, qui renvoie à des acceptions plus idéologiques et politiques : *Il refusait d'admettre qu'il ait accepté l'offre de l'AASC pour son seul plaisir. Il ne pouvait rien entreprendre qui n'ait une valeur sociétale* (Godbout). *La machinerie sociétale, c'est-à-dire le mécanisme capable de produire de la symbolisation collective, s'est grippée* (Guillebaud). *Le président de la République s'inquiète d'un mouvement sociétal comparable à celui qu'a connu la Grèce* (A. Leparmentier, *Le Monde*, 02/01/2009). ⟶ CIVIL.

SOCQUE orth. Un *c* devant *q*, de même que **socquette** : *On va finir de déchirer les dernières paires de socquettes usées dans les rangers* (Mauvignier). ♦ **genre.** Masc. *En sautant à cloche-pied, il a perdu un socque.*

SŒUR orth. S'agissant d'une religieuse, on écrira (avec une minuscule) : *sœur Geneviève, sœur Marie-Madeleine.* On écrit : *les Petites Sœurs des pauvres, une demi-sœur.* ⟶ PÈRE.

SOFA orth. Celle-ci a supplanté l'ancienne forme *sopha* : *C'était sous cette glace qu'il y avait un sofa profond* (Aragon).

SOFTWARE ⟶ LOGICIEL.

SOI emploi et sens. Ce pronom réfléchi est très rare en fonction d'attribut ou de sujet : *Il faut être soi.* On le rencontre surtout comme complément d'objet et complément prépositionnel. Il renvoie en principe à un sujet non déterminé représentant une ou plusieurs personnes : *Le goût étrange, et quelque peu malsain, de se scandaliser soi-même – d'être « mal pensant » par rapport à soi* (Rostand). *On n'a* *pas toujours son curé avec soi, sauf les riches* (Anouilh). *La boutique fut un endroit plein d'étincelles et de bruit, où chacun ne pensa que pour soi* (Alain-Fournier). *Elle lui apprit qu'il ne fallait pas écrire pour soi seul* (Rolland). *Ce n'est rien cette enveloppe de chair. Non, ce n'est rien. Un simple malentendu qu'il faut traîner avec soi* (Lefèvre). En fait, de nombreux auteurs, parmi les meilleurs, emploient ce pronom même lorsque le sujet est bien déterminé : *Elle a dit quelque chose pour soi seule* (Valéry). *Alcmène porte en soi maintenant le jeune demi-dieu* (Giraudoux). *Puis comme cette douleur au côté l'obligeait à penser à soi, il fut presque amer* (Saint-Exupéry). *Il tourne à nouveau le canon vers soi* (Robbe-Grillet). *Comme tous ceux qui ont devant soi un long avenir* (Rolland). Notons que cet emploi est constant chez Mauriac. L'emploi de **soi-même**, au sens de « en personne », a souvent une valeur ironique, quand il est en liaison étroite avec un sujet identifié : *Finalement la porte s'ouvrit encore et cette fois c'était le docteur Sarradon soi-même qui portait une barbe noire très dense* (Échenoz). On rencontre même **soi** employé avec un nom de chose comme sujet : *L'amour, qui est l'égoïsme à deux, sacrifie tout à soi* (Radiguet). Cet emploi est surtout fréquent avec les locutions **de soi, en soi** : *Il s'agit de l'Injustice en soi, de l'Injustice absolue* (Vercors). *Tout jugement porte en soi le témoignage de notre faiblesse* (Gide). *C'est une chose qui allait de soi entre nous* (Sartre). Bien que le renvoi à un sujet plur. soit plus rare que le renvoi à un sujet sing., il n'est nullement incorrect : même si on remonte au latin – ce qui n'est nullement nécessaire – on se rend compte que la forme d'origine, *sibi*, appartient aux deux nombres. On dira donc aussi bien : *Il murmura à part soi : Jamais !* que *Ils se sont dit à part soi que cela n'avait pas d'importance.* On peut aussi décliner normalement le pronom complément : *à part eux, à part lui, à part elle(s),* etc. ⟶ PART et LUI.

SOI-DISANT forme. Ce mot reste invar. même quand il est adj. épithète. On veillera d'autre part à ne pas écrire *soit-disant.* ♦ **emploi et sens.** Ce composé doit en principe se rapporter à des personnes « qui se disent ceci ou cela, qui prétendent être ceci ou cela » : *Nombre de soi-disant révolutionnaires avaient pris peur* (Romains). *Sortis du crétinisme avancé de ces soi-disant historiens* [négationnistes], *où en sommes-nous en 2010 ?* (Bialot). On le rencontre dans la langue du droit, ou plus souvent avec une nuance de raillerie : *Des prétendus coiffeurs, des soi-disant notaires* (Brassens). *Que savent-elles sur le soi-disant André VS ?* (Robbe-Grillet). *La morale, c'est* [...] *de ne pas m'envoyer réciter des prières à un soi-disant Dieu qui n'est même pas là* (Hoex). On notera que maint écrivain emploie cet adj. au sens non pas réfléchi, mais passif, de « dont on dit que » : *La protestation contre le procès de Dimitrov et des autres soi-disant incendiaires du Reichstag* (Malraux). **Prétendu** conviendrait mieux ici, car on se doute bien que ce ne sont pas les inculpés qui se disaient incendiaires. Un autre emploi très critiqué, mais qui a pour lui l'usage de bons écrivains, applique **soi-disant** à des noms de choses : *Une promesse ou soi-disant promesse* (Montherlant). *Est-ce qu'elle n'avait pas accepté la table et les deux chaises de la soi-disant salle à manger ?* (Giono). *Ce continuel effort d'originalité, de grimace, qui fait la faiblesse des poésies soi-disant modernes* (Radiguet). Enfin, **soi-disant** est également employé assez librement comme adv., au sens de « en prétendant, à ce qu'on dit » : *Les Duffy m'ont demandé la permission de venir, soi-disant parce qu'ils sont à l'étroit* (Mallet-Joris). *Son père qu'il prétendait revenu, signal de la révolution et dont nous voulions soi-disant le séparer* (Masson). *L'après-midi quand tu montes soi-disant faire la sieste* (Huguenin). Il semble difficile aujourd'hui de refuser ces diverses extensions d'emploi, mais on veillera à éviter les ambiguïtés gênantes.

□ **soi-disant que.** Cette locution conjonctive n'est pas sortie du registre pop. Le langage soutenu emploie : *On prétend que…, il paraît que…*

SOIF ⟶ FAIM.

SOIR emploi. Ce mot suit les mêmes règles que *matin* (⟶ ce mot), ainsi que À et DEMAIN, HIER, etc.

SOIT prononc. Le *t* final se fait entendre dans l'adv. d'affirmation : *Tu le veux ? Soit !* [swat], mais reste muet dans la conjonction. ♦ **forme.** Ce subj. du verbe *être* est généralement figé quand il se trouve en tête de proposition. Il peut cependant varier quand il signifie « supposons » : *Soient les deux phrases « j'adore Dieu » et « Dieu est bon »* (Vendryès). ♦ **emploi et sens.** Cette conjonction apparaît dans une alternative, en corrélation soit avec elle-même, soit avec **ou** : *Elle ne figure pas dans le Littré qui ne connaît que le substantif désignant soit une plante soit une mouette* (Queneau). *Les amis sourirent, soit de bienveillance, soit à Meg ou pour l'une et l'autre raison ou une autre encore* (Velan). *Les grosses vaches, soit vous maigrissez, soit vous partez : il n'y a pas de place ici pour les truies* (Nothomb). L'emploi de **ou** comme second élément est plus littéraire : *Plusieurs, soit paresse ou prudence, étaient restés au seuil du défilé* (Flaubert).

□ **soit que.** Cette locution se construit avec le subj. : *Soit qu'il fût auprès d'Odette, soit qu'il pensât seulement à elle* (Proust). *Toi tu fais tout exprès, chéri, soit que tu entes tes cerisiers sur tes prunes, soit que tu imagines un sabre à deux tranchants* (Giraudoux).

□ **soit dit.** Ce tour elliptique se rencontre correctement à côté de **ceci soit dit** : *Ils marquent, soit dit sans fâcher la plus distinguée de mes paroissiennes, la venue et le triomphe de l'homme* (Peyrefitte).

SOJA forme. *Soya* est périmé.

SOLDAT forme. Pas de fém., bien qu'on rencontre parfois, employée par plaisanterie, la forme *soldate*. On dira plutôt : *Une femme soldat.* ⟶ FÉMININ et GENRE.

SOLDE genre et sens. Masc. au sens de « différence apparaissant entre crédit et débit, après mise à jour d'un compte » : *Votre balance d'hier soir doit être fausse, le solde créditeur ne correspond pas avec le chiffre de Plume* (Aymé). Masc. aussi, généralement au plur., au sens de « marchandises vendues au rabais » (l'erreur de genre est fréquente) : *J'ai trouvé des soldes avantageux.* Fém. au sens de « rémunération versée aux militaires » : *Dès aujourd'hui, ma solde personnelle vous sera partagée* (Peyré). Voici un exemple archaïsant, au sens de « paiement » : *L'Histoire à sa ceinture porte une poche de chance, une bourse spéciale pour la solde des choses impossibles* (Michon). ⟶ SALAIRE et DEMI.

SOLÉCISME sens. Ce mot désigne une « faute contre la syntaxe », par opposition aux fautes contre la forme et contre le sens que sont respectivement le *barbarisme* et l'*impropriété* (⟶ ces mots). Voici des exemples de grossiers solécismes : *Ma tête commence à bouillir, moi que mon vélomoteur, qui n'est qu'un vélomoteur, il suffit que sa dynamo bafouille pour que je me sente emprunté* (Audiberti). *J'attends donc la Mireille qu'elle rentre* (Céline). *Tu t'as fait mal ? interrogea Tintin. – T'as tombé ? reprit La Crique* (Pergaud). Mais il y a des erreurs plus insidieuses, dont les auteurs ne sont pas toujours conscients : *J'en ai eu marre de chercher et j'ai demandé ce qui m'intéressait de savoir* (Duras) (au lieu de : *ce qu'il m'intéressait...*). On notera cependant qu'avec l'évolution de la langue bien des « solécismes » ont été intégrés dans la langue correcte, par exemple : *Je me souviens de* (pour *il me souvient de*, tour seul admis à l'origine), *s'attendre à ce que*, etc.

SOLEIL emploi. On dit indifféremment : *Il fait du soleil* ou *Il fait soleil.* Avec un adj. : *Il fait un soleil radieux, torride,* etc. Ou encore : *Va donc te promener, il y a un soleil magnifique.*

SOLENNEL orth. Un *l* et deux *n.*

SOLFATARE genre. Fém. ♦ **orth.** Plur. *des solfatares* (à la française, bien qu'il s'agisse d'un mot italien).

SOLIDAIRE, SOLIDARISER constr. On dit **être solidaire de qqn ou de qqch.**, mais quand le sujet est plur., il ne faut pas ajouter de complément à valeur réciproque : *C'était leur mémoire humaine qui les rendait solidaires sans amour* (Le Clézio). *Pierre est solidaire de Jean dans son malheur*, ou *Pierre et Jean sont solidaires dans leur malheur* (et non *solidaires l'un de l'autre*, qui est un pléonasme). Mais le verbe transitif ou pronominal **(se) soli-**

dariser est suivi de la préposition **avec** : *se solidariser avec les victimes d'une injustice.*

SOLILOQUE et **MONOLOGUE sens. Soliloque** signifie « entretien d'une personne avec elle-même, dans la solitude ». Un **monologue** peut être prononcé en présence de tiers, silencieux ou non : *Sa vie est triste et faite de soliloques moroses. Il a débité un brillant monologue, sans écouter aucune de nos propositions.*

SOLIVEAU ⟶ BALIVEAU.

SOLLICITER constr. Suivi d'un infinitif, ce verbe peut se construire avec **à** ou **de**. L'emploi de la première prép. est vieilli ou affecté : *Vous sollicitez mon âme à sortir de son isolement* (Vogüé). **De** est plus courant, et indispensable quand le verbe est au passif : *Ils l'avaient sollicité d'entrer dans leur parti* (Acad.). *Les plus vieux sollicitaient le curé d'exorciser la jument verte* (Aymé). *Je passais entre les rangs compacts, tantôt sollicité d'aumônes et tantôt apostrophé* (Louÿs). Le tour **solliciter qqn** sans autre complément, au sens de « séduire, attirer » est aujourd'hui très répandu : *La société de consommation nous sollicite de toutes parts.*

SOLO forme. Plur. *des soli* (à l'italienne) ou, mieux, *des solos* (à la française).

SOLUTION emploi et sens. Ce subst. renvoie tantôt au verbe **dissoudre** : *une solution aqueuse*, tantôt au verbe **résoudre** : *la solution de tous nos problèmes.* D'où le contresens fréquent qui consiste à prendre la locution *solution de continuité* au sens de « moyen d'assurer la continuité, lien », alors qu'elle signifie exactement le contraire, « rupture de la continuité », comme le montre l'exemple suivant : *Presque aussitôt, il prit conscience d'un brusque changement de décor ; malgré quoi il n'eut pas la notion d'une interruption, d'une solution de continuité quelconque* (Vian).

SOLUTIONNER emploi et sens. Ce verbe dont il faut se garder d'abuser n'est toutefois ni plus audacieux ni plus « laid » que *auditionner, réceptionner, sélectionner* (⟶ ces mots). **Solutionner une question**, *c'est trouver une solution, ce qui n'est pas exactement la résoudre* (Dauzat). Aussi bien la facilité de conjug. de ce mot explique sa faveur.

SOMBRE (COUPE) ⟶ COUPE.

SOMMAIRE prononc. On préférera la simplicité, en évitant de faire entendre un double [m] dans ce mot, ainsi que dans **sommet, sommité**, etc. Seule une volonté d'expressivité peut, à la rigueur, faire admettre le double [m] dans ces deux derniers mots.

SOMMATION orth. Deux *m.* ♦ **sens. 1)** « Appel réglementaire, intimation. » **2)** « Somme de plusieurs quantités. » **3)** Terme de physiologie.

SOMMÉ emploi et sens. Ce part.-adj. d'origine héraldique, souvent oublié par les dictionnaires, est encore employé par certains écrivains au sens de « pourvu à son sommet, couronné de » : *Une île ovale bordée de petits aulnes en boule, sommée d'épicéas alignés* (Genevoix). *L'affiche jaune encadrée de noir et sommée de la marque Evening News* (Butor). Il ne faut pas confondre cette forme avec celle du part. passé de **sommer**, « enjoindre à qqn de, ordonner sans réplique ».

SOMMITÉ forme. Ne pas écorcher ce subst. en *somnité.* ⟶ DILEMME. ♦ **emploi et sens.** Généralement au plur., pour désigner des « spécialistes » ou des « personnages haut placés » : *Son père, une des sommités de la ville* (Aragon). *La doctrine de Claude Bernard, un fameux physiologiste* [...], *je vous le recommande, c'est en ce domaine une sommité* (Rouaud).

SOMNIFÈRE et **SOPORIFIQUE emploi et sens.** Ces deux mots signifient tous deux « qui procure le sommeil ». Le premier tend à se figer en subst. : *Prendre des somnifères*, le second en adj., souvent dans un sens fig. et péj. : *Il se fit une tasse de tisane et prit un comprimé soporifique* (Duhamel). *Subir un discours soporifique.*

SOMPTUAIRE et **SOMPTUEUX emploi et sens.** Ces deux adj. sont souvent confondus. Le premier, rare, qualifie « ce qui se rapporte aux dépenses » : *une loi somptuaire* (dans la législation antique). Au sens de « trop coûteux », il est condamné par les puristes, bien que Valéry lui-même l'ait employé ainsi. Cette confusion a la vie dure : *Avec Nicolas Sarkozy, les économies c'est pour les élus locaux, les dépenses somptuaires pour l'Élysée, a insisté, hier, le député (PS) Jean-Louis Bianco* (*Libération*, 30/10/2009). Voici un exemple irréprochable : *On croirait que vous m'avez deviné : il y a, dans mes projets somptuaires* [« de dépenses »], *une préoccupation politique* (Peyrefitte). Il y a longtemps qu'on a dénoncé comme tautologique les « dépenses somptuaires » : les adj. **exagéré, excessif**, etc. conviennent très bien pour insister sur le degré élevé desdites dépenses. Quant à **somptueux**, son sens est bien connu : « splendide, superbe » : *une réception somptueuse.* C'est le sens de ce dernier adj. qui entraîne la confusion que nous venons de signaler.

SON, SA, SES → BATTRE, CHACUN, FAIRE, LEUR, POSSESSIF (adj.), SENTIR, etc.

SONGE-CREUX orth. Subst. invar. Plur. *des songe-creux*, car *songe* est ici une forme verbale, et non nominale.

SONNER orth. Avec deux *n*, ainsi que *sonnaille, sonnette, consonne* et le verbe *résonner* : *De toutes les maisons neuves autour ne résonnaient que du silence et du vide* (Mauvignier). Mais on écrit avec un seul *n* : *sonar, sonate, consonance, dissonance, résonance, résonateur,* etc. ♦ **emploi et sens.** Pour indiquer l'heure, ce verbe s'emploie normalement à la voix active : *Dix heures sonnèrent à la cathédrale* (Guilloux). *Quatre heures sonnaient à Tarcy lorsque Gilbert entra dans le couloir* (Dhôtel). On rencontre aussi le tour impersonnel, plus littéraire : *Il sonne onze heures. Il sonne minuit* (Ramuz). → HEURE et MIDI.

□ **à dix heures sonnant(es).** Dans ce type de locutions, le part. s'accorde facultativement, comme celui des verbes **taper** et **péter** (d'emploi pop. dans ce sens) : *Il est arrivé à huit heures sonnant(es).* → PILE. On rencontre aussi le part. passé, le plus souvent accordé : *La nuit venue et sept heures sonnées, les routes mêmes lui étaient permises* (Genevoix).

SONOTHÈQUE emploi et sens. « Collection d'enregistrements de bruits et d'effets sonores. » Distinct de **phonothèque**, « collection d'enregistrements de la voix humaine », et de **discothèque**, « collection de disques et d'enregistrements musicaux ».

SOPHISTIQUÉ emploi et sens. Cet adj. ancien qualifiait autrefois, de façon péj., un vin frelaté ou un style maniéré, affecté. Aujourd'hui, sous l'influence de l'américain, le mot a pris le sens « positif » de « complexe, subtil, très élaboré » : *Les gamins s'en vinrent caresser, de l'œil et du doigt, la silhouette métallisée de la Peugeot, aussi sophistiquée dans son élongation rectiligne qu'une star de cinéma au regard de phares vides* (Champion). Cavanna se moque, non sans raison, du snobisme auquel donne souvent lieu ce mot savant et malheureux : *« Sophistiqué » connaît chez nous une vogue insensée* [...]. *Vous n'entendrez jamais l'homme ou la femme dans le poste dire que telle nouvelle voiture, telle fusée, telle arme est perfectionnée. Non, elle est « sophistiquée » : « Un catamaran hautement sophistiqué ».*

SOPORIFIQUE → SOMNIFÈRE.

SOPRANO prononc. On laisse souvent tomber la voyelle finale : *un* ou *des* [sɔpran]. ♦ **forme.** Plur. *des soprani* (à l'italienne) ou, mieux, *des sopranos* (à la française). → SOLO.

SORT emploi et sens. La locution **faire un sort à** possède une signification positive, « mettre en valeur, faire valoir » : *Il faudra bien, un jour, par un éloge public, faire un sort à ce chef-d'œuvre méconnu.* Mais le registre fam. emploie ce verbe en sens contraire, pour exprimer l'idée de « liquider, en finir avec » : *Il ne restait plus que deux tranches du gâteau : on lui a fait un sort.*

SORTE constr. Le groupe **une sorte de + substantif** impose à ce qui le suit un accord non avec *sorte*, mais avec le subst. complément : *Une sorte de vagabond a été aperçu dans le parc. C'est une sorte d'hommes assez bizarres.* → ESPÈCE.

□ **toute(s) sorte(s) de.** Cette association se rencontre fréquemment devant un subst. : *Elle avait toutes sortes d'idées personnelles sur la question* (Vailland). *Cette maison, [...] j'ai entrepris toutes sortes de travaux pour la maintenir en vie* (Pontalis). On hésite souvent sur le nombre. Voici trois exemples de **toute sorte de** : *Il voyageait, bien que détenu, à travers toute l'Allemagne pour faire ses achats, organisant du même coup toute sorte de trafics* (Semprun). *Le piège géographique, c'est que Moscou est hors d'atteinte, absolument, pour toute sorte de raisons* (Riboulet). *Toute sorte de mots, de gestes, d'incidents s'évanouissaient dans la clarté du feu* (Aragon). Noter dans cette dernière phrase l'accord du verbe au plur. Le plur. **sortes** paraît le plus fréquent, mais on pourra essayer de faire coïncider le nombre de ce subst. avec celui de son complément : *Le psychologue étudie toute sorte d'intelligence* n'a pas tout à fait le même sens que : *Le psychologue étudie toutes les sortes d'intelligences.* On évitera surtout de mettre le complément au sing. après **sortes** au plur., comme dans la phrase suivante : *Quelques hommes protestaient de leur aversion pour ces sortes de pugilat* (Aymé). Les mêmes remarques valent pour **de toute(s) sorte(s)**, placé après le nom : *Elle s'imaginait recevant quelques amies d'enfance réchappées des naufrages de toute sorte* (Jorif). → CÔTÉ et PART.

□ **de (telle) sorte que, en sorte que.** La première locution conjonctive, avec ou sans l'adj. **telle**, est courante : *Tu relevais un peu la tête, de sorte qu'on voyait l'ombre en demi-cercle que laissait le café sur tes lèvres* (Le Clézio). La seconde est plus littéraire : *Un patronat éclairé, dont les conseils d'administration étaient bourrés de généraux, réduisait les salaires de près de la moitié, en sorte que les produits manufacturés français triomphaient sur tous les marchés étrangers* (Aymé). On notera que le subj. est de règle quand ces locutions ont un sens final : *La boîte* [de fruits confits] *était toujours à peu près vide, de sorte qu'on n'osât se servir qu'avec discrétion* (Gide). Il faut prendre garde à ne pas abuser du tour **faire en sorte de** ou **que**, qu'on rencontre dans les déclarations médiatiques jusqu'à la satiété : *Je me suis dit qu'une bonne résolution, pour moi, serait de faire en sorte que ma vie ressemble à quelque chose* (Adam). *Je fais en sorte chaque jour que ma sœur me prenne pour une débile* (Barbery). *D'accord avec son père, Céline fit en sorte de dissuader ses prétendants en leur opposant un refus poli mais catégorique* (A. Besson). Il ne faut pas oublier les équivalents **tenter de, s'efforcer de, viser à, obtenir de** ou **que**, etc., qui tendent à disparaître de l'oral. La locution *de la sorte que* est exceptionnelle : *Il faut faire de la sorte que la manette réponde au cerveau, sans l'intervention de la main* (Triolet).

□ **de sorte à + infinitif.** À la différence du tour **de façon à...**, **de sorte à** est archaïque : *Souffre que je dise que tu n'as pas toujours agi de sorte à dissiper leur malheureuse erreur* (France).

□ **de la sorte.** Cette locution, qui signifie « de cette manière », se trouve surtout dans un contexte négatif ou interrogatif ; ailleurs elle paraît littéraire : *Vous avez tort de vous coiffer de la sorte* (Radiguet). *La sibylle de Panzoust procédait de la sorte : elle faisait un potage de choux verts avec une couenne de lard jaune* (France).

SORTIR conjug. Comme *partir*, sauf au sens juridique de « obtenir » : dans ce cas, *sortir* se conjugue sur *finir*. En emploi intr., *sortir* forme ses temps composés avec l'auxiliaire *être* : *Il est sorti en courant. Elle est sortie depuis deux heures.* ♦ **constr. et emploi.** *Sortir* se construit très bien avec un complément d'objet direct représentant une chose (dans ce cas, auxiliaire *avoir*) : *Seul le ton de l'épopée peut sortir le roman de son ornière réaliste* (Gide). *Il a sorti sa voiture du garage.* Mais avec un nom de personne comme objet, il appartient au registre fam. : *Sortez les protestataires !* De même au sens de « dire, proférer » : *Qu'est-ce qu'il m'a sorti, quand je lui ai raconté l'histoire !*

□ **(se) sortir de.** Le tour pronominal, par analogie de **se tirer de**, gagne du terrain à tous les niveaux de langue : *Comment voulez-vous qu'on s'en sorte, avec ce que gagne mon mari ?* Le réfléchi donne plus de force à l'expression, par rapport à la forme simple **en sortir**. → RELEVER.

□ **sortir de + verbe.** Tandis que cette constr. est parfaitement admise quand le complément est un nom de lieu : *Il est sorti de clinique avant-hier*, elle est critiquée quand le complément est un verbe. Cependant, l'usage tend à répandre même dans la langue littéraire le tour commode *Je sors de* : *Tu vas prendre un verre avec moi, dit-elle. – Non, merci, je sors d'avaler le mien* (Zola). *Quand on sort de manger, on a toujours un peu faim* (Daudet). Il prend volontiers une valeur ironique : *Vous voulez des émotions ? – Merci, je sors d'en prendre !* On se gardera du pléonasme *sortir dehors*. → PLÉONASME.

□ **au sortir de.** Cette locution ne fait pas double emploi avec **à la sortie de**, car elle a un sens actif : *Faites attention de ne pas vous refroidir au sortir du lit* (Romains). *Et, au sortir de la ville, on fonce littéralement dans un mur de brouillard* (Simenon). **À la sortie de** désigne aussi bien « l'endroit où l'on sort » que « l'action de sortir » : *Je vous attendrai à la sortie de la gare. Un incident s'est produit à la sortie des ouvriers.*

SO(T)TIE orth. Avec un ou deux *t*. ♦ **sens.** « Sorte de farce satirique, genre littéraire des XVe et XVIe s. »

SOUBRESAUT et **SURSAUT sens.** Ces deux subst. ont le sens de « mouvement brusque », mais le premier peut se rapporter indifféremment à une personne ou à une chose : *Ses membres se tordaient, étaient animés de soubresauts mécaniques* (Simenon). Le second ne s'applique qu'à une personne, excepté au sens fig., assez fréquent, de « regain subit ».

SOUCI emploi. La locution **avoir souci de**, « se préoccuper de » est littéraire : *Faisant un effort pour échapper à soi, pour n'avoir plus souci que de son enfant* (Mauriac). La langue courante dit plutôt **avoir soin** ou **s'occuper de**. Quant à **avoir du souci** (à cause de), cela a un autre sens : « Être ennuyé, inquiet à cause de. » → le mot suivant.

□ **pas de souci.** Cette locution tend à remplacer **pas de problème**, pour évacuer une difficulté supposée, dans toutes sortes de domaines : *Nous servons les tartines. Parfois, c'est un œuf à la coque qui ferait plaisir. Pas de souci, l'eau bout déjà dans la casserole* (Desarthe). → PROBLÈME.

SOUCIER conjug. Comme pour les autres verbes dont le radical se termine par *i*, cette lettre est redoublée à l'imparfait de l'indic. et au présent du subj. : *(que) nous nous souciions, (que) vous vous souciiez.* ♦ **constr.** Ce verbe n'est trans. direct que dans un registre littéraire : *Cet aspect de la situation me souciait fort* (Pilhes). *Au vrai, cette question ne souciait guère Béatrix* (Peyrefitte). *Ce galet ne vous plaît pas, capitaine ? – Ce qui me soucie, c'est que vous l'ayez choisi avec une strie noire au milieu* (Vargas). On dit plus normalement : *Béatrix ne se souciait guère de cette question* ou *Cette question ne préoccupait guère Béatrix.*

SOUFFLER → BOURSOUFLER.

SOUFFRE-DOULEUR forme. Subst. invar. *Son influence sur le destin des souffre-douleur était négligeable* (Volodine).

SOUFFRIR constr. Avec un complément d'objet, ce verbe appartient au registre littéraire, au sens de « tolérer, admettre » : *La duchesse ne saurait souffrir une vitre ouverte* (Montherlant). *Je souffrais impatiemment la lecture de ses dissertations* (Green). Avec l'objet « interne » : *Je souffre une souffrance, une souffrance inconnue, au-delà de tout ce que tu pourrais imaginer* (Péguy). Mais le tour négatif **ne pas pouvoir souffrir qqn** est usuel dans la langue courante.

□ **accord du part. passé.** On distinguera entre *l'horrible fin qu'il a soufferte* (Green) (le mot *qu'* est complément d'objet) et *les deux années qu'il a souffert* (où le mot *qu'* est complément circonstanciel de temps). → COÛTER, RÉGNER, etc.

□ **(ne pas) souffrir que** ou **de ce que.** Le tour avec **que** signifie « (ne pas) admettre (que) ». Il se construit avec le subj. : *Je ne souffrirais pas que cette conversion fût publique* (Gide). Le tour avec **de ce que** signifie « éprouver de la souffrance du fait que ». Il se construit avec l'indic. ou le subj. : *Il ne* *pensait pas à souffrir de ce qu'un autre avait possédé Gisèle* (Mauriac).

SOUFRE orth. Un seul *f* ainsi que les dérivés : *soufrage, soufreur, soufroir,* etc. ♦ **sens.** Désigne un métalloïde. Ne pas confondre avec **souffre**, forme du verbe *souffrir.*

SOUHAITER constr. On dit indifféremment **souhaiter faire** ou **souhaiter de faire** quand le sujet des deux verbes est le même : *Laurent ne pouvait plus se retenir, il souhaitait éperdument parler* (Rivoyre). *Il avait souhaité de voir ses enfants* (Duhamel). *Elle ne souhaitait pas de mourir* (Mauriac). Les deux constr. sont parfois réunies dans la même phrase : *Il y a bien des manières d'être sincère, je souhaiterais l'être à la mienne, je souhaiterais d'être assez bêtement sincère pour décourager les gens malins* (Bernanos). Quand le sujet de l'infinitif est distinct de celui du verbe **souhaiter**, la prép. **de** est nécessaire : *Il leur souhaita de rentrer bientôt.* On rencontre également **souhaiter que** et le mode subj., dans le cas de deux procès avec deux sujets distincts : *Nous souhaitons vivement qu'il réussisse.* Certains auteurs, par attraction sans doute de la construction d'**espérer** (→ ce mot), emploient le conditionnel, qui paraît lourd : *Il souhaitait ardemment que son enfant – comme tous ses autres fils et filles qu'il chérissait* [...] *– saurait toujours ainsi s'indigner* (Labro). On rencontre encore parfois l'archaïsme du type **souhaiter le bon jour** ou **la bonne nuit** : *Maman me souhaite la bonne nuit et m'engage à faire de beaux rêves* (Hoex). Mais on dit plus habituellement **souhaiter bonne nuit** ou **bon voyage** (plus rarement **bon jour**).

SOUILLON genre. On dit indifféremment *un* ou *une souillon,* mais toujours pour désigner une femme : *La Surpin se montrait du matin au soir fagotée comme une souillon et son antre sentait le vieux fauve* (Diwo). → LAIDERON.

SOÛL et **SAOUL orth.** On rencontre encore l'orthographe étym. *saoul* (sans accent) : *Ces nobles personnages ne sont pas saouls du tout* (Jarry). La remarque vaut également pour le verbe : *Vous dites, Joseph, que l'homme de la police s'est saoulé à en crever ?* (Salacrou). On préférera cependant la contraction (qui ne modifie pas la prononc. et tend à supplanter la première forme dans l'usage) dans **soûl, soûler, soûlerie, soûlard** : *Vous avez pris quatre petits verres de rhum et vous étiez complètement soûle* (Sartre). *Quoi, s'étonna Duval, chez cette femme qui se soûle ?* (Vailland). Il vaut mieux mettre l'accent sur le verbe **dessoûler**, bien que l'Académie l'écrive par inadvertance sans accent circonflexe.

SOULEVER emploi et sens. Ce verbe appartient au registre pop. au sens de « ravir, ôter » : *Il lui a soulevé sa petite amie en moins de deux.* On notera qu'il est incorrect de dire *soulever un lièvre,* dans le sens de « faire partir devant soi, en chassant », ou dans celui, fig., de « susciter une difficulté » ; on doit dire : *lever un lièvre.*

SOÛLOGRAPHIE orth. Avec un accent circonflexe. ♦ **emploi et sens.** Création fantaisiste et fam., comme synonyme pittoresque de *beuverie* : *Soûlographie passée, Buergues était rentré chez lui* (Giono). → SOÛL.

SOUPE ou **POTAGE sens.** À l'origine, la soupe était le « morceau de pain qu'on trempe avec du lait, du bouillon », etc. D'où le sens actuel de « plat chaud et liquide, dans lequel on met des légumes, écrasés ou non, et éventuellement du pain », par opposition avec le **potage**, qui est plus « léger ». Cette distinction n'est plus toujours bien comprise. Mais on dit toujours **manger de la soupe** et non *manger un potage.*

SOUPER constr. On dit **rester souper** ou **rester à souper**. → RESTER. Pour le complément : *souper avec des amis, souper d'un bout de fromage.* ♦ **emploi et sens.** De nos jours, on dit plutôt le **dîner** pour désigner le repas du soir. Le **souper** est cependant d'un emploi encore répandu à la campagne, mais a pris pour le citadin le sens de « repas pris tard dans la soirée, par exemple à la sortie d'un spectacle » : *Je suis en retard. Bernan m'attend avec Paillantet pour souper en cabinet particulier* (Kessel). → DÉJEUNER. Ce mot passe très facilement de la catégorie du verbe à celle du subst. D'où la possibilité de dire : *avant souper* ou *avant de souper*, etc. : *Le soir, avant souper, il nous réunissait en face de la charcuterie Florès* (Roblès). La locution redondante *j'en ai soupé de* est pop. : *J'en ai soupé, de vos recommandations.*

SOUPIRAIL forme. Plur. *des soupiraux* : *Ce cellier prenait jour par deux soupiraux* (Guilloux).

SOUPIRER constr. Ce verbe au sens de « désirer, éprouver de l'amour pour » se construit le plus souvent avec **après** : *Boulogne, pour lui, c'est la retraite après laquelle il soupire* (Rivoyre). *Elle souffrait, elle soupirait après lui* (Huguenin). On rencontre aussi **pour** et **vers**, mais plus rarement : *C'est pour vos beaux yeux que je soupire. Il soupire en vain vers la sérénité.* ♦ **emploi et sens.** En dehors du sens propre, « pousser un soupir », ce verbe est d'emploi vieilli ou plaisant. ⟶ ASPIRER.

SOURCILLER et **SOURCILIER orth. et prononc.** On évitera de confondre ces deux mots. Le premier est un verbe formé sur *sourcil*, dont le *l* final ne se prononce pas. ⟶ -IL ; **prononc.** [sursije]. Le second est un adj., que l'on prononce [sursilje] et qu'on rencontre principalement dans la locution **arcade sourcilière**. Le verbe **sourciller** s'emploie surtout dans une constr. négative : *Il n'a pas sourcillé ; sans sourciller.*

SOURD emploi et sens. Cet adj. a toujours un sens fig. quand il est suivi de la préposition **à** : *Sourde au merveilleux s'il n'en porte pas les attributs* (Cocteau). Dans son sens physiologique, **sourd** s'emploie absolument.

SOURD-MUET forme. Les deux éléments varient en genre et en nombre : *sourds-muets, sourdes-muettes* : *Il n'y a d'admirable que le travail sur les sourds-muets, dont plusieurs ne sont que sourds. Jolie petite sourde-muette lisant un quatrain très bien* (Stendhal, *Journal*, 1804). Il est inutile d'insérer la conjonction *et*, comme on le fait parfois : *un sourd et muet.* Le subst. dérivé **surdimutité** appartient au lexique savant.

SOURDRE conjug. Ce verbe est très défectif. Seules existent les formes de l'infinitif et des 3e personnes de l'indic. : *Et le soleil sourdait de tout l'espace, un soleil neuf de nouvel an* (Genevoix). *Il sentit que le sang sourdait toujours, entre ses doigts* (Van der Meersch). Voir cependant : *Son vrai visage avait déjà été défait, détruit, il ne sourdrait plus jamais de ce masque terrifiant* (Semprun).

SOURIS emploi et sens. Vieux nom masc., au sens de *sourire.*

SOUS- orth. Sont invar. au plur. les composés suivants : *sous-gorge, -main, -seing, -verre.* Les autres prennent un *s* final : *des sous-commissions, sous-fifres, sous-préfets*, etc. ♦ **emploi et sens.** Ce préfixe très productif permet des créations assez libres, avec le sens « spatial » ou « hiérarchique » dans les subst. : *Je lui ai tendu mes sous-gants de ski en soie noire* (Ravey). *Moi, je ne suis qu'un sous-fifre, un sous-off, leur dis-je* (Semprun), et le sens d'« insuffisance » dans les verbes. Et, dans le contexte idéologique nazi : *Il est là, à faire les cent pas en surveillant un dangereux paquet de sous-hommes qui, bien entendu, n'aiment pas travailler alors qu'il aimerait tant, lui, le surhomme, se battre pour son Fuhrer* (Bialot).

SOUS-DÉVELOPPÉ emploi. S'agissant d'un pays ou d'un peuple de très faible niveau de vie, les déclarations officielles et l'usage tendent à substituer à ce terme la formule non dépréciative *en voie de développement* ou *du tiers monde*, ou encore **émergent**, cet adj. se situant à la limite de la « langue de bois » : *La mondialisation de ces dix dernières années n'a pas créé suffisamment de richesses dans les pays émergents pour leur permettre de se redresser seuls après la crise* (*Le Monde*, 05/06/2009). ⟶ LANGUE DE BOIS et POLITIQUEMENT CORRECT.

SOUS-ESTIMER orth. Avec un trait d'union, à la différence de *mésestimer* et de *surestimer.* ⟶ SOUS.

SOUS-JACENT sens. « Situé au-dessous », au sens propre, mais le sens fig. de « caché » est plus répandu : *Les mobiles sous-jacents de son acte.*

SOUS-MAIN forme. Invar. : *Des sous-main sur tous les bureaux.* ♦ **emploi et sens.** La locution **en sous-main** a toujours le sens fig. de « en secret, avec discrétion » : *Souvent, ces procureurs s'intéressent en sous-main à des coupes de bois* (Giono).

SOUS-ŒUVRE emploi et sens. Ne pas confondre la locution **en sous-œuvre**, « par la base », avec *en sous-main* : *Il faut reprendre toute cette étude en sous-œuvre.*

SOUSSIGNÉ orth. Ne pas omettre le double *s.* ♦ **emploi.** Cet adj. n'appartient qu'à la langue de l'administration et s'accorde toujours avec le subst. ou le pron. sujet : DE LA PART DE DIEU *devant nous sous-signés Enfants de Dieu portant son glaive,* Nous, *sous-signés, l'avons requis de se rendre à Saint-Florent* (Chabrol). Cette citation reproduit la forme ancienne ; le trait d'union est aujourd'hui supprimé, ainsi que la virgule après *soussigné,* sauf si on cite un nom propre : *Je soussigné, Dupont Michel, sain de corps et d'esprit, déclare léguer...* Ce mot s'emploie aussi comme subst. : *Les soussignés demandent instamment que...*

SOUTENIR constr. Au sens de « prétendre, affirmer (à tort ou à raison) », ce verbe se construit comme les verbes d'affirmation, avec une complétive introduite par **que**. On rencontre plus rarement l'infinitif en complément direct : *Ils soutiennent être mes parents. Je n'y connais rien en parents, mais je sais que c'est faux* (Hoex).

SOUTIEN-GORGE orth. Formé avec *soutien* (subst.) : ne pas mettre de *t* à la fin du premier élément. Au plur., on écrit : *des soutiens-gorge(s)* avec ou sans *s* final.

SOUVENIR (SE) constr. Le tour impersonnel *Il me* (*te, lui,* etc.) *souvient* était à l'origine le seul admis. Il se rencontre aujourd'hui seulement dans un registre littéraire et quelque peu affecté : *Il lui souvenait aussi du jour où Joseph Gamelin l'avait demandée en mariage* (France). *Te souvient-il de ces constructions que nous vîmes faire au Pirée ?* (Valéry). Ou comme pur archaïsme : *Cela rappelait à Béatrix un autre dicton : « Toujours souvient à Robin de ses flûtes »* (Peyrefitte). *Il me souvient soudain de la fois que je descendis en Alais* (Chabrol). Le tour usuel aujourd'hui est **se souvenir de...** ou **que...** : *Tu t'en souviens, de ton texte ?* (Audiberti). *Martine se souvenait d'être descendue de voiture* (Simenon). L'ellipse de la préposition **de** devant l'infinitif se produit parfois, sous l'influence du tour *se rappeler* : *Il se souvient avoir marché devant lui très vite et très loin* (Bourget). *Il ne doit pas se souvenir nous avoir dit qu'elle demeurait à deux kilomètres de là* (Proust). *Je ne me souviens pas les avoir entendus pendant mon enfance* (Labro). *Une voix qui rappelait la petite fille qu'elle avait été et qu'Adichka se souvenait avoir rencontrée une première fois lors d'une fête enfantine* (Wiazemsky). L'ellipse de **de** est plus rare quand le complément est un nom : *Ça puait là-dedans, je me souviens bien les odeurs d'eau croupie* (Mauvignier). On notera que l'ellipse de la prép. **de** à la suite de ce verbe est jugée avec plus d'indulgence que l'ajout de ce même **de** après **se rappeler...** → RAPPELER.

□ **se souvenir que.** La proposition complétive est à l'indic. quand la principale est affirmative, au subj. dans le cas contraire : *Brusquement, monsieur X... se souvint que les documents qu'il cherchait étaient restés dans son bureau* (R. Jean). *On ne se souvenait pas que des recherches bien conduites n'eussent pas fini par réduire le personnage fabuleux* (Proust). *Je ne me souviens pas qu'il ait pris part à cette réunion.*

SOUVENT emploi et sens. La locution **souventes fois** (ou **souventefois**, en un seul mot) est archaïque ou régionale : *Et, souventes fois, j'apportais en sus le corbeillon de figues* (Chabrol). *M'est avis qu'elle n'aura plus souventes fois à le suivre* (Genevoix).

□ **plus souvent**, qui a en général un sens négatif, « pas du tout, jamais de la vie », est une loc. fam. et vieillie, qui est commentée avec humour dans cet exemple : *Il ferait beau voir qu'un homme entrât dans la chambre des mortes ! – Plus souvent ! – Hein ? – Plus sou-*

vent ! – Qu'est-ce que vous dites ? – Je dis plus souvent. – Plus souvent que quoi ? – Révérende mère, je ne dis pas plus souvent que quoi, je dis plus souvent (Hugo, cité par Robert). Mais on en rencontre des exemples plus modernes : *D'ailleurs, le petit aussi vous écrira. – Plus souvent* (Mauriac). – *Oui, dit Wolf. Mais toi, tu ne le diras pas à Folavril. – Plus souvent ! grogna Lazuli* (Vian). On trouve aussi, en tête de phrase, **plus souvent que** : *Plus souvent que je voudrais revenir dans des fourmilières comme Erfurt ou Wittenberg* (Benoit). Ce tour est tombé en désuétude.

SOUVENTEFOIS ⟶ le mot précédent.

SOUVERAIN et **SUZERAIN constr. et sens.** Ces deux mots, formés sur la même base, ne sont pas synonymes. Le premier, comme nom, désigne le chef d'un état monarchique et, comme adj., a le sens de « très efficace », en parlant d'un procédé, d'un remède, etc. Il se construit avec les prép. **pour** ou **contre** : *L'air est souverain pour les blessures* (Giraudoux). Le second ne peut être que subst., et désigne le seigneur le plus haut placé, dans l'ancien système féodal : *Papa est très féodal. Il révère la chevalerie. C'est un suzerain jaloux et je suis son champion* (Hoex).

SOUVERAINISME et **SOUVERAINISTE sens.** Ces termes politiques, empruntés au début des années 70 au français du Québec, désignent l'attitude consistant à souhaiter une Europe constituée de pays indépendants et maîtres de leurs choix idéologiques. Ils n'ont pas de rapport de sens direct avec **royalisme** et **royaliste**.

SOVKHOZE orth. Elle est compliquée. Ne pas oublier le *h*, et ne pas remplacer le *z* par un *s*. ♦ **sens.** Dans l'ancien système soviétique, « ferme pilote appartenant à l'État ». ⟶ KOLKHOZE.

SOYE(NT) forme. Pop. et fautive pour *soi(en)t*, subj. présent de *être*.

SOYEZ orth. Jamais de *i* après le *y*. Même remarque pour *soyons*. ⟶ ÊTRE.

SPAGHETTI ⟶ CONFETTI, MACARONI, etc.

SPATIAL et **SPACIEUX orth.** Attention aux confusions : le premier adj. renvoie à l'espace au sens astronautique, le masc. plur. est *spatiaux*. Le second renvoie à l'espace au sens de « place disponible » : *On restructure les étages que l'on adapte aux lois de la bureautique pour obtenir des locaux spacieux* (Échenoz).

SPEAKER prononc. [spikœr]. ♦ **forme.** Fém. *speakerine*. ♦ **emploi et sens.** Ce subst. est à peu près sorti de l'usage ; on le remplace par *annonceur, présentateur, commentateur*, pour désigner une personne dont le métier est de parler à la radio et à la télévision. Voici un emploi correct dans un contexte ancien : *Pierre ne sait pas ce que cela veut dire, mais c'est ce que répètent tous les jours les speakers qui donnent les informations sur Radio-Alger qu'écoute religieusement son père à la TSF* (Maïssa Bey).

SPÉCIAL et **SPÉCIEUX sens.** On ne confondra pas ces deux adj., le premier qualifiant « ce qui se rapporte à une espèce, à un groupe, à un individu, etc. par opposition aux autres » : *Demandez la cuvée spéciale du Chef* ; le second, plus rare et plus abstrait, a le sens de « qui n'a qu'une belle apparence » ou encore « qui est destiné à abuser, à tromper » : *L'argumentation de la partie adverse, si spécieuse qu'on aurait fini par penser que le dénommé Pérez s'était volatilisé sur les lieux de sa fonction* (Saumont).

SPÉCIALEMENT emploi et sens. Le tour **pas spécialement** est usité dans le registre fam. pour atténuer la négation ou le refus : *Tu veux conduire ? demandai-je à Marie. – Non, pas spécialement, me dit-elle* (Toussaint).

SPÉCIFIQUE constr. On hésite souvent entre les prépositions **de** et **à** ; il semble que la première soit préférable (comme pour *caractéristique, typique*) : *Un médicament spécifique de la toux*. La prép. **à** provient sans doute de l'influence des adj. **spécial** et **propre**, qui se construisent ainsi : *Le problème spécifique à la fonction publique française est* *l'existence de corps avec peu de capacité de mobilité ascendante entre eux* (M. Crozier, *Le Monde*, 18/05/2007).

SPÉCIMEN forme. Ce subst.-adj. est entièrement francisé. Accent aigu sur le premier *e*, et *s* au plur. : *des spécimens.* ♦ **emploi et sens.** Ce mot appartient à la langue savante ou technique, sauf dans la locution fam. **un drôle de spécimen**, qui s'emploie couramment pour désigner un « individu bizarre, original ».

SPEECH prononc. [spitʃ]. ♦ **orth.** Cet anglicisme, quoique bien vivant, n'a jamais été francisé. Plur. *des speeches.* ♦ **sens.** « Petite allocution de circonstance. »

-SPHÈRE genre. Les mots composés ayant *-sphère* pour second élément sont fém., comme *sphère*, à l'exception de *hémisphère* et de *planisphère.* ⟶ ces mots.

SPHINX orth. Avec un *i* et non un *y* : *Un vieux sphinx ignoré du monde insoucieux* (Baudelaire). ♦ **forme.** Le fém. *sphinge* est assez rare. On trouve parfois **sphynge** : *La Sphynge levait sa croupe au niveau du cheval Pégase* (Louÿs).

SPIDER orth. Ne pas écrire *speeder*, sous l'influence de l'anglais *speed*, « vitesse ». ♦ **sens.** « Coffre à l'arrière de certaines voitures. »

SPINOZISME ou **SPINOSISME orth.** L'orth. des mots dérivés du nom propre *Spinoza* tend à se franciser, et l'on peut écrire *spinosisme, spinosiste* aussi bien, et même mieux, que *spinozisme, spinoziste.*

SPIRAL(E) orth. et sens. Ne pas confondre **un spiral**, sans *e* final, qui a le sens technique de « ressort enroulé en spirale », et **une spirale**, terme de géométrie, qui désigne une « courbe *plane* décrivant autour d'un point fixe des révolutions s'en écartant progressivement ». La langue courante emploie souvent ce subst. fém. à la place de **hélice**, pour désigner « n'importe quelle courbe tournant autour d'un axe ou d'un point » : *Une mince bandelette enroulant ses spirales indéfinies autour des membres* (Gautier). *Des cris variés tourbillonnent dans la spirale de l'escalier comme des fleurs éclatantes* (Colette). Il vaut mieux, dans un espace à trois dimensions, dire avec précision *s'enrouler, monter*, etc., *en hélice* et non *en spirale.* ⟶ cependant ESCALIER et HÉLICE.

SPLEENÉTIQUE et **SPLÉNIQUE sens.** Ne pas confondre ces deux adj. Le premier est dérivé de **spleen**. Le second signifie « qui se rapporte à la rate » et appartient à la langue médicale. La confusion est d'autant plus aisée que le premier mot s'écrit parfois **splénétique**, et que *spleen*, en anglais, veut dire « rate », ou « bile, humeur ».

SPOLIER sens. Ce verbe a toujours le sens de « dépouiller, voler (une personne) » : *Il faut s'assurer que les prêteurs ne sont pas spoliés* (G. Soros, *Le Monde*, 18/08/2011) et non pas celui de « dérober (un objet) », comme dans le titre suivant : *Une famille a vendu d'excellentes reproductions de toiles spoliées par les nazis pour 34 millions d'euros* (*Libération*, 08/09/2011). C'est *volées* ou *dérobées* qui aurait convenu ici.

SPONSOR emploi. Cet anglicisme très répandu dans le monde des affaires pourrait être avantageusement remplacé par le mot **parrain** ou même le néologisme *parraineur* (recommandation de l'arrêté du 6 janvier 1990) : *Finie l'inflation du nombre de parrains ou sponsors. Atlanta parie sur un club restreint – douze sponsors – doté de privilèges exorbitants* (A. Cojean, *Le Monde*, 18/08/1992). De même, *parrainage* a sensiblement le même sens que **sponsoring** ou **sponsorisation**, encore que le premier mot n'implique pas obligatoirement un soutien financier : *L'incident n'en est pas moins révélateur du bourbier dans lequel s'enfoncent les instances sportives en matière de sponsoring* (*Le Monde*, 17/02/1992). Ajoutons enfin que *parrain* renvoie aussi, assez fâcheusement, aux redoutables chefs de la Mafia (cf. les films *Le Parrain* I et II).

SPORE et **PORE** ⟶ PORE.

SPORT forme. Invar. comme adj. : *Des mocassins sport.* ♦ **sens.** Avec un nom d'objet, « approprié pour faire du sport ». Avec un nom de personne, « loyal, fair-play » : *Je l'aurais cru plus sport, a-t-elle dit* (Aymé).

SQUA- prononc. Les mots français commençant par ce groupe de lettres se prononcent [skwa] : *squale, squameux, squash,* etc.

SQUAMEUX emploi et sens. Cet adj. est syn. de « couvert d'écailles » ou, en médecine, « de certaines croûtes sur la peau » : *Les secousses se communiquaient aux longues bandes de peau et de chair squameuse qui partaient de son cou* (Volodine).

SQUATTER prononc. [skwatœr] ou [ɛr]. ♦ **emploi et sens.** Ce mot a un sens historique : « pionnier s'installant aux États-Unis sur une terre encore non occupée ». Par extension, il a servi, depuis les années 1950, à désigner les « personnes occupant illégalement un logement ». On emploie également la forme **squat** soit au sens de « occupation par des squatteurs », soit à celui de « habitation occupée par un squatteur » : *Les squats étaient nombreux* [à Belleville] (Jonquet). *J'ai prospecté plusieurs squats et un camp de gitans* (Vargas). A donné les verbes dérivés **squatter** et **squattériser**.

STABILE emploi et sens. Ce subst. masc. a été formé régulièrement pour désigner une sculpture de conception abstraite dont l'ensemble et les éléments sont fixes, par opposition à **mobile** (→ ce mot) : *La même année* [1937] *apparurent les « stabiles » (le titre est d'Arp),* a priori *l'antithèse exacte des mobiles, mais qui conservent une impression de dynamisme absolu* (H. Bellet, *Le Monde,* 12/10/1992).

STAFF ou **STUC sens.** Ces deux termes employés dans le bâtiment ont des sens voisins. Le premier désigne un « enduit plastique employé en guise de pierre et composé de plâtre, de ciment et de glycérine pour l'essentiel ». Le second désigne également un enduit, « à base de chaux éteinte, de plâtre et de poussière de marbre ou de craie ».

STAGNANT prononc. [gn] et non [ɲ] ainsi que pour les mots formés sur la même base : *stagner, stagnation.* → GN-.

STALACTITE et **STALAGMITE genre.** Ces deux subst. sont fém. ♦ **sens.** On se rappellera le vieux moyen mnémotechnique : le deuxième *t* de *stalactite* évoque pour nos oreilles « l'action de tomber », tandis que le *m* de *stalagmite* évoque « l'action de monter » : *Le petit épicéa se tenait debout raide comme une stalagmite en glaçon* (Llaona).

STALAG sens. C'était, pour les hommes de troupe et sous-officiers, l'équivalent de l'OFLAG (→ ce mot) pour les officiers : *Cet homme courtois avait assisté comme interprète à mon dernier interrogatoire au stalag* (Perret).

STANDARD forme. Invar. comme adj. : *Je sais qu'une simple épingle recourbée vient à bout d'une serrure standard* (Prou). Cependant, le plur. avec un *s* final n'est pas rare : *Une histoire invraisemblable pour des cerveaux standards* (Bialot). Plur. du subst. : *des standards.* ♦ **sens.** Comme nom, on n'emploie plus guère ce mot au sens de « niveau de vie ». En revanche, on le rencontre souvent au sens de « règle ou principe de base », plus ou moins emprunté au domaine technico-commercial : *Certains enfants ont le don difficile de glacer les adultes. Rien, dans leur comportement, ne correspond aux standards de leur âge* (Barbery). *Ce livre* [...] *a été rédigé par des associations agréées qui définissent les standards de chaque race* (Rosenthal). On est assez proche ici des **fondamentaux**. → ce mot.

STAND-BY sens. Cet anglicisme est devenu très courant dans le domaine du transport, au sens de « en suspens, sur une liste d'attente », ou pour désigner la suspension provisoire du fonctionnement d'un appareil électrique. Au fig. : *Mon patron en 1942, qui m'a donné les papiers d'identité de sa famille et m'a permis de vivre en stand-by jusqu'à l'été 1944* (Bialot).

STANDING emploi et sens. Cet anglicisme répandu a le sens de « position sociale et économique », voire de « niveau de vie », de « niveau de culture » : *le standing culturel.* C'est un mot prétentieux, qu'on trouve notamment dans le vocabulaire de la publicité immobilière : *Une résidence de haut standing.*

STAR emploi. Ce terme, qui a vieilli, désigne surtout les actrices des débuts du cinéma parlant. On disait aussi une *étoile.* On dit de nos jours une *vedette,* mais plus communément une *actrice.* Il subsiste tout de même un emploi moderne de **star**, associé à **rock** : *Sa disparition provoque une frénésie de réactions officielles et anonymes plus spectaculaires encore que s'il s'agissait de celle d'une rock star mondiale* (édito du *Monde,* 07/10/2011). → ÉTOILE et ICÔNE.

START-UP forme. Subst. invar. ♦ **emploi et sens.** « Jeune entreprise dynamique », surtout dans les domaines de l'informatique et de la communication. Recommandation officielle : *jeune pousse.*

STATIONNER constr. Intr. à l'origine, ce verbe est souvent construit aujourd'hui avec un complément d'objet : *Il stationna la Toyota sur le côté de la chapelle* (Godbout). C'est une tendance générale et acceptable au moins dans les domaines techniques. → DÉBUTER, DÉMARRER.

STATION-SERVICE forme. Plur. *des stations-service.* ♦ **emploi.** L'Académie française a proposé (sans succès) le 15 décembre 1988 d'adopter, pour éviter ce mot composé faussement « franglais », le dérivé *essencerie,* bien formé et couramment employé au Sénégal.

STATUAIRE genre. Fém., ce subst. signifie « art de faire des statues » : *La statuaire accidentelle des rivages est offerte gracieusement par les dieux à l'architecte* (Valéry). Masc., il désigne le « créateur de statues » : *un statuaire.*

STATUFIER emploi et sens. Ce verbe assez récent ne s'emploie que par ironie : « représenter quelqu'un sous forme d'une statue » ou « rendre aussi immobile qu'une statue » : *Elle ne bougea pas d'un centimètre, se statufia dans le genre noble* (Bazin).

STATU QUO emploi et sens. Cette locution latine se rencontre parfois sous la forme plus complète *« statu quo ante ».* Elle a le sens de « état présent (ou parfois antérieur) des choses » et se trouve surtout dans la langue des journalistes et de la politique : *maintenir le « statu quo (ante) ».*

STEEPLE-CHASE prononc. [stipəlʃez], mais plutôt [stipl] en abréviation. ♦ **forme.** Plur. : *des steeple-chases.* ♦ **sens.** « Course de chevaux à obstacles. »

STÈLE genre. Fém. *une stèle.*

STENDHALIEN prononc. [stɛ̃daljɛ̃] et non [stã], encore moins [stendaljɛ̃].

STEPPE genre. Fém. *Une steppe unie et toute blanche* (Giono).

STERCORAIRE et **STERCORAL emploi et sens.** Ces deux adj. sont synonymes, au sens de « relatif aux excréments » : *C'était une source de surprise enfantine que ce paradoxe des fèces embaumées. Notre exaltation stercorale nous a même poussés à nous en jeter à la tête* (Jourde). Mais le nom masc. **stercoraire** désigne un oiseau marin, la mouette pillarde.

STÈRE genre. Masc. *un stère.*

STÉRÉOTYPIE forme. On emploie aussi, plus rarement, *stéréotypage.* ♦ **sens.** « Tendance à la conservation psychophysiologique de certaines attitudes ou de certains comportements. »

STERLING prononc. [sterliŋ]. ♦ **forme.** Adj. invar., toujours après le mot *livre,* « monnaie anglaise ». On abrège parfois *livre sterling* (fém.) en *sterling* (masc.).

STEWARD prononc. On adapte généralement la prononciation de ce mot en [stiward] au lieu du [stjuwə(r)d] originel, difficile à articuler pour un Français.

STIGMATE genre. Masc. ♦ **sens.** À l'origine, « marque miraculeuse laissée sur le corps ». Employé le plus souvent au fig., au sens de « marque profondément imprimée, et souvent infamante » : *Que veut dire ce pli vertical entre vos yeux ? C'est un stigmate de tonnerre ?* (Giraudoux). *Les soldats, quand ils passaient la vareuse ou la capote, découvraient une pièce rectangulaire, comme un stigmate sur leur poitrine ou dans leur dos* (Gallo). Ne pas confondre avec **symptôme**, d'acception purement médicale.

STILLIGOUTTE orth. Deux *i* et deux *l*. Les dictionnaires n'enregistrent pas l'orth. *styligoutte*, plus rarement employée. ♦ **emploi et sens.** Cet adj.-subst. est un synonyme technique de **compte-gouttes**.

STIMULUS forme. Plur. *des stimulus* ou *stimuli*. ♦ **sens.** Les psychologues entendent sous ce vocable un « agent capable de provoquer une réaction de la part d'un organisme » : *Ces stimuli qui, tournant en boucle dans la moelle épinière, déclenchent le réflexe sans solliciter le cerveau* (Barbery).

STOCK orth. Un *c* et un *k*, ainsi que dans les dérivés *stocker, stockage.*

STOCK-OPTION orth. On hésite entre la prononciation à l'anglaise : [stɔkɔpsən] et celle à la française : [stɔkɔpsjõ]. ♦ **emploi et sens.** Ce nom composé fém. appartient au lexique de l'économie et de la gestion des entreprises. Il peut se traduire par **option d'achat** ou **option sur titres**, et désigne un « système d'option sur achat d'actions » : *La conversation de ces si raisonnables délégués du personnel qui discutent de l'annualisation du temps de travail et des stock-options* (Jonquet). *Le texte encadre aussi l'attribution des stock-options, accordées en général aux cadres dirigeants des grandes entreprises* (C. Jakubyszyn, *Le Monde*, 08/06/2007).

STOMACAL et **STOMACHIQUE orth.** On prendra garde à l'absence de *h* dans le premier adj. ♦ **sens. Stomacal**, qui est le mot le plus employé, qualifie tout « ce qui se rapporte à l'estomac » : *contractions stomacales.* Le second adj. signifie « qui est bon pour l'estomac » : *Suivant la nature de la substance employée, (les tisanes) sont diurétiques, pectorales, sudorifiques, calmantes, stomachiques* (Larousse). On a parfois employé par erreur cet adj. au sens du premier : *J'aurai des sursauts stomachiques, / Si mon cœur triste est ravalé !* (Rimbaud).

STOP emploi et forme. Quand **stop !** est une interjection, il reste invar. : *Il a proféré des « Stop ! Stop ! » énergiques.* Mais quand il désigne les signaux routiers, il prend un *s* au plur. : *Il m'a ordonné de rouler. De ne pas perdre de temps, mais de marquer tous les stops et de respecter les feux* (Ravey).

STOPPER constr. Ce verbe est aujourd'hui très utilisé, aussi bien intransitivement que transitivement, dans la langue des transports, et non plus seulement dans celle des marins, dont il est issu : *Le train s'arrêta deux heures ; puis il repartit pour stopper une seconde fois* (Louÿs). *La voiture a stoppé à temps. Un grave accident nous a stoppés.* Le verbe **(s') arrêter** fait aussi bien l'affaire, lorsqu'on n'a pas à le répéter, comme dans la phrase de Louÿs.

STRAIGHT emploi et sens. Cet adj. anglais, qui signifie « en ordre, correct » est souvent employé dans un contexte sociopolitique : *Leur France à eux ? Ils la voudraient 'moins raciste, plus tolérante, plus juste', conforme aux principes qu'elle affiche. Parce que, sur le papier, elle paraît* straight (*Libération*, 07-08/04/2007).

STRAS(S) orth. Sous l'influence de la **prononc.** avec un [s] final, on rencontre plus souvent aujourd'hui l'orthographe *strass* avec deux *s*, bien que l'origine de ce mot soit le nom propre *Stras* (avec un seul *s*). ♦ **sens.** « Sorte de verre coloré. » On ne confondra pas ce subst. masc. avec le fém. *strasse*, qui désigne de la « bourre de soie ».

STRATÉGIE et **TACTIQUE sens.** Ces deux mots sont souvent employés à peu près indifféremment au sens fig. de « manœuvre plus ou moins habile en vue d'obtenir quelque chose ». Mais ils se distinguent nettement dans le domaine militaire. La **stratégie** est « l'art de coordonner et de combiner l'action des forces militaires en vue d'atteindre un but de guerre déterminé par le pouvoir politique ». La **tactique**, de sens plus restreint, est « l'art de diriger une bataille terrestre, navale ou aérienne ». La *tactique* met en œuvre, dans une action localisée, les grandes règles d'ensemble établies au niveau de la *stratégie*. ⟶ aussi LOGIQUE.

STRESS emploi et sens. Ce nouveau (?) « mal du siècle » est désigné par ce mot d'origine anglaise, qui signifie « effort intense » et souvent, pour nous, « dépression » : *Celui-ci* [...] *faisait alors des mines et ne répondait qu'à peine d'un œil, œil courroucé de cadre au bord du stress, œil distrait de sa secrétaire en train de se faire les ongles* (Échenoz). *C'est également le cas de Steve, autre soldat revenu d'Irak traumatisé. Il souffre de stress post-traumatique et a peur de sortir de chez lui* (E. Valette, *Le Monde*, 28/05/2007). Il est bien intégré en français, et a donné les dérivés **stresser, stressant, antistress,** etc. *C'est très difficile de savoir si les animaux sont bien en cage, mais il y en a qui sont beaucoup moins stressés que dans la nature* (Rosenthal).

STRICT emploi et sens. Cet adj. signifie « qui constitue le minimum permis », ou « réduit à la valeur la plus faible ». Il se rencontre souvent dans des locutions stéréotypées : *Aussi les liaisons en phonie ont-elles été réduites au strict minimum* (*Le Monde*). Le léger pléonasme de ces tours est admis sans difficulté. Par glissement de sens, il s'emploie aussi comme quasi-synonyme de **rigoureux, austère** : *un costume strict.*

STRICTO SENSU sens. Cette locution latine signifie « pris à la lettre, en un sens rigoureux » : *Ces jeunes Africains-Américains et Hispaniques forment, plus que des chômeurs stricto sensu, le gros des bataillons de cette catégorie statistique dite des « sous-employés »* (S. Cypel, *Le Monde*, 07/08/2011).

STRIDENCE emploi et sens. Subst. rare et littéraire : *un bruit strident.*

STRIP-TEASE orth. Plur. *des strip-teases.* ♦ **dérivé.** *Les strip-teaseuses sont vêtues de voiles de veuves* (Schreiber). Curieusement, le joli substitut d'*effeuillage*, proposé dans les années 60, n'a guère eu de succès : *La diva de l'effeuillage offre trois numéros d'exception au* Crazy Horse (*Le Monde*, 06/02/2009).

STUC ⟶ STAFF.

STUPÉFAIT et **STUPÉFIÉ emploi et sens.** En principe, **stupéfait** est un adj. qui ne peut se construire qu'avec **de** : *Antoine est stupéfait de ne pas la voir au balcon ni en bas* (Supervielle). *Il était stupéfait d'être plus grand qu'elle* (Mauriac). *Il avait posé la main sur le bras de Paule stupéfaite* (Sagan). **Stupéfié** est le part. du verbe **stupéfier** : *Soudain, il s'arrêta sur le seuil, stupéfié par la lumière immense des midis de la terre africaine* (Louÿs). *Anne Desbaresdes resta un long moment dans un silence stupéfié à regarder le quai* (Duras). On a glissé aisément vers le solécisme qui consiste à construire **stupéfait** avec *par* : *Germain, stupéfait par la réponse, restait coi* (Aymé), ou vers celui qui fait de *stupéfait* le part. d'un inexistant *stupéfaire* : *Suppression qui l'avait stupéfaite la veille, mais qu'il lui semblait maintenant si vulgaire de ne pas connaître* (Proust, cité par Robert, qui donne d'autres emplois de ce tour chez Romains et Mauriac). *Les Américains ont entrepris de démanteler un système dont les dérives, sous la direction du président George W. Bush, ont stupéfait leurs plus fidèles alliés* (S. Kaufmann, *Le Monde*, 28/05/2007).

STUPIDE emploi et sens. Cet adj. a le plus souvent un sens péj. : « Inintelligent, abruti. » Mais on le rencontre parfois dans la langue littéraire, au sens de « interdit, incapable de réagir » : *J'écoutais, stupide, l'arrêt du médecin, comme un condamné sa sentence* (Radiguet).

STYLIQUE emploi et sens. Ce nom fém. a été proposé par l'arrêté ministériel du 24 janvier 1983 pour remplacer **design.** ⟶ ce mot. Il est de même conseillé d'appeler **stylicien, stylicienne** le (ou la) *designer*. Le **stylisme** serait l'« activité professionnelle qui regroupe l'ameublement des décors, la recherche des accessoires et le choix des vêtements en vue d'une présentation publicitaire » : ce mot traduirait économiquement l'anglais *styling elements* ; enfin le subst. **styliste** (angl. *stylist*) est recommandé pour désigner le professionnel chargé du *stylisme*, qui peut être à la fois ensemblier, accessoiriste et costumier.

STYLOGRAPHE forme. Ce subst. est aujourd'hui abrégé en **stylo**. Plur. *des stylos*. La forme entière est vieillie, et sortie de l'usage.

SUBALTERNE emploi et sens. « Dépendant. » Comme adj. et subst., on emploie aussi, dans un sens voisin, **subordonné**.

SUBJECTIF → OBJECTIF.

SUBJONCTIF conjug. Les seules formes qui soient délicates à conjuguer sont celles du présent et de l'imparfait, puisque les subj. passé et plus-que-parfait sont des temps composés, formés à partir des subj. présent et imparfait des auxiliaires *avoir* et *être* : *que j'aie chanté (= que j'aie), que je fusse parti (= que je fusse)*. On retiendra donc : **1)** Qu'au présent, tous les verbes prennent aux 1re et 2e personnes du plur. un *i* à la suite du radical, même quand ce dernier se termine lui-même par un *i* ou un *y* : *que nous pliions, que vous riiez, que nous balayions, que vous niiez,* etc. La seule exception est constituée par les verbes *avoir* et *être*, qui ne prennent jamais de *i* après un *y* : *que nous soyons, que vous ayez.* → AVOIR et SOYEZ. **2)** Qu'à l'imparfait, tous les verbes, sauf *haïr* et *ouïr*, prennent un accent circonflexe sur la voyelle de la dernière syllabe : *qu'il mangeât, sentît, bût, vînt,* etc. On évitera de confondre ces formes avec celles du passé simple de l'indic., et, lorsqu'elles entrent dans la composition du subj. plus-que-parfait : *qu'il eût mangé, bâti, bu, qu'il fût venu,* avec celles du passé antérieur de l'indic., qui sont : *il eut* (sans accent) *mangé, senti, bu, il fut venu.* ♦ **emploi et sens.** Le subj. est, selon la formule de Le Bidois, le *mode de l'énergie psychique* beaucoup plus que celui de la subordination. On le rencontre en effet en proposition principale avec des nuances affectives très diverses. Il peut exprimer : a) l'ordre (ou la défense), l'exhortation (valeur impérative) : *Qu'on se dépêche !* b) le souhait, le désir, le regret (valeur optative) : *Vienne la nuit sonne l'heure* (Apollinaire). c) la concession : *Fût-il beaucoup plus riche, qu'est-ce que cela change ?* d) la supposition, l'éventualité : *Vienne l'hiver, et tu le verras partir ! Soit deux triangles semblables. Qu'il survienne brusquement, et tu seras découvert !* e) l'exclamation causée par divers mobiles psychologiques : *Qu'il se soit abaissé à cette démarche ! Moi, que je fasse son travail ?* f) l'affirmation atténuée, avec le tour *Je ne sache pas que.* → SAVOIR.
Cette brève énumération montre la relative indépendance du subj. par rapport à ce **que**, qui semble lui être attaché indissolublement dans l'apprentissage trop scolaire des conjugaisons.
D'autre part, le subj. est très répandu dans les subordonnées introduites par **que** ou par une locution conjonctive formée sur ce « mot à tout faire ». On le rencontre après : *à condition que, afin que, à moins que, au cas que, avant que, bien que, de crainte que, de peur que, en attendant que, en cas que, encore que, loin que, malgré que, pour que, pourvu que, quoique, sans que, si peu que, si tant est que, soit que, supposé que.* Mais il alterne avec l'indic. dans bien des cas, par exemple après *au lieu que, autant que, de ce que, de façon* (ou *de manière*) *que, jusqu'à ce que*, etc. → CONJONCTIONS. Il se rencontre aussi dans les complétives, après une principale interrogative ou négative dont le verbe est dit d'opinion ou de perception : *Je pense* ou *je crois qu'il a fait cela* devient *Je ne pense pas* ou *Crois-tu qu'il ait fait cela ?*
On emploie généralement le subj. après un verbe principal marquant la crainte, le doute, la volonté, l'ordre, la négation, etc., et dans les cas où il s'agit d'exprimer un profond mouvement intérieur, de suggérer l'attitude psychologique du sujet en face d'une stimulation quelconque : *On eût dit qu'ils ignoraient qu'il existât un gouvernement, une police, et une civilisation mécanisée et progressiste* (Cossery).
Enfin, le subj. est de règle dans les propositions relatives qui ne se contentent pas de qualifier ou de déterminer l'antécédent, mais

contiennent une idée de but, de conséquence ou de restriction. En voici des exemples : *Je cherche cette forme avec amour, m'étudiant à créer un objet qui réjouisse le regard, qui s'entretienne avec l'esprit* (Valéry) [idée de but]. *Ce n'était pas une nouvelle qui se communiquât de bouche en bouche, que l'on se communiquât, latéralement, comme les nouvelles ordinaires* (Péguy) *J'ai de la chance, dit-il, d'avoir un Papa si artiste qui sache tout faire de ses mains* (Hoex) [idée de conséquence]. *Et Françoise seule ne trouvait rien en elle qui s'accordât avec la voix émouvante du saxophone* (Beauvoir) [idée de restriction]. On trouve notamment ce subj. restrictif dans la plupart des cas où l'antécédent de la relative est un superlatif, ou un subst. déterminé par *le dernier, le premier, le seul, l'unique*, etc. (→ la plupart de ces mots, et QUI) : *Cet envoi a peut-être été le plus beau cadeau d'anniversaire dont j'aie jamais bénéficié* (Bialot).

□ **emploi de l'imparfait.** Les formes comportant les suffixes *-ass-, -iss-, -uss-* sont de plus en plus délaissées même dans la langue écrite, pour des raisons d'esthétique. C'est ainsi qu'on ne peut plus employer des formes comme : *que je l'assassinasse, que tu me débarrassasses, que nous mourussions*, qui sont aujourd'hui ridicules, bien que morphologiquement « correctes ». D'autre part, on évite *que je le susse, que tu lusses* (verbes *savoir* et *lire*) en raison de la confusion dans la langue parlée avec les verbes *sucer* et *avoir* (cette dernière étant moins probable, puisque le subj. imparfait est rare dans la langue parlée, sinon inexistant). Il n'en va pas de même pour la 3e personne du sing., qui ne comporte jamais ce double *-s-*. Aussi, rencontre-t-on cette forme assez couramment : *Il aurait fallu qu'il arrivât à temps, qu'il nous dît ce qu'il avait à dire, et qu'il repartît par le premier train, sans que personne crût bon de le retenir.* Ces emplois n'ont rien de choquant. Mais on oublie parfois l'accent circonflexe, et l'on confond plus ou moins ce subj. avec un indic. (→ ci-dessus). Les nombreuses entorses faites à la concordance des temps (→ APPENDICE GRAMMATICAL) font que bien des auteurs n'emploient plus que le subj. présent, ainsi que le subj. passé, qui n'en est que l'expansion. Les exemples de formes en *-ss-* que l'on rencontre encore doivent être considérés comme des archaïsmes voulus ou comme des parodies : *Vous auriez voulu que je vous aimasse, par-dessus le marché !* (La Varende). *Je ne savais pas ? C'était sans doute avant que j'existasse* (Queneau). Déjà, en 1902, Rémy de Gourmont déclarait, à propos de ces formes : *Il faudrait que nous sussions, que nous reçussions* : « N'hésitons pas à les proférer lorsque nous voulons exciter le rire ou la stupeur. »

SUBMERGER → ÉMERGER, IMMERGER.

SUBORNATION sens. « Action de suborner, c.-à-d. de séduire. » Ne pas confondre avec **subordination**. Même remarque pour **suborner** et **subordonner** : *Ainsi donc, tu n'es qu'un barbon qui suborne une jouvencelle* (Labro). Le verbe *suborner* est souvent pris dans le sens de « corrompre des témoins, dans une affaire judiciaire ».

SUBROGÉ orth. Pas de trait d'union dans la loc. *subrogé tuteur*. Plur. *des subrogés tuteurs*.

SUBSONIQUE emploi et sens. Ce mot technique est bien formé, et a obtenu droit de cité dans notre langue, au sens de « inférieur à la vitesse du son ». Antonyme : *supersonique*.

SUBSTANTIEL orth. Tous les dérivés de **substance** s'écrivent avec un *t* et non un *c* : *le substantialisme, une indemnité substantielle*, etc.

SUBSTANTIF → NOM.

SUBSTITUER constr. et sens. On rencontre fréquemment les tours fautifs *être substitué par* ou *la substitution de X par Y*, sous l'influence de *remplacer*. Voici un exemple incorrect : *La substitution d'un être par son double* (J.-F. Rauger, Suppl. RTV du *Monde*, 03/08/2009). Ces deux verbes sont inverses et non pas synonymes, ils désignent la même opération de deux *points de vue* différents ; remplacer *A par B, c'est* substituer *B à A* ! : *Au découragement, elle lui avait permis de substituer le calme, un sens simple et nouveau* *de la direction* (Labro). *À l'habituelle ceinture de cuir des moines, les franciscains avaient substitué une corde (d'où leur surnom de cordeliers)* (Ragon).

SUBSTRAT forme. Celle-ci, francisée, a supplanté l'ancienne, *substratum*, qu'on rencontre encore parfois. ♦ **sens.** « Ce qui sert de support à », et spécialement, en linguistique, « parler supplanté par un autre parler sur un territoire donné, de telle façon que le premier laisse des traces dans le second ».

SUBVENIR conjug. Toujours avec l'auxiliaire *avoir*, à la différence du simple *venir* : *Il a subvenu à tous nos besoins.*

SUC sens. « Tout liquide contenu dans une substance animale ou végétale » : *Le suc gastrique, extraire le suc de certaines plantes.* Au fig., « ce qu'il y a de plus substantiel » : *Le suc d'une réflexion.* Prendre garde à la ressemblance avec **sucre**. ⟶ ce mot.

SUCCÉDANÉ genre. Masc. ♦ **emploi et sens.** Ce subst. a le même sens que **ersatz**, c.-à-d. « produit de remplacement ». On le préférera, malgré sa longueur : *Une tranche de succédané de saucisson, d'une consistance étrangement spongieuse* (Semprun). *Il faut bien se procurer des succédanés de cette immortalité* (Camus).

SUCCÉDER forme. Le part. passé ne s'accorde jamais, ce verbe n'admettant pas de complément d'objet direct : *De nombreux paysans et ouvriers agricoles s'étaient succédé dans la crypte tout au long de la journée* (Wiazemsky). *Dans les générations précédant celle de Julien et d'Hubert, les brouilles entre frères, entre sœurs, s'étaient succédé* (Pontalis).

SUCCESSEUR forme. Ce subst. n'a pas de fém., bien qu'on entende parfois [syksɛsris]. On dira : *Elle est le successeur du professeur que vous avez connu*, ou mieux : *Elle a pris la succession de, elle a succédé à...*

SUCCINCT prononc. Le dernier *c* ne se fait entendre ni au masc., ni au fém., non plus que dans **succinctement**. ⟶ DISTINCT.

SUCCION prononc. [syksjõ]. Prendre garde à l'influence de *sucer, suçon*. ♦ **emploi et sens.** Terme didactique, « action de sucer ».

SUCCOMBER conjug. Toujours avec l'auxiliaire *avoir*, à la différence de **mourir**. ♦ **emploi et sens.** Littéraire au sens propre : *Je te répète que ta pauvre maman a succombé parce qu'elle n'avait pas eu confiance* (Martin du Gard). ♦ **emploi.** On dit au fig. : *Succomber sous le fardeau des responsabilités*, et dans le registre comique : *Nounou laissez-nous succomber à la tentation* (Desnos).

SUCCUBE genre. Masc. ♦ **sens.** « Démon femelle (malgré le genre) qui vient la nuit s'unir à un homme » : *Ce matin-là, donc, trois matelots déguisés en succubes firent irruption en hurlant dans sa cabine* (Échenoz).

SUCCULENT orth. Deux *c*, un seul *l*. De même pour les dérivés rares *succulence, succulemment.*

SUÇOTER orth. Avec un seul *t.*

SUCRE constr. On met le complément au sing. dans *sucre de canne, d'orge, de pomme, de raisin*, au plur. dans *sucre de fruits*. ♦ **emploi et sens.** Ce subst. désigne la « matière » : *du sucre, un peu de sucre, quelques morceaux de sucre*, etc. Mais la langue fam., par une métonymie classique, dit *un sucre* pour *un morceau de sucre.* ⟶ SUC.

SUDORIPARE forme et sens. Cet adj. signifiant « qui sécrète la sueur » a supplanté l'ancien *sudorifère.*

SUFFIRE conjug. ⟶ APPENDICE GRAMMATICAL. ♦ **constr.** Lorsqu'il a un sujet propre, ce verbe se construit avec la préposition **à**, suivie d'un nom de personne ou d'un nom de chose : *Je ne t'en fais d'ailleurs aucun reproche : tu ne pouvais suffire à tout* (Peyrefitte). *Toutefois, j'aurais pu parler dans les comités, les réunions, suffire à toute l'activité d'un politicien* (Barrès). *Nos regards, nos noms, ça aurait suffi à notre bonheur* (Rochefort). **Suffire**, suivi d'un infinitif, s'emploie également avec **à** : *Un rien suffit*

à inquiéter un amant (Maurois). *Ces quelques années ont suffi à nous lier indissolublement.* **Se suffire à soi-même**, bien que de constr. pléonastique, est fréquent dans l'usage et admis par l'Académie. On rencontre parfois le tour *se suffire de,* au sens de « se contenter de » : *Ils se suffisaient de quelques herbages misérables* (Maïssa Bey). Mais on évitera le pléonasme *il suffit seulement* ou *simplement de,* très courant dans le langage parlé des médias. Le tour impersonnel **il suffit** se construit avec **de** suivi de l'infinitif : *Il ne suffit pas de croire aux sirènes pour en rencontrer sur les eaux* (Paulhan). *Il lui suffisait de fermer les yeux pour revoir l'estropié avec sa barbe de feu* (Barjavel). **Cela suffit** se construit avec **pour** : *Un tapis ou un tableau était-il de travers ? Cela suffisait pour mettre Béatrix en mouvement* (Peyrefitte). **Il suffit que** gouverne le subj. : *Mais il suffisait qu'on lui répondît en anglais pour lui faire perdre pied de nouveau* (J. Roy).
□ **suffit !** La langue fam. abrège souvent **cela suffit** ou **il suffit** (en constr. absolue) en supprimant le pronom : *Suffit, dit Milan, voilà une demi-heure que je t'attends* (Vailland).

SUFFISAMMENT constr. Construire cet adv. de la même façon que les adv. dits « de quantité », avec la préposition **de**, est admis par le meilleur usage (d'après Grevisse) : *Nous avons dans nos rangs suffisamment de gentilshommes capables de mener à bien une action victorieuse contre le Parlement* (A. Besson). *On a suffisamment d'ennuis comme cela, ne viens pas t'y ajouter.*

SUFFOCANT et **SUFFOQUANT orth.** Le premier mot est l'adj., le second, le part. présent du verbe **suffoquer** : *La chaleur était là, moins orageuse et moins suffocante* (Duhamel). *Il traversa la place en suffoquant parmi les gaz lacrymogènes.* ⟶ PARTICIPE PRÉSENT.

SUFFRAGETTE orth. Avec deux *f* et deux *t.* ♦ **emploi.** Ne pas confondre **suffragette**, qui désignait à la fin du XIXe siècle une femme réclamant le droit de vote : *La mère de mon collègue de bureau avait été, au tournant du siècle, une suffragette célèbre sur les barricades, toujours au premier rang des défilés* (Godbout) et **majorette**, « jeune fille participant à des parades en uniforme de fantaisie ».

SUGGESTION et **SUJÉTION prononc.** On confond fréquemment ces deux subst., qui n'ont pourtant de commun que leur suffixe. Le premier se prononce [sygʒɛstjõ] (comme **suggérer**) et signifie « idée ou réflexion qu'on suggère, qu'on propose ». Le second, plus rare, se prononce [syʒesjõ] et signifie « fait d'être soumis à, subordination, dépendance ». La confusion phonétique se fait toujours au profit du second. Il faut l'éviter soigneusement, et ne pas suivre l'exemple des annonceurs de la radio qui parlent des [syʒes(t)jõ] *des syndicats.* Car les différences d'articulation ont ici une valeur distinctive. ⟶ GESTION.

SUICIDAIRE emploi et sens. Cet adj., né au début du siècle, est bien admis aujourd'hui : *Son thème favori était la lâcheté des patrons, leur sentimentalité criminelle et suicidaire* (Aymé).

SUICIDER (SE) emploi et sens. Ce verbe, qui a le sens de « se tuer soi-même », n'existe qu'à la voix pronominale. Il peut apparaître comme un pléonasme, puisque l'élément *sui-* exprime à lui seul le réfléchi (*-cider* exprimant l'idée de « tuer ») : *Au vieux sens du mot :* se suicider, *que Littré imputait à pléonasme, dans le même siècle où Jouffroy écrivait : « Dans le suicide, ce qui tue n'est pas identique à ce qui est tué »* (Allen). Mais il est passé ainsi dans notre langue : *Un de mes amis s'était récemment suicidé pour de nobles motifs* (Vailland). La constr. trans. *suicider quelqu'un* est une fantaisie d'auteur ou relève de l'insinuation : *C'est le succès de cette expérience qui vous incite aujourd'hui à « suicider » d'abord les femmes ?* (Desproges).

SUISSE forme. Le subst. fém. **Suissesse** est parfois senti comme péj. et remplacé par l'adj. **suisse**, qui a la forme unique : *Les soucis ménagers auxquels il n'est pas une jeune Suissesse qui puisse demeurer étrangère* (D. Fabre). *La femme suisse, de quelque milieu qu'elle soit, appartient à la catégorie des laborieuses* (*id.*).

SUITE emploi et sens. Les deux locutions **de suite** (d'acception sensiblement fam.) et **tout de suite** sont de plus en plus confondues, au sens de « immédiatement, sur-le-champ » : *Allez de suite vous restaurer* (Gide). *On sait de suite à quoi s'en tenir* (Montherlant). *La concierge revient de suite*, en face de : *Installez-vous, je reviens tout de suite, dit Françoise* (Beauvoir). Cependant, le sens de « à la suite, en suivant » se maintient pour **de suite** lorsque cette locution se trouve après un subst. accompagné d'un numéral : *Jamais plus la même douzaine ne sortit trois fois de suite* (Vailland). *Ils ont marché plusieurs jours de suite.* Si certains grammairiens entendent maintenir la distinction que n'observent plus tant de bons auteurs, nombre d'autres (tels que Thérive, Brunot et Grevisse) estimaient cette confusion irréversible. On peut y remédier en employant la locution **à la suite** ou **d'affilée** : *Puisqu'il s'était révélé si difficile de faire deux expéditions à la suite, je choisirais chaque soir une seule adresse* (Butor). Notons d'autre part que **tout de suite** peut seul s'employer devant une prép. (*avant, après, derrière,* etc.) : *À Saint-Ouen, tout de suite après la barrière* (Duhamel). Quant aux locutions **par suite** et **par la suite**, elles restent plus distinctes que les précédentes : la première peut devenir locution prépositive **(par suite de)** et évoque une idée de « conséquence » : *Par suite d'un arrêt de travail, la distribution du courrier sera perturbée* ; la seconde ne peut être qu'adverbiale et exprime une simple idée de « postériorité » : *Tous les ouvrages qu'il m'a été donné de composer par la suite* (Duhamel).

□ **à la suite de quoi** établit une forte relation de continuité entre deux propositions : *Dieu créa les épices. À la suite de quoi, épuisé comme après chacune de ses créations, Il s'endormit pour une sieste profonde* (Orsenna).

□ **tout de suite que.** Cette locution appartient à la langue pop. exclusivement : *Tout de suite qu'il eut quitté sa femme, il fut pris d'un remords aigu et la rappela* (Aymé). On dit correctement : **dès que** (ou : *tout de suite après avoir…*).

□ **suite à.** Cette formule, qui ressortit à la langue de l'administration, tend à passer dans le registre littéraire : *Mort de la tante Bichette suite à une longue pneumonie* (Wiazemsky). *Enfin le jour vint où le fils, suite à une donation que lui avait faite sa mère qui avait de la fortune, acquit une maison dans le sud-ouest de la France* (Pontalis).

SUIVANT → SELON.

SUIVRE conjug. → APPENDICE GRAMMATICAL. ♦ **forme.** La seule formule possible pour l'interrogation, à la 1re personne du sing. de l'indic. présent, est : *Est-ce que je suis…* à moins qu'on n'emploie un verbe auxiliaire : *Vais-je suivre, faut-il que je suive ?* ♦ **constr.** Ce verbe est assez rarement utilisé de façon impersonnelle, sauf dans la locution stéréotypée **comme (il) suit** : *C'était l'épitaphe du tombeau de ma tante. Elle était conçue comme il suit* (Green). On peut dire : *Il suit de là que…* mais on emploie de préférence le verbe **s'ensuivre.** → ce mot. Le complément du passif se construit à l'aide des prép. **de**, le plus souvent, et aussi **par**, quand il y a dans le contexte une idée de surveillance ou d'hostilité : *Il était suivi de toute une ribambelle d'enfants*, à côté de : *Par qui as-tu été suivi ?* On dira, au fig. : *L'affaire a été suivie de près par les autorités.* → DE.

□ **suivre par-derrière.** Ce pléonasme est sans utilité.

□ **en suivant.** On ne peut employer ce gérondif absolument, au sens d'« à la suite » : *Après cette page, vous lirez en suivant.*

SUJET → INTERROGATION, INVERSION, JE, PRONOMS PERSONNELS.

SUJÉTION → SUGGESTION.

SULFAMIDE genre. Masc. *Existe-t-il un remède contre les SS et les kapos, un sulfamide contre la sottise ?* (Bialot).

SULFUREUX et SULFURIQUE emploi et sens. Ces deux adj. ne sauraient être confondus. Même si l'un et l'autre sont employés en chimie, au sens de « dérivé du soufre », en combinaison avec *acide* et *anhydride*, seul le premier peut avoir le sens fig. de « qui fait penser à l'Enfer, au démon » : *Cette vieille* *dame affable, rieuse et brusque* [...], *possède une réputation sulfureuse* (Jourde).

SUMMUM prononc. [sɔmɔm]. ♦ **emploi et sens.** Mot vieilli au sens de « sommet, comble » : *Ce présentateur atteint le summum de la crétinerie.* ⟶ APOGÉE.

SUPER-, SUR- emploi et sens. Ces deux préfixes très productifs servent à former, depuis longtemps déjà, des termes techniques, du jargon publicitaire et même, dans la langue littéraire, des mots emphatiques ou plaisants. **Super-** : *Une superproduction en couleurs au* « Miramar » (Mallet-Joris). *Le cap, le superchargeur droit, l'essence, le froid étaient les préoccupations du pilote* (Roblès). *Elle était, à cause de cela même, superindifférente* (Triolet). *Pendant trois mois, j'ai mené une vie de luxe et de superbagnole* (Aymé). *La région de l'espace où trône en souveraine l'étoile supergéante Bételgeuse* (Boulle). *Grande braderie. Prix sacrifiés. Supergéant. Supergagnant. Superbonheur. Superfourrure* (Lefèvre). *Le gendarme à côté de lui a fait la remarque que le supermarché du bricolage Chauffage en Gros se trouvait dans la même rue que le dancing* (Ravey). **C'(est) super** est devenu une formule passe-partout, employée jusqu'à l'abus par toutes les catégories de locuteurs : *Ça va ? je lui ai demandé. – Super. Ça ne peut pas aller mieux* (Adam). *Quand elle veut faire jeune, elle dit : « C'est super »* (Lefèvre). **Sur** : *Les dés ne sont pas jetés sur le marché français des aliments surgelés* (*Le Monde*). *Les particuliers ayant « surconsommé », s'étant « couverts » en biens d'équipement ménager* (*id.*). *Avec la contradiction fulgurante qui est une des constantes de certains intellectuels surdoués, il me communiqua trois informations* (P. Jardin). *Nous figurons toute la journée une sorte d'étalage divin de surbeautés* (Giraudoux). Gide use volontiers de ces composés avec **sur** : *Suroccupé du matin au soir ; Toujours, par quelque côté, notre moi reste dévêtu : toujours survêtu par quelque autre ; L'aspect surélégant du public m'a fait fuir ; Grandes cités surpopuleuses*, etc. *Comme nous allons poser un diamètre surdimensionné, les fumées vont pouvoir monter facilement* (Dubois). *Dans une société marquée par l'urgence et le surchoix, le consommateur serait devenu infidèle, imprévisible et complexe* (J.-M. Dumay, *Le Monde*, 25/06/2007). Si tous ces exemples ne sont sans doute pas à imiter, ils n'en témoignent pas moins de la vitalité de ces préfixes. Quant à **supra**, il est plus rare et se rencontre surtout dans l'adj. politique *supranational*, « placé au-dessus des institutions nationales » : *C'était une institution supranationale qui avait son efficacité* (Chraïbi). *Il n'est pas question pour eux de reparler de « supranationalité »* (*Le Monde*). **Super** et **supra** signifient tous deux en latin « au-dessus, par-dessus » ; mais **super-** dénote plutôt un « plus haut degré », et **supra-** un « au-delà ». ⟶ HYPER.

SUPERBE emploi et sens. Si l'adj. *superbe* appartient à la langue usuelle, il n'en va pas de même du subst. fém., synonyme d'« orgueil ou vanité » et qu'on ne rencontre plus guère que dans un registre littéraire : *Avec d'autres convives à remercier d'un identique coup de main, les Vidalenc firent montre de plus de superbe encore* (Jourde).

SUPERFÉTATOIRE emploi et sens. Cet adj. à la forme quelque peu burlesque est un équivalent de **superflu** : *Et autres superfétatoires matérialités* (Prévert).

SUPÉRIEUR emploi. Comme bien d'autres comparatifs synthétiques, cet adj. admet assez souvent des « degrés » : *De Piis est un poète du Premier Empire bien peu supérieur aux confrères que lui fournit cette époque décriée* (Claudel). *L'homme le plus intelligent... Bien qu'officier presque supérieur...* (Audiberti). *Elle est d'une superficie sensiblement supérieure à celle de la France* (Cendrars). *Les ex-licenciés de juillet sont-ils repris avec des rémunérations très supérieures ?* (*Le Monde*). ⟶ INFÉRIEUR.

SUPERLATIF constr. Le complément du superlatif relatif (**le plus, la plus, les plus...**), introduit généralement par **de**, est le plus souvent postposé : *J'attendrai, tant qu'il le faudra, que cette guerre, dans toutes les têtes, soit ce qu'elle a toujours été, la plus immonde, la plus cruelle, la plus inutile de toutes les conneries* (Japrisot). Mais

il est parfois antéposé, pour les besoins de la mise en relief : *Or, de tous les actes, le plus complet est celui de construire* (Valéry). *Cherchait-on un visa de sortie ? Sous le négus c'était de tous les documents le plus difficile à obtenir* (Godbout).
□ **le plus heureuse** ou **la plus heureuse** → PLUS et LE.
□ **le plus... qui + subj.** → PLUS, SUBJONCTIF.

SUPERSONIQUE → SUBSONIQUE.

SUPERSTRAT sens. Antonyme de **substrat**. → ce mot.

SUPERVISER emploi et sens. Ce verbe, après avoir été longtemps contesté, est aujourd'hui admis avec le sens de « contrôler l'ensemble d'un ouvrage » : *Je pourrais obtenir qu'on te charge de superviser tout ce qui concerne la décoration* (Vailland). *Je me suis rendu aux Chantiers Morel pour superviser le travail de notre navire* (Masson).

SUPINATION → PRONATION.

SUPPLÉER constr. Ce verbe est tantôt transitif direct, tantôt transitif indirect. Dans le premier cas, il signifie « mettre à la place de, mettre en plus, combler, remplacer, tenir lieu de », avec un complément représentant une chose ou une personne : *Mais, suppléant la serrure brisée, un cadenas maintenait la porte* (Gide). *Mais l'expérience supplée la mémoire, pour relater les horreurs ordinaires dont mes parents et parrains furent alors témoins* (Chabrol). *Les autres parties d'une phrase se suppléent, s'évoquent, mais le nom est tout seul* (Barbusse). *Il était aussi son parrain, tant il avait suppléé un père souvent absent et porté sur la boisson* (Pontalis). *La Mairie de Paris supplée l'État dans ses missions* (T. Monnerais, *Le Monde*, 15/07/2011). Avec la préposition **à**, le verbe **suppléer** a le sens d'« utiliser à la place » ou de « remédier à » et ne se construit qu'avec un objet représentant une chose : *Je ne vous ai pas caché qu'elle avait été élevée sans principes et qu'elle était dépourvue de cette intelligence robuste qui parfois supplée à cet inconvénient* (Boylesve). On ne doit jamais dire *suppléer à qqn*. → PALLIER.

SUPPLÉMENTER emploi et sens. Ce verbe, qui date de plus d'un siècle, s'emploie au sens de « faire payer un supplément », dans le domaine des transports.

SUPPORTER (substantif) **emploi et sens.** Cet anglicisme de la langue du sport signifie « personne qui soutient et encourage une équipe » : *L'intégration des supporters, le contrôle des clubs professionnels et l'institution des concours de pronostics* (Le Monde). *La concision ! C'est toujours l'argument que mettent d'abord en avant les admirateurs fervents (les « supporters » !) des anglo-américanismes* (Cavanna). Par un anachronisme voulu, Montherlant emploie ce néologisme dans une indication scénique de son *Don Juan* : *Mouvements divers et mimiques de supporters des carnavaliers derrière des arbres.* Ce mot anglais peut sans difficulté être francisé en **supporteur** (car le mot *souteneur* est ici évidemment impossible !) : *Un groupe de riches supporteurs de Manchester United a lancé une offensive sur le club britannique endetté* (Marc Roche, *Le Monde*, 05/03/2010). *Les supporteurs de l'un et l'autre camp deviennent vite les supplétifs inconscients, enrôlés sans le savoir par les nouveaux dominants* (Guillebaud). En revanche, le verbe **supporter** au sens de « soutenir financièrement » ou « encourager » (anglais *to support*) doit être évité, notre vieux verbe *supporter* (« subir ») signifiant quasiment l'inverse.

SUPPOSÉ forme et emploi. Ce part.-adj. suit les mêmes règles que *attendu, excepté, ôté, vu*, etc. : *L'honnêteté supposée de cet homme a des failles. Supposé son honnêteté, il reste que...* On dit aussi, en tête de phrase, **supposé que** (locution invar.) et **à supposer** ou **en supposant que** : *Supposé que cette division des femmes en espèces incomparables soit fondée* (Valéry). *À supposer que l'Europe devienne pacifique, ne voyez-vous pas que l'Amérique devient guerrière ?* (France).

SUPPOSER constr. Ce verbe régit dans la complétive l'indic. au sens de « estimer, accepter comme vrai » : *Je suppose que* vous *êtes d'accord avec moi sur ce point*, mais le subj. quand il a le sens de « imaginer, poser une hypothèse » : *Supposons que j'aie accepté de défendre quelque citoyen attendrissant* (Camus). ⟶ ADMETTRE et METTRE.

SUPPOSITION emploi. La locution **une supposition que...**, appartient au registre pop. : *Une supposition que Boulot garderait le saint frusquin et que nous autres on se battrait ?* (Pergaud). Il vaut mieux employer le verbe ci-dessus à l'impératif : *Supposons...*

SUPRA- ⟶ SUPER-.

SUR emploi et sens. Cette prép. entre dans de très nombreux tours, dont voici quelques-uns : *Être d'accord sur quelque chose* (ou de), *blasé sur les nouveautés* (ou *des*). *Nous partirons sur les dix heures* (Audiberti). *Cette fenêtre donnait non pas sur la rue mais sur des prés* (Giono). *Elle allait sur ses trente-cinq ans* (Aymé). *Elle ne se souvenait plus, d'une année sur l'autre* (Vidalie). *Il m'a fallu attendre près d'une heure, buvant tasse de thé sur tasse de thé* (Butor). *Il faut être propre sur soi. Soixante-dix élèves sur cent ont été admis* (à côté de : *soixante-dix pour cent des élèves*). *Le ministre de l'Intérieur ouvre une enquête sur deux associations qui organisaient des voyages en Inde* (*Le Monde*). *Elle est sur son départ, sur son trente et un*, etc. Il n'est pas possible de fournir ici une liste exhaustive, mais on trouvera les renseignements utiles dans l'ordre alphabétique. ⟶ BLASÉ, RUE, etc.

□ **sur Besançon**. Avec un nom de localité, cette prép. tend, depuis quelques années, à assumer des acceptions discutables : *Je pense au mot SUR. Tendez l'oreille : il est en train de supplanter toutes les prépositions de lieu. Non seulement on rentre SUR Paris, mais on travaille SUR la capitale à la façon dont les vendeurs, jamais en retard d'une métaphore guerrière, mettent le paquet SUR une région, SUR un produit* (B. Poirot-Delpech, *Le Monde*, 21/02/1990). *Elle articule d'une voix monocorde et récitative, un peu mécanique et vaguement inquiétante, qu'elle ne va pas sur Toulouse mais à Toulouse, qu'il est regrettable et curieux que l'on confonde ces prépositions de plus en plus souvent, que rien ne justifie cela qui s'inscrit en tout cas dans un mouvement général de maltraitance de la langue contre lequel on ne peut que s'insurger* (Échenoz). Cet emploi n'ajoute rien à la prép. **à**. On peut, si l'on veut être précis (?), employer le tour **dans le secteur de**.

□ **sur le journal** ⟶ JOURNAL.

□ **sur l'initiative de.** Ce tour très correct est souvent remplacé dans l'usage des journalistes par : *à l'initiative de* (par analogie avec : à la demande de). *C'est à l'initiative de l'Institut international du théâtre qu'a été organisé le récent colloque.*

□ **de sur.** Le cumul de ces deux prép. est courant dans la langue fam. : *Ôte tes mains de sur la table.* ⟶ PRÉPOSITION.

SUR- (préfixe) ⟶ SUPER-.

SUR et **SÛR orth.** Il ne faut pas confondre ces deux adj. Le premier ne porte pas d'accent et signifie « acide » : *Quelque chose de fade et d'un peu sur comme l'odeur des pommes dans la pièce* (Jourde). Le diminutif est rare : *Le fumet d'une ménagerie de petites bêtes tristes, surettes, musquées* (Romains). L'autre adj., avec accent circonflexe, a le sens de « infaillible », « certain », etc. : *Un tenace écho répétait sa menace, l'amplifiait, la faisait résonner, implacable, sûre* (Masson).

□ **sûr et certain.** Locution figée fréquente dans le registre fam. Ce pléonasme n'est pas plus condamnable que **sain et sauf.**

□ **pour sûr** ou **bien sûr (que).** La première locution est plus fam. que la seconde. Toutes deux s'emploient pour confirmer ce qui vient d'être dit et se rencontrent parfois en tête de phrase, avec une valeur d'insistance : *Mes amis nocturnes avaient gagné leur lit. Pour sûr, ils devaient dormir, et sûrement en ronflant* (P. Jardin). *J'aurais voulu crier, mais je ne pouvais pas, tellement mon sang battait fort dans ma gorge. – Bien sûr, dit Milan* (Vaillant). *Bien sûr que vous ne savez pas, alors poussez-vous, beugle le type* (Rivoyre). *Bien sûr qu'il restait toujours enfantin, elle le savait trop* (La Varende). ⟶ SÛREMENT.

SURANNÉ orth. Avec un *r* et deux *n* : *Des mots simples, aujourd'hui surannés, autrefois magiques* (Labro).

SURCOMPOSÉ (TEMPS) → TEMPS SURCOMPOSÉS.

SURCROÎT orth, Ne pas omettre l'accent circonflexe. ♦ **emploi et sens.** Surtout dans les locutions **de surcroît** et **par surcroît**, dont le sens est équivalent, « en supplément ». Mais il semble que *de surcroît* soit plus fréquent : *N'était-il pas, de surcroît, Juif, c'est-à-dire bien autre chose que Russe ?* (Ikor). *Une instruction secondaire à suivre aux colonies, où mon père, de surcroît, changeait souvent de poste* (Hériat). **Par surcroît** : *Tout cela était triste à pleurer et, par surcroît, Boris arrêta volontairement sa pensée sur les vieilles personnes qui viennent acheter ces objets* (Sartre). *Rien qu'un pauvre type, un raté, bien sûr, et un salaud par surcroît* (Rey). → RESTE et SURPLUS.

SÛREMENT emploi. La locution **sûrement que**, en tête de phrase, appartient au registre fam., mais n'est pas plus incorrecte que **bien sûr que** (→ SUR et SÛR) : *Sûrement que le pont à présent serait gardé* (Ramuz).

SURENCHÉRIR constr. et sens. Ce verbe est toujours intransitif et signifie « augmenter l'offre », avec un sujet animé, et « devenir plus cher » avec un sujet non animé. Au fig. : *Il me suffisait d'approuver Mme Tim, de surenchérir un tout petit peu même parfois* (Giono). → ENCHÉRIR.

SURET → SUR.

SÛRETÉ → SÉCURITÉ.

SURFER emploi et sens. Ce verbe est rapidement devenu un mot français à part entière, lié au vocabulaire élémentaire de l'informatique, et signifiant « se déplacer dans un réseau télématique ». C'est un emploi fig. extrait du *surf*, sport nautique consistant à évoluer sur l'eau à l'aide d'une planche spécialement adaptée.

SURI orth. Pas d'accent circonflexe sur le *u*. → SÛR. ♦ **sens.** Cet adj. assez rare signifie « devenu aigre » : *Chez lui, comme d'habitude, ça sent le lait suri et les étoffes moisies* (Jourde).

SUR-LE-CHAMP orth. Avec des traits d'union : *Des projets dont la plupart étaient formés sur-le-champ et par hasard* (Green). ♦ **sens.** Ne pas confondre avec **derechef**. → ce mot.

SURLIGNER sens. Ce verbe de création récente signifie « marquer un mot ou un passage avec la trace fluo d'un surligneur ». Il est assez souvent employé au fig. : *M. Mélenchon veut « surligner la différence » avec les socialistes* (S. Zappi, *Le Monde*, 28/08/2011). C'est en quelque sorte un synonyme moderne de **souligner**.

SUROÎT orth. Avec un accent circonflexe sur le *i*. ♦ **sens.** Chez les marins, « vent du nord-ouest » et « chapeau à larges bords couvrant la nuque » : *La pluie redoublait ; des hommes d'équipe en suroît jaune gesticulaient* (Fontanet). → NOROIS.

SUR PLACE → PLACE.

SURPLIS orth. Ne pas omettre le *s* final : prendre garde à l'influence de l'orth. de *pli* : *Un ecclésiastique d'âge mûr, en surplis, m'a abordé* (Butor).

SURPLOMBER constr. Ce verbe est le plus souvent accompagné d'un complément d'objet direct : *La chapelle de Saint-Romain surplombe la Bienne à une très grande hauteur.* Mais il est aussi construit intrans. : *Cet éperon surplombe vertigineusement.*

SURPLUS emploi et sens. Les locutions **au surplus** et **en surplus de** sont courantes, et font concurrence à celles qui sont formées avec **plus** et **surcroît** (→ ces mots) : *Il n'y avait pas de charge sérieuse contre lui. Au surplus, Maigret n'avait pas du tout envie de l'arrêter* (Simenon). *Vous avez eu tort d'accepter ce travail en surplus de vos autres tâches.*

SURPRENDRE constr. On dit aujourd'hui **se laisser surprendre par** plutôt que **à qqch.**, constr. archaïque : *Il s'est laissé surprendre par la nuit, par le charme de cette fille,* etc. Cependant le tour **il s'y est laissé prendre** est encore très vivant. Au passif, ce verbe peut se construire avec une proposition complétive introduite par **que** ou **de ce que**, l'emploi de *que* paraissant plus élégant : *Mais je fus surpris, sans vouloir le paraître, que mon nom ne suivît pas celui du jeune héros slave* (Hériat). *Mais je ne serais pas surprise qu'il m'en veuille encore* (Vailland). *Je suis surpris de ce que vous ne m'avez donné aucune nouvelle.* Après *de ce que*, on trouve aussi le subj., avec une valeur d'atténuation ou de doute : *N'êtes-vous pas surpris de ce qu'il ait pu réussir un exploit aussi rare ?* → SÉDUIRE.

SURPRISE-PARTIE forme. Les deux éléments varient au plur. : *Ces années que mes copains usaient dans les surprises-parties* (Nourissier). On rencontre parfois la forme anglaise **party**, dans un contexte « snob » : *Sur le papier, il s'agit de l'habituelle* party *du samedi soir, convoquée pour 20 heures* (de Roulet). → GARDEN-PARTY, SAUTERIE.

SURRÉNAL orth. Pas de *h* dans ce mot : *la glande surrénale.*

SURSEOIR conjug. Proche de **seoir**, mais complète, et avec des formes en *-oy-* et non en *-ey-*. → APPENDICE GRAMMATICAL. Le *e* central disparaît dans toutes les formes, sauf dans celles du futur et du conditionnel : *je surseoirai, il surseoirait.* ♦ **emploi et sens.** Ce verbe se rencontre surtout dans la langue du droit, au sens de « remettre à une date ultérieure » : *surseoir à statuer.*

SURTOUT emploi et sens. La locution fam. **surtout que** permet de souligner la valeur causale. Elle ne peut être condamnée si on la rapproche de **d'autant (plus) que**, également fréquent en tête de phrase : *Je ne me laisserai point calotter, surtout que je suis en tenue* (Audiberti). *Moi, je pense qu'au printemps, Médor va revenir. Lorsque les plantes poussent. Surtout qu'il a encore tellement de jours à vivre* (Hoex). On ne la confondra pas avec l'adv. d'insistance, parfaitement admissible dans l'exemple suivant, où **que** ne dépend pas de **surtout** : *Empêchez-les de trop s'approcher. Et surtout qu'on ne monte pas* (Ramuz).

SURVENIR conjug. Comme *venir.* → APPENDICE GRAMMATICAL.

SUS emploi et sens. Cet adv. est vieilli au sens de « à la rencontre de » : *Il ne se voyait pas courant sus aux poulets, il renonça* (Jorif). *En courant sus à un voleur / Qui venait de lui chiper l'heure / À sa montre* (Brassens). On rencontre davantage **en sus de**, dans les formules officielles, au sens de « en plus de » : *Vous devrez payer en sus les frais de port et d'emballage.* Cette locution est rare dans un contexte littéraire : *Sabine Pallières est en sus la fille d'une garce en manteau de fourrure* (Barbery). *La course à pied forcenée, à la fin, en sus de la bicyclette, fut sa façon de s'effacer peu à peu* (Fottorino). Quant à **sus donc, or sus**, ce sont des interjections désuètes, qui avaient jadis valeur d'exhortation.

SUS- orth. et prononc. Les composés commençant par **sus** font entendre le *s* intérieur, même devant consonne : *susdit* [sysdi], *susnommé* [sysnɔme], etc. Ils prennent généralement un trait d'union, excepté *suscrit, susdit, susmentionné* et *susnommé* : *Les pharmaciennes de Cérillac ne recevaient jamais personne, en dehors des deux fringants susnommés* (Desproges). On écrit par exemple *sus-dominante, sus-indiqué.*

SUSCEPTIBLE emploi et sens. → CAPABLE. Ajoutons ici quelques exemples illustrant la valeur « passive » de l'adj. **susceptible**, qui s'applique aussi bien à des personnes qu'à des choses : *Songeant que l'un d'eux était peut-être susceptible de l'entendre, Ernie suscitait des paroles douces et joyeuses dans le palais de glace de son cerveau* (Schwarz-Bart). *Toute manifestation de violence susceptible d'être déclenchée à l'occasion d'une grève générale* (*Le Monde*). *Dans la liste ci-dessous, voici parmi tant d'autres quelques termes susceptibles d'être lus ou entendus par tous* (*Le Chasseur français*). Mais on rencontre assez fréquemment cet adj. à la place de **capable** : *Les officiers de marine qui venaient en escale, eux, étaient susceptibles de faire des folies* (Duras). Employé absolument, **susceptible** a le sens de « qui se vexe facilement ».

SUSCRIPTION emploi et sens. C'est le terme officiel qui désigne l'adresse écrite sur une enveloppe. On se gardera de confondre avec **souscription**.

SUSDIT, SUSMENTIONNÉ, SUSNOMMÉ → SUS-.

SUSPECT prononc. Il y a lieu de garder l'opposition ancienne entre le masc. [syspɛ] et le fém. [syspɛkt], bien que celle-ci soit mal établie dans l'usage. → CIRCONSPECT.

SUSPENSE et **SUSPENS emploi et sens.** L'anglicisme **suspense** (**prononc.** [sœspɛns], à l'anglaise, ou [syspɑ̃s], à la française), fréquent dans le domaine du film et du roman policiers, au sens de « attente d'une chose dont on ne connaît pas la nature, et qui se manifestera d'une façon énigmatique et inassimilable par la raison » (Narcejac), irrite certains, qui voudraient lui substituer la forme francisée **suspens**, qu'on rencontre dès le XVIe s. comme adj. : *J'ai peur de tenir trop lontemps* [sic] *le lecteur suspens touchant la provision curieuse de notre langage* (H. Estienne). Voici un exemple de l'anglicisme critiqué : *On ne prit pas le temps d'explorer cette usine, mais on s'attarda sur ces deux portes, avec le « suspense » cher aux auteurs de romans policiers* (Chraïbi), et quelques exemples d'emploi heureux de la forme *suspens* : *Et les ayant obtenues* [ces faveurs] *par une sorte d'interruption de ma vie (adorable suspens de l'ordinaire durée)* (Valéry). *Il laisse planer un énorme, informe suspens* (Masson). *Ce suspens auquel vise toute parole, le grand orateur l'obtient presque toujours* (Guitton). *L'art de conter, de fixer l'attention du lecteur, de ménager les suspens* (P.-H. Simon, *Le Monde*). On notera que c'est dans la locution adv. **en suspens** que ce mot apparaît le plus fréquemment : *Et tout le travail qui reste en suspens !* (Troyat).

SUSPICIEUX sens. Cet adj. a toujours un sens actif, au contraire de **suspect**, qui a un sens passif. C'est un synonyme relativement récent (1967), affecté et peu nécessaire de **soupçonneux** : *Œil expert et narine suspicieuse. Pas une faille ne lui échappera* (Desarthe).

SUSTENTER sens. Synonyme recherché de **nourrir**.

SUSURRER orth. Avec un *s* et deux *r* : *Les rumeurs du dernier jour, au camp de Royallieu, lui avaient susurré qu'on avait de la chance* (Semprun). On écrit : *susurrement*.

SVASTIKA orth. et genre. Ce mot est fém. et peut s'orthographier aussi *swastika*. ♦ **sens.** C'est à l'origine un mot sanskrit très pacifique signifiant « de bon augure » et désignant une croix qui est aujourd'hui plus connue sous le nom de *croix gammée*, prise pour emblème par les nazis : *À l'horizon, cernant la piste, une muraille d'étoffe écarlate immobile, percée de meurtrières blanches où se découpe cent fois, mille fois, la svastika noire* (Chaix).

-SYLLABE forme. Ce mot entre comme second élément dans un certain nombre d'adj. ou de subst. composés : *un vers octosyllabe* ou *un octosyllabe*. On dit aussi *un vers octosyllabique*.

SYLLEPSE sens. En grammaire, accord selon le sens et non selon la rigueur formelle et « logique » : *Une espèce de grand diable s'est avancé* (et non *avancée*, en accord avec *espèce*). *La plupart sont arrivés* (et non *est arrivée*, en accord avec le « sujet » formel).

SYLPHE, SYLPHIDE, SYLVE sens. Ne pas confondre **sylphe**, masc., « génie de l'air, dans certaines mythologies européennes » : *Ce n'est pas un homme et ce n'est pas une femme, c'est un sylphe* (Claudel), avec le mot **sylphide**, « femme de rêve » : *Le plaisir vaporeux fuira vers l'horizon / Ainsi qu'une sylphide au fond de la coulisse* (Baudelaire). Ne pas confondre non plus avec **sylve**, nom poétique (fém.) donné à la forêt : *Il comparait sa propre chevelure aux sylves à reflets violets, qui sur Camille laissaient apercevoir la blancheur étrange de l'épiderme* (Colette). → NAÏADE.

SYLVICULTURE orth. On écrit aussi *silviculture*. ♦ **sens.** « Science qui a pour objet la culture des bois. » À distinguer de *arboricul-*

ture qui s'applique à la culture des arbres fruitiers.

SYMBIOSE → SYNERGIE.

SYMPA emploi et sens. Cet abrègement de l'adj. **sympathique** est employé aujourd'hui à tout propos et jusqu'à satiété, c'est devenu un véritable tic de langage pour qualifier tout ce qui est « positif » : *J'ai trouvé un petit boulot bien sympa* (Barbery). *Le* sexy *est en passe de remplacer le* sympa, *qui sert lui aussi d'épithète à tout faire, quand on ne sait pas quoi dire mais qu'on veut exprimer que quelque chose est « bien »* (M. Margiela, couturier, *Libération*, 09/08/2008).

SYMPTÔME orth. Avec un accent circonflexe sur le *o*, à la différence des dérivés **symptomatique, symptomatologie**, etc. : *La tonalité générale des réactions est symptomatique d'une société qui maintient le viol dans le tabou* (C. Autain, *Le Monde*, 20/05/2011) et de **syndrome**. → ce mot.

SYNCHRONE → ISOCHRONE.

SYNCLINAL forme. Plur. *des synclinaux*.

SYNDIC orth. Avec un *c* final (toujours prononcé) : *Celui-ci avait demandé qu'on veuille bien lui indiquer l'habitation du syndic de la commune* (Cendrars).

SYNDROME orth. Pas d'accent circonflexe sur le *o*. Prendre garde à l'influence de **symptôme**. → ce mot. ♦ **sens.** « Ensemble de symptômes déterminés, mais insuffisants pour faire un diagnostic sûr » : *Le pic de la crise est passé puisque le nombre de nouveaux malades diminue. Apparu le 1er mai, le syndrome a touché environ 3 000 personnes* (F. Lemaître, *Le Monde*, 13/06/2011).

SYNECDOQUE genre. Fém. ♦ **sens.** Figure de rhétorique qui consiste à « prendre le plus pour le moins, la matière pour l'objet, et d'une façon plus générale à donner à un terme un sens plus étendu que ne l'admet l'usage habituel ». Exemples de synecdoque : *Ils forgeaient leurs propres fers. « In vinculis », ils furent jetés dans les fers ; cette belle synecdoque m'a fait souvent rêver en suçant mon porte-plume* (J. Perret). *Il a le cheveu rare. Je te l'ai dit vingt fois. La voiture, c'est bien pratique,* etc. Le procédé est proche de la métonymie (→ ce mot).

SYNERGIE emploi et sens. Ce nom à allure savante est très employé dans le domaine économique et associatif, au sens de « groupement, association de divers organes, de divers projets, de diverses structures permettant d'obtenir une meilleure efficacité » : *C'est le seul service ayant réellement opéré la synergie de l'information locale et du renseignement international* (J. Cantegreil, *Le Monde*, 25/05/2007). Il est assez proche de la **symbiose** ou « association de deux organismes vivants » et, au fig., « étroite association » : *La DST fonctionne en symbiose avec les magistrats du pôle antiterroriste, qui préservent la confidentialité des sources* (*idem*).

SYNESTHÉSIE sens. « Transfert du lexique des sensations, d'un domaine à l'autre », de la vue au toucher, par exemple : *Cette couleur est chaude.* Ne pas confondre avec **cénesthésie**.

SYNONYME orth. Deux *y*. ♦ **sens.** Désigne deux ou plusieurs mots de formes différentes qui dénotent à peu près la même chose et ont des sens voisins, par ex. **réclame** et **publicité**. Distinct d'**homonyme**. → ce mot.

SYNOPSIS genre. En principe fém., mais on le fait le plus souvent masc. ♦ **sens.** « Tableau d'ensemble » ou « texte sommaire se trouvant à l'origine d'un scénario de cinéma » : *Ces pages composent une synopsis de la phonétique historique du français* (H. Bonnard). Ne pas confondre avec **tableau synoptique**, « tableau qui permet de prendre connaissance d'un ensemble de faits, d'un seul coup d'œil », ni avec **scénario** (voir plus haut) : *Les livres de classe neufs lui offraient en tableau synoptique, cette année-là qu'il devenait philosophe, tous les songes et tous les systèmes humains* (Mauriac).

SYNOPTIQUE → le mot précédent.

SYNTAXIQUE ou **SYNTACTIQUE emploi et sens.** Ces deux adj. sont très proches par le sens et renvoient à *syntaxe*.

SYNTHÉTIQUE emploi et sens. Cet adj. qualifie « tout ce qui est créé artificiellement, à l'imitation des objets naturels ». On va même jusqu'à parler de *diamant synthétique*, alors que le diamant est un corps *pur*, tant la notion de « fabrication artificielle » l'emporte sur celle de « combinaison chimique de plusieurs éléments ».

SYPHILIS orth. Un *y* puis deux *i*. Les erreurs sont fréquentes.

SYRTE genre. Fém. ♦ **sens.** « Région côtière sablonneuse » : *Le Rivage des Syrtes*, roman de J. Gracq.

SYSTÈME orth. Accent grave. Les dérivés prennent un accent aigu : *systématique, systématiser.* ♦ **sens des dérivés.** On évitera de confondre les adj. **systémique**, « qui se rapporte au système », et **systématique**, « qui procède avec méthode (souvent de façon rigide), qui agit ou pense en fonction d'un système » : *À leur lenteur systémique* [des ouvriers] *s'ajoutèrent des absences chroniques* (Dubois).

T

T prononc. Les emprunts qui se terminent par *t* se prononcent en général [t]. Pour les mots français d'origine, l'usage est très variable. ⟶ DOT, FAT, FAIT, MAT, MÂT, NET, etc. Dans l'ouest de la France, le *t* final est souvent prononcé, au moins dans les subst. et adj. : *On prend le « canote » ? demanda Tintin* (Mac Orlan). ♦ **emploi.** Le *t* final est la marque de la 3e personne du sing. des verbes du 2e et du 3e groupe, à l'exception des verbes en *-dre* qui ne sont ni en *-indre* ni en *-soudre* : *il perd, détend, répond, mord,* etc. (dont l'inversion sera *perd-il, détend-il, répond-il, mord-il,* etc.). Mais : *il plaint, dissout* (et *plaint-il, dissout-il,* etc.).
□ **verbe + pronom sujet** : dans ce tour inversé, quand on rencontre un *t* intercalaire, dit euphonique, et analogique du *t* grammatical de *part-il, voulait-il,* etc., on doit l'écrire entre traits d'union, et ne pas le faire suivre de l'apostrophe : *va-t-on enfin, a-t-elle cru, parla-t-il,* etc. En revanche, c'est l'apostrophe qui convient lorsque ce *t* représente la forme élidée du pronom *toi* : *Il faut t'en aller, va-t'en, délivre-t'en,* etc. L'insertion d'un *t* gauche ou non justifié dans la prononciation se nomme *pataquès* (⟶ ce mot) : *On l'emmènera-t-à l'école.*

TA ⟶ POSSESSIF (adjectif).

TABAC constr. On abrège souvent dans le registre fam. la locution *un bureau de tabac* en : *un tabac*. C'est une *synecdoque*. ⟶ ce mot.

TABLER emploi et sens. Ce verbe, suivi de la préposition *sur,* peut dans bien des cas se substituer à **se baser sur**, pour ceux qui craignent encore d'employer ce verbe jadis contesté (⟶ BASER) : *Tablant sur les désordres que peuvent entraîner les grands concours de foule* (R. Jean). La constr. transitive, si elle est néologique, n'en paraît pas moins acceptable : *Et en trois jours elle prit l'habitude de tabler l'avenir sur la vente du phonographe* (Duras).

TABOU forme. L'usage est indécis, quant à l'accord de cet adj. avec un subst. : *L'appellation est taboue* (Georgin). *Deux animaux que l'imagination populaire avait faits tabous* (Vendryès). Mais : *Je connais une maison d'édition dont tous les auteurs, poètes ou romanciers, sont tabou sur la route* (Giraudoux). Il semble préférable de faire l'accord au fém. et au plur.

TAC emploi. On écrit sans traits d'union **du tac au tac** : *« Il faut que tu sois propre et bien habillé pour dire au revoir à maman ». Il répond du tac au tac : « Je serai propre si je veux »* (Bauchau), **faire tic tac**, mais **le tic-tac.** ⟶ ce mot.

TACHE et **TÂCHE orth. et prononc.** On confond fréquemment ces deux homonymes. Le premier, sans accent et prononcé [taʃ], a le sens de « altération, marque colorée ». Le second, avec un accent circonflexe sur le *a*, et prononcé [tɑʃ], a le sens de « travail à exécuter » : *Elle, elle ne sait pas se distraire, faire les tâches de chaque jour en rêvant* (Benameur). On écrit donc avec un accent circonflexe : **tâcher de, tâcher que, tâcheron**, mais sans accent : **un vêtement taché, se tacher les doigts.**

TACHER ou **TACHETER sens.** Le premier verbe signifie « faire une ou des taches » : *Ce maladroit a taché la nappe. Le cahier est tout taché.* Le second verbe s'emploie surtout au passif, et seulement lorsqu'il s'agit de « plusieurs taches, dues soit à un phénomène naturel, soit à un acte volontaire, à visée plus ou moins esthétique » : *Une vache blanche tachetée de noir. Ce peintre tachette systématiquement ses toiles.*

TÂCHER constr. On emploie le plus souvent la préposition **de** : *Laisse-moi t'expliquer, écoute-moi, et tâche de comprendre ce que je vais te dire* (Martin du Gard). *Tâche de voir Caroline seule* (Mauriac). Mais la constr. avec **à** est encore fréquente dans le registre littéraire : *Il n'est point exceptionnel qu'on tâche à se racheter de ses œuvres par ses jugements* (J. Rostand). Pour certains, l'idée d'effort est plus sensible dans cette constr. que dans la première, mais cela n'a rien d'absolu. Avec une proposition complétive, on emploie **que** : *Il faut tâcher que tout le monde soit là pour la clôture.*
□ **tâcher moyen de** ou **que** est un tour pop. : *Tâchez moyen de me faire une rentrée triomphale à Paris* (Cesbron).

TACLE et **TACLER sens.** La longue citation que voici vaut toutes les définitions : *Le tacle donc, dont le Robert nous enseigne qu'il est d'étymologie anglaise (de to tacle, « saisir ») et qu'il désigne l'action « au football, de reprendre du pied le contrôle du ballon qui était à l'adversaire.* [...] *Dans la langue française, le tacle s'est récemment émancipé des limites d'un rectangle gazonné. Dans Libération, on tacle à tour de bras, oserait-on dire. Ainsi, ces derniers mois, a-t-on pu lire que le patron du Cercle des jeunes dirigeants avait taclé le CAC 40, Eva Joly taclé Nicolas Hulot et l'UFC taclé le gouvernement pour son manque d'ambition* (G. Dhers, *Libération*, 05/08/2011). Ces deux mots se sont bien installés dans le registre fam.

TACTIQUE → STRATÉGIE.

TAFFETAS orth. Deux *f*, un *s* à la fin.

TAG forme. Plur. *des tags.* ♦ **emploi et sens.** « Sorte de graffiti très élaboré et à visée esthétique, dépourvu de message et d'idéologie, d'origine américaine. » Les dérivés **taguer, tagueur** (ou parfois **tagger**) sont également répandus : *Les tags, ces gribouillages primaires vite tracés à la bombe sur un coin de mur, une palissade* [...]. *Les taggers se piquent parfois de prétentions artistiques* (Jonquet). *Une quinzaine d'adolescents surpris à taguer des slogans imitant ceux de la révolution égyptienne* (C. Clanet, *Le Monde*, 10/06/2011).

TAGLIATELLE forme. Ce nom d'origine italienne, désignant des pâtes comestibles, se prononce [taljatɛl] et prend un *s* au plur. : *J'oublie de remettre l'eau à bouillir pour les tagliatelles* (Desarthe).

TAILLE- forme. Les composés suivants demeurent invar. : *taille-buissons, -légumes, -mer, -ongles, -pain, -racines, -vent.* Prennent facultativement un *s* final : *taille-crayon(s)* (même au sing.), *taille-plume.* Un *taille-haie* fait au plur. *des taille-haies. Taille-douce* (dans lequel *taille* est subst.) prend deux *s* au plur. et s'écrit toujours avec un trait d'union : *des tailles-douces*, mais *des gravures en taille-douce.* De même pour *basse(s)-taille(s)* et *haute(s)-taille(s).*

TAILLEUR (EN) orth. La locution **en tailleur** est invar. : *Elles étaient assises en tailleur, la carabine posée sur les genoux* (Volodine).

TAIRE orth. Pas d'accent circonflexe à *il (se) tait.* ♦ **constr.** Le verbe pron. à l'infinitif perd presque toujours son pronom quand il est précédé de *faire* : *Je les ai fait taire.* Le part. passé s'accorde dans les phrases du type : *Elles se sont tues définitivement. Les ennemis se sont tus.* La constr. trans. est exclusivement littéraire : *Rivière taisait une pitié profonde* (Saint-Exupéry).

TAMBOUR forme. Au sing. dans **partir sans tambour ni trompette** et dans : *Langlois dut mener son affaire tambour battant* (Giono). → JOUER.

TAMBOURINER orth. Un seul *-r-* et un seul *-n-*, ainsi que ses dérivés *tambourinage, tambourinaire* et *tambourineur, tambourinement.* Au plur. *tambour-major* prend deux *s* : *des tambours-majors.*

TAMPON-BUVARD orth. Plur. *des tampons-buvards.*

TAM-TAM ou **TAMTAM orth.** On préférera la simplicité, conformément aux Recomm. offic., c.-à-d. l'absence de trait d'union, et un *s* final au plur. Mais on rencontre encore souvent le trait d'union : *Je préfère les tam-tam qui rythment le mouvement des rameurs sur la barque inexorable* (Bauchau). ♦ **emploi.** Ce terme s'applique à un tambour africain et, ce qui est moins connu, à un instrument à percussion d'origine chinoise.

TANDIS QUE prononc. Il ne faut pas articuler le *s* final. ♦ **sens.** Cette locution conjonctive a tantôt un sens temporel, « en même temps que » : *Ma belle-mère est arrivée tandis que je donnais une leçon particulière à un élève de quatrième* (Hougron), tantôt un sens d'opposition, « alors qu'au contraire » : *Je vis de mon métier et de lui seul. – Tandis que moi, n'est-ce pas, je n'ai pas de métier* (Vildrac).

TANGO forme. Invar. comme adj. de couleur, au sens de « orange très vif ». → COULEUR. Plur. du subst. : *des tangos.*

TANIÈRE orth. Un seul *n.*

TAN(N)IN orth. Avec un ou deux *n*, ainsi que *tan(n)isage* et *tan(n)iser*, mais toujours deux *n* à *tanner, tanneur, tannique.*

TANT constr. Après **tant de + substantif**, le verbe ou l'adj. s'accorde plutôt avec le complément : *C'était leur tour, après tant d'autres camarades qui avaient un temps valsé comme eux avant de s'abattre* (J. Roy). *Tant de richesse est bien belle !* (Proust). ♦ **emploi et sens.** Comme adv. d'intensité, **tant** s'emploie avec des formes verbales, et non plus avec des adj. : *Mais cette indifférence, tant remarquée, de la nature créatrice, peut être celle de l'homme créateur* (Montherlant). *Des cadavres, elle en avait tant vu à présent* (Peyré). Il est fortement concurrencé dans cet emploi par **tellement** (→ ce mot). Devant un adj., il est remplacé par **si** : *Les demi-réussites où il ramenait contre soi l'objet tant convoité, et soudain diminué, si appauvri, si différent de ce que le docteur avait éprouvé, de ce qu'il avait souffert à son propos* (Mauriac). En tête de proposition, il a une valeur causale, et lie étroitement la cause à la conséquence : *Il leur sembla, tant ils s'aimaient, ne pouvoir plus jamais se séparer* (Vilmorin). *Ce mouvement me donnerait la nausée, tant il est triste et irrésistible* (Valéry). *Il y avait Nathalie dont il n'écoutait même plus les propos tant il était sensible au timbre de sa voix* (Wiazemsky). Ces tours appartiennent au registre littéraire. La langue courante dit, en inversant les termes : *Ce mouvement est si triste et irrésistible qu'il me donnerait la nausée.* L'adv. **tant** sert également à former des tours comparatifs et entre en concurrence avec **autant** (→ ce mot), surtout quand le début de la phrase est négatif ou interrogatif : *J'ai telle idée de leur ministère que je ne souhaite rien tant que leur retour* (Chabrol). *L'endroit avait déjà beaucoup souffert des tirs d'artillerie, tant alliés qu'ennemis* (Japrisot). *Cela ne m'a pas empêché, pendant six ans, de faire preuve d'indépendance, tant vis-à-vis des pouvoirs politiques que des puissances économiques* (D. Baudis, *Le Monde*, 26/06/2011). On ne peut pas remplacer **tant** par **autant** dans certaines locutions figées : **tant soit peu** (→ PEU), **si tant est que** (→ SI [conjonction]), **tous tant que vous êtes**, (ils ont ri) **tant et plus, tant et si bien que, tant et tant, tant (il) y a que** (tour vieilli), **tant bien que mal** et même **tant mal que bien** : *J'étais arrivé à sauver la face tant mal que bien* (Mauriac).

□ **en tant que.** Cette locution de valeur restrictive est suivie d'un subst., d'un part. ou plus rarement d'une forme conjuguée d'un verbe : *En tant que couple, ils n'existaient guère que pour leur concierge* (Aymé). *Le Nain jaune, en tant que maître des lieux, venait d'être servi par son valet de chambre en dernier* (P. Jardin).

□ **tant que.** Le sens est « aussi longtemps que » : *Grâce au fil S.B. qu'ils fabriquent et fabriqueront tant que le monde sera monde, c'est-à-dire tant qu'il y aura des actionnaires* (Aragon). Quant au sens de « pendant que », il est pop. : *Vous n'en voulez pas un, hennin, vous aussi, tant que j'y suis ?* (Anouilh). *Tant qu'on y était, le capitaine Favourier n'avait peut-être jamais existé* (Japrisot).

□ **tant qu'à + substantif** et **infinitif.** Cette tournure est pop. On la condamne généralement devant un subst., malgré l'exemple de Claudel souvent cité : *Et tant qu'au chameau, qu'avons-nous besoin de cet alambic à quatre pattes ?* Aussi : *M. le Comte est en voyage depuis quinze jours. Tant qu'à Madame, elle est allée dans une maison de santé pour conduire sa sœur* (T. Bernard). Il vaut mieux dire **quant à** (→ ce mot). Devant un infinitif, on peut l'admettre à la rigueur, comme un substitut économique de **à tant faire que de**, qui relève de la langue soutenue : *Tant qu'à marcher, autant se diriger du côté de la délivrance* (Gide). *Et tant qu'à changer pourquoi ne pas avoir donné à ce boulevard le nom de Guépin ?* (Ragon). *Alors, tant qu'à faire, autant s'amuser un peu...* (Barbery).
□ **tant pire.** Faute grossière pour **tant pis.** → PIRE.
□ **tant plus... tant plus.** Ce balancement comparatif est considéré comme pop., de même du reste qu'avec l'adv. seul : **tant... tant**, parallélisme ne subsistant plus que dans les maximes et dictons.

TANTÔT emploi et sens. On prend en général cet adv. de temps au sens restreint de « cet après-midi » : *Vous pourrez aller tantôt jusqu'à l'hôpital* (Guilloux). L'emploi d'un déterminant ressortit au registre fam. ou à certains usages provinciaux : *Le tantôt, sur les quatre heures, on attendait* (Céline). *Je crois qu'il viendra sur le tantôt. À ce tantôt !* Mais on notera que, dans la langue classique et parfois encore aujourd'hui, on peut avoir le sens de « bientôt » : *S'il continue ainsi, il sera tantôt plus grand que toi !* ou celui de « naguère » : *Tire le rideau / Sur tes misères de tantôt* (Brassens).
□ **tantôt... tantôt...** Ce tour oppose des éléments équivalents (comme les autres mots de coordination) : *Et comme, tantôt le chaud, tantôt le froid, tantôt nous attaquent, tantôt nous défendent, ainsi le vrai et le faux, et les volontés opposées qui s'y rapportent* (Valéry). *Anselme passait tantôt l'un, tantôt l'autre de ses pouces sur ses joues* (Kessel). [Le chien] *résistait à la traction de la laisse, tantôt se tortillant, tantôt essayant de se transformer en inamovible molosse* (Volodine). Le second terme est parfois coordonné par **ou** ou bien **et** : *Tantôt un domestique l'escortait et tantôt un prêtre* (Mauriac). L'accord du verbe est fait le plus souvent selon le voisinage, mais quand un des deux sujets est au plur., c'est ce nombre qui l'emporte : *Les lents bateaux plats que mènent tantôt une voile gonflée, tantôt des chevaux percherons* (Boylesve).

TAON prononc. [tã].

TAPANT forme et emploi. Dans le registre fam., on dit indifféremment : *À neuf heures tapant, Armand réclamait son enveloppe au garçon d'hôtel* (Aragon), ou bien : *à neuf heures tapantes.* → BATTRE et SONNER.

TAPE-À-L'ŒIL forme. Mot invar. comme adj. ou subst. : *Cela ajoutait encore au prestige du domaine même si cela passait aussi pour un gaspillage inutile et tape-à-l'œil* (Wiazemsky). *C'est du tape-à-l'œil.*

TAPER emploi et sens. Ce verbe a de nombreux emplois. Dans les registres fam. ou pop., on rencontre, entre autres, le sens de « emprunter à qqn » : *Tu te doutes bien que je viens te taper* (Sartre), celui de « faire telle vitesse » : *Il tape le 180 sur l'autoroute*, et surtout, à la voix pronominale, celui de « manger ou boire » : *On va se taper un whisky, a dit le type* (Duras). *Se taper la cloche.*

TAPIS-BROSSE orth. Plur. *des tapis-brosses.*

TAPOTER orth. Un seul *t.*

TAPUSCRIT → MANUSCRIT.

TARBOUCHE genre. Masc. ♦ **sens.** « Sorte de bonnet rouge à gland » : *Gohar ouvrit la grille, prit sa canne par le milieu, assujettit son tarbouche sur sa tête* (Cossery). Ne pas confondre avec **babouche.**

TARD emploi. Surtout adv. (donc invar.) : *Venir tard. Il est plus tard que tu ne penses* (roman de Cesbron). On le trouve aussi comme subst. : *Sur le tard, une compagnie de mitrailleuses lourdes vint prendre ses cantonnements dans le collège des jésuites* (Nimier).

TARDER constr. Avec un sujet personnel, ce verbe se construit avec **à** : *Combien de temps encore tarderai-je à suivre l'appel de ce soleil qui m'invite à le suivre !* (Claudel). Mais avec un sujet impersonnel, ou la locution *le temps me* (*te*, etc.) *tarde*, on a la préposition **de** : *Pauvre petite, comme il devait lui tarder d'être partie !* (Benoit). On emploie également la conjonction **que** : *Il me tarde que tout cela soit terminé.* On évitera les pléonasmes *trop tarder* et *tarder trop*.

TARIFER orth. Avec un seul *f*.

TARTEMPION emploi. C'est une sorte de nom propre « joker » qu'on emploie familièrement pour renvoyer à qqn dont on a oublié le nom. On utilise de la même façon **machin**, et moins fréquemment aujourd'hui, **chose** ou **truc**.

TARTUF(F)E orth. Depuis Molière, on écrit ce mot et son dérivé *tartuf(f)erie* avec un ou deux *f*, indifféremment. Mais dans l'acception courante, on préconisera un seul *f*, qui est d'ailleurs l'orth. de l'Académie : *N'ayant pas l'étoffe d'un tartufe* (Aymé). *Le personnage de Molière se nomme* Tartuffe.

TAS ⟶ COLLECTIF et AMAS.

TASSE emploi et sens. La locution très répandue **ce n'est pas ma tasse de thé**, traduite textuellement de l'anglais, appartient au registre fam., au sens de « ce n'est pas ce que je préfère, ce n'est pas mon genre » : *Bof ! Le sport automobile, c'est pas ma tasse de thé !* On la rencontre rarement sous la forme affirmative.

TÂTE-VIN orth. et prononc. On préférera cette orthographe à celle de *taste-vin*, dont le *s* est depuis longtemps inutile et muet. ⟶ HOSTELLERIE.

TATILLON orth. Pas d'accent circonflexe sur le *a*, à la différence de **tâter** : *Certains policiers redoutent que les autres magistrats antiterroristes deviennent plus tatillons à leur égard* (P. Smolar, *Le Monde*, 25/05/2007). ♦ **forme.** Le fém. est **tatillonne**, mais on emploie parfois la forme du masc. : *Elle est assez tatillonne* ou *tatillon*.

TÂTONS (À) orth. Cette locution, qui signifie « en tâtonnant, sans méthode ou sans visibilité », s'écrit toujours avec un *s* final : *Quelqu'un me demanda d'ouvrir la fenêtre* [...] *Je marchai jusqu'à l'ouverture qu'un infime contour rectangulaire signalait et, à tâtons, je l'ouvris* (Volodine).

TAULE ou **TÔLE orth.** Au sens pop. de « chambre » ou de « prison », ce mot peut s'écrire indifféremment de l'une ou l'autre façon. De même pour *taulier* ou *tôlier*.

TAUTOLOGIE sens. « Façon de s'exprimer dans laquelle on ne fait que répéter ce qui est déjà dit et évident ». Exemples : *Étant en effet Boubouroche, Boubouroche déclara qu'il était Boubouroche* (Courteline). *Un garçon qu'on ne peut pas épouser, puisqu'on ne peut pas l'épouser, on ne l'épouse pas* (Salacrou). *Elle fait défaut parce qu'elle n'y est pas, elle n'y est pas parce qu'elle manque, et elle manque parce qu'elle n'y est pas* (Claudel). *Mais le passé était le passé. On devait l'oublier, l'effacer* (Kessel). *Bon, je vais y aller, parce qu'avec René, l'heure c'est l'heure. Vingt ans d'armée, ça vous donne des habitudes* (Garnier). Cette figure de style, ou cette maladresse, selon les cas, se distingue du pléonasme. ⟶ ce mot.

TAXER constr. Ce verbe s'emploie souvent avec un nom de personne comme complément d'objet direct et un nom abstrait comme complément indirect : *Le délégué syndical taxait SAP de mauvaise foi, en cela soutenu par la jeune et jolie bénévole de l'aide sociale* (Saumont). *Ce candidat aux élections a été taxé de démagogie.* Mais le fait qu'on puisse dire, selon l'Académie : *On le taxe d'être avare*, ainsi que l'influence des verbes **qualifier, traiter,** etc., tendent à répandre la constr. avec un adj. : *Il a été taxé de démagogue*, qui est critiquée par les puristes. Aujourd'hui, dans un certain registre pop., **taxer** a pris le sens de « chaparder, voler » : *Quand on s'est fait sortir du supermarché après y avoir « taxé » quelques babioles, on ne sait plus quoi faire !* (Jonquet).

TAXINOMIE forme. Celle-ci semble préférable, pour des raisons étymologiques, à **taxonomie**, qu'on rencontre assez souvent (sauf en linguistique). ♦ **sens.** Ce mot savant désigne la science des lois de la classification (à l'origine, en biologie) et, de façon banalisée, un système de classification.

TCHATCHE emploi et sens. Ce mot fém. d'origine espagnole, ainsi que le verbe **tchatcher**, est souvent employé pour signifier la disposition ou l'habileté à parler d'abondance et dans un contexte de convivialité : *Chacun retrouve les gestes de la convivialité innée, avec la « tchatche » qui renaît, les grands rires bruyants* (C. Guedj).

TECHNICIEN emploi et sens. Le groupe de mots **technicien de surface** n'est qu'une désignation administrative et pédante de celui qu'on appelait le **balayeur** : *Cela dit, la caissière de supermarché ou le technicien de surface se donnent autant de mal. C'est dur de vivre, quoi* (Garnier).

TECHNICO-COMMERCIAL, E emploi et sens. « Qui se rattache à la fois à la technique et à la vente », en parlant d'un professionnel du marketing : *Ferrer se trouva surchargé de travail, débordé comme le premier technico-commercial venu* (Échenoz).

TECHNIQUE et **TECHNOLOGIE emploi et sens.** Il est préférable de ne pas employer le second subst. (issu de l'anglais) comme synonyme emphatique du premier. Il signifie « théorie générale et étude des techniques » et se situe à un certain niveau d'analyse des conditions qui rendent telle technique possible : *Regrettons aussi l'emploi – certes fréquent dans la presse – du terme technologie (science des techniques) à la place de technique* (A. Sauvy, *Le Monde*, 10/01/1989). *Un monde recréé de toutes pièces grâce à la puissance de la technologie et au savoir scientifique* (Rouaud). Les médias ont tendance à abuser de l'expression **nouvelles technologies**, au contenu souvent hétéroclite et mal défini. Dans la citation suivante, les mots **élément** ou **appareil** conviendraient beaucoup mieux : *Les constructeurs de technologies photovoltaïques ont en effet annoncé des résultats désastreux au deuxième trimestre* (C. Boutelet, *Le Monde*, 19/08/2011).

TECHNO forme et sens. Ce mot invar., issu de *technique* renvoie, comme subst, fém. ou comme adj., à un type de musique peu mélodique et à rythme constant, très appréciée par la jeune génération des années depuis environ 1990 : *Le poste joue des morceaux de Fatboy Slim* [...] *et puis après ça part dans des trucs techno lancinants et répétitifs* (Adam).

TECHNOSCIENCE sens. Ce subst. d'apparence savante est une sorte de « mot-valise » très en vogue aujourd'hui et censé combiner les apports de la science et de la technique : *La transformation de la science académique en une « technoscience » au service du marché fait surgir un autre risque* : [...] *le retour d'un rêve de totalisation scientiste* (Guillebaud).

TECHTONIQUE → TELLURIQUE.

TEESHIRT ou **T-SHIRT forme.** Plur. *des teeshirts.* Il est souhaitable d'adopter la première orthographe (Recomm. offic. de décembre 1990). ♦ **sens.** « Maillot de corps de coupe simple, en forme de T » : *Les taches de sueur se superposent aux diverses mouchetures de son T-shirt publicitaire* (Échenoz).

TEINDRE et **TEINTER conjug.** Le premier verbe se conjugue comme *feindre*, le second comme tous les verbes du 1er groupe. ♦ **sens.** Le verbe **teinter** signifie « colorer légèrement » : *une eau légèrement teintée de rouge* et s'emploie souvent au fig. : *une intelligence teintée de fantaisie.* Le verbe **teindre** a un sens plus fort, « changer la couleur d'un objet, en utilisant de la teinture » : *teindre une robe. L'âge le blanchissant, il fit teindre ses cheveux en noir.* Dans la langue littéraire, on rencontre parfois **teindre** au sens de **teinter** : *Aux vitraux teints de rougeâtres couleurs* (Nerval). *Mes mains couvertes, teintes, imprégnées de cette épaisse couleur lumineuse* (Butor).

TEL constr. Quand **tel** est épithète, il est toujours antéposé, sauf s'il est en corrélation avec **que** : *Il m'a dit de telles injures !* à côté de : *Il m'a dit de telles injures que* ou *des injures telles que*… Quand **tel** est attribut et en tête de proposition, l'inversion du sujet est de règle : *Telle était cette lande et tel notre débat qu'il me semblait que nous revenions d'une promenade sur l'emplacement de la forêt des Ardennes défrichée* (Barrès). *Tel était le président. Une sorte de bourreau amnésique et affable* (Dubois).

□ **tel non suivi de que** s'accorde le plus souvent avec le nom qui suit : *La fatigue, le sentiment de la solitude, tels de longs serpents de vase froide* (Butor). *Ceux-là vinrent qui en avaient les moyens ou purent saisir une occasion, tel Bichos-Rocoa, exportateur de cuirs bruts* (Bazin). *Le navigateur se hissa sous l'astrodôme, fit glisser Arcturus dans l'œilleton, telle une tremblante fleur de givre* (J. Roy). *Sa masse de cheveux noirs soulevée tel un soufflé* (Fottorino). Cet accord semble s'imposer quand **tel** est en tête de phrase : *Telle une éponge dont les pores s'imbibent, son cœur se gonflait* (Estaunié). Mais **tel** peut aussi s'accorder avec le nom auquel il se rapporte : *Le bonheur, tel les anémones roses et blanches de mon enfance, est une fleur qu'il ne faut pas cueillir* (Mauriac). *Le chat se déroula, tel une couleuvre de velours* (Colette).

□ **tel** suivi de **que** s'accorde toujours avec le nom auquel il se rapporte : *Compétence illusoire mais telle qu'on lui avait même proposé du travail* (Queneau). *C'est l'Amérique telle qu'elle était connue alors, telle qu'elle émergeait peu à peu du sein des eaux* (Claudel). *Une de ces fins fulgurantes, telles que les ont subies d'autres peuples saturés d'histoire et de culture* (Giraudoux). Dans la langue administrative ou technique, le groupe **tel que** est parfois suivi d'un part., avec ellipse du verbe conjugué : *L'article 314 tel que proposé n'organise pas la répression des coupables* (Le Monde). *Ensuite, forgez la pièce telle que décrit ci-dessus* (notice technique).

□ **comme tel, en tant que tel, prendre pour tel.** Ces locutions font l'accord de **tel** : *Elles sont les paralytiques. Du moins elles seront présentées comme telles à Jupiter* (Giraudoux). *« Je ne suis pas fou », dit le prisonnier. […] « Notre père a voulu me faire passer pour tel », dit-il encore* (Kessel). *Une règle du jeu, qui n'était pas sérieuse, et qu'on s'amusait à prendre pour telle* (Camus).

□ On dit aujourd'hui **rien de tel** et non plus **rien tel**, courant à l'époque classique.

□ **tel et tel, tel ou tel + verbe.** Quand le sujet d'un verbe est constitué par les groupes ci-dessus, soit comme pronom soit comme adj. (auquel cas le nom qui suit est le plus souvent au sing., mais peut aussi se rencontrer au plur.), l'accord du verbe est assez variable : après **tel ou tel**, on rencontre généralement le sing. : *Tel ou tel de nos ascendants nous aurait gouvernés* (Lacretelle). *Tel ou tel candidat peut se présenter.* Après **tel et tel**, il semble que l'on ait le choix entre le sing. et le plur. (celui-ci étant plus logique) : *Les chiffres des recettes qu'avaient faites telle et telle pièce* (Rolland). *Tel et tel survient à l'improviste et vous interroge. Tel et tel ont bien réussi cette ascension : pourquoi pas toi ?*

□ **tel quel.** Cette locution, qui s'accorde avec le mot auquel elle se rapporte, signifie « dans l'état où il(s) [elle(s)] se trouve(nt) » : *Tel quel, il ressemblait à une brute* (Simenon). *Ces faveurs surabondantes et mystérieuses, loin de les accueillir telles quelles*… (Valéry). On évitera la déformation pop. en *tel que*, qui s'explique cependant par la réduction de *tel que je l'ai dit, fait, trouvé*, etc. : *Il était plus vaste que mes trois pièces du Café de la route et c'était, tel que, un endroit très agréable à vivre* (Giono).

□ **(un) tel, (une) telle.** Ces pron. ou adj. indéfinis s'emploient souvent pour remplacer un nom propre ou servir d'exemples : *Machin, chose, un tel, une telle / Tous ceux du commun des mortels* (Brassens). *Tel veuf, telle veuve, lors des condoléances, me donnait l'accolade, me remerciait avec effusion* (Colombier). *Elles se retrouvaient dans un monde sec, où un œil âpre de spécialiste extrême-oriental décrétait que telle tige devait être allongée, que telle racine devait être affinée* (Nothomb). Après **monsieur** ou **madame**, on met volontiers une majuscule, pour que la fiction soit complète : *monsieur Untel* ou *M. Un tel, mademoiselle Une telle*, etc. *J'abhorrais les récits bibliques dans lesquels on est toujours fils ou fille d'Untel ou d'un autre* (Desarthe). Il faut noter que l'habitude se répand d'écrire le masc., dans ce cas, en un seul mot : *M. Untel, les Untel.*

TÉLÉ → TÉLÉVISION.

TÉLÉ- orth. Ce préfixe productif s'ajoute, avec le sens de « à distance », sans trait d'union au radical : *télébenne, télésiège, téléscripteur, télésurveillance,* etc. *Deux sites sont la vitrine d'une communauté de « télétravailleurs » implantés dans la campagne normande* (V. Fagot, *Le Monde,* 25/05/2007). *Je reviens en arrière, grâce à ce rosaire laïc qu'on appelle télécommande* (Barbery). On rencontre même le mot-valise **télévangéliste**, au sens de « prédicateur évangéliste utilisant les médias ».

TÉLÉFÉRIQUE orth. Cette orth. simplifiée, de plus en plus fréquente, est préférable à **téléphérique**.

TÉLÉOLOGIQUE sens. Ce mot savant signifie « qui concerne les fins de l'homme, la finalité du monde » : *Hostile par principe aux visées téléologiques (qui s'intéressent à la finalité), on se rabat précautionneusement sur le descriptif, l'instrumental* (Guillebaud). On ne confondra pas avec **théologique**, « qui se rapporte aux dieux, aux religions ». La remarque vaut également pour les subst. **téléologie** et **théologie**.

TÉLÉPHONE emploi. On évitera d'utiliser ce subst. à la place de *coup de téléphone* ou de *numéro de téléphone,* comme c'est pourtant le cas dans ces phrases : *Roger avait dit qu'il appellerait le lendemain. Elle attendrait son téléphone pour sortir* (Sagan). *Il avait trouvé un mot de Nivéa. Elle lui donnait les téléphones des endroits où elle serait dans la journée* (Weyergans). → -FIL.

TÉLÉVISION forme. L'abréviation **télé**, au sens de « réseau, chaîne ou poste récepteur de télévision », est complètement passée dans l'usage, même si elle conserve encore (pour combien de temps ?) un côté pop. ou fam. : *Quand ils ont fermé les ateliers, ç'a été la foire pendant deux trois semaines et puis après on n'en a plus parlé. Les télés sont venues, quelques politiques aussi* (Adam). *La petite Léa pointait un doigt maculé de chocolat sur la télé où se déroulait une émission de variétés* (Garnier). En tout cas, sous forme de préfixe, cette forme courte est très productive : **téléachat** ou **télé-achat, télédéclaration, télétexte, téléthon,** etc. *Le téléfilm est un art comme un autre* (Échenoz). → CINÉMATOGRAPHE et RADIODIFFUSION.

TÉLEX sens. « Service de dactylographie à distance équipé d'appareils téléimprimeurs, auquel on peut recourir par abonnement. » Le mot et la chose ont été détrônés par le **fax** (→ ce mot), qui désigne un système de transmission télématique beaucoup plus rapide et efficace.

TELLEMENT constr. et emploi. On distinguera avec soin **tellement que** (souvent disjoint), qui introduit une subordonnée de conséquence : *Le pauvre, il tremblait tellement qu'on l'entendait à quatre pas* (Peyré), et **tellement** (sans **que**), qui introduit une proposition à valeur causale : *J'eus une peur épouvantable, tellement tout cela était proche* (Barbusse). *Il s'endormait à table, tellement il avait couru* (Mauriac). *Il semblait qu'on aurait pu toucher du doigt le soleil au-dessus de la prairie, tellement toutes choses étaient soudain présentes* (Dhôtel). Les propositions sont ici inversées par rapport au tour consécutif régulier : *Il avait tellement couru qu'il s'endormait à table.* On notera que la proposition consécutive a son verbe au subj. si la principale est négative ou interrogative : *Il n'est pas tellement éloigné qu'on ne puisse le rejoindre.* Le registre pop. emploie parfois **tellement que** en tête d'une causale : *Y avait de quoi lui foutre une pâtée tellement qu'elle était crispante* (Céline). □ L'adv. **tellement**, à la fois intensif et affectif, fait une forte concurrence à **si** (avec un adj.) et à **tant** (avec un verbe) : *Birch Park que j'ai revu tellement désert, il y a quelques mois* (Butor). *Oh ! LU, je voudrais tellement que ça ne soit pas arrivé* (Vian). *Les collégiens restant plantés là, haletants, non pas tellement déçus qu'humiliés* (Simon). → SI et TANT. Il s'emploie très normalement devant un comparatif, pour le renforcer dans un contexte exclamatif : *Il est tellement plus gentil que toi !*

Mais il est d'un emploi fam. : **1)** Comme adv. de quantité, avec un subst. complément : *Il y a tellement d'eau partout, dit-il* (Vian). *J'ai tellement de choses à faire !* **2)** Dans les locutions **avoir faim, froid**, etc. : *Il a eu tellement froid que ses pieds ont gelé.* On dit d'après le bon usage *si grand froid*, mais plus couramment *si froid.* **3)** Dans des tours négatifs, à la place de **beaucoup**, ce tour se répand jusque dans la langue littéraire : *Maroussel n'a pas tellement de mérite, dit Palaiseau* (Troyat). *Je ne crois pas tellement aux progrès de l'automobilisme* (Queneau).

□ **si tellement.** Ce pléonasme appartient au registre pop. : *Ma vieille est si tellement à cheval sur ses gélines* (Pergaud). *Monsieur le comte, d'un bout à l'autre, vous êtes trompé, volé, si tellement que c'est une dégoûtation* (Genevoix).

□ **tellement quellement.** Au sens de « comme on peut, vaille que vaille », cette locution est tombée en désuétude : *Je prononçai, tellement quellement, la petite dissertation que j'avais préparée dans ma tête* (Duhamel).

TELLURIQUE forme. On emploie aussi tellurien. ♦ **sens.** « Qui tient à la nature du sol » ou « qui provient de la terre » : *Paysage minéral, parfaitement tellurique : gneiss, porphyre, grès* (Giono). *Le Caire (douze millions d'habitants) a été la principale ville touchée par la secousse tellurique* (*Le Monde*, 14/10/1992). L'adj. **tectonique** signifie « qui se rapporte aux déformations des couches géologiques déjà formées » : *Précédée de glissements insensibles, une force invisible mais rebelle, comparable à l'avancée d'un nouvel ordre tectonique* (Franck & Vautrin). Ne pas confondre avec **terraqué** et **sismique**. → ces mots.

TÉMOIGNER constr. On dit **témoigner qqch.** au sens de « certifier en déclarant qu'on a vu et entendu » : *Je témoigne formellement avoir vu M. Un tel à telle heure*, ou de « faire connaître » : *Je meurs pour témoigner qu'il est impossible de vivre* (Sartre), ou encore de « être l'indice de » (mais on construit plutôt dans ce cas avec **de** (→ ci-dessous) : *Cette familiarité des équipages témoignait non du mépris mais de l'affection* (J. Roy). Aujourd'hui, la constr. indirecte avec **de** est fréquente, soit au sens de « déposer en justice » ou « confirmer la vérité de » : *Il n'avait rien à proposer, mais témoignait ainsi de sa bonne volonté* (Saint-Exupéry), soit surtout au sens de « être le signe de », le sujet étant un nom de chose aussi bien qu'un nom de personne : *Seules quelques automobiles arrêtées devant les portes témoignent de l'activité qui règne à présent derrière les murs de brique* (Robbe-Grillet). *La Lettre à Maritain témoigne de cette crise de confiance* (Cocteau). *Cette ambition, de la part de ceux qui se retranchent derrière elle, ne témoigne de rien que de peu honorable* (Breton).

TÉMOIN forme. Ce subst., qui n'a pas de fém., reste en principe invar. : **1)** En tête de proposition : *Témoin les invités qui vont venir* (Estaunié). *Il a fourni un gros effort : témoin les résultats que vous pouvez constater.* **2)** Dans la locution **prendre à témoin**, où le mot *témoin* est une vieille forme de *témoignage* : *Alors j'ai pris tous les gaziers à témoin* (J. Roy). Certains cependant font l'accord comme s'il y avait la préposition *pour* : *Je vous prends à témoins, Messieurs* (Genevoix). Mais l'accord se fait normalement quand **témoin** est attribut : *Elles furent témoins de la catastrophe.*

□ **sans témoins.** Le plur. est de règle dans cette locution : *Le crime s'est commis sans témoins.*

□ **lampe témoin, butte témoin.** On ne met pas de trait d'union quand *témoin* est utilisé adjectivalement. Toutefois, au fig. : *Déjà la présence de l'enfant-témoin avec sa bouche toute pure de vérité* (Schreiber).

TEMPORAIRE et **TEMPOREL sens.** Le premier adj. est le plus courant. Il signifie « qui ne dure qu'un temps limité » : *Fermeture temporaire des bureaux pour cause de travaux. Il cherche un emploi temporaire, car il faut absolument qu'il soit libre à l'automne.* Quant à **temporel**, c'est un adj. plus spécialisé. Dans le domaine religieux, il signifie « qui appartient au monde matériel » et s'oppose à la fois à **spirituel** et à **éternel** : *Nous rebâtirons toujours des églises temporelles* (Péguy). *Le pouvoir temporel du pape.* C'est aussi l'adj. qui renvoie normalement au temps grammatical : une locution adverbiale à valeur temporelle. C'est enfin un adj. employé en philosophie et renvoyant au concept de « temps » : *un processus temporel.* On ne confondra pas avec **temporal**, qui renvoie exclusivement à **tempe** : *Un coup dans la région temporale peut être mortel.*

TEMPORISATEUR forme. Celle-ci est plus aisée à employer que **temporiseur**, puisqu'elle possède un fém., *temporisatrice*, tandis que *temporiseur* n'a que la forme masc. ♦ **sens.** « (Personne) qui diffère quelque chose en attendant un moment plus propice. »

TEMPS emploi et sens. Ce subst. entre dans de nombreuses locutions plus ou moins stéréotypées. Il est pris tantôt au sens de « durée » : *un temps de réflexion, ne durer qu'un temps, pour un temps, faire son temps, le temps de, peu de temps*, soit à celui de « moment, époque » : *au temps de, de mon temps, il fut un temps où, de temps en temps, il est temps, en tout temps, entre-temps,* etc. Le mot **temps** est toujours au sing. dans ces emplois : *Leurs parents sont morts quelque temps auparavant* (Pontalis).

□ **du temps de** ou **au temps de.** Ces deux constr. sont correctes et s'emploient indifféremment : *La rue Raynouard ressemblait encore à ce qu'elle était du temps de Balzac* (Apollinaire). *C'était du temps de l'Occupation* (Troyat).

□ **temps + où** ou **que.** Les locutions temporelles *au temps, dans le temps, du temps* sont suivies dans la langue courante de l'adv. relatif **où**, et dans un registre plus soutenu de la conjonction **que** : *Dans le même temps à peu près que sa femme obtenait le divorce* (Masson). *Du temps qu'il y avait des esclaves* (Aragon). *C'était au temps où Bruxelles rêvait / C'était au temps du cinéma muet* (Brel). Il semble que **où** soit préféré quand il s'agit du « moment » ou de la « simultanéité », tandis que l'adv. conjonctif **que** conviendrait mieux pour la « durée ». → MOMENT, OÙ, QUE.

□ **le temps que.** Ce tour s'emploie familièrement, avec le subj., au sens de « jusqu'à ce que » : *Cinq minutes de grâce, le temps que le cœur se calmât* (Dutourd). *Les héritiers de M. de l'Aubépine* [...] *leur demandent de rester encore un peu, le temps que la succession s'organise* (Vallejo).

□ **au temps pour les crosses !** Ce commandement militaire fait référence à un mouvement qui s'exécute en plusieurs temps *(présentez... armes ! reposez... armes !).* C'est donc une erreur d'écrire *Autant pour les crosses,* lorsque le mouvement est mal exécuté.

□ **temps matériel** → MATÉRIAU.

□ **en temps réel.** Cette locution très employée dans les médias double assez inutilement les tours **en direct, en simultané, de façon synchrone**, etc. Et à quoi pourrait bien ici s'opposer l'adj. **réel** ? À *virtuel, factice,* voire *imaginaire* ?

<u>TEMPS SURCOMPOSÉS</u> emploi. Certains temps peuvent être surcomposés, c.-à-d. comporter une forme supplémentaire de l'auxiliaire *avoir*, c'est le cas notamment dans le passé composé, le futur ou le plus-que-parfait surcomposés, qui sont encore vivants dans certaines régions de France. Le passé composé *j'ai mangé* devient *j'ai eu mangé*, le plus-que-parfait *j'avais mangé* devient *j'avais eu mangé*, le futur antérieur *j'aurai mangé* devient *j'aurai eu mangé*, etc. Ces tours se présentent le plus souvent dans des subordonnées introduites par les conjonctions *quand, lorsque, dès que, après que*, etc. : *À peine les avais-je eu quittés qu'ils s'étaient reformés* (Proust). *Quand elle a eu effacé à l'eau froide les traces de ses pleurs, je l'ai assurée que je ferais pour elle tout ce qu'elle jugerait être utile* (Aymé). *Dès que j'ai eu vu qu'elle ne me concernait pas* [cette lettre], *je te l'ai renvoyée* (Dutourd). *Quand la maladie l'a eu dépouillée de ses cheveux, de la couleur radieuse de ses joues, le sourire demeura* (Jourde). Le grand avantage de cette conjugaison « parallèle », largement admise par les grammairiens contemporains, est de souligner l'achèvement total de l'action et de marquer la relation d'antériorité de la subordonnée par rapport au verbe de la principale : *Quand j'aurai eu terminé tout ça, je serai content.*

□ **en proposition principale.** On trouve souvent les temps surcomposés quand le verbe est accompagné d'un adv. de temps *(vite, bientôt, tôt)* qui souligne la rapidité de l'action : *Les pêcheurs avaient eu vite épuisé toute la surprise de l'aventure* (Vercel). *En pratique, le peuple a eu bientôt fait de décider que le mot automobile était du féminin* (Vendryès). Le registre pop. emploie même ces formes surcomposées dans des phrases qui ne contiennent ni rapport d'antériorité ni aucun adv. de temps : *Comme M. le Curé nous l'a eu fait ressortir bien des fois...* (dit la Françoise de Proust). *Le froid l'a eu saisi* [c'est un marchand de vins qui parle] (Romains). Ces emplois ne sont pas à imiter.

TENABLE emploi. Cet adj. ne peut être utilisé qu'avec une négation : *Cette position ne me paraît pas tenable.*

TÉNACITÉ orth. Un accent aigu sur le *e* après le *t*, contrairement à *tenace, tenacement.*

TENAILLE(S) forme. Surtout au plur. : des tenailles. Ce mot s'emploie souvent au fig. : *En lui la jalousie était une torture physique, une plaie avivée, élargie par toutes les tenailles de l'imagination* (France).

TENDANCE emploi et sens. Comme adj. invar., tend à remplacer **in, up to date, dans le vent**, etc. au sens de « qui est à la mode » : *De petits barbecues aux esthétiques et aux couleurs très tendance, selon les saisons, trouvent aussi leur place dans les espaces restreints* (*Le Monde*, 27/04/2007). *Trêve de plaisanterie, on ne peut que reconnaître que c'est assez tendance, cette façon d'affirmer calmement ses émotions* (J.-M. Dumay, *Le Monde*, 07/05/2007).
□ **tendance + substantif.** Cet emploi est un abrègement un peu snob de « qui tend vers, qui ressemble à » : *J'ai une pensée pour le living-room de Solange Josse transformé en litière géante tendance ketchup* (Barbery).

TENDER prononc. [tɑ̃dɛr].

TENDRE (verbe) **forme.** Le part. présent n'est jamais considéré comme un adj. : *Une mesure tendant à ralentir la hausse des prix.* ♦ **constr.** Au passif, ce verbe se construit avec la prép. **de**, au sens de « décorer de tentures » : *Pour la circonstance, l'Hôtel de la Bienne avait été tendu de rouge.*

TENDRETÉ emploi et sens. Bien que ce subst. soit l'exact pendant morphologique de **dureté**, il est d'un emploi assez rare. Son sens est « caractère de ce qui est tendre », exclusivement à propos d'une matière : *Je devrais trancher les foies avant que leurs centres ne noircissent, leur conserver un cœur rose, une tendreté palpitante* (Desarthe). Sa défaveur s'explique d'autant moins qu'il serait très utile, opposé à **tendresse**, qui ne s'applique qu'au sentiment.

TÉNÈBRES forme. Ce subst. se trouve seulement au plur., et dans le registre soutenu : *Les goujons, d'un coup de queue vif, piquaient du nez vers les ténèbres fraîches* (Genevoix). *Il devait y avoir une région, dans ses ténèbres intérieures, qui s'était imprégnée de ce climat de meurtre et de sang* (Nothomb). Mais de nombreux auteurs emploient à l'occasion le sing. : *Des grenouilles, comme des cailloux, troublaient cette ténèbre mouvante* (Mauriac). *Les ardeurs sans nom de la ténèbre* (P. Emmanuel). *Il tâta du bout des doigts cette ténèbre* (Barjavel). Cet emploi n'est possible qu'à des fins stylistiques.

TÉNIA orth. On préférera cette forme, plus simple, à *tænia* (sans accent).

TENIR conjug. → APPENDICE GRAMMATICAL. ♦ **constr.** Ce verbe peut admettre un attribut du complément d'objet, introduit ou non par **pour** : *Je vous tiens pour une niguedouille* (Louÿs). *Tu sais bien qu'on ne peut se tenir pour certain d'avoir gagné tant que la dernière boule n'a pas été jouée* (Vailland). *Je les tiens très heureux que tu sois un architecte mort !* (Valéry). Le verbe **considérer** est plus répandu dans ce sens. Le tour **tenir pour**, sans complément d'objet direct, est vieilli et signifie « être partisan de » : *Larouselle, qui tenait pour une refonte de la société* (Aymé). → POUR. On dit aussi **tenir (qqch.) de qqn** : *Vous avez de qui tenir, au fond* (Sarraute). *Cropette, qui tenait des Pluvignec* (Bazin). *Mais ses plus nobles peurs sont les grandes peurs anciennes qu'elle tient de famille : les épidémies,* *les famines, les guerres* (Hoex). Avec un nom de chose comme sujet : *Cette sûre divination domestique qui semble tenir de la double vue* (La Varende). *Les angles aigus de son style télégraphique qui tenait d'ordinaire du morse, de l'arabe et de je ne sais quel phrasé musical* (Fottorino). La locution verbale **se tenir de**, au sens de « s'empêcher de », ne se rencontre que dans le registre littéraire : *Mais il ne put se tenir de courir tant bien que mal* (Colette). *Madame de Matafelon ne se tint pas de s'en ouvrir à M. l'abbé Puce* (Boylesve). On dit plus couramment **se retenir** : *Olivier loucha sur les sandwiches et, finalement, ne put se retenir d'en prendre un autre* (Triolet). Au passif, **être tenu** se construit avec **de** et l'infinitif (plus rarement **à**) : *Au coucher du soleil, nouvel office religieux auquel chacun était tenu d'assister, même les malades* (Cendrars). *Nous ne nous croyons plus tenus de regarder les simples hommes de deuxième classe d'un regard tragique* (Péguy). Avec **à** : *La citoyenne Blaise n'était pas très éloignée de croire qu'en amour la femme est tenue à faire des avances* (France). Si le complément est un nom, il se construit avec **à** : *Je ne suis tenu à aucune honnêteté vis-à-vis des autres* (Giono). *Seuls les fournisseurs étaient professionnellement tenus à moins de morgue* (Radiguet).

□ **tenir à ce que.** Avec un sujet animé, le sens est « désirer vivement » : *Mon père avait interrompu ses études assez jeune. C'est pourquoi il tenait tant à ce que je termine les miennes. À ce que je les commence, par conséquent* (Vian). Si le sujet est un non-animé, le verbe signifie « provenir du fait que » : *Cela tient à ce que nous n'avons pas la même nature* (France).

□ **il ne tient (que** ou **pas) à moi que.** Après cette locution impersonnelle, comme après **il dépend de... que**, la constr. est la suivante : **1)** Quand la principale contient *il ne tient que* ou *il dépend de... que*, on met dans la complétive la négation complète, ou aucune négation, selon le sens : *Il ne tient qu'à toi qu'elle le prenne* (Gide). *Il ne tenait qu'à moi qu'elle ne renonçât pas à la vie* (id.). *Il n'a tenu qu'à vous que cette épreuve ne vous fût épargnée* (Romains). **2)** Quand la principale est négative ou interrogative *(il ne tient pas à moi que, il ne dépend pas de moi que...)*, on emploie facultativement le **ne** dit explétif : *Il ne tient pas à vous que cela (ne) se passe bien.* Mais bien entendu, si **pas** est nécessaire, **ne** le précède obligatoirement : *Il ne tient pas à vous que cela ne fasse pas de bruit.* ⟶ NE.

□ **tiens-le-toi** ou **tiens-toi-le pour dit.** On rencontre plus souvent le premier tour que le second : *Quant à toi, tiens-le-toi pour dit* (Gide). *Tenez-le-vous pour dit* (Colette). Mais ce serait l'inverse au plur., d'après Grevisse, et on aurait plus souvent *tenons-nous-le, tenez-vous-le pour dit.* ⟶ IMPÉRATIF et PRONOMS PERSONNELS.

□ **tiens** ou **tenez !** Lorsque **tiens** exprime seulement la surprise, il est figé et s'emploie même dans un contexte plur. : *Tiens, vous êtes là !* Mais il varie lorsque le verbe *tenir* a son sens habituel, ou celui de « prendre comme exemple » : *La belle-mère de Raoul, tenez, c'est une Chazottes* (Giono). *Tenez, regardez ce que je vous ai apporté.*

TENSION emploi et sens. Bien que fautive, la locution **avoir de la tension** est bien implantée dans l'usage courant. *Tension* signifie ici, en réalité, « hypertension ». On comparera avec *avoir de l'albumine.* ⟶ ALBUMINE.

TENTACULE genre. Masc. *Je viens de dénicher un petit morceau de tentacule crénelé dans une coupelle de sauce jaune safran* (Barbery).

TÉRÉBENTHINE orth. Prendre garde à la place du *h*.

TÉRÉBRANT emploi et sens. Dans le vocabulaire médical, « qui pénètre profondément dans les tissus ». Dans le registre littéraire, « aigu, violent ». On emploie à peu près de la même façon, au sens fig., **taraudant**.

TERME emploi et sens. Au plur. dans : *Être en bons ou en mauvais termes avec son voisin. Voici ses propres termes. Il faut parler en termes propres si on veut éviter toute ambiguïté.* Au sing. dans **moyen terme** : *N'y a-t-il donc pas de moyen terme entre les femmes à vocatif et les femmes à impératif ?* (Morand). Au sens de « fin », on écrit : *Arriver au terme de son mandat.*

TERMINAL, -AUX emploi et sens. Ce mot très spécialisé désigne divers types d'installations, soit dans un port pour le déchargement des pétroliers et le stockage du pétrole, soit dans une aérogare pour l'arrivée et l'embarquement des passagers : *Ferrer finit par découvrir au sous-sol du terminal, un centre spirituel œcuménique* (Échenoz).

TERMINER constr. Ce verbe s'emploie surtout avec un simple complément d'objet direct : *terminer un ouvrage, la soirée, ce qu'on a commencé,* etc. Mais par analogie avec *finir,* on rencontre assez souvent **terminer par** et même **terminer de**. La première constr. se rencontre chez Stendhal et Sainte-Beuve, la seconde, qui relève surtout du registre pop., n'est signalée que dans le *Grand Larousse de la langue française,* mais n'est pas plus condamnable en soi que le tour admis **finir de...** : *Je termine de remonter le rideau de fer et je retourne en cuisine* (Desarthe). *Je lui ai rappelé que j'avais pratiquement terminé d'installer le chauffage central* (Ravey). ⟶ DÉBUTER.

TERRAIN emploi. Toujours au sing. dans *véhicules tout terrain.*

TERRAQUÉ sens. « Composé de terre et d'eau » : *L'oscillation des eaux universelles, le plissement des couches terraquées* (Claudel).

TERRE emploi. En dehors de certaines locutions stéréotypées : *descendre à terre, courir ventre à terre, mettre pied à terre,* on emploie à peu près indifféremment **à terre** ou **par terre**. Avec **à** : *L'enfant regarde à terre, peut-être pour y chercher une décision* (Supervielle). *Si les adversaires étaient de force égale, ils s'embrassaient étroitement, se neutralisaient, parfois roulaient à terre* (Roblès). *Alors elle renversa le panier, les fleurs tombèrent à terre* (Vilmorin). *Les grands marronniers roux ployaient leurs branches jusqu'à terre* (Gide). Avec **par** : *J'ai ramassé par terre un long bout de ficelle blanche* (Butor). *Maïa, emportée par l'élan, manquait de piquer une tête par terre* (Guilloux). *Par terre aussi c'était tout rouge* (Ramuz). *Il buta contre le trottoir et se retrouva par terre* (Sartre).

TERRE À TERRE orth. Sans traits d'union.

TERRE-NEUVE forme. On dit *des chiens de Terre-Neuve* ou *des terre-neuve* (invar.).

TERRE-PLEIN forme. Plur. *Des sacs, des ballots, portés, traînés ou abandonnés sur les terre-pleins à l'intérieur de l'enceinte du port* (Maïssa Bey).

TERTIAIRE emploi et sens. En économie, cet adj. a reçu l'acception de « qui concerne les activités qui ne sont pas directement productrices de biens » : *Le secteur tertiaire comprend les professions dites intellectuelles, le commerce, les transports, pour certains le bâtiment.*

TEST forme. On écrit sans trait d'union *un objet test, des objets tests,* etc. On rencontre souvent aujourd'hui des composés avec *test* comme second élément, séparé par un trait d'union du premier élément, qui désigne un élément, un fait, etc., qui sert de référence : *Des villes-tests pour en finir avec les guéguerres locales sur les antennes-relais* (B. Perucca, *Le Monde,* 18/09/2009). À noter cependant l'existence des composés avec *test* comme premier élément *test-match* (dans le sport, plur. *des test-match*) et *test-objet* (plur. *des test-objets*), qui, d'emploi très restreint, désigne une certaine préparation pour microscope.

TÊTARD orth. Avec un accent circonflexe sur le *e,* comme dans *tête.*

TÊTE emploi. Ce subst. entre dans de nombreux tours plus ou moins figés : *se gratter la tête, tête baissée, crier à tue-tête, se mettre en tête de, se mettre (une idée) dans la tête,* etc.
□ **tête à tète** ⟶ TÊTE-À-TÊTE.
□ **tête de pipe.** Cet emploi fam. ne se rencontre que dans la locution à sens distributif *par tête de pipe,* c.-à-d. « par personne ».

TÊTE-À-QUEUE orth. Deux traits d'union. Subst. invar.

TÊTE(-)À(-)TÊTE orth. La locution adv. ne prend pas de traits d'union : *Elle gagna une* *fortune, resta de nombreuses nuits tête à tête avec la chance* (Vilmorin), à la différence du subst. *: Je veux qu'elle ne règne sur mon peuple qu'après avoir, dans le tête-à-tête et sans le concours des huiles, régné sur mon cœur* (Audiberti). ♦ **forme.** Le subst. est invar., au sens de « entretien », de « meuble » ou de « service à déjeuner » : *Elle s'emploie de son mieux pendant ces longs tête-à-tête* (Martin du Gard). ♦ **constr.** La constr. **rester tête à tête** (sans traits d'union), recommandée par les puristes, tombe en désuétude, au profit de **en tête-à-tête** (avec traits d'union), qu'on rencontre chez de bons auteurs : *Il déjeuna donc, en tête-à-tête avec Mme Hortense* (Duhamel). *Un amour maladif à m'enfermer en tête-à-tête avec mon passé* (Barbusse).

TÊTE-BÊCHE orth. Mot invar. : *D'habitude, quand on n'était que deux sur une litière* [...], *on s'allongeait tête-bêche* (Semprun).

TÊTE-DE-NÈGRE forme. Invar. comme adj. de couleur : *des foulards tête-de-nègre.* → COULEUR.

TÉTER orth. Un accent aigu. ♦ **conjug.** Comme *céder.* → APPENDICE GRAMMATICAL. L'accent aigu se transforme en grave sur le premier *e*, quand la voyelle qui suit est un [ə] muet.

TÊTIÈRE orth. Prend un accent circonflexe : *une têtière de cuir.*

TÉTRASYLLABE ou **-SYLLABIQUE** → -SYLLABE.

TÊTU orth. Avec un accent circonflexe.

TEUF-TEUF forme. Ce subst. onomatopéique reste invar. dans : *une course de teuf-teuf.*

TEUTON et **TEUTONIQUE emploi et sens.** Le premier adj., dont le fém. est **teutonne**, est généralement péj. quand il désigne les Allemands. Mais on parle correctement de *langue teutonne* pour désigner la « langue germanique du haut Moyen Âge ». Quant à **teutonique**, c'est surtout un adj. employé par les historiens, et dans certaines locutions. Il se rapporte à l'« ancien peuple de Germanie » et n'a rien de péj.

THAUMATURGE orth. Ne pas omettre le *h.* ♦ **emploi et sens.** Subst. littéraire qui signifie « faiseur de miracles ».

THÉORIE emploi et sens. Vieilli et littéraire au sens de « file, cortège » : *Derrière ce pitoyable cortège de vivants venaient les moribonds, longue théorie de malheureux aux figures simiesques* (A. Besson). *Je regardais à travers la vitre filer la théorie des stations si familières* (Hériat). *Une penderie recelait six costumes sombres, une théorie de chemises blanches et une batterie de cravates* (Échenoz).

THERMO- orth. Les mots composés avec cet élément ne prennent jamais de trait d'union : *thermocouple, thermodynamique, thermoélectrique, thermoesthésie, thermogenèse, thermoïonique,* etc. → ÉLECTRO-, RADIO-.

THERMOS genre. Masc. ou fém., selon que l'emporte l'idée de « récipient » ou celle du groupe initial *bouteille Thermos* (à l'origine, nom déposé) : *Premièrement, se procurer un thermos : une boisson chaude sera plus sûre* (Fontanet). *Antoine avait pris la fuite et rapporté les thermos remplies pour les pique-niqueurs* (Labro).

THÉSAURISER constr. On dit, intr. : *il thésaurise,* et plus rarement, avec un complément d'objet : *Il voudrait bien avoir des écus à thésauriser.* ♦ **emploi et sens.** Ce verbe est rare et très littéraire. Il a le sens d'« amasser (de l'argent) », avec une nuance dépréciative.

THINK-TANK emploi et sens. Cet américanisme est devenu très « tendance » dans certains domaines, comme l'ingénierie et la prospective, au sens de « réservoir d'idées » : *Même si le groupe de M. Karmitz ne devait être qu'un* think tank, *sa simple existence fragilise le ministre* (M. Guerrin et N. Herzberg, *Le Monde*, 26/01/2009). *Il semble que* [ce chiffre] *provienne d'une étude récente de Terra Nova, think tank proche du Parti socialiste* (C. Mathiot, *Libération*, 30/10/2009). Mot critiquable, si l'on veut, mais on ne voit pas très bien par quoi le remplacer. Il fait penser au fameux *brainstorming* des années 50.

TICKET, BILLET, COUPON sens. Les deux premiers noms sont à peu près synonymes quand ils désignent un « petit carton imprimé, donnant droit à l'entrée dans certains lieux publics, dans certains véhicules de transport en commun », etc. Mais on dit : *un billet d'avion, de théâtre, de concert, d'orchestre, de parterre,* (vieux) *de logement,* etc., et plutôt : *un ticket de métro, d'autobus, une denrée sans tickets, le ticket modérateur,* etc. On dit aussi bien *un billet* ou *un ticket de quai,* et dans bien des cas il est indifférent d'employer l'un ou l'autre subst. Quant à **coupon**, il se rencontre surtout dans le vocabulaire de la banque, au sens de « feuillet détaché d'un titre et permettant de toucher des intérêts, des dividendes », etc. ; on l'emploie cependant aussi, en région parisienne, pour désigner, dans les transports, un coupon (hebdomadaire ou mensuel) de carte orange, rebaptisé aujourd'hui en *Navigo.*

TIC-TAC orth. On écrit en principe **tic tac** en deux mots quand il ne s'agit que de reproduire le bruit : *J'ai mon cœur qui fait tic tac* (chanson). Mais le subst. prend un trait d'union : **tic-tac**, et peut même être écrit en un seul mot : **tictac** : *Le tictac de la montre cachée sous l'oreiller le berçait.* Ce subst. est rare au plur., mais ne prend jamais de *s.* Ces remarques valent aussi pour les autres onomatopées en *i/a.* → ONOMATOPÉES.

TIÉDIR constr. Généralement intransitif, ce verbe admet cependant un complément d'objet direct : *Je peux le tiédir sur la plaque* (Colette).

TIERS orth. Pas de trait d'union dans *tiers état, tiers exclu, tiers ordre, tiers payant,* mais on écrit *tiers-monde.* ♦ **forme.** Le fém. est *tierce.* ♦ **emploi et sens.** Ce mot est bien connu comme subst., au sens animé de « troisième personne » ou non animé de « troisième partie ». Mais il subsiste comme adj., au sens de « troisième », dans des tours stéréotypés ou littéraires : *Envisages-tu que toujours un tiers nom soit sur nos lèvres ?* (Giraudoux). *Cette résolution, non moins qu'à la personne de Nadja, s'applique ici à de tierces personnes comme à moi-même* (Breton). On retrouve ce sens « non fractionnel » dans les composés devenus courants en économie : **tiers-monde, tiers-mondisme** (et **-mondiste**), **tiers-mondisation** : *Sur les trottoirs, on peut surtout apercevoir, lents, solitaires et perplexes, des natifs du tiers-monde.* → QUART-MONDE. □ accord du verbe après **le tiers de + subst. plur.** → COLLECTIF, MOITIÉ.

TIERS-POINT forme. Plur. *des tiers-points.* ♦ **sens.** « Très fine lime à section triangulaire. »

<u>TILDE</u> forme. Signe diacritique utilisé par les hispanophones pour modifier le [n] : [~]. *Les* [accents] *graves, les aigus, sans oublier les étrangers, les tilde espagnols* (Orsenna).

TIMBALE → CYMBALE.

TIMBRE forme. On emploie assez rarement, dans la langue courante, la forme complète **timbre-poste**, qui fait au plur. *des timbres-poste* : *Tu vois que c'est instructif, les timbres-poste* (Japrisot). Quant à *timbre-quittance* (on dit aussi *des timbres de quittance*) et *timbre-amende*, les deux éléments prennent un *s* au plur. : *timbres-amendes, timbres-quittances.* ♦ **sens.** On évitera l'emploi de **timbre** au sens de « cachet », sous peine d'ambiguïté : *Cette enveloppe porte de nombreux cachets* ou *cette enveloppe porte de nombreux timbres(-)poste.*

TIMING prononc. [tajmiŋ]. ♦ **emploi et sens.** On aura avantage à remplacer cet anglicisme prétentieux par ses équivalents **minutage** ou **calendrier** qui ont exactement le même sens : « Prévision temporelle pour l'accomplissement des différentes phases d'un processus » (arrêté ministériel du 12 août 1976) : *Il est certain que le timing n'est pas favorable, souligne M. Livanios* (*Le Monde*, 04/09/2009). **Programmation** est également un substitut satisfaisant.

TIMON orth. Les dérivés prennent un seul *n* : *timonier, timonerie.*

TINTAMARRE orth. Deux *r*.

TINTINNABULER orth. Avec deux *n*, mais pas de double *t*. ♦ **emploi et sens.** Verbe rare et littéraire : « Sonner à la façon de multiples clochettes. »

-TIQUE emploi et sens. Ce faux suffixe est tiré d'*informatique* par une mauvaise coupe : on a formé avec lui des mots comme *bureautique, domotique* (dans *forétique, monétique, procréatique, productique, robotique*, etc., on peut considérer que c'est plutôt le suffixe traditionnel **-ique** qui est employé, le *t* appartenant au radical du mot). Quant à **télématique**, c'est un mot-valise formé avec le préfixe **télé-** et une autre coupe aberrante d'*informatique* : *Informatique, télématique, bureautique, robotique… Les néologismes surgissent au rythme des novations technologiques, dont ils permettent de borner approximativement le champ. Toutefois, quand la mutation se fait explosion, ils jaillissent en florilège et leur imprécision se fait criante : un mini-ordinateur est-il un produit informatique ou bureautique ou de la télématique ? Un ordinateur de process s'apparente-t-il à l'informatique ou à la robotique ?* (A. Minc, *Le Monde*, 23/09/1989).

TIRE- forme. Sont invar. les composés suivants : *tire-au-cul, -au-flanc, -bourre, -cendre, -crins, -fesses, -feu, -jus, à tire-larigot, -plomb, -sève, -terre, -veille.* On écrit *à tire-d'aile*, et plus rarement *à tire-d'ailes*. Le trait d'union est facultatif dans *tire-bouchon* et ses dérivés : *tire(-)bouchonner, tire(-)bouchonnement* : *En pantalon tirebouchonnant* (Apollinaire). Les composés non précités prennent un *s* final au plur. : des *tire-balles, -clous, -joints*, etc., mais le *s* est facultatif dans *tire-braise, tire-fond, tire-lait.*

TIRER emploi et sens. À la voix pronominale, **se tirer** est du registre pop., sans complément et au sens de « s'en aller » : *Je finis celui-ci et je me tire, reprit Mlle Suzanne* (Troyat). Mais on dit très correctement **se tirer d'affaire, s'en tirer** : *Il arrive que le gosse, ou le boucher, manquent de mémoire, et se tirent d'affaire au jugé* (Romains). *La propriétaire du chien s'en tirait avec une repartie de paséo dominical* (Peyré). Dans le domaine de la chasse, il semble bien que *tirer un lièvre* ait un sens plus « volontaire » et moins « accidentel » que *tirer sur un lièvre* : *Quand on chasse le canard, on ne tire pas les ramiers* (Vailland). *Comme des lapins ils nous tiraient !* (Daninos).

□ **tirer parti.** On dit : *Il est arrivé à tirer parti de cette vieille voiture.* Ne pas confondre avec : *Il en a retiré une partie.*

□ **tirer un chèque.** Le sens du verbe est ici « émettre ». Il s'oppose à celui du verbe **encaisser**, « mettre en caisse, à son compte ».

TIRETS emploi. On les rencontre dans le dialogue, à partir de la 2e phrase rapportée :
« Veux-tu que je te ramène chez toi tout de suite ?
– Non.
– Demain matin ?
– Jamais » (Supervielle).

Parfois, on trouve même un tiret dès le début du dialogue, à la place des guillemets : cette convention dépend entièrement des typographes. En dehors du dialogue, le tiret permet de mettre en relief aux yeux du lecteur un mot, une locution jugés remarquables par l'auteur ou de détacher, avec des intentions variées, les termes d'une énumération : *Il y avait le mépris de la mort nippon – la suprématie des aciers suédois – la ténacité britannique – la qualité des crayons tchèques – les tempêtes subites du Léman* (Daninos). Parfois les tirets équivalent exactement aux parenthèses : *J'ai été peu à peu obligé – oh ! non par vous ! par mon sens réveillé de la propreté – d'admettre que je n'étais qu'un petit marin* (Masson). Enfin, le tiret est parfois employé seul, pour ménager une attente, une sorte de pause spectaculaire dans le cours de la phrase : *À moi aussi, les exécutions répugnent – même lorsqu'elles sont justifiées* (Vailland).

TISSU emploi et sens. Cet ancien part. passé du verbe disparu *tistre* fait concurrence, dans le registre littéraire, au part. régulier de **tisser**, avec les mêmes significations : *Le mur du fond était orné d'un immense Gobelins, tissu d'après un carton de Boucher* (Peyrefitte). *Notre vie est tissue de ces actes locaux, où le choix n'intervient pas* (Valéry).

TISSU-ÉPONGE orth. Plur. *des tissus-éponges.*

TITANESQUE ou **TITANIQUE emploi et sens.** Ces deux formes s'emploient indifféremment au sens de « gigantesque », mais la première est mieux reçue dans l'usage.

TITILLATION prononc. Le plus souvent avec un [j] : [titijasjõ] plutôt que [titil(l)asjõ] qui tend à disparaître. La remarque vaut également pour le verbe *titiller.* ♦ **forme.** Aucun dictionnaire n'indique *titillement*, qu'on rencontre notamment chez Gide : *Il ne laissait paraître son émotion qu'à l'irrépressible titillement d'un petit muscle de sa joue.*

TITRE forme. En plus du problème des majuscules, une autre question délicate est celle de la contraction de la préposition **à** ou **de** et de l'article initial du titre. Elle se fait en général : *Les héros du « Voyage d'Italie » sont en proie à la tentation* (*Le Monde*). *Depuis « Un Américain bien tranquille » jusqu'aux « Comédiens »* (*ibid.*). *J'ai achevé la lecture du « Sursis ». Le dénouement des « Mauvais Coups » est tragique.* Mais on peut, pour mieux détacher le titre, ne pas faire la contraction : *Vous gardez votre titre ? – « Un amour de Messaline. » Ça ne vous plaît pas ? J'avais pensé à « Le Dernier Amour de Messaline »* (Romains). Quand le titre est une proposition, on fait généralement la contraction : *De la narratrice du « Rossignol se tait à l'aube », l'auteur fait une comédienne* (*Le Monde*). *L'atmosphère du « Soleil se lève aussi ».* Avec deux subst., la contraction ne se fait en principe que pour le premier article : *La densité du « Cru et le Cuit » de Lévi-Strauss. L'humour exquis du « Prince et le Pauvre », de Mark Twain.* On rencontre parfois la double contraction : *À l'exception des « Nus et des Morts », l'œuvre de Mailer a eu une certaine peine à s'imposer en France* (*Le Monde*). L'absence totale de contraction est rare : *La lecture passionnée de « Le Rouge et le Noir »* (Gracq). Il semble préférable, dans tous les cas de titres coordonnés, d'éviter la contraction par l'ajout d'un subst. précisant la nature de l'œuvre : *À l'exception du roman « Les Nus et les Morts » ; La densité de l'étude « Le Cru et le Cuit »*, etc. ♦ **constr.** Tantôt le genre et le nombre du titre sont ceux du subst. principal, tantôt ils sont neutralisés par la présence implicite d'un terme comme *livre, œuvre, poème, roman*, etc. On peut trouver bizarre l'accord suivant : *La Société des égaux, le dernier livre de Pierre Rosanvallon, est importante à cause de son contenu* (J. Julliard, *Marianne*, sept. 2011). On attendrait plutôt : *est important* (en accord avec *livre*).

1) Singulier dans le titre : *Sa « Folle de Chaillot » a été massacrée par les Américains* (*Le Monde*). *« L'Âme enchantée » est emplie de tendresse pour le genre humain.* Au neutre : *« La Grande Peur des bien-pensants » fut écrit avec passion. « La Modification » est savamment structuré sur le plan temporel.* Si on préfère éviter des ambiguïtés, telles que *« Le Disciple » est médiocre, « La Joie » est inspirée*, on aura encore la ressource qui consiste dans l'insertion d'un subst. « de précision » : *À propos du livre « Une guerre perdue en quatre jours »* (*Le Monde*).

2) Pluriel dans le titre : *Il nous donna « Les Aventures », remarquables par leur sobriété* (*Le Monde*). *Un roman engagé sur une thèse morale comme sont « Les Nouveaux Prêtres » de Michel de Saint-Pierre* (P.-H. Simon). *Ce modèle de critique psychologique que sont « Écrivains intelligents du XX*[e] *siècle »* (*id.*). Accord au sing. : *« Cases d'un échiquier », qui est une somme, pourrait fort bien marquer aussi un tournant* (*Le Monde*). *« Voyages avec ma tante » est un livre magique* (*id.*). *Depuis « Orages d'acier », qui date de 1920* (*id.*). *« Les Petits Enfants du Siècle » est une savoureuse satire de la vie en H.L.M.* En général, deux subst. au sing. coordonnés dans un titre ne sont pas considérés comme un plur. : *« Le Pain et le Vin » est un beau livre. « Sganarelle ou le Cocu imaginaire » est une comédie de Molière.*

□ **tout + titre d'ouvrage.** L'adj. **tout** ne s'accorde que devant l'article défini fém. : *J'ai lu toute « L'Astragale » en deux heures.* Mais : *J'ai lu tout « Marie-Claire », tout « Les Thibault », tout « Les Asiates », tout « Guerre et Paix »*, etc. On évitera : *Il a lu tout « Une Vie » de Maupassant.* Dans les cas douteux, comme ce dernier, on pourra préférer la postposition de **tout entier**, considéré comme adv., et invar. : *J'ai relu « Les Mandarins » tout entier, « Les Cloches de Bâle » tout entier.*

TMÈSE **orth.** Pas de *h.* ♦ **sens.** « Disjonction morphologique exceptionnelle », du type *puis donc que* (pour *puisque donc*), *lors donc* (ou *même*) *que*, etc.

TOBOGGAN orth. Un *b* et deux *g*, et non l'inverse : *Le petit homme eût été bien en peine d'expliquer sur quel étrange toboggan ils s'étaient installés* (Franck & Vautrin).

TOCANTE orth. On écrit aussi *toquante.*

TOCARD orth. On écrit également *toquard.*

TOI constr. Quand ce pronom est antécédent d'un pronom relatif sujet, le verbe de la subordonnée se met régulièrement à la 2e personne : *Toi qui le connais.* On peut rencontrer cet accord même lorsque le pronom est sous-entendu : *Père terrible qui n'es pas le mien, je vais jouer mon rôle d'orpheline* (Chaix). ⟶ QUI. **Toi** peut être directement employé comme sujet d'un verbe, surtout quand il est suivi de *même, seul*, etc. : *Toi seule as une raison d'y croire* (Anouilh). ⟶ PRONOMS PERSONNELS.

TOKAI ou **TOKAY orth. et prononc.** On écrit indifféremment ce mot avec un *i*, un *y* ou même un *j* final. La prononc. est en général [tɔkɛ], mais on dit également [tɔkaj] (finale en *j ou* en *i*). ♦ **sens.** « Cépage hongrois, acclimaté dans les pays rhénans. »

TÔLE ⟶ TAULE.

TOLLÉ forme. Plur. *des tollés.*

TOMAHAWK ou **TOMAWAK prononc.** Ces deux transcriptions sont admises, ainsi que les deux prononc. [tɔmaok] et [tɔmawak]

TOMBE et **TOMBEAU emploi et sens.** Ces deux noms se distinguent surtout par le registre dans lequel on les emploie : dans le langage courant, **tombe** désigne « la fosse, le lieu dans lequel une personne est enterrée » et aussi la « pierre tombale » : *Dès que la tombe fut refermée, ils s'en allèrent* (Clavel). *La tombe de Paul est au fond du cimetière.* Quant à **tombeau**, il désigne, dans un registre littéraire (ou parodique), un « monument funéraire », en principe plus élevé que la *tombe.* Il a souvent une valeur « noble » ou emphatique : *Combien de civilisations ne sont pratiquement connues que par leurs tombeaux !* (Eydoux). Les deux subst. s'emploient également au fig. : *avoir un pied dans la tombe, mener au tombeau*, etc. ⟶ CERCUEIL.
□ **rouler à tombeau ouvert.** Emploi fig., « à très grande vitesse » : *Ces multiples voitures de police qui convergent à tombeau ouvert vers le théâtre d'un accident* (Toussaint).

TOMBER conjug. Ce verbe ne s'utilise plus aujourd'hui avec l'auxiliaire *avoir*, sauf dans la langue du sport, en emploi transitif, au sens de « triompher de » : *Le catcheur a tombé son adversaire.* On ne dira donc pas *J'ai tombé quelque chose* mais *J'ai fait* (ou *laissé*) *tomber quelque chose.* Il en est de même pour la tournure fautive *J'ai tombé* que l'on entend parfois pour *Je suis tombé.* ♦ **emploi.** Les locutions *tomber la veste, tomber pile*, appartiennent au registre fam., *tomber une fille à* la langue pop. De même pour les tours *tomber fou, enceinte*, etc. : *Je n'ai pas pensé que* [...] *je risquais de tomber enceinte ou d'attraper je ne sais quoi* (Desarthe).
□ **tomber à terre** ou **par terre** ⟶ TERRE.
□ **tomber sur qqn.** Cette locution, suivant le contexte, a un sens neutre, « rencontrer », ou un sens hostile, « assaillir qqn par surprise ». Mais il faut noter que *Il m'est tombé dessus* renvoie toujours au second sens, et non au premier.

TOME et **TOMME orth. Tome** (masc.), qui désigne une division d'ouvrage, prend un seul *m.* **Tomme** (fém.), qui désigne une variété de fromage, en prend deux.

TOMETTE ou **TOMMETTE orth. et sens.** On rencontre les deux orthographes indifféremment, pour ce mot qui désigne une « petite brique servant à carreler, à paver » : *Le palier pavé de tomettes* (Simon). *Les gosses couraient dans les grandes pièces, les tommettes rouges tremblant quand ils sautaient* (Gallo).

TON (possessif) **prononc.** Devant une voyelle, la prononc. en [õ] sans dénasalisation est, selon Fouché, préférable : *ton essai* [tõnesɛ], mieux que [tɔnesɛ]. ⟶ MON et POSSESSIF.

TON (substantif) **constr.** Il semble bien qu'en dehors de tours stéréotypés, comme *le prendre sur un ton, répéter sur tous les tons,* la constr. par **de** ou **sur** soit à peu près indifférente : *Il déclame ces vers sur un ton emphatique. Il m'a dit cela d'un ton !* ou *sur un ton !* etc.

TONDRE conjug. Ce verbe conserve le *d* aux 1re, 2e et 3e personnes du sing. : *je, tu tonds, il tond.* ♦ **emploi et sens.** On dit indifféremment *tondre sur un œuf* ou *tondre un œuf,* au sens de « être d'une avarice sordide », mais cette locution est vieillie : *Ce vieux grigou tondrait (sur) un œuf.*

TONNELLE orth. Avec deux *n* et deux *l.*

TONNERRE orth. Avec deux *n* et deux *r.* Mais on écrit avec un seul *n* **tonitruer**, « faire un bruit de tonnerre » et **tonitruant**, le part.-adj. qui en est dérivé : *Doit-on se culpabiliser de la laisser tonitruer toute seule ses exigences tragiques et banales ?* (Jourde). ♦ **emploi et sens.** Ce subst. désigne seulement le « bruit » qui accompagne la foudre. Dans le registre fam., la locution **du tonnerre (de Dieu)**, postposée à un subst. ou employée seule, a une valeur de superlatif : *Le procureur avait fait une toilette du tonnerre de Dieu* (Giono).

TOP ou **TOP NIVEAU emploi et sens.** Ces mots sont employés comme adj. dans le langage « branché » pour qualifier ce qui est « au suprême degré, au meilleur niveau » : *C'est lorsque nous étions des programmeurs top niveau dans un service informatique* (Saumont). *Deux filles « top » comme on dit aujourd'hui : Suliane Brahim et Clotilde Hesme* (*Le Monde*, 16/01/2009).

TOPOGRAPHIE et **TYPOGRAPHIE sens.** La **topographie** est la représentation des formes d'un terrain et a pris le sens extensif de « description détaillée d'un lieu », ou « caractéristiques d'un lieu quant à sa disposition, sa distribution, son relief », etc. : *Le faisceau des lampes devient tout à fait inapte à restituer la topographie de ce passage* (Jourde). On évitera donc le pléonasme *topographie des lieux* : *Le cabaretier avait dessiné pour l'Italien un plan qui donnait la topographie des lieux* (Franck & Vautrin). La **typographie** est un terme d'imprimerie désignant un procédé d'impression.

TOPOLOGIE et **TYPOLOGIE sens.** Ne pas confondre ces mots. Le premier désigne la « science récente consistant dans l'étude des propriétés des figures géométriques indépendamment de leur forme et de leur grandeur », et le second la « science des types humains », en anthropologie, ou la « science de l'élaboration et de la classification des types », dans divers domaines.

TORD-BOYAUX orth. Toujours avec un *x* final, au sing. comme au plur. : *Chacun s'envoya une bonne rasade de tord-boyaux à la santé de Saint-Martin* (Garnier).

TORDRE conjug. Le *d* se maintient aux trois premières personnes de l'indic. Présent. ⟶ TONDRE. ♦ **emploi.** La locution **se tordre de rire** ou, elliptiquement, **se tordre** est fam. et vieillie : *D'un bout à l'autre des gradins, du haut en bas de la salle, on se tordait* (Gide). Le part.-adj. **tordant** est plus vivant.
□ **tordu** ou **tors** ⟶ TORS.

TORE genre. Masc. *Un cordage aux tores serrés.*

TORERO et **TORÉADOR emploi et sens.** Le second mot ne s'emploie plus en tauromachie. Seul le premier convient pour désigner « celui qui affronte le taureau dans l'arène ». Il s'écrit sans accent.

TORRENTIEL et **TORRENTUEUX emploi et sens.** Le premier adj. est le dérivé « normal » de **torrent**, « qui appartient à un torrent ou qui ressemble à un torrent » : *Le régime de ce cours d'eau est torrentiel. Des pluies torrentielles ont inondé la région.* Le second adj. est plus littéraire et s'emploie, au propre comme au fig., au sens de « qui a l'impétuosité d'un torrent » : *une éloquence torrentueuse* (mieux que *torrentielle*).

TORS, TORTU, TORDU forme. Le fém. de **tors** est *torse*, parfois *torte*. ♦ **emploi et sens.** Ce mot, qui est l'ancien part. du verbe **tordre**, s'applique à certains objets : *fil tors, colonne torse, soie torse.* Il est plus rarement employé avec d'autres subst. : *Un pays à vingt et un kilomètres d'ici, en route torse, au fond d'un vallon haut* (Giono). Le sens est péj. dans *jambes torses* : *Pour l'instant, chacun de son côté, les jambes torses, ils couraient* (Franck & Vautrin). On emploie également **tortu** de cette façon : *Le nez de ce bonhomme n'est pas moins tortu que son esprit.* Cependant **tordu**, forme actuelle du part., tend peu à peu à assumer les emplois libres des mots précédents : *Il faut avoir l'esprit tordu pour parler ainsi.*

TORTICOLIS orth. Toujours un *s* à la fin : *un douloureux torticolis.*

TÔT prononc. On lie facultativement le *t* final dans **tôt ou tard** : [totutɑr] ou bien [toutɑr]. ♦ **emploi et sens.** Cet adv. ne s'emploie plus guère au sens de « rapidement », si ce n'est dans la locution **avoir tôt fait de** ou dans **plus tôt** : *Mourez un peu et vos économies seront tôt dévorées* (Aymé). *Nous avions tôt constaté qu'il y avait deux sortes de garçons* (Labro). On dit correctement : *Mieux vaut plus tôt que plus tard. Faites-moi ce petit travail au plus tôt (le plus tôt possible).* → AUSSITÔT, BIENTÔT, PLUTÔT, SITÔT.

TOTAL forme. Le masc. plur., pour le subst. comme pour l'adj., est totaux : *Vous ne voyez pas que je suis en train de faire mes totaux, non ?* (F. Raynaud). *Le ton doucereux qu'on sert aux fous totaux pour les amadouer en attendant l'arrivée de l'ambulance* (Desproges). ♦ **emploi et sens.** Le registre pop. emploie souvent cet adj. en tête de phrase, avec une valeur adverbiale : *Il s'est attaqué à tout le monde de façon incessante. Total, il se retrouve sans un ami !* On dira mieux : *en fin de compte, pour finir.* Seule la locution **au total** est admise par le bon usage, mais son emploi est assez limité. → FINAL.

TOTALITÉ constr. Quand **la totalité de** + **substantif plur.** est sujet d'un verbe, celui-ci se met au sing. ou au plur. selon l'intention de l'auteur : *La totalité des déchets radioactifs entreposés au Bouchet pourraient être évacués* (*Le Monde*, 10/07/1992). *La totalité des gens sont partis. La totalité des présents a voté oui.* → COLLECTIF.

TOUAREG forme et emploi. Ce mot, généralement employé au plur., est issu d'un sing. arabe *targui*, rarement connu : *Peu ferrés sur les questions grammaticales, ces aventuriers ignoraient que le mot Touareg fût le plur. de Targui. Chacun d'eux, en conséquence, était un Touareg. Et de leur chef, bonnement, ils avaient fait le Touareg des Touaregs* (Véry). En outre, tantôt ce mot est considéré comme invar., tantôt il est accordé comme un adj.-nom français : *Bons offices de la France pour le règlement de la question touarègue* (*Le Monde*, 27/06/1992).

TOUCHANT emploi et sens. Ce part. employé comme prép., au sens de « au sujet de », est littéraire et désuet : *Des choses profondément mouvantes touchant la folie humaine* (Aragon). *Puis-je vous dire quelques mots touchant votre projet ?*

TOUCHE-À-TOUT orth. Adj. ou subst. invar., prend deux traits d'union : *des (enfants) touche-à-tout.*

TOUCHER constr. On dit **toucher qqch.** ou **toucher qqn** (« entrer en contact avec », ou « émouvoir »), mais avec la préposition *à*, on ne peut dire que **toucher à qqch**. Dans la seconde constr., le verbe signifie souvent « atteindre » et peut s'employer au fig. : *Tout ce qui ne touchait pas au travail là-bas était accessoire* (Masson). *En ces moments-là, Paule touchait à la vieillesse, à cette passion merveilleuse, unique, de l'amour qu'a la vieillesse* (Sagan). Au passif, au sens de « être ému », il se construit avec **que** ou **de ce que** : *Il écoutait Camille aussi bien qu'il le pouvait, touché qu'elle feignît l'oubli de ce qui s'était passé* (Colette). → DE. ♦ **emploi et sens.** Ce verbe entre dans de nombreuses locutions plus ou moins figées : *toucher un mot à qqn, toucher au vif, ne pas toucher terre, avoir l'air de ne pas y toucher,* etc. Le sens de

« jouer », avec un instrument de musique, se rencontre parfois, surtout avec la prép. *de*. ⟶ INSTRUMENTS DE MUSIQUE.

TOUFFE orth. Deux *f*. De même pour *touffu*.

TOUJOURS emploi et sens. Outre son sens temporel, **toujours** peut avoir un sens légèrement concessif, que Damourette et Pichon nomment « de constance logique » : *Fais toujours ton droit : nous verrons après* (Maurois) : ici *toujours* signifie « en tout état de cause ». *Il y en a deux* [des fusées] *qui ne sont pas parties : nous allons toujours les allumer, dit-il d'un ton tranquille et de l'air de quelqu'un qui espère bien trouver mieux par la suite* (Alain-Fournier). *C'est invendable. Tout le monde n'aime pas les opales. Laissez-la moi toujours, mais n'espérez pas trop* (Lefèvre).
□ **toujours est-il que** sert à opposer un fait certain à d'autres faits, probables ou virtuels. Cette tournure paraît réunir le sens proprement temporel et le sens d'opposition (« en tout cas, quoi qu'il en soit ») : *Toujours est-il que je gagnai finalement la Tunisie où une tendre amie m'assurait du travail* (Camus). *Sans doute avait-il dû faire des dépenses inattendues ou rembourser d'anciens créanciers. Toujours est-il qu'un jour on vendit tout ce qui lui appartenait, ainsi que sa maison* (Dhôtel).
□ **pas toujours** ou **toujours pas.** Le sens est différent selon la place de pas dans la phrase. **1)** *Il y a à prendre et à laisser dans ses tableaux. Ce n'est toujours pas sans talent* (Proust) (« en tout cas, ce n'est pas sans talent »). *Il ne se couchait toujours pas* (A. de Châteaubriant) (« il continuait à ne pas se coucher »). *Le discours a beau être égalitaire, les femmes ne sont toujours pas des hommes comme les autres* (*Le Monde*, 07/08/2009). **2)** *Il ne se couchait pas toujours* signifierait, au contraire, qu'« il lui arrivait de ne pas se coucher ». *Ces bouleversements politiques ne s'étaient pas toujours effectués sans heurts* (A. Besson).

TOUR emploi. Ce subst. masc. entre dans de nombreuses locutions, surtout au sens de « moment précis auquel doit se faire qqch. » : *C'est à mon tour de jouer* ou *à jouer*. ⟶ À. *Il y a une sorte de Dieu qui habite chacun d'eux tour à tour* (Le Clézio). *Ils y sont passés à tour de rôle. Il faut venir chacun à votre tour* (et non *chacun votre tour*, faute fréquente).

TOURNE- orth. Le trait d'union se distribue capricieusement dans les composés de *tourne*. On le met dans : *tourne-à-gauche, -disque* (avec ou sans *s* au sing.), *-pierre*. Mais *tournebouler, tournebride, tournebroche, tournedos, tournemain, tournesol, tournevis* s'écrivent en un seul mot lié. ♦ **forme.** Ces mots prennent un *s* final, au plur., sauf *tourne-à-gauche* et *tournemain* (⟶ le suivant) qui demeurent invar. ♦ **genre.** Tous les composés de *tourne-* sont masc. : c'est en effet la forme verbale qui constitue l'élément principal, et non pas le subst. complément : *une broche*, mais *un tourne-broche*, etc.

TOURNEMAIN emploi et sens. On dit plus souvent aujourd'hui **en un tour de main** que **en un tournemain**, au sens de « en un temps très court ». Au sens de « habileté professionnelle », c'est **tour de main** qui convient : *Un tour de main du métier, Monseigneur, qui est de coutume quand il n'y a pas d'instructions spéciales* (Anouilh). ⟶ MAIN.

TOURNIS orth. Avec un *s* final. Prendre garde à l'influence de **tournoi**, qui ne prend pas de *s*, sauf s'il s'agit de l'adj. : *une livre tournois* (« monnaie frappée à Tours »). ♦ **emploi et sens.** Ce subst. désigne « une maladie des bêtes à cornes », mais s'emploie surtout fam. au sens de « vertige » : *Cela ne donne pas seulement soif. Cela donne le tournis* (Vargas).

TOURNOI ⟶ le mot précédent.

TOURNOIEMENT orth. Ne pas omettre le *e* central.

TOUR OPERATOR ⟶ VOYAGISTE.

TOUT prononc. Il faut noter que dans certains contextes la prononc. ou la non-prononc. du *s* final, au plur., peut avoir une valeur distinctive : *Ils ont tous* [tus] *leurs bagages* a le sens de « chacun a ses bagages », tandis que *Ils ont tous* [tu] *leurs bagages* signifie

« leurs bagages sont au complet ». ♦ **constr.** Comme nominal complément d'un infinitif, **tout** est généralement antéposé à l'infinitif : *Il croit tout savoir.* Voir *à tout prendre*, locution figée ; *bonne à tout faire.* Mais on trouve parfois la postposition, en vue d'un effet d'insistance : *Je brûlai de lui raconter tout* (Radiguet). *Elle va venir arranger tout* (Peyré). ♦ **emploi.** Ce mot peut être adj., adv., nom ou pronom. Ce sont les deux premières catégories qui posent le plus de problèmes.

1) ADJECTIF. Dans les locutions du type *C'est tout un roman*, certains considèrent l'adj. comme un adv. et ne le font pas varier en genre : *Ah ! mon cher, c'est tout(e) une histoire.* Mais l'accord est plus fréquent. Devant un nom propre fém., l'accord ne se fait généralement pas : *« Tout Sonia »*, titre d'un livre de Daninos. Dans le registre fam. : *Ça, c'est tout Luce.* Devant les noms de ville, on rencontre rarement l'accord, qui n'est guère euphonique quand ce nom commence par une consonne : *Toute Moscou a brûlé en 1812* n'est pas un exemple recommandable. Il est préférable de laisser **tout** invar., que le nom de ville renvoie à la « population » ou aux « habitations et monuments ». On peut évidemment expliciter : *Toute la ville de...* Dans de nombreuses locutions, **tout** précède immédiatement un subst. sans déterminant :

a) au sing. : *à toute allure, contre toute attente, en tout bien tout honneur, à toute bride, de tout cœur, à toute force, à tout bout de champ, à tout hasard, en toute hâte, à toute heure (du jour et de la nuit), en toute franchise, en toute liberté, à tout prix, à toute vitesse*, etc.

b) au plur. : *à tous crins, toutes choses égales d'ailleurs, à tous égards, à toutes fins utiles, à toutes jambes, de toutes pièces, toutes proportions gardées, toutes voiles dehors*, etc. *Les petites villes subissaient déjà le cyclone, toutes portes closes* (Saint-Exupéry). *Il y en a de toutes formes et de toutes grandeurs* (Apollinaire). *L'avion volait, tous feux éteints* (Roy). *Certains avaient envoyé des attestations, « à toutes fins utiles »* (Labro).

On écrit au sing. ou au plur., selon le contexte : *toute affaire cessante, en tout cas* (mais *dans tous les cas* toujours au plur.), *en toute chose, tout compte fait, de tout côté, de toute façon, en tout genre, de toute manière, de toute sorte, en tout sens, en tout temps*, etc. *Il sait qu'à ce jeu-là on se trompe à tout coup* (Simenon). *Certaines injustices criantes d'apparence sont, tous comptes faits, assez équitables* (Hougron). *Des troubles de tous ordres en ont dérivé* (Martin du Gard). *À tous les coups l'on gagne ! Des gens de toute espèce.* Cette liberté relative d'accord vient de ce que la totalité peut être envisagée soit de façon distributive, avec le sing. (comme pour **chaque**), soit de façon collective, avec le plur.

□ **toute autre personne. Tout** devant *autre* est adj. quand l'ensemble signifie « n'importe quel(le) » : *Ce long regard bouleversa Patrice mieux que toute autre effusion* (Duhamel). *Toute autre qu'elle se fût insurgée* (Benoit). Il est adv. et invar. quand il signifie « tout à fait » : *Tous étaient déjà prévenus on ne sait comment, par infiltration, par radiation ou d'une tout autre manière* (Pergaud). *J'ai une tout autre origine* (Queneau). *En effet, elle était venue pour tout autre chose* (France). *On va parler de tout autre chose pendant ce temps-là* (Anouilh). ⟶ AUTRE et, ci-dessous, TOUT (adv.).

□ **les tout débuts.** Bien qu'adj., **tout** est dans certaines locutions fam. invar. au masc., tout en prenant un *-e* final au fém. : *Il s'agit de huit cents peintures, dessins et gravures de ses tout débuts à 1917* (*Le Monde*). On peut penser qu'il y a ici ellipse de *premier*, cependant l'exemple de *la toute enfance*, locution relativement répandue, infirme cette hypothèse. Il est plus probable que l'expression *les tout débuts* est due à l'analogie de *les tout premiers.* Les locutions **au tout début, à la toute fin** sont fréquentes dans les médias, et même dans le registre littéraire : *Comme en ce tout début de journée peu de monde se trouvait là, Ferrer risqua trois regards par les entrouvertures* (Échenoz). *Au tout début, j'ai à peine prêté attention à la voix, à sa façon de casser les mélodies* (Semprun). *Et encore à la toute fin, alors que, poursuivi par son frère et trahis par ceux censés le protéger, James est mis sous terre* (Pontalis). Il semble préférable de dire ou d'écrire *tout au début de cette journée, tout à la fin.*

□ **tout le premier.** Cette locution a vieilli : *Les hommes sont gourmands, et toi tout le* *premier !* Elle est concurrencée par *le tout premier*, qui n'a du reste pas tout à fait la même valeur affective.

□ **tout « La Mousson » ou toute la « Mousson »** → TITRE.

□ **tous (les) deux, trois,** etc. → DEUX.

□ **tout (un) chacun** → CHACUN.

□ **tous, toutes, récapitulatifs.** Après plusieurs subst., on emploie **tous** sans article, et suivi d'un nom, pour rassembler l'idée générale ou résumer ce qu'on vient de dire : *Un petit bordeaux, un petit bourgogne, un demi-setier de picolo, de beaujolais, enfin tous vins qui t'iront droit au cœur* (Vildrac).

□ **tout à tous.** Dans cette locution vieillie, le premier mot s'accorde avec le sujet, sauf si celui-ci est un masc. plur. : *Elle a voulu être toute à tous. Ils se sont donnés tout à tous.*

□ **tous autant qu'on est.** Ce renforcement pléonastique équivaut à **nous tous** : *On finit tous autant qu'on est seuls comme des rats dans notre trou* (Adam).

□ **de tout quoi.** Formule rare et réservée à la langue administrative : *De tout quoi nous avons dressé procès-verbal.*

2) ADVERBE. Devant un adj., un adv. ou un verbe, **tout** est invar. quand il est employé adverbialement, au sens de « tout à fait ». Cependant, l'usage ou plutôt une règle quelque peu artificielle veut qu'il s'accorde en genre et en nombre devant un mot fém. commençant par une consonne ou un *h* dit aspiré : *Les gens du premier rang s'étaient reculés sur leurs chaises, tout intimidés* (Sartre). *Mes vacances en furent tout enchantées* (Hériat). *Un immense fossé à la fois profond et entièrement à ciel ouvert* [...] *aura de ce fait une grande élégance architecturale et une légèreté tout aérienne* (Rosenthal), à côté de : *Oui, elle se sent encore toute battue par l'air du dehors, tout effleurée par les passants, toute touchée par les faces tendues des hommes* (Barbusse). *Elle est petite, menue et toute gris argenté, de ses cheveux bien coiffés en chignon jusqu'au bout de ses chaussures fines* (Chaix). *C'est la voile d'un bateau grec toute gonflée des vents de la mer Égée* (Lefèvre). *Elles étaient toutes joyeuses* (Rolland). On notera que cet accord rend la phrase ambiguë. Dans le dernier exemple, seul le contexte permet de savoir que le sens est : « Elles étaient très joyeuses », et non : « Toutes étaient joyeuses ». Comparer cette phrase : *Elles étaient toutes bêtes, et la plupart laides* (Le Clézio), qui signifie : « Toutes étaient bêtes. » Cette règle s'applique tant bien que mal à un grand nombre de cas syntaxiques : **Tout à** : *Mais Alain ne rit pas, tout à l'horreur d'imaginer dans sa maison une servante nouvelle* (Colette). *Nous le lui payâmes, cependant, enchantés de notre acquisition et tout à l'idée du plaisir que nous procurerait le lendemain* (Courteline). Il y a des flottements dans l'orthographe : *Elle ne s'étonna pas, toute à son désarroi* (Duras). *Une femme, dit-il, n'est jamais toute à nous, elle a une famille, un monde* (Aragon). Dans ces deux exemples, l'idée d'« appartenance » est censée être exprimée plus fortement par la forme adj., mais en fait cette observation ne vaut que pour les phrases écrites. **Tout aussi** : *Une jeune femme tout aussi belle et plus émouvante* (Kessel). *L'autre affaire, plus récente mais tout aussi prospère* (Rivoyre). Mais on distinguera, par l'orthographe : *La route est tout aussi mauvaise que l'an dernier*, de *La route est toute aussi mauvaise ?* (c.-à-d. « est mauvaise tout du long ? »). **Tout contre** : *La tête du type est tout contre celle de Solange* (Rivoyre). **Tout d'une pièce, tout de travers** : l'invariabilité est normale : *Ivich se laissa aller avec raideur, tout d'une pièce* (Sartre). *Je vous l'avouerai, je suis attiré par ces créatures tout d'une pièce* (Camus). → TRAVERS. **Tout en** : *Les renseignements recueillis sur votre compte sont tout en votre faveur* (Courteline). *Tout en pleurs, elle écarta son carrick* (France). Les exemples suivants sont tout à fait acceptables : *L'action toute en nuances et en profondeur des castors laborieux du parti ne devait en aucun cas se relâcher* (Chaix). *Cette femme toute en douceur nous a demandé si nous souhaitions assister à la mise en flammes* (Fottorino). **Tout entier** : tout y est toujours invar. : *Ses deux belles jambes tout entières s'entrouvrent sur le profond miroir* (Boylesve). *Au long d'une vie tout entière dévouée à la connaissance* (Duhamel). *La maison des Maloret gémissait tout entière* (Aymé). **Tout + substantif** : *Un reflux de gens aimables, tout sourires* (Bastide). *Elle écarte alors M*[lle] *Degoumois, la vendeuse, pour se présenter tout sourire au-devant de M. le* *docteur* (de Roulet). *C'était un petit être tout nerfs* (Courteline). Mais l'accord se fait parfois avec le subst. qui suit : *Cet homme était toute sagesse* (Montherlant). *Cet homme était envers moi toute simplicité et bienveillance* (Romains). [Ses yeux] *étaient à présent toute prière et respect* (Genevoix). L'usage est assez indécis dans ce cas particulier.

3) LOCUTIONS DIVERSES.

□ **tout avec une négation**. On prendra garde que **du tout** est pris tantôt dans un sens négatif, abréviation de *pas du tout*, tantôt dans un sens affirmatif, « absolument » (emploi vieilli) : Vous *trouvez que ça fait vulgaire, dit Mathieu. – Du tout. Mais ça rend le visage indiscret* (Sartre). (Le possédant) *ne vise du tout à découper l'espace du désir,* [...] *mais à l'accumuler, à le thésauriser* (Allen).

□ **tout... que. constr.** Cette locution conjonctive à sens concessif, très voisine de **si... que** et de **quelque... que** (→ SI et QUELQUE), se construit de plus en plus avec le subj., alors que l'indic. était tenu jadis pour seul correct. **Tout**, bien qu'étant adv., varie selon la règle indiquée plus haut : *Il s'inclina tellement que sa culotte se déchira, toute catholique qu'elle était* (Peyrefitte). *Tout mort qu'il est, il vient encore de faire peur au chien de Radiguet* (Vailland). *Il y a dans ce peuple, tout gâté qu'il soit par un demi-siècle de démagogie, tant de courage* (Péguy). *Tout périssable que vous soyez, vous l'êtes bien moins que mes songes* (Valéry).

□ **ne... pas tous** ou **tous ne... pas.** L'ordre des mots a ici une grande importance : *Tous les enfants ne sont pas malades* est ambigu, car on se demande si la négation s'applique à *tous* ou au verbe. Pour nier la totalité, il vaut mieux écrire : *Les enfants ne sont pas tous malades* (« quelques-uns seulement le sont »), et pour nier le procès : *Aucun enfant n'est malade.*

□ **tout ce qu'il y a de + adj.** Cette locution figée a une valeur de superlatif, qui peut modifier ou non l'accord de l'adj. suivant : *Nous on parle tout ce qu'il y a de sérieusement* (Duras). *Il a le poil fin, et un collier tout ce qu'il y a de propre* (Romains). *Elles sont tout ce qu'il y a de plus gentil* (ou *gentilles*). Ces emplois appartiennent au registre fam.

□ **tout ce que** sert parfois de sujet collectif à un verbe, mais ce dernier reste en général au sing. : *Tout ce que la province comptait de personnalités importantes fut convié* (Vidalie). Le plur. n'est toutefois pas incorrect.

□ **tout à fait, tout à l'heure.** Ces locutions s'écrivent sans traits d'union. On se gardera d'abuser de **tout à fait** pour répondre positivement à une question : *TOUT À FAIT conjugue tous les avantages recherchés : cela vous donne un air compétent et disert d'assureur-conseil pour film publicitaire, de patron sachant gérer son temps (très in, de gérer toute chose, ses loisirs, son couple, etc.). « On te verra, vendredi ? – Tout à fait. »* (B. Poirot-Delpech, *Le Monde*, 21/02/1990). → ABSOLUMENT.

□ **tout à coup** ou **tout d'un coup** → COUP.

□ **tout de même, tout partout, tout... que, tout de suite** → MÊME, PARTOUT, TOUT... QUE, SUITE.

□ **(en) tout ou partie**. Ce tour est figé et se rencontre surtout dans la langue administrative : *Cette structure pourrait racheter tout ou partie des prêts toxiques aux élus* (B. Jérôme, *Le Monde*, 23/09/2011). *Il faut décider si on doit adjuger le lot en tout ou partie.*

□ **et tout (et tout).** Redoublé ou non, l'emploi de ces mots en fin d'énumération appartient au registre fam. : *Évidemment, vous êtes plutôt spécialiste du côté bien-pensant, et tout et tout* (Giono). *Une forte femme, tatouée, nazi et tout* (Carco).

TOUT-À-L'ÉGOUT orth. Avec deux traits d'union : *Le tout-à-l'égout fonctionne si mal* (Romains). ♦ **forme.** Le plur. est inusité.

TOUT-PARIS orth. Avec un trait d'union et deux majuscules : *Dans le Tout-Paris des arts et des plaisirs, chacun le connaissait* (Rolland). ♦ **forme.** L'extension de cette formation à d'autres villes est libre, mais paraît fantaisiste, ou parodique : *Le Tout-Menton mondain et tuberculeux* (Maeterlinck).

TOUT-PUISSANT forme. Dans cet adj. composé, le premier élément ne s'accorde qu'au fém. : *Des vociférations qui semblaient formées d'un lourd métal tordu par des doigts tout-puissants* (Bauchau). *Je connais des drogues toutes-puissantes.* En ceci, le mot ne fait que suivre la règle générale de **tout** devant un adj. ⟶ TOUT.

TRAÇABLE et **TRAÇABILITÉ emploi et sens.** Dans le secteur du marketing, ces anglicismes utiles renvoient à la possibilité de suivre l'origine et les diverses transformations d'un produit, de sa fabrication à sa diffusion : *Marco Polo Foods vient de se doter d'un outil informatique pour garantir la traçabilité de toute la chaîne de fabrication* (*Le Monde*, 26/12/2008). *Équipé d'une puce électronique accrochée à vie derrière ses oreilles, le loup est partout identifiable, sa traçabilité dans l'espace européen et ailleurs quasi parfaite* (Rosenthal). Mais on rencontre aussi, hélas ! des applications à l'humain : *Le citoyen est en passe de devenir intégralement « traçable ». Il lui faut subir la dictature des caméras cachées de la vidéosurveillance et des portiques électroniques* (*Le Canard enchaîné*, 14/09/2011).

TRACE emploi. Au sing., dans *suivre à la trace, sans laisser de trace, je n'en ai pas trouvé trace* (ou *de trace*). Au plur., dans *suivre, ou marcher sur les traces de.*

TRACH- prononc. Le groupe *ch* se prononce [ʃ] dans *trachée,* mais [k] dans tous les mots de cette famille : *trachéite, trachome, trachyte,* etc.

TRADER sens. Cet anglicisme, parfois francisé en *tradeur*, désigne l'« opérateur de marchés financiers », souvent jeune et virtuose, mis en vedette dans ces années de crise : *C'est en trichant avec les règles censées encadrer ces jeux dangereux qu'un trader de la banque suisse UBS en est arrivé à lui faire perdre 2 milliards de dollars. À 31 ans* (éditorial du *Monde*, 18/09/2011).

TRADITIONNEL orth. Avec deux *n*, à la différence de **traditionalisme** et **traditionaliste**, qui n'en prennent qu'un : *Les traditionalistes occupent l'église de Niafles pour maintenir la messe en latin* (S. Le Bars, *Le Monde*, 04/06/2007).

TRAFIC emploi et sens. Ce subst. est aujourd'hui très employé au sens de « circulation des voitures, des avions, des bateaux », etc. : *Les routes connaissent autour du 1er août un intense trafic. Le trafic aérien est perturbé par le brouillard.* Dans le domaine du « commerce », ce subst. est le plus souvent péj.

TRAFIQUANT orth. Elle ne change pas, que ce mot soit part. présent-gérondif ou subst., à la différence de *fabricant / fabriquant.* ⟶ FABRICANT.

TRAIN emploi et sens. Ce subst. ancien, outre son sens moderne bien connu, a dans certaines locutions celui d'« allure, vitesse », ou celui de « domesticité » et, par extension, de « niveau de vie » : *L'homme, tout en soutenant son pas solide, allait son train, sans hâte et sans variation* (Giono). *On freina l'allure des skidoos dont on finit par couper les moteurs avant de s'approcher prudemment, d'un train de démineurs* (Échenoz). Dans la phrase : *On se demande comment fait ce promoteur pour mener si grand train,* la locution verbale a le sens de « vivre sur un pied si élevé ». Dans le registre fam., on rencontrait aussi le sens de « grand bruit, tintouin » : *Ils ne te donnent pas trop de train ? – Non, disait la grand-mère. Ils sont sages* (Guilloux).

□ **en train de.** Les tours *être en train de, avoir quelque chose en train* sont admis par le bon usage et expriment bien « le déroulement continu d'un procès en cours » : *Elle s'étendrait, fumerait, lirait... mais quoi ? rien en train d'intéressant* (Mauriac).

□ **le train de Paris** ou **pour Paris** ⟶ DE et PARTIR.

TRAÎNER orth. Ce mot et ses dérivés prennent sur le *i* un accent circonflexe : *traînard, traîneau,* etc.

TRAIN-TRAIN forme. On rencontre encore la vieille forme **trantran** (avec ou sans trait d'union), parfaitement correcte : *Le trantran que les larves appellent bonheur, et qui n'est qu'une absence de souffrance aiguë* (Montherlant). *Chacun dans son atmosphère, avec son petit tran-tran journalier* (Simenon). Mais **train-train** est aujourd'hui bien plus répandu : *Nous sortirons de notre petit train-train, nous gagnerons quatre ou cinq batailles*

(Anouilh). *La petite ville* [...], *lieu de pèlerinage consacré à saint Serge de Radonège, le saint patron de la Russie, a repris son train-train quotidien* (M. Jégo, *Le Monde*, 30/09/2011). *Train-train* est invar.

TRAIRE conjug. Verbe très défectif. Le passé simple et le subj. imparfait sont inusités. → APPENDICE GRAMMATICAL. Sur ce modèle se conjuguent les composés *abstraire, distraire, extraire, rentraire, retraire, soustraire.*

TRAIT D'UNION emploi. Il est parfois employé pour détacher de façon insistante les syllabes d'un mot sur lequel on veut attirer l'attention : *Je produis en ce moment une adaptation du roman de Sa Shan,* La Joueuse de go, *c'est un jeu fa-bu-leux, l'équivalent japonais des échecs* (Barbery). → de nombreux préfixes et mots à leur place alphabétique.

TRAITEMENT → SALAIRE.

TRAITER orth. Pas d'accent circonflexe. De même pour *traité, traitement,* etc. ♦ **emploi et sens.** Ce verbe est vieilli au sens de « accueillir à sa table » : *Ses meubles, ses tapis, sa vaisselle servent au spoliateur à traiter ses amis* (Vercors). *Les gourmets du club des Cent qui eurent à le traiter ne trouvèrent en lui qu'un homme aussi averti qu'eux-mêmes sur les choses de bouche* (Apollinaire). Ce verbe a aussi un sens médical : *Lucie se fait traiter à La Roche-Posay pour son eczéma. Il est traité à l'hôpital pour un début de pleurésie.* On dit plus souvent **se faire soigner** ou **être en traitement, suivre un traitement.**

TRAÎTRE forme. Le fém. est *traîtresse* : *Je ne savais point qu'une femme pût être à ce point traîtresse* (Queneau). Cependant, la forme masc. s'emploie parfois pour les deux genres, surtout en fonction d'attribut ; on distingue mal dans ce cas l'adj. du subst. : *La Côte d'Azur est traître* (Montherlant). *Elle est déclarée traître à sa patrie.* Dans ce dernier exemple, il s'agit d'une formule figée, et *traîtresse* y paraît impossible.

□ **prendre en traître.** Dans cette locution verbale, il semble plus juste de laisser *traître* invar. pour le genre : *Ils m'ont pris en traîtres. Elle m'a pris en traître.*

□ **pas un traître mot.** Tour intensif renforçant la négation : *Il n'a pas dit un traître mot. Ne pas connaître un traître mot d'espagnol.*

TRANCHE emploi. Au plur., dans *un livre doré sur tranches.* Mais le sing. est plus fréquent au sens fig. : *Voici un parti doré sur tranche.*

□ **coupé en** ou **par tranches.** On dit le plus souvent *un cake coupé en tranches,* pour décrire l'« état », mais on emploiera plutôt **par** si on veut insister sur la « manière, la méthode de division » et notamment, au fig., avec une valeur distributive : *Les conscrits sont enrôlés par tranches d'âge.*

TRANS- orth. Jamais de trait d'union dans les composés : *Vous les imaginez* [les rennes] *broutant des herbes irradiées en compagnie de poules transgéniques* (Rosenthal). *La psychiatrie transculturelle, qui place le métissage et l'altérité au centre de son approche, est de plus en plus prise en compte en Amérique du Nord, en Italie ou en Angleterre* (C. Vincent, *Le Monde*, 12/08/2011). On a un double *s* quand le second élément commence par cette lettre : *transsaharien, transsibérien, transsonique, transsubstantiation, transsuder,* etc.

TRANSATLANTIQUE emploi et sens. Comme subst., au sens de « chaise longue pliante, en toile et en bois », on rencontre bien plus souvent l'abréviation **transat** : *Baumgartner distingue les terrasses meublées de transatlantiques à rayures* (Échenoz).

TRANSCENDANT emploi et sens. Cet adj. signifie « qui s'élève au-dessus de » et se rencontre surtout dans le domaine des mathématiques et de la philosophie, de même que *transcendantal.* L'emploi suivant est fam. ou prétentieux : *Il n'est pas transcendant.* On dira plus simplement : *Ce n'est pas un génie, une lumière.*

TRANSES prononc. Avec un [s] et non un [z] : [trɑ̃s]. On évitera, pour des raisons d'euphonie : *J'entre en transes* [ʒɑ̃trɑ̃trɑ̃s]. ♦ **emploi et sens.** Presque uniquement au plur. et dans le registre littéraire, au sens de

« vive appréhension » (moins fort toutefois que **affres.** → ce mot) : *Mes transes ne se calmèrent qu'après avoir passé quatre heures à recoller la lettre et le portrait* (Radiguet). Voir cependant : *Cet homme couvert de boue, immonde, pitoyable comme un épileptique dans sa transe* (Butor).

TRANSFERT et **TRANSLATION emploi et sens.** Ces subst. sont des doublets plus ou moins savants de *transport.* Le premier est couramment appliqué à des personnes ou à des choses : *Le transfert du prisonnier du dépôt au cabinet du juge d'instruction* (on dit aussi en ce sens **transfèrement**). *Opérer un transfert de fonds. Ce malade a agi par transfert positif.* Quant à **translation**, c'est aujourd'hui essentiellement un mot technique, utilisé au sens de « déplacement régulier », en astronomie, en géométrie, etc. Il a une apparence savante, même dans la langue littéraire : *Ces images fixes tirées sur le côté par translation, l'une chassant l'autre* (C. Simon).

TRANSFUGE genre. Pas de fém. : *Cette femme est un transfuge peu fiable.*

TRANSFUSION → PERFUSION.

TRANSIR prononc. [trɑ̃sir], mais on entend très fréquemment le *s* prononcé en sonore : [trɑ̃zir]. → TRANSES. La même remarque s'applique aux autres formes de ce verbe. ♦ **conjug.** Complète, mais fort peu employée, en dehors de l'infinitif et du part. passé. ♦ **emploi.** Il semble qu'on doive admettre **transi de froid**, puisqu'on peut également être transi sous l'effet de différents agents : *Mais, transi par une mortelle chaleur, il s'abattit front sur le marbre* (Peyré). Toutefois, le part. seul suffit le plus souvent : *Transis, ils viennent demander, en toutes langues, du genièvre à Mexico City* (Camus).

TRANSISTOR emploi et sens. Ce mot d'origine anglaise, qui désigne un « dispositif électronique basé sur des matériaux semi-conducteurs », est pris couramment, par métonymie, au sens de « appareil de radio pourvu de transistors » : *Son blouson glissait du dos de sa chaise, emporté par le poids d'un petit transistor dans une poche* (Triolet). Il est illusoire de chercher à imposer la locution « correcte » *poste à transistors,* tant la chose et le mot sont passés dans nos mœurs et dans notre langage. Mais ce terme même de *transistor* se démode, car quantité d'appareils légers et miniaturisés reçoivent aujourd'hui les ondes radio, en sus d'Internet et de la vidéo.

TRANSITER emploi et sens. Au sens de « passer (fret) » ou de « voyager (personnes) en transit », ce verbe n'est nullement un néologisme. La langue des transports l'admet sans réserve.

TRANSITIF → INTRANSITIF.

TRANSLATION → TRANSFERT.

TRANSLUCIDE et **TRANSPARENT sens.** Le premier adj. a le sens de « qui laisse passer seulement la lumière, et de façon diffuse » : *Le verre dit « cathédrale » est translucide. Il planait un épais brouillard, à peine translucide.* Le second a le sens de « qui laisse percevoir les contours des objets situés au-delà » : *L'eau du lac Léman est si transparente qu'on distingue aisément le fond.* On notera que seul ce dernier adj. s'emploie au fig. : *L'allusion est transparente !*

TRANSMUER et **TRANSMUTER sens.** Ces deux verbes sont rigoureusement équivalents quant au sens, mais les écrivains semblent préférer le premier. Quoi qu'il en soit, un seul subst. leur correspond, qui est **transmutation**, « transformation profonde » : *L'or excite et favorise la transmutation de toutes les choses réelles, les unes dans les autres* (Valéry).

TRANSNATIONAL emploi et sens. Cet adj. ancien (1920) et quelque peu oublié, a retrouvé de la vigueur au sens de « qui concerne plusieurs nations », notamment dans le cadre de l'Europe : *Comme le Parti démocrate et le Parti républicain le font aux États-Unis, les partis européens transnationaux seraient invités à porter sur la place publique leurs controverses internes* (T. Ferenczi, *Le Monde,* 29/08/2008).

TRANSPARENT → TRANSLUCIDE.

TRANSPERCER constr. Ce verbe est rarement employé intransitivement, au sens de « se manifester au dehors » : *Le soir même il faisait une visite à M. le curé. Visite, celle-là, dont rien ne transperça* (Giono). On trouve plus souvent en ce sens les verbes **percer** ou **transpirer**. Ces emplois sont tous littéraires. → PERCER.

TRANSPIRER constr. Bien qu'intransitif, ce verbe se construit parfois, comme **respirer**, avec un complément d'objet dit « interne », qui représente ce qu'est censé exprimer le verbe en question : *Tout en lui transpirait la fatigue* (Garnier).

TRANSSEXUEL(LE) sens. Se dit d'un individu qui a changé de sexe : *Une employée du centre, la transsexuelle Wendy Iriepa, a été sanctionnée pour sa liaison avec Ignacio Estrada, séropositif et animateur de la Ligue cubaine contre le sida* (P. A. Paranagua, *Le Monde*, 26/08/2011). Le dérivé est **transsexualité**. Ne pas confondre avec **homosexuel** et **homosexualité**.

TRANSVASER et **TRANSVIDER emploi et sens.** La distinction entre ces deux verbes est mal assurée. Le premier a le sens de « faire passer un liquide d'un récipient dans un autre » : *Colette transvase le whisky dans une carafe.* Le second, qui paraît moins répandu, et qui est d'origine dialectale, insiste davantage sur l'idée de « vider un récipient en versant son contenu dans un autre » que sur celle de « transfert » : *Elle a transvidé ses fonds de bouteilles pour faire du vinaigre.* Il est préférable de ne pas employer *transvider* s'il s'agit d'une bouteille qu'on vient d'acheter, et qui est pleine.

TRANTRAN → TRAIN-TRAIN.

TRAPPE orth. Deux *p*. → CHAUSSE-TRAPPE.

TRAPU orth. Avec un seul *p*. Prendre garde à l'influence de *trappe.*

TRASH emploi et sens. Cet adj. emprunté à l'anglais des USA, qui signifie « déchet, poubelle » caractérise péjorativement tout ce qui apparaît comme de très mauvais goût, de « bon à jeter aux ordures » : *Faux jeton,* [la télé] *faisait mine d'être vertueuse pour mieux fourguer ses émissions trash en loucedé* (R. Garrigos et I. Roberts, *Libération*, 20/05/2007). *Quelques anecdotes croustillantes sur les mœurs sexuelles du messie et de ses apôtres (avec un passage trash sur Melanie Klein)* (Barbery).

TRAUMATISER emploi et sens. Ce terme de médecine et de psychanalyse signifie « provoquer un choc physiologique et émotionnel très violent ». On se gardera donc de l'employer à tort et à travers, au simple sens de « choquer ». Voici trois exemples corrects : *S'efforcer de parvenir à la cote moins huit cents me paraissait l'exploit de caractères pervertis ou traumatisés* (Camus). *Je me suis demandé une chose : qu'est-ce qui est le plus traumatisant ? Une sœur qui meurt parce qu'elle a été abandonnée ou bien les effets permanents de cet évènement ?* (Barbery). *Les enfants sont traumatisés et elle aussi est traumatisée, on ne peut pas laisser faire ça* (Mauvignier). Mais les emplois suivants sont quelque peu emphatiques : *Qui a décidé* [...] *qu'il faut englober l'enseignement dans beaucoup de « ludique », comme la pilule dans du sucre, pour ne pas rebuter, voire traumatiser, les fragiles têtes blondes ?* (Cavanna). *Quant aux plus faibles, parmi lesquels j'avais la malchance de me trouver, traumatisés à la fois par le « frère », le curé et les forts, nous osions à peine respirer* (Ragon). *Les gens traumatisés. Tout le monde est traumatisé de nos jours, vous ne trouvez pas ?* (Desarthe).

TRAVAIL forme. Plur. *des travaux*, sauf quand ce subst. a le sens de « dispositif servant à immobiliser les grands animaux, pour les opérer, les ferrer », etc. ♦ **emploi et sens.** On rencontre encore **être en travail** au sens de « être en train d'accoucher ou de mettre bas » : *La Blonde est en travail depuis le début de l'après-midi* (Vailland) ; dans les hôpitaux, la salle d'accouchement est dite *salle de travail.* → -AIL.

TRAVELLING orth. On écrit aussi *traveling* avec un seul *l*. ♦ **sens.** Ce terme de cinéma désigne le « mouvement qu'on fait suivre à la caméra pour obtenir certains effets » : *La caméra n° 1 qui montait l'escalier en travelling arrière se déplaça derrière son dos* (Chraïbi). La francisation de ce mot par Marcel Aymé, dans son roman *Travelingue* (1941), est restée sans lendemain.

TRAVERS emploi et sens. Les locutions **à travers** (sans *de*) et **au travers de** ne se distinguent guère quant au sens et s'emploient à peu près indifféremment. La première est sans doute la plus courante : *Attendue / À travers les étés qui s'ennuient dans les cours* (Alain-Fournier). *Ce grand niais de fusil tout juste bon à me geler les doigts à travers l'épaisseur tricotée de mes gants* (Courteline). *À travers la vitre il peut voir l'océan çà et là* (Huguenin). *Le type avait tiré à travers la poche de son veston* (Romains). Certains auteurs cependant utilisent volontiers **au travers de**, qui leur paraît probablement plus substantiel : *Sous la coupole de vitres vertes au travers desquelles on devinait d'énormes taches* (Butor). *On voit encore vos prunelles au travers de vos paupières quand vous clignez* (Giraudoux). *On voyait, au travers du jeune feuillage des arbres, clairsemé, la Seine dans la nuit* (Rolland). Et sans complément : *Il entra dans un cirrus comateux. Le soleil jouait au travers* (Roblès). *En face de moi, les grandes vitres étaient embuées et on ne voyait rien au travers* (Adam). Avec le verbe *passer*, on dira mieux **passer à travers** que *passer au travers* (sans complément).
□ **en travers (de)** et **de travers.** Dans **en travers (de)**, il n'y a pas l'idée de « franchir » mais celle d'« être placé obliquement ou transversalement par rapport à une direction donnée » : *Elle se leva, passa dans le salon où dormait Simon, en travers du canapé* (Sagan). *Il y avait des vêtements en travers du lit* (Simenon). On dit aussi absolument : *La route est coupée, cet arbre est toujours en travers.* On ne confondra pas avec **de travers**, locution adverbiale, qui, à la différence de la précédente, implique le plus souvent une infraction par rapport à une norme : *Un écriteau, plaqué de travers sur la vitre du café* (Mallet-Joris). Cependant : *L'homme peut aller en avant, en arrière, obliquement ou de travers* (Valéry). La locution **tout de travers** est toujours invar. → TOUT.
□ **par le travers (de).** Cette locution s'emploie surtout à propos de bateaux, ou encore pour évoquer l'idée d'une « collision » : *Une bourrade amicale, mais à assommer un bœuf, lui arrivait par le travers de l'épaule* (Ikor).

TRAVERSE emploi et sens. Ce subst. fém. sert souvent d'abréviation à **chemin de traverse**. Le sens de « obstacle psychologique » est littéraire et vieilli : *Rien ne serait plus déplaisant que la traverse où vous seriez de lui interrompre* vos soins (Audiberti).

TRAVERSER emploi. On peut accepter aujourd'hui sans hésiter la locution **traverser un pont**, qui a la caution des meilleurs écrivains. Ceux qui assurent qu'on ne peut traverser qu'une rivière, un cours d'eau, etc., s'en tiennent à une conception étroite de la logique linguistique.

TRÉFONDS orth. Avec un *s* final : un tréfonds. ♦ **emploi et sens.** Mot littéraire signifiant « ce qu'il y a de plus profond dans » : *Dès l'instant où il avait décidé de défendre Étienne, il n'avait pas, au tréfonds de lui-même, douté de l'acquittement* (Kessel). *Elle venait du tréfonds des âges, portée par son enfant à elle* (Duras).

TREMBLER (que... ne) → CRAINDRE et NE.

TREMBLOTE orth. Un seul *t* ainsi qu'à *tremblotement, trembloter*.

TREMPER emploi et sens. Ce verbe s'emploie, dans le registre littéraire, intransitif au sens de « se trouver mêlé ». Le complément renferme en principe l'idée de « complot ». Mais : *Vous ne vous doutiez pas que votre vieille amie trempait dans la théologie comme le premier presbytérien venu* (Green).
□ **tremper la soupe.** Cette locution très correcte est aujourd'hui mal comprise : *Il marchait dans la cuisine pour se réchauffer les pieds, pendant qu'elle trempait la soupe* (Guilloux). → SOUPE.

TRÉMULER emploi et sens. Verbe rare et littéraire, doublet savant de *trembler* : *Le trémulant et oscillant Mathieu Pierquin* (Duhamel).

TRÈS emploi et sens. Cet adv. sert à former le superlatif absolu des adj. et des adv. : *Quand la flamme fut très vive, il y jeta le chiffon déplié* (Romains). *Ils étaient très riches* ces *gens-là* (Céline). L'emploi de **très** est plus courant et plus naturel que celui de **fort**. ⟶ ce mot. On le trouve correctement utilisé devant de nombreuses locutions à valeur d'adj. ou d'adv. : *Nous sommes très à même d'y parvenir. Je te trouve très en forme. Ce procédé ne semble pas très au point.* Il faut éviter le redoublement de *très* (a fortiori le triplement !) quand il n'a pas de valeur affective forte : certains médias abusent de ce procédé. On notera que l'emploi de **très** s'est beaucoup raréfié devant la concurrence sauvage et souvent abusive de **super**. ⟶ ce mot.

□ **très intimidé.** On ne peut mettre *très* devant un part. passé que s'il est employé comme adj. : *Elle entra, très intimidée.* Mais : *La présence de son patron l'a beaucoup intimidée.* Il y a de nombreux flottements, surtout quand la forme part. est construite avec un complément : *Elle entra, très* (ou *beaucoup*) *intimidée par la présence de son patron.* Avec un verbe intransitif, on ne peut avoir que *beaucoup* : *Elle a beaucoup marché, ri,* etc. Les grammairiens critiquent donc des phrases comme celles-ci : *J'ai très réfléchi* (H. Bataille). *Un homme que ce drame a très excité dans sa jeunesse* (Henriot). ⟶ BEAUCOUP.

□ **elle est très garçon.** Quand un subst. s'emploie pour qualifier, il admet évidemment les mêmes degrés de comparaison que l'adj. : *Il est très seizième arrondissement. Je la trouve très fleur bleue,* etc.

□ **avoir très faim, très peur,** etc. ⟶ FAIM, GRAND. Comme le remarque le Petit Robert, « ces locutions verbales expriment un état physique ou affectif susceptible de variations d'intensité et appellent naturellement l'intensif *très* ».

□ **très, pas très** (en emploi absolu). Le registre fam. emploie couramment cette formule d'acquiescement ou de réponse, qui permet de ne pas reprendre un adj. précédemment énoncé : *Denis est très intelligent. – Très !* (Bernstein). *Est-elle satisfaite de son séjour ? – Pas très.*

□ **à très bientôt** ⟶ BIENTÔT.

TRESSAILLIR conjug. ⟶ APPENDICE GRAMMATICAL.

TRÉTEAU orth. Avec un accent aigu.

TRÊVE orth. Avec un accent circonflexe (et non grave) : *Et maintenant, cher mari, trêve de paroles* (Giraudoux).

TRI orth. Jamais de trait d'union dans les composés : *trialcool, triceps, trident, trioxyde, trirème,* etc.

TRIBORD ⟶ BABORD.

TRICENTENAIRE emploi. Substantif ou adjectif (plus rarement). ⟶ BICENTENAIRE.

TRICOTER et **DÉTRICOTER emploi et sens.** Ces deux verbes sont assez répandus en un sens fig., pour décrire l'action consistant à structurer ou à déstructurer un objet complexe, un projet, une réforme, etc. : *L'ambition doit être de tricoter* [pour Paris] *un territoire égalitaire de 10 millions d'habitants. Avec un* supermaire *doté de fonctions régaliennes en matière d'urbanisme* (Roland Castro, *Le Monde*, 09/04/2007). *En 2003, le gouvernement Raffarin et son ministre de l'emploi, François Fillon, ont tenté de « détricoter » les 35 heures* (M. Delberghe, *Le Monde*, 28/05/2007). *La rigueur détricotée par les lobbys* (titre de *Libération*, 08/09/2011). Les dérivés **tricotage** et **détricotage** connaissent la même vogue : *Chacune* [de ces cultures] *paraît aujourd'hui en quête d'une synthèse spécifique, d'un métissage, d'un tricotage, d'un croisement entre tradition et modernité* (Guillebaud).

TRIENNAL sens. « Qui a lieu tous les trois ans » : *Un colloque triennal,* ou « qui dure trois ans » : *Un mandat triennal.* Ne pas confondre avec *tricennal*, beaucoup plus rare, qui a le sens de « qui porte sur trente ans ».

TRIÈRE et **TRIRÈME sens.** Ces deux mots ont le sens de « navire à trois rangs de rames ». Le premier évoque les anciens Grecs, le second les anciens Romains. La phrase suivante contient une erreur volontaire : *Quelque pays assez extraordinaire pour être digne de nous, puisqu'on nous y conduit sur une trirème à quatre rangs de rames !* (Jarry).

TRILLE genre. Masc. *Mais tout restait tranquille et presque immobile, sans autre bruit que les trilles espacés d'un merle* (Llaona). *Lancer de joyeux trilles.*

TRIMBAL(L)ER orth. Ce verbe et ses dérivés s'écrivent aujourd'hui avec un *l* : *Cette habitude de se faire trimbaler à Ram* (Duras). On trouve parfois *trimballer* avec deux *l* : *Maintenant, trimballer ça !* (Aragon). ♦ dérivés : *trimballage* et, d'un emploi plus rare, *trimballement.*

TRINITÉ et **TRILOGIE sens.** Par référence au sens religieux, le premier nom évoque la « très grande cohésion de trois éléments » : *Avec son frère et sa sœur, il formait une véritable trinité. La fausse trinité des Trois Mousquetaires.* **Trilogie** désigne une « œuvre littéraire à trois volets » : *« Le Culte du moi », de Barrès, est une célèbre trilogie, qui comprend : « Sous l'œil des barbares », « Un homme libre » et « Le Jardin de Bérénice ».* Dans le domaine de la peinture, ou parfois figurément, on se sert de **triptyque** : *C'est Nicolas Froment qui a peint le triptyque du Buisson ardent, à la cathédrale d'Aix-en-Provence.* Le sens est : « tableau à trois volets ». → TRIPTYQUE.

TRIOMPHAL et **TRIOMPHANT sens.** Ces deux mots sont voisins. Cependant, le premier s'emploie surtout pour qualifier une chose qui « a trait au triomphe » ou « qui suscite l'enthousiasme » : *Et ma tête surgie / Solitaire vigie / Par les vols triomphaux / De cette faux* (Mallarmé). *Ce chanteur a fait une tournée triomphale en Amérique du Sud.* Le second mot est appliqué à une personne « qui triomphe » : *Le général triomphant a posé ses conditions au vaincu.* On l'emploie aussi avec certains subst., au sens de « qui exprime la joie, la fierté » : *J'ai eu dix sur dix, dit-il triomphant. Eh bien ? Quel est cet air triomphant ?* Dans les mêmes contextes que **triomphant**, on rencontre parfois **triomphateur**, plus insistant, et qui peut être également subst.

TRIPARTI ou **TRIPARTITE** → BIPARTI.

TRIPLICATA → DUPLICATA.

TRIPTYQUE orth. Le préfixe s'écrit ici, comme ailleurs, avec un *i*. C'est le radical qui prend un *y*. → TRINITÉ.

TRIRÈME → TRIÈRE.

TRISSYLLABE orth. Avec un ou deux *s* comme *trissyllabique.* → SYLLABE.

TRISTE sens. Comme *brave, pauvre,* etc., cet adj. a un sens objectif en postposition : *Un regard triste, une histoire bien triste, un jeune homme triste.* Mais en antéposition, le sens est nettement affectif, soit méprisant : *Il use de tristes procédés. C'est un triste sire,* soit « pitoyable » : *Quelle triste histoire ! Il a vécu une triste aventure.* Les deux sens se trouvent réunis dans cette phrase : *Comment ne pas visiter un pays où même la religion doit avoir tant de charme, qu'un « saint triste » y passe pour un « triste saint »* (Grente, cité par Le Bidois).

TROÈNE orth. Avec un accent grave, et non circonflexe.

TROGNON → TROP.

TROIS-ÉTOILES orth. Avec ou sans trait d'union. ♦ **emploi et sens.** Dans les guides touristiques, ce mot qualifie un hôtel ou un restaurant : *Un (restaurant) trois-étoiles.*

TROMBONE orth. Avec un seul *n.*

TROMPE-L'ŒIL orth. Toujours avec un trait d'union, qu'il s'agisse de la locution adv. : *Rien de voyant, pas même le décor, avec des meubles en trompe-l'œil* (Salacrou), ou du subst. invar. : *Ces peintures murales sont de* *parfaits trompe-l'œil.* Ce mot est parfois adj. : *La concession du nouvel arrivant, c'est-à-dire les cinq hectares trompe-l'œil du haut* (Duras).

TROMPETER orth. Un seul *t* à l'infinitif et au part. ♦ **conjug.** Comme *jeter.* ⟶ APPENDICE GRAMMATICAL.

TROMPETTE genre. Fém. pour désigner l'instrument de musique. ⟶ EMBOUCHER. Masc. quand il s'agit, dans la cavalerie, du joueur de trompette d'un régiment : *Le trompette porte la trompette à sa bouche, bat de la main une mesure légère et, enfin, sonne* (Giraudoux). Par extension, ce mot s'applique aussi à « tout musicien jouant de la trompette » : *Le chef d'orchestre marchant à reculons, un trompette aux yeux exorbités, le béret sur la nuque* (Huguenin). ⟶ INSTRUMENTS DE MUSIQUE et JOUER.

TROP forme. Cet adv. admet divers renforcements à valeur superlative : *Il était beaucoup trop loin, ce petit morceau de verre, et pour une fois bien trop lumineux* (Butor). La formule **par trop** est plus figée : *Les pasteurs qui prenaient par trop leur exil en patience* (Chabrol). *On reprochait aussi à Céline la manière par trop familière avec laquelle elle se mêlait aux humbles pour les secourir* (A. Besson). ♦ **constr.** Quand **trop** a un complément de « quantité », le verbe ou l'adj. qui dépendent du groupe à sens collectif s'accordent avec le complément plutôt qu'avec l'adv. : *Beaucoup trop de choses accessoires remontent à la présidence de la République* (J.-J. Aillagon, *Le Monde*, 04/09/2011). Cependant : *Trop de viandes en sauce est tout à fait contre-indiqué pour ton foie* (ici, trop = « l'excès de »). Quant à l'emploi absolu et récent : *Il est trop, ce type !*, il provient de l'anglais *too much*, et exprime de façon stéréotypée et quelque peu snob l'intensité d'une qualité particulière. C'est un trait du français dit branché, qui est très employé par les jeunes locuteurs, au risque de faire parfois confondre **très**, qui exprime la « grande quantité », avec **trop**, qui signale l'excès, la « limite à ne pas franchir » : *C'est trop bon ! s'exclame l'une d'elles en trempant un morceau de pain dans la sauce* (Desarthe). *Ça va être trop cool de vivre sans voisins, elle dit, ça arrive une fois dans sa vie, c'est comme l'éclipse* (Bourgon). On peut le rapprocher de la contraction, faite dans le registre fam., de **trop mignon**, qui devient... **trognon** : *Les souris étaient trognon, avec leurs petits yeux rouges* (Guibert).

□ **trop... pour + infinitif** ou **subordonnée consécutive (introduite par que)** : *Mon fils, j'ai connu trop de sortes de personnes et traversé des fortunes trop diverses pour m'étonner de rien* (France). *Je suis trop fatigué pour en rien dire* (Gide). **Trop... pour que** se fait suivre du subj. : *Ces impressions sont aussi trop rares pour que l'œuvre d'art puisse être composée seulement avec elles* (Proust). *Mais les malheurs de la patrie sont trop récents et mes pouvoirs trop bien reconnus pour qu'aucun veuille et puisse songer à jouer isolément* (de Gaulle). ♦ **emploi et sens. Trop** marque en général l'excès, mais son sens est très atténué dans les formules aimables du genre : *Vous êtes vraiment trop bons pour moi.* Avec une négation, il s'emploie de façon plus châtiée que **tellement** (⟶ ce mot), au sens de « pas beaucoup, pas très bien, guère » : *Ayant sans succès essayé de tromper la Sécurité sociale, il était mort de honte, on ne savait trop si c'était de son vol ou de sa maladresse* (Mallet-Joris). *Déjà papa ne voulait pas m'expliquer comment ça marche, la radio et la télévision. Mais c'est parce qu'il n'en sait trop rien lui-même* (Triolet).

□ **ne... que trop.** Combiné avec **ne... que**, **trop** en vient à prendre une valeur d'augmentatif : *Paresse de penser incurable, qui n'avait que trop d'excuses* (Rolland). *Il n'avait déjà que trop laissé libre cours à son imagination en enveloppant le pauvre Gilbert dans des intrigues inadmissibles* (Dhôtel). *On ne fut que trop content de se débarrasser de cette petite née sous d'aussi effroyables auspices* (Nothomb). Quand l'excès est en quelque sorte « mesuré » par un nom ou un pronom qui précède, on rencontre, très correctement, le tour **de trop** (plus rarement **en trop**) : *Un autre homme pour qui un sou versé de trop témoigne d'une lamentable inconséquence* (Masson). *Cherchant son regard une seconde de trop* (Sagan). De même après des verbes tels que *être, se sentir, sembler*, on rencontre le même tour avec

une valeur d'attribut, pour évoquer l'idée d'une « présence inutile ou indésirable » : *Étienne se sentit de trop et retourna dans sa chambre* (Troyat). *Qu'est-ce qui n'était pas de trop ?* (Duras). On notera la différence de sens entre : **Ils sont de trop**, c.-à-d. « en surnombre, par rapport à ce qui est admissible ou convenable », et : **Ils sont trop**, c.-à-d. « trop nombreux » (absolument). Le registre pop. non seulement confond ces deux constr., mais a tendance à mettre **de** à la suite de n'importe quel verbe : *Il ne faut pas que cela se voie de trop* (Bazin). *Il n'y en a pas de trop.* Ces tours sont à éviter.
□ **de trop bonne heure** → HEURE.
□ **avoir trop faim, trop soif,** etc. → FAIM.
□ **trop de deux.** On ne dit plus guère aujourd'hui : *C'est trop de deux*, mais : *C'est deux de trop.*

TROPHÉE genre. Masc. *des trophées prestigieux.*

TROP-PLEIN emploi. Peu employé au plur. *(des trop-pleins)*, car il est plus aisé de faire varier en nombre le complément : *Un peu embarrassé de son trop-plein de forces* (Mallet-Joris).

TROUBADOUR et **TROUVÈRE sens.** Ces subst. désignent des « poètes lyriques du Moyen Âge », le *troubadour* dans le sud de la France (langue d'oc), le *trouvère* dans le nord (langue d'oïl).

TROUBLE-FÊTE forme. Invar. : *Quels trouble-fête !* On lit cependant : *Profondément en moi, un autre garçon se félicitait de ces trouble-fêtes* (Radiguet). ♦ **genre.** Ce subst. est des deux genres : *Tu n'es qu'un(e) trouble-fête.*

TROUPE constr. Quand ce subst., suivi d'un complément au plur., est sujet d'un verbe, on suit la règle générale des noms collectifs. → COLLECTIF.

TROUVER constr. On dit : *Je trouve qu'il est bien portant*, mais *Trouves-tu qu'il soit bien portant ?* et *Je ne trouve pas qu'il aille bien* (Martin du Gard). Ne pas confondre ce dernier exemple avec : *Je trouve qu'il ne va pas bien.* On prendra garde à l'ambiguïté du type de phrase suivant : *Je suis allé chez lui et l'ai trouvé malade.* Seul le contexte permet de décider si le sens est « il était réellement malade » ou « il m'a paru malade ». ♦ **emploi et sens.** Ce verbe entre dans de nombreux tours bien connus : *M. Rezeau se trouva fort bien d'une soupe aux choux* (Bazin). *Comment me trouves-tu ? Il se trouve qu'on l'a oublié sur la liste* (le subj. n'est pas impossible, mais rare). *Elle s'est brusquement trouvée court, et n'a plus dit un mot.* Sont pop. les locutions suivantes : *Si ça se trouve, ça pourra t'aider dans ton commerce* (Dutourd). *Si ça se trouve, le lieutenant est en train de planter des petits drapeaux sur la carte Michelin* (Perret). *Tiens ! Comme ça se trouve !*
□ **trouver bon que...** Dans ces tours, le verbe de la complétive est toujours au subj. : *Elle trouvait tout naturel qu'elle ne vînt pas nous voir l'été sans avoir à la main un panier de pêches* (Proust, cité par Le Bidois). *Je trouve singulier que je sois informé de vos projets par le général* (France).

TROUVÈRE → TROUBADOUR.

TRUBLION sens. Ce subst., qui signifie « agitateur », avec une nuance diminutive et péj., n'a aucun rapport étymologique avec *trouble* ; mais il a été créé (par A. France) pour évoquer ce mot, dont il est difficile de ne pas le rapprocher : *Ou bien il s'agit vraiment d'une poignée de trublions, et alors il ne devrait pas être nécessaire de mettre en jeu tout l'appareil de la puissance publique pour en venir à bout* (Le Monde).

TRUC emploi. Parfois comme nom propre « joker », dans le registre fam., de même que le dérivé **trucmuche** : *Elles souriaient comme si rien ne leur faisait plus plaisir que de chanter à la salle polyvalente de Saint-Trucmuche* (Garnier). → MACHIN, CHOSE.
□ **c(e n)'est pas mon truc**. Cette locution, qui signifie « ce n'est pas ma spécialité, je n'ai guère de goût pour cela », appartient au registre fam. : *La pâtisserie, ça n'a jamais été mon truc, tu le sais bien !* (Garnier). On rencontre plus rarement la forme affirmative *C'est mon truc !*

TRUCAGE forme. On écrit aussi, plus lourdement, **truquage** : *Papa aime le Palais des Glaces : ce sont des trucages, c'est pour rire* (Hoex).

TRUCHEMENT emploi et sens. Ce nom est vieilli et littéraire au sens d'« interprète, intermédiaire » : *Lucie servait de truchement à Richard pour la vie professionnelle* (Kessel).

TRUFFE orth. Deux *f*.

TRUISME sens. « Vérité évidente » : *C'est un truisme : l'avenir du livre et de la lecture appartient aux nouvelles générations, à leur appétit ou à leur répugnance* [...]. *Mais cette évidence énoncée, personne n'est plus d'accord sur le diagnostic* (*Le Monde*, 16/10/1992). C'est la version distinguée de la **lapalissade**. → ce mot.

TRUST prononc. [trœst]. ♦ **sens.** Ce terme d'économie désigne une « concentration d'entreprises sous une direction unique » et, par extension, une « très grosse entreprise jouissant d'un quasi-monopole » : *Ces grandes entreprises que l'on appelait « konzern » et « trusts » il y a trente ans pour en dénoncer les dangers* (*Le Monde*). → HOLDING et BRAIN-TRUST. Il a pour dérivé le verbe **truster**, courant au sens de « accaparer, monopoliser ».

TSAR forme. On rencontre aussi *tzar* et *czar*. Mais *tsar* est l'orth. la plus simple et la plus proche de notre prononciation habituelle [tsar].

TSÉ-TSÉ forme. Les dictionnaires sont discrets quant au plur. de ce mot. Il semble souhaitable de le laisser invar. : *Les (mouches) tsé-tsé transmettent la « maladie du sommeil »*.

T.S.F. emploi et sens. Abréviation de *Télégraphie Sans Fil*, ce sigle-subst. a été supplanté par **radio**. On le lit encore : *L'appartement somptueux à l'énorme T.S.F. trônant sur une soie lie-de-vin* (Mallet-Joris). → RADIO.

TSIGANE ou **TZIGANE orth.** L'Académie ne reconnaît que *tsigane*, mais l'on trouve également *tzigane* : *Les tsiganes qui flonflonnent l'air à la mode* (Queneau). *Où donc ai-je vu ce gros tzigane rouge ?* (Némirovsky). → cit. de Vidalie à ROMANICHEL.

TU emploi. Ce pronom ne peut être séparé du verbe que par **ne** ou un autre pronom. Il a parfois une valeur indéfinie, proche de celle de **on** : *L'organisation fonctionne comme une entreprise commerciale : tu verses tant, et tu ne t'occupes de rien, passage garanti, rendu à domicile* (Ikor). Il s'agit ici d'un discours qui ne s'adresse à personne en particulier et à tout le monde en général. → ON, PRONOMS PERSONNELS et TOI.

□ **dire tu à qqn.** Cette locution s'emploie correctement, mais de façon légèrement fam., à côté de **tutoyer**.

TUBERCULE genre. Masc. *de nourrissants tubercules.*

TUER orth. Pas de tréma à l'imparfait de l'indic. ni au présent du subj. : *(Que) nous nous tuions.* ♦ **emploi et sens.** Nombreux emplois fig. ou emphatiques : *Elle est à tuer, comment tuer le temps, il se tue à la tâche, je me tue à vous le répéter*, etc. *Dix heures à tuer avant le jour* (Sartre).

□ **cinq hommes de tués** → DE.

□ **à tue-tête.** Locution invar. : *Ils chantaient à tue-tête.*

TUEUR emploi et sens. Ce subst. est assez souvent employé en sport et en politique, avec une emphase métaphorique que l'on peut juger quelque peu excessive : *Quoique tueur politique de première catégorie, il avait fini par acquérir, sur la fin de ses deux mandats, une aura de président enclin au compromis* (L. Joffrin, *Libération*, 30/10/2009). Même remarque pour le verbe **tuer**, qui s'entend parfois chez des supporters au sens de « triompher de l'adversaire, l'écraser ».

TULLE orth. Deux *l*.

TUMULUS forme. Invar. au plur. : *Ces tumulus étaient des cairns préhistoriques* (Eydoux).

TURBO orth. Les composés ne prennent pas de trait d'union. On écrit *turboalternateur, turboforage, turbopropulseur, turbotrain,* etc.

TURC forme. Le fém. est *turque*, et non *turcque*. Prendre garde à l'influence de *grecque*, fém. régulier de **grec** : *Une construction un peu féodale, un peu turque* (Marceau).

TURN-OVER orth. S'écrit aussi sans trait d'union : *turnover*. ♦ **emploi et sens.** Cet anglicisme est fréquent dans le domaine de l'économie libérale, au sens de « taux de renouvellement d'un personnel ou rotation d'un stock » : *Il n'est donc pas surprenant que le taux de rotation soit en moyenne de 20 % chez les commerciaux en France, soit le turnover le plus élevé de tous les métiers* (C. Février, *Le Monde Économie*, 01/07/2008). On peut souvent utiliser **renouvellement** et **rotation**, dans ce contexte.

TUSSILAGE orth. Deux *s*, mais un seul *l*.

TUTÉLAIRE orth, Avec un seul *l*. ♦ **emploi et sens.** Équivalent littéraire de **protecteur** : *Ma gouvernante me fut toujours tutélaire et du meilleur conseil* (Audiberti).

TUTOIEMENT orth. Ne pas omettre le *e* central.

TUYAU et **TUYÈRE prononc.** [tɥijo] et non [tyjo], qui est pop. ou négligé. Mais on dit correctement [tyjɛr] à côté de [tɥijɛr].

TYMPANISER emploi et sens. Verbe vieilli et littéraire, au sens de « décrier publiquement » : *On le bousculait, on lui froissait les épaules de bourrades meurtrières, on le tympanisait avec rage : « Quel ahuri celui-là », « Ne restez pas devant la porte si vous ne descendez pas ! »* (Jorif).

TYPE forme. Pas de fém. (si ce n'est *typesse*, qui appartient à un registre trivial). On dira : *Les petites filles modèles sont un type en voie de disparition. Ce n'est pas mon type de femme.*
□ **du type + substantif.** L'ellipse de la prép. **de** est courante : *Une admiration délirante pour les héros du type Boni de Castellane* (Daninos). *Pas seulement des détails type torturer les bêtes ou des bêtises de gosses qui ne veulent rien dire* (Mauvignier).
□ **la formule type.** Un certain nombre de locutions sont formées par postposition de **type** à un subst., avec le sens de « qui sert ou doit servir de modèle, qui est caractéristique de » : *Ce service, pour qui connaît le collège, était l'idée type du collégien* (Radiguet). *Le cirage, les chaussures, la description type que je t'ai fournie* (Vargas). Pas de trait d'union en ce cas ni dans les expressions : *liste type, formulaire type, objet type,* etc. → CLEF, MÈRE, TEST.

TYRAN genre. Pas de fém. : *Ce n'est pas une mégère, c'est un tyran domestique.* Les dérivés prennent deux *n* : *tyrannique, tyrannisé, tyrannie,* etc.

TZAR → TSAR.

TZIGANE → TSIGANE.

U

U orth. Les part.-adj. se prononçant [y] à la finale s'écrivent au masc. sing. avec un *u*, à l'exception de : *abstrus, contus, inclus, intrus, obtus, occlus, perclus, reclus.* On écrit *exclu, conclu.* Les subst. fém. s'écrivent avec *-ue* en finale, sauf *bru, glu, tribu, vertu.*

UBAC sens. « Versant orienté au nord », par opposition à l'**adret.** → ce mot.

UHLAN orth. On prendra garde à la place du *h.* ♦ **prononc.** On ne fait pas l'élision (ni la liaison) : *Un beau uhlan.*

-ULE genre. Les subst. qui se terminent en *-ule* sont le plus souvent du fém. Mais voici une liste de noms masc. « difficiles » (nous laissons de côté *module, préambule*, etc., qui sont bien connus) : *adminicule, animalcule, calicule, denticule, diverticule, édicule, ergastule, follicule, forficule, fuligule, funicule, globule, glomérule, granule, iule, limule* (parfois fém.), *lobule, manipule, mergule, opercule, opuscule, oscule, ovule, pannicule, pédicule, régule, saccule, spicule, tentacule, tubercule, utricule.* Quant à *émule* (→ ce mot), c'est un adj.-subst. à double genre.

ULTRA- orth. Les mots commençant par ce préfixe s'écrivent sans trait d'union : *ultracourt, ultrafiltre, ultramontain, ultranoir, ultraroyaliste, ultrason, ultraviolet* : *Le personnel féminin a le droit de bénéficier de rayons ultraviolets quatre heures par semaine* (Échenoz). Cependant, les nombreuses créations individuelles prennent le trait d'union, d'une façon générale : *Je suis ultra-cultivé* (Queneau). *La signification ultra-secrète de ce geste* (Bazin). Employé seul comme nom et adj., **ultra** varie en nombre : *les ultras.*

ULULER orth. On écrivait naguère *hululer* (avec un *h* dit aspiré). On peut aujourd'hui, devant cette forme en *u-*, faire l'élision et la liaison. De même pour **ululation** et **ululement** : *Les premiers semblaient surtout des cris de frayeur. D'horreur, parfois : tel cet ululement qui vient de déchirer l'air* (Fontanet).

UN (numéral) **prononc.** L'élision se fait généralement devant **un**, sauf s'il sert à désigner un chiffre ou un numéro : *La concierge du un,* ou si on veut insister sur l'idée de « mesure » ou de « quantité » : *Des bonds de un mètre en l'air* (Jouhandeau). Ailleurs, on dit et on écrit : *Une planche d'un mètre de long, un pain d'un kilo ; trois pièces d'un franc ; une machine d'une tonne,* etc. Dans la région parisienne, on prononce très généralement [ɛ̃] au lieu de [œ̃], comme d'ailleurs dans *chacun, aucun* et les autres mots comportant cette nasale : *Melun, lundi,* etc. Il faut éviter la dénasalisation de [œ̃] devant un subst. masc. à initiale vocalique. C'est ainsi que des noms masc. comme *un ange, un ouvrage,* etc., ont été transformés en fém. par la diction populaire : [ynɑ̃ʒ], [ynuvraʒ]. On doit prononcer [œ̃nɑ̃ʒ], [œ̃nuvraʒ]. ♦ **genre.** Il y a souvent collision entre le nom de nombre, invar. (comme *deux, trois,* etc.), et l'article indéfini, l'adj. ou le pronom, qui font **une** au fém. : *Un… Deux… Trois… Partez !* Mais : *Combien as-tu de billes ? Compte avec moi, une, deux et trois.* On dit généralement : *À la page un. Voyez la strophe vingt et un. Il a obtenu la note un.* Mais aussi : *À la page quarante et une.* De même, on dit plutôt : *Trois heures vingt et une* que *Trois heures vingt et un,* parce qu'il ne s'agit pas dans ce cas précis de décimales abstraites et neutres, mais bien de *minutes,* et le mot est présent dans la pensée de celui qui parle. On écrit *trente et un mille, quarante et un mille*, etc., quel que soit le genre du nom auquel se rapporte le numéral.

□ **c'est tout un.** Cette locution figée a le sens de « c'est exactement la même chose » ; ne pas confondre avec **tout est un**, locution dans laquelle *un* est adj., et signifie « cohérent, uni », ou parfois, dans un registre littéraire, « uniforme » : *Quel ennui ! Tout est un* (Cocteau). ⟶ TOUT.

UN (indéfini) **forme.** Ce pronom indéfini se présente sous une double forme : **un** ou **l'un**. Cette dernière est surtout fréquente en tête de phrase, ou suivie d'un pronom plur. complément : *L'un de nous.* On dit toujours : *De deux choses l'une.* ♦ **constr.** Le pronom **un** se rencontre surtout en relation avec *en* antéposé, comme antécédent de *qui* ou *que* : *J'en avais trouvé une que je pensais aimer* (Vian) ; mais on peut se passer de *en* : *Un qui savait commander, capable de déposer ses galons et de dire à un gars : « Sors dehors si t'es un homme ! »* (Malraux). De même *comme un qui* : *Ô vous, comme un qui boite au loin* (Verlaine). *Il boit comme un qui aime le vin* (Nourissier). *Un qui a eu de la chance, c'est lui. Un que je plains de tout mon cœur.* ⟶ QUI.

□ **un de + complément au pluriel.** Dans ce cas, l'accord du verbe de la relative qui suit est délicat. On distinguera : **1) un des [...] + qui.** Le verbe se met au plur. ou au sing., selon que l'action se rapporte à tous les éléments du groupe ou seulement à l'un d'entre eux : *La concierge est un des rares personnages sacrés qui subsistent à notre époque* (Mallet-Joris). *Celui-là était l'un des seuls qui lui semblât dévoué* (La Varende). *C'est un des hommes qui a le plus contribué à l'édification du régime.* **2) un de + démonstratif + qui.** L'accord se fait au plur. lorsque la relative a une valeur générale : *Je suis un de ces êtres ridicules qui ne savent pas faire de l'argent* (Aymé). *Il lui rédige un de ces livres robustes qui font la gloire corporative des bibliothèques des petites municipalités* (Jardin). Mais on accorde au sing. : *Maline lui désigna l'un de ces châteaux qui paraissait en meilleur état que les autres* (Vidalie), parce que la relative caractérise l'un des châteaux opposé à tous les autres. Il est même possible de rencontrer le double accord dans la même phrase, sans aucune entorse à la logique, comme le montrent les exemples suivants : *Il faudrait que l'un de ceux qui ont assisté à ces séances innombrables prît la peine de les décrire avec précision* (Breton). *L'un de ceux qui en reviennent regrette sa cellule* (*Le Monde*).

□ **un des [...] que.** Ce tour pose le problème de l'accord du part. passé : il se fait avec *un* ou *une* si l'on veut insister sur la chose ou la personne représentée par l'indéfini : *Une des choses les plus importantes qu'elle ait faite* (Kessel), ou avec le complément plur. si l'action « passe sur tous les êtres ou objets du groupe dont on parle » (Grevisse) : *Une des plus misérables maisons que j'eusse encore rencontrées* (Mérimée).

□ **monsieur a une mine ! monsieur a une de ces mines !** Ces tours sont à la fois exclamatifs et elliptiques. Ils supposent une qualification affective (*affreuse, incroyable, indicible, splendide,* etc.), ou, selon la remarque de G. Mayer, « un mot superlatif qu'on s'avoue impuissant à trouver » : *Françoise s'approchait tous les jours de moi en me disant : – Monsieur a une mine !... On dirait un mort* (Proust). *Alors je leur ai fait une de ces installations !* (Triolet). *Et moi qui n'avais plus d'appétit, j'ai une de ces fringales !* (Salacrou). Pour le tour : *C'est d'un humide !* ⟶ DE. (*Cette histoire est d'un drôle !*)

□ **pas un.** Cet adj.-pronom a un sens plus vigoureusement négatif que **aucun**, mais n'est pas nécessairement lié à *ne* : *L'intolérable interrogation que pas un Dieu n'a satisfaite* (Salacrou). Mais : *Ici, pas un seul drapeau à croix gammée. Pas une seule affiche nazie intacte* (Roblès). On notera dans cette phrase la curieuse absence du second terme de la comparaison : *Il y a soixante-dix fontaines à Grenade et pas une n'a le même goût* (Claudel). On attendrait : *le même goût qu'une autre*, ou bien : *il n'y en a pas deux qui aient le même goût.* ⟶ RESSEMBLER. (*Se ressembler comme deux gouttes d'eau*). La relative qui suit **pas un** se met le plus souvent au subj., avec une valeur finale ou consécutive : *Pas une qui n'ait dans son chignon quarante épingles et une fleur rouge* (Louÿs). L'indic. est rare : *Pas un cheveu de sa tête qui pensait à autre chose qu'à ruser* (Giono).

UN + AUTRE emploi et sens. Ces adj.-pronoms se rencontrent séparément, avec une valeur d'opposition : *Étonnant dialogue entre deux êtres aussi contradictoires : l'un, amusé et stimulé par les pirouettes de l'autre – et l'autre, soucieux de gagner le respect et l'estime de l'un* (Labro). On étudiera ici les cas de juxtaposition, de coordination et de subordination.

Juxtaposition : *l'un l'autre, les uns les autres*. Ces locutions expriment la réciprocité, et se rencontrent toujours après un verbe : *Elles se font valoir l'une l'autre* (Peyrefitte). Le premier mot *(une)* est sujet, le second *(autre)* complément d'objet direct.

Coordination : *l'un ou l'autre, l'un et l'autre*. Le verbe se met presque toujours au sing. après *l'un ou l'autre*, au sing. ou au plur. (selon le sens ou l'intention) après *l'un et l'autre* : *Sans que l'un ou l'autre songeât à rompre le silence* (Martin du Gard). Mais quand il y a une totale équivalence des sujets, et qu'ils sont considérés comme non exclusifs l'un de l'autre, on peut avoir le plur. : *Dans un instant où l'un ou l'autre ont besoin d'amour* (Vailland). *Ils s'examinaient l'un et l'autre conscients qu'il n'y avait rien à dire* (Sagan). *Quand j'entends citer les deux bouts de la fameuse chandelle, ça me brûle les doigts, je secoue la main. Mais l'un comme l'autre sont banals, ressassés, exsangues* (Cavanna).

Le nom suivant **l'un et l'autre** employé comme adj. reste en général au sing. : *L'un et l'autre syndicat a obtenu satisfaction.* Cependant, le plur. est possible aussi : *L'une et l'autre explications étaient également vraisemblables* (Louÿs). Si *un* est précédé d'une prép., celle-ci est souvent répétée devant *autre* : *N'est-ce pas également le fait de l'un et de l'autre ?* (Valéry). Mais la répétition n'est pas constante : *J'ai souvenance de nos prières pour l'un et l'autre* (Chabrol). Dans le cas de **ni l'un ni l'autre**, le plur. est le plus fréquent : *Ni l'un ni l'autre ne disaient mot* (Arland). Mais : *Ni l'un ni l'autre n'avait envie de parler* (Prévost).

Subordination : De nombreux rapports peuvent s'établir entre *l'un* et *l'autre* au moyen des prép. *à, de, pour, avec*, etc. : *Les cartons à chapeaux de couleur claire ou sombre avaient été empilés les uns sur les autres* (Labro). *Je me souviens aussi de comment les uns après les autres on est revenus* (Mauvignier). *Il les regarda descendre le sentier l'un derrière l'autre, maladroits* (Gallo). Quand il s'agit d'une locution prépositive formée avec *de*, on intercale soit **de**, soit la locution entière : *Ils mangeaient en face l'un de l'autre* (Mallet-Joris). *Nous étions très près l'un de l'autre* (Aymé). *Marchant à côté l'un de l'autre* (Gide) en face de : *Nous avons passé vingt fois l'un près de l'autre* (Duhamel). *Ils étaient de nouveau l'un à côté de l'autre* (Ramuz). *J'allumais les cigarettes les unes au bout des autres* (Hougron). Tous ces exemples sont très corrects. De même pour les comparaisons, avec **autant, plus** et **moins** : *Il était logé, nourri, entouré de détenus, plus extravagants les uns que les autres* (Cossery).

□ **problèmes de nombre.** On emploie obligatoirement le sing. quand il n'y a que deux objets, deux personnes ou deux ensembles. Quand il y a plus de deux éléments, on emploie à peu près indifféremment le sing. ou le plur. : *Le silence des bureaux lui plut. Il les traversait lentement, l'un après l'autre* (Saint-Exupéry). Mais : *La pluie les chassait les uns après les autres* (Le Clézio).

UNANIME emploi et sens. Cet adj. a le sens de « qui est accepté, dit, fait par tous » : *L'opinion de nos pasteurs est unanime sur ce point* (Peyrefitte). On évitera donc de l'employer avec un autre mot, tel que **tout**, évoquant la totalité, par exemple : *Tous étaient unanimes.* ⟶ PLÉONASME.

UNIMENT emploi et sens. Cet adv. a le sens de « avec régularité ». Il s'emploie souvent de façon figée, précédé de tout, avec le sens de « en toute simplicité ». Ne pas confondre avec **uniquement** : *Il m'a avoué tout uniment sa faute.*

UNIR constr. Ce verbe gouverne les prép. **à** ou **avec**, la seconde renforçant le sens du verbe plus que la première. ♦ **emploi et sens.** Ce verbe assez abstrait est concurrencé par **réunir, joindre** et bien d'autres verbes de ce type. ⟶ AVEC, ALLIER, ASSOCIER, JOINDRE, etc.

UNTEL, UNE TELLE → TEL.

UPPERCUT orth. Avec deux *p*.

URETÈRE et **URÈTRE sens.** Ces subst. masc. désignent tous deux des « canaux ». Le premier va « du rein à la vessie », il est interne. Le second va « de la vessie au méat urinaire », il aboutit à l'extérieur du corps. Les dérivés sont, pour le premier, *urétéral* et *urétérite* ; pour le second, *urétral* et *urétrite*.

URGENT emploi et sens. Comme bien d'autres adj. à valeur de superlatif, **urgent** admet des renforcements adverbiaux, en dépit du pléonasme apparent : *Rien de très urgent ne l'obligeait à sortir* (Martin du Gard). *Je vous en prie, c'est extrêmement urgent.* La dévalorisation des intensifs comme *excellent, formidable, intime,* etc., explique cet usage très répandu. On rencontre également le superlatif fam. **urgentissime** : *Fallait, pouvez m'en croire, qu'elle ait urgentissime besoin de s'entendre déblatérer pour vous avoir ouvert sa porte* (Champion).

URGER emploi et sens. Verbe très fam., surtout employé après *ça* : *Puisque je vous dis que ça urge !* (Queneau). On dit mieux : *C'est urgent, très pressé,* etc.

URINER → PIPI (FAIRE).

US prononc. [ys]. ♦ **emploi et sens.** Rarement seul, et généralement dans **us et coutumes**. C'est un doublet de *usage* : *La ronde des joutes et batailles qui sont les us réservés de notre espèce dominatrice* (Barbery).

USAGE emploi et sens. On n'emploie plus l'infinitif substantivé *user*, au sens de « usage prolongé ».
□ **à l'usage du dauphin.** Cette formule classique est souvent employée ironiquement, au sens de « pour que le successeur puisse en faire son profit » : *Un petit résumé d'histoire contemporaine à l'usage des dauphins patients* (Péguy).

USAGÉ et **USÉ sens.** Le premier mot est adj. (il n'existe pas de verbe *usager*). Il signifie « qu'on a beaucoup employé, mais qui n'est pas détérioré » : *Cette machine à laver est assez usagée, mais peut encore servir.* En revanche, **usé**, part.-adj., a un sens dépréciatif, « mis hors d'usage par un emploi long ou intensif » : *Cette machine est usée, il faut la remplacer. C'est un homme usé,* c.-à-d. « fatigué et démoralisé par les difficultés qu'il a rencontrées ».

USER constr. On distinguera **user qqch.** ou **qqn**, au sens négatif (→ le précédent), et **user de qqch.**, au sens de « se servir de » (dans un registre soutenu) : *J'usai en tout cas sans retenue de cette libération* (Camus). *Certains chefs de l'opposition dont il semblait user comme de contrepoids* (Jardin). L'adj. qui correspond à ce sens n'est pas *usé*, mais *usité* (auquel ne correspond aucun verbe) : *Le tour « Aimer trop mieux son ennemi que soi » n'est plus usité. On le trouve employé maintes fois par Ronsard.*
□ **en user bien, mal avec qqn.** Cette locution est littéraire et recherchée, au sens de « se comporter de telle manière » : *Il en usait galamment avec toutes les femmes* (France).

V

VA → ALLER, IMPÉRATIF.

VACANCE(S) sens. Au sing. dans la langue administrative ou littéraire, au sens de « fait d'être disponible, sans titulaire » : *Le service des urgences de l'hôpital vient d'être fermé par suite de la vacance prolongée des postes de chirurgien et d'anesthésiste titulaires* (*Le Monde*). Il y a dans l'exemple suivant confusion avec **vacuité** (→ ce mot) : *Et brusquement, dans les rues immobiles, il se fit une grande vacance* (Cesbron). **Vacances** est le plus souvent au plur., au sens de « congé » : *Ce que fut la guerre pour tant de très jeunes garçons : quatre ans de grandes vacances* (Radiguet). → le suivant.

VACANCIER emploi et sens. C'est le meilleur subst., à l'heure actuelle, pour désigner des « personnes en vacances » : *Mais le vacancier de l'hiver se différencie-t-il beaucoup de celui de l'été ?* (*Le Monde*). *Les semaines suivantes, Baumgartner circulera comme un vacancier dans toute l'Aquitaine* (Échenoz). → AOÛTIEN, JUILLETTISTE et ESTIVANT.

VACANT ou **VAQUANT orth.** La première est celle de l'adj. : *Je vais faire exécuter tous les nobles, et ainsi j'aurai tous les biens vacants* (Jarry). La seconde est celle du part. présent de **vaquer** : *Mademoiselle Verdure, en toilette de nuit, vaquant à de derniers rangements* (Gide). → PARTICIPE PRÉSENT.

VACATIONS → SALAIRE.

VACHE → BASQUE.

VACILLER, VACILLATION prononc. Tous les mots de cette famille se prononcent aujourd'hui avec un [j] et non plus avec un ou deux [l] : [vasije] et non [vasil(l)e].

VA-COMME-JE-TE-POUSSE (À LA) orth. Cette locution invar. prend des traits d'union.

VACUITÉ sens. « État de ce qui est vide », surtout dans un contexte abstrait : *Ce chef-d'œuvre était d'une si palpitante vacuité* (Prévert). On se gardera de confondre avec **viduité**, qui signifie « état du veuf ou de la veuve » : *Le délai de viduité empêche une veuve de se remarier avant que dix mois se soient écoulés depuis la mort de son mari.* Il ne faut pas céder ici à l'attraction sémantique de l'adjectif **vide**, qui est très forte.

VADE-MECUM prononc. [vademekɔm]. ♦ **orth.** Avec un trait d'union, mais sans accent sur les *e*. ♦ **forme.** Invar.

VA-ET-VIENT forme. Subst. invar. : *Bien sûr, je n'ai jamais vu ces va-et-vient* (Salacrou).

VAGAL sens et forme. Cet adj. employé en médecine, au sens de « relatif au nerf vague » fait *-aux* au plur. : *Des malaises vagaux.*

VAGUER et **VAQUER sens. Vaguer**, rare et littéraire, signifie « errer sans but précis » : *Les yeux du mourant, qui vaguaient, effleurent Cécile* (Martin du Gard). **Vaquer** est transitif indirect, au sens de « s'occuper de » : *Elle vaque à ses propres affaires* (Claudel). *Après le départ de Manuela, je vaque à toutes sortes d'occupations captivantes* (Barbery) ou intransitif, au sens de « être inoccupé » ou de « interrompre ses fonctions » : *Les classes vaqueront à compter du 27 juin.* → VACANT.

VAIN emploi et sens. Au sens de « suffisant, vaniteux », cet adj. ne se rencontre plus guère que dans un contexte littéraire et désuet : *Il était assez vain de cette conquête, parce qu'Auriane avait été la maîtresse de La Tersée* (Kessel).

VAINCRE conjug. ⟶ APPENDICE GRAMMATICAL. Ce verbe est difficile à conjuguer et souvent estropié. Le *c* final du radical se conserve dans *vaincs* (impératif), *je vaincs, tu vaincs, il vainc*. Ces formes sont très peu employées : *En 1940* [...], *l'occupant allemand déploie* [sur la Tour Eiffel] *une impressionnante banderole qui proclame un démoralisant « L'Allemagne vainc sur tous les fronts »* (J. Chapoutot, *Libération*, 09/10/2009). Ces remarques valent également pour **convaincre** : *Je tenais d'abord à ce que vous le convainquiez de la nécessité de se retirer de mon chemin* (Dhôtel).

VAINQUEUR forme. Pas de fém. Pour l'adj., on emploie souvent **victorieuse**, fém. de *victorieux* : *Elle est sortie victorieuse* (ou *vainqueur*) *de cette lutte acharnée.*

VAISSEAU ⟶ BATEAU (pour le genre des noms de vaisseaux).

VAISSELIER orth. et prononc. Ce nom ne prend qu'un *l*, à la différence de **vaisselle**, et se prononce avec un *e* muet interne : [vɛsəlje] : *De grands vaisseliers emplis de plats et de coupelles de porcelaine bleue* (Barbery).

VAL forme. Plur. *des vals.* Mais on a dans certains tours figés ou dans des noms géographiques la forme *vaux* : *Par monts et par vaux. Les Vaux-de-Cernay.* ⟶ -AL.

VALABLE emploi et sens. Cet adj. est parfaitement acceptable dans les emplois que voici : *Des arguments valables pour la dialectique de la foi* (Bazin). *Les lignes qui suivent sont toujours valables* (Vercors). *Votre réponse est peut-être valable pour un enfant quelconque* (Vian). Mais il n'en est plus de même dans les phrases suivantes : *De toute façon, il n'y a guère que deux moyens d'organiser un enseignement supérieur valable* (*Le Monde*). *Rien de valable ne s'est jamais accompli sans qu'il y ait eu quelqu'un* (Mauriac). *Le style de Stendhal dans « De l'amour » est aussi valable aujourd'hui qu'il l'était en 1822* (Henriot). On note un certain abus de cet adj. dans l'usage actuel. Il ne manque cependant pas d'équivalents à sens positif, qu'on pourra dans beaucoup de cas employer avec plus de pertinence : *talentueux, inspiré, doué, remarquable, efficace,* etc.

VALOIR conjug. ⟶ APPENDICE GRAMMATICAL et la rubrique PRÉVALOIR. ♦ **forme.** Le part. présent **vaillant** est invar. dans la locution vieillie et rare : *Il n'a pas dix écus vaillant.* Ce mot a dans ce cas une valeur adverbiale. ⟶ COMPTANT, DURANT, etc. Le part. passé **valu** suit la même règle que celui des verbes COÛTER (⟶ ce mot), MESURER, etc. : *On est loin des quinze sous que cet objet a valu avant 1914 !* (*que* = complément circonstanciel). *Tu te souviens de la raclée que m'a value mon incartade ?* (*que* = complément d'objet direct).
□ **il vaut mieux** ou **mieux vaut** ⟶ MIEUX.

VANILLIER orth. Avec un *i* après le double *l.* ⟶ JOAILLIER.

VANTAIL sens. « Partie mobile d'une porte » ou « châssis d'une fenêtre ». ♦ **forme.** Plur. *des vantaux.* ⟶ AIL et VENTAIL.

VA-NU-PIEDS forme. Invar. : *Ces croquants, ces va-nu-pieds des forêts limousines, des landes de Bretagne* (Gallo).

VAQUER ⟶ VACANT et VAGUER.

VARAPPE orth. Deux *p.* ♦ **sens.** « Escalade en montagne » : *Ce que, Stéphane et moi, avons vécu pendant les quelques années où nous avons été liés par la varappe* (Bauchau).

VARECH prononc. [varɛk].

VARIABLE, VARIANTE et **VARIATION sens.** Le premier subst. (fém. comme les deux autres) appartient à la langue des mathématiques : « Symbole susceptible de recevoir différentes valeurs numériques », ou de la physique et de la chimie : « Facteur dont dépend l'état d'un système. » Le deuxième désigne un « élément de substitution », surtout en matière de langage et de philologie : *Le r dit « bourguignon » est une variante du r parisien. Ce texte comporte de nombreuses variantes.* Le mot **variation** désigne essentiellement le « passage d'un état à un autre », ou encore l'« écart entre deux états » : *La région a connu de brusques variations de température.* On connaît également le sens musical, « modification d'une mélodie dans ses éléments secondaires » : *Variations sur un thème de Haydn, de Brahms.*

VA-T-EN-GUERRE forme. Subst. invar. ♦ **emploi et sens.** Ce mot appartient au registre fam., au sens de « partisan de la guerre à outrance » (le plus souvent ironique).

VA-TOUT forme et emploi. Subst. invar. Il n'est utilisé que dans **jouer son va-tout**, c.-à-d. « risquer sa dernière chance ».

VAU-L'EAU (À) ⟶ À VAU-L'EAU.

VAUVERT ⟶ DIABLE (AU DIABLE VERT).

VA-VITE (À LA) orth. Cette locution très courante et à peine fam. s'écrit avec un trait d'union : *Il se sécha à la va-vite, enfila ses habits sur sa peau encore humide* (Vargas). *Ses bottes, enfilées à la va-vite, lui font mal* (Vallejo).

VÉCU ⟶ VIVRE (verbe).

VEDETTE prononc. [vədɛt] et non [vɛdɛt]. ♦ **genre.** Ce mot n'a pas de forme masc., mais s'applique aussi bien à un homme qu'à une femme. ♦ **dérivé.** *vedettariat* (double *t*), mot mal formé, le suffixe étant *-at* et non *-ariat* (*notaire/notariat* est normal).

VÉGÉTARISME et **VÉGÉTALISME sens.** Il ne faut pas confondre ces deux noms : *« L'alimentation végétarienne, ou végétarisme, se définit par l'exclusion des aliments provenant de la chair d'animaux terrestres et marins »* (Institut français de la nutrition). *En revanche, le végétalisme (qui exclut aussi les produits laitiers et/ou les œufs – peut entraîner des carences, surtout chez les enfants et les adolescents »* (*Le Monde*, 16/01/2009). Les adj.-noms correspondants sont **végétarien** et **végétalien**.

VEILLER constr. Ce verbe se construit normalement avec **à ce que** : *Le clergé doit veiller à ce qu'aucune faute n'échappe au châtiment* (Chabrol). *De cette façon, il serait plus facile de veiller à ce qu'aucun passager ne tente de s'enfuir* (Franck & Vautrin). On rencontre parfois le simple **que**, soit dans le registre pop., soit à un niveau très littéraire, par une sorte d'hypercorrection (sous l'influence de la condamnation portée par les puristes contre *s'attendre à ce que, consentir à ce que*, etc.) : *Elle veillait que le petit vacher les fît courir dans la prairie* (Peyrefitte). On dit : *veiller sur la santé de ses enfants, veiller au bon déroulement du scrutin, veiller à la casse* (fam.), *veiller au grain*, etc. Mais on construira le verbe transitivement dans : *veiller un malade, un mort, veiller l'écoute* (locution de marin).

VÉLIN orth. Ne pas omettre l'accent aigu.

VÉLO ⟶ À (à ou en + moyen de locomotion).

VELOURS sens. Ce mot désigne une « faute de liaison consistant à insérer sans nécessité dans un groupe phonique le son [z] » : *Mais attendez un peu, je les leur-z-y ferai voir, moi, mes fesses* (Aragon). *C'est un z'oiseau* (Jarry). ⟶ CUIR, LIAISON et PATAQUÈS.

VELU et **POILU emploi et sens. Poilu** est neutre : « Qui possède des poils. » Mais il prend dans le langage fam. le sens de **velu**, qui s'emploie en zoologie et en botanique dans une acception plus insistante et précise : « Dont les poils sont nombreux, longs et souples. » Cette nuance se retrouve dans **pilosité** et **villosité**. ⟶ VILLEUX.

VÉLUM orth. Ce mot est entièrement francisé : on l'écrit donc avec un accent aigu sur le *e*, et, au plur., avec un *s* final.

VÉNAL forme. Masc. plur. *vénaux.*

VENDETTA prononc. [vãdɛta] et non [vɛ̃]. ♦ **orth.** Plur. *des vendettas.*

VÉNÉNEUX et **VENIMEUX emploi et sens.** On ne doit pas confondre ces adj. Le premier, essentiellement non animé, s'applique à un « objet qui contient du poison » : *Oui, il y a ici et là dans le parc du lierre vénéneux mais aisément reconnaissable et isolé* (Velan). *Petit malheureux, disait-il, tu ne sais pas que ce sont des espèces vénéneuses, que dis-je, mortelles !* (Perry) [il s'agit de champignons]. Au fig. : *Vos cheveux sont les vins vénéneux de l'été* (P. Emmanuel). Le second adj. s'applique à un animal « qui a du venin » : *La vipère est venimeuse, ce que ne sont ni les boas ni les soucourious* (Weyergans). On parle, par extension, du *dard venimeux d'une abeille* et surtout, au fig., d'une *personne* ou d'un *propos venimeux*, c.-à-d. « très méchant » : *Au milieu de ce monde hostile et venimeux était la France, la France éternelle* (Daninos). On notera que seul **venimeux** a des dérivés, qui sont *venimeusement* et *venimosité*, tous deux assez rares.

VÉNERIE orth. Un accent aigu sur le premier *e.*

VÉNÉRIEN orth. Les deux premiers *e* portent un accent aigu : *L'amour se prend parfois dans les lianes. Et c'est le pire. Les maladies vénériennes cheminent de la même façon* (Kessel). *Il était bien naturel de soigner aussi les malheureux atteints de maladies vénériennes* (C. Simon). ⟶ MALADIE.

VÉNÉZUÉLIEN orth. Des accents aigus, alors que le nom du pays, *Venezuela*, ne prend aucun accent.

VENGEUR forme. Le fém. *vengeresse* ne se rencontre que dans un registre soutenu, et surtout en tant qu'adj. : *Le père Bellonet, jaune de fureur démocratique, le cou gonflé d'éloquence vengeresse* (Aymé). Dans le cas du nom, appliqué à une femme, on emploie plutôt *vengeur* : *Elle s'est faite le vengeur de son père.* ⟶ FÉMININ et -ESSE.

VENIR conjug. Comme *tenir.* ⟶ APPENDICE GRAMMATICAL et ADVENIR, CONVENIR, etc. ♦ **constr.** Suivi de la prép. **à**, et d'un infinitif, ce verbe a le sens de « se trouver dans le cas de », et il marque l'aspect accidentel de l'action : *Je voulais juste te dire, puisque nous venons à en parler...* (N. Sarraute). *Mais, si l'ouvrage venait à manquer, comment feraitelle ?* (Guilloux). Le groupe verbal **en venir à** prend un sens différent, celui de « en arriver à » ou de « avoir l'audace de » : *Ils en vinrent à parler de la guerre de 70 et de la trahison de Bazaine* (Apollinaire). *Mais elle en venait presque à regretter chez elle l'absence de ce goût* (Sagan). *En venir aux coups.*

□ **venir de + infinitif.** Cette locution à valeur aspectuelle, qui marque une « très légère antériorité », ne s'emploie guère qu'au présent et à l'imparfait de l'indic. : *Les toutes dernières toiles qu'il vient de peindre* (Romains). *Je venais de terminer ma seconde année de droit* (A. de Châteaubriant).

□ **s'en venir.** L'emploi de ce verbe à la voix pronominale est régional ou archaïque : *Tio Andrés s'en vint à la brèche de l'ancien judas pour recevoir les visiteurs* (Peyré).

□ **d'où vient que** ⟶ D'OÙ et OÙ.

□ **impersonnel.** Dans certaines locutions : *Il m'est venu à l'esprit (que)... Il lui est venu une idée géniale.*

□ **aller** ou **venir.** Le verbe **venir** implique un « mouvement en direction du sujet » : *Viens-tu ? – On y va !*, ou un accompagnement du sujet » : *Il faut absolument venir voir ça avec nous !* Mais le verbe **aller** est parfois évité, peut-être en raison des difficultés de sa conjug. ⟶ ALLER.

□ **vienne...** Parfois en tête de phrase, avec inversion du sujet, pour indiquer une supposition, une éventualité (plus fréquemment qu'un souhait) : *Vienne à présent la mort et son atroce calme !* (A. de Noailles). *Viennent à tonner les canons, à se répandre les gaz, cela ne sera qu'à l'appui* (Gide). Ces emplois ressortissent à la langue très soutenue.

□ **bien** ou **mal venu** ⟶ BIENVENU, MALVENU.

VENTAIL forme. Plur. *des ventaux.* ♦ **sens.** « Partie de la visière des casques clos, ajourée pour le passage de l'air » : *Son visage est durci* *comme l'acier d'un heaume où seul s'ouvre le ventail par où épient les yeux* (Hoex). Ne pas confondre avec un **vanteau** (plur. *des vanteaux*), qui a le sens technique d'« ouverture dans une soufflerie », ni avec **vantail**. → ce mot et -AIL.

VENTÔSE → NIVÔSE.

VER orth. On écrit (sans *s* au singulier) : *un ver de terre.* → VERS (subst. et prép.), MANGER et RONGER.

VÉRANDA orth. Ne prend plus de *h* après le *a* final.

VERBES conjug. À l'APPENDICE GRAMMATICAL, on trouvera les modèles de conjug., ainsi que les verbes irréguliers et défectifs. Pour de nombreux verbes, on se reportera à leur place alphabétique, où de multiples renseignements sont donnés. → aussi JE, TU, IL(S), NOUS, VOUS, LE, LEUR, LUI, PRONOMS PERSONNELS, IMPÉRATIF, SUBJONCTIF, etc.

□ **problèmes d'accord.**

1) En personne : Quand le sujet est un subst., le verbe est à la 3ᵉ personne. Quand c'est un pronom, le verbe prend la personne représentée par ledit pronom : *Toi seule, Maman, lui ferais quelque bien* (Kessel). Fait exception la subordonnée relative, dans laquelle le verbe se met non à la 3ᵉ personne, mais à celle de l'antécédent quand ce dernier est un pronom personnel : *Moi qui sais des lais pour les reines* (Apollinaire). *C'est toi qui vas* (et non *qui va*). → QUI, MOI, TOI, etc. Quand le verbe a pour sujets plusieurs pronoms différents, c'est celui de la 1ʳᵉ personne qui l'emporte sur les deux autres, et celui de la 2ᵉ qui l'emporte sur la 3ᵉ : *Oui, vous et moi, sommes les plus anciens locataires* (Estaunié). *Lui comme moi ne faisons guère d'efforts pour nous intégrer à la ronde de nos semblables* (Barbery). La reprise par un pronom conjoint est souvent commode et donne plus de précision à la phrase : *Vous, moi, tous les chercheurs, nous sommes de petites têtes noyées sous un lac d'ignorance* (Curel). L'accord se fait de la même façon quand le sujet est constitué par un subst. (équivalant à un pronom de la 3ᵉ personne) coordonné à un pronom : *Adèle pas plus que moi n'avons de sens critique* (Perry). *Tu ne te rends pas compte parce que, tes sœurs et toi, avez été très gâtées* (Maurois). Mais la 3ᵉ personne l'emporte parfois sur les deux autres, pour des raisons de « modestie » ou de « proximité » (Grevisse) : *Lorsque moi et tous les autres sont partis à la campagne.* Le verbe est nécessairement à la 3ᵉ personne quand il y a inversion du sujet : *Plus tôt que ne le pensaient mes amis et moi*, à côté de : *Mes amis et moi (nous) le pensions.*

2) En genre : Le problème ne se pose que pour les formes adj. du verbe. → PARTICIPE PRÉSENT et PARTICIPE PASSÉ.

3) En nombre : Si le sujet est unique, le verbe prend normalement son nombre : *Le petit chat est mort.* Il y a des exceptions : *La plupart sont chauves. Ce sont des escargots. Vingt ans est un âge difficile.* → CE, COLLECTIF, IL, SYLLEPSE, TITRE, etc. Le verbe reste au sing. quand ses sujets grammaticaux désignent une seule et même personne : *C'est le ministre et en même temps le citoyen qui s'adresse à vous.* Il est au sing. également si les sujets présentent une gradation, dont le premier ou le dernier terme reprend souvent et résume l'ensemble : *Vaincre les êtres et les conduire au désespoir est facile* (Maurois). *Une confidence, un souvenir, une simple allusion, ouvrait des perspectives insoupçonnées* (Martin du Gard). *Elle voulait que chaque jour, chaque année, lui apporte le maximum* (Nothomb). *Un obstacle quelconque, une bagarre, un coup, voire une blessure, ne l'aurait pas empêché de parvenir à bon port.* On peut cependant employer le plur. quand on envisage l'action conjuguée de tous les éléments énoncés : *L'envie, l'animosité et même la haine passaient et repassaient sans qu'il les vit jamais devant ses yeux candides* (Bosco). *J'avais découvert en moi une zone d'ombre où se terraient une couardise, une bassesse qui refusaient leur nom* (Colombier). *Une telle aversion de l'instituteur, une telle mise au rancart, une telle brutalité contribuaient à isoler le fils de l'épicière* (Ragon). → AINSI, COMME, (DE) MÊME QUE, etc.

□ **répétition du verbe.** On constate fréquemment l'ellipse d'un verbe, quand il a été exprimé antérieurement. En principe, cela n'est possible que si la seconde forme doit être rigoureusement identique à la première. En fait, on constate de nombreuses infractions à cette règle : *Tu seras dame, et moi comte* (Hugo). *Ils sont partis par là, et elle, dans la direction opposée.*

VERGEURE prononc. [verʒyr]. ⟶ GAGEURE. ♦ **sens.** « Marque laissée par les fils de cuivre dans le filigrane du papier vergé. » Ne pas confondre avec **vergeture**, « fines raies apparaissant sur une peau distendue ».

VERGLACER orth. Avec un *c* et non un double *s*. Prendre garde à l'influence de *verglas*. ♦ **emploi.** Ce verbe n'existe qu'aux formes impersonnelles : *Il verglace*, et au part.-adj. : *La route est verglacée.*

VERGOGNE emploi et sens. Cet ancien synonyme de **honte** ne s'emploie aujourd'hui que dans un contexte négatif, notamment précédé de la préposition **sans** : *Et toi, tu es capable de tuer une mouche, femme sans vergogne !* (Cossery). *L'octogénaire n'est pas qu'un financier sans vergogne* (C. Gatinois, *Le Monde*, 18/08/2011).

VÉRIFIER constr. Ce verbe peut se construire soit avec la conjonction **que** (pour certifier un fait), soit avec la conjonction **si**, avec une nuance plus hypothétique : *J'ai orienté la paire de jumelles au rez-de-chaussée pour vérifier si Valério avait parqué sa Lexus devant le Bambi Bar et s'il l'avait mise comme d'habitude sous la surveillance d'Alexander* (Ravey).

VÉRITABLE, VÉRIDIQUE, VRAI sens. Alors que **vrai** est d'une formulation absolue, **véritable** est plus particulièrement relatif à un critère déterminé, à une attente, et **véridique** s'applique à la manifestation de la vérité dans le discours. Pour les subst., **vérité** a l'emploi le plus général ; **véracité** sert surtout de subst. correspondant à *véridique. Véridicité* est très peu employé.

VERMOUTH orth. Avec un *h* à la fin.

VERNIR ou **VERNISSER sens.** Le premier verbe est le plus employé. Il a le sens de « enduire de vernis » : *Un meuble verni résiste mieux aux insectes qu'un meuble ciré.* Le second a le même sens, mais est employé surtout pour des objets à caractère esthétique : poterie, céramique, etc., ou au fig., pour le brillant de certaines feuilles. À noter que plusieurs formes verbales peuvent se confondre. Il peut s'agir de l'un ou l'autre verbe dans la phrase suivante : *Le soleil couchant vernissait son visage* (Huguenin).

VERNIS orth. C'est le subst. qui s'écrit ainsi, le part. passé du verbe *vernir*, au masc. sing., ne prenant pas de *s*.

VERS (substantif) **orth.** Un *s* final : *un vers.* ♦ **sens.** « Ligne rimée d'un poème, d'une pièce de théâtre », etc.

VERS (préposition) **emploi et sens.** Cette prép., qui marque proprement la direction, sert aussi à indiquer une « approximation de temps ou d'espace » : *Vers une heure, vers minuit.* On dit aussi : *vers les une heure(s).* ⟶ DANS et SUR.

□ **vers où.** Ce tour relatif ou interrogatif est critiqué, mais assez en vogue : *Fougueusement, vers où revolait sans cesse ma pensée* (Gide). *Vers où se dirige-t-il ?*

VERSO orth. Plur. *des versos.* ♦ **emploi.** À distinguer de *Verseau*, signe du zodiaque.

VERT forme. *Une robe verte, une robe vert clair.* ⟶ COULEUR. *Au diable vert.* ⟶ DIABLE.

VERT-DE-GRIS forme. Invar. : *les soldats vert-de-gris.*

VESCE orth. Avec *-sc-* et non *-ss-*. ♦ **sens.** « Plante herbacée à vrilles fleuries. » Ne pas confondre avec **vesse**, rare, au sens de « gaz intestinal », ni surtout avec **vesse-de-loup**, nom d'un « champignon non comestible ».

VESTIAIRE emploi et sens. On rencontre couramment aujourd'hui, outre le sens de « local où l'on dépose les vêtements », celui de « vêtements déposés dans ledit local » ou celui de « équipement vestimentaire » : *Une jeune personne adossée au bar me regarda* *donner mon vestiaire au chasseur* (Carco). Cette extension est souvent critiquée.

VÊTIR conjug. → APPENDICE GRAMMATICAL. On rencontre assez souvent des formes faites sur *guérir* : *je vêtissais*, au lieu de **je vêtais**, *qu'il vêtisse*, au lieu de **qu'il vête** (subj. présent), *se vêtissant*, au lieu de **se vêtant**. Elles ne sont plus admises aujourd'hui. ♦ **constr.** On dit **(se) vêtir de**, mieux que *en* ou *avec*, quand le complément désigne la « couleur » ou la « matière » : *Elle se vêtait d'une étoffe raide et sombre* (Green). *Elle allait vêtue de neuf. Tout de blanc vêtue.* ♦ **emploi et sens.** On dit : *Marie a vêtu sa poupée* aussi correctement que : *Marie a vêtu son imperméable* ou *s'est vêtue de son imperméable.* La constr. de ce verbe est donc d'une grande souplesse. Mais on emploie davantage le verbe plus plein, **revêtir**, surtout au sens de « endosser » : *Il est plus facile de revêtir l'uniforme de la guerre que celui de l'absence* (Giraudoux). De même pour **dévêtir** (même conjug. et mêmes emplois) : *Le soleil qui se couche et dévêt sur l'horizon ses lumineux habits* (Renard). Toutefois, on dit surtout **dévêtir qqn** et **se dévêtir**. Les verbes *habiller, rhabiller, déshabiller* sont d'un usage plus courant.
□ **court-vêtu** → COURT-.

VÉTIVER prononc. [vetivɛr]. ♦ **orth.** On écrit aussi *vétyver.*

VETO orth. Pas d'accent. ♦ **emploi et sens.** À côté de la locution *mettre son veto à* : *Habitué à ce que mon père ne mît son veto à aucun de mes actes* (Radiguet), on emploie plus souvent : *opposer son veto.* Le pléonasme n'est pas plus condamnable que dans *opposer un refus catégorique.* On dit également **avoir le veto** ou **le droit de veto**.

VÉTUSTE emploi et sens. Cet adj. s'emploie surtout pour qualifier un bâtiment, au sens de « abîmé et défraîchi par le temps » : *La démolition de certains bâtiments vétustes dans le centre des villes* (*Le Monde*). Le subst. correspondant est **vétusté**, qui apparaît plus rarement.

VEULE prononc. [vøl] et non [vœl].

VEXER constr. On dit *se vexer de quelque chose, pour un rien, se vexer de ce que* ou *de + infinitif passé*, et enfin *être vexé que* ou *de ce que*, à peu près indifféremment : *J'étais vexé qu'elle me parlât ainsi* (Carco). *Il s'est vexé de ce que vous ne l'avez (ou l'ayez) pas invité.* → DE.

VIA emploi et sens. Cette prép. d'origine latine, qui signifie « en passant par », s'emploie soit pour préciser un itinéraire (lorsque deux ou plus sont possibles d'un point à un autre) : *La meilleure chance était quand même d'essayer de gagner Piombino par avion, via Rome, ou Florence* (Toussaint), soit au fig. : *Peut-être ne suis-je venu à la psychanalyse que pour tenter de retrouver en moi, via le rêve, la régression, l'oiseau s'échappant du buisson* (Pontalis).

VIABILITÉ sens. 1) « État d'une route carrossable » ou « ensemble des travaux d'aménagement d'un terrain avant construction ». **2)** Dans un sens plus général, « état d'un organisme viable (vivant ou non) » : *La viabilité de ce processus n'est pas démontrée.* Ne pas confondre avec **fiabilité**. → ce mot.

VICE- forme. Toujours invar. : *des vice-rois, des vice-présidents*, etc.

VICE VERSA prononc. [visevɛrsa], mais aussi, à la française, [visvɛrsa]. ♦ **orth.** Pas de trait d'union, au contraire de *vis-à-vis, volte-face*, etc. Se garder d'écrire *vice et versa* (le [e] dans la prononc. n'étant pas toujours compris).

VICISSITUDE emploi et sens. Se rencontre surtout au plur., au sens de « changements, variations », etc., et de plus en plus à celui de « ennuis, difficultés » : *Je prends, à travers la cloison qui sépare nos deux logements, ma part de vos vicissitudes amoureuses* (Courteline). Ce mot a évolué de la même façon que *avatar.* → ce mot.

VICOMTÉ genre. Fém., comme *Franche-Comté.* → COMTÉ.

VIDE- orth. Parmi les composés formés sur cet élément, ne sont invar. que *vide-ordures* et *vide-vite* : *Vous auriez aimé jeter vous-même le canari dans le vide-ordures de la cuisine* (Rosenthal) ; tous les autres : *vide-bouteille, -cave, -grenier, -poche, -pomme, -tourie* prennent un *s* final au pluriel.

VIDÉO- emploi. Cet élément (issu du latin *videre*, voir) entre dans la composition de nombreux mots appartenant au domaine de l'audiovisuel, en pleine mutation : *Dans sa cage transparente où il règne sur six écrans de vidéosurveillance* [...], *l'homme de la sécurité du parking est petit* (Échenoz). *Vidéo gag*, émission de télé. *Vidéocassette, vidéodisque, vidéoprojecteur*, etc. (sans trait d'union).

VIDÉOCASSETTE emploi et sens. Ce mot technique, relativement récent, est en passe d'être supplanté par le **DVD** (→ ce mot) : *Deux autres* [...] *construisaient leur maison en kit en suivant bien le mode d'emploi grâce à une vidéocassette explicative* (Échenoz).

VIDUITÉ → VACUITÉ.

VIEILLARD forme. Le féminin *vieillarde* est très péj., pour désigner une « vieille femme » ou une « femme âgée » : *Ça s'arrêtera quand il n'y aura plus que des vieillards et des vieillardes dans l'oasis* (Tournier). *Les vieillardes s'asseyaient ou s'acroupissaient dans l'herbe, et, sans hâte, elles jugeaient* (Volodine). On dira moins durement : *une vieille (femme)*. → les suivants.

VIEILLOT forme. Fém. *vieillotte* (avec deux *t*).

VIEUX forme. On trouve la forme masc. **vieil** seulement pour l'adj. et devant un subst. à initiale vocalique (ou *h* dit muet) : *La main de Wolf crispée comme une serre, sur le cou du vieil homme courbé* (Vian). *Remplacer ce vieil escalier vermoulu* (Ionesco). On distinguera (si besoin est !) **un vieil aveugle** (« un aveugle qui est vieux ») et **un vieux aveugle** (sans liaison entre *vieux*, subst., et *aveugle*, adj. : « un vieux qui est aveugle »). Parfois **vieux** est conservé pour donner plus de relief au sens : *Je suis / Un vieux homme qui va sur la route* (Hugo). *Depuis que je suis près de vous, il me semble que je suis comme un vieux homme* (Claudel). En revanche, *vieil* devant un masc. à initiale consonantique est un archaïsme aujourd'hui très rare : *Un vieil savorados* (France). ♦ **emploi et sens.** L'adj. substantivé tend à supplanter **vieillard** dans la langue administrative : *La retraite des vieux est surtout un thème de discours électoral.* Il en est de même dans la langue courante : *Ce pauvre vieux est mort de froid.* Souvent aussi avec une nuance péj. : *C'est un vieux, il ne comprend plus rien à ce qui se passe. Mes vieux sont partis.* On dit plus souvent aujourd'hui **personne âgée.** → ÂGE et LANGUE DE BOIS.

VIF-ARGENT orth. Un trait d'union. ♦ **emploi et sens.** Nom donné jadis au mercure. Dans son extension fig., s'applique à une personne d'une grande vivacité.

VIGIE genre. Nom fém., bien qu'il désigne toujours un « matelot placé en observation dans la mâture ».

VIGILE sens. Fém. au sens de « veille d'une fête », dans la liturgie catholique, ou de « office célébré ce jour-là ». Masc. au sens de « veilleur de nuit » (sens repris à l'Antiquité romaine) : *Un très gros parking privé, gardé par des vigiles massifs assistés de très gros chiens* (Échenoz). Ne pas confondre avec **vigie.**

VILEBREQUIN orth. Ne pas omettre le premier *e*.

VILENIE orth. et prononc. Ne pas écrire avec un accent aigu sur le *e*, ni prononcer [vileni].

VILIPENDER emploi et sens. « Tenir pour peu, dénigrer. » S'emploie indifféremment pour les choses ou les personnes : *Toutes les chapelles qui ont commenté, vilipendé ou célébré la Terreur* (Michon). À distinguer de **vitupérer.** → ce mot.

VILLE orth. Les composés sur **ville** prennent un trait d'union et leurs éléments varient en nombre : *des villes-champignons, des villes-dortoirs, des villes-satellites.* ♦ **genre.** Les noms de villes sont tantôt considérés comme masc., ou plutôt neutres, tantôt féminisés arbitrairement, surtout en raison de la présence d'un *e* à la fin du mot, ce *e* étant senti comme marque de fém. Au masc. : *Chaque fois que Paris s'était débarrassé d'une enceinte, il s'était heurté aux villages* (Romains). *Orléans est pourri de pâtissiers* (Audiberti). *C'était Menton-Garavan, voué au bleu* (Morand). *Bessèges, à peu près inhabité, est une commune* (Jourde). Au fém. : *Le musulman a été chassé, Grenade est prise* (Claudel). *Quoi ! Lyon, Marseille, Bordeaux insurgées, Mayence et Valenciennes tombées au pouvoir de la coalition* (France). *Dubrovnik a été de nouveau attaquée* (*Le Monde*, 01/06/1992). L'influence du mot **ville** est souvent sensible : *Ville du Wurtemberg, Pforzheim, avant la guerre, était riche de ses industries horlogères. Elle travailla ensuite pour la Luftwaffe* (Roblès). En réalité, l'usage est assez flottant. Quand on veut par le nom de la ville désigner sa population, c'est généralement le masc. qu'on rencontre : *Une mystérieuse vieille fille que tout Abbeville appelle Mademoiselle, avec un grand M* (Maurois). *Tout Saragosse devait d'ailleurs croire à une trahison* (Peyré). → TOUT. On lit cependant : *Thèbes entière est au pied du palais, Jupiter, et entend que vous vous montriez au bras d'Alcmène* (Giraudoux). Le genre neutre gagne du terrain et doit être préféré chaque fois que c'est possible.

VILLÉGIATURE emploi et sens. Ce nom, ainsi que les mots qui en sont dérivés, est vieilli et paraît un peu recherché : *Elle partage sa villégiature des hauteurs avec deux braves garçons, gardiens de troupeaux* (Rouaud). On emploie plus souvent *séjour, vacances*, etc.

VILLEUX orth. On écrira de même avec deux *l* **villosité** (qui diffère de *pilosité* comme *velu* de *poilu*. → VELU). ♦ **emploi et sens.** En zoologie et en anatomie, « qui porte des poils ». Aucun rapport avec *vil, vilain*.

VIN orth. *Marchand de vin* : on n'écrit plus guère cette locution en mettant un *s* à *vin*, qui est considéré plutôt comme ayant un sens collectif. Avec des traits d'union, il s'agit d'un nom désignant un grand pain de boulanger et, sans traits d'union, une sauce au vin.

VINGT prononc. Le *t* final est muet devant une consonne : *vingt maisons* [vɛ] et en fin de groupe rythmique : *Ils étaient vingt*. Cependant, il s'articule dans les noms de nombre de 21 à 29, et devant une voyelle (ou un *h* dit muet). ♦ **orth.** Ce mot prend un *s* final dans *quatre-vingts, les quinzevingts*, mais *quatre-vingt* s'écrit sans *s* quand il a une valeur d'ordinal : *page quatre-vingt*. **Vingt** s'écrit sans *s* chaque fois qu'il ne termine pas le nom de nombre : *quatre-vingt-trois mots*. Mais on écrit toujours : *cent vingt* (sans *s*). → CENT, QUATRE-VINGT(S). On écrit sans trait d'union *vingt et un* (sauf s'il s'agit du subst. qui désigne un jeu de hasard, le *vingt-et-un*), *vingt mille*, mais *vingt-deux, vingt-trois, quatre-vingt-dix-neuf*, etc. prennent le trait d'union.

VINICOLE et **VITICOLE sens.** Le premier adj. renvoie à *vin* : *La coopérative vinicole*, le second à *vigne* : *La politique viticole est souvent incohérente*. Le second tend à englober le premier.

VINTAGE emploi et sens. Ce nom-adj. est un anglicisme qui désigne un vêtement ou un accessoire de mode authentique sur le plan chronologique, et qui ne résulte pas de la copie d'un modèle ancien. Il est invar. en tant qu'adj. : *L'occasion est rare de redécouvrir des vêtements et accessoires vintage de la mode masculine* (*Le Monde*, 16/01/2009).

VIOLENTER et **VIOLER sens.** Ces deux verbes, de nos jours, ne se distinguent plus très nettement. On les emploie concurremment au sens de « posséder sexuellement, pénétrer quelqu'un contre son gré » : *Il fallait, pour contenter son génie, qu'elle eût été prise par force ou par ruse, violentée, précipitée dans des pièges tendus sous tous ses pas* (France). Le verbe **violenter**, au figuré, paraît souvent littéraire : *N'avais-je pas sur moi de quoi violenter son silence ?* (Gide). *Je désirais vraiment posséder cette langue* [le français], *succomber à ses charmes, mais aussi lui faire subir les derniers outrages, la violenter* (Semprun). Le verbe **violer** est d'un emploi beaucoup plus étendu, aussi bien au sens propre qu'au sens fig. Tous deux contiennent l'idée de « faire violence d'une façon ou d'une autre à une personne ou à une règle ».

VIRAL forme. Masc. plur. *viraux*.

VIRER emploi et sens. Au sens de « mettre qqn à la porte, lui supprimer son poste », on évitera d'employer ce verbe de registre fam., voire vulgaire et on préférera les verbes **congédier, licencier** ou encore **démettre, destituer, révoquer** quand il s'agit d'une fonction officielle.

VIREVOLTE → VOLTE-FACE.

VIRGINAL forme. Masc. plur. *virginaux*.

VIRGULE emploi. À la différence du point, qui correspond à une pause importante dans la diction, la virgule indique une pause faible : *Joyau étincelant de la grammaire française. Nulle autre langue au monde n'a su tirer de la virgule le subtil et magistral parti qu'en a tiré le français* (Cavanna). Elle sert à séparer des mots juxtaposés, de même catégorie grammaticale, et en principe non coordonnés : *C'étaient des mots comme « puissance », « rayonnement », « sang », « soleil », « bonté virile », « confiance », « profusion et soulèvement de la vie », des mélanges de mots et de visions, comme « chants autour du pressoir », « chants dans les plaines de blé », « bénédiction du Père sur les hommes en sueur »* (Romains). La présence de **et, ni, ou** entre deux de ces éléments exclut la virgule, sauf si l'on cherche à produire un effet particulier ou une pause combinée à la coordination. Le dernier sujet d'un verbe n'est en principe pas séparé de lui par la virgule : *Le père, la mère, les enfants sont réunis.* Cependant, il n'est pas rare de rencontrer une virgule avant le verbe : *Une confidence, un souvenir, une simple allusion, ouvraient des perspectives insoupçonnées* (Martin du Gard). La virgule sert aussi à séparer des membres de phrase ou des propositions : *Ils pédalèrent longtemps, côte à côte, dans les allées vertes qui sentaient la poussière* (Troyat). *Depuis deux mois qu'ils se l'étaient appropriée, qu'ils y venaient chaque jeudi, chaque dimanche (et, depuis la sortie de Pâques, tous les jours), les enfants ne se rassasiaient pas de leur royaume* (Cesbron). Il n'existe pas de règle absolue dans ce domaine. On observera cependant que la virgule ne sépare de la proposition principale une proposition relative que si cette dernière n'est pas indispensable au sens, et ne fournit qu'une explication, à la manière d'un adj. qualificatif : *Les spectateurs, qui s'ennuyaient, sont partis.* (On comprend : « l'ensemble des spectateurs ».) Mais on écrira : *Les spectateurs qui s'ennuyaient sont partis*, si le sens de la phrase est : « Parmi les spectateurs, ceux qui étaient fatigués sont rentrés chez eux, les autres non. »

VIRTUOSE genre. Ce subst. est des deux genres : *C'est une virtuose de la resquille.*

VIS genre. Fém. *une vis.* ♦ **sens.** Il faut distinguer la **vis**, élément mâle, de l'**écrou**, élément femelle. → BOULON.

VIS-À-VIS constr. L'ellipse de la prép. *de* est admise au sens spatial : *Sa belle petite maison vis-à-vis le château* (Vallejo). *Vis-à-vis la poste se trouvait la mairie.* ♦ **emploi et sens.** Cette locution signifie à l'origine « visage à visage » (comparer *nez à nez*). Elle s'emploie aujourd'hui au sens de « en face de », en parlant de personnes ou d'objets. Le sens de « en ce qui concerne, à l'égard de » est répandu à tous les niveaux de langue, malgré les réserves des puristes. On trouve cette forme chez Aymé, Martin du Gard, Giraudoux, Masson, etc. Au sens spatial, on rencontre non seulement cette locution prépositive, mais aussi l'adv. : *Je reste assis là, dans le jour perdu, vis-à-vis du coin de la glace* (Barbusse). *Vis-à-vis, du côté de l'Épître, une estrade s'élevait* (France). Le subst. **vis-à-vis** s'emploie également dans divers sens : « personne placée en face d'une autre », « face-à-face », « siège destiné à la conversation à deux », etc. : *Son vis-à-vis restait muet* (Vian). *Le reflet, répété à l'infini dans un vis-à-vis de miroirs, des quatre becs de gaz* (Courteline).

□ **vis-à-vis l'un de l'autre.** On dit aussi correctement : **l'un vis-à-vis de l'autre.** → UN + AUTRE.

VISCÈRE genre. Masc. : *Le docteur avait néanmoins agi posément, systématiquement, en suivant la procédure conventionnelle, par ensembles anatomiques, des viscères inférieurs aux viscères supérieurs* (Demouzon). ♦ **dérivé.** *viscéral* s'écrit avec un accent aigu, au contraire de *viscère*. Masc. plur. *viscéraux*.

VISER constr. Verbe transitif au sens de « diriger (son regard) vers le but » ou de « revêtir d'un visa » : *L'intelligence n'a sa véritable valeur que lorsqu'elle vise un but extérieur à elle* (Martin du Gard). *Un homme en casquette galonnée, au bord du quai, vise des papiers* (Simenon). Ce verbe se construit généralement avec **à** quand le sens est fig., et le complément représenté par un nom abstrait ou un infinitif : *Plusieurs projets de loi visent à rénover les logements insalubres* (*Le Monde*).

VISIONNER emploi et sens. Ce verbe, apparu au début des années 20, a le sens de « regarder un film avec des préoccupations de technicien ». Il est acceptable dans ce contexte, ainsi que le nom **visionnage** : *Vous aimeriez savoir quel effet le visionnage de ce film a pu avoir sur la gestation de votre mère* (Rosenthal).

VISITATION emploi et sens. Ce subst. appartient au contexte du catholicisme, dans lequel il désigne la « visite faite par la Vierge à sainte Élisabeth », et on ne peut l'employer comme simple substitut de **visite**, sinon dans un registre plaisant : *Venez vite, cher Archange : nous attendons avec impatience votre visitation* (Sartre). Employé absolument et dans son sens propre, ce mot prend une majuscule initiale.

VITE emploi et sens. Ce mot est surtout un adv. Son emploi comme adj., synonyme de **rapide**, est vieilli, sauf dans la langue du sport, où les journalistes l'emploient encore assez volontiers : *Les coureurs les plus vites du monde.* Dans la langue littéraire : *Son parler est de plus en plus vite et indistinct* (Gide).

VITESSE emploi. Les locutions **à toute vitesse, à vitesse réduite** sont parfaitement correctes, mais **en vitesse** ressortit au registre fam. : *Maintenant si vous préférez, vous pouvez déguerpir, mais alors, en vitesse* (Duras).

VITICOLE → VINICOLE.

VITRAIL forme. Plur. *des vitraux.* → -AIL.

VITUPÉRER constr. Ce verbe, dont le sens est « critiquer avec force et vivacité », est transitif direct : *Le pendu devait être un de ces couards vitupérés par El Rayo parce qu'ils parlaient de se rendre* (Peyré). On ne dit guère *vitupérer qqch.* Mais la constr. indirecte, avec la préposition **contre**, se répand, sans doute sous l'influence de verbes tels que **invectiver** (→ ce mot), **s'emporter**, etc. : *Il est bien temps de vitupérer contre le monsieur* (Triolet). *« Ne tuez pas nos bébés, assassins, fascistes », vitupérait la foule contre les soldats de l'ONU* (F. Hartmann, *Le Monde*, 25/06/1992). Condamnée par la plupart des grammairiens, elle paraît devoir être admise à plus ou moins longue échéance.

VIVAT prononc. Le *t* se prononce. ♦ **emploi et sens.** Vieilli comme interjection, ce mot se rencontre aujourd'hui comme subst., au sens de « acclamation » : *La voiture s'ébranle. On pousse des vivats* (Cendrars).

VIVE forme. Ce mot est généralement invar., et considéré comme une interjection : *Vive Venceslas et la Pologne !* (Jarry). *Et vive les récipiendaires !* (Vian). Parfois, on le considère encore comme le subj. de *vivre*, et on l'accorde : *Vivent donc les enterrements !* (Camus). Avec un non-animé, l'invariabilité semble plus logique : *Vive les vacances !*

VIVOTER orth. Avec un seul *t*.

VIVRE(S) (substantif) **emploi et sens.** Rare au sing., si ce n'est dans *Il m'assure le vivre* (c.-à-d. « la nourriture ») *et le cou-*

vert (« l'abri », et non « ce qu'on met sur la table » !). Le plus souvent au plur., au sens de « victuailles, aliments nécessaires à la subsistance » : *Il obtint des vivres et des effets de toutes sortes pour les prisonniers français* (*Le Monde*). *Les vivres vinrent à manquer* (Chanson du *Petit Navire*).

VIVRE (verbe) **conjug.** ⟶ APPENDICE GRAMMATICAL. ♦ **forme.** Le part. passé *vécu* suit la règle des verbes *coûter, mesurer, peser.* ⟶ PARTICIPE PASSÉ : *Durant les dix années qu'elle avait vécu dans ce pensionnat* (Benoît) (que = complément circonstanciel de temps). Mais : *Les moments difficiles que nous avons vécus* (que = complément d'objet direct). *Les années écoulées sans vous, je ne les ai pas vécues* (France). *Ces deux jours sont les plus beaux que j'ai vécus* (Boylesve). Dans ces deux exemples, **vivre** a le sens fort de « éprouver intimement, réellement, par l'expérience même de la vie » (Robert). ♦ **constr.** On sait que ce verbe, en principe intransitif, se construit aisément de façon transitive, avec un « objet interne », pour peu que son complément soit accompagné d'un déterminant ou d'une qualification : *Cremnitz vivait la vie des dépôts d'infanterie* (Apollinaire). *Devant elle je ne peux pas faiblir, je dois vivre mon inachèvement, mon incomplétude jusqu'au bout* (Bauchau). ⟶ SOUFFRIR. On dit **vivre de ses rentes**, quand l'idée de « moyen pratique et concret » domine : *Il vit de peu, de la fortune de sa femme,* etc. On emploie la préposition **sur** quand c'est l'idée de « prélèvement » qui l'emporte : *Il vit sur le petit capital que ses parents lui ont laissé.* Au fig., on préfère presque toujours *sur* : *Il vit sur un rêve impossible.*
□ **vive ou vivent... !** ⟶ VIVE.

VLAN ! orth. On écrit plus rarement *v'lan !* ⟶ ONOMATOPÉES.

VOCAL forme. Masc. plur. *vocaux.*

VŒU emploi et sens. La formule habituelle *Meilleurs vœux* est critiquée, parce qu'elle a l'aspect d'un comparatif. Le sens n'est évidemment pas « meilleurs vœux que l'an dernier », mais : « Je vous adresse mes vœux les meilleurs. » On peut aussi employer un déterminant : *Mes meilleurs vœux,* bien que dans la langue classique le comparatif et le superlatif aient été parfois confondus. ⟶ COMPARATIF et SUPERLATIF.

VOICI et **VOILÀ emploi et sens.** En principe, **voici** s'applique à une « personne ou à un objet proche de celui qui parle », à « ce qu'on va dire ou faire », à un « état actuel » : *Voici le temps des assassins* (Rimbaud). *Voici Antoine et son sommeil chez le voleur* (Supervielle). *Voici que je suis une fois encore entre les murs noirs de mon mas foulé* (Chabrol). *Voici que des intellectuels parmi les plus connus se mettent à discuter des vrais problèmes* (*Le Monde*). **Voilà** s'applique en principe à « une personne ou à un objet relativement éloigné de celui qui parle », à « ce qui vient d'être dit ou fait », à un « état prochain ou actuel » : *Le garde était mort voilà trois semaines* (Montherlant). *Voilà vingt ans qu'on laisse perdre ainsi de la belle herbe* (Ramuz). *Voilà qu'on nous apprend ce matin que la Bulgarie a proclamé son indépendance* (Romains). En fait, **voici** est beaucoup moins employé que **voilà**, qui prend souvent une valeur emphatique ou affective, et la nette distinction de sens s'efface peu à peu, comme pour **ici** et **là**, **ceci** et **cela**, etc. (⟶ CI, CECI, ICI, LÀ) : *Des vieilles oubliées que leur homme a quittées voilà déjà huit ans* (Desproges). *Les bons défenseurs de la loi que voilà !* (Anouilh). *Voilà qui va nous rendre des forces* (Beauvoir). Et dans le registre fam. : *En voilà des manières !* (Ionesco). Dans le style parlé, *vlà* : *Tirez-vous, vlà l'directeur ! Voilà-t-il pas qu'une lettre arrive un matin, qui disait que mon frère Henri était malade* (Guilloux). Le premier mot ne se maintient fermement que dans le tour archaïsant **voici** + **infinitif** (le plus souvent : *venir*) : *Voici venir le temps des villes* (Farrère), et lorsque **voici** et **voilà** servent à opposer deux éléments (comme *ici* et *là*, etc.) : *Voici la maison du maire, (et) voilà celle du curé.*
□ **le voilà qui vient, voilà qu'il vient.** Ces deux locutions de sens voisin ne doivent pas se contaminer, en donnant le tour redondant et fautif : *Le voilà qu'il vient.* Avec **voici**, ce tour est plus rare : *Le voici qui monte enfin l'escalier* (Supervielle). On s'étonne de trou-

ver sous la plume de Valéry : *Le voici qu'il ne peut plus se contenir dans l'étendue.*

□ **voici bien longtemps que tu (n')es (pas) venu.** Ces locutions présentent la même réalité sous deux points de vue différents. Sans négation, on met en relief « l'éloignement dans le temps du dernier acte accompli », avec négation, on insiste sur la « durée de l'absence ».

□ **revoici, revoilà.** Ces mots à redoublement appartiennent au style fam. : *Tiens, tiens, revoilà le duelliste de tout à l'heure* (Queneau).

□ **voilà que le maire arrive** ou **qu'arrive le maire.** Après **voilà** (ou **voici**) **que**, on trouve souvent l'inversion du sujet subst. : *Voilà que s'affrontent deux puissances, l'étranger et l'indigène* (Barrès). *Voici qu'il sort justement faire un tour et tiens, voici que la correspondante de guerre a l'air de s'être éveillée* (Échenoz).

□ **et voilà...** Un tic de langage lié à *voilà* déferle depuis 2010 dans la langue parlée : on entend sans cesse dans les médias et ailleurs **et voilà !** en guise de raisonnement, d'argumentation et de conclusion. C'est un des signes flagrants de la pauvreté à laquelle se résume aujourd'hui l'argumentation passe-partout.

VOIE emploi et sens. S'écrit **voie** au sens (propre ou fig.) de « route, chemin, direction, etc. ». Au sing. dans : *Trois informations* [...] *qui marquaient son estime pour le Nain jaune et qui, par voie de conséquence, sonnaient comme une condamnation de ce que je suis* (P. Jardin). *Être en bonne voie.* Au plur. dans : *Condamné à mort pour voies de fait sur la personne d'un officier* (Vercors). *Il est toujours par voies et par chemins.* On se gardera de confondre avec *voix* (« résultat de la phonation, conseil, suffrage », etc.) dans certains tours, comme *les voies du Seigneur ; suivre la même voie que qqn*, etc.

VOILÀ ⟶ VOICI.

VOILE emploi. On écrit au sing. *faire voile vers, la navigation à voile, faire du vol à voile* (= du planeur), et au pluriel *faire force de voiles, voguer toutes voiles dehors, avoir le vent dans les voiles* (*du vent dans les voiles* est fig. et fam.), *aller pleines voiles*, etc. Il y a hésitation sur le nombre dans *la marine à voile(s)* : Thomas conseillait le sing., et le *GDEL, à l'article* marine, distingue *marine à voile* et *marine à vapeur*. Le *Petit Robert* adopte le pluriel.

VOIR conjug. ⟶ APPENDICE GRAMMATICAL et POURVOIR, PRÉVOIR. ♦ **forme.** Pour l'accord de **vu** ⟶ ce mot. ♦ **constr.** Ce verbe est le plus souvent transitif, mais avec la prép. **à**, il a le sens de « songer, aviser à » : *Il faut voir surtout à ne pas éveiller sa méfiance. Voir après qqn* est un tour incorrect et pesant : *Il a demandé à voir après lui.* On dira plus simplement *le voir.* ⟶ APRÈS.

□ **voyons voir.** Le registre fam. combine de nombreux verbes avec le mot **voir**, que certains identifient à l'adv. *voire* (⟶ ce mot), mais qui est plutôt l'infinitif de but, librement associé à un verbe : *Des conditions ? Voyons voir : la chose paraît curieuse* (Queneau). *Revenant vers Pablo qui tapait à grands coups de serpe, elle lança : Arrêtez voir !* (B. Clavel). On peut penser que ces emplois, qui évoquent une idée d'attente ou parfois de défi, proviennent d'une ellipse. Ainsi, le tour analytique : *Chante un peu, pour voir si tu as du coffre*, donnerait : *Chante un peu, pour voir*, puis : *Chante voir un peu, chante voir.* Quoi qu'il en soit, *voir* fait participer davantage le sujet à l'action, par l'intérêt qu'il y prend.

□ **il ferait beau voir.** Locution un peu désuète et littéraire, qui sert à « repousser une hypothèse à laquelle on ose à peine songer » : *Elle a tout son sang-froid. Il ferait beau voir qu'elle n'eût pas son sang-froid* (M. Arland).

□ **de mes yeux vu.** Ce pléonasme est admis, en tant que référence littéraire au *Tartuffe* de Molière : *J'ai vu, de mes yeux vu, une pièce authentique délivrée par la mairie d'Enghien* (Apollinaire). *Il est tombé en arrière, les bras en croix. J'étais là. Cela, je l'ai vu de mes yeux* (Japrisot). ⟶ PLÉONASME.

□ **voir, verbe auxiliaire.** *Voir* perd souvent sa valeur de verbe de perception, pour servir d'auxiliaire ou de « relais syntaxique » qui permet d'éviter certains tours délicats. Ainsi, au lieu de dire : *On lui préféra son rival*, on peut dire : *Il se vit préférer son rival.* Au lieu de : *J'aurais voulu qu'il partit, J'aurais voulu le voir partir. Celui qui aurait avancé un doigt du côté de sa bouche aurait parfaitement pu se le voir sectionner* (P. Jardin). De même, pour éviter la collision de deux *que*, l'un introducteur de la complétive, l'autre second terme de comparaison : *Elle aime mieux supporter ses infidélités que de le voir s'éloigner d'elle.* → PRÉFÉRER.

VOIRE emploi et sens. Le sens premier de cet adv. est un « oui, mais », il exprime un doute : *Je serai lu dans un demi-siècle. Par la postérité. – Voire. Crois-tu qu'on s'intéresse encore à l'adultère et au duel dans ce temps-là ?* (Queneau). On le rencontre le plus souvent avec un sens renchérissant, « et même » : *Il fallait être sur le pied de guerre à l'aube pour ne sortir parfois qu'à onze heures, voire midi* (Colombier). *Toute mon enfance avait été et continuerait d'être dominée, voire obsédée, par notre curiosité à l'égard de ces deux hommes* (Labro). *Les écologistes de métier veulent faire peur, et pour faire peur ils simplifient, voire ils en rajoutent* (E. Le Boucher, *Le Monde*, 09/04/2007). → COLLECTIF (dernière cit.). *Certains restent rue des Poissonniers plusieurs mois, voire plusieurs années* (*Le Monde*). On renforce parfois ce mot par *même* : cette association, critiquée par les puristes, n'est pas incorrecte, mais seulement archaïsante, au sens de « et vraiment même » : *À la bourrellerie, je trouvai mes premiers copains : les apprentis, voire même le compagnon qui n'avait pas vingt ans* (Ragon). *Il écrira au préfet, voire même au ministre.* Littré ne condamnait pas cette locution. Mais il vaut mieux se contenter de l'un de ses éléments : *Il écrira au préfet, et même au ministre* (ou *voire au ministre*).

VOIRIE orth. Pas de *e* intérieur. Prendre garde à l'influence de *voie* et de *nettoiement*.

VOITURE et **WAGON emploi et sens.** Dans le lexique officiel de la SNCF, le premier mot désigne un « véhicule pour voyageurs », et le second un « véhicule pour marchandises ou animaux ». Les deux mots se rejoignent dans certains cas : *Nous suivons notre père, qui arpente le quai d'un pas propriétaire, vers la très vieille voiture wagon-lits dont il a obtenu de la Compagnie qu'elle la laisse sur le parcours Paris-Lausanne* (P. Jardin). Cependant, la langue courante, sans doute pour bien distinguer les « véhicules ferroviaires » des « voitures automobiles », a tenu à employer **wagon** aussi bien quand il s'agit du transport de voyageurs que du transport de marchandises : *Un froid couloir de pierres mouillées où les fougères glissent le long des vitres du wagon* (Morand) ; cet usage est en voie de disparition : on est habitué à parler de « voiture-lits », « voiture-bars » ; et invité à monter « en voiture ». Pour le transport par route, le mot **voiture**, depuis la quasi complète disparition des « voitures attelées », a remplacé *voiture automobile* et a supplanté *auto*, un peu vieilli : *Cette voiture marche sans chevaux, aussi l'appelle-t-on voiture automobile* (Queneau) : cet exemple est volontairement archaïsant.

VOIX emploi et sens. C'est bien ce subst. qu'on trouve dans la locution *avoir voix au chapitre*, c.-à-d. « pouvoir exprimer son avis sur un sujet », et non, comme on le croit parfois, le nom **voie**, au sens de « accès » : *Si j'aime mieux le cabriolet, moi ? Je pense que j'ai tout de même voix au chapitre ?* (Colette). → CHAPITRE, VOIE.

VOLATIL et **VOLATILE orth.** Pas de *e* final au masc. pour l'adj. signifiant « qui passe aisément à l'état gazeux » : *Fixer le sel volatil par la chaux, c'est aussi lui faire perdre sa puissance* (Bachelard). Mais : *D'où l'intérêt de fixer cette mémoire volatile avant qu'elle ne s'efface* (B. Hopkin, *Le Monde*, 11/04/2007). Cet adj. ainsi que le dérivé **volatilité** est très employé dans la finance : *Autre élément conjoncturel : la volatilité sur les marchés. Les prix des actions connaissent de fortes variations sur la plupart des places boursières* (C. de Corbière, *Le Monde*, 01/08/2011). Prendre garde à l'influence de **volatile** (masc.), « oiseau (domestique) » : *Il énumérait des noms de volatiles, de mammifères* (Volodine).

VOL-AU-VENT forme. Invar. : *des vol-au-vent.*

VOLCANOLOGIE forme. Les mots de cette famille sont tous formés sur **volcan**, la lettre *o* l'a emporté définitivement sur les anciennes formes en *u*, issues de Vulcain, le dieu latin du feu : *Les volcanologues de La Réunion sont aux anges. Ils parlent déjà d'« éruption du siècle »* (*Le Monde*, 05/04/2007), et au fig. : *Je tourne en rond autour d'un abîme* [...], *volcanologue halluciné au bord d'un cratère en ébullition* (Khadra).

VOLÉE emploi et sens. La locution *à la volée*, « avec un mouvement ample et fort », est vieillie, sauf dans **semer à la volée**. On dit plus souvent **à toute volée**, qui peut paraître fam., mais ne l'est nullement : *Vincent lui envoya son poing à toute volée dans la figure.*

VOLETER conjug. Comme *jeter.* ⟶ APPENDICE GRAMMATICAL.

VOLONTÉ emploi. Les comparatif et superlatif de la locution **bonne volonté** sont synthétiques, malgré la cohésion des deux éléments, et on dit **être de (la) meilleure volonté**, non pas *de (la) plus bonne volonté.*

VOLONTIERS orth. Un *s* final. ♦ **emploi et sens.** Cet adv. est parfaitement admis même dans un contexte non animé, au sens de « aisément, facilement » : *Le lierre pousse volontiers dans les sous-bois.*

VOLTE-FACE forme. Le subst. **volte**, employé surtout en équitation au sens de « tour complet qu'on fait faire au cheval », s'emploie parfois au figuré, dans la langue littéraire : il prend un *s* au pluriel, à la différence de **volte-face** (invar.), beaucoup plus usité, au sens de « demi-tour » (non pas « tour complet ») et, surtout au fig., de « brusque revirement » : *Leur pouvoir restait fragile, par essence, exposé qu'il était aux caprices et aux volte-face imprévisibles de la politique globale de répression de Berlin* (Semprun). On écrit sans trait d'union **virevolte** et **virevolter**.

VOTATION emploi et sens. Ce nom est synonyme de *vote*, et employé très régulièrement et officiellement dans la Confédération helvétique : *Un des instigateurs de la votation, Ulrich Schüler, député de l'Union démocratique du Centre (UDC), le grand parti populiste, justifie l'interdiction* (*Le Monde*, 07/08/2009).

VOTER constr. La langue soutenue exige *voter pour les démocrates*, mais le registre fam. emploie couramment *voter démocrate* (qui n'a pas le même sens que *voter démocratiquement* !). On dit aussi *voter Untel* et aussi *voter utile.* ⟶ ACHETER.

VOTRE et **VÔTRE orth. et emploi.** On peut faire les mêmes remarques que pour **notre** ⟶ ce mot. **Votre** (sans accent circonflexe) fait **vos** au pluriel. **Vôtre** (avec accent circonflexe) fait au pluriel **vôtres**. Le premier est adj. possessif, le second pronom possessif. ⟶ aussi MIEN et METTRE.
□ **à la vôtre.** Cette formule de souhait est une abréviation de **à votre santé**, que le bon usage n'admet qu'en réponse à un souhait précédent : *À la vôtre, les gars ! – À la vôtre, dit Pablo* (B. Clavel). *À la bonne vôtre* est fam.
□ **vous avez fait des vôtres.** Cette locution, dans laquelle **vôtre** est pronom, représentant l'idée de « sottises, fredaines », se dit beaucoup moins qu'à la 3e personne : *Ils ont fait des leurs*, et surtout au sing. : *Il a encore fait des siennes.*

VOULOIR conjug. ⟶ APPENDICE GRAMMATICAL. ♦ **forme.** L'impératif a deux séries de formes. La plus employée est : *veuille, veuillez* (*veuillons* est très rare) : *Veuille prendre cette chaise, dit Gohar. Je m'excuse de ne pas te faire honneur, Excellence !* (Cossery). *Veuillez agréer, monsieur*, etc. La seconde est *veux, voulons, voulez*. Littré la condamnait, mais elle s'est bien implantée, surtout quand le contexte est négatif : *Mon bon vieux, ne m'en veux pas d'être parti comme un fou* (Rolland). *Ne lui en voulez pas de sa négligence.* Certains grammairiens assurent même que cette dernière forme a un sens plus fort que celles qui sont proches du subj. : il est certain que les formules de politesse du genre *veuillez agréer, croire*, etc., ont contribué à affaiblir ces impératifs. On n'emploie au subj. que les formes *(que) nous voulions, (que) vous vouliez*, et non plus *veuillions, veuilliez* (avec un *i* avant et après les deux *l*) : *Il faut que nous voulions vraiment réussir pour créer un* *minimum de confiance. Bien que vous ne vouliez pas en convenir, cela est.* ♦ **constr.** On dit couramment *vouloir qqch.* (ou *qqn*), sans prép., mais *vouloir de qqch.* est parfaitement correct, au sens de « accepter ». La prép. a ici une valeur partitive : *Je veux bien de ton aide, à une condition.* En phrase négative : *Je ne veux pas de votre amitié ! Je n'en veux pas* (France). *Je ne veux pas de la gloire ! Je ne veux pas de la joie ! Je ne veux même pas de l'espérance* (Bernanos). Le parler pop. emploie aussi le tour absolu : *il en veut*, dans lequel le pronom *en* représente, selon le contexte, des contenus très divers.

□ **vouloir que.** Le mode qui suit est généralement le subj., mais peut être l'indic. quand on constate ou qu'on admet la réalité d'un fait : *Je veux donc bien que toute règle de justice est vaine* (Alain). Dans les tours du type *le hasard veut que, le malheur a voulu que*, la subordonnée peut également se mettre à l'indic. : *Si le malheur veut que je vous ai perdue pour toujours* (Becque, cité par Robert). L'indic., dans ces tours, s'explique par le fait que *vouloir* ne marque plus ici la volonté.

□ **elle mène la vie qu'elle a voulu(e).** ⟶ PARTICIPE PASSÉ.

□ **se vouloir.** Avec un nom de chose, l'emploi de **se vouloir** (comme celui de *se voir*) est assez discuté. Georgin cite par exemple les phrases suivantes, qu'il a relevées dans la presse : *L'obscurité qui se voulait totale. La structure du pays se veut industrielle.* Ces emplois abondent : *La poésie ne se veut jamais absence ni refus* (Saint-John Perse). *Quand l'actualité se veut saugrenue* (Dutourd).

□ **bien vouloir** ou **vouloir bien** ⟶ BIEN.

□ **je veux !** Formule emphatique du registre pop., qui confirme avec vigueur ce qui vient d'être dit : *Il connaît son affaire. – Je veux, dit le typo* (Sartre). ⟶ PARLER et COMMENT.

VOUS constr. Le **vous** de politesse désignant une seule personne entraîne pour l'adj. attribut ou le part. le même accord que le **nous** de majesté. *Vous êtes trop aimable. Vous êtes parti le 10.* ⟶ NOUS.

□ **peu d'entre vous s'en tireront.** Quand le sujet du verbe est constitué par une locution à sens collectif, suivie de *vous*, l'accord se fait à la 3e personne du plur., et non à celle du pronom : *La plupart d'entre vous se décideront un jour. Dix parmi vous ont réussi.* ⟶ NOUS.

□ **vous-même (vous) étiez.** Après **vous-même(s), vous autres, vous seul(s)**, la reprise du pronom sujet est facultative : *Avouez que vous-même n'étiez pas fâché de vous révéler à elles* (Giraudoux). ⟶ NOUS.

□ **si j'étais (que) (de) vous** ⟶ ÊTRE.

□ **c'est à vous à** ou **de** ⟶ À.

□ **c'est (à) vous à qui je m'adresse.** Ce double **à** est aujourd'hui considéré comme un pléonasme. Il vaut mieux dire : *C'est à vous que je m'adresse*, ou plus rarement : *C'est vous à qui je m'adresse.* On doit surtout éviter le redoublement de la prép. dans les phrases où **à vous** est séparé du verbe par une apposition ou une relative complétant le pronom : *C'est bien à vous, qui avez si longtemps assumé ces responsabilités, que je m'adresse* (et non *à qui*).

□ **vous = on.** Ce pronom se substitue à **on**, surtout en fonction de complément : *Quand une certaine ivresse du désespoir vous possède, tout est préférable à un choix de la volonté* (Romains) (comparer : *Quand on est possédé par...*). *Que vous soyez bancal, bossu, gracieux, mal attifé, raffiné ou ridicule, il faut de toute manière se présenter au monde et tâcher de faire figure* (Dhôtel). ⟶ NOUS et ON.

VOUVOIEMENT forme. Celle-ci est la plus répandue, mais on dit aussi correctement **voussoiement**, ou, avec un seul *s*, **vousoiement**. *La proximité favorise la familiarité. Or, celle-ci évolue à sens unique : quand deux personnes commencent à mieux se connaître, elles passent du vouvoiement au tutoiement, jamais l'inverse* (R. Solé, *Le Monde*, 25/05/2007). Même remarque pour les verbes *vouvoyer, voussoyer* et *vousoyer*.

VOYAGISTE emploi et sens. Ce néologisme bien formé est recommandé (arrêté ministériel du 17 mars 1982) pour remplacer la séquence anglaise *tour operator*, peu conforme aux règles du français, même sous la forme « améliorée » de *tour-opérateur.* Ces mots désignent une « personne morale ou physique commercialisant les voyages à forfait, directement ou par l'intermédiaire de revendeurs » : *Dans l'immédiat, les voyagistes* *occidentaux amenant des touristes dans ce pays devraient tenter d'obtenir de leurs interlocuteurs chinois le maximum de garanties sur les moyens de transport envisagés* (F. Deron, *Le Monde*, 12/10/1992). *L'agence de voyages*, quant à elle, désigne plus l'établissement que le responsable… et on ne dit pas *agent de voyages.*

VOYELLES genre. Le genre des voyelles est toujours masc. aujourd'hui : *un a, un i*, etc. → CONSONNE.

VOYER orth. Pas de trait d'union dans **agent voyer**.

VOYOU emploi. Cet adj. très péj. s'applique depuis quelques années à des personnes plus ou moins haut placées qui ne respectent pas les règles du droit ou l'éthique de leur profession : *Le préfet et la ministre ont pointé du doigt la responsabilité de l'industriel « voyou » dont la société a été placée en redressement judiciaire* (N. Vittrant, *Le Monde*, 13/06/2011).

VRAI emploi et sens. → VÉRITABLE.
□ **à vrai dire** ou **à dire vrai.** Ces locutions s'emploient indifféremment : *Adamsberg n'espérait pas un résultat si rapide et, à vrai dire, pas le moindre résultat* (Vargas). *À dire vrai il n'est pas souvent de bonne humeur* (Robbe-Grillet). On emploie, de façon plus littéraire, **au vrai** : *Au vrai, elles ne riaient pas plus de Raymond que de quiconque* (Mauriac). Quant à **vrai**, au sens de « vraiment », il appartient au registre fam. : *Mais, vrai, si les saints sont de cet acabit, ce ne sont pas des gens faciles à vivre* (Duhamel).
□ **vrai faux.** L'alliance de ces deux adj. antonymes est devenue courante depuis l'affaire du *Carrefour du Développement* (1986), pour suggérer, sur le modèle de trop fameux *vrais faux passeports*, une grave ambiguïté dans une opération moralement douteuse : *Il a également suspendu sur-le-champ la secrétaire, soupçonnée d'avoir monté de toutes pièces une vraie fausse affaire d'abus sexuels* (A. Dusart, *L'Est Républicain*, 11/06/1992). *Sans compter les secrétaires de mairie résistants qui vont encore accentuer l'immense bordel des vrais-vrais, vrais-faux, faux-vrais documents en circulation* (Bialot).
□ **de vrai.** Tour archaïque, fréquent chez certains auteurs précieux, comme Paulhan : *De vrai la joie n'est-elle guère plus sensible dans fou-de-joie.* → cit. d'Aymé à PRONOMS PERSONNELS.
□ **pour de vrai.** Cette locution est répandue dans la langue enfantine et dans le registre pop. : *Il revit les larmes sur son visage, et il en fut plus vivement bouleversé qu'alors, quand elles coulèrent pour de vrai* (Aragon). *La télé c'est magique, on voit les gens pour de vrai* (Bourgon). → BON et POUR.

VRAISEMBLABLE constr. On rencontre, après le tour *Il est vraisemblable que*, l'indic. ou le subj., selon le degré de « probabilité ». Le conditionnel est également possible : *Il est vraisemblable, dans cette hypothèse, que le régime aurait besoin de renforts considérables.* Après une principale négative ou interrogative, le subj. est constant : *Il n'est pas vraisemblable qu'on l'ait chargé de cette mission pour se débarrasser de lui ensuite.* → POSSIBLE et PROBABLE.

V.T.T. emploi et sens. Ce sigle, désignant le *vélo tout terrain*, type de bicyclette sportive très en vogue depuis environ 1987, est recommandé par un arrêté ministériel du 18 décembre 1990 pour remplacer l'anglicisme *mountain bike*, qu'il a rapidement détrôné : *Les gens qui enfourchent leur VTT triple plateau dix-huit vitesses* (Saumont). Il existe également le **V.T.C.**, sigle pour « vélo tous chemins », engin qui a un caractère moins sportif.

VU emploi et sens. Lorsque ce mot précède un subst., il fonctionne comme une prép. et demeure invar. : *En rougissant d'une légère confusion, vu son extrême délicatesse touchant les procédés amoureux* (Courteline). *C'est normal d'être crevée vu notre boulot et toutes ces gardes* (Adam). *Je comprends parfaitement que, vu les circonstances de votre enfermement, vous n'ayez pas encore pu répondre à ma première lettre* (de Roulet). Après le subst., c'est le part.-adj. normalement accordé : *« Choses vues »*, de Hugo.

□ **vu que.** Cette locution conjonctive semble appartenir davantage à la langue administrative que la précédente, et a une allure plus pédante : *La mère Ubu lui prodiguera ses soins, vu qu'elle s'évanouit fort souvent* (Jarry). *Que ce bâtiment fût un club, une annexe, un foyer, Ferrer ne le saurait jamais au juste vu qu'il était toujours vide et le gérant muet* (Échenoz).
□ **au vu et au su de.** Cette locution est vieillie, mais commode pour insister sur la « publicité » d'une action : *Cette femme entretenue au vu et au su de toute la ville, qui étalait un luxe insolent* (Mauriac). Le tour *au vu de* est nettement plus rare que *à la vue de* : *Au vu d'un monceau de cadavres, ils reviennent en courant* (Chaix).

VUE emploi. Au sing. dans **à vue** : *tirer à vue, grandir à vue d'œil,* etc. ; **de vue, en vue**. Au plur. dans *hauteur, largeur, profondeur de vues* au sens de « conceptions, desseins » et dans *prise de vues.*

VULNÉRAIRE genre. Masc. au sens de « médicament » (emploi vieilli). Fém. au sens de « plante herbacée servant de fourrage, appelée aussi trèfle jaune ».

W

W prononc. Les mots commençant par cette lettre sont toujours empruntés à une langue étrangère. Ceux qui sont d'origine germanique se prononcent [v] : *wagnérien, Weber, wergeld, wolfram,* etc. Les autres se partagent entre le [v] initial : *wagon, welter, wyandotte,* ou bien le [w] anglo-saxon ou flamand : *wapiti, watt, web, western, whisky, whist,* etc. Mais il y a une forte tendance, surtout dans le parler pop., à ne pas distinguer *v* et *w* dans la prononciation des mots, à quelque place qu'ils soient : **water** donne souvent [vatɛrs], et la langue officielle elle-même hésite pour **warrant** entre [w] et [v]. Quelques noms de lieux du Nord se prononcent avec [ɥ] comme dans *huit* : *Wissant, Wimereux.*

WAGON → VOITURE.

WALKMAN → BALADEUR.

WALLON prononc. [walõ]. Prendre garde à l'influence de **vallon**.

WATER-CLOSET(S) forme. Souvent abrégé en *water(s)* avec ou sans *s* final. Le sigle **WC** est aussi très courant : il se prononce plus souvent [vese] que [dubləvese] comme il serait normal. ♦ **emploi.** On peut préférer à cet anglicisme vieilli les mots **toilettes, lavabos** : *Une pièce exiguë où trône un lavabo double et, au fond, un water-closet que laisse deviner une porte entrouverte* (P. Jardin). → AISANCE, CABINETS.

WATTMAN emploi. Ce mot, qui désignait le conducteur de tram, a repris du service dans les modernes tramways (depuis 1985) : *La cabine du wattman était faite de tôles d'acier et peinte en jaune* (Simon).

WEEK-END prononc. [wikɛnd] et non pas [wikɛ̃d]. ♦ **emploi et sens.** Cet anglicisme s'est tout à fait implanté dans nos mœurs et dans notre langue, et on ne peut plus le refuser, comme naguère, sous prétexte qu'il est possible de dire *fin de semaine* (qui ne possède pas toujours le même sens) ou *semaine anglaise,* qui ne distingue pas entre le « mode d'emploi du temps » et la « période de fin de semaine ». Il a été proposé de former le néologisme *samedimanche* qui n'a eu aucun succès.

WHISKY forme. Plur. *des whiskies,* à l'anglaise, plus rarement *des whiskys,* à la française : *Moi, j'aime les petits whiskies bien tassés* (Sartre).

X

X prononc. Ce signe graphique correspond le plus souvent à deux sons : [ks] ou [gz] et non à un seul comme la plupart de nos lettres. Toutefois, il se prononce [z] dans *deuxième, dixième, sixième, sixain* (plus souvent écrit *sizain*), [s] dans *Auxerre, Auxonne, Bruxelles, coccyx, soixante*. Il est muet à la finale de *crucifix, croix, flux, Sioux*. Il se prononce toujours dans les finales en *-ex*. En début de mot, *x* correspond à [ks] avec une tendance à la sonorisation en [gz] : *xénophobe, xylophone,* etc. De même pour *x* devant consonne ou devant voyelle à l'intérieur des mots : *excuse, saxifrage, vexer,* etc. Quant au groupe initial *ex-*, il s'adoucit devant une voyelle sauf dans *exécrable, exécration, exécrer* qui se prononcent souvent [ks] pour renforcer la valeur négative de ces mots. *Exact, exigence, exil, exotique, exulter* font [gz].

<u>XÉNISME</u> On désigne sous ce vocable générique des mots empruntés à des langues étrangères, et qui sont étroitement liés à un concept ou un objet typique d'une ethnie, d'une contrée, d'une forme de civilisation : turc : **baklava** ; arabe : **djihad, falafel, intifada, khamsin, taliban, ulema** ; persan : **tchador** ; inuit : **oosik** ; anglo-américain : **penthouse, permafrost, skidoo** ; espagnol : **matador, muleta** ; russe : **merzlota, tchernoziom,** etc. Ces mots sont utilisés dans des contextes précis, mais ne s'intègrent pas vraiment dans le lexique usuel.

XÉNOPHOBE sens. « Hostile aux étrangers. » Ce mot se distingue de *raciste* en ce sens qu'il s'applique à « toute personne d'une autre nationalité, quelle que soit sa race » : *Cette xénophobie est réapparue lors du meeting organisé samedi à Phnom Penh* (*Le Monde*).

XÉRÈS prononc. On dit couramment [gzerɛs], mais d'autres préfèrent [kerɛs], plus proche de la prononc. espagnole d'origine : [xerɛs] (Jerez), le premier son étant comparable à celui que contient le mot allemand *Buch*, et absent de notre système phonétique. Le mot anglais correspondant est *sherry*.

Y

Y prononc. Tout se passe comme si *y* en tête de mot était précédé d'un *h* dit aspiré : on ne fait ni la liaison ni l'élision, sauf pour *yèble* (autre orth. de *hièble*), *yeuse, yeux, ypérite* : *le yankee, du yaourt,* etc. Mais : *atteint par l'ypérite.* En général, le *y* intervocalique modifie la prononc. de la voyelle qui précède : *rayon* [rɛjõ] et non [ra], *moyen* [mwajɛ̃] et non plus [mɔjɛ̃], etc. Mais on prononce sans modification de la voyelle : *bayer, cobaye, gruyère, mayonnaise* et d'autres mots biens connus. Il y a hésitation pour *tuyère.* → TUYAU.

Y (adverbe) **emploi et sens.** Ce mot, dont l'appartenance à la catégorie des adv. ou des pronoms est souvent malaisée à discerner, s'emploie en principe pour représenter des animaux, des choses ou des idées abstraites. Il équivaut à **à + représentant** : *Il faut absolument y aller* (adv. = *aller là*). *J'y veille comme à la prunelle de mes yeux* (pron. neutre = *à cela*). *Cet homme y est obligé* (*id.*). *Ce couteau, j'y tiens beaucoup* (pronom masc. = *à lui*). Il n'est cependant ni rare ni incorrect de l'appliquer à des personnes : *Je penserai à lui, j'y penserai toujours. Vous vous intéressez à lui ? – Je ne m'y intéresse pas ; je m'en divertis* (Augier). Mais on dira : *Je me présente à lui, je m'attaque à lui,* etc. L'exemple suivant est du registre pop. : *J'y dis : « Sont pas très grasses », mais il a insisté, alors j'y ai dit : « Eh bien, venez. » On a fait le tour du hangar et j'y ai attrapé une oie* (Giono). On n'emploiera pas non plus **y** en fonction de complément d'objet direct, comme on le fait dans certaines régions de France, notamment à Oyonnax : *J'y sais bien, j'y mange, il faut y terminer,* etc. Dans de nombreuses locutions, **y** ne représente rien de précis et, dans l'analyse, ne se sépare pas du verbe : *Suzanne passa dans la salle à manger en laissant la porte ouverte pour mieux y voir* (Duras). *Il y va de la sécurité des personnes* (*Le Monde*). *Sans avoir l'air d'y toucher, il ne s'y prend pas trop mal. On n'y voit goutte.* → GOUTTE.

□ **devant irai(s).** On supprime généralement l'adv. par souci d'euphonie : *On n'y vivrait pas, mais on irait bien* (Daninos).

□ **où + y.** Ce cumul dans une proposition relative est un pléonasme condamné. On ne dira pas : *C'est la maison où j'y habite,* mais : *C'est la maison où j'habite.* Bien entendu, ce cumul est toléré dans le cas de *il y a* : *C'est la maison où il y a le plus de pièces.*

□ **il y a** ou **il est** → ÊTRE.

□ **vas-y** → IMPÉRATIF et ALLER.

□ **y compris** → COMPRIS.

□ **s'y connaître à** ou **en** → CONNAÎTRE.

YACHT prononc. La prononc. néerlandaise d'origine est généralement évitée : on ne dit plus guère [jakt], qui paraît à tort « paysan », mais plutôt [jak] ou de façon plus affectée [jot]. Mais **yachting** se prononce [jotiŋ]. ♦ **orth.** Plur. *des yachts.*

YACK orth. On peut simplifier en *yak.*

YAOURT forme. Celle-ci l'emporte nettement sur les formes **yogourt** ou **yoghourt**, mot d'origine turque.

-YER (verbes en) → BALAYER et APPENDICE GRAMMATICAL.

YIDDISH orth. Cette forme plus proche de la prononciation habituelle est préférable à **yddish**. Quant à la finale, elle est mal fixée : on rencontre *-sh, -ch* et *-sch.* Parfois, ce mot ne comprend qu'un *d* : *yidish.* ♦ **sens.** « Ensemble de parlers juifs d'origine germanique » : *Une riche collection d'ouvrages en yiddich* (Apollinaire). *On n'entend presque plus parler yiddish, dans le quartier* [il s'agit de Belleville] (Jonquet). *Pour les autres déportés juifs de France, [...] la connaissance du yiddish si proche de l'allemand permet de mieux se défendre* (Bialot). Également adj. (invar.) : *Tandis qu'elle balbutiait des mots yiddisch sans suite* (Ikor).

YOGA et **YOGI** **sens.** Le premier mot désigne la « technique hindoue », le second « celui qui pratique cette technique ».

YPÉRITE **prononc.** → Y. ♦ **orth.** Pas de *h* initial (vient de la ville d'Ypres). ♦ **genre.** Fém. *La redoutable ypérite.*

Z

ZAGAIE orth. On écrit plus souvent **sagaie**.

ZAPPING emploi et sens. Qu'on l'apprécie ou non, cet emprunt au verbe anglais *to zap* (onomatopée), qui désigne l'action « consistant à changer fréquemment de chaîne de télévision au moyen d'une télécommande », est tellement installé dans notre lexique, y compris au fig., qu'il paraît irremplaçable : *La vie contemporaine, en bien des domaines, a des allures de zapping permanent. Une idée chasse l'autre* (J.-M. Dumay, *Le Monde*, 28/05/2007). Il existe désormais toute une famille de mots « bien français » : **zapper, zappeur, zappeuse, zapette** (« télécommande »), etc. *Vous regardez la télévision fixée au plafond, vous vous coupez le son, vous zappez, vous vous étourdissez* (Rosenthal). *Des chiffres qui ne prennent pas en compte ceux qui « zappent » d'une église à l'autre, « cathos évangéliques » ou « cathos candomblés », du nom de la religion traditionnelle d'origine africaine* (H. Tincq, *Le Monde*, 11/05/2007). *Un coup de zapette et on saute du match en direct aux bruits de vestiaires* (I. Talès, *Le Monde*, 07/10/2011). Au Québec, on dit *pitonner*.

ZEN orth. Cet adj. reste toujours invar. : *Je suis tombé sur le livre d'un savant allemand qui racontait ses expériences au Japon dans l'art zen du tir à l'arc* (Bauchau). *En présence du danger, elles sont restées très zen* → COOL.

ZÉRO forme et emploi. Comme subst., prend un *s* au plur. : *Tout élève ayant eu trois zéros de suite sera exclu.* Comme adj. numéral, son emploi est fréquent dans un registre fam. : *Depuis zéro heure, le camp, la guerre n'existaient plus* (Cayrol). *Minorque, année presque zéro* (*Le Monde*). *Le prêt à taux zéro plus rencontre un vif succès, notamment parmi les familles aisées* (I. Rey-Lefebvre, *Le Monde*, 10/05/2011). *Le risque zéro mort. Il me reste zéro euro zéro centime.*
□ **(re)partir de zéro.** Il faut préférer dans ce tour la préposition **de** qui indique le point de départ : *La guerre finira et il faudra repartir de zéro. De moins zéro à cause des loyers en retard, des petites dettes qui se sont dangereusement accumulées* (Bauchau). Mais la prép. **à** est fréquente également dans la locution fam. **repartir à zéro**.

ZEUGMA sens. Figure de rhétorique souvent douée d'un effet de sens humoristique, qui consiste à accoupler deux sens ou deux constr. différentes, notamment des compléments verbaux : *On voyait réunis contre les comptoirs, en vêtements et amitié de travail, des typographes, des reporters* (Kessel). *Un vaste complexe commercial et hôtelier chinois dresse son architecture mandchoue au bord du fleuve et de la faillite* (Échenoz). *Il dit son nom et qu'il l'attendait depuis toujours* (Lefèvre). *On a l'impression de sortir d'une tempête et que ça redevient calme* (Barbery).

ZÉZAYER et **ZOZOTER emploi et sens.** Le premier verbe appartient au registre soutenu : *Qu'est-ce que c'est donc ? demanda-t-elle d'une voix qui zézayait, à cause des épingles qu'elle mordait de côté* (Rolland). *Ce n'était là pour eux qu'un balbutiement de province, un zézaiement* (Giraudoux). Le second verbe, plus expressif, est de la langue fam. ou pop. Tous deux ont le sens de « parler en transformant les [s] en [z] ». On dit aussi *bléser*.

ZIGOTO orth. On écrit plus rarement *zigoteau*. Plur. *des zigotos*.

ZIGZAGUER orth. Pas de trait d'union dans ce composé onomatopéique (même remarque pour **zigzag**) : *Il s'approche de la rue d'Amsterdam en zigzaguant sur les trottoirs entre les étrons de chiens* (Échenoz). *Nous fûmes surpris de sa démarche zigzagante.* → PARTICIPE PRÉSENT.

ZINC orth. Un *c* et non un *g*. ♦ **forme.** D'après sa prononciation : [zɛ̃g] et non [zɛ̃k], ce subst. a donné *zinguer, zingueur, zingage*, mais d'après sa forme écrite, des mots savants : *zincifère, zincographie.*

ZONE orth. Pas d'accent circonflexe sur le *o*, de même que dans les dérivés *zonage, zonal, zonard, zoner* : *Clément et Helga vivaient en zone libre.*

ZOO prononc. La simplification de ce mot en [zo] est fréquente. Elle a l'inconvénient de créer des ambiguïtés par homophonie avec *eaux*, prononcé en liaison [zo]. On dira donc [zoo], au moins chaque fois qu'il pourrait y avoir confusion ou effet comique involontaire : *Il faut que vous alliez au zoo !* (distinct de *aux eaux*).

ZOOM emploi et sens. Ce terme appartenant à la technique photo et cinéma s'est vite répandu dans la langue courante au seul sens de « grossissement » (alors qu'en langage technique le *zoom arrière* équivaut à un rapetissement). De même pour le verbe **zoomer** : *Vous les voyez parfois dans des films extrêmement élaborés qui zooment avec virtuosité sur les gueules, les yeux, les touffes de poils* (Rosenthal).

ZOZOTER → ZÉZAYER.

APPENDICE GRAMMATICAL

I. CONJUGAISON DES VERBES

On trouvera dans les tableaux qui suivent des modèles de conjugaison pour les verbes traditionnellement classés dans les 1er et 2e groupes.
La *conjugaison passive ne figure pas ici* : elle n'existe pas en soi, et n'est rien d'autre que la conjugaison complète de *être*, suivie du participe passé du verbe en question.
De même, *la conjugaison pronominale n'a rien de spécifique* et ne méritait pas d'être enregistrée sous forme de modèle. En effet, tout verbe accidentellement ou fondamentalement pronominal se conjugue aux temps simples comme un verbe actif : *Je (me) sers*, aux temps composés avec l'auxiliaire *être*, sans aucune exception : *Je me suis servi, je me serai servi,* etc.
Enfin, à la voix active, la très grande majorité des verbes français utilisent l'auxiliaire *avoir* aux temps composés : *J'ai parlé, j'avais mangé,* etc. Font exception un petit nombre de verbes qui expriment un déplacement ou un changement d'état : *Je suis descendu, il en est arrivé à, vous êtes devenus,* etc.
Pour les temps dits *surcomposés* → TEMPS SURCOMPOSÉS, dans l'ordre alphabétique.
On répartit les verbes autres que **être** et **avoir** en trois groupes :

1er GROUPE

Modèle : **blâmer**. On compte environ 4 000 verbes de ce type. Ils posent peu de problèmes au point de vue morphologique. Ce groupe est très ouvert, et c'est en lui que s'intègrent les nombreuses créations actuelles en *-fier, -iser*, etc. Notons les particularités suivantes, en ce qui concerne les modifications du radical :
a) **Verbes en -ayer :** Le *y* se change facultativement en *i* devant une syllabe muette : *Il se fraye* ou *fraie un chemin. Je m'en égaye* ou *égaie,* etc. Dans la prononciation, il y a passage concomitant de [ɛj] à [ɛ]. De nos jours, on tend à unifier l'orthographe sur la forme en *-aie.*
b) **Verbes en -cer** ou **-ger :** Pour que la prononciation demeure à toutes les formes en [s] et en [ʒ] (et ne devienne pas [k] ou [g]), on écrit ç et *ge* devant les lettres *a* et *o*. Ce changement est dû à une vieille tradition de transcription graphique de certains sons en français. D'où : *Je tance, nous tançons ; Je range, nous rangeons,* etc. Le *e* de *rangeons* n'appartient pas à la désinence verbale. Comparer *Nous chantons* (pas de *e*).

c) **Verbes en -eler** et **-eter :** Devant une syllabe muette, ces verbes redoublent en général la consonne finale de leur radical : *Ils appellent, vous jumellerez ; Ils banquettent, vous projetterez.* Font exception les verbes suivants, qui gardent une simple consonne et prennent un accent grave :
– *Celer, ciseler, congeler, déceler, dégeler, démanteler, écarteler, geler, marteler, modeler, peler, receler, regeler ;*
– *Acheter, corseter, crocheter, fureter, haleter, racheter.*
On écrit donc : *Tu cisèleras, nous gèlerions ; Tu achèteras, elle furète,* etc.
d) **Verbes dont l'avant-dernière syllabe de l'infinitif comporte un** *e* **muet :** *Mener, crever, etc.* Devant une syllabe muette, ce *e* muet devient *è* (jamais *é*). *Mener : Je mène, nous mènerons ; Crever : Je crève, nous crèverons,* etc.

e) **Verbes dont l'avant-dernière syllabe de l'infinitif comporte un** *é* **:** *Céder, gérer,* etc. Ce *é* devient *è* seulement devant une syllabe muette finale. On écrit donc : *elle cède, il gère,* mais : *elle céderait, il gérera,* etc.
f) **Verbes en -yer :** Ils changent obligatoirement (sauf les verbes en *-ayer,* → ci-dessus) le *y* en *i* devant un *e* muet : *Nous appuierons, elle nettoiera, essuie, tu te noierais,* etc. Font exception les verbes en *-eyer,* qui conservent toujours le *y* : *Il grasseye.* Une uniformisation de ces verbes serait souhaitable et aisée.
g) **Verbes en -éer :** Ils conservent le *e* final du radical à toutes les formes : *il béait, elle créa, une demande agréée.* Ne pas hésiter à faire se succéder trois *e* graphiques quand il s'agit, comme dans ce dernier exemple, du participe passé féminin.

		PRÉSENT	IMPARFAIT	FUTUR	PASSÉ SIMPLE	PASSÉ COMPOSÉ	PLUS-QUE-PARFAIT	FUTUR ANTÉRIEUR	PASSÉ ANTÉRIEUR
INDICATIF	1	je suis	étais	serai	fus	ai été	avais été	aurai été	eus été
	2	tu es	étais	seras	fus	as été	avais été	auras été	eus été
	3	il est	était	sera	fut	a été	avait été	aura été	eut été
	1	nous sommes	étions	serons	fûmes	avons été	avions été	aurons été	eûmes été
	2	vous êtes	étiez	serez	fûtes	avez été	aviez été	aurez été	eûtes été
	3	ils sont	étaient	seront	furent	ont été	avaient été	auront été	eurent été

		PRÉSENT	IMPARFAIT	PASSÉ	PLUS-QUE-PARFAIT
SUBJONCTIF		que			
	1	je sois	fusse	aie été	eusse été
	2	tu sois	fusses	aies été	eusses été
	3	il soit	fût	ait été	eût été
	1	nous soyons	fussions	ayons été	eussions été
	2	vous soyez	fussiez	ayez été	eussiez été
	3	ils soient	fussent	aient été	eussent été

	PRÉSENT	PASSÉ
IMPÉRATIF	sois	aie été
	soyons	ayons été
	soyez	ayez été

	PRÉSENT	PASSÉ
PARTICIPE	étant	ayant été été
INFINITIF	être	avoir été
GÉRONDIF	en étant	

		PRÉSENT		PASSÉ I		PASSÉ II
HYPOTHÉTIQUE	1	je serais	nous serions	aurais été	aurions été	identique au SUBJONCTIF PLUS-QUE-PARFAIT
	2	tu serais	vous seriez	aurais été	auriez été	
	3	il serait	ils seraient	aurait été	auraient été	

ÊTRE

		PRÉSENT	IMPARFAIT	FUTUR	PASSÉ SIMPLE	PASSÉ COMPOSÉ	PLUS-QUE-PARFAIT	FUTUR ANTÉRIEUR	PASSÉ ANTÉRIEUR
INDICATIF	1	j'ai	avais	aurai	eus	ai eu	avais eu	aurai eu	eus eu
	2	tu as	avais	auras	eus	as eu	avais eu	auras eu	eus eu
	3	il a	avait	aura	eut	a eu	avait eu	aura eu	eut eu
	1	nous avons	avions	aurons	eûmes	avons eu	avions eu	aurons eu	eûmes eu
	2	vous avez	aviez	aurez	eûtes	avez eu	aviez eu	aurez eu	eûtes eu
	3	ils ont	avaient	auront	eurent	ont eu	avaient eu	auront eu	eurent eu

		PRÉSENT	IMPARFAIT	PASSÉ	PLUS-QUE-PARFAIT
SUBJONCTIF		que			
	1	j'aie	eusse	aie eu	eusse eu
	2	tu aies	eusses	aies eu	eusses eu
	3	il ait	eût	ait eu	eût eu
	1	nous ayons	eussions	ayons eu	eussions eu
	2	vous ayez	eussiez	ayez eu	eussiez eu
	3	ils aient	eussent	aient eu	eussent eu

	PRÉSENT	PASSÉ
IMPÉRATIF	aie	aie eu
	ayons	ayons eu
	ayez	ayez eu

	PRÉSENT	PASSÉ
PARTICIPE	ayant	ayant eu eu
INFINITIF	avoir	avoir eu
GÉRONDIF	en ayant	

		PRÉSENT		PASSÉ I		PASSÉ II
HYPOTHÉTIQUE	1	j'aurais	nous aurions	aurais eu	aurions eu	identique au SUBJONCTIF PLUS-QUE-PARFAIT
	2	tu aurais	vous auriez	aurais eu	auriez eu	
	3	il aurait	ils auraient	aurait eu	auraient eu	

AVOIR

		PRÉSENT	IMPARFAIT	FUTUR	PASSÉ SIMPLE	PASSÉ COMPOSÉ	PLUS-QUE-PARFAIT	FUTUR ANTÉRIEUR	PASSÉ ANTÉRIEUR
INDICATIF	1	je blâme	blâmais	blâmerai	blâmai	ai blâmé	avais blâmé	aurai blâmé	eus blâmé
	2	tu blâmes	blâmais	blâmeras	blâmas	as blâmé	avais blâmé	auras blâmé	eus blâmé
	3	il blâme	blâmait	blâmera	blâma	a blâmé	avait blâmé	aura blâmé	eut blâmé
	1	nous blâmons	blâmions	blâmerons	blâmâmes	avons blâmé	avions blâmé	aurons blâmé	eûmes blâmé
	2	vous blâmez	blâmiez	blâmerez	blâmâtes	avez blâmé	aviez blâmé	aurez blâmé	eûtes blâmé
	3	ils blâment	blâmaient	blâmeront	blâmèrent	ont blâmé	avaient blâmé	auront blâmé	eurent blâmé

		PRÉSENT	IMPARFAIT	PASSÉ	PLUS-QUE-PARFAIT
SUBJONCTIF		que			
	1	je blâme	blâmasse	aie blâmé	eusse blâmé
	2	tu blâmes	blâmasses	aies blâmé	eusses blâmé
	3	il blâme	blâmât	ait blâmé	eût blâmé
	1	nous blâmions	blâmassions	ayons blâmé	eussions blâmé
	2	vous blâmiez	blâmassiez	ayez blâmé	eussiez blâmé
	3	ils blâment	blâmassent	aient blâmé	eussent blâmé

	PRÉSENT	PASSÉ
IMPÉRATIF	blâme	aie blâmé
	blâmons	ayons blâmé
	blâmez	ayez blâmé

	PRÉSENT	PASSÉ
PARTICIPE	blâmant	ayant blâmé blâmé
INFINITIF	blâmer	avoir blâmé
GÉRONDIF	en blâmant	

		PRÉSENT		PASSÉ I		PASSÉ II
HYPOTHÉTIQUE	1	je blâmerais	nous blâmerions	aurais blâmé	aurions blâmé	identique au SUBJONCTIF PLUS-QUE-PARFAIT
	2	tu blâmerais	vous blâmeriez	aurais blâmé	auriez blâmé	
	3	il blâmerait	ils blâmeraient	aurait blâmé	auraient blâmé	

La conjugaison passive est constituée par la conjugaison complète du verbe *être*, suivi du partipe *blâmé* : *je suis blâmé*, *j'ai été blâmé*, etc.

1er groupe : BLÂMER

2e GROUPE

Modèle : **guérir** (traditionnellement : *finir*). On compte un peu plus de 300 verbes de ce type. Ils sont caractérisés par l'apparition du suffixe *-iss* au présent, à l'imparfait de l'indicatif et du subjonctif et au participe-gérondif.

Les seules irrégularités constatées portent sur de minces détails.

a) **Bénir** prend au participe passé un *t* final dans les locutions anciennes et consacrées *eau bénite, pain bénit.*

b) **Fleurir** change son radical en *flor-* à l'imparfait de l'indicatif et au participe présent, au sens figuré de « prospérer » : *Cette mode florissait ; une santé florissante.*

c) **Haïr** perd son tréma aux trois premières personnes du présent de l'indicatif : *Je hais, tu hais, il hait,* et à la 2e personne du singulier de l'impératif présent : *Hais.* Partout ailleurs il garde le tréma. Mais le passé simple est presque inusité. *Nous haïssions, vous haïtes,* etc.

→ ces trois verbes à leur place alphabétique.

INDICATIF		PRÉSENT	IMPARFAIT	FUTUR	PASSÉ SIMPLE	PASSÉ COMPOSÉ	PLUS-QUE-PARFAIT	FUTUR ANTÉRIEUR	PASSÉ ANTÉRIEUR
	1	je guéris	guérissais	guérirai	guéris	ai guéri	avais guéri	aurai guéri	eus guéri
	2	tu guéris	guérissais	guériras	guéris	as guéri	avais guéri	auras guéri	eus guéri
	3	il guérit	guérissait	guérira	guérit	a guéri	avait guéri	aura guéri	eut guéri
	1	nous guérissons	guérissions	guérirons	guérîmes	avons guéri	avions guéri	aurons guéri	eûmes guéri
	2	vous guérissez	guérissiez	guérirez	guérîtes	avez guéri	aviez guéri	aurez guéri	eûtes guéri
	3	ils guérissent	guérissaient	guériront	guérirent	ont guéri	avaient guéri	auront guéri	eurent guéri

SUBJONCTIF		PRÉSENT	IMPARFAIT	PASSÉ	PLUS-QUE-PARFAIT
		que			
	1	je guérisse	guérisse	aie guéri	eusse guéri
	2	tu guérisses	guérisses	aies guéri	eusses guéri
	3	il guérisse	guérît	ait guéri	eût guéri
	1	nous guérissions	guérissions	ayons guéri	eussions guéri
	2	vous guérissiez	guérissiez	ayez guéri	eussiez guéri
	3	ils guérissent	guérissent	aient guéri	eussent guéri

IMPÉRATIF	PRÉSENT	PASSÉ
	guéris	aie guéri
	guérissons	ayons guéri
	guérissez	ayez guéri

PARTICIPE	
PRÉSENT	guérissant
PASSÉ	ayant guéri guéri
GÉRONDIF	en guérissant

INFINITIF	
PRÉSENT	guérir
PASSÉ	avoir guéri

HYPOTHÉTIQUE		PRÉSENT		PASSÉ I		PASSÉ II
	1	je guérirais	nous guéririons	aurais guéri	aurions guéri	identique au SUBJONCTIF PLUS-QUE-PARFAIT
	2	tu guérirais	vous guéririez	aurais guéri	auriez guéri	
	3	il guérirait	ils guériraient	aurait guéri	auraient guéri	

La conjugaison passive est constituée par la conjugaison complète du verbe *être*, suivi du partipe *guéri* : *je suis, j'ai été, je serai guéri*, etc.

2e groupe : GUÉRIR

3e GROUPE

Ce groupe comprend tous les autres verbes français de conjugaison irrégulière ou défective. C'est une catégorie fermée : aucun verbe néologique ne s'y intègre. On trouvera ci-dessous les principaux de ces verbes, avec l'esquisse de leur conjugaison, dans l'ordre suivant (les chiffres indiquent les personnes) :

INDICATIF présent : 1. 2. 3. 1 ; imparfait : 1 ; futur : 1 ; passé simple : 1 ; SUBJONCTIF présent : 1 ; imparfait : 1 ; CONDITIONNEL présent : 1 ; IMPÉRATIF présent : 2. 1 ; PARTICIPE présent ; PARTICIPE passé.

Pour les temps composés, on se réfèrera au tableau du verbe *avoir* → ci-dessus, ainsi qu'aux tableaux des verbes *blâmer* et *guérir*. Pour le passif, voir le début de ce texte. Quand une conjugaison est particulièrement délicate, nous indiquons un plus grand nombre de formes (ex. *acquérir, aller*, etc.).

Nous énumérons les verbes dans l'ordre alphabétique des formes radicales. Les composés, s'il en existe, sont indiqués à la suite de chacune d'elles.

absoudre *J'absous, tu absous, il absout, nous absolvons / J'absolvais / J'absoudrai / J'absolus* (rare) / *(Que) j'absolve / (Que) j'absolusse* (rare) / *J'absoudrais / Absous, absolvons / Absolvant / Absous, absoute.*

De même *dissoudre* et *résoudre* (sauf participe passé *résolu*).

acquérir *J'acquiers, tu acquiers, il acquiert, nous acquérons, vous acquérez, ils acquièrent / J'acquérais / J'acquerrai / J'acquis / (Que) j'acquière / (Que) j'acquisse / J'acquerrais / Acquiers, acquérons / Acquérant / Acquis.*

De même *conquérir, s'enquérir, requérir.*

aller *Je vais, tu vas, il va, nous allons, vous allez, ils vont / J'allais / J'irai / J'allai / (Que) j'aille, allions, alliez, aillent / (Que) j'allasse / J'irais / Va, allons, allez / Allant / Allé.*

De même *s'en aller.*

apercevoir → DÉCEVOIR.

assaillir *J'assaille, tu assailles, il assaille, nous assaillons / J'assaillais / J'assaillirai* (moins bien *J'assaillerai*) / *J'assaillis / (Que) j'assaille, assaillions / (Que) j'assaillisse / J'assaillirais* (moins bien *J'assaillerais*) / *Assaille, assaillons / Assaillant / Assailli.*

De même *défaillir, tressaillir.*

asseoir *J'assieds, tu assieds, il assied, nous asseyons, vous asseyez, ils asseyent* ou *J'assois, tu assois, il assoit, nous assoyons, vous assoyez, ils assoient / J'asseyais* ou *j'assoyais / J'assiérai, j'assoirai* ou plus rarement *j'asseyerai / J'assis / (Que) j'asseye, asseyions, ou (Que) j'assoie, assoyions / (Que) j'assisse / J'assiérais, j'assoirais,* ou plus rarement *J'asseyerais / Assieds, asseyons, ou Assois, assoyons / Asseyant / Assis.*

De même *rasseoir* → SEOIR et SURSEOIR.

astreindre et **atteindre** → CRAINDRE.

battre *Je bats, tu bats, il bat, nous battons / Je battais / Je battrai / Je battis / (Que) je batte / (Que) je battisse / Je battrais / Bats, battons / Battant / Battu.*

De même *abattre, combattre, débattre,* etc.

boire *Je bois, tu bois, il boit, nous buvons, ils boivent / Je buvais / Je boirai / Je bus / (Que) je boive / (Que) je busse / Je boirais / Bois, buvons / Buvant / Bu.*

bouillir *Je bous, tu bous, il bout, nous bouillons, vous bouillez, ils bouillent / Je bouillais / Je bouillirai / Je bouillis / (Que) je bouille, (qu')il bouille / (Que) je bouillisse / Je bouillirais / Bous, bouillons / Bouillant / Bouilli.*

ceindre → CRAINDRE.

choir Défectif : *Je chois, tu chois, il choit* / Imparfait inusité / *Je choirai ou cherrai* (vieux) / *Je chus* / Pas de subjonctif / *Je choirais ou cherrais* (vieux) / Pas d'impératif / Pas de participe présent / *Chu.* Les seules formes existantes sont celles que nous donnons ici, comme pour les autres verbes défectifs. → DÉCHOIR, ÉCHOIR.

clore Défectif : *Je clos, tu clos, il clôt* / Pas d'imparfait / *Je clorai* (rare) / Pas de passé simple / *(Que) je close* / Pas de subjonctif imparfait / *Je clorais* (rare) / *Clos / Closant* (rare) / *Clos.*

De même *déclore, éclore, enclore* et *renclore,* à ceci près que *éclore* ne se conjugue guère qu'aux 3es personnes du sing. et du plur., et que *enclore* et *renclore,* au contraire, ont un présent de l'indicatif complet.

comprendre → PRENDRE.

concevoir → DÉCEVOIR.

conclure *Je conclus, tu conclus, il conclut, nous concluons / Je concluais / Je conclurai / Je conclus / (Que) je conclue, concluions / (Que) je conclusse / Je conclurais / Conclus, concluons / Concluant / Conclu.*

De même *exclure, inclure* et *occlure* (mais ces deux derniers verbes ont un part. passé en *-us* : *Inclus, occlus*).

conduire *Je conduis, tu conduis, il conduit, nous conduisons / Je conduisais / Je conduirai / Je conduisis / (Que) je conduise / (Que) je conduisisse / Je conduirais / Conduis, conduisons / Conduisant / Conduit.*

De même tous les verbes en *-duire* et aussi *construire, cuire, détruire, instruire* et leurs composés.

confire → SUFFIRE.

connaître → PARAÎTRE.

coudre *Je couds, tu couds, il coud, nous cousons / Je cousais / Je coudrai / Je cousis /*

(Que) je couse / (Que) je cousisse / Je coudrais / Couds, cousons / Cousant / Cousu.
De même *découdre, recoudre.*
courir *Je cours, tu cours, il court, nous courons / Je courais / Je courrai / Je courus / (Que) je coure / (Que) je courusse / Je courrais / Cours, courons / Courant / Couru.*
De même *accourir* (mais l'auxiliaire est parfois *être*), *parcourir, recourir.*
couvrir → OUVRIR.
craindre *Je crains, tu crains, il craint, nous craignons / Je craignais, nous craignions / Je craindrai / Je craignis / (Que) je craigne / (Que) je craignisse / Je craindrais / Crains, craignons / Craignant / Craint.*
De même (à la voyelle *a, e, o* près) tous les verbes en [ɛ̃dr] : *adjoindre, astreindre, atteindre, ceindre, contraindre, enfreindre, éteindre, étreindre, feindre, geindre, joindre, peindre, plaindre, teindre* et leurs composés.
croire *Je crois, tu crois, il croit, nous croyons / Je croyais / Je croirai / Je crus / (Que) je croie / (Que) je crusse / Je croirais / Crois, croyons / Croyant / Cru.* Le verbe **accroire** n'a plus que l'infinitif.
croître *Je crois, tu crois, il croît, nous croissons / Je croissais / Je croîtrai / Je crûs* (accent circonflexe à toutes les personnes) */ (Que) je croisse / (Que) je crusse / Crois, croissons / Croissant / Crû.*
De même *accroître, décroître, recroître* (mais *accru* et *décru* ne prennent pas d'accent circonflexe au masc. sing.).
cueillir *Je cueille, tu cueilles, il cueille, nous cueillons / Je cueillais / Je cueillerai / Je cueillis / (Que) je cueille / (Que) je cueillisse / Je cueillerais / Cueille, cueillons / Cueillant / Cueilli.*
De même *accueillir* et *recueillir.*
cuire → CONDUIRE.
décevoir *Je déçois, tu déçois, il déçoit, nous décevons, ils déçoivent / Je décevais / Je décevrai / Je déçus / (Que) je déçoive / (Que) je déçusse / Je décevrais / Déçois, décevons / Décevant / Déçu.*
De même tous les verbes en *-cevoir* : *apercevoir, concevoir, percevoir, recevoir.*
déchoir *Je déchois, tu déchois, il déchoit, ils déchoient* (pas de 1re ni de 2e personne du plur.) / Pas d'imparfait / *Je déchoirai* ou *décherrai* (archaïque) / *Je déchus / (Que) je déchoie / (Que) je déchusse / Je déchoirais* / Pas d'impératif / Pas de participe présent / *Déchu.*
défendre → TENDRE.
détruire → CONDUIRE.
devoir *Je dois, tu dois, il doit, nous devons / Je devais / Je devrai / Je dus / (Que) je doive / (Que) je dusse / Je devrais / Dois, devons / Devant / Dû.*
dire *Je dis, tu dis, il dit, nous disons, vous dites, ils disent / Je disais / Je dirai / Je dis / (Que) je dise / (Que) je disse / Je dirais / Dis, disons / Disant / Dit.*
De même *redire* et, sauf à la 2e personne du plur. du présent de l'indicatif, qui fait *-disez* et non *-dites* : *contredire, dédire, interdire, médire* et *prédire.* Quant à *maudire*, il se conjugue sur *guérir.* → tableau de ce verbe.
dormir *Je dors, tu dors, il dort, nous dormons / Je dormais / Je dormirai / Je dormis / (Que) je dorme / (Que) je dormisse / Je dormirais / Dors, dormons / Dormant / Dormi.*
De même pour *s'endormir* et *se rendormir* ainsi que pour *mentir* et *démentir, partir, se repentir, servir* et ses composés, *sentir* et ses composés, *sortir.*
Pour *départir, repartir, ressortir* → à l'ordre alphabétique.
-duire (verbes en) → CONDUIRE.
échoir Impersonnel. Seulement *Il échoit / Il écherra / Il échut / Échéant / Échu.*
éclore Seulement aux 3es personnes du sing. et du plur. : *Il éclôt, ils éclosent / Il éclora, ils écloront / (Qu')il éclose, (qu')ils éclosent / Il éclorait, ils écloraient / Éclosant* (rare) / *Éclos.*
écrire *J'écris, tu écris, il écrit, nous écrivons / J'écrivais / J'écrirai / J'écrivis / (Que) j'écrive / (Que) j'écrivisse / J'écrirais / Écris, écrivons / Écrivant / Écrit.*
De même pour les composés *décrire, inscrire, récrire,* etc.
élire → LIRE.
enclore → CLORE.
enfreindre et **étreindre** → CRAINDRE.
extraire → TRAIRE.
faillir Très défectif : *Je faillirai / Je faillis / Je faillirais / Failli.* (Au sens de "faire faillite", ce verbe se conjugue

entièrement et normalement sur *guérir*.) *Défaillir* se conjugue comme *assaillir*. → ce mot.

faire *Je fais, tu fais, il fait, nous faisons, vous faites, ils font / Je faisais / Je ferai / Je fis / (Que) je fasse / (Que) je fisse / Je ferais / Fais, faisons / Faisant / Fait.*

De même *défaire, forfaire, parfaire, refaire*, etc.

falloir Impersonnel : *Il faut / Il fallait / Il faudra / Il fallut / (Qu')il faille / (Qu')il fallût / Il faudrait.* Pas d'impératif / *Fallu.*

feindre → CRAINDRE.

fendre → TENDRE.

fondre et **confondre** → TENDRE.

frire Défectif : *Je fris, tu fris, il frit* (pas de plur.) / *Je frirai / Je frirais / Fris / Frit.*

fuir *Je fuis, tu fuis, il fuit, nous fuyons / Je fuyais / Je fuirai / Je fuis / (Que) je fuie, fuyions / (Que) je fuisse / Je fuirais / Fuis, fuyons / Fuyant / Fui.*

De même *s'enfuir.*

geindre → CRAINDRE.

gésir Très défectif : *Je gis, tu gis, il gît, nous gisons / Je gisais / Gisant.*

joindre et ses composés → CRAINDRE.

lire *Je lis, tu lis, il lit, nous lisons / Je lisais / Je lirai / Je lus / (Que) je lise / (Que) je lusse / Je lirais / Lis, lisons / Lisant / Lu.*

De même *élire, réélire, relire.*

luire → NUIRE.

mentir → DORMIR.

mettre *Je mets, tu mets, il met, nous mettons / Je mettais / Je mettrai / Je mis / (Que) je mette / (Que) je misse / Je mettrais / Mets, mettons / Mettant / Mis.*

De même *démettre, permettre, remettre, soumettre*, etc.

mordre et ses composés → TENDRE.

moudre *Je mouds, tu mouds, il moud, nous moulons, ils moulent / Je moulais / Je moudrai / Je moulus / (Que) je moule / (Que) je moulusse / Je moudrais / Mouds, moulons / Moulant / Moulu.*

De même *remoudre. Émoudre* ne possède plus que le participe passé *émoulu.*

mourir *Je meurs, tu meurs, il meurt, nous mourons, ils meurent / Je mourais / Je mourrai / Je mourus / (Que) je meure / (Que) je mourusse / Je mourrais / Meurs, mourons / Mourant / Mort.*

mouvoir *Je meus, tu meus, il meut, nous mouvons, ils meuvent / Je mouvais / Je mouvrai / Je mus / (Que) je meuve, mouvions / (Que) je musse* (rare) / *Je mouvrais / Meus, mouvons / Mouvant / Mû.*

De même *émouvoir* (mais pas d'accent circonflexe sur le *u* de *ému*) et *promouvoir* (surtout au participe et aux temps composés).

naître *Je nais, tu nais, il naît, nous naissons / Je naissais / Je naîtrai / Je naquis / (Que) je naisse / (Que) je naquisse / Je naîtrais / Nais, naissons / Naissant / Né.*

De même *renaître* (mais le participe passé est presque inusité).

nuire *Je nuis, tu nuis, il nuit, nous nuisons / Je nuisais / Je nuirai / Je nuisis / (Que) je nuise / (Que) je nuisisse / Je nuirais / Nuis, nuisons / Nuisant / Nui.*

De même *luire* et ses composés.

offrir → OUVRIR.

oindre *J'oins, tu oins, il oint, nous oignons / J'oignais / J'oindrai / J'oignis / (Que) j'oigne / (Que) j'oignisse / J'oindrais / Oins, oignons / Oignant / Oint.* (Ce verbe se rencontre surtout à l'infinitif et au participe passé.)

ouvrir *J'ouvre, tu ouvres, il ouvre, nous ouvrons / J'ouvrais / J'ouvrirai / J'ouvris / (Que) j'ouvre / (Que) j'ouvrisse / J'ouvrirais / Ouvre, ouvrons / Ouvrant / Ouvert.*

De même *couvrir, offrir, souffrir* et leurs composés.

paître → le suivant.

paraître *Je parais, tu parais, il parait, nous paraissons / Je paraissais / Je paraîtrai / Je parus / (Que) je paraisse / (Que) je parusse / Je paraîtrais / Parais, paraissons / Paraissant / Paru.*

De même *apparaître, disparaître, comparaître, reparaître*, etc., *connaître* et ses composés, *repaître.* Quant à *paître*, il suit aussi ce modèle, mais n'a ni passé simple ni participe passé.

partir → DORMIR.

peindre → CRAINDRE.

pendre → TENDRE.

percevoir → DÉCEVOIR.

perdre → TENDRE.

plaindre → CRAINDRE.

plaire → TAIRE.

pleuvoir Impersonnel : *Il pleut / Il pleuvait / Il pleuvra / Il plut / (Qu')il pleuve / (Qu')il plût / Il pleuvrait / Pleus, pleuvons / Pleuvant / Plu.*

poindre → OINDRE. Mais on n'emploie plus que l'infinitif et les 3es personnes du sing. du présent et du futur de l'indicatif : *Il point / Il poindra. Poignant* est un adjectif et non plus un participe.

pondre → TENDRE.

pouvoir *Je peux, tu peux, il peut, nous pouvons, ils peuvent / Je pouvais / Je pourrai / Je pus / (Que) je puisse / (Que) je pusse / Je pourrais* / Pas d'impératif / *Pouvant / Pu.*

prendre *Je prends, tu prends, il prend, nous prenons, ils prennent / Je prenais / Je prendrai / Je pris / (Que) je prenne / (Que) je prisse / Je prendrais / Prends, prenons / Prenant / Pris.* De même *comprendre, surprendre*, etc.

prévoir → VOIR.

rendre → TENDRE.

repaître → PARAÎTRE.

répandre → TENDRE.

répondre → TENDRE.

résoudre Comme *absoudre*, sauf le participe passé *résolu.*

rire *Je ris, tu ris, il rit, nous rions / Je riais / Je rirai / Je ris / (Que) je rie / (Que) je risse / Je rirais / Ris, rions / Riant / Ri.*

De même *sourire.*

rompre *Je romps, tu romps, il rompt, nous rompons / Je rompais / Je romprai / Je rompis / (Que) je rompe / (Que) je rompisse / Je romprais / Romps, rompons / Rompant / Rompu.*

De même *corrompre, interrompre.*

saillir Comme *assaillir*, mais seulement aux 3es personnes du sing. et du plur. : *Il saille / Il saillait / Il saillera /(Qu')il saille / Il saillerait / Saillant / Sailli.* → à l'ordre alphabétique.

savoir *Je sais, tu sais, il sait, nous savons / Je savais / Je saurai / Je sus / (Que) je sache / (Que) je susse / Je saurais / Sache, sachons / Sachant / Su.*

seoir Seulement aux 3es personnes du sing. et du plur. : *Il sied, ils siéent / Il seyait / Il siéra* / Pas de passé simple / *(Qu')il siée* (rare) / *Il siérait* / Pas d'impératif ni de temps composés. Les participes sont surtout des adj. : *séant, seyant* et *sis* sont étudiés à l'ordre alphabétique.

servir et ses composés → DORMIR.

sortir → DORMIR.

souffrir → OUVRIR.

sourdre Très défectif. Seulement à l'infinitif et à ces deux personnes du présent de l'indicatif : *Il sourd, ils sourdent*, et de l'imparfait : *Il sourdait, ils sourdaient.*

suffire *Je suffis, tu suffis, il suffit, nous suffisons / Je suffisais / Je suffirai / Je suffis / (Que) je suffise / (Que) je suffisse / Je suffirais / Suffis, suffisons / Suffisant / Suffi.*

De même *confire*, sauf le participe passé *confit*, qui prend un *t* final, et fait au féminin *confite.*

suivre *Je suis, tu suis, il suit, nous suivons / Je suivais / Je suivrai / Je suivis / (Que) je suive / (Que) je suivisse / Je suivrais / Suis, suivons / Suivant / Suivi.*

De même *s'ensuivre, poursuivre.*

surseoir *Je sursois, tu sursois, il sursoit, nous sursoyons / Je sursoyais / Je surseoirai / Je sursis / (Que) je sursoie, sursoyons / (Que) je sursisse / Je surseoirais / Sursois, sursoyons / Sursoyant / Sursis.*

taire *Je tais, tu tais, il tait, nous taisons / Je taisais / Je tairai / Je tus / (Que) je taise / (Que) je tusse / Je tairais / Tais, taisons / Taisant / Tu.*

De même *plaire* et ses composés, mais avec un accent circonflexe au présent de l'indicatif : *Il plaît.*

teindre → CRAINDRE.

tendre *Je tends, tu tends, il tend, nous tendons / Je tendais / Je tendrai / Je tendis / (Que) je tende / (Que) je tendisse / Je tendrais / Tends, tendons / Tendant / Tendu.*

De même, les composés *attendre, détendre*, etc., et, à la voyelle près, *défendre, descendre, épandre, fendre, fondre, mordre, pendre, perdre, pondre, rendre, répandre, répondre, tondre, tordre* et *vendre* et leurs composés.

tenir *Je tiens, tu tiens, il tient, nous tenons / Je tenais / Je tiendrai / Je tins / (Que) je tienne / (Que) je tinsse / Je tiendrais / Tiens, tenons / Tenant / Tenu.*

De même *appartenir, contenir, détenir, entretenir, maintenir, retenir, soutenir*, etc., ainsi que *venir* et ses composés.

tondre ⟶ TENDRE.

tordre ⟶ TENDRE.

traire *Je trais, tu trais, il trait, nous trayons / Je trayais / Je trairai /* Pas de passé simple / *(Que) je traie /* Pas de subjonctif imparfait / *Je trairais / Trais, Trayons / Trayant / Trait.*

De même *abstraire, distraire, extraire, retraire* et *soustraire. Abstraire* se rencontre surtout à l'infinitif, et *braire* ne possède que des 3es personnes du sing. et du plur.

vaincre *Je vaincs, tu vaincs, il vainc, nous vainquons / Je vainquais / Je vaincrai / Je vainquis / (Que) je vainque / (Que) je vainquisse / Je vaincrais / Vaincs, vainquons / Vainquant / Vaincu.*

De même *convaincre.*

valoir *Je vaux, tu vaux, il vaut, nous valons / Je valais / Je vaudrai / Je valus / (Que) je vaille, valions / (Que) je valusse / Je vaudrais / Vaux, valons* (rares) / *Valant / Valu.*

De même *équivaloir, revaloir*, ainsi que *prévaloir*, sauf au subjonctif présent : *(Que) je prévale*, etc. (jamais de *-ail* dans ce verbe).

vendre ⟶ TENDRE.

venir et ses composés ⟶ TENIR.

vêtir *Je vêts, tu vêts, il vêt, nous vêtons / Je vêtais / Je vêtirai / Je vêtis / (Que) je vête / (Que) je vêtisse / Je vêtirais / Vêts, vêtons / Vêtant / Vêtu.*

De même *dévêtir, revêtir.*

vivre *Je vis, tu vis, il vit, nous vivons / Je vivais / Je vivrai / Je vécus / (Que) je vive / (Que) je vécusse / Je vivrais / Vis, vivons / Vivant / Vécu.*

De même *revivre, survivre.*

voir *Je vois, tu vois, il voit, nous voyons / Je voyais / Je verrai / Je vis / (Que) je voie / (Que) je visse / Je verrais / Vois, voyons / Voyant / Vu.*

De même *prévoir*, sauf au futur : *Je prévoirai* et au conditionnel : *Je prévoirais*, et *pourvoir*, sauf aux formes ci-dessus, ainsi qu'au passé simple et au subjonctif imparfait : *Je pourvus / (Que) je pourvusse.* Mais on dit *Je prévis*, comme *Je vis.*

vouloir *Je veux, tu veux, il veut, nous voulons / Je voulais / Je voudrai / Je voulus / (Que) je veuille, voulions / (Que) je voulusse / Je voudrais / Veuille, veuillons* et *Veux, voulons / Voulant / Voulu.* ⟶ à l'ordre alphabétique.

II. LA CORRESPONDANCE DES TEMPS

PROPOSITION RÉGISSANTE			PROPOSITION RÉGIE			
			Situation de l'action par rapport à celle de la proposition régissante			
			en même temps	*avant*	*après*	
	Idée d'*affirmation*, de *connaissance*, d'*opinion*, de *perception*					
PRÉSENT et FUTUR	(je crois qu') il sait, saura (il faut qu') il sache }	*que*	je suis	j'étais j'ai été j'avais été je fus j'eus été	je serai j'aurai été	prudent
PASSÉ	(je crois, je croyais qu') il savait, a su, avait su, *etc.*	*que*	j'étais	j'avais été	je serais j'aurais été	utile
	Idée de *crainte*, de *désir*, d'*empêchement*, de *volonté*					
PRÉSENT et FUTUR	pouvez-vous craindre (Il est possible qu') il craigne }	*que*	je sois	j'aie été	je sois	imprudent
PASSÉ	(on peut se demander s') il ne craignait pas, n'a pas craint, n'avait pas craint, *etc.* }	*que*	je fusse	j'eusse été	je fusse	imprudent
CONDIT.	je souhaiterais	*que*	il parte *ou* il partît	il fût parti	il parte	

Ce qu'on appelait jadis *concordance des temps* est beaucoup mieux nommé aujourd'hui, à la suite de Maurice Grevisse, *correspondance des temps.* Il s'agit du rapport temporel qui s'établit entre les verbes de deux propositions d'une même phrase, non pas seulement entre la principale et la subordonnée, comme on le dit d'ordinaire, mais bien entre n'importe quelle proposition régissante (principale ou subordonnée) et une proposition subordonnée régie. Les principales indications sont données dans le tableau ci-dessus. → aussi SI et SUBJONCTIF.

Les entorses, admises ou non, à cette correspondance sont fréquentes. Elles sont dues :

1) À l'emploi d'un présent *atemporel,* qui donne au fait exprimé une valeur ou une vérité permanente et de tous les temps : *Il pensa que la pitié est bonne* (Saint-Exupéry). *Je leur ai dit que tu es bienveillant et quelquefois drôle* (Vailland). *Il y avait une haute armoire paysanne, non pas installée en belle place comme l'on fait d'ordinaire, mais rencoignée* (Giono).

2) À la présence, dans la langue littéraire, d'un subjonctif imparfait équivalant au conditionnel d'une proposition indépendante : *Je crains qu'il ne se tuât, si on l'y poussait.* (On aurait, sans le verbe initial : *Il se tuerait, si on l'y poussait.*)

3) À l'utilisation de formules figées qui échappent aux correspondances normales : *S'il en fut, Dussé-je, Que je sache, Fût-ce,* etc. On constate une tendance générale à l'invariabilité de ces tours, quels que soient le temps et le mode du verbe qui est en relation avec eux.

4) Au souci d'éviter les formes du subjonctif imparfait en *-ass, -iss, -uss,* et même, par suite, celle de la 3e personne du singulier, qui ne comporte pas ce suffixe. Les auteurs sont très partagés sur ce sujet, et le clivage entre ceux qui emploient ces formes et ceux qui les évitent a peu de rapport avec la grammaire. Voici quelques exemples de non-observance : *J'aurais*

aimé que vous causiez avec Casimir (Gide) (pour *causassiez*). *Et Jean qui me tourmentait pour que je l'inscrive* (Martin du Gard) (pour *inscrivisse*). *Le comportement inhabituel de M. Jo ne leur avait pas suffi pour qu'ils s'écartent à leur tour de leur habituelle réserve* (Duras) (pour *écartassent*).
5) À des phénomènes – discutés – d'attraction temporelle et/ou modale du verbe d'une proposition sur celui d'une autre : *On pourrait croire qu'il faudrait employer la force* (au lieu de *qu'il faut, ou qu'il faille*). *J'ai été surpris qu'il ait été désigné* (au lieu de *qu'il fût ou qu'il soit désigné*, avec une idée de simultanéité).
De toute façon, on se rappellera que la correspondance des temps ne consiste pas à appliquer automatiquement des règles fixes, mais qu'il faut tenir le plus grand compte de la situation respective des actions l'une par rapport à l'autre.

Cet ouvrage,
publié aux éditions Klincksieck,
a été achevé d'imprimer en mars 2014
sur les presses de l'imprimerie SEPEC,
01960 Péronnas

Dépôt légal : avril 2014
Numéro d'éditeur : 00178
Numéro d'impression : 04705140307

PEFC 10-31-1470 / Certifié PEFC / Ce produit est issu de forêts gérées durablement et de sources contrôlées. / pefc-france.org